Aufstand des Gewissens

Aufstand des Gewissens

Militärischer Widerstand gegen
Hitler und das NS-Regime
1933 bis 1945

Begleitband zur Wanderausstellung des
Militärgeschichtlichen Forschungsamtes

Im Auftrag des
Militärgeschichtlichen Forschungsamtes
herausgegeben von
Thomas Vogel

Seit 1789

Verlag E.S. Mittler & Sohn · Hamburg · Berlin · Bonn

Die Deutsche Bibliothek – CIP-Einheitsaufnahme

Aufstand des Gewissens : Militärischer Widerstand gegen Hitler und das NS-Regime 1933 - 1945 ; Begleitband zur Wanderausstellung des Militärgeschichtlichen Forschungsamtes / hrsg. im Auftr. des Militärgeschichtlichen Forschungsamtes von Thomas Vogel. - 5., völlig überarb und erw. Aufl. - Hamburg ; Berlin ; Bonn : Mittler, 2000
  ISBN 3-8132-0708-0

ISBN 3-8132-0708-0

© Verlag E.S. Mittler & Sohn · Hamburg · Berlin · Bonn 2000

Satz: Militärgeschichtliches Forschungamt, Potsdam

Printed in Germany

Inhalt

Wanderausstellung des Militärgeschichtlichen Forschungsamtes über den
iitärischen Widerstand gegen Hitler und das NS-Regime erfährt auch heute
och, mehr als fünfzehn Jahre nach ihrer ersten Präsentation im Deutschen
Bundestag in Bonn am 25. Juni 1984, ein beachtliches öffentliches Interesse.
Dies rührt nicht zuletzt daher, daß wir es hier mit einer Thematik zu tun haben,
die als historisches Phänomen bis in unsere Gegenwart hineinwirkt.

Das Attentat vom 20. Juli 1944 ist trotz seines Scheiterns als Symbol und
Inbegriff des »Aufstands des Gewissens« fest im Bewußtsein der Deutschen
verankert. In der Wirkungsgeschichte ihres Handelns haben die Offiziere um
Graf Stauffenberg – aber auch andere wie etwa die Mitglieder der »Weißen
Rose« – geistige und moralische Grundlagen für das auf den Schutz der Menschenwürde und die Durchsetzung der »Majestät des Rechts« verpflichtete demokratische Gebäude Bundesrepublik Deutschland gelegt. Wiewohl die Akteure des Widerstandes es verdienen, als Vorbilder gewählt zu werden, sind sie
damit nicht zugleich jeglicher historisch-kritischen Betrachtung entzogen. Dies
betrifft Fragen nach den Motiven, den politischen Zielen und den Handlungs-
bedingungen ebenso wie Fragen nach Schuld und Verstrickung in das System,
zu dessen Überwindung sie unter Einsatz ihres Lebens entschlossen waren.

Sowohl die Ausstellung, als auch der nunmehr in der fünften Auflage erscheinende, um wichtige Beiträge erweiterte Begleitband zur Ausstellung wollen
diese Fragestellungen aufnehmen, wenngleich hier weitere Untersuchungen
noch erforderlich sind.

Bei historischen Ausstellungen geht es vor allem darum, Einsichten in geschichtliche Prozesse und Zusammenhänge zu vermitteln. So will auch die
Wanderausstellung »Aufstand des Gewissens. Militärischer Widerstand gegen
Hitler und das NS-Regime 1933 bis 1945« aufklären, erklären und einordnen,
um somit Voraussetzungen für eine vorurteilsfreie, geistige Auseinandersetzung
mit einem Phänomen unserer Geschichte zu schaffen, dessen Erbe uns verpflichtet, für Menschenwürde und Menschenrechte einzutreten und jeder Form
von Intoleranz und Menschenverachtung entschieden Paroli zu bieten.

Für die konzeptionelle und inhaltliche Überarbeitung des vorliegenden Ban-
des gilt mein Dank insbesondere Major Dr. Thomas Vogel, der sich mit großem
Engagement dieser Aufgabe unterzogen hat. Dies gilt auch für die Damen und
Herren der Schriftleitung des Militärgeschichtlichen Forschungsamtes, insbe-

sondere Frau Antje Lorenz und Frau Angela Becher für die Textgestaltung
sowie Frau Marina Sandig, Dr. Peter Berrenberg, Dr. Axel Grießmer und Leutnant Christian Döhring für das Lektorat.

Friedhelm Klein M.A.
Oberst i.G.
Amtschef des Militärgeschichtlichen Forschungsamtes

Othmar Hackl

Einführung
zur ersten bis dritten Auflage des Kataloges durch den damaligen Amtschef des Militärgeschichtlichen Forschungsamtes, Oberst i.G. Dr. Othmar Hackl

Die Ausstellung des Militärgeschichtlichen Forschungsamtes »Aufstand des Gewissens. Der militärische Widerstand gegen Hitler und das NS-Regime 1933 bis 1945« widmet sich einem zentralen militärgeschichtlichen Problem des 20. Jahrhunderts. Sie soll vier Jahrzehnte nach dem 20. Juli 1944 in zahlreichen Städten der Bundesrepublik Deutschland, die zugleich Standorte der Bundeswehr sind und Universitäten beherbergen, die geistige Auseinandersetzung mit den Ereignissen und der Problematik des militärischen Widerstandes anregen und unterstützen, indem sie die Ergebnisse der historischen Forschung didaktisch aufbereitet einer weiteren Öffentlichkeit und nicht zuletzt den Angehörigen der Bundeswehr zugänglich macht.

Das Thema der Ausstellung ist unter sachlichen wie unter methodischen Gesichtspunkten besonders schwierig, und ich halte es deshalb für richtig, den Besuchern einen Einblick in die vorbereitende Arbeit zu geben.

Der militärische Widerstand war in den letzten Monaten des Zweiten Weltkrieges in Wehrmacht und Volk umstritten; er war auch nach dem Krieg – vor allem bei ehemaligen Soldaten – umstritten, auch wenn die Bundeswehr das Erbe des militärischen Widerstandes von Anfang an für sich als verpflichtend angesehen hat. In der historischen Forschung besteht bis heute keine volle Einigkeit über seine Bewertung. So kann die Ausstellung nur versuchen, den militärischen Widerstand gegen Hitler mit seinen Taten und in den Motiven der Beteiligten aufgrund der Ergebnisse der zeitgeschichtlichen Forschung klar darzustellen und zumindest verbreitete Irrtümer und Mißverständnisse zu beseitigen.

Schon die Ermittlung der Fakten war und ist – wie sich das angesichts des Untersuchungsgegenstandes fast von selbst versteht – äußerst schwierig. Trotzdem hat die historische Forschung in mehr als drei Jahrzehnten ohne Zweifel Bedeutendes geleistet, so daß die Militärgeschichte in vielen wichtigen Bereichen auf einigermaßen gesichertem Boden steht. Selbst diese Ergebnisse sind jedoch in der Bundeswehr und in der Öffentlichkeit keineswegs so verbreitet, daß die Teilnehmer der Diskussion über dieses Thema – und der 40. Jahrestag des 20. Juli 1944 wird in besonderer Weise zu intensiver Diskussion anregen – von einer gemeinsamen Wissensgrundlage ausgehen können. Daher ist schon die Darlegung des Forschungsstandes ein wichtiger Beitrag zur historischen Bildung.

Unter den methodischen Problemen ist zuerst die Quellenlage, d.h. das Vorhandensein und die Erschließung der Quellen, danach ihre Auswahl und insbesondere ihre Interpretation zu nennen. Während die zeitgeschichtliche Forschung im allgemeinen vor einem Überfluß an Material steht, fehlen verständlicherweise über den tätigen Widerstand, über die Vorbereitung von Attentaten etwa, Quellen fast überhaupt. Unter den tatsächlich vorhandenen überwiegen Unterlagen der Strafverfolgungsbehörden, deren besonderer Charakter der Einseitigkeit und Voreingenommenheit zuweilen zu wenig berücksichtigt wird.

Das führt zu den Schwierigkeiten der Interpretation. Auf die für jeden Historiker unentbehrliche Arbeit, sich in eine vergangene Wirklichkeit hineinzuversetzen, glauben manche in bezug auf das »Dritte Reich« als einer naheliegenden, durch mündliche Überlieferung und die kaum mehr übersehbare publizistische Information vertrauten Epoche verzichten zu können. In Wirklichkeit bedarf es dieser Arbeit, dieser Erkenntnishaltung, gerade für das Leben in einem totalitären System in besonderem Maße. Schon das Erkennen der Unterschiedlichkeit des »Klimas« in einzelnen Bereichen eines solchen Systems, etwa auch zwischen Fronttruppe und Kommandobehörden, bedarf zusätzlicher Anstrengungen.

Manche Entwicklung der letzten Jahrzehnte hat für den Historiker und den interessierten Laien Hindernisse auf dem Weg der Erkenntnis geschaffen. So hat das herausragende Ereignis des 20. Juli und die ihm nach 1945 schrittweise zuteilgewordene offizielle Anerkennung bei vielen Menschen zu der Meinung geführt, militärischer Widerstand gegen das Staatsoberhaupt, gegen den Obersten Befehlshaber der Streitkräfte, sei etwas Normales, Selbstverständliches. Allein das Militär war in der Lage, einen Umsturz mit Aussicht auf Erfolg durchzuführen. Da ein Umsturz aber im Rückblick als notwendig erkannt wurde, fragte man oft nicht mehr viel nach seiner rechtlichen und ethischen Begründung. Eine derartige Vorstellung von der Selbstverständlichkeit militärischen Widerstands würde jedoch der geistigen Situation, in der der Widerstand gegen Hitler und das NS-Regime geleistet wurde, nicht gerecht. Widerstand war das Außergewöhnliche, war zunächst etwas Ungeheuerliches für den, der in soldatischer Tradition aufgewachsen und erzogen war. Das besondere Problem der Vereidigung der Soldaten auf die Person Hitlers kam hinzu. Für den in den Traditionen der europäischen Staatenwelt großgewordenen Soldaten war es normal, der Staatsführung zu vertrauen, unter Einsatz des Lebens dem Staate treu zu dienen. Millionen deutscher Soldaten haben in diesem Sinne ihre Pflicht erfüllt und ihr Leben eingesetzt. Es wäre völlig falsch, ihren Dienst, ihr Opfer, die in patriotischer Gesinnung geleistet und gebracht wurden, am Maßstab einer gewissermaßen selbstverständlichen Widerstandspflicht zu messen und zu verurteilen. Selbst die Männer des militärischen Widerstandes, die sich aufgrund ihrer Kenntnisse zum Handeln gegen die Staatsführung entschlossen, haben ihren Dienst an der Front und für die Front weiter getan. Diese Feststellungen entheben uns andererseits nicht der Aufgabe, bei Persönlichkeiten in verantwortlichen Positionen zu prüfen, welchen Einblick in fragwürdige Vorgänge und welchen Überblick über die Gesamtlage sie besaßen – also über Erkenntnisse verfügten, die bei anderen den Anstoß zum Widerstand gegeben haben.

Bei der Beschäftigung mit dem »Widerstand« werden sich jedem Besucher der Ausstellung einige zentrale Fragen immer wieder stellen:

Vordringlich ist die Frage nach den Motiven des Widerstandes:

- war es nur die »Reue auf dem Totenbett«, verließen die Beteiligten nur ein in den Jahren des Erfolgs mitgetragenes System angesichts seines bevorstehenden Untergangs,
- war es fachliche Kritik an Führungsfehlern, ja an Dilettantismus im militärischen Bereich,
- war es politische Einsicht in die Gefährlichkeit, ja das Verbrecherische der Planung und Zielsetzung des NS-Regimes, oder
- war es grundsätzliche, ethisch-moralische oder rechtsstaatlich begründete Kritik am Regime und seinen Maßnahmen?

Ferner stellen sich die Fragen nach den Zielen, den Zukunftsvorstellungen des militärischen Widerstands:

- waren es Angehörige einer überlebten Herrschaftselite, die sich wehrte, weil man ihr die privilegierte Stellung streitig machte,
- waren es deutsche Nationalisten, die tätig wurden, weil Hitler die deutsche Großmachtstellung aufs Spiel setzte,
- oder waren es Anhänger wenn nicht der Demokratie, so doch der rechtsstaatlichen Tradition Deutschlands, die sich – wie es in ihren Aufrufen hieß – die Wiederherstellung des Rechts als eigentliches Ziel gesetzt hatten?

Eine bedeutsame Frage ist auch, in welchem Verhältnis der militärische Widerstand zu den anderen oppositionellen Gruppen im »Dritten Reich« stand:

- war es eine kleine isolierte Gruppe reaktionärer Offiziere, wie es in den offiziellen Verlautbarungen nach dem 20. Juli 1944 zunächst hieß, oder war es eine Elite des deutschen Offizierkorps,
- war der militärische Widerstand vorwiegend das Ergebnis ressortbedingter Opposition, deren Beurteilung des NS-Regimes sich an den eigenen Interes-

sen orientierte. Bestanden grundsätzliche Gemeinsamkeiten in der Bewertung des Regierungssystems zwischen militärischem und zivilem Widerstand,
- oder war der militärische Widerstand im Grunde genommen nur das ausführende, allein zur Ausführung befähigte Organ einer in weiten Kreisen des Volkes bestehenden, von einstigen konservativen, demokratischen und sozialistischen Politikern und Gewerkschaftsführern, von Geistlichen beider Konfessionen und Wissenschaftlern getragenen Bewegung?

Die Verbreitung oppositioneller Gedanken in der Wehrmacht, die Zahl von Widerstandsgruppen in ihr, die einen Umsturz in Erwägung zogen, die Verbindung der Gruppen untereinander, die Intensität ihrer Kontakte – dies alles gehört zu den schwer zu klärenden und noch wenig geklärten Fragen. Auf welche Weise entstanden solche Zentren der Opposition, wie stieß der einzelne zu ihnen oder wurde in ihre Tätigkeit verstrickt? Welche Rolle spielten kameradschaftliche Verbindungen aus früherer Zeit, Verwandtschaft, regionale und landsmannschaftliche Verbundenheit?

Im Kulminationspunkt, dem 20. Juli 1944, werden am ehesten die verschiedenen Kreise des militärischen Widerstands, der unterschiedliche Grad der Beteiligung, sichtbar: Zu der Gruppe der aktiv Handelnden und unmittelbar Beteiligten kamen die engeren und weiteren Kreise der Unterstützenden und Fördernden und die große, kaum meßbare Zahl der Wissenden und Schweigenden, welche die Umsturz- und Attentatspläne nicht meldeten, wie es ihre Pflicht gewesen wäre. Dieser Fragenkomplex zeigt im übrigen, wie verfehlt es wäre, entsprechend der Überspezialisierung der Forschung »den militärischen Widerstand« isoliert zu untersuchen und ihn nicht als einen Teil der Geschichte der Wehrmacht zu verstehen, wie er auch nur als Teil der Geschichte des deutschen Volkes in dieser Zeit verstanden werden kann.

In abschließenden Überlegungen wird sich den Besuchern der Ausstellung die Frage stellen, welche Bedeutung dem militärischen Widerstand in der deutschen Militärgeschichte und in der Geschichte des deutschen Volkes beizumessen ist. Im Vordergrund neuerer Arbeiten steht der Hinweis auf die unbezweifelbare Anpassung vieler Soldaten an das NS-Regime, ja die Feststellung einer Verstrickung in Verbrechen der NS-Herrschaft. Ist es richtig, nach Beobachtungen dieser Art den militärischen Widerstand, in dem Soldaten der Wehrmacht ihr Leben freiwillig aufs Spiel setzten, um Recht und Freiheit in Deutschland wieder zur Geltung zu bringen, als eine »Episode« zu bezeichnen? Oder ist der militärische Widerstand nicht ein Teil des »Anderen Deutschlands«, das im Kampf gegen die NS-Herrschaft die Grundlagen des Rechtsstaates und der europäischen Gesittung zu wahren versuchte und deshalb trotz aller Vergeblichkeit des Bemühens als ein bedeutsamer Teil der Geschichte des deutschen Volkes anerkannt zu werden verdient?

Der Vorbereitung dieser Ausstellung diente eine vom Militärgeschichtlichen Forschungsamt an der Westfälischen Wilhelms-Universität in Münster im September 1983 veranstaltete Tagung, an der neben den Lehrstabsoffizieren und Dozenten der Wehrgeschichte an den Ausbildungseinrichtungen der Bundeswehr zahlreiche sachkundige Gäste aus dem In- und Ausland teilnahmen: Soldaten der Bundeswehr sowie verbündeter und neutraler Streitkräfte, Wissenschaftler von Universitäten und anderen Forschungseinrichtungen und Persönlichkeiten des öffentlichen Lebens. Ein besonderer Gewinn für die Diskussion waren neben den wissenschaftlichen Referaten die Aussagen zahlreicher Zeitzeugen, die aus eigenem Erleben zur Erforschung eines schwer erschließbaren historischen »Gegenstands« beitrugen. So erhielten die Aussprachen immer wieder auch den Charakter einer wertvollen menschlichen Begegnung mehrerer Generationen. Professor Dr. Eugen Gerstenmaier hatte leider sein als grundsätzliche Einführung gedachtes Referat »Zur Problematik militärischer Opposition und militärischen Widerstandes aus rechtlicher und moralisch-ethischer Sicht« absagen müssen. Besonderer Dank gebührt daher General a.D. Johann Adolf Graf Kielmansegg, daß er kurzfristig mit seinem Vortrag »Gedanken eines Soldaten zum Widerstand« eingesprungen ist.

Die Diskussion und manche Referate beschäftigten sich auch mit der in jüngster Zeit verstärkt aufgekommenen Frage eines »Widerstands« in unserem heutigen Staat, der sich nicht selten auf den Widerstand gegen Hitler beruft und damit für die eigenen Bestrebungen in Anspruch nimmt, sie richteten sich gegen ein »Unrechtsregime«. Gerade für diese Problematik war der Gedankenaustausch zwischen den Zeitzeugen und den Angehörigen der Nachkriegsgeneration besonders fruchtbar. Dem entspricht es, wenn in den Katalog die Worte aufgenommen sind, die Oberstleutnant im Generalstab a.D. Peter Sauerbruch am Ende der Tagungen an die jüngeren Teilnehmer, insbesondere an die Soldaten der Bundeswehr, gerichtet hat.

Die Ausstellung will mit Bildern, Tagebüchern, Befehlen, Berichten und anderen zeitgenössischen Dokumenten informieren und die dadurch angeregten Überlegungen mit einführenden Texten begleiten. Für die weitere Beschäftigung mit dem Widerstand gegen Hitler und das NS-Regime steht eine umfangreiche Literatur zur Verfügung. Es schien hilfreich, in diesen Katalog die Referate der erwähnten Tagung des Militärgeschichtlichen Forschungsamtes aufzunehmen, die den neuesten Stand der Forschung wiedergeben und zugleich einen Einblick in die Auseinandersetzungen um die Bewertung des militärischen Widerstandes geben. Zwei zusätzliche Beiträge von Professor Dr. Klaus-Jürgen Müller und Professor Dr. Peter Steinbach sollen unter anderem die Beschränkung auf den militärischen Widerstand, die angesichts der Ausstellungs- und Informationspläne anderer Stellen zulässig erschien, durch die Einordnung der militärischen Planungen und Aktionen in die vielfältigen Ansätze zivilen Widerstands ausgleichen.

Ich danke den Autoren des Kataloges und allen, die an der wissenschaftlichen, organisatorischen und technischen Vorbereitung der Ausstellung mitgewirkt haben. Mein besonderer Dank gilt dem Projektoffizier für die Ausstellung, Fregattenkapitän Dr. Heinrich Walle, der mit großem persönlichen Engagement seinen Auftrag durchgeführt hat. Ich danke ferner den zahlreichen Persönlichkeiten und Institutionen, die durch die Bereitstellung von Schrift- und Bildquellen die Ausstellung ermöglicht haben. Besonders seien der Präsident des Bundesarchivs in Koblenz, Professor Dr. Hans Booms, und der wissenschaftliche Leiter der Ausstellung »Widerstand gegen den Nationalsozialismus« in der Gedenk- und Bildungsstätte des Informationszentrums Berlin, Professor Dr. Peter Steinbach, erwähnt.

In meinen Dank schließe ich die Damen und Herren im Bundesministerium der Verteidigung und anderen Dienststellen der Bundeswehr ein, die durch tatkräftige Unterstützung zum Gelingen beigetragen haben.

Die Ausstellung und der Katalog behandeln einen Abschnitt der neueren deutschen Geschichte und Militärgeschichte, in dem Geist gegen Ungeist, Gewissen gegen Dämonie und Freiheit gegen Unterdrückung aufstanden. Sie befassen sich mit einer Zeit, in der sich hohes militärisches Berufsethos, soldatisches Verantwortungsbewußtsein und militärische Könnerschaft gegen politisches Verbrechertum und militärischen Dilettantismus aufbäumten, in der Offiziere der Wehrmacht freiwillig ihr Leben für geordnete moralische, politische und rechtliche Verhältnisse in Deutschland und für die Herstellung des Friedens einsetzten. Diesen Soldaten, darüber hinaus allen Männern und Frauen des Widerstandes gegen Hitler und das NS-Regime und den Opfern der Gewaltherrschaft sind die Ausstellung und dieser Band gewidmet.

Günter Roth

Einführung
zur vierten Auflage des Kataloges durch den damaligen Amtschef des Militärgeschichtlichen Forschungsamtes, Brigadegeneral Dr. Günter Roth

Das Militärgeschichtliche Forschungsamt hat 1984 mit der Wanderausstellung »Aufstand des Gewissens. Militärischer Widerstand gegen Hitler und das NS-Regime 1933 bis 1945« neue Wege zur Durchdringung und zum Verstehen der Motive des Widerstandes gegen Adolf Hitler und das NS-Regime beschritten. Die vornehmlich auf Dokumente und zeitgenössisches Bildungsmaterial aufgebaute Ausstellung wollte von vornherein keinen bloßen chronologischen Abriß der Attentatsversuche darstellen. Der entscheidende Leitgedanke war, die *sittlichen* Grundlagen der Männer und Frauen aufzuzeigen, die zum »Aufstand des Gewissens« und letztlich zum Attentat des Obersten im Generalstab, Claus Schenk Graf von Stauffenberg, führten.

Dabei galt es auch, die moralischen Probleme eines Umsturzversuchs gerade für den an seinen Eid gebundenen Offizier aufzuzeigen, zu einer Zeit, als das Vaterland Krieg führte und sich die Wehrmacht – wenigstens im Bewußtsein der meisten – in einem schicksalhaften Abwehrkampf befand. Darüber hinaus galt es aber auch, den Mut und die innere Gewissensbindung der Männer und Frauen des Widerstandes aufzuzeigen, die sich über die Konsequenzen ihres Tuns unter dem Druck eines totalitären Staates im klaren waren und ihr eigenes und das Leben ihrer Familien und Angehörigen aufs Spiel setzten, um der Welt das »andere Deutschland« zu zeigen.

Am 25. Juni 1984 wurde die Ausstellung »Aufstand des Gewissens. Militärischer Widerstand gegen Hitler und das NS-Regime 1933–1945« durch den Präsidenten des Deutschen Bundestages, Dr. Rainer Barzel, und durch den Bundesminister der Verteidigung, Dr. Manfred Wörner, im Deutschen Bundestag an Anwesenheit zahlreicher Politiker und anderer Gäste eröffnet. Es nahm auch der frühere Präsident des Deutschen Bundestages und Beteiligte am Umsturzversuch vom 20. Juli 1944, Professor Dr. Eugen Gerstenmaier, teil, der sich beim Rundgang durch die Ausstellung noch lebhaft an seine Anwesenheit bei den Aktionen des 20. Juli 1944 im Bendlerblock in Berlin erinnerte.

Da jedoch eine Ausstellung schwerlich die inneren Zusammenhänge, die historischen Korrelationen, vor allem aber auch die wissenschaftlichen Fragestellungen in ihrer Zeitgebundenheit wiedergeben kann, wurde zur Ausstellung ein Katalog herausgegeben, in dem Zeitzeugen und namhafte Wissenschaftler die unterschiedlichen Betrachtungsweisen des Widerstandes darlegten. Dieser Katalog, der nun eine Gesamtauflage von 60 000 Exemplaren erreicht hat, wollte einerseits einer Auffassung Johann Huizingas entsprechen, wonach »Geschichte die geistige Form ist, in der sich eine Kultur von ihrer Vergangenheit Rechenschaft ablegt«; andererseits sollte er ein möglichst großes Spektrum differenzierender Anschauungen wiedergeben, um dem einzelnen Betrachter ein eigenständiges Urteil zu ermöglichen.

Diese Publikation hat sich als eine Art Handbuch zur Geschichte des militärischen Widerstandes und als Hilfe für den Unterricht im zivilen und militärischen Bereich vielfach bewährt. So wurde die hier vorgelegte 4., durchgesehene und wesentlich erweiterte Auflage nicht völlig neu gestaltet. Der ursprüngliche Text erfuhr eine Erweiterung durch neue Beiträge. Vier davon entstammen der Feder von Autoren aus den neuen Bundesländern, wodurch dem Anspruch des Militärgeschichtlichen Forschungsamts Ausdruck verliehen wird, Historiker aus dem vereinten Deutschland zu Wort kommen zu lassen. Durch diese inhaltliche Erweiterung wurde der Katalog auch dem aktuellen Forschungsstand angepaßt.

Die in den vergangenen zehn Jahren mit der Wanderausstellung gemachten positiven Erfahrungen haben zu einer Neubewertung solcher Aktivitäten durch das Verteidigungsministerium geführt. Dort erkennt man dieses Projekt nunmehr als Mittel zur Öffentlichkeitsarbeit der Bundeswehr an und läßt ihm nachhaltig Unterstützung angedeihen. Dadurch konnte die Schautafeldokumentation der Ausstellung, die ebenfalls ergänzt wurde, in einer erheblich anspruchsvolleren graphischen Gestaltung völlig neu zusammengestellt werden und hat nunmehr ein Erscheinungsbild erhalten, das der Bedeutung ihres Themas und ihrem hohen staatsbürgerlichen politischen Anliegen entspricht.

Mit dieser Darstellung des militärischen Widerstandes gegen Hitler und das NS-Regime sollen bewußt die Grenzen einer gruppenbezogenen Widerstandsgeschichte verlassen werden. Eine solche Einengung hatte bisher stets der Selbstrechtfertigung von Gruppen, Institutionen und Traditionen gedient. So wird in der Ausstellung der Begriff »Militärischer Widerstand« nicht allein als gruppenspezifisches Verhalten von Soldaten der Wehrmacht gesehen, sondern ein breites Spektrum von Aktivitäten gegen das NS-Regime dargestellt, an dem sich in den Jahren von 1933 bis 1945 neben Soldaten Deutsche unterschiedlichster Herkunft gegen das Unrecht des Nationalsozialismus und seiner Machthaber zur Wehr gesetzt haben. Damit knüpft diese Ausstellung an die vergleichende Sicht des Widerstandes an, wie sie heute in der Geschichtswissenschaft üblich ist und in der zentralen Dokumentation der Berliner Gedenkstätte Deutscher Widerstand beispielhaft praktiziert wird. Damit wird eine einseitig wertende und ausgrenzende Betrachtungsweise ausgeschlossen; andererseits werden durch die Einbeziehung neuer Forschungsergebnisse Vorurteile bereinigt, die in der Vergangenheit bestimmte Bereiche der Widerstandsgeschichte mit dem

Odium des Hoch- und Landesverrats belegt haben. Die Herausgeber sind sich sehr wohl bewußt, daß mit dem Medium einer historischen Ausstellung – vor allem im Bereich der Zeitgeschichte – in besonderer Weise öffentliche Kritik und engagierte Diskussionen ausgelöst werden können. Dies soll als Teil eines Bewußtwerdungsprozesses verstanden werden.

In der Ausstellung und dem sie ergänzenden Katalog wird insgesamt versucht, in eingängiger Weise thematische Beziehungen zwischen Ereignissen und Persönlichkeiten herzustellen. Durch die Darstellung unterschiedlicher Gruppen des Widerstandes, an dem auch Soldaten beteiligt waren, wie etwa dem Kreisauer Kreis, den wehrpflichtigen Soldaten der Gruppe »Weiße Rose« oder der »Roten Kapelle« sollen Zusammenhänge verdeutlicht und Vergleiche ermöglicht werden, die es dem geistig aufgeschlossenen Besucher ermöglichen sollen, den Blick vom Vertrauten zum Fremden richten zu können. Mit diesen Vergleichs- und Assoziationsmöglichkeiten sollen Hilfestellungen geboten werden, geradezu versteinerte Anschauungen und Bewertungen zu differenzieren, deren Ursprünge nicht selten in den Erfahrungen der NS-Zeit und des Kalten Krieges begründet sind. Das geht in der Regel nicht ohne Konflikte ab. Jedoch lebt Ausstellungsarbeit in einer pluralistischen Gesellschaft gerade von der Vielfältigkeit und der eigenen Urteilskraft der Besucher. Sie soll angestoßen, aber nicht durch einseitig getroffene Vorauswahl eingeschränkt werden.

Die Dokumentation des *militärischen* Widerstandes – d.h. des Widerstandes von Soldaten aller Dienstgrade und in den unterschiedlichsten militärischen Positionen – versucht, vielen Gruppen oder einzelnen durch Erinnerung und Betrachtungsmöglichkeit Gerechtigkeit widerfahren zu lassen. Es soll ein realistisches Bild vom Widerstand vermittelt werden, der als Prozeß zu begreifen ist. Jede der hier erwähnten Personen reagierte auf den Nationalsozialismus auf ihre individuelle Weise und mit ihren persönlichen Möglichkeiten. Das konnte sich von Kritik bis zur Konspiration radikalisieren, das mochte aber auch partielle Anpassung bedeuten, was keineswegs immer automatisch »Kapitulation vor dem System« bedeuten muß, weil sich im Erlahmen der Widerstandskraft der Opfer gerade der Erfolg der menschenverachtenden Verhaltensweisen des NS-Regimes und seines Terrors zeigte.

Die freiheitlich-demokratische Grundordnung unserer Gesellschaft ist eine Schöpfung des Grundgesetzes der Bundesrepublik Deutschland. Wenngleich aus den leidvollen Erfahrungen mit dem Unrechtsregime des Nationalsozialismus entstanden, läßt sie sich allerdings nicht zu einer nach rückwärts gewandten Richtschnur für die politisch-moralische Bewertung der Widerstandsgeschichte machen. Dies müßte beispielsweise zwangsläufig die Debatte um die in der Perspektive des freiheitlichen Verfassungsstaates frag- und kritikwürdigen Ordnungsvorstellungen des Widerstandes aus dem Umkreis des 20. Juli 1944 neu entfachen und damit zu erneuten Ausgrenzungen führen.

Breite und Vielfalt des Widerstandes von Soldaten muß als Teil der *gesamten* deutschen Geschichte dargestellt werden. Dabei sind auch solche Widerstandsgruppierungen zu berücksichtigen, die nach 1945 in beiden deutschen Staaten in der Periode des Kalten Krieges, nicht selten wechselseitig, geradezu hermetisch mit den jeweiligen deutschen *Teil*geschichten verbunden wurden. Sie sollten lange Jahre dazu dienen, den jeweiligen deutschen Teilstaaten eine ganz spezifische Teillegitimation zu geben. Dem Verhaftetsein der Bundesrepublik auf den 20. Juli 1944 entsprach lange Zeit in der ehemaligen DDR die besondere Würdigung des »Nationalkomitees Freies Deutschland« als Widerstandsorganisation sowie der angeblichen »Kundschaftergruppe« um Arvid Harnack und Harro Schulze-Boysen. Letztere hatten seit 1933 konsequent eine Widerstandsgruppe aufgebaut und können nicht auf eine Spionageorganisation und als Verräter für Stalin reduziert werden.

Die Breite und Vielfalt des Widerstandes von Soldaten soll zeigen, daß dieser Widerstand als eine Gesamtgegnerschaft gegen den Nationalsozialismus zu verstehen ist, dessen Konsequenz die gemeinsam erlittene Verfolgung und Unterdrückung durch das NS-Regime war. Im Respekt vor Andersdenkenden innerhalb einiger Gruppierungen des Widerstandes zeichnete sich erstmals die Entscheidung für eine Gesellschaftsordnung ab, die sich zur politischen, kulturellen und weltanschaulichen Pluralität bekannte und Vielfältigkeit nicht nur bewältigen wollte, sondern sie geradezu als Bereicherung empfand. So wurde im Widerstand jener »Grundstein von Politik« gelegt, der politische Existenz aus pluralistischer Überzeugung später ermöglichen sollte. Gegensätze durften nach den Vorstellungen vieler Widerstandskämpfer nicht mehr allein in einem Gemeinwesen »ausgehalten« werden, sondern galten geradezu als notwendige Begleiterscheinung einer freiheitlichen und menschenwürdigen Entwicklung.

Die Aufgeschlossenheit für unterschiedliche Traditionen und Positionen innerhalb der Gegnerschaft zum NS-Regime, wie sie auch von den Soldaten im Widerstand vertreten wurde, ist aber die wichtigste Voraussetzung einer politisch bewußten – reflektierten und praktizierten – Toleranz, die sich in der Würdigung auch der Gegnerschaft erweist, die möglicherweise dem Betrachter einzelner Themenbereiche ganz fremd ist.

In dieser Ausstellung wird an verantwortungsbewußte, leidensbereite und an Menschen von hohen ethischen Grundsätzen erinnert. Damit soll durch eine militärgeschichtliche Ausstellung mit der Zielsetzung staatsbürgerlicher Bildung ein Beitrag zur demokratie- und pluralitätsbejahenden Auseinandersetzung mit Grundfragen der Widerstandsgeschichte geleistet werden. Ich danke den Autoren der ursprünglichen Fassung des Kataloges für ihre Bereitschaft, auch für die Neufassung ihre grundlegenden Beiträge zur Verfügung gestellt zu haben. Sie alle haben in wissenschaftlicher Verantwortung ihre Zustimmung erteilt und damit das Anliegen des Projektes wesentlich gefördert. Mein besonderer Dank gilt aber auch den neu hinzugekommenen Autoren, die gerade durch ihre Darstellungen zu den bisher teilweise nicht unumstrittenen Themen den im Vorangegangenen erhobenen Anspruch auf Pluralität in überzeugender Weise erfüllen. Durch ihre engagierte Mitarbeit haben sie einen unverzichtbaren Beitrag zum geistigen Zusammenwachsen unseres wiedervereinigten Landes geleistet.

Mein besonderer Dank gilt dem Projektoffizier der Ausstellung, Fregattenkapitän Dr. Heinrich Walle, der bereits die erste Fassung der Ausstellung erarbeitet und den Katalog zusammengestellt hat. Dr. Walle hat die Neugestaltung der Ausstellung und die Überarbeitung und Erweiterung des Kataloges wiederum mit großem Engagement konzipiert und durchgeführt.

Dank schulde ich auch dem wissenschaftlichen Leiter der Gedenkstätte Deutscher Widerstand in Berlin, Professor Dr. Peter Steinbach, der seit 1982 die Ausstellung gleichsam als unermüdlicher Mentor mit Rat und Tat unterstützt und auch jetzt wieder seine Hilfe in uneigennütziger Weise zur Verfügung gestellt hat.

In meinen Dank schließe ich auch die Damen und Herren im Bundesministerium der Verteidigung und anderen Dienststellen der Bundeswehr ein, die durch tatkräftige Unterstützung zum Gelingen dieser neuen Fassung von Ausstellung und Katalog beigetragen haben. Schließlich gilt mein Dank auch Herrn Hauptmann d.R. Johann W. Jakob von der Firma Phoenix Design und seinen Mitarbeitern, die unter großem persönlichen Einsatz dem Schautafelzyklus eine überzeugende und optisch einprägsame, dem Anliegen entsprechend würdige, graphische Gestaltung gegeben haben.

In einem »Aufstand des Gewissens« haben sich während der NS-Herrschaft deutsche Soldaten aller Dienstgrade aus ihren unterschiedlichen Positionen heraus und mit den ihnen zur Verfügung stehenden Mitteln in vielfältiger Weise gegen das Unrecht des Nationalsozialismus zur Wehr gesetzt. Sie haben zwischen militärischer Pflicht gegenüber dem Vaterland und dem Mißbrauch durch ein verbrecherisches Regime zu unterscheiden gewußt. Diese Männer setzten Deutschland nicht mit dem Nationalsozialismus gleich, wenngleich sie die von der NS-Propaganda betriebene Verquickung von Vaterland und Nationalsozialismus als tragischen Konflikt empfanden, aus dem sie keinen Ausweg sahen. Mit ihrem Handeln und dem Einsatz ihres Lebens haben sie der Welt gezeigt, daß es auch das »andere Deutschland« gab. Ihnen – die Ausstellung kann nur einige Schicksale, stellvertretend für viele andere ungenannte, vermitteln – und allen Männern und Frauen des Widerstandes gegen Hitler und das NS-Regime sowie allen Opfern der Gewaltherrschaft sind Ausstellung und Katalog gewidmet.

Peter Steinbach

Vortrag zur Eröffnung der neugestalteten Ausstellung »Aufstand des Gewissens« am 24. Februar 1999 in München, Kulturzentrum Gasteig

Das vergangene Jahrhundert, das man trotz aller Säkular-Verkündigungen noch immer als »unser Jahrhundert« bezeichnen muß, ist durch zwei Weltkriege, durch Verfolgungen, Völkermorde und Vertreibungen geprägt worden. Es war ein Zeitalter der Destruktivität, der Extreme und des Zivilisationsbruches. Seine Verwerfungen haben Historiker als »dreißigjährigen Bürgerkrieg« bezeichnen wollen. So umstritten diese Charakterisierung sein mag, so unbestreitbar ist zugleich, daß die Jahrzehnte zwischen den Zäsuren von 1945 und 1989 als Zeitraum gelten, dessen Verwerfungen ihre totalitären Energien gerade aus den Ideologien des Zeitalters zogen.

Ideologien sind dann totalitär, wenn sie nach dem ganzen Menschen greifen, indem sie einen neuen Menschen proklamieren. Er ist als Teil einer neuen Gesellschaft vorgesehen, die durch staatliche Eingriffe geschaffen werden soll. Auf ihrem Wege zur Macht stellen sich totalitäre Bewegungen häufig auf den Boden der formalen Demokratie, wie etwa Hitler und die NSDAP in der Auflösungsphase der Weimarer Republik. Trotz ihres Bekenntnisses bekämpfen sie aber die rechtsstaatliche parlamentarische und pluralistische Demokratie, sehen in ihr nicht mehr als ein System und mobilisieren in der Regel lediglich Vorbehalte gegenüber Parteien und Staat, die in der Gesellschaft verbreitet sind. So tragen sie aktiv zur Erosion der Bollwerke bei, welche die Republik gegen ihre Feinde schützen sollen. Sie diskreditieren Erscheinungsformen des demokratisch-republikanischen Systems, das im konkreten Fall der Weimarer Republik als Ausgeburt des Verrats geschmäht wurde – eines Verrats, den angeblich die Heimatfront mit ihrem Dolchstoß in den Rücken des kämpfenden Heeres begangen hatte.

Andere Agitationselemente traten damals hinzu wie die Diffamierung der sogenannten Novemberverbrecher, die Polemik gegen das Versailler »Schanddiktat« mit seinem »Kriegsschuld-Paragraphen«, die ständige Infragestellung der 1919 geschaffenen deutschen Ostgrenzen, die Anfachung eines ideologischen Volksgruppenkonflikts in den abgetretenen Gebieten des »Korridors« und des Sudetenlandes, die Beschwörung der Gemeinsamkeit mit »Deutsch-Österreich«, die Kritik an den Reparationen und der pauschale Vorwurf eines Egoismus der

»Bonzen«. Die Weimarer Republik erscheint im Rückblick als Ausdruck einer Gesellschaft ohne positiven Konsens, der das Mittel des Wahlrechts nur dazu diente, dem Protest gegen die politische Führung Ausdruck zu geben. »Negative Partizipation« ist der Ausdruck fehlenden politischen Vertrauens und zerstörter Gemeinsamkeit. Diese Distanzierung vom Staat und seinen Institutionen nutzten die entschiedenen Gegner der Republik konsequent aus, um schließlich ihr Ziel zu erreichen: eine Preisgabe der Verfassungsordnung, die schließlich zur Auflösung des Verfassungsstaates führte und den Weg für eine Bewegung freimachte, die nur ein politisches Ziel kannte, nämlich eine Diktatur auf dauerhafter Grundlage zu errichten.

Es ging dabei nicht um die Beschwörung nationaler Mythen, die ihren Ausdruck in den neuen Selbstbezeichnungen des Staates als »Drittes Reich« oder gar als »Tausendjähriges«, schließlich als »Großdeutsches Reich« fanden. Auf lange Sicht strebte die totalitäre NS-Bewegung nach der Eroberung des Staates von unten und seine Unterwerfung durch Gleichschaltung von oben seine Vergesellschaftung an. Mit dieser Absicht geben sich politische Bewegungen als totalitäre Parteien zu erkennen, die jeden einzelnen einem totalen weltanschaulichen Führungsanspruch unterwerfen wollen. Einmal an die Macht gelangt, durchstaatlichen sie die Gesellschaft. Individueller Widerspruch und die Widerständigkeit des einzelnen werden ausgeschaltet. Distanz und Nonkonformität, Eigenständigkeit und abweichendes Verhalten, das konkurrierenden politischen und kulturellen, nicht zuletzt aber konfessionellen Wertvorstellungen entspringt, werden mittels des Strafrechts kriminalisiert. Die Träger der Macht definieren so, was als Widerstand zu gelten hat – »Widerstand gegen die Staatsgewalt« wird verallgemeinert und auf die Durchsetzungsansprüche des totalen Staates bezogen. Dies wiederum ruft jene auf den Plan, die einen solchermaßen proklamierten Führungsanspruch nicht akzeptieren können.

Das 20. Jahrhundert scheint deshalb keineswegs allein durch seine Diktatoren geprägt worden zu sein, durch Hitler und Stalin, durch Mussolini und Franco, durch die nicht ganz so bedeutenden mitteleuropäischen Diktatoren der Zwischen- und der Nachkriegszeit. Vielmehr war es auch eine Zeit für jene, die Partei zu ergreifen und zu widerstehen wußten. Das Grundrecht zum Widerstand hat dabei seine Wurzeln nicht nur im göttlichen Recht, das man bald auch als »Naturrecht« bezeichnete, sondern in vertragsrechtlichen Vorstellungen, die den freiheitlichen Verfassungsstaat begründeten. In den Texten von John Locke, insbesondere in seiner »Zweiten Abhandlung über die Regierung«, war das Widerstandsrecht schlüssig als politisches Recht begründet worden, wie es sich dann in der Amerikanischen Revolution des 18. Jahrhunderts bewährte. Eine Steigerung erfuhr es in der Französischen Revolution, die das Recht auf Widerstand zur Abwehr von staatlichen Übergriffen proklamierte. Und von der Rechtfertigung des Ausnahmezustandes gegen politische Unterdrückung wurde es in Verbindung mit naturrechtlichen Vorstellungen in den Menschenrechtskatalog des 20. Jahrhunderts integriert. Von hier aus fand es als Verfassungsbestimmung schließlich sogar Eingang in den vierten Absatz des Artikels 20 unseres Grundgesetzes.

Verfassungsbestimmungen sind nicht immer Ausdruck normierenden Denkens, sondern Substrat geronnener Erfahrung. Das zeigt die Integration des Rechts zum Widerstand gegen einen Verfassungsbruch, wenn keine andere Möglichkeit besteht, diesen abzuwehren. In der Auseinandersetzung mit totalitären Bestrebungen, die sich eine diktatorische Verfassung geben, die Gewaltenteilung aufheben, die Grundrechtsordnung zerstören, den Rechtsstaat verächtlich machen, den Pluralismus bekämpfen und die politische Willensbildung zentralisieren, zeigt sich allerdings auch, daß das 20. Jahrhundert durch die Couragierten geprägt wurde, die historisch vielleicht in ihrer Zeit gescheitert sein mochten, die aber auf eine ganz unübersehbare Weise die postdiktatorischen Strukturen und Werte prägten: die Widerstandskämpfer.

Die zur »Selbstbehauptung« befähigten Zeitgenossen begannen nicht selten, aus Gruppen und Traditionszusammenhängen Widerstand zu leisten, waren aber bald ganz auf sich gestellt, standen den Vertretern der Macht in aller Einsamkeit und zugleich Entschiedenheit entgegen und fühlten sich nicht einmal nach ihrem Scheitern als Unterlegene. Diese Haltung wirft viele Fragen auf: Was prädestiniert einzelne Menschen, eine kleine Minderheit neben vielen Mitläufern und Angepaßten, zum Widerspruch? Was stattet sie mit dem Mut aus, der zum Widerspruch gehört? Welche Rolle spielen dabei Traditionsbezüge, familiäre, freundschaftliche und kameradschaftliche Verbindungen? Wie nehmen sie Herausforderungen an, die in der realen Entwicklung begründet liegen? Handeln sie aus spezifischer beruflicher Verantwortung, situativ oder prinzipiell?

Wie immer die Antworten ausfallen mögen, so ist doch im Zuge einer ausufernden Widerstandsforschung deutlich geworden: Angesichts kollektiver Prozesse, die immer Gruppen betreffen und vielleicht auch bedrängt haben, ja existentiell bedrängen konnten, ging es im gerade vergangenen Jahrhundert immer um die individuelle Entscheidung angesichts von Zumutungen, die aus dem politischen System erwachsen, gegen blinden Gehorsam, gegen die platte »Monopolisierung des Vaterlandes« (Theodor Heuss), gegen gesellschaftliche Selbstgleichschaltung und eine deprimierende Folgebereitschaft von Zeitgenossen, die sich als Zuschauer verstehen.

Widerständigkeit setzt die Kraft zur Eindeutigkeit voraus. Sie ist nicht selten wertorientiert, traditionsverhaftet und normgeleitet. Angesichts zur Macht strebender ideologisierter Parteigänger stellt sich deshalb immer wieder die Frage: Wer hält stand? Wer ist Träger einer ideologischen Massenbewegung, wer nicht? Wer verfügt über die Kraft zu einem Engagement, das in die Distanzierung von den Zeitströmungen führt und so gerade jene Grenzen zu wahren und zu verteidigen weiß, die totalitäre Bewegungen und Bestrebungen einzureißen suchen? Distanzierung von den Sogströmungen der Zeit verlangt nach Unabhängigkeit, auch nach Charakterfestigkeit, die sich durch Erziehung und durch Selbstwillen schulen läßt, die an Traditionen anzuknüpfen weiß und dennoch in die extreme Einsamkeit des auf sich gestellten Regimegegners führen kann.

Dies ist ohne Zweifel eine Grundfrage des Jahrhunderts, das sich immer wieder zu den Menschenrechten bekannte und dennoch das Jahrhundert millionenfacher Unterdrückung und Entwertung des Individuums geblieben ist. Prinzipien der Individualität stehen in jedem Jahr dieses Jahrhunderts gegen kollektive Legitimitätsmuster und die Entrechtung von Gruppen. Zumutungen des Zwanges und der Gewalt hält der einzelne Mensch in der Regel nicht aus, oft gegen sein besseres Grundgefühl – aus Gründen, die sich auch als Folge einer »großen Maskerade des Bösen« begreifen lassen.

In der Tat wurden im 20. Jahrhundert ethische Begriffe verwirbelt wie niemals zuvor: »Das Böse« in der »Gestalt des Lichts, der Wohltat, des geschichtlich Notwendigen, des sozial Gerechten« ist nicht fremd, sondern es wird vertraut. Wer also diese Frage – »wer hält stand?« – aufwirft, zielt auf die Voraussetzung von Standhaftigkeit und Widerständigkeit. Er sucht nach den Bedingungen individueller Selbstbehauptung angesichts des umfassenden Herrschafts- und Unterdrückungsanspruchs, nicht zuletzt der Selbstrechtfertigung von Diktaturen.

Wer hält stand? Das ist angesichts der Frage, worauf sich Soldaten verpflichten lassen, keine unwichtige Frage. Sie konfrontiert seit der Wiederbewaffnung der Bundesrepublik jeden Soldaten mit den Grenzen des Gehorsams. In der Tat geht es heute nicht nur um Befehlsgehorsam, sondern um die Prüfung der Bedingungen, die eine Befehlsverweigerung begründen können.

Über die Grenzen militärischen Gehorsams ist zuvor immer wieder eindrucksvoll nachgedacht worden. Jeder Offizier kannte die entscheidenden Bestimmungen des Militärstrafgesetzbuches, den von Axel von dem Bussche immer wieder akzentuierten »Notwehrparagraphen«, und viele hatten sich innerlich wohl auch mit den berühmten Akten militärischen Ungehorsams auseinandergesetzt, die Grenzen des Gehorsams und damit Voraussetzungen soldatischer Eigenständigkeit bezeichneten. Häufiger Ausgangspunkt dieser Überlegungen war eine Ermahnung von Prinz Friedrich Carl von Preußen, der Yorck in der Poscheruner Mühle entgegenhielt: »Seine Majestät hat Sie nicht deshalb zum Offizier gemacht, damit Sie einfach alle Befehle ausführen, sondern damit Sie auch wissen, wann Sie Befehle nicht ausführen müssen.«

Hier wird deutlich, daß keineswegs der Zusammenhang zwischen Befehl und Gehorsam das ethische Grundproblem des Soldaten darstellt, sondern vielmehr die exakte Markierung der Grenzen des Befehls als Voraussetzung der Verweigerung von Gehorsam. Gehorsam in diesem Sinne stellte allerdings nicht den Gegensatz zum Widerstand dar, sondern markierte eine höhere soldatische Verantwortung. Verweigerung des Gehorsams, etwa in der besonderen Form des »Nichteinverständnisses mit einem dienstlichen oder taktischen Befehl«, konnte sogar die Befehlsverweigerung legitimieren, wenn sich herausstellte, daß die Nichtdurchführung eines Befehls militärisch angemessener war als der sogenannte Kadavergehorsam.

Die Ausstellung »Aufstand des Gewissens« will einen Beitrag zur Begründung eines Traditionszusammenhanges leisten, der für das Selbstverständnis der Bundeswehr im Laufe ihrer nun schon langen und eigenen Tradition begründenden Geschichte wichtig geworden ist. Sie illustriert die Entwicklung des militärischen Widerstandsgeschehens im wesentlichen seit 1938, zunächst vor dem Hintergrund der Etablierung der NS-Diktatur in Deutschland, später vor dem Hintergrund des von Hitler ausgelösten Weltkriegs. Die Ausstellung stellt Persönlichkeiten des militärischen Widerstandes vor – überwiegend namhafte Soldaten, die ihre anfängliche, dabei unterschiedlich stark ausgeprägte Identifizierung mit den Zielen des Nationalsozialismus früher oder später überwanden. Die wachsende Einsicht in das verbrecherische Wesen des Regimes ließ sie zunehmend Distanz zu ihrem Obersten Befehlshaber entwickeln und trieb sie schließlich in die aktive Konspiration. Endpunkt war bekanntlich der Versuch, Hitler durch einen Anschlag auszuschalten und mit seinem Tod die Voraussetzungen für einen Umsturz aus dem Zentrum der bewaffneten Macht heraus zu schaffen, der im Falle seines Gelingens das »Dritte Reich« zerstört hätte.

Die militärischen Regimegegner im Umkreis Stauffenbergs und Becks, Olbrichts und Schulenburgs standen in vielfältigen Verbindungen mit anderen Widerstandsgruppen insbesondere aus dem bürgerlichen und liberalen, auch gewerkschaftlich-sozialdemokratischen Umfeld. Sie verstanden sich zu keiner Zeit als militärische Spitze eines Umsturzversuches, sondern wollten politische Handlungsmöglichkeiten eröffnen. Sie wagten einen Umsturz, nicht weil sie putschen wollten, sondern weil sie sich auf Normen besannen, die Ausdruck einer Überzeugung waren, wonach Regierungen Grenzen respektieren müssen, was Eingriffe in das Gemeinwesen wie auch in das Lebensrecht des Individuums betrifft.

Die Auseinandersetzung mit dem Widerstand gegen den Nationalsozialismus ist eine tragende Grundlage für das Konzept des »Bürgers in Uniform« geworden. Es hat auch die Maßstäbe soldatischen Gehorsams verändert. Mit dieser Frage nach den Grenzen des Staates und den Begrenzungen des Gehorsams haben wir uns regelmäßig im Zusammenhang mit Gelöbnissen zu beschäftigen. Von daher ist die Frage nach dem Recht zum Widerstand als Ausdruck einer begründeten Entscheidung des Gewissens von zugleich aktueller wie auch prinzipieller Bedeutung.

So unbestritten es ist, daß sich der Umsturzversuch des 20. Juli 1944 nur aus dem Kontext der immer wieder neue Anfänge suchenden, Abbrüche überwindenden und des nicht zuletzt durch die politischen Vorstellungen der damaligen Zeit geprägten Gesamtwiderstandes deuten läßt, so legitim ist es, sich im vorliegenden Fall auf die militärische Opposition, die sich zum Widerstand steigerte, zu konzentrieren. Hier soll im folgenden der Weg in den Widerstand mit Blick auf den Umsturzversuch vom 20. Juli 1944 beleuchtet werden, der einen wichti-

gen Traditionsstrang der Bundeswehr begründet hat. Er erhält seine Bedeutung
aus dem Versuch, durch die Würdigung des militärischen Widerstands auch die
Bedeutung der Wehrmacht für das Selbstverständnis des deutschen Soldaten
von heute zu relativieren.

Stauffenbergs Attentat auf Hitler steht am Ende langjähriger Bemühungen
hoher Verwaltungsbeamter und Militärs, aus dem Zentrum der Macht heraus
durch eine Beseitigung des Diktators dem Krieg eine andere Wendung zu geben. Im Umkreis dieses Anschlags lassen sich allerdings viele Beteiligte finden,
die schon in den vorangegangenen Jahren immer wieder versucht hatten, aus
eben dieser Position heraus Deutschland von der nationalsozialistischen Herrschaft zu befreien. Zu ihnen gehörten auch Angehörige der bewaffneten Macht.
Viele von ihnen hatten die »Machtergreifung« begrüßt und sich von den Ver-
sprechungen der Nationalsozialisten verführen lassen. Das verband sie mit
vielen anderen Deutschen, die deshalb noch nicht zu Nazis wurden, weil sie
politische Ziele der Nationalsozialisten partiell geteilt hatten und eben nicht wie
Kommunisten, Bekennende Christen, Sozialdemokraten und überzeugte Anhänger der freigewerkschaftlichen Bewegung in fundamentaler Gegnerschaft
zum NS-Regime standen. Aber sie überwanden ihre Systemnähe und gewannen
eine kritische Distanz, die sie schließlich ihrer großen Verantwortung gerecht
werden ließ.

Manche der Militärs, die den Anschlag vom 20. Juli 1944 gewollt und ermöglicht haben, finden wir bereits in den Jahren vor dem Krieg aktiv. Sie reagierten auf außenpolitische Risiken und suchten nach alternativen Optionen,
um eine gewaltsame Auseinandersetzung um die Hegemonie in der Mitte Europas zu vermeiden. Andere wiederum sahen sich durch rechtswidrige Übergriffe
der Machthaber herausgefordert. Zu ihnen gehörte mit Sicherheit ein Regimegegner wie der Berliner »Abwehr«-Offizier Hans Oster. Wieder andere widmeten sich früh in der Diskussion mit Gleichgesinnten den Grundfragen einer
Neuordnung der Verfassung, wichtiger politisch zu gestaltender Bereiche der
Gesellschaft wie der Universitäten, der Schule und der Parteien oder der außenpolitischen Strukturen. Die bedeutendste Gruppe war in dieser Hinsicht der
Freundeskreis um Helmuth James Graf von Moltke und Peter Graf York von
Wartenburg.

So sehr deshalb der Anschlag vom 20. Juli 1944 in Zusammenhang mit den
vorangegangenen Umsturzversuchen gesehen werden muß, die seit Anfang
1943 mit dem Ziel, einen Staatsstreich einzuleiten, an der Ostfront im Stab der
Heeresgruppe Mitte vorbereitet wurden und mit dem Namen von Henning von
Tresckow verbunden bleiben, so sehr muß sich dabei der Historiker der Gefahren bewußt sein, die er eingeht, wenn er das jeweils unabhängig voneinander
Verlaufende verknüpft.

Bekannt ist, daß Hitler überlebte und Deutschland erst Ende April 1945
durch Selbstmord von seiner Person befreite. Zuvor hatte er in seinem »Testament« den Deutschen noch einmal bestätigt, daß sie nicht zum Herrenvolk

taugten und historisch kaum noch ein Existenzrecht hätten. Bekannt ist auch, daß die hohen Wehrmachtoffiziere sich durch den Fehlschlag des Attentats nicht »eidfrei« fühlten. Viele von ihnen entdeckten vor allem in den Abendstunden des 20. Juli 1944 ihre angebliche moralische Verpflichtung zum eidgemäßen soldatischen Gehorsam. Sie schlossen sich gerade deshalb nicht ihren wagemutigen Kameraden an, die fast bis zum letzten Augenblick ihres Lebens im Berliner Bendlerblock verzweifelt eine Wende erhofften und erst in den späten Abendstunden erkannten, daß sie – wie Stauffenberg sich ausdrückte – von »allen im Stich gelassen« worden waren.

Die Vorbereitung

Die Attentäter hatten unter den Bedingungen der Diktatur, in der sie keinen Zugang zur Öffentlichkeit besaßen und sich streng an die Regeln aktiver Konspiration halten mußten, nur die Möglichkeit, zur Vorbereitung eines Umsturzes jene Wege des Zugangs zum Diktator zu nutzen, die unauffällig waren. Deshalb konnte ein kalkulierbarer Anschlag nur dort erfolgen, wo Hitler mit größter Sicherheit durch einen Anschlag zu treffen war: im Führerhauptquartier oder auf dem Obersalzberg anläßlich einer Lagebesprechung. Das Attentat war nur der Beginn des Umsturzes, denn er sollte die Situation schaffen, in der ein zweiter Mechanismus greifen konnte, der während des Krieges unter dem Stichwort »Walküre« entwickelt worden war. Der Plan »Walküre« ging von der Annahme innerer Unruhen aus.

Diese befürchtete man als Folge der über sieben Millionen Kriegsgefangenen, Fremd- und Zwangsarbeiter, die sich in Deutschland befanden und die Kriegsproduktion zu einem großen Teil trugen. Innere Unruhen waren geradezu der Alpdruck der NS-Führung, die sich stets an den fast pathologisch übersteigerten Erfahrungen aus dem Ersten Weltkrieg orientierte und dabei auf die »Dolchstoßlegende« des Jahres 1918 fixiert blieb, also auf die Erklärung der militärischen Niederlage im Ersten Weltkrieg als Verrat der Heimat an der bewaffneten Macht. Die Erwartung von Aufständen im Inneren ließ nach Möglichkeiten Ausschau halten, die den führenden Militärs ebenso wie der Führung unter dem Begriff des Belagerungszustandes bekannt und vor allem auch vertraut waren. Der Belagerungszustand war seit 1933 nicht mehr die Stunde der Exekutive, denn dieser Anspruch war bereits der höchste Rechtfertigungszweck der Diktatur, die sich als »Maßnahmestaat« definierte. Erst die Umsetzung der »Walküre«-Pläne aufgrund vorgetäuschter innerer Unruhen konnte das Militär wieder ins innenpolitische Spiel bringen, sofern öffentlich wirklich glaubhaft zu machen war, daß nicht identifizierbare, »parteifremde« Elemente, wie es schließlich hieß, einen Umsturzversuch unternommen hätten.

War das Militär erst einmal in der Lage, in Berlin zentrale Machtpositionen zu besetzen, dann, so hoffte man in den Kreisen der Umstürzler, könnte der

Mechanismus genutzt werden, den zu erfüllen geradezu die höchste Tugend des Militärs ausmachte: *Loyal den Zusammenhang zwischen Pflicht und Tat, zwischen Befehl und Gehorsam herzustellen.* Dies könnte dann zu einer Stabilisierung der Verhältnisse zumindest im Reich führen. Die Frontbereiche erschienen hingegen als weniger problematisch, denn hier waren alle Kräfte durch die Notwendigkeiten des Abwehrkampfes gebunden. Deshalb war es von großer Bedeutung, sich in den Stunden nach dem Umsturz der einzelnen Wehrkreiskommandos zu bemächtigen und zumindest sicherzustellen, daß von dort aus kein Gegenschlag erfolgen würde. Danach hoffte man, Verbindungen zu den Westalliierten knüpfen zu können und zu einem Interessenausgleich zu kommen, der den Krieg beendet und die Substanz der Nation zumindest in territorialer Hinsicht unversehrt gelassen hätte.

Der Umsturzplan, der die Vorbereitung von »Walküre« ausnutzte, war also unter den Bedingungen der nationalsozialistischen Diktatur nicht ohne Chancen. Auf keinen Fall läßt er sich als dilettantisch geplant bezeichnen. Er enthielt einige Risiken und Unwägbarkeiten, und wie bei jedem Umsturzversuch waren auch Zufallsmomente vorhanden. Er hatte aber den Vorteil, daß er zumindest in der Startphase keinen großen Kreis von Mitwissern voraussetzte, daß er sich als Planung für den angenommenen Ernstfall innerer Unruhen tarnen ließ, auf den vorzubereiten nicht nur legitim, sondern sogar verantwortungsvoll war.

Neben der Vorbereitung der Pläne und Befehle für die Stunde X war auch der kalkulierbare und in entscheidender Stunde sicher gewährleistete Zugang zu Hitler entscheidend für den Erfolg des angestrebten »Staatsstreiches«, aus dem sich dann in kurzer Zeit ein »Umbruch« entwickeln sollte. Stauffenberg besaß als Chef des Stabes beim Befehlshaber des Ersatzheeres Zugang zur Lagebesprechung im Führerhauptquartier, damit zum Diktator. Hierdurch hatte er bereits die Möglichkeit nutzen können, die dortigen Sicherheitskräfte an seine Person zu gewöhnen. Stauffenberg galt als vertrauenswürdig und mußte deshalb keine scharfen Personenkontrollen gewärtigen.

Er wurde so zur Schlüsselfigur, denn er war mit den »Walküre«-Planungen bestens vertraut, die der Chef des Allgemeinen Heeresamtes (AHA), General Friedrich Olbricht, hatte ausarbeiten lassen. Stauffenberg war Stabschef bei Olbricht gewesen und hatte die »Walküre«-Pläne selbst modifiziert. Zugleich war er der einzige aus dem Kreis der zum Attentat bereiten Verschwörer, der sicher bis zu Hitler vordringen konnte. Damit war aber auch ein Risiko verbunden, denn die Notwendigkeit, an zwei Orten gleichzeitig sein zu müssen, machte Stauffenberg zunächst in Rastenburg, eigentlich aber schon Minuten später in Berlin unverzichtbar. Dort nämlich mußten die Vorbereitungen für die Verlagerung der Machtzentren getroffen und entscheidende Weichen gestellt werden.

Das Allgemeine Heeresamt, das sich im Bendlerblock befand, war zweifellos wichtig als Planungszentrale. Ebenso entscheidend war aber der rasche Zugriff der Verschwörer auf die aktiven Verbänden im Reichsgebiet und vor allem im

Umland von Berlin. Der Wechsel Stauffenbergs vom Posten des Stabschefs im Allgemeinen Heeresamt in die Funktion des Stabschefs beim Befehlshaber des Ersatzheeres hatte deshalb die Chancen der »Operation Walküre« wachsen lassen – um so mehr, als es den Verschwörern im Bendlerblock bei dem Wechsel Stauffenbergs in seine neue Verwendung gelungen war, als seinen Nachfolger einen Vertrauten einzusetzen, mit dem – auch weil nur einige Dienstzimmer auseinander gelegen – im weiteren Verlauf des Umsturzes eine geradezu symbiotische Verständigung möglich war: Oberst i.G. Albrecht Ritter Mertz von Quirnheim.

Alles hing jedoch im weiteren Verlauf unmittelbar nach der Stunde X von der Möglichkeit ab, klare, nicht in Frage zu stellende Befehle aus der Zentrale des Befehlshabers des Ersatzheeres abzusetzen, zentrale Parteistellen auszuschalten und Zugang zur Öffentlichkeit zu schaffen. Hitlers Tod wurde dabei von den Attentätern vorausgesetzt. Entscheidend war deshalb die militärische und vor allem die nachrichtentechnische Isolierung des Führerhauptquartiers in Ostpreußen. Dazu benötigte man die Kontrolle über das Fernmeldewesen zumindest in Rastenburg. Weil der Schwerpunkt des Umsturzes nach dem Anschlag in Berlin liegen sollte, war in diesem Zusammenhang der Kontakt zu den dortigen Befehlshabern der Polizei wichtig. Wolf Heinrich Graf von Helldorf als Berliner Polizeipräsident sowie Arthur Nebe als Leiter der Abt. V des Reichssicherheitshauptamtes, also des Reichskriminalpolizeiamtes, kam deshalb als Mitverschworenen eine wesentliche Aufgabe zu. In Berlin befanden sich die wichtigsten Rundfunkeinrichtungen, unter anderem das »Haus des Rundfunks«, weiterhin das Reichspropagandaministerium, das isoliert werden sollte. Besondere Bedeutung besaß nicht zuletzt der Reichssender bei Herzberg. Die Verfügungsgewalt über diesen überregional ausstrahlenden Sender war um so wichtiger, als die Verschwörer große Hoffnungen auf die Aufklärung der deutschen Öffentlichkeit setzten. Andererseits war entscheidend, daß die Machthaber unverzüglich jeden Zugang zum Rundfunk verloren.

Weiterhin mußte möglichst rasch eine schlagkräftige neue Befehlsstruktur geschaffen und eine sowohl handlungsfähige als auch in kurzer Zeit erfolgreiche Regierung und militärische Führung eingesetzt werden. Dies setzte voraus, daß bereits Stunden nach dem Umsturz regierungs- und führungserfahrene Persönlichkeiten zur Verfügung standen, denen die Öffentlichkeit Vertrauen entgegenbrachte und die auf längere Sicht auch breiten Rückhalt in der Bevölkerung finden würden. Beck, Witzleben, Hoepner und Goerdeler waren bekannte Namen. Ihr gemeinsames Handeln setzte aber Klarheit in den politischen Zielen, ihre Akzeptanz in der Bevölkerung eine Verbindung zu den traditionellen politischen Kräften voraus, die seit 1933 von jeder politischen Wirksamkeit ausgeschlossen waren und dennoch die Grundlage für eine neue Massenbewegung schaffen sollten. Sie erst hätten aus dem *Widerstand ohne Volk* eine *breite Auflehnung* gegen die NS-Führung *aus dem Volk* gemacht.

Dabei war nicht nur an die Verhältnisse in der Hauptstadt, sondern auch im gesamten Reichsgebiet zu denken. Dies bedeutete, daß politische Beauftragte als Helfer bei der Konsolidierung des Umsturzes in den Wehrkreisen zu gewinnen, vorzubereiten und in der entscheidenden Stunde einzusetzen waren. Ein weiteres Problem bestand in der Übernahme der politischen Verantwortung unmittelbar nach dem Umsturz. Militärische Mittel mochten geeignet sein, die Nationalsozialisten auszuschalten. Der Umsturz sollte aber letztlich Politik nicht ersetzen, sondern sie gerade ermöglichen. Deshalb mußten in der Stunde X in den Schlüsselministerien Vertraute und Helfer bereitstehen. Dies galt auch für einzelne »Gaue« und ehemalige Länder, deren Existenz geradezu vorausgesetzt wurde.

Von entscheidender Bedeutung für die angestrebte rasche Beendigung des Krieges, die den »Bestand des Reiches« sichern sollte, war die Reaktion der Gegnermächte. Obwohl es eine Fülle von Kontakten der deutschen Opposition zur amerikanischen, britischen und selbst zur sowjetischen Seite in der Schweiz, in Stockholm und anderen Orten, nicht zuletzt auch über den Vatikan gab, erfuhr die Tat Stauffenbergs dann keinerlei unterstützende Reaktion durch die Alliierten. Gewiß bleiben angesichts ihrer Forderung nach der bedingungslosen deutschen Kapitulation erhebliche Zweifel, ob die Kriegsgegner durch die bloße Signalisierung ihrer Verhandlungsbereitschaft zum Gelingen des Umsturzes hätten beitragen können. Doch spielte dieser Gesichtspunkt schon bei der Vorbereitung und der Durchführung des Umsturzversuchs wie auch später für die Erklärung seines Scheiterns eine wichtige Rolle.

Die Planung der »Operation Walküre« setzte nach dem gelungenen Anschlag also die völlige und konsequente Isolation der nationalsozialistischen Machtzentralen, die Herrschaft über den Rundfunk, die alleinige Verfügung über entscheidende Befehlswege der Wehrmacht, die unverzügliche Neubildung einer von der NSDAP völlig unabhängigen militärischen und politischen Führung sowie die Ausschaltung nationalsozialistischer Reaktionszentren voraus. In den Tagen unmittelbar nach dem Umsturz mußte es darauf ankommen, sehr rasch die Entstehung eines neuen politischen Konsenses der NS-Gegner selbst langfristig zu sichern. Eine eigene Basis in der Bevölkerung war zu gewinnen und deren Stimmung sowie Opferbereitschaft zu mobilisieren. Erst danach ließ sich an die Klärung der außenpolitischen Fragen denken, die den Bestand der Nation berührten.

In diesem Aufgabenkatalog werden neben den Chancen auch die Schwierigkeiten, Unwägbarkeiten und schließlich die Ursachen für das Scheitern des Umsturzversuchs deutlich. Stauffenberg war gewiß die entscheidende und zentrale Gestalt. Er mußte den Anschlag in Ostpreußen ausführen und fast gleichzeitig im Berliner Bendlerblock sein, um die »Operation Walküre« auszuführen. Er mußte zivile und militärische Kreise mobilisieren, die Lage im Bendlerblock beurteilen und zugleich außerhalb um Unterstützung nachsuchen – dies alles förmlich einwandfrei, also mittels ordnungsmäßig unterzeichneter Befehle und auf korrektem Nachrichtenweg. Wie die Ereignisse schließlich zeigen sollten, war darüber hinaus seine persönliche Intervention gefordert, um vor allem auf telefonischem Weg den Anweisungen aus dem Bendlerblock den notwendigen Nachdruck zu verleihen.

Der Erfolg der »Operation Walküre« hing davon ab, daß die Pläne unverzüglich nach dem Anschlag realisiert werden würden. Die Aktion mußte komplikationslos ablaufen, Gegenaktionen von höchster Ebene entschieden begegnet werden, bestimmt und vertrauenerweckend zugleich. Entscheidend war der Zugriff auf die Berliner Einrichtungen, auf Rundfunk und Polizei, dabei die Isolierung der Berliner NS-Machtzentralen. Die offene Frage war aber weniger der Ablauf der Operationen in der Stadt und ihrem unmittelbaren Umland als vielmehr die Sicherung einer tragfähigen politischen Basis. Die Einsetzung einer neuen politischen Führung mußte der erste, die Sicherung der Unterstützung durch die Bevölkerung der zweite Schritt nach der militärischen Aktion sein.

Aus allem wird deutlich: Mit dem Umsturzversuch, der sich auf die »Walküre«-Pläne stützte und das Attentat als notwendige Voraussetzung für deren Auslösung bedurfte, wurde keineswegs eine dilettantisch vorbereitete Aktion in Szene gesetzt. Die Beteiligten wußten ohne Ausnahme, was sie riskierten. Es gab für sie keine Alternative, vor allem aber kein »Zurück« mehr. Sie hatten nicht nur auf soldatische Tugenden und militärische Mechanismen gesetzt, sondern auch auf einzelne Kameraden und Vorgesetzte. Deshalb fühlten sie sich zunehmend – mit den Worten Stauffenbergs – »im Stich gelassen«, als in den Abendstunden das Scheitern des Umsturzes nicht mehr zu leugnen war.

Die Geschichte des Anschlags und der dadurch ausgelösten »Operation Walküre« läßt eine Fülle von parallelen Aktivitäten erkennen, die insgesamt aus dem Anschlag einen Staatsstreich und aus diesem einen Umsturz gemacht hätten. Verschiedene *Kräftezentren* sind in diesem Zusammenhang von Interesse. Zum einen ist dies die weitere Entwicklung im *Führerhauptquartier* selbst. Zum anderen müssen die Ereignisse in den Berliner Kräftezentren bedacht werden: im *Bendlerblock* als dem »Stabsquartier« der Verschwörer, in den *Berliner Zentralen der NSDAP und der SS*, der *Wehrmacht* und der *Polizei*, schließlich auch in jenem weit nach dem Westen ausgreifenden *Netzwerk*, das in jahrelanger konspirativer Arbeit vorbereitet worden war und das sich nun bewähren mußte.

In der *Lagebaracke der »Wolfschanze«* verursacht der Anschlag verheerende Folgen: vier Todesopfer und fast zwanzig Verletzte. Hitler selbst aber wird nur leicht verletzt. Die Detonation der Bombe löst zunächst in beiden Sperrkreisen Alarm aus. Das Führerhauptquartier wird abgesperrt. Erich Fellgiebel, der General der Nachrichtentruppe, verhängt eine Nachrichtensperre, die allerdings nicht die SS betrifft und auch ansonsten nicht völlig durchgehalten wird. Aus diesem Grunde erfährt der in Berlin befindliche Propagandaminister Joseph Goebbels andeutungsweise bereits um 13.00 Uhr von dem Anschlag – also eine Viertelstunde *vor* den Vertrauensleuten des Attentäters in Berlin!

Um diese Zeit ergreift der Leiter der Parteikanzlei, Martin Bormann, in Rastenburg die Initiative, und damit eine halbe Stunde früher als »Reichsführer SS« Heinrich Himmler, der kurz vor zwei Uhr am Ort des Geschehens eintrifft. Himmler leitet unverzüglich die kriminalpolizeilichen Ermittlungen ein. Bereits zu dieser Zeit richtet sich der erste Verdacht gegen Stauffenberg, nachdem man zunächst Mitarbeiter der Organisation Todt verdächtigt hat. Himmler befiehlt, Stauffenberg bei der Landung in Berlin zu verhaften. Gegen 16 Uhr wird die Nachrichtensperre aufgehoben. Nun können alle Wehrkreiskommandos über den Anschlag informiert werden.

Kurz vor vier Uhr erregt ein Anruf von Generaloberst Friedrich Fromm, des Befehlshabers des Ersatzheeres, aus Berlin Aufmerksamkeit, mit dem er sich Klarheit über die Folgen des Anschlags verschaffen will. Wilhelm Keitel, der Chef des Oberkommandos der Wehrmacht, untersagt daraufhin Fromm, die »Walküre«-Befehle abzusetzen, die für den Fall von Unruhen im Heimatgebiet vorbereitet worden waren. Eine Stunde später ordnet Himmler erneut die unverzügliche Verhaftung von Stauffenberg an. Alle Augenblicke gehen zwischen 16 und 17 Uhr in der »Wolfschanze« Anfragen von Wehrkreisbefehlshabern ein, die sich erkundigen, ob Hitler lebt. Gegen 17 Uhr wird entschieden, im Rundfunk zu melden, der »Führer« habe einen Mordanschlag überlebt. Zwanzig Minuten später verständigt dieser Goebbels in Berlin und ordnet an, entsprechende Meldungen zu veranlassen. Erstmals kann die Bevölkerung um 17.42 Uhr, dann erneut um 18.28 Uhr und schließlich bis 22 Uhr noch weitere sechs Mal entsprechende Nachrichten hören.

Die Ereignisse in Berlin

Nach allem, was über die Entwicklungen im Bendlerblock bekannt ist, hatten sich die Verschwörer bereits im Laufe des Vormittags endgültig auf den Umsturz eingestellt. Gegen 11 Uhr wird der Berliner Polizeipräsident Graf Helldorf, eine Stunde später der Berliner Stadtkommandant Paul von Hase über das Attentat informiert. Etwa eine Viertelstunde vor der Explosion laufen die unmittelbaren Vorbereitungen an. Aus dem Bendlerblock fordert gegen 12.30 Uhr Oberst Mertz von Quirnheim einige Kriminalbeamte an, die mit den Verhältnissen in verschiedenen Ministerien vertraut sind. Gleichzeitig treffen enge politische Vertraute und militärische Weggefährten im Bendlerblock ein. Einige halten sich in wichtigen Ministerien bereit, vor allem im Auswärtigen Amt, andere informieren die wenigen eingeweihten Beauftragten in den Wehrkreisen des Reichsgebietes.

Eigentlich hatten die Verschwörer General Olbricht dazu ausersehen, zum Zeitpunkt des Anschlags etwa gegen Mittag »Operation Walküre« auszulösen. Um Notstandsmaßnahmen gerechtfertigt erscheinen zu lassen, sollte offiziell behauptet werden, »parteifremde Elemente« hätten versucht, sich der Regierungsgewalt zu bemächtigen. Man wollte den Eindruck erwecken, die unübersichtliche Lage erfordere eine handlungsfähige militärische Führung in Berlin, die der Gefahr eines Aufstands von Kriegsgefangenen, Zwangs- und Fremdarbeitern im Reich vorbeugen und eine Neuauflage sozialer Unruhen verhindern würde. Jedem Offizier, der nicht über die Hintergründe des Anschlags informiert war, mußte dies einleuchten.

Die Auslösung des »Falles Walküre« wurde dann allerdings um entscheidende Stunden verzögert. Vermutlich war nach Berlin durchgesickert, daß das Attentat Hitler nicht getötet hatte. So soll Arthur Nebe noch kurz vor 14 Uhr telefonisch Kontakt mit dem Führerhauptquartier bekommen haben. Jedenfalls wurden die »Walküre«-Befehle erst gegen 15.50 Uhr, also lange nach der Landung Stauffenbergs in Rangsdorf, ausgegeben. Zunächst hatte Olbricht seinen Vorgesetzten Fromm aufgefordert, die Befehle telegrafisch abzusetzen. Fromm vergewisserte sich daraufhin bei Keitel in der »Wolfschanze« über den Stand der Dinge und erfuhr, daß Hitler den Anschlag überlebt hatte. Er weigerte sich nun, der Aufforderung Olbrichts zu folgen, mehr noch: Er untersagte die Auslösung von »Walküre«. Damit war der Mechanismus von Befehl und Gehorsam erstmals entscheidend unterbrochen.

Nun erst treten die Berliner Verschwörer auf eigene Verantwortung in Aktion. Eine der ersten Einheiten, welche die »Walküre«-Befehle von ihnen übermittelt bekommt, ist das Berliner Wachbataillon »Großdeutschland«, das den Auftrag erhält, zentrale Stellen der Partei und der Regierung im Zentrum von Berlin zu umstellen und hermetisch von der Außenwelt abzuriegeln. Der Kommandeur des Wachbataillons, Major Otto Ernst Remer, nimmt entsprechende Befehle in der Stadtkommandantur entgegen. Etwa gleichzeitig trifft der frühere, inzwischen pensionierte Generalstabschef Ludwig Beck im Bendlerblock ein, eine gute halbe Stunde vor Stauffenberg. Dieser erstattet nach seiner Ankunft Fromm Meldung und gibt sich als der Attentäter zu erkennen. Olbricht informiert Fromm über die Auslösung von »Walküre« und veranlaßt seine Verhaftung, als er sich strikt weigert, die Verschwörer zu unterstützen.

Zwischen 16.30 und 17.30 Uhr werden weitere »Walküre«-Befehle unter Hinweis auf drohende »innere Unruhen« abgesetzt. Auf diese Weise können einige Wehrmachtverbände alarmiert werden, deren Kommandeure allerdings nicht über die Hintergründe des Anschlags informiert sind, sondern dies im Glauben tun, korrekt erteilte Befehle auszuführen. Immerhin verfügen damit die Verschwörer über motorisierte Truppen, die sich auf Berlin zu bewegen. Aus Cottbus rücken überdies Verbände auf die Sendeanlagen in Königs Wusterhausen vor.

Zu dieser Zeit, kurz vor 17 Uhr, kehrt Remer zu seinem Bataillon zurück, um befehlsgemäß das Regierungsviertel abriegeln zu lassen. Ein zufällig beim Bataillon anwesender Referent aus dem Propagandaministerium bittet Remer, sich vor weiteren Maßnahmen unmittelbar in seinem Ministerium über die Voraussetzungen der »Walküre«-Aktion informieren zu können. Er unterrichtet seinen Minister über die Lage, der Remer daraufhin zu sich beordert. Der Kommandeur des Wachbataillons, das gegen 18.30 Uhr seinen Auftrag ausgeführt hat, trifft gegen 19 Uhr im Propagandaministerium ein und wird von Goebbels direkt mit dem Führerhauptquartier verbunden. Hitlers persönlichen, telefonisch erteilten Befehl, den »Putsch niederzuschlagen«, führt er unverzüglich aus. Die so präzise vollzogene Abriegelung des Regierungsviertels richtet sich jetzt gegen die Verschwörer.

Gleichzeitig spitzt sich die Lage im Bendlerblock zu. Dort wird ein SS-General festgenommen, der auf Befehl Himmlers Stauffenberg verhaften soll. Damit wird den Verschwörern deutlich, daß nunmehr die Gegner des Umsturzes aktiv werden. Eine weitere Gefahr zeichnet sich ab, als der Befehlshaber im Berliner Wehrkreis den Anordnungen der Verschwörer keine Folge leisten will. Er wird daraufhin kurzerhand von Beck abgesetzt, der couragiert erklärt, sich so verhalten zu wollen, als sei Hitler tot.

Die Verschwörer beginnen nun einen immer verzweifelter werdenden Wettlauf gegen die Zeit. Etwa um 18.30 Uhr informieren sie die meisten Wehrkreiskommandos darüber, daß die »vollziehende Gewalt« an die Vertreter der Wehrmacht übergegangen sei. Damit wird die zweite Phase der »Operation Walküre« eingeleitet. Eine Stunde später trifft Erwin von Witzleben im Bendlerblock ein. Er hält den Umsturz offensichtlich für gescheitert und verläßt bereits eine knappe Stunde später wieder das Gebäude. Dramatische Brennpunkte des Geschehens sind zu diesem Zeitpunkt auch die Umgebung der Siegessäule in Berlin-Tiergarten und der Fehrbelliner Platz in Berlin-Wilmersdorf. Hier sind inzwischen Teile der alarmierten Panzertruppen-Schule aus Krampnitz eingetroffen. Eine gewaltsame Konfrontation mit dem inzwischen wieder regimetreuen Wachbataillon wird nur dadurch vermieden, daß auf Befehl aus dem Stab von Generaloberst Guderian nun auch diese Panzertruppen gegen die Verschwörer »Front machen«.

Im Vorzimmer von Goebbels hat Remer zu dieser Zeit seinen Befehlsstand eingerichtet. Auch der Sicherheitsdienst der SS (SD) wird jetzt eingeschaltet, nachdem Kaltenbrunner mit Goebbels persönlich Kontakt bekommen hat. Damit wird klar, daß die erhoffte Ausschaltung von Gegenkräften nicht gelungen ist. Zur gleichen Zeit wird die Nachrichtenlage immer unübersichtlicher, denn die Befehle aus dem Führerhauptquartier und aus dem Bendlerblock widersprechen sich nun offensichtlich.

Zur selben Zeit, als die Verschwörer wiederholt beteuern, Hitler sei tot, spricht dieser im Rundfunk. Während aus dem Bendlerblock fortwährend die Übernahme der vollziehenden Gewalt als Voraussetzung für die Wiederherstellung von Ruhe und Ordnung befohlen wird, gehen aus dem Führerhauptquartier Weisungen ein, unter keinen Umständen den ungültigen Befehlen aus Berlin Folge zu leisten. Deshalb werden von dort aus die vorbereiteten Standrechtsverordnungen nicht mehr abgesetzt.

Die Verschwörer können nur noch versuchen, einzelne Wehrkreiskommandos zu erreichen und dort den Übergang der vollziehenden Gewalt auf einzelne ihrer Wehrkreisbeauftragten und Politischen Beauftragten zu forcieren. Dadurch splittern sich aber ihre Aktionen immer mehr auf. Seit 21 Uhr ist der Bendlerblock von Soldaten des Wachbataillons umstellt. Die dortige Nachrichtenzentrale übernimmt ab 21.30 Uhr wieder alle Anordnungen, die aus der »Wolfschanze« eintreffen. Damit wird endgültig deutlich, daß die Attentäter ihr Ziel nicht erreicht haben, einige Stunden des Befehlsvakuums für sich zu nutzen.

Dennoch spitzt sich die Situation noch einmal zu. Obwohl Stauffenberg ab 22 Uhr erkennen muß, daß das Attentat mißlungen und der Umsturzversuch fehlgeschlagen ist, geben die Verschwörer noch nicht auf. Ihr Schicksal ist erst besiegelt, als sich einige Generalstabsoffiziere, die Olbricht am Abend zur Bewachung der Eingänge eingeteilt hat, aktiv gegen die Verschwörer stellen. In einem »bewaffneten Gegenstoß« gelingt es ihnen, Fromm zu befreien und die meisten Verschwörer innerhalb des Bendlerblocks zu überwältigen. Auf Becks Bitte erlaubt ihm Fromm, Selbstmord zu verüben. Nachdem sich Beck dabei lediglich schwer verletzt hat, wird er von einem anwesenden Feldwebel getötet. Fromm betreibt nun entschlossen die Beseitigung von Stauffenberg, Olbricht, Haeften und Mertz. Er erklärt sie »standrechtlich« zum Tode verurteilt. Ein Kommando der 4. Kompanie des Wachbataillons erschießt die vier Verschwörer kurz nach Mitternacht im Innenhof des gerade erst besetzten Bendlerblocks.

Die letzten Fernschreiben des Tages tragen wieder die Unterschrift von Fromm: »Putschversuch blutig niedergeschlagen«. Ohne es zu ahnen, orakelt er über sein eigenes Ende, als er all jenen den zukünftigen Schrecken der Verfolgung ankündigt, die in dieser Nacht im Widerstand gegen Hitler nicht schon gefallen sind. Er kann schließlich seinen eigenen Kopf nicht retten und wird selbst – von den Machthabern der Feigheit und Mitwisserschaft beschuldigt – Monate später im Zuchthaus Brandenburg-Goerden hingerichtet.

Zur Bilanz

Die historische Bilanz des Fehlschlags ist nur schwer vorstellbar, ohne zu bedenken, daß nach dem 20. Juli 1944 dem Krieg mehr Menschen zum Opfer fielen als in all den Kriegsjahren zuvor. Auch die innenpolitischen Folgen des Anschlags werden oftmals übersehen: Himmler etwa, der noch am selben Tag zum Befehlshaber des Ersatzheeres ernannt wurde, gelangte damit erst als Folge des Anschlags auf den absoluten Höhepunkt seiner Macht. Und Hitler selbst wurde nach allem, was wir über die Stimmung in Deutschland zu jener Zeit wissen, niemals zuvor in einem solchen Maße von weiten Teilen der Bevölkerung als Begünstigter der »Vorsehung« verehrt wie in den Tagen nach dem 20. Juli 1944.

Weil der Anschlag mißlang, brachte der 20. Juli auch keine Wende im Weltkrieg, für dessen weiteren Verlauf er ganz augenscheinlich bedeutungslos blieb.
Manche trösteten sich später mit der Feststellung, dieser Krieg habe in all seinen Folgen von den Deutschen getragen werden müssen. Sie kleideten diese
Überzeugung in die Metapher, der Kelch habe wohl unausweichlich von den
Deutschen ganz geleert werden müssen. Andere Beobachter äußerten die Befürchtung, ein Gelingen des Anschlags hätte möglicherweise zu bürgerkriegsähnlichen Auseinandersetzungen geführt. Dabei verwies man auch auf Gefahren, die von einer neuen Dolchstoßlegende ausgegangen wären. All diese spe-
kulativen Überlegungen können aber letztlich nicht die Entscheidungsqualen
relativieren, vor die sich die Attentäter gestellt sahen.

Die dramatischen Abläufe in Rastenburg und Berlin machten deutlich, daß
es schwierig war, diesen Umsturz zu planen und durchzuführen. Hier waren –
allen Stammtischgesprächen zum Trotz – keine Dilettanten am Werk. Unter
den Bedingungen des NS-Staates handelte es sich vielmehr um eine durchaus
realistische und erfolgversprechende Vorbereitung eines Umsturzes. Die Tragödie der Verfolgung vollzog sich in Berlin, in den Nachstellungen, Verurteilungen und Hinrichtungen ab dem 21. Juli 1944. Wenige der Beteiligten überlebten.
Der »Triumph des Bösen« war nicht gestoppt. Aber es war sichtbar geworden,
daß es Vertreter eines anderen Deutschland gab, eben keine willigen Vollstrek-
ker, sondern Menschen, die den Mächtigen widerstanden und ihnen sogar noch
vor Gericht die Wahrheit zu sagen wagten.

Der militärische Widerstand im Umkreis des 20. Juli 1944 und die neue Tradition der Bundeswehr

Das Attentat auf Hitler wurde von Regimegegnern wie Henning von Tresckow
als Zeichen eines anderen Deutschland verstanden. Mit ihrer Tat, die vielen
Zeitgenossen als »Verrat« galt, verbanden sie die Hoffnung, Deutschland würde
auf diese Weise den Weg in den Kreis der zivilisierten Nationen zurückzufin-
den. Es dauerte lange, bis die Deutschen die moralische Substanz des Widerstands akzeptiert hatten. Noch in den 50er Jahren wäre es unvorstellbar gewesen, daß die Bundeswehr ein Gelöbnis am Jahrestag des Attentats durchführen
könnte.

Zu allen Zeiten haben Gesellschaften ihre historischen Traditionen konstruiert. Es mochte in einer Phase beginnender Integration der beiden deutschen Teilstaaten in das west- bzw. osteuropäische Geflecht internationaler
Beziehungen in der Tat sinnvoll sein, den Hinweis auf das »andere Deutschland« zu nutzen, um der Integration in den Kreis der europäischen Nationen
beiderseits des Eisernen Vorhangs den Weg bahnen zu helfen. Von dieser angestrebten außenpolitischen Bewertung des Widerstands in den 50er Jahren ist

jedoch zu unterscheiden, welche Bedeutung die Reflexion über den Widerstand für die Entwicklung eines Normgefüges im politischen Miteinander der Deutschen selbst hatte.

Hier ging es nicht mehr um die Legitimierung nationaler Ansprüche und die Bekräftigung einer politischen Würde, sondern um die ideelle Nutzbarmachung des Widerstandsgedenkens für die Klärung der Beziehungen zwischen Staat, Gesellschaft und Individuum. In ganz besonderer Weise gilt dies für die Bewertung des Widerstands im Zusammenhang mit der Entwicklung eines Konzeptes, welches seit Mitte der 50er Jahre eine neue militärische Tradition begründen wollte: das Konzept der »Inneren Führung«. Dabei handelte es sich nicht um eine Konzession an den Zeitgeist, im Gegenteil. Es brauchte vielmehr lange Zeit, bis sich dieses Konzept innerhalb der militärischen Praxis durchgesetzt hatte. Schließlich rührte es an die Grundfesten des überkommenen soldatischen Selbstverständnisses, indem es die Rolle des Soldaten in der Armee, die Verantwortung der militärischen gegenüber der politischen Führung und nicht zuletzt die Funktion einer demokratisch legitimierten »bewaffneten Macht« in einem freiheitlichen Verfassungsstaat neu definierte. Mit dem »Bürger in Uniform« sollte die ebenso schwierige wie spannungsreiche Stellung des Soldaten im freiheitlichen Verfassungsstaat, einer »Bürgergesellschaft«, gültig gelöst werden. Bürger, die als Soldaten dienten, sollten dennoch Bürger bleiben. Zivilcourage war nicht mehr allein eine bürgerlich-zivile, sondern auch eine soldatische Tugend geworden. Der Soldat sollte demnach nicht nur über die Grenzen des Prinzips von Befehl und Gehorsam reflektieren, sondern auch darüber nachdenken, wann ein Befehl zu verweigern ist.

In der politischen Bildungsarbeit, zu der die Bundeswehr verpflichtet ist, kommt dem Nachdenken über den »militärischen Widerstand« seitdem eine ganz besondere und unübersehbare Bedeutung zu. Ausstellungen, Publikationen, Tagungen, aber auch Traditionserlasse zeugen davon, daß sich die militärische Führung dieser Aufgabe gestellt hat. Sie hat auf diese Weise einen merklichen Wandel in der Beurteilung des militärischen Widerstands in den Streitkräften selbst herbeiführen können: War nach einhelliger Überzeugung beteiligter Zeitgenossen das Bild des militärischen Widerstands in der Bundeswehr der 50er und noch der 60er Jahre, getrübt durch den immer wieder erhobenen Vorwurf des »Landesverrats«, ebenso umstritten wie in der deutschen Gesellschaft, so besteht kein Zweifel, daß heutzutage gerade dieses Thema im Rahmen der zeithistorisch-politischen Bildung von Soldaten eine positive Würdigung findet. Deshalb ist es nur schlüssig, daß der 20. Juli 1944 auch durch ein feierliches Gelöbnis in das Bewußtsein der Bundeswehrangehörigen und der deutschen Gesellschaft gerückt wird.

Drei Traditionsstränge der Bundeswehr wurden in jüngster Zeit besonders betont. Hervorzuheben ist zum einen die Tradition, die sich in der inzwischen über vierzigjährigen Geschichte der Bundeswehr selbst angelegt findet. Weiterhin wird auf die Zeit der Befreiungskriege verwiesen, nicht allein wegen der gelungenen Befreiung von der napoleonischen »Fremdherrschaft«, sondern vor allem, weil die Militärreformen der Befreiungszeit insofern beispielhaft sind, als sie die Distanz zwischen bewaffneter Macht und Gesellschaft entscheidend verringert haben. Ein »Volk in Waffen« bedeutete nicht so sehr die Militarisierung der Gesellschaft als vielmehr eine wichtige Stufe für die Zivilisierung der bewaffneten Macht. Hieraus ergibt sich auch ein Zusammenhang mit dem dritten Traditionsstrang: dem militärischen Widerstand im Umkreis des 20. Juli 1944. Nicht bestritten wird dabei, daß die meisten Regimegegner im Umkreis Stauffenbergs und Becks durch Ideen des Obrigkeitsstaates geprägt blieben. Dieses Merkmal teilten sie mit vielen Zeitgenossen. Wer mit angesehen hatte, wie skrupellos die Nationalsozialisten die demokratischen Freiheiten der 20er und frühen 30er Jahre auszunutzen verstanden, um Stimmungen für sich zu mobilisieren, konnte sich kaum als Anhänger der Demokratie empfinden. Entscheidend für jene blieb immer etwas anderes: Die Betonung des Gedankens, daß sich die politische wie auch die militärische Macht dem Recht zu unterwerfen hat.

Mit dem Konzept des »Bürgers in Uniform« wurde der Zusammenhang zwischen Befehl und Gehorsam, zwischen Eid und Verpflichtung, zwischen dem soldatischen Gelöbnis und der soldatischen Bereitschaft auf eine neue Grundlage gestellt. Die Angehörigen der bewaffneten Macht dienten von nun an nicht mehr einem obersten Befehlshaber oder gar einem »Führer« in persönlicher Treue, sondern einem demokratisch legitimierten, parlamentarischen Rechtsstaat. Sie teilen dabei die grundlegenden Wertvorstellungen der liberaldemokratischen Bürgergesellschaft.

Deshalb war und ist es konsequent, am Beispiel des 20. Juli 1944 angehenden Soldaten die Prinzipien einer freiheitlichen Verfassung vor Augen zu führen. Denn besser als an diesem Tag läßt sich nicht verdeutlichen, daß Befehl und Gehorsam eine Grenze haben. Dies liegt im Sinne der »Inneren Führung« und knüpft damit an Gedanken des wichtigsten Reformers der Bundeswehr, Wolf Graf von Baudissin, an. Er wollte die Bundeswehr nicht aus dem Geist der Wehrmacht entwickeln, sondern eigenständig legitimieren.

Wenn gilt, daß sich ein verratenes Volk nicht verraten lasse, dann handelten die Attentäter im eigentlichen Sinn »eidgetreu«. Sie waren keine Opfer, sondern Täter des Widerstandes. Sie beklagten sich nicht, sondern starben auch im Bewußtsein, auf ihre Weise für Deutschland »gefallen« zu sein – im Widerstand und Widerspruch zum Unrechtsstaat, aber treu ihren Prinzipien. Sie wurden von jenen, die sich ihren Kameraden im Widerstand verweigerten, verraten, zumindest im Stich gelassen. Jene standen weiterhin zur Fahne, die das Hakenkreuz trug, und bemäntelten ihr Versagen später als Eidtreue.

Daß der Bundesminister der Verteidigung im Jahre 1999 am Tag des deutschen Widerstandes ein Gelöbnis durchführen ließ, machte deutlich, an welchen Wertvorstellungen sich die Bundeswehr orientieren will. Nichts hat diese Anknüpfung an den Widerstand mit dem Versuch der 50er Jahre gemein, die Widerstandsgeschichte zu nutzen, um die Last der deutschen Geschichte zu mindern. Wer nachdenkt, wird spüren: Der Widerstand macht diese Last noch schwerer. Deshalb sollte man vorbehaltlos akzeptieren, daß an diesem Tag Soldaten auf das Grundgesetz vereidigt werden. Denn die Geschichte des breiten, vielfältigen und auch widersprüchlichen Widerstands gegen den NS-Staat ist vielleicht der wichtigste Beitrag der Deutschen zur Geschichte der Menschenrechte, die zu schützen ein staatlicher Auftrag ist. Daran sollte 1999 mit dem Gelöbnis am 20. Juli erinnert werden.

Und auch daran, daß Zivilcourage eine bürgerliche Tugend ist, die gewiß nicht nur den Soldaten, aber eben auch ihn, den »Bürger in Uniform«, zieren kann.

Vom Autor erweiterte Fassung seines Vortrages vom 24. Februar 1999.

Hans Mommsen

Die Stellung der Militäropposition im Rahmen der deutschen Widerstandsbewegung gegen Hitler

Der militärische Widerstand gegen Hitler seit langem ist ein bevorzugter Gegenstand der zeitgeschichtlichen Forschung. Insbesondere Klaus-Jürgen Müller[1], Peter Hoffmann[2], Gerd R. Ueberschär[3], Detlef Graf von Schwerin[4] und Bodo Scheurig[5] haben den Anteil führender Militärs an der Bewegung des 20. Juli 1944 eingehend geschildert. Dazu kommen zahlreiche Einzelpublikationen, die vor allem den Lebensweg einzelner Offiziere behandeln. Sie ermöglichen eine differenzierte Beschreibung der Zielsetzungen und Motive, die zum Widerstand geführt haben[6]. Zugleich tritt der Zusammenhang zur sich wandelnden militärischen Gesamtsituation deutlicher als bisher hervor. Die intensive Erforschung der Geschichte des Zweiten Weltkrieges hat dazu entscheidend beigetragen. Trotzdem fehlt bis heute umfassende Darstellung der Militäropposition. Neuere Forschungen über die deutsche Besatzugsherrschaft in der Sowjetunion, in erster Linie Christian Gerlachs Darstellung der deutschen Besatzungsherrschaft in Weißrußland, in der er an führenden Repräsentanten des 20. Juli, darunter Henning von Tresckow, Rudolf-Christoph Freiherr von Gersdorff und Peter Graf Yorck von Wartenburg, Kritik übt, lassen dies um so dringlicher erscheinen[7]. Auch unabhängig von der veränderten Forschungslage ist es wünschenswert, die Militäropposition gegen das NS-Regime als eigenständige Bewegung zu betrachten, und sie nicht primär als ein Anhängsel der Verschwörergruppe um Ludwig Beck, Carl Friedrich Goerdeler und Ulrich von Hassell zu begreifen. Namentlich die frühe Widerstandsliteratur nährte den Eindruck, die Militärs hätten im wesentlichen als vollstreckender Arm der zivilen Opposition fungiert, die ihrerseits mit einer weitgehend festliegenden Regierungsliste hervortrat und nach dem Umsturz die Politik maßgebend bestimmen zu können glaubte[8]. Dieser Sicht steht die Beobachtung gegenüber, daß die zunächst von der Heeresgruppe Mitte ausgehende militärische Opposition aus eigener Wurzel entsprang. Damit ergibt sich das Problem der Abgrenzung zur »zivilen« Opposition. Militäropposition soll hier nicht im Sinne der Gesamtheit aller am Widerstand beteiligten Militärs verstanden werden. Es ist zwar legitim, sie quantitativ zu bestimmen, wie dies Wolfgang Schieder versucht hat, der von 185 militärischen Verschwörern ausgeht, aber zugleich einräumt, daß die Abgrenzung zu passiver Billigung des Umsturzes fließend ist[9]. Hilfreich ist indessen die Unterscheidung zwischen einer älteren und einer jüngeren Alterskohorte der Militärs, die, wie Schieder darlegt, durch eine jeweils unterschiedliche politische Sozialisation geprägt waren. Neben bereits im Ersten Weltkrieg aktiven Offizieren trat die Gruppe derjenigen, die ihre militärische Karriere in den frühen Nachkriegsjahren begannen, was sich in den jeweils erreichten militärischen Rängen spiegelte. Während der ersten Kategorie vornehmlich Generäle angehören, überwiegen in der zweiten Generalstabsoffiziere. Demgemäß hat er auch von einer oberen und unteren Linie gesprochen[10].

Ein solches systematisches Herangehen hat jedoch den Nachteil, daß dadurch die Diskontinuität der Militäropposition zwischen 1938 und 1942 verdeckt wird. Die in enger Verbindung mit Carl Goerdeler und Ludwig Beck im Spätsommer 1938 eingeleitete Umsturzaktion[11] und die Initiative Franz Halders, nach dem Polenfeldzug einen Angriff auf Frankreich zu verhindern, blieben bekanntlich Episode. Der verbleibende militärische Kern verlor damit den Rückhalt bei der kämpfenden Truppe, zumal sich eine Reihe von Militärs, die sich zuvor mit den Umsturzabsichten identifiziert hatten, nun von der Opposition löste.

Das galt nicht zuletzt für Generaloberst Franz Halder und den Oberbefehlshaber des Heeres, Generalfeldmarschall Walther von Brauchitsch, die angesichts der militärischen Erfolge des Regimes eine Aktion für unmöglich hielten und eine Spaltung der Wehrmacht befürchteten. Ihr primäres Motiv hatte in der Verhinderung einer Kriegsausweitung bestanden und schien nunmehr gegenstandslos geworden zu sein. Mit der Verlegung der von verbliebenen Sympathisanten der Verschwörer befehligten Truppenverbände verschwand die Aussicht auf eine Umsturzaktion immer mehr[12]. Mit Ausnahme des sich innerhalb der Abwehr heraus formenden Widerstandszirkels um Oberst Hans Oster besaß der von Ludwig Beck geführte Widerstand keine engere Verbindung zu aktiven Militärs, seitdem sich Halder und Brauchitsch zurückgezogen hatten und sowohl Generalfeldmarschall Erwin von Witzleben wie Generalleutnant Alexander von Falkenhausen[13] nach Paris und Brüssel, damit an die Peripherie versetzt wurden oder aus dem aktiven Dienst ausschieden.

Es ist daher angemessen, Beck eher der zivilen Opposition zuzurechnen, die in der ersten Phase vor allem von Carl Goerdeler, Ulrich von Hassell und Johannes Popitz repräsentiert wurde. Das Ringen mit den Armeebefehlshabern, sich für einen Umsturz zur Verfügung zu stellen, prägte ihre Widerstandstätigkeit bis in das Jahr 1943 hinein[14]. Aus der Sicht Goerdelers und seiner Parteigänger sollte die Wehrmacht zwar als entscheidender machtpolitischer Hebel des Umsturzes fungieren, aber die errungene Macht unverzüglich an die zivile Regierung abtreten. Die Absicht, Ludwig Beck sowohl das Amt des Staatsoberhaupts als auch den Oberbefehl über die Wehrmacht zu übertragen, was an späte Weimarer Usancen anknüpfte, verwischte diese Festlegung[15].

Die frühe Widerstandsforschung hat diese Perspektive vielfach übernommen und nach eigenständigen politischen Zielvorstellungen der Militärs kaum gefragt. Durch die enge Verbindung Becks mit Goerdeler entstand überdies der Eindruck, daß beide in ihren verfassungspolitischen Vorstellungen weitgehend übereinstimmten (tatsächlich hat Beck an Goerdelers programmatischer Denkschrift »Das Ziel« keinen unmittelbaren Anteil gehabt, auch wenn ihr ein längerer Gedankenaustausch zwischen beiden Persönlichkeiten zugrunde lag)[16]. Was Becks Nachfolger, Generaloberst Franz Halder anging, lassen die wenigen Quellenbelege, die verfügbar sind, nur die Aussage zu, daß er zwar den extremistischen Tendenzen innerhalb der NSDAP und SA mißtraute (und sie durch die Armee zu kontrollieren gedachte), aber an der autoritären Regierungsform festzuhalten gedachte und, wie viele Zeitgenossen, Hitler davon ausnahm[17]. Die ursprünglich an den Umsturzplanungen von 1938/39 beteiligten Militärs zogen sich ebenso wie Halder mit wenigen Ausnahmen von der zivilen Oppositionsgruppe um Carl Goerdeler zurück, und es gab nur, abgesehen von Oberst Hans Oster, nur vereinzelte Querverbindungen zur Wehrmacht.

Seit dem Herbst 1941 bildete sich aus dem Kreis der jüngeren Generalstäbler ein neuer Oppositionskern heraus, der zunächst nur lockere Beziehungen zu Beck und Oster unterhielt. Den maßgeblichen Motor dieser Bemühungen stellte Henning von Tresckow dar, der im Oktober 1941 Fabian von Schlabrendorff nach Berlin entsandte, um Kontakte mit der zivilen Opposition zu knüpfen, wie Ulrich von Hassell berichtet hat[18]. Noch Anfang 1940 sympathisierte Tresckow mit dem von Manstein entworfenen Offensivplan gegen Frankreich; doch kehrte, dem Urteil Bodo Scheurigs zufolge[19], nach dem Frankreichfeldzug seine ursprüngliche Skepsis zurück, zumal er erkannte, daß das Reich von einem Friedensschluß weit entfernt war, Hitler vielmehr Vorbereitungen traf, den Krieg mit einem Überfall auf die Sowjetunion fortzusetzen.

Tresckow befand sich seit dem 10. Dezember 1940 in der Funktion des Ia der Heeresgruppe B[20], die im April 1941 in Heeresgruppe Mitte umbenannt wurde. Zunächst scheinen bei ihm Zuversicht in den der Heeresgruppe aufgegebenen Feldzugplan und Zweifel über dessen Durchsetzungsfähigkeit die Waage gehalten zu haben. Allerdings fürchtete er schon vor dem Angriffsbefehl die Unterschätzung des russischen Gegners und äußerte, daß »alles vom schnellen und durchgreifenden Erfolg der Heeresgruppe Mitte« noch vor Anbruch des Winters abhinge[21].

Sowohl die von Hitler inaugurierten Methoden des »Rassenvernichtungskrieges«[22] als auch dessen hypertrophe strategische Zielsetzungen riefen bei Tresckow Skepsis und eine innere Protesthaltung hervor. Die Erfahrung, bei seinen Warnungen und Vorbehalten nicht die Unterstützung des Oberkommandos des Heeres (OKH) zu finden, das sich gegenüber dem Hitler hörigen Oberkommando der Wehrmacht (OKW) nicht durchzusetzen vermochte, wurde von ihm mit wachsender Bitterkeit registriert[23]. Seine ersten Schritte beschränkten sich darauf, die eigene militärische Identität und das Ansehen der Truppe zu wahren, doch schlugen seine Bemühungen fehl, den Oberbefehlshaber der Heeresgruppe, Generalfeldmarschall Fedor von Bock für eine Zurücknahme des Kriegsgerichtsbarkeitserlasses zu erreichen, der eindeutig völkerrechtswidrig war. Hingegen wurde der Kommissarbefehl anfänglich noch hingenommen und keineswegs zurückgehalten[24].

Nachdem alle Versuche Tresckows, erst von Bock, dann von Kluge gegen Hitlers Methoden zu aktivieren, gescheitert waren, entschloß er sich auf eigene Faust vorzugehen und Gesinnungsfreunde zu gewinnen, die er in militärischen Kommandos im Bereich der Heeresgruppe unterbrachte, darunter Rudolf-Christoph Freiherr von Gersdorff, Fabian von Schlabrendorff, Carl-Hans Graf von Hardenberg und Berndt von Kleist. Seine Personalpolitik legte die Grundlage für eine weit verzweigte Widerstandsgruppe, welche die ursprünglichen Pläne eines militärischen Umsturzversuchs erneuerte.

Die Entstehung dieser *zweiten Opposition*, die im Unterschied zur zivilen Verschwörung vor konspirativen Methoden nicht zurückscheute, stand in dialektischem Zusammenhang zu der durch Hitler mutwillig zerschlagenen militärischen Spitzengliederung. So hatte das Heer die auch nach der Übernahme des Oberbefehls über die Wehrmacht durch Adolf Hitler im Februar 1938 zunächst fortbestehende Autonomie fast vollständig eingebüßt. Die zunehmende Bedeutungslosigkeit des Generalstabs, der rasche Wechsel in den militärischen Führungspositionen und die Wahrnehmung der militärischen Führungsaufgaben im Ostkrieg durch den Diktator selbst, der im Dezember 1941 auch den Oberbefehl über das Heer übernahm, bedrohten den Bestand der Armee in mehrfacher Beziehung.

Die ständige Überdehnung der militärischen Ressourcen durch Hitlers Alles-oder-Nichts-Strategie mußte, wie Tresckow als geschulter Generalstabsoffizier voraussah, mittelfristig gefährliche Folgen haben. Zugleich rief die fortschreitende Aushöhlung der professionellen Grundlagen der operativen Führung wachsende Erbitterung bei denjenigen Offizieren hervor, die nicht von den nationalsozialistischen Propagandaparolen verblendet waren und sich ein kritisches Bild der Gesamtlage zu bewahren vermochten. Zudem erwies sich die Erwartung, durch Einwirkung auf das OKW und das OKH sowie die Armeebefehlshaber die notwendigen Korrekturen an der Feldzugsplanung anzubringen, als gegenstandslos, da die Armeebefehlshaber nicht willens waren und nicht die nötige Zivilcourage besaßen, um sich gegenüber Keitel und Jodl, geschweige denn gegenüber Hitler durchzusetzen. Anfang 1942 entschloß sich Tresckow, die Dinge selbst in die Hand zu nehmen. Die Entscheidung, den Weg der Beseitigung Hitlers zu gehen, fiel im Schatten der schweren militärischen Krise, die der Rückschlag vor Moskau Ende 1941 hervorrief. Allerdings oszillierte die Attentatsabsicht mit den Bemühungen, eine Reform der Spitzengliederung herbeizuführen, die Hitler faktisch den Oberbefehl über das Heer nehmen sollte. Die exakten Datierungen sind unsicher, da die Aussagen der Zeitzeugen, auf die wir in dieser Frage angewiesen sind, in der Regel spätere Vorgänge zurück projizieren.

Die Bemühungen Tresckows, Hitler in Vinnica zu verhaften, die anschließenden Attentatsversuche und seine genial zu nennende Idee, das zur Abwendung innerer Unruhen angesichts des italienischen Machtwechsels entwickelte Szenario, das unter dem Namen »Walküre« figurierte, für den Umsturz zu benutzen, vollzogen sich weithin unabhängig von den zunächst nur sporadischen Kontakten zur zivilen Opposition, die vor allem durch die Vermittlung Hans Osters geknüpft wurden.

Das von Tresckow entwickelte Konzept zielte auf die Errichtung einer Militärdiktatur mit der Hilfe von General Olbricht, dem Chef des Allgemeinen Heeresamtes beim Befehlshaber des Ersatzheeres. Als Tresckow nach Rußland abkommandiert wurde, betraute er Claus Schenk Graf von Stauffenberg mit der Durchführung des Umsturzes. Die Kaltblütigkeit, die Entschlossenheit und das Ingenium Tresckows, vorhandene militärische Institutionen für den Staatsstreich auszunutzen, waren wegweisend. Durch ihn wurde die militärische Opposition zum eigentlichen Motor der Verschwörung. Der Umsturzplan stützte sich auf das Gesetz über die Verhängung des Belagerungszustandes von 1856, zu dem Johannes Popitz Richtlinien formuliert hatte, die sich in den späteren Aufrufen des 20. Juli wiederfinden[25].

Hingegen ist die Frage offen, welche politischen Ziele der sich herausbildende Zirkel um Claus Schenk Graf von Stauffenberg verfolgte. Seine gegen Carl Goerdeler gerichtete Äußerung, daß von »keiner Seite Weimarer Zustände wieder aufgewärmt werden« dürften[26], weist auf eine beträchtliche Distanz zu den Vorstellungen der zivilen Oppositionsgruppe unter Goerdeler und Beck und den inzwischen hinzugetretenen Gewerkschaftlern um Wilhelm Leuschner und Jakob Kaiser. Die eher vagen, sozialromantisch und berufsständisch geprägten Vorstellungen, die Stauffenberg in Lautlingen mit Rudolf Fahrner erörterte[27], sprechen dafür, daß er eine eigenständige Linie einzuschlagen bestrebt war.

Goerdelers durch Hermann Maass artikulierte Forderung, man müsse verhindern, »daß die Generäle etwas Politisches unternehmen«[28] beleuchtet die sich aufbauende Spannung zwischen der älteren und der jüngeren Verschwörergruppe. Es ist kaum festzustellen, ob es über verfassungs- und gesellschaftspolitische Fragen zu einem mehr als oberflächlichen Gedankenaustausch zwischen Tresckow und Goerdeler gekommen ist. Ob wirklich, wie Bodo Scheurig formuliert hat[29], »die innere Wahlverwandtschaft« ein »großes Einverständnis« besiegelte, ist zumindestens zweifelhaft.

Die Verbindung zu Goerdeler und Beck bestand seit dem Spätsommer 1942 und wurde durch Fabian von Schlabrendorff vermittelt, auf dessen Zeugnis wir weitgehend angewiesen sind[30]. Ende 1942 besuchte Goerdeler die Heeresgruppe in Smolensk und versuchte, Kluge für eine gemeinsame Aktion der Generäle bei Hitler zu gewinnen. Auch später hat er Tresckows Anstrengungen, Kluge zum Handeln zu bewegen, unterstützt, so durch sein Schreiben vom 25. Juli 1943 an Kluge, das aber dann nicht abgesandt wurde[31].

Schlabrendorff berichtet ohne genaue Datierung von einem Treffen Goerdelers mit Olbricht und Tresckow in Berlin, bei dem Olbricht zusagte, den Umsturz mit Hilfe des Ersatzheeres durchzuführen[32]. Im Spätsommer 1943 intensivierten sich diese Kontakte, aber es ist davon auszugehen, daß eine engere Verbindung zu den Zivilisten erst eintrat, als die Notwendigkeit bestand, die Personalplanung für das Unternehmen »Walküre« voran zu bringen. Das galt vor allem für die Auflistung der vorgesehenen Politischen Beauftragten in den Wehrkreisen, die seit dem Spätherbst 1943 erfolgte. Sie waren den jeweiligen Militärbehörden unterstellt und weisungsgebunden, anders als dies Otto Braun in der Weimarer Zeit durchgesetzt hatte[33].

Zunächst handelten Tresckow und Stauffenberg, der nach seiner Rückkehr vom Lazarett die Stellung des Chefs des Stabes im Allgemeinen Heeresamt übernahm, im wesentlichen unabhängig voneinander. Sie trafen sich jedoch in dem Entschluß, Hitler auszuschalten, und sie gelangten aus spezifischen Beweggründen dazu, die sich von den Vorstellungen der zivilen Oppositionsgruppen unterschieden. Zwar bestand eine weitgehende Übereinstimmung der zivilen wie der militärischen Verschwörer in der nationalkonservativ geprägten Grundhaltung und der moralischen Empörung über die Verbrechen des Regimes, die jedoch nur von einer Minderheit als Folge des Systems selbst begriffen wurden. Aber bei Tresckow und Stauffenberg traten, wie nicht zu verwundern ist, militärische Gesichtspunkte in den Vordergrund.

Dieser Akzentunterschied schimmert noch in den gemeinsam mit Beck und Goerdeler abgefaßten Aufrufen an das Volk und die Armee für den Staatsstreich durch. In den von Goerdeler entworfenen Texten überwiegt die moralisch geprägte Kritik an Hitler, an dessen »Ruhmsucht« und dessen »Machtdünkel«, denen er »ganze Armeen gewissenlos« geopfert habe[34]. In einer undatierten Niederschrift Stauffenbergs, die er am Putschtag bei sich trug, hieß es hingegen weit nüchterner: »Bei Fortsetzung des gegenwärtigen Kurses sei eine Niederlage und Vernichtung der blutsmäßigen Substanz unausbleiblich. Das drohende Verhängnis könne nur durch Beseitigung der jetzigen Führung abgewendet werden[35].« Die Ausarbeitung verurteilte die um sich greifende Herrschaft von Bonzentum und Korruption, betonte aber vor allem, daß das Regime nicht das Recht habe, »das ganze deutsche Volk mit in seinen Untergang zu ziehen.« Im Zusammenhang damit wurde als Aufgabe der Umsturzregierung ausgeführt: »Nach einem Regimewechsel sei es das wichtigste Ziel, daß Deutschland im Spiel der Kräfte noch einen einsetzbaren Machtfaktor darstelle und daß insbesondere die Wehrmacht in der Hand ihrer Führer ein verwendbares Instrument bleibe.«

Für Männer wie Tresckow und Stauffenberg stand die Erhaltung der Armee und die Abwendung einer vernichtenden militärischen Niederlage im Mittelpunkt ihrer Erwägungen. Bei einer Fortführung der Methoden der Kriegführung im Ostkrieg war eine Katastrophe unabwendbar[36]. Sie lehnten Hitlers Zielsetzung, nicht nur das Sowjetsystem, sondern den russischen Staat zu zerschlagen und Rußland seiner lebendigen Kraft zu berauben, mit Entschiedenheit ab. Der Krieg, so äußerten sie, dürfte sich nicht gegen das russische Volk, sondern nur gegen das Sowjetsystem richten. So meinte Stauffenberg, er habe das »instinktive Gefühl, daß die Sowjetunion nur mit Hilfe der dort lebenden Russen und der anderen vielen Völkerschaften zu schlagen war«[37]. Ähnlich hat Tresckow, einer Erinnerung Gersdorffs zufolge[38], »von Anfang an« den Standpunkt vertreten, man müsse den russischen Nationalsozialismus gegen den Kommunismus einsetzen.

Daher bemühten sich Tresckow und Stauffenberg konsequent darum, russische Freiwilligenverbände, später die Vlassov-Armee, aufzustellen, wobei sie die entgegenstehenden Anweisungen des Führerhauptquartiers bewußt zu unterlaufen versuchten[39]. Ursprünglich hofften beide Militärs, die Front in Rußland auch nach dem Sturz militärisch stabilisieren zu können. Das für sie zunehmend in den Vordergrund tretende Motiv der Rettung der Armee wird verständlich vor dem Hintergrund der enormen Verluste, die nicht zuletzt der Kette von falschen Führungsentscheidungen und der Überschätzung der eigenen Kräfte durch Hitler anzulasten waren[40]. Die Ernüchterung und das Krisenbewußtsein, die durch die Schlacht vor Moskau ausgelöst wurden, kamen in den Briefen Hellmuth Stieffs unverhüllt zum Ausdruck[41]. Sie verbanden sich mit einer wachsenden Abscheu gegenüber den Gewaltmethoden, die gegen Kriegsgefangene, Juden und Zivilisten angewandt wurden und dazu führten, daß sich der Widerstandswille des russischen Gegners zunehmend verstärkte.

In Stauffenbergs Aufzeichnung wurde dieser Aspekt ausdrücklich angesprochen: »Ein wesentliches Moment für die schlechte Gesamtlage stelle die Behandlung der besetzten Länder dar. Den Anfang vom Ende der gesamten militärischen Entwicklung bilde der russische Feldzug, der mit dem Befehl zur Tötung aller Kommissare begonnen habe und mit dem Verhungernlassen der Kriegsgefangenen und der Durchführung von Menschenjagden zwecks Gewinnung von Zivilarbeitern fortgesetzt worden sei[42].« Die Aufzeichnung scheint den Tatbestand zu reflektieren, daß die Judenvernichtung und der Partisanenkrieg weniger im Vordergrund von Stauffenbergs Überlegungen standen. Gleichwohl ist unverkennbar, daß nicht bloß taktische Erwägungen, die gegen die Anwendung des Kommissarbefehls und Maßnahmen gegen die Zivilbevölkerung sprachen, sondern auch die moralische Dimension der Hitlerischen Gewaltpolitik dessen Handeln determinierten[43].

In Übereinstimmung damit berichtet Alexander Stahlberg von einem Gespräch mit Tresckow am 17. November 1942, in dem dieser offen aussprach, daß es sich bei dem Vorgehen der SS im rückwärtigen Heeresgebiet nicht um »einzelne Übergriffe«, sondern um »planmäßige Ausrottungen von Menschen« handelte. Die Heeresgruppe verfüge über zuverlässige Informationen über die Vernichtungsaktionen, deren Umfang »jede Phantasie« übersteige. Er sehe darin »eine Schändung der Opferbereitschaft des Soldaten an der Front«[44]. Als Tresckow versuchte, Generalfeldmarschall von Manstein darüber ins

Bild zu setzen, weigerte sich dieser, offenbar wider besseren Wissen, den Mitteilungen über die planmäßigen Judenliquidationen Glauben zu schenken[45].

Die handlungsleitenden Motive des militärischen Widerstandes waren freilich nicht einheitlich. Sicherlich spielte die Überlegung, für die ihnen unterstellten Mannschaften, ja für den Bestand der Armee Verantwortung zu tragen und sie nicht weiter in einen aussichtslosen und mörderischen Krieg hineinzutreiben, der auf deutschem Boden enden mußte und eine revolutionäre Erhebung wie 1918 auslösen würde, eine gewichtige Rolle[46]. Dazu trat die Kritik an den verantwortungslosen Methoden der Intervention Hitlers in die Führungsentscheidungen bis herunter zur Bataillon- und Kompanieebene, die jedem militärischen Professionalismus Hohn sprachen und sinnlose Blutopfer kosteten.

Für die Angehörigen dieser zweiten Offiziersgeneration, die sehr stark unter dem Eindruck der deutschen Revolution von 1918–1920 stand, war ein ausgeprägter Antikommunismus eine Selbstverständlichkeit. Tresckows und Stauffenbergs antibolschewistische Grundhaltung machte keine Ausnahme davon. So hatte Stauffenberg ursprünglich erklärt, daß die Abrechnung mit dem NS-Regime erst erfolgen könne, wenn der Bolschewismus ausgeschaltet sei[47]. Das antisowjetische Klischee, das hier einwirkte, nährte die Illusion, daß es möglich sei, den sowjetischen Herrschaftsapparat einfach ausschalten und dafür die Unterstützung der autochthonen Bevölkerung erhalten zu können. Diese Einstellung implizierte die von Hitler und der NS-Propaganda postulierte Gleichsetzung von Bolschewisten und Juden.

Auffassungen dieser Art waren auch bei prominenten Teilnehmern des militärischen Widerstands anzutreffen. Truppenführer wie Generaloberst Erich Hoepner oder General Carl-Heinrich von Stülpnagel haben in Armeebefehlen die antisemitischen Sprachregelungen aus dem OKW noch übertroffen. So war in der Aufmarsch- und Kampfanweisung »Barbarossa« der Panzergruppe 4, die von Hoepner befehligt wurde, vom 2. Mai 1941 davon die Rede, daß der bevorstehende Kampf zur »Abwehr des jüdischen Bolschewismus« »mit unerhörter Härte geführt werden« und »von dem eisernen Willen zur erbarmungslosen, völligen Vernichtung des Feindes geleitet sein« müsse. Insbesondere dürfe es »keine Schonung für die Träger des heutigen russisch-bolschewistischen Systems« geben[48]. Dabei war Hoepner seit der Mitte der 30er Jahre dem Regime gegenüber ablehnend eingestellt, und Stauffenberg setzte große Stücke auf ihn. Die ausgeprägt antibolschewistische Grundhaltung auch derjenigen, die Hitler kritisch begegneten, hilft erklären, warum auch im Bereich der Heeresgruppe Mitte nennenswerter Widerstand gegen die Methoden der Partisanenbekämpfung nicht aufkam, obwohl sie frühzeitig in die systematische Ausrottung der autochthonen jüdischen Bevölkerung umschlugen[49]. Es ist nachgerade schwer zu begreifen, warum die Führung der Heeresgruppe bereit war, vom Vorhandensein einer umfassenden Partisanenbewegung auszugehen und den entsprechenden Berichten der Einsatzgruppen, die durch die Hand von Gersdorffs und von Tresckows gingen, unkritisch Glauben zu schenken, obwohl die sowjetische Partisanenbewegung im Mittelabschnitt 1941 nur ansatzweise existierte und nicht vor 1942 eine ernsthafte Rolle spielte[50]. Christian Gerlach hat darauf hingewiesen, daß nicht nur von Gersdorff, der als Ic unmittelbar mit den Anti-partisanenaktionen zu tun hatte, sondern auch von Tresckow selbst damit wiederholt unmittelbar befaßt war und nicht nur die Verantwortlichen für die Maßnahmen im rückwärtigen Heeresgebiet[51]. Immerhin meldete das Rückwärtige Heeresgebiet Mitte zwischen Juni 1941 und Mai 1942 80 000 erschossene Partisanen und Partisanenverdächtige[52].

Daß gerade bei der Heeresgruppe Mitte im Zuge der Partisanenbekämpfung nicht nur eine große Zahl von Unbeteiligten unter der Zivilbevölkerung, sondern insbesondere das einheimische Judentum liquidiert worden ist, steht in allem wesentlichen fest. Die Frage, inwieweit Vertreter des Widerstandes, insbesondere Henning von Tresckow, Rudolf-Christoph Freiherr von Gersdorff, Georg Freiherr von Boeselager und andere, daran unmittelbaren Anteil hatten, bedarf einer Überprüfung. Immerhin hatte Gersdorff, der als Ic mit den Sicherungsaufgaben der Heeresgruppe betraut war, als Anhang zum Kriegstagebuch der Heeresgruppe Mitte die ausdrückliche Opposition der Offiziere gegen »die Erschießungen der Juden, der Gefangenen und auch der Kommissare« niedergelegt. Dies würde »als eine Verletzung der Ehre der deutschen Armee« empfunden[53]. Ähnlich wies er als Ic der Heeresgruppe Mitte in der »Feindbeurteilung« vom 10. März 1942 daraufhin, daß insbesondere das »schnell bekannt gewordene Elend der russischen Kriegsgefangenen« den russischen Widerstandswillen nachhaltig verstärkte und daß eine »krasse Umkehr in der Einstellung zur Gefangenenbehandlung und Propaganda« notwendig sei. Diese Stellungnahme wurde zwar von Reichsminister für die besetzten Ostgebiete unter den Obersten Reichsbehörden in Umlauf gebracht, aber es war eine Illusion, auf Eingriff von oben zu setzen[54].

Was Henning von Tresckow selbst und seine Mitverschwörer betrifft, drängt sich der Eindruck auf, daß seit dem Winter 1941 eine fortschreitende Ernüchterung Platz griff und daß sie sich des verbrecherischen Vorgehens der Einsatzgruppen und SS-Brigaden bewußt wurden. Man kann dabei unterstellen, daß Tresckow sich nicht hinreichend darüber im Klaren war, daß sich unter dem Vorwand der Partisanenbekämpfung, die vielfach von Armeeeinheiten durchgeführt wurde, häufig die planmäßige Liquidierung der jüdischen Bevölkerung verbarg, obwohl seine persönlichen Kontakte zu Arthur Nebe und der enge Kontakt zu Gersdorff, der für diese Maßnahme verantwortlich war, das problematisch erscheinen lassen[55]. Es ist jedoch wenig sinnvoll, diese Frage auf die Mitwirkung einzelner Personen einzuengen.

In Verbindung mit der extrem negativen Einschätzung der militärischen Situation nach Stalingrad traten die Einwände führender Militärs gegen die faktisch sich vollziehende Genozidpolitik stärker in den Vordergrund, doch blieben humanitäre Bedenken gegenüber dem Gesichtspunkt der Wahrung der moralischen Identität der Armee offenbar nachgeordnet. Zugleich ist der Tat-

bestand nicht zu verkennen, daß prominente Mitglieder des militärischen Widerstands, darunter General Carl-Heinrich von Stülpnagel und Generalquartiermeister Eduard Wagner, die Judenvernichtung aktiv unterstützt haben oder
an der Ausarbeitung des Komplexes der verbrecherischen Befehle beteiligt
gewesen sind. Desgleichen ist die Zusammenarbeit von Tresckow mit Arthur
Nebe, dem Leiter der Einsatzgruppe B, nicht als Versuch zu beschönigen, Gewaltmaßnahmen einzudämmen, da Nebe als einer der exponiertesten Vertreter
der Vernichtungspolitik gelten muß[56].

In der Sache führt daher kein Weg daran vorbei, sich einzugestehen, daß eine beträchtliche Anzahl derjenigen, die am 20. Juli 1944 aktiv mitgewirkt und
dabei vielfach ihr Leben geopfert haben, zuvor am Rassenvernichtungskrieg
teilgenommen, ihn jedenfalls streckenweise gebilligt und in einigen Fällen aktiv
vorangetrieben haben. Das geschah in aller Regel unter dem Vorwand der Partisanenbekämpfung, doch konnten die daran direkt und indirekt Beteiligten
schwerlich verkennen, daß von seiten der SS-Brigaden und Einsatzgruppen eine
umfassende völkische »Flurbereinigung« in Gang gesetzt wurde, der die Wehrmacht, indem sie die russische Bevölkerung vielfach dem Hunger auslieferte,
ebenfalls Vorschub leistete[57].

Dabei ist die Frage, wie sich schuldhafte Verstrickung und die Anstrengung,
sich aus dieser zu lösen und letztlich die Konsequenz des aktiven Widerstandes
zu ziehen, auf der individuellen Ebene zueinander verhielten, für die Gesamt-
beurteilung nur von begrenztem Gewicht. Bedeutsam ist vielmehr, daß die
intime Kenntnis der verbrecherischen Politik des Regimes und nicht zuletzt der
Wehrmacht selbst eine der Wurzeln für das Handeln der Verschwörer gewesen
ist, wenngleich politische und militärische Interessen überwogen, aber zunehmend mit moralischen Motiven zur Deckung gelangten.

Nicht nur bei den Vertretern der Militäropposition, sondern bei der Bewegung des 20. Juli ist generell eine deutliche Ambivalenz in der Haltung zur Judenfrage auszumachen, die mit dem Fortwirken des für die deutsche Ober-
schicht kennzeichnenden konservativen Antisemitismus der Kaiserzeit und dem
hinzutretenden Antibolschewismus zusammenhängt[58]. Die Zahl derjenigen, die
die nationalsozialistische Judenverfolgung von vornherein und a limine ablehnten, war eng begrenzt, und selbst Regimegegner wie Werner Freiherr von
Fritsch oder Hoepner begrüßten dessen antijüdischen Maßnahmen zu einem
bestimmten Grad. Indessen fand bei der Mehrheit der Verschwörer, denen die
systematische Liquidierung des europäischen Judentums erst in der zweiten
Hälfte des Jahres 1942 zur Kenntnis gelangte[59], in dieser Beziehung ein Lernprozeß statt. Indessen nahm die Militäropposition in dieser Hinsicht keine Aus-
nahmestellung ein, wenngleich ihr die verbrecherischen Aktionen des Regimes
unmittelbar vor Augen standen. Das eigenständige Vorgehen der Militäropposition trat im Verlauf der Attentatsvorbereitungen deutlich hervor. Es ist nicht
zufällig, daß vor dem 20. Juli 1944 eine Zusammenkunft der für ein Regierungs-
amt vorgesehenen Persönlichkeiten ebenso wenig stattfand wie die Unterrich-

tung Goerdelers über das bevorstehende Attentat, wenngleich Sicherheitserwägungen dafür den Ausschlag gegeben haben mögen[60]. Unbestritten war die Stellung Becks als vorgesehenem »Generalstatthalter«, während Stauffenberg offenbar erwog, Goerdeler entweder sofort oder nach einer Übergangsperiode durch Julius Leber abzulösen.

Das durch Roland-Heinrich von Hößlin überlieferte Diktum Stauffenbergs, »Die Wehrmacht sei in unserem Staat die konservativste Einrichtung, die gleichzeitig im Volk verwurzelt sei[61],« und dessen Äußerung, daß das Offizierskorps »nicht wieder versagen und sich die Initiative aus der Hand nehmen lassen« dürfe wie 1918[62], deuten daraufhin, daß sich Stauffenberg keineswegs mit der Rolle des machtpolitischen Hebels in der Hand der zivilen Opposition zufriedenstellen wollte. Genauere Aussagen darüber sind, da die Unterlagen fast völlig vernichtet wurden, nicht möglich; doch erscheint es zweifelhaft, daß die von Goerdeler verfaßten politischen Aufrufe samt der Regierungserklärung und der Rundfunkrede im Falle einer erfolgreichen Durchführung von »Walküre« noch Verwendung gefunden hätten.

Die Geschichte des militärischen Widerstands stellt eine einzigartige Variante der Spannung zwischen Politik und Kriegführung dar. Tresckow und Stauffenberg handelten, weil sie die Sinnlosigkeit einer Fortführung des Krieges unter den Bedingungen Hitlers, zugleich der Einbindung der Wehrmacht in eine Eskalation des Verbrechens erkannten. Diese wären ohne die Bereitschaft der Armee, sich Hitlers Forderung des Rassenvernichtungskrieges trotz einzelner Versuche, die Armee nicht mit dem Odium dieser verbrecherischen Politik zu belasten, weitgehend zu unterwerfen, nicht möglich gewesen. Nach der Niederlage vor Moskau im Winter 1941 änderte sich dies schrittweise, aber der Entschluß zu wirklicher Opposition war auf wenige beschränkt (was es auch ausschließt, den militärischen Widerstand zum Alibi für die Wehrmacht zu machen)[63].

Es ist nicht ohne Gewicht, daß der Entschluß zur rettenden Aktion von führenden Militärs ausging, die sich nicht verhehlten, daß Deutschland, wenn der Diktator nicht ausgeschaltet würde, in eine Katastrophe hineintrieb. Diese Einsicht verband sich mit dem Gefühl wachsender Distanz zu dem militärischen und politischen Stil des Regimes, der die preußische Tradition, die es für sich nutzbar zu machen versuchte, mit Füßen trat[64]. Die Position dieser überwiegend konservativ eingestellten Gruppe von Offizieren, die ursprünglich – mit ganz wenigen Ausnahmen – die »nationalsozialistische Erhebung« begrüßt hatten, ist am eindrücklichsten von Fritz-Dietlof Graf von der Schulenburg mit der Wendung umschrieben worden, daß »die preußische Forderung an das Reich« weiter bestehen bleibe[65].

Erstveröffentlichung in: NS-Verbrechen und der militärische Widerstand gegen Hitler, hrsg. von Gerd R. Ueberschär, Darmstadt 2000, S. 119–134.

Anmerkungen

1   Klaus-Jürgen Müller, General Ludwig Beck. Studien und Dokumente zur politisch-militärischen Vorstellungswelt und Tätigkeit des Generalstabs des deutschen Heeres 1933 – 1938, Boppard 1980; ders., Über den militärischen Widerstand, in: Widerstand gegen den Nationalsozialismus, hrsg. von Peter Steinbach und Johannes Tuchel, München 1994, S. 266 – 279.

2   Insbesondere Peter Hoffmann, Claus Schenk Graf von Stauffenberg und seine Brüder, 2. Aufl., Stuttgart 1992.

3   Gerd R. Ueberschär, Generaloberst Franz Halder. Generalstabschef, Gegner und Gefangener Hitlers, Göttingen 1991.

4   Detlef Graf von Schwerin,»Dann sind's die besten Köpfe, die man henkt«. Die junge Generation im deutschen Widerstand, München, Zürich 1991.

5   Bodo Scheurig, Henning von Tresckow. Ein Preuße gegen Hitler. Biographie, überarb. Neuausg. Frankfurt a.M., Berlin 1987.

6   Vgl. Aufstand des Gewissens. Militärischer Widerstand gegen Hitler und das NS-Regime 1933 – 1945. Im Auftrag des Militärgeschichtlichen Forschungsamtes hrsg. von Heinrich Walle, 4. Aufl., Berlin, Bonn, Herford 1994.

7   Siehe Christian Gerlach, Kalkulierte Morde. Die deutsche Wirtschafts- und Vernichtungspolitik in Weißrußland 1941 – 1944, Hamburg 1999; vgl. ders., Einige Verschwörer gegen Hitler. Kriegsgerichtsbarkeitserlaß und Kommissarbefehl. Zu den Widersprüchen zwischen Quellen und nachträglichen Darstellungen, unveröffentlichtes Manuskript.

8   Siehe Eberhard Zeller, Geist der Freiheit. Der Zwanzigste Juli, 4. Aufl., München 1963, S. 208 f.; Hans Rothfels, Deutsche Opposition gegen Hitler. Eine Würdigung, neue, erw. Ausg., eingel. von Hermann Graml, Frankfurt a.M. 1986, S. 92 ff.

9   Wolfgang Schieder, Zwei Generationen im militärischen Widerstand gegen Hitler, in: Der Widerstand gegen den Nationalsozialismus. Die deutsche Gesellschaft und der Widerstand gegen Hitler, hrsg. von Jürgen Schmädeke und Peter Steinbach, München, Zürich 1985, S. 439.

10   Ebd., S. 441 ff.

11   Vgl. die jüngste scharfe Kritik von Karl-Heinz Janßen, Die Halder-Legende oder: die abenteuerliche Geschichte der Generäle, die im Herbst 1938 angeblich gegen Hitler putschen wollten, in: Die Zeit, Nr. 41 vom 1.10.1998, S. 112.

12   Vgl. Gerd R. Ueberschär, Militäropposition gegen Hitlers Kriegspolitik. Motive, Struktur und Alternativvorstellungen des entstehenden militärischen Widerstands, in: Widerstand gegen den Nationalsozialismus (wie Anm. 9), S. 347, 349 ff.; ferner Klaus-Jürgen Müller, Das Heer und Hitler. Armee und nationalsozialistisches Regime 1933 – 1940, Stuttgart 1969, S. 392 ff.

13   Zu Witzleben vgl. Peter Hofmann, Widerstand-Staatsstreich-Attentat. Der Kampf der Opposition gegen Hitler, München 1969, S. 307, 312 ff.; zu Falkenhausen ebd., S. 135 f.

14   Vgl. Gerhard Ritter, Carl Goerdeler und die deutsche Widerstandsbewegung, Stuttgart 1954, S. 338 f.

15   Vgl. Hans Mommsen, Verfassungs- und Verwaltungsreformpläne der Widerstandsgruppen des 20. Juli 1944, in: Widerstand gegen den Nationalsozialismus (wie Anm. 9), S. 582 f.

16   Siehe Hans Mommsen, Gesellschaftsbild und Verfassungspläne des deutschen Widerstands, in: ders., Der Nationalsozialismus und die deutsche Gesellschaft. Ausgewählte Aufsätze, Hamburg 1991, S. 332.

17 Vgl. Christian Hartmann, Halder. Generalstabschef Hitlers 1938 – 1942, Paderborn 1991, S. 43 ff. sowie Ueberschär, Halder (wie Anm. 3), S. 29 f.

18 Aufzeichnung Ulrich von Hassells vom 4.10.1941, in: ders., Vom anderen Deutschland, 2. Aufl., Zürich 1946, S. 232 f.; vgl. auch Tagebuchaufzeichnung von Hauptmann Kaiser vom 25.1.1943, Tagebuch Bl. 29, Bundesarchiv-Militärarchiv Freiburg.

19 Bodo Scheurig, Henning von Tresckow. Ein Preuße gegen Hitler, Neuausg. Frankfurt a.M. 1987, S. 101 f.

20 Siehe Gerd R. Ueberschär, Hitlers militärische Elite, Bd 2, Darmstadt 1998, S. 256 ff.

21 Ebd., S. 118 sowie Alexander von Stahlberg, Die verdammte Pflicht. Erinnerungen 1932 – 1945, Berlin, Frankfurt a.M. 1994, S. 175.

22 Siehe Andreas Hillgruber, Die »Endlösung« und das deutsche Ostimperium als Kernstück des rassenideologischen Programms des Nationalsozialismus, in: Vierteljahrshefte für Zeitgeschichte, 20 (1972), S. 133 – 152.

23 Vgl. Scheurig, Tresckow (wie Anm. 5), S. 139.

24 Siehe im einzelnen die Schilderung bei Scheurig, ebd., S. 144 ff. Hingegen kann keine Rede davon sein, daß die Heeresgruppe zu diesem Zeitpunkt den Kommissarbefehl bekämpft und nicht durchgeführt hat; siehe Gerlach, Kalkulierte Morde (wie Anm. 7), S. 1118; Winfried Heinemann, Der Widerstand gegen das NS-Regime und der Krieg an der Ostfront, in: Militärgeschichte, NF 8 (1998), S. 50 (im vorliegenden Bd wieder abgedr. auf S. 393 – 409, dort S. 405) sowie Christian Streit, Keine Kameraden. Die Wehrmacht und die sowjetischen Kriegsgefangenen 1941 – 1945, 3. Aufl., Bonn 1991, S. 28 ff.

25 Siehe Mommsen, Verfassungs- und Verwaltungsreformpläne (wie Anm. 15), S. 581; Hassell, Vom anderen Deutschland (wie Anm. 18), S. 345.

26 Spiegelbild einer Verschwörung. Die Kaltenbrunner-Berichte an Bormann und Hitler über das Attentat vom 20. Juli. Geheime Dokumente aus dem ehemaligen Reichssicherheitshauptamt, hrsg. vom Archiv Peter für historische und zeitgeschichtliche Dokumentation, Stuttgart 1961, S. 206.

27 Zeller, Geist der Freiheit (wie Anm. 8), S. 153 f.; Christian Müller, Oberst i.G. Stauffenberg. Eine Biographie, Düsseldorf o.J., S. 157 ff.

28 Spiegelbild einer Verschwörung (wie Anm. 26), S. 206.

29 Scheurig, Tresckow (wie Anm. 5), S. 131. Allerdings scheint Tresckow große Stücke auf Goerdelers Führungsfähigkeit gesetzt zu haben, wenn man den Angaben von Gersdorff (siehe Materialsammlung Scheurig, Institut für Zeitgeschichte München, ZS/A 31, Bd 1) Glauben schenken will.

30 Vgl. Fabian von Schlabrendorff, Offiziere gegen Hitler, Berlin 1984, S. 60 und 91 f.; offenbar liefen die anfänglichen Kontakte über Hans Oster, mit dem Tresckow seit langem befreundet war. Seine Darstellung leidet an den üblichen Rückwärts-Projektionen.

31 Abgedruckt bei Ritter, Goerdeler (wie Anm. 14), S. 596 – 600.

32 Schlabrendorff, Offiziere (wie Anm. 30), S. 60 f.

33 Vgl. Mommsen, Verfassungs- und Verwaltungsreformpläne (wie Anm. 15), S. 581 f.

34 Vgl. Ritter, Goerdeler (wie Anm. 14), S. 367; vorbereitete Rundfunkrede in: Spiegelbild einer Verschwörung (wie Anm. 26), S. 213; Aufruf an die Wehrmacht, ebd., S. 199 ff.; vgl. ebd., S. 265 ff.

35 Spiegelbild einer Verschwörung (wie Anm. 26), S. 34 (auch für das folgende).

36 Vgl. Scheurig, Tresckow (wie Anm. 5), S. 135.

37 Äußerung Herwarths von Bittenfeld, zit. nach Müller, Stauffenberg (wie Anm. 27), S. 224.

[38] Brief Gersdorffs an Freiherr von Boeselager vom 24.6.1969 (Materialsammlung Scheurig, Institut für Zeitgeschichte, ZS/A 31, Bd 2). Vgl. dessen Schreiben an Scheurig vom 6.11.1970 (ebd.).

[39] Vgl. Müller, Stauffenberg (wie Anm. 27), S. 223 f., 226 f.; Scheurig, Tresckow (wie Anm. 5), S. 176 f.; vgl. Hans von Herwarth, Zwischen Hitler und Stalin. Erlebte Zeitgeschichte 1931 – 1945, Frankfurt a.M., Berlin, Wien 1988, S. 247 ff.

[40] Allein im Bereich der Heeresgruppe Mitte betrugen die Verluste (Gefallene, Verwundete und Vermißte) zwischen dem 22.6. und 17.10.1941, einer von Graf Hardenberg signierten Aufzeichnung der Abt. IIa zufolge, 10 736 Offiziere und 243 701 Mannschaften (siehe Materialsammlung Scheurig, Institut für Zeitgeschichte, ZS/A 31, Bd 2).

[41] Vgl. Briefe Stieffs vom 11.11., 24.11. und 7.12.1941, in: Hellmuth Stieff. Briefe, hrsg. und eingel. von Horst Mühleisen, Berlin 1991, S. 134, 138 und 140.

[42] Spiegelbild einer Verschwörung (wie Anm. 26), S. 34.

[43] Vgl. die (erst jüngst bekannt gewordene) Aussage Major Joachim Kuhns vom 2.9.1944 über ein Gespräch mit Stauffenberg vom August 1942, Bl. 5 f.; siehe Peter Hoffmann, Tresckow und Stauffenberg, in: Frankfurter Allgemeine Zeitung, Nr. 165 vom 20.7.1998.

[44] Stahlberg, Die verdammte Pflicht (wie Anm. 21), S. 224.

[45] Allerdings mußte Manstein auf Grund seiner engen Zusammenarbeit mit der Einsatzgruppe D über die Judenvernichtung informiert sein, was auch durch das Schreiben Ohlendorfs an das Armee-Oberkommando vom 12.2.1942 bezüglich der Anforderung von »aus der Judenaktion noch vorhandenen Uhren« bestätigt wird. (siehe Jörg Friedrich, Das Gesetz des Krieges, München 1995, S. 664 f.); Stahlberg, Die verdammte Pflicht (wie Anm. 21), S. 343 f.

[46] Vgl. Mommsen, Gesellschaftsbild und Verfassungspläne (wie Anm. 16), S. 151 f.

[47] Müller, Stauffenberg (wie Anm. 27), S. 216, vgl. 542.

[48] Abgedruckt in Hans-Heinrich Wilhelm, Rassenpolitik und Kriegführung. Sicherheitspolizei und Wehrmacht in Polen und in der Sowjetunion 1939 – 1942, Passau 1991, S. 140 f. sowie »Unternehmen Barbarossa«. Der deutsche Überfall auf die Sowjetunion 1941, hrsg. von Gerd R. Ueberschär und Wolfram Wette, Paderborn 1984, S. 305 ff.

[49] Im einzelnen siehe die Nachweise bei Gerlach, Kalkulierte Morde (wie Anm. 7), S. 1106 ff.

[50] Vgl. Christian Streit, Ostkrieg, Antibolschewismus und »Endlösung«, in: Geschichte und Gesellschaft, 17 (1997), 2, S. 251 ff.

[51] Gerlach, Kalkulierte Morde (wie Anm. 7), S. 1107.

[52] Timothy P. Mulligan, The Politics of Illusion and Empire. German Occupation Policy in the Soviet Union 1942 – 1943, New York 1988, S. 138.

[53] Siehe Heinemann, Widerstand gegen das NS-Regime (wie Anm. 24), S. 51; vgl. Rudolf-Christoph Freiherr von Gersdorff, Soldat im Untergang, Frankfurt a.M., Berlin, Wien 1977, S. 99 f.

[54] OKW an Reichsminister für die besetzten Ostgebiete vom 15.4.1942 (Abschrift), Bundesarchiv-Zwischenarchiv Potsdam, R 41/169, Bl. 259.

[55] Die Argumente des Pro und Contra sind von Gerlach im einzelnen aufgelistet, wobei er sich die Frage stellt, ob Tresckow einzelne Vernichtungsaktionen, in die er nachweislich eingeschaltet war, hätte verhindern können (Gerlach, Kalkulierte Morde [wie Anm. 7], S. 1108 f.).

[56] Die apologetische Tendenz bei Schlabrendorff, Offiziere (wie Anm. 30), S. 50 und Gersdorff, Soldat im Untergang (wie Anm. 53), S. 85; ihnen folgend Scheurig, Tresckow (wie Anm. 5), S. 125 ff.; zum Komplex Nebe siehe Christian Gerlach, Männer des 20. Juli und

der Krieg gegen die Sowjetunion, in: Vernichtungskrieg. Verbrechen der Wehrmacht 1941–1944, hrsg. von Hannes Heer und Klaus Naumann, Hamburg 1995, S. 429.

[57] Vgl. Götz Aly, »Endlösung«. Völkerverschiebung und der Mord an den europäischen Juden, Frankfurt a.M. 1995, S. 334 ff.; Christian Gerlach, Krieg, Ernährung, Massenmord. Forschungen zur deutschen Vernichtungspolitik im Zweiten Weltkrieg, Hamburg 1998, S. 82 f.

[58] Vgl. Christof Dipper, Der Widerstand und die Juden, in: Widerstand gegen den Nationalsozialismus (wie Anm. 9), S. 609, übergeht den militärischen Widerstand fast vollständig.

[59] Hans Mommsen, Was haben die Deutschen vom Völkermord an den Juden gewußt?, in: Der Judenpogrom 1938. Von der »Reichskristallnacht« zum Völkermord, hrsg. von Walter H. Pehle, Frankfurt a.M. 1993, S. 194 f.

[60] Spiegelbild einer Verschwörung (wie Anm. 26), S. 57; Dieter Ehlers, Technik und Moral einer Verschwörung. Der Aufstand am 20. Juli 1944, Bonn 1964, S. 79 f. und 85 f.; Mommsen, Verfassungs- und Verwaltungsreformpläne (wie Anm. 15), S. 582.

[61] Spiegelbild einer Verschwörung (wie Anm. 26), S. 373.

[62] Ebd.

[63] Dies war die Tendenz der eingangs erwähnten Frankfurter Veranstaltungsreihe vom Januar/Februar 1998.

[64] Von Tresckow ist die am 11.4.1943 gefallene Formulierung überliefert: »Vom wahren Preußentum ist der Begriff der Freiheit niemals zu trennen« Konfirmationsansprache Tresckows für seine Söhne (Materialsammlung Scheurig, Institut für Zeitgeschichte, ZS/A 31, Bd 1).

[65] Zit. nach Albert Krebs, Fritz-Dietlof Graf von der Schulenburg. Zwischen Staatsraison und Hochverrat, Hamburg 1964, S. 205; vgl. Ulrich Heinemann, Ein konservativer Rebell. Fritz-Dietlof von der Schulenburg und der 20. Juli, Berlin 1990, S. 49 f.

Peter Steinbach

Der militärische Widerstand und seine Beziehungen zu den zivilen Gruppierungen des Widerstandes

Am 6. Juni 1940, einen Tag nach dem Beginn der »Schlacht um Frankreich«, welche die deutschen Truppen bis nach Paris führte, schrieb Hermann Kaiser in einem Brief an seine Schwester:

> »Vielleicht kommt es doch so, daß eine siegreiche Armee dann auch innenpolitisch durchgreift und alle unreinen Elemente aus der Verwaltung wieder beseitigt, Schulen und Universitäten wieder aufbaut, die Wirtschaft reinigt, die Kirche achtet als höchste Instanz eines gläubigen Volkes, das durch ein tiefes Tal mußte, um geläutert zu werden[1].«

Kaiser, der die nationalsozialistische Regierungsübernahme zunächst begrüßt und an der Machtergreifung keinen Anstoß genommen hatte, distanzierte sich in einer Zeit, die uns heute als Höhepunkt der Faszination nationalsozialistischer Herrschaft erscheint, unverblümt von der Ordnung, die er ursprünglich innerlich gewollt haben mochte, die er aber lange Zeit vor den militärischen Niederlagen der deutschen Wehrmacht in sich überwunden hatte[2]. Seine klaren Bemerkungen sind aber nicht nur von biographischer, sondern von exemplarischer Bedeutung, denn sie belegen, daß der sich im Oberkommando der Wehrmacht (OKW) formierende Widerstand nicht primär militärische Bezugspunkte besaß.

Damit wird in diesem beiläufigen Zitat ein Thema angeschlagen, das bis heute in der Forschungsdiskussion nicht abschließend behandelt wurde, das populäre Bild des militärischen Widerstandes als Militärputsch aber stark bestimmt hat und zweifellos auf einen Kernbereich unserer Bewertung der Taten eines Tresckow, Stauffenberg, Oster oder Beck zielt: Ging es der »Militäropposition«, die sich zum »letzten« und entscheidenden »Wurf« des Anschlags auf Hitler durchrang, um die Verfolgung spezifisch militärischer Ziele angesichts der drohenden Katastrophe, oder handelten die Widerstandskämpfer stellvertretend für alle Gegner des Nationalsozialismus, weil sie sich ihrer allein erfolgversprechenden Möglichkeiten bewußt waren?

I. Das Problem

Diese Frage zu beantworten bedeutet, Übereinstimmungen der aktuellen Ziele, aber auch der Perspektiven unterschiedlicher Widerstandskreise aufzuzeigen, Kontakte zwischen den Gruppierungen und Widerstandskämpfern darzustellen und zu überprüfen, wie weit die Ähnlichkeiten des politischen Willens und der persönlichen Verbindungen auch nach dem 20. Juli 1944 trugen. Der Rahmen einer möglichen Antwort wurde bereits unmittelbar nach dem Krieg von Hans Rothfels, dem Nestor der deutschen Widerstandsgeschichte, in seiner klassischen und bis heute weder übertroffenen noch überholten Geschichte der »deutschen Opposition gegen Hitler«[3] gezeichnet. Rothfels verwies als erster auf die Breite der deutschen »Opposition« und zeichnete nicht allein die Schattierungen der nuancenreichen Militäropposition, sondern auch die vielfältigen Ziele und Wege widerständigen Verhaltens in zeitlicher und gradueller Differenzierung[4].

Rothfels skizzierte den Anschlag vom 20. Juli 1944 als eine Aktion, die »ihrem Ziele« besonders nahekam, und verteidigte die politische und moralische Integrität der Attentäter, die im öffentlichen Bewußtsein der späten vierziger und noch der fünfziger Jahre als »Verräter« und »Eidbrüchige« galten. In dieser Einschätzung wirkte die nationalsozialistische Propaganda ebenso wie das Bild des Auslandes vom Widerstand »einiger Offiziere« nach[5]. Selbst das von der marxistischen Geschichtswissenschaft gepflegte Bild des Widerstands von »Junkern, Militaristen und Reaktionären« findet sich in Berichten Kaltenbrunners an Bormann. »Eine immer vermutete Opposition innerhalb der Wehrmacht und eine Clique reaktionärer Generale« hätten versucht, sich in den »Besitz der Macht« zu setzen, führte der erste »Bericht über die stimmungsmäßigen Auswirkungen des Anschlags auf den Führer« aus[6]. Ein zweiter Bericht des selben Tages sollte die Empörung noch deutlicher spiegeln:

> »Empört sind die Volksgenossen allgemein darüber, daß deutsche Offiziere sich dieses Verbrechens schuldig gemacht hätten. Wenn auch der Führer in seiner Rede das Offizierskorps und das Heer in Schutz genommen habe, so könne diese Tatsache den ungeheuren Prestigeverlust, den das Ansehen der Offiziere dadurch erlitten habe, trotzdem nicht beseitigen. Es bleibe unverständlich, wie hohe Offiziere zu diesem Anschlag sich hätten hergeben können. Es könne nur einer großen Dummheit zugeschrieben werden, daß sie sich nicht von vornherein darüber klar gewesen seien, welche Folgen ihr Verbrechen haben müsse[7].«

Einen Tag später fällt das Urteil über die »Verschwörerclique« unter Berufung auf die »Wut der Volksgenossen« noch schärfer aus. Die Stimmung richte sich gegen die »Feinde im eigenen Lande«, gegen die »Verräter unter den Offizieren« und vor allem gegen die Reaktion«[8].

Bereits in den ersten Tagen nach dem Attentat wurde jedoch deutlich, daß sich die Stoßrichtung der von Kaltenbrunner geführten Sicherheitspolizei und des SD in Übereinstimmung mit den hohen NS-Führern nicht allein gegen die militärische »Verschwörerclique«, die Hitler bereits in seiner nächtlichen Rundfunkansprache als Verantwortliche ausgemacht hatte[9], richtete. Vielmehr sollte die gesamte potentielle Gegenelite der NS-Führung beseitigt werden. Nicht nur im Offizierkorps, sondern auch an der »gesamten Heimatfront« müsse durchgegriffen werden, um alles »auszumerzen«, was den militärischen Sieg behindern könne[10]. Ein derartiger Schritt war gut vorbereitet: Listen waren erstellt, mit der Furcht der Bevölkerung vor einem Umsturz gerechnet worden. Deshalb konnten in einer »Gewitter-Aktion« fast 5000 Träger der Opposition – die für die Zeit nach der militärischen Niederlage den »Neuanfang« symbolisierten – verfolgt, verhaftet, eingesperrt und schließlich durch das Fallbeil »ausgemerzt« werden[11].

Der NS-Führung wurde schnell bewußt, daß der Anschlag auf Hitler keineswegs das »Komplott« einer »ganz kleinen Clique« ehrgeiziger, »gewissenloser und zugleich verbrecherischer dummer Offiziere«[12] war. Denn die systematische Ausforschung[13] des Hintergrundes des Attentäters Stauffenberg machte die vielfältigen, langen und intensiven Verbindungen zwischen den zum Handeln entschlossenen Militärs und den zivilen Widerstandskreisen sichtbar; erst diese Verbindungen machten den Umsturzversuch derart bedrohlich, daß die Weiterungen der Tat an die Substanz des NS-Systems selbst zu gehen drohten. Bald zeigte sich nämlich, daß von einem »Putsch militärischer Kreise«[14] nicht gesprochen werden konnte, sondern daß viele Bemühungen und Traditionen brennspiegelgleich in der Tat Stauffenbergs zusammenliefen.

Es ist das Verdienst von Hans Rothfels, sehr frühzeitig diese Verbindungen als Charakteristikum des Umsturzversuches vom 20. Juli 1944 herausgestellt zu haben. Das bis heute gültige Ergebnis seiner bahnbrechenden Deutung lautet, die »Motive der militärischen Opposition« seien weder von »rein beruflicher noch von klassenbedingter Art« gewesen[15]. Diese Feststellung hat eine grundlegende These zum Verhältnis zwischen der Opposition der Militärs und zivilen Trägern des Widerstands zur Folge. Beim Attentat auf Hitler habe es sich »in gar keiner Weise [...] um ein rein militärisches Vorgehen« gehandelt, stellt Rothfels mit Blick auf die Beteiligten und Eingeweihten fest: »Es hatte seine Motive sowohl als seine Ziele im politischen und moralischen Bereich«[16].

Die Übereinstimmung politischer und moralischer Ziele prägte auch die unterschiedlichen Gruppierungen des Widerstands, die in der Regel[17] nach Persönlichkeiten benannt werden. So steht einer Goerdeler-Gruppe die Gruppe um Beck, der Stauffenberg-Leber-Gruppe die Saefkow-Gruppe, dem Kreisauer Kreis etwa die Rote Kapelle gegenüber[18]. Bezeichnenderweise gehören diese Gruppen in fast gleiche Zeiträume: Nach Kriegsbeginn und frühen Siegen spiegeln sie die Abkehr vom NS-System und die Notwendigkeit, die Zeit »danach«, nach einer den deutschen Nationalstaat bedrohenden Niederlage, vorzubereiten

und im Vorausdenken zu gestalten. Die Gruppen stehen damit aber am Ende
einer Entwicklung, die unterschiedliche Widerstandsmotivationen und -tradi-
tionen zusammenführt. Jede Gruppe vereinigt ganz unterschiedliche Individu-
en, die kulturelle und politische, weltanschauliche und pädagogische, schichten-
und gruppen-, generations- und regionalspezifische Traditionen verkörpern. Die
Betonung nur einer Motivation, die Isolierung eines Zieles mußten die Komplexität, die Vielfalt und Breite des Widerstands verfehlen und seine Pluralität
reduzieren[19]. Die Erfassung dieser Breite scheint eine Aufgabe der modernen
Widerstandsgeschichte zu sein, die immer in der Gefahr stand, gesellschaftliche
und politische, konfessionelle und kulturelle Teilbereiche ohne Blick auf das
Gesamtgeflecht des Widerstandes zu beschreiben und letztlich die Gemeinsamkeit der Widerstandskämpfer zu übersehen, die das Ergebnis eines langwierigen
und häufig quälenden, schließlich aber bewußten Prozesses war.

II. Machtergreifung ohne Widerstand?

Als im Laufe des 30. Januar 1933 Gerüchte bestätigt wurden, der deutsche
Reichspräsident von Hindenburg habe Hitler, der augenscheinlich den Zenit
seines Erfolges überschritten hatte, das Reichskanzleramt angeboten, meinten
selbst politisch wache Menschen, damit sei lediglich eine neue Präsidialregierung
berufen worden[20]. Ohne jede Hektik traten die Führungsgremien von SPD und
Allgemeinem Gewerkschaftsbund zusammen. In ersten Aufrufen warnten sie
ihre Anhänger vor den Nationalsozialisten; die Gefährdung von Demokratie und
Rechtsstaat, von Grundrechten und republikanischer Verfassung lag jenseits
politischer Phantasie[21]. Auch die Führung der KPD ließ jene Klarsicht vermis-
sen, die ihr enge Parteigeschichtsschreibung gern zubilligt[22]. Sie erwartet die
Zuspitzung der gesellschaftlichen Krise, nicht aber ihre scheinbare Bewältigung;
deshalb rief die KPD zum Generalstreik gegen die »brutalste, unverhüllteste
Kriegserklärung an die Werktätigen« auf. Kaum jemand leistete diesem Aufruf
Folge; lediglich in einem württembergischen Industrieort namens Mössingen
standen alle Räder still[23].
    Die SPD-Fraktion bekannte sich zur Weimarer Reichsverfassung, mußte
aber hinnehmen, daß die politische Initiative von der Stunde der Regierungsübernahme an auf die wenigen nationalsozialistischen Minister übergegangen
war. Die Übernahme der preußischen Polizei durch Göring, die Position
Himmlers in Bayern waren entscheidend, mochte die Partei auch »Kaltblütigkeit, Entschlossenheit, Disziplin, Einigkeit und nochmals Einigkeit«[24] beschwören. Nur in wenigen Städten waren Sozialdemokraten in der Lage, sich in der
Konfrontation mit den nationalsozialistischen Sturmtrupps zu behaupten – so
blieb nur die Hoffnung, die bevorstehenden Reichstagswahlen würden Hitler
eine Niederlage bringen. Angesichts der Rechtsbrüche, der Zerstörung der fö-
derativen Ordnung und des Grundrechtssystems durch die Februarverordnun-

gen stellte sich eine Stimmung der Lähmung ein[25]; das Bekenntnis zur Legalität der geschändeten Verfassungsordnung war eher ein beschwörender Appell und Hilferuf als Ausdruck von Zukunftshoffnung und Vertrauen in Humanität und Rationalität. Offenen Widerstand leisteten die Parteien der Linken ebensowenig wie die Gewerkschaften: Mit Wandschriften und Flugblättern, mit Gesinnungspflege und politischem Bekenntnis ließ sich die nationalsozialistische Machtergreifung um so weniger verhindern, als die NS-Führung die übertragene Chance zur Festigung ihrer Herrschaft nutzen wollte und überdies große Teile der Bevölkerung begannen, Hitler zu feiern und die Zerstörung des Weimarer Systems zu begrüßen.

Diese republikanische Ordnung mobilisierte kaum mehr Anhänger. Nicht allein der Makel ihrer Entstehung aus einer militärischen Niederlage und Revolution, ihre außenpolitischen Belastung durch Versailler Friedensvertrag und Reparationsverpflichtungen auf der Grundlage des Kriegsschuldartikels, ihre Erfolglosigkeit bei der Überwindung wirtschafts- und arbeitsmarktpolitischer Schwierigkeiten bestimmten das Bild der Republik in Kreisen der politischen Mitte und nationalkonservativer Flügel, sondern das Unverständnis für die Notwendigkeit von politischem Ausgleich durch Diskussion, Entgegenkommen und Kompromiß[26]. Das entscheidende politische Defizit der Weimarer Zeit war die Unfähigkeit von Parteien und Staatsbürgern, von Presse und Verwaltung, politische Kontroversen in einer grundsätzlich verfassungsbezogenen Weise auszutragen, die Minderheiten schützte und den politischen Gegner respektierte. Ein grundlegender Dissens in der Sache braucht keine negativen Folgen für die politischen Alltagsbeziehungen zu haben, ebensowenig wie er den verfassungsbezogenen Grundwertekonsens außer Kraft setzen muß. Wo immer absolute Feindschaftsverhältnisse proklamiert werden, fragmentiert und automatisiert sich die Gesellschaft und wird das Individuum in der Vereinzelung hilflos staatlichen und gesellschaftlichen Kräften ausgeliefert, sofern sie die Mehrheit erringen[27]. Die Tragik vieler der später von den Nationalsozialisten Verfolgten und Unterdrückten war, daß sie zunächst den totalen Herrschaftsanspruch der Nationalsozialisten nicht erkannten oder sogar als wünschenswert empfanden[28].

Diese Illusionen finden sich nicht zuletzt bei vielen Offizieren der Reichswehr, die keine republikanischen Traditionen ausbilden konnten und wollten[29]. Allerdings ist zu bedenken, daß viele dieser Offiziere in einer konservativ motivierten Distanz gegenüber den neuen Bewegungen und Bestrebungen verharrten und sich auf diese Weise wenn schon keine bewußte Nonkonformität, so doch eine latente Resistenz bewahrten. Ihr Gesellschaftsbild war durch den deutschen Obrigkeitsstaat, nicht aber durch die nationalsozialistische Bewegungsdiktatur geprägt worden. Vor allem jüngere Offiziere begrüßten das Ende des verachteten Weimarer Systems freudiger und erwartungsvoller als viele ihrer älteren Kameraden[30], die sich aus einer Wertschätzung sozialer Distanz gegenüber der nationalsozialistischen Ideologie der Volksgemeinschaft heraus gegenüber der »Bewegung der Gosse« reserviert verhielten. Vielleicht erklärt dieses

Gefühl die heute vielfach unverständlich anmutende Teilnahmslosigkeit angesichts der Verfolgung von Kommunisten und Sozialdemokraten, von Pazifisten
und Gewerkschaftsmitgliedern, schließlich auch des Verbots der KPD, der SPD
und der Gewerkschaftsorganisationen aller Richtungen[31]. Die Selbstauflösung
der liberalen Mittelparteien und der Zentrumspartei, des Christlichen Volks-
dienstes und der DNVP atmeten hingegen augenscheinlich weniger den Geist
der Unterdrückung als der Freiwilligkeit; deshalb konnte der Untergang dieser
Parteien kaum die Empörung der bewußt politikfernen Offiziere wecken.

Am Ende des Jahres 1933 hatten die Nationalsozialisten schließlich ohne
nennenswerten Widerstand ihre politische Herrschaft konsolidiert. Hitler hatte
in den ersten Monaten seiner Herrschaft die Stellung und das Selbstwertgefühl
der Reichswehr strikt beachtet; gerade dadurch hatte er ein »systemkonformes
Verhalten« vieler Offiziere ermöglicht und sie, wenn nicht gewonnen, so auch
nicht zum Gegner gemacht[32]. Eine Ausnahme bildete lediglich der »rote General« und Chef der Heeresleitung Kurt Freiherr von Hammerstein-Equord. Ihm
trauten vor 1933 und nach seiner kurzfristigen Reaktivierung 1939 viele zu,
Hitler aktiv zu bekämpfen oder zumindest zu arretieren. Nach seinem Abschied
1934 verharrte Hammerstein in klarer Distanz zum System, und nach 1939 war
kaum damit zu rechnen, daß Hitler ausgerechnet den Truppenführer besuchen
würde, der als vergleichsweise republiktreu galt[33].

III. Verfolgung, Terror und Entrechtung in der Konsolidierungsphase nationalsozialistischer Herrschaft

Hitlers Berücksichtigung der Stimmung hoher Reichswehroffiziere und die
scheinbare Respektierung der politikfernen Stellung der Truppe sicherten und
verstärkten möglicherweise die Isolation der Reichswehrangehörigen. Partielle
Übereinstimmung mit politischen Zielen und Respekt vor den außenpolitischen
Erfolgen – Lösung des von Brüning, Papen und Schleicher beharrlich bearbei-
teten Reparationsproblems, Anerkennung durch die päpstliche Kurie beim
Abschluß des Reichskonkordats, Verlassen des Völkerbundes, Aufrüstung und
allgemeine Wehrpflicht, Besetzung des Rheinlandes – ließen über manche
Schatten hinwegsehen. Hierzu gehörte neben dem Straßenterror der SA-
Hilfspolizei und der Errichtung »wilder Konzentrationslager« vor allem der
Arierparagraph aus dem »Gesetz zur Wiederherstellung des Berufsbeamten-
tums« vom 7. April 1933[34], der sich in der Folgezeit grundsätzlich auch in der
Reichswehr auswirkte[35] und lediglich wegen der verschwindend geringen Zahl
der betroffenen Offiziere folgenlos blieb[36]. Der Boykott jüdischer Geschäfte am
1. April 1933, von Goebbels als Reaktion auf Demonstrationen gegen die
»deutsche Regierung« gerechtfertigt, verstärkte bei einigen Offiziere das Unbehagen gegenüber der NS-Führung. Auch die Diffamierung deutscher jüdischer

Soldaten ließ Nachdenklichkeit aufkommen, führte aber ebensowenig zu Konsequenzen wie die Errichtung des Konzentrationslagersystems. Deshalb sind aus dieser Zeit kaum Äußerungen über Verfolgung und Terror, über Entrechtung und Unterdrückung überliefert. Dies gilt auch für die Gruppen, die später die »zivile Opposition« bildeten, und ist insofern weniger bemerkenswert als die allgemeine politische Unsensibilität für das Schicksal der Menschen, die schutzlos der Willkür ausgeliefert waren[37]. Bücherverbrennungen, Gleichschaltung von Staat und Gesellschaft, Vertreibung vieler Intellektueller in das Exil oder in die innere Emigration erregten die Stimmung wenig, und das »Gesetz zur Verhütung des erbkranken Nachwuchses« wurde ebensowenig als Schändung alles dessen, »was menschliches Antlitz« trägt, begriffen wie die Vertreibung der Juden aus dem deutschen Wirtschaftsleben[38]. Allerdings bot die Differenzierung zwischen dem abstrakten rassenpolitischen Postulat und der konkreten Auswirkung für den einzelnen einen Weg in die Unverbindlichkeit: Bei vielen der später entschlossensten Widerstandskämpfer entstand Unsicherheit angesichts der Rechtlosmachung guter Bekannter, von Nachbarn, Familienfreunden, Vereinskameraden und Studienfreunden.

Erst der grundsätzliche Konflikt zwischen Deutschen Christen und »Bekenntnistreuen« berührte manches bis dahin unbehelligte Mitglied der späteren militärischen und zivilen Opposition, weil die weithin akzeptierten[39] politischen Kriterien nicht mehr die Auseinandersetzung um Qualitäten christlich-theologischer Existenz und die Grenzen staatlicher Weltanschauungsansprüche abdeckten. Andererseits war der Kirchenkampf nicht nur ein Kampf zwischen Kreuz und Hakenkreuz[40], sondern unübersehbar ein innerkonfessioneller und innerkirchlicher Streit vor allem des Protestantismus – von Theologen geführt und von Laien nachvollzogen. Die Bedeutung dieser Auseinandersetzung liegt zum einen in der breiten Resonanz innerhalb der deutschen Öffentlichkeit und der Mobilisierung von kritischem Geist, zum anderen in der Schaffung und Festigung eines resistenten Milieus, das innen- und rassenpolitische Vorstellungen des Nationalsozialismus nicht ungefragt und undifferenziert integrierte, schließlich aber in der Festigung von Maßstäben der Mitmenschlichkeit und des Glaubens, der Unbedingtheit und des Gewissens[41].

Drückte sich im Kirchenkampf zum erstenmal eine vergleichsweise breite Dissonanz zwischen landläufiger Meinung und nationalsozialistischer Praxis aus, so wurde diese Stimmung bei sensibilisierten Vertretern der späteren »deutschen Opposition« durch den sogenannten Röhm-Putsch verstärkt und konkretisiert. Dies ist in besonderer Weise bei den Militärs zu beobachten, die der SA stets außerordentlich ablehnend gegenüberstanden. Dies verband sie mit den Angehörigen der gebildeten und wohlhabenden bürgerlichen Schichten, welche die SA als Ausdruck nationalsozialistischer Pöbelherrschaft einschätzten. Die Ausschaltung der SA, die Hitler zur Klärung der innerparteilichen Fronten ebenso wie zur Erhöhung seiner Reputation bei Reichswehr und Bürgertum anstrebte, erschreckte dennoch die von der NS-Führung umworbenen Kreise,

weil auch allgemein respektierte Politiker wie der Führer der katholischen Aktion Klausener und die Generäle von Schleicher und von Bredow im Zuge der
Mordaktion umgebracht worden waren[42]. Schien die allgemein erwartete SA-
Revolte auch abgeschlagen, so war zugleich ein erster Umsturzversuch gescheitert, den Schleicher mit Hilfe des Chefs der Heeresleitung Werner Freiherr von
Fritsch und mit Unterstützung durch den Vizekanzler von Papen angestrebt
hatte[43]. So heftig die nachträgliche Rechtfertigung der Mordtaten auch abgelehnt wurde, so problematisch ist es, die Abscheu zum Beginn einer kontinuierlichen Entwicklung zu machen, die schließlich mit dem Attentat des 20. Juli
1944 endete. Denn die Stoßrichtung der Unterdrückung richtete sich weiterhin
gegen die politischen und weltanschaulichen, gegen die »rassischen« und kulturellen Gegner der NS-Herrschaft. Organisierte Widerstandsbestrebungen der
Anhänger von KPD und SPD, die sich zu kleinen Gruppen wie »Neubeginnen«,
»Roter Stoßtrupp« oder »Sozialistische Aktion« zum Zwecke der Gesinnungspflege und Vorbereitung auf die Zeit nach dem Zusammenbruch des Regimes
zusammengefunden hatten oder weiterhin wie die kommunistischen »Kader«
zur Verfügung der emigrierten Parteiführung standen, wurden 1935 und 1936
fast vollständig entdeckt und von Gestapo und Sicherheitsdienst zerschlagen[44].
Die Exilparteien konnten nur schwer die Verbindung zu ihren Anhängern halten und mußten sich zunehmend darauf konzentrieren, die Welt über die deutsche Lebenswirklichkeit aufzuklären. Auch dieser Kampf um die Weltmeinung
drohte verlorenzugehen, denn das NS-Regime galt in Ost und West als ver-
tragswürdig. Verträge mit Polen, mit Großbritannien, mit dem Papst, mit den
Staaten Zwischeneuropas belegten dies – trotz der Verfolgung Andersdenkender und der offen verkündeten Entrechtung der deutschen Juden auf dem
Nürnberger Parteitag von 1935[45].

Wer sich dem nationalsozialistischen Unrecht und Terror widersetzen
konnte, schwieg verunsichert still oder vertraute sich nur den allerengsten
Freunden und Familienmitgliedern an. Wer aber dem Unterdrückungssystem
entkommen war, der suchte vielfach bewußt jede antinationalsozialistische Tätigkeit zu vermeiden. Ein beeindruckendes Beispiel stellt der Lebensweg des
ehemaligen sozialdemokratischen Reichstagsabgeordneten und Militärpolitikers
Julius Leber dar, der lange Jahre der Einzel- und Dunkelhaft überstand und mit
seiner Frau in Berlin-Schöneberg eine Kohlenhandlung betrieb[46]. Auch der
sozialdemokratische Innenminister des Landes Hessen Wilhelm Leuschner
gründete eine Fabrik für Apparatebau[47]; andere Sozialdemokraten fristeten ihre
Existenz als Dorflehrer, wie Adolf Reichwein[48]. Immer wieder hatten sie mit
Verhaftung zu rechnen, da Vorbeuge- und Schutzhaftbestimmungen jeden
polizeilichen Zugriff aus den Bindungen des Rechts befreit hatten. Hunderttausende von ehemaligen Gegnern des Nationalsozialismus befanden sich zwischen 1933 und 1936/37 in Gefängnissen und Lagern[49]. Ihr politischer Wille
zerbrach häufig in der Haft, und so fanden viele kaum den Mut, offen und aktiv
gegen die NS-Herrschaft zu kämpfen. Innerlich blieben sie zwar vielfach unge-

brochen, nonkonform und resistent; zur Tat konnten sie sich freilich nur in seltenen Fällen aufraffen. Für einige der verfolgten Sozialdemokraten und Gewerkschaftsmitglieder führte aus der Distanz der weitere Weg dann in die Nähe der »militärischen Opposition«[50]. Auch die oppositionelle Haltung der Kirche konnte sich nicht auf Dauer gegen den Druck von Polizei, Justiz und Partei behaupten. Im Unterschied zur politisch-sozialistischen und gewerkschaftlichen Opposition konnte die Kirche institutionelle Grundlagen ihres Wirkens verteidigen. Deshalb zeichnete sich ihre Praxis in der Regel durch politische Ambivalente und das Bestreben aus, die Institution Kirche nicht zu gefährden[51]. Teilweise Kompromisse mit dem NS-Staat stießen bei Geistlichen und Gläubigen zuweilen auf Unverständnis oder Ablehnung; teilweise machten diese Kompromisse aber gerade die Kirchen für den Staat, aber auch bei den vom Nationalsozialismus partiell beeinflußten Menschen akzeptabel[52]. Gerade wegen ihrer Flexibilität, die die Kirche in jedem totalitären oder diktatorischen System beweisen muß, gelang es der Kirchenführung, auf die Substanz des Christentums und des christlichen Glaubens zielende Vorstöße der Interpreten nationalsozialistischer Weltanschauung, wie Alfred Rosenberg, abzuwehren[53]. Der machtpolitische Realismus der Kirchen forderte zuweilen einen hohen Preis: Viele Vertreter der Bekennenden Kirche hatten in den Gemeinden lediglich ein Gastrecht und waren deshalb finanziell völlig ungesichert; katholische Geistliche, Mönche und Nonnen waren überdies durch falsche Anschuldigungen wie Devisenvergehen, Homosexualität und Unzucht mit Abhängigen bedroht[54]. Die Geschichte des Kirchenkampfes zwischen Kreuz, Hakenkreuz und »verhakenkreuztem Kreuz« (E. Bethge), zwischen Katholizität und Rassenmythos, zwischen Judenhaß und Judenverfolgung kann hier nicht dargestellt werden. Er spielte sich zwischen einzelnen Nationalsozialisten und Gläubigen, zwischen kirchlichen Landesleitungen und Pfarrern, zwischen Staat und Kirche selbst, aber auch innerhalb der Kirchen zwischen den verschiedenen Strömungen und Gruppierungen ab. Viele Geistliche wurden inhaftiert oder durch stets drohende Hausdurchsuchungen verunsichert und gelähmt. Auch an dieser Front des Weltanschauungskampfes erzielten die Nationalsozialisten Erfolge: Die Bekennende Kirche verlor an Entschiedenheit und schmolz schließlich zu einem kleinen Kern von wenigen hundert ganz entschiedener Geistlicher zusammen, unter ihnen Dietrich Bonhoeffer und Eberhard Bethge, Helmut Gollwitzer und Martin Niemöller, die keinerlei Kompromiß mit den Machthabern erstrebten[55]. Die Stellung der katholischen Kirche schien wegen ihrer institutionellen Festigkeit und Hierarchisierung günstiger zu sein; dennoch litten gerade katholische Geistliche, die individuell den Unterdrückten geholfen hatten, in den Geistlichen-Blocks der Konzentrationslager und zweifelten an der politischen Weisheit ihrer Oberen[56].

IV. Dimensionen der Widerständigkeit

Die Reaktionen der Kräfte und Gruppen, die gegen den Anspruch und die
Praxis nationalsozialistischer Herrschaft Widerstand leisten wollten, wirft die
Frage nach dem Widerstandsbegriff selbst auf. Die Problematik dieses Begriffs[57] liegt nicht zuletzt in der Schwierigkeit, unterschiedliche Verhaltensweisen, Sanktionsformen und Zielvorstellungen in gruppenspezifischer, zeitlicher
und gradueller Differenzierung zu erfassen. Erschwerend kommen aktuelle
Vorstellungen vom Widerstand hinzu: Widerstehen zur rechten Zeit, Widerständigkeit, Zivilcourage, ziviler Ungehorsam, Dissidenz und Resistenz, Nonkonformität und abweichendes Verhalten, Opposition und Obstruktion, Protest
und Verweigerung, Aussteigen und Dienst nach Vorschrift, Bummelei und
Demonstrationen in allen Varianten werden heute als Dimensionen des Widerstands diskutiert[58]. Gilt heute, daß Widerstand sich nicht allein als Aktion rechtfertigt, sondern auf seine positiven Zielvorstellungen bezogen werden muß, die
sich nicht von den Normen der pluralistischen und rechtsstaatlich verfaßten
parlamentarischen Demokratie lösen sollen[59], so verweist der Widerstandsbegriff vor allem auf die Lebenswirklichkeit in totalitären und diktatorisch organisierten Staaten.

Widerstand unterscheidet sich von Verfolgtsein, einem Kollektivschicksal
unterdrückter Gruppen und ihrer Anhänger, denn er beinhaltet das Moment der
Aktivität und der Gefährdung des Systems, aber auch der unkalkulierbaren
letzten Selbstgefährdung des eigenen Lebens. Dieser Widerstand richtete sich
nicht allein gegen den Träger nationalsozialistischer Herrschaft, sondern konnte
sich auch gegen jene wenden, die in der Anpassung an nationalsozialistischer
Zielvorstellungen eine Möglichkeit des eigenen Überlebens erkennen wollten.
Dies wird besonders deutlich an der Haltung Dietrich Bonhoeffers, der sich
innerhalb kirchlicher Institutionen ebenso rechtfertigen und durchsetzen mußte
wie später gegenüber den nationalsozialistischen Machthabern[60]. Aber auch
kommunistische Funktionäre, die sich der Außenlenkung durch die emigrierte
Parteiführung widersetzten und eigenständige, von der Sowjetunion unabhängige Gruppen aufbauten, sind hier aufzuführen. Aktivität gegen die Machthaber,
Risiko des Handelns und Gefährdung des Systems können die Spektren des
Widerstands aber nicht allein ausleuchten. Bethge unterschied schon zu Beginn
der sechziger Jahre fünf verschiedene Stufen des Widerstands[61]: Dem »einfachen passiven Widerstand« ordnete er den »offenen ideologischen Gegensatz«
nach, wie er das Handeln von Niemöller, Wurm und Graf Galen prägte. Die
nächste, dritte, Stufe stellte die Mitwisserschaft an Umsturzvorbereitungen dar.
Diese Haltung konnte durch die »aktive Vorbereitung für das Danach« gesteigert werden. In diesem Zusammenhang ist etwa an die Arbeit des Kreisauer
Kreises zu erinnern[62]. Die höchste und letzte, fünfte, Stufe des Widerstandes
stellte die »aktive Konspiration« dar. Sie erfolgte aus der Einsamkeit individueller Entscheidung, war mit dem größten Risiko für Leib und Leben verbunden

und erhielt weder »kirchliche Deckung« noch den Schutz durch Vorgesetzte: Was sich jedem Regelfall entzog, konnte nicht gerechtfertigt werden. Die Vielfalt dieser Stufen läßt sich mit Konrad Repgen[63] weiter differenzieren. Er beschrieb unterschiedliche Verhaltensformen der Widerständigkeit als Steigerung von der geistigen Nonkonformität bis zum Umsturz. Der »Loyalitäts-Entzug«, der sich von punktuellen über graduelle zu generellen Dimensionen steigern konnte, stellt sich als politische Konsequenz eines unbeirrbaren Glaubens dar, die sich aus Beharrung an den traditionellen Glaubensinhalten bis zur Verweigerung gegenüber den Anforderungen des Systems, schließlich – etwa angesichts der Morde an Geisteskranken – zum Protest und zur Unterstützung des Attentats entwickeln konnte. Unbeschadet einer grundsätzlichen Ablehnung der nationalsozialistischen Weltanschauung konnten sich die Opponenten und Widerständigen in »weltanschaulich und sittlich neutralen Bereichen« zur partiellen, begrenzten, sachlich bestimmten Zusammenarbeit mit dem System und seinen Vertretern bereitfinden. Erst durch den Druck des NS-Systems konnte aus dem Loyalitätsentzug Widerstand werden. Dabei ist eine Dynamisierung der Repression und der von der NS-Führung praktizierten Widerstandsvermutung unübersehbar[64]. Was zunächst als Abseitsstehen galt, erschien bald als Auflehnung, schließlich als Demonstration und Widersetzlichkeit, als Verletzung von Recht und Gesetz, als Landes- und Hochverrat. Widerstand wurde nicht von den einzelnen definiert, die dem NS-System und seiner Politik widerstanden, sondern vom NS-Staat und seinen Instanzen. Deshalb bedeutete Widerstehen und Widerstand unvermeidlich die Auslieferung an Partei und Staat, an Polizei und NS-Justiz. Loyalitätsentzug mußte angesichts des totalen Verfügungsanspruches eines totalitären Staates zum Widerstand werden. Weil nahezu alle Lebensbereiche politisiert waren, wurden sie auch für den NS-Staat verfügbar[65]. In vielen Fällen verlangten Glauben und Gewissen von den einzelnen, der Politisierung und Polarisierung zu widerstehen. Die Standfestigkeit des Verhaltens resultierte zu einem wesentlichen Teil aus Traditionen des Christentums, der Humanität, der Aufklärung und des Liberalismus, der wissenschaftlichen Redlichkeit und der Arbeiterbewegung. Die tradierten Normen und den einzelnen selbst bindenden Verpflichtungen bestimmten die Chance, die jeder in der Auseinandersetzung mit dem NS-System besaß[66].

Die Großgruppen, insbesondere die Kirchen, konnten auch nach 1933 eine scharfe Trennlinie zwischen dem individuellen Gewissen und dem Einfluß des Staates markieren; nicht immer aber konnte die ihre eigene Autonomie verteidigende Kirche dem einzelnen in seiner Gewissensentscheidung helfen. Oftmals forderte der Kampf gegen Rassenstaat und verbrecherisches Regime von dem Christen ein existenzgefährdendes Zeugnis des Glaubens – und dieses Zeugnis schloß das Martyrium[67] in vielen Fällen ein.

Wenn Loyalitätsentzug im Sinne von Konrad Repgen partielle Kooperation mit dem System einschloß, konnte Widerstand auch von innen, aus den Funktionsstellen dieses Systems selbst geleistet werden. Dies macht unsere Schwierigkeit aus, den diplomatischen[68] und militärischen, in einzelnen Fällen sogar den innerparteilichen Widerstand[69] als solchen anzuerkennen. In besonderer Weise hat auch der Widerstand in der Abwehr und im OKH stets das Mißtrauen der Nachgeborenen überwinden müssen.

Der Begriff der »Militäropposition« hat in seiner Mißverständlichkeit manchem Fehlurteil Vorschub geleistet, denn er legte unzutreffende Schlüsse auf die Motivation des militärischen Widerstandes nahe. Es ging dabei nicht um die Vorbereitung und Durchführung eines Umsturzes im Interesse und zum Nutzen der militärischen Führung, sondern es ging um einen grundlegenden Wandel des NS-Systems aus der einzig erfolgversprechenden Position heraus[70]. Die Handlungschancen und Verhaltensmöglichkeiten der militärischen Opposition waren ebenso vielfältig wie die anderer Kreise des Widerstands und entwickelten sich wie diese allmählich im Zeitablauf von einer gewaltferneren Form zum Attentatsentschluß, der wiederholt realisiert wurde[71]. Der Militärhistoriker Klaus-Jürgen Müller[72] unterscheidet die Absicht, die staatlichen Zielvorstellungen zu korrigieren und auf die Entscheidungsprozesse durch Beratungen und Denkschriften Einfluß zu nehmen, von den Versuchen, innerhalb der Eliten selbst Unterstützung zu finden, die außenpolitischen Mächte zu beeinflussen oder sogar – wie Oster es tat[73] – vor einem Angriff der deutschen Wehrmacht zu warnen. Der diplomatische Widerstand konnte sogar versuchen, angesichts der deutschen Absicht, den Krieg zu eröffnen und somit den Zweiten Weltkrieg zu »entfesseln«, die großen europäischen Mächte zu warnen und zu Reaktionen zu veranlassen, die Hitler vor riskante Entscheidungen stellten. So hofften Kreise um den Staatssekretär des Auswärtigen Amts Ernst Freiherr von Weizsäcker, durch gezielte Information der britischen Seite Sachzwänge zu schaffen, die Hitler von seinem langfristig verfolgten Kriegsentschluß abrücken lassen sollten[74]. Deshalb finden wir eine unüberschaubare Beeinflussungsstrategie, die sich vielfältiger Gespräche, einer unübersehbaren Zahl von Denkschriften und Umsturzplänen, zahlreicher Reisen innerhalb Deutschlands und Europas bediente[75]. Mit dem Beginn des Zweiten Weltkrieges veränderten sich die Bedingungen des Widerstehens grundlegend. Einerseits erreichte das Regime einen Gipfelpunkt seiner Faszination und Erfolge; andererseits verstärkten sich Repression und Terror. Tatbestände, die lange Jahre vergleichsweise glimpflich und selten mit dem Tode bestraft wurden, galten nun als schwere Straftaten oder gar als todeswürdige Verbrechen[76]. Das Risiko des Widerstandes wurde größer; alle, die außerhalb des Regierungssystems und seiner Funktionsorgane standen, lebten besonders gefährlich und verfügten über keinerlei interne politische Informationen. Dies machte die Bedeutung der mit den NS-Staat teilweise oder auch, wie im Fall des stellvertretenden Berliner Polizeipräsidenten Fritz-Dietlof Graf von der Schulenburg, weitgehend kooperierenden Funktionsgruppen für die realen Chancen eines Umsturzes aus.

Die Einschätzung der Dimension des widerständigen Verhaltens zeigt, daß sich Widerstand kaum derart definieren läßt, daß er den unterschiedlichen

Handlungsmöglichkeiten, Motivationen und Zielvorstellungen im Zeitablauf und angesichts der Dynamisierung des politischen Systems gerecht werden kann. Zur erfolgversprechenden Tat eines Umsturzes waren nur wenige fähig und bereit; weitaus mehr waren willens, sich im Kampf gegen das System zu opfern, um ein Zeichen für Mitmenschlichkeit und Anstand zu setzen. Zu ihnen gehörten zweifellos die Mitglieder der Weißen Rose[77], die vielen einzelnen Widerstandskämpfer, die den Verfolgten und Unterdrückten halfen, indem sie jüdische Mitbürger und Gegner des NS-Regimes versteckten oder über die Grenzen in Sicherheit brachten.

Unbestreitbar war das Potential der Widerständigkeit in Deutschland größer, als angesichts der Stabilität des NS-Systems vermutet werden kann. Insgesamt betrachtet, war es jedoch gering. Es konnte sich erst seit 1938 aus vergleichsweise kleinen Ansätzen verstärken[78]. Allerdings strebte der Widerstand nicht kontinuierlich und gleichmäßig einem Gipfelpunkt zu, sondern war immer wieder durch Brüche und Rückschläge unterbrochen worden.

V. Zur Motivationslage des Widerstandes

Der traditionsorientierten und -verhafteten, der soziologisch bedingten und politisch geprägten Vielfalt des Widerstands entspricht seine reich differenzierte Motivationsanlage. Sie bezieht sich sowohl auf die Motivation zum Handeln aus gemachten Erfahrungen und gewonnenen Beobachtungen als auch auf die Motivationen, die auf Zielvorstellungen und Zukunftsvorstellungen für die Zeit »danach« verweisen.

Die Motivationslage spiegelte zunächst die traditionsgeprägten Ausgangssituationen: Entrüstung und Empörung über Verfolgungsmaßnahmen und Unterdrückung, über Kirchenkampf und Sondergesetze waren abhängig von politischen Optionen. Diese Optionen schränkten das Wahrnehmungsvermögen ebenso ein wie die Fähigkeit zur moralischen Entrüstung oder mitmenschlichen Solidarität. Insofern hatte gerade der militärische und zivile Widerstand eine ungünstige Startposition, denn die Unterdrückungsmaßnahmen der ersten Stunde bestimmten kaum die Motivationslage der Jahre 1933 und 1934. Als »eigentlich kritischer Zeitpunkt«[79] gilt deshalb die Ermordung Schleichers 1934; diese Tat sensibilisierte für Übergriffe des Staates und nationalsozialistische Gewaltverbrechen. Deshalb faßte General Adolf Heusinger die allgemeine Stimmung wahrscheinlich zutreffend zusammen, als er in einem Gespräch mit Guido Knopp betonte:

> »... ich würde auf die Frage, von welchem Moment an ich die Sache ausdrücklich als verbrecherisch angesehen hätte, antworten: Das begann mit der Ermordung von Schleicher und fand ihren Höhepunkt in den Judenverfolgungen[80].«

Allerdings handelte es sich noch nicht um eine Einschätzung, die politisches Verhalten und militärische Führung beeinflußte, sondern eher um eine Stimmung des Unbehagens, die rückblickend die Bedeutung beginnender innerer Distanzierung erhielt. Diese Stimmung war nicht identisch mit einer regimekritischen Motivationslage, begünstigte aber deren Entstehung in der Folgezeit. Die Röhm-Affäre hatte die Reichswehr zugleich begünstigt und schuldig werden lassen: Ihre Stellung wurde respektiert, aber zugleich war angesichts des Unrechts an Angehörigen der bewaffneten Macht die Loyalität vieler Offiziere gegenüber ihrem Gewissen und Rechtsbewußtsein herausgefordert. Zum erstenmal empfanden einige Offiziere die Spannung zwischen Befehl und Gehorsam, zwischen Gehorsam und Schuld[81]. In den Folgejahren mochte diese Erfahrung zunächst verdrängt werden; als später angesichts neuer Zumutungen und offensichtlicher Verbrechen[82] des Systems dieses Gefühl der Ohnmacht und Verstrickung erneut die verantwortungsbewußtesten Offiziere belastete[83], erinnerten sich viele der Juni- und Julitage des Jahres 1934, die überdies den Eid der Wehrmacht auf Hitler nach dem Tode Hindenburgs gebracht hatten.

Etwa vier Jahre später rührte eine weitere politisch-militärische Krise an das Selbstverständnis der militärischen Führung. Die Krise um die Ablösung von Blomberg und Fritsch zeigte, daß die Armee ihre Position im nationalsozialistischen Herrschaftssystem nicht wie selbstverständlich behaupten konnte, sondern in SS und insbesondere SD einen Gegner besaß, dem Hitler zuneigte. Das Motivationsbündel des militärischen Widerstands erhielt insofern eine entscheidende Färbung, als Hitler in den Umkreis umstürzlerischer Überlegungen ausdrücklich einbezogen wurde. Die Verpflichtung gegenüber dem unrechtmäßig und ehrenwidrig behandelten Kameraden motivierte ebenso wie die Empörung über Hitlers unwürdiges Verhalten gegenüber Fritsch. Deshalb machten sich vereinzelt Gedanken breit, das Regime sei zu reinigen und von Verantwortlichen zu »säubern«, die das Unrecht symbolisierten. Damit tauchten Vorstellungen auf, die in der Folgezeit variiert, in ihrer Argumentationsstruktur aber auch später beibehalten wurden: Angesichts der politischen Verwicklungen im Zusammenhang der Sudetenkrise und der Verbrechen nach Ausbruch des Krieges vertiefte sich allerdings die moralische Dimension[84].

In der Ablehnung des totalen Herrschaftsanspruchs des NS-Staates und seiner Träger trafen sich seit 1937/38 zunehmend die Vertreter der militärischen und zivilen Opposition. In ihren politischen Grundvorstellungen, die Klaus-Jürgen Müller als »nationalkonservativ« bezeichnet hat, in ihren Handlungsmöglichkeiten und Zielvorstellungen verfügten beide Stränge über Gemeinsamkeiten. Diese ließen die Ziele der einzelnen Widerständigen und Gruppen des Widerstands zwar niemals deckungsgleich werden, waren aber eine wesentliche Voraussetzung praktischer Kooperation aus einer ähnlichen Motivationslage heraus[85].

Diese Lage wurde überdies durch die gleichartige Verstrickung in das System selbst mitgeprägt. Sowohl die Vertreter der militärischen Gegenströmungen als auch die Gegner des Regimes innerhalb der Verwaltung – der Abwehr, des Auswärtigen Amtes und der Justiz – handelten aus Machtpositionen heraus, die sie zum Teil des Systems machten. Sie nutzten dabei Handlungsspielräume, die von der polykratisch[86] orientierten Zeitgeschichtsforschung dargestellt werden konnten. Entscheidend war aber nicht die Unübersichtlichkeit des in seinen Kompetenzen nicht streng monolithisch strukturierten Systems, das letztendlich aber auf die Zielvorstellungen der Führung orientiert blieb, als die sich abzeichnende weltanschauliche Vielfalt der opponierenden Teilträger dieses Systems selbst. Erst durch die wachsende weltanschauliche Unabhängigkeit der Beamten und Offiziere, die sich angesichts der Blomberg-Fritsch-Krise auch moralisch und handlungsethisch rechtfertigen ließ, konnte dem Handeln aus den Herrschaftspositionen des Regimes heraus gegen dieses System ein neuer Sinn gegeben werden. Entscheidend für die Motivationslage wie für die Handlungsfähigkeit der Opposition gegen Hitler ist also die Unabhängigkeit von den politischen Zielen der NS-Führung, nicht die Erfahrung der Polykratie – dies stellt nur eine Handlungsvoraussetzung dar.

Die Ziele selbst waren ebenso vielfältig wie die Motive. Neben der Absicht, das System müsse völlig gesäubert werden, wie sie etwa Oster vertrat, stand der Versuch, in der Beeinflussung der Willensbildungsprozesse eine Verhinderung des Krieges zu erreichen – sei es durch Denkschriften, die sich an Hitler selbst wandten, sei es durch die Beeinflussung der auswärtigen Mächte[87]. Die Motivation, das Regime wenn nicht zu stürzen, so doch wenigstens grundlegend zu reformieren, bestimmte die Verhaltensweise. Da Reform nur von innen heraus erfolgen kann, richteten sich die Bemühungen zunächst vor allem auf die Beeinflussung der inneren Entscheidungsprozesse. An diesem Punkt trafen sich Vertreter der militärischen Opposition um Beck und Halder mit Einzelgängern des nichtmilitärischen Bereiches, insbesondere mit dem ehemaligen Leipziger Bürgermeister Goerdeler[88]. An die Erfahrungen der Fritsch-Krise und der Kriegsgefahr im Umfeld des Münchener Abkommens konnte in der Folgezeit immer wieder angeknüpft werden.

Die Motivationslage war seit 1938 durch die Kriegsgefahr geprägt. Verstärkt wurde sie ganz zweifellos durch die offensichtliche Entrechtung der jüdischen Mitbürger, selbst dort, wo die positiv bewertete »Lösung der Judenfrage« der Rechtfertigung von Sonderbestimmungen gegen Juden diente[89]. Denn die Fülle von Sondergesetzen, die tief in den Alltag jüdischer Mitbürger und Nachbarn, Freunde und Bekannter eingriffen, entwickelte sich zu einem System der Schikane und Entwürdigung, der Ausgrenzung und Diffamierung, die den Anstand vieler Menschen verletzten[90]. Entzündete sich die Empörung in der Regel auch nur im »Einzelfall«; aus diesem Funken konnten sich dann Begründungen für weitergehende Distanz und Kritik entwickeln.

Die Motivationslage der militärischen und zivilen »nationalkonservativen« Opposition war aber, unbeschadet der Kritik an der Entrechtung der Juden, gerade dadurch geprägt, daß zunächst Funktionskonflikte stärker im Vordergrund standen als die völlige Ablehnung der Unrechtsakte. Sie setzten als Auseinandersetzungen ein, die politische Zielvorstellungen berührten: Fragen der

Rüstungspolitik ebenso wie der Wirtschaftspolitik, der Auseinandersetzungen über Stufen und Stadien der Außenpolitik sowie über die Behandlung von auswärtigen Diplomaten und Mächten.

Zunächst wurde die Opposition noch keineswegs durch einen Fundamentalgegensatz geprägt, sondern durch den Willen zur politischen Kurskorrektur. Insofern hatte der Widerstand zwischen 1937 und 1939 charakteristische Züge eines Elitenkonflikts[91]. Die Entwicklung dieser Auseinandersetzungen schildern andere Beiträge[92]; sie lenken das Hauptaugenmerk auf die Militäropposition, die sich in Gruppen und Methoden, Ziele und Ansprechpartner differenzieren läßt. Innerhalb des Spektrums der nationalkonservativen Opposition scheint 1938 bis 1939 zum ersten Mal der aktive Umsturzversuch auf, der bewußt den Tod Hitlers in sein Kalkül zieht.

In dieser Radikalität wirkten sich Fehlentscheidungen und Übergriffe des NS-Systems aus, das die Neutralität gegenüber Wehrmacht und Offizierkorps ebenso aufgab, wie es sich innenpolitisch radikalisierte und die Ziele der nationalsozialistischen Weltanschauung zum Bezugspunkt politischer Praxis machte. Immer stärker rückten die nationalsozialistischen Gewaltverbrechen in den bestimmenden Umkreis der Motivationslage der Kritiker und Gegner des NS-Staates.

Die Ablehnung der Verbrechen entzündete sich besonders an den gewaltsamen Übergriffen des Novemberpogroms vom 9./10. November 1938[93]. Überall in Deutschland brannten Synagogen, wurden Geschäfte und Wohnungen jüdischer Mitbürger zerstört, Menschen auf die Straßen getrieben, Mitbürger zehntausendfach in die Konzentrationslager eingewiesen und zur Flucht aus Deutschland gezwungen, nicht ohne ihnen den größten Teil ihres Vermögens abzunehmen. Die Untaten verstärkten die Unzufriedenheit mit der Außenpolitik Hitlers, der immer bewußter einen Krieg nicht nur riskierte, sondern gezielt anstrebte. In der Kritik an der nationalsozialistischen »Volkstumspolitik« gegenüber den deutschen Nachbarstaaten – der Eingliederung des Sudetenlandes, der »Zerschlagung der Resttschechei«, der Proklamation eines »Großdeutschland« nach der Einverleibung von Österreich, schließlich die sich abzeichnende Herausforderung des von den westeuropäischen Mächten Großbritannien und Frankreich besonders garantierten Polen – formierten sich innerhalb der militärischen Opposition von Beck und Halder, aber auch der diplomatischen Opposition im Auswärtigen Amt, innerhalb der Abwehr und schließlich in der zivilen Opposition um Goerdeler Strömungen, die Umsturzpläne verfolgten und immer näher aneinanderrückten.

Nach der Entfesselung des europäischen Krieges, der sich zum Weltkrieg ausweitete, erhielt die Motivationslage durch die bereits von den ersten Kriegswochen an verübten Verbrechen eine entscheidende Prägung[94]. Zwar zeigten sich keineswegs alle Offiziere von den Nachrichten über Übergriffe der Einsatzgruppen erschüttert; bei einigen wirkten die unmittelbar beobachteten Verbrechen jedoch schockierend[95]. In Polen rotteten Einheiten von SS und SD, von Sicherheitspolizei und Wehrmacht die kulturelle und politische Elite des Landes aus, verübten Geiselerschießungen ohne Beachtung des Völkerrechts und die Bildung von besonderen jüdischen Wohngebieten im Generalgouvernement.

Die Verbrechen, die in den Folgejahren weiterhin systematisch vorbereitet und ausgeführt wurden, steigerten sich schließlich zur systematischen Ermordung weltanschaulicher Gegner, wie der »Bolschewisten« und »marxistischen Kommissare«[96], und der europäischen Juden[97]. Einsatzgruppen töteten im Rükken der kämpfenden Truppe, aber auch unter Beteiligung einzelner Wehrmachtverbände, Hunderttausende von Juden; viele russische Kriegsgefangene verhungerten in den großen Gefangenenlagern[98], und schließlich steigerte die NS-Führung den Völkermord an Juden und Zigeunern zur »industriemäßig betriebenen Massentötung«[99].

Die Reaktion auf die Verbrechen machte, wie bei Axel von dem Bussche[100], einen wesentlichen Bezugspunkt ihrer entschiedenen Gegnerschaft zum Nationalsozialismus aus; allerdings erfolgte die Wendung zum Widerstand nicht allein aus der Empörung über Massenmorde. Auch die sich abzeichnende Niederlage, innenpolitische Alternativen, die Kritik an der Behandlung der »fremdvölkischen« Völker Osteuropas[101] und Bemühungen, mit Großbritannien zum Friedensschluß zu gelangen, bestimmten die Motivationslage.

Nach dem Überfall auf die UdSSR wurde der verbrecherische Charakter des nationalsozialistischen Rassen- und Weltanschauungskampfes vollends sichtbar. Der »Generalplan Ost«[102] bedeutete die Unterjochung der als »Untermenschen« behandelten Weißrussen und Ukrainer, die Wannsee-Konferenz koordinierte die schon länger beschlossene »Endlösung der Judenfrage«[103], die »Unconditional Surrender«-Forderung schränkte zugleich wie die »Moskauer Erklärung« die Handlungsalternativen der deutschen Opposition ein. Angesichts der Verbrechen und der unübersehbaren Folgen für die deutsche Politik wurden die diplomatischen Kontakte zu den Kriegsgegnern immer wichtiger, steigerte sich aber auch der Zwang, eine Wende aus eigener Kraft herbeizuführen. Ein Anschlag auf Hitler sollte eine Abkehr von Verbrechen und eine Verhinderung der den Nationalstaat gefährdenden Niederlage gleichermaßen ermöglichen, aber auch den Alliierten die Ernsthaftigkeit der Oppositionsbestrebungen beweisen. Deshalb nahmen nicht nur die diplomatischen Kontakte zwischen der deutschen Opposition und Vertretern der britischen und schwedischen Diplomatie und Kirchen zu[104], sondern verstärkten sich auch die Attentatsbemühungen selbst.

Auch vor 1938/39 hatte es verschiedene Attentatsversuche gegeben, die allerdings ausnahmslos nicht die »Sicherheit des Diktators«[105] zerstören konnten, möglicherweise sogar teilweise inszeniert worden waren, um Hitlers Unverwundbarkeitsmythos zu bekräftigen. Nach 1939 nahmen diese Attentatsbestrebungen jedoch eine neue Qualität an, denn sie waren wesentliche Voraussetzung und Grundbestandteil von Staatsstreichplanungen. Wie alle Rechtfertigungen von Opposition und Widerstand waren auch die Motivationen dieser Staatsstreichabsichten vielfältig; ebenso vielgestaltig waren die Zusammenhänge zwischen den Widerstandsgruppen und Kreisen und die Formen ihrer Arbeit. Im Kern ging es aber nicht mehr um die Bewahrung von Nonkonformität und Resistenz, sondern um die Schaffung günstiger Voraussetzungen einer Widerstandtat, die sowohl Voraussetzung eines realen Umsturzes des Systems als auch Zeichen sein sollte.

Damit hatte sich die Widerstandsmotivation entscheidend verändert und die Reformorientierung und Kriegsverhinderungsabsicht der späten dreißiger Jahre verloren. Die nationalkonservative Motivation bezog sich nicht mehr auf den Willen, Entscheidungen beeinflussend zu modifizieren oder zu verhindern, denn sie reflektierte die Praxis des NS-Systems grundsätzlich-kritisch, gleichsam von außen kommend. Die Träger des Widerstands mochten aufgrund ihrer aktuellen Position noch Teil des Herrschaftssystems sein, weil sie innerhalb des Staates Funktionen ausübten. Mental standen sie aber außerhalb. Deshalb handelte es sich zunehmend weniger um den Kampf einer »Teileinheit« des Systems gegen übergeordnete, dominierende Herrschaftseinheiten, als um einen entschiedenen Akt von »Systemgegnern« gegen Anspruch, Rechtfertigung und Praxis des Systems und seiner Träger selbst[106].

Der motivierende Durchbruch war das Ergebnis eines Prozesses, dessen Anfänge lange zurückreichten, der immer wieder von Mitgliedern anderer Widerstandskreise beeinflußt worden war und der nicht zuletzt aktuelle Erfahrungen des Krieges, aber auch der Verwaltungspraxis spiegelte. Dies kann den moralischen Anspruch des Widerstands, der schließlich formuliert und mit dem Leben bezahlt wurde, nicht schmälern, sondern lediglich die Komplexität der Entscheidungsfindung von Widerstandskämpfern verdeutlichen. Mit der Kritik an der Kriegführung, an der sinnlosen und verantwortungsfernen Opferung von Menschen, an der dilettantischen, kaum sachadäquaten Aufstellung von Reserven und Materialersatz[107] konnte sich eine Haltung der Distanz entwickeln, die die Gewinnung einer grundsätzlichen Widerstandsposition erleichterte. So läßt sich Stauffenbergs Erfahrung in der Verwaltung des Heeres und beim Befehlshaber des Ersatzheeres durchaus in seiner Motivation zum Widerstand einbinden. Bei aller Kritik an der Dominanz der militärischen Trägerschicht des Widerstands gegen Hitler ist jedoch unbestreitbar, daß selbst zur Zeit abzusehender militärischer Schwierigkeiten und Niederlagen die aussichtslose Stellung der deutschen Wehrmacht nicht die Primärmotivation darstellte. Im Vorfeld des Krieges und vollends nach 1939 mußten Angehörige der Wehrmacht das Gesetz des Handelns an sich ziehen, weil sie allein erfolgversprechend mit den Mitteln der Gewalt das Regime Hitlers zu stürzen vermochten. Wurde deshalb auch vereinzelt die These aufgestellt, erst angesichts der militärischen Niederlage, die den deutschen Nationalstaat von außen bedrohte, nachdem die Verstrickung in Verbrechen bereits seine innere Legitimation und damit die deutsche Identität zerstört hatte, hätten die zum Umsturz bereiten Offiziere die entscheidenden Anstöße gefunden, so umgreift diese Behauptung keineswegs das aufgeführte Motivbündel. Die These spiegelt eher die Auseinandersetzungen um den Aufbau der Bundeswehr in den fünfziger Jahren[108], die sogar das Verdienst Stauffenberg und Tresckows relativierten, weil beide – heute »Motoren« des Widerstands – primär die engen Interessen der Junker, wenn nicht sogar der Generalität vertreten sollten, die sich für einen späteren Waffengang hätte schonen wollen. Heute stehen gerade Claus Schenk Graf von Stauffenberg und Henning von Tresckow[109] für eine moralische Rigidität, die nicht aus ihrer militärischen Tradition allein zu erklären ist. Vor allem aber standen Stauffenberg und Tresckow mit den Widerstandskreisen um Beck und Goerdeler, um Helmuth James Graf von Moltke und Peter Graf Yorck von Wartenburg in enger Verbindung. Niemals hätten sie den Begriff der »Militäropposition« akzeptiert, sondern ihre Umsturzbemühungen in den Zusammenhang politischer Zielvorstellungen einbezogen. Die Armee sollte die Voraussetzungen einer Befreiung vom nationalsozialistischen Unrechtssystems schaffen; sie war – in den Worten von Rothfels – ein »Sektor« der gesamten Widerstandsbewegung, »ein Teil des Ganzen«[110]. Die führenden Attentäter stellten niemals in Frage, gemeinsam mit »Zivilisten« den festen politischen Willen zu verwirklichen, die »Herrschaft des Rechts«[111] als Voraussetzung für Freiheit und »Reform« wiederherzustellen. Dies drückte Goerdelers Regierungserklärung aus, die nach dem gelungenen Anschlag auf Hitler im Rundfunk verlesen werden sollte[112].

Daß die Erklärung die Handschrift der Zivilisten trug, verdeutlichte schlagend, daß keineswegs eine »kleine Clique ehrgeiziger Offiziere«[113] Hauptantriebskraft der für die Nationalsozialisten unerwartet breiten Widerstandsbewegung war, sondern daß politische, »zivile« Ideen von Anfang vorwalteten und bis zum Ende vieler Widerstandskämpfer bestimmend blieben. Dies kann ihre Bedeutung nicht schmälern, sondern zusätzlich hervorheben. Sie waren auf Ziele und Maßstäbe verpflichtet, die den Geist einer Bewegung atmeten, die der hessische Generalstaatsanwalt Fritz Bauer später als »Menschenrechtsbewegung«[114] charakterisierte. Dieser Geist kollidiert keineswegs von vornherein mit den Prinzipien militärischen Denkens[115], und er bildet keinen Widerspruch zur soldatischen Moralität. Insofern greift jeder Versuch, militärischen und zivilen Widerstand zu trennen, immer dann zu kurz, wenn Ziele und Rechtfertigungen des Widerstands erörtert werden.

VI. Ziele des Widerstands militärischer und ziviler Gruppen

Seit der Sudetenkrise bildeten sich allmählich Gruppierungen und Kreise, Zirkel und Verbindungen heraus, die oberflächlich betrachtet Ausdruck einer »Vereinsmeierei«[116] waren, aber unter schwierigen Bedingungen die Vereinzelung des Individuums unter totalitären Lebensverhältnissen günstig zu beeinflussen suchten. Teilweise aktivierten diese Gruppierungen persönliche Beziehungen aus der vornationalsozialistischen Zeit, teilweise mußten sie unter der durchpolitisierten Lebenswirklichkeit nahezu unvermeidlich in die Gegnerschaft zum Nationalsozialismus geraten[117]. So wandelte sich in der Kontinuität der organisatorisch verfestigten Tätigkeit die Stoßrichtung des Vereinslebens, damit aber auch das ursprüngliche Ziel der Vereinigung. Allmählich schälten sich Kontakte zwischen den einzelnen Kreisen und Gruppen heraus, sofern sie nationalkonservativen Wertvorstellungen verhaftet waren. Dies zeigte sich vor allem beim Kreis um das Ehepaar Solf und bei der traditionsreichen Mittwochsgesellschaft[118]. Diesen Kreisen gehörten Verwaltungsbeamten, Diplomaten, Wissenschaftler, im Ruhestand lebende Offiziere, vereinzelt auch Geistliche an – soziologisch vergleichsweise eng auf das höhere Bildungsbürgertum beschränkt, herrschte auch eine eher konservative Grundströmung vor, die allerdings nicht im Widerspruch zu der Radikalität bürgerlichen Denkens und bürgerlicher Traditionen zu stehen brauchte, wie es von Dolf Sternberger 1949 in der von ihm entscheidend geprägten Zeitschrift »Die Wandlung« definiert worden ist[119]. »Bürgerlich« stellte für ihn keinen sozialgeschichtlichen oder gegenwartssoziologischen, sondern einen »philosophischen Begriff« dar, welcher die »Freiheit der Erkenntnis« verlangte. Diese Freiheit war unter dem Nationalsozialismus nicht gegeben und mußte deshalb immer wieder in der Praxis des Diskutierens und Denkens, der wissenschaftlichen Arbeit und der politischen Meinungsbildung im Alltag, im kleinen Kreis der Angehörigen und Freunde, der guten Bekannten und Kollegen, verwirklicht werden. Zwangsläufig mußten deshalb die »Unbestechlichkeit des Denkens« und die »Beschränkung des Individuums auf seine Autonomie« zur Berührungsfurcht gegenüber dem Nationalsozialismus und schließlich zur bewußten Ablehnung führen. Passivität des Verhaltens angesichts der Herausforderungen des Systems – von der zur Pflicht gemachten Konsumierung eines Eintopfgerichtes bis zur Begrüßung verfemter ehemals guter Bekannter nach dem Erlaß der Nürnberger Gesetze –, innere Emigration, Nonkonformität, schließlich bewußt gesicherte Dissidenz waren die Folge.

Einige Opponenten ließen es damit nicht genug sein. »Pflicht« und »Gesetz« wurden ihnen zur inneren Norm, zur moralischen Verpflichtung, die schließlich die ganze Persönlichkeit forderte[120]. Dieser Norm diente der in der »Radikalität des bürgerlichen Denkens« stehende »Bürger« aus einem Eifer für das verpflichtende »höhere Ganze«. Angesichts einer Gefährdung des Denkens, der Moral und des Gewissens konnte der einzelne schließlich sogar zum »moralischen Terroristen« werden: »tückisch, verräterisch an einzelnen Menschen, grausam gegen seinen Nächsten, immer in der Verfolgung seiner Grundsätze«, die mit zunehmender Unbedingtheit verfolgt wurden. Schließlich »verbündet er sich mit der Idee des Ganzen, mit der Idee des Staates, um gegen die einzelnen Mächtigen und Glänzenden, gegen die Autoritäten eine stärkere Stellung zu haben«[121].

Dieser Rigorismus traf sich in der Vorbereitungsphase des Krieges mit einem Gefühl der Widersetzlichkeit, das auf radikalen Wandel der politischen und militärischen Entscheidungsstrukturen zielte. Der moralische Rigorismus, teilweise aus Traditionen entstanden, teilweise in der aktuellen Auseinandersetzung mit weltanschaulichen Bedrängnissen des Gewissens und in der Konfrontation mit Verbrechen gewachsen, verband sich mit dem kritischen Bewußtsein einer Funktionselite hoher Beamter und Militärs, die sich durch das Regime beengt und behindert wähnten, entsprechend ihrer Einsicht und ihrem Gewissen verantwortungsvoll zu handeln.

Bereits in der Sudetenkrise hatte Beck den Kontakt zu Goerdeler gefunden, der nahezu als isolierter und ohne breite Resonanz schreibender und in Gesprächen erfolglos beeinflussender einzelner Opponent die als schädlich eingeschätzte politische Entwicklung korrigieren wollte. Dieser Kontakt fand eine starke inhaltliche Gemeinsamkeit, bei allen Kontroversen im Detail und auch in der Zielfrage. Er hielt auch, als die NS-Führung von Triumph zu Triumph stürmte und fast die Herrschaft über ganz Europa errang[122]. Denn die Opposition ließ sich aufgrund ihrer festen Ziele nicht vom militärischen Erfolg faszinieren. Lediglich ihre Isolation von möglichen, zur initiierenden Handlung nicht bereiten, aber sich einem Umsturz möglicherweise anschließenden Kräften wurde größer[123]. Die daraus resultierende Begrenzung des Handelns konnte aber allmählich ausgeweitet werden, weil der ältere Kreis der Widerstandsgruppen um Beck, Hassell, Goerdeler und Canaris sich um jüngere Mitglieder ausweitete, die weniger stark nationalkonservativen Vorstellungen verpflichtet waren und deshalb in unerschrockener Radikalität und vertraut mit den politischen Strukturen neue Ziele formulierten. Diese Zielsetzung ging mit einer Entschlossenheit des Handelns einher, die versprach, auch die praktische Initiative im Zuge einer überraschenden Tat zu erringen.

Überraschend war, daß die Ziele keineswegs militärspezifisch bestimmt waren: Sie spiegelten vielmehr Wertvorstellungen, die z.T. nationalkonservative Traditionen neu artikulierten, z.T. aber auch neue Wege politischer Zielfindung beschritten[124]. Die Aktivitäten stützten sich überdies aber nicht nur auf politische Übereinstimmungen, sondern wurden durch ein dichtes Netz familiärer, kollegialer und kameradschaftlicher Bindungen ermöglicht. Die Vertreter einer sich radikalisierenden Opposition, die schließlich den harten Kern des militärischen und zivilen Widerstands gegen Hitler ausmachten, kannten sich überwiegend seit langen Jahren, waren verschwägert, hatten gemeinsam gedient – insbesondere dem Potsdamer Infanterieregiment Nr. 9 kam dabei eine Schlüsselstellung zu – und sich seitdem niemals aus den Augen verloren. Die Kasinofreiheit und die Atmosphäre des Salons ermöglichten die Entwicklung eines unabhängig-kritischen politischen Geistes, der auch überkommene und im strengen Sinne hinter Weimar zurückgehende politische Vorstellungen, wie sie viele der Ordnungsvorstellungen Becks und Goerdelers prägten[125], in einer zukunftsgerichteten Weise überwand.

Diese Zieldiskussion hat die Forschung in den vergangenen Jahren intensiv beschäftigt und Klarheit in viele Konzeptionen, aber auch Unklarheit in mancherlei Wertungen gebracht. Die Ablehnung der Repräsentanten des national-konservativen Widerstands kann aus einer kritischen Beurteilung ihrer Denk-vorstellungen nicht folgen, denn den in engen Zeitvorstellungen ihrer Gegen-wart und in Grundanschauungen des deutschen Obrigkeitsstaates verhafteten Widerstandskämpfern kann doch kaum »vorgehalten« werden, daß sie die in-nen- und außenpolitischen Maßstäbe, Werte und Ziele einer parlamentarischen Demokratie damals noch nicht als ihre eigenen betrachteten. Dies würde be-deuten, die »politische Gedankenwelt der Widerstandskämpfer mit den für sie nicht verbindlichen und insgesamt für die damalige politische Kultur in Deutschland wohl nicht zeitgemäßen Maßstäben zu messen[126].«

Der Widerstand verkörperte in seinen Zielen entscheidende und damals ge-gen breite Denkströmungen entwickelte Alternativen zur Wirklichkeit des »Dritten Reiches«. Diese Alternativen sind auch an der Wirklichkeit zu messen, die sie ablehnen und überwinden wollen. Ihre Vielfalt auf eine einzige charakte-ristische Prägung der Staats- und Gesellschaftsvorstellungen zu reduzieren, würde bedeuten, die Pluralität des Widerstandes ganz unterschiedlicher Grup-pen mit je spezifischen Traditionen – vom Christentum und der Tradition der Arbeiterbewegung bis hin zu unterschiedlichen Strömungen der Jugendopposi-tion – zu übersehen oder gar zu leugnen.

Unbestreitbar lassen sich in einzelnen Stellungnahmen von Goerdeler stän-dische Vorstellungen, antiparlamentarische und parteienfeindliche Grundan-nahmen benennen. Sie spiegeln aber stärker die negativen Erfahrungen mit der Weimarer Republik als ein starres politisches Programm. Wie sich bei einzelnen überlebenden Widerstandskämpfern nach dem Kriege zeigte, konnten diese Vorstellungen rasch überwunden werden und in den Neuaufbau eines parla-mentarisch verfaßten Parteienstaates rechtsstaatlichen Typs einmünden[127]. Nicht die Frage der Ziele ist entscheidend, sondern die Methode der Auseinan-dersetzung zwischen den Anhängern unterschiedlicher Zielvorstellungen und die Dominanz der eine größere gruppenübergreifende Resonanz findenden Programmpunkte, die dem Widerstand ihre Richtung geben.

Für das Verhältnis zwischen den militärischen und zivilen Widerstandsgrup-pen ist bestimmend, daß im Verlauf des Krieges ihre Grenzen zunehmend ver-fließen. Alle Richtungen einte die doppelte Front: »Zwischen Bomben und Gestapo«[128], damit auch die Gefährdung des Lebens und des Erfolgs ihres Um-sturzversuches. Bereits auf der Grundlage dieser Unsicherheiten mußten die Verbindungen enger werden, um unvorhersehbare Ereignisse – etwa die Ver-setzung an berlinferne Frontabschnitte oder die schwere Kriegsverletzung eines zum Attentat entschlossenen Verschwörers[129] – bewältigen zu können. Die Verbindungen zwischen der sich aus den unterschiedlichen Ansätzen einer Kriegsverhinderungsstrategie herausbildenden Opposition von Militärs und der sich im Umkreis von Goerdeler und von einzelnen »Ziviloffizieren« zusammen-findenden »bürgerlichen« Gruppen mit prinzipiellen Neuordnungsvorstellungen werden personell stabilisiert. Eine wichtige Scharnierfunktion übernimmt dabei

Hauptmann Hermann Kaiser, der zum engen Vertrauten Goerdelers wird. Er hat Kontakte zwischen den hohen Offizieren zu knüpfen, sie über die Zielvorstellungen Goerdelers zu informieren, schließlich auch die Schwierigkeiten zu bewältigen, die immer wieder in Lähmung und Passivität, Rückzug von mündlich bekräftigten Positionen und Erringung neuer Ausgangspositionen mündet[130].

Den engsten Kontakt zu den Kreisen der Zivilisten hält der in den Ruhestand versetzte Beck[131], ein Mitglied der Mittwochsgesellschaft. Allerdings belastet er sich nicht selten durch Goerdeler, der keineswegs eine unangefochtene Position im Kreis der zivilen Widerstandsgruppen einnimmt. Weil Becks Ausstrahlung auf seine ehemaligen Offizierskameraden ungebrochen ist, kann er aber immer wieder neue Unterstützung mobilisieren. Entscheidend wird schließlich der Kontakt zum Allgemeinen Heeresamt und zu General Olbricht, der sicherlich stark unterschätzten[132] treibenden Kraft im Bendlerblock, die sich bis heute weitgehend einem abwägenden Urteil verstellt. Olbricht ist eher der Typ des Verwaltungsoffiziers. Er hält immer wieder Gespräche mit Goerdeler ab, der sich über seine abwartende Haltung mehrfach erregt[133]. Zurückhaltung ist aber kein Ausdruck militärischer Dominanz über die Widerstandsbestrebungen. Auch die übrigen Verschwöreroffiziere denken nicht primär militärbezogen, sondern erhalten durch die Verteidigung spezifisch militärischer Prinzipien eine mitreißende Gewalt über jüngere Kameraden und auch Einfluß auf die Offiziere, die aus ihren Zivilberufen zur Wehrmacht eingezogen wurden. Zu ihnen zählen Berthold Graf von Stauffenberg, Cäsar von Hofacker, Hermann Kaiser – sie fordern vielfach ihre länger dienenden Kameraden heraus und schärfen ihr moralisches Urteil. Die Frage nach dem Verhältnis zwischen militärischem und zivilem Widerstand stellte sich für sie nicht, weil sie im Ziel übereinstimmten.

Die vielfältigen und im Zeitablauf schwankenden, Abwehr, Kirchen, OKH, Heeresgruppe Mitte, Kreisau einbeziehenden Verbindungen sind in den Kaltenbrunner-Berichten aufgeschlüsselt worden[134]. Sie zeigten, daß die Widerstandskreise zu gemeinsamen Zielen kamen, die sich in klarer Form in späteren Denkschriften Goerdelers, in den Stellungnahmen des Kreisauer Kreises, schließlich in den Regierungserklärungen fanden, die nach einem gelungenen Anschlag auf Hitler und die NS-Führungsspitze verlesen werden sollten[135]. Diese Ziele waren durch das Vertrauen in die Öffentlichkeit geprägt, die – vorausgesetzt, die Verschwörer erhielten für wenige Stunden die Gelegenheit, die »Wahrheit« über das Regime und seine Politik zu verbreiten – nach einem gelungenen Anschlag auf die Seite der Umstürzler einschwenken müßte[136]. Sie waren überdies durch den Willen geprägt, die Willkürherrschaft mit Lagern und Terrorjustiz, Völkermord und Unterdrückung der abweichenden Meinung wieder an die Herrschaft des Rechts zu binden. Diese Wiederherstellung des Rechts und die Sicherung seiner Majestät erschien doch als der innenpolitisch relevante gemeinsame Nenner. Außenpolitisch konnten die Richtungen des

Widerstands nicht mit einer ähnlich geschlossenen Konzeption aufwarten. Die Frage des Friedensschlusses, des Separatfriedens an einer Front, der Sicherung des Nationalstaates und der künftigen Friedensordnung, die angesichts der alliierten Kriegsziele ohne reale Grundlage bedacht wurde, brachte unterschiedliche Antworten hervor – von der Befestigung eines Nationalstaatskonzepts bis zu europäischen Konföderationsplänen[137]. Einheitsbildend wirkten auf diesem Gebiet die Friedensbekräftigungen, die Ablehnung von Gewalt, die Forderung einer internationalen Friedensordnung – schließlich auch die Befürwortung demokratischer Grundprinzipien. So bestanden nicht nur Gemeinsamkeiten in der Bestimmung des Unrechts, sondern auch im Hinblick auf Zukunftsvorstellungen. Dennoch sollten die Kontroversen, die z.T. heftig ausdiskutiert wurden und noch im unmittelbaren Vorfeld des Attentats zu neuen Kabinettslisten führten, nicht ungebührlich harmonisiert werden. Entscheidend war, daß der Widerstand die Vielfalt von Motivationen und Zielen akzeptierte und dennoch zur Gemeinsamkeit des Handelns kommen wollte. In diesem Ziel lag das gemeinsame, von keinem gravierenden Mißtrauen geprägte Wirken militärischer und ziviler Kreise unter möglichst breiter politischer Auffächerung begründet. In der Auseinandersetzung mit dem nationalsozialistischen Unrechtsstaat hatten sich Grundprinzipien eines politischen Zusammenlebens herauskristallisiert, die im Kern von ganz unterschiedlichen Opponenten und Gruppen geteilt werden konnten.

VII. Zum Verhältnis des militärischen und zivilen Widerstandes

Die Widerstandskämpfer gegen die Herrschaft Hitlers haben über die klassische Frage nach dem Verhältnis von Militär und Politik nach allem, was wir wissen, kaum nachgedacht. Die zivilen Widerstandskämpfer akzeptierten die tatsächliche Schlüsselposition der Offiziere beim erstrebten Umsturz, während die Militärs aus dieser starken Position nicht die Verneinung des politischen Primats ableiteten. Dies zeigen bereits die Kabinettslisten, die Beck als provisorisches Staatsoberhaupt und auch einige Minister- oder Staatssekretärposten als Einflußbereich der Wehrmacht ausweisen, den entscheidenden Gestaltungsbereich aber Mitgliedern der zivilen Opposition unter Anerkennung einer denkbar breiten politischen, gewerkschaftlichen und weltanschaulich-konfessionellen Grundlage zuerkennen[138]. Obwohl der Umsturz selbst ausschließlich in die Hand von Militärs gegeben war – vom Attentat bis zur von Olbricht gelenkten Operation »Walküre« –, kann er deshalb wegen seiner begrenzten und falschen Assoziationsmöglichkeiten nicht als Offizierrevolte oder »Militärputsch« bezeichnet werden.

Allerdings münden nicht alle Widerstandsaktivitäten in das Attentat vom 20. Juli 1944, wie auch unabhängig davon Widerstandshaltungen innerhalb der Wehrmacht, bis hinunter zum einfachen Soldaten, nachzuweisen sind. In einer

Gesellschaft, die unter dem von Goebbels erklärten »totalen Krieg« lebte, waren überdies immer ›Uniformträger‹ in Widerstandsaktionen integriert. Streng betrachtet, waren sogar die Mitglieder der ›Weißen Rose‹ zu einem erheblichen Teil Soldaten, wie sie denn auch einen entscheidenden Anstoß zu ihrer Tat in der Konfrontation mit den NS-Verbrechen in Polen erhalten hatten. Spezifisch militärische Perspektiven und Wahrnehmungsweisen herrschten hier allerdings ebenso wenig vor wie bei den zum Militärdienst verpflichteten Mitgliedern der zivilen Oppositionsgruppen Berlins. Ihre übergreifende Gemeinsamkeit war die Ablehnung des Erfolgsprinzips. Es ging nicht primär um das Gelingen des Umsturzes, sondern um die Auflehnung gegen ein verbrecherisches Regime, um die Demonstration von Zielen, die gemeinsames Handeln rechtfertigten und bestimmten. Auf dieser Grundlage konnten ganz unterschiedliche Denkvorstellungen, Traditionsbindungen und Ziele zu einem neuen Konsens gebündelt werden[139]. Diese Gemeinsamkeit stellte einen grundlegenden und zukunftsweisenden Neuansatz des konkreten politischen Denkens der Deutschen dar und führte zur Überwindung des Weimarer Erfahrungssyndroms. Kooperation und Kompromiß, lange Jahre aus einem Unbedingtheitsdenken abgelehnt, bestimmten die Form der Willensbildung – erst dieser Wille zur neuen Gemeinsamkeit erklärt die Versuche Stauffenbergs, den Kreis des Widerstandes über die Gruppe um Beck und Goerdeler, um Moltke und Yorck, um Schulenburg und seine engeren Kameraden hinaus auszudehnen[140]. Deshalb wurden Politiker der Weimarer Zeit bewußt integriert und mit wichtigen Aufgaben versehen: Liberale wie Bolz, Sozialdemokraten wie Leber, Gewerkschafter wie Leuschner und Kaiser, Zentrumsvertreter ebenso wie Interessenvertreter waren zur Mitarbeit aufgerufen und hatten entscheidende Zukunftsaufgaben erhalten[141]. Militärs und reine Verwaltungsbeamte waren stattdessen für die Sicherung des Umsturzes selbst vorgesehen worden und erhielten ihren Wirkungsbereich in den Wehrkreisen und ehemaligen Länderverwaltungen.

So zeigt sich gerade im militärischen Widerstand die Selbstbegrenzung des Handelns und die Akzeptierung des Primats der Politik. Erst auf dieser Grundlage konnte der Gesamtwiderstand den politischen Konsens verkörpern, der sich nach 1945 in der Auseinandersetzung mit dem Widerstand gegen Hitler allmählich herausbildete und eine auf die Verfassungsinhalte bezogene, wertgeprägte und zielorientierte Widerstandsdiskussion gestattete, die bis heute unser Denken über die Grenzen und Rechtfertigungen von Widerstand bestimmen[142]. Angesichts modischer Inflationierung des Widerstandsbegriffs scheint dieses Bewußtsein in der Gegenwart verlorenzugehen. Gerade die Vielfalt der Ansätze, Traditionen und Gruppen, die insgesamt die deutsche Widerstandsgeschichte prägen, verdeutlichen den Anspruch der Pluralität, Toleranz und Nächstenliebe, die Fritz Bauer in seiner historisch weit ausgreifenden Dimensionierung des Widerstandsrechts betont hat[143]. Widerstandshandeln genügte niemals sich selbst und diente einem Gruppeninteresse ebenso wenig wie dem Vorteil einer Funktionselite. Gerade die Beziehungen zwischen dem militärischen und zivilen

Widerstand zeigen, daß er durch den Willen zum stellvertretenden mitmenschlichen Handeln geprägt war. Dies bindet den militärisch-zivilen Widerstand des nationalkonservativen Umfeldes an die alltäglichen Bereiche des Widerstands gegen den Nationalsozialismus, die sich im Kriegsalltag, in Lagern und Gefängnissen, in Nachbarschaften und Kirchengemeinden ebenso zu bewähren hatten wie in Teilbereichen des Herrschaftssystems, die nicht in unmittelbarer Verbindung zum Widerstand im Umkreis des 20. Juli standen. Die ganze Breite des Widerstands läßt sich hier nicht skizzieren – dazu sei auf die ständige Ausstellung »Widerstand gegen den Nationalsozialismus« verwiesen, die in der Gedenk- und Bildungsstätte Deutscher Widerstand in den ehemaligen Diensträumen des Allgemeinen Heeresamtes und des Befehlshabers des Ersatzheeres erarbeitet wird[144]. Allerdings zeigt sich auch hier, daß es keine Konkurrenz zwischen militärischem und zivilem Widerstand gibt.

VIII. Historisch-politische Perspektiven

Im Anschlag auf Hitler, den Stauffenberg in der Wolfschanze stellvertretend für den deutschen Widerstand verübte, vereinigten sich die Erwartungen und Zielvorstellungen unterschiedlichster Widerstandskreise, wenngleich die volle Bedeutung dieser Tat erst in den Folgewochen und -monaten erkannt wurde. Zugleich bündelte sich eine langwierige und schwierige zeitgeschichtliche Widerstandsdiskussion, die in ihrer Klarheit jedoch überschaubar war und mit der Verteidigung von Prinzipien einen »Grund von Politik«[145] schlechthin verdeutlicht hatte. Der 20. Juli erscheint nicht nur als Ergebnis eines durch vielfache Brüche[146] gekennzeichneten Prozesses; in ihm brechen sich auch unsere Widerstandsdiskussionen und Widerstandserfahrungen, die uns bis in die unmittelbare Gegenwart hinein beschäftigen[147].

Als unabdingbare Bezugspunkte[148] unserer Auseinandersetzung mit dem Widerstand lassen sich Menschen- und Naturrecht, klare Staatsziele und Staatszwecke, die Verbindlichkeit des Rechts als »Schutz und Schirm« der Schwachen und der Untertanen im Spannungsfeld von Staat und Gesellschaft, schließlich die Achtung vor dem menschlichen Leben und die Respektierung der Gottesebenbildlichkeit des einzelnen benennen. Ohne jeden Zweifel dachten die Widerstandskämpfer nicht die konkrete Ordnung des Grundgesetzes voraus; aber sie antizipierten seine Prinzipien und gaben einer Zivilität Ausdruck, die sogar die bewaffnete Macht prägte. Nicht zuletzt wurde die Tradition der Widerstandsdiskussion politischer Philosophie angesichts der Wirklichkeit nationalsozialistischer Herrschaft für jeden bis in seinen Alltag hinein spürbar. Insofern geht heute jede Widerstandsdiskussion in Deutschland von den Erfahrungen des »Dritten Reiches« aus, ohne sich in der zeitgeschichtlichen Reflexion erschöpfen zu können. Die Einigung der Gruppen und Richtungen erfolgte zunächst in den Zielbestimmungen, anschließend in der Tat – die Nationalsozialisten respektierten diese Gemeinsamkeit, indem sie alle Anhänger der deutschen Opposition in gleicher Weise verfolgten und gleichermaßen bestraften. Sie unterschieden nicht nach Haltungen der Dissidenz und Resistenz, der Nonkonformität und Verweigerung, des Umsturz- und Attentatswillens. Der gemeinsame Nenner der Strafgründe war vielmehr der Vorwurf, sich den »Kopf des Führers zerbrochen zu haben«, wie Freisler den Mitgliedern des Kreisauer Kreises vorwarf[149].

Die Anstrengung der nationalsozialistischen Unterdrückungsorgane richtete sich gegen die *Zukunftsgewißheit der Widerstandsbewegung und ihre Integrität*. Ausdruck dieser Integrität war die Standhaftigkeit, mit der viele der nach dem 20. Juli 1944 Verhafteten und Verfolgten die Untaten der deutschen Führung und ihrer Handlanger geißelten und eine Bestrafung verlangten. Die Unsicherheit der Nationalsozialisten wurde noch größer, als sie erkannten, daß es dem Widerstand niemals um Vergeltung, sondern stets um Sühne und Wiedergutmachung, um eine Übernahme der Schuld durch Bestrafung der Schuldigen ging. Sie verstanden den Anspruch Bonhoeffers, die Widerstandsbewegung dürfe nicht die Menschenverachtung ihrer Gegner praktizieren[150], als eine Bedrohung, denn gerade durch diesen Anspruch lehnte der Widerstand die Vergeltung, die Rache ab und erhob sich zu jener Moralität, die vielleicht die schärfste Waffe der Widerstandsgruppen darstellte[151].

Der Herrschaftsanspruch der NS-Führung wurde aber vor allem dadurch beschränkt, daß die Widerstandsbewegung einen eigenen Zukunftsanspruch erhob, demonstrierte und schließlich durchsetzte. Ihre Anhänger überwanden die Angst, die sie wie jeder Mensch angesichts des Todes empfanden, indem sie über ihren Todestag hinausschauten und sich eine Nachkriegsordnung vorstellten, die scharfe Alternative des NS-Staates war. In diesem Sinne beschwor Dietrich Bonhoeffer die Zukunft, als er *Optimismus als die Grundtriebkraft des Widerstandes* beschwor, als eine »Kraft, die die Zukunft niemals dem Gegner läßt, sondern sie für sich in Anspruch nimmt«[152]. Dieser Optimismus hatte die Vielfalt des Widerstands gegen den Nationalsozialismus geprägt und schließlich die Gruppen, Individuen und Strömungen zu jener Aktion vereinigt, die »nahe zum Ziele kam« (Rothfels) – vereinigt nicht in der unmittelbaren Mitwirkung, sondern in der Hoffnung und Sehnsucht, der Anschlag möge gelingen.

Es war die Tragik des Widerstands, daß er sich nicht auf das Volk in seiner Breite stützen konnte. Nach dem Attentat flog Hitler, der nahezu unverletzt geblieben war, eine neue Welle der Sympathie zu, wie alle »Meldungen aus dem Reich« belegten[153]. Viele Widerstandskämpfer waren Jahre hindurch niemals irre geworden an ihrer Aufgabe, ihren Weg zu Ende zu gehen, wie Julius Leber bereits 1933 geschrieben hatte. Sie lebten bald in dem Bewußtsein, »die Letzten zu sein«, wie Albrecht Haushofer in seinem Sonett »Das Erbe« geschrieben hatte[154]. Sie lebten vielfach auch im Bewußtsein ihres Versagens, ihrer Schuld[155], denn sie hatten große Teile der Ordnung, die sie überwanden und bekämpften, ursprünglich häufig »miterdacht, mitermöglicht und mitverwirklicht«[156].

Dieses Gefühl des gemeinsamen Versagens und der gemeinsamen Schuld war Voraussetzung einer neuen Gemeinsamkeit, die im Kern einen Bezugspunkt hatte: »Die Majestät des Rechts« in der Zukunft zu sichern.

Dieses Bewußtsein gilt es, auch in gegenwärtigen und zukünftigen Widerstandsdiskussionen nicht preiszugeben. Widerstand hat nichts gemeinsam mit Minoritätenkult, Fragwürdigkeit einer Mehrheitsentscheidung oder gar einem Widerstandstourismus[157], sondern hängt unverbrüchlich mit dem Willen zum Recht als der Voraussetzung für die Entfaltung der menschlichen Würde zusammen. Erst in diesem Sinne ist Staat niemals Selbstzweck und Eigenwert, sondern Mittel zur Sicherung einer Lebensordnung, die über die Interessen von Staat und Gesellschaft hinaus dem einzelnen dient und verteidigenswert ist.

Widerstand kann vor dem Hintergrund der zeitgeschichtlichen Erfahrungen der Deutschen nur gedacht werden als Kampf gegen eine menschenfeindliche Ordnung, die ihre Untertanen in Verbrechen verstrickt und den Nationalstaat mit schwerer Schuld belastet, die zur entscheidenden Hypothek zukünftiger Politik wird. Das gemeinsame Anstehen gegen Zumutungen der Unrechtmäßigkeit, der Widerstand gegen die politischen Urheber schuldhafter Verstrickung zeichnet den deutschen Widerstand unbeschadet seiner weltanschaulichen, sozialen, kulturellen, konfessionellen und politischen Differenzierung aus. Deshalb greift das eingangs angeführte Zitat aus dem Tagebuch des Hauptmanns Hermann Kaiser, der das Kriegstagebuch beim Befehlshaber des Ersatzheeres führte und ein wichtiger »Verbindungsmann und Vermittler zwischen dem militärischen und zivilen Widerstand«[158] war, das gemeinsame Anliegen des Gesamtwiderstandes nach 1938/39 auf. In einem Brief drückte er die vorherrschende Motivationslage aus:

»Das ist die höchste Kunst, wo die politische Tat beim Erringen großer Erfolge vermeidet, gemeine Mittel anzuwenden und Verbrechen zu begehen. Der wirkliche Staatsmann wird vor solchen Versuchungen immer bewahrt bleiben, weil die tiefe Quelle für seine staatsmännische Kraft seine moralische Festigkeit ist[159].«

Hier findet sich das Menschenbild des Widerstandes, das zu verwirklichen ist, hier findet sich auch die Begrenzung der Staatsgewalt, nicht weil sie schlecht ist, sondern weil sie, wie jede Institution, eine dienend-zweckbestimmte Funktion hat. In diesem Sinn schreibt Kaiser im März 1942, daß die »Schranke der weltlichen Gewalt« dort liege, wo über die »Seele« des Menschen befohlen würde[160]. Die enge Verbindung zwischen dem militärischen und zivilen Widerstand überwindet die Politikferne der sensibelsten und politisch offensten Offiziere und löst die alte Frage nach dem Primat von Politik und Kriegführung auf. Es war ein Zivilität und militärische Grundanschauung verbindender sogenannter »Ziviloffizier«, Gymnasiallehrer und Hauptmann, der den folgenden Satz formulierte:

»Der moralische Mensch, als Träger der Politik, wird sich nie vermessen, in Glaubensfragen einzugreifen und die letzten Dinge des Seelenlebens mit Gewalt zu beeinflussen. Er wird die Schranken erkennen, vor denen die Staatsgewalt halt machen muß, und die Bürger vor Konflikten zwischen dem Gewissen und ihren staatlichen Pflichten bewahren. Als Inhaber der staatlichen Gewalt wird er auch seine Aufgabe darin sehen, die Kirche als Gemeinschaft der Gläubigen gegen äußere Einflüsse und Gefahren zu schützen[161].«

Diese Zivilität ermöglicht vielen der aus der Militäropposition hervorragenden Verschwörer den gefahrvollen und schließlich den höchsten Einsatz des Lebens verlangenden Weg in den Widerstand und stellt ein positives Moment der deutschen Tradition dar – zumindest, wie Axel von dem Bussche sagte – »post festum«[162].

Inhaltlich unveränderte Wiedergabe des Beitrages in der ersten Auflage des Ausstellungs-Kataloges von 1984.

Anmerkungen

1   Hermann Kaiser an seine Schwester, 6.6.1940, zit. nach Ger van Roon, Hermann Kaiser und der deutsche Widerstand, in: Vierteljahrshefte für Zeitgeschichte (VfZ), 24 (1976), S. 265.

2   Rüdiger von Voss, Vorwort, in: Otto-Ernst Schüddekopf, Der deutsche Widerstand gegen den Nationalsozialismus, Frankfurt a.M. 1977, S. XII.

3   Hans Rothfels, Deutsche Opposition gegen Hitler, neue, erw. Aufl., Frankfurt a.M. 1977.

4   Vgl. zu dieser Forderung Andreas Hillgruber, Endlich genug über Nationalsozialismus und Zweiten Weltkrieg? Forschungsstand und Literatur, Düsseldorf 1982, S. 47.

5   Vgl. die entsprechenden Umfragen des Instituts für Demoskopie, Allensbach, teilweise veröffentlicht in den »Jahrbüchern der öffentlichen Meinung«.

6   Bericht vom 21.7.1944, in: Spiegelbild einer Verschwörung. Die Kaltenbrunner-Berichte an Bormann und Hitler über das Attentat vom 20. Juli 1944. Geheime Dokumente aus dem ehemaligen Reichssicherheitshauptamt, hrsg. vom Archiv Peter für historische und zeitgeschichtliche Dokumentation, Stuttgart 1961, S. 2.

7   Bericht vom 21.7.1944, ebd., S. 4 f.

8   Bericht vom 22.7.1944, ebd., S. 6; dabei ist allerdings zu berücksichtigen, daß diese Berichte auch politisches Handeln initiieren sollten. Vgl. in diesem Zusammenhang auch Interviews nach dem 20. Juli in Berlin: Straßenbahnhof, Frauenstation eines Krankenhauses (21.7.1944), Deutsches Rundfunkarchiv Frankfurt a.M.-Berlin (DRA), 52.14795.

9   20. Juli 1944, bearb. von Hans Royce, Bonn 1961, S. 185 f.; Rundfunkansprache (21.7.44, 1.00 Uhr) nach dem Attentat vom 20. Juli, DRA, 52.31.

10 Bericht im Schreiben Kaltenbrunner an Bormann vom 24.7.1944, in: Spiegelbild (wie Anm. 6), S. 8. Diese Formulierung taucht dann in modifizierter Form in einem Rundschreiben der Gauleitung Franken an alle Kreisleitungen auf: »rücksichtslose Ausmerzung aller Verräter, Defaitisten und ähnlicher Handlanger des Feindes.«; vgl. zu weiteren Passagen Peter Hoffmann, Widerstand-Staatsstreich-Attentat. Der Kampf der Opposition gegen Hitler, Frankfurt a.M. 1974, S. 866, Anm. 59.

11 Walter Hammer, Die ›Gewitter-Aktion‹ vom 22.8.1944, in: Freiheit und Recht, 5 (1959), H. 8/9, S. 15 – 18; Hoffmann, Widerstand (wie Anm. 10), S. 614.

[12] Im Laufe seiner Rundfunkansprache variierte Hitler diese Begriffe bis zum »Klüngel ehrgeiziger erbärmlicher Kreaturen«.

[13] Eine Neubearbeitung der Kaltenbrunner-Berichte liegt seit 1984 vor: »Spiegelbild einer Verschwörung«. Die Opposition gegen Hitler und der Staatsstreich vom 20. Juli 1944 in der SD-Berichterstattung. Geheime Dokumente aus dem ehemaligen Reichssicherheitshauptamt, hrsg. von Hans-Adolf Jacobsen, 2 Bde, Stuttgart 1984.

[14] Kaltenbrunner an Bormann, 21.7.1944, in: Spiegelbild (wie Anm. 6), S. 2.

[15] Rothfels, Opposition (wie Anm. 3), S. 101.

[16] Ebd., S. 97.

[17] Ausnahmen sind sich programmatisch nennende Zirkel wie die Gruppe »Neu Beginnen«, Gesinnungskreise wie die schon in die Weimarer Zeit zurückreichende »Mittwochsgesellschaft«, Widerstandsgruppen Jugendlicher und Studenten wie die »Weiße Rose«, die sogenannte, organisatorisch allerdings weniger verfestigte »Swing-Jugend« oder die unterschiedlichen Gruppen der »Edelweißpiraten«.

[18] Die Bezeichnung nach Namen ist in der Regel erst ein Ergebnis der zeitgeschichtlichen Forschung, keine Gewohnheit der Widerstandskämpfer selbst. Zu einem guten Teil spiegelt sich in den Benennungen auch die nationalsozialitsche Ermittlungspraxis. Die Widerstandskämpfer selbst benutzten Tarnnamen; wie etwa die »Rote Kapelle« zeigt, sobald sie bewußt konspirativ gegen das NS-Regime arbeiteten.

[19] Dem Ziel, die Geschichte des Widerstands in seiner ganzen Breite zu verdeutlichen, ist die Ständige Ausstellung »Widerstand gegen den Nationalsozialismus« in der *Gedenkstätte Deutscher Widerstand* verpflichtet, die nach dem Willen des ehemaligen Regierenden Bürgermeister Richard von Weizsäcker als »nationales Zentrum einer Beschäftigung mit dem Widerstand gegen den Nationalsozialismus« eingerichtet wurde. Viele Überlegungen, die im Zusammenhang mit der Konzipierung dieser Aufstellung angestellt wurden, sind in meinen Beitrag eingegangen.

[20] Vgl. Karl Barth an seine Mutter, 1.2.1933, in: Hitlers Machtergreifung 1933. Vom Machtantritt Hitlers 30. Januar 1933 bis zur Besiegelung des Einparteienstaates 14. Juli 1933, hrsg. von Josef und Ruth Becker, München 1983 (= dtv dokumente, Nr. 2938), Nr. 9.

[21] Wilhelm Hoegner, Flucht vor Hitler, Frankfurt a.M. 1979, S. 85 schreibt: »Wir waren alle in einem Rechtsstaat aufgewachsen [...] Es ging uns nicht ein, daß eine deutsche Staatsgewalt die rohen Mißhandlungen wehrloser Menschen, die Befriedigung aller grausamen und sadistischen Triebe vertierter Kerle an unschuldigen Opfern zuließ, ja zu begünstigen schien.«

[22] Geschichte der deutschen Arbeiterbewegung, Bd 5, hrsg. vom Institut für Marxismus-Leninismus beim ZK der SED, Berlin (Ost) 1966, S. 13.

[23] Hans-Joachim Althaus u.a., Da ist nirgends nichts gewesen außer hier – Das »rote Mössingen« im Generalstreik gegen Hitler. Geschichte eines schwäbischen Arbeiterdorfes, Berlin 1982.

[24] Hitlers Machtergreifung (wie Anm. 20), Nr. 7.

[25] Karl-Dietrich Bracher, Stufen der Machtergreifung, in: ders. u.a., Die nationalsozialistische Machtergreifung. Studien zur Errichtung des totalitären Herrschaftssystems in Deutschland 1933/34, Frankfurt a.M. 1974, S. 104 ff.

[26] Vgl. Peter Steinbach, Grundwerteverfall und Systemstabilität. Das Ende von Weimar im Licht der aktuellen Grundwertediskussion, in: Politische Bildung, 12 (1979), H. 3, S. 32–50; Klaus Megerle und Peter Steinbach, Politische Kultur in der Krise, Teil 1, in: Politische Vierteljahresschrift. Zeitschrift der Deutschen Vereinigung für Politische Wissenschaft (PVS), 2/81, S. 123–157; Teil II in: PVS, 1/82, S. 6–26.

[27] Peter Steinbach, Republik ohne Grundkonsens. Grundwertverlust und Zerstörung der politischen Kultur in der Weimarer Republik, in: Machtverfall und Machtergreifung. Aufstieg und Herrschaft des Nationalsozialismus, hrsg. von Rudolf Lill und Heinrich Oberreuter, München 1983, S. 63 – 92.

[28] Sowohl Stauffenberg als auch Tresckow waren zunächst von den nationalsozialistischen Zielen beeindruckt; sie erwarteten die Glättung und Überwindung der Bruchlinien, die ihrer Meinung nach die Republik hervorgebracht hatte. Vgl. z.B. die vorsichtig abwägenden Überlegungen bei Christian Müller, Oberst i.G. Stauffenberg. Eine Biographie, Düsseldorf 1970, S. 93 ff., oder die Bemerkungen von Karl Otmar Freiherr von Aretin zu Henning von Tresckow in dem Sammelband, Der 20. Juli 1944. Portrait des Widerstands, hrsg. von Rudolf Lill und Heinrich Oberreuter, Düsseldorf 1984.

[29] Gotthard Breit, Das Staats- und Gesellschaftsbild deutscher Generale beider Weltkriege im Spiegel ihrer Memoiren, Boppard 1973 (= Militärgeschichtliche Studien, Bd 17), S. 153: »An der neuen Staatsordnung bejahten die Offiziere eigentlich nur, daß den Soldaten jegliche aktive politische Betätigung untersagt wurde. Als Offizier konnte man sich daher ruhigen Gewissens ganz auf den Dienst innerhalb der Reichswehr konzentrieren und brauchte sich um das politische Geschehen nicht zu kümmern.«

[30] Ebd., S. 159.

[31] Hitler berücksichtigte das Unbehagen der Reichswehr gegenüber den »marxistischen Strömungen« in seiner Rede vor den Befehlshabern des Heeres und der Marine vom 3.2.1933, als er hervorhob: »Allgemeine Wehrpflicht muß wieder kommen. Zuvor aber muß Staatsführung dafür sorgen, daß die Wehrpflichtigen vor Eintritt nicht schon durch Pazifismus, Marxismus, Bolschewismus vergiftet werden oder nach Dienstzeit diesem Gifte verfallen.« Hitlers Machtergreifung (wie Anm. 20), Nr. 13.

[32] Breit, Staats- und Gesellschaftsbild (wie Anm. 29), S. 160 f.

[33] Rothfels, Opposition (wie Anm. 3), S. 80, 93 und 215, Anm. 55, und S. 217 f., Anm. 75.

[34] Rudolf Absolon, Die Wehrmacht im Dritten Reich, Bd 1, Boppard 1969, S. 78; vgl. Manfred Messerschmidt, Juden im preußisch-deutschen Heer, in: Deutsche Jüdische Soldaten 1914 – 1945, hrsg. vom Militärgeschichtlichen Forschungsamt (MGFA), Herford, Bonn [1983], S. 96 – 127, besonders S. 113 ff.

[35] Allerdings muß auch erwähnt werden, daß es in der Reichswehr eine längere antisemitische Tradition gab. Vgl. Messerschmidt, Juden (wie Anm. 34), S. 110 ff.

[36] Vgl. Manfred Messerschmidt, Die Wehrmacht im NS-Staat. Zeit der Indoktrination, Hamburg 1969, S. 43 ff., der eine Gesamtzahl von 70 Betroffenen anführt, die er allerdings als zu niedrig bezeichnet, weil die Frontkämpfer nicht einbezogen worden seien, und der andererseits erwähnt, Gen. Maj. von Reichenau habe die vom Reichsbund der höheren Beamten in einer Anfrage genannte Zahl von 800 trotz »nichtarischer Abstammung« im Heer Verbliebenen als »in keiner Weise« zutreffend bezeichnet.

[37] Vgl. als sehr frühes Zeugnis die Schilderung des Schriftstellers Erich Ebermayer, der über ein Gespräch mit dem damaligen Leipziger Oberbürgermeister Goerdeler berichtet: »Erhebung, Aufbruch der Nation, Wirtschaftskonjunktur, Kampf gegen die Kommunisten, in Grenzen auch gegen die Ostjuden – für all das sind die Leipziger Patrizier durchaus zu haben.« Hitlers Machtergreifung (wie Anm. 32), Nr. 32.

[38] Ernst Klee, ›Euthanasie‹ im NS-Staat. Die ›Vernichtung lebensunwerten Lebens‹, Frankfurt a.M. 1983, S. 34 ff.; Helmut Genschel, Die Verdrängung der Juden aus der Wirtschaft im Dritten Reich, Göttingen, Berlin, Frankfurt a.M., Zürich 1966, S. 60 ff.

[39] Der Kirchenkampf um Bekenntnis und höchste Autorität des Glaubens war zunächst durchaus mit einer partiellen Übereinstimmung zwischen Bekennender Kirche und NS-

Staat, etwa auf außenpolitischem Feld, vereinbar. Vgl. in diesem Zusammenhang etwa die politischen Zielvorstellungen von Niemöller, Dibelius und Theophil Wurm; allgemein Klaus Scholder, Die Kirchen und das Dritte Reich, Bd I: Vorgeschichte und Zeit der Illusionen 1918–1934, Frankfurt a.m., Berlin, Wien 1977, S. 212 ff.; Kurt Nowak, Evangelische Kirche und Weimarer Republik. Zum politischen Weg des deutschen Protestantismus zwischen 1918 und 1932, Göttingen 1981; Überblick bei Andreas Lindt, Das Zeitalter des Totalitarismus. Politische Heilslehren und ökumenischer Aufbruch, Stuttgart 1981, S. 169 ff.

[40] Eberhard Röhm und Jörg Thierfelder, Evangelische Kirche zwischen Kreuz und Hakenkreuz. Bilder und Texte einer Ausstellung, Stuttgart 1981.

[41] Vgl. Klaus Gotto, Hans Günter Hockerts und Konrad Repgen, Nationalsozialistische Herausforderung und kirchliche Antwort. Eine Bilanz, in: Kirche, Katholiken und Nationalsozialismus, hrsg. von Klaus Gotto und Konrad Repgen, Mainz 1980, S. 101–118. Die Verfasser bezeichnen die katholische Kirche als »wichtigste Großgruppe« mit einem weitgehend »intakten Wertsystem« (S. 117).

[42] Dennoch ging Hitler, wie Hermann Mau festellte, mit einem »bedeutenden Gewinn an Macht und Ansehen aus der Aktion hervor«. Auch äußerlich schien die Stellung der Reichswehr befestigt. Hitler bekräftigte sogar öffentlich, »er könne von den Offizieren und Soldaten nicht fordern, ›daß sie im einzelnen ihre Stellung zu unserer Bewegung finden‹«; vgl. Hermann Mau, Die ›Zweite Revolution‹ – der 30. Juni 1934, in: VfZ, 1 (1953), H. 2, S. 136. Insofern sind also Zweifel angebracht, ob die Niederschlagung der »Röhm-Revolte« wirklich als Durchbruch regimekritischer Mentalitätsreserven zu benennen ist.

[43] Helmut Krausnick, Vorgeschichte und Beginn des militärischen Widerstandes gegen Hitler, in: Vollmacht des Gewissens, Bd I, München 1960, S. 227 ff.; allerdings sollte sich der Plan eines Eingriffs nicht vorrangig gegen Hitler richten.

[44] Dieser Tiefpunkt der sozialdemokratischen, sozialistischen und kommunistischen Widerstandtätigkeit wird in den parteinahen Widerstandsdarstellungen häufig überspielt; dennoch läßt sie sich als Zäsur namhaft machen. Vgl. etwa Hermann Weber, Die KPD in der Illegalität, in: Widerstand und Verweigerung in Deutschland 1933 bis 1945, hrsg. von Richard Löwenthal und Patrick von zur Mühlen, Berlin, Bonn 1982, S. 94 f.

[45] Hans-Adolf Jacobsen, Nationalsozialistische Außenpolitik 1933–1938, Frankfurt a.M. 1968.

[46] Dorothea Beck, Julius Leber, Sozialdemokrat zwischen Reform und Widerstand, Berlin 1983, S. 136 ff.

[47] Joachim G. Leithäuser, Wilhelm Leuschner. Ein Leben für die Republik, Frankfurt a.M., Zürich, Wien 1962; vgl. auch Eugen Kogon, Wilhelm Leuschners politischer Weg, in: Wilhelm Leuschner, Auftrag und Verpflichtung, Wiesbaden 1982, S. 7–28.

[48] Adolf Reichwein. Ein Lebensbild aus Briefen und Dokumenten, hrsg. von Rosemarie Reichwein, München 1974.

[49] Martin Broszat, Recht und Justiz, in: ders., Der Staat Hitlers. Grundlegung und Entwicklung seiner inneren Verfassung, München 1969, S. 402 ff.; Lothar Gruchmann, Rechtssystem und nationalsozialistische Justizpolitik, in: Das Dritte Reich. Herrschaftsstruktur und Geschichte, hrsg. von Martin Broszat und Horst Möller, München 1983, S. 83–103.

[50] Beck, Leber (wie Anm. 46), S. 171 ff.

[51] Günther von Norden, Widerstand in den Kirchen, in: Widerstand und Verweigerung (wie Anm. 44), S. 111 ff., bes. 114 ff., wo der »institutionelle Protest« differenziert wird in die Verteidigung des kirchlichen Bekenntnisses und die Verteidigung der kirchlichen Or-

ganisationen, die Verteidigung von Recht und Menschlichkeit. Allgemein auch Leonore Siegele-Wenschkewitz, Nationalsozialismus und Kirchen. Religionspolitik von Partei und Staat bis 1935, Düsseldorf 1974.

52 Dies hat Martin Höllen in beeindruckender Weise herausgearbeitet. Martin Höllen, Heinrich Wienken, der ›unpolitische‹ Kirchenpolitiker. Eine Biographie aus drei Epochen des deutschen Katholizismus, Mainz 1981. Wienken war kein Widerstandskämpfer, sondern stand in besonderer Weise unter dem Vorwurf der Zusammenarbeit mit den Machthabern der »braunen« und später dann auch der »roten« Diktatur; Höllen arbeitet ohne Beschönigung die Handlungsspielräume und Erfolge derartiger Kooperation heraus.

53 Raimund Baumgärtner, Weltanschauungskampf im Dritten Reich. Die Auseinandersetzung der Kirchen mit Alfred Rosenberg, Mainz 1977, S. 138 ff.; Joachim Maier, Schulkampf in Baden 1933 – 1945. Die Reaktion der katholischen Kirche auf die nationalsozialistische Schulpolitik, dargestellt am Beispiel des Religionsunterrichts in den badischen Volksschulen, Mainz 1983.

54 Hans Günter Hockerts, Die Sittlichkeitsprozesse gegen katholische Ordensangehörige und Priester 1936/1937. Eine Studie zur nationalsozialistischen Herrschaftstechnik und zum Kirchenkampf, Mainz 1971; Klaus J. Volkmann, Die Rechtsprechung staatlicher Gerichte in Kirchensachen 1933 – 1945, Mainz 1978.

55 Eberhard Bethge, Dietrich Bonhoeffer. Theologe – Christ – Zeitgenosse, 5. Aufl., München 1983, S. 673 ff.

56 Benedicta Maria Kempner, Priester vor Hitlers Tribunalen, München 1966.

57 Peter Hüttenberger, Vorüberlegungen zum ›Widerstandsbegriff‹, in: Theorien in der Praxis des Historikers. Forschungsbeispiele und ihre Diskussion, hrsg. von Jürgen Kocka, Göttingen 1977, S. 117 ff. Hüttenberger kommt zu einer politisch, funktional, weltanschaulich und auch regional differenzierten Definition, kann aber das Problem der zeitlichen Entwicklung nicht in den Widerstandsbegriff integrieren. Gerade in der Berücksichtigung des Zeitfaktors läge aber der besondere Anspruch an eine historisch gesättigte und handhabbare Widerstandsdiskussion. In dem vorgeschlagenen Widerstandsbegriff spiegeln sich die Überlegungen, die im Zusammenhang mit dem Münchener Forschungsprojekt »Bayern in der NS-Zeit« angestellt wurden. Vgl. Bayern in der Zeit, 6 Bde, hrsg. von Martin Broszat, München 1977 – 1983.

58 Dem wird allerdings durch eine wissenschaftliche Definition des Widerstands als »Leistungsverweigerung« zuweilen Vorschub geleistet. Vgl. Hüttenberger, Vorüberlegungen (wie Anm. 57), S. 130: »Widerstand heißen sämtliche auflehnenden Handlungen, die einem Herrschaftsträger die Möglichkeit nehmen, an soziale Einheiten Leistungsforderungen zu stellen, sowie sämtliche Handlungen, die Leistungsverweigerungen sind oder zu Leistungsverweigerungen hinführen können.«; vgl. auch Peter Steinbach, Widerstand gegen den Nationalsozialismus, in: Machtverfall (wie Anm. 27), S. 305 ff. Zur aktuellen Diskussion Basilius Streithofen, (Hrsg.), Frieden im Lande. Vom Recht auf Widerstand, Bergisch Gladbach 1983; Ziviler Ungehorsam im Rechtsstaat, hrsg. von Peter Glotz, Frankfurt a.M. 1983.

59 Vgl. Art. 20/4 GG; Widerstandsrecht, hrsg. von Arthur Kaufmann, Darmstadt 1972.

60 Bethge, Bonhoeffer (wie Anm. 55), passim.

61 Eberhard Bethge, Adam von Trott und der deutsche Widerstand, in: VfZ, 11 (1963), S. 213 – 223, hier 221 f., auch ders., Bonhoeffer (wie Anm. 55), S. 891 ff.

62 Ger van Roon, Neuordnung im Widerstand. Der Kreisauer Kreis innerhalb der deutschen Widerstandsbewegung, München 1967; vgl. aber auch Eugen Gerstenmaier, Der Kreisauer Kreis, in: VfZ, 15 (1967), S. 221 – 246.

[63] Konrad Repgen, Katholizismus und Nationalsozialismus. Zeitgeschichtliche Interpretationen und Probleme, Köln 1983, S. 10 f.

[64] Klaus Hildebrand, Das Dritte Reich, München 1979, S. 45 ff. und 72 ff.; Wolfgang Sauer, Die Mobilmachung der Gewalt, Frankfurt a.M., Berlin, Wien 1974, (= Bracher u.a., Machtergreifung [wie Anm. 25], Teil III, S. 226 ff.).

[65] Dietrich Güstrow, Tödlicher Alltag. Strafverteidiger im 3. Reich, Berlin 1981, passim; Detlef Peukert, Alltag unterm Nationalsozialismus, Berlin 1981 (mit weiteren Literaturhinweisen).

[66] Damit ergeben sich über den Traditionsbegriff Möglichkeiten, die Startbedingungen des Widerstands zu bestimmen. Unter diesem Aspekt erscheinen die »geborenen Gegner« Hitlers, die bereits in der Weimarer Republik gegen die NSDAP ohne Kompromißwillen gestritten haben, als die Gegner der ersten Stunde. Ihre Tragik liegt darin, daß sie als erste unter dem NS-Terror aufgerieben wurden. Die Startbedingungen der erst 1934 und später zum Widerstand stoßenden Gruppen waren dadurch geprägt, daß zunächst die häufig vorhandene partielle Übereinstimmung überwunden oder relativiert werden mußte.

[67] Heinz Hürten, Zeugnis und Widerstand der Kirche im NS-Staat. Überlegungen zu Begriff und Sache, in: Stimmen der Zeit, 201 (1983), S. 363–373.

[68] Rainer A. Blasius, Für Großdeutschland – gegen den großen Krieg. Staatssekretär Ernst Freiherr von Weizsäcker in den Krisen um die Tschechoslowakei und Polen 1938/39, Köln, Wien 1981; Marion Thielenhaus, Die politischen Aktivitäten der Beamtengruppe um Ernst von Weizsäcker im Auswärtigen Amt 1938–1941. Anpassung, Opposition, Widerstand, phil. Diss., Köln 1982.

[69] In diesem Zusammenhang ist an Personen wie den Berliner Polizeipräsidenten Graf Helldorf oder gar an Kurt Gerstein zu erinnern, die wichtige Funktionsträger des Systems waren oder sogar im System der industriemäßig betriebenen Massenermordungen eine zentrale Stellung einnahmen.

[70] Ganz deutlich Rothfels, Opposition (wie Anm. 3), S. 78 ff.; Ger van Roon, Widerstand im Dritten Reich. Ein Überblick, München 1979, S. 119 ff.

[71] Hoffmann, Widerstand (wie Anm. 10), S. 297 ff., 328 ff. und 378 ff.

[72] Klaus-Jürgen Müller, Die national-konservative Opposition vor dem Zweiten Weltkrieg. Zum Problem ihrer begrifflichen Erfassung, in: Militärgeschichte. Probleme–Thesen–Wege, hrsg. vom MGFA, Stuttgart 1982, S. 215–242; vgl. auch den Beitrag von Müller in diesem Band.

[73] Romedio Galeazzo Graf von Thun-Hohenstein, Der Verschwörer. General Oster und die Militäropposition, Berlin 1982, S. 134 ff.

[74] Vgl. Ernst von Weizsäcker, Die Weizsäcker-Papiere 1933–1950, hrsg. von Leonidas E. Hill, Frankfurt a.M. 1974, S. 29 f.

[75] Harold C. Deutsch, Verschwörung gegen den Krieg. Der Widerstand in den Jahren 1939–1940, München 1969, passim.

[76] Vgl. außer dem Werk »Die deutsche Justiz und der Nationalsozialismus«, Stuttgart 1968 (= Quellen und Darstellungen zur Zeitgeschichte, Bd 16/I) die Beiträge in Recht, Rechtsphilosophie und Nationalsozialismus, hrsg. von Hubert Rottleuthner, Wiesbaden 1983.

[77] Hans und Sophie Scholl, Briefe und Aufzeichnungen, hrsg. von Inge Jens, Frankfurt a.M. 1984.

[78] Vgl. Eberhard Zeller, Geist der Freiheit. Der Zwanzigste Juli, München 1963; Kurt Zentner, Illustrierte Geschichte des Widerstandes in Deutschland und Europa 1933 bis 1945, München 1983.

79 Adolf Heusinger, in: Guido Knopp und Bernd Wiegmann, Warum habt ihr Hitler nicht
    verhindert? Fragen an Mächtige und Ohnmächtige, Frankfurt a.M. 1983, S. 106.
80 Ebd.
81 Vgl. die Diskussion in: Vollmacht des Gewissens, 2 Bde, München, Frankfurt a.M. 1960
    und 1965; ferner die Diskussion im Umfeld des Prozesses gegen Remer. Dazu eine kurze
    Darstellung der Positionen bei Hans-Jochen Markmann, Der deutsche Widerstand gegen
    den Nationalsozialismus 1933 – 1945, Mainz 1984, S. 173 ff.
82 In diesem Zusammenhang muß nur an die Verbrechen in Polen, an die Einsatzgruppen
    und die Behandlung der sowjetischen Kriegsgefangenen sowie die Realität des Besat-
    zungsregimes erinnert werden. Vgl. zu den »nichtkonformistischen Tendenzen im
    Ostheer« Helmut Krausnick und Hans-Heinrich Wilhelm, Die Truppe des Weltanschau-
    ungskrieges. Die Einsatzgruppen der Sicherheitspolizei und des SD 1938 – 1942, Stuttgart
    1981, S. 255 ff.
83 Vgl. allg. Messerschmidt, Wehrmacht (wie Anm. 36); Müller, Das Heer und Hitler. Ar-
    mee und nationalsozialistisches Regime 1933 – 1940, Stuttgart 1969 (= Beiträge zur Mili-
    tär- und Kriegsgeschichte, Bd 10); Harold C. Deutsch, Das Komplott oder die Ent-
    machtung der Generale. Blomberg- und Fritsch-Krise. Hitlers Weg zum Krieg, Zürich
    1974.
84 Vgl. den Aufruf, den Beck und Witzleben an die Wehrmacht richten wollten, in: Deut-
    scher Widerstand 1938 – 1944. Fortschritt oder Reaktion?, hrsg. von Bodo Scheurig,
    München 1969, Nr. 24.
85 Dazu, wenngleich mit problematischer Zuschreibung der Verfasserschaft, Wilhelm Ritter
    von Schramm (Hrsg.), Beck und Goerdeler. Gemeinsamschaftsdokumente für den Frie-
    den 1941 – 1944, München 1965.
86 Klaus Hildebrand, Monokratie oder Polykratie? Hitlers Herrschaft und das Dritte Reich,
    in: Nationalsozialistische Diktatur 1933 – 1945. Eine Bilanz, hrsg. von Karl-Dietrich Bra-
    cher, Düsseldorf 1983, S. 73 – 96 (mit weiterführenden Literaturangaben).
87 Helmuth Groscurth, Tagebücher eines Abwehroffiziers 1938 – 1940. Mit weiteren Do-
    kumenten zur Militäropposition gegen Hitler, hrsg. von Helmut Krausnick und Harold
    C. Deutsch, Stuttgart 1970.
88 Gerhard Ritter, Carl Goerdeler und die deutsche Widerstandsbewegung, München 1964
    (= dtv, Nr. 216/217), S. 158 ff.
89 Vgl. Christof Dipper, Der deutsche Widerstand und die Juden, in: Geschichte und Ge-
    sellschaft, 9 (1983), H. 3, S. 349 – 380.
90 Das Sonderrecht für die Juden im NS-Staat. Eine Sammlung der gesetzlichen Maßnah-
    men und Richtlinien – Inhalt und Bedeutung, hrsg. von Joseph Walk, Heidelberg, Karls-
    ruhe 1981. Insbesondere für den evangelischen Kirchenkampf wird die Judenfrage als
    Frage der Juden an die Christen aufgefaßt und zum Scheitelpunkt bestimmt. Vgl. Eber-
    hard Busch, Juden und Christen im Schatten des Dritten Reiches, München 1979. Auch
    E. Bethge, Bonhoeffer (wie Anm. 55), betont immer wieder die Bedeutung der Judenfra-
    ge für die Motivationslage des Kerns der Bekennenden Kirche.
91 Vgl. dazu den Beitrag von Klaus-Jürgen Müller in diesem Band.
92 Vgl. die Beiträge von Ueberschär und Krausnick in der 4. Auflage des Katalogbandes
    »Aufstand des Gewissens«.
93 Peter Freimark und Wolfgang Kopitzsch, Der 9./10. November 1938 in Deutschland.
    Dokumentation zur ›Kristallnacht‹, Hamburg 1978.
94 Helmut Krausnick, Hitler und die Morde in Polen. Ein Beitrag zum Konflikt zwischen
    Heer und SS um die Verwaltung der besetzten Gebiete, in: VfZ, 11 (1963), S. 196 – 209.

[95] Hans Rothfels, Ausgewählte Briefe von Generalmajor Helmuth Stieff, in: VfZ, 2 (1954), S. 291 – 305.

[96] Alfred Streim, Die Behandlung sowjetischer Kriegsgefangener im ›Fall Barbarossa‹, Heidelberg, Karlsruhe 1981; ders., Sowjetische Gefangene in Hitlers Vernichtungskrieg, Heidelberg 1982.

[97] Raul Hilberg, Die Vernichtung der europäischen Juden. Die Gesamtgeschichte des Holocaust, Berlin 1982.

[98] Christian Streit, Keine Kameraden. Die Wehrmacht und die sowjetischen Kriegsgefangenen 1941 – 1945, Stuttgart 1978.

[99] NS-Vernichtungslager im Spiegel deutscher Strafprozesse, hrsg. von Adalbert Rückerl, München 1977.

[100] Bericht Axel von dem Bussche, in: Gegner des Nationalsozialismus. Wissenschaftler und Widerstandskämpfer auf der Suche nach historischer Wirklichkeit, hrsg. von Christoph Kleßmann und Falk Pingel, Frankfurt a.M., New York 1980, S. 272 – 275.

[101] Hans von Herwarth, Zwischen Hitler und Stalin. Erlebte Zeitgeschichte 1931 – 1945, Frankfurt a.M. 1982, S. 241 ff.

[102] Helmut Heiber, Der Generalplan Ost, in: VfZ, 6 (1958), S. 281 – 325.

[103] Wolfgang Scheffler, Zur Entstehungsgeschichte der ›Endlösung‹, in: Aus Politik und Zeitgeschichte B 43/82 vom 30.10.1982, S. 3 – 10.

[104] Hans Rothfels, Trott und die Außenpolitik des Widerstandes, in: VfZ, 12 (1964), S. 300 – 323; Henrik Lindgren, Adam von Trotts Reisen nach Schweden 1942 – 1944. Ein Beitrag zur Frage der Auslandsverbindung des deutschen Widerstandes, in: VfZ, 18 (1970), S. 274 – 291; Ger van Roon, Graf Moltke als Völkerrechtler im OKW, ebd., S. 12 – 61; ders., Oberst Wilhelm Staehle. Ein Beitrag zu den Auslandskontakten des deutschen Widerstandes, in: VfZ, 14 (1966), S. 209 – 223; Hans Rothfels, Zwei außenpolitische Memoranden der deutschen Opposition, in: VfZ, 5 (1957), S. 388 – 397. In diesem Zusammenhang kommt es weniger auf die Darstellung der außenpolitischen Konzeptionen als auf die Tatsache an, daß die »zivilen« Gruppen des Widerstands im außenpolitisch-diplomatischen Bereich die Initiative übernommen hatten, weil sie auf diesem Feld der Aktivität der militärischen Opposition überlegen waren. Auch hier trägt also ein Konzept der Arbeitsteilung, wie es in Anlehnung an Rothfels' Überlegungen entwickelt wurde.

[105] Peter Hoffmann, Die Sicherheit des Diktators, München 1975.

[106] In dieser Hinsicht sind m.E. die o.a. Widerstandsdefinitionen und Dimensionen zu modifizieren. Denn es ging ja nicht um »Leistungsverweigerung«, sondern um einen aktiven Kampf gegen das System, der durchaus in Einklang zu bringen war mit einer Erfüllung soldatischer Aufgaben und Pflichten an der Front. Die grundsätzlich geschiedene Praxis des Widerstandskämpfers, der vor allem als Soldat zwischen Gehorsam und höheren Verpflichtungen stand, ist bisher nur ungenügend berücksichtigt und zum Thema wissenschaftlich-darstellender Studien gemacht worden.

[107] Besonders Stauffenberg wurde durch seine Erfahrungen im AHA/BdE geprägt und für die Notwendigkeit eines aktiven Widerstands sensibilisiert. Es wäre zu untersuchen, inwieweit die Motivationslage von sogenannten »Zivil-Offizieren« und Berufsoffizieren unterschiedlich war.

[108] Vgl. den Beitrag von Wiggershaus in der 4. Auflage des Katalogbandes »Aufstand des Gewissens«.

[109] Bodo Scheurig, Henning von Tresckow. Eine Biographie, 3. Aufl., Oldenburg 1973; Fabian von Schlabrendorff, Offiziere gegen Hitler, Frankfurt a.M. 1959.

[110] Rothfels, Opposition (wie Anm. 3), S. 101.

[111] Besonders klar finden sich die rechtspolitischen Argumentationen in den Protokollen der Kreisauer Zusammenkünfte; vgl. Ger van Roon, Neuordnung (wie Anm. 62), Anhang.

[112] Goerdeler, Regierungserklärung, in: Deutscher Widerstand (wie Anm. 84), Nr. 22 und 23.

[113] So Hitler in seiner nächtlichen Rundfunkansprache (wie Anm. 7).

[114] Fritz Bauer, Widerstand gegen die Staatsgewalt. Dokumente der Jahrtausende, Frankfurt a.M. 1965.

[115] Dies hebt gerade Rothfels hervor, weil er das Konzept der Arbeitsteilung, wie es sich innerhalb der Widerstandsbewegung als einer deutschen Gesamtopposition herausschälte, immer wieder reflektiert.

[116] Rothfels, Opposition (wie Anm. 3), S. 39.

[117] Erst der totale Staat maßt sich an, unbestreitbar zu definieren, wann der Widerstandsfall vorliegt. Ziele und Zwecke begrenzen den totalen Staat nicht mehr aus der Tradition des politischen Denkens heraus, sondern aus seinen gegenwarts- und zukunftsbezogenen Herrschafts- und Verfügungsansprüchen über Individuen in der Gegenwart und ihre Zukunft.

[118] Die Mittwochsgesellschaft. Protokolle aus dem geistigen Deutschland 1932–1944, hrsg. von Klaus Scholder, Berlin 1982.

[119] Dolf Sternberger, Aspekte des bürgerlichen Charakters, in: ders., ›Ich wünschte, ein Bürger zu sein‹. Neun Versuche über den Staat, Frankfurt a.M. 1967, S. 10–27.

[120] Ebd., S. 24 f.

[121] Ebd., S. 25.

[122] Ritter, Goerdeler (wie Anm. 88), drückte diese Unabhängigkeit und geistige Beständigkeit in den Worten aus:»Wider den Siegestaumel – Zukunftspläne für Deutschland«.

[123] Ger van Roon, Kaiser (wie Anm. 1).

[124] Ger van Roon, Neuordnung (wie Anm. 62), passim.

[125] Vgl. Der deutsche Widerstand gegen Hitler, hrsg. von Walter Schmitthenner und Hans Buchheim, Köln, Berlin 1966, insbesondere den Aufsatz von Hans Mommsen über die Staats- und Gesellschaftsvorstellungen sowie die Verfassungspläne des Widerstands.

[126] Hildebrand, Das Dritte Reich (wie Anm. 86), S. 185.

[127] Dies konnte Winfried Becker in einem Vortrag zeigen, der sich auf den Nachlaß Hermes (im Archiv der Adenauer-Stiftung Bonn) stützte:»Die Neugründung der CDU in der sowjetischen Besatzungszone«, Vortrag Passau 27.2.1984.

[128] Ursula von Kardorff, Berliner Aufzeichnungen. Aus den Jahren 1942–1945, München 1976, S. 192. An anderer Stelle spricht sie von der »äußeren und geheimen inneren Front« (S. 144).

[129] Dies zeigt sich wiederum am Schicksal des zum Attentat entschlossenen Axel von dem Bussche.

[130] Ger van Roon, Kaiser (wie Anm. 1), arbeitet den inneren Wandlungsprozeß von Kaiser sehr verständnisvoll heraus, S. 266.

[131] Vgl. Klaus-Jürgen Müller, General Ludwig Beck. Studien und Dokumente zur politisch-militärischen Vorstellungswelt und Tätigkeit des Generalstabschefs des deutschen Heeres 1933–1938, Boppard 1980; ders., Staat und Politik im Denken Ludwig Becks, in: Historische Zeitschrift, 215 (1972), S. 607–631; Nicholas Reynolds, Beck. Gehorsam und Widerstand. Das Leben des deutschen Generalstabschefs 1935–1938, München 1983. Das Bild Becks steht stark unter dem Eindruck seiner Tätigkeit als aktiver Offizier; hingegen ist die Entwicklung nach 1938 bisher außerordentlich blaß. Gerade bei Beck müßte der Beginn des Krieges in seiner biographischen Konsequenz erfaßt werden.

[132] Günther Wollstein, General Olbricht, in: Lill/Oberreuter, 20. Juli (wie Anm. 28).

[133] Ger van Roon, Kaiser (wie Anm. 1), S. 277.

[134] Vgl. Anm. 13.

[135] Vgl. durchgängig Scheurig, Deutscher Widerstand (wie Anm. 84).

[136] Goerdeler war sich sicher, daß einige Stunden Freiheit, um die Wahrheit im Rundfunk zu verbreiten, den Sturz des Regimes besiegeln müßten. Auch Beck knüpfte in seinem Aufruf an die Wehrmacht an ähnliche Hoffnungen an.

[137] Europa-Föderationspläne der Widerstandsbewegungen 1940–1945, hrsg. von Walter Lipgens, München 1968; Klaus Hildebrand, Die ostpolitischen Vorstellungen im deutschen Widerstand, in: Geschichte in Wissenschaft und Unterricht (GWU), 29 (1978), S. 213–241.

[138] Ritter, Goerdeler (wie Anm. 88), Anhang.

[139] Peter Steinbach, Gruppen, Zentren und Ziele des deutschen Widerstandes, in: Der 20. Juli 1944 (wie Anm. 28).

[140] In dieser Hinsicht bleibt eine frühe Gesamtdarstellung wie Zeller, Geist der Freiheit (wie Anm. 78), unersetzbar.

[141] Das Gewissen steht auf. Lebensbilder aus dem deutschen Widerstand 1933–1945, hrsg. von Karl Dietrich Bracher, Mainz 1984. Dabei handelt es sich um eine Neuauflage der beiden Bände »Das Gewissen steht auf« und »Das Gewissen entscheidet«, die in der Mitte der fünfziger Jahre das Gespür für die individuelle Dimension des Widerstandes geweckt haben.

[142] Wer Aussagen über den Widerstandsfall macht, bestimmt zugleich Ziele, Zwecke und Grenzen des Staates, die gegen Mißbrauch zu schützen sind. Insofern hätte das Grundgesetz gar nicht eines Widerstandsartikels bedurft. Die mit rechtsstaatlichen und verfassungsmäßigen Mitteln nicht zu korrigierende Verletzung eines Grundrechtes rechtfertigt zumindest jeden, entsprechend seinem Gewissen zu handeln. Allerdings ist hier an einen Satz von Adolf Arndt zu erinnern, der sagte: »Wenn Gesetz und Gewissen zueinander in Widerspruch geraten, befreit Art. 4 Abs. 1 GG allein von der Verpflichtung, die vom Gewissen unüberwindlich als böse erkannte Handlung eigenständig zu vollziehen. Die Gewissensfreiheit erspart insoweit einzig das Selber-Tun.« Widerstand erfolgt aus einer individuellen Gewissensentscheidung; weil aber gerade die freiheitlich-demokratische Verfassung in der Würde des Menschen ihren wichtigsten Bezugspunkt findet, ist sie besonders sensibilisiert für Verstöße gegen Ziele, Zwecke und Grenzen des Verfassungsstaats, die in der Reflexion über Voraussetzungen, Formen und Konsequenzen des Widerstandes gebündelt werden.

[143] Fritz Bauer, Widerstandsrecht und Widerstandspflicht des Staatsbürgers, in: Widerstandsrecht, hrsg. von Arthur Kaufmann, Darmstadt 1972, S. 500 f.

[144] Zur Konzeption vgl. den Artikel »Widerstand in seiner ganzen Breite«, in: Das Parlament Nr. 6 vom 11.2.1984, S. 13, sowie Peter Steinbach, Widerstand gegen den Nationalsozialismus. Zur Konzeption der ständigen Ausstellung »Ausstellung des Widerstands« in der Gedenk- und Bildungsstätte Stauffenbergstraße, in: Materialien zur politischen Bildung 1/84. Vor allem sollen die Chancen einer ausstellungsbedingten Beschreibung von Voraussetzungen und Erscheinungen, Erfolgen und Nachwirkungen widerständigen Verhaltens genutzt werden. Denn Widerstand läßt sich ebensowenig wie der Begriff Faschismus in der Weise definieren, daß sich historisch und systematisch damit arbeiten ließe. Insofern könnte man einen axiomatisch anmutenden Satz der Faschismusforschung abwandeln, demzufolge derzeit der wichtigste Beitrag zur Faschismusanalyse von der historischen Untersuchung, der »Beschreibung« zu erwarten ist. Vgl. zur begrifflichen Diskussi-

on Richard Löwenthal, Widerstand im totalen Staat, in: Widerstand (wie Anm. 44), S. 11 – 24.

[145] Richard von Weizsäcker, Der 20. Juli 1944 – Attentat aus Gewissen, in: ders., Die deutsche Geschichte geht weiter, Berlin 1983, S. 21 – 43, als erster Aufsatz des Teiles »Der Grund der Politik«.

[146] Ger van Roon, Kaiser (wie Anm. 1), S. 283 weist beispielsweise auf die eigenständige Bedeutung der Widerstandsversuche von 1943 hin, die sich nicht ohne weiteres in die praktische Kontinuität des Widerstandes einfügen.

[147] Material für die Diskussion bei Markmann, Widerstand (wie Anm. 81), allerdings in problematischer Akzentsetzung auf den derzeit im Mittelpunkt unseres Interesses stehenden Jugend- und linken Widerstand. Vgl. weiterhin den Band: Der Nationalsozialismus als didaktisches Problem, Bonn 1980; Gedanken zum 20. Juli 1944 (Reden der deutschen Bundespräsidenten zum Widerstand unter besonderer Berücksichtigung des 20. Juli), hrsg. von Karl Dietrich Bracher, Mainz 1984.

[148] Neben Kaufmann, Widerstandsrecht (wie Anm. 59), ist auf die einschlägigen Kommentare des GG zu verweisen, die hier nicht einzeln nachgewiesen werden sollen. Dazu Josef Isensee, Das legalisierte Widerstandsrecht. Eine staatsrechtliche Analyse des Art. 20 Abs. 4 Grundgesetz, Bad Homburg v.d.H., Berlin, Zürich 1969; ferner Martin Kriele, Die Rechtfertigungsmodelle des Widerstands, in: Aus Politik und Zeitgeschichte, B 39/83 vom 1.10.1983, S. 12 – 24.

[149] Die Geschichte der Verfolgung des Widerstands muß polizeigeschichtliche, verwaltungsrechtsbezogene und schließlich auch prozeßgeschichtliche Aspekte berücksichtigen. Vgl. Walter Wagner, Der Volksgerichtshof im nationalsozialistischen Staat, Stuttgart 1974 (= Quellen und Darstellungen zur Zeitgeschichte, Bd 16/III: »Die deutsche Justiz und der Nationalsozialismus«), bes. S. 660 ff.

[150] Dietrich Bonhoeffer, Nach zehn Jahren, in: ders., Widerstand um Ergebung. Briefe und Aufzeichnungen aus der Haft, hrsg. von Eberhard Bethge, 10. Aufl., Gütersloh 1978, S. 17.

[151] So betrachtet, erscheint Widerstand als exemplarische »Beschwerde des Menschen«. Vgl. Steinbach, Widerstand (wie Anm. 58), S. 324 ff.

[152] Bonhoeffer, Nach zehn Jahren (wie Anm. 150), S. 23.

[153] Sie schlagen sich in den stimmungsbeschreibenden Anlagen der Kaltenbrunner-Berichte nieder.

[154] Albrecht Haushofer, Moabiter Sonette, München 1975 (= dtv, Nr. 10099), Nr. XLVIII.

[155] Ebd., Nr. XXXIX.

[156] Voss, Vorwort, S. XII (wie Anm. 2).

[157] Vgl. Konrad Adam, Der Spaß am Widerstand, in: Frankfurter Allgemeine Zeitung, Nr. 298 vom 23.12.1983.

[158] Ger van Roon, Kaiser (wie Anm. 1), S. 259.

[159] Hermann Kaiser an Oberst Martin, 13.11.1942, zit. nach Ger van Roon, Kaiser (wie Anm. 1), S. 273.

[160] Hermann Kaiser an Leutnant Stath, 6.3.1942, ebd., S. 272.

[161] Ebd., S. 273.

[162] Bericht von Axel von dem Bussche, in: Gegner des Nationalsozialismus (wie Anm. 100), S. 275.

Klaus-Jürgen Müller

Struktur und Entwicklung der national-konservativen Opposition

I.

Die Entwicklung der Erforschung dessen, was »der deutsche Widerstand« oder auch »die deutsche Opposition« genannt wird, hat verschiedene Phasen durchlaufen[1]. In einer ersten Phase stand der Nachweis ihrer faktischen Existenz, ihrer Aktivitäten, Motive und politischen Vorstellungen im Mittelpunkt der Forschung. Das entsprach sowohl einem politisch-psychologischen Bedürfnis angesichts der verbreiteten These von der deutschen Kollektivschuld als auch dem Legitimationsbedürfnis des neuen Staates der Bundesrepublik. Diese Phase war daher von einem primär politisch-moralischen Widerstandsbegriff bestimmt, dessen Langzeitwirkung auch noch in den weiteren Entwicklungsphasen spürbar ist. Auf einer zweiten Entwicklungsstufe hat die geschichtswissenschaftliche Forschung den Rahmen ihrer Betrachtung erweitert. Sie gab die Blickverengung auf den Ereigniskomplex des 20. Juli und auf die national-konservative Opposition durch Einbeziehung von politisch sich anders definierenden Oppositions- und Widerstandsgruppen unterschiedlichster gesellschaftlicher Herkunft auf. Gleichzeitig wurde, einer dominierenden Tendenz in der neueren deutschen Geschichtswissenschaft folgend, das Kontinuitätsproblem auch im Zusammenhang mit dem Widerstand aufgegriffen. Seit geraumer Zeit zeichnet sich eine dritte Entwicklungsstufe ab[2]. Sie ist vornehmlich durch das intensive Bemühen gekennzeichnet, das Widerstandsphänomen, dessen Vielschichtigkeit die Forschung inzwischen deutlich gemacht hat, auch begrifflich angemessen zu erfassen und auf diese Weise einen umfassenden historischen Erklärungsansatz zu finden. Dieses Bestreben erwuchs gleichsam aus zwei Wurzeln. Zum einen hatten neuere Forschungsergebnisse über Struktur und Eigenart des nationalsozialistischen Herrschaftssystems, wie sie etwa in den dichotomischen Begriffen »monolithisches System« und »Polykratie« niederschlagen, die Notwendigkeit einer differenzierten Theoriebildung über das nationalsozialistische System offenkundig gemacht. Das tangierte natürlich auch den Widerstandsbegriff. Die Widerstandsforschung mußte mit der wissenschaftlichen Debatte über das NS-System Schritt halten. Zum anderen war aufgrund von Forschungen im Bereich des Verhaltens breiterer Sozialschichten im »Dritten Reich« – wie etwa nichtsystemkonformes Verhalten von Teilen der katholischen Landbevölkerung oder Teilen der Industriearbeiterschaft – die analytische Unzulänglichkeit des traditionellen, weitgehend politisch-moralisch bestimmten Widerstandsbegriffs deutlich geworden. Die gegenwärtige Widerstandsforschung stellt es daher zu einem erheblichen Teil darauf ab, weiterführende und, verglichen mit der bisherigen Auffassung, alternative Analyse- und Begriffsmethoden zu entwickeln. In diesem Zusammenhang scheint im übrigen der Hinweis notwendig, daß es dabei keineswegs darum geht, den politisch-moralischen Gehalt des Umsturzversuches vom 20. Juli und der Widerstandsfähigkeit anderer Widerstandsgruppen oder gar die Tatsache einer ernsthaften Anti-Hitler-Opposition überhaupt etwa mit der Überheblichkeit des Nachgeborenen leugnen oder gering achten zu wollen. Es geht vielmehr um eine geschichtswissenschaftlich angemessene Analyse – und das bedeutet nicht zuletzt auch angemessene begriffliche und kategoriale Erfassung – eines Phänomens, das sich inzwischen als vielschichtiger, differenzierter und problembeladener herausgestellt hat, als frühere Betrachtungen und Interpretationen es vermittelten.

Im Rahmen dieser Arbeit sollen lediglich einige, allerdings sehr wesentliche Aspekte der national-konservativen Opposition untersucht werden. Die terminologische Entscheidung – es wird bewußt nicht von Militäropposition oder militärischem Widerstand gesprochen, sondern von national-konservativer Opposition – rechtfertigt sich unseres Erachtens durch die Tatsache, daß die in Frage stehende historische Erscheinung nicht ausschließlich eine Sache der Berufsmilitärs gewesen ist. Schon bei den Reserveoffizieren, die zahlreich, oft zudem an zentraler Stelle, an der Verschwörung beteiligt waren, ist fraglich, ob auf sie die Bezeichnung »Militär« im historischen Kontext angebracht ist, da sie doch durch andere Bildungs- und Ausbildungsinstanzen sowie unterschiedliche Sozialisationsfaktoren geprägt waren als die Berufsmilitärs; ebenfalls darf nicht der hohe Anteil von Angehörigen traditioneller Führungsschichten, die in anderen Berufen oder Funktionen innerhalb wie außerhalb des staatlichen Apparates tätig waren, bei der Analyse der Opposition aus den Augen verloren werden.

In den nachfolgenden Darlegungen soll es *erstens* darum gehen, die national-konservative Opposition in den ihr entsprechenden historischen Gesamtzusammenhang einzuordnen. Damit soll sie aus der immer noch vorherrschenden politisch-moralischen Perspektive gelöst und in eine angemessene historische Betrachtungsperspektive gestellt werden. Sie soll damit auch als eigenständige historische Erscheinung gleichsam eigenen Rechtes aufgefaßt werden, und nicht nur als eine Art Teileinheit eines als homogen und monolithisch aufgefaßten umfassenden Widerstandes, die mit anderen Teileinheiten wie dem »Widerstand der Kirchen«, dem »Widerstand der Jugend«, dem »Widerstand der Arbeiterschaft« und anderer mehr erst die Gesamterscheinung »deutscher Widerstand« ausgemacht habe. Was als »Widerstand aus der Arbeiterschaft« – gelegentlich auch »linker Widerstand« genannt – angesehen werden kann, war einerseits der

Versuch, durch Schaffung einer Massenbasis das Regime zu stürzen (KPD) und andererseits einen gewissen organisatorischen und politischen Zusammenhalt zu bewahren (SPD und Gewerkschaften)[3]. Der »Widerstand der Kirchen« wiederum kann als »Widerstehen« und als »kirchliche Abwehrbemühung« gegenüber totalitären Herrschaftsansprüchen verstanden werden und ist somit eine Erscheinung, die nicht nur auf das »Dritte Reich« beschränkt ist[4]. Der »Widerstand der Jugend«[5] wiederum ist überaus vielschichtig gewesen und könnte – soweit er nicht dem kirchlichen oder dem »linken« Widerstand zuzurechnen ist – mit vorsichtigem Vorbehalt als vielgestaltige Abwehrreaktion von Heranwachsenden auf die Zumutungen und Zugriffe des totalitären Systems aufgefaßt werden. Demgegenüber ist das, was gemeinhin als »national-konservativer Widerstand« bezeichnet wird, im Grunde ein eigenständiges Phänomen. Es ist eine spezielle Erscheinungsform des Verhaltens traditioneller Eliten gegenüber dem Nationalsozialismus und dem nationalsozialistischen Regime aufzufassen. In dieser Hinsicht ist es einzufügen in den größeren Rahmen des Verhaltens traditioneller Machteliten in einer Umwelt, die einem tiefgreifenden säkularen Wandlungsprozeß unterworfen war. Von einem solchen Ansatz wird die konservative Opposition als spezielles Symptom von politisch-sozialem Wandel begriffen. Es geht also hier um Handeln und Verhalten von Oppositionskräften aus dem Bereich der traditionellen national-konservativen Führungseliten vornehmlich aus Militär, Diplomatie und hoher Verwaltung.

Zum *zweiten* geht es hier um den Versuch, diesen national-konservativen Widerstand begrifflich angemessen zu erfassen und dazu entsprechende analytische Kategorien zu entwickeln. Bezüglich der traditionellen Führungseliten bereitet bereits der üblich gewordene Begriff »Opposition« einige Schwierigkeiten. Was heißt in diesem Zusammenhang »Opposition«? Was heißt »Widerstand«? Ist im nationalsozialistischen Führerstaat jeder Widerspruch z.B. hoher staatlicher Funktionsträger in wichtigen politischen Einzelfragen schon als »Opposition« zu qualifizieren, etwa auch dann, wenn wesentliche Züge des Herrschaftssystems von den betreffenden Funktionsträgern akzeptiert und herkömmliche Prozeduren (Vorträge, Denkschriften) eingehalten werden? Ist es »Opposition«, wenn tatsächliche oder vermeintliche Zielübereinstimmungen zwar herrschen, aber gravierende Methodendivergenzen vorhanden sind und auch artikuliert werden? Setzt etwa der »Opposition«-Begriff zwar Widerspruch, Dissens voraus, aber ebenso noch einen gewissen Grundkonsens, wohingegen »Widerstand« eben durch das Fehlen des Grundkonsenses sich vom Begriff »Opposition« unterscheidet? Ein Blick in die bisherige Literatur zeigt sehr rasch, daß relativ wenig Überlegungen auf diese terminologischen Probleme verwandt worden sind; die Begriffe »Opposition« und »Widerstand« werden oft synonym benutzt. Erst in jüngerer Zeit sind bedeutsame Bemühungen zu registrieren, das terminologische Problem in einem umfassenderen theoretischen Rahmen zu klären. Ein anspruchsvoller und umfassender Ansatz ist von Peter Hüttenberger[6] auf spieltheoretischer Grundlage zur Diskussion gestellt worden. Er begreift »Widerstand« allgemein als besondere Form der Auseinandersetzung innerhalb eines ungleichgewichtigen Herrschaftsverhältnisses; sie kann von non-konformistischem Verhalten über abweichendes Verhalten bis zu zivilem Ungehorsam, bis zu systemimmanenten und schließlich bis zu systemsprengenden Konflikten reichen. Das ist fraglos ein der Komplexität der historischen Erscheinung angemessener, weil flexibler begrifflicher Rahmen. Innerhalb dieses Rahmens ließe sich die »national-konservative Opposition« rein formal als abweichendes Verhalten von Teilen einer Herrschaft gegenüber dominierenden Teilen dieser Herrschaft definieren. Es bleibt damit aber immer noch das Problem der konkreten Anwendbarkeit dieses formalen Ansatzes zu lösen. Um zu einer differenzierten *Beschreibung* und einer in sich schlüssigen *Erklärung* der hier zu behandelnden historischen Erscheinung zu kommen, bedarf es nämlich nicht nur formaler Kriterien, sondern auch inhaltlicher Bestimmungen, die von der in den Quellen reflektierten Realität abgeleitet und überprüfbar sind.

Wir wollen bei unseren Überlegungen in zwei Schritten vorgehen: *Erstens* soll ein interpretatorischer Bezugsrahmen skizziert werden, der eine angemessene *historische Einordnung* dessen erlaubt, was undifferenziert die »national-konservative Opposition« genannt wird. *Zweitens* soll dieses Phänomen in seiner personalen, politischen und aktionsmäßigen Struktur untersucht werden, um eine differenzierte und den quellenmäßigen Realitäten *angemessene begriffliche* Erfassung zu ermöglichen.

Zum historischen Bezugsrahmen[7]: das Verhalten der traditionellen Eliten in Staat und Gesellschaft muß gesehen werden vor dem Hintergrund der geschichtlichen Entwicklung des preußisch-deutschen Nationalstaates und seiner politisch-strukturellen Problematik seit der Reichsgründung. Die Tatsache, daß der Nationalstaat von einer vor-industriell-agrarischen Elite begründet und geführt wurde und daß dieser sich als Wirtschafts- und Bildungsbürgertum politisch-sozial anmaßte und mit ihr zu einer weitgehend abgeschlossenen Führungsschicht verwuchs[8], andere Sozialschichten, vor allem jene, die im Prozeß der Industrialisierung entstanden waren, von der politisch-gesellschaftlichen Gestaltung des Gemeinwesens dagegen ausgeschlossen blieben[9], bescherte dem neuen Nationalstaat eines seiner grundlegenden Existenzprobleme: das der *Integration*. Dieses Problem wurde zu einem entscheidenden Strukturproblem des neuen Staates[10]. Konkret stellte sich dies für die Führungseliten zugleich als *Legitimationsproblem* dar. Dieses wurde um so akuter, je stärker sozialer und politischer Wandel sich bemerkbar machte. Eine weitere entscheidende Verschärfung brachte die Desintegration des überkommenen gesellschaftlichen Gefüges und der politischen Strukturen infolge von Weltkrieg, Inflation und Weltwirtschaftskrise. All dies vereinte sich zu einem Bedrohungssyndrom für die traditionellen Führungseliten. Ihre vielfältigen Reaktionen darauf lassen sich in historischer Analyse alle auf ein bestimmtes Grundmuster reduzieren, nämlich auf die Vorstellung, daß die erwähnte als existentiell aufgefaßte und erfahrene Doppelproblematik auf lange Sicht nur gelöst werden könnte, wenn erstens die staatlichen Strukturen wieder in autoritärem Sinne umgeformt würden und zweitens eine neue legitimierende Massenbasis für die traditionellen Eliten gewonnen werden könnten. Die Wiederherstellung einer autoritären Staatsstruktur wurde von den zivilen Eliten als Voraussetzung effektiver Regierungstätigkeit im modernen Staat, aber auch als bestes Mittel zur Wahrung der eigenen politisch-sozialen Interessen angesehen, während die Militärelite in ihr die einzige Möglichkeit sah, die Organisation der gesamten Nation und aller ihrer Ressourcen für den modernen, von ihr als total definierten Krieg durchzusetzen. Denn die autoritäre Lösung der Integrations- und Legitimationsproblematik wurde in der Auffassung der überkommenen Machteliten gleichzeitig verknüpft mit der Lösung dessen, was seit 1918 als das nationale Problem galt: die Wiederherstellung der im Ersten Weltkrieg verlorenen Großmachtposition in Europa[11].

Dieses historische Problemsyndrom bestimmte letztlich die Konstellation, in der es im Januar 1933 zur Bildung der Regierung Hitler kam. Sie beruhte auf der Basis einer Entente von maßgeblichen Kräften der traditionellen Machteliten und den Führern der nationalsozialistischen Massenbewegung. Jede dieser beiden Gruppen sah in dieser Entente für sich jeweils besondere Vorteile. Hitler hatte bislang erfahren müssen, daß er letztlich unfähig war, aus eigener Kraft an die Macht zu gelangen. Weder die Coup d'Etat-Methode von 1923 noch die Wahlerfolge 1930 bis 1933 hatten ihn an die Macht gebracht. Die Massenbewegung hatte ihn zwar an ihre Schwelle getragen, aber nur die alten Eliten, welche immer noch an den Schalthebeln der Machtapparaturen saßen, konnten ihm über diese Schwelle hinweghelfen. Die traditionellen Eliten ihrerseits hatten die Basis in der Gesellschaft zunehmend verloren. Die Verfechter einer Allianz mit der NS-Bewegung in ihren Reihen hofften daher, diese Grundlage im Bunde mit Hitler wiederzufinden. Hitler schien ihnen die erforderliche Massenbasis zu verschaffen und damit die Voraussetzungen zu bieten, das Integrationsproblem wie das nationale Problem lösen zu können. Damit schien die Verwirklichung der zentralen dreigliedrigen Zielsetzungen der traditionellen Machteliten erstmals seit 1918 wieder möglich: *innenpolitisch* die Neufundierung und Absicherung der seit 1918 als besonders bedroht empfundenen traditionellen Machtposition in Staat und Gesellschaft; *außenpolitisch* die Wiederherstellung der Großmachtstellung des Reiches; und schließlich – was für die Militärelite besonders wichtig war – *militärpolitisch*

Carl Friedrich Goerdeler (1884 bis 1945)

die mit dem Euphemismus »Wehrhaftmachung der Nation« umschriebene permanente und totale Mobilisierung der Gesellschaft, die im industriell-technischen Zeitalter als unumgängliche Voraussetzung nationaler Großmachtstellung angesehen wurde.

In dieser Entente kam der Armee nach ihrem Selbstverständnis eine bevorzugte Stellung zu; Hitler hat, indem er die Formel von den »Zwei Säulen« aufgriff, auf denen das Regime beruhe – Armee und Partei –, taktisch geschickt auf die Erwartungshaltung der Militärs geantwortet[12]. Auch in Kreisen des Auswärtigen Amtes hatte sich trotz der lässigen Indolenz des Reichsaußenministers Konstantin von Neurath, »dem es mehr um das Dabeisein als um die Durchsetzung einer vernünftigen Außenpolitik ging«[13], eine Tradition der Mitverantwortung und der Teilhabe an der Macht gehalten; sie wurde durch Staatssekretär Ernst Freiherr von Weizsäcker verkörpert, der dieses Konzept einmal mit dem Bild beschrieb, es gelte, »den Leerlaufmotor des A.A. wieder an die Staatsmaschine an[zu]kuppeln [...], so daß er mitzieht«[14]. Aufgrund dieses historischen Zusammenhanges erhielt der Ententecharakter der Koalition zusammen mit der dreifachen Zielsetzung eine entscheidende Funktion für die Entwicklung des Verhältnisses von traditionellen Führungseliten und dem NS-Regime. Die künftige Entwicklung dieses Verhältnisses wurde fortan im wesentlichen bestimmt von dem Grad der Erfüllung bzw. der Enttäuschung jener Erwartungen, welche die Eliten mit der damals eingegangenen Kollaboration an jene Entente von 1933 geknüpft hatten. Konkret gesprochen hieß dies, daß dieses Verhältnis sich entwickelte *innerpolitisch* nach dem Ausmaß der Verwirklichung bzw. der Infragestellung einer mit-entscheidenden Machtposition im Staat und *im außenpolitischen* Rahmen gemäß der Gewährleistung, Durchsetzung oder Gefährdung der machtpolitisch definierten Großmachtaspiration. Damit ist ein geeigneter interpretatorischer Raster gegeben, der eine hinreichend präzise historische Bestimmung des Phänomens »national-konservative Opposition« ermöglicht. Was im Hüttenbergerschen Begriffssystem als »Widerstand von Teileinheiten einer Herrschaft gegen dominierende Teile der Herrschaft« formal umschrieben wird[15], stellt sich in der historischen Konkretisierung der national-konservativen Opposition dar als eine bestimmte Komplementärerscheinung der Entente traditioneller Eliten mit Hitler und seiner Bewegung. *National-konservative Opposition war also ein differenziertes Konfliktsphänomen im Rahmen dieser Entente.*

Dieses Konfliktsphänomen als Komplementärerscheinung der Entente traditioneller Führungsschichten mit der NS-Führung muß in seiner ganzen Erscheinungsbreite von systemimmanenten bis zu systemüberwindenden Alternativpositionen zureichend, d.h. differenziert, beschrieben werden; die inhaltlich wie intensitätsmäßig divergierenden Reaktionen einzelner Repräsentanten dieser traditionellen Eliten auf die verschiedenen Herausforderungen von seiten des Regimes müssen angemessen erfaßt werden. Dazu sind folgende zusätzliche analytische Kategorien einzuführen:

Erstens wäre das Konfliktsphänomen zu analysieren unter der Frage, welche der beiden essentiellen Zielvorstellungen in der Sicht maßgeblicher Vertreter der Eliten gefährdet erschienen: Der Bündnischarakter des Systems oder die außenpolitische Großmachtkonzeption oder beide? Unter dieser, an den wesentlichen Zielvorstellungen ausgerichteten Fragestellung läßt sich z.B. plausibel erklären, warum bestimmte unmoralische Praktiken und Erscheinungsformen in den ersten Jahren des »Dritten Reiches« wohl Unbehagen und Kritik innerhalb der traditionellen Eliten ausgelöst haben (wie z.B. die Unterdrückung politischer und weltanschaulicher Gegner, antisemitische und antikirchliche Maßnahmen), warum jedoch erst das außenpolitische Vabanque-Spiel 1938 oder innenpolitische Machtkämpfe wie jener mit der SA 1934 bzw. die Intrige gegen Werner Freiherr von Fritsch politisch bedeutsame Oppositionsregungen hervorgerufen haben.

Zweitens wäre die Frage zu stellen, welche dieser beiden Zielkomplexe in der jeweiligen konkreten Konfliktsituation für die beteiligten bzw. betroffenen Elitegruppen Priorität besaß, also die Frage nach der jeweiligen Hierarchisierung der Zielvorstellungen. Unterschiede in dieser Hinsicht führten in bestimmten Situationen zu divergierenden Konfliktstrategien. Beispielsweise gab es 1938 Meinungsunterschiede innerhalb der Opposition, ob der Regimebeseitigung oder der Kriegsverhinderung Priorität zukam. Später im Kriege stand hinter der Frage, ob der kriminelle Charakter des Regimes oder die militärische Katastrophe bzw. deren Vermeidung wesentliches Handlungsmotiv war, ebenfalls das Problem der Hierarchisierung der Ziele.

Drittens wäre zu fragen, von wem oder in welcher Weise die Gefährdung der Zielsetzungen aus der Sicht der traditionellen Eliten erfolgte, also die Frage der Gegner- und der Gefahren-Einschätzung. Mit ihrer Beantwortung eröffnet sich eine Möglichkeit, die Bandbreite der jeweiligen Reaktionen in Konfliktslagen präzise zu beschreiben und zu erklären: also die Entwicklung etwa von defensiver Sicherung der eigenen Position über offensive Positionsstabilisierung (z.B. »Säuberung des Regimes von ›radikalen‹ Elementen« oder deren Ausschaltung aus dem außenpolitischen Entscheidungsprozeß) bis zu systemdestabilisierenden Umsturzplanungen und -versuchen. Unter diesem Gesichtspunkt war es von erheblicher Bedeutung, ob bestimmte Gefährdungen nach Auffassung von Repräsentanten der Eliten etwa von Einzelpersönlichkeiten bzw. bestimmten Gruppen der NS-Bewegung ausgingen oder etwa von Hitler selbst. Die Qualität ihrer Reaktion wurde entscheidend davon bestimmt. Fünf Beispiele mögen die analytische Trennschärfe und die Erklärungskraft unserer Kategorien demonstrieren:

a) Die »Röhm-Affäre«[16] vom Juni 1934: Warum haben die Morde an konservativen Persönlichkeiten anläßlich der Liquidierung der SA-Führung keine politisch bedeutsame Reaktion von seiten der berufenen Repräsentanten des Offizierkorps hervorgerufen? Die Antwort ist im Rahmen des skizzierten

Interpretationsrahmens klar: Röhms Politik war für die Reichswehr-Führung der erste gefährliche Angriff auf die innenpolitische Stellung der Armee in ihrer Eigenschaft als Monopolistin staatlicher Gewaltmittel wie auch in ihrer Qualität als eine der beiden konstitutiven »Säulen« des Regimes. Röhm und seine SA stellten mit ihren innen- und militärpolitischen Aspirationen die Entente von 1933 in Frage. Hitler dagegen hatte sich gleichsam als loyaler Bündnispartner erwiesen, der mit seinem Vorgehen gegen die SA-Führung das System der zwei »Säulen« stabilisierte. Aus dieser Sicht wird die Passivität gegenüber den Morden, wie die Entscheidung für Hitler als Hindenburgs Nachfolger, wird der Eid auf Hitler erklärbar.

b) Das Verhalten des Staatssekretärs von Weizsäcker[17] in einigen Phasen der deutsch-polnischen Krise, die dann zum Ausbruch des Zweiten Weltkrieges führte, war noch relativ lange von der Überzeugung bestimmt, daß der Reichsaußenminister Joachim von Ribbentrop der eigentliche Kriegstreiber sei, während Hitler nur einer, wenngleich fatalen, Fehleinschätzung der internationalen Lage zum Opfer gefallen sei; sie gelte es, durch informierende Einwirkung zu korrigieren. Weizsäcker bemühte sich daher, Einfluß auf Hitlers Entscheidungen unter Ausschaltung des Reichsaußenministers zu erlangen. Unter anderem versuchte er, die Briten zu deutlichen Warnungen zu veranlassen, damit Hitler sich keinerlei Illusionen über die britischen Reaktionen auf eine deutsche Aggression gegen Polen hingebe. Diese Warnung aber sollte einerseits diskret, also nicht-öffentlich sein, um des »Führers« Prestige zu schonen (jede Art von Systemdestabilisierung sollte also vermieden werden), andererseits sollte sie nach Möglichkeit unter Umgehung des Außenministers erfolgen. Weizsäcker ging sogar soweit, dem britischen Botschafter eine Aktion zur Diskreditierung Ribbentrops nahezulegen[18]. Es war geradezu ein klassischer Fall von Gegendiplomatie im Rahmen eines systemimmanenten Machtkampfes um Einfluß bei Hitler.

c) Ein anderes Beispiel ist die Blomberg-Fritsch-Krise[19]. Im Gegensatz zu den beiden vorstehend behandelten Ereignissen war Hitlers Verhalten in den Augen mancher Militärs in der Blomberg-Fritsch-Krise nicht mehr so eindeutig. Vordergründig waren es Gestapo und SS/SD, die mit der Intrige gegen Fritsch einen perfiden Schlag gegen die Armee als der einen tragenden Säule der Entente von 1933 geführt hatten. Hitlers Verhalten jedoch war nun mindestens undurchsichtig; die von ihm schließlich durchgesetzten personellen und organisatorischen Lösungen ließen ihn nicht mehr zweifelsfrei als einen dem national-konservativen Bündnispartner wohlwollenden Schiedsrichter erscheinen. Die Fritsch-Krise wurde daher für etliche Schlüsselfiguren des späteren Widerstands zum Beginn einer entscheidenden Wende[20]. Einige Offiziere haben damals schon verschiedene Schritte zur inneren Säuberung des Regimes vorgeschlagen, also offensive Maßnahmen zur Stabilisierung der Stellung der Armee innerhalb des Regimes, da Hitler offenkundig nicht mehr als Regulativ funktionierte.

d) Ein ähnliches Beispiel bietet Carl Friedrich Goerdeler, eine der zivilen Hauptfiguren des national-konservativen Widerstandes[21]. Er verkörperte die Entente konservativer Kräfte mit Hitler in der Überzeugung, daß allein ein autoritärer Staat die für Deutschland gemäße Regierungsform sei. 1934 diente er Hitler als Reichspreiskommissar; Ende 1935 arbeitete er für Hitler maßgeblich ein neues Gesetz für die städtische Verwaltung aus. Mehrfach ließ er Hitler Denkschriften zugehen, tief davon überzeugt, daß der »Führer« ein idealistisch gesonnener »aufgeklärter Diktator« sei, den sachliche Argumente überzeugen könnten. Als Hitler seinen Ratschlägen nicht folgte, sondern sich für eine hasardierende Finanz- und Kreditpolitik entschied, als Partei-Organe sich massive Übergriffe in Goerdelers Verantwortungsbereich als Oberbürgermeister von Leipzig zuschulden kommen ließen, legte dieser seine staatlichen und städtischen Ämter nieder und begann den Weg in die Opposition. Noch lange aber hoffte er, Hitler durch Vorträge und Denkschriften überzeugen zu können, lehnte die Partei jedoch mit zunehmender Schärfe ab. Erst als er erkannte, daß Hitler das Reich in einen Krieg stürzen würde, wandte er sich grundsätzlichem Widerstand zu. Ähnlich wie er haben auch andere hohe Amtsträger wie etwa der preußische Finanzminister Johannes Popitz noch längere Zeit in illusionärer Verkennung des Systems geglaubt, das Grundmuster ihrer Entente durch Zusammenarbeit mit Hitler gegen die Partei, später dann mit Göring gegen Hitler retten zu können. Viele verloren dabei wie Goerdeler ihr Leben.

e) Sehr deutlich zeigt sich in der Entwicklung Henning von Tresckows[22], der im Krieg eine der großen Schlüsselfiguren des militärischen Widerstandes war, wie unser kategoriales Interpretationsmuster über individuelle Momente hinweg sich im Vergleich zu bewähren vermag: Tresckow hatte 1934 trotz großer innenpolitischer Sorgen wegen nationalsozialistischer Machenschaften (z.B. im Bereich der Kirchenpolitik) doch den Eid auf Hitler bejaht: Die Entente mit Hitler hatte damals für ihn höhere Priorität als vermeintlich partikulare Negativ-Erscheinungen des Regimes. Zwei Jahre darauf forderte er Schritte der Armee gegen SS und Gestapo, während er intensiv an den Aufmarschplänen gegen die Tschechoslowakei arbeitete: Hinsichtlich deutscher Großmachtbestrebungen befand er sich im Einklang mit dem Regime; von SS und Gestapo – aber noch nicht vom Totalitätsanspruch des Regimes – sah er die Position der Armee gefährdet; daher riet er, wie auch während der Fritsch-Krise, zu offensiver Positionsbewahrung. 1938/39 dann überwog die Sorge vor einer Beeinträchtigung der Großmachtzielsetzung seine positive Einstellung zum System der Entente: Der Krieg müsse verhindert werden, da er nicht zu gewinnen sei. Hitler, der »tanzende Derwisch«, müsse erschossen werden. Starke Worte eines jungen Generalstäblers, vor allem aber eine klare Prioritäten-Setzung: die Bewahrung der deutschen Großmacht-Zielsetzung war ihm in diesem Moment wichtiger als die Bewahrung des Systems. Folgerichtig war er umgekehrt nach dem Sieg über Frankreich

1940 für eine gewisse Zeit wieder begeistert, in der Hoffnung, dieser Krieg könne erfolgreich beendet und die errungene Großmachtstellung des Reiches erhalten werden. Das System hatte offenbar die deutsche Zukunft doch nicht in Frage gestellt. Mit dem Rußlandfeldzug sah er dann die Katastrophe eines Systems kommen, das ihm inzwischen auch in seinem verbrecherischen Charakter deutlich geworden war (Barbarossa- und Kommissarbefehl). Der Weg zur Staatsstreichplanung war für ihn nunmehr offen.

In Tresckows komplexer individueller Entwicklung zeigt sich eindrucksvoll, wie das Bewußtsein einer Gefährdung des Entente-Charakters und die Sorge um die Infragestellung der Großmachtzielsetzung von einem bestimmten Moment an zusammenflossen mit der wachsenden Erkenntnis des verbrecherischen Charakters des Regimes und schließlich mit der Einsicht, daß Hitler selbst die Quelle des Bösen sei. Ihm müsse man daher mit allen Mitteln entgegentreten.

Es waren also die unterschiedlichen Einschätzungen des Gegners, die verschiedenartige Perzeption von Gefahren für die Entente und damit die je nach diesen und den Gegebenheiten wechselnden Zielprioritäten und Methodendivergenzen, die von entscheidender Bedeutung wurden für die sich wandelnde Einstellung gegenüber dem Regime, für die Entwicklung, die Intensität und die Radikalität oppositioneller Verhaltensweisen und Aktivitäten. Auf diese Momente abhebende Kategorien sind daher zur Beschreibung und Erklärung der hier zu diskutierenden historischen Erscheinungen erforderlich.

II.

Der im Vorstehenden skizzierte analytische Bezugsrahmen ermöglicht zwei Feststellungen: Erstens kann die national-konservative Opposition im Rahmen einer qualitativen Beurteilung nicht mehr als monolithisches und kohärentes Phänomen begriffen werden. Und zweitens wird erkennbar, daß sie auf weite Strecken hin als Reflex eines Machtkampfes zwischen regime-konstituierenden Kräften aufgefaßt werden kann, der die Tendenz in sich trug, zunächst punktuell, schließlich generell die Grenzen der System-Immanenz zu überschreiten. Von dieser Erkenntnisbasis her soll im folgenden das komplexe Konfliktsphänomen der national-konservativen Opposition hinsichtlich seiner personellen, politischen und aktionsmäßigen Struktur analysiert und erklärt werden.

1. Vor der Blomberg-Fritsch-Krise fanden auf zwei Ebenen Aktivitäten statt, die von einer ausschließlich auf den Widerstands-Aspekt fixierten, stark politisch-moralisch bestimmten Literatur als Manifestation entschlossenen Widerstandes angesprochen werden, die jedoch, wie eine nähere Betrachtung zeigt, alles andere als dies waren: Einmal sind die etwa seit 1936/37 einsetzenden Aktivitäten des Oberstleutnants Hans Oster zu nennen, der im Rahmen der

Abwehr einen von Konteradmiral Wilhelm Canaris geduldeten und geförderten innerpolitischen Informations- und Nachrichtendienst aufbaute; Oster richtete vor allem sein Augenmerk auf die gegenüber der Armee feindselig eingestellten Parteigliederungen (SS und SD insbesondere) und auf deren verbrecherische Machenschaften[23]. Oster hatte die ihm durch die Abwehr gleichsam amtlich zur Verfügung stehenden Informationsmöglichkeiten ergänzt durch den Aufbau eines locker geknüpften Netzwerkes von Informationen. Er hielt die Verbindung zu zahlreichen der Partei oder dem Regime gegenüber kritisch eingestellten Einzelpersönlichkeiten aus dem rechts-konservativen Milieu, die ihm für seine Zwecke ansprechbar erschienen und die ihrerseits wiederum zahlreiche entsprechend wertvolle Kontakte besaßen. Aber dies war keineswegs jene »bedeutsame Verflechtung und Weitläufigkeit der in der zweiten Hälfte der dreißiger Jahre beginnenden Verschwörung«[24]. Von »Verschwörung« im Sinne einer zielgerichtet auf Umsturz der Verhältnisse abgestellten Konspiration kann schon gar nicht die Rede sein. Vielmehr war es eine Art von sehr lockerem »Old-Boy-Network« ehemaliger Freikorpsler und Rechtskonservativer, ergänzt durch zufällige oder gesellschaftlich etablierte Verbindungen mit kritisch eingestellten Einzelpersönlichkeiten, das die Grundlage für Osters innenpolitisches Informations- und Kontaktsystem bildete, keineswegs aber mehr darstellte.

Zweitens hatten Fritsch und Beck sich ihrerseits um möglichst ungefilterte und umfassende In- und Auslandsinformation bemüht. Ihnen persönlich verbundene Militärattachés wie Leo Freiherr Geyr von Schweppenburg aus London oder Erich Kühlenthal aus Paris sandten vielfältige Informationen außerhalb des normalen Dienstweges; außerdem dienten Privatpersonen aus ihrem weiteren privaten und dienstlichen Umfeld ihnen als Informationsquelle[25]. Zu ihnen hat auch Goerdeler gehört, der seit Sommer 1937 eine rege Auslandsreisetätigkeit entfaltete und dabei Kontakte zum Foreign Office unterhielt; er hat seine Berichte an die beiden entscheidenden Männer in der Heeresleitung genauso gelangen lassen, wie er sie über den »Führer«-Adjutanten Fritz Wiedemann an Hitler zu senden versuchte[26]. Gegenüber seinen ausländischen Gesprächspartnern konnte Goerdeler jedoch nur seine private, persönliche Meinung darlegen; bestenfalls gab er die Stimmung in gewissen Kreisen des national-konservativen Milieus wieder[27]; keine irgendwie geartete Oppositionsgruppe stand hinter ihm. Er war keineswegs Träger eines Mandates weder von seiten der Heeresleitung, für die er ein, wenngleich kompetenter und hochkarätiger Informant war, noch von seiten irgendeiner möglicherweise existierenden Oppositionsgruppe.

Diese beiden, den engeren dienstlichen Bereich teilweise überschreitenden Aktivitäten – Osters Aufbau eines Informationssystems und weniger organisierte Informationsbemühungen der Heeresführung – waren alles andere als Vorbereitungen zu einer oppositionellen Konspiration, sondern zunächst schlicht und einfach Initiativen zum Ausgleich des für eine totalitäre Gesellschaft symptomatischen Informationsdefizites hoher Amtsträger; daß sie gleichzeitig auch Ergebnisse brachten, die im Rahmen des system-immanenten Machtkampfes um die Position der Armee im Staat wertvoll waren, liegt in der Sache selbst.

2. Die *Blomberg-Fritsch-Krise*[28] bildete in mehrfacher Hinsicht einen entscheidenden Markstein in der Vorgeschichte der späteren Militär-Opposition. Zum einen wurde sie für manche bereits mehr oder weniger kritisch gegenüber bestimmten Erscheinungsformen und Entwicklungstendenzen des Regimes eingestellte National-konservative zum Beginn fortschreitender Desillusionierung über den Charakter des Regimes selbst. Hier wurden entscheidende Weichen in Richtung auf spätere Widerstandsaktivitäten gestellt. Zum anderen wirkte die Krise gleichsam als Katalysator: Bisher nur in lockerem Kontakt zueinander stehende Personen fanden nunmehr erstmals zu unmittelbaren und direkten Beziehungen zusammen. Dabei handelte es sich noch keineswegs um die Bildung einer Art einheitlicher Oppositionsgruppierung, sondern um Aktivitäten auf sehr verschiedenen Ebenen, mit durchaus unterschiedlichen Motiven und Methoden[29].

Erstens war Rechtsanwalt Rüdiger Graf von der Goltz, der Rechtsbeistand des Generalobersten von Fritsch, mit einigen Vertretern der Militärjustiz bemüht, nicht nur seinen Mandanten zu entlasten, sondern zugleich auch die Hintergründe der Affäre aufzuhellen. Oster gab mit seinem Apparat diesen im Kern zunächst unpolitischen Bestrebungen wertvolle Hilfestellung.

Sodann gab es einige unkoordinierte Aktivitäten einzelner außerhalb der Streitkräfte stehender Persönlichkeiten, die darauf abzielten, hohe Militärs über die Hintergründe, die anfangs mehr erahnt als nachgewiesen werden konnten, zu orientieren, in der Hoffnung, sie irgendwie zum Eingreifen veranlassen zu

können. Allerdings wußte niemand genau, wie, mit welchen Mitteln und letztlich zu welchem Ende dies geschehen sollte. So wirkten Goerdeler, Hans Bernd Gisevius, Hjalmar Schacht, auch der SA-Stabschef Victor Lutze in diesem Sinne auf einige kommandierende Generale und teilweise auch auf den Nachfolger Fritschs ein. Das waren aber vollkommen illusionäre Interventionen, soweit sie mehr bewirken sollten, als nur die Rehabilitierung des Generalobersten zu forcieren. Der moralische Impetus dieser Initiativen stand in umgekehrtem Verhältnis zu ihrem Realitätsbezug.

Ernst Freiherr von Weizsäcker (1882 bis 1951)

Des weiteren entwickelte Oster mit einigen Gesinnungsgenossen und Freunden aus der Abwehr (Franz Maria Liedig, Friedrich Wilhelm Heinz) und aus alten Freikorpstagen (Arthur Nebe), zu denen als sehr dynamische Kraft Hans von Dohnanyi, der Persönliche Referent des Reichsjustizministers, stieß, eine starke Aktivität mit dem doppelten Ziel, sowohl die Urheberschaft von SS, SD und Gestapo bei der bösartigen Intrige gegen die oberste militärische Führung aufzudecken, als auch eine Art außergewöhnlicher, gewaltsamer Selbsthilfe-Aktion der Armee gegen diese Organisation in die Wege zu leiten, damit jene Hauptgefahrenquelle für die Position der Armee im Staat beseitigt *und* eine Reform der innenpolitischen Verhältnisse im Sinne einer Wiederherstellung des Entente-Charakters des Regimes durchgesetzt würde[30].

Schließlich wurden auf höchster militärischer Ebene der Generalstabschef Beck, der Chef der Abwehr Canaris und der soeben entlassene Chefadjutant der Wehrmacht bei Hitler, Friedrich Hoßbach, aktiv, um im Zusammenhang mit der Bereinigung des Falles Fritsch zugleich grundlegende Veränderungen durchzusetzen, welche die Stellung der Streitkräfte im Staat wieder stabilisieren und damit dem Regime seinen ursprünglichen Charakter wiedergeben sollten[31]. Beck bemühte sich um eine Reorganisation der obersten militärischen Führungsstruktur, durch welche die Heeresleitung eine militärische wie militärpolitische Schlüsselposition erhalten hätte. Canaris und Hoßbach entwarfen einen Plan, der eine ultimative Intervention der Heeresführung bei Hitler vorsah mit dem Ziel, die SS- und Gestapo-Führung und entmachten und »die Befreiung der Wehrmacht vor dem Alpdruck einer Tscheka«[32] zu erzwingen. Im Gegensatz zu den verschwörerischen, ein gewaltsames Vorgehen einkalkulierenden Überlegungen der Oster-Gisevius-Gruppe hielten sich die Initiativen und Pläne der drei hohen Militärs im Rahmen amtlicher Prozeduren, wenngleich sie teilweise durchaus außergewöhnlicher Natur waren.

So wurden damals von unterschiedlichen Kreisen sehr verschiedene Ziele mit jeweils sehr unterschiedlichen Mitteln und Methoden angestrebt: Aktivitäten zur Entlastung des Generalobersten von Fritsch trafen zusammen mit Versuchen, SS, SD und Gestapo zu entlarven. Diese wiederum flossen teilweise mit dem Bemühen zusammen, jene Organisationen ihrer Machtstellung zu entkleiden, was zugleich die innenpolitische Position der Streitkräfte im Staat stabilisiert, vielleicht gar den Charakter des Regimes modifiziert, es aber nicht beseitigt hätte. Gemeinsam war der Anlaß – die Rehabilitation des Generalobersten von Fritsch; gemeinsam war die Stoßrichtung gegen die SS und die von dieser gelenkten Gestapo und den SD; divergierend aber waren Reichweite der Absichten, Intensität des Wollens und Ausmaß der Zielsetzung. Unterschiedlich waren die ins Auge gefaßten Methoden. Der Kreis um Oster und Gisevius wollte mit einer gewaltsamen Säuberungsaktion die innenpolitischen Verhältnisse modifizieren, wollte die SS als die neue, die Entente von 1933 gefährdende Kraft als Machtfaktor beseitigen; in der Heeresleitung dagegen dachte man eher an eine mit mehr oder weniger gelindem Druck in die Wege geleitete, amtlich legitimierte Neuverteilung der Kompetenzen und an die Beschneidung von problematischem Wildwuchs im NS-Organisationsdschungel; angestrebtes Ziel war nicht die Modifizierung des Regimes, sondern, neben der Rehabilitation Fritschs, die Machtverstärkung der Armeeführung innerhalb des Systems. Etwas schematisierend könnte man davon sprechen, daß es sich hier wiederum um einen *system-internen* Machtkampf handelte, dem nunmehr Tendenzen sowohl zur *evolutionären Regime-Reform* wie zur *gewaltsamen Regime-Säuberung* innewohnten.

So brachte die Fritsch-Krise vor allem einen Höhepunkt im systemimmanenten innerpolitischen Machtkampf, keineswegs aber irgendeine, auch nur im Ansatz auf Systemsturz abzielende Verschwörung.

3. Erst die *Sudetenkrise*[33] zwischen April und September 1938 brachte in dieser Hinsicht entscheidende Entwicklungsschübe. Jetzt entstanden erstmals einige Kräftegruppierungen, die als *Anti-Kriegs-Partei* bezeichnet werden können. Sie verliehen den Tendenzen der evolutionären Regime-Reform wie denen der gewaltsamen Regime-Säuberung neue Dynamik. – Diese drei Komponenten – *Anti-Kriegs-Partei*, evolutionäre Regime-Reform und gewaltsame Regime-Säuberung – verliehen dem Phänomen, das allzu undifferenziert und verkürzt oft »die deutsche Opposition« genannt wird, eine sehr komplexe Struktur, die jede von der Vorstellung einer monolithischen Erscheinung ausgehende Etikettierung[34] verbietet. Begriffe wie »Verschwörung«, »Konspiration« oder »Anti-Hitler-Fronde« können nur als sehr unscharfe Annäherungsbegriffe aufgefaßt werden; sie greifen als Beschreibungs- und Erklärungskategorien zu kurz und besitzen nicht die der Sache angemessene analytische Trennschärfe.

Die hervorragenden Repräsentanten dieser Anti-Kriegs-Partei in der internationalen Krisensituation von 1938 waren im militärischen Bereich der Generalstabschef Beck[35] und dessen Nachfolger General Franz Halder[36] sowie der Abwehrchef, Vizeadmiral Canaris[37]; auf seiten der Diplomatie war es Staatssekretär von Weizsäcker[38]. Das teilweise und zeitweilige Zusammenfließen von Bestrebungen der Kriegsverhinderung mit Erscheinungen des innerpolitischen Machtkampfes (in seiner evolutionär-reformerischen Ausprägung), vor allem aber die *politische Motiv-Struktur* der Anti-Kriegs-Partei und die Auswirkungen dieser drei Komponenten haben die Eigenart der Aktivitäten und die Begrenzung der Aktionsfähigkeit dieser Kräfte in entscheidendem Maße bestimmt.

Bei allen vier Repräsentanten der Anti-Kriegs-Partei war das zentrale Element ihrer außenpolitischen Zielvorstellungen die Idee einer deutschen hegemonialen Großmachtstellung in Mittel- und Mittel-Ost-Europa. Das war eine Zielsetzung, die eindeutig über eine bloße Revision von Versailles hinausging.

Hinsichtlich der Methoden, mit denen ein solches Konzept durchgeführt werden sollte, bestand ebenfalls Übereinstimmung im Grundsätzlichen. Keiner von ihnen schloß die Möglichkeit des Einsatzes militärischer Macht, also auch letztlich Krieg, aus. Einig waren sie sich wiederum in der Voraussetzung, daß eine derartige Machtpolitik nie und nimmer zu einem allgemeinen europäischen

Krieg führen dürfe. Begrenzte kriegerische Konflikte waren in diesem Konzept nicht ausgeklammert, allerdings auch nicht als zwangsläufig eingeplant. Eine Kombination von Diplomatie mit militärischer Machtentfaltung waren Kennzeichen des methodischen Konzeptes, in dem diese Männer bei allen individuellen Unterschieden übereinstimmten.

Die außenpolitischen Zielsetzungen und Methoden brachten ihre Vertreter angesichts der Entwicklung der internationalen Situation und der voluntaristischen Entschlüsse des deutschen Diktators in eine schier ausweglose Lage. Das wird besonders eindrucksvoll am Beispiel des Generalstabschefs Ludwig Beck deutlich, aber auch an dem des Staatssekretärs von Weizsäcker.

Für den Generalstabschef war die Verfügbarkeit starker deutscher militärischer Machtmittel eine notwendige Voraussetzung für die Realisierung seiner außenpolitischen Zielvorstellungen, zu denen übrigens auch die Ausschaltung des tschechoslowakischen Staates als machtpolitischer Größe in Europa gehörte. Dem entsprach seine konkrete Aufrüstungspolitik, die er Ende 1933 als einseitige, autonome, also durch keinerlei internationale Abmachungen begrenzte Militär-Rüstung auffaßte und durchführte. Ab Anfang 1936 konzipierte er, nicht zuletzt unter dem Eindruck der Nachrüstungs- und Bündnisbemühungen der anderen Großmächte, den Aufbau »eines zu einem entscheidungssuchenden Angriffskrieg befähigten Heeres« mit einem Kern starker motorisierter und Panzerverbände und trieb ihn ungeachtet aller ökonomischen und finanziellen Bedenken voran. Die Ratio dieser übersteigerten Aufrüstung lag einerseits in dem Bestreben, möglichst rasch durch die damit gegebene außenpolitische Risikophase hindurchzugelangen, andererseits in dem Kalkül, militärisch so stark zu werden, daß bei der Realisierung der außenpolitischen Zielsetzungen entweder andere Großmächte sich von vornherein fernhielten oder deutsche Militäraktionen so rasch und durchschlagend beendet würden, daß eine Intervention dritter Mächte nicht mehr rechtzeitig erfolgen könnte[39]. Unter Umständen könnte der angestrebte politische Zweck gar durch bloße Demonstration überwältigender militärischer Stärke ohne unmittelbaren Einsatz erreicht werden.

Die erforderlichen außenpolitischen Voraussetzungen für diese Expansionspolitik, nämlich die deutsche machtpolitische Überlegenheit, sollte zusätzlich zu der militärisch-rüstungsmäßigen Macht durch Bündnisse und Militärallianzen geschaffen werden. In diesem Sinne wies der Generalstabschef in einer Aufzeichnung vom 12. November 1937 schon darauf hin, daß man, da »verschiedene Gründe für eine baldige gewaltsame Lösung« der tschechischen Frage sprächen, bei den »auf unserer Seite oder nicht gegen uns stehenden Mächten das politische Vorfeld« klären, sogar »in dem einen oder anderen Fall in militärische Besprechungen« eintreten sollte, was schon längst hätte geschehen müssen[40]. Bereits seit 1935 hatte er mit Staatssekretär Bernhard Wilhelm von Bülow und dem ungarischen Generalstabschef ein deutsch-ungarisches Zusammengehen »zur Aufteilung der Tschechoslowakei« ins Auge gefaßt.

Diese außenpolitische Zielsetzung und die Militär- und Aufrüstungspolitik brachten diese Militärs und Diplomaten am Ende in eine ausweglose Lage. In der bekannten Besprechung am 5. November 1937 begründete Hitler seine geplante kriegerische Expansionspolitik unter anderem mit dem Zeitdruck, in dem man durch den Rüstungswettlauf hineingeraten sei. In einigen Jahren würden die potentiellen Gegner stärker als das Reich geworden sein. Daß Hitler derart argumentieren konnte, war nicht zuletzt das Ergebnis der von Beck konzipierten Aufrüstungs- und Militärpolitik. Er kritisierte daher auch nicht Hitlers unmittelbare expansive Zielsetzung. Mit ihr stimmte er prinzipiell überein: Die Existenz der ČSR »in ihrer jetzigen Gestalt« sei für Deutschland unerträglich, schrieb er[41]. Er stimmte mit Hitler allerdings nicht über den von diesem ins Auge gefaßten Zeitpunkt und nicht in der Frage der außenpolitischen Opportunität überein. Es war also kein prinzipieller Konflikt über das »Ob«, sondern ein Dissens über das »Wie« und »Wann«. Seine Schärfe sollte er dadurch gewinnen, daß Beck in einem Krieg zum unpassenden Zeitpunkt und unter ungünstigen Bedingungen eine Katastrophe für das Reich sah.

Auch Weizsäcker hatte stets nicht nur die Revision von Versailles, sondern in zunehmendem Maße auch eine Neubegründung deutscher hegemonialer Vormachtstellung in Mittel-Europa als Ziel der deutschen Politik gefordert. Ende 1937/Anfang 1938 sprach er davon, daß »wir von England Kolonien und freie Hand im Osten« wollen. Er war sich zwar klar, »die Verwirklichung unserer expansiven Ideen verlange englische Toleranz«, aber ein Ausgleich mit den Briten sei nicht unmöglich[42]. Auf keinen Fall jedoch dürfe es wegen der deutschen Ambitionen zu einem europäischen Krieg kommen. Zwar bejahte er die machtpolitische Ausschaltung der Tschechoslowakei als außenpolitisches Ziel, aber spätestens seit Frühjahr 1938 war ihm klar, daß die Lokalisierung eines deutsch-tschechoslowakischen Krieges nicht möglich sein werde. Die Westmächte würden unter den gegebenen Bedingungen mit Sicherheit eingreifen.

Für Beck wurde die berühmte Wochenend-Krise vom Mai 1938 zum entscheidenden Wendepunkt. Bis Frühjahr 1938 hatte er die militärische und militärpolitische Planung gegen die ČSR vorangetrieben, in der Annahme, es sei frühestens 1940 mit einer militärischen Intervention gegen die ČSR zu rechnen, keineswegs aber 1938; nun traf ihn Hitlers Reaktion auf die Wochenend-Krise wie ein Schock, als der Diktator nicht nur von einem kriegerischen Konflikt mit der ČSR, sondern auch eventuell mit den Westmächten für 1938 sprach. Für Beck brachen damit nahezu alle Voraussetzungen seiner gesamten Militärpolitik zusammen. Seit Ende Mai – so bekannte er im November 1938 einem Vertrauten – habe er nur noch einen Gedanken gehabt: »Wie verhindere ich einen Krieg[43]?« Auch für Canaris und Halder war die Mai-Krise der entscheidende Zeitpunkt ihrer Desillusionierung des außenpolitischen Vabanque-Spiel Hitlers.

Weizsäcker reagierte etwas anders auf die Ereignisse Ende Mai. Er entwikkelte angesichts der sich zuspitzenden internationalen Krise ein eigenes Konzept, das die Vernichtung der ČSR als souveränen Staat von machtpolitischem Gewicht mit der Vermeidung eines europäischen Krieges zu verbinden suchte. Er beschrieb dieses Konzept mit dem bildhaften Begriff »chemischer Auflösungsprozeß« des tschechoslowakischen Staates, also Desintegration der ČSR durch äußeren Druck unterhalb der Schwelle des Krieges und durch innere Subversion. Er bevorzuge – so stellte er fest – ein »rein politisches Zersetzungsverfahren gegen die Tschechen« an Stelle eines Krieges. Dies blieb während der gesamten internationalen Krise des Sommers die Leitlinie seiner Politik[44]. Während Beck bereits Ende Mai Hitlers Kriegsabsichten erkannt hatte, erging sich Weizsäcker den ganzen Juni und Juli über in »ständigem Rätselraten über die wirklichen Absichten Hitlers«[45]. Er glaubte einerseits, Hitler habe eine großangelegte Bluffstrategie, ein großes Einschüchterungsmanöver, gestartet, um die Tschechen mürbe zu machen, aber keinen Krieg; andererseits wurde er nach vergeblichen Bemühungen, den Außenminister für sein Konzept der chemischen Auflösung zu gewinnen, mehr und mehr davon überzeugt, daß Ribbentrop Hitler zum Krieg dränge. Seit Anfang/Mitte August versuchte er sodann, zum Teil an Ribbentrop vorbei, direkt oder indirekt auf Hitler einzuwirken, um diesen von möglicherweise riskanten politischen Entschlüssen abzubringen[46].

Die Sorge, daß eine allzu aggressive deutsche Politik das Risiko eines nicht zu isolierenden Krieges um die Tschechoslowakei herbeiführe, solange die deutsche Rüstung unvollständig und die außenpolitische Absicherung nicht erfolgt war, ließ diese hohen Amtsträger zu entschiedenen Gegnern einer bedenkenlosen Machtpolitik werden, deren Voraussetzungen sie indessen in erheblichem Maße mitgeschaffen hatten. Das, was oft allzu pauschal und undifferenziert »deutsche Opposition« in diesem Zusammenhang genannt zu werden pflegte, stellt – wie vorstehende Analyse zeigt – weder eine System-Alternative noch inhaltlich eine grundlegende außenpolitische Alternative dar; vielmehr handelte es sich um eine über Differenzen hinsichtlich Opportunität, Methoden und Risikofaktoren deutscher Machtpolitik in Europa sich herausbildende *Anti-Kriegs-Partei* hoher Staatsfunktionäre.

Der Konflikt, der damals zwischen Beck und Hitler aufbrach und in dem

Ludwig Beck (1880 bis 1944)

Canaris und Halder ihm zur Seite standen und auch Weizsäcker Fühlung mit
ihm hielt, ist häufig beschrieben worden. Ihn jedoch als ersten Staatsstreichversuch darzustellen[47] greift fehl; ihn lediglich als »Kampf gegen den Krieg«[48] zu
bezeichnen und damit seinen Charakter als innenpolitischen Machtkampf und
vor allem seine militärpolitische Tiefendimension zu übersehen, wäre eine unzutreffende Verkürzung. Becks Bemühungen im Sommer 1938 entwickelten
sich, methodisch gesehen, in zwei Stufen: Zunächst versuchte der Generalstabschef auf dem Wege normaler dienstlicher Einwirkungsmöglichkeiten, also
durch Denkschriften und Vorträge, sein Ziel zu erreichen: nämlich den Oberbefehlshaber des Heeres zu veranlassen, auf Hitler einzuwirken, damit dieser seine
kriegerischen Pläne aufgebe. Seine wesentlichen Argumente dabei waren politischer, militärpolitischer und militärischer Art. In zweiter Stufe, in der nunmehr
offenbar Canaris einen wichtigen Einfluß auf den Generalstabschef ausübte[49],
versuchte Beck, einen drohenden Krieg durch ungewöhnliche Maßnahmen zu
verhindern: durch den kollektiven Rücktritt der höchsten Generalität etwa;
schließlich nahm er den von Canaris in der Fritsch-Krise zusammen mit Hoßbach erarbeiteten Plan wieder auf, modifizierte ihn etwas und faßte massive
Pressionen gegenüber Hitler selbst ins Auge, die bis an die Grenze der Auflehnung gehen sollten: nämlich eine mit der Rücktrittsdrohung gekoppelte Aktion
des Militärs gegen jene radikalen Kräfte der NS-Bewegung, die er und andere
Militärs hinter Hitlers Kriegsabsichten am Werke sahen. Die durch den Kollek-
tiv-Rücktritt wahrscheinlich entstehende politische Erschütterung sollte zu einer
innerpolitischen Flurbereinigung benutzt werden, nämlich zur Entmachtung
jener »radikalen Kräfte«, die augenscheinlich für das außenpolitische Vabanque-
Spiel mitverantwortlich waren und die sich schon früher als innerpolitische
Gegner der Armee demaskiert hatten. In den Vorschlägen Becks floß also der
Kampf gegen den Krieg zusammen mit dem langjährigen Machtkampf um die
Bewahrung bzw. Wiederherstellung des Zwei-Säulen-Charakters des Systems.

Bei allen Unterschieden zwischen den Aktivitäten Becks und Weizsäckers ist
hier eine Parallelität festzustellen. So wie Beck seinen Kampf gegen den Krieg
zu verknüpfen trachtete mit seiner Aktion gegen kriegstreiberische »Radikale« in
der NS-Bewegung, die schon zuvor die Position der Armee im System zu beeinträchtigen versucht hatten und in seiner Einschätzung nunmehr Hitler zum
Kriege trieben, so bemühte sich Staatssekretär von Weizsäcker darum, den
seines Erachtens unheilvollen Einfluß des nationalsozialistischen Außenministers auf Hitler einzudämmen und das Gewicht der traditionellen diplomatischen Führungs-Elite des Auswärtigen Amtes, dessen professionelle Spitze er
darstellte, im außenpolitischen Entscheidungsprozeß wieder zur Geltung zu
bringen[50]. Es ist also festzuhalten, daß im Augenblick der akuten internationalen
Zuspitzung der Sudeten-Krise unter hohen staatlichen Amtsträgern eine *Anti-
Kriegs-Partei* entstand[51], die einen ihrer Ansicht zur Zeit nicht isolierbaren Konflikt vermeiden wollte, die jedoch die Zielsetzung deutscher Großmachtpolitik,
nämlich die Errichtung einer hegemonialen Stellung des Reiches in Mittel-

Europa, was die Zerstörung der ČSR implizierte, durchaus bejahte und auch die Anwendung militärischer Machtmittel (Beck, Halder)[52], politisch-militärischen Drucks (Weizsäcker) oder gezielter Subversionsmaßnahmen (Canaris) keineswegs grundsätzlich ablehnte. Sie wandte sich vielmehr aus Opportunitätsgründen und Risikokalkül gegen eine militärische Lösung des Konfliktes zum damaligen Zeitpunkt. Auf einer tieferen Ebene war diese Anti-Kriegs-Politik der hohen Staatsfunktionäre zugleich der Versuch, die Konsequenzen einer deutschen Großmachtpolitik zu bewältigen, die sie selbst grundsätzlich billigten, die sie selbst mitkonzipiert und deren Mittel sie selbst zu einem guten Teil mitgeschaffen hatten. In einer dritten Dimension war die Anti-Kriegs-Politik verknüpft mit einem innenpolitischen Machtkampf, in dem es darum ging, die Position von Armeeführung und diplomatischer Führungs-Elite innerhalb des Regimes, insbesondere innerhalb des politischen Entscheidungszentrums, wieder zu stabilisieren, was gleichzeitig die Kriegspolitik verhindert hätte.

Um die Frage nach den *Chancen dieser Anti-Kriegs-Partei* und damit nach ihrem politischen Gewicht beantworten zu können, muß folgendes berücksichtigt werden: Weder Beck noch Canaris – und erst recht nicht Weizsäcker – konnten, da sie nicht an einen Militärputsch dachten[53] und da sie in zwar hohen, aber nicht mit Befehlsbefugnis für die gesamte Armee oder gar Wehrmacht ausgestatteten Stellungen waren, etwas bewirken ohne den Inhaber der höchsten Kommandogewalt. Die Führung des Heeres, also der Oberbefehlshaber des Heeres, müßte sich in Übereinstimmung mit den Kommandierenden Generalen ihre Kriegsverhinderungsbemühungen zu eigen machen und mittragen. Gerade diese entscheidenden Funktionsträger für die Anti-Kriegs-Politik zu gewinnen, gelang nicht.

Canaris und Beck vermochten es nicht, den Oberbefehlshaber des Heeres und die führende Heeresgeneralität davon zu überzeugen, daß der von Hitler intendierte militärische Konflikt nicht zu isolieren sei, daß die Westmächte unweigerlich eingreifen würden. Denn vom rein militärisch-professionellen Standpunkt aus vermochte Beck keine überzeugenden Beweise für die Richtigkeit dieser Prognose und damit für die Richtigkeit der Prämissen des vorgeschlagenen Handelns vorzulegen[54]: Im Gegenteil, rein militärisch gesehen, war ein Krieg gegen die ČSR durchaus chancenreich. Becks Aufrüstungs- und Militärpolitik hatte also höchst ambivalente Ergebnisse gebracht. Staatssekretär von Weizsäcker stand ebenfalls vor einem Dilemma. Als höchster Beamter des Auswärtigen Amtes hatte er keinen unmittelbaren Zugang zu Hitler, sein Vorgesetzter und Ansprechpartner war zunächst der Reichsaußenminister. Da dieser jedoch in seinen Augen einer der entscheidendsten Kriegstreiber war, stellte sich ihm das Problem, ihn von seiner verhängnisvollen Position abzubringen und ihn gleichzeitig daran zu hindern, den Staatsführer in einer Politik des Kriegsrisikos zu bestärken[55]; vielmehr mußte er auf den »Führer« selbst im Sinne des eigenen politischen Konzeptes einzuwirken versuchen. Hier aber lag ein weiteres schweres Dilemma. Abgesehen von den in seiner amtlichen Position liegenden Hindernissen, waren seinen Einwirkungsversuchen bestimmte Grenzen gesetzt, da er selbst das Ziel, die Zerstörung der ČSR, auch anstrebte. Die Debatte mußte sich daher um schwer beleg- und beweisbare Fragen der Lageeinschätzung und der daraus zu ziehenden Konsequenzen drehen. Weizsäckers länger gehegte Auffassung, Hitler betreibe eine großangelegte Bluff-Politik, ist ein typischer Ausdruck dieses Dilemmas[56].

An diesem Punkt der Analyse wird auch die funktionale Bedeutung der häufig dargestellten diskreten Missionen verschiedener Emissäre und direkten Interventionen deutlich, die alle unter einer ganz bestimmten Zwecksetzung standen[57]. Sie wurden von Canaris, von dem Kreis um Oster und von Weizsäcker initiiert, und zwar mit dem Primär-Ziel, die Richtigkeit der Prämissen jener Kriegsverhinderungspolitik zu bestätigen, nämlich daß die Westmächte im Falle eines deutschen Angriffes auf die ČSR mit Sicherheit eingreifen würden. Das war die Funktion, die etwa Ewald von Kleist-Schmenzin (18.–24. August 1938), die auch die Brüder Kordt (Erich K. durch Einwirkung auf Walther von Brauchitsch, Theo K. in London, zwischen dem 23. August 1938 und dem 7. September 1938) und Carl Jakob Burckhardt (Ende August und Anfang September) erfüllen sollten: flankierende Aktivitäten für Weizsäckers, Becks und Canaris' Anti-Kriegs-Politik. Canaris entsandte zudem einen gegenüber SS und Partei kritisch eingestellten Mitarbeiter (Helmuth Groscurth) nach Budapest (22. August) und sprach selbst in Rom mit Alberto Pariani (2. September), um negative Stellungnahmen der wichtigsten deutschen Verbündeten zur Kriegspolitik Hitlers zu provozieren. Weizsäcker holte außerdem ein gemeinsames Votum der Missionschefs der wichtigsten deutschen Botschaften in Europa ein über die Unmöglichkeit, einen deutsch-tschechischen Konflikt rebus sic stantibus zu isolieren[58]. Bekanntlich blieben diese Bemühungen fruchtlos. Beck trat daher trotz der Versuche Weizsäckers, ihn umzustimmen, von seinem Posten zurück – mehr ein Zeichen der Resignation denn ein Symbol der Auflehnung[59].

Die Eigenart der Anti-Kriegs-Partei, damit aber auch ihrer Chancen, kann weiterhin durch eine *Analyse ihrer Struktur* verdeutlicht werden.

Ihren eigentlichen Kern – dieses Wort nicht im organisatorischen Sinn gemeint, sondern als Kennzeichnung der vornehmlichen Repräsentanten jener zentralen Zielsetzung, der Kriegsverhinderung – bildeten die genannten hohen Militärs und im diplomatischen Bereich Staatssekretär von Weizsäcker. Unterhalb dieser kleinen Gruppe hoher Staatsfunktionäre gab es sodann den Kreis um Oster und Gisevius. Im Gegensatz zur Beck-Canaris-Weizsäcker-Gruppe wurde für sie das Bestreben um Kriegsverhinderung rasch zum Vehikel von Staatsstreich-Überlegungen. Für sie war der Sturz des Regimes das primäre Ziel, demgegenüber die Kriegsverhinderung eine sekundäre, gleichsam instrumentale Funktion einnahm. In ihrem oppositionellen Wollen waren sie radikaler, in ihren Aktionsmöglichkeiten waren sie aufgrund ihrer untergeordneten Position im Machtapparat viel beschränkter. Daher waren sie beständig um Verbreiterung ihrer Aktionsbasis durch Aktivierung möglichst hochkarätiger staatlicher Machtträger bemüht. Auf einer dritten Ebene gab es eine Reihe von Einzelpersönlichkeiten, die von diesen beiden Gruppierungen, weitgehend voneinander unabhängig, aktiviert wurden. Sie übernahmen für die Anti-Kriegs-Partei gleichsam Hilfsfunktionen, entweder als Emissäre in geheimdiplomatischen Missionen ausgesandt oder zum Zweck interner Einwirkungen auf hohe Amtsträger angesetzt (siehe oben). Es waren sowohl Persönlichkeiten aus dem kritisch-unzufriedenen national-konservativen Milieu wie Kleist, als auch Männer, die im Staatsdienst Funktionen von sehr unterschiedlichem Gewicht innehatten wie Groscurth, Gerhard Graf von Schwerin, die Brüder Kordt[60] oder, auf hoher Ebene, Schacht. Im Rahmen unserer Fragestellung spielen sie jedoch lediglich eine instrumentale Rolle als »Hilfsorgane« der Anti-Kriegs-Partei oder der Umsturz-Gruppe. Ein oppositionelles Eigengewicht besaßen sie nicht.

Von diesen funktionalen Aktivitäten sind deutlich die Initiativen zu trennen, die einige national-konservative Oppositionelle auf eigene Faust gegenüber ausländischen Gesprächspartnern entwickelten wie etwa Koerber in seinen Gesprächen mit dem britische Militär-Attaché oder Goerdeler auf seinen Auslandsreisen[61]. Diese Persönlichkeiten sprachen zwar immer von ihren Beziehungen zu hohen Militärs, hatten aber – soweit erkennbar – von diesen dazu keinerlei Mandat. Sie traten zwar auch als Angehörige »der deutschen Opposition« auf; diese jedoch gab es als solche lediglich in ihren Wunschvorstellungen; bestenfalls beschrieben sie damit eine vage Stimmungstendenz in national-konservativen Kreisen. In die *Anti-Kriegs-Politik* des Beck-Canaris-Weizsäcker-Kreises oder gar in die Coup d'Etat-Träume der Oster-Gisevius-Gruppe waren sie in keiner Weise einbezogen. Daher sind auch jene oft pauschal »der« Opposition zugeschriebenen Auslandskontakte klar von denjenigen Aktivitäten der Anti-Kriegs-Partei zu trennen, die in vielfältiger Weise damals Teil des offiziellen bzw. offiziösen deutsch-britischen Dialoges[62] waren wie etwa die Kontakte Wiedemanns, Walther Hewels und auch teilweise diejenigen Weizsäckers, bei dessen Aktivitäten die Trennlinie zwischen amtlichem Handeln und eigener politischer Akzentsetzung sehr schwierig auszumachen ist[63].

Eine derartige, auf den ersten Blick etwas schematische Differenzierung erscheint aus analytischen Gründen auch deswegen angebracht, um Vorstellungen zu begegnen, welche dem Begriff »Opposition« eine Kohärenz und Einheitlichkeit unterlegen, die mitnichten der Realität entsprachen. Auch die Strukturanalyse der Anti-Kriegs-Partei ergibt somit, daß ihr Kern von hohen Amtsträgern in Militär, Diplomatie und Geheimdiensten gebildet war, die sich in einer Kriegsverhinderungspolitik zusammengefunden hatten. Diese Kriegsverhinderungspolitik besaß indessen auch immer die Dimension des innerpolitischen Machtkampfes. Aus dieser Konstellation heraus versuchte eine kleine Gruppe von radikalen Oppositionellen nunmehr die Kriegsverhinderungs-Bemühungen in Richtung auf einen Coup d'Etat oder doch wenigstens auf eine das Regime verändernde, gar destabilisierende Gewaltaktion auszuweiten. Die Gruppierung,

welche diese Tendenz vertrat, kam jedoch infolge ihrer politischen und funktionalen Bedeutungslosigkeit nicht zum Zuge.

4. Diese Konstellation änderte sich entscheidend in der *nächsten Phase* der
Entwicklung, die mit Halders Amtsantritt (1. September 1938) begann[64]. Die
Oster-Gisevius-Gruppe benutzte den Amtswechsel, um über Canaris direkten
Kontakt zu Halder aufzunehmen und sich von ihm sowie von Canaris gleichsam ein Mandat zur Staatsstreich-Vorbereitung geben zu lassen sowie ihr per-
sonelles Oppositions-Potential der Anti-Kriegs-Gruppe zur Verfügung zu stellen. Mit diesen Kontakten gewann die Kriegsverhinderungs-Politik eine neue
Dimension; sie konnte nunmehr auf zwei verschiedenen Ebenen operationali-
siert werden: Kennzeichen dieser Phase wurde es daher, daß fortan Aktivitäten
der konspirativen Staatsstreich-Planung einerseits und die politischen, geheimdiplomatischen Bemühungen der Kriegsverhinderung im In- und Ausland andererseits alternativ – wenngleich oft wenig koordiniert – nebeneinanderliefen. So
gingen die schon zu Becks Zeiten begonnenen Geheimkontakte mit London,
vor allem Initiativen Weizsäckers und Canaris', aber auch Halders (Mission
Hans Boehm-Tettelbach) ebenso weiter wie die Bemühungen, hohe Amtsträger
wie Wilhelm Keitel und Walther von Brauchitsch durch gezielte und ausgewählte Informationen für eine Kriegsverhinderungs-Politik und für entsprechende Einwirkungen auf Hitler zu gewinnen; gleichzeitig aber begann der
Oster-Gisevius-Kreis im Auftrage Halders mit der technischen Vorbereitung
einer Staatsstreich-Aktion.

Im Gegensatz zu Becks Amtszeit war nunmehr jedoch aus den persönlichen
und dienstlichen Kontakten zwischen den Repräsentanten der Kriegsverhinderungs-Politik in hohen Ämtern und den aktivistisch-verschwörerischen Elementen in untergeordneten Stellungen eine konspirative Aktionsverbindung
geworden. Dabei war es auch zu einer politisch wie technisch nicht unwichtigen
personellen Basiserweiterung gekommen[65]. Jetzt kann erstmals von einer gegen
die Führung des Regimes gerichteten Aktivität im militärisch-politischen Bereich die Rede sein, die man mit dem allgemeinen Begriff »Opposition« bezeichnen könnte, sofern die Komplexität und Mehrschichtigkeit des Phänomens dabei stets mitgedacht wird.

Diese Opposition war jedoch von prinzipiellen Divergenzen in Motiven und
Zielsetzungen gekennzeichnet. Was für Halder und Canaris als letzte verzweifelte Möglichkeit zur Kriegsverhinderung gedanklich erwogen und für alle Fälle
vorbereitet wurde – der Staatsstreich –, war für den Oster-Gisevius-Kreis das
eigentliche Ziel, und dieses könnte man – so meinten sie – aus Anlaß eines
unmittelbar drohenden Kriegsausbruchs am besten erreichen. Diese Gruppe,
die bereits seit einiger Zeit nach einer Plattform für einen Coup d'Etat gesucht
hatte, begann daher Umsturzvorbereitungen mit sehr viel weitergehenden Absichten, als sie Halder im Sinne hatte. Zugespitzt kann man somit von der Existenz einer Verschwörung innerhalb der Verschwörung sprechen: Auf der

Grundlage des Halder-Canaris-Mandates arbeiteten Oster und seine Freunde gleichsam auf eigene Rechnung. Mehr noch: Auch ihre Vorbereitungen verselbständigten sich zu einem gewissen Grad. Planten Oster und Gisevius im Zusammenwirken mit General Erwin von Witzleben, Hitler im Rahmen eines Staatsstreiches zu verhaften[66], so beschlossen die dem romantisch-nationalrevolutionären Milieu der früheren Freikorps entstammenden Führer des für die Durchführung des Schlages gegen den Reichskanzler vorgesehenen Kommandos (Heinz und Liedig) offenbar in selbständiger Ausweitung ihres Auftrages, den Diktator sofort zu töten. Innerhalb des Rahmens der von der Anti-Kriegs-Partei (Halder, Canaris) vorgesehenen Kriegsverhinderungspolitik hatte sich damit eine fatale Mehrgleisigkeit entwickelt: Wo Halder und Canaris primär auf Kriegsverhinderung abzielten, strebten Oster und seine Freunde ausschließlich den Umsturz an; diese *Umsturz-Gruppe* wiederum wurde zu überspielen versucht von einer *Attentats-Gruppe*. Wenn also im Zusammenhang mit den geschilderten Ereignissen seit Halders Amtsantritt von einer »Opposition« gesprochen wird, dann darf man diesen – an sich zu unscharfen – Begriff nur im Sinne einer grobschnittigen Pauschalbezeichnung für drei kooperierende, wiewohl in Zielsetzung und Methoden gründlich divergierende Gruppierungen gebrauchen.

In dieser Divergenz der Motive, Zielsetzung und Methoden lag auch die Ursache dafür, daß – nachdem Halder in der Krise der Godesberger Verhandlungen die unmittelbaren Staatsstreich-Vorbereitungen hatte anlaufen lassen[67] – die verschiedenen beteiligten, sehr unterschiedlich motivierten Kräftegruppierungen aufgrund der Nachricht von der bevorstehenden Konferenz von München rasch desintegrierten und danach für entscheidende Monate praktisch gelähmt waren. Für die eigentliche Anti-Kriegs-Partei entfiel mit der Konferenz von München jeder Grund für irgendwelche system-destabilisierenden Maßnahmen, da mit der offensichtlichen Beseitigung einer Kriegsgefahr das angestrebte Hauptziel ihrer Kriegsverhinderungspolitik erreicht war; für sie gab es fortan (bis zur nächsten lebensgefährlichen Krise) die Rückkehr zur Normalität, zur normalen Weiterführung ihrer Amtsgeschäfte: Weizsäcker versuchte, bei der Reichsführung seine Vorstellungen einer deutschen Außenpolitik nach »München« durchzusetzen; Halder widmete sich der Fortsetzung des Heeresaufbaues und der Ausarbeitung operativer Planung, während Canaris zum Alltag des Geheimdienstgeschäftes zurückkehrte.

Die Umsturzgruppe dagegen sah sich durch die britische Politik, die zur Konferenz von München geführt hatte, der entscheidenden Aktionsvoraussetzung beraubt (spektakuläre diplomatische Niederlage Hitlers oder der unmittelbar bevorstehende Kriegsausbruch) und kritisierte diese Wendung der Dinge heftig: »Chamberlain hat Hitler gerettet[68]!« Aber sie war innerhalb des oppositionellen Kräftefeldes, das sich in der Sudetenkrise gebildet hatte, nur eines von mehreren Elementen, noch dazu eines der schwächsten, gemessen an ihrem geringen politischen Gewicht und an den Positionen, die ihre Mitglieder innerhalb des staatlich-militärischen Apparates einnahmen. Die Attentatsgruppe wiederum war in jeder Hinsicht bedeutungslos, zumal die konkreten Vorbereitungen zum Coup d'Etat zu keiner Zeit über das Stadium der Improvisation hinausgelangt waren[69].

Eine Strukturanalyse der in der einschlägigen Literatur auch als »September-Verschwörung« bezeichneten Oppositionsmanifestationen erbringt folgendes Resultat: Im Kern handelte es sich um die Fortsetzung einer *Anti-Kriegs-Politik*; diese aber verlief nunmehr doppelgleisig: Politische und geheim-diplomatische Aktivitäten wurden ergänzt durch eine *Staatsstreich-Eventualplanung*. Primäres Ziel blieb aber dabei die Kriegsverhinderung, nicht der Umsturz. Innerhalb dieser system-destabilisierenden Anti-Kriegs-Eventualplanung lief jedoch eine sich verselbständigende und zugleich sich auffächernde *Umsturzplanung*, die viel weitergehende Ziele als die bloße Kriegsverhinderung anstrebte, nämlich Regime-Umsturz und sogar *Attentat* mit der Absicht, nicht nur die Ursache der Kriegsgefahr innerhalb der Regime-Führung zu beseitigen, sondern zu politisch-gesellschaftlicher Neuordnung vorzustoßen. Was die beteiligten Kräfte insgesamt angeht, so ist festzuhalten, daß die Radikalität der Zielsetzungen in umgekehrtem Verhältnis zu dem amtlichen und politischen Gewicht stand. Es waren – wie sich abschließend sagen läßt – überaus heterogene, ja disparate Kräfte auf sehr verschiedenen Ebenen aktiv geworden, denen eine gemeinsame politische Grundlage fehlte, deren Zielsetzung zudem sehr unterschiedliche Akzente (Kriegsverhütung bzw. Regime-Umsturz bzw. Attentat) aufwies.

5. Die Zeitspanne *zwischen der Konferenz von München und dem Kriegsausbruch* war gekennzeichnet durch den Zerfall der in der Phase zwischen Fritsch-Krise und »München« enger gewordenen Kontakte und Aktionsverbindungen unter den verschiedenen oppositionellen Persönlichkeiten und Aktionsgruppen sowie durch die völlige Divergenz der Kräfte, die sich um eine Kriegsverhinderung bemühten, und denen, die vornehmlich auf Umsturz und grundlegende Regime-Änderung hinarbeiteten[70]. Im systemkritischen Umfeld herrschten erhebliche interne Spannungen. Alte Kontakte unter konservativen Regimegegnern rissen ab; man erging sich in unverbindlichen Gesprächen mit außer Amt befindlichen Persönlichkeiten (Beck, Hassell, Goerdeler, Erwin Planck etc.), begleitete mit kritischen Kommentaren die Entwicklung[71] und kam entweder über vage, auf langfristige Entwicklungen abgestellte Überlegungen (Erwin von Witzleben, Georg von Sodenstern)[72] oder über illusionäre Ad-hoc-Pläne (Gisevius, Schacht) nicht hinaus. Den *Kräften einer Umsturz-Politik* war nach München die Aktionsbasis weitestgehend entglitten; sie hatten den Kontakt mit dem Gang der Entwicklung vollkommen verloren[73]. Erst im Spätherbst nach dem Polenfeldzug tauchte die Umsturzgruppe im oppositionellen Kräftefeld wieder auf[74].

Die Exponenten einer Anti-Kriegs-Politik dagegen begannen etwa seit der Besetzung Prags bis zum Kriegsausbruch eine intensive, wenngleich letztlich ergebnislose Aktivität auf den verschiedensten Ebenen zu entfalten. Ihre *perso-*

nelle Struktur war in dieser Zeit einigermaßen konsistent geblieben, sieht man davon ab, daß in der entscheidenden Phase vor Kriegsausbruch Görings Bemühungen teilweise mit der Kriegsverhinderungs-Politik dieser Kreise konvergierten.

Die *Aktionsstruktur* dieser Kriegsverhinderungs-Politik war differenziert und vielschichtig. Hauptziel der verschiedensten Aktivitäten war es – je nach der Einschätzung der Rolle Hitlers –, entweder den »Führer« dem kriegstreiberischen Einfluß sogenannter »Radikaler« zu entziehen oder ihn von einer Kriegspolitik abzuhalten. Dementsprechend spielten sich diese Aktivitäten der Anti-Kriegs-Kräfte auf sehr verschiedenen Ebenen mit unterschiedlichen Zielsetzungen ab. *Einerseits* wurde versucht, den Entscheidungsprozeß auf höchster Ebene durch Informationen und Interventionen zu beeinflussen, um den als verhängnisvoll angesehenen Kurs der deutschen Außenpolitik noch zu verändern. So wurde von den verschiedensten Seiten – von Halder und Canaris, ebenso von Goerdeler, Beck, Hassell und Schacht – auf den Oberbefehlshaber des Heeres und den Chef OKW, Keitel eingewirkt, damit diese beiden Militärs in verantwortlichen höchsten Stellungen ihren Einfluß bei Hitler im Sinne einer Vermeidung des Krieges einsetzten[75]. Staatssekretär von Weizsäcker wiederum bemühte sich, wie ein Jahr zuvor in der Sudetenkrise, sowohl seinen Chef, Reichsaußenminister von Ribbentrop, als auch Hitler von den Gefahren einer anti-britischen Konfliktkurs steuernden Politik zu überzeugen[76]. Das alles waren im Grund Versuche einer Einflußnahme auf die Entscheidungsträger der deutschen Außenpolitik innerhalb wie außerhalb des Dienstweges[77]. *Andererseits* waren die Kräfte der Anti-Kriegs-Partei bestrebt, durch Gespräche mit ausländischen Diplomaten und durch Demarchen in London und Rom das Ziel einer Kriegsvermeidung zu erreichen. General Halder sagte dem französischen Botschafter, man müsse Hitler den vollen Ernst der Lage eindringlich klar machen; und den britischen Botschafter drängte er, dieser möge Hitler deutlich zu verstehen geben, daß Großbritannien nicht weiter zurückweichen, sondern einen deutschen Angriff auf Polen unvermeidlich mit einer Kriegserklärung beantworten werde. Eine ganze Reihe von Emissären und Interventen sprach in London vor[78]: Aus eigener Initiative handelnde Persönlichkeiten wie Schacht oder Goerdeler und z.T. wohl auch die Gebrüder Kordt, Helmuth James Graf von Moltke, Adam von Trott zu Solz oder Vertrauensleute und Beauftragte von Canaris' Abwehr oder von Weizsäcker (wie etwa Fabian von Schlabrendorff, Eduard von Selzam, Ulrich Wilhelm Graf von Schwerin von Schwanenfeld, Carl Jacob Burckhardt). Canaris selbst versuchte, wie im Jahr zuvor auch jetzt die Italiener zu einer deutlichen Absage an Hitlers Kriegspolitik zu veranlassen[79]. Auf eigene Faust haben zudem Mitarbeiter von Canaris, nämlich der Kreis um Oster[80], den Briten Informationen in der doppelten Absicht zugespielt, den Westmächten Warnungen über Hitlers friedensgefährdende Absichten zukommen zu lassen und gleichzeitig auf diese Weise energische Reaktionen und Gegenmaßnahmen der Briten zu provozieren, die Hitler wiederum vor

Abenteuern zurückschrecken lassen könnten[81]. Weizsäcker seinerseits war mindestens auf drei Ebenen aktiv: Neben seiner Einflußnahme auf dem Dienstweg bemühte er sich weiterhin, gleichsam flankierend hierzu, durch Gespräche mit ausländischen Diplomaten (Sir Nevile Henderson, Graf Bernardo Attolico), diese im Sinne einer Friedenserhaltung zu aktivieren. Das war – wie richtig bemerkt worden ist[82] – eine Art Wiederholung des vom Staatssekretär in der Sudetenkrise so erfolgreich betriebenen Krisen-Managements, das nun auf eine politische Lösung des Polen-Konflikts abgestellt war. Schließlich versuchte Weizsäcker, eine diplomatische Konstellation herbeizuführen, welche in der europäischen Konfliktsituation des Sommers 1939 entspannend wirken könnte[83].

In der einschlägigen Literatur sind die geschilderten vielfältigen Bemühungen stets im Zusammenhang mit dem Komplex »Widerstand« bzw. Opposition behandelt worden. Bei genauerer Betrachtung drängt sich indessen die Frage auf, ob diese beiden Begriffe wirklich die skizzierten Phänomene angemessen beschreiben. Sie waren gewiß alles andere als »Widerstand« im Sinne von bewußt system-destabilisierenden Aktivitäten. Derartige Aktivitäten können vielmehr – auch und gerade unter den Bedingungen eines totalitären Regimes – als *system-immanente* Opposition aufgefaßt werden. Damit ist die ethisch bedeutsame Absicht, für Europa und das Reich den Frieden zu erhalten, nicht gering geachtet; nur ist für diese Bestrebungen die Bezeichnung »*Opposition*« im Sinne eines system-feindlichen Widerstandes einfach nicht angemessen; sondern es war eher *Opposition als ein Versuch, eine alternative Politik innerhalb des Systems durchzusetzen*. Das machen die Aktivitäten der Anti-Kriegs-Partei in dieser Phase ganz deutlich: Es waren Einwirkungen auf den Entscheidungsprozeß mittels normaler Prozeduren, teilweise waren es auch Aktionen, die man als Gegen-Diplomatie auffassen könnte: Ein Zusammenspiel mit Verbündeten und mit Vertretern von Staaten, mit denen die Reichsführung im Moment in kontroverser Diskussion stand, die aber ebenfalls an der Kriegsverhinderung interessiert waren. Welcher Art auch immer diese Aktivitäten gewesen sind – Information, Gegeninformation, gelegentlich auch Desinformation, Hintergrundgespräche und Gegenwirkung bezweckende Gespräche –, es blieb stets bei *system-immanenter Opposition*[84]. Ernsthafte Überlegungen oder gar Vorbereitungen zur Kriegsverhütung durch system-destabilisierende Maßnahmen gab es im Gegensatz zum Herbst 1938 in *dieser* Phase der Entwicklung vor Kriegsausbruch nicht. Wenn Goerdeler im Mai 1939 seinen britischen Gesprächspartnern berichtete, die deutsche Armee sei immer noch zum Regime-Sturz bereit, aber die Entscheidung dafür sei eine Frage des geeigneten Zeitpunktes, er selbst sei zwar schon jetzt zum Losschlagen bereit, aber »die Führer der Gesamtbewegung [...] betrachteten es noch als zu früh«, dann war das entweder eine seinem Wunschdenken entspringende Lageeinschätzung oder eine bewußte Fehlinformation, durch die er die Briten zum Handeln veranlassen wollte[85]. Gisevius stellt daher mit bitterer Selbstkritik zutreffend fest: »An der Haltung der deutschen Opposition gibt es für diese dramatischen Tage vor Kriegsausbruch nichts zu heroisieren [...]. Wir müssen uns mit der schlichten Tatsache begnügen, irgend etwas Mitreißendes wurde nicht getan[86].« Das war vom Standpunkt jener kleinen radikalen Opposition aus gesprochen, die das System überwinden wollte, gilt aber mehr noch für die system-immanente Anti-Kriegs-Partei. Deren Bemühungen waren aus mindestens drei Gründen vergeblich. Einmal vermittelten sie den ausländischen Gesprächspartnern infolge der fehlenden Koordination ihrer Aktivitäten auf weite Strecken hin ein überaus uneinheitliches, ja widersprüchliches Bild[87]. Sodann waren manche ihrer Interventionen und Ratschläge widersprüchlich und sogar gegenläufig[88]. Und drittens lag der tiefste Grund der Vergeblichkeit darin, daß sie einerseits Hitlers absoluten Kriegswillen zutiefst verkannten – Weizsäcker hat im Sommer 1939 längere Zeit noch an einen »hochgespannten Bluff [Hitlers] mit der Absicht, doch schließlich noch einzulenken«, geglaubt[89] –, andererseits ihre preußisch-deutschen Revisions- und Großmachtvorstellungen im Fall Polen mit Hitlers unmittelbaren Zielsetzungen weitestgehend konvergierten, als dieser gegenüber dem östlichen Nachbarn des Reiches auf Konfrontationskurs ging. Canaris förderte die antipolnische Volkstums- und Ukraine-Politik; Weizsäcker versuchte, Ende 1938 Ribbentrop und Hitlers Überlegungen von der Rest-Tschechoslowakei fort und auf Polen (Danzig- und Korridor-Frage) hinzulenken, und er hat, etwas später, dazu geraten, »wegen einer Teilung Polens in Moskau deutlicher zu werden«[90]. Es steht außer Frage, daß dies alles nicht nur zur fatalen Dynamisierung der krisenhaften Entwicklung zwischen München und Kriegsausbruch beigetragen hat, sondern auch zur letztlichen Vergeblichkeit aller Bemühungen der Anti-Kriegs-Partei.

Will man abschließend die eingangs aufgeworfene Frage nach einer differenzierten begrifflichen Erfassung des Phänomens der national-konservativen Opposition für die Zeit bis Kriegsbeginn zu beantworten versuchen, so wird diese Antwort nicht darin liegen können, daß man den Begriff »Opposition« schlichtweg durch einen einzigen anderen Begriff ersetzt. Dazu hat sich bei näherer Betrachtung die historische Realität als zu komplex erwiesen. Eine derartige Realität wird höchstens in einem System aufeinander bezogener Begriffe angemessen erfaßt werden können, das die

Wilhelm Canaris (1887 bis 1945)

notwendige analytische Trennschärfe bietet: Das komplexe Konfliktsphänomen »national-konservative Opposition« stellt sich bis Kriegsausbruch zunächst dar als ein *system-immanenter Machtkampf* zum Zwecke der Stabilisierung national-konservativer Macht- und Einflußpositionen, der vornehmlich auf evolutionäre Regime-Reform abzielte, in dem aber auch gewisse, wenngleich eindeutig *schwächere Tendenzen zur gewaltsamen Regime-Säuberung* nicht fehlten. Dieser system-immanente Machtkampf floß dann zusammen mit der *Kriegsverhinderungs-Politik einer Anti-Kriegs-Partei*, die sich primär die *Durchsetzung einer alternativen Außen- und Militär-Politik* zum Ziel gesetzt hatte. In einer kritischen Phase der internationalen Entwicklung, in der Sudetenkrise, machten sich jedoch auch system-destabilisierende Tendenzen bemerkbar: Jetzt entwickelte die Anti-Kriegs-Partei parallel zu ihren system-immanenten Bemühungen um eine Alternativ-Politik eine neue Handlungs-Dimension mit einer *Staatsstreich-Eventual-Planung*. An sie hefteten sich kurzfristig *marginale Kräfte einer Umsturz- und Attentats-Politik* an. Mit »München« fiel jedoch diese ephemere Radikalisierung der Anti-Kriegs-Politik in sich zusammen. Im letzten Jahr vor Kriegsausbruch kann daher wiederum nur von einer eindeutig system-immanenten Anti-Kriegs-Partei mit ihrer Alternativ-Politik der Kriegsverhinderung geredet werden.

III.

In der Zeit vom Kriegsausbruch bis zum 20. Juli 1944 waren Entwicklung und Aktivitäten der Oppositionskräfte dominierend bestimmt von den besonderen Rahmenbedingungen des Kriegszustandes[91]. Der gesteigerte Patriotismus eines Volkes im Kriege, das Gefühl strengerer Einbindung in nationalstaatliche Loyalität, die Sorge, daß Aktivitäten gegen das bestehende Regime unter Umständen legitime nationale Interessen schädigen könnten, ja daß man für den möglichen Verlust des Krieges verantwortlich gemacht werden, daß man einer neuen Dolchstoßlegende Vorschub leisten könnte, welche das nachfolgende Regime schwer belasten würde, dazu die Beanspruchung der militärischen Führer an der Front, speziell in Zeiten krisenhafter militärischer Lage – all das schlug als Hemmnis jeglicher national-konservativer Oppositionsaktivität gewichtig zu Buche. Allerdings standen dieser Belastung auch vorteilhafte Momente gegenüber, welche die Kriegssituation für oppositionelle Bestrebungen gegen die totalitäre Diktatur mit sich brachte. In manchen Bereichen lockerte sich der Griff des Systems, die Streitkräfte gewannen, mindestens in der Zeit der großen Siege, größeres Gewicht; vor allem erleichterte die Mobilisierung großer Teile der männlichen Bevölkerung in den Streitkräften Aufnahme und Ausbau konspirativer Kontakte unter dem Schutz und der Abschirmung der noch sehr weitgehend autonomen Welt des Militärs. Die allmähliche Basiserweiterung der Opposition war in nicht geringem Maße erst durch diese besonderen Bedingungen möglich geworden.

Die Entwicklung der zu Kriegsbeginn paralysierten und fragmentierten Oppositionskräfte bis zu der am 20. Juli in erstaunlicher Entschlossenheit handelnden Widerstandsfronde verlief etwa in *drei Phasen*. Wendet man die im Vorstehenden entwickelten *Kategorien* zur Erfassung und Erklärung des historischen Phänomens an, so kann man generell sagen, daß in der Kriegszeit einerseits eine personelle und politische Verbreiterung der Opposition stattfand, andererseits hinsichtlich der Struktur ihrer Aktionen und Zielsetzungen eine fortschreitende Reduktion der bisher zu konstatierenden Komplexität erkennbar ist, die einer zunehmenden Radikalisierung entsprach. Das zeigte sich bereits in der *ersten Phase der Entwicklung* zwischen Polenfeldzug und Westoffensive[92]. Personell kam es zu einer engeren Verbindung zwischen politisch-zivilen und militärischen Oppositionskräften. So wurden zivile Oppositionelle nunmehr aktiv in die militärische Staatsstreichplanung einbezogen: der Jurist von Dohnanyi, der Bekenntnispfarrer Dietrich Bonhoeffer[93], der Vertrauensmann des hohen katholischen Klerus, Josef Müller[94], beispielsweise wurden als Offiziere bzw. Sonderführer zur Abwehr eingezogen und verstärkten dort den Aktionskreis um Oberst Oster; Canaris entsandte den Major Groscurth als Verbindungsoffizier der Abwehr[95] – und inoffiziell auch der dortigen Oppositionskräfte – ins OKH zum Chef des Generalstabes, Halder. Legationsrat Hasso von Etzdorf war Verbindungsmann des Auswärtigen Amtes bei Halder und sicherte damit nicht nur den Kontakt zwischen dem Generalstabschef und Staatssekretär von Weizsäcker, sondern auch zu der Oppositionsgruppe um die Gebrüder Kordt[96].

Als Hitler im Herbst 1939 nach dem Abschluß des Polenfeldzuges die Vorbereitung des Angriffs gegen Frankreich unter Bruch der Neutralität Belgiens und der Niederlande befahl und alle Gegenvorstellungen der Heeresführung zurückwies, da gab Halder in Erkenntnis der Nutzlosigkeit einer sich im Rahmen herkömmlicher Methoden haltenden »Opposition mit den Mitteln des Ressorts« erneut das Startzeichen zur Staatsstreichvorbereitung; vor allem Groscurth trieb diese in seinem Auftrag zusammen mit der Gruppe um Oster und in Fühlung mit dem Kreis um Beck und Goerdeler voran. Hier wird von der *Aktionsstruktur* her deutlich, daß Halders einstige Kriegsverhinderungspolitik sich nunmehr nach Kriegsausbruch zu einer *Kriegsbegrenzungs- und Kriegsbeendigungs-Politik* gewandelt hatte und daß die Methode nunmehr eindeutig auf einen Staatsstreich abzielte. Alternativen zum Coup d'Etat gab es nun nicht mehr. Die Kriegsbegrenzungs- und Kriegsbeendigungs-Politik war also gleichzeitig zu einer *Umsturzpolitik* geworden – die Reduktion der früheren Aktionsvielfalt und die Radikalisierung des Ansatzes ist nicht zu übersehen. Damit hatten sich auch automatisch die *Zielprioritäten* gewandelt. Das Ziel, eine Gefährdung des machtpolitisch erreichten Status des Reiches zu verhindern, war identisch mit dem der Beseitigung des Regimes: auch hier keine Vielfalt der Zielvorstellungen mehr, wie sie noch in der Fritsch-Blomberg-Krise und in der Zeit vor »München« innerhalb der Opposition geherrscht hatte! Dazu hatte fraglos beigetragen, daß ein von der Motivation her stärkerer moralischer Akzent jetzt auch in die Kreise

der Opposition hineingekommen war, die zuvor primär auf einen system-
immanenten Machtkampf ausgerichtet waren. Die inzwischen ruchbar gewordenen Verbrechen von SS und Sicherheitspolizei im besetzten Polen, in die das
Heer fast mit verstrickt worden wäre[97], und der beabsichtigte Überfall auf kleine
neutrale Länder gaben der Opposition neben der machtpolitisch-militärischen
Motivationsbasis einen deutlicheren *politisch-moralischen Impuls*. Extremer Ausdruck dessen war das Handeln Osters, der die verschiedenen Angriffstermine
dem niederländischen Militärattaché mitteilte. Ihn leitete das Motiv, einerseits
die Glaubwürdigkeit der Opposition vor den Augen der Welt nach so vielen
vergeblichen Anläufen zu retten und andererseits mit der unbedingten Gegnerschaft gegen das NS-Regime in radikaler Konsequenz Ernst zu machen[98].

Die in technischer Hinsicht relativ weit getriebene Staatsstreichplanung vom
Spätherbst 1939 scheiterte letztlich an zwei miteinander zusammenhängenden
Ursachen[99]. Es gelang Halder und seinen Mitverschworenen nicht, den Oberbefehlshaber des Heeres und die drei obersten Frontbefehlshaber[100] für den Plan
zu gewinnen, obwohl diese höchsten Offiziere von der Notwendigkeit überzeugt waren, eine Ausweitung des Krieges zu verhindern. Ihr Verhalten wurde
über rein individuell-charakterliche Momente hinaus bestimmt von der Unsicherheit über die Haltung der Truppen im Augenblick des Staatsstreiches sowie
von Unklarheit und Zweifel, ob eine hinreichende außenpolitische Absicherung
des Unternehmens gewährleistet sei. Um dies zu klären, hatte man bereits über
den Vatikan Kontakte mit den Briten aufgenommen[101]. Damit waren zwei
Faktoren aufgetaucht, die mindestens bis 1943 hin zu den zentralen Problemen
der Verschwörung gehören sollten: die außenpolitische Absicherung eines Putsches und die Suche nach einem Befehlshaber. Da weder der Generalstabschef
noch die an der Verschwörung beteiligten anderen hohen Offiziere unmittelbar
Kommandogewalt über Truppenteile besaßen, wurde ein hoher Offizier benötigt, der über einsatzfähige Truppen für einen Staatsstreich verfügte.

Die *nächste Phase* der Entwicklung, die etwa vom Sommer 1940 bis zur Winterkrise in Rußland 1941/42 anzusetzen wäre, ist gekennzeichnet einerseits von
einer bedrückenden Isolierung und Fruchtlosigkeit der Oppositionskräfte nach
dem Scheitern des Ansatzes vom Herbst 1939 und den glänzenden Siegen der
Wehrmacht in den Blitzfeldzügen im Norden, Westen und Südosten Europas,
andererseits aber dadurch, daß nicht zuletzt infolge des organisatorischen »Kor-
setts« der Wehrmacht der Zusammenhalt dieser oppositionellen Kräfte sich
nicht mehr lockerte, die Kontinuität der Opposition also erhalten blieb. Aber
gerade in dieser Phase machte sich die *Dialektik von Widerstand und Kriegslage*
exemplarisch bemerkbar. In Zeiten großer Erfolge waren der Diktator und sein
System – wie es schien – kaum zu stürzen – sein Prestige im Volk war zu groß,
und das für das Reich Errungene war auch vielen Oppositionellen ein wertvol-
les Gut. Manche hegemonialen Großmachtvorstellungen traditioneller Art
schienen durch Hitlers Siege jetzt realisiert oder realisierbar geworden – was

oppositionelle Entschlossenheit fraglos schwächte, mindestens nicht förderte[102]. Zudem kam es unter den Frondeuren zu mancherlei Divergenzen über die Zielsetzungen und – bezüglich der Frage eines Attentates gegen Hitler – auch über wichtige Methodenfragen. Hatte Hitlers Siegeszug die Opposition zuerst behindert, so hatte später die Serie der deutschen Niederlagen einen ähnlichen Effekt. Nun argumentierten manche, vor einem Umsturz müßte erst die Lage wieder stabilisiert werden. Das war auch einer der Gründe, warum es in der Winterkrise 1941/42 nicht zu entsprechenden Initiativen gekommen ist[103].

Die *dritte Entwicklungsphase*, die sich ungefähr von Anfang 1942 bis Herbst 1943 erstreckt, ist gekennzeichnet durch eine entscheidende *Veränderung der personellen und der aktionsmäßigen Struktur*, und stellt – obzwar sie historisch gesehen eine in sich selbständige Phase war – damit doch den entscheidenden Entwicklungssprung dar, der schließlich zum 20. Juli 1944 führte.

In personeller Hinsicht hatte sich die Opposition verbreitert und war in sich durch vielfältige Querverbindungen kohärenter geworden. Neue Kräfte stießen zu ihr, brachten neue Ideen und neue Dynamik. An der Ostfront hatte sich beim Oberkommando der Heeresgruppe Mitte ein neues Zentrum des Widerstandes um den Ia der Heeresgruppe, den Oberst und späteren Generalmajor Henning von Tresckow[104], gebildet. Die Gruppe wurde zu einem Impulszentrum, das durch seine Energie und Radikalität die kommende Entwicklung stark beeinflußte. Tresckow gelang es vor allem, eine enge Kooperation mit dem Berliner Kreis um Beck und Goerdeler und den oppositionellen Elementen in den militärischen Dienststellen der Reichshauptstadt[105], vor allem beim Befehlshaber des Ersatzheeres, in die Wege zu leiten. Daher kann man etwa ab 1942/43 von einer *Bündelung der oppositionellen Kräfte* in Berlin und deren Koordinierung mit den Bestrebungen des Oppositionszentrums bei der Heeresgruppe Mitte sprechen.

Als neues Element, das die Entwicklung der Opposition in dieser Phase nachhaltig beeinflußte, ist jene etwa seit Ende 1938 entstandene Gruppierung zu nennen, die unter der Bezeichnung »Kreisauer Kreis« bekannt geworden ist. Sie hat ihren Namen nach dem schlesischen Landgut einer ihrer führenden Persönlichkeiten, des Grafen Helmuth James von Moltke, erhalten[106]. Die Zusammensetzung dieses Kreises, der sich um Moltke (geb. 1907) und um den fast gleichaltrigen Grafen Yorck von Wartenburg (geb. 1904)[107] gebildet hatte, zeigt bereits die *politische und soziale Basiserweiterung*, die eine Zusammenarbeit mit diesen Kräften für die national-konservative Opposition bedeutet haben würde. Jüngere, sozial aufgeschlossene preußische Adlige, katholische und protestantische Geistliche und Universitätslehrer, sozialdemokratische Politiker und Gewerkschaftler, katholische Arbeiterführer und hohe Beamte und Diplomaten gehörten diesem Kreise an und repräsentierten nicht nur eine politische und soziale Pluralität, sondern – das war das Typikum dieser Gruppe –, sie waren alle der Überzeugung, daß es im Falle eines Umsturzes kein Zurück zu früheren Verhältnissen mehr geben dürfte, sondern daß eine grundlegende Erneuerung des politischen, sozialen, ökonomischen und geistigen Lebens notwendig sei. Daher ist dieser Kreis wohl am besten als *anti-totalitäre Reformbewegung* zu kennzeichnen. *In historischer Perspektive* stellt sich das Denken der Kreisauer dar als der – bei allen im Rückblick utopisch und unrealistisch anmutenden Vorstellungen und Ideen – letztlich imponierende Versuch, das grundlegende Legitimationsproblem alter Eliten, das der Bildung neuer Eliten und das Problem der Integration unterschiedlicher sozialer Schichten und Interessen in der modernen Gesellschaft, auf eine Weise zu lösen, die sich von den Denkschemata preußisch-deutscher Staatstraditionen ebenso weit entfernt hatte wie von der nationalsozialistischen Realität, aber andererseits auch weder dem liberal-demokratischen noch dem kommunistischen Modell zuzurechnen war. Die Einbeziehung von Persönlichkeiten aus dem Kreisauer Kreis bedeutete für die national-konservative Opposition politisch fraglos eine *Öffnung nach links*. In gewisser Weise läßt sich daher fortan von einem »linken« und einem »konservativen« Flügel innerhalb der (im umfassenden Wortsinn nun gemeinten) national-konservativen Opposition sprechen.

Diese hatte inzwischen politisch und personell gewisse *Modifikationen* erfahren. Dank Tresckows Initiative waren die Kontakte zwischen den Berliner Kreisen und der Fronde bei der Heeresgruppe Mitte auf oppositionelle Elemente in den Stäben der Militärbefehlshaber in Paris (General Carl-Heinrich von Stülpnagel) und Brüssel (General Alexander von Falkenhausen) ausgedehnt worden[108]. Seit August/September 1943 war mit Oberstleutnant i.G. Claus Schenk Graf von Stauffenberg[109], dem späteren Attentäter, eine neue dynamische Kraft zu der Berliner Staatsstreichgruppe gestoßen. Dieser Offizier, aus schwäbischem Adel stammend, hatte zunächst aus idealistisch-vergeistigtem Nationalismus und elitärem Denken den Nationalsozialismus als Kraft der Erneuerung begrüßt, war dann aber angesichts der Hitlerschen Kriegspolitik und nachdem sich ihm die verbrecherischen Seiten des Regimes allmählich erschlossen hatten, zunehmend regime-kritischer geworden. Nach einer Phase, in der er trotz dieser Einsichten einen Umsturz im Kriege ablehnte, hat er ab 1943 nach schwerer Verwundung sich zu einem der entschlossensten Gegner des Regimes entwickelt, der mit aller Kraft auf den Sturz Hitlers hinarbeitete.

Mit der Erweiterung der personellen Basis und der Intensivierung der konspirativen Kontakte hatte sich auch die *Aktionsstruktur* der Oppositionskräfte entscheidend gewandelt. Sie hatte sich weiter radikalisiert und in ihren Optionsmöglichkeiten reduziert. Seit etwa Ende 1942 ging es zunehmend nicht mehr um irgendeine Systemreform, sondern angesichts der offenkundigen Verbrechen des Regimes um systemdestabilisierende Aktion, um *Umsturz*; suchte man zunächst noch – wie zuvor – eine außenpolitische Absicherung der angestrebten Aktion zu erreichen, so wurde ab Mitte/Ende 1943 klar, daß angesichts der politischen und militärischen Entwicklung des Krieges dazu keine Chance mehr bestand und nur noch der bedingungslose Umsturz das Ziel sein konnte[110]. Schon gar nicht mehr konnte es um die Verhinderung der Kriegsausweitung oder um Erhaltung des bis 1940/41 Errungenen gehen, sondern nur noch um möglichst rasche Kriegsbeendigung, nur noch darum, die Vernichtung des preußisch-deutschen Nationalstaates zu verhindern.

Auch was die *Methoden der Aktion* anging, war eine Radikalisierung eingetreten, die sowohl in der wachsenden Einsicht in den verbrecherischen Charakter des Systems als auch in der offenkundigen Vergeblichkeit weniger radikaler Vorgehensweisen begründet lag. Innerhalb der entscheidenden Gruppierung der Opposition setzte sich allmählich die Überzeugung durch, daß der Tod des Diktators Voraussetzung eines jeden erfolgreichen Umsturzes sei; das Attentat müsse am Beginn der Befreiungsaktion stehen[111]. Das war das Ergebnis eines inneren Umbildungsprozesses, einer Loslösung von Traditionen und Verhaltensmaßstäben überkommener Eliten, die von jüngeren Mitgliedern der Opposition wie Tresckow, Oster, Olbricht, Bonhoeffer und Stauffenberg angesichts der Herausforderung durch die totalitäre Diktatur für notwendig erachtet wurde. Sie waren bereit, bewußt das Risiko einer neuen Dolchstoßlegende auf sich zu nehmen, und wollten aus Gründen der Moral wie aufgrund der Kriegslage bedingungslos den Sturz des Regimes herbeiführen[112]. In dieser Radikalisierung und in der Reduktion von Aktionsmethoden spiegelt sich erneut die Dialektik von Widerstandsentwicklung und Entwicklung des Kriegsverlaufes.

Vom *äußeren Ereignisablauf* her[113] brachte das Jahr 1943 die ersten konkreten Neuansätze eines Umsturzversuches, nachdem 1942 die Opposition sich konsolidiert, verbreitert und dynamisiert hatte. Seit Januar hatten Tresckow und seine Vertrauensleute in Berlin die Umsturzplanung der Oppositionskräfte zu koordinieren versucht; Olbricht trieb in technisch-organisatorischer Hinsicht die konkreten Vorbereitungen voran. Im März jedoch scheiterten aus technischen bzw. organisatorischen Gründen zwei Attentatsversuche, die Tresckow und seine Freunde bei der Heeresgruppe Mitte initiiert hatten. Andere Attentats-Projekte gelangten nicht über das Stadium der Planung hinaus[114]. Das größte Handicap lag jedoch nicht in diesen Fehlschlägen, sondern darin, daß es nicht gelang, einen prominenten Front-Oberbefehlshaber zu gewinnen. Zudem zerschlug die Gestapo im April 1943 Osters Verschwörerzentrale in der Abwehr[115], ohne allerdings die wesentlichen Gruppierungen des Widerstandes aufzuspüren. Im Sommer 1943 bemühte sich Tresckow um einen Neuansatz. Die Kriegslage hatte sich mit dem Ausscheiden Italiens aus dem Achsenbündnis und durch schwere Rückschläge, die auf die großen Niederlagen des ersten Vierteljahres (Stalingrad, Tunis) nunmehr an der Ostfront erneut eintraten (Kursk, Juli 1943), entscheidend verschlechtert. Eile war geboten. Bald schien in Feldmarschall Hans Günther von Kluge ein prominenter Befehlshaber gefunden, aber im Oktober fiel dieser durch einen schweren Autounfall aus. Das Jahr 1943 ging – was den Staatsstreich anbelangte – mit einer negativen Bilanz zu Ende. Aber die beständigen und intensiven Kontakte zwischen den verschiedenen Gruppen in Berlin, Paris, Brüssel und bei der Heeresgruppe Mitte sowie die

Zusammenarbeit zwischen den politisch-zivilen und den militärischen Kräften hatten sich trotz mancherlei Reibungen als stark genug erwiesen, um diese Rückschläge zu überdauern. Daher ist auch die Dynamik ihrer auf Umsturz abzielenden Bestrebungen nicht gemindert worden. Tresckow und vor allem der nach Genesung von seiner schweren Verwundung ab Spätsommer/Herbst 1943 in Berlin in zentraler Position tätige Stauffenberg trieben die Vorbereitungen zum Umsturz energisch voran, obwohl weitere Attentatspläne Ende 1943 und Anfang 1944 sich wiederum als unrealisierbar erwiesen[116]. Seit Mai 1944 wurde dann auf Tresckows Vorschlag von Stauffenberg ein Attentat bei einer der täglichen Lagebesprechungen im Führerhauptquartier ins Auge gefaßt und vorbereitet.

Damit hatte schon die *letzte Phase* in der Entwicklung der seit geraumer Zeit eindeutig systemüberwindenden Opposition begonnen, die *unmittelbare Vorgeschichte und Geschichte des 20. Juli 1944*. Zwei Momente gaben dieser Entwicklung eine besondere Beschleunigung und Dynamik. Einmal hatte sich die Lage an den Fronten rasch und entscheidend verschlechtert. Zweitens war der Gestapo seit Anfang Juli ein gefährlicher Einbruch in die Reihen der Verschwörung gelungen. Julius Leber und Adolf Reichwein waren am 4. Juli bei dem Versuch, Kontakte zu kommunistischen Widerstandsgruppen aufzunehmen, verhaftet worden; gegen Goerdeler erging am 18. Juli ein Haftbefehl. Das alles bestimmte Stauffenberg, in der Julimitte loszuschlagen. Rein technisch gesehen bestand der Umsturzplan[117] aus drei Elementen: 1.) dem *Bombenattentat* als Voraussetzung des Staatsstreiches; 2.) der Übernahme der Vollziehenden Gewalt durch die Wehrmacht auf der Grundlage bestehende Pläne für den *Ausnahmezustand* (Walküre-Plan) zur Durchführung und Sicherung des Staatsstreiches; 3.) *Aufrufe und Rundfunkansprachen* sollten Bevölkerung und Streitkräfte dann über die Verbrechen des Regimes und über das ideale Wollen der Verschwörer informieren[118]. Der Tod des Diktators sollte die Bindungen sprengen, die viele Deutsche, vor allem in den durch Eid auf den »Führer« verpflichteten Streitkräften, noch empfinden mochten.

Unter der Fiktion, »eine gewissenlose Clique frontfremder Parteiführer« habe »versucht, der schwerringenden Front in den Rücken zu fallen und die Macht aus eigennützigen Zwecken an sich zu reißen«, sollte der militärische Apparat auf der Grundlage der existierenden Notstands-Eventualpläne über die regulären militärischen Befehlsstränge für den Befreiungsversuch in Gang gesetzt werden. Am 20. Juli 1944 scheiterte dieser – abgesehen von technischen »Pannen« – letztlich daran[119], daß die beiden zentralen Elemente des Umsturzplanes sich als unwirksam erwiesen: 1) Hitler überlebte das Attentat, und 2) der militärische Apparat funktionierte in dem Augenblick nicht mehr in der – wie die Verschwörer vorausgesetzt hatten – gewohnten Art nach Befehl und Gehorsam, als Befehle von hoher politischer Brisanz erteilt wurden (Anordnung zur Verhaftung der Gauleiter, Ausschaltung der SS etc.). Das Offizierskorps des

Kriegsheeres bildete nicht mehr die festgefügte militärische Elite, die auf der Grundlage des absoluten Vertrauens in die Vorgesetzten nach Befehl und Gehorsam funktionierte. Bei Befehlen, deren politischer Gehalt den Rahmen des Gewohnten so offenkundig überschritt und an die Substanz des Systems rührte, reagierte der militärische Apparat weitgehend mit Unsicherheit oder Renitenz. Rückfragen mit Verzögerungseffekt, passives absicherndes Abwarten, kontraproduktive Reaktionen gar waren das Ergebnis. Nur an wenigen Stellen, wie in Paris, wo eine beherzte Gruppe von Mitverschwörern die SS-Kräfte hinter Schloß und Riegel setzte[120], wurde planmäßig reagiert.

Insgesamt zeigte sich, daß die Streitkräfte nicht mehr ein auch politisch einsetzbares Instrument in der Hand der traditionellen militärischen Führungselite waren. Diese Elite war spätestens seit 1938 zu einer bloßen militärischen Funktionselite reduziert worden, sie war nicht länger eine auch politisch-soziale Elite, der ein Instrument wie das Kriegsheer noch in jeder Lage bedingungslos folgte. Jene Offiziere und mit ihnen die zivilen Oppositionellen, die schließlich zu grundsätzlichem, auf Umsturz und Tyrannenmord abzielenden Widerstand sich zusammenfanden, repräsentierten dagegen – legt man für eine historische Beurteilung die hier verwandten Kategorien zugrunde – jene Kräfte der überkommenen wie der neuen Eliten aus Arbeiterbewegung, Kirchen und Intelligenz, die sich in letzter Konsequenz weigerten, zu einer beliebig manipulierbaren Funktionsschicht reduziert zu werden. In wenigen Jahren war ein langer Weg durchmessen worden: Von der zur Neufundierung der eigenen Position eingegangenen Kooperation mit der Hitler-Bewegung war man über systemimmanente Machtkämpfe zur Sicherung der eigenen Stellung über Ansätze zur System-Säuberung und zu alternativer, kriegsverhindernder Außenpolitik dann zur systemüberwindenden Opposition, zur Staatsstreichplanung, und schließlich in ausweglosen Lage zu Umsturzversuch und Attentat gelangt. Am Ende dieses Weges hatten sich jene Kräfte, die anfangs noch weitgehend von partikularen Interessen bestimmt waren, schließlich – wie das Beispiel ihrer hervorragenden Vertreter zeigt – im Augenblick des endgültigen Unterganges der alten Eliten auch den allgemeinen Interessen der Nation wie, in Ansätzen, der Völkerfamilie aufgeschlossen[121].

Eine historische Bilanzierung wird dies ebenso zu berücksichtigen haben wie die Tatsache, daß die Kooperation traditioneller Eliten mit der Führung der NS-Bewegung in der Zerstörung des preußisch-deutschen Nationalstaates endete.

Inhaltlich unveränderte Wiedergabe des Beitrages in der ersten Auflage des Ausstellungs-Kataloges von 1984

Anmerkungen

1   Allgemein zur Literatur und Entwicklung der Forschung vgl. die Spezialbibliographien
    von Ursel Hochmuth, Faschismus und Widerstand: 1933-1945, ein Verzeichnis
    deutschsprachiger Literatur, Frankfurt a.M. 1973, und Regine Büchel, Der Deutsche Wi-
    derstand im Spiegel von Fachliteratur und Publizistik seit 1945, München 1975; ferner die
    Literaturberichte von Karl Otmar Freiherr von Aretin, in: Geschichte in Wissenschaft
    und Unterricht, 25 (1974), S. 507-512 und 565-570; Reinhard Mann, Widerstand gegen
    den Nationalsozialismus, in: Neue politische Literatur, 22 (1977), S. 425-442, und G.
    Plum, Das »Gelände« des Widerstandes. Marginalien zur Literatur über den Widerstand
    gegen den Nationalsozialismus, in: Miscellanea. Festschrift für Helmut Krausnick zum
    75. Geburtstag, hrsg. von Wolfgang Benz, Stuttgart 1980, S. 93-102. Für die DDR gibt
    den letzten Stand der Auffassungen Klaus Mammach, Die deutsche antifaschistische Wi-
    derstandsbewegung 1933-1939, Berlin (Ost) 1976.
2   Hierzu und zum folgenden vgl. ausführlicher meinen Aufsatz: Die deutsche Militäroppo-
    sition gegen Hitler. Zum Problem ihrer Interpretation und Analyse, in: Klaus-Jürgen
    Müller, Armee, Politik und Gesellschaft in Deutschland 1933-1945. Studien zum Ver-
    hältnis von Armee und NS-System, 3. Aufl., Paderborn 1981, S. 101-123; dort auch die
    einschlägige Literatur.
3   Vgl. Hans-Josef Steinberg, Thesen zum Widerstand aus der Arbeiterbewegung, in: Geg-
    ner des Nationalsozialismus. Wissenschaftler und Widerstandskämpfer auf der Suche
    nach historischer Wirklichkeit, hrsg. von Christoph Kleßmann und Falk Pingel, Frankfurt
    a.M., New York 1980, S. 67-72, und Detlev Peukert, Zur Rolle des Arbeiterwiderstan-
    des im »Dritten Reich«, ebd., S. 73-90.
4   Vgl. Klaus Scholder, Die Kirchen und das Dritte Reich, Bd 1: Vorgeschichte und Zeit
    der Illusionen 1918-1934, Frankfurt a.M., Berlin, Wien 1977; Gunther van Norden, Wi-
    derstand im deutschen Protestantismus 1933-1945, in: Kleßmann/Pingel, Gegner (wie
    Anm. 3), S. 103-125; Ludwig Volk Sj., Der Widerstand der katholischen Kirche, ebd.,
    S. 126-139; Heinz Hürten, Zeugnis und Widerstand der Kirche im NS-Staat. Überle-
    gungen zu Begriff und Sache, in: Stimmen der Zeit, Bd 201, H. 6 (Juni 1983),
    S. 363-373.
5   Vgl. Arno Klönne, Gegen den Strom. Bericht über den Jugendwiderstand im Dritten
    Reich, Hannover, Frankfurt a.M. [1958], und Karl-Heinz Jahnke, Entscheidungen. Ju-
    gend im Widerstand 1933-1945, Frankfurt 1970.
6   Peter Hüttenberger, Vorüberlegungen zum »Widerstandsbegriff«, in: Theorien in der
    Praxis des Historikers. Forschungsbeispiele und ihre Diskussion, hrsg. von Jürgen
    Kocka, Göttingen 1977 (= Geschichte und Gesellschaft, Sonderheft 3), S. 117-134; vgl.
    auch die knappen Erwägungen zum Widerstandsbegriff bei Christoph Kleßmann, Geg-
    ner des Nationalsozialismus. Zum Widerstand im Dritten Reich, in: Aus Politik und
    Zeitgeschichte, Beilage zur Wochenzeitschrift Das Parlament, B 46/1979 vom
    17.11.1978, S. 25-37.
7   Vgl. dazu ausführlich meine Studie Armee und Drittes Reich. Versuch einer historischen
    Interpretation, in: Armee, Politik und Gesellschaft (wie Anm. 2), S. 11-50.
8   Zu dieser Auffassung von der Struktur des preußisch-deutschen Kaiserreichs vgl. Hans-
    Ulrich Wehler, Das Deutsche Kaiserreich 1871-1918, Göttingen 1973, 2. Aufl. 1975,
    und die wichtigen Rezensionen dazu von Thomas Nipperdey, Wehlers »Kaiserreich«. Ei-
    ne kritische Auseinandersetzung, in: Geschichte und Gesellschaft, 1 (1975), S. 539-560,
    sowie von Hans-Günter Zmarzlik, Das Kaiserreich in neuer Sicht?, in: Historische Zeit-

schrift (HZ), 222 (1976), S. 105 – 126. Wehlers Antwort auf diese Kritik in: HZ, 225 (1977), S. 347 f.

9   Vgl. hierzu und zum folgenden Theodor Schieder, Das Deutsche Kaiserreich von 1871 als Nationalstaat, Köln, Opladen 1961; Hans-Ulrich Wehler, Krisenherde des Kaiserreichs 1871 – 1918. Studien zur deutschen Sozial- und Verfassungsgeschichte, Köln 1970; weitere Literatur in Hans-Ulrich Wehler, Das Deutsche Kaiserreich (wie Anm. 8). Wichtig auch: Wolfgang Sauer, Das Problem des deutschen Nationalstaates, in: Probleme der Reichsgründungszeit 1848 – 1879, hrsg. von Helmut Böhme, Köln 1968 (= Neue Wissenschaftliche Bibliothek, 26, Geschichte), S. 448 – 479.

10 Allgemein hierzu vgl. die Sammelbände: Reichsgründung 1870/71. Tatsachen, Kontroversen, Interpretationen, hrsg. von Theodor Schieder und Ernst Deuerlein, Stuttgart 1970, und: Das kaiserliche Deutschland. Politik und Gesellschaft 1870 – 1918, hrsg. von Michael Stürmer, Düsseldorf 1970, insbesondere aber Hans-Ulrich Wehlers Buch: Das Deutsche Kaiserreich (wie Anm. 8) sowie Dirk Stegmann, Zwischen Repression und Manipulation: Konservative Machteliten und Arbeiter- und Angestelltenbewegung 1910 – 1918, in: Archiv für Sozialgeschichte, 12 (1972), S. 351 – 432. In Krisenherde des Kaiserreichs (wie Anm. 9), S. 137, weist Wehler auf das Fehlen »einer allgemein verbindlichen Legitimationsbasis« des Reiches hin, das er aus der »Tradition der Revolution von Oben« erklärt.

11 Vgl. dazu Müller, Armee und Drittes Reich (wie Anm. 7). Dort auch der Nachweis der einschlägigen Literatur.

12 Vgl. Manfred Messerschmidt, Die Wehrmacht im NS-Staat. Zeit der Indoktrination, Hamburg 1969, passim.

13 Zitiert nach Rainer A. Blasius, Für Großdeutschland – gegen den großen Krieg. Staatssekretär Ernst Freiherr von Weizsäcker in den Krisen um die Tschechoslowakei und Polen 1938/39, Köln, Wien 1981, S. 24 (dort auch die einschlägige Literatur zu Ernst von Weizsäcker).

14 Ernst von Weizsäcker, Die Weizsäcker-Papiere 1933 – 1950, hrsg. von Leonidas E. Hill, Berlin 1974, S. 121 f.: »Das A.A. muß an den Reichswagen angekuppelt werden.«

15 Hüttenberger, Widerstandsbegriff (wie Anm. 6), S. 133.

16 Zur »Röhm-Affäre« vgl. Müller, Das Heer und Hitler. Armee und nationalsozialistisches Regime 1933 – 1940, Stuttgart 1969 (= Beiträge zur Militär- und Kriegsgeschichte, Bd 10), Kap. III, sowie ders., Reichswehr und »Röhm-Affäre«, in: Militärgeschichtliche Mitteilungen (MGM), 3 (1968), S. 107 – 144, und Charles Bloch, Die SA und die Krise des NS-Regimes 1934, Frankfurt a.M. 1970.

17 Hierzu vgl. Blasius, Großdeutschland (wie Anm. 13), passim, und die dort angeführte Literatur.

18 Ebd., S. 120 f., 125. Vgl. speziell Botschafter Hendersons Brief an Lord Halifax vom 21.8.1939 über Weizsäckers Vorschlag, General Ironside möge einen warnenden Brief des britischen Premierministers an Hitler überbringen: »His visit might at least help to discredit Ribbentrop.« (Documents on British Foreign Policy 1919 – 1939, hrsg. von E.L. Woodward und Rohan Butler, London 1946 ff. [DBFP], 3. Serie, Bd VII, Nr. 117, S. 109).

19 Vgl. Müller, Heer und Hitler (wie Anm. 16), Kap. IV: Blomberg-Skandal und Fritsch-Krise, sowie Harold C. Deutsch, Das Komplott oder Die Entmachtung der Generale. Blomberg- und Fritsch-Krise. Hitlers Weg zum Krieg, Zürich 1974.

[20] So z.B. Wilhelm Canaris, Hans Oster und Henning von Tresckow. Vgl. Bodo Scheurig, Henning von Tresckow. Eine Biographie, Neuaufl. Hamburg 1980. Hermann Graml, Der Fall Oster, in: Vierteljahrshefte für Zeitgeschichte (VfZ), 14 (1966), S. 26 – 39. Romedio Galeazzo Graf von Thun-Hohenstein, Der Verschwörer. General Oster und die Militäropposition, Berlin 1982. General Beck notierte damals als seinen Eindruck, der Fall Fritsch »hat zwischen Hitler und dem Offizierkorps eine Kluft gerissen, auch in bezug auf das Vertrauen, die nie wieder zu überbrücken ist.« (Bundesarchiv-Militärarchiv [BA-MA], N 28/3, Bl. 43 – 45, Aufzeichnung vom 19.7.1938); vgl. Heinz Höhne, Canaris. Patriot im Zwielicht, München 1976.

[21] Vgl. Gerhard Ritter, Carl Goerdeler und die deutsche Widerstandsbewegung, Stuttgart 1956.

[22] Scheurig, Henning von Tresckow (wie Anm. 20).

[23] Hierzu vor allem Höhne, Canaris (wie Anm. 20), Kap. 8, und Thun-Hohenstein, Der Verschwörer (wie Anm. 20), S. 51 ff.

[24] So die Formulierung bei Peter Hoffmann, Widerstand-Staatsstreich-Attentat. Der Kampf der Opposition gegen Hitler, 3. Aufl., München 1979, S. 52.

[25] Vgl. Müller, Heer und Hitler (wie Anm. 16), S. 232 ff.

[26] Vgl. Ritter, Goerdeler (wie Anm. 21), S. 154 ff., 167 f.; Goerdeler sandte seine Reiseberichte u.a. auch an Goering und Hjalmar Schacht sowie an die Reichskanzlei (Wiedemann).

[27] Die britische Reaktion auf Goerdelers Information und die Beurteilung seiner Berichte schildert ausführlich und mit wertvollem dokumentarischen Material Arthur P. Young, The ›X‹-Documents, edited by Sidney Aster, London 1974, sowie Sidney Aster, 1939. The Making of the Second World War, London 1973, insbes. S. 43 – 49, 57, 230 ff., 345, 362.

[28] Vgl. hierzu und zum folgenden Deutsch, Das Komplott (wie Anm. 19), sowie die einschlägigen Kapitel bei Hoffmann, Widerstand (wie Anm. 24), Kap. III, und Müller, Heer und Hitler (wie Anm. 16), Kap. VI. Für Canaris vgl. Höhne, Canaris (wie Anm. 20), S. 244 ff.

[29] Der Hintergrund, vor dem diese Entwicklungen erfolgten, war die zunehmend kritische Einstellung, die in Teilen des von der Entwicklung des Regimes enttäuschten national-konservativen Milieus herrschte. Die sich ausbreitende Unzufriedenheit in diesen Kreisen, die 1933 weitestgehend die »nationale Erhebung« mit getragen hatten, ist jedoch keineswegs mit dem Begriff »Opposition« zu kennzeichnen. Sie war bestenfalls der Wurzelboden für die mögliche Entstehung einer solchen Opposition, nicht mehr, auch wenn manche dieser enttäuschten National-konservativen gegenüber dem Ausland diese geschilderte Stimmungslage in ihren Kreisen in Verkennung der Machtverhältnisse als Opposition auszugeben geneigt waren (vgl. beispielsweise die Ausführungen Victor von Koerbers gegenüber Mason MacFarlane [DBFP], 3. Serie, Bd II, Nr. 595, S. 65). Beck, Canaris und Friedrich Hoßbach dagegen waren zu dieser Zeit von derartigen Illusionen völlig frei.

[30] Hierzu Thun-Hohenstein, Der Verschwörer (wie Anm. 20), S. 57 – 80.

[31] Über Canaris: Höhne, Canaris (wie Anm. 20), Kap. 8; über Hoßbach vgl. Deutsch, Das Komplott (wie Anm. 19), und für Beck vgl. Müller, Heer und Hitler (wie Anm. 16), S. 262, 267 ff., 281 – 298, sowie ders., General Ludwig Beck. Studien und Dokumente zur politisch-militärischen Vorstellungswelt und Tätigkeit des Generalstabschefs des deutschen Heeres 1933 – 1938, Boppard 1980, Kap. III.

32 Abgedruckt in Müller, Heer und Hitler (wie Anm. 16), Dok. Nr. 34. Aufschlußreich für den Machtkampfcharakter ist die Formulierung »Befreiung der Wehrmacht« (nicht so primär der Nation!).

33 Hierzu und zum folgenden vgl. Helmuth K. G. Roennefarth, Die Sudetenkrise in der internationalen Politik. Entstehung, Verlauf, Auswirkung, 2 Bde, Wiesbaden 1961; sowie Müller, Ludwig Beck (wie Anm. 31), Kap. V und VI, und Blasius, Großdeutschland (wie Anm. 13), passim.

34 Dies suggeriert vor allem das Werk von Hoffmann, Widerstand (wie Anm. 24).

35 Hierzu und zum folgenden ausführlich Müller, Ludwig Beck (wie Anm. 31); eine Zusammenfassung der Ergebnisse dieses Buches in: Müller, Armee, Politik und Gesellschaft (wie Anm. 2), Abschnitt: Generaloberst Ludwig Beck. Generalstabschef des deutschen Heeres 1933–1938. Einige Reflexionen und neuere Forschungsergebnisse, S. 51–100.

36 Vgl. Gerd Rolf Ueberschär, Generaloberst Halder im militärischen Widerstand 1938–1940, in: Wehrforschung, 1 (1973), S. 20–31.

37 Vgl. dazu Höhne, Canaris (wie Anm. 20), passim.

38 Vgl. Blasius, Großdeutschland (wie Anm. 13).

39 Vgl. hierzu die gleichartige Überlegung Weizsäckers in einer Aufzeichnung vom Februar 1939 in bezug auf die Resttschechoslowakei (Weizsäcker-Papiere 1933–1950 [wie Anm. 14], S. 150).

40 Abgedruckt als Dokumente 31 und 43 bei Müller, Ludwig Beck (wie Anm. 31).

41 Ebd., Dok. Nr. 46, Aufzeichnungen vom 29.5.1938.

42 Akten zur Deutschen Auswärtigen Politik 1918–1945 (ADAP) Serie D, Bd 1, Nr. 21, und Weizsäcker-Papiere (wie Anm. 14), S. 126: Eintrag vom 19.4.1938.

43 Müller, Ludwig Beck (wie Anm. 31), Dok. Nr. 55.

44 Blasius, Großdeutschland (wie Anm. 13), Kap. 2, Abschnitt 1, speziell S. 41 ff.

45 Ebd., S. 49.

46 Weizsäcker-Papiere 1933–1950 (wie Anm. 14), S. 168: »Ribbentrop monopolisierte daher auch die tschechische Sache ganz auf sich.« Vgl. auch ebd., S. 145 (Aufzeichnung vom 9.10.1938), wo Weizsäcker im Rückblick auf die Godesberger Verhandlungen mit Chamberlain schreibt: »Es wäre der Gruppe, die den Krieg wollte, nämlich Ribbentrop und der SS, beinahe doch noch gelungen, den Führer zum Losschlagen zu veranlassen.«

47 So gegen die Mehrzahl der einschlägigen Untersuchungen Hoffmann, Widerstand (wie Anm. 24), S. 104 ff. und 685 f. (Dort auch die einschlägige Literatur).

48 So die überwiegende Mehrzahl der Literatur in Aufnahme der von Wolfgang Foerster (Generaloberst Ludwig Beck. Sein Kampf gegen den Krieg. Aus nachgelassenen Papieren des Generalstabschefs, München 1953) benutzten Formulierung.

49 Vgl. Höhne, Canaris (wie Anm. 20), S. 284 ff.; Thun-Hohenstein, Der Verschwörer (wie Anm. 20), S. 89 f., sieht eher Oberstleutnant Osters Einfluß auf Beck als entscheidend an.

50 Vgl. Blasius, Großdeutschland (wie Anm. 13), S. 51 ff.

51 Die in diesem Zusammenhang oft zitierten Denkschriften und Aufzeichnungen hoher Marine-Offiziere (Günther Guse, Helmut Heye) vom Juli 1938, in denen vor einem Kriegsrisiko gewarnt wurde, sind von Helmut Krausnick (Vorgeschichte und Beginn des militärischen Widerstandes gegen Hitler, in: Vollmacht des Gewissens, hrsg. von der Europäischen Publikation e.V., Bd 1, Frankfurt a.M., Berlin 1960, S. 177–384, hier S. 315 ff.) »zu unrecht als Widerstandshandlung« (so Michael Salewski, Die deutsche See-

kriegsleitung 1935–1945, Bd 1: 1935–1941, Frankfurt a.M. 1970, S. 45) überschätzt worden.

[52] Vgl. Becks Memorandum vom 16.7.1938 (abgedruckt bei Müller, Ludwig Beck [wie Anm. 31], Dok. Nr. 49/50), wo es heißt: »die Absicht der gewaltsamen Lösung des tschechischen Problems so lange zurückzustellen, bis sich die militärischen Voraussetzungen dafür grundlegend geändert haben. Zur Zeit halte ich sie für aussichtslos.«

[53] Ernst von Weizsäcker (Erinnerungen. Mein Leben, hrsg. von Richard von Weizsäcker, München, Leipzig, Freiburg i.Br. 1950) hat eine sehr vorsichtig formulierte Passage aufgenommen, nach der er zwar nie Mitglied einer auf Hitlers Beseitigung abzielenden Umsturzgruppe im Auswärtigen Amt gewesen sei, aber wie ein »Dazugehöriger« stets gehandelt und seit Sommer 1938 stets zu Hitlers Beseitigung geraten habe. Diese Aussage findet keinerlei Stütze in den Weizsäcker-Papieren, was immerhin in der Eigentümlichkeit konspirativer Verhaltensweisen seine Ursache finden mag. Allerdings kommt auch eine neuere eingehende Untersuchung zu dem Schluß (Blasius, Großdeutschland [wie Anm. 13], Kap. 3), daß keine Beteiligung Weizsäckers an Umsturzplanungen nachzuweisen sei.

[54] Belege hierfür bei Müller, Ludwig Beck (wie Anm. 14), Kap. IV; über die Feindlage-Einschätzung bezüglich Frankreich vgl. auch die Lagebeurteilung bei Hans Speidel, Aus unserer Zeit. Erinnerungen, Berlin, Frankfurt a.M., Wien 1977, S. 431–453: »Französischer Sicherheitsbegriff und französische Führung«; die Unterlagen zum Kriegsspiel des Generalstabes größtenteils in: BA-MA, Wi/IF 5.1502.

[55] Vgl. Anm. 46.

[56] So Weizsäcker-Papiere 1933–1950 (wie Anm. 14), S. 128 (22.5.1938: »Wir bluffen«) und S. 131 f. (Gefahren einer Bluff-Politik) sowie im Rückblick (9.10.1938), S. 145 (»Die Annahme ist daher unrichtig, daß der Führer etwa einen ganz großen und aufs höchste gesteigerten Bluff betrieben habe.«).

[57] Zu diesen Demarchen und Aktivitäten vgl. Bodo Scheurig, Ewald von Kleist-Schmenzin. Ein Konservativer gegen Hitler, Oldenburg, Hamburg 1968, S. 155 ff.; Krausnick, Vorgeschichte (wie Anm. 51), S. 307, 330 f., 340 f.; Roennefarth, Sudetenkrise (wie Anm. 33), Bd 1, Kap. 8; Helmuth Groscurth, Tagebücher eines Abwehroffiziers 1938–1940. Mit weiteren Dokumenten zur Militäropposition gegen Hitler, hrsg. von Helmuth Krausnick und Harold C. Deutsch unter Mitarbeit von Hildegard von Kotze, Stuttgart 1970, S. 102; Erich Kordt, Nicht aus den Akten. Die Wilhelmstraße in Frieden und Krieg. Erlebnisse, Begegnungen und Eindrücke 1928–1945, Stuttgart 1950, S. 228 ff.; Höhne, Canaris (wie Anm. 20), S. 287 ff.; Weizsäcker-Papiere 1933–1950 (wie Anm. 14), S. 143 f.

[58] Vgl. Blasius, Großdeutschland (wie Anm. 13), S. 60 f.

[59] Vgl. Weizsäcker-Papiere 1933–1950 (wie Anm. 14), S. 169: »Ein entschiedener Gegner des Krieges war der Chef des Generalstabes Beck. Dieser sagte mir Anfang August, er gehe weg. Denn er wolle die Verantwortung für das kommende Unheil nicht mittragen. Meine Versuche, ihn umzustimmen, beantwortete er damit, daß man im Moment der Krise als Soldat nicht gehen könne, also müsse man es vorher tun. Für mich war er anderer Meinung, da der Politiker anders als der Soldat bis zum Schluß Möglichkeiten habe, abzuwenden.« (Aufzeichnungen von Mitte Oktober 1939).

[60] Zur Rolle der Gebrüder Theo und Erich Kordt im Auswärtigen Amt, über den Kreis um diese und deren Kontakte mit anderen Oppositionellen vgl. Blasius, Großdeutschland (wie Anm. 13), S. 55 f. und 141 ff. (mit entsprechenden Quellen und Literatur).

61 Bezügl. Goerdeler vgl. Sidney Aster, Carl Goerdeler and the Foreign Office, in: Young, The ›X‹-Documents (wie Anm. 27), Appendix, S. 219 – 240 und ders., 1939, Second World War (wie Anm. 27); bezügl. von Koerber vgl. DBFP (wie Anm. 18), Bd II, Nr. 594, 595, 658 und Ewan Butler, Mason Mac, The Life of Lt.-General Sir Noel Mason-Macfarlane, London 1972, S. 74.

62 Hierzu vgl. die Arbeiten von Aster, 1939 (wie Anm. 27); Josef Henke, England in Hitlers politischem Kalkül 1935 – 1939, Boppard 1973; Wolfgang Michalka, Ribbentrop und die deutsche Weltpolitik, 1939 – 1940. Außenpolitische Konzeptionen und Entscheidungsprozesse im 3. Reich, München 1980; sowie Weizsäcker-Papiere 1933 – 1950 (wie Anm. 14). In der einschlägigen Literatur wird immer noch zu wenig unterschieden zwischen offiziellen, offiziösen und konspirativen Kontakten mit dem Ausland. Vgl. auch den Aufsatz von Oswald Hauser, England und der deutsche Widerstand im Spiegel britischer Akten, in: Weltpolitik, Europagedanke, Regionalismus. Festschrift für Heinz Gollwitzer zum 65. Geburtstag, hrsg. von Hans Dollinger, Horst Gründer, Alwin Hanschmidt, Münster 1982.

63 Blasius, Großdeutschland (wie Anm. 13), S. 51 ff., versucht eine analytische Unterscheidung in »Einflußnahme auf dem Dienstweg«, »Einwirkungen von innen« und »Beeinflussung von außen«; dann aber übernimmt er (S. 57) Weizsäckers eigene Nachkriegsformulierungen zur Kennzeichnung der Henderson-Weizsäcker-Gespräche:»Konspiration mit dem potentiellen Gegner zum Zwecke der Friedenssicherung« (Weizsäcker, Erinnerungen [wie Anm. 53], S. 178). Hier ist der Ausdruck »Konspiration« gewiß unangebracht, eher könnte man von »persönlicher Diplomatie« oder höchstens von »Gegen-Diplomatie« des Staatssekretärs sprechen, von »Opposition mit den Mitteln des Ressorts«.

64 Ausführliche Darstellung der Entwicklung bei Hoffmann, Widerstand (wie Anm. 24), Kap. IV/4, sowie die eingehende Analyse bei Müller, Heer und Hitler (wie Anm. 16), Kap. VIII (»Die September-Verschwörung«); vgl. auch den Überblick von Ueberschär, Generaloberst Halder (wie Anm. 36), S. 20 – 31.

65 Politisch wichtig dabei waren die Fühlung zwischen Halder und Schacht sowie die über Gisevius laufenden lockeren Kontakte zu Goerdeler; technisch wertvoll waren die Beziehungen zu Polizeipräsident Wolf Heinrich Graf von Helldorf und dessen Vize Fritz-Dietlof Graf von der Schulenburg; lockere Beziehungen hatte die Gruppe um Friedrich Wilhelm Heinz zu einigen ehemaligen Gewerkschaftlern (Wilhelm Leuschner).

66 Einzelheiten über die Planung Osters bei Hoffmann, Widerstand (wie Anm. 24), S. 118 ff.; Müller, Heer und Hitler (wie Anm. 16), S. 369, und Thun-Hohenstein, Der Verschwörer (wie Anm. 20), S. 100 – 118. Hinzuweisen ist im übrigen auf die Tatsache, daß die Quellenbasis, auf der die einschlägigen Untersuchungen beruhen, außergewöhnlich schmal und qualitativ sehr schlecht ist. Es handelt sich ausschließlich um nachträgliche Aussagen.

67 Brauchitsch wurde in der Krise der deutsch-britischen Verhandlungen vom 26. bis 29.9. von Halder und Witzleben offensichtlich in die Antikriegsaktivitäten einbezogen; unklar bleibt, ob er über die geplante Aktion informiert worden ist. Weizsäcker dagegen lehnte damals einen Sturz Hitlers als zu risikoreich ab, hatte aber Kontakte zu den Verschwörern; Blasius, Großdeutschland (wie Anm. 13), S. 160.

68 Vgl. die Formulierungen in Goerdelers Brief vom 11.10.1938 bei Ritter, Goerdeler (wie Anm. 21), S. 198, und die Tagebuch-Eintragung bei Ulrich von Hassell, Vom anderen Deutschland. Aus den nachgelassenen Tagebüchern 1938 – 1944, 2. Aufl., Zürich,

Freiburg i.Br. 1946, S. 18; vgl. auch die Äußerung Hendersons in einem Brief an Halifax vom 6.10.1938: »Dadurch, daß wir den Frieden gerettet haben, haben wir Hitler und sein Regime gerettet« (Rudi Strauch, Sir Nevile Henderson. Britischer Botschafter in Berlin von 1937 bis 1939. Ein Beitrag zur diplomatischen Vorgeschichte des Zweiten Weltkrieges, Bonn 1959, S. 176).

[69] Erst am 24. September gelang es den Verschwörern, einen für den Stoßtrupp-Einsatz benötigten Grundriß-Plan der Reichskanzlei zu erhalten (Kordt, Nicht aus den Akten [wie Anm. 57], S. 263); Halder monierte, Witzleben habe sich nicht genügend um die Detailplanung gekümmert (Ritter, Goerdeler [wie Anm. 21], S. 479, Anm. 75); vgl. auch Müller, Heer und Hitler (wie Anm. 16), S. 360 und 375.

[70] Zusammenfassung des Forschungsstandes bei Hoffmann, Widerstand (wie Anm. 24), Kap. IV, Abschn. 1 und 2, sowie mit anderer Wertung Müller, Heer und Hitler (wie Anm. 16), Kap. IX.

[71] Vgl. z.B. die Eintragung Hassells (Vom anderen Deutschland [wie Anm. 68], S. 66 f.) in sein Tagebuch vom 7.8.1939 über eine Mitteilung eines Vertrauten aus dem Auswärtigen Amt: »Ribbentrop benimmt sich wie ein [...] Verrückter [...]. Göring scheint noch am vernünftigsten, will aber [...] ›nicht wieder als Feigling verschrieen werden‹. Von den Generalen sei nichts zu hoffen. Von Keitel ganz zu schweigen, doch sei auch Brauchitsch ganz in den Händen der Partei. Klaren Kopf behielten wenige: Halder, Canaris, Thomas.«

[72] Hierzu vgl. Müller, Heer und Hitler (wie Anm. 16), Kap. IX, besonders S. 399 – 405.

[73] Vgl. das kritische Urteil eines Beteiligten: Hans Bernd Gisevius, Bis zum bitteren Ende. Vom Reichstagsbrand bis zum 20. Juli 1944 (Sonderausgabe), Hamburg 1964, S. 403 f. Auch die Besetzung der Rest-Tschechei wurde – wie Beck feststellte – nicht zum aufrüttelnden Ereignis (ebd., S. 389). Vgl. auch Thun-Hohenstein, Der Verschwörer (wie Anm. 20), S. 119 – 126.

[74] Lediglich die von Weizsäcker nicht angeregten und mit ihm in wesentlichen Punkten nicht abgestimmten Demarchen, welche die Gebrüder Kordt im Juni 1939 in London unternahmen, sollen neben Einwirkungen auf die britische Regierung, damit diese Hitler durch eine deutliche Warnung vom Kriege abhalte, auch zum Zweck gehabt haben, eine öffentliche britische Erklärung gegen Hitlers Kriegspolitik zu initiieren, welche ein auslösender Faktor für die Destabilisierung des Regimes sein sollte (vgl. hierzu die Belege und die kritische Analyse bei Blasius, Großdeutschland [wie Anm. 13], S. 141 ff.). Hier könnte ein schwacher Berührungspunkt zwischen der Anti-Kriegs-Politik und gewissen Umsturzüberlegungen zu jener Zeit liegen; allerdings sieht man angesichts der damaligen Disparatheit der radikalen Opposition nicht, wie und durch wen ein derartiger Umsturz in Deutschland als Folge einer öffentlichen britischen Erklärung hätte durchgeführt werden sollen. So eindeutig die Demarchen der Kordts in London belegt sind, so wenig erkennbar sind konkrete Ansätze eines Umsturzplanes oder gar entsprechende Vorbereitungen.

[75] Vgl. Müller, Heer und Hitler (wie Anm. 16), Kap. IX, sowie Höhne, Canaris (wie Anm. 20), S. 318 f. und 329 f. Im übrigen scheint Keitel sich zeitweilig tatsächlich bei Hitler für eine Vermeidung des Krieges eingesetzt zu haben. Generalfeldmarschall Keitel – Verbrecher oder Offizier? Erinnerungen, Briefe, Dokumente des Chefs OKW, hrsg. von Walter Görlitz, Göttingen, Berlin, Frankfurt a.M. 1961, S. 208.

[76] Hierzu vgl. Weizsäckers Rückschau vom Oktober 1939, in: Weizsäcker-Papiere 1933 – 1950 (wie Anm. 14), S. 172, sowie Michalka, Ribbentrop (wie Anm. 62), Kap. IV,

und Blasius, Großdeutschland (wie Anm. 13), S. 92 ff. und 117 ff., sowie Henke, England (wie Anm. 62), Kap. III.

77 So Blasius, Großdeutschland (wie Anm. 13), S. 91.

78 Für die britische Seite: Aster, 1939 (wie Anm. 27); im übrigen vgl. Hoffmann, Widerstand (wie Anm. 24), S. 138 ff.

79 Vgl. Höhne, Canaris (wie Anm. 20), Kap. 9.

80 Allgemein zu Oster vgl. Thun-Hohenstein, Der Verschwörer (wie Anm. 20), S. 120 – 133.

81 Das bekannteste Beispiel ist jener zu den genannten Zwecken frisierte Text der Hitler-Rede vom 22.8.1939, der den Briten zugespielt wurde. Vgl. Müller, Heer und Hitler (wie Anm. 16), S. 409 – 413.

82 Blasius, Großdeutschland (wie Anm. 13), S. 162.

83 Ebd., S. 98 ff.

84 Vgl. das Resümee der Analyse von Blasius, ebd., S. 162: Weizsäcker »verachtete zwar das nationalsozialistische Regime, ist jedoch aufgrund seines Verhaltens während der Krisen um die Tschechoslowakei und Polen nicht als ein ›Mann des Widerstandes‹ gegen Hitler zu betrachten. Weizsäcker setzte nämlich auf die Vernunft des ›Führers‹, und um dessen Entscheidungen glaubte er mit dem ›Kriegstreiber‹ Ribbentrop zu ringen.«

85 (Zitat nach Aster, 1939 [wie Anm. 27], S. 230 f.).

86 Gisevius, Bis zum bitteren Ende (wie Anm. 73), S. 403 f.

87 Das zeigen die bei Aster, 1939, Second World War (wie Anm. 27), ausgewerteten Materialien sehr eindrucksvoll. Im übrigen hatten die Briten es ja auch mit offiziellen Abgesandten Hitlers zu tun, die außerhalb der diplomatischen Routine nach London kamen, wie Wiedemann, Reichenau u.a.

88 Zum Beispiel schlug Schwerin den Briten vor, als Demonstration einen Flottenverband in die Ostsee zu entsenden, während zur gleichen Zeit Weizsäcker sich bemühte, Hitler aus Entspannungsgründen den Plan auszureden, einen deutschen Flottenverband nach Danzig zu schicken. (Zur Schwerin-Mission: Aster, 1939, Second, World War [wie Anm. 27], S. 235, 237 f.).

89 Weizsäcker-Papiere 1933 – 1950 (wie Anm. 14), S. 163 (31.8.1939).

90 Zu Canaris vgl. Höhne, Canaris (wie Anm. 20), S. 302 f. und 320 ff., sowie Groscurth, Tagebücher (wie Anm. 57), S. 171, 173 (»Die große Reichstagsrede des Führers gibt nun die Arbeit gegen Polen frei. Das ist gut und wurde Zeit.«) und S. 178 ff.; zu Weizsäcker vgl. Weizsäcker-Papiere 1933 – 1950 (wie Anm. 14), S. 150 ff. und 175 f. (Zitat dort, S. 157, Eintragung vom 30.7.1939); zu Halder vgl. die bei Müller, Heer und Hitler (wie Anm. 16), S. 545 f. und 567 angeführten Belege für Halders grundsätzliche Anglophobie und seine innere Zustimmung zu einer »Regelung« der Frage der Ostgrenzen; Halder schrieb am 15.10.1965 dem Verfasser: »Daß England der eigentliche Treiber im Kampf der Westmächte gegen Deutschland war, habe ich nie bezweifelt.«

91 Hierzu vgl. Karl Dietrich Bracher, Auf dem Wege zum 20. Juli 1944, in: Richard Löwenthal und Patrik von zur Mühlen (Hrsg.), Widerstand und Verweigerung in Deutschland 1933 bis 1945, Berlin, Bonn 1982, S. 143 – 172, hier S. 148 f., und ders., Die deutsche Diktatur. Entstehung, Struktur, Folgen des Nationalsozialismus, 5. Aufl., Köln 1976, S. 469 f., sowie Peter Hoffmann, Widerstand gegen Hitler. Probleme des Umsturzes, München 1979, S. 37 ff.

92 Zum folgenden Harold C. Deutsch, Verschwörung gegen den Krieg. Der Widerstand in den Jahren 1939 – 1940, München 1969, und allgemein Hoffmann, Widerstand (wie

Anm. 24), S. 154 – 219; ebenso Ueberschär (wie Anm. 36), S. 25 ff., sowie Müller, Heer und Hitler (wie Anm. 16), Kap. XI.

[93] Über Bonhoeffer vgl. Eberhard Bethge, Dietrich Bonhoeffer. Theologe-Christ-Zeitgenosse, 3. Aufl., München 1970.

[94] Josef Müller, Bis zur letzten Konsequenz. Ein Leben für Frieden und Freiheit, München 1975.

[95] Groscurth, Tagebücher (wie Anm. 57), S. 43 ff.

[96] Kordt, Nicht aus den Akten (wie Anm. 57), S. 320 ff.

[97] Helmut Krausnick und Hans-Heinrich Wilhelm, Die Truppe des Weltanschauungskrieges. Die Einsatzgruppen der Sicherheitspolizei und des SD 1938 – 1942, Stuttgart 1981 (= Quellen und Darstellungen zur Zeitgeschichte, Bd 22).

[98] Thun-Hohenstein, Der Verschwörer (wie Anm. 20), S. 153 ff.

[99] Vgl. hierzu Deutsch, Verschwörung (wie Anm. 92), Kap. VII, und Hoffmann, Widerstand (wie Anm. 24), S. 158 ff.

[100] Zum Verhalten des OB der H.Gr. C, Generaloberst Wilhelm Ritter von Leeb, der dem Vorhaben Halders relativ positiv gegenüberstand, vgl. den einleitenden Lebensabriß bei Georg Meyer, Generalfeldmarschall Wilhelm Ritter von Leeb. Tagebuchaufzeichnungen und Lagebeurteilungen aus zwei Weltkriegen. Aus dem Nachlaß hrsg. und mit einem Lebensabriß versehen von Georg Meyer, Stuttgart 1976 (= Beiträge zur Militär- und Kriegsgeschichte, Bd 16), S. 49 – 59.

[101] Vgl. hierzu außer der Arbeit von Deutsch, Das Komplott (wie Anm. 19), Bernd Martin, Friedensinitiativen und Machtpolitik im Zweiten Weltkrieg 1939 – 1942, Düsseldorf 1974, sowie die Zusammenfassung bei Hoffmann, Widerstand (wie Anm. 24). Insbesondere auch Peter W. Ludlow, Papst Pius XII., Die britische Regierung und die deutsche Opposition im Winter 1939/40, in: VfZ, 22 (1974), S. 299 – 341, und ders., The Unwinding of Appeasement, in: Lothar Kettenacker (Hrsg.), Das »Andere Deutschland« im Zweiten Weltkrieg. Emigration und Widerstand in internationaler Perspektive, Stuttgart 1977, S. 9 – 48.

[102] Die Vermutungen Ger van Roons, Widerstand im Dritten Reich, München 1979, S. 133, über Widerstandspläne 1941 beruhen, wie der Verf. selbst betont, auf sehr unsicherer Überlieferung.

[103] Über die außen- und gesellschaftspolitischen Vorstellungen der national-konservativen Opposition vgl. Herman Graml, Die außenpolitischen Vorstellungen des deutschen Widerstandes, in: Walter Schmitthenner und Hans Buchheim (Hrsg.), Der deutsche Widerstand gegen Hitler. Vier historisch-kritische Studien, Köln 1966, S. 15 – 72; Hans Mommsen, Gesellschaftsbild und Verfassungspläne des deutschen Widerstandes, ebd., S. 73 – 167; Wilhelm Ritter von Schramm (Hrsg.), Beck und Goerdeler. Gemeinschaftsdokumente für den Frieden, 1941 – 1944, München 1965; Klaus-Jürgen Müller, Staat und Politik im Denken Ludwig Becks. Ein Beitrag zur politischen Ideenwelt des deutschen Widerstandes, in: HZ, 215 (1972), S. 607 – 631.

[104] Vgl. die Biographie von Scheurig über Tresckow (wie Anm. 20) und zum Gesamtkomplex Hoffmann, Widerstand (wie Anm. 24), Kap. IX, sowie van Roon, Widerstand (wie Anm. 102), S. 133 ff.

[105] Vgl. hierzu Ger van Roon, Hermann Kaiser und der deutsche Widerstand, in: VfZ, 24 (1976), S. 259 – 286, und Hoffmann, Widerstand (wie Anm. 24), S. 336 ff.

[106] Zu Kreisau siehe Ger van Roon, Neuordnung im Widerstand. Der Kreisauer Kreis innerhalb der deutschen Widerstandsbewegung, München 1967; ders., Widerstand (wie

Anm. 102), Kap. 10; ders., German Resistance to Hitler. Count von Moltke and his Circle, London 1971, sowie Freya Gräfin von Moltke, Aus dem Kreisauer Kreis, in: Löwenthal/von zur Mühlen (wie Anm. 91), S. 173 – 176.

[107] Zu Yorck vgl. außer van Roon, Neuordnung (wie Anm. 106), S. 76 – 87 noch immer Hoffmann, Widerstand (wie Anm. 24), passim.

[108] Hoffmann, Widerstand (wie Anm. 24), S. 432 ff.

[109] Christian Müller, Oberst i.G. Stauffenberg. Eine Biographie, Düsseldorf 1970; Bodo Scheurig, Claus Graf Schenk von Stauffenberg, Berlin 1964. Joachim Kramarz, Claus Graf Stauffenberg. 15. November 1907 – 20. Juli 1944. Das Leben eines Offiziers, Frankfurt a.M. 1965; Kurt Finker, Stauffenberg und der 20. Juli 1944, 3. Aufl., Berlin (Ost) 1972.

[110] Hierzu vgl. Hoffmann, Widerstand gegen Hitler (wie Anm. 91), S. 54 ff.

[111] Nicht alle Verschwörer konnten sich dem Attentatsgedanken öffnen, so z.B. Goerdeler (vgl. Ritter, Goerdeler [wie Anm. 21], S. 390 ff. und 409 f.). Auch Rommel lehnte ein Attentat ab (vgl. Hans Speidel, Invasion 1944. Ein Beitrag zum Rommels und des Reiches Schicksal, Frankfurt a.M., Berlin, Wien 1979, S. 64). Vgl. hierzu die Ausführungen bei Hoffmann, Widerstand gegen Hitler (wie Anm. 91), S. 66 ff.

[112] Vgl. hierzu die Ausführungen bei Hoffmann, Widerstand gegen Hitler (wie Anm. 91), S. 66 f.

[113] Vgl. hierzu die detaillierte Darstellung bei Hoffmann, Widerstand (wie Anm. 24), S. 346 – 360 und den Überblick bei van Roon, Widerstand (wie Anm. 102), S. 134 ff. und 175 ff.

[114] Vgl. Hoffmann, Widerstand gegen Hitler (wie Anm. 91), S. 52 ff.

[115] Thun-Hohenstein, Der Verschwörer (wie Anm. 20), S. 236 ff.

[116] Vgl. die Übersicht bei Hoffmann, Widerstand gegen Hitler (wie Anm. 91), S. 43 f.

[117] Über die Planung und den Ablauf der Ereignisse am 20.7.1944 vgl. ebd., S. 73 – 89, und ders., Widerstand (wie Anm. 24), S. 468 ff. und 488 – 540, sowie Müller, Stauffenberg (wie Anm. 109), S. 400 – 509.

[118] Texte der Aufrufe und Ansprachen einschließlich des Tagesbefehls an die Wehrmacht abgedr. in: 20. Juli 1944, bearb. von Erich Zimmermann und Hans-Adolf Jacobsen, hrsg. von der Bundeszentrale für Heimatdienst, 3. Aufl., Bonn 1960, S. 159 – 176.

[119] Ausführliche Darstellung des Ablaufes und Erörterung der damit verbundenen Probleme bei Hoffmann, Widerstand (wie Anm. 24), Kap. XI.

[120] Über die Vorgänge in Paris vgl. Wilhelm Ritter von Schramm, Aufstand der Generale. Der 20. Juli in Paris, 2. Aufl., München 1964; über jene in den Wehrkreisen: Hoffmann, Widerstand (wie Anm. 24), S. 540 – 568.

[121] Vgl. die Tresckow zugeschriebenen Worte: »Das Attentat muß erfolgen, coûte que coûte. Sollte es nicht gelingen, so muß trotzdem in Berlin gehandelt werden. Denn es kommt nicht mehr auf den praktischen Zweck an, sondern darauf, daß die deutsche Widerstandsbewegung vor der Welt und vor der Geschichte den entscheidenden Wurf gewagt hat. Alles andere ist daneben gleichgültig.« (zitiert nach Hoffmann, Widerstand [wie Anm. 24], S. 462).

Helmut Krausnick

Zum militärischen Widerstand gegen Hitler 1933 bis 1938.
Möglichkeiten, Ansätze, Grenzen und Kontroversen

Der deutsche Widerstand gegen Hitler ist seit dem Ende des Zweiten Weltkrieges, insbesondere seit Mitte der sechziger Jahre, in Wissenschaft und Publizistik immer wieder Gegenstand lebhafter Diskussion gewesen. Als ein fraglos positiv zu bewertendes Ergebnis dieser Diskussion muß man verbuchen, daß sie dazu beigetragen hat, den Widerstand vor einer unangemessenen Glorifizierung zu bewahren. Beide Feststellungen gelten auch für Opposition und Widerstand, die sich von seiten Angehöriger der Wehrmacht gegen Hitler und den Nationalsozialismus gerichtet haben.

Im Rahmen der erwähnten Diskussion ist der älteren deutschen Geschichtsschreibung zu unserem Thema der allgemeine Vorwurf gemacht worden, sie habe den von Gruppen der politischen Linken geleisteten Widerstand gleichsam »links liegengelassen«; dagegen habe sie den hinter dem Umsturzversuch vom 20. Juli 1944 stehenden bürgerlich-konservativen Kreisen und den mit diesen verbundenen Offizieren, ihren Motiven und politischen Vorstellungen eine unverhältnismäßig ausgedehnte und allzu positive Darstellung gewidmet. In der Tat hat das publizistische und wissenschaftliche Interesse zunächst ganz überwiegend der Geschichte und Vorgeschichte der Aktion vom 20. Juli gegolten. Dies geschah einmal schon deshalb, weil sie spektakulär war und ihr Ziel, Hitler zu töten, nur knapp verfehlt hatte; ferner – und zwar in hohem Maße – deswegen, weil die Aktion sich nach 1945 am ehesten gegen eine restlose Gleichsetzung des deutschen Volkes, nicht zuletzt seiner ehemals führenden Schichten, mit dem Nationalsozialismus geltend machen ließ; und endlich auch, weil es sich leider als notwendig erwies, den Umsturzversuch bzw. seine Träger gegen den besonders – aber nicht allein – von rechtsextremen Kreisen erhobenen Vorwurf des Landesverrats zu verteidigen. Unleugbar ist dabei manches »geschönt«, sind manche Argumente, Motive oder Ziele der Beteiligten unter dem ausschließlichen Aspekt des Widerstandes verkannt und »moralisch« akzentuiert worden, statt politisch interpretiert zu werden.

Inzwischen aber ist das Pendel zu stark nach der anderen Seite ausgeschlagen. Die soziologische Betrachtungsweise, an der die Geschichtswissenschaft es lange fehlen ließ, bringt in dem seither erfolgten Ausmaß ihrer Anwendung Gefahren der Generalisierung und Pauschalisierung mit sich und läßt individu-

elle Momente und Motive leicht zu kurz kommen. Wurde früher der Umfang
der »Kollaboration« von Hitlergegnern mit dem Regime heruntergespielt, so
wird heute auch eine begrenzte oder durch besondere Umstände bedingte Kollaboration mit ihm von manchen Betrachtern mit einer »echten« Ablehnung des
Nationalsozialismus für mehr oder weniger unvereinbar gehalten. Wohl haben
Nationalismus und Antikommunismus gerade bei vielen Offizieren eine positive
Einstellung zum Nationalsozialismus bewirkt; in anderen Fällen aber haben sie
sich mit aktivem Widerstand gegen Hitler als durchaus vereinbar erwiesen, und
zwar bevor in den Augen der Betreffenden eine Bolschewisierung Deutschlands
drohte. Gewiß: Demokratische Zukunftsziele haben für die Angehörigen des
bürgerlich-konservativen und besonders des militärischen Widerstandes – unbeschadet ihres Bekenntnisses zum Rechtsstaat – keine Rolle gespielt. Daß jedoch
die an aktivem Widerstand beteiligten Angehörigen bürgerlich-konservativer
Kreise – ursprünglich notorische Vertreter der Staatsloyalität – und die mit
ihnen verbundenen Offiziere *ohne* die Überzeugung von der moralischen Ver-
werflichkeit des herrschenden Regimes bis zum Äußersten geschritten wären,
wird man ausschließen müssen. Man darf dabei gewiß nicht verkennen, daß nur
eine zahlenmäßig geringe Minderheit von Offizieren aktiven Widerstand geleistet hat. Der Kreis der Sympathisanten dürfte jedoch weit größer gewesen sein,
als bisher angenommen wird. Berücksichtigt man schließlich, daß wir in
Deutschland jahrhundertelang eine weitgehend militarisierte Gesellschaft hatten, so wird man den Anschlag deutscher Soldaten auf ihren sogenannten
Obersten Kriegsherrn als ein singuläres Faktum betrachten dürfen, das Respekt
verdient.

I.

In einer anläßlich der 50. Wiederkehr der Machtübernahme Hitlers ausgestrahl-
ten Fernseh-Sendung wurde die Frage zu klären versucht, warum bestimmte
Institutionen bzw. deren Träger die Berufung Hitlers »nicht verhindert« hätten.
An den bei der Aufzeichnung dieser Sendung noch lebenden General a.D.
Adolf Heusinger erging die Frage, warum dies damals nicht von seiten der
Reichswehr geschehen sei. In seiner Antwort hierauf betonte Heusinger wiederholt, Hitler sei eben auf legalem Wege deutscher Kanzler geworden. – Mit
der Legalität der Ernennung Hitlers hatte es nun freilich eine besondere Be-
wandtnis. »Diese Ernennung« – so hat ein nationalsozialistischer Verfassungs-
rechtler von geistigem Rang zwar gesagt – »war selbstverständlich ›legal‹ im
Sinne der äußeren Buchstabentreue; aber« – so hat er ehrlicherweise hinzugefügt – »niemand wird behaupten, daß es dem inneren Sinn der Weimarer Verfassung entsprochen hätte, daß hier ihr geschworener Feind an die Spitze des
Reiches gestellt wurde[1].« Überdies hatte Reichspräsident Paul von Hindenburg
noch im August und im November 1932 erklärt, »er könne es vor Gott, seinem

Gewissen und dem Vaterland nicht verantworten, einer Partei die gesamte Regierungsgewalt zu übertragen, noch dazu einer Partei«, deren Regierung »sich zwangsläufig zu einer Parteidiktatur entwickeln« würde[2]. Und Hitler selbst hatte schon 1930 seinem damals auf die Legalität seiner politischen Betätigung geleisteten Eid die Auslegung gegeben, die Verfassung schreibe nur den Boden des Kampfes vor, nicht aber das Ziel, und bezeichnenderweise hinzugefügt: »Wir werden dann allerdings, wenn wir die verfassungsmäßigen Rechte besitzen, den Staat in die Form gießen, die wir als die richtige ansehen[3].« In Anbetracht der zynischen Offenheit, mit der Hitler sich hier zu der Absicht bekannt hat, nach der Übernahme der Regierung mit Hilfe der formal sich bietenden Handhabe den Geist der Weimarer Verfassung zu mißachten, muß die Legalität der Ernennung eines Hitler zum Reichskanzler *der Sache nach* meines Erachtens als fragwürdig bezeichnet werden. Andererseits ging in der Weimarer Zeit, also bis 1933, die herrschende Auslegung der Verfassung dahin, daß es zu den Befugnissen des Reichspräsidenten gehörte, einen Kanzler zunächst einmal nach eigenem Ermessen zu berufen (ja, daß mit der verfassungsändernden Zweidrittelmehrheit auch die Verfassung selbst beseitigt werden durfte). So konnte man – kann man – die Berufung Hitlers unter den damals gegebenen rechtlichen Voraussetzungen als *der Form nach* legal betrachten. Es wäre schon deshalb kaum gerechtfertigt, selbst von solchen damaligen hohen Kommandeuren der Reichswehr, die sich zur Wahrung und Sicherung der – unabhängig von den Sondervollmachten des Reichspräsidenten gültigen – allgemeinen freiheitlichen Prinzipien der Weimarer Verfassung verpflichtet gefühlt hätten, aus unserer Rückschau heraus zu verlangen, von ihrer obersten Führung den bewaffneten Einsatz der Reichswehr zwecks Verhinderung der Berufung Hitlers zum Reichskanzler zu fordern.

In diesem Zusammenhang liegt die – sehr viel realistischere – Frage nahe, ob sich die Reichswehr gegenüber einem etwaigen Versuch der Nationalsozialisten in den Jahren 1930 bis 1933, gewaltsam die Macht an sich zu reißen, als zuverlässig erwiesen hätte. Die Frage darf im ganzen wohl bejaht werden. Immerhin liegt hierzu von dem ehemaligen Befehlshaber im Wehrkreis V Stuttgart, General a.D. Curt Liebmann, ein bemerkenswertes Zeugnis aus der Rückschau von 1951 vor. Danach war Liebmann um die Jahreswende 1932/33 der Meinung, daß im Falle eines Gewaltaktes der SA »die nationalsozialistischen Sympathien in der Truppe stark in Rechnung gestellt werden« mußten, »wenn auch anzunehmen« gewesen sei, »daß bei entschlossener Führung die militärische Disziplin gesiegt haben würde«. Jedenfalls seien ihm, Liebmann, »wiederholte Unterredungen« mit seinem Chef des Stabes, Oberst Heinz Höring, in Erinnerung geblieben, »bei denen wir uns entschlossen,« – so heißt es weiter – »Vorbereitungen dafür zu treffen, daß Kommandeure und Offiziere, deren nationalsozialistische Einstellung bekannt war, gegebenenfalls sofort festgesetzt werden konnten«[4]. Nach dem Zeugnis des Generals a.D. Eugen Ott, seinerzeit Chef der Wehrmachtabteilung des Reichswehrministeriums, war es übrigens »in dem

isolierten Ostpreußen [...] am wenigsten gelungen, [die Truppe] von den nationalsozialistischen Einflüssen fernzuhalten«[5].
  Wie stand nun der am 2. Dezember 1932 zum Reichskanzler ernannte General Kurt von Schleicher Ende Januar 1933 zu der Frage bzw. Möglichkeit
einer Verhinderung der Berufung Hitlers zum Regierungschef? Schleicher ging
von der – bis in den Januar 1933 hinein berechtigten – Überzeugung aus, daß
der Reichspräsident von Hindenburg an seiner im August 1932 eindeutig erklärten Ablehnung, Hitler zum Reichskanzler zu ernennen, festhalten würde.
Falls es nicht gelang, die NSDAP bzw. prominente Angehörige von ihr trotzdem zu einer Beteiligung an der Regierung oder wenigstens zu politischer Mitarbeit zu bewegen, war Schleicher bereit, es auch auf einen Kampf mit den
Nationalsozialisten ankommen zu lassen. Für diesen Kampf waren »alle Vorbereitungen sorgfältig getroffen«, wie er in einer am 30. Januar 1934 der »Vossi-
schen Zeitung« übersandten, von ihr aber – angesichts der im »Dritten Reich«
beschränkten Pressefreiheit – natürlich nicht publizierten Leserzuschrift offen
erklärte. Der Kampf, so fuhr Schleicher in seinem Leserbrief-Entwurf fort,
hätte seiner »festen Überzeugung nach [auch] zum Erfolg geführt [...], wenn
nicht plötzlich die feierlich zugesagte Unterstützung des R[eichs]-Pr[äsidenten]
ausgeblieben wäre«[6]. Unter dieser »Unterstützung« verstand Schleicher die Bereitschaft des Reichspräsidenten, nicht nur den Reichstag aufzulösen, sondern
auch dessen Neuwahl über die von der Verfassung zwingend vorgeschriebene
Frist von 60 Tagen hinaus zu verschieben. Eine solche Zusage im Sinne eines
eindeutigen Abweichens von Artikel 25 der Weimarer Verfassung hatte Hindenburg – was bisher kaum die gebührende Beachtung gefunden hat – bereits
in einer Besprechung mit dem damaligen Reichskanzler Franz von Papen sowie
Schleicher und dem Innenminister Freiherr Wilhelm von Gayl am 30. August
1932 tatsächlich gegeben[7]. Und auch im November 1932 konnte Papen mit der
Bereitschaft Hindenburgs zu einem solchen Verfassungsbruch rechnen, als
dieser ihn damals trotz fehlender parlamentarischer Unterstützung wieder zum
Kanzler machen wollte[8]. Doch versagte bekanntlich die große Mehrheit der
Minister unter führender Beteiligung Schleichers dem jeder tragfähigen Regie-
rungsbasis entbehrenden Papen die Gefolgschaft – was Hindenburg zu seinem
Leidwesen zur Entlassung Papens nötigte und, wie gesagt, am 2. Dezember
1932 zur Betrauung Schleichers mit dem Kanzleramt[9]. Als Papen, durch das
Verhalten Schleichers zu dessen Gegner und zum Befürworter einer Kanzler-
schaft Hitlers geworden, nach zielstrebigen Verhandlungen hinter Schleichers
Rücken Hindenburg an Stelle von immerhin riskanten Manipulationen mit der
Reichsverfassung schließlich die Möglichkeit eines auf alle Gruppen der politischen Rechten gestützten Kabinetts vortrug, in dem eine beträchtliche Mehrheit
bürgerlich-konservativer Minister den gefährlichen Führer der NSDAP »ein-
rahmen« würde, ließ sich Hindenburg nach längerem Widerstreben dazu bewegen, Hitler am 30. Januar zum Reichskanzler zu ernennen.

Alle wohlerwogenen und – aus der Rückschau betrachtet – treffend formulierten Bedenken gegen diesen Schritt waren mit einem Male entfallen oder verdrängt! Dies geschah einerseits, weil Hindenburg und seine bürgerlichkonservative Umgebung die Dynamik der nationalsozialistischen Bewegung und den unbändigen Machtwillen ihres Führers doch noch unterschätzten, andererseits weil sie auf die verbliebenen personellen und institutionellen Sicherungen vertrauen zu können glaubten. Es kam hinzu, daß sie einen Verfassungsbruch mit seinen denkbaren bürgerkriegsähnlichen Folgen und deren etwaigen fatalen Auswirkungen auf die Reichswehr möglichst vermeiden wollten, aber sicherlich auch, daß die mit einer Regierungsbeteiligung der radikalen Rechten sich eröffnenden gegenrevolutionären Chancen sie verlockt haben.

Die bis zu diesem Augenblick im Amt befindliche Führung der Reichswehr unter Schleicher – der bis jetzt ja selber Reichskanzler und Reichswehrminister gewesen war – und General Freiherr Kurt von Hammerstein-Equord, dem Chef der Heeresleitung, trägt also keine, jedenfalls keine direkte Mitverantwortung dafür, daß Hitler Reichskanzler wurde. Dessen Berufung war im Grunde ein seltsames Ende des politischen Weges der Reichswehr seit 1918. Die Gefahren, die mit dem damaligen Umsturz für ihre traditionelle gesellschaftliche Position und ihre Teilhabe an der politischen Macht verbunden waren, hatten ehemalige Führer der kaiserlichen Armee mit Glück, Geschick und dank der Schwäche ihrer Gegenspieler im Rahmen einer mehr und mehr restaurativen allgemeinen Entwicklung rasch überwinden können. Die Reichswehr bilde einen »Machtfaktor im Staat, über den keiner hinweggehen« könne, äußerte im Juli 1929 der Reichswehrminister Wilhelm Groener[10]. Zusammen mit ihm war sein Mitarbeiter Schleicher im Bunde mit dem Feldmarschall-Reichspräsidenten von Hindenburg erfolgreich bemüht, zunächst einmal die Struktur der Republik im Sinne ihrer autoritär-antiparlamentarischen Staatsvorstellungen umzuwandeln, nämlich durch die Berufung einer nicht mehr an die politischen Parteien des Reichstags gebundenen, sondern auf den Reichspräsidenten gestützten Regierung[11].

Eine ernste Gefahr für die Reichswehr – sowohl für deren innere Geschlossenheit wie für die gesellschaftliche Stellung des Offiziers – entstand erst wieder durch die ebenfalls seit 1929/30 rapide anwachsende nationalsozialistische Bewegung mit ihrer nationalistischen Agitation und den ihr mindestens zugeschriebenen sozial nivellierenden Tendenzen. Schleicher seinerseits erblickte in der NSDAP ein nützliches Gegengewicht gegen »Links«, war aber niemals gesonnen, ihr die alleinige Macht zu überlassen und damit Staat und Armee auszuliefern. Vielmehr sollte die Partei durch Beteiligung an der Regierungsverantwortung gleichsam »gezähmt«, ihre starke »wehrfreudige« Anhängerschaft seinem militärpolitischen Ziel der Schaffung einer großen Miliz dienstbar gemacht werden und dem von ihm angebahnten autoritären Regime, mit der Reichswehr als Kern, die nötige Massenbasis liefern. Statt demokratischer Grundwerte sollte ein national und sozial orientierter »Wehrgedanke« – unter Überwindung von

Pazifismus, Staatsverleumdung und Klassenkampf – den neuen Staat tragen[12]. Mit der Übernahme des Reichswehrministeriums und schließlich des Kanzleramtes durch Schleicher im Spätherbst 1932 hatte die Reichswehr bzw. ihre Führung den äußeren Höhepunkt ihrer Machtstellung erreicht. Doch blieb, obwohl Schleichers Ansehen im Offizierkorps gegenüber 1930 gestiegen war[13], seine Position stets vom Vertrauen Hindenburgs abhängig (das er nicht mehr im nötigen Maße besaß). Es liegen Zeugnisse vor, denen zufolge Schleichers nächste Mitarbeiter in der letzten Januardekade 1933 Hindenburg vor der Berufung Hitlers zum Kanzler gewarnt bzw. im Falle einer erfolglos bleibenden Warnung sogar an militärische Maßnahmen gedacht haben[14] – obwohl sie in einer Ernennung Hitlers gegenüber der von Hindenburg beabsichtigten Wiederbetrauung Papens schließlich das kleinere Übel zu erblicken schienen[15]. Sicher ist aber, daß Schleicher solche Gedanken verworfen hat, weil er – mit Recht – der Meinung war, daß Befehle zu einem wie auch immer gearteten Einsatz der Reichswehr allein von Hindenburg ausgehen konnten. Über die Chancen Schleichers – bei einer Auseinandersetzung mit den Nationalsozialisten – im Falle einer Entscheidung Hindenburgs *für* seine (Schleichers) Belassung im Kanzleramt kann nicht das letzte Wort gesprochen werden, auch weil es zur Probe aufs Exempel nicht gekommen ist. Historisch steht allerdings eines fest: Mit der Berufung Hitlers am 30. Januar 1933 war die auf dem Wege über das System der vom Reichstag unabhängigen Präsidialregierungen angestrebte Verwirklichung einer autoritär-antiparlamentarischen, eventuell monarchistischen Staatskonzeption endgültig gescheitert; jedoch hat die von seiten Hindenburgs und der Reichswehrführung jahrelang hartnäckig angestrebte Realisierung dieser Konzeption – mit der Folge einer Untergrabung der Weimarer Republik und der Entstehung gleichsam eines Machtvakuums – zum schließlichen Siege Hitlers mittelbar erheblich beigetragen. Die meisten höheren Führer der Reichswehr aber – seit Jahren unter dem Alpdruck eines Zusammenstoßes mit den Nationalsozialisten – hatten den sozusagen gleitenden Übergang der Macht auf Hitler, in Gemeinschaft mit »allen nationalen Kräften«, wie es ihnen schien, und unter dem Segen des Feldmarschall-Reichspräsidenten wohl mit innerer Erleichterung aufgenommen.

Die Reaktion des Offizierkorps überhaupt war natürlich nicht einheitlich[16]. Hitlers Machtübernahme haben, vielfach mit Begeisterung, fraglos die jüngeren Offiziere begrüßt. Der Großteil der älteren stand der NSDAP als solcher schon wegen der Herkunft und des »revolutionär« anmutenden Auftretens ihrer Funktionäre vorerst reserviert gegenüber. Aber auch diesen Offizieren widerstrebte der Umbruch bald um so weniger, als Hitler ihm den Anschein einer »nationalen Erhebung« zu geben verstand. Der Effekt des Staatsaktes vom 21. März in der Potsdamer Garnisonkirche mit Hindenburg im Mittelpunkt als Verkörperung geschichtlicher Kontinuität (im Sinne bürgerlich-konservativer Vorstellungen) ist kaum zu überschätzen.

Aus Hitlers Sicht war für die ihm günstige Entwicklung seines Verhältnisses zur Armee der Glücksfall ausschlaggebend, daß sich die neuen Männer der Reichswehr – Werner von Blomberg als Minister und Walter von Reichenau als Chef des Ministeramts – für den Nationalsozialismus von vornherein aufgeschlossen zeigten. Von Nationalismus erfüllt und von der Persönlichkeit Hitlers fasziniert, waren sie mehr oder weniger blind für die Machtverschiebungen, die sich aus der Beseitigung der Parteien und anderer eigenständiger Institutionen des Staates zuungunsten der bisherigen, stets mindestens potentiell politischen Position der Reichswehr ergeben mußten. Hitler, bereits jetzt auf eine imponierende Massenbasis gestützt, schien ihnen imstande, auch die Arbeiterschaft aus internationalen Bindungen zu lösen – also eine bisher undenkbare Geschlossenheit des deutschen Volkes zu erreichen; dies würde die Wehrhaftmachung der Gesamtheit gewährleisten, so daß sich aus der Reichswehr eine »wirkliche« Armee entwickeln konnte. *Die* politische Richtlinie der neuen Männer war daher, »der nationalen Bewegung mit aller Hingabe zu dienen«[17]. Hierdurch meinten sie der Wehrmacht unter dem neuen Regime auch am ehesten eine autonome, von den Gliederungen der Partei respektierte Position – gemäß den Zusagen Hitlers – sichern zu können. Vor allem aber werden, wie Klaus-Jürgen Müller mit Recht betont hat[18], in einer Institution wie der Armee, die auf dem Prinzip von Befehl und Gehorsam aufgebaut ist, Weg und Schicksal von den Vorstellungen und Handhabungen der wenigen maßgeblichen Männer an der Führungsspitze bestimmt – und dies waren 1933 Blomberg und Reichenau. Ohne weiteres ließen sie die Truppe anweisen, gegenüber der von Regierung und Partei beabsichtigten – und bald darauf brutal durchgeführten – Verfolgung der »marxistischen« Funktionäre »in wohlwollender Neutralität [zu] verharren«. Unmißverständlich erklärte Reichenau im Auftrage Blombergs am 1. März 1933 bei einer Befehlshaberbesprechung (dem Sinne nach):

> »Erkenntnis notwendig, daß wir in einer Revolution stehen. Morsches im Staat muß fallen; das kann nur mit Terror geschehen. Die Partei wird gegen den Marxismus rücksichtslos vorgehen. Aufgabe der Wehrmacht: Gewehr bei Fuß. Keine Unterstützung, falls Verfolgte Zuflucht bei der Truppe suchen [...]«.

»Die Befehlshaber«, so heißt es in diesem wichtigen Zeugnis, das ebenfalls von General Ott stammt, bisherigem Mitarbeiter

Werner von Blomberg (1878 bis 1946)

Schleichers und späterem deutschen Botschafter in Tokio,»waren stark betroffen, protestierten aber nicht[19].« Einige von ihnen, darunter Gerd von Rundstedt, erklärten Ott,»sie wollten sehen, wie sie diese gefährliche Weisung abschwächen könnten« – die sich ja mit dem normalerweise geltenden Prinzip der namentlich innenpolitischen Abstinenz einer Armee gerade nicht rechtfertigen ließ. Der gleichfalls anwesende General Liebmann kommentierte von sich aus die erhaltene Anordnung, als er sie pflichtgemäß an die Kommandeure weitergab, mit dem Hinweis auf die Gefahr, daß wir»die Vertrauensstellung im Volk, die wir uns durch unser überparteiliches Verhalten in zwölfjähriger mühseliger Arbeit erworben haben, [...] durch die Entwicklung der letzten Wochen verlieren könnten«; und er versagte sich nicht die Bemerkung, daß die Reichswehr »im Ernstfalle [...] auch die Volksteile« brauche,»die jetzt wegen ihrer politischen Gesinnung der Verfolgung durch die Rechtsverbände ausgesetzt« seien[20]. In derartigen kritischen *Marginalien* erschöpfte sich aber auch offenbar die Reaktion der nachgeordneten Generale auf die Begünstigung der brutalen»Gleichschaltungs-Maßnahmen« der Partei durch die neue Führung, die diesen Kurs nun einmal bestimmt hatte. Der Vorgang war jedenfalls charakteristisch dafür, daß die liberalen Grundwerte in der Wehrmacht – bis vor kurzem noch Instrument einer verfassungsmäßig demokratischen Republik – damals ebenso geringe Geltung besaßen wie in breiten Schichten des deutschen Volkes. Beispielsweise hat Generalfeldmarschall Erich von Manstein rückschauend festgestellt, daß für die Wehrmacht – zumal solange SS und Gestapo sich an sie noch nicht herangetraut hätten –»die grundsätzlichen Fragen des Verlustes der politischen Freiheiten, wie der der Meinungsäußerung, [...] geringe Bedeutung« hatten[21]. Es bedurfte also für den damaligen Offizier der Wehrmacht offensichtlich anderer Tatsachen als die bereits vorliegenden Verletzungen von Recht, Freiheit und elementarer Menschlichkeit, um Gedanken an eine Stellungnahme gegen das Regime auszulösen.

II.

Indes schien die Entwicklung des nationalsozialistischen Regimes im Frühjahr 1934 einen Verlauf zu nehmen, der in den Augen des Offizierkorps eine Gefahr für die Reichswehr bedeutete. Wohl hatte Hitler alles getan, um den Eindruck zu vermeiden, als habe sich seit seiner Machtübernahme die Position der Armee zu ihren Ungunsten verändert – wie dies beispielsweise der französische Militärattaché in Berlin genau erkannte[22]. Am 30. Januar 1934 feierte Hitler die»herzliche Verbundenheit« zwischen den»Kräften der Revolution und den verantwortlichen Führern einer aufs äußerste disziplinierten Wehrmacht«[23] – als ob es sich um zwei gleichberechtigte politische Partner handelte. – Die Popularitätskurve Hitlers selbst war seit März 1933 fraglos noch gestiegen. Dies änderte aber nichts daran, daß nach der Jahreswende 1933/34 eine zunehmende Verschlechterung der allgemeinen Stimmung spürbar wurde. Der Rausch der »nationalen Erhebung« war im Bürgertum verflogen, die Aktionen zur Gleichschaltung der evangelischen Kirche hatten dem Regime viele Sympathien gekostet, außenpolitisch konnte es alles andere als Erfolge bieten. Tiefe Unzufriedenheit mit dem Einparteiensystem, insbesondere seinen Funktionären, seiner stereotypen Propaganda, seiner Knebelung der Meinungsfreiheit, seinem Terror und seiner Korruption machte sich geltend: Der hohe Absatz deutschsprachiger Zeitungen des Auslandes im Reich war dafür ebenso bezeichnend wie der von Josef Goebbels organisierte Versammlungsfeldzug gegen »Miesmacher und Kritikaster«. Was schließlich die Reichswehr anging, so erzeugte schon das als arrogant und plebejisch empfundene Auftreten vieler Führer der längst als militärische und soziale Konkurrenz betrachteten SA – des großen Kampfverbandes der Partei – trotz aller Beschwichtigungsversuche wachsende Spannungen mit dem Offizierkorps. Der aber von Stabschef Ernst Röhm offenbar verfolgte Plan einer Umwandlung der nach Millionen zählenden SA zum nationalsozialistischen Volksheer in Gestalt einer Miliz, welche die kleine Reichswehr umrahmen und aufsaugen sollte, lief auf eine Bedrohung ihrer Existenz hinaus.

Hier liegt aus der Rückschau von heute die Frage nahe, die auch – besonders von Publizisten – gelegentlich aufgeworfen worden ist, ob nicht angesichts der nachfolgenden eklatanten Rechtsverletzungen durch die nationalsozialistischen Machthaber Möglichkeiten für ein Eingreifen der Reichswehr gegen das Regime bestanden haben, und warum – falls solche gegeben waren – von ihnen kein Gebrauch gemacht wurde.

Was Blomberg anging, so war er seit dem Frühjahr 1933 – fraglos aus Überzeugung – bestrebt, die geistige Durchdringung des Offizierkorps mit dem sogenannten nationalsozialistischen »Gedankengut« zu fördern. In Anbetracht des zunehmenden Konflikts mit der SA intensivierte er seine Bemühungen noch, um durch solche und andere Maßnahmen – wie namentlich die Akzeptierung des »Arierparagraphen« – die Wehrmacht als »im Sinne der Regierung Hitler absolut zuverlässig« zu erweisen[24]. In der taktischen Behandlung des SA-Problems ließ Hitler durch ein monatelanges Abwarten »*die Dinge ausreifen*«, wie er selber sagte[25]. Damit wuchs die Gefahr der – sich bewaffnenden – SA in den Augen der Reichswehr in einem Maße, das diese vollends in Hitlers Arme trieb. Das hochfahrende und zügellose Auftreten mancher SA-Führer, dem Hitler scheinbar langmütig zusah, mochte dem Offizierkorps auch die – auf jedes Rechtsverfahren verzichtende – blutige Ausschaltung dieses unbotmäßigen Elements »verständlicher« machen, das längst eine Gefahr für Hitler und sein Regime selbst darstellte.

In diese Phase innerpolitischer Hochspannung fällt noch ein Unternehmen besonderer und seltsamer Art. In der Umgebung bzw. in der Dienststelle des Vizekanzlers von Papen befand sich seit längerem eine oppositionelle Gruppe monarchisch-konservativer Richtung, die verzweigte Beziehungen mit vielen Gleichgesinnten unterhielt[26]. Die Gruppe hatte die Absicht, die verbreitete

Mißstimmung im Lande und die wachsenden Spannungen zwischen Hitler und der SA sowie zwischen der SA und der Reichswehr zu dem Versuch einer Wiederherstellung geordneter Rechts- und Staatsverhältnisse zu benutzen. Dies sollte dadurch geschehen, daß man Träger noch relativ eigenständiger Institutionen wie Reichspräsident und Heeresführung »mobilisierte«, zumal wenn es zu dem von der Gruppe erwarteten Putschversuch der SA kam. Wie ein Signal sollte die berühmt gewordene, von Edgar Jung entworfene Marburger Rede wirken, zu der Papens Mitarbeiter am 17. Juni 1934 den Vizekanzler veranlaßten bzw. ihren über den Redeentwurf erschrockenen Chef praktisch zwangen, hatten sie doch den sensationellen Text bereits der in- und ausländischen Presse zugeleitet. Die von ihren Hörern mit stürmischem Beifall aufgenommene Rede enthielt eine mittelbare, aber faktisch denkbar scharfe Verurteilung der vom NS-Regime bewirkten Entwicklung zu einem »Staatstotalismus« und zur »Vorherrschaft einer einzigen Partei«. Trotz des von Goebbels sofort erlassenen Verbreitungsverbots fand die Rede durch die vorherige Verschickung und nachträgliche Herstellung zahlreicher Abschriften eine relativ weite Verbreitung und damit starke Resonanz. Die von Goebbels getroffenen Maßnahmen veranlaßten Papen zwar, Hitler für den Fall ihrer Aufrechterhaltung seine Demission anzukündigen. Vergebens aber versuchten Papens Mitarbeiter ihn zu einer sofortigen Fahrt nach Neudeck zu bewegen, wo er gemäß ihrem »Aktionsplan« Hindenburg veranlassen sollte, nach einem »kurzen Bericht« über die Lage Freiherrn Werner Fritsch, den Chef der Heeresleitung, und General der Infanterie von Rundstedt nach Neudeck zu beordern und den Ausnahmezustand zu verhängen. Sodann sollten – immer nach dem gleichen Plan dieser optimistischen Verschwörer – Hitler und Hermann Göring nach Neudeck zitiert werden und dort von Hindenburg eröffnet bekommen, »daß die Entwaffnung der SA unter der Befehlsgewalt der Reichswehr durchgeführt werden würde, ferner, daß die Verfassung vorübergehend außer Kraft gesetzt sei und die Ausübung der Regierungsgewalt auf den Reichspräsidenten als Oberbefehlshaber der Reichswehr übergehe, der mit einem zu bildenden Direktorium [bestehend aus ›Fritsch, Rundstedt, Papen, Brüning, Goerdeler, – Hitler und Göring‹] die notwendigen Verordnungen erlassen werde. [...] Nach einer verhältnismäßig kurzen Periode des Ausnahmezustandes«, so liest man endlich, sollte »eine Nationalversammlung zusammengerufen und von ihr die notwendige Reichs- und Verfassungsreform beschlossen« werden[27].

Offensichtlich aber waren von den Verschwörern mit den Persönlichkeiten, die als Träger ihres »Aktionsplans« figurieren sollten, gar keine festen Absprachen über seine Durchführung getroffen worden. Nicht einmal ihr »Hauptinstrument«, Papen, wagten sie, »in jedem Falle bis ins letzte zu informieren« (wie es aus der Rückschau, eher noch beschönigend, heißt)[28]. Und wie wenig Papen die ihm zugedachte konspirative Rolle zu übernehmen gedachte – oder wagte oder überhaupt erfaßt hat –, geht daraus hervor, daß ihm offenbar gar nicht bewußt wurde, wie sehr es darauf ankam, Hindenburg bald und – vor allem –

allein zu sprechen; ließ er sich doch nach seiner Rücktrittsdrohung von Hitler beschwichtigen und auf eine gemeinsame entscheidende Aussprache mit Hindenburg in Neudeck vertrösten. Am 21. Juni aber konnte Hitler allein dorthin fahren und Hindenburg fraglos in seinem Sinne berichten. Als Papen nach der Verhaftung Jungs endlich doch um einen Empfang beim Reichspräsidenten bat, erhielt er von Staatssekretär Otto Meißner zur Antwort, der Gesundheitszustand des Feldmarschalls erlaube einen Besuch nicht. Und als Papen sich um die Freilassung Jungs bei Hitler bemühen wollte, ließ sich dieser von seinem Vizekanzler nicht einmal sprechen, bemerkte vielmehr nach denunziatorischen Äußerungen des gerade anwesenden Alfred Rosenberg über den »Papen-Laden«: »Ich werde das ganze Büro einmal ausheben lassen[29].«

Wie die Exponenten totalitärer Systeme in der Regel, neigte Hitler nicht dazu, innenpolitische Gegner zu unterschätzen. So hat er in seinem nach allen Seiten wachen Argwohn gewiß auch die Möglichkeit bedacht, daß – solange Hindenburg noch lebte – enttäuschte bürgerlich-konservative Kreise unter Verbindung mit gleichgesinnten Führern des Heeres, welche Maßnahmen gegen die SA verlangten, mittels Einschaltung des Reichspräsidenten auf ein politisches »come back« spekulierten. Dafür, daß es zu einem disziplinierten, »staatspolitisch« bestimmten Eingreifen des Heeres nach den Wünschen regimegegnerischer Kräfte in das Treiben der SA zu einer »zweiten Revolution« kam, bestand jedoch auch in den Wochen vor dem 30. Juni 1934 – da elementare personelle und andere Voraussetzungen fehlten – lediglich theoretisch eine Chance, so zutreffend auch die spätere Schätzung eines Offiziers im Reichswehrministerium gegenüber dem französischen Militärattaché gewesen sein mag, wonach 1933 »vielleicht 60 Prozent« der Reichswehr mit dem Nationalsozialismus sympathisiert hätten, nach den Ereignissen des 30. Juni 1934 95 Prozent, einige Wochen vorher aber »zweifellos nur 25 Prozent«[30]. Denn Blomberg und Reichenau hielten die Zügel der Reichswehr fest in ihren Händen und legten, ihrem politischen Kurs getreu, »die Entscheidung über mögliche Präventivmaßnahmen« gegen die Führer der SA, wie ein Eingeweihter bezeugt hat, »ganz in die Hand des Kanzlers *und Parteiführers*«[31]; und sie wußten, daß dieser, wie Blomberg später sagte[32], seit Wochen zum Handeln grundsätzlich entschlossen war. Nun auch durch Papens Marburger Rede und ihr Echo gewarnt, zu lange passiv zu bleiben, leitete Hitler denn auch in der letzten Junidekade 1934 die mit Heinrich Himmlers und Reinhard Heydrichs Sicherheitsdienst von langer Hand vorbereitete Mordaktion in die Wege, deren Opfer außer den Röhm ergebenen SA-Führern auch eine Reihe ehemaliger, jetziger und möglicher künftiger Gegner Hitlers oder der Partei – besonders bürgerlich-konservativer Richtung – wurde. Vom Papen-Kreis wurden Jung, der Verfasser der Marburger Rede, und der Pressereferent Herbert von Bose erschossen, Fritz Günther von Tschirschky und drei weitere Angehörige der Vizekanzlei verhaftet; von diesen vier wurden drei zunächst in den Keller der Gestapo in der Berliner Prinz-Albrecht-Straße verbracht, drei Tage später dann in ein Konzentrationslager, aus dem

Tschirschky allerdings am 6. Juli entlassen wurde. Papen selbst, als Vizekanzler
»der zweithöchste Beamte des Reiches« – wie er beschwerdeführend gegenüber
Hitler hervorhob –, war am 30. Juni in seiner Wohnung in Polizeihaft genommen worden – vermutlich um ihn durch diesen Hausarrest handlungsunfähig zu
machen; aus ihm befreite ihn erst am Abend des 2. Juli offenbar ein Eingreifen
Hindenburgs[33]!

Durch sein blitzschnelles und vor allem *präventives*, mit Terror verbundenes
Zugreifen hatte Hitler nicht nur Einmischungsgelüsten Dritter gründlich vorge-
beugt, sondern zugleich schlagartig vollendete Tatsachen – auch gegenüber der
Reichswehr – geschaffen; und nicht zuletzt hatte er das Erscheinungsbild des
Ganzen schon weitgehend in seinem politischen Interesse bestimmen können.
Die willkürliche Beseitigung der gewiß zum Teil moralisch fragwürdigen Führer
der SA proklamierte er unter Verkündung hochtönender Postulate für deren
Reform als Beginn eines »Gesundungsprozesses«, bei entrüsteter Verdammung
derer, »die im Nihilismus ihr letztes Glaubensbekenntnis gefunden« hätten[34].
Einem selbständigen Eingreifen des Heeres waren jetzt auch die psychologischen Voraussetzungen weitestgehend entzogen[35]. Das Gros der – einseitig
unterrichteten – Offiziere sah vor allem die Niederschlagung ihrer »Feinde«, der
SA-Führer; selbst Blomberg sprach von einigen »tiefbedauerlichen« Übertrei-
bungen, in denen die Freude darüber – »unsoldatisch und unritterlich« – Ausdruck gefunden habe[36]. Jedenfalls schien sich Hitler von einer Reihe der übel-
sten Elemente seiner Partei entschlossen getrennt und den revolutionären
Schwelbrand ausgelöscht zu haben. Der gleichzeitig ermordete General von
Schleicher erschien vielen Offizieren eher als unverbesserlicher politischer
Spieler denn als Soldat und Kamerad. Von den Morden an potentiellen oder
ehemaligen Gegnern hörten die meisten erst nachträglich und nur zum Teil.

An Vorbereitung und Durchführung der Aktion der SS ist nicht nur die
Reichswehrführung als solche, sondern sind auch der Chef der Heeresleitung
und der Chef des Truppenamtes, also Fritsch und Ludwig Beck, in erheblich
höherem Maße beteiligt gewesen, als früher angenommen wurde, wie wir inzwischen durch eine Spezialuntersuchung von Klaus-Jürgen Müller wissen[37]. Die
zur Unterstützung des Vorgehens gegen die SA erteilten Befehle bedeuteten
allerdings noch kein Einverständnis mit seiner Durchführung in Form einer
Mordaktion solchen Ausmaßes – welche die Männer der Heeresleitung vielmehr
entsetzt hat –, ohne daß freilich entsprechende Reaktionen ihrerseits erkennbar
wären[38]. Blomberg und Reichenau aber machten sich durch die verlogene Begründung für den Tod Schleichers (Widerstand mit der Waffe bei der Verhaftung) vollends zu Komplizen des Mordes an ihm. Überhaupt »rechtfertigte«
Blomberg vor den Befehlshabern der Reichswehr die »Säuberungsaktion« –
selbst in bezug auf die davon betroffenen Angehörigen bürgerlich-konservativer
Kreise – fast ganz nach der Version Hitlers als »auch im Interesse der Wehrmacht [...] unumgänglich nötig«. Hiervon überzeugt hat er viele seiner Zuhörer
offenbar nicht. Eine kriegsgerichtliche Untersuchung der Vorgänge aber, die

zum Tode der Generale von Schleicher und Ferdinand von Bredow geführt hatten – wie mehrere Befehlshaber (sowie Fritsch und Beck) sie forderten –, bezeichnete Blomberg als unmöglich; hatte doch das Reichskabinett bereits am 3. Juli die in den Tagen zuvor »vollzogenen Maßnahmen« als »Staatsnotwehr« für »rechtens« erklärt. Auf der Durchführung einer Untersuchung zu bestehen, hielten die nachgeordneten Generale im Rahmen der konventionellen militärischen Disziplin nicht für angängig. Im Grunde aber waren die Führer des Heeres zum ersten Male so unmittelbar – wie durch diese Vorgänge – vor die Entscheidung zwischen Gehorsam und Mitverantwortung, zwischen Befehl und Gewissen gestellt. Und nachweislich hat das Erlebnis des 30. Juni 1934 mit seinen fortwirkenden Eindrücken bei einer Reihe von Offizieren eine innerliche Entfremdung von einem solchen Regime und seinem Beherrscher angebahnt.

Vorerst einmal aber verlief die Entwicklung klar zu Hitlers Gunsten. Das, was dieser schon im eigenen Interesse getan hatte, bezahlte Blomberg mit der folgenschweren Zustimmung zur Aufstellung einer Division bewaffneter SS. Reibungslos vollzog sich nach Hindenburgs Tod am 2. August 1934 der Übergang der Befugnisse des Reichspräsidenten auf Hitler. Damit war er Staatsoberhaupt und Oberbefehlshaber der Reichswehr geworden. Ohne gesetzliche Grundlage, nur auf sein Verordnungsrecht als Minister gestützt, befahl Blomberg die sofortige Neuvereidigung der Reichswehr, und zwar jetzt nicht mehr – wie noch zufolge einer Zwischenregelung vom Dezember 1933 – auf »Volk und Vaterland«, sondern allein auf Hitler persönlich. Es war gewiß kein Einzelfall, daß ein Offizier wie Hellmuth Stieff durch die Herauslassung der Begriffe »Volk und Vaterland« aus der Eidesformel befremdet war, sich freilich an den »Hoffnungsstrohhalm« klammerte, daß durch die enge Bindung an den Führer »ein sehr verpflichtendes Gegengewicht gegen den *Wahnsinn der Einpartei-Herrschaft* geschaffen« werde – wie er jetzt schrieb[39], obwohl er vier Jahre zuvor nichts sehnlicher gewünscht hatte als den Sieg der »nationalen Bewegung«. Für den geleisteten Treueid der Wehrmacht bedankte sich Hitler regelrecht in einem Schreiben an Blomberg vom 20. August 1934[40]. Drei Tage zuvor (17. August 1934) hatte er in seiner Hamburger Rede zur bevorstehenden Volksabstimmung (19. August 1934) über seine Berufung zum Nachfolger Hindenburgs die vielzitierte sogenannte »Zwei-Säulen-Theorie« verkündet. Sie lautete:

»Die Staatsführung [...] wird von zwei Säulen getragen: politisch von der in der nationalsozialistischen Bewegung organisierten Volksgemeinschaft, militärisch von der Wehrmacht. Es wird für alle Zukunft mein Streben sein, dem Grundsatz Geltung zu verschaffen, daß der alleinige politische Willensträger in der Nation die Nationalsozialistische Partei, der einzige Waffenträger des Reiches die Wehrmacht ist[41].«

Man kann nun schwerlich sagen, daß der Wortlaut dieser Erklärung, wenn man ihren zweiten Satz aufmerksam las, irgendetwas verschleiern sollte. Denn mit dem klar formulierten Alleinanspruch, den sie der Partei auf die konkrete Gestaltung der Politik einräumte, brachte sie unmißverständlich zum Ausdruck, daß die Wehrmacht ein gehorsames Werkzeug der Politik des Parteiführers sein sollte, der auch ihr Oberster Befehlshaber war. Von einem politischen Mitspracherecht der Armee war mit keiner Silbe die Rede, vielmehr der Weg zu ihrer »Instrumentalisierung« vorgezeichnet. Im übrigen zog die berühmt gewordene Formel in gewissem Sinne auch eine Bilanz der Ereignisse vom 30. Juni 1934. Denn was an sich eine Selbstverständlichkeit hätte sein sollen, nämlich das Recht der Wehrmacht als des alleinigen Waffenträgers im Staat, gewann im Lichte seiner voraufgegangenen Bedrohung den sachlich ganz unbegründeten Charakter einer Auszeichnung, ja eines großen politischen Geschenks – mit dem sich die Wehrmacht allerdings auch begnügen sollte! Möglich, daß sich mancher über den klaren Wortlaut der Erklärung hinweggetäuscht hat. Daß aber ein kritischer Geist wie Ludwig Beck in der »Zwei-Säulen-Theorie« die »klassische Formel« für das ihm vorschwebende »ideale Grundmuster des neuen Staates«, nämlich einer »Entente« zwischen den traditionellen Führungseliten und dem Führer der nationalsozialistischen Bewegung mit dem Ziele der »Erhaltung der führenden Position der militärischen Machtelite« erblickt habe – wie Klaus-Jürgen Müller meint[42] –, kann ich nicht glauben. Daß Beck von Hause aus ein militärisches und auch politisches Mitspracherecht der Heeresführung, insbesondere des Generalstabes, angestrebt hat – worin ihn seine Erfahrungen im »Dritten Reich« nur bestärken konnten –, steht auf einem anderen Blatt.

III.

Kaum drei Monate waren seit der blutigen Ausschaltung der SA-Gefahr für die Wehrmacht vergangen, da kam es auch zu Spannungen mit bzw. wegen der SS. Denn die Heeresführung hatte Grund zu der Befürchtung, daß sich »nun die SS zu einer Armee neben dem Heer« entwickeln würde. Zwar gab Himmler »feierlich« beruhigende Erklärungen ab und verstand sich auch zu praktischen Beschränkungen seiner Aspirationen, die jetzt wie später besonders von Beck kritisch überwacht und – trotz entgegenkommender Tendenzen Blombergs und Reichenaus – vorerst nicht ohne Erfolg gedämpft werden konnten[43].

Doch außer dieser Kontroverse gab es noch vielerlei weitere Anlässe für Spannungen: so Verstimmungen, Verdächtigungen und Zusammenstöße zwischen Angehörigen von Wehrmacht und Partei, irrige oder vergröbernde Meldungen der Auslandspresse und Gerüchte über Putschpläne des Heeres unter entsprechenden Beschuldigungen insbesondere des Oberbefehlshabers Fritsch, aber auch über Putschpläne der SS. Diese Spannungen hatten gegen Jahresende 1934 einen solchen Grad erreicht, daß Hitler sich am 3. Januar 1935 auf einer ganz kurzfristig in die Berliner Staatsoper einberufenen Führerversammlung zu einer demonstrativen Kundgebung seines »unerschütterlichen« Vertrauens zur Reichswehr veranlaßt sah – womit er die gewünschte Beschwichtigung auch erwirkte[44]. Selbst ein kritisch eingestellter Offizier wie General Liebmann erklärte vor der Kriegsakademie, daß »uns hier ein Vertrauen entgegengebracht«

werde, »das von keinem Ehrenmann getäuscht werden« könne. Liebmann zufolge hat Hitler bei dieser Gelegenheit auch von Partei und Wehrmacht als »zwei *gleich wichtigen* Säulen« des neuen Staates gesprochen, hätte damit also seiner für die Position der Wehrmacht soviel ungünstigeren Erklärung von August 1934 – aus durchsichtigen Gründen – eine freundlichere Form gegeben[45].

Die erzielte Beruhigung hat aber offenbar nicht vorgehalten. Denn in den Befehlshaberbesprechungen rissen die politischen Mahnungen und Warnungen, die im Frühjahr 1934 verschärft eingesetzt hatten, auch jetzt nicht ab. Es dürfe nicht der Eindruck entstehen, daß die Sympathie der Reichswehr für den Nationalsozialismus »nur bis zum Hauptmann aufwärts« gehe, betonte Blomberg. »Offizierkorps strengste Zurückhaltung in seiner Kritik. [...] Telefongespräche überhört [...] Bespitzelung!«, lauten Notizen über Äußerungen Fritschs. »Weltanschauung [sei] nicht zu befehlen. Wer sich aber mit dem nationalsozialistischen Staat und der Tatsache, daß [die] Wehrmacht Teil dieses Staates [sei], nicht abfinden könne«, möge ein »hervorragender Mann sein; nach gewisser – jetzt noch bewilligter – Schonzeit sei aber für ihn kein Platz mehr in [der] Wehrmacht«; so wiederum Blomberg, der es einen »Verstoß gegen [die] Standesehre« nannte, »wenn Dinge, [die] den jetzigen Staat herabsetzen, herausgetragen [würden]. Feuer und Schwert dagegen!« Blomberg befahl ferner, keinesfalls zu dulden, »daß Zellenbildung gegen den Staat« erfolge oder daß »politische Diskussionsklubs« entständen, ja, er wandte sich gegen ein »Gerede« von »Ausnahmezustand und Diktatur«[46]. Andererseits sah Fritsch »vom Sommer 1935 ab [...] die Hetze der SS [...] wieder stärker« hervortreten, wofür er aus der Rückschau »das Benehmen der SS-Verfügungstruppen auf dem Truppenübungsplatz Altengrabow« bezeichnend nannte, »wo sie sich aus nichtigem Anlaß in den wüstesten Beschimpfungen des Heeres« und seiner Person ergangen seien[47]. Gewiß nicht zu überschätzen, jedoch als symptomatisch für die damalige Stimmung von Teilen des Offizierkorps wie für die Loyalität des Verfassers dürfte wohl ein von Klaus-Jürgen Müller erschlossenes Rundschreiben Fritschs an alle Kommandierenden Generale vom 19. August 1935 zu werten sein, in dem es heißt:

»Aus wiederholt mir zugehenden Mitteilungen muß ich schließen, daß im Offizierkorps hier oder da über einen angeblichen Gegensatz zwischen dem Herrn Reichskriegsminister und mir gesprochen wird.

Ein solcher Gegensatz besteht nicht. Vielmehr besteht in allen grundlegenden Fragen zwischen dem Herrn Reichskriegsminister und mir eine völlige Übereinstimmung der Auffassungen. Ich ersuche daher, mit Nachdruck dafür zu sorgen, daß derartige Redereien unterbleiben. Sie werden, wie alles, was das Offizierkorps betrifft, beobachtet und weitergetragen. Sie erfahren meist die Auslegung: an der Treue des Herrn Reichskriegsministers zum heutigen Staat ist nicht zu zweifeln, – wenn also ein Gegensatz besteht, so kann er nur darin zu suchen sein, daß der Oberbefehlshaber des Heeres und sein Offizierkorps Feinde des heutigen Staates und des Führers sind ... Ferner höre ich wiederholt, daß Persönlichkeiten aus Kreisen, mit denen

das Offizierkorps in Berührung kommt, ihrer gelegentlichen Unzufriedenheit mit
Einzelheiten der gegenwärtigen Entwicklung etwa dahin Ausdruck geben: unsere
Hoffnung ist der Oberbefehlshaber des Heeres, er wird die Sache schon in Ordnung
bringen. In welcher Weise man sich das denkt, dürfte nach der persönlichen Auffassung der Einzelnen sehr verschieden sein. Zweifellos denkt aber auch der eine oder
der andere an gewaltsame Maßnahmen. Ich kann hierzu nur folgendes sagen: Nach
meiner festen Überzeugung ist Deutschlands Zukunft auf Gedeih und Verderb mit
dem Nationalsozialismus fest verbunden. Wer schädigend gegen den nationalsozialistischen Staat handelt, ist ein Verbrecher. Würde eine derartige Handlung von mir
ausgehen, so wäre sie darüber hinaus ein Akt niederträchtiger Treulosigkeit gegen
die Person des Führers. Des Führers, der mir stets ein rückhaltloses Vertrauen entgegengebracht hat und entgegenbringt. – Ich kann es nur bedauern, wenn es Leute
geben sollte, die mir eine solche Handlung zutrauen[48].«

Überlegt man sich den Text dieses – vom seinem Verfasser doch für notwendig
gehaltenen – Schreibens mit seinem Hinweis darauf, daß »der eine oder andere
[...] aus Kreisen, mit denen das Offizierkorps in Berührung kommt, [...] auch [...]
an gewaltsame Maßnahmen« zwecks Änderung des bestehenden Zustandes
»denkt«, so liegt fast die Frage nahe, ob unter einem anderen Oberbefehlshaber
des Heeres als diesem grundloyalen Nur-Soldaten Fritsch die Haltung zumindest von Teilen des Offizierkorps damals nicht doch die Möglichkeit eines Einsatzes für die Wiederherstellung geordneter Rechts- und Staatsverhältnisse geboten hätte. Nicht wunder aber nimmt es nach alledem, daß Blomberg immer
wieder auf die Schulung der Wehrmacht in der nationalsozialistischen Weltanschauung drang[49]. Er hat sich bekanntlich damit im Offizierkorps ebensowenig
beliebt gemacht wie durch seine allgemeine Nachgiebigkeit gegenüber dem
Regime – was aber nichts daran ändern konnte, daß (wie Hoßbach sagt) »sein
Wirken maßgeblich Stellung und Einfluß der Wehrmacht im ›Dritten Reich‹
bestimmte«[50]. Allerdings läßt die über Jahre hin stereotype Wiederholung von
Befehlen zur geistigen Gleichschaltung der Wehrmacht vermuten, daß sie auf
der unteren Ebene der Armee vorerst nicht ganz die Wirkung erzielten, die man
sich »oben« von ihnen erhoffte. Freilich blieben der Kampf gegen den Kommunismus, der Ausbau der Wehrmacht und die Rückgewinnung der deutschen
Großmachtstellung wichtige übereinstimmende Ziele von Offizierkorps und
Hitler, die oppositionelle Regungen dämpfen konnten. Zu einer realistischen
Beurteilung des damaligen Standes wie der weiteren Entwicklung der Beziehungen zwischen Wehrmacht und Nationalsozialismus gehört jedoch die Erkenntnis, daß diese Gemeinsamkeiten im »Großen« die »alltäglichen« Differenzen mit
den Herrschaftsinstrumenten des Regimes ebensowenig zu entschärfen, geschweige aus der Welt zu schaffen vermochten wie den latenten fundamentalen
Antagonismus zwischen einer Armee, die ihr traditionelles Eigenleben und ihre
sittlichen Grundsätze bewahren wollte, und dem Nationalsozialismus mit seinem Totalitätsanspruch. Aus gutem Grund haben denn auch in diesen Jahren
Teile des Offizierkorps – trotz dessen Inanspruchnahme durch die Aufgabe der

Umwandlung des Freiwilligen-Heeres der 100 000 in das Volksheer der allgemeinen Wehrpflicht – die kirchen- und christentumsfeindlichen Tendenzen von Partei und Staat als schwere Belastung empfunden[51]. In einem innerpolitischen »Lagebericht« von Ende Dezember 1934, der von »unheimlichen Spannungen« in der Bevölkerung sprach, bemerkte Generalmajor Franz Halder, damals Artillerieführer VII/München, sogar, die »Auffassung, daß die [nationalsozialistische] Bewegung die Grundlagen der christlichen Weltanschauung bedroht«, müsse »notgedrungen zu einer ernsten Gegensätzlichkeit weiter Kreise gegen die Bewegung führen«, zumal nach der Saarabstimmung (13.1.1935) »rücksichtslose Gewaltanwendung gegen die Geistlichkeit« befürchtet werde. »Wenn auch darüber keinerlei Zweifel« bestehe, fuhr Halder fort, »daß das Heer sich aus dem Kirchenkonflikt herauszuhalten hat«, so könne »doch die Entwicklung der Dinge rasch an die Grenze führen, wo statt innerkirchlicher Fragen die Staatsautorität auf dem Spiele« stehe »und damit der Pflichtkreis der militärischen Befehlshaber (z.B. Standortältesten) berührt« werde[52]. Dennoch glaubte die große Mehrzahl der Offiziere offenbar, sich ähnlich wie in der Weimarer Ära von den »Unerfreulichkeiten« der Politik in die »reine Sachlichkeit des Dienstes«[53] zurückziehen zu können – und zurückziehen zu dürfen, zumal sie nach wie vor zwischen der Partei und Hitler selbst einen erheblichen Unterschied machte und auch die Heeresleitung – immer noch in der Hoffnung auf eine positive Entwicklung der Dinge[54] – »die große Linie der Politik der Wehrmachtführung mit ihrer regimekonformen Tendenz im Prinzip akzeptierte«[55]. Männern wie dem Generalstabschef des Heeres, Ludwig Beck, und seinem späteren Nachfolger Franz Halder wurde jedoch die große Mitverantwortung der Wehrmacht, insbesondere des Heeres, für die weitere deutsche Entwicklung mehr und mehr bewußt[56].

IV.

Was Beck angeht, so hatte er den Siegeszug der nationalsozialistischen Bewegung ursprünglich lebhaft begrüßt, ja, den politischen Umschwung von 1933 als »ersten großen Lichtblick seit 1918« bezeichnet[57]. Zuversichtlich dürfte er auch mindestens das Jahr 1933 hindurch auf ein gutes Einvernehmen – eine »Entente« nennt es Klaus-Jürgen Müller – der Armee mit der

Werner Freiherr von Fritsch (1880 bis 1939), links, und Ludwig Beck (1880 bis 1944), 1937

nationalsozialistischen Bewegung und ihrem Führer vertraut haben. Ebenso wie
für das Offizierkorps und die bürgerlich-konservativen Schichten Deutschlands
überhaupt war für Beck die Revision des Versailler Vertrages mit dem Ziel einer
Rückgewinnung der deutschen Großmachtstellung eine Selbstverständlichkeit.
Der Weg dazu führte in seinen Augen auch über die Schaffung einer starken
Militärmacht, die so umfassend und rasch erfolgen sollte, wie es die allgemeinen
Umstände ihm zu erlauben schienen. Die mit der Durchführung dieser Aufrü-
stung während einer mehrjährigen Übergangszeit verbundenen Belastungen der
deutschen diplomatischen Beziehungen und die Möglichkeit einer bewaffneten
Reaktion der Nachbarn nahm Beck – grundsätzlich – in Kauf. Einige seiner
Stellungnahmen in dieser Zeit zu bestimmten Schritten und Mitteln der Aufrü-
stung sind von der älteren Forschung unter dem Gesichtspunkt seiner schließlichen Wendung gegen Hitler bereits als erste Zeichen eines politisch bedingten
Widerstandes angesehen worden; doch handelte es sich nach neueren Erkenntnissen wesentlich um Divergenzen bzw. Bedenken fachlich-technischer Natur[58].
Die Gefahren, die sich aus der Tatsache, daß eine Staatsführung wie diejenige
Hitlers über ein militärisches Instrument von der angestrebten Stärke verfügen
würde, für Deutschland ergeben konnten, hat Beck sicherlich nicht von vornherein erkannt. Soweit solche Gefahren auf Grund der sich abzeichnenden
außenpolitischen Ambitionen Hitlers deutlich wurden, glaubte Beck zunächst
wohl auch, sie mit Hilfe einer auf die nüchterne Betrachtung der militärischen
und politischen Gesamtlage gestützten Beratung des Diktators beschwören zu
können. Jedoch sah er sich frühzeitig veranlaßt, bremsend einzuwirken. So
erklärte er im Mai 1934, die (vom Allgemeinen Heeresamt) bis 1. April 1935
oder gar bis 1. Oktober 1934 vorgesehene Aufstellung eines 300 000-Mann-
Heeres sei nicht mehr der Aufbau eines »Friedensheeres, sondern eine Mobilmachung« – und könne (in internationaler Hinsicht) »tatsächlich der Tropfen
sein, der das Faß zum Überlaufen bringt«[59]. Sorgen solcher Art verstärkten sich
noch durch die Mordaktion vom 30. Juni 1934. »Einem Führer bzw. einer Regierung, die sich so über alle Rechtsbegriffe hinwegsetzt, traut man auch außenpolitisch alles zu«, notierte Beck als das Urteil eines so wohlorientierten Gesprächspartners wie des Staatssekretärs des Auswärtigen Amtes Bernhard Wilhelm von Bülow über den internationalen Eindruck jener Vorgänge, denen
inzwischen noch die Ermordung des österreichischen Bundeskanzlers Engel-
bert Dollfuß anläßlich des Wiener nationalsozialistischen Putsches vom 25. Juli
1934 gefolgt war. Der »ganze Ernst« der »trostlosen« außenpolitischen Situation
müsse »der maßgebenden Stelle klargemacht« werden, meinte Bülow, und zwar
durch einen »gemeinsamen Vortrag [von] Blomberg, Neurath, Göring [...] bei
Hitler«[60]. »Nicht, was wir tun, sondern wie wir es tun, ist so schlimm: Politik
der Gewalt und des Treubruchs«, lauteten im April 1935 Notizen Becks über
Kritik von seiten des Auswärtigen Amtes (Bülow)[61]. Im übrigen ist der Generalstabschef auf der Höhe seines Lebens zu der Idealvorstellung gelangt, daß –
zumal im Hinblick auf den modernen, »alle Trennungen der bürgerlich-zivilen

und der militärisch-professionellen Sphäre durchbrechenden totalen Krieg« von Industriestaaten – der politische Führer und der oberste militärische Führer »in beständigem Einvernehmen miteinander« die Leitung des Ganzen innehaben und ausüben müßten (womit der vielumstrittene »Dualismus Staatsmann/Feldherr« als ein von vornherein gegebenes Faktum hinzunehmen war)[62]. Dürfte die Entstehung einer solchen Konzeption durch Becks Erleben im »Dritten Reich« gefördert worden sein, so konnte die zunehmende Gefahr, daß die politische Leitung an das militärische Instrument Forderungen stellte, die dieses nicht würde erfüllen können – ihn nur darin bestärken, immer wieder eine entsprechend organisierte Spitzengliederung der Wehrmacht zu fordern. Sie sollte dem »Oberbefehlshaber des Heeres [und damit auch dem Chef des Generalstabes] das Maß an Einfluß auf die Kriegführung« einschließlich ihrer »politischen Grundlagen« verschaffen, »auf der er als Führer der Landstreitkräfte Anspruch« habe – wozu in Becks Augen auch die Beteiligung des Oberbefehlshabers bei allen wichtigen Fragen der Landesverteidigung bzw. Kriegsvorbereitung, auch im Kabinett bzw. beim »Führer« gehörte[63]. Eine solche Regelung mußte Beck um so notwendiger erscheinen, als er in den Jahren 1935/36 schwerlich mehr eine Akzeptierung seines idealen »dualistischen Strukturprinzips« von Hitler erhofft haben dürfte. Wie hartnäckig er auch weiterhin seine Auffassung (letztlich erfolglos) vertrat, so war ihm doch, obschon dies in den Akten begreiflicherweise kaum Niederschlag findet, sein Gegensatz zur Staatsführung in grundsätzlichen und praktischen Fragen, zumal die Divergenz der Mentalitäten, nachgerade bewußt. Als der deutsche Militärattaché im März 1936 aus London berichtete, es habe in England beruhigend gewirkt, daß der deutschen Wiederbesetzung des Rheinlandes keine militärische Planung, sondern nur eine politische Entschließung zugrundegelegen habe, verhehlte ihm Beck nicht, daß solche Feststellungen »den Generalstab gegenüber der politischen Führung in eine noch schwierigere Lage« brächten, »als er dies ohnehin schon« sei[64]. Diese Bemerkung bezog sich fraglos auf Hitler selbst und nicht auf radikale Elemente seiner Gefolgschaft; ebenso wie die scharfe Kritik, mit der Beck auf die ihm von Hoßbach berichteten Ausführungen Hitlers (in dessen berühmter Besprechung mit den Oberbefehlshabern der Wehrmachtteile und dem Außenminister Konstantin Freiherr von Neurath) vom 5. November 1937 reagierte, Hitler persönlich galt und nicht »radikalen Kräften« der Partei, mochten diese auch nach seiner Meinung »den Führer bedrängen, die inneren Probleme des [NS]-Systems durch außenpolitische Initiativen zu kompensieren«[65]. Und auch schon dem wenig aussichtsreichen und doch intensiven Versuch Becks, Erich Ludendorff politisch zu aktivieren, lag – angesichts des sinkenden Einflusses der militärischen Führung auf den Diktator – doch die Erwägung zugrunde, daß Ludendorff der einzige sei, vor dem Hitler »noch Respekt« habe[66]. Die von Beck angestrebte Stärkung der Position der Armee sollte gewiß nicht zuletzt der Sicherung einer den Realitäten der Lage angemessenen, besonnenen Außenpolitik dienen. Denn Beck hielt einen Krieg Deutschlands mit mehreren Großmächten für verhängnisvoll und wollte keinesfalls leichtfertig aufs Spiel gesetzt wissen, was nach »Versailles« von deutscher Machtposition verblieben oder inzwischen mühsam wiederaufgebaut war. So erklärt sich z.B. seine heftige Reaktion auf die von Blomberg verlangte Vorbereitung eines gegebenenfalls »ohne Rücksicht auf den zur Zeit unzureichenden Stand unserer Rüstung« durchzuführenden Überraschungsangriffs auf die Tschechoslowakei; dieser sollte nach Ausgabe des betreffenden Stichworts »schlagartig als Überfall« erfolgen können[67]. Beck bemängelte zunächst, daß die Verfügung Blombergs nichts »über das militärische Ziel« enthalte, das »aufgrund des vom Staatsmann« – d.h. von Hitler – »dem Chef der Wehrmacht [Blomberg] bezeichneten Kriegszieles« dieser dem Oberbefehlshaber des Heeres gesetzt habe[68]. »Auf alle Fälle« könne bei dem bedachten deutschen Vorgehen »nicht einen Tag damit gerechnet werden, daß es jemals ein isoliertes Unternehmen zwischen zwei Gegnern« (Deutschland und Tschechoslowakei) bleibe. Im übrigen äußerte Beck mittelbar den – für seine allgemeinen Befürchtungen bezeichnenden – Verdacht, daß mit dem Schreiben Blombergs nicht nur eine operative Studie verlangt, sondern »jetzt schon der Eintritt in praktische Kriegsvorbereitungen beabsichtigt« sei, und bat für einen solchen Fall um Enthebung von seinem Amt, obwohl er ein Unternehmen der fraglichen Art »für eine spätere Zeit« nicht grundsätzlich ausschloß[69].

Im Mai 1937 lehnte Beck es auch ab, ein militärisches Eingreifen in Österreich gegen eine etwa versuchte Wiedereinsetzung der Habsburger planerisch vorzubereiten. Deutschland, erklärte er, sei in bezug auf sein Heer noch nicht in der Lage, das Risiko eines mitteleuropäischen Krieges herauszufordern; materiell könne es »zur Zeit und bis auf weiteres überhaupt keinen Krieg führen«. Im übrigen werde die österreichische Armee Widerstand leisten, betonte Beck und scheute sich nicht, hieran ein spezifisch politisches und persönlich gewagtes – weil ausgesprochen »ketzerisches« – Argument zu knüpfen; nämlich: »Die gewaltsame Besetzung ganz Österreichs dürfte [...] soviel harte Kriegsmaßnahmen im Gefolge haben, daß auch bei Gelingen zu befürchten steht, daß das zukünftige deutsch-österreichische Verhältnis nicht unter dem Zeichen des Anschlusses, sondern des Raubs Österreichs stehen wird[70].« Logisch ergäbe sich aus dieser Stellungnahme Becks, daß er lieber die Restauration der Habsburger hinnehmen, d.h. auf den Anschluß mindestens vorerst verzichten wollte, als Österreich mit Krieg zu überziehen. Doch soll man die Logik nicht zu weit treiben. Sicherlich war Beck kein Gegner eines Anschlusses, der diesen Namen verdiente. Konnte aber jemand, der so sprach, ein besonders leidenschaftlicher Befürworter der Angliederung Österreichs sein – die doch eine wesentliche Voraussetzung für die Verwirklichung hegemonialer Zielsetzungen Deutschlands in Mitteleuropa darstellte[71]?

Seit langem ging es für Beck nicht mehr primär um die »Machterhaltung überkommener Eliten«, in Sonderheit um die Sicherung der »führenden Position der militärischen Machtelite« im »Dritten Reich«[72], sondern um ganz konkrete, politische, die Existenz von Land und Volk betreffende Fragen – wie dies selbst noch in der verzerrenden Kritik Hitlers an einer neuen Studie des Oberkommandos des Heeres (OKH) zur Spitzengliederung der Wehrmacht zum Ausdruck kommt: »Das seien Bedenken Beckscher Prägung, nur um seine [Hitlers] politischen Ziele zu sabotieren[73].« Wie würde Hitler erst reagiert haben, hätte er erfahren, daß Beck in seiner Stellungnahme zu dessen Ausführungen vom 28. Mai 1938 außer seinen militärischen und außenpolitischen Einwänden auch mit der »Ablehnung« argumentiert hatte, der »ein nicht zwingend erscheinender Krieg im Volke begegnen« würde[74]!

V.

Inzwischen waren Ende Januar 1938 Ereignisse eingetreten, die in der Geschichte des Verhältnisses zwischen der Wehrmacht bzw. dem Heer einerseits und Hitler als Staatsoberhaupt wie als Person andererseits in doppelter Weise eine Zäsur bilden: der Sturz sowohl des Reichskriegsministers und Oberbefehlshabers der Wehrmacht, Blomberg, als auch der des Oberbefehlshabers des Heeres, Fritsch[75]. Mich mit den unterschiedlichen Auffassungen über die tieferen Gründe ihrer Entlassung durch Hitler näher auseinanderzusetzen, halte ich hier für unnötig[76]. Der Heiratsskandal Blombergs hat auf jeden Fall schon für sich allein genügt, ihn untragbar zu machen. Erst der Blomberg-Skandal aber war das auslösende Moment für den alsbaldigen Beschluß Hitlers, höchst zweifelhafte Beschuldigungen im Sinne des § 175 zu benutzen, um auch Fritsch zum Rücktritt zu zwingen[77], weil dieser ihm als Nachfolger Blombergs unerwünscht war. Daß Hitler weder das Ergebnis einer Untersuchung abwartete noch den Fritsch entlastenden Momenten, als sie sich ergaben, Beachtung schenkte, beweist, daß er Fritsch unbedingt ausschalten wollte. Sein nachträglich wiederholt geäußerter Vorwurf, Fritsch sei »das hemmende Element in der Aufrüstung« gewesen[78], war im Grunde unberechtigt[79] und auch subjektiv so wenig glaubhaft, daß man zumindest noch andere Motive hinter dem Verhalten Hitlers suchen muß, insbesondere Mißtrauen gegen die konservative Grundeinstellung und den »alt-preußischen« Typus[80] dieses – an sich durchaus loyalen – Generals. Hitler, das Oberhaupt des Deutschen Reiches, hat es fertiggebracht, dem Oberbefehlshaber des deutschen Heeres in den Räumen der Reichskanzlei einen mehrfach vorbestraften, gewerbsmäßigen Erpresser[81] als Belastungszeugen gegenüberzustellen, und der vertrauensselige Fritsch ließ sich hierauf ein. Das dann von diesem für seine Schuldlosigkeit angebotene Ehrenwort hat Hitler abgelehnt! Bevor es schließlich – nicht ohne Mitwirkung sehr glücklicher Umstände – zum gerichtlichen Freispruch »wegen erwiesener Unschuld« kam, hatte Hitler längst weitere vollendete Tatsachen geschaffen, nämlich durch Übernahme des (bisher von Blomberg innegehabten) *unmittelbaren* Oberbefehls über die Wehrmacht nunmehr auch deren faktische Leitung an sich gebracht und sich in

dem neuerrichteten Oberkommando der Wehrmacht (OKW) unter dem füg-
samen Wilhelm Keitel einen technischen Befehlsapparat »ohne eigene Autorität«[82] zugelegt, kurz, die Wehrmacht mit alledem organisatorisch gleichgeschaltet.

Gab es keine Möglichkeit für die Generale, gemeinschaftlich gegen das,
was man dem Oberbefehlshaber des Heeres angetan hatte, in angemessener
Weise zu reagieren, wie es einige gefordert haben? Voraussetzung für jede Art
von Aktion – sei es ein bewaffnetes Eingreifen, sei es ein kollektiver Rücktritt
– wäre aber gewesen, daß Fritsch selbst spätestens nach seiner ungeheuerlichen Behandlung durch Hitler die Befehlshaber des Heeres von den Vorgängen unterrichtet hätte. Statt dessen blieb die Kenntnis der – entscheidenden –
Einzelheiten vorerst auf einen sehr kleinen Kreis beschränkt, so daß Hitler
den am 4. Februar in der Reichskanzlei versammelten Generalen und Admi-
ralen den Fall in einer Form darzustellen vermochte, daß »über die tatsächliche Schuld [Fritschs] kaum noch ein Zweifel bestehen konnte«[83]. Fritsch sah
noch gar nicht, mit wem er es zu tun hatte, suchte die SS oder allenfalls Göring, aber nicht Hitler hinter der Intrige und meinte seine Person hinter das
»Ganze« zurückstellen zu sollen. Als er endlich am 23. Februar zu Protokoll
gab, die ihm angetane schmachvolle Behandlung sei nicht nur entwürdigend
für ihn, sondern entehrend für die ganze Armee, und dieses Protokoll im
Heer weitergeleitet wurde[84], war der psychologische Moment für irgendeine
Aktion – während eines schwebenden Verfahrens – im Grunde bereits verpaßt. Zivile Oppositionelle, die, wie Goerdeler »im Einvernehmen mit
Schacht«, bei einigen (über die Vorgänge noch gar nicht näher orientierten)
Generalen auf ein Handeln gedrängt hatten, fanden keine Resonanz und stießen auf Bedenken hinsichtlich der Haltung von Truppe und Volk[85]. Beck tat
zwar unter der Hand das Seinige, um die Sache Fritschs zu fördern, erklärte
aber nach Halders Zeugnis auf dessen Drängen, die Worte Meuterei und Re-
bellion gebe es nicht im Lexikon des deutschen Offiziers[86] – wobei er mit so
wohlgesetzten Worten wahrscheinlich weniger den eigenen Bedenken als den
von ihm im Offizierkorps vermuteten Ausdruck geben wollte[87]. Der außenpolitische Triumph, den Hitler im März 1938 mit dem »Anschluß« Österreichs
erzielte, überschattete den für Fritsch günstigen Ausgang seines Prozesses und
beeinträchtigte vollends die psychologischen Voraussetzungen für jede Aktion
zu seinen Gunsten. Im übrigen hatte Hitler wieder einmal schnell vollendete
Tatsachen insofern schaffen können, als sich Walther von Brauchitsch ohne
Rücksicht auf Fritsch zu dessen Nachfolger ernennen ließ, was im Heer anscheinend schon deshalb nicht auf Widerspruch stieß, weil dadurch eine Berufung Reichenaus vermieden war. Wohl kaum jemand wußte vorerst, daß
Brauchitsch sich – ohne vorherige Fühlungnahme mit Beck[88] – eine Art
»Wahlkapitulation« hatte auferlegen lassen; erklärte er sich doch auf die ihm
von Keitel vorgelegten Fragen hin bereit, »das Heer enger an den Staat und
sein Gedankengut heranzuführen«, nötigenfalls einen entsprechenden Gene-

ralstabschef zu wählen, sowie einen »Wechsel in der Führung und Einstellung des Heerespersonalamts« vorzunehmen[89].

Der perfide Schlag gegen Fritsch, ihren verehrten Oberbefehlshaber, hat nun aber das Vertrauensverhältnis vieler Offiziere zu Hitler schließlich, d.h. nachdem ihnen die Einzelheiten des Schurkenstreichs bekannt wurden, tief und nachhaltig erschüttert. Nicht nur als seinen eigenen Eindruck, sondern als solchen kompetenter Gewährsmänner, nachdem Monate vergangen waren, notierte Beck Ende Juli 1938: »Der Fall von Fritsch hat zwischen Führer und Offizierkorps der Wehrmacht eine Kluft gerissen, auch in bezug auf Vertrauen, die nie wieder zu überbrücken ist[90].« Selbst wenn dieses Urteil etwas überzogen sein sollte, so dürfte Klaus-Jürgen Müller[91] die Wirkung der Fritsch-Affäre doch allzu niedrig einschätzen, wenn er sie damit kennzeichnet, daß Hitler »in den Augen mancher Militärs« jetzt »eine nicht mehr so eindeutige Rolle« spielte wie etwa in der Röhm-Affäre, weil sein Verhalten »nun mindestens undurchsichtig« gewesen sei bzw. weil »die von ihm schließlich oktroyierten personellen und organisatorischen Lösungen [...] ihn nicht mehr zweifelsfrei als einen der Armee

Hauptfront des Bendlerblocks zum Landwehrkanal mit den früheren Diensträumen des Amtes Ausland/Abwehr (Aufnahme aus den sechziger Jahren)

wohlwollenden Schiedsrichter« hätten erscheinen lassen. Die letzte Wertung scheint mir auch mit dem eigenen Urteil Müllers kaum vereinbar: Die Fritsch-Affäre sei »*daher* für etliche Schlüsselfiguren des späteren Widerstandes zum Beginn einer entscheidenden Wende« geworden, wie die Beispiele Wilhelm Canaris, Hans Oster und Henning von Tresckow zeigten.

Dabei ist es für »Intensität und Qualität der Reaktion der Militär-Elite«, zumindest aber jener drei Männer, gewiß nicht »*allein* maßgebend« gewesen, »ob und wie weit« die »Position [der Armee] innerhalb des Regimes [durch Hitlers Handeln] gefährdet wurde«[92]. Dieser »machtpolitische Aspekt«, d.h. die Sorge um die künftige Stellung der Armee im NS-Regime, wird die Eindrücke mitbestimmt haben, die der Schlag gegen Fritsch beim Gros des Offizierkorps zunächst hervorgerufen hatte; doch ließ sich dieses über die »*machtpolitischen*« Auswirkungen der Affäre ja durch die Berufung Brauchitschs (statt Reichenaus) zum neuen Oberbefehlshaber des Heeres vorerst einmal beruhigen. Was indes die genannten, in der Folge zu Exponenten der Opposition gewordenen Offiziere angeht, so hat für ihre Wendung gegen Hitler – wie für die Fortwirkung des »Falles Fritsch« im Offizierkorps überhaupt – auch und gerade »das Unmoralische, ethisch Anstößige« des Vorgehens gegen den Generaloberst[93] – »Begleiterscheinungen«, die das Wesen des Regimes charakterisierten – eine erhebliche Rolle gespielt. Nicht umsonst schrieb Jodl – als Canaris mitgeteilt hatte, »in welch unwürdiger Weise die Vernehmung« von Fritsch durch die Gestapo »vor sich gegangen« sei – noch am 26. Februar 1938 in sein Tagebuch: »Wenn das in der Truppe bekannt wird, gibt es Revolution[94].«

Tatsächlich zeigen sich als Folge der Fritsch-Affäre Ansätze zur Bildung einer bürgerlich-konservativen Opposition gegen Hitler, in der sich Offiziere und Zivilisten zusammenfanden. Sie hat eine Art technisches Zentrum in der über die Vorgänge hinter den Kulissen des »Dritten Reiches« am besten informierten Abwehr-Abteilung unter dem Admiral Canaris und seinem Mitarbeiter Oberstleutnant Oster gefunden. Canaris, ursprünglich ein enragierter Nationalist und aktiver Gegenrevolutionär, hatte seine Illusionen über das »Dritte Reich« verloren[95], während Oster, dem der 30. Januar 1933 zunächst als das Ende einer sozusagen nationalen »Durststrecke«[96] erschienen war, die Mordaktion anläßlich der Röhm-Affäre die Augen geöffnet hatten[97]. Canaris und Oster traten in einen Kontakt mit Beck, der im Sommer 1938 zwischen den beiden letzteren immer enger wurde. Oster wurde der wichtigste Verbindungsmann zwischen den militärischen und zivilen Oppositionellen. Neben den gemeinsamen Bemühungen um Verteidigung und Rehabilitierung Fritschs wurden von einigen auch bereits Gewaltaktionen erwogen, so von Oster und Hans Bernd Gisevius der Gedanke, an Hitler als dem »legalen« Staatsoberhaupt zunächst vorbeigehend die Zentrale der Gestapo durch Potsdamer Truppen zu besetzen, die Exponenten der SS zu verhaften und unter Veröffentlichung des gesammelten und dann noch vorgefundenen Belastungsmaterials Hitler vor vollendete Tatsachen zu stellen[98]. Alle Hoffnungen und Anläufe der Aktivisten endeten aber infolge der Haltung der neuen Heeresführung und der psychologisch raffinierten Behandlung der Generale durch Hitler[99] nach quälendem Ringen und Warten in Enttäuschung. Doch haben auch noch die Aussagen der an der Verschwörung des 20. Juli 1944 Beteiligten vor der Gestapo die Bildung einer Opposition gegen Hitler auf die Fritsch-Affäre zurückgeführt[100].

Schon hier aber sei auf eine Verhaltensweise hingewiesen, die bei Offizieren auffällt, welche Gegner Hitlers geworden waren, eine Verhaltensweise, die einen inneren Widerspruch enthält, der aus einer besonderen psychologischen Lage gerade des Soldaten zu erklären sein dürfte. Diese Offiziere sind nämlich auch im Falle einer Beteiligung an ausgesprochenen Widerstandsakten, einschließlich Verschwörungen gegen Hitler selbst, in aller Regel bemüht geblieben, die ihnen übertragenen dienstlichen Aufgaben nach besten Kräften zu erfüllen. Und zwar geschah dies weit weniger aus einem naheliegenden Interesse der Selbsterhaltung heraus als vielmehr aufgrund ihrer Auffassung über die spezifischen Pflichten, die sie – Hitler hin, Hitler her – als Soldaten gegenüber Deutschland erfüllen zu sollen glaubten – obschon dies, streng genommen, mittelbar wieder Hitler und seinen Vorhaben zugute kommen mußte. Da sie auch als Gegner Hitlers deutsche Nationalisten blieben, war für sie in der Wirklichkeit manches vereinbar, was uns – aus der Rückschau – schon mit ihrer eigenen Einstellung als im Prinzip unvereinbar erscheint. Ein schlagendes Beispiel dafür bietet ein Offizier wie Helmuth Groscurth. Entschiedener Gegner der Kriegspolitik Hitlers und seiner verbrecherischen Praktiken im Innern, schrieb er am 9. November 1938 in sein Tagebuch: »Ich schäme mich, noch ein Deutscher zu sein.« Gleichwohl erfüllte er als Abwehr-Offizier 1938 seine dienstliche Aufgabe der »Sabotage und Zersetzung« im Sudetenland und *begrüßte* es 1939, daß Hitlers Reichstagsrede vom 28. April »die Arbeit gegen Polen frei« gebe. Dies hat ihn aber nicht gehindert, im Herbst 1939 mit Eifer an der Verschwörung gegen Hitler teilzunehmen und mit den Berichten des Generalobersten Johannes Blaskowitz über die Untaten der Einsatzgruppen im besetzten Polen zu den Stäben der Westfront zu reisen – um sie »aufzuputschen«, wie er wörtlich vermerkte[101]. Bis zu der Konsequenz eines Hans Oster zu gehen, im Interesse eines Hitler überdauernden Vaterlandes dem gegenwärtigen Deutschland (Hitlers) bewußt zu schaden – weil es das Verderben der Nation heraufbeschwor –, hat in aller Regel seine Offizierskameraden überfordert.

VI.

Im Sommer 1938 sollte es nun aber zu offenem politischen Widerstreit zwischen Beck und Hitler kommen. Am 28. Mai legte Hitler bekanntlich in der Reichskanzlei den Spitzen der Wehrmacht und des Auswärtigen Amtes u.a. dar, daß Deutschland »Raum« brauche, nämlich »a) in Europa, b) in Kolonien«, und daß man »die Tschechei beseitigen« müsse; denn diese sei »stets unser gefährlichster Feind«, namentlich in einem Krieg gegen die Westmächte mit dem Ziel einer »Erweiterung unserer Küstenbasis (Belgien, Holland)«[102]! In seiner für den Oberbefehlshaber des Heeres abgefaßten Stellungnahme zu diesem exzessiven Eroberungsplänen hielt Beck es für angezeigt, mit denjenigen Punkten zu beginnen, in denen er Hitler an sich zustimmte:

1) »Es ist richtig«, schrieb er, »daß Deutschland einen größeren Lebensraum braucht, und zwar sowohl in Europa wie auf kolonialem Gebiet. Der erstere Raum ist nur durch einen Krieg zu erwerben und wird nicht erworben durch ein Land [gemeint war von Beck fraglos die Tschechoslowakei], das in der Hauptsache selbst Zuschußgebiet ist. Die Erwerbung kolonialen Gebietes braucht an sich nicht durch einen Krieg zu erfolgen.

2) Es ist richtig, daß die Tschechei in ihrer durch das Versailler Diktat erzwungenen Gestaltung für Deutschland unerträglich ist und ein Weg, sie als Gefahrenherd für Deutschland auszuschalten, notfalls auch durch eine kriegerische Lösung gefunden werden muß. Doch muß bei letzterer den Einsatz auch der Erfolg lohnen. [...]

3) Es ist richtig, daß verschiedene Gründe für eine baldige gewaltsame Lösung der tschechischen Frage sprechen [...][103].«

Wie sich zeigt, dachte Beck noch in den Kategorien traditioneller Machtpolitik, die damals das außenpolitische Denken wohl aller Staatsmänner und hohen Militärs in Europa beherrschten. Und da bereits eine Abtrennung des Sudetenlandes die Tschechoslowakei unweigerlich in den Machtbereich Deutschlands brachte, kann Beck auch nicht verkannt haben, daß sich hieraus eine hegemoniale Stellung Deutschlands in Mitteleuropa überhaupt ergeben mußte – wenngleich sich eine solche in seinen umfangreichen Denkschriften von 1937/38 nirgends als ein ihm vorschwebendes Ziel formuliert findet. Seiner Auffassung von der »Unerträglichkeit« der Tschechoslowakei für Deutschland dürften denn auch primär militärstrategische Erwägungen zugrunde gelegen haben[104]. Im übrigen hat Beck gegenüber den von Hitler in der berühmten Besprechung vom 5. November 1937 entwickelten »Lebensraum«-Zielen am 12. November mit den Worten kritisch Stellung bezogen:

»Nicht übersehen darf andererseits werden, daß die Bevölkerungslage als solche sich in Europa seit 1000 Jahren und länger so stabilisiert hat, daß weitgehendere Änderungen ohne schwerste und in ihrer Dauer nicht abzusehende Erschütterungen kaum noch erreichbar erscheinen und für Europa Parallelen mit Gebietsveränderungen wie für Italien in Afrika oder für Japan in Ostasien nicht gezogen werden können. Geringere Veränderungen erscheinen nach wie vor möglich. Sie dürfen aber nicht dazu führen, daß durch sie die Einheitlichkeit des deutschen Volkes, des deutschen Rassekerns, erneut [sic!] gefährdet wird[105].«

Mit Recht wertet Müller – obwohl er Becks außenpolitische Anschauungen »in einer Traditionslinie« sieht, »die ihren Ursprung im imperialistischen Denken der wilhelminischen Epoche hat«[106] – die zitierten Äußerungen zur europäischen »Bevölkerungslage« als »ein Grundaxiom« Becks[107]; er zieht hieraus die treffende Folgerung: »Vom ›Raumdenken‹ Hitlers trennte ihn ein Abgrund[108].« Den fundamentalen Unterschied seiner Anschauungen von den Aspirationen Hitlers dokumentieren auch Becks weitere Bemerkungen zu Hitlers Ausführungen vom 5. November 1937:

»Die Größe der Gegnerschaft Frankreichs und Englands gegen einen Raum- und Machtzuwachs Deutschlands sei nicht verkannt. Die Gegnerschaft jedoch als unumstößlich bzw. unüberwindlich anzusehen, erscheint nach den bisherigen völlig unzureichenden Versuchen ihrer Beseitigung nicht am Platze. Die Politik ist die Kunst des Möglichen, alle drei Völker sind zugleich auf der Welt, noch dazu in Europa, da heißt es doch wohl zunächst, alle Möglichkeiten, sich zu arrangieren, erschöpfen, zumal angesichts des gegenseitigen Stärkeverhältnisses. Außerdem ist es auch für den Fall eines späteren Bruchs klüger[109].«

Diese Erwägungen implizierten gewiß einen Verfügungsanspruch der drei Großmächte über kleinere Staaten und Völker und schlossen auch einen begrenzten Krieg nicht grundsätzlich aus, waren aber ebensowenig von der Überzeugung bestimmt, daß ein solcher unvermeidlich sei. Den aus der vorgesehenen Entwicklung der deutschen Aufrüstung »im Verhältnis« zu derjenigen »der Umwelt« von Hitler in der Sitzung vom 5. November 1937 gezogenen Schluß, daß spätestens 1943/1945 die deutsche Raumfrage »[...] gelöst werden« müsse, hatte Beck in den erwähnten Bemerkungen dazu als »in seiner mangelnden Fundierung nicht überzeugend«, in deren erster Fassung sogar als »in seiner mangelnden Fundierung niederschmetternd« bezeichnet[110].

Zu welchem Fazit kam Beck in seinen Stellungnahmen zu Hitlers Kriegsvorhaben? Alle Gründe, die sich »für eine baldige gewaltsame Lösung der tschechischen Frage« anführen ließen, würden, so schrieb er am 29. Mai, »zu Ungunsten Deutschlands überwiegen, solange die Tschechei mit der Waffenhilfe Frankreichs und Englands rechnen« könne, wie es »zur Zeit der Fall« sei[111]. Die von Hitler geplante Gewaltaktion gegen die Tschechoslowakei müsse daher, wie Beck schließlich am 16. Juli darlegte, mit einer »nicht nur militärischen [sic!], sondern allgemeinen Katastrophe für Deutschland endigen«[112]. Was Beck von Hitlers Abenteuerpolitik befürchtete, war also *weit mehr* als eine Gefährdung jener Chancen, die eine Fortsetzung der im Gange befindlichen begrenzten deutschen Revisionspolitik bot (deren man natürlich ebenfalls verlustig gegangen wäre). Was er von einer neuen deutschen Niederlage in einem großen Krieg befürchtete, war aber auch weit mehr als eine Gefährdung »der Grundlagen und Aussichten für eine künftige deutsche Hegemonialpolitik in Mitteleuropa« (wie Müller meint)[113], war vielmehr die Vernichtung einer gerade wiedergewonnenen (begrenzten) deutschen Großmachtstellung, ja, jeglicher deutschen Machtstellung überhaupt: Sprach Beck doch in seiner Vortragsnotiz für Brauchitsch vom 16. Juli 1938 unumwunden von einem drohenden »finis Germaniae«[114]. Dies erklärt auch den ungewöhnlichen Grad der Reaktion des Generalstabschefs auf Hitlers Vorhaben. Denn diese Reaktion gipfelte schließlich in der Forderung an die höchsten militärischen Führer, durch die kategorische Drohung mit ihrem geschlossenen Rücktritt Hitler zur Aufgabe seiner Kriegspläne zu zwingen. Er begründete seine Forderung an die Generale mit den berühmt gewordenen Worten: »Ihr soldatischer Gehorsam hat dort eine Grenze, wo ihr Wissen, ihr Gewissen und ihre Verantwortung die Ausführung eines Befehls verbietet[115].« Beck zielte also auf eine eindeutige, und zwar weitgehend politisch motivierte Gehorsamsverweigerung gegenüber Hitler ab, mit der die Führer eines diesem zu unbedingtem Gehorsam verpflichteten Heeres sich »geschlossen«[116] hinter dessen Oberbefehlshaber Brauchitsch stellen sollten. Und das alles wurde diesem von Beck nicht etwa hinter vorgehaltener Hand zugeflüstert, sondern schwarz auf weiß zu Papier gebracht unterbreitet: Wer würde solche Ausführungen Becks überhaupt für authentisch halten, wären sie nicht schriftlich überliefert?

Wenn man aber schon so weit ging, in der Kriegsfrage den militärischen Gehorsam zu verweigern, dann lag es für Beck offensichtlich nahe, auch zu einer Bereinigung der innerpolitischen Verhältnisse zu schreiten, zumal er im Falle des besagten Einspruchs der Generale ohnehin »mit erheblichen innerpolitischen Spannungen« rechnete[117]. Beck drängte Brauchitsch daher, »in unmittelbarer oder nachfolgender Verbindung mit einem Einspruch nunmehr eine klärende Auseinandersetzung zwischen Wehrmacht und SS herbeizuführen«[118].

Drei Tage später wurde er noch deutlicher: Wenn man sich zu einem Einspruch »mit allen seinen Folgen« entschließe, so werde »zu prüfen sein, ob man diesen Schritt nicht dahin aktivieren sollte, daß man es zu einer für die Wiederherstellung geordneter Rechtszustände unausbleiblichen Auseinandersetzung mit der SS und der Bonzokratie kommen lassen *muß*«[119]. Beck schlug für die gedachte Aktion bereits auch werbewirksame Zielsetzungen in »kurzen, klaren Parolen« vor, von denen die erste zwar lautete: »Für den Führer!«, die zweite aber bereits: »Gegen den Krieg!« Und weitere Parolen lauteten: »Friede mit der Kirche! Freie Meinungsäußerung! Schluß mit den Tschekamethoden! Wieder Recht im Reich[120]!« Mindestens diese vier Postulate waren mit Wesen und Politik des NS-Regimes unvereinbar und richteten sich keineswegs nur gegen dessen »Auswüchse«. Was sie besagten, hat Beck fraglos seit längerem belastet. Wies er doch ausdrücklich darauf hin, daß das Schicksal jetzt wohl die *letzte* Gelegenheit biete, die notwendige Aktion zur Bereinigung der innerpolitischen Mißstände zu unternehmen[121]. Mit ebensoviel Recht hätte er feststellen können, daß sich jetzt zum ersten Mal die Gelegenheit zu einer solchen Aktion biete, denn schwerlich hätte er auf einen Einsatz der Generalität für einen Wandel im Innern hoffen dürfen, solange nicht, wie es eben jetzt der Fall war, eine Gefährdung der Existenz von Reich und Wehrmacht durch Hitlers Risikopolitik die psychologischen Voraussetzungen auch dafür schuf. Umstritten ist in der Forschung freilich die Frage, ob und inwieweit die von Beck für »unausbleiblich« erklärte »Auseinandersetzung zwischen Wehrmacht und SS« sich auch gegen Hitler selbst richten sollte. Denn Beck betonte bei seinen Vorstellungen mehrmals, es könne und dürfe »kein Zweifel darüber aufkommen, daß dieser Kampf [gegen ›SS und Bonzokratie‹ und für die ›Wiederherstellung geordneter Rechtszustände‹] für den Führer geführt« werde[122]. Sollte er sich aber nicht gesagt haben, daß bereits mit einer Verweigerung des militärischen Gehorsams seitens der Heeresführung gegenüber dem Diktator sozusagen der Rubikon überschritten wurde? Ist es denkbar, daß Beck nicht mit einer entschiedenen Reaktion Hitlers auf eine so »hart und brutal«[123] wie möglich abgefaßte Gehorsamsverweigerung gerechnet und nicht darüber nachgedacht haben sollte, daß und wie die Heeresführung ihrerseits dieser Reaktion zu begegnen haben würde? Vertrat er doch den vorgeschlagenen kollektiven Einspruch der Generale »mit allen seinen Folgen«! Und die Erreichung der von Beck proklamierten *innerpolitischen* Ziele setzte eine Entmachtung Hitlers ja schlechterdings voraus. Gleichwohl bemerkte Beck in derselben Vortragsnotiz (vom 19.7.1938): »Auch nur die leiseste Vermutung etwa eines Komplottes darf nicht aufkommen«; er fügte aber hinzu: »Trotzdem muß die Geschlossenheit der höchsten militärischen Führung für alle Fälle [!] hinter diesem Schritt stehen[124].« Von den möglichen »Fällen« war aber der Versuch einer gewaltsamen Reaktion von seiten Hitlers der wahrscheinlichste.

Übrigens enthält die (sozusagen am weitesten gehende) Vortragsnotiz vom 29. Juli 1938 keine Verwahrung Becks mehr gegen den etwaigen Verdacht eines Komplotts. Hingegen zeigt sie ihn stark beeindruckt durch Mitteilungen von Hitlers Adjutant Fritz Wiedemann (der sich der Opposition genähert hatte), wonach »der Führer auf dem Standpunkt [verblieb], daß ein Krieg gegen die Tschechei geführt werden müsse, *auch wenn Frankreich und England eingreifen*[125], was er an sich nicht glaubt.« Nochmals drängte Beck daher Brauchitsch, als Oberbefehlshaber des Heeres »mit seinen höchsten führenden Generalen [...] für den Fall, daß der Führer auf der Durchführung des Krieges besteht«, den kollektiven Rücktritt zu erklären, d.h. den Gehorsam zu verweigern, und betonte: »Die Form dieser Erklärung kann nicht eindrucksvoll, hart und brutal genug abgefaßt werden.« Und Beck schloß mit den Worten:

»Wie in der Vortragsnotiz vom 16.7.38 angegeben, ist in jedem Falle mit inneren Spannungen zu rechnen; es wird hiernach notwendig sein, daß das Heer sich nicht nur auf einen möglichen Krieg« – auf den es sich seit längerem, Hitlers Befehl gemäß, konzentrierte –, »sondern auch auf eine innere Auseinandersetzung, die sich nur in Berlin abzuspielen braucht, vorbereitet. Entsprechenden Auftrag erteilen. Witzleben mit Helldorf zusammenbringen«[126], das heißt den – längst zu einem entschiedenen Gegner Hitlers gewordenen – Befehlshaber im Wehrkreis III/Berlin und den Berliner Polizeipräsidenten, der ebenfalls Gegner des NS-Regimes geworden war, in Kontakt zu bringen.

Nimmt man hinzu, daß Beck in einem Vermerk vom gleichen Tag, dem 29. Juli 1938, aufgrund erhaltener Informationen notierte: »Der Fall von Fritsch hat zwischen Führer und Offizierkorps der Wehrmacht eine Kluft gerissen, auch in bezug auf Vertrauen, die nie wieder zu überbrücken ist. Allgemein befindet sich das Vertrauen zur Führung im Volk wie in der Wehrmacht im Schwinden«[127], so wird man sagen dürfen: Deutlicher als vollends hier konnte sich Beck – was mir manche seiner Kritiker zu übersehen scheinen – schriftlich gewiß nicht äußern; hätten ihm doch schon seine bisherigen Niederschriften unter Umständen das Leben kosten können. Wie wenig plausibel würde der Grad seines persönlichen Engagements sein, wäre es ihm wirklich nur um die »Rettung der Grundlagen einer künftigen Hegemonialpolitik in Mitteleuropa« gegangen und nicht um die Verhütung einer »allgemeinen Katastrophe für Deutschland«[128]!

Was nun die von Beck in seinen Aufzeichnungen vorgenommene Verwahrung gegen den Verdacht eines Komplotts angeht, so könnte sie auf taktischen Erwägungen beruhen, auf der empfundenen Notwendigkeit, Bedenken Dritter gegen eine Beteiligung an der »Auseinandersetzung mit SS und Bonzokratie« vorzubeugen. Möglich wäre auch, daß sich das geplante Vorgehen – ähnlich den von Oster und Gisevius anläßlich der Fritsch-Affäre geäußerten Gedanken – zunächst an Hitler vorbei mit einer (im Offizierkorps populären) Aktion gegen SS und Gestapo richten sollte und gleichsam erst im Nachzug gegen einen gewaltsam reagierenden Diktator[129]. Schon die Ausschaltung der SS, die Hitlers Herrschaftsinstrument darstellte, mußte dessen persönliche Position aufs schwerste erschüttern. – Nach alledem scheint mir auch die Auffassung, Beck habe nicht gegen Hitler, sondern um Hitler kämpfen wollen, unhaltbar[130].

Der zitierte, in meinen Augen unmißverständliche *Schlußsatz* von Becks Vortragsnotiz vom 29. Juli macht einigen Autoren sichtlich zu schaffen. Claus Donate[131] erwähnt ihn überhaupt nicht; er würde auch nicht zu seiner These passen. Der verdienstvolle englische Beck-Biograph Nicholas Reynolds aber vertritt die seltsame Auffassung, mit den in der Notiz erwähnten »inneren Spannungen«, derentwegen das Heer sich auf eine »innere Auseinandersetzung« vorbereiten müsse, »die sich nur in Berlin abzuspielen« brauche, und »Witzleben mit Helldorf zusammen[zu]bringen« sei, habe Beck »die Möglichkeit von inneren Unruhen« gemeint[132]. »Innere Unruhen«, also spontane Auflehnungen kleinerer oder größerer Volksteile im nationalsozialistischen Polizeistaat, im Jahre 1938, weil die Politik des Diktators als kriegstreiberisch erschien? Eine völlig unhaltbare Deutung! Zunächst einmal hatte Beck in seiner Vortragsnotiz vom 16. Juli klar gesagt, was für eine Art von »inneren Spannungen« er erwartete: nämlich »erhebliche innerpolitische Spannungen«, und zwar im Zusammenhang mit dem von ihm geforderten »Einspruch berufener Männer« gegen Hitlers Kriegsvorhaben in der Sudetenfrage. Unmißverständlich war ferner mit der

»inneren Auseinandersetzung« von Beck eine solche »mit der SS und der Bonzokratie« gemeint, die, wie er gleichzeitig schrieb, »für die Wiederherstellung
geordneter Rechtszustände unausbleiblich«, d.h. ohnehin unumgänglich sei.
Daß an innere Unruhen wegen Hitlers Risikopolitik im damaligen Deutschland
nicht zu denken war, findet auch in der Feststellung des Berliner britischen
Geschäftsträgers vom 11. September 1938 Ausdruck: »Die Stimmung geht stark
gegen Krieg, aber das Volk befindet sich hilflos im Griff des Nazi-Systems [...].
Die Leute sind wie Schafe, die zur Schlachtbank geführt werden. Wenn es zum
Krieg kommt, werden sie marschieren und ihre Pflicht tun, mindestens für
einige Zeit[133].« Was ging im übrigen den Generalstabschef und den Oberbefehlshaber des Heeres, zumal im NS-Deutschland, die Bekämpfung etwaiger
innerer Unruhen an? Dafür war dessen Polizei zuständig − *und* in der Lage!
Schließlich konnte Beck wohl im Hinblick auf eine Auseinandersetzung mit der
SS sagen, daß sie sich »nur in Berlin abzuspielen« brauche, aber nicht in bezug
auf irgendwelche »inneren Unruhen«, da es gegebenenfalls gänzlich ungewiß
war, wo sie ausbrechen würden.

Übrigens enthält ein Brief von Halder vom 14. Juli 1955 an das Institut für
Zeitgeschichte zu unserer Fragestellung folgende Angaben:

»Als ich persönlich mit Witzleben in Verbindung trat − nach meiner Erinnerung
schon vor meiner Amtsübernahme −, waren zwischen Beck und ihm ohne Zweifel
schon weitgehende Erwägungen über eine Aktion gegen Hitler getroffen worden.
Jedenfalls war Witzleben, als ich mit ihm Verbindung aufnahm, über die Möglichkeiten, die sich boten, völlig im Bilde. Auch die Prüfung des voraussichtlichen Verhaltens von militärischen Persönlichkeiten, die bei den Vorbereitungen und bei der
Aktion selbst schwer umgangen werden konnten, war weit gediehen und waren
Aushilfsmöglichkeiten erwogen. Ich habe auch keinen Zweifel darüber, daß praktische Vorbereitungen eingeleitet waren, so z.B. Fühlungsnahme mit maßgebenden
Persönlichkeiten, wie Helldorf, und Erkundigungen für die Durchführung einer militärischen Aktion. Witzleben hat mir in einer unserer ersten Aussprachen zu meiner
Überraschung mitgeteilt, daß er Helldorfs und seiner Polizei sicher sei. Eben weil
diese Erwägungen und Vorbereitungen schon weit gediehen zu sein schienen, habe
ich mich von vornherein mit Witzleben dahin geeinigt, daß *er* die Durchführung der
Aktion mit den unter seinem Befehl stehenden Truppen und mit Unterstützung
Helldorfs durchführen sollte, während ich selbst den Startschuß zu geben hätte und
die Weiterführung der Aktion nach ›Sicherstellung‹ Hitlers zu übernehmen hätte,
und insbesondere dafür sorgen müßte, daß der Oberbefehlshaber des Heeres im
richtigen Augenblick führend hervortrete.

Meine Verbindungsnahme mit Witzleben ist beschattet von dem Geheimnis,
mit dem Beck seine Gedanken und Absichten mir gegenüber umgab. Vielleicht war
es auch unbewußte Abwehr gegen mein unbequemes Drängen, das er seit der
Fritsch-Krise oft genug zu spüren bekommen hatte. Vielleicht war es auch seine an-
geborene Schweigsamkeit oder die Technik, die er sich in der Beeinflussung des Widerstandskreises angewöhnt hatte, nämlich jedem nur das zu sagen, was für die Ausübung einer bestimmten Funktion unbedingt notwendig war. Jedenfalls habe ich es

damals und später oft als einen Mangel an Vertrauen empfunden, daß Beck sich mir
gegenüber so ausgesprochen zurückhielt. Das war kein Mißtrauen gegen meine politische Einstellung oder gegen meine persönliche Verläßlichkeit. Vielmehr glaube ich,
daß Becks überspitztes Verantwortungsgefühl ihn veranlaßt hat, solche Figuren des
Widerstandskreises auf Abstand von sich zu halten, deren Selbständigkeit und Energie die von ihm allein in Anspruch genommene Verantwortung gefährden konnten[134].«

Daß Halder hier bei der Wiedergabe seiner Eindrücke von Stand und Charakter
der damaligen Planung seines Amtsvorgängers sich über Beck selbst und dessen
persönliches Verhalten in eher kritischer Weise äußert, mindert gewiß nicht die
Glaubwürdigkeit seines Zeugnisses.

Beck – »Kassandra ohne Überzeugungskraft«[135]? Gewiß bestand die Möglichkeit, ja Wahrscheinlichkeit, daß die Tschechoslowakei schneller, als er ursprünglich angenommen hatte, entscheidend geschlagen sein würde, daß mithin
Teile der dort eingesetzten Verbände schon nach wenigen Tagen an die West-
grenze verlegt werden konnten, um Frankreich eine Intervention mindestens zu
erschweren[136]. Dennoch blieb »der Kardinalpunkt«, wie Beck mit Recht betonte, vorerst »stets der [...], ob es sich für Deutschland um einen Krieg nur gegen
die Tschechei« oder auch gegen die Westmächte handeln würde[137]. Denn in
letzterem Falle war damit zu rechnen, daß selbst eine noch so schnelle Niederwerfung der Tschechoslowakei für den Ausgang des großen Kampfes genauso
irrelevant sein würde wie im Ersten Weltkrieg die Niederwerfung Serbiens –
worauf Beck hingewiesen hat[138]. Gewiß konnte Beck auch »nicht über alle
Zweifel« hinaus beweisen, »daß die Westmächte wirklich eingreifen würden«[139].
Bedurfte es aber überhaupt solchen Beweises, um die Mehrzahl der höheren
Generale gerade in dieser Hinsicht mit größter Sorge zu erfüllen? Hat die »Sicherheit, daß die deutschen Streitkräfte für einen Krieg gegen die Tschechoslo-
wakei stark genug waren«, wirklich ihre Befürchtung verdrängt, »daß ein Welt-
krieg das Ende Deutschlands bedeutete«[140]? Die vorliegenden Zeugnisse spre-
chen mitnichten dafür. Vielmehr waren die meisten Generale für Bedenken, wie
Beck sie vertrat, doch wohl recht empfänglich, wenn Jodl konstatierte, daß »den
Gegensatz zwischen der Auffassung der Generale und der des Führers [...] die
Spatzen von den Dächern« pfiffen, daß der Generalstab »letzten Endes an das
Genie des Führers nicht glaube«, ihn »wohl mit Karl XII. vergleiche«, daß »nach
der Auffassung des Heeres [...] sicherlich die Westmächte eingreifen« würden[141].
Hitler selbst sind die Besorgnisse der meisten höheren Generale auch keines-
wegs entgangen.

Er entschloß sich deshalb ja zu dem »ganz ungewöhnlichen«[142] Schritt, deren Gehilfen, nämlich die im Kriegsfall als ihre Generalstabschefs vorgesehenen
(jüngeren) Offiziere, für den 10. August auf den Berghof zu beordern, um diese
in mehrstündiger Rede von der Richtigkeit seiner Auffassung zu überzeugen.

»Daß ihm dies nicht voll gelang«, hat neuerdings Hitlers ehemaliger Luftwaffenadjutant von Below bestätigt[143] – der übrigens auch die Tatsache einer »Unterhaltung« Hitlers mit Brauchitsch in der ersten Augustdekade 1938 bezeugt, wie er sie in solcher »Lautstärke« von seiten Hitlers mit einem General »nur dieses eine Mal erlebt«[144] habe. Denn auch Brauchitsch war den militärfachlichen wie politischen Argumenten Becks ja durchaus nicht unzugänglich geblieben[145].

So hatte Keitel von Hitler gehört, »daß der Oberbefehlshaber des Heeres seine Kommandierenden Generale gebeten« habe, ihn zu unterstützen, »um dem Führer die Augen zu öffnen über das Abenteuer, in das [sich] zu stürzen er [...] entschlossen«[146] sei. Jedenfalls sagt es genug, daß Brauchitsch noch am 28. September (dem für die Mobilmachung vorgesehenen Termin) Keitel »unter Hinweis auf dessen Verantwortung« beschwor, »alles beim Führer aufzubieten, daß nicht über d[as] sudetendeutsche Gebiet hinausgegangen wird«[147]! Tatsächlich durfte – wenngleich Beck ein Eingreifen der Westmächte nicht zu »beweisen« vermochte – keine verantwortungsbewußte Lagebeurteilung verkennen, daß mit der von Hitler gewollten gewaltsamen Lösung das *Risiko* ihres Eingreifens mit allen seinen möglichen Konsequenzen für Deutschland verknüpft blieb – eine Beurteilung, die durch den späteren historischen Ablauf keineswegs als widerlegt gelten kann, da die Probe aufs Exempel – auch infolge des teilweisen Nachgebens von Hitler selbst[148] – ja nicht gemacht wurde.

Man hat es – an sich begreiflicherweise – als seltsam empfunden, wie die meisten höheren Generale »einerseits« überzeugt waren, »daß ein neuer [großer] Krieg das ›finis Germaniae‹ bedeuten würde, andererseits im Rahmen ihrer Dienststellungen mit vollem Einsatz eben diesen Krieg vorbereiteten«[149]. Die Erklärung hierfür lag aber weder in einer Schwäche der Beck »zur Verfügung stehenden Argumentationsfaktoren« noch in der »Überzeugungskraft der Hitlerschen Rhetorik gegenüber den Generalen«[150], sondern in deren Scheu, sich gegen den Machtspruch des Diktators offen aufzulehnen – und daher im Rückzug auf das Prinzip des soldatischen Gehorsams. Auch Brauchitsch – obschon in den Augen eines Keitel »eine solche Enttäuschung«[151] – brachte es nicht über sich, die mit dem militärischen Herkommen so schwer vereinbare Aufkündigung des Gehorsams ins Werk zu setzen[152] – worauf Beck als Generalstabschef zurücktrat.

VII.

Unter Becks Nachfolger Halder kam es jedoch im September 1938 bekanntlich zu Planungen, die sich fraglos von vornherein gegen Hitler selbst richteten. Gläubiger Christ, Abkömmling einer Offiziersfamilie und Generalstäbler alter Schule, äußerte sich Halder seit längerem, zumal seit der Fritsch-Affäre, höchst kritisch über das Geschehen im »Dritten Reich«, nach vorliegenden Zeugnissen schließlich auch über Hitler selbst[153]. Zudem teilte er die schweren Bedenken Becks gegen die Risikopolitik des Diktators. Zwar bildeten diese Bedenken die allgemeine geistige Grundlage für Überzeugung und Entschluß sämtlicher opponierender Militärs und Zivilisten in diesen Wochen. Gleichwohl kennzeichnet es den singulären Charakter der Situation, wenn ein Offizier von solch typischer Korrektheit wie Halder jetzt der Verschwörung gegen seinen Obersten Befehlshaber die Hand bot.

Die »Septemberverschwörung« von 1938 – »nach den Ereignissen des 20. Juli 1944« mit Recht als »das wichtigste Faktum in der Geschichte der deutschen Militäropposition« bezeichnet[154] – ist als solches kaum noch umstritten[155], obschon über wichtige Einzelheiten des Sachverhalts ebensowenig volle Klarheit erreichbar erscheint wie über ihre Chancen. Nach eigenem Zeugnis hat sich Halder in die Erwägungen Erwin von Witzlebens über eine Aktion eingeschaltet, die Anfang September bereits relativ weit gediehen waren[156]. Zur Realisierung des Geplanten bedurfte es ja vor allem eines Trägers militärischer Befehlsgewalt, für den Witzleben als Berliner Wehrkreisbefehlshaber, populärer Truppenführer und Hitlerfeind sich anbot. Halder überließ ihm, wie er wiederholt gesagt hat, »die gesamte Vorbereitung des militärischen Einsatzes«[157], behielt sich aber nach Vereinbarung mit Witzleben den Startbefehl vor sowie die Weiterführung des Ganzen nach »Sicherstellung« Hitlers. Witzleben standen für die Aktion der Kommandeur der 23. Division, Generalmajor Walter Graf von Brockdorff-Ahlefeldt, in Potsdam und der Kommandeur des Infanterieregiments 50, Oberst Paul von Hase, in Landsberg a.d. Warthe zur Verfügung. Auch auf den als Oberbefehlshaber im Westen vorgesehenen General Wilhelm Adam konnte Witzleben rechnen[158]. Enge Beziehungen Halders selbst entstanden zum Abwehrchef Canaris, der ihm »politische Orientierung« bringen sollte, ihn aber vor allem zum Handeln drängte[159], zumal er für den Fall eines gewaltsamen Vorgehens gegen die Tschechoslowakei von einer Intervention der Westmächte überzeugt war[160]. Er bemühte sich um die Beschaffung bestätigender Informationen, so durch die von ihm geförderte Londoner Reise des Gutsbesitzers und konservativen Politikers Ewald von Kleist-Schmenzin, der mit seinen Arthur Neville Chamberlain zur Kenntnis gebrachten rückhaltlosen Mitteilungen bei diesem bekanntlich auf Skepsis stieß, aber von Winston S. Chur-

Erwin von Witzleben (1881 bis 1944)

chill einen vor einer deutschen Gewaltaktion warnenden (inoffiziellen) Brief erhielt[161]. Über Canaris lief auch ein Teil eines vertraulichen Verkehrs zwischen Halder und dem Staatssekretär Ernst von Weizsäcker, zu dem noch Beck unmittelbare Beziehungen seines Nachfolgers vorbereitet hatte. Denn unter Weizsäcker bestand ja im Auswärtigen Amt eine Oppositionsgruppe mit den Brüdern Erich und Theo Kordt, die sich um eine »feste Haltung« der britischen Regierung bemühten, welche eine Aktion der deutschen Militärs ermöglichen würde[162]. Halder selbst wiederum trat in Kontakt mit Hjalmar Schacht, der seinerseits mit Witzleben Verbindung aufgenommen hatte und bereit war, sich für eine neue Regierung zur Verfügung zu stellen[163]. Ständiger Vermittler zwischen allen Gruppen, besonders zwischen den Militärs und dem Auswärtigen Amt, blieb jedoch Oster, der mit Halder in einen ähnlichen engen Kontakt zu treten suchte, wie er ihn schließlich mit Beck hergestellt hatte, den er nach Halders Zeugnis manchmal für Stunden in seinem Amtszimmer blockierte[164]. Die sich aus dem Vorhaben ergebenden polizeilichen Maßnahmen sollte Gisevius entwerfen. Der durch die Fritsch-Affäre dem Regime vollends entfremdete Berliner Polizeivizepräsident Fritz-Dietlof Graf von der Schulenburg hatte sich den Verschwörern angeschlossen, und auch mit der Förderung der geplanten Aktion durch den Polizeipräsidenten Wolf Heinrich Graf von Helldorf selbst, dessen Befehlsbefugnissen ausschlaggebende Bedeutung zukam, konnte gerechnet werden.

Was die Auslösung des Putsches betraf, so ging es den Hauptbeteiligten vor allem darum, daß seine innere und äußere Rechtfertigung gegeben war. Diese war für sie gegeben, und auch die erforderliche positive Resonanz der Aktion in der kriegsabgeneigten Masse des Volkes schien ihnen gewährleistet, wenn Hitler allen entgegenstehenden Bedenken, allen Warnungen Einsichtiger zum Trotz zur Entfesselung eines Krieges von unabsehbarem Ausmaß schritt. In diesem Falle konnte er als frivoler Abenteurer, ja als Verderber des Reiches entlarvt werden. Halder war daher entschlossen, den Putsch dann – aber erst dann – auszulösen, wenn Hitler den endgültigen Befehl zum Angriff auf die Tschechoslowakei erteilt hatte[165]. Dies galt ebenso für Witzleben. Als einer der wesentlichsten Unsicherheitsfaktoren der Planung erscheint aus der Rückschau das Verhalten des Oberbefehlshabers Brauchitsch. Doch ist Halder in dieser Hinsicht offenbar zuversichtlich gewesen[166].

Zu den bedeutsamsten Einzelheiten des Aktionsplans gehörte neben der Besetzung der zentralen Nachrichtenanlagen Berlins sowie der wichtigsten Gebäude und Plätze der Stadt, insbesondere der Hauptstützpunkte von SS und Gestapo, daß ein Stoßtrupp von Freiwilligen unter der Leitung des ehemaligen »Stahlhelm«-Führers und Freikorpsangehörigen Major Friedrich Wilhelm Heinz einen Handstreich auf die Reichskanzlei unternehmen sollte, um sich Hitlers zu bemächtigen. Was mit diesem nach seiner Festnahme geschehen sollte, war offenbar noch nicht endgültig entschieden. Ein Attentat jedenfalls lehnten Halder und offenbar auch Witzleben grundsätzlich ab. Aus der Erwägung heraus, daß Hitler, solange er lebe, eine stärkere Macht darstelle als alle gegen ihn Verschworenen, soll Heinz jedoch seine Leute angewiesen haben, Hitler sofort niederzuschießen. Hinsichtlich der – kaum genau festgelegten – politischen Planungen nach einem gelungenen Umsturz waren sich die Hauptbeteiligten offenbar darüber einig, nach einer kurz befristeten Militärdiktatur möglichst bald verfassungsmäßige Zustände wiederherzustellen.

Auch die umfassendste Vorbereitung der Aktion aber konnte – deren Anlage nach – nichts daran ändern, daß ihre Realisierung von Faktoren abhing, die sich der Verfügung der Planer entzogen. Obwohl man in London über die »wachsende Unzufriedenheit in Deutschland mit dem Regime und mit Herrn Hitlers Führung der auswärtigen Politik«, wie der Außenminister Lord Edward Halifax schrieb[167], unterrichtet war, meinte man, Hitler mittels weitgehender Konzessionen der Tschechoslowakei befriedigen – und dadurch »die Gemäßigten in Deutschland stärken« zu können! Die Hoffnung, dies – nach Chamberlains überraschendem Besuch in Berchtesgaden – durch die Prag aufgezwungene Abtretung des Sudetenlandes erreicht zu haben, trog jedoch. Daß Hitler vielmehr bei seinem Godesberger Treffen mit dem britischen Premier die bisherige Verhandlungsgrundlage zerstörte und die Entscheidung über Krieg oder Frieden von der Erfüllung überspannter Bedingungen hinsichtlich der Formen und Fristen der (grundsätzlich gar nicht mehr strittigen) Übergabe des Sudetenlandes abhängig machte, um doch noch sein geheimes Maximalziel einer sofortigen Vernichtung der gesamten Tschechoslowakei zu erreichen, lieferte vollends den Beweis für seinen Willen zum Krieg – und dies nicht nur den Verschwörern. Vielmehr wurde aufgrund seiner Godesberger Forderungen ein gewisser Umschwung in der Haltung der Westmächte spürbar. Hitler geriet nunmehr in zunehmendem Maße unter psychologischen Druck. Zu seiner nachhaltigen Enttäuschung ließen sich die Ungarn nicht dazu bewegen, durch eine eigene Gewaltaktion gegen die Tschechoslowakei ihm den Scheingrund eines bereits »allgemeinen mitteleuropäischen Brandes« für sein bewaffnetes Eingreifen zu verschaffen[168]. Andererseits kamen ihm die Westmächte auch nach »Godesberg« hinsichtlich der Modalitäten der Übergabe des Sudetenlandes an Deutschland noch so weit entgegen, daß insoweit fast jeder Vorwand zum Krieg entfiel. Obendrein lieferte die Reaktion der Berliner auf den »Propagandamarsch motorisierter Truppen durch das Regierungsviertel«[169] am Abend des 27. September Hitler für die verbreitete Abneigung gegen den Krieg den deutlichsten Beweis. Doch trotz einer am frühen Nachmittag dieses 27. September erhaltenen, ihn (Hitler) offenbar erstmals beeindruckenden Warnung Chamberlains vor einer Gewaltlösung fand Weizsäcker »um Mitternacht Hitler mit Ribbentrop wieder ganz entschlossen, die Tschechoslowakei nunmehr zu vernichten«[170]. Indes kam am Vormittag des (für Hitlers endgültigen Entschluß entscheidenden) 28. September die Meldung von Mobilmachungsmaßnahmen der britischen Flotte, was nicht ohne Wirkung auf Hitler blieb. Und schließlich gab auch Benito Mussolini den freundschaftlichen Rat zu friedlicher Lösung, dessen Ablehnung für Hitler nicht unbedenklich war. Offenbar hat erst diese Intervention ihn endgültig bewogen, sich mit einer »Etappenlösung«[171] der tschechoslowakischen Frage – höchst widerwillig – abzufinden.

Noch kurz zuvor schien für die Verschwörer die Stunde der Aktion ganz nahe gerückt. Es sollte für deren Schicksal verhängnisvoll werden, daß sie sich nicht schon aufgrund des gegenwärtigen Standes der Dinge zum Handeln entschlossen hatten. Man meinte die letzten Informationen zu verwerten, die letzten Absprachen zu treffen. Doch gegen Mittag kam die Nachricht von dem erfolgreichen Eingreifen des Duce und der bevorstehenden Konferenz der leitenden Staatsmänner in München. Damit war dem Aktionsplan gegen Hitler, so wie die Verschwörer ihn angelegt hatten, mit einem Schlage die Grundlage entzogen, das vermutlich aussichtsreichste Unternehmen zum Sturz des NS-Regimes und zur Wiederherstellung rechtsstaatlicher Ordnung in Deutschland schon im Ansatz gescheitert.

Der – objektiv gesehen – große Erfolg, den Hitler, trotz seines Grolls über die nicht erreichte Vernichtung der gesamten Tschechoslowakei, mit dem Gewinn des Sudetenlandes errungen hatte, rechtfertigte das Urteil des britischen Militärattachés in Paris:

»Die Lage stellt einen neuen Triumph für Hitlers Diplomatie dar. Man hat überdies allen Grund zu der Annahme, daß er diesen Triumph wieder einmal im Gegensatz zu den Auffassungen seiner militärischen Führer erzielt hat. Hitlers Erfolg muß daher sein Ansehen in der Wehrmacht enorm steigern, wie in ganz Deutschland, wenn das überhaupt noch möglich ist[172].«

Der Tag von München wurde zum Dies ater der deutschen Opposition gegen Hitler, zumal der militärischen. Denn der im Heer verbreitet gewesene Pessimismus war scheinbar widerlegt, der Optimismus des Diktators scheinbar gerechtfertigt worden. Auch für die Position des Heeres im »Dritten Reich« war ihre nachteilige Wirkung kaum geringer als die der Fritsch-Affäre samt ihren Folgen. »Im höchsten Maße bedauerlich« nannte es der Hitler völlig ergebene Wehrmachtadjutant Rudolf Schmundt, »daß es nicht zum scharfen Schuß gekommen«[173] sei: ein solcher – so ergänzte er diese Äußerung noch im Februar 1939 – »hätte [...] die Stellung der Wehrmacht, insbesondere des Heeres bei Führer und Volk gefestigt – was leider notwendig« sei! Denn »durch Haltlosigkeit [!], besonders der Generalität, sei viel Vertrauen verschüttet worden [...]«. Namentlich Beck habe »der Armee und dem Generalstab nicht wiedergutzumachenden Schaden zugefügt [...][174]«. Diese Kritik konnte nur noch von Hitler selbst überboten werden, und sie wurde von ihm noch überboten. Am 24. Oktober ließ er nämlich Brauchitsch kommen, um ihm zu erklären, es sei »hoffentlich [...] das letzte Mal«, daß er, der Führer, »in dieser Art zu Soldaten sprechen müsse. Die Wehrmacht, besonders das Heer«, befinde sich »in einer bedenklichen Krise [...]«. Immer »wenn in den letzten sechs Jahren [...] die politische Führung Mut gezeigt und Erfolge errungen« habe, »stand die Führung der Wehrmacht nur als retardierendes und stark hemmendes Moment im Wege[175]. [...] Dieser Zustand, [...] jeder Soldateneigenart fremd und deshalb unwürdig [...]«, müsse »abgeändert werden«[176]. Die »Reichswehrerziehung« habe alledem Vorschub geleistet[177]. – Von Brauchitschs Reaktion auf Hitlers Gardinenpredigt ist nichts bekannt, außer daß aufgrund der »Besprechung des Ob.d.H. beim Führer« wenige Tage später die Verabschiedung der Generale von Rundstedt, Hermann Geyer, Adam und Liebmann in die Wege geleitet wurde[178]. Hitler aber ließ sich in den nächsten Monaten die Indoktrination der Wehrmacht persönlich angelegen sein[179].

Tatsächlich gerieten Heer und Volk als Konsequenz von »München« noch stärker als bisher in den Griff des Regimes, was sich im Jahre 1939 verhängnisvoll auswirken sollte.

Inhaltlich unveränderte Wiedergabe des Beitrages in der ersten Auflage des Ausstellungs-Kataloges von 1984.

Anmerkungen

[1]   Ernst Rudolf Huber, Verfassungsrecht des Großdeutschen Reiches, 2. Aufl., Hamburg 1939, S. 45.
[2]   Vgl. Thilo Vogelsang, Reichswehr, Staat und NSDAP, Stuttgart 1962 (= Quellen und Darstellungen zur Zeitgeschichte, Bd 11), S. 264 und 479 (Dok. 34), sowie 322.
[3]   Vgl. Peter Bucher, Der Reichswehrprozeß. Der Hochverrat der Ulmer Reichswehroffiziere 1929/30, Boppard 1967 (= Wehrwissenschaftliche Forschungen, Abt. Militärgeschichtliche Studien, Bd 4), S. 270, wo – da im Prozeß kein Protokoll geführt wurde – mehrere Zeitungsberichte angeführt werden, die hinsichtlich der betreffenden Äußerung Hitlers nur geringfügig voneinander abweichen.
[4]   Aufzeichnungen des Generals der Infanterie a.D. Liebmann 1922–1959 (Institut für Zeitgeschichte München [IfZ], ED 1/3, Bl. 481; ferner Anlage 1 zum »Fragebogen zum Thema ›Reichswehr und Nationalsozialismus vor 1933‹«).
[5]   Auszug aus einer Aufzeichnung von General der Artillerie a.D. Ott: »Wehrmacht und Nationalsozialismus vor der Machtergreifung«, vom Nov. 1946, Bl. 2 (IfZ, Zeugenschrifttum [ZS], Nr. 279).
[6]   Thilo Vogelsang, Zur Politik Schleichers gegenüber der NSDAP, in: Vierteljahrshefte für Zeitgeschichte (VfZ), 6 (1958), S. 89 f.
[7]   Vgl. bereits Vogelsang, Reichswehr (wie Anm. 2), S. 271 f.; Abdruck der betreffenden Niederschrift Staatssekretär Otto Meißners vom 30.8.1932 in Neudeck: Volker Hentschel, Weimars letzte Monate. Hitler und der Untergang der Republik, Düsseldorf 1978, S. 144–147.
[8]   Vgl. die Aktennotiz des Staatssekretärs Meißner vom 2.12.1932: Vogelsang, Zur Politik Schleichers (wie Anm. 6), S. 105 ff., sowie den Kommentar Papens vom 12.11.1957 (ebd., S. 112).
[9]   Vgl. Vogelsang, Reichswehr (wie Anm. 2), S. 332 ff.; jetzt auch Friedrich Karl von Plehwe, Reichskanzler Kurt von Schleicher, Esslingen 1983.

[10] Francis L. Carsten, Reichswehr und Politik 1918–1933, Köln 1964, S. 325. Ähnliche Äußerungen des Chefs der Marineleitung, Admiral Erich Raeder, vom 23.1.1928 (ebd., S. 317), und wiederum Groeners von 1930 (Rudolf Fischer, Schleicher, Mythos und Wirklichkeit, Hamburg 1932, S. 38; Otto-Ernst Schüddekopf, Das Heer und die Republik. Quellen zur Politik der Reichswehrführung 1918 bis 1933, Hannover, Frankfurt a.M. 1955, S. 238 f.).

[11] Vgl. meinen Beitrag Die Wehrmacht im nationalsozialistischen Deutschland, in: Das Dritte Reich, Herrschaftsstruktur und Geschichte. Vorträge aus dem Institut für Zeitgeschichte, hrsg. von Martin Broszat und Horst Möller, München 1983 (= Beck'sche schwarze Reihe Nr. 280). Aus der Rückschau bezeichnete Papen als das zunächst gemeinsam mit Schleicher verfolgte Ziel: »eine völlig neue, auf christlich-konservativer Grundlage gebildete Regierung auf die Beine [zu stellen], mit dem Ziele, der funktionsunfähig gewordenen Weimarer Demokratie einen neuen Charakter durch Verfassungs- und Wahlreform zu geben. Wir hatten Hindenburgs Wort für dieses Programm verpfändet.« Franz von Papen, Der Wahrheit eine Gasse, München 1952, S. 277.

[12] Vgl. Andreas Hillgruber, Militarismus am Ende der Weimarer Republik und im »Dritten Reich«, in: ders., Großmachtpolitik und Militarismus im 20. Jahrhundert. 3 Beiträge zum Kontinuitätsproblem, Düsseldorf 1974, S. 43; dazu Schüddekopf, Heer und Republik (wie Anm. 10), S. 308 ff., 325 ff.

[13] Vgl. den bezeichnenden Brief des gegenüber Schleicher ursprünglich sehr kritisch eingestellten Oberleutnants Hellmuth Stieff vom 21.8.1932 (Helmut Krausnick, Vorgeschichte und Beginn des militärischen Widerstandes gegen Hitler, in: Vollmacht des Gewissens, hrsg. von der Europäischen Publikation e.V., Bd 1, München 1956, S. 197 f.).

[14] Gespräch Hammersteins mit Staatssekretär Planck, Oberst von Bredow, Reichspressechef Marcks und General Ott (IfZ, ZS 279 [Ott]).

[15] Vgl. Vogelsang, Reichswehr (wie Anm. 2), S. 388 f.; zum Folgenden: S. 403 f.

[16] Vgl. Klaus-Jürgen Müller, Das Heer und Hitler. Armee und nationalsozialistisches Regime 1933–1940, Stuttgart 1969 (= Beiträge zur Militär- und Kriegsgeschichte, Bd 10), S. 35 ff.; Krausnick, Vorgeschichte (wie Anm. 13), S. 201 ff.

[17] Aufzeichnung General Liebmanns über die Befehlshaberbesprechung vom 1.6.1933 (IfZ, ED 1/1, Bl. 61).

[18] Müller, Heer und Hitler (wie Anm. 16), S. 49 f.

[19] Eugen Ott, Bemerkungen zu den Akten des IfZ, 1. Teil, Befehlshaberbesprechungen (IfZ, ZS 279, Bl. 19); Aufzeichnung Liebmanns über Kommandeurbesprechungen vom 15.–17.3.1933 (IfZ, ED 1/1, Bl. 50 f.) und die von Liebmann am 3.3.1933 weitergegebenen Weisungen Blombergs (ebd., Bl. 46 f.); vgl. hierzu und zum Folgenden auch Müller, Heer und Hitler (wie Anm. 16), S. 63 f.: die Angabe des Zeitpunkts der betreffenden Befehlshaberbesprechung ist ebenso zu berichtigen wie meine ursprüngliche Angabe – siehe die folgende Anm. 20 – und die von Wolfgang Sauer, Die Mobilmachung der Gewalt, in: Karl Dietrich Bracher, Wolfgang Sauer und Gerhard Schulz, Die nationalsozialistische Machtergreifung. Studien zur Errichtung des totalitären Herrschaftssystems in Deutschland 1933/34, 2. Aufl., Köln, Opladen 1962 (= Schriften des Instituts für politische Wissenschaft, Bd 14), S. 722.

[20] Aus einigen nach Abschluß meines Manuskripts zu Vorgeschichte und Beginn des militärischen Widerstandes (wie Anm. 13) von General a.D. Liebmann dem IfZ übersandten Notizzetteln über eine Befehlshaberbesprechung (IfZ, ED 1/1, Bl. 40–43 – mit Abschrift von der Hand Liebmanns, Bl. 44 f.), Notizzettel, die er in einem Begleitbrief vom 28.8.1955 (IfZ, ED 1/2, Bl. 361 f.) kommentiert hat, ergibt sich in Verbindung mit dem

in Anm. 19 erwähnten Zeugnis von General a.D. Ott zweifelsfrei, daß die oben im Text zitierten, in den Aufzeichnungen Liebmanns über seine Mitteilungen bei den Kommandeurbesprechungen vom 15.3. in Gießen, vom 16.3. in Marburg und vom 17.3.1933 in Kassel (IfZ, ED 1/1, Bl. 50 f.) enthaltenen Bemerkungen *nicht* – wie es sonst in aller Regel der Fall ist und wie ich deshalb in meiner Arbeit (wie Anm. 13), S. 210, angenommen hatte – Erklärungen von Blomberg oder Reichenau wiedergaben, sondern Liebmanns eigene, abgeschwächte Version der ominösen Weisung der Reichswehrführung darstellen. Siehe auch Sauer, Mobilmachung (wie Anm. 19), S. 729. Die nachträglichen Mitteilungen ergeben ferner so gut wie zweifelsfrei, daß die Berliner Befehlshaberbesprechung, in der diese Weisung erteilt wurde, nicht (wie von Liebmann in den erwähnten Kommandeurbesprechungen ursprünglich angegeben) »Ende Februar«, sondern am 1.3.1933 – also nicht »noch vor dem Reichstagsbrand« – stattgefunden hat. Im übrigen bemerkt Liebmann in dem erwähnten Brief vom 28.8.1955, die aufgefundenen Notizzettel hätten ihm »lebhaft in Erinnerung« gerufen, »mit welcher Skepsis und inneren Ablehnung wir Befehlshaber damals dem Minister [sic!] folgten«. (Liebmann hat nämlich bezweifelt, daß – wie von Ott bezeugt – die Besprechung vom 1.3.1933 »von *Reichenau* im Auftrage Blombergs abgehalten worden« sei.) Blomberg hielt es immerhin für nötig, in einem Erlaß vom 14.3.1933 der »in der Truppe« entstandenen »Besorgnis, [...] die einzigartige Stellung der Wehrmacht könne gefährdet werden, [...] mit großer Deutlichkeit« entgegenzutreten! Gedrucktes Exemplar des Erlasses bei den erwähnten Aufzeichnungen Liebmanns (IfZ, ED 1/1, Bl. 48). Vgl. auch bereits Müller, Heer und Hitler (wie Anm. 16), S. 66, Anm. 159.

[21]   Erich von Manstein, Aus einem Soldatenleben 1887 – 1939, Bonn 1958, S. 275.

[22]   Vgl. George Castellan, Le réarmement clandestin du Reich 1930 – 1935. Vu par le 2e Bureau de l'Etat-Major Français, Paris 1954, S. 432: »Die Partei vereinnahmt (gagne) also die Reichswehr. Sie erobert ihren Gipfel und ihre Basis. Die Armee verliert ihre Neutralität.«

[23]   Schulthess' Europäischer Geschichtskalender 1934, S. 44. Zum Folgenden vgl. Krausnick, Vorgeschichte (wie Anm. 13), S. 233 f.

[24]   Wie es in dem Erlaß Blombergs an die Befehlshaber vom 21.4.1934 wörtlich hieß (Manfred Messerschmidt, Die Wehrmacht im NS-Staat. Zeit der Indoktrination, Hamburg 1969 [= Truppe und Verwaltung, Bd 16], S. 34).

[25]   Zu Victor Lutze, dem späteren Nachfolger Röhms, nach der Erinnerung des späteren Generalfeldmarschalls Maximilian Freiherr von Weichs (IfZ, ZS 182).

[26]   Zum Folgenden: Fritz Guenther von Tschirschky, Erinnerungen eines Hochverräters, Stuttgart 1972; IfZ, ZS 568; Karl Martin Graß, Edgar Jung, Papenkreis und Röhmkrise 1933/34, phil. Diss., Heidelberg 1967; Theodor Duesterberg, Der Stahlhelm und Hitler, Wolfenbüttel 1949.

[27]   Tschirschky, Erinnerungen (wie Anm. 26), S. 176 f.

[28]   Ebd., S. 214, dazu S. 179.

[29]   Das politische Tagebuch Alfred Rosenbergs aus den Jahren 1934/35 und 1939/40, hrsg. von Hans-Günther Seraphim, Göttingen 1956, S. 31. Zum Vorausgehenden: Tschirschky, Erinnerungen (wie Anm. 26), S. 176.

[30]   Castellan, Réarmement clandestin du Reich (wie Anm. 22), S. 442.

[31]   Hermann Foertsch, Schuld und Verhängnis. Die Fritsch-Krise im Frühjahr 1938 als Wendepunkt in der Geschichte der nationalsozialistischen Zeit, Stuttgart 1951, S. 54 (Hervorhebung vom Verfasser dieses Beitrags).

³² Befehlshaberbesprechung vom 5.7.1934 nach einer Aufzeichnung General Liebmanns (IfZ, ED 1/1, Bl. 108 bzw. 117; Übertragung der Notizen durch Liebmann in Maschinenschrift).

³³ Tschirschky, Erinnerungen (wie Anm. 26), S. 188 ff., insbesondere S. 203 und 208.

³⁴ In seiner Reichstagsrede vom 13.7.1934 (Schulthess [wie Anm. 23], S. 175) und in den 12 Punkten seines Befehls an den neuen Stabschef der SA, Lutze (ebd., S. 165 f.); dazu Blomberg vor den Befehlshabern am 5.7.1934 nach der Aufzeichnung Liebmanns (wie Anm. 32), Bl. 113 bzw. 120.

³⁵ Ohne einen Befehl Blombergs oder Hindenburgs habe er nicht handeln können, erklärte ohnehin Fritsch Papen, als dieser ihm vorhielt, wie man mit ihm, dem Vizekanzler, verfahren war, (Papen, Wahrheit [wie Anm. 11], S. 357; ähnlich Papen in Nürnberg [IMT, Bd XVI, S. 328]).

³⁶ Befehlshaberbesprechung vom 5.7.1934 (wie Anm. 32), Bl. 106 – 123.

³⁷ Klaus-Jürgen Müller, Reichswehr und »Röhm-Affäre«, in: Militärgeschichtliche Mitteilungen (MGM), 3 (1968), S. 107 – 144.

³⁸ Hierzu und zum folgenden: Hermann Mau, Die »Zweite Revolution« – Der 30. Juni 1934, in: VfZ, 1 (1953), S. 135 ff.; Krausnick, Vorgeschichte (wie Anm. 13), S. 232 – 235; Müller, Heer und Hitler (wie Anm. 16), S. 114 ff., 128 – 133 und 140. Der ehem. General der Panzertruppe Ludwig Crüwell hat scharfe Kritik daran geübt, »daß das sonst gegen Beleidigungen so mimosenhaft empfindliche Offizierkorps und insbesondere die Generalität ohne besonderen Widerspruch die Ermordung zweier Generäle hinnahm. Wenn schon keiner der damaligen höchsten Führer der Reichswehr auf die Barrikaden steigen, d.h. mit seiner Truppe sich gegen diesen Terror zur Wehr setzen wollte, warum reichte dann niemand von ihnen den Abschied ein? Ich glaube, wir jüngeren Offiziere wären hellhörig geworden, wenn z.B. Fritsch, Beck, Rundstedt und Bock den Abschied genommen hätten. – Immer wieder liest man über die Vorgänge Fritsch im Jahre 1938 und vergißt darüber, daß der 30.6.34 die erste und vielleicht schwerste Unterlassungssünde war.« (IfZ, ZS 24).

³⁹ Dokumentation von Hans Rothfels (Hrsg.), Ausgewählte Briefe von Generalmajor Hellmuth Stieff, in: VfZ, 2 (1954), S. 297 (Brief vom 12.8.1934). Für Bedenken mehrerer anderer Offiziere (darunter Beck) gegen die Vereidigung auf die Person Hitlers vgl. Krausnick, Vorgeschichte (wie Anm. 13), S. 237 f., und Müller, Heer und Hitler (wie Anm. 16), S. 136 f.

⁴⁰ Wobei er beteuerte, er werde es »jederzeit« als seine »höchste Pflicht ansehen, für den Bestand und die Unantastbarkeit der Wehrmacht einzutreten« und sie »als einzigen Waffenträger in der Nation zu verankern«. Schulthess (wie Anm. 23), S. 219.

⁴¹ Eine Überprüfung mehrerer zeitgenössischer Presseorgane – so des »Völkischen Beobachters« (Münchner Ausgabe), der »Augsburger Postzeitung« und des »Miesbacher Anzeigers« – ergibt bizarrerweise, daß diese in ihren Ausgaben vom 18.8.1934 die unter dem Stichwort »Zwei-Säulen-Theorie« berühmt gewordene Passage der Hamburger Rede Hitlers vom 17.8.1934 übereinstimmend *nicht* in der vielzitierten Fassung wiedergeben: »Diese Staatsführung [...] wird von zwei *Säulen* getragen« usw., sondern in der Fassung: »Diese Staatsführung wird von zwei *Teilen* getragen«. Dies gilt auch für Schulthess (wie Anm. 23), (S. 215)! Natürlich müßte im *Sinne* des von Hitler gewählten Bildes von »Säulen« und nicht von »tragenden Teilen« die Rede sein. Jedenfalls aber hat Hitler entgegen den Angaben von Müller, Heer und Hitler (wie Anm. 16), S. 67, und von Michael Salewski, Die bewaffnete Macht im Dritten Reich 1933 – 1939, in: Handbuch zur deutschen Militärgeschichte 1648 – 1939, München 1978, Bd 4, Abschnitt VII: Wehrmacht und Na-

tionalsozialismus 1933–1939, S. 40, die »Zwei-Säulen-Theorie« nicht schon am 30.1.1934 geäußert, sondern – bezeichnenderweise – erst nach der Röhm-Affäre, nämlich in einer »Kurzform« in seiner großen Reichstagsrede vom 13.7.1934 zur »Rechtfertigung« der Mordaktion vom 30.6. (»Es gibt im Staate nur einen Waffenträger: die Wehrmacht. Und nur einen Träger des politischen Willens: dies ist die nationalsozialistische Partei.« Schulthess [wie Anm. 23], S. 180) und in ihrer erweiterten endgültigen Fassung, wie oben gesagt, am 17.8.1934.

42 Vgl. Klaus-Jürgen Müller, Armee, Politik und Gesellschaft in Deutschland 1933–1945. Studien zum Verhältnis von Armee und NS-System, Paderborn 1979, S. 68; Zitate: ders., General Ludwig Beck. Studien und Dokumente zur politisch-militärischen Vorstellungswelt und Tätigkeit des Generalstabschefs des deutschen Heeres 1933–1938, Boppard 1980, S. 54 mit 65 (»Interpretationsmuster für sein [Becks] Wirken und Verhalten in diesen Anfangsjahren des Dritten Reiches«), S. 66 (»Position«, die der Armee »nach der Zwei-Säulen-Theorie – dieser in die neue Zeit übertragenen Formulierung des traditionellen Dualismus des preußisch-deutschen Militärstaates – zustehen müßte«), S. 78 und 87; ferner: Müller, Armee (siehe oben!), S. 32, 65 (»Das war genau das, was Becks politischen Idealvorstellungen entsprach«) und 69 (»Zunächst [...] Beck überzeugt von der [...] grundsätzlichen Übereinstimmung des Regimes mit seinen Idealvorstellungen«). Gleichwohl täuscht sich Müller, Heer und Hitler (wie Anm. 16), S. 67, an sich nicht darüber, daß »die Zwei-Säulen-Theorie [...] schon deswegen problematisch [war], weil die Partei als alleiniger politischer Willensträger, wie Hitler es ausgedrückt hatte, letztlich doch den absoluten Vorrang gewinnen mußte. Sie hatte vielmehr ausschließlich taktisch-propagandistischen Charakter.« Vollends betont Salewski, Bewaffnete Macht (wie Anm. 41), S. 41, daß »tatsächlich [...] vom ersten Tag der Hitlerschen Herrschaft an [...] nicht von einer Art Gleichberechtigung der Wehrmacht neben der Partei gesprochen werden konnte« und daß »Blomberg und Reichenau die Metapher von den zwei Säulen nur vorsichtig verwendet« hätten.

43 Vgl. Müller, Heer und Hitler (wie Anm. 16), S. 147–154; Nicholas Reynolds, Beck: Gehorsam und Widerstand. Das Leben des deutschen Generalstabschefs 1935–1938, Wiesbaden, München 1977, S. 47–57; Müller, Beck (wie Anm. 42), S. 67–73 und 372–386.

44 Vgl. Krausnick, Vorgeschichte (wie Anm. 13), S. 247–252; Müller, Heer und Hitler (wie Anm. 16), S. 154–166; Reynolds, Beck (wie Anm. 43), S. 51 ff.; Müller, Beck (wie Anm. 42), S. 73 f., 76 ff.

45 Aufzeichnung betreffs eine von Liebmann am 7.1.1935 an die Offiziere der Kriegsakademie gehaltene Ansprache (IfZ, ED 1/4, Bl. 548–551); dazu die Aufzeichnung Fritschs vom 1.2.1938 bei: Friedrich Hoßbach, Zwischen Wehrmacht und Hitler 1934–1938, Wolfenbüttel, Hannover 1949, S. 71.

46 Aufzeichnung General Liebmanns über Befehlshaberbesprechungen vom 1.3.1933 (IfZ, ED 1/1, Bl. 42 bzw. 45; vgl. Anm. 20) und vom 12.1.1935 sowie über eine Kommandeurbesprechung vom 15.1.1935 (ebd., Bl. 132–138); dazu Notizen des Generalobersten Heinrici bei Foertsch, Schuld und Verhängnis (wie Anm. 31), S. 58 f.

47 Aufzeichnung Foertschs vom 1.2.1938 bei Hoßbach, Wehrmacht und Hitler (wie Anm. 45), S. 71.

48 Müller, Beck (wie Anm. 42), S. 91, Anm. 133.

49 Vgl. außer dem die Wichtigkeit auch der »volkserzieherischen Aufgabe« der Wehrmacht betonenden Erlaß vom 18.12.1934 den Geheimerlaß vom 16.4.1935 über »Erziehung in der Wehrmacht« (die »unter dem Gesichtspunkt der Rasse ihre letzte Vollendung im

Heeresdienst zu erhalten« habe) und den Erlaß vom 30.1.1936, betr. den »nationalpoliti-schen Unterricht« (auch in »Rassenlehre«) an den Kriegsschulen der Wehrmachtteile (das Offizierkorps müsse »die das Volks- und Staatsleben lenkende nationalsozialistische Weltanschauung in geistiger Geschlossenheit als persönliches Eigentum und innere Überzeugung« besitzen): Messerschmidt, Wehrmacht (wie Anm. 24), S. 58 f., 64 ff.; auch Müller, Heer und Hitler (wie Anm. 16), S. 186 ff.

50   Siehe Hoßbach, Wehrmacht und Hitler (wie Anm. 45), S. 76 f.; Messerschmidt, Wehr-macht (wie Anm. 24), S. 63.

51   Vgl. Krausnick, Vorgeschichte (wie Anm. 13), S. 274–278; Müller, Heer und Hitler (wie Anm. 16), S. 156 f., 169, 195–204; ders., Beck (wie Anm. 42), S. 73 f.

52   Siehe den vollen Wortlaut des Lageberichts vom 22.12.1934 (»Geheime Kommandosa-che!«) bei Müller, Heer und Hitler (wie Anm. 16), S. 609 ff.; dazu S. 156 f.

53   So General a.D. Dietrich von Choltitz, Soldat unter Soldaten, Konstanz, Zürich, Wien 1951, S. 17 f.

54   Bezeichnend Hoßbach, Wehrmacht und Hitler (wie Anm. 45), S. 176–180; dazu Müller, Heer und Hitler (wie Anm. 16), S. 184.

55   Müller, Heer und Hitler (wie Anm. 16), S. 204.

56   Die Niederschrift eines unbekannten Verfassers, die Beck am 6.1.1937 »signierte« und am 11.1.1937 Fritsch zur Kenntnis brachte, betonte, daß die Wehrmacht – die »in unserem militärfrommen Volk ein fast unbegrenztes Vertrauen« genieße – heute in ganz anderem Maße als zu Zeiten der Monarchie die Verantwortung »für alle etwaigen kriegerischen Verwicklungen« trüge, und schloß mit den Worten: »Auf der Armee liegt ganz aus-schließlich die Verantwortung für die kommenden Dinge. Vor dieser Feststellung gibt es kein Ausweichen.« (Wolfgang Foerster, Ein General kämpft gegen den Krieg. Aus nach-gelassenen Papieren des Generalstabschefs Ludwig Beck, München 1949, S. 44–47; da-zu: ders., Generaloberst Ludwig Beck. Sein Kampf gegen den Krieg. Aus nachgelassenen Papieren des Generalstabschefs, München 1953, S. 167 f., Anm. 40).

57   Vgl. seinen Brief vom 17.3.1933 bei Müller, Beck (wie Anm. 42), Dok. 8, S. 339; Reynolds, Beck (wie Anm. 43), S. 27 ff., 35 ff.

58   Vgl. Foerster, Beck (wie Anm. 56), S. 34 ff., 50 f. (Urteil Mansteins); Müller, Beck (wie Anm. 42), S. 21 f., 207–212 und 469–477; ders., Armee (wie Anm. 42), S. 88 f.; Reynolds, Beck (wie Anm. 43), S. 91 ff.

59   Müller, Beck (wie Anm. 42), Dok. 11, S. 350–354.

60   Ebd., Dok. 12, S. 354–359.

61   Ebd., S. 437.

62   Vgl. Ludwig Beck, Studien, hrsg. und eingel. von Hans Speidel, Stuttgart 1955, insbes. S. 23–36, 54, 60 f., 121 f., 125; dazu Müller, Armee (wie Anm. 42), S. 60–64; ders., Beck (wie Anm. 42), S. 29–61.

63   Denkschrift Becks (o.D.), vermutlich von Ende Dezember 1935, in: Müller, Beck (wie Anm. 42), Dok. 36, S. 466–469, »Der Oberbefehlshaber und sein erster Berater«.

64   Leo Freiherr Geyr von Schweppenburg, Erinnerungen eines Militärattachés – London 1933–1937, Stuttgart 1949, S. 89.

65   Müller, Beck (wie Anm. 42), Dok. 43, S. 498–501; ders., Armee (wie Anm. 42), S. 72.

66   So Beck am 16.11.1938 zu Major a.D. Holtzmann (der sein »Verbindungsmann« zu Ludendorff gewesen war), laut dessen Aufzeichnung, in: Müller, Beck (wie Anm. 42), S. 579; hier (Anm. 4) auch die von Holtzmann berichtete Bemerkung, die Beck nach Lu-dendorffs Tod (20.12.1937) über Hitler getan haben soll: »Nun hat der Kerl überhaupt keine Hemmungen mehr. Nun ist es aus.« Die zur Weitergabe an Ludendorff bestimmte

Äußerung Becks von Ende Juli 1935 über Hitler,»daß dieser über allen Gehässigkeiten [seitens der Partei gegen Ludendorff] stehe, er denke viel zu vornehm« (Müller, Beck [wie Anm. 42], S. 91), sollte doch wohl dem von Beck verfolgten Zweck dienen, Ludendorff – im Interesse der Wehrmacht – zur Kontaktaufnahme mit Hitler zu bewegen. Zur ganzen Angelegenheit siehe Müller, Beck (wie Anm. 42), S. 74 – 99.

67 Müller, Beck (wie Anm. 42), Dok. 29, S. 440 – 444.

68 Wenn Müller, Beck (wie Anm. 42), S. 226, betont, daß Beck »mit keinem Wort die politische Führung, die Staatsführung kritisierte«, die ja auch weder »als weisungsgebende Instanz noch, soweit erkennbar, als Initiator in Erscheinung getreten« sei, so wäre zu vermerken, daß Beck dessen ungeachtet und sozusagen ohne Not von einem »vom Staatsmann«, also von Hitler,»dem Chef der Wehrmacht bezeichneten Kriegsziel« spricht und ausgeht.

69 Ebd., Dok. 28, S. 438 f. Wenngleich Müller, Beck (wie Anm. 42), S. 227 ff., für Becks scharf ablehnende Reaktion auf die Weisung Blombergs vom 2.5.1935 m.E. völlig ausreichende Gründe anführt, nämlich Bedenken gegen die in der Weisung für ohne weiteres möglich gehaltene »Isolierung« der gedachten Operation sowie gegen deren präventiven Charakter, meint Müller dennoch, daß »Becks massive Reaktion [...] zunächst einmal nichts anderes« gewesen sei »als eine aggressive Zurückweisung des Anspruchs des Ministers und seiner Berater, die oberste militärpolitisch- und strategisch-operative Planungsinstanz zu sein – ein Anspruch, den Beck mit Nachdruck und Hartnäckigkeit immer für den Generalstab erhoben hatte.« Unbeschadet dieser Tatsache bieten die Darlegungen Becks im vorliegenden Fall m.E. keine Grundlage für eine solche Annahme – wie mir überhaupt die Bedeutung des besagten Anspruchs *als solchen* für die von Beck in den großen akuten Streitfragen dieser Jahre jeweils eingenommene Haltung von Müller allzu hoch eingeschätzt zu sein scheint.

70 Müller, Beck (wie Anm. 42), Dok. 41, S. 493 – 497; hierzu ders. Heer und Hitler (wie Anm. 16), S. 235 ff.: »klarer Fall von Ressort-Obstruktion«.

71 Daß Beck – wie Müller, Beck (wie Anm. 42), S. 150, meint – »das Ziel« (nämlich den Anschluß Österreichs) »völlig bejahte«, ist mir nach der Art seiner (Becks) Argumentation (»Raub«) im vorliegenden Fall zweifelhaft. Zu weit scheint mir in Anbetracht dieser Argumentation jedenfalls die Feststellung Müllers zu gehen, daß der General »sich nur gegen eine Politik des unkalkulierbaren Kriegsrisikos wandte«. Übrigens vermerkt Müller selbst (ebd., S. 148), daß Beck »gegen eine Art des Vorgehens« gewesen sei, »die ein Einvernehmen [mit den Österreichern] in Frage stellte«. Bekanntlich liegen Zeugnisse dafür vor, daß auch das (verglichen mit seinen im Mai 1937 geäußerten Befürchtungen) geringere Maß von Gewaltanwendung gegen Österreich im März 1938 Beck widerstrebt hat. (Er sprach dem Berliner österreichischen Militärattaché damals sein Mitgefühl über den Gang der Entwicklung aus; siehe Müller selbst, ebd., S. 148, Anm. 32 und S. 494, Anm. 5, sowie Reynolds, Beck [wie Anm. 43], S. 127 und 129.) Wenn Beck sich im März 1938 Hitlers Wünschen in der Österreich-Frage fügte, so wohl wesentlich deshalb, weil er angesichts der nunmehr – durch die veränderte Haltung Italiens und vor allem Englands – wesentlich günstiger gewordenen außenpolitischen Lage ein schlechterdings »unkalkulierbares Kriegsrisiko« kaum mehr geltend machen konnte (Müller, Beck [wie Anm. 42], S. 150). Sicher aber geschah dies nicht auch deswegen, weil Hitler durch seine Rücksprache mit Beck (über die Vorbereitung des Einmarschs) am 10.3. »für eine kurze geschichtliche Minute« den »Anspruch« Becks, »in derartigen Fragen den Staatsführer selbst zu beraten«, erfüllt hatte (Müller, Heer und Hitler [wie Anm. 16], S. 237 f., sowie ders., Ludwig Beck. Ein General zwischen Wilhelminismus und Nationalsozialismus, in: Deutschland

in der Weltpolitik des 19. und 20. Jahrhunderts. Fritz Fischer zum 65. Geburtstag, hrsg. von Imanuel Geiss, Bernd Jürgen Wendt, Düsseldorf 1973, S. 522, Anm. 39); denn von einer »Beratung«, die diesen Namen verdient hätte, konnte zwischen Hitler und Beck damals doch nicht die Rede sein. Beck hielt aber in Anbetracht der veränderten Situation die jetzt noch verbleibenden Streitfragen – auch im Hinblick auf mögliche Kontroversen der Zukunft – wohl nicht für »ausreichend«, um persönliche Konsequenzen zu ziehen. Im übrigen *muß* Becks vielzitierte Äußerung zu Guderian: »Wenn man den Anschluß *überhaupt* vollziehen *will,* ist jetzt wahrscheinlich der günstigste Moment gekommen« (Heinz Guderian, Erinnerung eines Soldaten, Heidelberg 1951, S. 42), durchaus nicht im Sinne einer uneingeschränkten Zustimmung zum Vollzug des Anschlusses verstanden werden.

72 So Müller, Beck (wie Anm. 42), S. 54. Andererseits verwahrt er sich (S. 126 f.) – mit Recht – dagegen, daß »sozialreaktionäre Interessenwahrung« die Haltung Becks »bestimmt« habe.

73 Heeresadjutant bei Hitler 1938–1943, Aufzeichnungen des Majors Engel, hrsg. von Hildegard von Kotze, Stuttgart 1974, S. 29; vgl. auch S. 33.

74 Müller, Beck (wie Anm. 42), Dok. 46, S. 523.

75 Vgl. Harold C. Deutsch, Das Komplott oder die Entmachtung der Generale. Blomberg- und Fritsch-Krise. Hitlers Weg zum Krieg, Zürich 1974; ferner Krausnick, Vorgeschichte (wie Anm. 13), S. 279–294; Müller, Heer und Hitler (wie Anm. 16), S. 255–299.

76 Vgl. hierfür Krausnick, Vorgeschichte (wie Anm. 13), S. 279–283, sowie ders., Wehrmacht (wie Anm. 11), S. 194 ff.

77 »Niemals wäre im übrigen die Sache Fritsch ins Rollen gekommen, wenn ihm [Hitler] der Kriegsminister nicht solch einen Streich gespielt hätte«, berichtete der damalige Heeresadjutant Engel als Äußerung Hitlers zu ihm am 20.4.1938 (Engel, Heeresadjutant [wie Anm. 73], S. 20 f.

78 So laut Engel, ebd.

79 Konkretisiert hat Hitler, soweit ich sehe, diesen Vorwurf nur einmal insofern, als er (laut Angabe Keitels) am 5.11.1939, nach der heftigen Auseinandersetzung (Hitlers) mit Brauchitsch wegen der Westoffensive, Keitel erklärte, Fritsch – den man »glorifiziere« – habe sich seinen (Hitlers) »Absichten [...] entgegengestellt, [...] die mittleren Jahrgänge, den sog. weißen Block, rechtzeitig auszubilden«. (Nach Ansicht Keitels trug die Verantwortung dafür jedoch »in erster Linie« Blomberg.)

80 Beck (Brief v. 22.9.1939): »[...] ein Offizier altpreußischen Stils, wie sie die heutige Zeit kaum noch kennt« (Müller, Beck [wie Anm. 42], S. 589 f.).

81 Der Erpresser Schmidt war Himmler zufolge bereits am 28.12.*1936* »zu 7 Jahren Gefängnis und 10 Jahren Ehrverlust verurteilt« worden; vgl. das Schreiben an Göring vom 29.7.1942, in dem Himmler Görings »Einverständnis« erbittet, »daß ich Schmidt dem Führer zur Genehmigung der Exekution vorschlage«, wozu Göring an den Rand schrieb: »Der sollte doch schon längst erschossen sein!« (Müller, Heer und Hitler [wie Anm. 16], S. 637).

82 Vgl. Hoßbach, Wehrmacht und Hitler (wie Anm. 45), S. 85 ff., 144 f.; Foertsch, Schuld und Verhängnis (wie Anm. 31), S. 160 ff.; Peter Bor, Gespräche mit Halder, Wiesbaden 1950, S. 74–80.

83 »Persönl. Erlebnis des Gen.d.Inf. a.D. Curt Liebmann i.d.J. 1938/39 (niedergeschrieben im Nov. 1939)« (IfZ, ED 1/3).

84 Unveröffentlichte Niederschrift des Rechtsanwalts Rüdiger Graf von der Goltz von 1945/46: »Der Fritsch-Prozeß« (IfZ, ZS 49).

85 Aufzeichnung des General der Infanterie a.D. Röhricht vom 22.2.1951 (IfZ, ZS 125).
86 Vgl. den von Halder am 20.6.1953 durch Unterschrift bestätigten »Zusatz zu den Auf-
    zeichnungen zum Gespräch zwischen Generaloberst a.D. Halder und Dr. Uhlig am
    2.6.53 in Königstein« (IfZ, ZS 240); ferner: Heidemarie Gräfin Schall-Riaucour, Aufstand
    und Gehorsam. Offizierstum und Generalstab im Umbruch. Leben und Wirken von Ge-
    neraloberst Franz Halder, Generalstabschef 1938 – 1942, Wiesbaden 1972, S. 220.
87 Vgl. auch Müller, Beck (wie Anm. 42), S. 24.
88 Hoßbach, Wehrmacht und Hitler (wie Anm. 45), S. 155.
89 Tagebuch Jodls, in: IMT, Bd XXVIII, S. 360; »Wahlkapitulation« nach Salewski, Bewaff-
    nete Macht (wie Anm. 41), S. 206 f.
90 Aufzeichnung vom 29.7.1938, in: Müller, Beck (wie Anm. 42), S. 561.
91 Zum Folgenden: Klaus-Jürgen Müller, Die national-konservative Opposition vor dem
    Zweiten Weltkrieg. Zum Problem ihrer begrifflichen Erfassung, in: Militärgeschichte.
    Probleme – Thesen – Wege, i.A. des Militärgeschichtlichen Forschungsamtes ausgew.
    und zsgst. von Manfred Messerschmidt u.a., Stuttgart 1982 (= Beiträge zur Militär- und
    Kriegsgeschichte, Bd 25), S. 220.
92 Müller, Armee (wie Anm. 42), S. 114 (Hervorhebung durch Müller).
93 Ebd.
94 Tagebuch Jodls (wie Anm. 89), S. 368.
95 Vgl. Heinz Höhne, Canaris. Patriot im Zwielicht, München 1976, S. 61 ff., 243; Kraus-
    nick, Vorgeschichte (wie Anm. 13), S. 271; Müller, Heer und Hitler (wie Anm. 16), S. 44,
    161.
96 »Spiegelbild einer Verschwörung«. Die Kaltenbrunner-Berichte an Bormann und Hitler
    über das Attentat vom 20. Juli 1944. Geheime Dokumente aus dem ehemaligen Reichssi-
    cherheitshauptamt, hrsg. vom Archiv Peter für historische und zeitgeschichtliche Doku-
    mentation, Stuttgart 1961, S. 302 (Anlage 1 zum Bericht vom 25.8.1944).
97 Ebd., S. 451. Krausnick, Vorgeschichte (wie Anm. 13), S. 291 mit Anm. 216.
98 Vgl. Krausnick, Vorgeschichte (wie Anm. 13), S. 291 mit Anm. 216.
99 Vgl. den Bericht Halders für Beck vom 14.6.1938 über Hitlers »gefühlsbetonte« Begrün-
    dung seines Verhaltens im Falle Fritsch im Anschluß an eine Verlesung des Fritsch frei-
    sprechenden Urteils vor den militärischen Führern am 13.6.1938 auf dem Flugplatz Barth
    bei Stralsund, gedruckt bei Foerster, Beck (wie Anm. 56), S. 94 ff.; dazu die Berichte von
    Liebmann und Sodenstern bei Foertsch, Schuld und Verhängnis (wie Anm. 31),
    S. 129 ff.; Krausnick, Vorgeschichte (wie Anm. 13), S. 298 ff.
100 Vgl. »Spiegelbild einer Verschwörung« (wie Anm. 96), S. 87, 273 f., 430, 526 ff.
101 Helmuth Groscurth, Tagebücher eines Abwehroffiziers 1938 – 1940. Mit weiteren Do-
    kumenten zur Militäropposition gegen Hitler, hrsg. von Helmut Krausnick und Harold
    C. Deutsch unter Mitarbeit von Hildegard von Kotze, Stuttgart 1970 (= Quellen und
    Darstellungen zur Zeitgeschichte, Bd 19), S. 173 und 238.
102 Aufzeichnung Becks vom 28.5.1938 (Müller, Beck [wie Anm. 42], Dok. 45, S. 512 – 520).
103 »Bemerkungen ...« vom 29.5.1938 (ebd., Dok. 46, S. 521 f.).
104 Laut Reynolds (wie Anm. 43), S. 266, Anm. 90, hat der ehemalige ungarische Mili-
    tärattaché in Berlin, Kálmán Hardy, in einem Brief an Reynolds die Äußerung Becks vom
    September 1937 gegenüber dem ungarischen Kriegsminister Racz bezeugt: »Solange ein
    Blinddarm – die Tschechei – in Mitteleuropa existiert, kann Deutschland kaum Krieg
    führen.« (ebd., S. 106; vgl. S. 89).
105 Bemerkungen Becks vom 12.11.1937 (Müller, Beck [wie Anm. 42], Dok. 43, S. 499).
106 Müller, Armee (wie Anm. 42), S. 81.

[107] Ders., Heer und Hitler (wie Anm. 16), S. 250.

[108] Ders., Armee (wie Anm. 42), S. 82. Müller zufolge schwebte Beck auch keine »Neuauflage wilhelminischer imperialistischer Politik« vor (ebd., S. 81), wohl aber »eine grundlegende Umgestaltung der mitteleuropäischen Szenerie im Sinne einer deutschen Vormachtstellung« (ebd., S. 83).

[109] Bemerkungen Becks vom 12.11.1937 (Müller, Beck [wie Anm. 42], Dok. 43, S. 500). Danach dürfte Beck auch eine Einverleibung von über 7 Millionen Tschechen in das Reich unerwünscht gewesen sein.

[110] Ebd., S. 501.

[111] »Bemerkungen ...« vom 29.5.1938 (ebd., Dok. 46, S. 522).

[112] Denkschrift vom 16.7.1938 (ebd., Dok. 49, S. 544).

[113] Müller, Armee (wie Anm. 42), S. 81. Ähnlich, allerdings »grob vereinfachend«, wie er selbst es nennt, urteilt Claus Donate, Deutscher Widerstand gegen den Nationalsozialismus aus der Sicht der Bundeswehr, Bamberg 1976 (phil. Diss., Freiburg 1975), S. 185. Anders als in der oben im Text zitierten Formulierung bemerkt Müller neuerdings in seiner Abhandlung »Die national-konservative Opposition vor dem Zweiten Weltkrieg« (wie Anm. 91), S. 227, »daß Beck in einem Krieg zum unpassenden Zeitpunkt und unter ungünstigen Bedingungen *eine Katastrophe für das Reich* sah«.

[114] Vortragsnotiz Becks vom 16.7.1938 (Müller, Beck [wie Anm. 42], Dok. 50, S. 552).

[115] Ebd.

[116] Vortragsnotiz Becks vom 29.7.1938 (ebd., Dok. 52, S. 558).

[117] Vortragsnotiz vom 16.7.1938 (ebd., Dok. 50, S. 553).

[118] Ebd.; Beck begründete dies auch damit, Hitler solle »in kleinem Kreise erklärt haben, den Krieg gegen die Tschechei muß ich noch mit den alten Generalen führen, den Krieg gegen England und Frankreich führe ich mit einer neuen Führerschicht«. Ich teile aber nicht die Ansicht Müllers (ebd., S. 308 f.), daß Beck damit vor allem auch »die unmittelbare Gefahr eines Scheiterns« seines »Konzeptes der Machtteilhabe [des Generalstabes bzw. der Militär-Elite] ausdrücken« wollte. Beck ging bei seinem erwähnten Drängen gegenüber Brauchitsch von der Feststellung aus, daß es anläßlich des von ihm (Beck) geforderten Einspruchs der Generale gegen Hitlers Kriegspolitik ohnehin zu »erheblichen innerpolitischen Spannungen« kommen würde. Noch deutlicher wird dies, wenn er in der Vortragsnotiz vom 29.7.1938 schreibt (ebd., Dok. 52, S. 559 f.), es sei »in jedem Falle mit inneren Spannungen zu rechnen; es wird *hiernach* notwendig sein, daß das Heer sich [...] auch auf eine innere Auseinandersetzung [...] vorbereitet«. (Hervorhebung vom Verfasser dieses Beitrags). Vgl. auch nachfolgende Anm. 119! Natürlich aber benutzte Beck die angebliche, von Hitler »in kleinem Kreise« getane Äußerung als ein gegenüber den Generalen besonders wirksam erscheinendes Argument.

[119] Vortragsnotiz vom 19.7.1938 (ebd., Dok. 51, S. 554 f. Unterstreichung von Beck selbst: wohl eine bewußte stilistische Inkorrektheit, um seiner Forderung mehr Nachdruck zu geben. Müller spricht S. 310 von den Überlegungen Becks »hinsichtlich einer innerpolitischen Auseinandersetzung [...] zur ›Wiederherstellung *geordneter Verhältnisse*‹, womit nicht zuletzt auch die Sicherung der Position der Armee gemeint« gewesen sei. In Wirklichkeit sprach Beck jedoch von der Notwendigkeit einer »Wiederherstellung geordneter *Rechtszustände*« (Müller, Beck [wie Anm. 42], Dok. 51, S. 554 f.).

[120] Ebd., Dok. 51, S. 556.

[121] Ebd., Dok. 51, S. 555. Daß Becks »Überlegungen hinsichtlich einer innerpolitischen Auseinandersetzung« im Grunde »nichts anderes gewesen« seien »als ein letzter, verzweifelter Versuch, seinen ›Kampf gegen den Krieg‹ in eine andere umfassendere Dimension

zu transportieren, da der Kampf auf der ursprünglichen und normalerweise angemessenen Ebene – jener der militärfachlichen und militärpolitischen Ebene – bereits gescheitert war« – wie Müller, ebd., S. 310, meint –, scheint mir schon deshalb wenig plausibel,
weil für eine Realisierung der »innerpolitischen Auseinandersetzung« das Zustandekommen des militärpolitisch begründeten Einspruchs der Heeresführung gegen Hitlers
Kriegsvorhaben ja nach wie vor für Beck die Voraussetzung bildete.

122 Ebd., S. 555.
123 Vortragsnotiz vom 29.7.1938 (ebd., Dok. 52, S. 558).
124 Vortragsnotiz vom 19.7.1938 (ebd., Dok. 51, S. 556).
125 Von Beck unterstrichen.
126 Vortragsnotiz vom 29.7.1938 (Müller, Beck [wie Anm. 42], Dok. 52, S. 557 – 560).
127 Aufzeichnung Becks vom 29.7.1938 (ebd., Dok. 53, S. 561).
128 Siehe meine Anmerkungen 113 und 112. Übrigens betonte auch der Chef des Stabes der
     Seekriegsleitung, Vizeadmiral Guse, in einer Aufzeichnung vom 17.7.1938 die »Pflicht«
     der militärischen Führer, eine Entwicklung rechtzeitig zu bremsen, »die den Bestand des Rei-
     ches bedroht« (Bundesarchiv-Militärarchiv, K 10 – 2/6, Akten des OKM, 1. Abt., SKL, Ia
     betr. »Fall Grün«, H. 2); vgl. Krausnick, Vorgeschichte (wie Anm. 13), S. 311 – 314. Auf
     die Bemerkungen von Michael Salewski, Die deutsche Seekriegsleitung 1935 – 1945, Bd 1,
     1935 – 1941, Frankfurt a.M. 1970, S. 45, sowie von Müller, Die national-konservative
     Opposition (wie Anm. 91), S. 230, Anm. 44, sei erwidert, daß ich (wie Anm. 13) die
     Denkschriften Guses und Heyes nicht als »Widerstandshandlung« bezeichnet oder darge-
     stellt, vielmehr ausgeführt habe, daß jene beiden damals »angesichts der ›Weisung Grün‹
     – mindestens der Sache nach – ganz ähnliche Auffassungen vertraten wie Beck«. Wie Sa-
     lewski, Die bewaffnete Macht (wie Anm. 41), S. 234, feststellt, mußte Guse wegen seiner
     mutigen Darlegungen »seine Position räumen«. Heye hätte fraglos Schlimmeres zu er-
     warten gehabt, wären seine höchst ketzerischen Ausführungen (»dem denkenden Aus-
     länder« erscheine »Deutschland als ein Sowjetrußland«, der aber
     [anders als dieses] über seine Grenzen hinausdränge; »der Zusammenschluß der Völker
     unter einer Parole wie seinerzeit gegen Napoleon dürfte deshalb die besten Vorausset-
     zungen finden«) der höchsten Stelle bekanntgeworden. In Anbetracht der sehr deutlichen
     Kritik Heyes an der nationalsozialistischen Innenpolitik scheint es mir trotz der bald dar-
     auf erfolgten Abfassung der berühmten Denkschrift über die »Seekriegführung gegen
     England [...]« durch Heye nicht gerechtfertigt, seine Stellungnahme als einen »schnell ver-
     gessenen Ausflug in den politischen Bereich« (Salewski) zu betrachten.
129 Hans Bernd Gisevius, Bis zum bitteren Ende. Vom Reichstagsbrand bis zum 20. Juli
     1944, Sonderausgabe, Hamburg 1960, S. 337 – 340; Gerhard Ritter, Carl Goerdeler und
     die deutsche Widerstandsbewegung, 3. Aufl., Stuttgart 1956, S. 484; »Spiegelbild einer
     Verschwörung« (wie Anm. 96), S. 430; Niederschrift Graf von der Goltz (wie Anm. 84);
     vgl. Krausnick, Vorgeschichte (wie Anm. 13), S. 291, Anm. 216, dazu S. 305 f. und 318;
     Rainer Hildebrandt, Wir sind die Letzten. Aus dem Leben des Widerstandskämpfers Al-
     brecht Haushofer und seiner Freunde, Neuwied, Berlin 1949, S. 93: »Erst im Falle, daß
     Hitler sich weigert und er – wie zu erwarten war – geheime Gegenmaßnahmen ergreift,
     wollte Beck zur Verhaftung schreiten und den Apparat des Staatsstreiches in Gang set-
     zen.«
130 Zu allem Vorstehenden (hinsichtlich Becks) vgl. auch Peter Hoffmann, Wider-
     stand-Staatsstreich-Attentat. Der Kampf der Opposition gegen Hitler, 3. Aufl., München
     1979, S. 94 – 109; ders., Generaloberst Ludwig Becks militärpolitisches Denken, in: Hi-

storische Zeitschrift (HZ) Bd 234 (1982), H. 1, S. 101–121. Die Erwiderung Müllers, Militärpolitik, nicht Militäropposition!, in: HZ 235 (1983), S. 355–371.

131 Siehe Anm. 113.

132 Reynolds, Beck (wie Anm. 43), S. 269, Anm. 26.

133 Documents on British Foreign Policy 1919–1939. Edited by E.L. Woodward and Rohan Butler, 3rd Series, Vol II: 1938, London 1949, S. 289.

134 IfZ, ZS 240.

135 Müller, Beck (wie Anm. 42), S. 304.

136 Ebd., S. 298–303, ferner S. 533, Anm. 24.

137 »Bemerkungen zu den Ausführungen des Führers am 28.5.1938« (ebd., Dok. 46, S. 525).

138 In seinen »Betrachtungen zur gegenwärtigen militärpolitischen Lage Deutschlands« vom 5.5.1938 (ebd., Dok. 44, S. 509) und in seinem Entwurf für eine Ansprache des Oberbefehlshabers des Heeres an die Generale, vermutlich von Ende Juli/Anfang August 1938 (ebd., Dok. 54, S. 575).

139 Müller, ebd., S. 311, und ders., Die national-konservative Opposition (wie Anm. 91), S. 231 f.

140 Auch Müller zufolge war »die höchste Generalität [...] sich [...] einig, daß ein Weltkrieg das Ende Deutschlands bedeutete«; er sieht dennoch ihr Verhalten (gegenüber Hitlers Risikopolitik) wesentlich von dem verbleibenden Zweifel daran bestimmt, »daß ein solcher großer Krieg über den Tschechenkonflikt unweigerlich entstehen müßte« (ebd., S. 311); vgl. dazu den folgenden Text.

141 Tagebuch Jodls (wie Anm. 89), S. 373 f.

142 Eidestattliche Erklärung von Generaloberst a.D. Adam für den Nürnberger Internationalen Gerichtshof, Nr. 4 (IfZ, ZS 6); vgl. Foertsch, Schuld und Verhängnis (wie Anm. 31), S. 175 und die Aussage Mansteins (IMT, Bd XX, S. 659).

143 Nicolaus von Below, Als Hitlers Adjutant 1937–1945, Mainz 1980, S. 113.

144 Ebd., S. 112; dazu Brauchitschs Aussage in Nürnberg über eine »erregte Auseinandersetzung« mit Hitler Anfang August 1938 bald nach der Aussprache mit den Generalen (IMT, Bd XX, S. 621).

145 Below, Hitlers Adjutant (wie Anm. 143), S. 103.

146 Tagebuch Jodls (wie Anm. 89), S. 378; dazu die bei Foerster, Beck (wie Anm. 56), S. 139, wiedergegebenen Aussagen von Generaloberst a.D. Adam über die Äußerung Brauchitschs zu ihm bei der Besprechung mit den Generalen am 4. August. Auf diese Besprechung bezieht sich möglicherweise – trotz des (späten) Datums 13.9.1938 der Notiz Jodls – die zitierte Information Keitels bzw. Hitlers.

147 Tagebuch Jodls (wie Anm. 89), S. 388. In Anbetracht des bestehenden Angriffsplanes kann der Wunsch Brauchitschs wohl nur »politisch« gemeint gewesen sein.

148 Vgl. hierzu das sehr beachtliche Urteil Ulrich von Hassells als wohlinformierten Zeitgenossen über »München« in seinen Tagebuchnotizen vom 29.9.1938 (ders., »Vom anderen Deutschland.« Aus nachgelassenen Tagebüchern 1938–1944, Wien 1948, S. 19).

149 Salewski, Bewaffnete Macht (wie Anm. 41), S. 239.

150 Müller, Beck (wie Anm. 42), S. 304 mit Anm. 93.

151 Tagebuch Jodls (wie Anm. 89), S. 378.

152 Hassell, »Vom anderen Deutschland« (wie Anm. 148), S. 19 (29.9.1938): »Brauchitsch schlägt den Kragen hoch und sagt: ›Ich bin Soldat und habe zu gehorchen.‹« Ferner Brauchitsch selbst über seine bekannte heftige Auseinandersetzung mit Hitler vom 5.11.1939 über die Westoffensive bei einer Besprechung mit Generaloberst Ritter von Leeb »unter vier Augen: B[rauchitsch] wollte nach Vortrag beim Führer [...] Abschied

einreichen, fand aber zu Hause den Angriffsbefehl vor. Als Soldat konnte er nun nicht
mehr zurücktreten, nachdem er jetzt den Befehl erhalten hatte, denn wir sind im Kriege.
Auch ein Abschied weiterer Generale kommt nicht in Frage. Das würde Meuterei sein.
Der Befehl des Führers muß nun ausgeführt werden.« (Generalfeldmarschall Wilhelm
Ritter von Leeb. Tagebuchaufzeichnungen und Lagebeurteilungen aus zwei Weltkriegen.
Aus dem Nachlaß hrsg. und mit einem Lebensabriß versehen von Georg Meyer, Stuttgart
1976 [= Beiträge zur Militär- und Kriegsgeschichte, Bd 16], S. 201).

[153] Vgl. Gisevius, Bis zum bitteren Ende (wie Anm. 129), S. 348 f.; für weitere Belege:
Krausnick, Vorgeschichte (wie Anm. 13), S. 337 f. mit Anm. 378 und 379.

[154] Salewski, Bewaffnete Macht (wie Anm. 41), S. 242.

[155] Zum Folgenden: Hoffmann, Widerstand (wie Anm. 130), S. 110–129; Müller, Heer und
Hitler (wie Anm. 16), S. 345–377; Krausnick, Vorgeschichte (wie Anm. 13), S. 336–365;
Höhne, Canaris (wie Anm. 95), S. 283–299; Schall-Riaucour, Aufstand und Gehorsam
(wie Anm. 86), S. 232–252; Gerd R. Ueberschär, Generaloberst Halder im militärischen
Widerstand 1938–1940, in: Wehrforschung 1 (1973), S. 20–31; hier besonders
S. 20–24; Salewski, Bewaffnete Macht (wie Anm. 41), S. 242–257.

[156] Vgl. oben, S. 343 f.

[157] Aussage Halders vor der Spruchkammer vom 15.9.1948 (IfZ, ZS 240). Siehe das Zitat bei
Müller, Heer und Hitler (wie Anm. 16), S. 357, Anm. 74.

[158] Erklärung von Generaloberst a.D. Adam zum Spruchkammerverfahren Halders vom
24.8.1948 (IfZ, ZS 240); dazu Krausnick, Vorgeschichte (wie Anm. 13), S. 342. Die Version, wonach General Erich Hoepners in Thüringen befindliche Division ggf. gegen die
Leibstandarte einzusetzen von Witzleben geplant war, hat Halder später in Zweifel gezogen (vgl. Schall-Riaucour, Aufstand und Gehorsam [wie Anm. 86], S. 250).

[159] Brief Halders vom 14.7.1955 an das IfZ (ZS 240).

[160] Hauptmann Wolf Eberhard, Adjutant Keitels, notierte über eine »Unterhaltung [Keitels?]
mit Canaris« unter dem 28.9.1938: »glaubt fest an bew[affnete] Intervention der Franzosen und Engl[änder]. Stimmung im deutschen Volk sei denkbar schlecht (belegt das
durch Ausk[unft] Gestapo). Wir seien nicht in der Lage, Zweifrontenkrieg zu führen.
Ob.d.H. sei der gleichen Ansicht. [...]« (IfZ, Sammlung Irving, maschinenschriftl. Übertragung).

[161] Vgl. hierzu vor allem Hoffmann, Widerstand (wie Anm. 130), S. 82–86, und Krausnick,
Vorgeschichte (wie Anm. 13), S. 327–330; ferner Bodo Scheurig, Ewald von Kleist-
Schmenzin. Ein Konservativer gegen Hitler, Oldenburg, Hamburg 1968.

[162] Erich Kordt, Nicht aus den Akten. Die Wilhelmstraße in Frieden und Krieg, Stuttgart
1950, S. 337.

[163] Vgl. Krausnick, Vorgeschichte (wie Anm. 13), S. 340, mit den Belegen.

[164] Briefe von Generaloberst a.D. Halder an das IfZ vom 26.4. und 14.7.1955; dazu Krausnick, Vorgeschichte (wie Anm. 13), S. 339 und 336 f.

[165] Vgl. Gisevius, Bis zum bitteren Ende (wie Anm. 129), S. 360 f.

[166] Vgl. Halders Spruchkammeraussage vom 15.9.1948 (IfZ, ZS 240); dazu Krausnick, Vorgeschichte (wie Anm. 13), S. 342, 346 und 364.

[167] Documents on British Foreign Policy (wie Anm. 133), Vol II, S. 324.

[168] Akten zur deutschen auswärtigen Politik 1918–1945, Serie D: 1937–1945. Bd V: Polen,
Südosteuropa, Lateinamerika, Klein- und Mittelstaaten. Juni 1937–März 1939, Baden-
Baden 1953, S. 303; dazu Bd II: Deutschland und die Tschechoslowakei (1937–1938),
[o.O.] 1950, S. 689.

[169] So Jodl in seinem Tagebuch am 27.9.1938 (wie Anm. 89), S. 388: »Der Führer hat für den Abend einen Propagandamarsch [...] angeordnet.«

[170] Ernst von Weizsäcker, Erinnerungen, München, Leipzig, Freiburg i.Br. 1950, S. 186; hierzu und zum Vorstehenden überhaupt: Die Weizsäcker-Papiere 1933 – 1950, hrsg. von Leonidas E. Hill, Frankfurt a.M., Berlin, Wien 1974, S. 145; zum Zeitpunkt bestätigend: Akten zur deutschen auswärtigen Politik (wie Anm. 168), Bd II, S. 789.

[171] Als Henlein die Verhandlung mit der Prager Regierung abbrach, proklamierte er den Anschluß des Sudetenlandes an das Reich »als kurze Etappenlösung«, wie er Hitler schrieb (Akten zur deutschen auswärtigen Politik [wie Anm. 168], Bd II, S. 639).

[172] Documents on British Foreign Policy (wie Anm. 133), Vol II, S. 454.

[173] Groscurth, Tagebücher (wie Anm. 101), S. 150.

[174] »[...] indem er das Vertrauen des Führers schwer erschüttert hätte.« (Hermann Teske, Die silbernen Spiegel. Generalstabsdienst unter der Lupe, Heidelberg 1952, S. 59 f.); überein-stimmend: ein Aktenvermerk von General a.D. Hermann Foertsch von 1952 aufgrund einer Aufzeichnung, die Oberst a.D. Teske unmittelbar nach dem Gespräch mit Oberstlt. Schmundt am 23.2.1939 abgefaßt habe (IfZ, ED 47).

[175] »Diese Widerstände waren immer nur in historisch entscheidenden Momenten (Austritt aus Völkerbund – Rheinlandbesetzung – Österreich und Tschechei) unter Aufbietung größter Nervenstärke zu beseitigen.«; siehe hierzu die Notizen von Hauptmann Eber-hard: »24.10.1938: 11.00 [Uhr] Obersalzberg – 12.00 [Uhr] Ob.d.H. Besp[rechung]«. – »27.10.1938: Chef: Niederschrift der Unterhaltung mit dem Führer am 24. Oktober (Obersalzberg) ist fertig. – Vorschlag: Aussprache Brauchitsch-Göring über Personalien, bevor Göring beim Führer ist.« (wie Anm. 160).

[176] Die in Anm. 175 zitierten Notizen Eberhards beginnen: »Zu Aussprache des Führers mit Ob.d.H. im Beisein Chef OKW: findet ihren Niederschlag im Protokoll Keitel. Tendenz: rückhaltlose Offenheit des Führers in bezug auf seine Mißbilligung der mil[itärischen] Führer. Reorganisation schnellstens notwendig. Gänzliches Fehlen des Vertrauens für polit[ische] Führung. Angst vor eigener Schwäche. Überschätzung der Stärke der Gegner. Letzter Appell an Ob.d.H., sich seiner Aufgabe bewußt zu sein und unverzüglich zu han-deln. Geschichtl[iche] Mission!«

[177] »Das kalte, rechnende, nüchterne – und damit gegenwartsfremde – Denkenwollen ist an die Stelle des charaktervollen, warmherzig durchbluteten, mutigen Wesens gebieten« (sic). Der ehem. Heeresadjutant Engel bezeugt unter dem 16.10.1938 als Äußerung Hitlers: »Heer sei sein unsicherstes Element im Staat, noch schlimmer als das A.A. und die Ju-stiz.« (Heeresadjutant [wie Anm. 73], S. 41).

[178] Hauptmann Eberhard notierte unter dem 26.10.1938 (vgl. Anm. 160 und 175): »10.50 [Uhr] Chef PA [Personalamt] bei Chef OKW«. Dazu Fußnote: »Die Besprechung des Ob.d.H. am 24. Oktober beim Führer führte am 1. November zu Beurlaubung von Rundstedt, Geyer, Adam, Foerster [offenbar ein Irrtum], Liebmann u.a.«.

[179] Vgl. u.a. Jochen Thies, Architekt der Weltherrschaft. Die »Endziele« Hitlers, Düsseldorf 1976, S. 117, 119.

Thomas Vogel

Die Militäropposition gegen das NS-Regime am Vorabend des Zweiten Weltkrieges und während der ersten Kriegsjahre (1939 bis 1941)

Vorbemerkung. Die Jahre 1939 bis 1941 gelten gemeinhin nicht gerade als Hochzeit des militärischen Widerstandes gegen Hitler und sein Regime. Das wird einerseits mit einer gewissen Lähmung der Militäropposition erklärt, die Hoffnungen auf eine »Korrektur«, wenn nicht gar völlige Beseitigung des Regimes nach Hitlers außenpolitischem Erfolg von München Ende September 1938 enttäuscht aufgab. Im anhaltenden außenpolitischen und zumindest bis Ende 1941 auch kriegerischen Erfolg des Diktators wird heute meist die Hauptursache dafür gesehen, daß sich dann auch während der ersten Kriegsjahre, abgesehen von einigen individuellen Initiativen, eigentliche Militäropposition nicht wirklich und wirkungsvoll bemerkbar machte. In dieser Bewertung vermischen sich Verständnis und Vorwurf. Einerseits findet die damals in Oppositionskreisen verbreitete, unter dem Rechtfertigungsdruck nach dem Krieg entsprechend stark betonte Einschätzung Anerkennung, wonach Hitlers Rückhalt in der Bevölkerung in der Phase des Kriegsglücks zu groß gewesen sei, um erfolgreich gegen ihn vorgehen zu können. Andererseits bleibt der Opposition nicht die Kritik erspart, sie sei durch die Erfolge Hitlers in vielerlei Hinsicht selbst geblendet, wenn nicht gar korrumpiert worden, jedenfalls weitgehend untätig geblieben, obwohl der verbrecherische Charakter des Regimes spätestens mit Kriegsbeginn unverkennbar zutage getreten sei.

Im folgenden wird versucht, dieses Grobbild unter Berücksichtigung der mittlerweile nur noch schwer überschaubaren Literaturfülle zum Thema[1], wann immer erforderlich aber auch unter Rückgriff auf die unverändert schmale Quellenbasis zu verfeinern, um ein möglichst differenziertes Bild von der eigentlichen Substanz des Widerstandsgeschehens zwischen 1939 und 1941 in seiner Wechselwirkung mit den politisch-militärischen Rahmenbedingungen zu gewinnen. Dies soll schließlich eine Einordnung dieser Phase in die Gesamtgeschichte des Widerstandes ermöglichen, vor allem ihre Bedeutung für die nachfolgende Entwicklung des Widerstandsgeschehens in der zweiten Kriegshälfte deutlich machen.

Einschränkend muß angefügt werden, daß diese Darstellung der »organisierten« Militäropposition und ihren mehr oder weniger selbständig handelnden

Akteuren gilt, und damit nur einem, wenngleich dem geschichtlich bedeutend-sten und auch am besten erforschten Aspekt im Gesamtspektrum des Wider-standes von Soldaten gegen das NS-Regime. Er erscheint dabei wiederum ein-gebettet in den gesamten nationalkonservativen Widerstand. Grundsätzlich unberücksichtigt bleibt deshalb das hiervon unabhängige Phänomen des indivi-duellen Widerstehens einzelner Soldaten in seinen vielfältigen Erscheinungs-formen von Widerspruch bis politisch motivierter Fahnenflucht, wie es erst spät in das Blickfeld der Widerstandsforschung geraten ist und mittlerweile dem modernen Verständnis eines erweiterten Widerstandsbegriffes entspricht.

1. Resignation und Ohnmacht der Opposition am Vorabend des Zweiten Weltkrieges

1.1 Situation und Konstellation der Opposition nach »München«

Hitlers diplomatischer Triumph mit dem Münchner Abkommen vom 29. September 1938 hatte seinen erwarteten Angriffsbefehl auf die Tschecho-slowakei unnötig gemacht. Der auf einen Staatsstreich abzielende Aktionsplan der »September-Verschwörer« um General der Artillerie Franz Halder, der in doppelter Hinsicht – als Chef des Generalstabes des Heeres wie auch als infor-melles Haupt der Konspiration – erst einen Monat zuvor die Nachfolge von General der Artillerie Ludwig Beck angetreten hatte, war dadurch seiner Initial-zündung beraubt worden[2]. Für die Opposition, die sich in ihrem eigenen Erfolg

nicht zuletzt vom politischen Mißerfolg des Diktators abhängig gesehen hatte und weiterhin sah, bedeutete dieses mehr als nur ein technisches Mißgeschick. Ihrem Vorhaben war schlicht die Grundlage entzogen worden. Ein offenes Vorgehen gegen Hitler, der ob seines erneuten au-ßenpolitischen Erfolges in Deutschland mehr Ansehen denn je genoß, konnte in der Bevölkerung auf keine ausreichende Unterstützung hoffen und kam deshalb auf absehbare Zeit nicht mehr in Frage. Auch die innere Verfassung der Streit-kräfte, deren Resistenz gegenüber dem Nationalsozialismus ohnehin im Schwin-den begriffen war, nachdem sich ihr Ei-genleben immer weniger – organisatorisch

Franz Halder (1884 bis 1972)

wie personell – den Gleichschaltungsbestrebungen der Machthaber entziehen konnte, ließ nun nicht mehr den unbedingt erforderlichen militärischen Rückhalt für einen Staatsstreich erwarten. Dies wurde im Kreis der Verschwörer durchaus realistisch eingeschätzt. Daß auch ihre während der Sudetenkrise unternommenen geheimen Sondierungen bei den Westmächten, vor allem in England, fruchtlos geblieben waren, war eine weitere Enttäuschung. Alles in allem erstaunt es daher nicht, daß sich in diesen Widerstandskreisen Resignation breit machte, nachdem alle Hoffnung auf eine grundlegende Änderung der Verhältnisse Ende September 1938 wie eine Seifenblase zerplatzt war.

Wenn heute zuweilen schlicht die Rede davon ist, daß die Militäropposition infolge von »München« auseinanderfiel, ist dies zwar in gewisser Weise richtig. Es könnte jedoch den falschen Eindruck erwecken, als habe zuvor eine in sich gefestigte, homogene Fronde bestanden. Tatsächlich aber hatte sich damals noch gar nicht lange, eigentlich erst infolge der Blomberg-Fritsch-Affaire im Frühjahr 1938, verstärkt dann im Zuge der Sudeten-Krise, als Hitlers Kriegswillen unverkennbar wurde, eine konspirative Gemeinschaft aus Angehörigen der alten, überwiegend monarchisch und nationalkonservativ gesinnten Eliten formiert. Obwohl sie als Befürworter traditioneller deutscher Großmachtpolitik entsprechenden Zielen des Nationalsozialismus durchaus nahestanden, hatte sie ihre wachsende, weltanschaulich wie ethisch-moralisch motivierte Ablehnung des NS-Unrechtsregimes zusammengeführt.

Diese frühe Verschwörung vereinte sowohl Militärs – hohe Offiziere in Generalstab des Heeres, militärischem Nachrichtendienst und höheren Truppenkommandos – als auch höhere Staatsbeamte, vor allem des Auswärtigen Amtes. Ihre Fäden liefen, da auch die zivilen Mitverschwörer alle Hoffnungen auf die militärische Führung setzten, bald im Generalstab des Heeres zusammen. Zurecht kann deshalb dieses lose zivil-militärische Netzwerk in einem weiteren Sinn einfach als *Militär*opposition des September 1938 gelten[3]. Ihr engerer Kreis zählte wenige Dutzend Aktivisten, zerfiel dabei wieder in eigene Zirkel, in denen – ihrem Charakter wie ihrer politischen Überzeugung nach – durchaus unterschiedliche Persönlichkeiten dominierten. Entsprechend uneinheitlich war die Zielsetzung, die sich für die einzelnen Oppositionellen mit dem Umsturzvorhaben verband. Rückblickend lassen sich hauptsächlich zwei Gruppierungen unterscheiden[4]: eine vornehmlich auf *Kriegsverhinderung* bedachte Gruppe um die Generalstabschefs Beck und Halder, Vizeadmiral Wilhelm Canaris, Chef des militärischen Nachrichtendienstes (»Abwehr«), und Außen-Staatssekretär Ernst Freiherr von Weizsäcker – weitere regimekritische Persönlichkeiten der alten, nationalkonservativen Elite wie Reichsbankpräsident Hjalmar Schacht, der preußische Finanzminister Johannes Popitz und der ehemalige Leipziger Oberbürgermeister Carl Goerdeler standen ihr nahe; zum anderen eine in ihrer fundamentalen Ablehnung des Regimes entschiedenere *Umsturz*-Gruppe um den Berliner Wehrkreis-Befehlshaber, General der Infanterie Erwin von Witzleben,

Oberstleutnant Hans Oster von der »Abwehr« und Regierungsrat Hans Bernd
Gisevius, mit durchaus konspirativen Beziehungen zu Repräsentanten des Berliner NS-Polizeiapparates wie Wolf Heinrich Graf von Helldorf, Fritz-Dietlof
Graf von der Schulenburg und Arthur Nebe. Daneben nahm sich eine kleine
radikale *Attentats*-Gruppe um die früheren Freikorps- und nachmaligen »Abwehr«-Offiziere Friedrich-Wilhelm Heinz und Franz Maria Liedig gewissermassen als Verschwörung in der Verschwörung bereits die Tötung des Diktators
vor. Allein die Tatsache, daß auch Oster in deren Vorhaben eingeweiht war und
es billigte, zeigt andererseits, daß diese Gruppierungen nicht scharf von einander abzugrenzen sind.

Nicht zuletzt ihr Mangel an wirklich gemeinsamer Überzeugung und innerer
Geschlossenheit also ließ die Opposition nach »München« auseinanderbrechen,
so daß trotz vereinzelten persönlichen Engagements bis zum Kriegsausbruch
im folgenden Sommer 1939 keine abgestimmte und planvolle Aktion mehr
zustande kam. Vor allem für die entschiedeneren Regimegegner unter Ihnen
war die Enttäuschung groß. So endgültig schien in ihren Augen damals »eine
ausgezeichnete Situation [...] verpaßt worden«[5] zu sein, wie sich Goerdeler ausdrückte, daß angeblich Witzleben, Oster und Gisevius wenig später sogar wichtige Unterlagen vernichteten[6]. Die anhaltende Lähmung der Opposition erklärt
sich zum anderen damit, daß der zahlenmäßig stärkeren Gruppe der »Kriegsverhinderer« nun, nachdem infolge von »München« die Kriegsgefahr zunächst
gebannt war, der entscheidende Antrieb fehlte. Zudem ließ sie ihre vormalige
Fehleinschätzung der politischen Lage vorsichtig, wenn nicht kleinmütig werden.
    Diese Nachwirkung von »München« ist gerade an der Haltung von Generalstabschef Halder, eines ihrer Exponenten, zu beobachten. An ihm als informellem Kopf – weil in seiner Schlüsselfunktion wichtigstem aktivem Militär – der
Opposition wäre es gewesen, die Initiative zu übernehmen und die Kräfte neu
zu bündeln. Doch Halder enttäuschte die in ihn gesetzten Hoffnungen, weil er
die Erfolgsaussichten eines neuerlichen Umsturzversuches pessimistisch beurteilte, erst einen deutlichen Prestigeverlust Hitlers abwarten wollte (»Rückschlag-Theorie«) und sich deshalb entsprechendem Drängen des Kreises um
Goerdeler und Beck entzog. Seiner Professionalität entsprechend wird er dabei
mit ins Kalkül gezogen haben, daß sich durch die Versetzung Witzlebens nach
Frankfurt a.M., die Zurruhesetzung anderer regimekritischer Generale und weitere Faktoren[7] außer den politischen auch die praktisch-organisatorischen Rahmenbedingungen für einen Umsturzversuch erheblich verschlechtert hatten. Halders
Zurückhaltung erklärt sich überdies aus seiner ganzen Persönlichkeit. Ungeachtet
seiner zweifellos regimefeindlichen Einstellung war er einfach nicht der dynamische und dabei risikobereite »Mann der Tat«, den die Situation damals erforderte[8].
    Das Verhalten des Generalstabschefs wurde nicht unwesentlich geprägt
durch die Verweigerung des Oberbefehlshabers des Heeres, Generaloberst
Walther von Brauchitsch, dessen Kooperation er nach wie vor für unverzicht-

bar hielt. Brauchitsch zählte zwar nie zur Verschwörung, doch hatte seine offene Kritik an Hitlers Kriegskurs während der sich zuspitzenden September-Krise in Halder die Überzeugung wachsen lassen, daß sich sein Oberbefehlshaber einem Staatsstreich im entscheidenden Moment nicht versagen würde[9]. Als Hitler dann nach »München« die vormals kritische Heeres-Generalität sein gewonnenes Prestige spüren ließ, knickte Brauchitsch regelrecht ein. Ähnlich wie nach der Blomberg-Fritsch-Affaire nutzte der Diktator die Gunst der Stunde, um eine Reihe ihm mißliebiger Generale zu verabschieden und die Kompetenzen des Heeres-Generalstabes zu beschneiden. Hitler kam dabei zu statten, daß er inzwischen mit dem Oberkommando der Wehrmacht (OKW) unter Generaloberst Wilhelm Keitel über ein willfähriges oberstes militärisches Führungsinstrument verfügte, das sich nun bereitwillig gegen das Oberkommando des Heeres (OKH) ausspielen ließ. Brauchitsch aber besaß, wie im übrigen auch Halder, nicht das Naturell und die Statur, dem durch Hitler geschickt ausgeübten Druck standzuhalten. Um seinen eigenen Einfluß besorgt, hütete er sich, dem Mißtrauen und der Kritik des Diktators in die bzw. an der Heeresführung weiter Nahrung zu geben, und fiel in eine »linientreue« Haltung zurück[10].

Die weitere politische Entwicklung nach »München« schien Generalstabschef Halder in seiner Zurückhaltung vor neuen Aktionen Recht zu geben. Weder die sogenannte Reichskristallnacht am 9./10. November 1938 noch die »Zerschlagung der Resttschechei« im März 1939 erwiesen sich als taugliche Ansatzpunkte für solche Initiativen. Zwar löste das staatlich organisierte Pogrom gegen die deutschen Juden, das den verbrecherischen Charakter des Regimes eindringlich vor Augen führte, auch im regimekonformen Offizierkorps vereinzelt offene Kritik aus[11]. Doch richtete sie sich weniger gegen die – zudem noch ganz vom Glanz des Münchner Erfolgs überstrahlte – Person Hitlers als gegen dessen Partei-Entourage, in der man die eigentlichen Drahtzieher vermutete. In gleicher Weise ließ auch die Tatenlosigkeit, mit der die westlichen Großmächte dann im März 1939 der deutschen Okkupation von Böhmen und Mähren zusahen und damit einen weiteren Triumph Hitlers hinnahmen, die Aussicht auf Gefolgschaft und damit auf das Gelingen eines Staatsstreich nicht gerade wachsen. Halder sah sich in seiner fast schon fatalistischen Haltung nur bestärkt. Einigermaßen tatkräftig blieb in

Walther von Brauchitsch (1881 bis 1948) in einer Aufnahme von 1941 (rechts Adolf Heusinger)

dieser »Durstperiode« die oppositionelle Zelle in der »Abwehr«, nicht zuletzt weil sie in ihrer dienstlichen Funktion einen tieferen Einblick in die Hintergründe des Geschehens und damit in das Wesen des Regimes erhielt[12]. Oster als ihr eigentlicher Motor bemühte sich vor allem um den Zusammenhalt, so etwa um Kontakt zu dem nach Frankfurt versetzten Witzleben, der dort nun etwas isoliert gemeinsam mit seinem Stabschef Georg von Sodenstern Umsturzpläne schmiedete, ohne daß dies jemals konkrete Formen annahm.

1.2 Neue Betriebsamkeit im Vorfeld des Kriegsausbruches

Hitlers erfolgreicher Coup gegen die »Rest-Tschechei« erbrachte der Opposition einen erneuten Beweis ihrer politischen Ohnmacht. Als jedoch bald darauf, ab Ende März 1939, allmählich erkennbar wurde, daß der Diktator sich nunmehr gegen Polen wenden würde, regte dies die konspirative Aktivität merklich an. Dies geschah weniger aus der Überzeugung, erneutes Unrecht abwenden zu müssen. Zu stark waren auch oppositionelle Konservative im revisionistischen Denken gegenüber Polen befangen, das als Profiteur des Versailler Vertrages in Deutschland allgemein wenig Sympathien genoß. Vielmehr sah man sich erneut herausgefordert, den drohenden Ausbruch eines »großen Krieges« zu verhindern. Ein solcher konnte – hier wirkte die Lehre des Ersten Weltkrieges nach – aufgrund der zu befürchtenden Zwei-Fronten-Situation für das Reich nur Unheil bedeuten. Anders jedoch als ein halbes Jahr zuvor fand sich diesmal aus den bekannten Gründen kein hochrangiger General, der willens und geeignet gewesen wäre, seine Führungskraft und Autorität in den Dienst eines Staatsstreichs als »ultima ratio« zu stellen. So blieb es bei zahlreichen, selten abgestimmten Initiativen einzelner, mehr oder weniger machtloser Personen und Gruppierungen, die letztlich alle darauf abzielten, Hitler zum Einlenken zu bewegen[13]. Sie lassen im Rückblick zwei grundsätzlich unterschiedliche Ansätze erkennen – zum einen den konspirativen Umweg über das Ausland, zum anderen den offiziellen, direkten (Dienst-)Weg.

In dem einen Fall bemühte man sich – wie schon während der Sudeten-Krise – um die Westmächte, vorwiegend um Großbritannien. Sie sollten zu einer festen und drohenden Haltung gegenüber Hitler veranlaßt werden und diesen dadurch zur Räson bringen. Hierfür nutzten vor allem die mitverschworenen Berufsdiplomaten, aber auch Goerdeler und Schacht, ihre guten Verbindungen ins Ausland. Zudem wurde ein Generalstabsoffizier aus dem OKH, Oberstleutnant Gerhard Graf von Schwerin, im Frühjahr 1939 in Absprache mit Beck, Canaris und Oster diesbezüglich bei britischen Regierungskreisen vorstellig[14]. Auch Halder wurde auf diplomatischem Parkett mehrfach aktiv; doch erscheint sein Verhalten aus heutiger Sicht mindestens zweideutig[15]. Die Regierungen in London und Paris waren inzwischen allerdings selbst zur Erkenntnis gelangt, Hitler beim nächsten Mal nicht mehr nachgeben zu dürfen, was sie entsprechend gegenüber Polen auch bekräftigten[16]. Darüber hinaus fand das Werben der Opposition um Zusammenarbeit kaum Resonanz, weil sie nichts überzeugendes zu bieten hatte, zum Teil sogar widersprüchlichen Rat gab[17]. Gar Skepsis und Mißtrauen mußte es erregen, daß ihre maßgeblichen Köpfe wie Weizsäcker und Goerdeler, aber auch Ulrich von Hassell, ehemaliger deutsche Botschafter in Italien, sowie Adam von Trott zu Solz als Emissär des Auswärtigen Amtes, die beide damals zur Opposition stießen, eigene »großdeutsche« Vorstellungen hegten, die sie politisch gar nicht so weit von Hitler entfernt erscheinen ließen[18].

Der andere um Kriegsverhinderung bemühte Ansatz der Opposition fällt, so bemerkenswert er in diesem Zusammenhang ist, schwerlich unter die Kategorie Widerstand, weil man sich dabei des offiziellen Dienstweges im militärischen Machtapparat bediente, um möglichst unmittelbar auf den Diktator einzuwirken und ihn vom Kriegskurs abzubringen. Eine Chance schien sich hier insofern zu bieten, als auch innerhalb der ansonsten regimetreuen Führung des OKW damals einige militärfachliche Besorgnis über einen Krieg mit den Westmächten bestand. Dies versuchte der Kreis um Oster, Gisevius, Beck, Goerdeler, Hassell, Schacht und Popitz auszunützen. Einer ihrer engsten Mitverschworenen, Generalmajor Georg Thomas, schien der geeignete Mann, kraft seiner fachlichen Autorität als Chef des Wehrwirtschaftsstabes im OKW Hitler vielleicht doch noch mit Vernunftgründen von der rüstungswirtschaftlich unhaltbaren Lage Deutschlands in einem Weltkrieg zu überzeugen. Von seinen beiden im August 1939 verfaßten Denkschriften scheiterte jedoch die erste an der Uneinsichtigkeit seines unmittelbaren Vorgesetzten Keitel. Die zweite gab dieser wenige Tage vor Kriegsbeginn immerhin an Hitler weiter, dem es dann aber unter Verweis auf das gerade geschlossene deutsch-sowjetische Bündnis leicht fiel, Thomas' Einwände als gegenstandslos abzutun.

Überhaupt bedeutete der überraschende Abschluß des deutsch-sowjetischen Nichtangriffsvertrages am 23. August 1939 psychologisch einen erneuten Tiefschlag für die Opposition. Nicht nur daß Hitler damit abermals einen diplomatischen Triumph errungen hatte, der seine Position gegenüber den noch zweifelnden Militärs weiter festigte. Es steigerte sich zudem die berechtigte Sorge, Hitler würde seine zunehmenden Drohungen gegenüber Polen wahr machen, nachdem nun das Risiko eines ernsthaften Zwei-Fronten-Krieges für Deutschland gebannt war. Grundsätzlich blieb diese Gefahr freilich bestehen, weil Großbritannien und Frankreich keinen Zweifel an ihrer Haltung ließen. Beck schätzte die Situation immerhin so dramatisch ein, daß er Canaris' Aufzeichnungen von Hitlers Rede am 22. August, mit der er der versammelten militärischen Führung den unmittelbar bevorstehenden Angriff auf Polen eröffnete, den US-Amerikanern zuspielen ließ – formal-rechtlich immerhin ein »landesveräterischer« Akt[19].

Die letzten Wochen und Tagen vor Kriegsbeginn zeigen die Opposition in hektischer Betriebsamkeit und gleichzeitiger Hilflosigkeit – getrieben von der Dynamik einer Entwicklung, die von Hitlers politischer Aggressivität und Unberechenbarkeit völlig beherrschte wurde. Wirkungslos erwiesen sich erneute, nachdringliche Bemühungen Weizsäckers, über London stärkeren Druck auf Hitler auszuüben, immer noch in der irrigen Ansicht, diesem mit Vernunftgründen beikommen zu können. Unabhängig voneinander versuchten Weizsäcker und Canaris schließlich sogar – in Erinnerung an Mussolinis Mittlerrolle während der Sudeten-Krise –, das mit Deutschland verbündete Italien für eine Friedensintervention zu gewinnen, um Hitlers Pläne zu durchkreuzen. Freilich sieht man in diesen Initiativen heute nicht eigentlich Widerstand, sondern »systemimmanente Opposition«, die, indem sie auf die Einsicht Hitlers hoffte, eine »alternative Außenpolitik innerhalb des Systems« durchsetzen wollte[20].

Hochkonspirativ wie verzweifelt mutet dagegen ein Anlauf des Kreises um Oster, Canaris, Thomas, Schacht und Gisevius in jenen letzten Augusttagen an. Sie entwarfen in aller Eile noch die Idee eines Staatsstreichplans, der im Falle des deutschen Angriffs wirksam werden, dabei Brauchitsch und Halder ultimativ zum Mitmachen zwingen sollte[21]. In ihre Gedankenspiele platzte am 25. August die Nachricht, daß Hitler seinen eben erst erteilten Angriffsbefehl gegen Polen umgehend wieder rückgängig gemacht hatte, weil Italien nicht kriegswillig war und Großbritannien durch den Abschluß eines Beistandspaktes mit Polen demonstrierte, diesmal nicht kleinbeigeben zu wollen. Im Glauben, der Diktator habe dadurch eine schwere Schlappe erlitten, wiegten sich die meisten Oppositionellen (wie auch die deutsche Bevölkerung) für kurze Zeit in der trügerischen Sicherheit, der Krieg sei nun endgültig abgewendet worden. Derart paralysiert vom Wechselbad der Ereignisse, zuletzt der eigenen Euphorie[22], traf dann der tatsächliche deutsche Angriff wenige Tage später, in den Morgenstunden des 1. September 1939, die Opposition überrascht und um so hilfloser an.

2. Zwischen »Warschau« und »Paris« – Umsturzplanung und Landesverrat im Vorfeld der deutschen Westoffensive

2.1 Der Krieg gegen Polen und die Haltung der Militäropposition

Der deutsche Feldzug gegen Polen endete schon nach wenigen Wochen mit der Kapitulation Warschaus am 28. September 1939. Seine Planung und Durchführung war nicht unwesentlich auch das Werk namhafter Angehöriger der Militäropposition, allen voran Generalstabschef Halder. Die bekannten Ressentiments gegenüber dem östlichen Nachbarn Deutschlands gerade in Kreisen des nationalkonservativ gesinnten Militärs hatten es der NS-Propaganda leicht gemacht, moralische Skrupel wegen des völkerrechtswidrigen Überfalls weitgehend zu verdrängen[23]. Nur wenige durchschauten diesen Propagandaschleier[24]. Zudem sahen sich nun auch regimekritisch gesonnene Offiziere vorrangig in der patriotischen Pflicht, ihrem Land in Zeiten des Krieges vorbehaltlos dienen zu müssen. Die Sache des Widerstandes erschwerend kam hinzu, daß die Westmächte Großbritannien und Frankreich auch nach ihren Kriegserklärungen vom 3. September zunächst weitgehend passiv blieben. Das schien wieder einmal Hitler recht zu geben und jene Lügen zu strafen, deren Kritik am NS-Regime ohnehin hauptsächlich aus der Furcht vor einem großen Krieg gespeist wurde.

Nur den wenigsten also gelang es, sich dem Hochgefühl des Sieges zu entziehen. Insofern erwies sich der deutsche Waffenerfolg, wie er nun etwa zwei Jahre lang anhalten sollte, als gewichtiger Stabilisator des Regimes und entsprechend als schlechter Nährboden für Widerstand. Um so bemerkenswerter ist es, daß der Oppositionsgeist nicht gänzlich erlosch, sondern bereits während des Polenfeldzugs neu aufkeimte. Dies lag hauptsächlich in der heraufziehenden Gefahr einer tatsächlichen Ausweitung des Krieges zum »Weltbrand« durch Hitlers Absicht einer Westoffensive begründet, wie gleich näher auszuführen sein wird. Nicht unterschätzt werden darf daneben auch der ethisch-moralisch begründete Impetus, wie ihn nicht wenige Soldaten aus der ernüchternden Beobachtung und Erfahrung der rassenideologischen Seite der Kriegführung und der anschließenden nationalsozialistischen Besatzungspraxis in Polen empfingen.

Die besondere »Qualität« des Krieges gegen Polen hatte sich schon bald nach Beginn der Kampfhandlungen gezeigt. Viele Soldaten wurden Zeugen der planmäßigen Mordaktionen der Einsatzgruppen der Sicherheitspolizei und des SD (Sicherheitsdienst der SS), die im Hinterland der kämpfenden Truppe, logistisch auf diese angewiesen, ansonsten aber unter Heinrich Himmlers Befehl, ihren Vernichtungsauftrag gegen Juden und politisch mißliebige Polen im Interesse nationalsozialistischer »Volkstumspolitik« gnadenlos ausführten[25]. Bei nicht wenigen Soldaten, Offizieren, auch höheren und nicht unbedingt oppositionell eingestellten Truppenführern der Wehrmacht stieß diese Art der Kriegführung nicht nur aus Ressortegoismus auf Empörung, sondern auch weil sie Moral und traditioneller Auffassung von soldatischer Ehre elementar widersprach. Auch nach dem durch Hitler bewußt forcierten Übergang der vollziehenden Gewalt in Polen von der Wehrmacht auf die von Nationalsozialisten beherrschte Zivilverwaltung Ende Oktober 1939 rissen die Beschwer-

Helmuth Groscurth (1898 bis 1943)

den militärischer Führer über das skrupellose Vorgehen der SS und Polizei gegen die polnische Bevölkerung nicht ab. Für das meiste Aufsehen sorgten die protestierenden Denkschriften des Oberbefehlshabers Ost, Generaloberst Johannes Blaskowitz, vom November 1939 und Februar 1940[26]. Doch verhallte sein wie jeder andere Einspruch letztlich wirkungslos, nachdem sich die Heeresführung, Oberbefehlshaber wie Generalstabschef, diesbezüglich frühzeitig, schon mitten während des Polenfeldzuges, dem Willen Hitlers unterworfen hatte, ja, geradezu erleichtert war, die »Schmutzarbeit« der SS überlassen zu können.

Die Militäropposition erfuhr infolge der NS-Verbrechen in Polen nun nicht etwa scharenweisen Zulauf. Vielmehr resignierten die allermeisten der hochrangigen Protestführer wie Blaskowitz schließlich, als sie die Fruchtlosigkeit ihres Protestes einsehen mußten, und zogen sich für den weiteren Kriegsverlauf auf eine Position des soldatischen Gehorsams gegenüber dem »Führer« zurück, sofern dieser sich ihrer nicht durch Verabschiedung aus dem aktiven Dienst früher oder später entledigte. Doch ließ die oft persönliche Erfahrung gerade bei manch jüngerem Offizier die Bereitschaft zum Widerstand reifen, andere bestärkte sie in ihrem schon gefaßten Entschluß. Major Hellmuth Stieff beispielsweise, später als Mitverschwörer des 20. Juli 1944 hingerichtet, schrieb sich die Erschütterung von der Seele, die ihn damals anläßlich einer Dienstreise durch das besetzte Polen überkam – ob der »Dinge, die eine organisierte Mörder-, Räuber- und Plündererbande unter angeblich höchster Duldung dort verbricht. [...] *Ich schäme mich, ein Deutscher zu sein*[27]!« Diese starke persönliche Betroffenheit weist bereits auf das moralische Moment als neues wesentliches, wenn nicht gar entscheidendes Widerstandsmotiv einer mittleren und jüngeren Offiziergeneration. Sie, die weit weniger machtpolitischen und militärfachlichen Denkkategorien verhaftet war als die 1939/40 noch tonangebenden »Honoratioren« der Opposition, sollte aber erst in der zweiten Kriegshälfte endgültig die Geschicke der Militäropposition bestimmen.

Diesen individuell ganz unterschiedlich verlaufenden Selbstfindungsprozeß hatten zum Zeitpunkt des Krieges gegen Polen nur sehr wenige, in ihrer Regimegegnerschaft gefestigte Offiziere, vorwiegend in der »Abwehr«, für sich bereits positiv abgeschlossen. Nach wie vor, durch die Meldungen aus Polen in ihrer fundamentalen Ablehnung des Regimes lediglich neu bestärkt, sammelte sich um den Motor der »September-Verschwörung« des Vorjahres, Oberst Oster, dieser kleine Kern von Fundamental-Oppositionellen. Oster war mit Mobilmachung Chef des Stabes, wenig später auch Chef der neuen Zentralabteilung der »Abwehr« geworden. Eingeweiht war ebenfalls Oberst Erwin Lahousen von Vivremont, der für Sabotageunternehmen zuständige Abteilungschef. Seine neue wichtige Position erlaubte es Oster, mit oder bald nach Kriegsbeginn Gleichgesinnte wie den Juristen Hans von Dohnanyi und andere mehr in die Abwehr einzuberufen. Dies alles geschah mit Wissen und Billigung von Vizeadmiral Canaris, des Amtschefs der »Abwehr« und direkten Vorgesetzten Osters. Es hat sogar den Anschein, daß Canaris, aufgewühlt durch die Ereignisse in Polen, damals selbst ungewöhnlich initiativ und aktiv wurde[28]. Auf einer Dienstreise zu den Truppenbefehlshabern an der Westfront Ende September/Anfang Oktober 1939 sondierte er, allerdings ohne großen Erfolg[29], konkret wegen deren Unterstützung für eine Aktion gegen das Regime.

Eine ganz besonderer Bedeutung erhielt die Zusammenarbeit zwischen Oster und seinem früheren Mitarbeiter Oberstleutnant i.G. (ab 1. Oktober) Helmuth Groscurth, der mit Mobilmachung die Leitung einer Verbindungsgruppe der Abwehr im OKH überommen hatte, die dann bald zu einer kleinen, nominell für »politische und geistige Betreuung des Heeres« zuständigen Abteilung aufgewertet wurde. Diese Position war wie geschaffen für die konspirative Nachrichtenbeschaffungs- und Vermittlungstätigkeit, die Groscurth von Zossen aus, dem verbunkerten Kriegsquartier des OKH im Süden Berlins, sogleich entfaltete. Wie Dohnanyi in Osters Auftrag begann auch Groscurth, eifrig Erkenntnisse über die nationalsozialistische Schreckensherrschaft im besetzten Polen, somit Belastungsmaterial gegen das Regime zu sammeln[30] – nicht zuletzt um damit Überzeugungsarbeit bei der Heeresführung zu leisten und für den Widerstand gegen das Regime zu werben. Daneben hielt er die Verbindung zwischen den Verschwörern in der »Abwehr« und dem Generalstab des Heeres aufrecht und pflegte, gemeinsam mit Oster, den Kontakt zum zivilen konservativen Widerstand. Staatssekretär von Weizsäcker wiederum entsandte mit Hasso von Etzdorf einen bereits seit 1938 bewährten Vertauensmann der Opposition als ständigen Vertreter des Auswärtigen Amtes ins OKH, womit das konspirative Netzwerk der nationalkonservativen Opposition so eng wie selten zuvor geknüpft war.

2.2 Die »November-Verschwörung« 1939

Neuformierung, Ausbau und Verdichtung des verschworenen Personengeflechts war wesentliche Voraussetzung und Grundlage für eine erfolgversprechende Wiederbelebung der alten, inzwischen ein Jahr zurückliegenden Umsturzabsichten. Eine solche Entwicklung erwies sich gerade zum damaligen Zeitpunkt als günstig und notwendig, da das Verhalten der Heeres-Generalität dem entschlossenen, aber weithin machtlosen Oppositionskern Anlaß zu neuer Hoffnung gab. Diesen Stimmungsumschwung ausgelöst und Teile der Generalität für Opposition, gar Umsturzgedanken, wieder empfänglicher gemacht haben zwei ihrem Wesen nach völlig unterschiedliche Ereignisse. Zum einen waren dies – wenngleich in geringerem Maße, eher unterschwellig – die NS-Verbrechen in Polen. Wie oben dargelegt, lösten sie zwar keinen wirkungsvollen Protest, immerhin aber doch – und hier half zum Teil die »Überzeugungsarbeit« der oppositionellen »Abwehr«-Offiziere nach – bei einigen höheren Führern Skrupel aus, was wiederum der Opposition nur zum Vorteil gereichen konnte.

Hauptsächlich jedoch erwuchs die neue Chance der Opposition aus dem Entschluß Hitlers zu einer Offensive im Westen. Noch während des laufenden Polenfeldzuges hatte er die Absicht geäußert, unmittelbar nach dessen erfolgreichem Abschluß gegen Frankreich vorzugehen. Am Vortag der Kapitulation Warschaus teilte er seinen Entschluß den Oberbefehlshabern der drei Wehrmachtteile offiziell mit. Kaum vier Wochen später befahl er einen ersten konkreten Angriffstermin für den 12. November 1939. Diese Wendung nach dem Westen stieß bei der militärischen Führung von vornherein auf breite Ablehnung, die noch heftiger ausfiel als vormals Hitlers Außenpolitik zur Hochzeit der Sudetenkrise. Sie resultierte nicht nur aus dem überstürzten Vorgehen, sondern entsprang auch diesmal ganz grundsätzlichen politischen wie militärfachlichen Erwägungen. Die Westmächte erschienen nach wie vor als übermächtige Gegner: Deutschland würde auf diese Weise in einen »großen Krieg« verwickelt werden, den es aufgrund seiner schwachen rüstungswirtschaftlichen Basis verlieren müsse. Auch die rein militärisch-operativen Bedingungen für Deutschland wurden negativ beurteilt. Hinzu kamen Bedenken gerade wegen der eingeplanten Verletzung der Neutralität Belgiens, Luxemburgs und der Niederlande. Seine kompromißlose Haltung ließ Hitler zeitweise fast isoliert in der eigenen Umgebung erscheinen, da selbst treue Paladine wie Göring und Generaloberst Walther von Reichenau, ein überzeugter Nationalsozialist, sich deutlich gegen eine Westoffensive aussprachen. Daneben reichten höchste Truppenführer wie die Generalobersten Fedor von Bock, Wilhelm Ritter von Leeb und Gerd von Rundstedt ihre ernsten Bedenken schriftlich ein[31].

Der darob aufgebrachte Diktator trug so selbst am stärksten dazu bei, daß sich für den aktiven Oppositionskern gute Ansatzmöglichkeiten boten, die Passivität jener »Kriegsverhinderungs-Gruppe« des Vorjahres aufzubrechen und sie für neue Umsturzpläne zu mobilisieren. Halder als ihr Hauptvertreter scheint allerdings von sich aus Mitte Oktober in diesem Sinne die Möglichkeit »einer grundlegenden Veränderung«[32] der Verhältnisse zunächst mit seinem Vorgesetzten Brauchitsch erörtert zu haben. Während dieser jedoch wieder davon abkam und sich auf einige persönliche Interventionen bei Hitler beschränkte, die alle kläglich scheiterten, machte sich Halder in dem Maße, wie Hitlers Unbeugsamkeit immer erkennbarer wurde, wohl oder übel mit dem Gedanken an einen Staatsstreich vertraut. Darin bestärkt haben wird ihn eine Denkschrift, die Groscurth und Etzdorf gemeinsam mit Erich Kordt, Chef des Ministerbüros im Auswärtigen Amt und ebenfalls bereits seit 1938 mitverschworen, am 19. Oktober 1939 anfertigten. Sie enthielt eine außen- und innenpolitische sowie militärstrategische und rüstungswirtschaftliche Analyse der Situation Deutschlands, die »drohende[s] Unheil« vorhersagte, des weiteren auch verfassungspolitische Vorstellungen für die Zukunft des Reiches nach einem ehrenvollen Frieden, die wohl auf eine Monarchie hinausliefen, und auch bereits einen Maßnahmenkatalog für die Durchführung eines Staatsstreiches[33]. Halder bekam sie mit ziemlicher Sicherheit über General der Infanterie Carl-Heinrich von Stülpnagel, der als Oberquartiermeister I und ebenfalls der Opposition nahestehend, offiziell wie in konspirativer Hinsicht die Stellvertretung Halders im OKH wahrnahm, mit dem er überdies befreundet war.

Eine Neuauflage der »September-Verschwörung« des Vorjahres bahnte sich also an. Spätestens Ende Oktober sah Halder die Notwendigkeit hierzu als »ultima ratio« unausweichlich auf sich zukommen, was seine bekanntermaßen sensible Psyche stark belastete[34]. Am 31. Oktober dann hatte über seine Niedergeschlagenheit die Bereitschaft zu handeln gesiegt; er gab dem Drängen der Aktivistengruppe nach. Als einen ihrer Protagonisten rief er Groscurth zu sich, um mit ihm die Möglichkeiten eines konkreten Vorgehens gegen das Regime zu erörtern. Dabei regte er nicht nur Attentate auf führende Nationalsozialisten an, sondern offenbarte auch, sich seit einiger Zeit selbst mit der Absicht eines Pistolenattentats auf Hitler zu tragen[35]. Alles in allem ließ Halder in diesem Gespräch erkennen, daß es ihm nun anscheinend nicht mehr nur um die Verhinderung der Kriegsausweitung als primär um eine grundlegende Beseitigung des Regimes ging[36]. Im nachhinein wird der Wandel in Halders Verhalten auch dadurch unterstrichen, daß er just an jenem Tag in recht riskanter Weise eine Person für einen Umsturz gewinnen wollte, auf deren Unterstützung – wie der 20. Juli 1944 zeigen sollte – ein solches Vorhaben dringend angewiesen war. Es war dies General der Artillerie Fritz Fromm, der Befehlshaber des Ersatzheeres, der Halder jedoch im unklaren ließ, sich ihm letztlich verweigerte[37].

Letzte Gewißheit über die ungewohnte Entschlossenheit des Generalstabschefs erhielt Groscurth am darauf folgenden 1. November, als ihm General von Stülpnagel den »Auftrag [erteilte, die] Vorbereitungen anlaufen zu lassen[38].« In Halders Auftrag hatte dieser gerade erst auf einer Rundreise zu den Heeresgruppen-Befehlshabern im Westen insgeheim sondiert, war allerdings nur im Fall von Leebs auf positive Resonanz gestoßen[39], der sogar schriftlich Brauchitsch jedweder Unterstützung bei seiner Auseinandersetzung mit Hitler um die Verhinderung der Westoffensive versicherte[40]. In engem Kontakt nun mit Stülpnagel auch während der nächsten Tage – weil Halder gemeinsam mit Brauchitsch bis zum 4. November selbst eine Inspektionsreise an die Westfront unternahm – entwickelte sich Groscurth auf diese Weise zur zentralen Figur der Umsturzplanungen. Seine ihm so zugewachsene Rolle als »Stabschef« füllte dieser integere Charakter tatkräftig und umsichtig aus. Ihm kam dabei nicht nur zustatten, daß er in idealer Position bereits einige Zeit als Bindeglied zwischen der Verschwörer-Zelle in der Abwehr und den regimekritischen Militärs im OKH fungierte. Das Gespann Oster-Groscurth hatte darüber hinaus immer auch schon Kontakt zur zivilen konservativen Opposition gepflegt, deren Einbeziehung in ein Umsturzunternehmen unerläßlich war. Vor allem waren beide stets bemüht gewesen, die Verbindung zum früheren Generalstabschef Beck nicht abreißen zu lassen, der sich nach seiner Verabschiedung von der Heeresführung, namentlich Halder, entfremdet hatte. Der pensionierte Generaloberst wiederum wuchs als Privatmann aufgrund seiner Autorität allmählich zu einer Integrationsfigur für die gesamte konservative Opposition heran.

Sicherlich nicht unbeeinflußt von Becks zunehmend negativerer Beurteilung Halders und Brauchitschs[41] hatten neben ihm auch andere führende Köpfe wie Goerdeler, Schacht, Hassell und Popitz während des Polenfeldzuges und danach wenig Hoffnung auf ein Vorgehen der Heeresführung gegen das Regime gesetzt. In ihrer Ohnmacht gaben sie sich statt dessen zeitweise Illusionen hin, wie durchaus unter Wahrung großdeutscher Ambitionen dennoch der Frieden mit den Westmächten wiederhergestellt werden könnte. Andererseits war vor allem Weizsäcker, letztlich aber auch den anderen dann doch klar, daß es in dieser Situation auf ein Eingreifen des Militärs bzw. auf einen »handelnde[n] General«[42] ankam, um Deutschland vor Hitler zu retten. Aus dieser für sie verfahrenen Situation fanden die zivilen Oppositionellen erst Mitte Oktober durch die Initiative der Oster-Groscurth-Gruppe heraus. Ein wichtiger Markstein für die Intensivierung des zivil-militärischen Zusammenspiels wurde der erstmalige und lange Gedankenaustausch zwischen Goerdeler und Groscurth am 23. Oktober[43].

Ende Oktober 1939 also bündelten sich die Fäden der Verschwörung in den Händen von Groscurth und Oster. Auch Admiral Canaris selbst hatte sich inzwischen verstärkt eingeschaltet. In jeder Hinsicht wurde versucht, die personelle Basis für einen Staatsstreich zu verbreitern. Gisevius, inzwischen als Vize-Konsul in Zürich tätig, wurde nach Berlin zurückbeordert, auch um über seine Beziehungen zwei wichtige Mitverschworene von 1938 zu reaktivieren: Berlins Polizeipräsident Graf Helldorf und Reichskriminaldirektor Nebe, beide im übrigen hohe SA- bzw. SS-Funktionäre[44]. Im militärischen Bereich ließ sich, nicht zuletzt unter dem Eindruck die NS-Verbrechen in Polen, Oberst i.G. Eduard Wagner, der Stabschef des Generalquartiermeisters des Heeres, von Groscurth gewinnen. Oster wiederum konnte sich u.a. auf seinen alten Freund und »Kampfgefährten« Korvettenkapitän Liedig verlassen, der bereits im September 1938 ein Kommandounternehmen auf die Reichskanzlei anführen sollte.

Über die konkrete Detailplanung des Staatsstreich-Unternehmens, wie sie in den ersten November-Tagen hauptsächlich von der Oster-Groscurth-Gruppe angestellt wurde, existieren keine schriftlichen Unterlagen mehr[45]. Die spärliche Überlieferung läßt nicht sicher erkennen, ob man Hitler lediglich verhaften und nachher den Prozeß machen oder ihn durch ein Attentat von vornherein beseitigen wollte[46]. Von Beck, Canaris und Thomas ist bekannt, daß sie ein Attentat entschieden ablehnten. Halder scheint es in der damaligen Situation bejaht zu haben, wenngleich er grundsätzlich schwere Bedenken hegte. Die jüngeren und radikaleren Verschwörer hatten in der Frage des »Tyrannenmords« weniger Skrupel. Oster bemühte sich jedenfalls um Sprengstoff für ein Attentat, für dessen Durchführung er Erich Kordt am 1. November angeblich gewinnen konnte[47].

Der weitere Plan soll, in Anlehnung an jenen vom September 1938[48], vorgesehen haben, mit Hilfe von Heeresverbänden und Graf Helldorfs Polizei zunächst die Reichshauptstadt unter Kontrolle zu bekommen, hier das Regierungsviertel und die Schaltzentralen des NS-Partei- und Sicherheitsapparates sowie andere wichtige Schlüsselpositionen zu besetzen. Die Ausrufung des Ausnahmezustandes und Übernahme der vollziehenden Gewalt durch die Wehrmacht sollten die rechtliche Grundlage für Verhaftungen bilden, die eine von Groscurth angefertigte Liste vorsah. Auch Standgerichte waren geplant. Der Bevölkerung wollte man erklären, dem Putsch einer verbrecherischen Parteiclique zuvorgekommen zu sein. Einer provisorischen Reichsregierung unter Beck und Goerdeler sollte es anschließend überlassen bleiben, Waffenstillstandsverhandlungen mit dem Ziel eines schnellen Friedensschlusses aufzunehmen.

Über die Substanz und damit die Erfolgsaussichten dieses Plans läßt sich angesichts der dünnen Quellenlage nur schwer abschließend urteilen. Nebulös, teils unglaubwürdig bleiben die wenigen Nachrichten vor allem in der zentralen Frage, mit welchen Truppen die Verschwörer ihren Staatsstreiches militärisch durchsetzen bzw. absichern wollten. Ihr zuverlässigster, seit 1938 bewährter Truppenführer, Generaloberst (ab 1. November) von Witzleben, fiel hierfür aus, befand er sich doch mit seiner Armee, der er im übrigen die Gefolgschaft für einen Staatsstreich nicht zutraute[49], zu weit entfernt in die Westfront eingebunden. Generalleutnant Leo Freiherr Geyr von Schweppenburg, Kommandeur der 3. Panzer-Division, den Halder selbst gegenüber Groscurth ins Gespräch gebracht hatte, stand der Opposition zwar nahe, war jedoch ebenfalls skeptisch hinsichtlich der Zuverlässigkeit seiner Truppe für einen Staatsstreich, überdies gerade damals ernstlich erkrankt[50]. Immerhin lag es nahe, an seinen Verband zu denken, befand der sich doch, aus dem Polenfeldzug kommend, seit Anfang Oktober wieder in seinen Garnisonsorten rund um Berlin, von wo er erst Ende November an die Westfront verlegt wurde[51]. Er wäre also in jener Zeitspanne prinzipiell verfügbar gewesen.

Wie Halder sich – dürftig und unpräzise – nach dem Krieg erinnerte[52], will er aus dem laufenden Westaufmarsch damals zwei bis drei Panzer-Divisionen ostwärts der Elbe für ein Eingreifen in Berlin zurückbehalten haben. Möglicherweise ist damit Geyrs Division gemeint, oder andere Verbände des XVI. Armeekorps, das von General der Kavallerie Erich Hoepner kommandiert wurde. Der war zwar ein »Veteran« der »September-Verschwörung«, hielt aber seine Truppen ebenfalls nicht für zuverlässig[53], verfügte auch außer der 3. Panzer-Division über keinen weiteren Großverband, sondern nur über wenige Korpstruppen. In ähnlicher Weise bleiben alle weiteren ins Spiel gebrachten Namen sowohl von angeblich in Aussicht genommenen höheren Führern – die Generalleutnante Friedrich Olbricht und Alexander von Falkenhausen, auch Reichenau (!) – als auch von Truppenteilen – Infanterie-Regiment bzw. Ersatz-Bataillon 9 (Potsdam), Panzer-Regiment 15 (Sagan), Artillerie-Regiment 3 (Frankfurt/Oder) – letztlich wenig konkret bzw. fragwürdig. Insofern sind erhebliche Zweifel an der Wirksamkeit des Umsturzplans erlaubt. Er scheint in dieser Beziehung noch mehr »auf Sand gebaut« gewesen zu sein als der (Ur-) Plan des Vorjahres.

Sehr genau und einsichtig läßt die Überlieferung dagegen den Zeitplan der Verschwörer nachvollziehen. Sie stellten sich darauf ein, am 5. November oder unmittelbar danach loszuschlagen[54]. Dies ergab sich für sie aus dem Umstand, daß Hitler unbeirrt daran festhielt, die Westoffensive am 12. November zu eröffnen. Wegen des notwendigen technischen Vorlaufs mußte der endgültige Angriffsbefehl dazu spätestens am 5. November erfolgen, aber auch nicht früher, weil der deutsche Aufmarsch dann erst beendet war. Alles spitzte sich also auf diesen Termin zu. Gegen ein früheres Losschlagen der Verschwörer sprach zudem ihre ohnehin knappe Vorbereitungszeit. Auch wollte Halder, der formal an der Spitze des Unternehmens stand und das Signal hierzu geben sollte, vorher unbedingt noch seinen Oberbefehlshaber Brauchitsch gewinnen. Dieser hatte sich für den entscheidenden 5. November ein letztes Mal vorgenommen, Hitler umzustimmen, und wäre bei negativem Ergebnis wohl eher zum Mitmachen bereit gewesen, wie sich Halder ausrechnete.

Der Oberbefehlshaber und sein Generalstabschef kehrten am 4. November von ihrer Inspektionsreise in das Kriegshauptquartier Zossen zurück – durch die Frontbefehlshaber in ihrer Auffassung voll bestärkt[55], daß ein deutscher Angriff nicht erfolgversprechend sei. Generalmajor Thomas, den die Aktivistengruppe noch am selben Tag zu Halder entsandte, weil man dessen Entschlossenheit doch nicht ganz traute, fand vielleicht deshalb den Generalstabschef ungewohnt selbstsicher und handlungsbereit vor. Bei einem anschließenden Treffen Osters zuerst mit Halder, dann auch mit Stülpnagel wurden, wenn man alleine Gisevius glauben darf[56], die getroffenen Vorbereitungen noch einmal abgeglichen, letzte Instruktionen erteilt. Daß Groscurth für diesen 4. November kurz nacheinander Besprechungen mit Liedig, Wagner und Stülpnagel notierte, mit letzterem die »etwa notwendige Sicherung des Hauptquartiers«[57] erörterte, deutet ebenfalls auf die sich zuspitzende Lage.

Alles kam nun auf das Verhalten Hitlers an. Wie vorgesehen begab sich Brauchitsch um die Mittagszeit des 5. November 1939 zur Aussprache mit ihm in die Reichskanzlei. Sein hoffnungsvoller, jedoch ungeschickt vorgetragener Versuch, Hitler vom geschlossen ablehnenden Standpunkt der Heeresführung hinsichtlich einer Westoffensive zu überzeugen, endete jedoch für ihn wie für die Opposition in einem Fiasko. Von Zornausbrüchen und heftigen Vorwürfen des Defaitismus witternden Diktators überfahren, fand er sich schließlich mit der vielsagenden Drohung stehengelassen, er, Hitler, kenne den »Geist von Zossen« und werde ihn vernichten. Brauchitsch war über diese Behandlung zwar zutiefst erschüttert, empfand aber speziell Hitlers Drohung weniger bedeutsam als Halder, dem er sie unmittelbar nach dem Eklat mitteilte. Der bezog sie fälschlicher-, wenngleich verständlicherweise auf die gerade in Zossen »ausgebrütete« Verschwörung, glaubte folglich sie und damit sich entdeckt und – machte einen folgenschweren Rückzieher. In einer gewissen Panikstimmung, die sich zur Konfusion gesteigert haben mag, als nun auch der erwartete Angriffsbefehl Hitlers in Zossen einging, gab er Stülpnagel umgehend den Befehl, alle konspirativen Unterlagen zu vernichten. Und Groscurth teilte er wenig später persönlich mit, daß die Offensive nicht mehr aufzuhalten sei und die Verschwörer in Anbetracht der Lage auf ihn, Halder, respektive die Heeresführung nicht länger rechnen könnten[58]. Damit war – wenigstens aus heutiger Sicht – auch der nach 1938 zweite Anlauf zu einem Staatsstreich gescheitert.

2.3 Die »Nachwehen« des 5. November 1939

Die Beteiligten selbst waren sich mit dem 5. November ihres endgültigen Scheiterns vorerst noch nicht ganz bewußt. Zumindest im zur Tat drängenden Berliner Verschwörer-Kern um Oster hielt sich, schon weil man sich der Begrenztheit der eigenen Möglichkeiten bewußt war, eine gewisse Hoffnung, Halder vielleicht doch noch umstimmen zu können. Über die Niedergeschlagenheit siegte auch die Empörung. Groscurth bekannte unverblümt: »Diese unentschlossenen Führer ekeln einen an. Grauenvoll[59].« Nach Überwindung des ersten »Schocks«, als sich auch allmählich die Unbegründetheit von Halders Entdeckungsfurcht herausstellte, war vor allen er es, der den Generalstabschef in diesem Sinne weiter bedrängte.

Als dies auf Anhieb nichts fruchtete, setzte man alle Hoffnung auf Generaloberst von Witzleben[60], an dessen Sympathie und Einsatzbereitschaft für die Opposition kein Zweifel bestand. Ein Besuch von Oster und Gisevius am 7. November in seinem Armee-Hauptquartier in Bad Kreuznach sollte ihn veranlassen, auf Halder einzuwirken. Doch Witzlebens realistische Sicht der Dinge, die ihn die Gefolgschaft in der Truppe und damit die Erfolgsaussichten für einen Staatsstreich ungünstig beurteilen ließ, dämpfte die Erwartungen seiner Besucher. Seine grundsätzliche Bereitschaft zu einem persönlichen Gespräch mit Halder machte er zudem von der Zustimmung seines Vorgesetzten, Generaloberst von Leeb, des Oberbefehlshabers der Heeresgruppe C, abhängig. Er verwies Oster daher an dessen Ersten Generalstabsoffizier, Oberst i.G. Vincenz Müller, als vertrauenswürdige Kontaktperson. Der reagierte ähnlich skeptisch, wenngleich nicht ablehnend, und vermittelte einen Besuch Witzlebens bei seinem Oberbefehlshaber im Frankfurter Hauptquartier der Heeresgruppe schon am 9. November[61].

Es zeigte sich, daß beide Oberbefehlshaber in der pessimistischen Beurteilung der militärisch-politischen Situation übereinstimmten und – auf legalem Weg – nichts unversucht lassen wollten, die Offensive doch noch zu verhindern. Sie entsandten deshalb tags darauf Oberst i.G. Müller nach Zossen zu Halder, um ihn zu veranlassen, erneut in diesem Sinn auf Brauchitsch und Hitler einzuwirken. Allein

Witzleben trug Müller die bedeutsame (Zusatz-) Botschaft an Halder auf, er möge schon jetzt für geeignete »Putschtruppen« vorsorgen, auf die bei passender Gelegenheit sofort zurückgegriffen werden könnte. Ohne diese Seite von Müllers Mission zu kennen, deren radikale Intention er sicherlich nicht geteilt hätte, unternahm Leeb seinerseits unmittelbar nach Witzlebens Besuch eine letzte Anstrengung, um die beiden anderen Heeresgruppen-Oberbefehlshaber zu einer gemeinsamen offenen Ablehnungsfront hinsichtlich der Westoffensive zu bewegen. In letzter Konsequenz schlug er dabei ihren kollektiven Rücktritt vor. Als ihm hierin die Generalobersten von Bock und von Rundstedt auf einer Besprechung am 9. November in Koblenz nicht folgen wollten, resignierte er endgültig. Von den höchsten Truppenführern hatte sich Generaloberst von Leeb am weitesten der Konspiration angenähert, jedoch ohne sich jemals zum allerletzten Schritt in die Verschwörung durchringen zu können.

Eine seinerzeit eher nebensächliche Episode erhält aus heutiger Sicht insofern besondere, zukunftsweisende Bedeutung, als damals in Person des Majors i.G. Henning von Tresckow einer ihrer später führenden »Köpfe« zur Militäropposition stieß[62]. Für diese war er interessant geworden, als er am 23. Oktober 1939 dem Stab der Heeresgruppe A (von Rundstedt) als Gehilfe des Ersten Generalstabsoffiziers zugeteilt wurde. Möglicherweise weil er aus seiner Abscheu vor den NS-Verbrechen in Polen keinen Hehl machte, war er um diese Zeit in Kontakt mit Oster gekommen. Bald auch in konspirativer Verbindung mit Oberst i.G. Müller und über ihn mit Witzleben, versuchte er seinen Teil beizutragen, die Heeresgruppen-Oberbefehlshaber für den Widerstand gegen Hitler einzunehmen. Bekanntlich ist ihm dies weder bei seinem eigenen Oberbefehlshabers gelungen, noch halfen ihm am 12. November verwandtschaftliche Beziehungen, seinen Onkel, Generalfeldmarschall von Bock, zu überzeugen, wie er Müller kurz darauf eingestehen mußte[63].

Im Zentrum der Verschwörung in Berlin hatte nach dem eher ernüchternden Ergebnis der Oster-Gisevius-Reise zu Witzleben und Müller das Bombenattentat, das der schwäbische Handwerker Georg Elser am Abend des 8. November im Münchner Bürgerbräukeller auf Hitler verübte, für vorübergehende Euphorie gesorgt. Deshalb und weil Hitler den Angriffstermin bereits zum zweiten Mal kurzfristig verschoben hatte, machten bei insgesamt krisenhafter Grundstimmung abwechselnd neue Spekulationen, Ideen und Denkschriften zum Teil recht unbesorgt die Runde. Sowohl Halder als auch Canaris sahen sich veranlaßt, den überaktiven Zirkel um Oster ernstlich zur Zurück- und Geheimhaltung zu mahnen.

Die Katastrophenstimmung des 5. November hatte der Generalstabschef ebenfalls schon bald wieder überwunden. Nach außen hin, gegenüber den ihn bedrängenden Aktivisten, hielt er seitdem zwar unverändert an seiner Ablehnung eines Staatsstreiches fest. Doch scheint es, als hätte er noch bis etwa Mitte

November nicht jeden Gedanken daran bzw. jede Hoffnung darauf verdrängt[64]. Trotz neuer Irritation durch die mit dem 7. November beginnende, schließlich fast dreißigmal wiederholte Verschiebung des Angriffs durch Hitler, aber auch trotz des Venlo-Zwischenfalls am 9. November, der in der Opposition neue Entdeckungsfurcht schürte, blieb er zunächst weiter daran interessiert, Brauchitsch für einen Umsturz zu gewinnen, was er seit jeher als einen Schlüssel zum Erfolg betrachtet hatte. Entsprechend aufgeschlossen begegnete er Witzlebens diesbezüglicher Aufforderung, wie sie ihm dessen Bote, Oberst i.G. Müller, am 10. November vermittelte. Er leitete kurz darauf sogar eine reichlich unausgegorene Denkschrift von Gisevius, der das Bürgerbräukeller-Attentat für einen Staatsstreich ausnützen wollte, an Brauchitsch weiter.

Halder nahm sich auch der anderen für ihn vordringlichen Frage weiter an: des Problems der zu erwartenden Gefolgschaft im Militär für einen Staatsstreich. In diesem Sinn instruierte er am 9. November in eindeutig konspirativer Absicht Groscurths Abteilung, »der Truppe laufend und planmäßig ›den Puls [zu] fühlen««[65] Schließlich setzte er gewisse Hoffnungen in die Reise Stülpnagels am 12./13. November zu Witzleben, die Klarheit über die Haltung der höheren Truppenführer wie der Truppe selbst erbringen sollte. Kaum angekommen, erfuhr Stülpnagel jedoch von dem negativen Ausgang der von Leeb einberufenen Besprechung der Heeresgruppen-Oberbefehlshaber und auch sonst wenig ermutigendes durch Witzleben und Müller. Als Ergebnis seiner Reise teilte er Groscurth noch am 13. November mit, daß »von Widerstand keine Rede mehr« sein könne, vielmehr der »Befehl zur Offensive ausgeführt wird trotz seiner Aussichtslosigkeit«[66]. Am nächsten Tag bekam auch der eigens nach Zossen zitierte Oster zu hören, daß die Generale im Westen einschließlich Witzlebens nichts unternehmen würden, weil sie sich nicht auf die Geschlossenheit der Truppe verlassen könnten. Natürlich hatte auch Halder sogleich von Stülpnagel erfahren, daß ihm weder Kommandeure noch Truppe in einen Staatsstreich folgen würden. Erst daraufhin scheint sich seine Resignation dauerhaft verfestigt zu haben. Außen-Staatssekretär von Weizsäcker stellte anläßlich einer Unterhaltung am 17. November nur noch »Gottergebenheit« bei ihm fest[67]. Ähnliches konnte Ulrich von Hassell bald darauf im Fall von Canaris beobachten[68].

Gewissermaßen den Todesstoß erhielt Halders letzter Rest an Widerstandsbereitschaft dann durch Hitler höchstpersönlich. Am Abend nach seiner programmatischen Rede vor den höheren Truppenführern und Generalstabsoffizieren am 23. November in Berlin, die diesen auch letzte Zweifel an der Westoffensive nehmen sollte, dabei unüberhörbare Vorwürfe an die Heeresführung enthielt, bestellte er Brauchitsch und Halder ein und las ihnen noch einmal so (un-)gehörig die Leviten, daß letzterer anschließend nur knapp aber vielsagend in sein Tagebuch notierte: »18.00 Uhr ObdH und ich – ›Geist von Zossen‹ (Krisen-Tag!)«[69]. Dem erneut abgekanzelten Brauchitsch wurde sein Rücktrittsangebot umgehend ausgeschlagen, woraufhin er sich Hitlers Willen nur noch fügsamer zeigen sollte. Dieses Erlebnis mag Halder den letzten Funken

Hoffnung auf Brauchitsch wie auch an eigenem Mut genommen haben. Zudem hatte ihm kurz zuvor Witzleben persönlich bestätigt, wie ungünstig die Aussichten für eine Aktion stünden und man abwarten müsse. Objektiv verschlechterten sich die praktischen Voraussetzungen auch deshalb, weil die von Halder möglicherweise tatsächlich östlich der Elbe zurückgehaltene »Verfügungstruppe« an Panzerdivisionen dem Westaufmarsch nicht länger vorenthalten werden konnte und abgezogen wurde[70].

Fortan verweigerte sich Halder seinen Gesinnungsgenossen im wesentlichen mit der Begründung, die Zeit sei noch nicht reif. Seine Einschätzung der Lage, wie er sie am 27. November ausführlich dem insistierenden Generalmajor Thomas darlegte[71], der sie wiederum dem engeren Verschwörerkreis (mindestens Goerdeler, Hassell, Oster, Groscurth, Dohnanyi) bekanntgab, erscheint im nachhinein durchaus plausibel. Seine emotionale Entgleisung dabei, die ihn außerdem nun plötzlich die Erlösung des »deutschen Volk[es] aus der Helotenknechtschaft des englischen Kapitalismus«[72] durch Hitler wünschen ließ, erscheint eher als Ausfluß des Rechtfertigungsdrucks gegenüber den radikalen Verschwörern um Oster, Groscurth, Gisevius, auch Goerdeler, denen sein Zurückweichen nicht eingehen mochte, weil es ihrem risikobereiterem Naturell und Engagement in der Sache zuwiderlief. Auf ihr nicht nachlassendes Drängen hat Halder zunehmend gereizter reagiert und sich eher noch mehr verschlossen. Sehr deutlich spürbar ist sein Rechtfertigungsverhalten in einer langen Unterredung mit Groscurth am 13. Januar 1940, dem Halder nochmals bestätigte, »keine Basis zum Losschlagen«[73] zu sehen. Nicht anders erging es Beck, der sich drei Tage später mit seinem Nachfolger in Berlin zu einem konspirativen Spaziergang traf. Sein etwas undiplomatischer Versuch, Halder aufzurütteln, scheiterte, hinterließ ein nur noch gespannteres Verhältnis zwischen beiden[74]. Durch äußere Umstände zuversichtlicher gestimmt, beurteilte Halder (wie auch Brauchitsch) die Erfolgsaussichten einer Westoffensive inzwischen zunehmend positiver. Freilich setzte er sich damit auch dem Verdacht des Opportunismus aus. Groscurth notierte schließlich nur noch voller Abscheu: »Gauenvolle Einstellung. Kaum noch zu ertragen. Eine grenzenlose Würdelosigkeit!«[75].

So wird Halder nicht unglücklich gewesen sein, als mit Groscurth sein hartnäckigster Mahner Anfang Februar 1940 auf Brauchitschs Veranlassung unfreiwillig aus dem OKH in die Truppe (»straf«-)versetzt wurde. Anlaß hierzu hatte Groscurth mit seiner emsigen Widerstandsaktivität, die er infolge der Verweigerung der höheren Führer um die Jahreswende noch verstärkte, zur Genüge geboten. Letztlich stolperte er darüber, daß er Mitte Dezember relativ eigenmächtig mit den ihm zugespielten Meldungen über NS-Verbrechen in Polen, u.a. den Beschwerden von Blaskowitz, bei höheren Truppenführern im Westen »hausieren« gegangen war und damit einigen Aufruhr, allerdings keine nachhaltige und wirkungsvolle Empörung verursacht hatte. Zudem hatte er sich mit der SS angelegt, als er gegen den "Kinderzeugungs-Erlaß" Heinrich Himmlers relativ offen Stellung bezog.

Mit dem Weggang von Groscurth waren die Chancen weiter gesunken, Halders »Abwarten« aufzubrechen, darüber hinaus seine grundsätzliche Abkehr von Widerstand und Opposition aufzuhalten. In den Augen der Aktivisten fiel er in sein Verhalten nach der »September-Verschwörung« 1938 zurück. Hoffend, ihn noch einmal zurückgewinnen zu können, ließen sie deshalb vorerst auch nicht von ihm ab; und tatsächlich zeigte er sich auch später immer wieder einmal – wenigstens bis zum Beginn der Westoffensive im Mai 1940 – den Annäherungsversuchen der Verschwörer scheinbar zugänglich. Rückblickend wird jedoch klar, daß die Opposition ihren Hoffnungsträger vielleicht nicht gleich mit dem spektakulären 5. November, so doch spätestens seit Mitte des Monats endgültig verloren hatte. In dem Maße, wie er sich mit der politischen Unaufhaltbarkeit der Westoffensive abfand, freundete er sich mit ihrer militärischen Durchführbarkeit an – und führte sie schließlich in verantwortlicher Position professionell zum Sieg. Wie ein Jahr zuvor zeigt sein ganzes Verhalten, daß es ihm primär stets weniger um die Beseitigung des Regimes als um die Verhinderung des Krieges bzw. der Kriegsausweitung gegangen war. Zur Erkenntnis, daß letzteres von ersterem abhängig war, gelangte er nicht; zumindest zog er nicht die erforderlichen Konsequenzen daraus. Hierfür mangelte es ihm aber nicht nur an innerer Überzeugung, sondern letztlich auch an der erforderlichen Entschlossenheit eines Oster oder – später – Tresckow und Stauffenberg. Seiner ehrlichen Empörung über die Untaten des Regimes und seiner substanziellen Regimefeindlichkeit tut dies keinen Abbruch. Seiner Einsicht treu, die ihn den anhaltenden Erfolg Hitlers stets als unüberwindliches Haupthindernis für einen Umsturz betrachten ließ, fügte er sich fortan sicherlich nicht einfach als »williger Vollstrecker« und ohne innere Überwindung, letztlich aber loyal, nach außen nur im militärfachlichen Dissens dem Diktator, bis ihn eben dieser Dissens noch vor der endgültigen Kriegswende und damit verbundenen neuen Hoffnungen für die Opposition im September 1942 sein Amt kostete.

2.4 Nebeninitiativen und letztes Bemühen der Militäropposition gegen die Kriegsausweitung

Entsprechend ihrer gemeinsamen Überzeugung, daß nur ein vom Militär angeführter und gestützter Staatsstreich das NS-Unrechtsregime beseitigen konnte, konzentrierten die konservativen Verschwörer ihre Anstrengungen darauf, die Führung des Heeres als des größten und wichtigsten Wehrmachtsteils für einen solchen Umsturz zu gewinnen[76]. Generalstabschef Halder und die höheren Truppenführer standen deshalb im Mittelpunkt ihrer Bemühungen – wie auch bisher in dieser Betrachtung. Letztlich ebenfalls in der Absicht des Regimesturzes, entwickelte der engere Oppositionskreis parallel dazu zahlreiche Neben- bzw. Einzelinitiativen im nächstliegenden Bestreben, die drohende Ausweitung des Krieges zu einem Weltkrieg zu verhindern.

Diesem Ziel verschrieb sich Oberst Hans Oster – seiner kompromißlosen Haltung entsprechend – in der wohl radikalsten und bis heute umstrittensten Weise, nämlich um den Preis des Landesverrats[77]. Die praktische Grundlage hierfür bot sich ihm durch seine langjährige Freundschaft mit dem niederländischen Militärattaché in Berlin, Major Gijsbertus Jacobus Sas. Bereits im Sommer vor Kriegsausbruch und während des Polenfeldzuges hatten beide die politische Lage sorgenvoll erörtert, jedoch noch ohne eigentlich konspirativen Hintergrund. Dies änderte sich erst am 8. Oktober 1939, als Oster seinen Freund über die deutschen Angriffsabsichten im Westen und die damals bereits einkalkulierte Verletzung der Neutralität Belgiens unterrichtete. Einige Tage später meldete er ihm dann die Ausweitung der Operationsplanungen auf die Niederlande und avisierte den deutschen Angriff nicht vor der zweiten Novemberhälfte.

Oster tat dies nicht leichtfertig. Wie er gegenüber Sas und Liedig bekannte, war er sich bewußt, daß er nach dem Gesetz vorsätzlichen, wiederholten Landesverrat in Kriegszeiten beging und welche Strafe ihn hierfür gegebenenfalls erwartete. Andererseits betrachtete er sich nicht wirklich als Verräter an seinem Land, sondern in einem höheren moralischen Sinn und auch politischen Interesse als gerechtfertigt. Er sah sich geradezu verpflichtet, Deutschland und die Welt vor größtem Unheil zu bewahren[78]. In der konkreten Situation bezeugt sein Schritt auch das Mißtrauen, das er der Heeresführung, speziell Halder, entgegenbrachte, was deren Bereitschaft und Willen zum Handeln betraf.

Konsequenterweise teilte er Sas dann auch umgehend jenen ersten konkreten deutschen Angriffstermin des 12. November mit, als er diesen fünf Tage vorher selbst erfuhr. Fortan hielt Oster den niederländischen und durch ihn auch den belgischen Militärattaché über die weitere Entwicklung auf dem Laufenden. Daß er entsprechend der ständigen Verschiebung des Angriffstermins durch Hitler seine Warnung bis Mai 1940 insgesamt über zwanzig mal aktualisieren bzw. berichtigen mußte, trug nicht gerade zu ihrer Glaubwürdigkeit bei. Ohnehin wurden die Berichte von Sas vor allem bei seiner eigenen Regierung bis zuletzt wenig ernst genommen. Gleichermaßen erging es Osters Warnung an Dänemark und Norwegen, ebenfalls über Sas, Anfang April 1940, unmittelbar vor dem deutschen Überfall auf diese Länder unter dem Decknamen »Weserübung«. So traf

Hans Oster (1888 bis 1945)

der tatsächliche deutsche Angriff im Westen (»Fall Gelb«) am 10. Mai 1940, 5 Uhr 35, die neutralen Staaten zwar nicht völlig unvorbereitet, vor allen aber die Niederlande doch so unzureichend gerüstet, daß sie innerhalb weniger Tage überrollt wurde[79].

Der Entschluß zum Landesverrat mag einerseits einem ethisch-moralisch begründeten Reflex entsprungen sein, insofern es für Oster einfach eine Frage des Anstandes, auch soldatischer Ehre war, neutrale Staaten vor dem Überfall zu warnen. Mindestens ebenso sehr dürfte er von rationalem Kalkül bestimmt gewesen sein, lag es doch im grundsätzlichen Interesse der Opposition, auf alle erdenkliche Weise die Ausweitung eines Krieges im Westen zu verhindern, um sich so die Möglichkeit einer Verständigung vor allem mit Großbritannien offenzuhalten. Mit der britischen Regierung, die nicht nur vom NS-Regime als Motor des alliierten Kriegswillens betrachtet wurde, hatte die Geheimdiplomatie der Verschwörer vor allem im Auswärtigen Amt schon seit 1938 ein »Stillhalte-Abkommen« zur Unterstützung eines Umsturzvorhabens in Deutschland erreichen wollen. Entsprechende Kontakte kamen auch noch nach Kriegsbeginn zustande, wie die Bemühungen von Erich Kordt, Ulrich von Hassell und des ehemaligen Reichskanzlers Joseph Wirth belegen[80].

Den erfolgversprechendsten Versuch dieser Art erbrachten diesmal jedoch nicht die zahlreichen beruflichen Verbindungen der mitverschworenen Diplomaten; er ging vielmehr vom Zentrum der Militäropposition in der »Abwehr« aus. Wieder war es Oster, der ihn vor allem mit Unterstützung Dohnanyis ins Werk setzte[81]. Den Anstoß hierzu hatte der Nestor der Militäropposition, Ludwig Beck, gegeben. Seine alte Bekanntschaft mit Papst Pius XII., aus dessen Zeit als Nuntius in Berlin während der 20er Jahre, hatte in ihm die Hoffnung geweckt, diesen als einflußreichen Vermittler zwischen der Opposition und Großbritannien gewinnen zu können.

Eine geeignete, vertrauenswürdige Persönlichkeit für die Verbindungsaufnahme mit dem Vatikan fand sich bald in dem angesehenen Münchner Rechtsanwalt Josef Müller, der seit langem beste Verbindungen zur katholischen Kirche besaß. Müller ließ sich noch im September 1939 in Berlin von Oster persönlich für den vorgesehenen Zweck anwerben. Als Reserveoffizier zur Abwehr einberufen, unternahm er, getarnt mit einem offiziellen Auftrag, Ende September sogleich die erste von zahlreichen Sondierungsreisen nach Rom. Schon gegen Mitte Oktober konnte er berichten, daß der Papst grundsätzlich vermittlungsbereit sei.

Der Venlo-Zwischenfall am 9. November brachte die »Römischen Gespräche«, die nur über Dritte mit dem Papst bzw. der britischen Regierung geführten wurden – letztere vertreten durch ihren Botschafter beim Vatikan –, lediglich vorübergehend zum Erliegen. Schon gegen Ende Januar 1940 erreichte Müller in Rom gewissermaßen den Durchbruch. Es kam zu einer weitgehenden Übereinkunft, die naturgemäß nicht in einem schriftlichen Vertrag fixiert, sondern als »eine Art Gentlemen's Agreement«[82] betrachtet wurde. Die dünne Überlieferung läßt die Annahme zu, daß demnach die britische Seite bereit war, mit einer neuen deutschen Regierung Frieden zu schließen, der Deutschland in seinen Grenzen von 1937 anerkannte. Sogar in der Frage des »Anschlusses« Österreichs und der Annektion der Sudetengebiete scheint sie Entgegenkommen signalisiert zu haben. Für die deutsche Opposition wiederum hat Beck offenbar nicht länger von vornherein auf den annektierten und eroberten Gebieten bestanden. Allerdings bleibt fraglich, inwieweit die britische Seite auch zugesichert hat, mögliche innere Unruhen nach einem Umsturz in Deutschland militärisch nicht auszunützen, worauf es der Opposition bekanntlich besonders ankam.

Der Bericht, den Müller nach seiner Rückkehr in Berlin zusammen mit Dohnanyi über das Verhandlungsergebnis verfaßte, ging als sogenannter X-Bericht – weil hierin Müller unter dem Pseudonym »Herr X« erscheint – in die Geschichtsschreibung des Widerstandes ein. Mit einiger Wahrscheinlichkeit wurde er, möglicherweise von Oster und Dohnanyi, während der folgenden Wochen noch einmal redigiert, vielleicht »frisiert«, um seinen Inhalt für die Heeresführung »schmackhafter«, diese dadurch einem Staatsstreich gewogener zu machen. Ob nun um angebliche britische Zugeständnisse hinsichtlich der deutschen Grenzen von 1914 ergänzt oder nicht – der Bericht verfehlte gründlich seinen Zweck. Halder hielt ihn für unglaubwürdig, als er ihm von Generalleutnant Thomas am 4. April 1940 vorgelegt wurde. Er gab ihn zwar an Brauchitsch weiter, der ihn aber als »glatte[n] Landesverrat«[83] abtat.

Der Mißerfolg mit dem X-Bericht war nur Höhe- und Schlußpunkt eines letzten großen, vergeblichen Anlaufs der Aktivisten Ende März/Anfang April, vor den sich immer deutlicher abzeichnenden Offensiven die Generalität des Heeres, speziell Halder, doch noch für einen Umsturz zu gewinnen. Letzterer sah sich schon vorher durch einige Besuche Goerdelers in Zossen massiv unter Druck gesetzt. Er machte auf diesen einen »nervlich stark mitgenommenen«[84] Eindruck. In die Enge getrieben, lehnte er beharrlich, wenngleich »mit sehr naiven Argumenten (England und Frankreich hätten uns den Krieg erklärt, der nun durchgeschlagen werden müßte; ein Kompromißfrieden sei sinnlos. Nur in höchster Not [...] dürfe man so handeln [...]) eine Aktion zur Zeit«[85] erst recht ab.

Gleichermaßen scheiterte ein anderer Versuch der unermüdlich aktiven Berliner Verschwörer, unter ihnen hauptsächlich Beck, Oster, Dohnanyi, Gisevius, von Hassell und Goerdeler. Er belegt ihre gesteigerte, fast schon hektische Betriebsamkeit und erinnert damit an die Situation vor Kriegsausbruch. Ein Mann ihres Vertrauens, Generalleutnant von Falkenhausen, Befehlshaber im Wehrkreis IV (Dresden), sollte kurzfristig zu einer Rundreise an die Westfront bewogen werden, um die dortigen Generale zu einer Intervention direkt bei

Brauchitsch zu veranlassen. Falkenhausen ließ sich jedoch von der Resignation seines Kameraden Thomas anstecken und sagte ab.

Entscheidend aber war und blieb, daß Generalstabschef Halder sich verweigerte. Wie schon im Vorjahr hatte ihn seine Grundüberzeugung eingeholt, daß erst ein merklicher militärischer oder politischer Rückschlag Hitlers Regime den Rückhalt in Gesellschaft und Wehrmacht entziehen würde und damit ein Umsturzwagnis rechtfertigen könnte. Ein solcher Rückschlag blieb jedoch bekanntlich vorerst aus – im Gegenteil. Der siegreiche Feldzug in Skandinavien, vor allem aber die überraschend schnelle Niederlage Frankreichs, die dem Diktator nun auch Respekt als »Feldherren-Genie« einbrachte, sah das Regime auf dem Gipfel seiner Macht. Mehr noch als im Polenfeldzug ließen sich die allermeisten, auch regimekritischen Offiziere vom deutschen Waffenerfolg, der diesmal nicht durch das häßliche Gesicht nationalsozialistischer Vernichtungspolitik getrübt wurde, emotional mitreißen. Der Mitverschwörer Ulrich von Hassell dagegen wollte »verzweifeln unter der Last der Tragik, sich an den größten nationalen Erfolgen nicht wahrhaft freuen zu können«. Seine oppositionellen Gesinnungsgenossen in Berlin sah er allenthalben »erschüttert« [86] über die Entwicklung, die vorerst jede Hoffnung auf eine Verständigung mit Großbritannien wie auf einen grundlegenden politischen Wandel in Deutschland begrub.

3. Der Krieg gegen die Sowjetunion und die Wiederbelebung der Militäropposition in neuer Gestalt

Bewegung in den militärischen Widerstand kam erst wieder, wenngleich es lang nicht danach aussah, infolge von Hitlers Entschluß, die Sowjetunion, seinen eigentlichen ideologischen Gegner, anzugreifen. Bereits im Juli 1940 – Frankreich war gerade besiegt – machte er die militärische Führung mit seiner neuen Absicht bekannt. Er begründete sie zunächst primär strategisch, ließ dann aber mit der Zeit immer weniger Zweifel am besonderen Charakter des bevorstehenden Unternehmens als rasseideologisch begründeter Vernichtungsfeldzug und zur Gewinnung von »Lebensraum«. Auf der Grundlage bereits weit fortgeschrittener Planungen im Generalstab des Heeres, in die er selbst erheblich eingriff, befahl Hitler der Wehrmacht dann endgültig mit Unterzeichnung der »Weisung Nr. 21: Fall Barbarossa« am 18. Dezember 1940, den Angriff auf die Sowjetunion bis zum 15. Mai 1941 abschließend vorzubereiten.

Vorerst in Verkennung der ganzen Dimension des Vorhabens, fand Hitlers neue Zielrichtung im traditionell antikommunistisch disponierten Offizierkorps grundsätzlich Beifall[87]. Die von der anhaltenden Sieges-Euphorie getragene eigene Selbstüberschätzung tat ein übriges. Selbst in der Militärführung regten sich nicht wirklich Bedenken, wie sie eine nüchterne Betrachtung der deutschen strategischen und rüstungswirtschaftlichen Möglichkeiten sowie eine bessere

Kenntnis des Gegners eigentlich nahegelegt hätten. Auch die Aussicht auf einen Zwei-Fronten-Krieg, nachdem an eine Bezwingung Großbritanniens schon bald niemand mehr glauben konnte, schreckte offenbar nicht. Generalstabschef Halder und sein (ab Anfang September) neuer Oberquartiermeister I, Generalleutnant Friedrich Paulus, verstanden zwar nicht ganz den strategischen Sinn einer Wendung nach dem Osten in der damaligen Lage, führten die Aufträge Hitlers nichtsdestoweniger kritiklos aus, nahmen gar dessen immer dreistere Eingriffe in ihre Operationsplanung ohne merkliche Gegenwehr hin[88]. Dem Oppositionskreis um Oster, Beck und von Hassel galten deshalb Brauchitsch und Halder schließlich »weiter nichts mehr als technische Handlanger«[89].

In derartige Blindheit gegenüber der heraufziehenden Katastrophe verfielen die wenigen unbeugsamen Berliner Oppositionellen letztlich nicht. Doch blieb ihre Reaktion auf die im Sommer 1940 allmählich durchsickernde Neuigkeit ebenfalls lange Zeit reichlich gedämpft. Einen Impuls, ein sofortiges Aufbäumen wie seinerzeit infolge von Hitlers Entschluß zur Westoffensive erfuhr der Widerstand dadurch jedenfalls nicht. Offenbar hegte man noch bis Ende 1940 erhebliche Zweifel an der Ernsthaftigkeit von Hitlers Absicht. Die allgemeine Geringschätzung »der Russen«, speziell des sowjetischen Militärpotentials, bei gleichzeitig eigenem Überlegenheitsgefühl sowie eine »antibolschewistische« Grundhaltung, wie sie für das nationalkonservative Lager allgemein zu beobachten ist, dürften dazu beigetragen haben, das Problem zunächst zu verdrängen[90]. Die Aufmerksamkeit der überwiegend westlich orientierten Oppositionellen galt demgegenüber noch lange Zeit in viel stärkerem Maße Großbritannien sowie dem sich ebenfalls abzeichnenden Problem eines Kriegseintritts der Vereinigten Staaten.

Die Phase ihrer Isolierung und erzwungenen Passivität während der Jahre 1940/41 nutzten die »Honoratioren« des Berliner Verschwörerkreises, um ihre Vorstellungen von der politischen Neuordnung Deutschlands »nach Hitler« weiter zu entwickeln. Einig in der Ablehnung des Nationalsozialismus, bringen ihre Denkschriften durchaus unterschiedliche Auffassungen im Rahmen einer konservativen Grundüberzeugung zum Ausdruck[91]. Der deutschnationale Goerdeler etwa, »Motor des konservativ-bürgerlichen Widerstandes«, zeigte sich, bei allen Vorbehalten, dem Demokratiegedanken gegenüber durchaus aufgeschlossen, dabei wirtschaftsliberal und gewerkschaftsfreundlich[92]. Dagegen atmen die Verfassungs- und Gesellschaftspläne eines Beck, von Hassel und Popitz deutlich autoritäreren, hochkonservativ-monarchistischen Geist. Gemeinsam war allen der Glaube an Deutschlands hegemoniale Stellung in Europa, der erst ab 1942 unter dem Eindruck des militärischen Niedergangs allmählich schwand. Als Stätte des Gedankenaustausches diente den »Honoratioren« außer konspirative Treffen auch die »Mittwochsgesellschaft«, ein elitärer konservativer Debattierklub in Berlin, wo trotz der Teilnahme auch von Nationalsozialisten eine relativ freie Atmosphäre herrschte. Der pensionierte Generaloberst Beck erwarb sich dabei unter den führenden zivilen Oppositionellen bald so großes Ansehen, daß er immer mehr geistiger Mittelpunkt und Integrationsfigur für den gesamten konservativen zivil-militärischen Widerstandes wurde.

Lichtblicke gab es seinerzeit für die Opposition nur wenige. Mehr verzweifelt als zuversichtlich mutet Ulrich von Hassels Feststellung an, wonach man sich einig in der Auffassung war, »daß jetzt noch einmal alles getan werden muß, um sie [die Generale] zu überzeugen, daß sie die Dinge nicht weiter laufen lassen dürfen, wenn wir nicht plötzlich *vor* oder *in* einer wirklichen Katastrophe stehen wollen [...]«[93]. Wirklich hoffnungsvoll konnte dagegen stimmen, daß seit Frühjahr 1940 General der Infanterie Friedrich Olbricht das Allgemeine Heeresamt in Berlin führte. Er stand der Opposition schon länger nahe und konnte ihr nunmehr als Chef einer wichtigen Zentralbehörde sehr dienlich sein[94]. Bereits 1940 scheint sich zwischen ihm und Oster ein immer enger werdendes Vertrauensverhältnis entwickelt zu haben[95]. Er war somit geradezu prädestiniert dafür, schließlich eine Rolle als »Stabschef« des militärischen Widerstandes zu übernehmen. Angeblich wurde Olbricht von Beck schon um die Jahreswende 1940/41 mit der militärischen Vorbereitung eines neuen Umsturzversuchs beauftragt. Frühestens ab Winter 1941/42 ging er in diesem Sinne an die Umarbeitung der offiziellen »Walküre«-Pläne[96], worauf dann 1943 Henning von Tresckow und Claus Schenk Graf von Stauffenberg aufbauen konnten.

Der Widerstand lebte schließlich erst auf, erhielt sogar eine breitere Basis, als sich im Frühjahr 1941 die Gewißheit über einen bevorstehenden Krieges gegen die Sowjetunion erhärtete und bald auch Äußerungen Hitlers sowie spezielle Vorbefehle den besonderen, verbrecherischen Charakter des geplanten Feldzuges unverkennbar werden ließen. Allein ihre Empörung über die Anordnungen, die gegen Völkerrecht wie Militärstrafrecht verstießen, unterschied den zivil-militärische Oppositionskreis grundlegend von der Militärführung, die diese Befehle nicht nur hinnahm, allenfalls aus Besorgnis um die Disziplin der Truppe modifizierte, sondern ihr Zustandekommen sogar aktiv förderte. Im OKH selbst wurden mit Billigung Halders sowohl der »Erlaß über die Ausübung der Kriegsgerichtsbarkeit ...« vom 13. Mai als auch die »Richtlinien für die Behandlung politischer Kommissare« vom 6. Juni 1941 maßgeblich vorbereitet[97]. In einer Art vorauseilendem Gehorsam kam man damit Hitlers erklärtem Willen entgegen, wonach die Wehrmacht einen gnadenlosen Vernichtungskampf gegen »jüdisch-bolschewistische« Intelligenz und Funktionäre führen müsse, der nicht den üblichen Regeln des Völkerrechts unterliegen dürfe. Derart staatlich geförderte Unmoral infizierte jedoch nicht nur die Heeres-, sondern auch zahlreiche Truppenführer. Selbst ein der Opposition nahestehender Offizier wie Generaloberst Erich Hoepner verfiel mit seinem Operationsbefehl vom 2. Mai der nationalsozialistischen Diktion[98].

Die Berliner Verschwörergruppe um Beck, Oster, Dohnanyi und von Hassell hatte in Reaktion auf diese Entwicklung schon Anfang April heftig beklagt,

daß Brauchitsch und Halder »die Ehre der deutschen Armee [opferten]«[99], indem sie sich Hitlers Willen unterwarfen. Gleichermaßen erkannte man inzwischen – in aller Hilflosigkeit – den »Wahnsinn« der neuerlichen Kriegsausweitung, schon weil er die deutschen Kräfte endgültig überbeanspruchen würde.
Zwei Monate später ließen die mittlerweile ergangenen Befehle ein »brutales,
nicht mehr kontrollierte Vorgehen[s] der Truppe«[100] befürchten. Gemeinsam
mit Goerdeler und Popitz wurde erörtert, ob diese Befehle »nicht endlich aus-
reichen, der militärischen Führung über den Geist des Regimes, für das sie
fechten, die Augen zu öffnen«. Sogleich siegte jedoch die resignative Erkenntnis, »daß auch diesmal wieder nichts zu erwarten sei«, Brauchitsch und Halder –
»hoffnungslose Feldwebel!« – sich vielmehr »bereits auf das Hitlersche Manöver
eingelassen [hätten], das Odium der Mordbrennerei von der bisher allein bela-
steten SS auf das Heer zu übertragen«. Die Möglichkeit, etwaige Mißstimmung
unter den Truppenführern über diese neue »Qualität« der Kriegführung für den
Widerstand auszunützen, beurteilte man unterschiedlich.

Tatsächlich gab es diesbezüglich kaum Ansatzmöglichkeiten. Unter den
Truppenführern regte sich – ob aus grundsätzlichen ethisch-moralischen oder
rechtlichen Bedenken oder lediglich aus Sorge um die soldatische Ehre und die
Disziplin der Truppe, sei dahingestellt – nur vereinzelt zaghafter Widerspruch
dagegen, daß der deutsche Soldat nun gefangene Politkommissare töten sollte
und Verbrechen gegen die »feindliche« Zivilbevölkerung der Verfolgung durch
die Militärgerichtsbarkeit weitgehend entzogen wurden[101]. In einem einzigen
Fall entstand daraus nennenswerter Protest, und auch nur weil Oberstleutnant
i.G. Henning von Tresckow seinen Onkel und Oberbefehlshaber, Generalfeldmarschall von Bock, Anfang Juni 1941 energisch dazu drängte[102].

Verhallte von Bocks lahmer Einspruch auch wirkungslos, so erhält diese Be-
gebenheit dennoch insofern größte Bedeutung, als sie auf das Entstehen einer
neuen, bald der größten und auch tatkräftigsten militärischen Widerstandsgruppe hinweist. Ihr Initiator war eben Henning von Tresckow, seit Ende 1940
Erster Generalstabsoffizier der Heeresgruppe B bzw. Mitte, die ab dem 22. Juni
1941 das Zentrum des deutschen Angriffs gegen die Sowjetunion bildete. Er
verstand es, mit der Zeit zahlreiche gleichgesinnte Offiziere des Stabes um sich
zu sammeln, darunter auch Major i.G. Rudolf-Christoph Freiherr von Gersdorff, Dritter Generalstabsoffizier der Heeresgruppe. Unter dem Eindruck der
– teils persönlich erlebten, teils in dienstlicher Funktion registrierten[103] – Praxis
des Vernichtungskrieges gegen die russische, vornehmlich jüdische Bevölkerung, wie er im Hinterland der Front bald unter dem Deckmantel der Partisanenbekämpfung hauptsächlich durch Himmlers Einsatzgruppen vorangetrieben
wurde, gelangten Tresckow und seine mitverschworenen Kameraden bald zu
der Erkenntnis, daß die Tötung des Diktators unvermeidliche Voraussetzung
für die Beseitigung des Regimes sei. Diese Erkenntnis resultierte auch aus der
wiederholten Erfahrung, daß sich die höheren Truppenführer wie etwa gerade
der eigene Oberbefehlshaber wohl kaum durchringen würden, einem lebenden

Diktator die Gefolgschaft aufzukündigen. Den Erfolg eines Umsturzversuches verband Tresckow jedoch gleichermaßen mit dem Abreißen der deutschen Sieges-Serie, wie er dies dann in der Winterkrise 1941/42 vor Moskau selbst unmittelbar erlebte. Ein erster positiver persönlicher Kontakt entstand im Juli 1941 auch schon mit Major i.G. Claus Schenk Graf von Stauffenberg, ohne daß dieser damals bereits der Verschwörung angehörte[104]. Noch im Herbst 1941 suchte Tresckow hauptsächlich über Leutnant d.R. Fabian von Schlabrendorff als Mittelsmann Verbindung zur Berliner Opposition, die dadurch neuen Mut faßte[105]. Hieraus ergab sich allerdings erst im Laufe des folgenden Jahres eine beständige konspirative Zusammenarbeit.

Ungeachtet der erst im Aufbau begriffenen inneren Strukturen weist die Entwicklung damit Ende 1941 bereits weit in die Zukunft. Sie läßt erkennen, wie sich mit dem neuen Verschwörerkreis im Stab der Heeresgruppe Mitte nunmehr eine Generation von jüngeren Generalstabsoffizieren anschickte, die Initiative zu übernehmen und dem Gedanken eines Attentats auf Hitler zum Durchbruch zu verhelfen. Erst ihre Verbindung mit dem alten Oppositionszentrum in Berlin jedoch, das seinerseits durch Beck als politischen Kopf und Olbricht als »Stabschef« neues Profil gewann, schuf dann in den Jahren 1942/43 die personellen und organisatorischen Vorraussetzungen, um schließlich Attentat *und* Umsturzversuch realisieren zu können.

Zusammenfassung. Der militärische Widerstand der Phase von 1939 bis 1941 lebte die meiste Zeit wesentlich von Willen und Tatkraft einer kleinen, fundamentaloppositionellen Verschwörergruppe in der »Abwehr« um Oberst Hans Oster, mit Verzweigungen in das OKH und in die zivile nationalkonservative Opposition. Selbst weitgehend machtlos, war ihr Bemühen bis in das Jahr 1940 hinein grundsätzlich darauf ausgerichtet, die Heeresführung, daneben auch Truppenführer, für einen Staatsstreich zu gewinnen. Ihr eigentlicher »Hoffnungsträger«, Generalstabschef Franz Halder, hat sich dem, obwohl der Opposition nahestehend, in letzter Konsequenz stets entzogen. In einer Art Kurzschlußhandlung ließ er im November 1939 den einzig ernsthaften, wenngleich nicht aussichtsreich vorbereiteten Versuch einer »Neuauflage« des ersten Umsturzprojekts vom Vorjahr im Ansatz scheitern. Danach war er unter dem Eindruck der Erfolge Hitlers für Gedanken an Widerstand endgültig nicht mehr empfänglich. Die anschließende Phase der Stagnation in der zweiten Jahreshälfte 1940, als ihr der schier unaufhaltsame Machtzuwachs des Regimes kaum Handlungsspielraum ließ, überwand die Militäropposition nicht erst aufgrund des militärischen Mißerfolges gegen die Sowjetunion, der sich erstmals mit der Winterkrise 1941/42 andeutete. Vielmehr setzte der Wandel – wie zuletzt gesehen – bereits in der letzten Phase der Vorbereitung des »Rußland-Feldzuges« ein, verstärkt dann in seiner ersten (Sieg-) Phase bis Ende 1941. Der Anstoß hierzu kam wesentlich von einer neuen Widerstandsgruppe, die sich im Stab der Heeresgruppe Mitte um Oberstleutnant i.G. Henning von Tresckow zu formieren begann, als

Reaktion auf die bereits während des Vormarsches beobachtete verbrecherische Dimension von Hitlers Krieg. In Gestalt von jetzt zwei Zentren der Militäropposition, die in ihre ab 1942 immer intensivere Zusammenarbeit bald auch noch einen beachtlichen konspirativen Zirkel um den Militärbefehlshaber in Frankreich, General Carl-Heinrich von Stülpnagel, mit einbeziehen konnten, bildete sich bereits die Konstellation des 20. Juli 1944 ab.

Anmerkungen

1   Die ereignisgeschichtlichen Fakten und wesentlichen Interpretationen liegen spätestens seit etwa 1970 vor, als fast gleichzeitig einige heute noch grundlegende Arbeiten erschienen: Harold C. Deutsch, Verschwörung gegen den Krieg. Der Widerstand in den Jahren 1939–1940, München 1969; Peter Hoffmann, Widerstand-Staatsstreich-Attentat. Der Kampf der Opposition gegen Hitler, München 1969; Klaus-Jürgen Müller, Das Heer und Hitler. Armee und nationalsozialistisches Regime 1933–1940, Stuttgart 1969; Helmuth Groscurth. Tagebücher eines Abwehroffiziers 1938–1940, hrsg. von Helmut Krausnick und Harold C. Deutsch unter Mitarbeit von Hildegard von Kotze, Stuttgart 1970. Nach den frühen Vorarbeiten mit wissenschaftlichem Anspruch von Erich Kosthorst (Die deutsche Opposition gegen Hitler zwischen Polen- und Frankreich-Feldzug, Bonn 1954) und Kurt Sendtner (Die deutsche Militäropposition im ersten Kriegsjahr, in: Vollmacht des Gewissens, Bd 1, hrsg. von der Europäischen Publikation e.V., München 1956, S. 381–523) setzten sie der Memoiren-Literatur der späten 40er und der 50er Jahre endgültig eine auf breiter Quellenbasis fundierte, objektive Darstellung dieser Phase des Widerstandsgeschehens entgegen.

2   Vgl. den Beitrag von Helmut Krausnick im vorliegenden Band, S. 135–185; eine eingehende Untersuchung des Umsturzplans vom September 1938, dessen realer Gehalt immer wieder angezweifelt wird, bildet noch ein Desiderat der Forschung; vgl. in diesem Sinn zuletzt Ulrich Heinemann und Michael Krüger-Charlé, Arbeit am Mythos. Der 20. Juli 1944 in Publizistik und wissenschaftlicher Literatur des Jubiläumsjahres 1994 (II), in: Geschichte und Gesellschaft, 23 (1997), H. 3, S. 498.

3   Dieser Komplex ist gemeint, wenn es im folgenden schlicht »Opposition« heißt.

4   Dies in der Begrifflichkeit von Klaus-Jürgen Müller, Der nationalkonservative Widerstand 1933–1940, in: Ders. (Hrsg.), Der deutsche Widerstand 1933–1945, Paderborn u.a. 1986, S. 56.

5   Gerhard Ritter, Carl Goerdeler und die deutsche Widerstandsbewegung, Stuttgart 1956, S. 204 f.

6   Hans Bernd Gisevius, Bis zum bitteren Ende. Vom 30. Juni 1934 zum 20. Juli 1944, Frankfurt a.M., Berlin 1964 (TB-Ausgabe der Originalausgabe von 1946), S. 253.

7   Klaus-Jürgen Müller, Das Heer und Hitler. Armee und nationalsozialistisches Regime 1933–1940, 2. Aufl. Stuttgart 1988, S. 396.

8   Zur Persönlichkeit Halders und die neuerdings kritischere Sicht auf sein oppositionelles Engagement vgl. die Arbeiten von Gerd R. Ueberschär, Generaloberst Franz Halder. Generalstabschef, Gegner und Gefangener Hitlers, Göttingen, Zürich 1991, und Christian Hartmann, Halder. Generalstabschef Hitlers 1938–1942, Paderborn 1991.

9   Müller, Heer (wie Anm. 7), S. 359, 375 f., 384.

10 Zu den Besonderheiten des »Falles Brauchitsch« vgl. Karl-Heinz Janßen und Fritz Tobias, Der Sturz der Generäle. Hitler und die Blomberg-Fritsch-Krise 1938, München 1994, S. 197–233.

[11] Müller, Heer (wie Anm. 7), S. 385 f.

[12] Diesbezüglich aufschlußreich erweisen sich etwa die persönlichen Beobachtungen von Major Helmuth Groscurth, eines der engagiertesten Oppositionellen in der »Abwehr«, über die Untaten der Nationalsozialisten im eben erst besetzten Sudetenland. Vgl. Groscurth, Tagebücher (wie Anm. 1), S. 153 ff.

[13] Wie wenig abgestimmt, ja teilweise konträr vorgegangen wurde, darauf hat bereits Rainer A. Blasius, Über London den »großen Krieg« verhindern, in: Der Widerstand gegen den Nationalsozialismus. Die deutsche Gesellschaft und der Widerstand gegen Hitler, hrsg. von Jürgen Schmädeke und Peter Steinbach, 3. Aufl. der Neuausgabe, München 1994 (Erstausgabe 1985), S. 699 f., hingewiesen.

[14] Klemens von Klemperer, Die verlassenen Verschwörer. Der deutsche Widerstand auf der Suche nach Verbündeten 1938 – 1945, Berlin 1994, S. 121 ff.

[15] Nach Müller, Heer (wie Anm. 7), S. 394, hat Halder mehrfach und überraschend deutlich im Gespräche mit ausländischen Diplomaten und Militärs ebenfalls um außenpolitischen Druck auf Hitler geworben. Im Unterschied dazu interpretiert Hartmann, Halder (wie Anm. 8), S. 124 f., teilweise dieselben Quellen dahingehend, daß der Generalstabschef beschwichtigend argumentiert und damit Hitler ungewollt in die Hände gespielt hat. Der neuere Versuch von Christian Hartmann und Sergej Slutsch (Franz Halder und die Kriegsvorbereitungen im Frühjahr 1939. Eine Ansprache des Generalstabschefs des Heeres, in: Vierteljahrshefte für Zeitgeschichte [VfZ], 45 [1997], S. 467 – 495), aufgrund eines neu aufgefundenen Dokuments Halder geradewegs zu einem Kriegstreiber des Frühjahrs 1939 abzustempeln, wurde dagegen jüngst durch Klaus Mayer (Eine authentische Halder-Ansprache? Textkritische Anmerkungen zu einem Dokumentenfund im früheren Moskauer Sonderarchiv, in: Militärgeschichtliche Mitteilungen [MGM], 58 [1999], H. 2, S. 471 – 527) mit guten Argumenten zurückgewiesen.

[16] Großbritannien und Frankreich gaben am 31. März 1939 offizielle Garantieerklärungen für die nationale Integrität Polens ab.

[17] So empfahl Adam von Trott zu Solz – abweichend vom sonstigen Rat der Opposition – seinen britischen Gesprächspartnern eine »konziliante Haltung gegenüber Hitler« in der Polenfrage (vgl. Lothar Kettenacker, Der nationalkonservative Widerstand aus angelsächsischer Sicht, in: Schmädeke/Steinbach, Widerstand [wie Anm. 13], S. 714 f.).

[18] Vgl. allgemein ebd., S. 715 f.; speziell für Weizsäcker siehe Blasius, Über London (wie Anm. 13), S. 692; für Hassell siehe Gregor Schöllgen, Ulrich von Hassell 1881 – 1944. Ein Konservativer in der Opposition, München 1990, S. 117 f.; im Fall Goerdelers sind solche Vorstellungen noch für 1943 belegt, siehe Klemperer, Verschwörer (wie Anm. 14), S. 114 ff.

[19] Vgl. Winfried Baumgart, Zur Ansprache Hitlers vor den Führern der Wehrmacht am 22. August 1939. Eine quellenkritische Untersuchung, in: VfZ, 16 (1968), S. 120 – 149.

[20] Klaus-Jürgen Müller, Der nationalkonservative Widerstand 1933 – 1940, in: Ders. (Hrsg.), Widerstand (wie Anm. 4), S. 57; vgl. ders., im vorliegenden Band, S. 114; Rainer A. Blasius, Für Großdeutschland – gegen den großen Krieg. Ernst von Weizsäcker in den Krisen um die Tschechoslowakei und Polen, Köln, Wien 1981, zählt aus diesem Grund Weizsäcker nicht zum Widerstand.

[21] Gisevius, Ende (wie Anm. 6), S. 274 f., merkte hierzu als damals Beteiligter selbstkritisch genug an, daß es an »der Haltung der deutschen Opposition [...] für diese dramatischen Tage vor Kriegsausbruch nichts zu heroisieren« gebe, »irgend etwas Entscheidendes, irgend etwas Mitreißendes [...] nicht getan« (ebd., S. 274) worden sei.

22   Symptomatisch hierfür etwa die von Gisevius, Ende (wie Anm. 6), S. 278, überlieferten
     Worte von Canaris:»Von diesem Schlag erholt er sich nie wieder. Der Friede ist für
     zwanzig Jahre gerettet.«
23   Symptomatisch hierfür die Äußerungen des damaligen Chefs des Stabes des General-
     quartiermeisters, Oberst i.G. Eduard Wagner, später Mitverschwörer des 20. Juli 1944,
     der am 31.8.1939 in sein Tagebuch notierte:»Mit den Polen glauben wir rasch fertig zu
     werden und wir freuen uns offen gestanden darauf. Diese Sache *muß* bereinigt werden.«
     (Der Generalquartiermeister. Briefe und Tagebuchaufzeichnungen des Generalquartier-
     meisters des Heeres General der Artillerie Eduard Wagner, hrsg. v. Elisabeth Wagner,
     München, Wien 1963, S. 109).
24   So vor allem Angehörige des militärischen Nachrichtendienstes wie Canaris, Oster und
     Groscurth; vgl. Groscurth, Tagebücher (wie Anm. 1), S. 179 ff. Canaris war darüber hin-
     aus einer der wenigen höheren Offiziere, der mit ungetrübter Urteilskraft den deutschen
     Kriegsvorbereitungen»jede sittliche Grundlage« absprach (ebd., S. 179).
25   Vgl. Helmut Krausnick. Die Einsatzgruppen vom Anschluß Österreichs bis zum Feldzug
     gegen die Sowjetunion. Entwicklung und Verhältnis zur Wehrmacht, in: Ders. und Hans-
     Heinrich Wilhelm, Die Truppe des Weltanschauungskrieges. Die Einsatzgruppen der Si-
     cherheitspolizei und des SD 1938 – 1942, Teil I, Stuttgart 1981, S. 32 – 106.
26   Ebd., S. 96 ff.; vgl. auch Müller, Heer (wie Anm. 1), S. 459 ff.
27   Hellmuth Stieff. Briefe, hrsg. u. eingeleitet v. Horst Mühleisen, Berlin 1991, S. 108 (Brief
     an seine Ehefrau vom 21.11.1939).
28   Nach Heinz Höhne, Canaris. Patriot im Zwielicht, München 1976, S. 367, hat dieser
     damals gar die»Führung« der oppositionellen Kräfte übernommen.
29   Nur die Generalobersten Ritter von Leeb (OB der H.Gr. C) und von Witzleben (OB der
     1. Armee) ließen ihren Unterstützungswillen erkennen. Canaris entrüstet sich nach die-
     sem Mißerfolg über die»schlappen Generale[n]« (Groscurth, Tagebücher [wie Anm. 1],
     S. 212 [Eintragung vom 5.10.1939]).
30   Diese Sammlung ist zum Teil überliefert und abgedruckt bei Groscurth, Tagebücher (wie
     Anm. 1), Anhang I. Aus den Handakten der Abteilung z.b.V. 1939/40.
31   Müller, Heer (wie Anm. 1), S. 477 ff.
32   Franz Halder, Kriegstagebuch. Tägliche Aufzeichnungen des Chefs des Generalstabes
     des Heeres 1939 – 1942, Bd 1. Vom Polenfeldzug bis zum Ende der Westoffensive, hrsg.
     vom Arbeitskreis für Wehrforschung, bearb. von Hans-Adolf Jacobsen in Verbindung
     mit Alfred Philippi, Stuttgart 1962 (im folgenden KTB I), S. 105 (Eintragung vom
     14.10.1939).
33   Die Denkschrift ist teilweise erhalten in Bundesarchiv, Abteilung Militärarchiv, N 104/2,
     und abgedruckt bei Groscurth, Tagebücher (wie Anm. 1), Anhang II, Nr. 70.
34   So zeigte sich etwa Canaris am 16.11. über einen »völlige[n] Nervenzusammenbruch«
     Halders »sehr erschüttert« (Groscurth, Tagebücher [wie Anm. 1], S. 218 [Eintragung vom
     16.11.1939]).
35   Siehe die Notizen von Groscurth, Tagebücher (wie Anm. 1), S. 222 f. (Eintragung vom
     1.11.1939); freilich wird man in dieser Absicht Halders, ähnlich wie im vergleichbaren
     Fall Weizsäckers unmittelbar vor Kriegsausbruch wohl weniger einen Beweis seiner Ent-
     schlossenheit als seiner seelischen Verfassung sehen dürfen.
36   Zu diesem Schluß kommt jedenfalls Müller, Heer (wie Anm. 7), S. 512.
37   Vgl. Deutsch, Verschwörung (wie Anm. 1), S. 227 f.
38   Groscurth, Tagebücher (wie Anm. 1), S. 223 (Eintragung vom 2.11.1939).

[39] Insofern erzielte Stülpnagel ein ähnliches Ergebnis wie Canaris etwa einen Monat zuvor (vgl. oben, Anm. 29).

[40] Leebs Schreiben an Brauchitsch ist abgedruckt bei Generalfeldmarschall Wilhelm Ritter von Leeb. Tagebuchaufzeichnungen und Lagebeurteilungen aus zwei Weltkriegen. Aus dem Nachlaß hrsg. und mit einem Lebensabriß versehen von Georg Meyer, Stuttgart 1976 (= Beiträge zur Militär- und Kriegsgeschichte, hrsg. vom Militärgeschichtlichen Forschungsamt, Bd 16), S. 472 (Anlage VI).

[41] So Beck gegenüber Hassell noch am 1.11.1939 (Die Hassell-Tagebücher 1938 – 1944. Ulrich von Hassell. Aufzeichnungen vom Andern Deutschland, nach der Handschrift rev. und erw. Ausg., unter Mitarb. v. Klaus Peter Reiß hrsg. v. Friedrich Freiherr Hiller von Gaertringen, 3. durchges. Aufl., Berlin 1989, S. 138).

[42] So Hassell und Popitz (ebd., S. 133 [Eintragung vom 19.10.1939]); im selben Sinne Weizsäcker (ebd., S. 132 [Eintragung vom 17.10.1939]) und Goerdeler (Groscurth, Tagebücher [wie Anm. 1], S. 220 [Eintragung vom 22.10.1939]).

[43] Vor allem Müller, Heer (wie Anm. 7), S. 491 f., betont die Bedeutung dieses Gesprächs für die intra-oppositionelle Verständigung.

[44] Ein aufmerksamer Beobachter des engen Miteinanders von Gisevius, Helldorf und Oster in jenen Tagen ist Ulrich von Hassell (Hassel-Tagebücher [wie Anm. 41], S. 137, 139 [Eintragungen vom 31.10. und 2.11.1939]).

[45] Vgl. Deutsch, Verschwörung (wie Anm. 1), S. 209 – 253 (hier auch die ausführlichen Quellennachweise); vgl. auch Groscurth, Tagebücher (wie Anm. 1), S. 57 f., sowie Müller, Heer (wie Anm. 7), S. 517 f.

[46] Attentat und Staatsstreich wurden parallel geplant. Inwieweit das Attentat den Auftakt zu einem Staatsstreich bilden sollte, wird jedoch nicht ganz klar. Den Initiatoren eines Attentats war jedenfalls damals schon die besondere Eid-Problematik bewußt, die sie die Tötung Hitlers als notwendige Voraussetzung erkennen ließ, um eine für den Umsturzerfolg ausreichende militärische Gefolgschaft zu erhalten. Überdies blieb ein Attentat immer noch eine eigenständige Lösung, im Falle daß ein Staatsstreich doch nicht zustande kommen oder scheitern würde.

[47] Vgl. Erich Kordt, Nicht aus den Akten ... Die Wilhelmstraße in Frieden und Krieg. Erlebnisse, Begegnungen und Eindrücke 1928 – 1945, Stuttgart 1950, S. 371; Romedio Galeazzo Graf von Thun-Hohenstein, Der Verschwörer. General Oster und die Militäropposition, München 1984 (TB-Ausgabe der Originalausgabe von 1982), S. 161 f.; auch Etzdorff bestätigte nach dem Krieg die Tötungsabsicht (Groscurth, Tagebücher [wie Anm. 1], S. 57). Das Attentat scheiterte letztlich daran, daß Oster nach Elsers Bombenattentat auf Hitler am 8.11. wegen der danach einsetzenden strengen Überwachung den Sprengstoff selbst aus Abwehr-Mitteln nicht mehr ohne weiteres beschaffen konnte.

[48] Deutsch, Verschwörung (wie Anm. 1), S. 212 ff., bezeichnet diesen Plan nach seinem Urheber »Studie Oster«.

[49] Siehe eine entsprechende Notiz bei Groscurth, Tagebücher (wie Anm. 1), S. 230 f. (Eintragung vom 14.11.1939).

[50] Ebd., S. 222 f. (Eintragung vom 1.11.1939), dort besonders Anm. 579.

[51] Vgl. Geschichte der 3. Panzer-Division. Berlin-Brandenburg 1935 – 1945, hrsg. vom Traditionsverband der Division, Berlin 1967, S. 37 f.

[52] Vgl. Deutsch, Verschwörung (wie Anm. 1), S. 269 f.; Müller, Heer (wie Anm. 7), S. 517, Anm. 282.

[53] Ebd., S. 544.

54 So gibt etwa Gisevius, Ende (wie Anm. 6), S. 285, dieses Datum als den von Halder an Groscurth ausgegebenen Stichtag an. Müller, Heer (wie Anm. 7), S. 518–520, glaubt unterscheiden zu können, daß die radikaleren Verschwörer sich darauf einstellten, *am* 5.11. loszuschlagen, während Halder und Stülpnagel dies eher *ab* dem 5.11. vorsahen. Das widerspräche zumindest der Erinnerung von Erich Kordt, dem Oster erst bis zum 11.11 Sprengstoff für das Attentat besorgen wollte (siehe oben, Anm. 47).

55 Halder, KTB I (wie Anm. 32), S. 117 f. (Eintragung vom 3.11.1939), besonders Ziffer 2.

56 Gisevius, Ende (wie Anm. 6), S. 285, berichtet als einziger von diesem Treffen. Obwohl Zeitangaben im besonderen wie auch die Darstellung der Ereignisse im allgemeinen bei Gisevius grundsätzlich mit Vorsicht zu genießen sind, findet er hierin immerhin Anerkennung bei Deutsch, Verschwörung (wie Anm. 1), S. 236, besonders Anm. 124.

57 Groscurth, Tagebücher (wie Anm. 1), S. 305 (Eintragung vom 4.11.1939); auch für das vorangegangene.

58 Eine differenzierte Interpretation der genauen, vieldeutigen Worte Halders, wie sie von Groscurth, Tagebücher (wie Anm. 1), S. 225 (Eintragung vom 5.11.1939), überliefert sind, sowie eine tiefgehende, dabei verständnisvolle Charakterstudie Halders in der damaligen Situation bietet Müller, Heer (wie Anm. 7), S. 522 ff., besonders Anm. 321.

59 Groscurth, Tagebücher (wie Anm. 1), S. 225 (Eintragung vom 6.11.1939).

60 »Sonst sind alle Mittel erschöpft.« stellte Groscurth hierzu fest (ebd.).

61 Ein glücklicher Umstand wollte es, daß sowohl Müller als auch der hierbei involvierte Stabschef der Heeresgruppe C, Generalleutnant Georg von Sodenstern, ein Jahr zuvor in derselben Funktion unter Witzleben gedient hatten und sein Vertrauen genossen (vgl. oben, S. 192).

62 Vgl. Bodo Scheurig, Henning von Tresckow. Ein Preuße gegen Hitler. Biographie, überarb. Neuausgabe, Frankfurt a.M., Berlin 1987, S. 83–93 (auch für das folgende).

63 Vgl. Deutsch, Verschwörung (wie Anm. 1), S. 270 f.

64 In diesem Sinn vor allem Müller, Heer (wie Anm. 7), S. 537 ff., besonders Anm. 402; kritischer über Halders damalige Einstellung dagegen Deutsch, Verschwörung (wie Anm. 1), S. 253 ff., und Hartmann, Halder (wie Anm. 7), S. 171 ff.

65 Aus den Tagesnotizen des Oberquartiermeisters IV, Generalmajor Kurt von Tippelskirch, Groscurths direktem Vorgesetzten, zit. nach Müller, Heer (wie Anm. 7), S. 539.

66 Groscurth, Tagebücher (wie Anm. 1), S. 230 (Eintragung vom 13.11.1939).

67 Ebd., S. 233 (Eintragung vom 17.11.1939).

68 »Er [Canaris] gibt jede Hoffnung auf Widerstand der Generale auf und meinte, es habe keinen Zweck mehr, etwas in der Richtung zu versuchen.« (Hassell-Tagebücher [wie Anm. 41], S. 147 [Eintragung vom 30.11.1939].

69 Halder, KTB I (wie Anm. 32), S. 132 (Eintragung vom 23.11.1939).

70 Vgl. oben, S. 201, besonders Anm. 51 und 52.

71 Hassel-Tagebücher (wie Anm. 41), S. 144 f.; Groscurth, Tagebücher (wie Anm. 1), S. 236 (Eintragung vom 10.12.1939); vgl. Deutsch, Verschwörung (wie Anm. 1), S. 284 ff., besonders Anm. 41.

72 Ebd., S. 145.

73 Groscurth, Tagebücher (wie Anm. 1), S. 241 (Eintragung vom 13.1.1940).

74 Vgl. Müller, Heer (wie Anm. 7), S. 556 f.; Deutsch, Verschwörung (wie Anm. 1), S. 294 ff.

75 Groscurth, Tagebücher (wie Anm. 1), S. 244 (Eintragung vom 29.1.1940).

76 Die Luftwaffe unter Görings Führung und die Kriegsmarine unter Großadmiral Erich Raeder galten im Unterschied zum Heer allgemein als zu regimetreu.

77 Die besondere Problematik des Landesverrats von Oster, die vor allem von rezeptions-
geschichtlicher Bedeutung ist, kann hier nicht eigens erörtert werden. Es sei darauf verwiesen, daß sie bereits 1952 im Rahmen des sog. Remer-Prozesses zum Gegenstand juri-
stischer wie moraltheologischer Gutachten wurde, die Osters Handlungsweise als gerechtfertigt beurteilten (vgl. Hermann Weinkauff, Die Militäropposition und das Widerstandsrecht, in: 20. Juli 1944, hrsg. von der Bundeszentrale für Heimatdienst, bearb. von
Hans Royce, 3. Aufl., neubearb. und erg. von Erich Zimmermann und Hans-Adolf Ja-
cobsen, Bonn 1960, S. 267; Rupert Angermair, Moraltheologisches Gutachten über das
Widerstandsrecht nach katholischer Lehre, in: ebd., S. 273 f.); vgl. Hermann Graml, Der
Fall Oster, in: VfZ, 14 (1966), S. 26 – 39; Müller, Heer (wie Anm. 7), S. 569 ff.; Romedio
Galeazzo Graf von Thun-Hohenstein, Widerstand und Landesverrat am Beispiel des
Generalmajors Hans Oster, in: Schmädeke/Steinbach, Widerstand (wie Anm. 13),
S. 751 – 762. Im übrigen war damals Oster nicht der einzige »Landesverräter« unter den
Soldaten. Selbst Generaloberst von Reichenau ließ, weil aus militärfachlichen Bedenken
zumindest im Herbst 1939 entschieden gegen eine Westoffensive, durch einen von Goerdeler vermittelten Kontakt Großbritannien und die Niederlande vor dem bevorstehenden
deutschen Angriff warnen (vgl. Deutsch, Verschwörung [wie Anm. 1], S. 77 ff.; Klemperer, Verschwörer [wie Anm. 14], S. 144 ff.). Auch Generalmajor Walter Warlimont, stell-
vertretender Chef des Wehrmacht-Führungsamtes im OKW, reklamierte nach dem Krieg
für sich eine solche Initiative, bei der er sich des deutschen Militärattachés in Brüssel be-
dient haben will (vgl. Deutsch, Verschwörung [wie Anm. 1], S. 81 f.).

78 Oster rechtfertigte sich nach Sas' Erinnerung u.a. folgendermaßen: »Man kann nun sagen,
daß ich Landesverräter bin, aber das bin ich in Wirklichkeit nicht, ich halte mich für einen besseren Deutschen als all die, die hinter Hitler herlaufen. Mein Plan und meine
Pflicht ist es, Deutschland und die Welt von dieser Pest zu befreien.« (zit. nach Thun-
Hohenstein, Der Verschwörer [wie Anm. 47], S. 154, Anm. 34, S. 193, Anm. 98).

79 Zu »Politik und Verteidigungsanstrengungen der neutralen Staaten Belgien, Holland und
Luxemburg« siehe Hans Umbreit, Der Kampf um die Vormachtstellung in Westeuropa,
in: Das Deutsche Reich und der Zweite Weltkrieg, Bd 2, Sechster Teil, hrsg. vom Militärgeschichtlichen Forschungsamt, Stuttgart 1979, S. 276 – 281; zu Vorbereitung und Ablauf
des deutschen Westfeldzuges siehe ders., ebd., S. 238 – 268 und 282 – 327.

80 Vgl. Klemperer, Verschwörer (wie Anm. 14), S. 143 f., 148 – 158.

81 Siehe ebd., S. 158 – 168; Thun-Hohenstein, Der Verschwörer (wie Anm. 47), S. 147 ff.
(auch für das folgende).

82 Müller, Heer (wie Anm. 7), S. 559.

83 Nach Halders Erinnerung im Jahr 1948, zit. nach Deutsch, Verschwörung (wie Anm. 1),
S. 335.

84 Hassell-Tagebücher (wie Anm. 41), S. 184 (Eintragung vom 6.4.1940).

85 Ebd.

86 Ebd., S. 197 f. (Eintragung vom 29.5.1940).

87 Vgl. Jürgen Förster, Hitlers Entscheidung für den Krieg gegen die Sowjetunion, in: Das
Deutsche Reich und der Zweite Weltkrieg, Bd 4, Erster Teil, I. Kapitel, hrsg. vom Militärgeschichtlichen Forschungsamt, Stuttgart 1983, S. 23 ff.

88 Vgl. Ernst Klink, Die militärische Konzeption des Krieges gegen die Sowjetunion, in:
ebd., IV. Kapitel, S. 204 – 248, besonders S. 216; Hartmann, Halder (wie Anm. 8),
S. 226 – 241.

89 Hassell-Tagebücher (wie Anm. 41), S. 231 (Eintragung vom 16.3.1941).

[90] Exemplarisch läßt sich dies anhand der Tagebuchaufzeichnungen Ulrich von Hassells nachweisen, der erstmals am 10.8.1940 in seltsam verhaltener Weise von Hitlers Absicht eines Krieges gegen die Sowjetunion Notiz nahm (vgl. ebd., S. 206) und die weitere Entwicklung diesbezüglich nur sporadisch und wenig anteilsam begleitet. Erst Anfang März 1941 schien er »aufzuwachen« (vgl. ebd., S. 230 [Eintragung vom 2.3.1941]).

[91] Vgl. (auch für das folgende) Hans Mommsen, Verfassungs- und Verwaltungsreformpläne der Widerstandsgruppen des 20. Juli 1944, in: Schmädeke/Steinbach, Widerstand (wie Anm. 13), S. 570 – 597; Schöllgen, Ulrich von Hassell (wie Anm. 18), S. 136 – 165.

[92] Hans-Ulrich Thamer, Carl-Friedrich Goerdeler – Der Motor des konservativ-bürgerlichen Widerstandes, in: »Für Deutschland«. Die Männer des 20. Juli, hrsg. von Klemens von Klemperer, Enrico Syring und Rainer Zitelmann, Frankfurt a.M., Berlin 1994, S. 86 ff.

[93] Hassell-Tagebücher (wie Anm. 41), S. 210 (Eintragung vom 22.9.1940).

[94] Vgl. Helena P. Page, General Olbricht. Ein Mann des 20. Juli, 2. erweiterte Aufl., Bonn 1994, S. 155 ff.

[95] Vgl. Thun-Hohenstein, Der Verschwörer (wie Anm. 47), S. 208.

[96] Vgl. Page, Olbricht (wie Anm. 94), S. 186 ff.

[97] Zur Problematik von Mitwirkung und Mitschuld der Wehrmachtführung an der Vorbereitung des Vernichtungskrieges gegen die Sowjetunion siehe die grundlegende Darstellung bei Jürgen Förster, Das Unternehmen »Barbarossa« als Eroberungs- und Vernichtungskrieg, in: Das Deutsche Reich und der Zweite Weltkrieg, Bd 4, Erster Teil, VII. Kapitel, hrsg. vom Militärgeschichtlichen Forschungsamt, Stuttgart 1983, S. 413 – 447.

[98] Ebd., S. 446.

[99] Hassell-Tagebücher (wie Anm. 41), S. 248 (Eintragung vom 4.5.1941).

[100] Ebd., S. 257 (Eintragung vom 15.6.1941; auch für die unmittelbar nachfolgenden Zitate).

[101] Förster, »Barbarossa« (wie Anm. 97), S. 435.

[102] Scheurig, Henning von Tresckow (wie Anm. 56), S. 115 f.

[103] Über eine mögliche »Verstrickung« der Protagonisten des militärischen Widerstandes an der Ostfront in die dortigen NS-Verbrechen allein durch ihre dienstliche Tätigkeit ist jüngst eine heftige Kontroverse entbrannt. Die wesentlichen Positionen finden sich in dem Sammelband NS-Verbrechen und der militärische Widerstand, hrsg. von Gerd R. Ueberschär, Darmstadt 2000 (= Schriftenreihe des Fritz Bauer Instituts, Bd 18) mit den Beiträgen von Christian Gerlach, Hitlergegner bei der Heeresgruppe Mitte und die »verbrecherischen Befehle«, S. 62 – 76, sowie Winfried Heinemann, Kriegführung und militärischer Widerstand im Bereich der Heeresgruppe Mitte an der Ostfront, S. 77 – 89 (in anderer Fassung auch im vorliegenden Band, S. 393 – 409).

[104] Scheurig, Henning von Tresckow (wie Anm. 52), S. 127.

[105] Ebd., S. 127 f.; Hassell-Tagebücher (wie Anm. 41), S. 278 (Eintragung vom 4.10.1941).

Peter Hoffmann

Der militärische Widerstand in der zweiten Kriegshälfte 1942 bis 1944/45

Definitionen. Militärischen Widerstand nach Art der Jahre 1937 und 1938 gab es 1942 nicht mehr[1]. Trotz Parallelen sind die auf 1937, 1938, 1938 bis 1940 und 1942 bis 1944 datierbaren Phasen scharf unterschieden.

Widerstand gegen den Nationalsozialismus reicht von der Ablehnung seines Programmes und seiner Auswirkungen bis zur offenen oder heimlichen Gegentätigkeit. Widerstand gegen das nationalsozialistische Regime ist zu definieren als die offene oder versteckte Weigerung, sich der Politik des Regimes zu beugen, äußersten Falles der offene oder geheime Kampf gegen diese Politik und ihre Träger. Zu verbreiteter und langanhaltender Widerstandtätigkeit in Gestalt passiver Verweigerung oder Sabotage, zu einem Volkswiderstand mit der Aussicht, das Regime zu lähmen, ist es in Deutschland nicht gekommen. Die Gründe dafür sind hier allenfalls anzudeuten: Solange das Regime im nationalen Sinn wenigstens oberflächlich erfolgreich war, also bis etwa 1942, ruhte es auf breiter Zustimmung, die während der dreißiger Jahre zunahm, durch Kriegsgefahr 1938 und 1939 beeinträchtigt und durch diplomatische und militärische Erfolge jeweils wieder hergestellt und erweitert wurde. Wenn auch genaue Daten fehlen, ist das Phänomen der breiten Zustimmung doch unverkennbar. Die Diktatur verhinderte zugleich jede offene Agitation gegen die Regierung, jede freie Entscheidung über ihre Politik und über Beibehaltung oder Wechsel der Regierung. Weiter beschränkten folgende Faktoren den potentiellen Volkswiderstand trotz allem individuellen Heroismus: die Mittel des Polizeistaates – das Monopol des Waffengebrauchs, der Nachrichtenmittel, Verkehrsmittel, Erziehung, politischen Meinungsbildung, politischen und gesellschaftlichen Zusammenschlüsse und die mit allen technischen Mitteln arbeitende Polizei, die jede Gegenregung aufzuspüren suchte, systematisch Regimefeinde beseitigte und terroristisch zur Verbreitung von Furcht und Schrecken vorging.

Die natürlichen Gegner des Nationalsozialismus, Sozialdemokraten und Kommunisten, waren zu wenig entschlossen und organisiert, durch konspirative Untergrundorganisation leicht infiltrierbar und rasch zerschlagen. Helmuth James Graf von Moltke beschrieb die Lage des Widerstandes nach drei Jahren Krieg, im März 1943, in einem Brief an einen englischen Freund, in dem er um

Zusammenarbeit mit dem deutschen Untergrund warb[2]: Es mangle an Einigkeit, an Mitstreitern, an Nachrichtenmitteln. Es gebe keine breite geschlossene Front gegen Hitler wie in den besetzten Gebieten. Die jungen Männer, die für Revolutionen unentbehrlich seien, stünden fast alle an der Front oder seien gefallen. Das Schlimmste sei, daß man weder telefonieren noch die Post benützen könne oder Boten schicken; die Gefahren der Entdeckung durch Überprüfungen oder Zufälle bei feindlichen Bombenangriffen seien zu groß; mit vielen Menschen, mit denen man völlig einer Meinung sei, könne man nicht sprechen, weil man sie nicht den Gefahren der Gestapo-Verhörmethoden aussetzen könne. Was den Ruin Deutschlands herbeiführe, sei der Bevölkerung unbekannt oder nur nebelhaft erahnbar, nicht bewußtseinsbildend: Weder Soldaten noch Zivilisten erkannten die Kriegslage richtig; »neun Zehntel der Bevölkerung weiß nicht, daß wir Hunderttausende von Juden umgebracht haben« – der Briefschreiber bestätigt dies selbst durch die viel zu niedrige Zahl –, und niemand kenne die Zahl der Konzentrationslager und ihrer Insassen.

Die von vielen Regimegegnern nicht oder spät erkannte Unbeeinflußbarkeit der Regierung ließ keine Alternative zu einem Umsturz, der wegen der angedeuteten Bedingungen von der Verfügung über genügende physische Machtmittel, also von der passiven oder aktiven Unterstützung durch einen entscheidenden Teil der Streitkräfte abhing. In jedem Fall war der angestrebte Wechsel bzw. Umsturz nur mit im formalen Sinn ungesetzlichen Mitteln zu erreichen.

Damit war die Frage des Widerstandsrechts aufgeworfen. Das Widerstandsrecht ist theologisch und ethisch, in der Neuzeit vor allem naturrechtlich begründet worden. Pluralität und natürliche politische Rivalität im parlamentarischen Regierungssystem beruhen auf dem Naturrecht, das die Grundlage der amerikanischen und der französischen Revolution gewesen ist. Im Mittelalter gab es genaue Vorstellungen vom Widerstandsrecht, man findet sie in den Fürstenspiegeln, in der Lehre vom rex iustus; Luther, Beza, Althusius wären für die neuere Zeit zu nennen[3]. Zu Trägern des Widerstandes berufen waren also in erster Linie Obrigkeiten – Fürsten, Stadtregierungen gegenüber dem Kaiser –, vorgesetzte und natürliche Führer; nach deren Versagen konnte der einzelne das Recht oder die Pflicht zum Widerstand beanspruchen.

Vor Ausbruch des Zweiten Weltkrieges gab es im nationalsozialistischen Deutschland offen organisierten Widerstand nur von seiten der Kirchen und der Reichswehr; später stellten sich hier und da einzelne, meist an einflußreicher Stelle, unter Berufung auf ihre Amtspflicht, oder in persönlicher Gewissensentscheidung gegen das Regime. Bei Ausbruch des Krieges kamen zu den Berufssoldaten und Wehrdienstpflichtigen Regimegegner aus zivilen Berufen in die Wehrmacht, z.B. in das Oberkommando der Wehrmacht (OKW)/Amt Ausland/Abwehr, der Jurist und Reichsgerichtsrat Hans von Dohnanyi als Sonderführer (Major), Pfarrer Dietrich Bonhoeffer, die Juristen Hans Bernd Gisevius und Josef Müller; in Vizeadmiral Leopold Bürkners Amtsgruppe Ausland im OKW leistete der Jurist Helmuth James Graf von Moltke Kriegsdienst; der

Fachmann für internationales Recht Berthold Schenk Graf von Stauffenberg, Bruder des Generalstabsoffiziers Claus Schenk Graf von Stauffenberg, wurde in der Völkerrechtsabteilung des Oberkommandos der Kriegsmarine (OKM)/1. Seekriegsleitung Intendanturrat und schließlich Marineoberstabsrichter; Hans Bernd von Haeften, Peter Graf Yorck von Wartenburg, Ulrich Wilhelm Graf Schwerin von Schwanenfeld, Hans Herwarth von Bittenfeld dienten im Heer. Die Grenzen wurden fließend zwischen oppositionellen Berufssoldaten wie Generaloberst Ludwig Beck, Generalfeldmarschall Erwin von Witzleben, Generalmajor Hellmuth Stieff und Oberst i.G. Graf Stauffenberg und den der Herkunft nach dem zivilen Widerstand angehörenden Kriegsdienstleistenden; »militärischer Widerstand« ist also nicht auf Berufssoldaten zu beschränken.

Der Begriff »militärischer Widerstand« ist auch insofern zu präzisieren, als er einerseits den Widerstand einer Organisation bezeichnet gegen Gleichschaltung und Wegnahme der eigenständigen Verantwortlichkeit, ferner den Widerstand einer Institution wie der des Generalstabes des Heeres gegen eine Politik, die den wohlverstandenen Aufgaben der Institution widersprach und Nation und Staat mit Existenzvernichtung bedrohte; zum anderen meint der Begriff Widerstandshandlungen von Angehörigen der Wehrmacht. Die Grenzen bleiben fließend auch in der Phase 1942 bis 1944. Major i.G. Claus Schenk Graf von Stauffenberg handelte 1942 als verantwortlicher Leiter der Gruppe II der Organisationsabteilung des Generalstabes des Heeres und setzte die verfügbaren institutionellen Mittel ein für seine der Regierungspolitik entgegengesetzten Maßnahmen in Rußland; in gleicher Weise handelten der Kriegsverwaltungsrat Graf Moltke und der Intendanturrat Berthold Schenk Graf von Stauffenberg, dienstlich, bei der Neuformulierung des Kriegsrechts in Admiral Walter Gladischs »Vorausschuß K.R.« oder in Kriegsgefangenen-, Geisel- und Prisenfragen[4].

General Becks offizielle Opposition, im Namen des Generalstabes des Heeres, gegen Tempo, Ausmaß und Methoden der Rüstungen und Heeresvermehrungen, die über das durch militärische Bündnisse der Umgebung, den Rüstungsstand potentieller Gegner sowie Deutschlands Bevölkerung und Wirtschaftskraft zu rechtfertigende Maß hinausgingen, berief sich auf die Dienstanweisung für den Chef des

Claus Graf Stauffenberg (1907 bis 1944) und Albrecht Ritter Mertz von Quirnheim (1905 bis 1944), 1942

Generalstabes des Heeres und auf die Lehre des Generals Carl von Clausewitz. General Beck handelte als verantwortlicher Chef der ihm anvertrauten Institution.

In der Dienstanweisung des Oberbefehlshabers des Heeres für den Chef des Generalstabes des Heeres vom 31. Mai 1935 heißt es[5], dessen Arbeitsgebiet umfasse »die mit der Vorbereitung und Führung eines Krieges zusammenhängenden Gebiete«, »Studium und Lösung der Probleme der Kriegführung sowie die Richtung weisende Führung auf dem Gebiet der Heerestechnik«; er mußte also über die außenpolitische und militärpolitische Lage jederzeit unterrichtet sein und »vor Entscheidungen in allen wichtigen, sein Arbeitsgebiet betreffenden Fragen seine Ansicht zum Ausdruck bringen«. Das konnte Beck gegenüber Hitler nicht, auch dann nicht, als der Diktator sich zum unmittelbaren Obersten Befehlshaber der Wehrmacht gemacht hatte – abgesehen von fünf Minuten am 10. März 1938, als Hitler Beck die sofortige Ausarbeitung der Befehle für die Besetzung Österreichs befahl; Beck konnte es gegenüber dem Oberbefehlshaber des Heeres, aber das nützte nichts, auch wenn dieser die Ansichten seines Chefs des Generalstabes teilte und entsprechend an den Obersten Kriegsherrn weitergab[6].

Clausewitz hatte am 22. Dezember 1827 dem Major i.G. Karl Ferdinand Heinrich von Roeder geschrieben[7]: man müsse beachten, »daß der Krieg ein politischer Akt ist, der sein Gesetz nicht ganz in sich selbst trägt, ein wahres politisches Instrument, was nicht selbst wirkt, sondern von einer Hand geführt wird. Diese Hand ist die Politik.« Je mehr es in einem Kriege um Sein oder Nichtsein gehe, desto einfacher und unpolitischer erscheine er, doch fehle auch in einem solchen Kriege nie das politische Prinzip, nur falle es »mit dem Begriff der Gewalt und Vernichtung ganz zusammen« und verschwinde dem Auge. Man brauche demnach nicht zu beweisen, »daß es Kriege geben kann, wo das Ziel ein noch geringfügigeres ist, eine bloße Drohung, eine bewaffnete Unterhandlung oder, in Fällen von Bündnissen, eine bloße Scheinhandlung. Es wäre ganz unphilosophisch zu behaupten, diese Kriege gingen die Kriegskunst nichts mehr an. Sobald die Kriegskunst sich einmal genötigt sieht, einzuräumen, daß es vernünftigerweise Kriege geben kann, die nicht das Äußerste, das Niederwerfen und Vernichten des Feindes, zum Ziele haben, so muß sie auch zu allen möglichen Abstufungen hinuntersteigen, die das Interesse der Politik fordern kann. Die Aufgabe und das Recht der Kriegskunst der Politik gegenüber ist hauptsächlich zu verhüten, daß die Politik Dinge fordere, *die gegen die Natur des Krieges sind*, daß sie aus Unkenntnis über die Wirkungen des Instruments Fehler begeht in dem Gebrauch desselben. Ich fordere also, daß überall, wo ein strategischer Entwurf möglich werden soll, das kriegerische Ziel beider Parteien festgestellt sei. Dieses Ziel geht hauptsächlich aus den großen politischen Verhältnissen beider Teile zueinander und zu denjenigen der übrigen Staaten hervor, welche an der Handlung Anteil nehmen können.« Beck ließ diesen Brief Clausewitz' in einem Sonderheft der »Militärwissenschaftlichen Rundschau« Anfang März

1937 veröffentlichen, mit dem vielsagenden Untertitel »Gedanken zur Abwehr«. Es war in der Zeit des Umschlagens der Politik Hitlers von Rüstungsmaßnahmen, die noch als der Verteidigung dienend vertreten werden konnten, zu expansiver Offensivstrategie, als Beck sich entsetzt über Gedanken einer größeren Intervention im spanischen Bürgerkrieg (Dezember 1936) äußerte, drei Monate vor Becks Besuch in Paris, wo er vor einem neuen Krieg warnte und erklärte, es sei zunehmend schwieriger für die militärische Führung, die deutsche politische Führung an außenpolitischen Abenteuern zu hindern[8].

Becks Opposition gegen Hitlers Kriegspolitik wurzelte noch tiefer. Mit dem älteren Moltke sah er »jeden Krieg, auch den siegreichen, als ein ›nationales Unglück‹« an[9]. Seine Ansicht, eine Lösung der tschechischen Frage sei erforderlich, ist immer begleitet von dem Beweis, daß dies auf kriegerische Weise nur in einem »günstigen« Augenblick geschehen könne, d.h. als »Aushilfe« in einem möglichen Krieg gegen Frankreich (wegen des französisch-tschechischen Bündnisses), und daß ein solcher günstiger Augenblick nie eintreten könne, weil früher oder später England und dann Amerika in einen solchen Krieg eintreten würden. Seiner Dienstanweisung entsprechend konnte Beck nur mit »militärpolitischen« Erwägungen argumentieren; er konnte die Politik Hitlers nur intern als Perfidie anprangern[10].

Beck hat nicht nur die Katastrophe einer unverantwortlichen, abenteuerlichen Außenpolitik vorausgesagt, sondern auch 1938 daraus die Konsequenz gezogen, als er aus Protest gegen Hitlers Politik in der tschechischen Krise und nach vergeblichen Versuchen, durch einen Kollektivschritt der Kommandierenden Generale den Staatsstreich und Umsturz herbeizuführen, im August 1938 zurücktrat.

Der Generalstab trat nach dem August 1938 nie mehr mit der Geschlossenheit auf wie unter Becks Führung. Das lag nicht nur an den ganz anderen Persönlichkeiten der Nachfolger, Franz Halder und Kurt Zeitzler, sondern auch an der weitergehenden Willfährigkeit des Oberbefehlshabers des Heeres, Walther von Brauchitsch, und an seiner persönlichen Abhängigkeit von Hitler. Gegen einen Westfeldzug im Herbst 1939 sträubte sich die Heeresführung mit guten Gründen und mit Erfolg, führte ihn aber nach besserer Vorbereitung im Mai 1940 nicht ungern. Zu einem Widerstand gegen den Rußlandfeldzug ist es nicht gekommen. Der Strategiestreit von 1941, der schließlich in der Entlassung Brauchitschs und in der Übernahme des Oberbefehls über das Heer durch Hitler endete, kann nicht als Manifestation des Widerstandes gegen den Nationalsozialismus und seine Politik angesehen werden. Auch ist die tiefe Verstrickung der höheren Führer in Hitlers germanische Großreich-Ziele und Massenmordpolitik nicht zu übersehen[11]. Rückschläge führten erst recht nicht zu einer militärischen Opposition gegen die oberste Führung. Generalfeldmarschall Erich von Manstein gab den Krieg auch nach Stalingrad nicht verloren, wenigstens sagte er das[12], und er war damit nicht allein. Hitler wußte zwar im Dezember 1941, daß der Krieg verloren sei[13], aber für ihn war die Fortsetzung des

Kampfes nicht sinnlos, weil er neben der Errichtung des germanischen Groß-
reiches eine ihm mindestens ebenso wichtige Völkermordpolitik betrieb. Die
Verstrickung der Heerführer im Osten und im Oberkommando auch in diese
Politik – Stichworte sind Kommissarbefehl, Gerichtsbarkeitserlaß und Einsatzgruppen – ist um so tragischer, wenn sie mehr auf Schwäche denn auf Zustimmung zurückzuführen ist.

Im folgenden sind drei Aspekte des militärischen Widerstandes in der zweiten Hälfte des Krieges zu untersuchen:
1. die Organisation des militärischen Widerstandes in drei Zentren – a) Berlin
    und Hauptquartier des OKH, b) Heeresgruppe Mitte, c) Militärbefehlshaber
    Frankreich, Oberbefehlshaber West und Heeresgruppe B – und deren Ak-
    tionen;
2. die Koordination der Zentren in der Umsturzplanung;
3. der Ablauf des Aufstandversuches und die sich daraus ergebenden Motive
    der Handelnden.

1. Drei Zentren des militärischen Widerstandes

a) Berlin

Das 1938 konstituierte Zentrum unter der Führung von Generaloberst Beck
funktionierte auch während der Jahre 1942 bis 1944. Aber erst Ende 1942 wurden Vorbereitungen wieder aufgenommen, die den Einzelplanungen von 1938
annähernd ebenbürtig sein konnten. Auch entschlossene Gegner Hitlers glaubten nicht, Hitler während seines Siegeszuges stürzen zu können. Viele seiner
inneren Gegner fürchteten so sehr die Reaktion des Volkes auf einen »Dolchstoß« in den Rücken der Front (wie der Umsturz von 1918 in der politisch
rechtsextremen Agitation der zwanziger Jahre genannt wurde), daß sie glaubten,
eine Erhebung als das Niederschlagen eines angeblichen Putsches (eben eines
»Dolchstoßes«) eigensüchtiger Parteiführer tarnen zu müssen[14].

Die Dezentralisation der Kommandozentren, der Heimatdienststellen des
Heeres und der Wehrmacht in Berlin mit den verschiedenen Aufenthaltsorten
des höchsten Feldhauptquartiers, des Führerhauptquartiers, in der »Wolfschanze« in Ostpreußen, in »Werwolf« bei Winniza in der Ukraine und auf dem
»Berghof« bei Berchtesgaden behinderte die praktischen Planungen.

Die führenden Persönlichkeiten der Berliner Zentrale waren Beck und Hans
Oster. In der Verschwörung wirkten weiter Schlüsselfiguren wie General Friedrich Olbricht im Allgemeinen Heeresamt; sein Vorgesetzter, der Chef der Heeresrüstung und Befehlshaber des Ersatzheeres (Chef HRüst u. BdE), Generaloberst Friedrich Fromm, wußte spätestens 1944 von der Verschwörung, duldete
sie auch, ohne sie zu unterstützen. Der Wehrmachtstandortkommandant von
Berlin, Generalleutnant Paul von Hase, war im Komplott. Im Stellvertretenden
Generalkommando III. Armee-Korps und Wehrkreiskommando III (Berlin)

gehörten dazu seit März 1943 der Chef des Generalstabes, Generalmajor Hans-Günther von Rost, sowie seit Juni 1944 sein Nachfolger, Generalmajor Otto Herfurth. Ferner war eine Anzahl hoher Stabsoffiziere eingeweiht und zu aktiver Teilnahme bereit, z.B. der Erste Generalstabsoffizier, Oberstleutnant Bruno Mitzkus. Auf den Stellvertretenden Kommandierenden General, General der Infanterie Joachim von Kortzfleisch, konnte man jedoch nicht zählen.

Trotz der häufigen Ortswechsel des Feldhauptquartiers des Oberkommandos und des Generalstabes des Heeres, die im Frieden in der Berliner Bendlerstraße beheimatet waren, sind die im Feldhauptquartier tätigen Verschwörer zur Berliner Zentrale zu zählen, so der Generalquartiermeister, Generalleutnant Eduard Wagner, der Chef des Heeres-Nachrichtenwesens (HNW) und der Wehrmacht-Nachrichtenverbindungen (WNV), General Erich Fellgiebel, und sein Chef des Stabes HNW, Oberst Kurt Hahn, und sein Chef der Amtsgruppe WNV, Generalleutnant Fritz Thiele. Generaloberst Halder, der Chef des Generalstabes des Heeres, konnte seit 1939/40 nicht mehr zur aktiven Opposition gezählt werden, obwohl er mit ihr in Verbindung blieb. Auch sein Nachfolger seit September 1942, General Zeitzler, wußte von der Verschwörung, nahm aber nicht aktiv teil.

Das Telefonverzeichnis des OKH/Generalstab des Heeres von März 1944 führt Angehörige der Verschwörung auf beim Chef des Generalstabes des Heeres (den Adjutanten, Oberstleutnant i.G. Günther Smend), in der Organisationsabteilung (den Abteilungschef, Generalmajor Stieff, den Gruppenleiter II, Oberstleutnant i.G. Bernhard Klamroth, als Nachfolger Stauffenbergs, ferner Oberleutnant d.R. Albrecht von Hagen), in der Abteilung Fremde Heere West (den Abteilungschef, Oberst i.G. Alexis Freiherr von Roenne), den Vertreter des Auswärtigen Amts beim OKH/Generalstab des Heeres (den Vortragenden Legationsrat Major d.R. Hasso von Etzdorf), in der Heerwesenabteilung beim General z.b.V. im OKH (den Abteilungschef, Oberstleutnant i.G. Wesel Freiherr von Freytag-Loringhoven, und Major Werner Schrader als Leiter der Gruppe Abwehr), beim Chef des Heeresnachrichtenwesens (den Chef des Stabes, Oberst Hahn, sowie mehrere eingeweihte Gruppenleiter), beim General der Freiwilligen-Verbände beim Chef des Generalstabes des Heeres (den Adjutanten, Rittmeister d.R. Hans Herwarth von Bittenfeld), in der Leitstelle der Nachrichten-Aufklärung (den Leiter, Oberstleutnant Rolf Baron von der Osten genannt Sacken), und den Chef des Heeresjustizwesens Karl Sack[15]. Im OKW konnten die Verschwörer bis Anfang 1944 auf den Chef des Amtes Ausland/Abwehr, Admiral Wilhelm Canaris, zählen, bis April 1943 auf den Leiter der Zentralabteilung, Generalmajor Hans Oster, auf eine Anzahl Mitarbeiter (Bonhoeffer, Dohnanyi, Müller, Gisevius, Guttenberg), ferner auf Moltke und seine Mitarbeiter.

Auch in anderen hohen Dienststellen gab es Verbündete, z.B. im Berliner Polizeipräsidium den Präsidenten Wolf Heinrich Graf von Helldorf; sein früherer Vizepräsident Fritz-Dietlof Graf von der Schulenburg war 1940 als Leutnant der Reserve in das Heer »emigriert«, diente im Infanterie-Regiment 9 und sammelte fieberhaft Anhänger, seit Januar 1943 im Sonderstab des Generals Walter von Unruh, der Dienststellen und Stäbe nach abkömmlichen Wehrdienstfähigen durchkämmte, was Schulenburg eine ausgedehnte Reisetätigkeit ermöglichte; ferner saß im Reichskriminalpolizeiamt, das zum Reichssicherheitshauptamt gehörte, der allerdings nicht eindeutig einzuordnende Direktor, Arthur Nebe.

Mag auch die Geduld auf die Probe gestellt werden, ist die Aufzählung doch nötig, um einen Begriff der Verzweigung der Verschwörung zu geben. Zugleich ist der Widerspruch zu bedenken, daß die vielen leitenden Offiziere nur in seltenen Fällen auch ihre Abteilungen in die Verschwörung einbringen konnten, wenn auch manche mit Hilfe ihrer Autorität und Verfügungsgewalt, wie etwa Stauffenberg, eine Gegenpolitik betrieben; sehr häufig blieben sie einzelne, wenn auch mit besonderen Einblicken und Möglichkeiten zu Querverbindungen.

Zu den der Berliner Zentrale verfügbaren militärischen und paramilitärischen Kräften gehörten die der Wehrmachtstandortkommandantur und dem Stellvertretenden Generalkommando unterstehenden Truppen in und um Berlin, so das Berliner Wachbataillon und einige Ersatztruppenteile, zumal das Ersatzbataillon des Infanterie-Regiments 9 in Potsdam durch seinen eingeweihten Kommandeur Major Herbert Meyer und dessen Adjutanten Oberleutnant Helmut von Gottberg, die Ersatztruppen des Kommandeurs der Panzertruppen II und XXI in Frankfurt/Oder, Oberst Fritz Jäger, ferner die Heeresschulen, die dem Allgemeinen Heeresamt beim Chef HRüst u. BdE unterstanden, ferner zeitweise das Bau-Lehr-Bataillon z.b.V. 800 in Brandenburg/Havel, inzwischen zum Regiment, Ende Oktober 1942 zur Division erweitert, wobei das I. Bataillon in Brandenburg blieb und dem Amt Ausland/Abwehr des OKW direkt unterstand; Anfang 1943 wurde die Division interimistisch von dem mitverschworenen Oberst Erwin Lahousen von Vivremont geführt, dann ab 1. April 1943 von Generalmajor Alexander von Pfuhlstein; das nun für die Zwecke der Verschwörung in Frage kommende Regiment 4 wurde von Oberstleutnant Friedrich Wilhelm Heinz, einem Veteranen der Umsturzpläne von 1938, geführt und war im März 1943 für den Umsturz verfügbar, aber im April geriet Canaris' Amt so in Mißkredit, daß der Einsatz fraglich wurde.

Grundsätzlich konnte man mit den genannten Einheiten nicht nach Belieben verfahren, man brauchte immer einen plausiblen Grund für den gedachten Einsatz: Dieser Gedanke lag den systematischen »Walküre«-Planungen Tresckows und Stauffenbergs zugrunde, von denen die Rede sein wird. Auch verliefen die Umsturzplanungen nicht so erfolgreich, wie es nach der vorstehenden Aufzählung scheinen mag; es gab immer wieder schwere Rückschläge.

Der seit 1938 an der Verschwörung beteiligte Oberbefehlshaber West in Saint Germain bei Paris, Generalfeldmarschall von Witzleben, wurde 1942 krank und erhielt zum 15. März den Abschied. Oberstleutnant i.G. Helmuth

Groscurth wurde in Stalingrad vermißt. Schulenburg wurde am 2. April 1943 verhört, weil sich herumgesprochen hatte, er suche »zuverlässige« Offiziere für das Ersatz-Bataillon 9 in Potsdam, und er sollte das erklären. Beck wurde Anfang März 1943 schwer krank und mußte sich einer Operation unterziehen, er stand überdies ständig unter Gestapo-Beobachtung. Etwa zur gleichen Zeit wurde Oberst Fritz Jäger verhaftet sowie sein Sohn, der als Oberleutnant in Frankfurt/Oder lag und unvorsichtig geäußert hatte, es werde bald losgehen, sein Vater werde das Wachbataillon übernehmen; die Sache ging glimpflich ab. Jedoch gelang Himmler ein wirklich schwerer Schlag gegen die Verschwörergruppe in der Abwehr, durch eine Devisenaffäre eines V-Mannes der Münchner Abwehrdienststelle, wodurch ein weiterer »Skandal« entdeckt wurde: Der Sonderführer Hans von Dohnanyi in der Zentralabteilung der Abwehr, der selbst jüdische Vorfahren hatte, hatte jahrelang Juden als »Agenten« ins Ausland gebracht und so der Ermordung entzogen. Am 5. April 1943 erschien ein Kriegsgerichtsrat, Manfred Roeder, mit einem Kommissar der Geheimen Staatspolizei bei Canaris, unterrichtete ihn von der Einleitung einer Untersuchung, ging dann zu Oster und ersuchte ihn, bei der Verhaftung Dohnanyis zugegen zu sein; durch eine Ungeschicklichkeit kam dieser selbst in den Kreis der Verdächtigen, wurde unter Hausarrest beurlaubt, im Juni 1943 in die Führerreserve versetzt und am 4. März 1944 aus dem aktiven Wehrdienst entlassen; und er blieb unter Gestapo-Überwachung, wodurch alle seine Kontakte mit der Verschwörung

Henning von Tresckow (1901 bis 1944), Mitte stehend, mit anderen Offizieren des Stabes der Heeresgruppe Mitte, 1943

diese aufs höchste gefährdeten. Ebenfalls am 5. April 1943 wurden Josef Müller, Dietrich Bonhoeffer und seine Schwester, Christine von Dohnanyi, verhaftet. Das Zentrum in der Abwehr war damit ausgeschaltet. Durch den Versuch des preußischen Finanzministers Johannes Popitz und des Rechtsanwalts Carl Langbehn, Himmler im August 1943 für den Umsturz zu gewinnen, und durch Langbehns Verhaftung arbeitete sich die Gestapo weiter in das Berliner Verschwörerzentrum vor. Im Juni 1944 wurde Oberst Wilhelm Staehle verhaftet, der Verbindung zur holländischen Widerstandsbewegung hielt und zum Kreis um Goerdeler und Johanna Solf gehörte (in Berlin-Frohnau war er Kommandeur des Invalidenheims); am 18. Juli 1944 erging ein Haftbefehl gegen den profiliertesten der zivilen Führer der Verschwörung, Carl Friedrich Goerdeler. Goerdeler konnte nach dem 20. Juli 1944 zunächst flüchten und wurde erst am 12. August verhaftet, aber Staehle wurde schon im Juni zu gefährlichen Aussagen gebracht.

Aktionen. Im Januar 1942, im Zeichen der Winterkatastrophe in Rußland, fuhr der frühere Botschafter in Rom, Ulrich von Hassell, im Einvernehmen mit Beck, Goerdeler, Oster, Dohnanyi und anderen zu General Alexander Freiherr von Falkenhausen nach Brüssel, wo dieser als Militärbefehlshaber in Belgien und Nordfrankreich residierte, und zu Generalfeldmarschall von Witzleben, dem Oberbefehlshaber West in St. Germain. Der Vorschlag Becks und Goerdelers, den Staatsstreich durch einen Putsch Falkenhausens und Witzlebens vom Westen her einzuleiten, wurde von den Befehlshabern mangels geeigneter Truppen für utopisch gehalten (später, nach Errichtung der Invasionsfront, schien es solche Möglichkeiten zu geben). Gegen Ende März 1942 beschloß die Gruppe Beck–Hassell–Oster–Olbricht unter Zuziehung Goerdelers und Jens Peter Jessens (beim Generalquartiermeister tätig), daß alle Fäden der Verschwörung bei Beck zusammenlaufen sollten, und seit Juli 1942 hatte die Berliner Zentrale durch den Leutnant d.R. und Rechtsanwalt Fabian von Schlabrendorff, Ordonnanzoffizier bei Tresckow im Stab der Heeresgruppe Mitte, ständige Verbindung zu dieser Heeresgruppe. Später im Jahr besuchte Goerdeler den Oberbefehlshaber der Heeresgruppe Nord, Generalfeldmarschall Georg von Küchler, in Königsberg, und den Oberbefehlshaber der Heeresgruppe Mitte, Generalfeldmarschall Hans Günther von Kluge, in Smolensk, um sie für den Staatsstreich zu gewinnen, was bei Kluge gelungen zu sein schien, sich aber mehrfach als Täuschung erwies. Bei einem Treffen zwischen Goerdeler, Olbricht und Tresckow in Berlin Ende 1942 oder Anfang 1943 verpflichtete sich Olbricht, mit Hilfe von Einheiten des Ersatzheeres in Berlin und in anderen wichtigen Städten die Umwälzung durchzuführen, wenn die »Initialzündung«, die Ermordung Hitlers, den »eidfreien« Zustand geschaffen hätte. Es ergab sich, daß vorderhand nur Tresckow und seine engsten Mitverschworenen, also eine Gruppe im kämpfenden Feldheer, entschlossen und fähig waren, Hitler umzubringen. Die Frage, ob vorwiegend Truppen des Ersatzheeres oder des Frontheeres die Schlüsselpositionen im Reichsgebiet besetzen und die Führer des Regimes festsetzen bzw. beseitigen sollten, war nicht klar entschieden, man entschloß sich zu einer Zwischenlösung, nämlich der Aufstellung von Spezialverbänden als mobiler Einsatztruppe.

Tresckow war an einer weiteren Berliner Aktion beteiligt, dem Versuch, eine »Änderung der Spitzengliederung« der Wehrmacht, besonders des Heeres, herbeizuführen. Es gab ja damals Oberbefehlshaber verschiedener Heeresgruppen, aber keine Oberbefehlshaber für die jeweiligen Kriegsschauplätze. Der Oberbefehlshaber des Heeres, seit Dezember 1941 Hitler, war der Oberste Feldherr des Kriegsschauplatzes im Osten und führte dort durch die Heeresgruppenkommandos, intervenierte aber auch bis auf die Divisionsebene hinab. Zugleich assistierte ihm der Wehrmachtführungsstab. Als Oberbefehlshaber der Wehrmacht führte er außerdem alle anderen Teile der Wehrmacht sowie einzelne Kriegsschauplätze, wie Nordafrika, mit Unterstützung vor allem des Wehrmachtführungsstabs. Schließlich war er noch Regierungschef, Staatsoberhaupt und Parteiführer. Im Ersten Weltkrieg hatte es einen Oberbefehlshaber der Ostfront (Oberost) gegeben; in den dreißiger Jahren entstanden über die Führungsgliederung in Wehrmacht und Heer Diskussionen und Auseinandersetzungen, denen Hitler mit seinen Streichen von Januar 1938 und Dezember 1941 jeweils den Boden entzog[16]. Jedoch waren das Nebeneinander und Durcheinander der Führungsgewalten noch unerträglicher geworden und gefährdeten die Kriegführung, nicht nur wegen ihrer Unklarheit, sondern vor allem wegen des Mangels an Verläßlichkeit und Kontinuität: Selbst wenn Hitler die fachlichen Voraussetzungen gehabt hätte, die ihm ja fehlten, hätte er als einzelner unmöglich sämtliche Kriegsschauplätze mit der nötigen Aufmerksamkeit und Sorgfalt, auch nur mit dem nötigen ungeteilten Zeitaufwand führen können. Dazu kamen Rivalitäten nicht nur zwischen OKW und OKH, und zwischen diesen und verschiedenen nicht-militärischen Behörden wie Rosenbergs Reichsministerium für die besetzten Ostgebiete, den Reichskommissaren, den Himmler unterstellten Einsatzgruppen und sonstigen polizeilichen Kräften, den Rüstungs- und Arbeitseinsatz-Organisationen. Dieser Zustand hatte 1942 auch Stauffenberg in der Organisationsabteilung des Generalstabes des Heeres zur Verzweiflung getrieben[17].

Im Dezember 1941 hatte der Gruppenleiter II der Organisationsabteilung, Major i.G. Graf Stauffenberg, gemeint, die Vereinheitlichung des Oberbefehls in Hitlers Händen sei zu begrüßen. Im Frühjahr 1942 erkannte er die Fehleinschätzung, als immer wieder vernünftige Maßnahmen zur Stärkung der Front aus sachfremden, propagandistischen oder rasseideologischen Gründen verhindert wurden, und er sprach mit vielen Kameraden, z.B. Major i.G. Peter Sauerbruch, von seiner Erbitterung und Empörung. Im Februar 1942 hatte die Organisationsabteilung angeregt, aus angeschlagenen Verbänden durch Zusammenlegen wieder einsatzfähige und auf volle Kampfkraft gebrachte Divisionen zu bilden, der Vorschlag wurde im März 1942 abgelehnt, aus propagandistischen

Gründen; wenig später, im Juni, kam Hitlers Verbot, Freiwilligenverbände aus
Angehörigen der Völker der Sowjetunion aufzustellen; zugleich entsprachen die
Rüstungskapazitäten und die völlig erschöpften Ersatzreserven in keiner Weise
der wachsenden Stärke der Roten Armee[18].

Stauffenberg versuchte, durch konspirative Umgehung von Führerbefehlen,
so bei der Aufstellung der Freiwilligen-Verbände, zum Erfolg der deutschen
Waffen gegen Hitlers Absichten und Handeln beizutragen[19]. Das nützte unmittelbar praktisch zu wenig, und im großen gar nichts, solange damit aus Rücksicht auf die militärische Lage ein Verbrecherregime gestützt und seine Lebens-
dauer verlängert wurde, ohne daß dem Reich irgendein wirklicher Nutzen erwuchs. Eine etwa bestehende Absicht, das Regime später zu stürzen, wurde so
eher behindert als gefördert, und für die fortgesetzten Verbrechen war man
mitverantwortlich.

Die Führungsverhältnisse Ende des Jahres 1942 waren grotesk. Am
31. Oktober und 1. November 1942 wurde das Hauptquartier des Generalstabes des Heeres in 48stündiger Bahnfahrt von Winniza zurück nach »Mauerwald« in Ostpreußen verlegt, Hitlers Führerhauptquartier wechselte zugleich
von »Werwolf« in der Ukraine zur »Wolfschanze« in Ostpreußen. Am
7. November schon fuhr Hitler von dort weiter im Sonderzug mit Wilhelm
Keitel und Alfred Jodl, den Chefs des OKW bzw. des Wehrmachtführungsstabes, nach München, um dort am 8. November die traditionelle Bierkellerrede
zur Feier des Putschversuches von 1923 zu halten, bei der er sagte, Stalingrad,
den gigantischen Umschlagplatz, habe man erobert[20]. Inzwischen wohnte er in
München in seiner Privatwohnung (»Führerwohnung«) am Prinzregentenplatz
und zog am 14. November nach dem »Berghof« um. Der Wehrmachtführungsstab war zunächst in Ostpreußen geblieben und dann in der Nacht des
14. November in Salzburg eingetroffen, wo die Feldstaffel im Sonderzug lie-
genblieb, während Keitel und Jodl in der »Kleinen Reichskanzlei« im Ort
Berchtesgaden, etwa 20 Fahrminuten vom »Berghof« entfernt, unterkamen.
Inzwischen hatte am 23. Oktober 1942 die den Feldzug in Nordafrika wenden-
de Offensive Montgomerys begonnen, die in ihrer Bedeutung zehn Tage lang
nicht erkannt wurde, bis Rommel am 2. November seinen eigenmächtigen Entschluß zum Rückzug an Hitler meldete; am 11. November wurde Pétains »État
français« besetzt; am 18. November begann die sowjetische Offensive bei Stalingrad; der Chef des Generalstabes des Heeres, General Zeitzler, und der gesamte Führungsapparat des Heeres befanden sich 1000 Kilometer von Berchtesgaden entfernt in Ostpreußen[21]. Hatte Hitler vor dem 2. November in der
Ukraine und in Ostpreußen die Katastrophe auf dem nordafrikanischen Kriegsschauplatz nicht zur Kenntnis genommen, so sah er nun lediglich auf das Mit-
telmeer und vernachlässigte das 2000 Kilometer entfernte Stalingrad und die
dort heraufziehende tödliche Gefahr.

Man dachte also in Berlin daran, durch Zeitzler, Olbricht, Fromm oder den
Generalinspekteur der Panzertruppen, Generaloberst Heinz Guderian, bei Hitler

eine »Änderung der Spitzengliederung« zu bewirken. Kluge sollte Chef des Generalstabes des Heeres werden, Manstein Oberbefehlshaber – oder umgekehrt[22].

Die Trennung von Führerhauptquartier und Feldhauptquartier des Oberkommandos des Heeres und die daraus sich ergebenden Schwierigkeiten schlugen sich am 17. bzw. 18. November 1942 in einer Vortragsnotiz der Organisationsabteilung des Generalstabes des Heeres nieder, in der man die Diktion Stauffenbergs erkennen mag. Sie sprach von sich überschneidenden Führungsverhältnissen und drängte auf Klarstellung[23]. Wenn man aber hoffte, Hitler zu seiner eigenen Entlassung als Oberbefehlshaber des Heeres bewegen zu können, so gab man sich phantastischen Illusionen hin. Stauffenberg tat dies nicht; er hatte lange, ehe den Generalstabsoffizieren die Erörterung der Frage verboten wurde, die konsequenteste und einzig realistische Lösung der Kriegsspitzengliederung gefunden: die gewaltsame Entmachtung Hitlers. Er war schon im Frühjahr 1942 durch seine Kenntnis der von Hitler befohlenen Massenmorde an Juden und anderen Angehörigen der Zivilbevölkerung in der Sowjetunion und an kriegsgefangenen Soldaten der Roten Armee zu dem Schluß dieser Notwendigkeit gelangt[24].

Aber schon damals, ein Jahr vor seinem Eintritt in die bestehende, von Goerdeler und Beck geführte größere Verschwörung, ging Stauffenberg noch viel weiter. Er reiste dienstlich zu Heerführern der Ostfront und versuchte in persönlichen Gesprächen im September 1942 General von Sodenstern in seinem Hauptquartier in Starobjelsk, General Geyr von Schweppenburg in einer Panjebude am Terek zwischen dem Schwarzen und dem Kaspischen Meer, Generalfeldmarschall Ewald von Kleist in Shelesnowodsk, schließlich im Januar 1943 Generalfeldmarschall von Manstein in Taganrog dazu zu bewegen, gegen Hitler vorzugehen. Am 26. September 1942, in einer Besprechung mit seinem Vorgesetzten, dem Chef der Organisationsabteilung im Generalstab, Oberstleutnant i.G. Burkhart Müller-Hillebrand, und Hauptmann i.G. Otto Hinrich Bleicken von der Quartiermeisterabteilung, erklärte Stauffenberg sich selbst bereit, Hitler zu töten. Gegen Ende des Jahres 1942 hatte er sich und seine Gesprächspartner so in Gefahr gebracht, daß er sich an die Front versetzen lassen mußte[25].

b) Ostfront

Die Seele und der Motor der Umsturz-Zentrale an der Ostfront war Generalmajor Henning von Tresckow[26]. Wie zuvor schon beim Frankreichfeldzug, glaubte Tresckow auch am Beginn des Krieges gegen Rußland, das deutsche Heer werde rasch eine Niederlage erleiden, und der Umsturz werde dadurch psychologisch und praktisch möglich. Sobald ihm klar war, daß der Angriff gegen Rußland vorbereitet wurde, bemühte er sich, damals noch Oberstleutnant i.G., als Ia des Heeresgruppenstabes (Oberbefehlshaber war bis Mitte Dezember 1941 Generalfeldmarschall Fedor von Bock, dann Generalfeldmarschall von Kluge), im Stab die geeigneten Offiziere zusammenzubringen. Zu ihnen gehör-

ten: der Ia/op, Oberst i.G. Georg Schulze-Büttger (von August bis Oktober
1938 war er Adjutant bei Beck gewesen), und sein Nachfolger seit Februar
1943, Oberstleutnant i.G. Hans-Alexander von Voß, der vorher Id (Ausbil-
dungsfragen) im selben Stab und davor im Stab Witzlebens gewesen war; Voß'
Nachfolger als Id, Major i.G. Hans-Ulrich von Oertzen; der Ib (Versorgung)
Oberstleutnant i.G. Berndt von Kleist; der Ic/AO Oberst i.G. Rudolf-
Christoph Freiherr von Gersdorff; die Ordonnanzoffiziere bei Bock und Kluge,
Major d.R. Carl-Hans Graf von Hardenberg, Oberleutnant d.R. Heinrich Graf
von Lehndorff, seit Juni 1942 Oberleutnant Philipp Freiherr von Boeselager,
dessen Bruder Georg den Reiterverband Boeselager, später Kavallerie-Regiment
Mitte, aufstellte, das auch für den Staatsstreich zur Verfügung stehen sollte;
ferner Major d.R. Hans Schach von Wittenau, Rittmeister Eberhard von Breitenbuch; der Ordonnanzoffizier des Ia, Leutnant d.R. Fabian von Schlabrendorff, sowie der des Nachrichtenführers der Heeresgruppe, Leutnant d.R. Carl-
Ludwig Graf von Berg-Schönfeld, und andere mehr.

Aktionen. Etwa Anfang September 1941 versuchte General Georg Thomas
durch persönliche Besuche bei Heeresgruppen im Osten den Umsturz zu fördern, ohne Erfolg. Ende September 1941 reiste Schlabrendorff in Tresckows
Auftrag nach Berlin, um herauszufinden, ob es dort brauchbare Kristallisations-
punkte gebe, und um die Bereitschaft »zu allem« im Stab der Heeresgruppe
Mitte zu versichern. Tresckows Versuch, im Schock der Winterkrise Generalfeldmarschall von Bock zu gewinnen, scheiterte im Anlauf: Bock schrie Tresckow an, er dulde so etwas nicht und werde sich vor den Führer stellen. Bocks
Nachfolger Kluge meinte man mehrfach gewonnen zu haben, doch tatsächlich
konnte man sich nicht auf ihn verlassen. Tresckow und Stauffenberg kamen zu
der Überzeugung, daß rangniedere Offiziere den Umsturz herbeiführen müßten; Moltke hatte die Hoffnung auf die Generale immer schon für einen Irrtum
gehalten.
    Tresckow befaßte sich inzwischen mit Methoden des Attentats und ließ
durch Gersdorff Sprengstoff beschaffen und ausprobieren. Obwohl er Sprengstoff für das sicherste Mittel zur Beseitigung Hitlers hielt, erwog er auch andere
Verfahren, aber 1942 kam es zu keinem Attentatversuch, hauptsächlich weil die
Voraussetzungen in Berlin nicht gewährleistet schienen. Anfang 1943 erklärten
sich Rittmeister Walther Schmidt-Salzmann und Oberstleutnant i.G. von Kleist
bereit, mit zehn Offizieren des Reiterverbandes Boeselager Hitler bei einem
Frontbesuch im Kasino der Heeresgruppe zu erschießen; aber Kluge, den man
unterrichten mußte, weil er anwesend sein sollte und weil man auf seine Führung zählte, war dagegen, den Mann so beim Essen zu erschießen: Es würden
doch auch andere gefährdet werden, auf die man nicht verzichten könne. Die
überraschend hereintretenden Attentäter hätten ohne genaues Zielen schon
beim Eintritt in den Kasinosaal von der vom Eßtisch ziemlich weit entfernten
Tür schießen müssen.

Am 17. Februar 1943 flog Hitler in plötzlichem Entschluß mitten in der Nacht zum Hauptquartier der Heeresgruppe Don in Saporoshe. Im Hauptquartier der Heeresgruppe B in Poltawa bei Generalfeldmarschall Maximilian Freiherr von Weichs hatte man gehofft, Hitler werde dort Besuch machen: Hierbei wollten ihn General Hubert Lanz, Kommandeur der Armee-Abteilung Lanz, und sein Chef des Stabes, Generalmajor Hans Speidel, mit Hilfe des Panzer-Regiments »Großdeutschland«, unter Oberst d.R. Hyacinth Graf Strachwitz von Groß-Zauche und Camminetz, festnehmen und bei der zu erwartenden Gegenwehr seiner Leibwachen schon auf dem vom Panzer-Regiment zu umstellenden Flugplatz erschießen lassen. Schon damals war auch Rommel durch den Stuttgarter Oberbürgermeister vom »Plan Lanz« unterrichtet.

Im selben Monat war Schlabrendorff wieder in Berlin, Olbricht wollte am 1. März die Vorbereitungen abgeschlossen haben. Der Kriegstagebuchführer im Stab des Chefs HRüst u. BdE, Studienrat und Hauptmann d.R. Hermann Kaiser notierte: »Termin: 1.3.1943.« Am 7. März flog Canaris mit Gefolge nach Smolensk, um eine Ic-Besprechung abzuhalten. Er brachte seinen Chef der Zentralabteilung, Generalmajor Oster mit, den Leiter der Abteilung II (Sabotage), Oberst Lahousen, den Sonderführer Dohnanyi, und eine Kiste Sprengstoff für Gersdorffs Abteilung II (Sabotage).

Sechs Tage später war Hitler in Smolensk, wobei der Kasinoanschlag wegen Kluges Einspruch nicht stattfand; auch die durch Wachtruppen des Reiterverbandes Boeselager vorgesehene Erschießung Hitlers auf dem Rückweg zu seinem Auto fand nicht statt. Dafür gelang es Tresckow und Schlabrendorff, ein als reine Flasche Cointreau getarntes Päckchen Sprengstoff (Haftminen) mit chemischem Zeitzünder in Hitlers Focke-Wulf FW 200 »Condor« zu schmuggeln, das aber nicht explodierte und deshalb von Schlabrendorff unter Gefahren und Vorwänden wieder eingeholt werden mußte. Schon eine Woche später, am 21. März, hatte Gersdorff selbst Gelegenheit, den Anschlag auszuführen, während der Heldengedenkfeier im Berliner Zeughaus, wobei die Abwehrabteilung der Heeresgruppe Mitte eine Ausstellung erbeuteten Kriegsmaterials zeigte; aber Hitler lief geradezu durch die Ausstellung, und Gersdorff konnte ihm nicht lange genug folgen, um sich mit ihm in die Luft zu sprengen.

c) Zentrale im Westen

Auch in Paris beim Militärbefehlshaber in Frankreich, in St. Germain beim Oberbefehlshaber West und in La Roche-Guyon beim Oberbefehlshaber der Heeresgruppe B existierten Verschwörerzentralen. Man zählte dort auf die Mitwirkung des Militärbefehlshabers, General Carl-Heinrich von Stülpnagel, und auf Stauffenbergs Vetter, Oberstleutnant d.R. Cäsar von Hofacker, in Stülpnagels Verwaltungsstab, auf den Militärbefehlshaber in Belgien und Nordfrankreich, General Alexander Freiherr von Falkenhausen, und seit Frühjahr 1944 auf den Oberbefehlshaber der Heeresgruppe B, Generalfeldmarschall Erwin Rommel, und seinen Chef des Generalstabes Hans Speidel. Auf den Oberbefehlshaber West, Generalfeldmarschall Gerd von Rundstedt (ab 2. Juli 1944 Kluge) und seinen Chef, General Günther Blumentritt, setzte man Hoffnungen; sein Oberquartiermeister, Oberst i.G. Eberhard Finckh, war im Komplott.

2. Koordination der Zentren

Der entscheidende Einschnitt, durch den innerhalb eines Jahres mehr als ein halbes Dutzend Attentatversuche und ein aussichtsreicher Umsturzplan in Gang gebracht wurden, war das Auftreten Tresckows und Stauffenbergs in Berlin. Tresckow war im Sommer 1943 wenige Wochen in Berlin, entwarf in dieser Zeit die Konzeption der Ausnützung der längst offiziell vorhandenen »Walküre«-Pläne für den Staatsstreich und wurde dann kurze Zeit Kommandeur eines Regiments und danach Chef des Generalstabes der 2. Armee. Stauffenberg, von schweren, in Afrika erlittenen Verwundungen noch kaum genesen, arbeitete sich seit September 1943 bei General Olbricht im Allgemeinen Heeresamt in Berlin als Chef des Stabes ein. Im Juni 1944 wurde er Chef des Generalstabes beim Chef HRüst u. BdE. In Berlin bearbeitete er die »Walküre«-Pläne, für deren Auslösung und Durchführung, wie sich zeigte, nur er selbst eine Gewähr bot. Zugleich suchte er einen Attentäter, der die Voraussetzung dafür schaffen sollte. Denn es handelte sich um die Quadratur des Kreises: Erst der eidfreie Zustand bot Aussicht, daß die von der Berliner Verschwörerzentrale ausgegebenen Befehle nicht durch Gegenbefehle neutralisiert, sondern zur Ergreifung der vollziehenden Gewalt ausgeführt würden.

Die Sicherheitsmaßnahmen zu Hitlers Schutz konnten nur mit dienstlich motiviertem Zugang zu Hitler, am ehesten von Offizieren, unterlaufen werden. Andererseits wollten die meisten der Offiziere, die Hitlers Sturz wünschten, nichts gegen den lebenden Eidträger unternehmen. Die Vorbedingung für alle anderen Umsturzhandlungen mußte durch das Attentat eigentlich von denselben Leuten geschaffen werden, die erst *danach* überhaupt in Aktion treten wollten – mit ganz wenigen, zu wenigen Ausnahmen. Die »inneren Unruhen«, die die Auslösung der »Walküre«-Befehle und die Übernahme der vollziehenden Gewalt durch das Ersatzheer rechtfertigen sollten, mußte man erst selbst durch das Attentat herbeiführen.

Hauptmann Kaisers Formel trifft das Dilemma: »Der Eine will handeln, wenn er Befehl erhält, der

Friedrich Olbricht (1888 bis 1944)

Andere befehlen, wenn gehandelt ist.« Der dem Obersten Befehlshaber geleistete Eid mußte von Dritten gebrochen werden, der Oberste Befehlshaber mußte beseitigt werden, damit weiteres geschehen konnte. Der status quo der Machtverhältnisse im Staat mußte verändert werden, ehe der Umsturz eigentlich in Gang kommen konnte.

Anders ausgedrückt: Weil nur militärische Mittel, d.h. im praktischen Fall Mittel des Heeres beziehungsweise des Ersatzheeres, den Umsturz bewirken und Hitler beseitigen konnten, waren die im allgemeinen am meisten nationalistischen und konservativen Kräfte der Nation allein dazu in der Lage. Nationalismus und Patriotismus im herkömmlichen Sinn mußten überwunden werden, ehe mitten im Kriege die eigene Regierung und die eigene oberste militärische Führung beseitigt werden konnten. Da der Krieg verloren war, konnte das Ziel nun auch nicht mehr der Sieg sein, sondern nur das Ende der Kampfhandlungen, vielleicht ein Friedensschluß. Dieser sollte von Soldaten herbeigeführt werden, doch wieder nicht in herkömmlicher Weise durch Zwingen des Feindes, sondern durch Errichtung eines Regimes, dessen erste Aufgabe der Abbruch des Kampfes wäre. Das System des militärischen Gehorsams, der Nationalismus und damit zusammenhängend die alliierten Kriegsziele, standen dem Ziel des Abbruchs des Kampfes vor der militärischen Vernichtung diametral entgegen.

Das war jedoch nur einer der Gründe für die Nichtbeteiligung der meisten höheren Führer. Wer sich auf den einem längst tausendfach eidbrüchigen Obersten Befehlshaber geschworenen Eid berief, war unfähig, klar zu denken, oder unterlag anderen Einflüssen. Macht, historischer Kriegsruhm auch beim Verlust des Krieges und die von den Feldmarschällen akzeptierten Taschengelder von 4000 Mark monatlich, dazu in vielen Fällen riesige Dotationen, waren gewiß Faktoren[27]; das angenommene Geld warf auf alle Empfänger den Schatten der Korruption – wenn sie sich davon nicht durch den Kampf gegen den Verderber Deutschlands befreiten. Schließlich waren die alliierten Kriegsziele ein unüberwindliches Hindernis des Umsturzes.

Bis hin zum 20. Juli 1944 erschien fast allen, abgesehen von wenigen konsequent und klar denkenden Verschwörern wie Bonhoeffer oder Moltke, die bedingungslose Kapitulation gegenüber den Kriegsgegnern unannehmbar. 1941 bis 1943 konnte sie, 1943 bis 1944 mußte sie bedeuten, daß Deutschland von der Roten Armee besetzt würde; denn die Westalliierten kamen in Italien nicht recht voran, in Frankreich bis August 1944 auch nicht; bis zum 6. Juni 1944 waren sie noch nicht einmal mit bedeutenden Kräften dort aufgetreten. Kein Patriot konnte zu einer Besetzung durch die Sowjetunion die Hand reichen angesichts ihres Verhaltens in Polen, in den baltischen Ländern und in Finnland, angesichts der Massengräber von Katyn, mehr noch angesichts des Verhaltens deutscher Soldaten, Einsatzgruppen und Sicherheitskräfte gegenüber der russischen Bevölkerung, gegenüber Juden, Kommissaren, echten oder angeblichen Partisanen, gegenüber Millionen russischer Kriegsgefangener, ange-

sichts grauenhafter deutscher Verbrechen von ungeheuerlichen Ausmaßen. Die
Verschwörer konnten nicht hoffen, lange genug politisch zu überleben, bis das
Ende des Kampfes und der Friede erreicht gewesen wären, wenn sie ein solches
Ende und gar den Verlust der von Hitler vor dem 1. September 1939 erreichten
Revisionen des Versailler Vertrages hingenommen hätten. Alles lief darauf hin-
aus, daß die bedingungslose Kapitulation unannehmbar war.

Seit Winston Churchill und Franklin D. Roosevelt auf der »Prince of Wales«
in Placentia Bay am 14. August 1941 die Atlantik-Charta vereinbart hatten, galt
als Kriegsziel der Westmächte die Entwaffnung der Nationen, die andere angegriffen hatten oder mit Angriff bedrohten; gemeint war nur Deutschland, wie
Churchill die Charta gegenüber Roosevelt kommentierte: Gegenüber Feind-
staaten enthalte die Charta keinerlei Zusicherungen[28]. Im Januar 1943 wurde das
in Casablanca mit der Formel von der bedingungslosen Kapitulation nur deutlicher ausgesprochen. Am 1. Januar 1942 schon hatten überdies 26 Staaten im
Washington Pact beschlossen, daß keiner der Unterzeichner-Staaten einen sepa-
raten Waffenstillstand mit Deutschland schließen werde. Das war keine Forma-
lität, sondern das eiserne Gesetz der Kriegskoalition: Die Westmächte konnten
den Krieg nicht ohne die Rote Armee gewinnen oder hielten jedenfalls deren
Beitrag in Europa und nach dem Sieg über Deutschland auch in Asien für unentbehrlich. Noch nach der Invasion in der Normandie im Juni 1944 wird in der
amerikanischen diplomatischen Korrespondenz immer wieder die Notwendigkeit
eines sowjetischen Beitrages zum Krieg gegen Japan erwähnt.

Für einen Umsturz, der der neuen Regierung genügend Handlungsfreiheit
für die Erreichung ihrer Mindestziele gegeben hätte – für Waffenstillstand,
Frieden und Wahrung der völkischen, territorialen und politischen Integrität
Deutschlands –, waren also entsprechende alliierte Zusicherungen vor dem
Staatsstreich nötig. Nach der Wende des Krieges 1942/43 (Afrika, Schlacht im
Atlantik, Italien, Stalingrad und Kursk) hatten die Alliierten in West und Ost
keinen Grund, irgend jemandem irgendwelche Zusicherungen zu geben. Sollte
die Besetzung durch die Rote Armee verhindert werden, blieb nur eine einseitige
Kapitulation nach Westen, sofern die Westmächte sie anzunehmen gewillt waren.

In zahlreichen Sondierungen bei den Westalliierten – bei sowjetischen Stellen blieben schon die ersten Schritte zur Kontaktaufnahme erfolglos – versuchte man schließlich, eine Milderung der Formel der bedingungslosen Kapitulation zu erreichen. Dies gelang überhaupt nicht. Die Westmächte ließen sich
nicht einmal auf Verhandlungen über eine Teilkapitulation ein. Noch im Dezember 1943, wenige Tage vor seiner Verhaftung, reiste Graf Moltke in die
Türkei, um das Angebot der Öffnung der Front im Westen zu überbringen, falls
die Formel gemildert und dem deutschen Heer erlaubt werde, im Osten eine
Frontlinie etwa von Tilsit nach Lemberg zu halten.

Ebenso bemühte man sich um innenpolitische Absicherung durch Verhandlungen mit den seit Jahren beteiligten Gegnern um Goerdeler und Moltke
bis hin zu österreichischen Nationalisten und zu Kommunisten im Untergrund.

Erwogen wurde, mit dem Bund Deutscher Offiziere und mit dem Nationalkomitee »Freies Deutschland« in Verbindung zu treten, die als sogenannte antifaschistische Organisationen in sowjetischen Kriegsgefangenenlagern gebildet
worden waren; doch sah man von den Kontakten ab, weil diese Organisationen
zu offensichtlich Instrumente der sowjetischen Politik waren, mit deren Zielen
– einem kommunistischen Deutschland – man nicht übereinstimmte. Moltke
machte dies bei seiner Reise in die Türkei Ende 1943 unmißverständlich klar.
Jedoch wurde versucht, die Duldung oder Unterstützung der illegalen Kommunistischen Partei in Deutschland zu sichern. In einer dramatischen Zusammenkunft in der Wohnung eines Berliner Arztes trafen sich am 22. Juni 1944, offenbar mit Billigung Becks und Stauffenbergs, die Sozialisten Julius Leber und
Adolf Reichwein mit Führern des kommunistischen Untergrundes, Franz Jacob
und Anton Saefkow. Es hatte sich jedoch ein Gestapo-Spitzel eingeschlichen,
so daß bei einer zweiten Zusammenkunft am 4. Juli die Teilnehmer verhaftet
wurden und Leber, der Verdacht geschöpft hatte und nicht hingegangen war,
am 5. Juli festgenommen wurde.

Die militärischen Umsturzvorbereitungen sind durch das Stichwort »Walküre« bezeichnet. Unter diesem Stichwort sollten Truppen des Ersatzheeres, vor
allem Schul- und Ausbildungstruppen, gegen etwaige innere Unruhen oder
alliierte Landungen eingesetzt werden. Unruhen mochten z.B. von den Millionen Kriegsgefangener und ausländischer Arbeitskräfte herrühren. Unter der
Ägide Stauffenbergs wurden die entsprechenden Mobilmachungsbefehle so
modifiziert, daß mit ihrer Erteilung im Reich die Regierungsgewalt übernommen werden konnte. Unter dem Vorwand, durch Hitlers Tod seien innere Unruhen von seiten »frontfremder Parteikreise« ausgelöst worden, und diese Parteikreise versuchten der schwerringenden Front in den Rücken zu fallen, also
mit der Begründung, das Heer wolle einen »Dolchstoß« der Partei verhindern,
würden unter dem Stichwort »Walküre« Partei-, SS-, Gestapo- und andere
Dienststellen des Regimes besetzt, ferner wichtige Objekte wie Telefon-, Tele-
grafen- und Rundfunkeinrichtungen, Kraftwerke und Brücken. Vertrauensleute,
Verbindungsoffiziere genannt, die vorher in monatelangen Sondierungen eingeweiht und gewonnen worden waren, sollten in den 18 Stellvertretenden Generalkommandos und in Frankreich die Verschwörerzentrale repräsentieren und
für die Ausführung der in der Bendlerstraße in Berlin auszugebenden Befehle
sorgen. Ein paralleles Netz von Politischen Beauftragten, von denen viele auch
Wehrmachtangehörige waren, meist nur kriegsbedingt, hatte entsprechende
Aufgaben am Tag X zu übernehmen, die Verbindungsoffiziere und die Stellvertretenden Kommandierenden Generale zu beraten, Partei- und Verwaltungs-
einrichtungen zu überwachen und grundsätzlich den Gedanken politischer Verantwortung für die militärischen Maßnahmen zu verkörpern; denn ein besonderes Merkmal dieser Militäropposition war, daß sie keinen Militärputsch anstrebte, sondern die Wiederherstellung rechtsstaatlicher Verhältnisse und ziviler,
verfassungsmäßiger Regierungsverantwortung. Beck, Schulenburg und Goer-

deler, vor allen aber Beck, hatten auf der Einrichtung der Politischen Beauftragten bestanden, und im Herbst 1943 hatte Beck »ultimativ« die Übergabe
einer entsprechenden Liste verlangt: Vorher könne und wolle die militärische
Führung nicht handeln. Der zivile Charakter des Umsturzes durfte durch die
Notwendigkeit militärischer Initiative an seinem Beginn nicht verdeckt werden.
Man wird auch an die zu erwartenden Forderungen und Wünsche der Alliierten
gedacht und sich an die Forderungen der Entente-Mächte 1918 und 1919 erinnert haben.

3. Ablauf des Aufstandversuches und Motive der Handelnden

Die vielen Attentatpläne und -versuche der Jahre 1938 bis 1944 scheiterten an
den verschiedensten Hindernissen.

Sicherheitsmaßnahmen, fehlende Rückendeckung, die ausweichende Haltung der höheren Führer des Heeres, Nichteintreten berechneter äußerer Voraussetzungen, oder das Fehlen scheinbar nötiger politischer Bedingungen wie
Zusicherungen der Kriegsgegner über das weitere Schicksal Deutschlands, zumal 1943 und 1944 angesichts der drohenden Besetzung Deutschlands durch
die Rote Armee, waren wesentliche Faktoren. Eine gemeinsame Ursache für das
Scheitern aller Pläne und Versuche läßt sich nicht finden. Die Überlegung, Göring oder Himmler könnten nach Hitlers Tod die Nachfolge unangefochten
antreten und den verbrecherischen Krieg weiterführen, ergab die Absicht, Hit-

ler, Göring und Himmler
zugleich zu töten. Nötig
war, alle Zentren der Macht
unter die Kontrolle der Verschwörer zu bringen, also
gleichzeitig mit dem Attentat einen Staatsstreich mit
der Machtübernahme durch
das Militär auszuführen.
Aber diese Voraussetzungen
waren nicht erfüllt, als die
Attentatversuche vom März
1943 und Juli 1944, die
Anläufe vom November
1943, Januar und März
1944, und schließlich Stauffenbergs Attentat vom

*Claus Graf Stauffenberg, links,
in der »Wolfschanze« am
15. Juli 1944*

20. Juli 1944 unternommen wurden. Die beiden Versuche vom März 1943 scheiterten das eine Mal am Versagen eines Sprengstoffzünders und das andere Mal an Sicherheitsmaßnahmen. Auch danach fehlte es nicht an entschlossenen Gegnern Hitlers, die bereit waren, den Diktator zu töten und dabei selbst das Leben zu verlieren, vor allen Hauptmann Axel Freiherr von dem Bussche-Streithorst, Leutnant Ewald Heinrich von Kleist und Rittmeister Eberhard von Breitenbuch. Kleist wartete vergeblich auf Zugang zu Hitlers Hauptquartier; Bussche war Ende November 1943 im Hauptquartier des Oberkommandos des Heeres, zwanzig Minuten vom Führerhauptquartier entfernt, in Bereitschaft, er sollte Hitler neue Ausrüstungen erklären, aber die angesetzte Vorführung konnte nicht stattfinden, weil die Ausrüstungen einem Luftangriff zum Opfer fielen; Breitenbuch, der im März 1944 als Ordonnanzoffizier Generalfeldmarschall Ernst Busch begleitete, wurde im letzten Augenblick der Eintritt in Hitlers Besprechungszimmer verwehrt. Andere Gegner – Generalmajor Hellmuth Stieff, Oberst d.G. Joachim Meichßner, General Eduard Wagner, General Erich Fellgiebel – hatten zwar gelegentlich Zugang zu Hitler, aber sie konnten sich zum eigenen Attentat nicht entschließen.

Erst in der Person von Oberst i.G. Claus Schenk Graf von Stauffenberg waren alle Vorbedingungen erfüllt. Stauffenbergs Entschluß, Hitler zu töten, führte zu einer widersinnigen Situation:

Während er für die Ingangsetzung und Leitung des »Walküre«-Staatsstreichs in Berlin unentbehrlich war, mußte er in der 500 Kilometer entfernten »Wolfschanze« selbst das Attentat ausführen, und kam erst zweieinhalb Stunden danach wieder in Berlin an, wo inzwischen fast nichts geschehen war. Sobald das Attentat ausgeführt war, hätte man handeln müssen, als ob es gelungen wäre, auch bei einem Fehlschlag. Die ohnehin vorgesehene Fiktion eines Parteiputsches konnte immer noch wirken und die kritischen ersten Stunden der Erhebung überbrücken helfen. Aber die Verschwörer in der Bendlerstraße in Berlin, Olbricht und Thiele vor allen, waren unschlüssig, als sie von Fellgiebel aus der »Wolfschanze« eine für sie undeutliche Nachricht erhalten hatten. Fellgiebel hatte Thiele, dem Chef der Amtsgruppe Wehrmacht-Nachrichtenberbindungen, telefonisch sofort nach dem Attentat mitteilen lassen: auf Hitler sei ein Attentat verübt worden, das dieser überlebt habe. Gleichwohl beschlossen Thiele und Olbricht, zunächst nichts zu tun, keinen unnötigen Verdacht auf sich zu lenken, statt dessen wie gewöhnlich zum Mittagessen zu gehen. Vielleicht hatte sich Stauffenberg nach dem mißlungenen Attentat erschossen oder war erschossen worden? Vielleicht wurde er festgehalten? Später, am Abend, meinte Olbricht noch zu Gisevius, nun könne man sich ja wohl nicht mehr herausreden.

Als Stauffenberg gegen 16 Uhr in die Bendlerstraße kam und nun erst den Staatsstreich durch Ausgabe der vorbereiteten Befehle an die Stellvertretenden Generalkommandos in Gang zu bringen suchte, drängte, telefonisch beschwor, Anfragen energisch beantwortete, alles anzutreiben suchte, da hatte er zwar

Teilerfolge, wie in Prag, in Wien und vor allem in Paris, wo das gesamte
Gestapo-Establishment verhaftet wurde und Stülpnagel völlig Herr der Lage
war, und in Berlin, wo Panzer- und andere Truppen in die Stadt einrückten und
teilweise das Regierungsviertel abriegelten. Doch schuf die Umsturzbewegung,
wie Eugen Gerstenmaier betonte, nicht genug vollendete Tatsachen, bis die
Nachricht von Hitlers Überleben überall durchdrang. General Fellgiebel hatte
die Sperrung der Nachrichtenverbindungen der »Wolfschanze« für die Zeit nach
dem Attentat übernommen, konnte sie auch durchführen, aber nach Hitlers
Überleben nicht länger als zwei Stunden aufrechterhalten. In vielen Fällen kam
deshalb die Nachricht vom Attentat und jene von Hitlers Überleben gleichzeitig
mit oder noch vor den »Walküre«-Befehlen in den Stellvertretenden Generalkommandos an. Die Voraussetzung für den Umsturz, der »eidfreie Zustand«,
fehlte, und die Kommandierenden Generale oder ihre Vertreter schwenkten
mehr oder weniger rechtzeitig um oder befolgten die Berliner Putschbefehle
überhaupt nicht.

Stauffenberg hatte dreimal die Ausführung des Attentats versucht, am 11.,
15. und 20. Juli 1944, vielleicht auch am 6. Juli. Abgesehen davon, daß er unbedingt nach Berlin zurück mußte, wäre er zu einem Pistolenattentat gar nicht
fähig gewesen mit den verbliebenen drei Fingern der linken Hand – die rechte
und ein Auge hatte er in Tunesien eingebüßt. Die Schwierigkeit, unmittelbar vor
der Begegnung mit Hitler mit einer Aktentasche voll Sprengstoff in einem
Hauptquartier voller Offiziere und hilfsbereiter Bewunderer des Obersten mit
den schweren Kriegsverletzungen, in einem Feldquartier mit wenigen Baracken-
räumen, allein zu sein, um die Zeitzündung in Gang zu setzen, hatte am 15. Juli
zum Mißlingen beigetragen. Auch hatte man Stauffenberg vor dem 6. und
11. Juli eingeschärft, nur ja nicht zu zünden, wenn Himmler und Göring nicht
auch anwesend wären. Am 15. Juli waren Stauffenberg und sein enger Mitverschwörer und Nachfolger in der Stelle des Chefs des Stabes bei General Olbricht im Allgemeinen Heeresamt in Berlin, Oberst i.G. Albrecht Ritter Mertz
von Quirnheim, mit allen vorbereitenden Maßnahmen (Voralarmierung der
Truppen, die Berlin besetzen sollten) darauf eingestellt, daß Stauffenberg das
Attentat auch ohne Anwesenheit Görings oder Himmlers ausführen würde.
Erst *nach* Stauffenbergs Ankunft in der »Wolfschanze« aber sagte ihm Generalmajor Stieff (im Einverständnis mit den Generalen Wagner, Thiele und Fellgiebel), er dürfe nur bei gleichzeitiger Anwesenheit Himmlers die Sprengladung
zünden. Stauffenberg sah sich verraten und verlassen. Ohne die tätige Unterstützung und zumindest den Rückhalt der ranghöheren Verschwörer war das
Unternehmen noch viel hoffnungsloser als es ohnehin schon war. Stauffenberg
rang sich nach einem Telefongespräch mit Mertz von Quirnheim dazu durch,
den Sprengstoff doch zu zünden. Aber inzwischen hatte Stieff Stauffenbergs
Aktentasche beiseite gebracht und die Besprechungen waren auch zu Ende, als
Stauffenberg wieder dazu stieß; man brach auf, die Gelegenheit war vorbei. Am
20. Juli ließ sich Stauffenberg nicht mehr beirren, aber der Elan des 15. Juli und

die Vorausmaßnahmen ließen sich nicht wiederholen. Wagner, Thiele und Stieff setzten sich auch jetzt nicht mit besonderer Energie für das Gelingen ein. Stauffenberg wurde zudem beim Ingangsetzen der Zünder am 20. Juli gestört und ließ die Hälfte des mitgebrachten Sprengstoffs bei seinem Ordonnanzoffizier zurück, so daß Hitler wegen der geringeren Sprengwirkung mit dem Leben davonkam[29].

Schließlich hing an einem Faden, ob Stauffenberg nach dem Attentat noch aus der »Wolfschanze« herauskam, auch wenn kein unmittelbarer Verdacht auf ihn fiel; denn die Sicherheitsvorschriften sahen im Fall von Explosionen grundsätzlich die sofortige Abriegelung aller Zugänge vor – auch dann, wenn etwa Wild auf eine Mine getreten war. Tatsächlich wollten die Wachen Stauffenberg nicht durchlassen, die Straße am Südausgang auf dem Weg zum Flugplatz war schon mit spanischen Reitern versperrt, nur mit Hilfe eines Angehörigen des Stabes des Kommandanten des Führerhauptquartiers bluffte Stauffenberg sich durch und gelangte zu dem vom Generalquartiermeister zur Verfügung gestellten Flugzeug. Wenn also die Aussichten des Gelingens so denkbar gering waren, daß Marineoberstabsrichter Berthold Schenk Graf von Stauffenberg, Bruder des Attentäters, der am 20. Juli in seiner blauen Marineuniform in der Bendlerstraße war und dort verhaftet wurde, vor dem Umsturzversuch sagte: »Das Furchtbarste ist, zu wissen, daß es nicht gelingen kann und daß man es dennoch für unser Land und unsere Kinder tun muß«; wenn nicht nur das Gelingen des Attentats, sondern noch mehr das des Umsturzes äußerst fraglich war; wenn das Ziel der Rettung des Reiches, der freien Wiederherstellung eines anderen Deutschland, der Bestrafung der Mörder aller Grade in eigener Zuständigkeit und der Wiederherstellung des Friedens durch eine selbständig handelnde deutsche Regierung nicht möglich war: Wofür handelten dann Stauffenberg, Mertz von Quirnheim, Gerstenmaier, Beck, Schwerin von Schwanenfeld, Moltke, Tresckow, der von den Verschwörern am 20. Juli zum Oberbefehlshaber im Heimatgebiet ernannte Generaloberst Hoepner und so viele andere? Wenn die Besetzung eines Teils von Deutschland durch die Rote Armee nicht zu verhindern war, wenn das Schicksal des Volkes und des Reiches haßerfüllten Siegern bedingungslos überlassen werden mußte, wenn weder außenpolitisch noch innenpolitisch ein Erfolg möglich war, warum wurde dennoch der Aufstand gewagt?

Ging es also längst nicht mehr um materiellen Erfolg, so blieb noch die Treue gegenüber der eigenen Überzeugung, gegenüber dem Befehl des Gewissens, so blieb noch der Beweis, daß nicht alle an verantwortlichen Stellen die Verbrechen und die Untergangsstrategie geduldet hatten. Es blieb noch das Opfer für die Ehre Deutschlands.

Vom Autor überarbeitete Fassung des Beitrages in der ersten Auflage des Ausstellungs-Kataloges von 1984.

Anmerkungen

[1] Auf Einzelnachweise wurde meist verzichtet, wenn sie die Belege der Werke des Verfassers, Widerstand – Staatsstreich – Attentat, 4. neu überarb. und erweit. Ausg., München 1985, und Claus Schenk Graf von Stauffenberg und seine Brüder, 2. Aufl., Stuttgart 1992, wiederholen würden.

[2] Freya von Moltke, Michael Balfour und Julian Frisby, Helmuth James von Moltke 1907 – 1945. Anwalt der Zukunft, Stuttgart 1975, S. 212 – 220.

[3] Vgl. Karl Kroeschell, Deutsche Rechtsgeschichte 2, Reinbek 1973, S. 184, 224 – 230; Ioannes Althusius, Politica methodice digesta atque exemplis sacris et profanis illustrata, cui in fine adiuncta est Oratio panegyrica de necessitate, utilitate et antiquitate scholarum, Herbornae 1603; Théodore Bèze, Du droit des magistrats, Genf 1970 (erste Ausgabe 1574).

[4] Ger van Roon, Graf Moltke als Völkerrechtler im OKW, in: Vierteljahrshefte für Zeitgeschichte (VfZ), 18 (1970), S. 12 – 61.

[5] Der Oberbefehlshaber des Heeres: Dienstanweisung für den Chef des Generalstabes des Heeres im Frieden, Berlin, 31. Mai 1935, 1. Anlage zu T A Nr. 777/35 g.Kdos. T.Z., Bundesarchiv, Abteilung Militärarchiv (BA-MA), RH 2/v. 195.

[6] Peter Hoffmann, Ludwig Beck: Loyalty and Resistance, in: Central European History, XIV (1981), S. 332 – 350, hier S. 339 – 341; Friedrich Hoßbach, Zwischen Wehrmacht und Hitler 1934 – 1938, 2. Aufl., Göttingen 1965, S. 193 f. (Beck an Hoßbach, 20.10.1938).

[7] Zwei Briefe des Generals von Clausewitz: Gedanken zur Abwehr, in: Militärwissenschaftliche Rundschau, 2 (1937), Sonderheft, S. 8 – 9.

[8] Nicholas Reynolds, Treason Was No Crime. Ludwig Beck: Chief of the German General Staff, London 1976, S. 110 – 115; T.P. Conwell-Evans, None So Blind. A Study of the Crisis Years, 1930 – 1939. Based on the Private Papers of Group-Captain M.G. Christie, London 1947, S. 91 f.

[9] Beck, Betrachtungen über den Krieg (Vortrag 24.4.1940), in: Ludwig Beck, Studien, hrsg. von Hans Speidel, Stuttgart 1955, S. 118.

[10] Becks handschriftliche Notizen auf der Rückseite eines Berichts des Chefs T 3 Oberst i.G. von Stülpnagel, vom 11.4.1935, in: Klaus-Jürgen Müller, General Ludwig Beck. Studien und Dokumente zur politisch-militärischen Vorstellungswelt und Tätigkeit des Generalstabschefs des deutschen Heeres 1933 – 1938, Boppard 1980, S. 437 (Dok. Nr. 27).

[11] Vgl. Eberhard Jäckel, Hitlers Weltanschauung. Entwurf einer Herrschaft, 2. Aufl., Stuttgart 1981, S. 29; ders., Die deutsche Kriegserklärung an die Vereinigten Staaten von 1941, in: Im Dienste Deutschlands und des Rechtes. Festschrift für Wilhelm G. Grewe, Baden-Baden 1981; Helmut Krausnick und Hans-Heinrich Wilhelm, Die Truppe des Weltanschauungskrieges. Die Einsatzgruppen der Sicherheitspolizei und des SD 1938 – 1942, Stuttgart 1981.

[12] Christian Müller, Oberst i.G. Stauffenberg. Eine Biographie, Düsseldorf 1970, S. 278 f.

[13] Kriegstagebuch des Oberkommandos der Wehrmacht (Wehrmachtführungsstab) (KTB OKW), Bd IV, Frankfurt a.M. 1961, S. 55 f., 71 f., 1717 f., 1721.

[14] Siehe unten.

[15] I./Führ.-Nachr.-Rgt. 601, Fernsprechverzeichnis des Oberkommandos des Heeres/ Generalstab des Heeres, Stand vom 1.3.1944, Expl. Ober-Reichsbahnrat Kreidler, Mineis (L) b. Chef d. Trsp.W. (Photokopie im Besitz des Verfassers).

[16] Vgl. Klaus-Jürgen Müller, Das Heer und Hitler. Armee und nationalsozialistisches Regime 1933 – 1940, Stuttgart 1969, bes. S. 205 – 254.

17 Müller, Stauffenberg (wie Anm. 12), S. 219 – 280.

18 Ebd., S. 219 f., 228 f., 232.

19 Ebd., S. 247.

20 Hierzu und zum Folgenden vgl. Peter Hoffmann, Die Sicherheit des Diktators. Hitlers Leibwachen, Schutzmaßnahmen, Residenzen, Hauptquartiere, München, Zürich 1975, S. 197; KTB OKW, Bd II, Frankfurt a.M. 1963, S. 855 – 900; Müller, Stauffenberg (wie Anm. 12), S. 263.

21 KTB OKW (wie Anm. 13), Bd II, S. 940, 12 f., 970, 983; Müller, Stauffenberg (wie Anm. 12), S. 262 f.

22 Hoffmann, Widerstand (wie Anm. 1), S. 369.

23 KTB OKW (wie Anm. 13), Bd II, S. 986.

24 Müller, Stauffenberg (wie Anm. 12), S. 263 f., auf Grund von »SS-Bericht über den 20. Juli: Aus den Papieren des SS-Obersturmführers Georg Kiesel«, in: Nordwestdeutsche Hefte, 2 (1947), H. 1/2, S. 13 – 16; vgl. Georg Kiesel, Das Attentat des 20. Juli 1944 und seine Hintergründe, Masch., Sandbostel 6.8.1946, signiert, David-Irving-Sammlung »Papers of H.R. Trevor-Roper«, Mikrofilm DJ 38, (im Besitz des Verfassers); Spiegelbild einer Verschwörung. Die Kaltenbrunner-Berichte an Bormann und Hitler über das Attentat vom 20. Juli 1944, Stuttgart 1961, S. 293 f.; Hoffmann, Stauffenberg (wie Anm. 1), S. 249 – 251; Peter Hoffmann, Tresckow und Stauffenberg. Ein Zeugnis aus dem Archiv des russischen Geheimdienstes, in: Frankfurter Allgemeine Zeitung, Nr. 165, 20.7.1998, S. 8 f.

25 Hierzu siehe Hoffmann, Stauffenberg (wie Anm. 1), S. 252 – 254, 263 – 273; Prinz Wilhelm-Karl von Preußen (damals Lt., 2. Ord.Offz. in der Ia-Abt. der 1. Pz.-Armee) an d. Verf., 23.6.1993.

26 Die folgenden Abschnitte stützen sich auf die für Hoffmann, Widerstand (wie Anm. 1), S. 335, 755 f., 336, 347 – 360, 362, 370 f., 436, angegebenen Quellen.

27 Hoffmann, Widerstand (wie Anm. 1), S. 756, Anm. 40; Frau Elisabeth von Brauchitsch an David Irving, 12.10.1977, (Kopie im Besitz des Verfassers).

28 Hoffmann, Widerstand (wie Anm. 1), S. 261; ders., Widerstand gegen Hitler. Probleme des Umsturzes, München 1979, S. 23.

29 Peter Hoffmann, Warum mißlang das Attentat vom 20. Juli 1944?, in: VfZ, 32 (1984), S. 441 – 462; Hoffmann, Stauffenberg (wie Anm. 1), S. 408 – 426.

Johann Adolf Graf von Kielmansegg

Gedanken eines Soldaten zum Widerstand

Professor Eugen Gerstenmaier, an dessen Stelle ich habe kurzfristig einspringen müssen[1], wollte zu dem Thema sprechen: »Zur Problematik militärischer Opposition und militärischen Widerstands aus rechtlicher und ethisch-moralischer Sicht«, und er wäre diesem Thema sicher in hervorragender Weise gerecht geworden. Aus verschiedenen Gründen habe ich die Frage, ob ich dieses Thema übernehmen sollte und könnte, verneint. Ich habe auch nicht eigentlich versucht, den historischen Referaten ein anderes als das ursprünglich vorgesehene grundsätzliche Thema voranzustellen. Ich bitte Sie, damit vorlieb zu nehmen, daß Sie keinen ordentlich aufgebauten Vortrag von mir hören, auch kein historisch-wissenschaftliches Referat, sondern einige, nicht einmal besonders systematisch, sondern in loser Kette aneinandergereihte Gedanken eines Soldaten zum Widerstand. Dabei wird aber die Thematik, die Professor Gerstenmaier sich vorgenommen hatte, anklingen. Freilich – das, was ich sagen möchte, reicht keineswegs aus, um einen wirklichen Schlußpunkt zu setzen, es langt bestenfalls zu einem Doppelpunkt, hinter dem es weitergeht. Aber ich will versuchen – um meine Satzzeichen-Metapher fortzuführen – einige Ausrufezeichen vor Sie hinzustellen. Die möglicherweise sich ergebenden Fragezeichen können Sie dann machen.

Voranstellen möchte ich noch, daß ich zum Teil mich sozusagen selber zitieren werde aus dem, was ich vor 20 Jahren zur Bonner Gedenkfeier als Vertreter der Bundeswehr, aber auch an diese selbst gerichtet, gesagt habe. Dies letztere gilt auch für heute, denn diese Tagung dient ja in erster Linie der Fortbildung der hier anwesenden Offiziere, um sie besser in die Lage zu versetzen, über den militärischen Widerstand sprechen und unterrichten zu können; und an sie wende ich mich vor allem. Diese Tagung erhält ihren besonderen Akzent dadurch, daß der 20. Juli sich 1984 zum 40. Male jährt, was die Bundeswehr besonders in das Bewußtsein der Soldaten zu bringen beabsichtigt, wobei dieses Datum stellvertretend für das Ganze des Widerstandes gegen die Diktatur Hitlers steht.

Ich bin ein »Dabeigewesener«, der das »Dritte Reich« von Anfang bis Ende miterlebt und überlebt hat, was für mich als Beteiligten am militärischen Widerstand alles andere als zu erwarten gewesen war. Wenige nur sind davongekommen, und von diesen wenigen sind die meisten inzwischen gestorben. Das heißt also, daß ich das bin, was man Zeitzeuge nennt. Da es sich hier um eine historische Tagung handelt, möchte ich hinzufügen, daß ich aus vielfältiger Erfahrung weiß – ich bin auch für dies und jenes andere ein Zeitzeuge –, mit welcher im übrigen grundsätzlich berechtigten Vorsicht Historiker an Zeitzeugen und an das, was sie zu sagen haben, herangehen. Natürlich gilt es, Subjektivität, Gedächtnisfehler, Ungenauigkeiten und Selbstrechtfertigungen herauszufiltern, aber es gilt auch, sorgfältig darauf zu achten, was bei Zeitzeugen alles dieses nicht ist. Und, es sei mir erlaubt zu sagen, Zeitgeschichte *nur* auf der Grundlage von Buchstaben, von Dokumenten und Akten also, zu erforschen und zu schreiben, wie das die wissenschaftliche Geschichtsschreibung vor allem jüngerer Historiker gemeinhin tut, muß, so meine ich, ein unvollständiges und oft verzerrtes oder falsches Bild ergeben. Dies gilt ganz besonders für einen Gegenstand wie den Widerstand im »Dritten Reich«, dessen klandestiner Charakter in ständiger Verbindung mit der Gefährdung des eigenen Lebens und des Lebens anderer, angefangen mit der eigenen Familie, Buchstaben nicht nur vielfach verbot, sondern auch oft dazu zwang, falsche Buchstaben niederzuschreiben, die heute – ohne Kenntnis des oft sehr persönlichen Hintergrundes, von Lage und Umständen – falsch verstanden und interpretiert würden bzw. werden. Wenn ich, um nur ein persönliches Beispiel zu geben, an meine Aufzeichnungen denke, die ich in der Einzelzelle in der Prinz-Albrecht-Straße in Berlin gemacht habe, *damit* sie von der Gestapo gelesen wurden, was mir auch gelungen ist, dann bin ich ganz froh, daß sie nirgendwo gedruckt sind. Nach ihnen, ohne Erläuterung von Zweck und Umständen, wäre es heute ziemlich naheliegend, mich noch im Herbst 1944 als getreuen Gefolgsmann des Führers zu sehen. Was tut man nicht, wenn man – gefesselt – nicht weiß, ob man am nächsten Tag noch lebt.

Dieser persönlich gefärbten Bemerkung über Zeitzeugen möchte ich eine weitere hinzufügen, nämlich daß ich ein Soldat bin, der in drei sehr verschiedenen Armeen unter drei ebensosehr verschiedenen politischen Systemen, aber immer dem gleichen Vaterland gedient hat – eine Tatsache, die heute allein manchem zur Verurteilung genügt. Ich habe diese beiden Bemerkungen gemacht, um klarzulegen, als was ich vor Ihnen Gedanken zum Widerstand äußere: als beteiligter Zeitzeuge und als Soldat.

Die besondere Problematik militärischen Widerstandes gegen die Staatsführung mit dem letzten Ziel, sie zu stürzen, liegt in den Besonderheiten, die den Soldaten sowohl als Individuum wie als Teil einer staatlichen Institution gegenüber allen anderen Bürgern kennzeichnen und die eigentlich einen Widerstand ausschließen müßten. Zu ihnen gehört zunächst der militärische Auftrag, der im Frieden Ausbilden, Erziehen, ständig Bereitsein heißt und im Krieg Kämpfen. Das letztere bedeutet in dürren Worten: Auf Befehl zu sterben und andere dem Tode aussetzen zu müssen. Der Tod durch den Krieg greift heute auch weit hinter die Fronten, aber nur der Tod des Soldaten ist ein Tod unter dem Gesetz von Befehl und Gehorsam.

Da ist weiter das Treueverhältnis zum Dienstherrn, dem Staat also und seiner Regierung, dem das Loyalitätsgebot immanent ist. Das gibt es zwar auch für andere Staatsdiener, aber erhält für den Soldaten dadurch eine besondere Qualität, daß er Träger der bewaffneten Macht ist. Und da ist schließlich die Verpflichtung, das eigene Land mit der Waffe zu verteidigen – alles zusammen eingebunden in feierliches Gelöbnis und Eid.

Und dann Widerstand? Dazu noch der Widerstand, über den wir hier sprechen, den gegen NS-System und Hitler, der teilweise in den Krieg fiel? In jedem Fall dürfte klar sein, daß der Soldat nicht einfach sozusagen drauflos Widerstand leisten kann und darf und daß es einer nur ihm eigenen besonderen Verantwortung bedarf, die Grenzen des Gehorsams zu überschreiten – die genau festgelegten Fälle beiseite gelassen, wo er dies sogar tun muß, denn diese Fälle haben nichts mit Widerstand zu tun. Ich werde noch darauf zurückkommen, aber diese Überlegung bringt mich zunächst zu einem Punkt, auf den ich kurz eingehen möchte und der heute im übrigen in bedauerlicher und gefährlicher Weise aktuell geworden ist, die Frage des Widerstandsrechts. Natürlich wirft diese Frage zunächst den moralischen und dann den politischen Aspekt auf. Über beide ist viel gesagt und geschrieben worden. Hier möchte ich etwas zum rechtlichen Aspekt sagen, vor allem weil er, oder vielmehr die Unkenntnis, daß es ihn gab, damals eine wesentliche Rolle gespielt hat.

Wenn ich mich an das verzweifelte Bemühen von mir und vielen anderen erinnere, zu erkennen, was man als Soldat dem von außen und innen gefährdeten Volk und Staat nun wirklich schuldig sei – und dies in einem System, das, wie Dietrich Bonhoeffer zu Ende des Jahres 1942 es ausdrückte, »in der großen Maskerade des Bösen, das in so vielen ehrbaren und verführerischen Verkleidungen erschien« und es meisterlich verstand, einen immer wieder in Gewissenskonflikte zu treiben –, wenn ich mich daran erinnere, dann kann ich jedenfalls für mich und, wie ich weiß, für viele andere sagen, daß ich mir nicht darüber klar war, daß es so etwas wie ein *Recht* auf Widerstand gab und immer gibt – und noch weniger darüber, welcher Art dieses Recht ist, ein Naturrecht nämlich.

Dabei finden wir bereits von früher vorchristlicher Zeit an im abendländischen Rechtskreis, daß das Recht auf Widerstand gegen den das Recht brechenden Herrscher – und nur darum geht es und um nichts anderes – so gut wie überall und immer anerkannt war. Im angelsächsischen Rechtskreis, auch in Dänemark, hat es keine Unterbrechung gefunden. Schon im frühen Mittelalter gibt es feierliche Bekundungen und Festlegungen, so z.B. die Straßburger Eide von 842 anläßlich des Vertrages zwischen den Karolingern Ludwig dem Deutschen und Karl dem Kahlen oder im Sachsenspiegel. Ein westgotischer Satz sagte es in aller Kürze auf lateinisch: »Rex eris, si recte facies, et si non facias, non eris.« Hier wie überall im Widerstandsrecht ist der Grundgedanke der der Herrschaftsverwirkung, wenn der Herrscher das Recht, unter dem auch er steht, bricht. Die der Treuepflicht innewohnende Gehorsamspflicht erlischt, wenn der

Herrscher seine eigene Treuepflicht zur Wahrung der bestehenden Rechtsordnung nicht mehr erfüllt.

Diesen Kerngedanken drückt für heute der Staatsrechtler Professor Martin Kriele in einem Artikel deutlich aus. Er sagt darin: »Wo immer in der Tradition des Naturrechts ein Widerstandsrecht bejaht wurde, orientierte es sich an der grundlegenden Unterscheidung zwischen Rechtszustand und Willkürherrschaft. In Diktaturen [...] ist danach Widerstand gerechtfertigt, vorausgesetzt, er ist darauf gerichtet, einen Rechtszustand herbeizuführen. Ist umgekehrt der Rechtszustand durch Errichtung eines demokratischen Verfassungsstaats einmal hergestellt, so gibt es nur ein Widerstandsrecht gegen Versuche zur Beseitigung dieses Rechtszustandes. Der Maßstab dieses Widerstandsrechts ist die Erforderlichkeit zur Verteidigung der Verfassung.«

Solche Rechtsüberlegungen gibt es in Deutschland erst wieder seit dem Kriege. Das mittelalterliche Recht war im Gebiet des Heiligen Römischen Reiches Deutscher Nation immer unsichtbarer geworden und verschwand schließlich in der Praxis mit dem Aufkommen der absolutistischen Fürstenstaaten in Mitteleuropa. In der Theorie hielt es sich unbeachtet bis zur ersten Hälfte des 19. Jahrhunderts, um dann ebenfalls zu verschwinden, und zwar im wesentlichen aus zwei Gründen: In Deutschland setzte sich der Rechtspositivismus durch, für den nicht mehr das Naturrecht, sondern nur noch das staatlich gesetzte Recht Recht war. Zum anderen war es die allmähliche Zivilisierung, die Entwicklung zum Rechtsstaat mit seinen Institutionen, Kanalisierungen und Barrieren, mit Wahlrecht, Parlamenten und Machtkontrolle, die das Widerstandsrecht überflüssig zu machen schien.

Die Problemstellung im »Dritten Reich« wäre eine einfachere gewesen, die Entschlußfassung eine wesentlich leichtere, überhaupt und insbesondere für den Soldaten, wenn er das Bewußtsein eines für ihn existierenden Widerstandsrechts gehabt hätte – und, um dies deutlich zu machen, habe ich den kurzen Blick in die Rechtsgeschichte getan. *Wir* hatten damals dies Bewußtsein nicht, wir hatten nie etwas davon gehört, auch unsere Väter nicht, die es hätten weitergeben können. Diese historisch so alte Kenntnis mußte in langen und schwierigen Auseinandersetzungen mit sich selbst und mit anderen als neue Erkenntnis erst wieder gefunden werden. Dies war doppelt schwer, weil uns auch etwas anderes, ganz Entscheidendes völlig fehlte, nämlich die historische Erfahrung, daß Menschen durch den Einbruch einer vorher nicht vorstellbaren Barbarei in Situationen gebracht werden können, in denen der Gehorsam aufgekündigt, der aktive Widerstand gegen den Tyrannen und sein Regime geführt werden muß. Wir alle mußten ohne diese heute wieder klar gewordene historische Erfahrung leben und ohne sie zum Handeln kommen. Das ist vielen nicht gelungen, ja nicht einmal bewußt geworden, und konnte dies auch oft nicht. Ich sage dies nicht, um irgend jemand oder irgend etwas zu entschuldigen, sondern um zu verdeutlichen, welcher schwerwiegende Unterschied zu heute damals bestand.

Heute aber gibt es so manche, auch in den Medien, die diese nun vorhandene Erfahrung in *die* Zeit zurückprojizieren, in der es sie nicht gab, und die daraus leichthin Forderungen rückwirkend stellen und rasche Urteile fällen, die Verurteilungen sind. Das geht nicht. Ich erachte dies für eine unmögliche Methode und eine würdelose Herabsetzung der Männer und Frauen des Widerstands, die im Ziel alle einig waren, aber sonst vielfach verschiedener Ansicht, die sicher auch Fehler gemacht haben, die vieles nicht recht wußten, aber eines ganz genau, nämlich daß das, was sie dachten, sagten und taten, den Kopf kosten konnte und den allermeisten auch gekostet hat.

Aber nicht nur so etwas geschieht heute. Schlimmer noch ist der bei uns, nur bei uns, in jüngster Zeit in bestimmten politischen Strömungen aufgebrochene Mißbrauch des Begriffs Widerstand, den verlogen oder Wortschwindel zu nennen meines Erachtens nicht zu hoch gegriffen ist. Gewiß, von der Sprache her gibt es Schwierigkeiten, denn das Wort Widerstand kann in vielfachen Zusammenhängen verwendet werden. Leider gibt es keine allgemeingültige Definition für den Begriff des Widerstands im »Dritten Reich«. Vom Regimegegner über Bremser und Verweigerer bis zum Widerstands*kämpfer* führt eine weite Spanne. Für mich ist diese Bezeichnung nur berechtigt, wenn jemand nicht nur dachte und meinte, sondern etwas tat und zwar, das ist wichtig, innerhalb des Machtbereichs Hitlers. Es ist hier nicht der Platz, sich damit und mit diesen oder jenen politischen Auffassungen auseinanderzusetzen, die gegen Regierung und Staat angehen und dies ja auch können, solange sie es ohne Gewalt tun.

Was aber entschieden abgelehnt werden muß, ist die leichtfertige Gleichsetzung des Widerstandes gegen für manche zwar unerwünschte, aber keineswegs verfassungswidrige Entscheidungen mit dem Widerstand im »Dritten Reich«. Zurückzuweisen ist die Einstellung, die keinen Unterschied macht zwischen dem Widerstandsrecht gegen eine Diktatur und dem Widerstand gegen Verteidigungsmaßnahmen, die gegen eine Diktatur gerichtet sind, oder auch dem Widerstand gegen Startbahn West, Kernkraftwerke, Personalausweis usw. Das ist nicht nur eine Verfälschung, sondern auch eine Verunglimpfung des Widerstandes im »Dritten Reich«. Viele tun das aber heute, am deutlichsten hat es wohl Günter Grass formuliert.

Ich denke, daß der Bonner Staatsrechtler Professor Josef Isensee diese Erscheinung, die er noch umfassender sieht, richtig deutet, wenn er in der Zeitschrift ›Die neue Ordnung‹ schrieb: »Die Deutschen proben scharenweise den Widerstand [...]. Sie haben einen Typus des Widerstandskämpfers hervorgebracht, den die Jahrtausende der Geschichte des Widerstandsrechts noch nicht gesehen haben: den nachträglichen Widerstandskämpfer. Er kämpft gegen den Unrechtsstaat Hitlers aus sicherer historischer Distanz, vom bequemen Unterstand einer rechtsstaatlichen Verfassung. Er zielt auf die nationalsozialistische Herrschaft, aber es trifft die parlamentarische Demokratie des Grundgesetzes. Freilich gibt es Rationalisierungsmethoden, um über die Objektvertauschung und Zeitverschiebung hinwegzukommen. Der nachträgliche Widerstandskämpfer muß daran glauben, daß der grundgesetzliche Verfassungsstaat das neue Gehäuse des Nationalsozialismus bilde.« Soweit Isensee. Einen Satz von ihm möchte ich noch anfügen: »Der Lohn, der dem nachträglichen Widerstandskämpfer winkt, ist das *gute* Gewissen.« Und schließlich, was die Unterschiede zwischen dem Widerstand im »Dritten Reich« und dem heute proklamierten Widerstand angeht, über die ich gesprochen habe, so gibt es noch einen weiteren: Damals kostete es den Kopf. Heute kommt man dadurch ins Fernsehen.

Und noch eine Anmerkung, die mir im Zusammenhang mit dem Begriff Widerstand in den Sinn kommt. Claus Schenk Graf von Stauffenberg sprach von Erhebung. Und schon gar nicht sahen wir uns als »Mitglieder des Widerstands«, wie es heute manchmal heißt, als ob es sich um einen Verein gehandelt habe, in dem man ein- und wieder austreten konnte. In Wirklichkeit war es eine große Zahl von kleinen und kleinsten Gruppen, die nur lose und stets gefährdete Kontakte miteinander hatten oder oft auch überhaupt nichts voneinander wußten, oder es waren nur Verbindungen von Person zu Person. Überhaupt spielten oft schon bestehende persönliche Beziehungen mit wie z.B. bei mir. Stauffenberg war Kavallerist wie ich, und wir waren Jahrgangs- und Offizierschulkameraden. Peter Graf Yorck von Wartenburg, Ulrich-Wilhelm Graf Schwerin von Schwanenfeld und Eberhard von Breitenbuch waren mit mir zusammen auf der Klosterschule Roßleben, aus der im übrigen acht Widerstandsbeteiligte hervorgingen – eine zivile Parallele zum Infanterie-Regiment 9. Sich bildende Netze wurden durch Versetzungen immer wieder zerrissen.

Bevor ich von dieser Paraphrase über den Begriff Widerstand auf den militärischen Widerstand selbst zurückkomme, möchte ich noch eine Überlegung anstellen, die meines Erachtens sowohl mit dem von mir erwähnten Zurückprojizieren der heute vorhandenen historischen Erfahrung zu tun hat als auch mit dem Mißbrauch des Wortes Widerstand. Warum ist im Lauf der Jahre das Urteil über den Widerstand allgemein wie über den militärischen Widerstand im besonderen immer kritischer, ja teilweise negativ geworden? Warum das erkennbar zunehmende Bemühen um den Nachweis, daß selbst die überzeugtesten und aktivsten militärischen »Widerständler« – ich gebrauche dies Wort in Anführungszeichen – im Grunde doch Nazis oder Pronazis oder wenigstens Restnazis waren?

Der Kern dieser Haltung ist meiner Auffassung nach der fortschreitende Verlust der Fähigkeit, sich die Umstände und Bedingungen des Lebens und Handelns in einer rücksichtslosen Diktatur, in einem totalitären Regime vorzustellen und ihre Wirkungen zu begreifen, und das dann noch im Kriege und insbesondere ab 1941 gegen den Bolschewismus. Dieser war der Feind, die tödliche Bedrohung für den Einzelnen wie für das Vaterland, nicht Rußland und der Russe. Nichts fürchtete man – auch ich – so sehr, als in bolschewistische Gefangenschaft zu geraten. Wenn der Krieg da ist, ist er nun einmal da. Ich lasse weiß Gott nicht außer acht, wie es zum Zweiten Weltkrieg gekommen ist und wofür er und wie er, von den reinen Frontoperationen einmal abgesehen, von Hitler geführt worden ist. Aber das ändert nichts daran, daß er ein Existenzkampf geworden war, indem es um Deutschland und die Deutschen, um unser aller Schicksal ging, wo die Vernichtungsabsicht der Gegner deutlich geworden war – ich nenne nur die Zerstörung Deutschlands aus der Luft und »unconditional surrender« –, wobei es in dem Bezug, den ich herstellen möchte, gleichgültig ist, warum und wie es bei den Alliierten dazu gekommen war. Das, was ich meine, ist, daß ein Soldat nur Widerstand leisten konnte, wenn er zu der bitteren Erkenntnis gelangt war, daß es, ich zitiere, was der Stuttgarter Oberbürgermeister Manfred Rommel am 20. Juli 1983 in Berlin sagte, »besser wäre, diesen Krieg mit Hitler zu verlieren als ihn unter Hitler zu gewinnen« und, so füge ich hinzu, dazu auch selbst etwas zu tun, damit er verloren ginge. Versuchen Sie bitte zu erfassen und nachzuvollziehen, was das für einen Soldaten bedeutete, welche bis dahin für ihn schlicht undenkbare Loslösung von überliefertem Vaterlandsdenken und tief verwurzelten geistigen Traditionen dies verlangte. So gesehen ist es eher erstaunlich, daß doch so viele sich zu dieser Erkenntnis durchrangen, und es ist gar nicht sehr erstaunlich, daß dies der Masse der Soldaten nicht gelang.

Der zuvor angesprochene Verlust der Fähigkeit, sich so etwas und anderes vorzustellen, was das Leben damals bestimmte und ausmachte, läßt sich auch bei Historikern feststellen. Bei den älteren, die das »Dritte Reich« noch bewußt erlebt haben, findet man bei aller Kritik nicht das, worauf man bei einigen jüngeren stößt, die das Naziregime nicht mehr erlebt haben, die nicht betroffen waren. Ich meine die überlegene Richterattitüde nicht nur über den Widerstand, sondern auch gerade über all die, die nicht Widerstand geleistet haben. Pater Provinzial Karl Meyer hat dies in seiner Predigt an der Hinrichtungsstätte Plötzensee am 20. Juli 1983 aufgegriffen, als er sie unter den Text Matthäus 23, Vers 29 und 30 stellte: »Jesus sprach: Wehe Euch Ihr Schriftgelehrten und Pharisäer, ihr Heuchler! Ihr errichtet den Propheten Grabstätten und schmückt die Denkmäler der Gerechten und sagt dabei: Wenn wir in den Tagen unserer Väter gelebt hätten, wären wir nicht wie sie am Tode der Propheten schuldig geworden.«

Mir scheint, die heutigen Pharisäer wollen sich durch gnadenloses Ins-Gericht-Gehen eine bestimmte demokratische Haltung bescheinigen: *Wir* hätten das richtig und besser gemacht! Irgendwie trifft sich dies mit dem, was ich oben im Zusammenhang mit dem Mißbrauch des Wortes Widerstand von Josef Isensee zitiert habe.

Ich möchte jetzt anknüpfen an das, was ich über das damalige Nichtwissen um ein Widerstandsrecht, über das Fehlen der historischen Erfahrung gesagt habe, und ein Wort zur Frage von Eid und Gelöbnis anfügen. Hier müssen wir klar erkennen, daß die bindende Kraft des Soldateneides im Rechtsstaat nicht angetastet werden darf. Die Grenze liegt dort, wo es sich wie gegenüber Hitler um einen Cäsareneid handelt. Theodor Heuss hat einmal gesagt: »Es war das Gespenstische, daß in den Treueid auf Hitler die religiöse Formel ›bei Gott‹

aufgenommen war. Damit hatte Hitler eine zerbrechende Kraft einmontiert.« Hier spricht der erste Bundespräsident das an, was das christliche Denken der Maxime des Widerstandsrechts hinzugefügt hat: Der Mensch solle Gott mehr gehorchen als den Menschen. Hieraus wird in bezug auf Widerstand abgeleitet, daß der Herrscher, der Missetaten begeht, die ja immer auch gegen Gottes Gebot sind, sich selbst des Rechts auf Herrschaft beraubt. Ein Eid also, der bei Gott geschworen wird, schafft eine zusätzliche Dimension.

Für jeden und alle in der Bundesrepublik Deutschland gilt heute Artikel 20, Absatz 4 des Grundgesetzes (GG). Er ist bezeichnenderweise in dem Augenblick in die Verfassung eingefügt worden, als mit der sogenannten Notstandsnovelle 1968 die Verantwortung für Aktion im Notstand endgültig von den früheren Besatzungsmächten auf die Bundesregierung überging. Es war das letzte Stück Souveränität, welches bis dahin der Bundesrepublik gefehlt hatte, immerhin 23 Jahre nach Kriegsende und 19 Jahre nach Entstehung der Bundesrepublik.

Artikel 20, Absatz 4 GG sagt unmißverständlich: »Gegen jeden, der es unternimmt, diese Ordnung zu beseitigen [die im Absatz 3 genannte verfassungsmäßige Ordnung nämlich], haben alle Deutschen das Recht zum Widerstand, wenn andere Abhilfe nicht möglich ist.« Es gibt übrigens, das sei hier angemerkt, auch in den Länderverfassungen von Berlin, Bremen und Hessen Festlegungen eines Widerstandsrechts; es gab eine in der Verfassung von 1947 des schon lange nicht mehr existierenden DDR-Landes Mark Brandenburg, eine fast ironische Reminiszenz.

Das Grundgesetz stipuliert also eine bindende Voraussetzung des Rechts auf Widerstand und bindet seine Praktizierung an ein Kriterium. Die Voraussetzung ist die Ausnahmesituation, ist das, was die Staatsrechtler den »äußersten Fall« nennen. Das Kriterium ist: »wenn andere Abhilfe nicht möglich ist«. Dieses Kriterium macht, wie Isensee feststellt, das Widerstandsrecht subsidiär. Es ist so lange nicht gegeben, als der Rechtsstaat ein solcher ist, als die Institutionen des Staates bis herauf zum Bundesverfassungsgericht, Regierung und Parlament vorhanden und intakt sind. Wenn man, wie Günter Grass und andere es tun, dieses Kriterium beiseiteschiebt und zum aktiven Widerstand gegen staatliche Entscheidungen aufruft, die politisch bestreitbar, aber verfassungsrechtlich gültig und demokratisch legitimiert sind, dann deckt dies das Grundgesetz nicht, dann wird das Widerstandsrecht pervertiert und als Instrument einer Minderheit mißbraucht, um sich über demokratische Mehrheitsentscheidungen nach Belieben hinwegzusetzen.

Schon aus Grund-Voraussetzung und –Kriterium des Grundgesetzes wird deutlich, daß niemand – auch und gerade der besonders gebundene Soldat nicht – ohne weiteres blindlings und nach seinem bloßen Belieben das Widerstandsrecht praktisch verwirklichen darf. Für den Soldaten kommen noch, wie schon erwähnt, der Eid und die Tatsache hinzu, daß er unter dem Gesetz von Befehl und Gehorsam – es ist ein vom Parlament erlassenes Gesetz und nicht nur ein moralisches – steht, stehen muß, denn ohne es kann eine Armee im Frieden nicht bestehen, im Kriege nicht kämpfen. Ich erwähne dieses Gesetz nun zum zweiten Mal. Um möglichen oder absichtsvollen Mißdeutungen zu begegnen, möchte ich in Kürze etwas einfügen: Nichteinverständnis mit einem dienstlichen oder taktischen Befehl gibt eo ipso kein Recht auf Ungehorsam oder gar Widerstand. Das Nichtbefolgen eines als solchen erkannten rechtswidrigen oder gar verbrecherischen Befehls ist ein nicht erst vom heutigen Rechtsstaat gewährtes Recht. Es war bereits Bestandteil des alten Militärstrafgesetzbuches von 1872. Die Nichtdurchführung eines sinnlos oder unvollziehbar gewordenen Befehls, der als solcher klar erkannt wird, ist ebenso wie das Handeln ohne Befehl oder über den Befehl hinaus, wenn die Lage es erforderte, gute alte preußische und deutsche Tradition, wobei jeder für sich die Verantwortung für sein Tun und dessen Folgen zu tragen hatte. Ich habe gesagt »gute, alte« Tradition, womit ich bestimmte Verkrustungen und Hypertrophien des wilheminischen Zeitalters ausschließe. Beispiele gibt es genug. Denken Sie an den Ungehorsam eines Marwitz aus Ehrempfinden oder eines Seydlitz aus richtiger Beurteilung der Lage heraus bei Zorndorf. Erinnern Sie sich an Yorck in der Poscheruner Mühle und an das Wort des Prinzen Friedrich Carl von Preußen: »Seine Majestät hat Sie nicht deshalb zum Offizier gemacht, damit Sie einfach alle Befehle ausführen, sondern damit Sie auch wissen, wann Sie Befehle nicht ausführen müssen.« Erinnern Sie sich auch der Verleihungsbedingungen des österreichischen Maria-Theresia-Ordens und des bayerischen Max-Joseph-Ordens. Und denken Sie schließlich an den Grafen Sponeck 1941 auf der Krim und an Hoepner in der Winterschlacht vor Moskau 1942, der schon als Leutnant geschrieben hatte: »Ich handele nach der Befragung meines Gewissens.« Das sind nur zwei Namen aus der Wehrmacht, denen ich weitere anfügen könnte. Wir älteren Soldaten, um eine persönliche Bemerkung dazu zu machen, sind mit dieser Tradition aufgewachsen, wir haben sie nicht beiläufig irgendwo gelesen, sondern wir haben sie gelernt. Das ging sogar praktisch ziemlich weit. Ich erinnere mich gut, daß in den dreißiger Jahren bei den taktischen Aufgaben an der Kriegsakademie bei jeder zweiten Aufgabe die sogenannte Patentlösung die des – natürlich zu begründenden – Abweichens vom Befehl war.

Vom Feldmarschall Graf Moltke stammt das Wort: »Gehorsam ist ein Prinzip. Der Mann steht über dem Prinzip.« Das sagt etwas sehr wichtiges: Gehorsam und Nichtgehorsam schließen einander im tiefsten Kern nicht aus. Es sind vielmehr die Situationen, durch welche der eine oder der andere ausgeschlossen werden.

Nach dieser kleinen Variation unseres Grundthemas ›Militärischer Widerstand‹ nun wieder zurück zu der Voraussetzung des Widerstandsrechts.

Von einer Ausnahmesituation, wie sie im »Dritten Reich« allmählich entstanden war, kann heute überhaupt keine Rede sein und nicht einmal von einer sich abzeichnenden Annäherung an eine Ausnahmesituation. Durch das nationalsozialistische System war der Staat von Jahr zu Jahr zunehmend zu einem

Unrechtsstaat geworden. Heute haben wir einen gut funktionierenden Rechtsstaat von einer Liberalität, wie es sie kaum anderswo gibt.

Aber selbst in einer Ausnahmesituation muß, so meine ich und habe ich
immer gemeint, die Verwirklichung des Widerstandsrechts, d.h. die Ausübung
eines Widerstands in im übrigen je nach den Möglichkeiten sehr verschiedenen
und abgestuften Formen, wenn nicht für jedermann, so doch für den Soldaten,
der die Waffe trägt und als einziger damit Widerstand durch Aktion zum Erfolg
führen kann, von einigen weiteren Voraussetzungen abhängen. Diese Auffassung finden Sie in vielen Arbeiten, auch moraltheologischen, z.B. von Rupert
Angermair und Max Pribilla für die katholische, von Walter Künneth, Hans-
Joachim Iwand, Ernst Wolf für die evangelische Theologie. Sie finden Sie sehr
klar in einem grundlegenden Gutachten des ersten Präsidenten des Bundesgerichtshofes, Hermann Weinkauff. Ich möchte einige Sätze zitieren, die genau
das besagen, was ich meine.

»Wie überall sonst im Recht gilt bei der Ausübung des Widerstandsrechts
zunächst der Grundsatz der Güterabwägung. Weiter muß ich [...] ein klares und
sicheres Urteil darüber haben und mir zutrauen dürfen, und warum die Staatsführung so sehr gegen Recht und Pflicht verstößt, daß der gewaltsame Widerstand dagegen erforderlich und unerläßlich ist, sowie auch ein Urteil darüber, in
welchem Grade Widerstand notwendig ist. Besonders gesteigert wird die Verantwortung, wenn sich der Widerstandsakt im Kriege vollzieht.

Ich darf weiter im allgemeinen Widerstand nur leisten, wenn ich einigermaßen die begründete Hoffnung haben darf, daß mein Widerstand die Sache zum
Besseren wenden wird. ›Aliqua spes eventus‹ wurde von der Widerstandslehre
immer gefordert.«

Was besagen diese Sätze? Nichts anderes als das Erfordernis einer ständigen
Prüfung seiner selbst, der Situation und der Kenntnis, die man von der Situation hat. Dies ist weder leicht noch in Kürze zu vollziehen.

Weinkauff fährt dann fort: »In äußerster Lage kann – auch bei geringer unsicherer Hoffnung auf äußeren Erfolg – das bloße Aufrichten eines Fanals, eines
weithin leuchtenden Zeichens dafür, daß sich überhaupt noch Kräfte gegen die
Herrschaft des Bösen zu erheben wagen, den Widerstand rechtfertigen. Das
kann Erfolg genug sein. Auch ein solcher Erfolg kann geschichtlich ins Weite
wirken.« Hier zeigt Weinkauff, wie eine Niederlage – und der 20. Juli war eine
Niederlage – zum Erfolg werden kann. Genau dies ist der Sinn von Tresckows
Wort, das mit Recht bekanntgeworden ist: »Das Attentat auf Hitler muß erfolgen um jeden Preis. Sollte es nicht gelingen, so muß trotzdem der Staatsstreich
versucht werden. Denn es kommt nicht mehr auf den praktischen Zweck an,
sondern darauf, daß die deutsche Widerstandsbewegung vor der Welt und der
Geschichte unter Einsatz des Lebens den entscheidenden Wurf gewagt hat.
Alles andere ist daneben gleichgültig.«

Soweit das Gutachten von Weinkauff. Das gleiche meint z.B. Künneth,
wenn er als Voraussetzungen abgestufte Verantwortlichkeit, sachkundige Ein-

sicht, Möglichkeit der Realisierung nennt. Und das gleiche meinte schon 1938 Ludwig Beck, als er vom Handeln aus dem Wissen nach dem Gewissen im Bewußtsein der Verantwortung sprach. Und heute meint das Isensee, wenn er sagt, daß sich die Ausübung des Widerstandsrechts vom Rechtsbruch dadurch abhebe, daß sie »notwendig, geeignet und angemessen, den Verfassungsstaat zu schützen« habe. Die Abgrenzungen zu finden, die Voraussetzungen zu prüfen, zu einem Urteil zu gelangen, kann immer und nur in der Gewissensentscheidung des einzelnen und im Einzelfall geschehen.

Wenn man die eben genannten Kriterien durchdenkt, dann erkennt man, daß sie auch Kriterien für das Urteil im nachhinein sind, nach denen man das Verhalten jedes einzelnen beurteilen sollte, jedes einzelnen der Tausenden, die Widerstand geleistet haben, und der Millionen, die es nicht getan haben und von denen manche es heute so leichthin verlangen. Leider gibt es auch in der jüngeren Geschichtsschreibung einige Beispiele, bei denen man nicht einmal den Versuch erkennen kann, herauszufinden, ob und wie diese Kriterien gegeben waren, wie überhaupt die Umstände auf den einzelnen Fall bezogen tatsächlich aussahen. In jedem Fall waren sie außerordentlich verschieden und vielschichtig. Ich besitze ein Buch aus der Hinterlassenschaft des Generalobersten Werner Freiherr von Fritsch, der mein Onkel war. Es enthält Gedanken und Aussprüche von Goethe, und er hat es sich nach seinem Sturz 1938 gekauft. Er hat einige davon angestrichen, darunter den Satz aus dem »Werther«: »Habt Ihr die inneren Verhältnisse einer Handlung erforscht? Wißt Ihr mit Bestimmtheit die Ursachen zu entwickeln, warum sie geschah, warum sie geschehen mußte? Hättet Ihr das, Ihr würdet nicht so eilfertig mit Euren Urteilen sein.« Mir scheint, daß dies eine beherzigenswerte Mahnung ist.

Um zusammenzufassen: Es gibt nicht nur ein Widerstandsrecht, sondern auch Kriterien für seine Ausübung. Die Abgrenzungen zu finden ebenso wie die Voraussetzungen zu prüfen, kann immer und nur in der Gewissensentscheidung des einzelnen und im Einzelfall geschehen, und dabei ist man allein und ohne Hilfe. Man kann also zwar das Widerstandsrecht und die aus ihm entspringenden Forderungen festschreiben, sogar in ein Gesetz, aber nicht eine Widerstandspflicht, es sei denn, man faßt sie als Pflicht zur Gewissensentscheidung auf, wenn man die notwendige Einsicht und das Wissen hat und Möglichkeiten zur Realisierung sieht. Was geht daraus für den Soldaten im »Dritten Reich« hervor? Für eine bestimmte, nicht sehr große Zahl von ihnen stellt sich die Frage nach Widerstand und Gewissensentscheidung, für die große Masse aber vom General bis zum Grenadier konnte sie sich gar nicht stellen. Das heißt also, daß diejenigen Soldaten, die in gutem Glauben und in gutem Gewissen ihre Pflicht taten, deshalb kein Vorwurf, keine Abwertung ihres sittlichen Verhaltens treffen darf. Daß ich hierin nicht diejenigen einschließe, die Verbrechen begangen oder sich schuldhaft an ihnen beteiligt haben, versteht sich von selbst. All das, was ich zum militärischen Widerstand im »Dritten Reich« versucht habe darzulegen, gilt auch für den Soldaten von heute und morgen. Für diesen kommt aber noch eine Fragestellung hinzu, die in dem bisher Gesagten verborgen mitschwingt und auf die eine klare Antwort gegeben werden muß. Es ist die Frage, ob und inwieweit der 20. Juli eine Norm setzt oder setzen sollte.

Als Vorgang kann der militärische Widerstand gegen Hitler, kann der 20. Juli sicher keine Norm setzen, schon ganz einfach deswegen nicht, weil niemals ein Verhalten in einer Ausnahmesituation eine Norm setzen kann. Das außergewöhnliche Extrem kann und darf nicht die Regel des täglichen Handelns sein. Wohl aber können und sollen Geist und Haltung der Männer und Frauen des Widerstands Vorbild sein, und für Soldaten besonders die Soldaten, die ihr Leben für ihre sittliche Überzeugung, für Recht und Freiheit bewußt aufs Spiel setzten. Der Widerstand im »Dritten Reich«, sein Höhepunkt, der 20. Juli 1944, sind und bleiben, wie Marion Gräfin Dönhoff es ausgedrückt hat, ein »moralischer Lichtblick« in der deutschen Geschichte. Sie sind für uns Vermächtnis und Verpflichtung zugleich, stets eine klare Trennung zwischen Tyrannei und Humanität und Recht vorzunehmen und uns danach zu verhalten, gleich, wo sich diese Frage stellt.

Darüber hinaus bedeutet der 20. Juli noch mehr als die verpflichtende und vorbildliche Tat, denn seine inneren Probleme und seine Zielsetzungen sind zeitlos. Sie bestehen auch für uns angesichts des Charakters der Epoche, in die wir hineingestellt sind, angesichts der totalitären Unterdrückung, in welcher der eine, und der totalitären Bedrohung, unter welcher andere Teile Deutschlands noch bis vor wenigen Jahren lebten. Hintergrund und Vordergrund in einem war damals und ist heute das totalitäre System an sich, welches uns alle bedroht, mit physischer Vergewaltigung wie mit der Vergewaltigung des Gewissens. So wenig der 20. Juli als Modellfall gelten kann, so sehr hat er eine wegweisende Bedeutung.

Die Literatur zum Widerstand ist kaum mehr übersehbar angewachsen. Von allem, was ich davon kenne, ist für mich das beste und trotz klassischer Kürze tiefschürfendste und umfassendste in bezug auf das wahre innere Wesen, Denken und Handeln der Männer und Frauen des Widerstandes gegen Hitler ein Vortrag des großen Historikers Hans Rothfels, eine Quintessenz des vielen, was er zu diesem Thema geschrieben hat. Er hielt ihn 1954 aus Anlaß der 10. Wiederkehr des 20. Juli. Er ist überschrieben: »Das politische Vermächtnis des deutschen Widerstandes«. Sie finden ihn in Heft 4 des II. Jahrgangs der Vierteljahrshefte für Zeitgeschichte. Darin heißt es: »Es sind damals in der Grenzsituation Möglichkeiten und Umwertungen vorgelebt und vorgestorben worden, die potentiell zum Wesen der Zeit gehören, in der wir existieren. Es sind das die Möglichkeiten und Umwertungen im Sinne einer internationalen Frontbildung des Menschlichen gegen das Unmenschliche.« Daneben möchte ich stellen, was Professor Karl Dietrich Bracher 39 Jahre danach am 20. Juli 1983 bei der Gedenkfeier in Bonn so formulierte: »So kann Widerstand heute niemals heißen Rückfall in Weimarer Verhältnisse und in neutralistisch-nationalistische Sonderwege. Vielmehr gibt es ein Widerstandsrecht der zweiten freiheitlichen deutschen Demokratie selbst: nämlich den Widerstand gegen die diktatorischen Mächte unserer Zeit – diesmal an der Seite jener Demokratien Europas und der atlantischen Gemeinschaft, die für Menschenrechte und für Frieden in Freiheit stehen.«

Schließen möchte ich mit zwei Sätzen, die Eugen Gerstenmaier zuletzt schrieb: »Wir, die dazu gehörten oder sonstwie gegen die Schändung Deutschlands Front gemacht hatten, stimmten [...] völlig darin überein, daß die Rettung Deutschlands und die Sicherung seiner Zukunft allein in der Wiederherstellung des freiheitlichen Rechtsstaates und seiner entschlossenen Verteidigung gegen seine inneren und äußeren Feinde liegen könne. Das ist das bleibende Vermächtnis des 20. Juli 1944.«

So verstanden, haben die Worte, die Theodor Heuss am Ende seiner Ansprache an alle Deutschen am 20. Juli 1954 richtete, noch immer Gültigkeit: »Das Vermächtnis ist noch in Wirksamkeit, die Verpflichtung noch nicht eingelöst.«

Anmerkungen

1   Dieser Beitrag geht auf einen Vortrag zurück, den Graf von Kielmansegg bereits 1983 im Rahmen eines wissenschaftlichen Kolloquiums des MGFA an der Universität Münster hielt. Er wurde vom Autor für die vorliegende 5. Auflage des Begleitbandes durchgesehen.

Peter Sauerbruch

Bericht eines ehemaligen Generalstabsoffiziers über seine Motive zur Beteiligung am militärischen Widerstand

Die Literatur über die Ereignisse um den 20. Juli 1944, über die Hauptakteure und deren gedankliche Ausgangspunkte ist umfangreich. Aufzeichnungen der führenden Persönlichkeiten liegen aus naheliegenden Gründen kaum vor. Die Dokumentation der nationalsozialistischen Machthaber ist zweckbestimmt. Die Veröffentlichungen der wenigen Überlebenden geben wertvolle Aufschlüsse, ihre Aussagen sind aber eben auch gelegentlich widersprüchlich. Die sorgfältigen Bemühungen der Historiker haben manche Zusammenhänge erhellt. Ein ausgewogenes Geschichtsbild wird dennoch auf sich warten lassen, da es zwar mehrere Zugänge zu den Problemen, aber nur wenige passende Schlüssel gibt.

So werden auch diese Ausführungen – bei allem Bemühen zur redlichen Darstellung – nur persönliche Erlebnisse und die Sicht von meinem subjektiven Standpunkt aus beitragen können. Dabei betrachte ich mich nur als eine Randfigur.

Ich habe mit einer Reihe der in der Verschwörung führenden Soldaten in enger Berührung gestanden und war Mithelfer und Mitwisser. Meinen Weg durch die Ereignisse mußte ich mir – wie alle anderen auch – letztlich selbst suchen.

Ich stütze mich teilweise auf ein Referat, das ich auf Bitten des mit mir aus gemeinsamen Kriegszeiten her befreundeten Generals Wagemann 1977 vor den Schülern der Führungsakademie anläßlich einer Gedenkstunde an den 20. Juli gehalten habe. Wagemanns Fragestellung war damals: »Wie kam ein junger Offizier überhaupt mit dem Widerstandskreis in Berührung, und welche Reaktionen löste die Berührung aus?«

Die Fragestellung führt ganz von selbst zur Schilderung der Motivation und schließlich zu meiner Begegnung mit den Machthabern. Ich will mich bemühen, meinen Vortrag von dem Wissensstand, den wir im nachhinein über die Jahre 1933 bis 1945 gewonnen haben, freizuhalten. Ich werde mich an das halten, was ich damals wirklich wissen und erkennen konnte, und versuchen, die Wertmaßstäbe und Erlebnisse deutlich zu machen, die meiner damaligen Urteilsbildung, sicher auch manchen Irrtümern, zugrunde lagen.

Ich beginne mit einer Schilderung meines Werdeganges, der Erziehung und Denkweise, die mich geprägt haben. Ich wurde 1913 in der Schweiz geboren und lernte mein deutsches Vaterland in dem Augenblick kennen, als im November 1918 über dieses Land das Chaos nach dem Waffenstillstand hereinbrach.

Kinder haben ein waches Unterscheidungsvermögen zwischen Ordnung und Unordnung. So werde ich auch nie die johlenden, teilweise betrunkenen Soldaten mit roten Armbinden vergessen, die bei unserer Ankunft den Hauptbahnhof meiner neuen Heimatstadt München anfüllten. In die Kämpfe zwischen Weiß und Rot wurde unsere Familie bald ernsthaft hineingezogen. Unser Haus lag im Streubereich heftigen Artilleriebeschusses. Eine Seite des Hauses wurde durch eine Granate aufgerissen, wir saßen im Keller. Im Frühjahr 1919 entging mein Vater, der tagelang in seiner Klinik die Verwundeten beider Seiten versorgte, mit knapper Not dem Todesurteil der Räteregierung. Er hatte sich geweigert, den schwer verwundeten Attentäter Kurt Eisners auszuliefern.

Die Wiederherstellung der Ordnung durch das Freikorps Epp ließ uns aufatmen. Frauen konnten wieder über die Straße gehen, ohne angepöbelt zu werden, und wir Kinder konnten uns auf den Schulweg machen. Gute Pädagogen vermittelten die Schulbildung in Volksschulen und auf dem Humanistischen Gymnasium. Heimatkunde, Geschichte und eine enge Bindung an das Vaterland waren Mittelpunkt der Erziehung.

Damals und fast noch stärker nach der Übersiedlung nach Berlin 1928 wurde mir das Joch der Reparationskosten drastisch und täglich vor Augen geführt: Eine Schuldenlast, allein deren Zinsen die deutsche Wirtschaft über Jahre nie hätte aufbringen können. Zunächst die Papiergeldmengen der Inflationszeit, dann Arbeitslose, hungernde Menschen, neureiche Typen, alle diese Eindrücke nahm der heranwachsende Junge in sich auf.

Unsere Eltern waren – wie ich es bezeichnen möchte – national/liberal eingestellt. Hegte mein Vater auch eine erhebliche Skepsis gegenüber der Hysterie Hitlerscher Massendemonstrationen und warnte er mich, einer machthungrigen Bewegung nachzulaufen, deren Programm unberechenbar sei, so glaubte er doch fest an seine deutsche Nation. Das Deutsche Reich war ja auch in seiner Jugend eben erst in volle Blüte getreten und sollte nun schon zerbrochen sein? Namen wie Hindenburg und Hans von Seeckt wurden mit Ehrfurcht genannt. Der Friedensvertrag von Versailles galt als Schandfrieden, erpreßt durch das deutsche Zugeständnis alleiniger Kriegsschuld.

Zu dem im Elternhaus vermittelten Glauben an das Vaterland hatten wir – wie eben überhaupt zu der Tradition, die die Eltern uns weitergaben – ein ungebrochenes Verhältnis. Das humanistische Gymnasium bestärkte unseren Patriotismus in etwas pathetischer Weise durch Vorbilder aus der klassischen Welt.

Auch in Berlin genossen wir einen eindrucksvollen, gründlichen Geschichtsunterricht, so gut, daß ich als Abiturient noch freiwillig an einem Seminar über die Bismarcksche Bündnispolitik teilnahm. Aus heutiger Sicht hätte ich mir lieber eine gründliche Einführung in die Weimarer Verfassung gewünscht. Mit Innenpolitik haben wir Schüler uns damals sicher zu wenig beschäftigt.

Wir nahmen zur Kenntnis, daß die Weimarer Demokratie wenig funktionstüchtig war, ohne dabei zu berücksichtigen, von welch ungünstigen Voraussetzungen her sie angetreten war. Mit welcher Zähigkeit Männer wie Stresemann oder Brüning ihre Bürde getragen haben, das wurde mir erst viel später klar. Über die Tatsache, daß sich die damals führenden Schichten der neuen Demokratie weitgehend versagten oder zumindest in ihr keine Wurzeln schlugen, habe ich mir in meiner Schulzeit nur wenig Kopfzerbrechen gemacht.

Die Verlagerung des Schwerpunktes begrüßten wir jungen Menschen nach allem, was wir vordergründig sehen konnten:
- die Beseitigung der Arbeitslosigkeit
- der Wiedergewinn der Selbstachtung unserer Nation
- die Absage an die Endgültigkeit der Vertragsbestimmungen von Versailles
- ein eindeutiges »Halt« gegen die zunehmende Aktivität der kommunistischen Partei.

Das waren Ziele, mit denen wir uns bereitwillig identifizierten. Die Bedeutung nationalsozialistischer Rassentheorien haben wir damals nicht ernst genug bewertet. Wir sahen in ihnen eher einen Angriff gegen Korruption, Skandale, Degenerationserscheinungen in Gesellschaft und Kulturleben. Nie wäre es uns aber in den Sinn gekommen, das Viertel jüdischer Mitschüler in unserer Gymnasialklasse diskriminieren zu wollen. Die zielstrebige Brutalität des Rassenwahns habe ich erst in den Jahren kurz vor dem Kriege erfaßt.

1930 entschied ich mich dafür, Soldat zu werden. Die strenge physische und psychische Ausleseprüfung, über die man diesen Beruf nur erreichen konnte, wirkte als Ansporn. Daß das deutsche Vaterland verteidigungsbereit sein mußte, schien mir in Anbetracht der Bündnissysteme ringsum selbstverständlich, der Offiziersberuf als ehrenvolle Verpflichtung. Am 1. April 1932 trat ich in das 17. Bayerische Reiterregiment (später Kavallerie-Regiment 17) ein. Aus diesem Regiment sind allein vier aktive Offiziere hervorgegangen, die später nach dem 20. Juli 1944 hingerichtet wurden. Schon als Fahnenjunker begegnete ich dem damaligen Leutnant Claus Schenk Graf von Stauffenberg. Wir freundeten uns an und blieben immer in Verbindung.

Die sogenannte »Machtergreifung« erlebte ich schon als Soldat und damit von der Tagespolitik fern. Wählen durften wir nicht, und das Wahlalter hätte ich ohnedies erst 1934 erreicht. Heimat und Geborgenheit fand ich in meinem Regiment.

Die folgenschweren Vorgänge, die das Ermächtigungsgesetz einleitete, und die trickreichen Manipulationen, mit denen sich Hitler innerhalb der »Legalität« bewegte, habe ich damals nicht durchschaut. Erst später begriff ich sie in ihrer ganzen Tragweite. Hitler selbst hat allerdings auf mich persönlich nie eine suggestive Wirkung ausgeübt. Gegen seinen äußeren Habitus, gegen seine wenig edle Kopfform und sein eher gewöhnliches Gesicht, gegen seine gesteigerte

Sprechweise und seine oft unelegante Diktion lehnte sich in meinem Innern immer etwas auf.

Die Vereidigung auf Adolf Hitler – ich befand mich zu dieser Zeit als Fähnrich auf der Kavallerie-Schule – ist mir deutlich in Erinnerung geblieben. Ich zog mir damals das Mißfallen des Kommandeurs des Fähnrichslehrgangs zu, weil ich in einer der Vereidigung vorangehenden Unterrichtsstunde erklärt hatte, ich verstünde nicht, warum wir Soldaten fortan das Parteiabzeichen[1] auf der Uniform zu tragen hätten. »Die Partei ist eben keine Partei mehr, sondern das Deutsche Volk«, ward mir zur Antwort gegeben.

Daß die Vereidigung überstürzt und eigentlich gegen die Verfassung vorgenommen wurde – denn diese sah ja bei Ableben des Reichspräsidenten bis zu einer Neuwahl die Führung der Amtsgeschäfte durch den Präsidenten des Reichsgerichtes vor –, darüber habe ich damals sicher nicht nachgedacht. Wir vertrauten unseren Vorgesetzten und wären nie auf den Gedanken gekommen, man könne etwas »Ungesetzliches« von uns verlangen.

Die Leutnantsjahre waren voll ausgefüllt. Die Wiedereinführung der allgemeinen Wehrpflicht mit den daraus resultierenden Ausbildungsprogrammen schöpfte den Tag voll aus. Die Abende und Wochenenden gehörten der Ausbildung der Pferde für die reiterlichen Wettbewerbe.

Da Bamberg, der Standort meines Regiments, geographisch eine Schlüsselstellung für alle Mobilmachungen der kommenden Jahre einnahm, war ich als Abteilungs- und später Regimentsadjutant voll ausgelastet, die entsprechenden Vorbereitungen für den Einmarsch in das Rheinland, den Anschluß Österreichs, die Sudetenkrise und die Einnahme der Rest-Tschechei zu treffen.

Das Jahr 1938 ist in meiner Erinnerung als das Jahr einer entscheidenden Wende festgeschrieben. Die Verbrennung der Synagoge der Stadt Bamberg erschreckte mich heftig. Aus der Stadt in die Kaserne zurückkehrende Soldaten hatten mich darüber informiert. Auf mein telefonisches Angebot an den Bürgermeister und Kreisleiter, die Feuerwehren durch militärische Löschtrupps zu verstärken, erhielt ich die Antwort: »Alles ist unter Kontrolle.« Wie harmlos war ich damals, daß ich diese Antwort von einer Stelle hinnahm, die, wie ich heute annehmen muß, alles genau so unter Kontrolle hatte, wie es nach Weisung ihrer Oberen laufen sollte.

Die Fritschkrise ist das weitere Ereignis, das diesem Jahr seine schicksalsschwere Bedeutung gab. Bevor ich in diesen Tagen zu einem Urlaub nach Berlin reiste, rief uns der Regimentskommandeur zusammen und las uns die offizielle Mitteilung vor, unserem Oberbefehlshaber seien schwere sittliche Verfehlungen vorzuwerfen. Sie endete mit der Auflage, striktes Stillschweigen darüber zu wahren. Kaum in Berlin angekommen, wurde ich von einer Flut von Gerüchten und Vermutungen aller Art überschüttet. Ich schwieg und hielt mich heraus. Aber meine Unruhe war geweckt. Von 1938 an sind die Zweifel an der Rechtschaffenheit des neuen Staates in mir nicht mehr verstummt.

1939 zog ich in einer Aufklärungsabteilung als Adjutant und später Schwadronchef in den Polen- und Frankreichfeldzug. Für meine weitere Entwicklung ist die Versetzung als Ordonnanzoffizier des Chefs des Generalstabes des Heeres, Generaloberst Halder, in das Hauptquartier des Oberkommandos des Heeres bedeutsam gewesen. Ich trat diesen Posten nach Beendigung des Generalstabslehrganges im Frühjahr 1941 an. Er hat mir im Laufe des Jahres, in dem ich ihn innehatte, eine Vielzahl von Einblicken gegeben, die mir in der Truppe verschlossen geblieben wären. Im Hauptquartier sah ich häufig Stauffenberg, der in der Organisationsabteilung tätig war.

Im Herbst 1942 geriet ich als 2. Generalstabsoffizier der 14. Panzer-Division in den Strudel der Stalingrad-Schlacht.

Im Mai 1943 wurde ich als Ic in das Oberkommando der 2. Panzer-Armee versetzt. Eine Kommandierung als Verbindungsoffizier des Generalstabes des Heeres zum General der Schlachtflieger in Rangsdorf bei Berlin führte mich Ende 1943 wieder in Stauffenbergs Nähe, der kurz darauf meine Versetzung in das Allgemeine Heeresamt erwirkte, in dem er damals als Chef des Stabes tätig war. Meine eigentliche Mitarbeit im Kreis der Verschwörer begann im Dezember 1943 und endete durch meine Versetzung als 1. Generalstabsoffizier in die 4. Panzer-Division im Frühjahr 1944. Ich bin also zu einem verhältnismäßig späten Zeitpunkt mit den bestehenden Absichten vertraut gemacht worden. Die seit 1938 – dem Jahre der Fritschkrise und des Rücktritts des Generalobersten Beck als Chef des Generalstabes – immer wieder unternommenen Versuche, Hitler auszuschalten, und die Gründe, warum sie fehlschlugen, sind mir erst damals, Ende 1943, und auch nur teilweise, bekanntgeworden. Der außenpolitische Spielraum war zu diesem späten Zeitpunkt völlig eingeengt.

Von folgenden Grundvoraussetzungen mußte damals jede Lagebeurteilung ausgehen:

1. Der Krieg war für Deutschland verloren, wenn nicht eine ans »Wunderbare« grenzende überraschende Wendung eintreten würde. Generalstabsoffiziere sollten sich vor »Wundergläubigkeit« hüten. Ich erwähne die »wunderbare Wende« deswegen, weil sie mit dem Phänomen der Gläubigkeit an den »Führer und Heilsbringer Hitler« in Zusammenhang stehend von breiten Teilen der Bevölkerung, ja auch von einer beträchtlichen Zahl von Soldaten, bis zum bitteren Ende immer noch erwartet wurde.

2. Aussichten, mit den Westmächten zu einem Separatfrieden zu kommen, waren so gut wie nicht mehr vorhanden.

3. Man mußte nach dem Ergebnis der englisch-amerikanischen Konferenz in Casablanca (Januar 1943) und der Gespräche zwischen Großbritannien, den USA und der Sowjetunion in Moskau (Oktober 1943), die dann Ende November zu der Konferenz von Teheran führten, damit rechnen, daß die Alliierten durch außenpolitische Verhandlungen kaum noch zu trennen waren. Das zwischen ihnen vereinbarte Ziel war die bedingungslose Kapitulation Deutsch-

lands. Die spätere Aufteilung in Besatzungszonen zwischen Ost und West wurde bereits anvisiert.

Die Landung der Westalliierten in Frankreich stand noch bevor. Die Russen hatten bisher noch kein deutsches Territorium erobern können. Bestrebungen, sie nicht zu weit in den mitteleuropäischen Raum vordringen zu lassen, konnten trotz der Präjudizierung durch die genannten Konferenzen insbesondere von England erwartet werden. Das waren die einzigen Hoffnungsschimmer, die aber, wenn sie nicht erlöschen sollten, schnelles Handeln erheischten.

Diese Ausgangspunkte für eine Beurteilung der Lage waren es denn auch, die Stauffenberg Ende 1943 an den Beginn unserer Unterhaltung in Berlin stellte. Er konnte dabei an frühere Gespräche während unserer gemeinsamen Zeit im Hauptquartier OKH anschließen, insbesondere aber knüpfte er an eine Unterhaltung vom Februar 1943 an:

Zu dieser Zeit besuchte er mich in Berlin im Lazarett. Ich lag dort schwer an Gelbsucht erkrankt und zutiefst über die Katastrophe von Stalingrad erschüttert.

Den Beginn der Einschließung der 6. Armee hatte ich krank darniederliegend im Sanitätsstützpunkt meiner Division erlebt. Gerade hier auf der schmalen Landbrücke zwischen dem nach Westen gebogenen Wolga-Knie von Stalingrad und dem nach Osten ausladenden Don-Bogen trafen die Spitzen der äußeren Umfassungszange der Einschließungskräfte zusammen. Mit wenigen kampffähigen Männern und Panzerfahrzeugen aus Werkstatteinheiten versuchten wir die Russen solange abzuwehren, bis die Verwundeten in Sicherheit gebracht waren. Als die Russen wider Erwarten zögerten, uns zu verfolgen oder uns den Rückzug zu verlegen, entschloß ich mich, die letzte noch intakte Don-Brücke bei Werch Tschirskaja für eine etwaige Entlastungsoperation zum Aufreißen des inzwischen fest um die 6. Armee geschlossenen Kessels bzw. für Ausbruchsversuche aus diesem offenzuhalten. Das Unternehmen gelang, wenn auch unter großen Verlusten der kampfungewohnten rückwärtigen Dienste und weitgehend demoralisierter versprengter Truppenteile, die ich meiner Kampfgruppe eingegliedert hatte. Einige Tage bestand noch Funkverbindung mit Teilen der eingeschlossenen Armee, die sich zum Aufbruch rüsteten. Dann wurde es still.

Daß der Brückenkopf für eine Gegenoffensive nicht genutzt werden konnte, stand bei der Obersten Führung fest, als wenige Tage darauf die Don-Front in meinem Rücken in großer Breite und Tiefe durchbrochen wurde. Wir waren darüber nicht orientiert, die Verbindungen rissen immer wieder ab. Dennoch befahl Hitler das Halten der Brücke. Ringsum schließlich völlig eingeschlossen, kämpften wir tagelang einen immer aussichtsloseren und verlustreicheren Kampf. Die Krisenlage hatte zu einem Befehlswirrwarr westlich des Don geführt. Als auf unser Drängen die Genehmigung zur Aufgabe der Brücke schließlich erteilt wurde, erreichte sie uns viel zu spät.

Doch wir waren längst zum Handeln entschlossen. Alle Erkundungen und taktischen Vorbereitungen waren abgeschlossen und halfen uns, einem chaotischen Ende zu entgehen. Ich brach nachts mit einem Haufen völlig erschöpfter Menschen und einer großen Zahl Verwundeter auf den Tschir-Abschnitt nach Westen durch. Das Unternehmen gelang. Ich selbst kam nach dessen Durchführung endgültig ins Lazarett. Die Vergeblichkeit des Kampfes an der Don-Brücke ging mir nicht mehr aus dem Kopf, bis meine Gedanken schließlich von dem noch unfaßbaren Opfer der ganzen in Stalingrad eingeschlossenen Armee, das sich zum Jahresbeginn 1943 endgültig abzeichnete, in Anspruch genommen wurden. Ich habe absichtlich versucht, eine eindringliche Schilderung dieses Ablaufes zu geben; denn er hatte mir die Augen für die Sinnlosigkeit Hitlerscher Führungsmaßnahmen geöffnet.

Stauffenberg, der an meinem Bette saß, hörte meinen Schilderungen mit großem Ernst zu. Dann fragte er mich plötzlich, warum ich über die sinnlosen Aushaltebefehle so betroffen sei. Ich hätte doch im Hauptquartier ausreichend genug Gelegenheit gehabt, den Führungsstil zu beobachten, um die Katastrophe von Stalingrad voraussehen zu können. Alsdann sprach er von den beklemmenden Zuständen im Hauptquartier und der Unfähigkeit der Oberbefehlshaber, Hitler wirksam entgegenzutreten. Er befand sich auf dem Wege nach Afrika, wo er 1. Generalstabsoffizier einer Panzer-Division werden sollte. Noch heute klingen mir seine verzweifelten Worte im Ohr: »Dies ist eine Flucht an die Front!«.. Er hinterließ mir einen Brief, den der am 24. September 1942 aus seinem Amt entlassene Generaloberst Halder am nächsten Tage an meinem Bett abholte.

Erst bei dem Berliner Wiedersehen mit Stauffenberg Ende 1943 erfuhr ich, daß ich einen Brief »heißen Inhalts« ahnungslos befördert hatte. Damit nun zurück zu dem Gespräch Ende 1943. Der Stauffenberg, der mir jetzt gegenübertrat und die vorher umrissene Ausgangslage skizzierte, war durch schwere Verwundungen äußerlich verändert. Seine Niedergeschlagenheit vom Frühjahr aber hatte er überwunden, sein Wille war ungebeugt, sein klarer Verstand, der unerbittlich gegen sich und andere die Dinge stets zu Ende dachte, funktionierte wie früher. Als Chef des Stabes im Allgemeinen Heeresamt unter General Olbricht hatte er sich umfassende Kenntnisse über die personelle und materielle Ersatzlage verschafft. Die Probleme in der Spitzengliederung der Wehrmacht, ebenso wie das Verhältnis der Kompetenzen von Partei und Wehrmacht, das sich immer mehr zugunsten der Partei verschob, waren ihm aus seiner Tätigkeit in der Organisationsabteilung geläufig.

Unser Gespräch endete bei der Frage, was der verantwortungsbewußte Soldat zu tun habe, um von seinem Volk und Vaterland ein Unheil abzuwehren, das immer drohender hereinbrach. Im einzelnen ergaben sich dabei etwa folgende Fragestellungen:

1. Warum war und ist die höhere militärische Führung nicht in der Lage, ihre Vorstellungen rechtzeitig durchzudrücken?
Antwort:
Die deutsche Generalität ist weitgehend unpolitisch bzw. politisch einseitig erzogen worden. Sie hat sich von Hitler täuschen und durch dessen Anfangserfolge blenden lassen. Überragende Köpfe, die im Clausewitz'schen Sinne den Krieg als eine Fortsetzung der Politik unter Einmischung anderer Mittel sehen und den Einsatz dieser Mittel stets im gesunden Verhältnis zu einem sinnvollen politischen Gesamtkonzept zu vertreten wissen, sind rar. Als markante Ausnahme ist Generaloberst Beck zu nennen, der 1938 sein Amt als Chef des Generalstabes zur Verfügung stellte, weil er bereits damals eine Weltallianz gegen Hitlers Pläne voraussah, die notwendigerweise zu einem Zusammenbruch führen mußte, der den des Jahres 1918 weit in den Schatten stellen würde.

2. Müßten die Oberbefehlshaber nicht wenigstens aus ihrer rein militärhandwerklichen Sicht inzwischen erkannt haben, daß der Krieg verloren ist, und sich zum Handeln aufraffen?
Antwort:
Eine Reihe von Oberbefehlshabern hat sich dieser Erkenntnis gestellt.

3. Besteht dann die Möglichkeit, in einem gemeinsamen Handeln Hitler zu entmachten?
Antwort:
Es gibt einige wenige Oberbefehlshaber, die hierzu bereit sind. Andere berufen sich auf ihre Eidespflicht, oder sie fühlen sich der Auseinandersetzung mit dem Diktator nicht gewachsen. Es sei hier an gewisse Parallelen zur Persönlichkeit Napoleons I. erinnert. (Tatsächlich besaß Hitler einen feinen Instinkt, mit dem er ihm Unbequemes oder Gefährliches vorausahnte und so häufig die Initiative ergriff, bevor sein Gesprächspartner überhaupt seine Argumente vorbringen konnte.)
Schließlich gab es Oberbefehlshaber, die angesichts der harten Kämpfe an der Ostfront von großer Besorgnis erfüllt waren, jedes innenpolitische Ungleichgewicht im Gefolge eines Schrittes gegen Hitler werde große Teile des an ihn glaubenden Volkes so erschüttern, daß ein solcher Schritt den Zusammenbruch der Front nach sich ziehen müsse. Die Bereitschaft der Oberbefehlshaber war uneinheitlich, schwankend, resigniert. Stauffenberg war sich damals bereits darüber im klaren, daß eine jüngere Generation die Verantwortung für aktives Handeln übernehmen müsse.

4. Stehen noch Kampfmittel völlig neuer Dimensionen und Wirkung zu erwarten?
Antwort:
Es sind noch einige hocheffiziente Raketentypen in der Produktion. Sie können taktisch helfen, strategisch oder operativ nichts grundsätzlich ändern.

5. Gibt es einen Ersatz für Hitler in der derzeitigen politischen Führung?
Antwort:
Nein, die gesamte nationalsozialistische Führung ist mit Verbrechen beschmutzt. Inwieweit die *militärische* Führung von diesen Verbrechen Kenntnis haben konnte, ist umstritten. Ich habe jedoch als Ic feststellen können, daß Himmlers Sicherheitsdiensten im rückwärtigen Armeegebiet sogenannte »Sonderaufgaben« oblagen, die sich der Zuständigkeit des Armeeoberbefehlshabers, der ja gleichzeitig oberster Gerichtsherr seines Armeegebietes war, entzogen. Den Gesamtumfang der letztlich von Hitler ausgehenden Verbrechen gegen die Menschlichkeit haben wohl nur wenige gekannt. Daß es solche Vernichtungsaktionen gab, konnte niemandem verborgen bleiben, der seine Augen offenhielt. Aber auch schon Gleichgültigkeit im Sinne des »Was ich nicht weiß, macht mich nicht heiß«, war ein grober Fehler. Gerade dort, wo Kompetenzen der militärischen Führung durch den Sicherheitsdienst eingeengt wurden, war äußerste Wachsamkeit einfach eine Pflicht. Hier bot es sich an, die Konfrontation zu suchen und die traditionellen sittlichen Werte deutschen Soldatentums gegen den Einbruch des Verbrechens zu verteidigen.

Erlauben Sie mir, an dieser Stelle eine Bemerkung einzuschalten: Vor eineinhalb Jahren wurde ich gebeten, mit einer Abiturientenklasse einer Hamburger Schule über den 20. Juli zu diskutieren. Meine jungen Gesprächspartner äußerten sich anschließend kritisch:

Der militärische Widerstand habe sich nur von strategischen Erwägungen leiten lassen. Sein Anliegen wäre wohl das Verhüten eines Krieges oder, da dies nicht gelang, das Vermeiden einer Niederlage gewesen, während die sittlichen Motive gegen die nationalsozialistische Ideologie eine geringe Rolle gespielt hätten. Dieser Eindruck mag durch die Schilderung meiner Erlebnisse, die ja zu einem späten Zeitpunkt, nämlich 1943, beginnen, ausgelöst worden sein. Von dieser Zeit ab stand die auf Deutschland zurollende militärische Katastrophe einfach durch deren tägliches Sichtbarwerden im Bombenhagel in der Heimat und in den sich jagenden Hiobsnachrichten von allen Fronten im Vordergrund.

Der aus dem Sittlichen und Religiösen geborene Widerstand hätte m.E. bereits im Jahre 1938 wirksam zum Tragen kommen müssen. Daß dem nicht so war, dafür gibt es sicher eine Reihe von Gründen, die in meinem Erlebnisbericht nicht erwähnt werden, da ich zu dieser Zeit keinerlei Verbindung zum Widerstand hatte. Aus eigener Kenntnis kann ich nur meine Eindrücke aus zwei Begegnungen mit Generaloberst Beck beitragen. Die erste fand an seinem Krankenlager in der Charité, die zweite gemeinsam mit Stauffenberg in Becks Lichterfelder Wohnung statt.

Im ersten Gespräch, in das ich – etwa Ende März/Anfang April 1943 – noch völlig ahnungslos über des Generalobersten Rolle im Widerstand hineinging, konnte ich aus seinen Fragestellungen an mich erkennen, daß er sich gedanklich intensiv mit humanitären Problemen, insbesondere der Achtung der Menschenrechte gegenüber allen Menschen, gleich welcher Rasse oder politischen Gesinnung, in den besetzten Gebieten beschäftigte. Er ermahnte mich, diesen Teil meiner Verantwortung als Offizier bitter ernst zu nehmen.

In der späteren Unterredung – etwa Mitte Februar 1944 in Becks Wohnung – kam seine tiefe Sorge zum Ausdruck, wie das deutsche Volk sich von der Schuld reinigen könne, die es durch seine Identifizierung mit einer verbrecherischen Regierung auf sich geladen hatte. Beck war – nach einem Wort über die Männer der Widerstandsbewegung, das nach dem Kriege Churchill zugeschrieben wurde – zutiefst »von der Unruhe seines Gewissens getrieben«.

Stauffenberg bezog seine ganze Kraft aus einer Gläubigkeit und der hohen Achtung vor dem Menschen als Schöpfung Gottes.

Ich habe Ihnen diese Eindrücke und Überlegungen nicht vorenthalten wollen, da sie für meine damalige Gesamtschau wichtig erschienen, und setze nun die Reihe der Fragen, zu deren Beantwortung sich der Soldat durchringen mußte, fort.

6. Mit einer Ausschaltung Hitlers allein war die Umkehr nicht zu erreichen, wenngleich man Grund zur Annahme hatte, daß Himmler solchen Versuchen zunächst untätig zusehen würde, um sich dann, je nachdem, rechtzeitig als Retter zu erweisen oder selbst an die Macht zu spielen. War es dann nicht sinnvoll, den Dingen überhaupt ihren Lauf zu lassen und den Zusammenbruch als eine Art Selbstreinigungsprozeß abzuwarten?
Antwort:
Hier berühren wir ein Kernstück in Stauffenbergs Denken. Die Fortsetzung des Krieges würde unzählige, unnötige Opfer an deutschen Soldaten, die völlige Zerstörung der Lebensbedingungen und ein grausames Hinmorden am Kampfe unbeteiligter Menschen fordern. Stauffenberg stellte sich immer wieder die Frage: »Wer würde als sehender und wissender militärischer Führer den Angehörigen völlig sinnlos geopferter Menschen noch ins Auge sehen können?«

7. Nun komme ich an eine zentrale Frage, die Bindung an den Fahneneid. Ich sage Ihnen ehrlich, daß ich lange gebraucht habe, gerade diese Hürde innerlich zu nehmen.

Stauffenberg wies mit Recht auf die *Gegenseitigkeit* der Loyalitätsverpflichtung des Eides hin.

Wann aber ist der Bruchpunkt klar erkennbar? Ich bin persönlich der Auffassung, daß die Bindung so stark verankert und die Möglichkeit, sich aus ihr zu lösen, so dornenreich sein muß, daß der Sprung nur nach schwerem inneren Kampf und aus tiefster, in meiner Generation wohl religiös zu nennender Überzeugung gewagt werden kann und darf. Die Handlung setzt außerdem kritische Auseinandersetzung mit allen wesentlichen Tatsachen, d.h. also auch deren genaue Kenntnis, voraus.

Somit wird sich dieser Entscheidung im allgemeinen nur eine Elite stellen können. Und auch eine Elite nur dann, wenn man sie nicht allein als intellektuelle Elite versteht. Hier kommt es eben nicht nur auf analytische Fähigkeit und geistige Wendigkeit an, sondern auf den ganzen Menschen und die Festigkeit, mit der sein Denken und Handeln auf überzeitlich gültige Werte gegründet ist. Die Möglichkeit, als Verräter in die Geschichte einzugehen, wird nur von dem ertragen werden, der mit sich und seinem Gewissen absolut im reinen ist. Dies erklärt auch die Tatsache, daß es im Widerstand viel Halbherzigkeit gegeben hat. Kampfgewohnte, unerschrockene Männer wurden an sich selbst irre, als sich das Schicksal in entscheidender Stunde zu Hitlers Gunsten neigte.

Stauffenberg hatte alle diese Zweifel seit langem hinter sich gelassen. Es gab für ihn keine Umkehr mehr, nachdem er alles mit seinem klaren Verstand bis zur letzten Konsequenz durchdacht hatte.

8. Waren die politischen Vorbereitungen für das Nachher nach einem Staatsstreich ausreichend?

Antwort:

Diese an sich wichtige Frage, der man ein umfangreiches Kapitel widmen müßte, war Ende 1943 durch die Ausgangslage in ihrer Bedeutung stark gemindert. Es würde keine neue, nur eine Übergangsregierung geben. Es kam auf die rasche Beendigung des Krieges an. Die Übergangsregierung mußte also aus Persönlichkeiten bestehen, die mit dem Vertrauen der Alliierten rechnen konnte.

Sie konnte die Vorstellungen der Besatzungsmächte hier und dort zu beeinflussen suchen. Eigenständiges Handeln würde ihr versagt bleiben. Wichtig blieb es, den Zusammenhalt der Ostfront nicht aufs Spiel zu setzen, um durch bestmögliche Bedingungen im Osten die Zivilbevölkerung vor den Schrecken russischer Eroberungstaktik bewahren zu können. Hier lag ein ganz erhebliches Wagnis. Immerhin bestand begründete Aussicht, daß die Truppenführer der Ostfront in Erkenntnis der russischen Brutalität besonnen reagieren würden. Auf eine wenigstens passive Unterstützung der oder einzelner Westmächte bestand geringe Hoffnung.

9. Die letzte Frage kreiste um die Art und Weise , in der das Attentat durchgeführt werden solle.

Die sauberste Lösung – und hierüber gab es auch bei Stauffenberg keine abweichende Auffassung – wäre die Tat, verbunden mit dem Opfer der eigenen Person, gewesen. Das Bombenattentat, bei dem auch Unschuldige geopfert werden, ist dem Soldaten fremd, es gehört in das Repertoire von Anarchisten. Es wird immer schwer zu beurteilen bleiben, ob sich wirklich keine andere Möglichkeit zur Ausschaltung der nationalsozialistischen Führung anbot. Aber bedenken wir die Umstände!

Zumindest mußten Hitler, Himmler, Göring und Bormann, wenn möglich auch Goebbels, gleichzeitig getroffen werden.

Hitler hatte seit langem ein dichtes Sicherheitsnetz um sich gezogen.

Die Bereitstellung von Truppeneinheiten zum schlagartigen Überfall mit dem Ziel der Festnahme des genannten Personenkreises war wegen der Auffälligkeit einer solchen Maßnahme kaum durchführbar.

Damit sind die Grundgedanken, die Stauffenberg mit mir damals erörterte, in etwa umrissen.

Ich habe die darauffolgenden Tage und Nächte darüber gegrübelt. Es wäre mir wohl nicht in den Sinn gekommen, den Freund preiszugeben, selbst wenn ich mich seiner Gedankenkette hätte verschließen müssen. Ich wußte zu genau, wie hart er mit sich gerungen hatte, bis in ihm die bittere Erkenntnis herangereift war, daß Deutschland sich mit einem Dämon identifiziert hatte, der es mit in das eigene Verderben reißen würde.

Ich füge noch einen Gedanken hinzu: Unter uns Regimentsangehörigen gab es eine sehr enge Kameradschaft. Ich weiß nicht, ob es eine klassische Definition für diesen Begriff gibt, für uns bedeutete er jedenfalls ein tiefes Vertrauen zueinander und Hilfsbereitschaft füreinander. Gefahr und Verantwortung, Entscheidung und Gewissensnot bleiben keinem Soldaten erspart. Sich darüber aussprechen zu können mit einem anderen, der ähnliches durchmacht, und wissen, daß der andere dieses Vertrauen nicht mißbraucht, das geschieht eben unter Kameraden. Die kameradschaftliche Bindung stellt einen eigenständigen Wert dar, der sich von je her unabhängig von dem stählernen Gerüst der Hierarchie des Befehls und Gehorsams erhalten hat. Sie war zwischen Vorgesetzten und Untergebenen genau so möglich wie zwischen Gleichgestellten.

In den Vernehmungen nach dem 20. Juli ist immer wieder deutlich geworden, wie Diktatoren und ihre Sicherheitsorgane diese echte Kameradschaft hassen und verteufeln. Ihr Werkzeug ist ja gerade gegenseitige Verunsicherung und Mißtrauen aller gegen jeden!

Ich habe vier Monate lang mit Stauffenberg zusammengearbeitet und in dieser Zeit viele der Hauptakteure kennengelernt. Keiner erreichte dasselbe Maß einer aus großer innerer Kraft entspringenden Gelassenheit wie er.

Daß er die den Staatsstreich auslösende Tat zugleich mit der Führung des Ablaufes der Verschwörung in seiner Hand vereinigen mußte, bleibt ein Makel für diejenigen, die ihm den ersten Teil hätten abnehmen können. Wenn ich das ausspreche, so beziehe ich mich selbst in diesen Vorwurf mit ein. Ich vermag auch heute nicht zu sagen, ob ich mich dazu durchgerungen haben würde, die Bombe zu zünden, falls ich zum Zeitpunkt des Attentats Stauffenberg noch zur Verfügung gestanden hätte. Stauffenberg wußte, wie nötig seine Anwesenheit nach dem Attentat in Berlin war. Er allein hielt alle Fäden in der Hand.

Schriftliche Vorbereitungen, soweit es diese überhaupt gegeben hatte, waren vernichtet. Deutliche Anzeichen sprachen dafür, daß Himmlers Sicherheitsdienst Nachschlüssel zu den Panzerschränken des Allgemeinen Heeresamtes besaß.

Die endgültigen Pläne befanden sich in wenigen Köpfen. Eine Vielfalt von Motiven einte die Verschwörergruppen zwar in der Zielsetzung, das Regime zu beseitigen, verlangte aber eine straffe Koordination nach der Tat.

- Das politische Spektrum reichte von betont konservativ monarchistischen über christlich soziale bis zu sozialistischen Modellen.
- Es gab Zentralisten, Föderalisten und auch schon Befürworter eines europäischen Gemeinschaftsstaates.
- Der Verschwörung verbundene Gewerkschaftsführer waren besorgt, wie die Arbeiterschaft auf den Umsturz reagieren werde.
  Sollte ein Chaos in den Betrieben vermieden werden, mußte es gelingen, das in krassem Gegensatz zu den Errungenschaften vor 1933 stehende System der Arbeitsfront ohne Zeit- und Vertrauensverlust in demokratische Bahnen zurückzulenken.
- Das Denken beteiligter Soldaten konzentrierte sich teilweise ausschließlich auf die Beseitigung der strategischen Führungsfehler und brachte den politischen Folgeproblemen eines Umsturzes mangelhaftes Verständnis entgegen.
- Und endlich gab es auch manche Eifersüchteleien unter den Verschwörern.

Alle mußten mit behutsamer Hand am Zügel geführt werden. Die oberste Autorität der Verschwörer, der als Statthalter ausersehene Generaloberst Beck, war ein weiser, aber damals schwerkranker Mann. So war Stauffenberg denn der unermüdliche Motor. Während der *eine* Stauffenberg die letzten Reserven mobilisierte und Aushilfen ersann, wie man die notleidende Front mit Ersatz versehen könne, kreisten die Gedanken des *anderen* Stauffenberg um den Staatsstreich und versuchten, Schwächen und Lücken der Planung zu beseitigen. Wer heute davon spricht, daß der Ablauf des 20. Juli dilettantisch gewesen sei, möge bedenken, wie es damals unter der Diktatur Hitlers wirklich aussah!

Erst im September, meine Division kämpfte nun in Kurland, wurde ich festgenommen. Die erste Nacht nach der Festnahme verbrachte ich auf dem Gefechtsstand des XXXIX. Panzer-Korps. Der Kommandierende General Dietrich von Saucken, ein Mann, dem ich großes Vertrauen entgegenbrachte, orientierte mich, daß der Befehl zu meiner Verhaftung vom Reichsführer der SS direkt an ihn ergangen sei. Auf seine Rückfrage bei der Armee, ob dieser neue Befehlsweg seine Richtigkeit habe, erhielt er die Anweisung, die Verhaftung vorzunehmen, auch ohne einen Befehl des zuständigen Gerichtsherrn (Armeeoberbefehlshaber) erhalten zu haben. Saucken meinte dann: »Ihre Festnahme wird sich als Irrtum herausstellen!« Ich antwortete: »Herr General, es kann sein, daß ich Sie enttäuschen muß!« Hierauf Saucken: »Als Ihr Freund und Vorgesetzter rate ich Ihnen, seien Sie dort, wo man Sie jetzt hinbringt, weniger offenherzig als mir gegenüber!« Ein unerschrockener Edelmann und Kamerad, der ungeachtet der damit für ihn selbst verbundenen Gefahr mich nicht fallenließ!

Wenige Tage darauf befand ich mich im Gewahrsam der Gestapo in der Prinz-Albrecht-Straße in Berlin. Nächtliche Vernehmungen. Rasche Wechsel zwischen freundlichem Gespräch und massiver Drohung dauerten an. Aber auch in der Verlassenheit der Untersuchungshaft war noch nicht jede Menschlichkeit erstorben. Bei meiner ersten Vernehmung veranlaßte man mich, genau über die Ereignisse der Stalingrad-Schlacht zu berichten. Mitten im Gespräch wurde der mich vernehmende Beamte telefonisch abgerufen. Es entstand eine kurze Pause, die der zweite Beamte benutzte, um durch eine offene Tür ins Nebenzimmer zu gehen, wo er sich etwas zu essen holte – es war immerhin 22 Uhr. Den Raum verlassen konnte ich nicht. Zwei Wachen standen vor der Tür. Helle Lampen strahlten mir ins Gesicht. In diesem Augenblick fragte mich die Stenotypistin, die meine Vernehmung schrieb, leise, ob ich den Soldatenfriedhof bei Kalatsch am Don kenne, dort läge ihr bei einer SS-Einheit gefallener Bruder begraben. Ich bejahte und fügte hinzu, »es kann sein, daß ich sogar ein Bild davon habe, aber nachsehen kann ich erst, wenn ich hier wieder heraus bin.«

Da sagte sie: »Warum sollte das nicht gelingen, außer einem Brief von Ihnen, den man bei Stauffenberg fand, hat man keine Anhaltspunkte.« Ich schaltete, um welchen Brief es sich handeln könne, er war harmlos. Sollte ich in eine Falle gelockt werden, oder durfte ich vertrauen? Ich tat das letztere und habe mich durch die folgenden Vernehmungen hindurchgewunden, darauf bedacht, keinen noch Lebenden zu gefährden.

Nach vorübergehendem Aufenthalt im KZ Fürstenberg wurde ich zu meiner letzten Vernehmung dem Chef des Reichssicherheitshauptamtes Kaltenbrunner persönlich vorgeführt.

Ein merkwürdiges Erlebnis. Er verstrickte mich in ein Gespräch, in dem er offensichtlich herausfinden wollte, welche Schwächen ein Generalstabsoffizier an Hitlers Führung kritisierte. Schließlich sagte er: »Der Generalstab des Heeres rechnet nur rote gegen blaue Divisionen auf der Lagekarte gegeneinander auf, was ihm fehlt, ist der Glaube an den Führer.« Ich entgegnete darauf, dann müsse doch bei der Luftwaffe alles in bester Ordnung ein, da diese von einem bewährten Nationalsozialisten aufgebaut worden sei. Ein Kommando zum General der Schlachtflieger habe mich aber deutlich über die völlig aussichtslose Unterlegenheit gerade dieses Wehrmachtteils belehrt. Kaltenbrunners Antwort: »Erlassen Sie es mir, darauf einzugehen!« Die Anzeichen für das Auseinanderfallen der Spitzengruppe mehrten sich.

Die Vernehmung endete mit der Feststellung Kaltenbrunners: »Ich hoffe, es ist Ihnen klar, daß ich Ihnen hätte einen Strick drehen können, wenn ich das gewollt hätte, aber es sind schon zu viele von den jungen Offizieren, die unser Volk dringend braucht, verurteilt worden.« – Ich schwieg begreiflicherweise zu dieser Äußerung.

Ich habe das Rätsel, warum er mir den Strick nicht gedreht hat, bis heute nicht lösen können. Sicher weiß ich – denn das erwähnte Kaltenbrunner im Laufe der Vernehmung –, daß sich Generaloberst Jodl (Chef Wehrmachtführungsstab) energisch um meine Freilassung bemüht hatte.

Eine andere Vermutung ist die, daß meine Inhaftierung gleichzeitig meinen Vater treffen sollte. Er war mit Generaloberst Beck, den er auch als Arzt behandelte, befreundet, und er gehörte seit vielen Jahren der Mittwochsgesellschaft an, aus deren Mitgliederkreis einige gewichtige Persönlichkeiten der Teilnahme am Widerstand überführt wurden und ihr Leben ließen. Meine Vermutung erhielt dadurch eine gewisse Rechtfertigung, daß Kaltenbrunner meinen Vater verständigte, er möge mich nach meiner Vernehmung im Reichssicherheitshauptamt abholen. Zu meinem Erstaunen trat also plötzlich mein Vater in Kaltenbrunners Zimmer. Es entspann sich in meiner Gegenwart ein kurzes Gespräch, in dem Kaltenbrunner ihm Vorhaltungen machte, er mißbrauche seinen ärztlichen Beruf, um seine schützende Hand über Juden zu halten. Mein Vater antwortete ihm: »Ich halte meine Hand über jeden, der mich als Arzt braucht.«

Ich stellte mich innerlich schon darauf ein, wieder in die Zelle zurückgeschickt zu werden. Aber ich war frei. Nach der Entlassung meldete ich mich beim Chef des Generalstabes, inzwischen Generaloberst Guderian. Meinen Wunsch auf Übernahme eines Regiments oder Bataillons lehnte er ab. Er befahl mir, im Generalstab zu bleiben und auf meinen Posten als Ia der 4. Panzer-Division zurückzukehren. Ich gehorchte.

Der Wimpel des Divisionsstabes steckte an einem verkommenen lettischen Schulhaus. Die Ordonnanzoffiziere des Divisionsstabes hatten sich zu meiner Wiederbegrüßung vor der Haustür aufgestellt und sangen, von einer Ziehharmonika begleitet, den damals wohlbekannten Schlager: »Peter, Peter, wo warst Du heute Nacht?« Das war ihre lockere und doch vielsagende Art, ihre Meinung auszudrücken. Über die Gründe meiner Abwesenheit wurde nicht weiter gesprochen.

Die Truppe durfte mit Recht erwarten, daß sich unsere ganze Aufmerksamkeit hier und jetzt darauf richtete, den Russen das Eindringen in unsere dünne, überanstrengte Front zu verwehren. Hier endet mein aus persönlichem Erleben schöpfender Bericht über die Ereignisse um den 20. Juli.

Zur Abrundung meiner Erlebnisse noch ein Ereignis aus dem Frühjahr 1947: Ich wurde damals anläßlich der Anklage gegen die Feldmarschälle Wilhelm List und Maximilian Freiherr von Weichs vor dem Alliierten Nürnberger Gerichtshof über deutsche Führungsmaßnahmen in Jugoslawien und Albanien vernommen. Offensichtlich über meine Verbindung zum militärischen Widerstand unterrichtet, stellte mir der amerikanische Vernehmungsbeamte auch zu diesem Thema Fragen. Anschließend gab er in zynischer Weise seine Einschätzung des deutschen Widerstandes zum besten: »Dieser wollte Hitler ja nur beseitigen, um nun seinerseits mit einer aus Militaristen, Reaktionären und Industriellen zusammengesetzten Machtgruppe den deutschen Imperialismus fortzusetzen.« – Man sieht, Klischeevorstellungen sind langlebig.

Das Attentat ist nicht gelungen. Auslegungen darüber, was geschehen wäre, wenn es zum Erfolg geführt hätte, gibt es viele. Sie sind müßig. Fest steht, daß ohne letzte Klarheit der Gedanken und ohne die Anerkennung einer Macht, die über all unserem menschlichen Tun steht, niemand die Kraft zur Tat gegen den Diktator aufbringen konnte. Stauffenberg ist hierfür Beispiel und Vorbild.

Nach dem Untergang des Offizierkorps 1945 brauchte es sicher Zeit, bis deutsche Offiziere wieder zum Selbstverständnis ihrer Bestimmung zurückfanden. Die Erinnerung an ihre Vorgänger, die Tag für Tag in härtesten Abwehrschlachten ihr Letztes gegeben haben, half ihnen, auf die Vergangenheit wieder stolz zu sein. Aber sie brauchten m.E. ebenso das Beispiel des 20. Juli, um die *Grenzsituationen*, in die ein Offizier in letzter Verantwortung gestellt werden kann, voll begreifen zu können.

Ich sprach zu Ihnen aus einer Zeit, die ein Großteil unserer heutigen Bundeswehroffiziere nicht mehr bewußt miterlebt hat und in deren brutales Gesicht sie nicht geblickt haben.

Aus der heutigen Sicht kommt uns sicher vieles davon eigenartig, manches fast unwirklich vor. Aber das ist meine Erfahrung: Je konzentrierter sich unser Leben abspielt, um so bunter beginnt es sich zu äußern.

Geschichte wiederholt sie nie in deckungsgleicher Form. Wohl aber stellt sie uns Menschen in gewissen Abständen immer wieder vor ähnliche Situationen, Spielarten des einmal schon Dagewesenen. Eine Blanco-Vollmacht auf richtiges Handeln, die uns unsere Zweifel abnimmt, bleibt uns versagt. Wollen wir uns auf den mannigfaltigen Wegen, die durch unsere Zeit führen, nicht verirren, so bleibt uns nur die Fähigkeit zu klarem und aufrichtigem Denken und zum Lauschen auf die Stimme unseres Gewissens als eine der vielen Möglichkeiten des Menschen.

Vom Autor durchgesehene Fassung des Beitrages in der ersten Auflage des Ausstellungs-Kataloges von 1984.

Anmerkungen

[1]   Gemeint ist das Hakenkreuz in dem 1934 eingeführten Hoheitsabzeichen, das auf der rechten Seite des Uniformrocks getragen wurde.

Uta Freifrau von Aretin

Preußische Tradition als Motiv für den Widerstand gegen das NS-Regime

Das Attentat auf Hitler am 20. Juli 1944 liegt mehr als 50 Jahre zurück, das heißt die Tat selbst und alles, was schon *vor* diesem Datum von vielen Frauen und Männern verschiedenster Berufe, Gesellschaftsschichten und Altersklassen geleistet wurde, ist Geschichte geworden. Es wird immer schwieriger, der jüngeren Generation zu vermitteln, was für die Männer und Frauen geistig und ethisch schlechthin so existentiell gewesen war, daß national denkende Patrioten in Kauf nahmen, den Vorwurf des Landesverrates auf sich zu nehmen. Es war dies ein langer und schmerzhafter Prozeß, der heute häufig Anlaß zu falschen Analogien gibt.

In dem vorliegenden Begleitband sind ausführliche wissenschaftliche Beiträge aufgeführt, die sich mit den verschiedenen Gesichtspunkten des militärischen Widerstandes beschäftigen, mit denen ich nicht in Konkurrenz treten will. Die Ausstellung selbst gibt eine chronologische Information des historischen Hintergrundes, über die Wurzeln und die Entwicklungsgeschichte der militärischen Oppositionsbewegung.

Es geht mir darum, einige persönliche Gedanken vorzutragen. Die Ausstellung »Aufstand des Gewissens« befand sich 1993 in der ehemaligen Kaserne des traditionellen Infanterie-Regiments 9 in der heutigen Henning-von-Tresckow-Straße. Daß aus diesem Regiment besonders viele Widerstandskämpfer hervorgegangen sind, ist schon oft gesagt worden. Daß dieses Regiment besonders fest in preußischer Soldatentradition verwurzelt war, ist auch bekannt. Der Begriff »Preußen« wird immer wieder überstrapaziert: Preußen wird beschworen, verherrlicht, beschimpft, belächelt, verketzert. Die sogenannten preußischen Tugenden – Pflichtbewußtsein, Ehrlichkeit, Toleranz, Treue, Genügsamkeit, um nur einige Beispiele zu nennen – werden ebenso häufig hervorgehoben.

Lassen Sie mich dazu drei Grundgedanken bringen:

Das Infanterie-Regiment 9 war für seinen der Freiheit verpflichteten Geist bekannt. Zweitens ergab sich diese Grundhaltung, nach dem Zeugnis vieler ehemaliger Angehöriger dieses Regiments, aus einer Mischung von Elitebewußtsein und den Prinzipien preußischer Tradition. Als drittes wesentliches Element – und das kommt in vielen historischen Darstellungen meiner Meinung nach etwas zu kurz – gehörte dazu die christliche Grundhaltung. Alle diese drei Elemente sind keine Begriffe, die unsere heutige Zeit prägen. Damals war es diesen Männern – von meinem Vater, Henning von Tresckow, möchte ich es jedenfalls behaupten – eine völlig selbstverständliche innere Haltung und Lebensauffassung.

Mein Vater äußerte einmal zu meiner Mutter: »Ich verstehe nicht, wie sich heute noch Menschen als Christen bezeichnen können, die nicht gleichzeitig wütende Gegner dieses Regimes sind. Ein wirklich überzeugter Christ *kann* doch nur ein überzeugter Gegner sein.«

Elitebewußtsein, preußische Tradition und Handeln aus christlicher Verantwortung – der berüchtigte »Tag von Potsdam« zeigte, daß man diese Elemente nur zu gut mißbrauchen konnte. Die damals im März 1933 in der Garnisonkirche gefeierte Versöhnung des neuen Deutschland mit alter preußischer Tradition stand am Anfang einer Entwicklung, an deren Ende der Opfertod vieler stand, deren Leben vom Geist der Freiheit, vom Geist des Infanterie-Regiment 9 geprägt war.

Am »Tag von Potsdam« spielte die Orgel der Garnisonkirche das Deutschlandlied, während die Reichswehr Salut schoß. Das Glockenspiel »Üb immer Treu und Redlichkeit« wurde auf Anordnung von Goebbels das Pausenzeichen vom Deutschlandfunk. Wie Ekkehard Klausa einmal sagte, spiegelt die Geschichte des Infanterie-Regiments 9 ein Stück preußischer Tradition im Untergang, spiegelt die geistige Igelstellung in der ungeliebten Weimarer Republik, spiegelt die Verführbarkeit durch Hitler, die Ablehnung brauner Vulgarität und schließlich ihren Widerstand. »Am 20. Juli 1944 hat der soldatische ›Geist von Potsdam‹ Hitlers ›Tag von Potsdam‹ widerlegt.«

In der Konferenz von Potsdam feierten die Sieger ihren Sieg über den von Hitler mißbrauchten »Geist von Potsdam«. Die Bundesrepublik wurde nach 1945 in deutlicher Abgrenzung zu Preußen aufgebaut. Adenauer, konservativ-katholisch, äußerte: »Wir im Westen lehnen vieles, was gemeinhin preußischer Geist genannt wird, ab.« Die Hauptstadt Bonn, mit dem Charme einer kleineren Provinzstadt, wurde Ausdruck der westlich orientierten Bundesrepublik. Sie hat sich in den 50 Jahren ihres Bestehens einen geachteten Platz in der Welt erworben. Allerdings hätte dieses Deutschland nie den Weg zurück in die Gemeinschaft zivilisierter, geachteter Völker gefunden ohne das Erbe der Widerstandsbewegung.

Henning von Tresckow (1901 bis 1944) als Hauptmann i.G. im Jahr 1937

Auch die damalige DDR, die sich ja als aus dem Geist des sozialistischen Widerstandes gegen das »Dritte Reich« geboren betrachtete, begann just zu dem Zeitpunkt, als sie die Aufnahme in die internationale Völkergemeinschaft anstrebte, den militärischen Widerstand mit positiver Anerkennung zu bedenken.

Waren die Werte preußischer Prinzipien (Tugenden), elitäres Bewußtsein und christlicher Geist in protestantischer Strenge, nicht ohne weiteres in unsere neue Demokratie einzubringen? Waren sie durch den Mißbrauch durch das »Dritte Reich« so sehr in Mißkredit geraten, daß sie keinen Wert mehr an sich darstellten?

Mir geht es um die Frage, inwieweit diese Werte geeignet waren, die »große Maskerade des Bösen, die alle ethischen Begriffe durcheinanderwirbelte und wo das Böse in Gestalt des Lichts, des geschichtlich Notwendigen und sozial Gerechten erschien«, wie Dietrich Bonhoeffer es nannte, zu durchschauen, und dann die Konsequenzen daraus zu ziehen.

Zunächst muß man feststellen, daß das »Dritte Reich« gerade für den der preußischen Tradition verpflichteten Soldaten viel Verführerisches hatte. Es hatte die in ihren Augen erfolglose Weimarer Republik überwunden und eilte von Erfolg zu Erfolg. Aus der Reichswehr war in wenigen Jahren eine hervorragend ausgerüstete Armee entstanden. In einem Eid hatte sich die Wehrmacht an Hitler persönlich gebunden. Daß die Eidesleistung in geradezu perfider Weise den Eid auf den preußischen König kopiert hatte, wurde von vielen nicht wahrgenommen. Preußische soldatische Tradition war damals in aller Munde, und was davon echt oder unecht war, war zumindest am »Tag von Potsdam« nicht zu unterscheiden.

Als am Abend dieses Tages in der Wohnung meiner Eltern erregte Debatten stattfanden, in denen einige Anwesende ihre Zweifel an der Aufrichtigkeit der Hitlerschen Beteuerungen äußerten, blieb mein Vater zu *diesem* Zeitpunkt bei seiner Überzeugung, soeben die Geburtsstunde eines neuen nationalen Deutschland erlebt zu haben, das in der Tradition des Bismarckschen Reiches stand.

Die Morde des 30. Juni 1934 ließen aufhorchen – aber es war der Reichswehrminister Generaloberst Werner von Blomberg, der dem Führer am 2. Juli 1934 dafür dankte! Ein weiterer Anstoß zu neuer Orientierung wurde gegeben, als die dem Nationalsozialismus verpflichteten sogenannten Deutschen Christen gegen Andersdenkende ihrer Kirche ins Feld zogen. Es war für viele unfaßbar, daß der Staat, zu dem die evangelische Kirche eine enge Bindung hatte, begann, gegen Christen vorzugehen, aufrechte christliche Verkündigung zu verhöhnen, und Pfarrer, wie zum Beispiel 1937 Pastor Martin Niemöller, ihres Bekenntnisses wegen einzusperren. Zudem war es offenkundig, daß sehr viele evangelische Bischöfe im »Fahrwasser« der Deutschen Christen und dem Geist des »Dritten Reiches« blieben. Dem setzte die Bekennende Kirche im Mai 1934 die Barmer Erklärung entgegen, in der sie sich ausdrücklich als die Kirche Gottes bezeichnete. Viele evangelische Christen wurden dadurch aufgerüttelt.

Die Bekennende Kirche wurde nach 1945 häufig als aktive kirchliche Widerstandsbewegung interpretiert. Das beruht meiner Meinung nach auf einem Mißverständnis: Die Bekennende Kirche hatte mit ihrem Bekenntnis einen eindeutigen Trennungsstrich zu dem Geist der Deutschen Christen und dem nationalsozialistischen Geist gezogen. Sie war damit zur leidenden, verfolgten Kirche geworden, aber nicht zu einer Widerstandsbewegung, die das Regime überwinden wollte. Sie wollte der Aufgabe der Kirche nachkommen: nämlich das Wort Gottes unverfälscht zu verkünden und für die Aufrechterhaltung der Gemeindearbeit und der Seelsorge einzutreten. Die Bekennende Kirche mußte, um genau *dieser* Aufgabe nachzukommen, wie in jedem totalitärem Regime Kompromisse schließen. In vielen Fällen hat sie für ihre Gemeindemitglieder Entscheidungshilfen geleistet.

In dem von mir am Beginn gebrachten Zitat meines Vaters ist nicht von der *Kirche* die Rede, sondern vom *Christen*. »Ein Christ«, so heißt es da, »kann doch nur ein überzeugter Gegner sein.« Widerstand gegen diesen widerchristlichen Unrechtsstaat zu leisten, wurde – aus protestantischem Verständnis heraus – zur Entscheidung des *einzelnen*, freien Christen. Das Erschrecken über den zutiefst unchristlichen Geist des »Dritten Reichs«, steht bei vielen, die zum aktiven Widerstand fanden, ganz am Anfang. Und von daher war es dann möglich, die Verfälschung der vom Nationalsozialismus okkupierten preußischen Tradition zu erkennen. Preußische Tradition ohne Verankerung im evangelischen Christentum ist ein Widerspruch in sich.

Zwischen der Verpflichtung zum Handeln aus christlichem Geist, der Erkenntnis einer verfälschten preußischen Tradition und dem aktiven Widerstand, der die Beseitigung des Regimes zum Ziel hatte, war es dann noch ein weiter Weg, den ich hier ja nicht im einzelnen nachzeichnen wollte.

Ich möchte aber den dritten Gedanken, den der Elite, noch einmal aufnehmen: Die Offiziere des Infanterie-Regiments 9 fühlten sich als Elite. Sie empfanden sich als Angehörige dieses Regiments zugehörig zu einer privilegierten Schicht mit besonders hohem geistigem und moralischem Anspruch. Ihre Ablehnung der Weimarer Republik und die anfängliche Hinwendung zum »Dritten Reich« entsprang diesem elitären Geist – und auch der Spott, mit dem sie das militärische Gehabe der braunen Machthaber bedachten, war nicht frei von elitärem Hochmut. An den berühmten Kasinoabenden wurde offen und ohne Scheu diskutiert und kritisiert. Wolf Graf von Baudissin meinte einmal, daß diese Abende quasi die Keimzellen des späteren Widerstandes gewesen seien. Das unbedingte Vertrauensverhältnis unter den Offizieren machte wohl in den späteren Jahren die Konspiration überhaupt nur möglich. Daß die Gegner der NS-Herrschaft nicht verraten wurden, verdankten sie, wie überall in der Wehrmacht, der Solidarität des Offizierkorps. Diese »Kameradschaft im grauen Rock« galt auch für die Nationalsozialisten unter den Offizieren. Viele Generale verweigerten sich, aber sie haben nicht denunziert.

Das Bewußtsein Elite zu sein, war eine Seite. Auf der anderen Seite waren sie von einem ausgeprägten Verantwortungsgefühl für das eigene Volk erfüllt. Sie waren – in des Wortes bestem Sinn – echte Patrioten. Sie liebten ihr Vaterland, und es war eine elitäre Entscheidung, als sie sich zum aktiven Widerstand entschlossen, um das Schicksal Deutschlands zu wenden.

In einer Diktatur wird dem einzelnen Menschen keine höhere Bindung zugebilligt als die an den Staat. Auch der NS-Staat setzte den eigenen Nutzen, das heißt den der Machthaber, absolut. Damit verlor der einzelne Mensch jeden Eigenwert, seine Nützlichkeit errechnete sich nur aus seiner Nützlichkeit für die sogenannte Volksgemeinschaft. Für dieses Ziel mußte er manipulierbar werden, abgetrennt von seinen moralischen und religiösen Wurzeln. Wie sagte Hitler doch so klar?: »Die Vorsehung hat mich zum größten Befreier der Menschheit vorbestimmt. Ich befreie die Menschen von dem Zwang eines Selbstzweck gewordenen Geistes, von den erniedrigenden Selbstpeinigungen einer ›Gewissen‹ und ›Moral‹ genannten Chimäre und von den Ansprüchen einer Freiheit, denen immer nur ganz wenige Menschen gewachsen sein können.«

Mit dem Letzten hatte er recht. Aber *die* wenigen nahmen den Anspruch der Freiheit wahr, und trafen eine Entscheidung, die nur »mit äußerster Anspannung aller moralischen Kräfte«, wie Carl Friedrich Goerdeler es ausdrückte, erkämpft werden konnte. Sie waren keine Ehrgeizlinge und Abenteurer, sie waren keine Berufsrevolutionäre – und weil sie es eben *nicht* waren, blieben sie ja auch zweifelnd und suchend. Durfte man den Eid brechen? Durfte man seine

Henning von Tresckow im Kreis seiner Familie, etwa 1941

Familie gefährden? Durfte man das Risiko auf sich nehmen, Deutschlands Niederlage im Krieg herbeizuführen? War es nicht die Pflicht eines jeden Offiziers, den Sieg zu erringen?! Durfte man einen Tyrannenmord durchführen?

»Ist es nicht ungeheuerlich«, sagte mein Vater einmal zu einem vertrauten Begleiter – »ist es nicht ungeheuerlich, daß sich hier zwei Obersten im Generalstab der deutschen Armee darüber unterhalten, wie sie am besten das Staatsoberhaupt umbringen können!?«

Wer aus einer Tradition kam, für die es schlechthin unvorstellbar war, daß die ganze Nation der politischen und moralischen Perversion verfallen könnte, mußte erst um die Revision bis dahin fraglos selbstverständlicher Vorstellungen kämpfen, ehe er die moralisch geforderten Konsequenzen zu ziehen vermochte.

Je länger der Krieg und das Regime andauerten, desto stärker trat der Gedanke an das sichtbare Opfer, der Gedanke der Sühne hervor – das Zeichen, das gesetzt werden mußte, um Deutschland wenigstens moralisch zu rehabilitieren. Nach der Niederlage von Stalingrad im Januar 1943 war klar, daß der Krieg verloren war. Die Forderung der Alliierten nach bedingungsloser Kapitulation machte es zweifelhaft, ob ein Putsch die Situation Deutschlands verbessern könnte. Es war dann das Wissen von den unvorstellbaren, hinter der Front begangenen Verbrechen, daß man sich vor die Pflicht gestellt sah, gegen die Zerstörung humanitärer, sittlicher und christlicher Werte ein Zeugnis zu setzen. Damit war die entscheidende Dimension erreicht, aus der sich die *Notwendigkeit* und die *Rechtfertigung* ergaben, alles zu wagen.

Dietrich Bonhoeffer formulierte das in dem Satz: »Hitler ist der Antichrist. Wir müssen daher weitergehen mit unserer Arbeit und ihn ausmerzen, einerlei ob er erfolgreich ist oder nicht.«

Der Staatsstreich wurde zur Notwendigkeit, um der Welt zu zeigen, daß es ein anderes Deutschland gab, ganz gleich, wie groß oder klein die Erfolgschancen waren. Aus dem Versuch, das Schicksal Deutschlands zu wenden, wurde ein Opfergang.

Sie kennen das Zitat meines Vaters in der Botschaft an Stauffenberg: »Das Attentat muß erfolgen, coûte que coûte. Sollte es nicht gelingen, muß trotzdem in Berlin gehandelt werden. Denn es kommt nicht mehr auf den praktischen Zweck an, sondern darauf, daß die deutsche Widerstandsbewegung vor der Welt und vor der Geschichte den entscheidenden Wurf gewagt hat. Alles andere ist daneben gleichgültig.«

Es gibt auch von anderen zahlreiche Äußerungen, die die Bereitschaft zeigen, für einen Umsturz das Leben zu riskieren, auch wenn der Erfolg zweifelhaft geworden war. Eine Elite hatte sich aus christlicher Verantwortung zum Handeln entschlossen.

Lassen Sie mich zum Schluß noch einmal hervorheben, was *mir* selbst wichtig erscheint: Die Offiziere vom Infanterie-Regiment 9 – und da sehe ich meinen Vater, aber das gilt natürlich auch für andere Militärs – mußten unter Hitler erfahren, welche verheerenden Folgen gewisse Ideen der eigenen geistigen Tradition haben konnten – beziehungsweise welchen Möglichkeiten des Mißbrauchs diese Tradition ausgesetzt war. Aus ihr hatten nicht wenige, die sich später dem Widerstand anschlossen, dem NS-Regime anfangs positiv gegenübergestanden. Für jeden einzelnen von ihnen, der sich christliches und moralisches Empfinden bewahrt hatte, mußte dann der unheilvolle Weg der Nation zum brennenden persönlichen Problem werden. Er mußte sich fragen, welche eigenen Überzeugungen er revidieren müsse. Das erforderte eine radikale geistige Auseinandersetzung mit allen erlernten Wertbegriffen. Es erwies sich, daß diese Repräsentanten preußischer soldatischer Tradition über die geistige und moralische Substanz verfügten, um die unheilvollen Teile ihres Erbes zu überwinden und aus dessem *wertvollen* Gut Grundlagen für einen neuen Anfang zu legen. Aus den wertvollen Prinzipien preußischer Tradition und der Bereitschaft zum Handeln aus christlicher Verantwortung brachten sie es fertig, aus eigener Kraft ein Werk des *Umdenkens* – und der moralischen Erneuerung für die ganze Nation zu erbringen.

Darin liegt für mich der Rang und die Bedeutung ihrer Leistung. Erich von Manstein sagte: »Preußische Generäle putschen nicht.« Es war einer der Verschwörer aus dem Infanterie-Regiment 9, Carl-Hans Graf von Hardenberg, der rückblickend den Kommentar dazu gab: »Wir mußten mit allem brechen, was mit der Ehre eines preußischen Soldaten verbunden war.«

Von der Autorin durchgesehene Fassung des Beitrages in der vierten Auflage des Ausstellungs-Kataloges von 1994.

Berthold Schenk Graf von Stauffenberg

Ein Kind als »Volksfeind«.
Erinnerungen an Verfolgung und Sippenhaft nach dem
20. Juli 1944

Schon oft wurde ich gebeten, über meine eigenen Erlebnisse im sogenannten Dritten Reich zu berichten. Wenn ich dem im folgenden nachkomme, so begebe ich mich an die Grenze des Grundsatzes von uns Brüdern Stauffenberg, sich nicht öffentlich über den Widerstand zu äußern. Wir waren damals Kinder und wußten nichts von den Aktivitäten unseres Vaters und seiner Gefährten; und was wir heute darüber wissen, ist jedem zugänglich. Würden wir aber darüber sprechen, könnte es doch für authentisch angesehen werden, bloß weil es von einem Stauffenberg kommt. Dies hielten wir für unredlich.

Die anhaltend starke Nachfrage nach meinen Erlebnissen in jenen Jahren erstaunt mich immer wieder. Sie liegt wohl nicht zuletzt darin begründet, daß die wirklichen Zeitzeugen inzwischen rar geworden sind, das allgemeine Interesse am sogenannten Dritten Reich aber ungebrochen groß ist. Die Flut der Veröffentlichungen in letzter Zeit zeigt dies deutlich. Und so wird – etwas flapsig ausgedrückt – der eigentlich schon leere Topf immer wieder ausgekratzt. Was die gerade erwähnten Veröffentlichungen betrifft, so leiden auch diejenigen, die sich um größte Objektivität bemühen und die Quellen nicht nur selektiv benutzen, darunter, daß ein Historiker, der nicht selbst in einer Diktatur gelebt hat, es ungeheuer schwer hat, sich in das Leben in einer solchen hineinzuversetzen, insbesondere in diejenigen Menschen, die mit dem Regime nicht einverstanden waren oder es sogar bekämpft haben, sich aber tarnen mußten und dazu Dinge gesagt und geschrieben haben, die ihrer eigentlichen Einstellung nicht entsprachen. Wer, wenigstens hier im Westen, jünger als 55 Jahre ist, hat die Unfreiheit niemals erlebt, kann sich in die Angst vor der Denunziation und den drakonischen Strafen, in das lähmende Gefühl der Rechtlosigkeit, das Abtaxieren jedes Gesprächspartners, das Flüstern und dann mit der stets hoffnungsloser werdenden Lage die Überlebensstrategien der einzelnen, die nicht mehr nach rechts und links, nicht einmal mehr nach vorne sehen wollten, nicht hineinversetzen. Unfreiheit läßt sich ebenso wie Hunger nicht simulieren! Zwar haben wir jetzt das aktuelle Beispiel der DDR, deren Stasi – mit 45 Jahren Erfahrung kein Wunder – weniger brutal, aber weit effektiver als die Gestapo war, aber mit der Nazi-Herrschaft konnte sie nicht mithalten, schon weil sie den Informationsfluß in beiden Richtungen allein auf Grund der technischen Entwicklung nie unterdrücken konnte und, weil sie sich nicht gegen andere Staaten, sondern eine andere Ideologie, die der Freiheit, wehren mußte, nicht zu jedem Mittel greifen konnte. Natürlich habe ich als Kind vieles, was ich damals erlebt habe, ja das meiste, in seiner wahren Bedeutung erst später, nach dem Kriege, erfaßt.

Aber wie war das damals für einen Acht-, Neun-, Zehnjährigen? 1944 wohnten wir in Bamberg, einer durch und durch katholischen Stadt. Aber auch sie befand sich fest im Griff der Nazis. Ein Jahr zuvor waren wir von Wuppertal, wo mein Vater bei Kriegsbeginn Generalstabsoffizier in einem Divisionsstab war, in das Haus meiner mütterlichen Großeltern gezogen. Schon 1942 waren wir vor den Luftangriffen zu meiner väterlichen Großmutter in Lautlingen, einem kleinen Dorf auf der Schwäbischen Alb ausgewichen. Es war eine katholische Exklave, in der die Nazis keinen festen Stand hatten, die Gutsherrschaft angesehen war und vom Krieg, vor allem dem in der Heimat, nicht allzuviel zu spüren war. Die Bomberströme zogen über uns hinweg, die gelegentlichen Fliegeralarmübungen waren eine Farce, und neben den üblichen allgemeinen Einschränkungen und Rationierungen waren es eigentlich nur die Requiems für die Gefallenen, bei denen ich oft ministriert habe, die einen Jungen den Ernst der Lage spüren ließen. Spätestens mit neun Jahren habe ich regelmäßig die Zeitung gelesen. Die Lokalzeitung hieß »Der Wille«, Organ der NSDAP für den Kreis Balingen. Meine Großmutter hielt außerdem das ehemals liberale Stuttgarter Tagblatt, das aber dann vom »NS-Kurier« geschluckt wurde. Natürlich habe ich der Propaganda geglaubt, glaubte an den Endsieg und wurde überhaupt mehr oder weniger zu einem kleinen Nazi. Zwar gab es da unseren Rottenburger Bischof Sproll, der von den Nazis vertrieben worden war und seine Hirtenbriefe aus dem bayerischen Exil schrieb. Dies wurde als Unrecht empfunden, aber den Widerspruch habe ich mir damals nicht richtig klargemacht.

In Bamberg ging es dann nicht mehr ganz so leger zu. Zum üblichen »Heil Hitler« zu Unterrichtsbeginn kam einmal in der Woche eine Art nationalsozialistische Morgenandacht. Die meist älteren und teilweise wohl schon pensionierten Lehrer trugen das Parteiabzeichen und wurden auf der Straße mit Nazigruß und »Heil Hitler« gegrüßt, was dem einen oder anderen vielleicht peinlich war. Als der größte Teil meiner Klasse in das Jungvolk eintrat, wollte ich mich, der ich dafür drei Tage zu jung war, freiwillig melden und mit dem Fähnlein durch Bamberg marschieren. Meine Mutter hat das aber mittels einer Verschwörung mit dem alten Hausarzt – ich war zu schnell gewachsen und sehr dünn – hintertrieben. Die Nazipropaganda war nun viel stärker spürbar – ich erinnere mich noch an die überall angemalten Schattenmänner »Feind hört mit« und die von uns begeistert gelesenen – heute würde man sagen – »Cartoons« vom »Kohlenklau« und der »miesen Liese« mit sehr eingängigen Versen. Bombenangriffe gab es zwar in Bamberg noch nicht – nur zweimal fielen zwei Bomben mehr oder weniger aus Versehen am Stadtrand. Aber die Fliegeralarme nahmen ständig zu, dann auch tags, und der »Drahtfunk« – wer kennt ihn noch – schaltete dann um auf Luftlagemeldungen. Ein großer Teil meiner Aufnahmeprüfung für das Gymnasium fand im Luftschutzkeller statt. Und es gab immer mehr Gefallene. Nicht wenige meiner Klassenkameraden, darunter viele Bombenevakuierte, vor allem aus Hamburg, waren bereits Kriegswaisen, und es wurden immer mehr. Aber das Leben fand ja sowieso weitgehend ohne Väter statt. Mein Vater war nur 1943 während seines Genesungsurlaubs nach seiner schweren Verwundung in Afrika längere Zeit zu Hause – noch in Lautlingen. Danach habe ich ihn noch dreimal gesehen – zwei Tage an Weihnachten, bei der Beerdigung meines Großvaters im Januar und für etwa eine Woche Urlaub im Juni 1944. Aber nichts von dem, noch nicht einmal die alliierte Invasion im Juni 1944, hat mich in meinem Glauben an den Endsieg beirrt – und nun gab es ja auch noch die V1. Natürlich hatte ich keine Ahnung von dem, was mein Vater plante und vorbereitete, und noch weniger, daß meine Mutter Bescheid wußte. Auch sie mußte sich tarnen und ließ nie ihre Gegnerschaft zu den Nazis erkennen, allerdings auch keine Begeisterung für sie. Und man realisierte, wenn auch undeutlich, was passieren konnte, wenn man nicht mitspielte. Die Zeitungen waren voll von Berichten über Sondergerichtsprozesse wegen Hörens von Feindsendern, Schwarzschlachtens und ähnlichem, die meist mit Todesurteilen endeten. Über Konzentrationslager habe ich, wenn auch im Flüsterton, gehört, aber es wußte niemand, was dort passierte, und man wollte es wohl auch nicht wissen.

Kindererholungsheim und Sippenhaft-Lager Bad Sachsa

Warum ich das so breit schildere? Weil ich in der Rückschau glaube, daß dies meine entscheidende Erfahrung während des Naziregimes war – erlebt zu haben, wie sogar die Jüngsten durch eine geschickte Mischung von Propaganda, Erlebnisbegeisterung und dabei ständiger subtiler Drohung zu einem willfährigen Teil der Maschinerie gemacht werden konnten. Der Absturz kam dann schnell und brutal.

Mitte Juli 1944 fuhren wir – meine Mutter und wir vier Geschwister – in die Sommerferien zu meiner väterlichen Großmutter nach Lautlingen. Wie wir heute wissen, war das meinem Vater gar nicht recht, aber meine Mutter wollte an den Plänen nichts mehr ändern. Meine mütterliche Großmutter blieb allein im Haus zurück. In Lautlingen hielten sich schon ständig die Kinder meines Onkels Berthold auf, in dessen Berliner Wohnung auch mein Vater wohnte. Meine Tante, die zwischen Berlin und Lautlingen pendelte, war auch anwesend. Am 21. Juli hörte ich im Radio von einem verbrecherischen Anschlag auf den Führer, aber meine Fragen wurden ausweichend beantwortet, und von da an versuchten die Erwachsenen, meinen nächstjüngeren Bruder und mich vom Radio fern zu halten. Mein Großonkel Nikolaus Graf Üxküll, ehemals Generalstabsoffizier der k.u.k. Armee, wurde mit uns auf einen langen Spaziergang geschickt, auf dem er uns von seinen Erlebnissen auf der Großwildjagd in Afrika erzählte. Natürlich wußten wir nicht, daß er selbst Mitglied der Verschwörung war, und ich frage mich noch heute, was ihm wohl während dieses Spaziergangs durch den Kopf gegangen ist. Auch er ist später vom sogenannten Volksgerichtshof verurteilt und hingerichtet worden. Am 22. Juli nahm dann meine Mutter meinen Bruder und mich beiseite und eröffnete uns, daß es mein Vater gewesen war, der den Anschlag auf Hitler verübt hatte. Auf meine Frage, warum er denn den Führer töten wollte, sagte sie, er habe geglaubt, es für Deutschland tun zu müssen. Sie sagte uns auch, daß sie wieder ein Kind erwartete. Für mich brach eine Welt zusammen. Wir hatten unseren stets fröhlichen Vater nicht nur über alles geliebt, er war auch absolute, wegen seiner Abwesenheit natürlich meist nur zitierte Autorität gewesen – und nun das. Ich glaube, ich bin bis zum Frühjahr 1945 nie mehr richtig zu klarem Denken gekommen und habe die Schläge, die folgten, einfach so hingenommen. Und sie kamen rasch und hart. Meine Mutter, die man erst in Bamberg gesucht hatte, und mein Großonkel wurden in der Nacht zum 23. Juli verhaftet und in der Folge nach Berlin gebracht. Nachts darauf wurden meine Großmutter und ihre Schwester, die Rotkreuz-Oberin gewesen war, im Gefängnis des Balinger Amtsgerichts inhaftiert. Die Großtante kam übrigens bald frei, durfte aber nicht nach Lautlingen zurück. Meine Großmutter wurde im November in Hausarrest entlassen. Das Dorf stand zu ihr, und nie gab es so oft etwas im Haus zu reparieren.

Wir Kinder blieben mit unserer Kinderschwester und der Haushälterin meiner Großmutter allein zurück. Zwei Gestapo-Beamte residierten nun im Haus. Im Radio und in den Zeitungen wurde nun täglich haßerfüllt über die Verschwörung berichtet, und bald auch über den ersten »Volksgerichtshof«-Prozeß.

Nun war es ein Glück, daß wir in Lautlingen wohnten, denn das Dorf stand, natürlich nur heimlich, zum größten Teil zur Herrschaft. Dennoch mußten wir uns als Ausgestoßene fühlen, und dieses Gefühl werde ich nie vergessen. Am 16. August kam dann der Befehl, daß wir Kinder – ich, zehn Jahre alt, meine Brüder im Alter von acht und sechs Jahren, meine Schwester, dreieinhalb Jahre alt, mein Vetter und meine Cousine im Alter von sechs und fünf Jahren – am nächsten Tag in ein Kinderheim gebracht werden sollten. Eilends wurden die wenigen Sachen gepackt, die wir dabei hatten. Die Haushälterin brachte uns zum Pfarrer, der uns seinen Segen gab. Er sagte uns auch, daß wir wahrscheinlich Schweres durchmachen müßten. Wir sollten aber nie vergessen, wofür mein Vater gehandelt hätte. Erst später ist mir klar geworden, wie mutig diese Worte waren.

Am nächsten Morgen ging es zunächst nach Stuttgart, das in der Nacht gerade wieder einmal bombardiert worden war. Am Abend bestiegen wir in Begleitung einer Gestapo-Beamtin den Nachtzug nach Berlin, stiegen am Morgen in Erfurt um und wurden gegen Mittag in Nordhausen abgeholt. Von dort brachte man uns per Auto in das Kinderheim, von dem wir nun erfuhren, daß es in Bad Sachsa im Südharz lag. Das Heim war sehr pittoresk und bestand neben den Wirtschafts- und Verwaltungsgebäuden aus sieben Holzhäusern für je etwa 30 Kinder, die nach Altersgruppen und Geschlecht aufgeteilt wurden. Das Heim war von einem bremischen Kaufmann gestiftet und vor dem Krieg von der Bremer Nationalsozialistischen Volkswohlfahrt übernommen worden. Das Personal stammte deshalb überwiegend aus Bremen. Das Heim war eigens für unsereins geräumt worden, und wir waren die ersten Ankömmlinge. Ich fand mich – noch allein – in Haus 1 wieder, dem Haus für Buben ab zehn, meine Brüder und mein Vetter in Haus 2 für Buben von sechs bis neun Jahren. Meine Schwester und meine Cousine kamen in das Haus für Mädchen von zwei bis fünf Jahren. So waren wir gleich getrennt, und da die Häuser weitgehend ein Eigenleben führten, sahen wir uns zunächst nur gelegentlich und zufällig. In den nächsten Tagen und Wochen kamen dann weitere Kinder an. Wieviele es insgesamt waren, kann ich wegen der Aufteilung auf die Häuser nicht sagen, aber jedenfalls weit unter Kapazität. In meinem Haus waren wir maximal zu zehnt. Schon etwa im Oktober durften die ersten wieder nach Hause, vermutlich weil ihre Mütter aus der Untersuchungshaft entlassen worden waren. An Weihnachten – das Heim war inzwischen in ein Müttergenesungsheim umgewandelt worden – waren wir nur noch so wenige, daß wir alle zusammen in einem Haus konzentriert waren. Im Frühjahr wurde das Heim von der Wehrmacht beschlagnahmt, und es zog eine höchst geheime Einheit ein – der Stab für die V-Waffen, wie ich heute weiß. Bad Sachsa lag ja ganz in der Nähe der berüchtigten unterirdischen V2-Produktionsstätte »Mittelwerk« samt zugehöriger Konzentrationslager bei Nordhausen. Wir waren nun nur noch vierzehn Kinder, davon sechs Stauffenbergs und drei Vettern und Cousinen Hofacker, eine mit mir gleichaltrige Tochter des Generals Lindemann, zwei Goerdeler-

Enkel und zwei kleine Mädchen Bernardis und Henke. Nun reichte für uns die ehemalige Villa, die als Krankenstation gedient hatte. Ostern sollten wir, wie wir heute wissen, nach Buchenwald gebracht werden, wo sich unsere erwachsenen

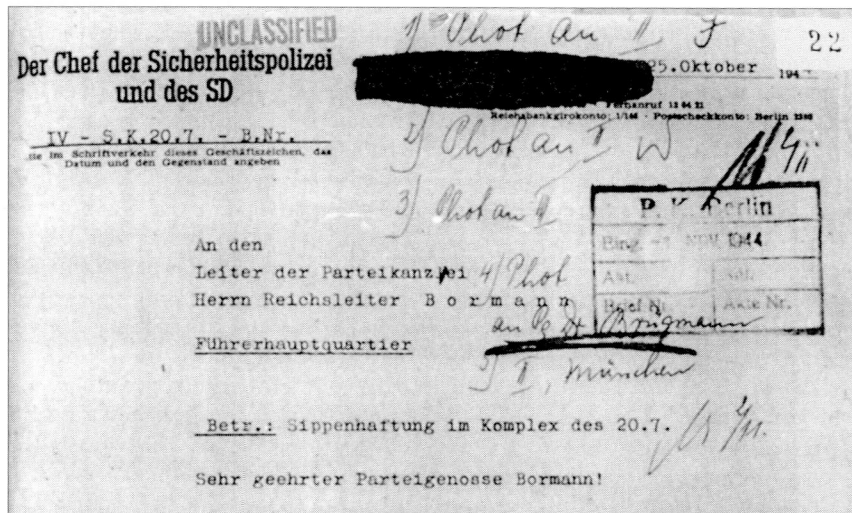

Schreiben Kaltenbrunners an Bormann vom 25.10.1944 zur Durchführung der Sippenhaft

Verwandten auf einer Station ihrer Odyssee vom KZ Stutthof in Ostpreußen über das SS-Straflager Matzkau – dort ist meine mütterliche Großmutter an Typhus gestorben – und danach über Schönberg im Bayerischen Wald nach Dachau befanden. Ob sie zu diesem Zeitpunkt wirklich in Buchenwald waren, weiß ich bis heute nicht. Wir kamen dort auch nie an, denn als wir in einem Wehrmacht-Werkstattwagen die Außenbezirke von Nordhausen erreichten, wo wir in den Zug gesetzt werden sollten, begann ein fürchterlicher Bombenangriff – übrigens der einzig wirkliche, den ich erlebt habe – und mit der Stadt wurde auch der Bahnhof völlig zerstört. Wir mußten also wieder nach Bad Sachsa zurück und erlebten dort den Einmarsch der US-Armee. Nach einiger Zeit erschien der neuernannte Bürgermeister und eröffnete uns, daß wir nun frei seien. An unserer Lebenssituation und Ungewißheit änderte das zunächst allerdings nichts. Am 11. Juni erschien plötzlich die erwähnte Rotkreuz-Großtante in einem Auto mit französischen Besatzungskennzeichen. Sie hatte schnell einen Bus organisiert, und dann ging es durch das zerstörte Deutschland zurück nach Lautlingen, wo wir am 13. Juni ankamen.

Wie war nun das Leben im Kinderheim gewesen? Die Leiterin erschien eher streng und strahlte Autorität aus. Sie trug ständig das Parteiabzeichen. Die Behandlung durch das Personal war aber ausgesprochen freundlich, und niemals wurde uns das Gefühl gegeben, zu einer ausgestoßenen Gruppe zu gehören. Die Verpflegung war wie in der damaligen Zeit üblich. Allerdings gab es keinerlei Kontakte zur Außenwelt, auch kein Radio und keine Zeitung, so daß ich etwa von der Ardennenoffensive erst nach dem Krieg erfahren habe. Auch gab es keine Schule und natürlich keinen Kirchgang. Ich bin oft gefragt worden, was wir denn den ganzen Tag gemacht haben – ich frage mich das heute auch. Nach einiger Zeit wurde uns eröffnet, daß wir nun andere Namen hätten – unserer war Meister – aber ich selbst hatte nie Gelegenheit, diesen auch zu gebrauchen. Es gibt eine Theorie, daß es Namen von SS-Familien waren, zu denen wir, da ja »rassisch wertvoll«, nach dem »Endsieg« kommen sollten. Eine große Belastung war nicht nur die Isolation von der Außenwelt, sondern noch mehr die von der Familie, von der wir nicht wußten, was mit ihr geschehen war. Nur zweimal gab es einen Kontakt. Weihnachten besuchte uns meine Tante, die Frau des mittleren Bruders meines Vaters, der auch in Sippenhaft gekommen war. Sie selbst war Ingenieurin und Fliegerin, die ihre eigenen Entwicklungen selbst erprobte, mit über 2000 Sturzflügen. Sie war, weil sie gebraucht wurde, schon bald aus der Haft entlassen worden, erklärte sich aber zur weiteren Arbeit nur unter der Bedingung bereit, daß sie ihren Mann besuchen durfte. Sie hatte Gönner, die es ihr ermöglichten, diese Erlaubnis großzügig auszulegen und etwa auch uns und sogar meine Mutter zu besuchen. Sie war eine bemerkenswerte Frau, die in der Luftwaffe ungeheures Ansehen genoß. Über sie wurde auch ein Buch geschrieben. Leider ist sie kurz vor Kriegsende in der Nähe von Straubing abgeschossen worden. Der andere Kontakt war die mit großer Verspätung eingegangene Nachricht, daß meine Mutter am 27. Januar 1945 eine Tochter bekommen hatte, dem Tag der Befreiung von Auschwitz, aber auch dem Tag der Eroberung der »Wolfschanze« durch die Rote Armee.

Wie ging es für uns weiter? Wir waren wieder in Lautlingen mit meiner Großmutter. Im Schloß befanden sich ein kleines deutsches Lazarett und eine ganze Anzahl evakuierter Gestapo-Familien. Die Franzosen betrieben eine strenge Besatzungspolitik, hatten auch selbst nichts, um einen Schwarzmarkt zu nähren. Die Gegend wurde von auf dem nahen Heuberg »befreiten« Wlassow-Russen unsicher gemacht. Sie wurden schließlich repatriiert. Ich sehe noch die Züge mit den sowjetischen Parolen, aber sie sind wohl sämtlich einem düsteren Schicksal entgegengefahren.

Meine Tante kam einen Tag nach uns aus Capri über Paris und München. Sie war zusammen mit den übrigen Sippenhäftlingen und vielen anderen prominenten Häftlingen wie Leon Blum, dem Sohn von Admiral Nikolaus Horthy, dem ehemaligen österreichischen Bundeskanzler Kurt von Schuschnigg, Pastor Martin Niemöller, Generaloberst Franz Halder, dem ehemaligen Reichsbankpräsidenten Hjalmar Schacht und anderen bei der Auflösung des KZ Dachau ins Südtiroler Pustertal gebracht worden. Dort war ihr Schicksal vorübergehend unsicher gewesen. Einem Mithäftling, Oberst Bogislav von Bonin, der in der Vorgeschichte der Bundeswehr eine Rolle spielen sollte, gelang es, einen Kontakt zum Chef des Stabes der Heeresgruppe Süd, General Hans Röttiger, unserem späteren ersten Inspekteur des Heeres, herzustellen. Der schickte eine Kompanie, die die SS-Begleitmannschaft entwaffnete, und übergab kurz darauf die Häftlinge der US-Armee. Diese verfrachtete die ganze Gruppe erst einmal nach Capri und überprüfte sie dort. Einige wie Halder und Schacht kamen gleich wieder in Haft.

Wo aber war meine Mutter? Erst Anfang Juli erfuhren wir, daß sie in der Nähe von Hof »gestrandet« war. Nach der Untersuchungshaft in Berlin-Alexanderplatz war sie in das KZ Ravensbrück gebracht worden, wo die Gestapo eine Außenstelle unterhielt. (Erst vor kurzer Zeit habe ich mir diese Örtlichkeit angesehen, die noch bis 1994 sowjetischen Truppen als Kaserne diente.) Zur Geburt meiner Schwester kam sie in ein Entbindungsheim in Frankfurt/Oder, mußte aber von dort alsbald wegen der herannahenden Sowjets in einem Lazarettzug evakuiert werden. Dort infizierten sich Mutter und Kind. Unter falschem Namen und mit Gestapo-Bewachung wurden sie deshalb in einem katholischen Krankenhaus in Potsdam untergebracht. Von dort sollte sie ein Feldgendarm zu den übrigen Sippenhäftlingen bringen, die damals gerade in Schönberg waren. Er, der einen solchen politischen Auftrag ohnehin für unter seiner Würde hielt, wollte aber nach Hause. Und so setzte er meine Mutter mit dem Baby einfach in einem Dorf bei Hof ab, wohlversehen mit einer Bescheinigung meiner Mutter über äußerste Pflichterfüllung. Wenig später kamen die US-Amerikaner.

Der Rest ist schnell erzählt. Nach Bamberg konnten wir erst 1953 zurück, denn das Haus, von der SS beschlagnahmt, dann bei der Annäherung der US-Truppen verlassen, war durch Beschuß erheblich beschädigt und anschließend ausgeplündert worden. Meine Mutter hatte hart zu kämpfen, nicht nur, um ihre fünf Kinder durchzubringen, sondern auch um das Haus wieder aufzubauen und ihren sonstigen Besitz zurückzuerhalten. Der Familienschmuck etwa war erst von der Gestapo und dann von Angehörigen des US-Heeres-Nachrichtendienstes CIC gestohlen worden. Erst 1948 kam er aus den USA zurück. Ein Hauslehrer – ein Germanist, der nicht in seine schlesische Heimat zurückkehren konnte und froh war, einen Platz mit genug Essen gefunden zu haben – half uns, die verlorene Schulzeit nachzuholen. Im Jahr 1947 kam ich ins Internat nach Salem, wo ich, wenigstens nach der Währungsreform, eine unbeschwerte Schulzeit verlebte und 1953 mein Abitur machte. Mein Berufswunsch war Offizier, wozu ich mich übrigens während eines Austauschs in Schottland entschlossen hatte. Und so schickte ich eine Bewerbung an die »Dienststelle des Bundeskanzlers für die mit der Vermehrung der alliierten Truppen zusammenhängenden Fragen« – gemeinhin als Amt Blank bekannt. Daß es dann Jahresende 1955 werden würde, bis ich zur Vorstellung bei der Annahmestelle für Offizierbewerber in Köln gebeten wurde, war damals nicht abzusehen. Inzwischen hatte ich ein Maschinenbaupraktikum und einen Handelskurs absolviert – beide kommen mir noch heute zugute – und schließlich doch ein Jurastudium begonnen, das ich dann aber ohne Trauer abbrach. Am 2. Mai 1956 bin ich als einer von 18 Offizieranwärtern in das Panzeraufklärungslehrbataillon in Bremen-Grohn eingetreten. Nach vielen Verwendungen, von denen ich keine missen möchte, trat ich schließlich am 30. September 1994 als damals ältester Soldat des deutschen Heeres in den Ruhestand.

Warum bin ich Soldat geworden? Die Antwort wollen viele nicht glauben. Jedenfalls nicht aus Tradition, denn wir sind keine Militärfamilie. Auch nicht wegen, sondern eher trotz meines Vaters, denn ich wußte natürlich, daß mich sein Schatten meine ganze Dienstzeit begleiten würde. Ich meinte einfach, dies sei der richtige Beruf für mich und eine solche Belastung wert. Ich bin nicht enttäuscht worden. Keinen Tag habe ich meine Wahl bereut.

Natürlich mußte ich mit meinem Vater leben, besonders am Anfang, als es noch viele ältere Offiziere gab, die ihn persönlich gekannt hatten. Und ich bekam zu spüren, daß ich an ihm gemessen wurde. Ich haßte die unbeholfene Frage: »Sind Sie der Sohn vom Vater?« Was sollte man darauf wohl antworten. Aber ich lernte, damit zu leben. Und ich mußte auch mit dem 20. Juli leben. Er war anfangs ja im Gegensatz zur offiziellen Politik keineswegs unumstritten. Mir gegenüber ist Kritik nie geäußert worden, aber von entsprechenden Kasinodiskussionen habe ich natürlich trotzdem gehört. Dazu gehörte auch die Eid-Diskussion. Von manchen wurde sie aufrichtig geführt, aber bei einigen hatte ich doch den Verdacht, daß sie sich auf den Eid beriefen, weil er eine willkommene Entschuldigung für das Fernbleiben vom Widerstand bot. Das alles aber ist nun schon lange Geschichte.

Gekürzte und überarbeitete Fassung eines Vortrages vom 6. August 1999 zur Eröffnung der Wanderausstellung »Aufstand des Gewissens« im Kölnischen Stadtmuseum.

Georg Meyer

Auswirkungen des 20. Juli 1944 auf das innere Gefüge der Wehrmacht bis Kriegsende und auf das soldatische Selbstverständnis im Vorfeld des westdeutschen Verteidigungsbeitrages bis 1950/51

I.

Während der Lagebesprechung, etwa um 12.50 Uhr am 20. Juli 1944, einem Donnerstag, detonierte in der »Lagebaracke« im Sperrkreis I des Führerhauptquartiers »Wolfschanze«, nahe Rastenburg, das von Oberst i.G. Claus Schenk Graf von Stauffenberg, seit etwa vier Wochen Chef des Stabes beim Befehlshaber des Ersatzheeres, zu Anfang der Vorträge am Kartentisch abgestellte Sprengstoffpaket, ohne Hitler zu töten. Ihren schweren Verletzungen erlagen indes am 22. Juli der Chef des Generalstabes der Luftwaffe, General der Flieger Günther Korten, und der Erste Generalstabsoffizier der Operationsabteilung im Generalstab des Heeres, Oberst i.G. Heinz Brandt, am 1. Oktober dann General der Infanterie Rudolf Schmundt, Chefadjutant der Wehrmacht beim Führer und Chef des Heeres-Personalamts[1]. Unter den Anwesenden befanden sich zwei spätere Generale der Bundeswehr und ein späterer hoher Beamter des Bundesnachrichtendienstes. Generalleutnant Adolf Heusinger, 1957–1961 erster Generalinspekteur der Bundeswehr, damals Chef der Operationsabteilung, vertrat seit dem 30. Juni den erkrankten und mit Hitler zerstrittenen Chef des Generalstabes des Heeres, Generaloberst Kurt Zeitzler. Heusinger wurde aus dem Lazarett heraus wegen des Verdachts der Mitwisserschaft an der Verschwörung am 23. Juli festgenommen und erst am 15. September wieder auf freien Fuß gesetzt[2]. Zu den weniger Verletzten gehörte der zweite Generalstabsoffizier beim Chef Wehrmachtführungsstab, Major d.G. (der Luftwaffe) Herbert Büchs, als Generalleutnant 1967–1971 Stellvertreter des Generalinspekteurs der Bundeswehr.

Gegen 13.15 Uhr startete die Stauffenberg zur Verfügung stehende He 111 auf dem Flugplatz Rastenburg. Angeblich sind schon während des Fluges dieser Maschine nach Berlin hastige Befehle ergangen, sie abzuschießen[3], denn erste Ermittlungen hatten die Täterschaft Stauffenbergs zweifelsfrei ergeben. Gegen 16.30 Uhr traf der Oberst mit seinem Ordonnanzoffizier, Oberleutnant d.R. Werner von Haeften (wie Stauffenberg wegen schwerer Verwundungen nicht

mehr frontdiensttauglich), unbehelligt in der Bendlerstraße ein. Ebenso ent-
schlußfreudig wie letzten Endes vergeblich versuchte er nun, den »Staatsstreich
von oben« in Gang zu setzen. Der Versuch, mit Telefongesprächen und Fernschreiben die Macht an sich zu reißen, scheiterte binnen kurzem[4]. Der Einsatz
einiger in und um Berlin stationierter, zum Teil alarmierter, auch in Marsch
gesetzter Truppenteile, behindert durch ein kompliziertes Befehlssystem und
unklare Zuständigkeiten, verkehrte sich in den Abendstunden rasch in das Gegenteil der ursprünglichen Absichten. Als aber Teile des Wachbataillons »Großdeutschland« in der Bendlerstraße eintrafen, um sich der Verschwörer zu bemächtigen, bedurfte es dieses Einsatzes schon nicht mehr. Aus diesen Soldaten
ist das Peloton zusammengestellt worden, das bald nach Mitternacht im Hof
des Bendlerblocks General der Infanterie Friedrich Olbricht, Amtschef des
Allgemeinen Heeresamtes, seinen Chef des Stabes, Oberst i.G. Albrecht Ritter
Mertz von Quirnheim, Stauffenberg und Haeften erschoß. Eine Art Gegen-
putsch in den Räumlichkeiten der Dienststelle des Befehlshabers des Ersatzheeres[5] unter Führung eines überzeugt nationalsozialistischen Oberstleutnants i.G.,
der mit einigen anderen Generalstabsoffizieren des Allgemeinen Heeresamtes
aufmerksam zugesehen hatte, wie sich das Blättchen wendete, hatte nach kurzem Schußwechsel das Unternehmen Stauffenbergs beendet.
    Entgegen der ganz unzutreffenden amtlichen Mitteilung des Deutschen
Nachrichtenbüros (DNB)[6] noch am 20. Juli, »Bataillone des Heeres« füsilierten
die »Rädelsführer« des »Komplotts der verbrecherischen Offiziersclique« (welche Meldung in der Öffentlichkeit sogleich Zweifel weckte, ob der Umfang der
Verschwörung tatsächlich so gering war, wie bald behauptet[7]), war, von den
zögernd in Gang gekommenen Marschbewegungen im Wehrkreis III (Berlin),
einigen anderen Städten und der bekannten Aktion in Paris[8] einmal abgesehen,
»Truppe« bei den aufs erste undurchsichtigen Vorgängen dieses Tages nicht
beteiligt. Für sie im Ersatzheer, erst recht an der Invasionsfront im Westen, an
der in diesen Tagen und Wochen wankenden Ostfront, erschien dies als ein
»fernes Ereignis«[9]. Alfred Jodl ging vor dem Internationalen Militärtribunal
sogar so weit zu sagen, »die Attentäter und Putschisten waren allein«[10] – wirklich? Wieso bedurfte es dann eines Schweigegebots des Feldmarschalls Wilhelm
Keitel, das »allen Offizieren« bekanntgegeben werden sollte? Die »schmachvol-
len Ereignisse des 20. Juli 1944«[11] seien »für das Heer abgeschlossen«, verfügte
er unter dem 10. September 1944, teilte – wahrheitswidrig – mit, der »vom Führer berufene Ehrenhof des Heeres« habe seine Tätigkeit beendet, und befahl,
»daß nunmehr jede Erörterung über die Folgen des 20.7.44, insbesondere über
die von der Führung des Reiches getroffenen Maßnahmen innerhalb des Offizierkorps sowie im Verkehr von Offizieren mit außerhalb der Wehrmacht stehenden Personen ausnahmslos zu unterbleiben hat«, denn: »Derartige Erörte-
rungen tragen nur den Keim neuer Zersetzung in sich«, und »die Offiziere des
Heeres« würden »durch gläubigen Gehorsam und vorbildliche soldatische Hal-

tung beweisen, daß die Gesamtheit des Offizierkorps nichts mit dem verabscheuungswürdigen Verrat vom 20.7.44 zu tun hat«.

II.

Natürlich erledigte der Erlaß Keitels die Angelegenheit keineswegs. Allerdings waren die Zeitläufte nach dem Attentat bis Kriegsende der Besinnung und einer abgewogenen Würdigung des Ereignisses wenig günstig. Der Krieg dauerte noch ein reichliches Dreivierteljahr in immer entsetzlicheren Dimensionen. Im Inneren wurde nach dem mißglückten Staatsstreich »nun so abgerechnet, wie wir das als Nationalsozialisten gewohnt sind« – so Hitler in seiner Rundfunkansprache in der Nacht vom 20. zum 21. Juli[12]. Die Wirklichkeit zeigte rasch, wie er das meinte. Die Folterknechte und die Richter, auch die Denunzianten bedurften kaum der Ermunterung. Selbst wenn »die nächsten Aufgaben des Lebenskampfes«[13] die Ereignisse dieses Tages und seine schrecklichen Folgen rasch überlagerten, der 20. Juli entfaltete gleichwohl bedeutende Wirkungen. Er blieb kein »fernes Ereignis«.

Wer sich noch dem unmittelbaren Eindruck entzogen hatte, fand sich gewiß in der Gefangenschaft in lange kontroverse und bittere Auseinandersetzungen über das Für und Wider verwickelt und mußte sich spätestens bei der Bewerbung als Freiwilliger für die Bundeswehr, unabhängig vom ehemaligen Dienstgrad und der einstigen Zugehörigkeit zu Heer, Kriegsmarine, Luftwaffe, Waffen-SS, ein Urteil über dieses außergewöhnliche Vorkommnis gebildet haben. Denn da war es im schematisierten Einstellungsverfahren zur Testfrage geronnen, Nr. 26: »Wie würden Sie den 20. Juli erklären?« Aus der Art der Antwort erwartete man, der den Fragen beigegebenen »Beurteilungshilfe« zufolge, Hinweise auf »selbständiges Denken« des Bewerbers, »Erfassen des Wesentlichen, Sachlichkeit«, auf dessen »Verantwortungsbewußtsein« und »Zivilcourage«, aber auch auf etwaige »Minderwertigkeitsgefühle« und »Ressentiments«[14]. Auch wenn von der Antwort auf die wohl bekannteste Frage dieses Tugendkatalogs keineswegs die Entscheidung über Einstellung oder Ablehnung allein abhing (obwohl hierzu viele Gerüchte umliefen, entsprechend auch vorgestanzte, vermeintlich »richtige«, »erwartete« Antworten), ist wohl heute das Nachdenken darüber erlaubt, ob die Frage 26 der Gewissensprüfung angemessen war, der sich jeder Bewerber schon mit den Entschluß zur Mitwirkung am Aufbau neuer Streitkräfte unterzog, die ja von ganz anderer Prägung sein sollten als die untergegangene Wehrmacht, und ob es der unvergleichlichen Atmosphäre des 20. Juli 1944 und dem Erlebnis- und Erkenntnishorizont des einzelnen Bewerbers entsprach, daß aus der Antwort geschwind ein paar von den Psychologen vormarkierte positive und negative Eigenschaften destilliert wurden.

III.

Bei dem Versuch, Auswirkungen des 20. Juli 1944 auf das innere Gefüge der Wehrmacht zu ergründen, ergeben sich rasch beträchtliche Schwierigkeiten, die hier nur angedeutet, keinesfalls befriedigend aufgelöst werden können. Wie sind spontane Reaktionen gegen spätere Reflexionen abzugrenzen? Gibt es Unterschiede im Urteil, etwa gefächert nach militärischen Generationen? Reagierten ältere Offiziere, hervorgegangen aus den Kontingentsheeren des wilhelminischen Deutschland, anders als ihre im Reichsheer großgewordenen Kameraden, wie empfand der vom Nationalsozialismus geprägte Nachwuchs? Reagierten »Truppenoffiziere« vielleicht undifferenzierter als Generalstabsoffiziere in höherer Führungsverantwortung? Reichte die militärische Sphäre allein überhaupt für ein Urteil aus? Waren nicht vielmehr erhebliche geistige Grenzüberschreitungen für eine abschließende Wertung nötig? Und, vor allem, wie ist heute der Atmosphäre jener Jahre noch beizukommen? Was Gerhard Ritter[15] über die quellenmäßigen Schwierigkeiten und die damit gesteckten Grenzen für die Erforschung der Geschichte des deutschen Widerstandes sagt, gilt heute noch ohne Einschränkung, auch wenn sich seit 1954, dem Erscheinungsjahr von Ritters Goerdeler-Biographie, das Quellenmaterial sowohl nach der Breite als auch nach dem Gehalt sehr erweitert hat. Was uns aber vorliegt, ist zufällig, nicht kontinuierlich erhalten. Wie vieles ist bei Bombenangriffen und anderen Kriegseinwirkungen verbrannt, auch absichtsvoll vernichtet worden[16] – und wie sorgfältig müssen aus dieser Zeit erhaltene schriftliche Zeugnisse aus den Kreisen der Verschwörung und die Akten der Verfolger, erst recht deren öffentliche Kundmachungen und die Presse-Artikel[17] wieder und wieder gelesen, geprüft und interpretiert werden[18]. Nahezu jeder, der damals Briefe schrieb, Tagebuch führte, rechnete mit der Zensur, mußte unerwünschte Mitleser einkalkulieren und zensierte sich somit oft schon selbst bei der Niederschrift. Selbst seelsorgerische Gespräche unter vier Augen, waren Ratsuchender und Geistlicher einander nicht schon lange vertraut, fanden unter den Bedingungen der Selbstzensur statt[19].

Die Gefahr zeichnet sich ab, daß bald niemand mehr zwischen den Zeilen zu lesen vermag, alles Schriftliche für bare Münze nimmt, weil die Atmosphäre jener Jahre in unseren Lebensverhältnissen der offenen und überinformierten Gesellschaft gar keine Spuren hinterlassen hat.

Damit kommt aber auch das Verständnis für jene Jahre mehr und mehr abhanden – und für die Menschen, die unter den Bedingungen eines totalitären Regimes lebten, verwickelt in einen Krieg um Sein und Nichtsein. Der 20. Juli 1944 kann nicht gewissermaßen »keimfrei« betrachtet werden. Er gehört mit seiner schwierigen Vorgeschichte und dem schrecklichen Nachspiel in diese von Massenwahn und Massenmord gekennzeichnete Epoche. Richard Löwenthal hat auf typische Kennzeichen des totalen oder totalitären Staates, also auch des nationalsozialistischen Deutschland, hingewiesen[20]: Das Partei-, Informations-

und Organisationsmonopol, und Hans Rothfels machte frühzeitig auf »jene teuflische Mischung von Terror und Propaganda« aufmerksam, der in Deutschland ein »emotionaler Drang« entgegenkam, »auf den das Propagandainstrument meisterlich eingestellt war«[21]. Diktaturen, gleich welcher Färbung, herrschen eben nicht nur durch Terror, und Veränderung der Gesetzestafeln, sondern eben auch durch freiwillige Unterwerfung, unbewußte oder ganz bewußte Anpassung der Beherrschten, die sich in ihrer Identifikation mit dem System natürlich keineswegs als Beherrschte empfinden.

Wer sich unter den Bedingungen eines solchen Regimes zur Verweigerung, auch zum Widerstand entschloß, konnte selbst in der Verbindung mit Gesinnungsfreunden sehr allein sein. In kaum noch vorstellbarer Weise vermittelten da – neben verbreiteter intensiver Lektüre der Bibel (wie denn gefestigte religiöse Bindungen eine unvergleichliche Hilfe sein konnten) – auch manche literarische Werke Rat, Trost, Zuversicht[22]. Das Wirken von Schriftstellern wie Ernst Wiechert, Werner Bergengruen, Ernst Jünger, Reinhold Schneider, Oskar Loerke, von Richard Löwenthal gegen den Vorwurf des »hilflosen Antifaschismus« in Schutz genommen, hat bei der Bewahrung humaner und humanistischer Traditionen unserer Zivilisation geholfen. So las der Hauptmann Axel Freiherr von dem Bussche, als er sich zur Ausführung eines Attentats auf Hitler entschlossen hatte, Ernst Jüngers »Marmorklippen«. Die darin beschriebene »Schinderhütte« bei »Köppels-Bleek« hatte Bussche im Sommer 1942 bei Dubno in der Ukraine mit eigenen Augen gesehen. Nach einer Massenerschießung war er im Getto: »Man machte Jagd auf versteckte Einzelgänger. Eine Frau hat mich im Sinne des Wortes kniefällig um ihr Leben gebeten. Ich habe ihr nicht helfen können[23].«

IV.

Bei der Suche nach Wirkungen des 20. Juli 1944 auf die Wehrmacht ist die Binsenweisheit zu berücksichtigen, daß es quer durch die Altersgruppen und Dienstgrade in den Streitkräften – die ja, namentlich in Wehrpflichtarmeen, mehr oder weniger deutlich die Befindlichkeit des gesamten Volkes widerspiegeln – eine große, vom Nationalsozialismus durchaus überzeugte Mehrheit gab, auch wenn der Fortgang des Krieges manche Skepsis nährte. Das »geschlossene System« des Nationalsozialismus, die gelenkte Presse, die staatliche Rundfunkpropaganda, die vom nationalsozialistischen Geist mehr und mehr durchdrungenen Schulen und Universitäten hatten namentlich in den jüngeren Generationen eine nationalsozialistisch gesättigte Atmosphäre erzeugt, die eine vorbehaltlose Mitwirkung jüngerer Offiziere und Unteroffiziere an gewaltsamen Maßnahmen zum Sturz des Systems sehr zweifelhaft erscheinen ließ[24]. Entsprechend war, wie Erich Schwinge feststellt, »Mitte 1944 die Stellung Hitlers trotz der schweren Verluste im Feld und trotz der Schäden und Verluste des Luftkrieges noch nicht so erschüttert«, daß damit gerechnet werden konnte, die Masse des Volkes werde ohne weiteres »auf die Seite der aufbegehrenden Offiziere treten«[25].

Läßt sich das nun so einfach generalisieren? Immerhin gehört es auch zu den merkwürdigen Kennzeichen dieser Zeit, daß es etwa im Heer noch bemerkenswert viel Raum gab für nichtnationalsozialistisches Denken und Verhalten. Die »innere Emigration« in das Heer galt als achtenswerte Form der Verweigerung[26], ein Weg, den mit am Ende unterschiedlich großer Ernüchterung und Enttäuschung etwa Eberhard Wildermuth und Gottfried Benn gewählt haben. Sie und andere mußten im Laufe der Zeit den »schrittweisen Abbau der Integrität der Armee« erkennen (Hans Rothfels), zurückgehend auf die »Schuld der Führung« und die von Hitler betriebene »berechnende Politik«[27].

Das Dilemma vor allem der Jungen, unter denen gewiß auch viele nichtnationalsozialistisch dachten, war allzu groß. Der Sohn Ernst Jüngers hat in der Haft zu seinem – gleichfalls denunzierten – Mithäftling Wolf Jobst Siedler gesagt, erst werde der Krieg gewonnen, »dann wird Hitler gehängt«, während jener meinte, erst müsse Hitler fort, »dann wird der Krieg liquidiert«, und der Vater erinnert sich an Gespräche im Kaukasus mit jungen Offizieren, »die viele Scheußlichkeiten in der Nähe gesehen hatten und darüber empört waren – die aber auch wußten, was über Land und Volk kommen würde, wenn der Krieg verloren ging. Sie waren darüber einig, daß die Front gehalten werden müsse, und sind gefallen, wie mein Sohn auch[28].«

Neben Einsamkeit und Ratlosigkeit als den einzelnen schwer belastende Kennzeichen dieser Diktatur ist nun in der so nationalsozialistisch erscheinenden Wehrmacht gleichwohl ein seltsames Phänomen zu registrieren, der Gebrauch offener Worte und das freimütige, an letzte Grenzen vorstoßende Gespräch. »Meckern« und scharfe, außerhalb der Kasinos (und der Gefechtsstände) schon lebensgefährdende Kritik eingeschlossen: im Heer etwa war lange noch manche offene und deutliche Meinungsäußerung möglich, nicht nur im kleineren, auch in größerem Kreise. »War man z.B. am Tisch des Generaloberst Georg Lindemann von der 18. Armee zu Gast«, erinnert sich ein Luftwaffengeneral[29], »so war bei strenger Auffassung beinahe jedes Wort Hochverrat, sobald über die ›höhere Führung‹ gesprochen wurde.« Ähnlich in Paris, im Stabe des Militärbefehlshabers Frankreich. Ernst Jüngers Tagebücher enthalten manche Belege vom lockeren politischen Witz, der in der Heimat ähnliche »Miesmacher und Kritikaster«, wie sie Goebbels nannte, ohne weiteres schon vor den »Volksgerichtshof« bringen konnte, bis zu Hinweisen auf »Nachtgespräche« Erich Wenigers, der herumreiste, um »die Offizierkorps zu sondieren«[30], auch, daß der Militärbefehlshaber, General der Infanterie Carl-Heinrich von Stülpnagel, in seinem Stabe den »wegen Beleidigung der Partei« zu elf Monaten Gefängnis verurteilten Oberst Ernst Schaer aufnahm: »Er kann hier bleiben, sagen Sie ihm aber, daß er seine Reden über Hitler unterläßt[31].« Gleichwohl war das keine Insel der Glückseligen. Nach dem Kriege erfuhr Jünger von eben diesem

Oberst, daß der Sicherheitsdienst »die Gespräche im ›Raphael‹« durch »einen französischen Zimmerkellner belauschen« ließ, »der sich allgemeiner Beliebtheit erfreute und von dem niemand vermutete, daß er auch nur ein Wort Deutsch verstand«[32]. Das ist ein Indiz dafür, daß der »Freiraum Kasino« doch erheblich begrenzt gewesen ist und daß es gewiß auch anderswo noch bestellte Mithörer gegeben hat, mit dem Auftrage, fortgesetzt eine Art Meinungsforschung zu betreiben, deren Ergebnisse dem SD zu Zeiten vielleicht wichtiger waren als das eine oder andere Todesurteil gegen einen »Defaitisten« mehr.

Wie dem auch gewesen sein mag – offene Worte und »Nichtdenunziationen« im Kameradenkreise sind einfach eine Tatsache[33]. Als in Italien beim XIV. Panzerkorps im Frühjahr 1944 dessen abgelöster Chef des Generalstabes, Oberst Bogislav von Bonin, seinem Nachfolger (und Regimentskameraden) Hans Schmidt von Altenstadt, die Geschäfte übergab, entwickelte sich dabei ein derart kritisches Gespräch zwischen den beiden Offizieren über die von ihnen gleich negativ beurteilten Maßnahmen der obersten Führung, und wie dieser Wahnsinn zu beenden sei, wobei Schmidt von Altenstadt schließlich den baldigen Versuch eines gewaltsamen Umsturzes erwähnte, daß der unfreiwillig zum Ohrenzeugen gewordene Erste Generalstabsoffizier des Korps, Major Achim Oster, glaubte, den neuen Chef warnen zu müssen: die nationalsozialistische Gesinnung seines Vorgängers sei nicht zu bezweifeln. Er erhielt zur Antwort: »Bei Reiter 4 wird nicht gepetzt« – Schmidt von Altenstadt war sich trotz divergierender politischer Einstellungen eben der alten Kameradschaft sicher[34]. Manchem hohen militärischen Führer war nicht wohl, wenn bei ihm sondiert worden ist, wie er sich bei einem Umsturz verhalten würde: »Eigentlich hätten wir das ja wohl melden müssen«, meinte kurz vor seinem Selbstmord der Feldmarschall Hans Günther von Kluge zu Anfragen bei ihm, im Jahre 1943, von denen er in Paris seinen Chef des Generalstabes noch in Kenntnis setzte: »Aber wer tut das[35]?«

Daß vielfach nicht denunziert worden ist, »dieses typische Beispiel für den falsch verstandenen Korpsgeist und Kameradschaftsbegriff«, versetzte die Ermittler in ihren Berichten in kalte Wut: »Gegen die geschlossene Front des Korps, die sich gegen den anzeigenden Außenseiter wie gegen einen Fremdkörper wendet, konnte der jüngere Offizier nur aufkommen, wenn er Schwierigkeiten und Mißhelligkeiten in Kauf nahm.« Oder: in den Vernehmungen werde immer wieder darauf hingewiesen, »daß das Festhalten am Althergebrachten, das Verharren in der Tradition, der Korpsgeist des Heeres eine große Rolle spielen und der Verschwörerclique eine außerordentliche Geschlossenheit gegeben haben«. Besondere Vorsichtsmaßnahmen seien für die Verschwörer kaum erforderlich gewesen: »Selbst diejenigen Personen ihres Dienstbereiches, die mit ihren Plänen nicht oder nicht ganz einverstanden waren, ließen nichts aus dem Kreis der Offiziere heraus[36].«

Der »Korpsgeist des Heeres« war aber doch nicht mehr so stabil, wie es den Vernehmern nach dem 20. Juli erschien. Da wurde an Kriegsschulen denunziert

– in einem Fall vergewisserten sich sieben Denunzianten vorher noch bei einem
Vorgesetzten, »ob ihr Verhalten richtig sei«[37]. Dem Mitte Januar 1943 aus dem
Kessel von Stalingrad ausgeflogenen Armee-Pionierführer Oberst Herbert Selle
wurden ein ungeschminkter Vortrag im Kameradenkreise (allerdings in Anwesenheit eines Parteifunktionärs), offene Worte in der Ordensabteilung des OKH
und einige in der Straßenbahn gesprochene Sätze beinahe zum Verhängnis.
Frau und Tochter kamen in Haft, er selbst trat einen längeren Leidensweg
durch Haftanstalten und Krankenhäuser an. Insgeheim fanden sich freilich
mutige, unerschrockene Helfer, vor allem Karl Sack, Chef der Heeres-
Rechtsabteilung, und der Oberstkriegsgerichtsrat Wilhelm Weinheimer, auch
einige verständnisvolle Ärzte, so daß es in diesem Falle gelang, das drohende
Todesurteil abzuwenden. Nach einen »Ergebenheitsbrief« an Hitler, zu dem er
gedrängt werden mußte, kam Selle auf freien Fuß und tat bis Kriegsende wieder
seine Pflicht als Armee-Pionierführer, mit einem Fluch auf den Lippen[38].

Wenn es noch Steigerungsmöglichkeiten auf dem dunklen Gebiet der Denunziationen gab, so zeigten sie sich dann nach dem 20. Juli[39]. Aber auch jetzt,
in dieser »Vernichtungswelt« (Ernst Jünger), gab es neben unbarmherzigen
Verfolgungen Hilfe für Gefährdete und Untergetauchte, auch noch bei Militärbehörden, die etwa lebenswichtige Bescheinigungen ausstellten[40] – kurzum, in
der Atmosphäre dieser letzten Kriegsmonate liegt, ebenso wie in den Jahren
davor, viel Erbärmliches, aber auch manch Großartiges an menschlicher Haltung und Gesittung dicht beieinander.

V.

Ist der 20. Juli nun überhaupt ein einschneidendes Datum für die drei Wehrmachtteile und die Waffen-SS gewesen? Verallgemeinernde Antworten auf diese
Frage sind kaum möglich, ausgenommen im Falle der Kriegsmarine. Wenn
denn Geschichte zutreffend nach offiziellen Verlautbarungen geschrieben werden kann, so ermöglicht die Ansprache des Großadmirals Karl Dönitz an die
»Männer der Kriegsmarine« nach dem Attentat neben anderen Dokumenten
dieses Verfahren[41]. Mit einer Bemerkung über »eine wahnsinnige kleine Gene-
ralsclique«, die in »feiger Treulosigkeit diesen Mord angezettelt« habe, variierte
er Hitlers sechsmal wiederholte Behauptung von der hinter dem Anschlag stehenden »ganz kleinen Gruppe«, mußte eben diesen Satz aber einen Monat später zurücknehmen: »Leider« habe sich herausgestellt, »daß der Teilnehmer- oder
Mitwisserkreis dieses Putsches sehr viel größer gewesen ist, als man zuerst annahm«[42]. Dönitz betonte in einer nach dem »Wörterbuch des Unmenschen« zu
entschlüsselnden Diktion, die Kriegsmarine stehe »getreu ihrem Eid in bewährter Treue zum Führer bedingungslos in ihrer Einsatz- und Kampfbereit-
schaft«.

Der Großadmiral sagte, was er glaubte. Zwischentöne sind nicht zu vernehmen. Das Gewicht seiner Worte wird nicht dadurch beeinträchtigt, daß die Verschwörung sogar Verzweigungen in die Kriegsmarine hatte. Berthold Schenk Graf von Stauffenberg, der Bruder des Attentäters, tat als Oberstabsrichter d.R. und Referent für Seekriegsrecht Dienst im Oberkommando der Marine (OKM)[43]. Es heißt, im Rahmen seiner vielfältigen Aktivitäten für den beabsichtigten Umsturz habe er im Sommer 1942 die Admirale Walter Gladisch und Otto Backenköhler mit Carl Friedrich Goerdeler in Verbindung gebracht. In engen Beziehungen zu Berthold Graf Stauffenberg stand Korvettenkapitän Alfred Kranzfelder, Ic in der Operationsabteilung der Seekriegsleitung, wie Stauffenberg sogleich festgenommen und mit ihm am 10. August 1944 hingerichtet. Beide müssen als Außenseiter in der Kriegsmarine angesehen werden, wie noch einige andere als »leicht angesteckt«[44] bezeichnete Offiziere. Geschlossenheit und Einigkeit der Kriegsmarine »waren weder vor noch nach dem 20. Juli jemals ernsthaft gefährdet«, wie Michael Salewski zutreffend feststellt[45]. Einen von Dönitz – der sich nach dem Kriege und langer Haft um Verständnis für den 20. Juli bemüht hat – damals gewiß nicht gewünschten Nebeneffekt hatte sein unbedingt glaubwürdiges Bekenntnis zu Hitler, der die Kriegsmarine fortan als treuesten Wehrmachtteil ansehen konnte. Damit war es einigen älteren, verständigen Offizieren in hohen Rängen möglich, in der Kriegsmarine betroffene Randfiguren der Verschwörung ebenso unauffällig wie wirkungsvoll zu schützen[46].

Die Ansprache des Oberbefehlshabers der Luftwaffe, Hermann Göring, nach dem 20. Juli ist eine einzige Schimpfkanonade gegen eine »erbärmliche Clique von ehemaligen Generalen, die wegen ihrer ebenso feigen wie schlechten Führung davongejagt werden mußten«, gegen »Verbrecher« (zweimal), »Verräter«, »Jämmerlinge«[47]. Aber kein Wort des Mitgefühls für den schwer verletzten Chef des Generalstabes der Luftwaffe[48].

Es scheint, daß für die Luftwaffe der 20. Juli ein besonders fernes Ereignis war, vor allem angesichts der tiefen Krise, in der dieser Wehrmachtteil seit langem steckte. Wie der Kommandeur der Luftkriegsakademie von Januar bis Juli 1944, Generalleutnant Herbert J. Rieckhoff, feststellt, war Göring im Sommer 1944 »nur noch eine klägliche Figur, ohne Ansehen. [...] Die Luftwaffe hatte ihre Rolle ausgespielt[49].« Unter Berücksichtigung der internen Probleme der Luftwaffe, wie gerade im Sommer 1944 dem gänzlichen Zusammenbruch ihrer Bodenorganisation im Westen[50], und im Hinblick auf die Tatsache, daß die westlichen Alliierten mit der Invasion die Luftherrschaft über dem westlichen Kriegsschauplatz und über dem Reichsgebiet innehatten, überrascht es nicht, daß das Attentat in Erinnerungswerken bekannterer Angehöriger der Luftwaffe allenfalls am Rande erwähnt wird[51]. Das Nachdenken darüber, was dieses Ereignis eigentlich bedeutet hatte, setzte später ein. »Mancher von uns«, schreibt etwa Johannes Steinhoff (lange Jahre nach dem Krieg), »war zunächst empört über das, was die Männer um den Grafen Stauffenberg unternommen hatten«.

Es fehlte, meint er, die Einsicht: »Wir konnten sie auch nicht haben, denn wir waren mit unserem Feuerwehrdasein viel zu beschäftigt, um über den kommenden Tag hinauszudenken[52].« So ist auch kaum beachtet worden, daß einer der tatkräftigsten Verschwörer, Oberstleutnant d.R. Cäsar von Hofacker[53], Angehöriger der Luftwaffe war (wenn auch außerhalb dieses Wehrmachtteils dienstlich verwendet).

Die innere Stabilität dieses Wehrmachtteils ist schweren Belastungen ausgesetzt gewesen, jedoch nicht durch den 20. Juli 1944, sondern durch fortgesetzte Überbeanspruchung und Fehlentwicklungen innerhalb der Luftwaffe selbst. Von einigen »stimmungsmäßigen«, gleichwohl kennzeichnenden Auswirkungen des 20. Juli ist die Luftwaffe indes auch nicht verschont geblieben. Zum Beispiel der Luftkriegsakademie sind von einem Denunzianten »Defaitismus und staatsfeindliche Umtriebe« vorgeworfen worden[54], es fehlte auch sonst nicht an Denunziationen, wie ein späterer Generalleutnant der Luftwaffe der Bundeswehr unmittelbar erlebte, und es ist bekannt geworden – der 20. Juli lockerte ja manche Bremse nun vollends –, daß Verfahren vor den Feldgerichten der Luftwaffe wegen des Vorwurfs der »Wehrkraftzersetzung« jetzt »auch in Bagatellfällen« zu »Höchststrafen und Todesurteilen« führten[55]. Das bedeutet nun nicht, daß die Luftwaffe sonst im nationalsozialistischen Geist unbeirrt ihren Weg bis zu Ende gegangen wäre. Wiederholte – und natürlich gescheiterte – oppositionelle Regungen etwa der Jagdflieger, mit dem Ziele, der militärischen Vernunft »in letzter Stunde« doch noch den Weg zu bahnen, beschränkten sich allerdings auf mehr oder minder geschickte Versuche, die hausgemachten Probleme zu bewältigen[56].

Bei der Abwehr der Invasion kämpften an der Westfront Verbände des Heeres und der Waffen-SS Seite an Seite. Diese Schlachtordnung wurde allenfalls durch die massiven amerikanisch-britischen Angriffe zu Lande und in der Luft erschüttert, nicht aber durch den 20. Juli, obwohl in der Nacht darauf der Kommandierende General des I. SS-Panzerkorps, SS-Obergruppenführer und General der Waffen-SS Sepp Dietrich, »allerhand Fernschreiben bekommen« hat, mit anderen Worten besondere Befehle für die seinem Korps unterstehende 1. SS-Panzer-Division »Leibstandarte Adolf Hitler«. Es habe zur Diskussion gestanden, »ob irgendwelche Teile herausgezogen werden müßten«[57]. Dazu ist es nicht gekommen.

Schon Gerhard Ritter hat auf die frühzeitige Mitwisserschaft hoher Führer der Waffen-SS bei Erwägungen hingewiesen, nun müsse gehandelt werden – möglicherweise ging es dabei um wiederholt auftauchende Überlegungen, Hitler des Oberbefehls über das Heer zu entkleiden.

Daß »gehandelt« werden müsse, darüber seien sich im Sommer 1943 die Heeresgruppen-Oberbefehlshaber Erich von Manstein, Hans Günther von Kluge und Georg von Küchler klar gewesen, auch die Kluge damals bei der Heeresgruppe Mitte unterstehenden Waffen-SS-Generale Paul Hausser und Sepp Dietrich[58]. Neben Dietrich, Hausser und dem General der Waffen-SS

Felix Steiner[59] war auch noch der SS-Obergruppenführer und General der Waffen-SS Wilhelm Bittrich im Bilde, daß Oppositionelle im Heer einen gewaltsamen Umsturz planten. Sie haben nicht nur dieses Wissen für sich behalten, sondern wären wohl auch bereit gewesen, sich Erwin Rommel bei einer etwaigen Aktion im Westen anzuschließen. Steiner gibt Bittrichs Worte zu Rommel wieder, daß er in diesem Falle »mit dem II. SS-Panzerkorps« hinter ihm und seiner Führung stehe: »Meine Kommandeure denken genauso wie ich.« Auch der General der Panzertruppe Heinrich Eberbach war schon damals davon überzeugt, daß die Waffen-SS ohne Wenn und Aber hinter einer von Rommel geführten Aktion gestanden hätte[60].

Einige dieser Waffen-SS-Führer, in erster Linie soldatisch denkend, ließen es nicht bei mehr oder weniger deutlichen Absichtserklärungen bewenden, sondern taten nach dem 20. Juli auch einiges, um Kameraden des Heeres aus den Fängen des Reichsführers SS und seiner Schergen zu befreien. Steiner selbst verwendete sich – allerdings vergeblich – bei Heinrich Himmler für den Grafen Fritz-Dietlof von der Schulenburg, Sepp Dietrich mit ersichtlich größerem Erfolg für den schwer gefährdeten Generalleutnant Hans Speidel. Der damalige SS-Oberführer (Oberst) Gustav Lombard setzte, so Steiner, »alle Hebel in Bewegung«, um »den ihm bekannten damaligen Oberst im Generalstabe Johann Adolf Graf von Kielmansegg aus den Händen der Gestapo zu befreien«, mit ihm noch »fünf andere Offiziere«, und Steiner fügte hinzu, unter diesen habe sich auch General Heusinger befunden[61]. Es wäre nun gewiß zuviel gesagt, daß einfach kameradschaftliche Interventionen diese Freilassungen (im Falle Speidels allerdings ja nicht auf Dauer) bewirkt haben. Die Ermittlungsergebnisse werden eine nicht unwesentliche Rolle gespielt haben. Immerhin bleibt festzuhalten, daß Führer der Waffen-SS so kameradschaftlich handelten – und damit der doppelbödigen und seltsam verhangenen Atmosphäre um den 20. Juli eine Facette hinzufügten, die in keine Schablone paßt. Nebenbei handelten sie doch nicht ohne eigenes Risiko. Wegen seiner offenen Worte über die schimpfliche Hinrichtung von Generaloberst Erich Hoepner ist der Obergruppenführer Wilhelm Bittrich aus den eigenen Reihen bei Himmler denunziert worden. Seine von Himmler verfügte Ablösung als Kommandierender General wurde sowohl durch die Lageentwicklung als auch durch Verzögerungsmaßnahmen des Generals Eberbach und des Feldmarschalls Walter Model zunichte[62].

Der Zustand der Wehrmacht nach dem 20. Juli läßt sich folgendermaßen skizzieren: die Kriegsmarine erscheint ganz unangefochten, im Willen ihres Oberbefehlshabers durchaus als Garant des Systems[63]. Die Luftwaffe hatte ihre eigenen schwerwiegenden Sorgen und Probleme. Die Waffen-SS war fest in der Hand ihrer Führer, von denen einige, und nicht gerade die Unwichtigsten, sich aber ihre besonderen Gedanken gemacht zu haben scheinen. Der größte Wehrmachtteil, das Heer, war an der Spitze zwar unmittelbar vom 20. Juli betroffen, ist aber in seiner Kampfkraft und Einsatzfähigkeit dadurch nicht beeinträchtigt worden.

Diese Feststellung bedarf freilich sogleich einer Einschränkung. Sowohl an der Ostfront, als auch im Westen stand das Heer in schweren Abwehrkämpfen, die dadurch erschwert worden sind, daß von der Verschwörung – wie Dönitz die Kriegsmarine orientierte – »ein kleiner, aber führender Kreis des Generalstabes« [und] »Schlüsselstellungen des Generalstabes des Heeres« berührt waren[64]. Mit den Verhaftungen und den mitunter lange dauernden Ermittlungen ist das Führungssystem dieses Wehrmachtteils schwerer beeinträchtigt worden als durch den den Verschwörern gelegentlich bis heute unzutreffenderweise nachgesagten »Verrat«.

Nach dem gescheiterten Umsturzversuch war jedenfalls zunächst einmal das beschädigte Führungsinstrument wieder in Funktion zu setzen[65]. Allein die Lösung dieser nur auf den ersten Blick praktisch-organisatorischen Aufgabe machte mancherlei Auswirkungen des 20. Juli in der oberen Führung des Heeres deutlich. Argwohn, Mißtrauen, ja unverhohlener Haß vor allem gegen »den« Generalstab verbreiteten sich nämlich, wenigstens Nervosität, wenn nicht schlimmere Reaktionen auslösend. Verhöre, Festnahmen (als »Dienstreisen« getarnt), Selbstmorde: schlechte Nachrichten überschlugen sich in den Tagen und Wochen nach dem mißglückten Attentat und werden in ihrer Wirkung auch nicht spurlos an der Truppe vorübergegangen sein.

Es ist heute schwer nachzumessen, wie sich eine geraume Zeit anhaltende Kampagne gegen das Heer (die sich nicht auf einige wenige öffentliche Kundmachungen beschränkte) auf dessen innere Verfassung ausgewirkt hat. Denn das ist eine der seltsamen Nachwirkungen des 20. Juli, daß mit diesem Tag ein Graben wieder aufriß, der längst zugeschüttet schien. Alles kam jetzt wieder zum Vorschein, was das Heer und den Nationalsozialismus einst getrennt hatte. In seiner nächtlichen Rede nach dem Attentat, in der Hitler ja auch in seiner Funktion als Oberbefehlshaber des Heeres sprach, erklärte er zwar noch, daß dieser »ganz kleine Klüngel verbrecherischer Elemente« nichts mit der »deutschen Wehrmacht und vor allem auch mit dem deutschen Heer nichts zu tun« habe, vertraute aber später Heusinger bei ihrer letzten Begegnung im September 1944 an: »Ich habe schon oft bitter bereut, mein Offizierkorps nicht so gesäubert zu haben, wie es Stalin tat. Aber ich muß und werde das jetzt nachholen[66].« Zu diesem Zeitpunkt war er sich inzwischen über das ganze Ausmaß der Verschwörung, ihrer verschiedenen Ausformungen, von Stauffenberg bis Hans Oster, im klaren und darüber, daß so viele Verschwörer den »gebildeten Kreisen entstammt« hätten, denen er »immer mehr oder weniger blindlings vertraut« habe: »Ich wußte es schon seit längerer Zeit, [...] daß die besseren Kreise unseres Volkes gegen mich standen«, »gerade die Kreise [...], die am meisten vom Nationalsozialismus profitiert haben«[67] – also nichts mehr von »kleiner Clique«, »ganz kleine Gruppe«, »ganz kleine Verräter- und Verschwörerclique«, wie noch in der Nacht vom 20. zum 21. Juli. Diese Vorwürfe steigerten sich noch bis zu seinem Selbstmord. Vom versäumten »Schlag gegen rechts« sprach er vor den Gauleitern am 24. Februar 1945 und endete am 22. April 1945 in einem Wutausbruch über die Führer des Heeres und ihre »langjährige Verräterei«[68], was Ernst Jüngers Feststellung stützt, Hitler habe die Mehrzahl der Generale als eine »Gesellschaft mit antiquierten Vorurteilen« angesehen: »Sowie sie sachlich nicht mehr nötig waren, würde man mit ihnen aufräumen. In der Tat gehörten sie einer aussterbenden Spezies an. Die Probe auf das Exempel gab der 20. Juli 1944«[69].

Das waren nun nicht wunderliche Ansichten eines dem Ende seiner Herrschaft entgegenwankenden Diktators. So angepaßt dem nationalsozialistischen System heutigen Kritikern das Heer erscheint, so sehr beargwöhnten nach dem 20. Juli 1944 wieder große Teile der NSDAP, nicht nur der Führung dieser »Bewegung«, das Heer als nicht-nationalsozialistisch, als »reaktionär«. Auch in noch gläubigen Teilen der Bevölkerung war diese Ansicht offenbar recht weit verbreitet. Jedenfalls hörten die beamteten Erforscher der »öffentlichen Meinung«, auch ihre Zuträger, in den Straßen der Städte gleich nach dem Attentat dazu Erstaunliches. Die Ansicht sei verbreitet, eine »immer vermutete Opposition innerhalb der Wehrmacht und eine Clique reaktionärer Generale« habe die Macht an sich reißen wollen. »Reaktionäre Kreise« hätten das Attentat inszeniert: »Die Volksgenossen nahmen spontan Stellung gegen die alten Generale der Wehrmacht, die sie als ›Reaktion‹ bezeichneten.« Zahlreiche Gespräche, so die aufmerksamen Zuhörer, ließen »eine verallgemeinerte Mißstimmung gegen das Offizierskorps erkennen«, man höre scharfe Worte gegen »die ›Hohen‹, ›Großkopfeten‹ und ›Monokelfritzen‹«[70]. Mit dem Wort von den »blaublütigen Schweinen«, das nach dem 20. Juli der »Reichsorganisationsleiter« Robert Ley, Führer der »Deutschen Arbeitsfront«, erregt hervorstieß, machte sich dieser nationalsozialistische Funktionär zum Sprachrohr vieler[71].

Allerdings schien diese Mißstimmung den Lenkern der öffentlichen Meinung im Deutschen Reich dann doch bald zu weit zu gehen, auch regte sich Widerspruch[72] gegen Leys unflätige Schimpfereien. Unterschwellig blieb aber, trotz beiderseitiger vollmundiger Bekenntnisse zueinander, etwa bei »Treuekundgebungen«, wie sie nach dem Attentat vielerorts auch »unter Beteiligung der Wehrmacht«[73] stattfanden, das Verhältnis zwischen Partei und Heer erheblich gestört.

Über die tatsächlichen Auswirkungen von gegen das Heer gerichteter Propaganda sind ebenso wenig gesicherte Aussagen möglich wie über den unmittelbaren Eindruck, den das Attentat hinterlassen hat. Es gibt Belege sowohl für gänzliche Indifferenz, »fernes Ereignis«, bis hin zu der gewiß nicht seltenen Ansicht eines Obersten und Regimentskommandeurs an der Front in Italien, dies sei nun »das größte Verbrechen, das ein Deutscher begehen konnte«[74]. Auch erscheint eine Rückerinnerung aus der in Frankreich von Generalleutnant Gerhard Graf von Schwerin befehligten 116. Panzer-Division glaubhaft, die Nachricht vom Umsturzversuch habe »niederschmetternd« gewirkt. Generalleutnant Albert Praun, der Kommandeur der im Westen eingesetzten 277. Infanterie-Division, wenige Tage nach dem Attentat Nachfolger des Generals Erich Fellgiebel, »verstand es nicht, wie in dieser Lage« (gemeint sind die geglückte Invasion und die bedrohliche Situation der Ostfront) »auch noch der Bürgerkrieg riskiert wurde«. In der 132. Infanterie-Division, in Kurland stehend, setzten offenbar recht frühzeitig Überlegungen über Sinn und Berechtigung eines Staatsstreiches ein. Denn der zu den Verschwörern gehörende General der Artillerie Fritz Lindemann, nun landauf, landab als »Verräter Lindemann« gesucht[75], hatte diese Division von Januar 1942 bis August 1943 befehligt und stand noch in hohem Ansehen dort. Ein Sohn, Leutnant im Artillerieregiment dieser Division, war aber gleich nach dem 20. Juli denunziert worden, von einem »Mann der eigenen Truppe«, wegen seiner Äußerung: »Schade, daß er – Hitler – nicht tot ist.« Wenn der verehrte General Lindemann zur Widerstandsgruppe gehörte, »mußten da nicht in uns Zweifel auftauchen, in uns, die wir damals immer noch glaubten, es sei eine gute Sache, für die wir an der Front stehen«? Diese Reaktion, wenn auch erst nach dem Kriege niedergeschrieben, wird nicht selten gewesen sein.

Wenn neben Lindemann so geachtete Männer wie der Feldmarschall Erwin von Witzleben, der Generaloberst Hoepner – um nur die bekanntesten Namen zu nennen – sich gegen Hitler wandten, dann hatte das gewiß nur ehrenhafte Gründe, mochte mancher denken. Ablehnung, gänzliches Unverständnis, Distanz, zögerndes Verständnis, gewiß auch innere Zustimmung mischten sich, ohne daß der jeweilige Standpunkt, war er nicht regimekonform, anders als andeutungsweise verdeutlicht werden konnte. Tagesbefehle und Ergebenheitsadressen, die das Attentat schneidend verurteilen und unverbrüchliche Treue zum Führer bekunden, gibt es reichlich. Das Gegenteil war auch schwerlich zu erwarten.

Wenigstens ein Divisionskommandeur, Generalleutnant Eccard Freiherr von Gablenz, ehemals königlich-preußischer Gardeoffizier, glaubte seinem Offizierkorps aber auch eine persönliche Stellungnahme schuldig zu sein: Fraglos sei es ein todeswürdiges Verbrechen, in einem Kriege um Sein oder Nichtsein den Versuch zu unternehmen, das Staatsoberhaupt zu ermorden. »Aber ebenso sei es völlig unberechtigt, diese Männer, wie es Goebbels tut, als ›gemeine Ehrgeizlinge‹ zu beschimpfen. Im Gegenteil, diese Männer hätten die Lage in jeder Hinsicht als katastrophal angesehen und geglaubt, durch die Ermordung Hitlers mit den Feindmächten noch einen leidlichen Friedensschluß zu erreichen« – nach Ansicht des Generals »eine Illusion. Denn der Krieg gelte nicht der Person Hitlers, sondern Deutschland[76].«

Gablenz konnte von Glück sagen, daß unter seinen Offizieren kein Denunziant war, wie dagegen bei einer ähnlichen, noch deutlicheren Ansprache, die der »General des Transportwesens West« in Paris, Oberst i.G. Hans Hoeffner, am 21. Juli vor seinem Stabe hielt. Nicht nur, daß er die Verschwörer gegen die Beleidigungen Görings in Schutz nahm, er wandte sich auch entschieden gegen Angriffe gegen das Offizierkorps, besonders aus Parteikreisen[77]. Eine lange nach der Ansprache Hoeffners auf den Weg gebrachte Denunziation mit allen »klassischen« Kennzeichen einer solchen schmutzigen Angelegenheit – Weitergabe der

Anzeige, unkameradschaftliches Verhalten bei der weiteren Behandlung, aber auch entscheidende Versuche, Hoeffner zu retten (der wohl aber nur durch seine Gefangennahme Schlimmerem entging) – hatte merkwürdige Folgen. Hoeffner, nach dem Kriege Kommandeur im Bundesgrenzschutz und dann Brigadegeneral in der Bundeswehr, und Generalleutnant Albert Schnez, 1944/45 als Oberst i.G. »General des Transportwesens Italien«, aus dessen Dienststelle Hoeffner angezeigt worden war, sahen sich längere Zeit in eine unerfreuliche Auseinandersetzung über ihr jeweiliges Verhalten nach dem 20. Juli 1944 verwickelt, in der allerdings auch – im Falle Schnez' – durchsichtige personalpolitische Interessen mitspielten, eine besonders seltsame Variante der Nachwirkungen des 20. Juli auf das innere Gefüge deutscher Streitkräfte.

Mutige, offene Worte, wie die des Generals Freiherr von Gablenz und des Obersten Hoeffner, dürften die Ausnahme in jenen Juli-Tagen gewesen sein. Insgesamt wird der Generalleutnant a.D. Helmut Friebe recht haben, wenn er in seinem Gutachten im »Remer-Prozeß« meint, die Masse der Frontoffiziere, und »hauptsächlich der jüngeren Generation« (wie der Denunziant Hoeffners) habe das Attentat zunächst abgelehnt, nicht verstanden und verurteilt[78]. Das heißt zugleich, daß die Folgen und Auswirkungen des Umsturzversuchs in der Truppe gering waren, mit den Worten Friebes: »Schon kurze Zeit nach dem 20. Juli ließ der schnelle Ablauf der Geschehnisse an der Front und der schließliche Zusammenbruch das Attentat in den Hintergrund treten[79].« Das äußerte sich dann gelegentlich so, daß Offiziere, denen die Verfolger nichts hatten anhaben können, wenn sie von ihren manchmal wochenlangen Vernehmungen wieder zur Truppe kamen, dort meist höflich-distanziert, auch gleichgültig aufgenommen wurden, wenn ihnen nicht sogar Argwohn und Mißtrauen entgegenschlug. Licht und Schatten lagen in diesen Wochen dicht beieinander[80]. Achim Oster, der Sohn des tief in den Widerstand gegen Hitler verwickelten Generalmajors Hans Oster, nach dem 20. Juli schwer verwundet, erlebte es, daß ihn zwar sein dem Nationalsozialismus zugetaner Armee-Oberbefehlshaber fürsorglich in ein Lazarett in die Heimat bringen ließ, aber dort der grundsätzlich konservativ eingestellte Wehrkreisbefehlshaber (der seinen Vater festgenommen hatte) ihn trotz langer Bekanntschaft geflissentlich übersah, als er einen verwundeten Kameraden in ihrem Krankenzimmer besuchte.

Schon Hans Rothfels hat, die wenigstens indifferente Haltung der »Kommandeure von aktiven Feldtruppen« dem Umsturzversuch gegenüber recht wohlwollend als »eine Art abwartender Neutralität«[81] charakterisierend, den Blick auf eine Zwangsvorstellung gelenkt, die auf eigenartige Weise die Verschwörer und ihre Verfolger verband, das »Dolchstoß-« oder das »1918-Syndrom«. Hitler war von diesem 1918-Komplex förmlich besessen und hat ja schon in seiner nächtlichen Ansprache dieses Motiv aufgegriffen[82]. Wieder und wieder klingt in Goerdelers Denkschriften »1918« an. Die Wehrmacht, schreibt er etwa im März 1943, dürfe »noch nicht unfähig erscheinen,

weiter Krieg zu führen; der Sieg darf dem Gegner noch nicht in der Nähe win-
ken«[83], nicht anders bei den Soldaten um Stauffenberg.

Nächst der Problematik des Eides trieb sie der Gedanke um, wie bei einem
Umsturz einem »Dolchstoß«-Vorwurf begegnet werden könne – das Heer habe
den Führer am »Endsieg« hindern wollen –, und ihr erklärtes Ziel war es denn
auch, nach dem Umsturz müsse zunächst die Front halten, um jeden Preis,
damit sich 1918 eben nicht wiederholen könne, ebenso, daß ein Bürgerkrieg
vermieden werden müsse[84].

VI.

Mochte also die Truppe an der Front vom 20. Juli noch als kaum betroffen
erscheinen, so erwies sich andererseits mit der Ernennung Himmlers zum Befehlshaber des Ersatzheeres – auch damit begründet, daß er in seiner Eigenschaft als »Chef der deutschen Polizei« im Falle der Ermittlungen nach dem
Attentat unbeschränkten polizeilichen Zugriff auf die Wehrmacht hätte[85] – und
bald nach der Einsetzung des Generalobersten Heinz Guderian als Chef des
Generalstabes des Heeres, daß der mißglückte Umsturzversuch keineswegs
lediglich als eine »Episode im Gesamtverhältnis der Wehrmacht zum NS-
Staat«[86] anzusehen ist. Hitler wollte nun, nach eigener Ankündigung, »mit dem
Austreten dieser ganz kleinen Verräter- und Verschwörerclique nun endlich
aber auch im Rücken der Heimat die Atmosphäre schaffen, die die Kämpfer an
der Front brauchen«. Himmler und er nutzten die ihnen verbleibende Zeit
durchaus.

Guderian war um seine Aufgabe wahrhaftig nicht zu beneiden. In dieser Situation zu den engsten militärischen Ratgebern Hitlers zu treten, der seinem
Mißtrauen und seinem Haß gegen »das reaktionäre Heer« keine Zügel mehr
anlegte, in einer Atmosphäre der Verfolgung[87], die die soldatische Kameradschaft auf die äußerste Probe stellte, vor dem Hintergrund einer militärisch
mehr als schwierigen Lage: Da war eigentlich nur noch ein guter Ruf zu riskieren. Die Handlungsweise des Generalobersten in diesen Monaten bis zu seinem
endgültigen Bruch am 28. März 1945 mit Hitler steht denn auch seitdem im
Kreuzfeuer der Kritik. Worauf er sich einließ, ist nicht allein von biographi-
schem Interesse. Was sich damals, im Generalstab des Heeres und dessen Umkreis, ereignete, hat lange fortgewirkt, bis in die Jahre der Planung und des Auf-
baus der Bundeswehr.

Daß Hitler keinen ausgesprochenen Gegner des Nationalsozialismus zum
Nachfolger Kurt Zeitzlers berufen hätte, liegt auf der Hand. Ebensowenig ist
Guderian nun aber als fanatischer Nationalsozialist anzusehen. Gewiß stand er
loyal zu Hitler. Aber diese Loyalität hat ihn als geschäftsführenden Chef des
Generalstabes des Heeres[88] nicht geblendet, geschweige denn seinen militäri-
schen Wirklichkeitssinn getrübt. Wie Franz Halder und Zeitzler geriet er in

schwere Auseinandersetzungen mit Hitler, und wie jene schied er gescheitert aus seinem Amt, nicht ohne noch den Versuch unternommen zu haben, sogar mit Joachim von Ribbentrop, Himmler und dem Großadmiral Dönitz Fühlung wegen eines Waffenstillstandes aufzunehmen, was seinen Kredit bei Hitler nicht eben erhöhte. Und sein Zusammenwirken mit Albert Speer, um die Zerstörung aller materiellen Lebensgrundlagen des deutschen Volkes zu verhindern, unter Zuwiderhandlung gegen ausdrückliche »Führerbefehle«, ist ihm positiv anzurechnen[89]. Übrigens hat er auch Goerdeler angehört und sich damit in den Verdacht der Mitwisserschaft an hochverräterischen Bestrebungen gebracht. Sein Name fiel auch bei den Vernehmungen Hellmuth Stieffs, als jener über Sondierungen im Jahre 1943 aussagte[90].

Kritik hat sich vor allem an Guderians Mitwirkung im sogenannten »Ehrenhof« und an einigen Äußerungen entzündet, mit denen er den Generalstab des Heeres insgesamt auf nationalsozialistischen Kurs festgelegt habe[91]. Die Kritik konzentriert sich dabei in erster Linie auf die Person des Generalobersten und verliert dabei aus dem Auge, daß mit der kontinuierlichen Herabminderung der Stellung des Chef des Generalstabes des Heeres ein ständiger Machtzuwachs Himmlers einhergeht[92]. So sehr Guderian stets die Waffen-SS im Gefecht schätzte, so wenig wollte er eine Suprematie Himmlers über das Heer, geschweige denn einen SS-Staat. Und diese Gefahr zeichnete sich bei den ausgeweiteten Befugnissen Himmlers ab, der sich schon als Oberbefehlshaber des Heeres[93] sah.

Wer, wie Guderian, so genau wußte, wie man Zuständigkeiten erlangte, die Kunst der Lagebeurteilung perfekt beherrschte, der machte sich rasch ein zutreffendes Bild, was Himmlers weiterer Machtzuwachs nach dem 20. Juli ankündigte. Mit allen erdenklichen Methoden kämpfte Guderian – auf verlorenem Posten und vergeblich – für »die Armee als einziger Waffenträger in der Nation«[94], gleichsam zurückkehrend zu den Anfängen des Verhältnisses bewaffnete Macht – nationalsozialistische Herrschaft. Es waren wohl auch aufs Ganze gesehen untaugliche Mittel, die er einsetzte. Denn Hitlers Mißtrauen gegen das Heer war weder mit markigen Worten zu beschwichtigen, noch konnte damit Himmlers Nebenregentschaft verhindert werden.

Seinen Dienst als Chef des Generalstabes begann Guderian mit einem Paukenschlag. An die Verlesung eines Tagesbefehls Hitlers fügte er »namens des deutschen Heeres« hinzu, daß »einige wenige, teilweise außer Dienst befindliche Offiziere« den Mut verloren »und aus Feigheit und Schwäche den Weg der Schande dem allein dem anständigen Soldaten geziemenden Weg der Pflicht und Ehre vorgezogen« hätten. Er bürge Führer und Volk »für die Geschlossenheit der Generalität, des Offizierkorps und der Männer des Heeres«, nachdem das Heer »sich selbst gereinigt und die unlauteren Elemente abgestoßen« habe[95]. Diese Sätze sind aber nur die eine Seite der Medaille. Mit solchen Bekenntnissen glaubte er wohl, sich Luft und Bewegungsspielraum verschaffen zu können[96], wie mit Befehlen »An alle Generalstabsoffiziere des Heeres«[97], einer Ansprache

an die Generalstabsoffiziere im Generalstab des Heeres und anderen Bekundungen von ihm aus jenen Wochen. Von Zeitgenossen sind sie als einzige An-
schnauzer, extreme nationalsozialistische Ausfälle, »vermengt mit unverhohle-
nem Haß gegen den Generalstab« be- und verurteilt worden. Nun sind gewiß
diese Meinungsäußerungen verbal sehr überzogen, auch nicht mit der Erläuterung versehen, es sei nicht so gemeint, und nicht augenzwinkernd vorgetragen
worden. Allerdings wird bei der Bewertung von Guderians Worten meist übersehen, daß ja auch Zeitzler nicht mit starken Worten gegeizt hatte, als er im
Herbst 1942 Halders Nachfolge antrat. Was Zeitzler damals dem Generalstabs-
nachwuchs ins Stammbuch schrieb[98], er »verlange einen Generalstabsoffizier,
der unbegrenzten Glauben an den Führer hat und den Glauben an seinen Führer, an den Sieg und an seine Arbeit auf seine Umwelt ausstrahlt«, war auch sehr
ernst gemeint gewesen, obwohl sich diese Worte für Zeitzler selbst ebenso
schnell wie gründlich ins Gegenteil verkehrten. Die gereizte, nervöse, gespannte
Atmosphäre nach dem 20. Juli verschaffte Guderians Strafpredigten eine so
auffällige Wirkung. Freilich kommt bei ihm hinzu, daß er bei Antritt seiner
Verwendung auch eine persönliche Rechnung mit dem Generalstab Beck-
Halderscher Prägung glaubte begleichen zu müssen und die Gelegenheit nutzte,
in seiner impulsiven Art, die ihm den Spitznamen »Heinz Brausewetter« einge-
tragen hatte, mit all jenen abzurechnen, die sich ihm früher irgendwie in den
Weg gestellt hatten.

Wenn bei Guderian Wort und Tat in Einklang gestanden hätten, müßten ihn
seine Bekundungen nach dem 20. Juli ebenso richten wie seine Mitwirkung im
sogenannten »Ehrenhof«, dieser von Hitler befohlenen, als zusätzliche Demütigung des »reaktionären Heeres« gedachten Einrichtung. So dröhnend nationalsozialistisch Guderian sich nun auch ausdrückte und damit gewiß manches
Vorurteil gegen seine Person bis zum heutigen Tage verfestigte, so unbestreitbar ist auch sein Einsatz für Verfolgte nach dem 20. Juli. Dabei ist er sogar so
weit gegangen, dem Ersten Generalstabsoffizier der Operationsabteilung die
Hitler zugestellten Ergebnisprotokolle der Vernehmungen für eine Nacht zugänglich zu machen – eine gewiß mit lebensrettende Hilfe für den damaligen
Oberst i.G. Graf Kielmansegg, der bei seiner Festnahme nun recht genau wußte, was andere bis dahin ausgesagt hatten, was er füglich sagen konnte[99]. Er hielt
über den Freiherrn Thilo von Werthern, einen von Haß gegen den Nationalsozialismus erfüllten Offizier im Stabe des »Generalinspekteurs der Panzertruppen«, und andere Offiziere dort »seine schützende Hand [...], was ihm Werthern
nicht leicht machte«[100], bewahrte in wenigstens einem Falle einen Generalstabsoffizier, der sich in einem dienstlichen Brief gegen die entwürdigende Behandlung der Verschwörer gewandt und sich praktisch zu ihnen bekannt hatte, durch
Verhängung von Arrest vor »Ehrenhof« und »Volksgericht« (tragisch, daß dieser
dann aus dem Generalstab entfernte Offizier im Januar 1945 fiel) und entsandte
den nationalsozialistischen Führungsoffizier des Generalstabes des Heeres
mehrmals zu Ernst Kaltenbrunner und dem Obersturmbannführer Walter von

Kielpinski, um »Erleichterungen vor allem für die Angehörigen« der 20. Juli-Offiziere zu erreichen[101]. Dabei ließ er es nicht bewenden, sondern unterstützte auch 1944/45 Witwen von hingerichteten Offizieren durch Geldzuwendungen, die einer seiner Generalstabsoffiziere persönlich überbrachte.

Sich im »Ehrenhof« für dort Angeschuldigte zu verwenden, war ungleich schwieriger, allein nach der Zusammensetzung dieses Gremiums, in dem ja der Hitler widerspruchslos ergebene Keitel saß, der über das Zustandekommen dieses Gremiums einige enthüllende Auskünfte hinterließ[102]. Danach hat Hitler befohlen, ihm die Soldaten der Luftwaffe und der Marine, »deren Beteiligung am Putsch offensichtlich, d.h. so gut wie erwiesen ist [...] zwecks fristloser Entlassung aus der Wehrmacht und Überstellung an die Gestapo zu melden«. So ist etwa bei den beiden Angehörigen der Kriegsmarine (Graf Stauffenberg und Kranzfelder) und bei Cäsar von Hofacker verfahren worden. Diese Wehrmachtteile erschienen also nach außen als nicht betroffen. Ein sogenannter Ehrenhof ist nur für das Heer eingerichtet worden, und es wurde auch noch öffentlich bekanntgemacht, wen dieses Gremium – allein nach Vortrag der Ermittler – dem Führer zur Ausstoßung aus dem Heer vorzuschlagen hatte[103]. Guderian hat sich lange mit seinem Chef der Führungsabteilung, Generalleutnant Walther Wenck, über seine Mitwirkung im »Ehrenhof« ausgesprochen und dann für sich die Entscheidung gefällt: »Ich kann das von keinem verlangen, wenn ich es nicht selbst tue[104].« Es ist mittlerweile bekannt, daß nicht zuletzt durch die geschickte Fürsprache Guderians Generalleutnant Speidel der Ausstoßung aus dem Heer entging[105]. Auch in anderen Fällen kam der »Ehrenhof« zu einem für die Betroffenen positiven Ergebnis[106], gerade auch durch Intervention Guderians. Und war nicht jedes gerettete Menschenleben jeden Einsatz wert?

Daß viele nicht zu retten waren, hat ihn zeitlebens bedrückt. Sein Verhalten nach dem 20. Juli, in einer ausweglosen Situation, fast auf sich allein gestellt, wenigstens noch Versuche zu unternehmen, zu helfen, wo noch geholfen werden konnte, zeigt, daß in den letzten Monaten der Geschichte des deutschen Heeres das Kapital an Kameradschaft und anständiger Gesinnung zwar schwer angegriffen, aber noch nicht vollends aufgezehrt war. Guderians Haltung kontrastiert jedenfalls im Guten bemerkenswert zum Verhalten des Nachfolgers des Generalquartiermeisters des Heeres[107] und zu den unbarmherzigen Verfolgungsmaßnahmen des Heeres-Personalamts, von denen auch noch die betroffen waren, denen die Gestapo weder Schuld noch Mitwisserschaft nachweisen konnte. Nahmen sie ihren Dienst wieder auf, erhielten sie meist Verwendungen ohne Garantie der Lebensverlängerung, vorsichtig ausgedrückt. Mit einiger Berechtigung sprach nach dem Kriege der General der Panzertruppe a.D. Leo Freiherr Geyr von Schweppenburg vom »Kaschemmenpersonalamt«, das »das Übelste auf dem Weg zur inneren Zersetzung des Offizierkorps« zu verantworten habe[108].

Mehr und mehr mischte sich auch Himmler selbst in die Personalien ein. Zwei Söhne des vom »Volksgerichtshof« zum Tode verurteilten Generals der Infanterie Carl-Heinrich von Stülpnagel hatten sich brieflich an ihn gewandt. Himmler entschied aufgrund dieser Briefe, »daß beide Söhne als Offiziere im Heer verbleiben können« (4. Oktober). Ebenso großzügig war er einverstanden, daß »Generaloberst Weiß die Armee belassen werden kann«, der überprüft worden war »im Hinblick auf den Verrat des bisherigen Chefs der 2. Armee, Generalmajor Henning v. Tresckow« (22. August). So weit war es nun gekommen, Armee-Oberbefehlshaber hingen vom Wohlwollen und der Gnade Himmlers ab[109].

VII.

Die Zerreißprobe auf die innere Stabilität der Wehrmacht, die der 20. Juli 1944 im Ablauf der letzten Kriegsmonate nicht gewesen war, ereignete sich, als es keine deutsche Wehrmacht mehr gab. Die Gewissenserforschungen und Bestandsaufnahmen nach dem Kriege führten zu einer Auseinandersetzung über dieses Ereignis, dessen Inhalt und Konturen nun erst deutlich wurden.

Das Nachdenken[110] darüber stieß aber zusammen mit einer von den Siegern verordneten »Umerziehung« und Vergangenheits-»Bewältigung«, wo die Entscheidung über Richtig und Falsch, Gut und Böse längst gefallen war, was eine Bestandsaufnahme nicht gerade erleichterte. Ein weiterer begrenzender Faktor für die Gewissenserforschung war die Anklage im Hauptkriegsverbrecher-Prozeß (Nürnberg 1945/46) gegen »Generalstab und Oberkommando der Wehrmacht«. Sie löste vornehmlich Rechtfertigungsversuche aus. Nach dem Freispruch dieser Führungsinstrumente schien eine Bilanzierung dann manchen nicht mehr erforderlich zu sein, auch aus einem Gefühl des Trotzes heraus, warum denn nur den Soldaten allein eine Sündenbock-Funktion auferlegt war.

Mit dem vor aller Augen verlorenen Krieg konnten sich zwar keine Dolchstoß-Phantastereien festsetzen, wie gleich nach dem Ende des Ersten Weltkrieges, als man, »im Felde unbesiegt«, ganz gut mit Legenden und Selbsttäuschungen weiterlebte. Aber nun, bald nach der »bedingungslosen Kapitulation«, meldeten sich – mit unterschiedlich lauteren Motiven – Kritiker im eigenen Lande zu Wort, die polemisch fragten, warum denn nicht »die Wehrmacht« spätestens angesichts der unausweichlichen Niederlage die Gewehre umgedreht und die Schreckensherrschaft beseitigt habe? Klopffechter und Kannegießer auf beiden Seiten hatten ihre große Stunde, so daß der Generalleutnant a.D. Speidel frühzeitig und dringend riet, die unausweichliche Auseinandersetzung mit der eigenen Vergangenheit nicht zu versimpeln.

Ein besonderes Hindernis bei vielen internen Diskussionen um das Verhältnis der Wehrmacht zur nationalsozialistischen Herrschaft und um die Einstellung zur Verschwörung gegen Hitler war es, daß sich alles Für und Wider zunächst auf den eigenen Erfahrungsschatz und die absichtsvoll vorgetragenen, gefärbten, gefilterten persönlichen Erlebnisse und Eindrücke in den eben zurückliegenden Jahren und Monaten stützte, die natürlich kein umfassendes Bild von den verwickelten Ereignissen vermittelten. Kein Thema ihrer Vergangenheit konnten zudem die ehemaligen Berufssoldaten aufgreifen, dessen sich nicht auch schon die Öffentlichkeit mit unterschiedlichem Sachverstand bemächtigt hatte, und wo dort nicht auch schon meist wohlfeile Lösungen bereitgehalten worden sind. Nun lösten von außen aufgenötigte Diskussionen bei den Betroffenen, die sich sogleich in der Rolle des Angegriffenen sahen, eher noch einen internen Solidarisierungseffekt aus, als daß sie als wesentliche Anstöße empfunden worden sind. Mit der Methode, Kritikern die Kompetenz abzusprechen, enthob man sich gelegentlich der Notwendigkeit, sich in der Sache mit ihnen zu beschäftigen.

Das heißt nun nicht, daß die kritische Betrachtung des verhängnisvollen Weges der Wehrmacht, der schließlich zu einer militärischen und moralischen Katastrophe ohne Vorbild in der deutschen Militärgeschichte geführt hatte, ausgeblieben ist. Dieser verzweifelte Dialog mit sich selbst, nur unter besonderen, ungewöhnlichen Belastungen stehend, zum Thema »wie konnte es geschehen« hat stattgefunden, beginnend doch schon in der Gefangenschaft, auch in den Gefängnissen und später in der Freiheit, auf unterschiedlichem Niveau und mit nicht immer befriedigenden Ergebnissen. Namentlich der General der Panzertruppe a.D. Eberbach hat in seiner Wirksamkeit an der Evangelischen Akademie in Bad Boll diesen mühseligen Erkenntnisprozeß sehr gefördert[111]. Diese Standortbestimmungen kreisten im Grunde um die Frage, wie es binnen weniger Jahre zu weitgehender Unterwerfung unter Hitlers Herrschaft kommen konnte. Dabei gelang es nicht, die Aporie aufzulösen, daß einmal hohe Militärs sich dem nationalsozialistischen System willig angepaßt, auch Vorschub geleistet hatten, während andere Kameraden gleicher Herkunft und Prägung sich unter Einsatz ihres Lebens der Unrechtsherrschaft entschlossen widersetzt hatten[112].

So schwierig, wie sich die Offizierkorps der Wehrmachtteile in ihrer Einstellung zum Nationalsozialismus abschließend katalogisieren lassen, so mühselig waren die – nicht nach Heer, Luftwaffe, Kriegsmarine, Waffen-SS geschiedenen – Versuche, quer durch die Generationen und Dienstgradgruppen, über die Frage des Eides auf Hitler, den Eidbruch und den im Aufstandsversuch vom 20. Juli 1944 gipfelnden Widerstand gegen Hitler ins reine zu kommen[113]. Der Streit um diese Themen schien zunächst die Annahme zu bestätigen, daß »der 20. Juli« tatsächlich ein vereinzeltes, begrenztes Vorkommnis gewesen war. Lange hat die etwa vom Chef des Wehrmachtführungsstabes, Generaloberst Jodl, im Nürnberger Gerichtssaal geäußerte Ansicht fortgewirkt: »Wie man einen Krieg nach außen um Sein oder Nichtsein führen sollte und gleichzeitig eine Revolution machen, um dabei etwas Positives für das deutsche Volk herauszuholen, das weiß ich nicht.« Davon hatte Jodl nichts gesagt, daß auch er sich für manche in Gestapohaft befindliche Kameraden eingesetzt hatte, aber

ohne Umschweife bestätigte er, in einer Ansprache an seinen Stab am 24. Juli
1944 den 20. Juli als bisher schwärzesten Tag der deutschen Geschichte bezeichnet zu haben.

Die Aktion Stauffenbergs wurde in Nürnberg auch von Feldmarschall Gerd
von Rundstedt entschieden abgelehnt. Er sah einen Umsturz im Kriege, wo-
möglich noch mit Hilfe der Alliierten – wie er irrtümlich unterstellte – als »ge-
meinen nackten Verrat« an, der »an den Tatsachen« nichts geändert hätte, da
»Armee und Bevölkerung [...] damals noch an Hitler« glaubten. Da Jodls und
Rundstedts Auffassungen Ende der vierziger, Anfang der fünfziger Jahre in
Kreisen ehemaliger Berufssoldaten noch Gewicht hatten, sind solche Nürnberger Aussprüche geraume Zeit gedankenlos nachgeredet und zu vermeintlich
gültigen Wahrheiten erhoben worden, ohne daß sich jemand klar machte, daß
von Jodl und Rundstedt kaum eine andere Ansicht zu erwarten war.

In besonderem Maße litt die Debatte über die Rechtfertigung des Widerstandes unter einem verbreiteten Mangel an faktischem Wissen über die
Grundlagen und inneren Zusammenhänge der Geschehnisse. Die ersten Veröffentlichungen darüber erschienen im Ausland. Man wertete sie damit eher als
Teil einer Diffamierungskampagne denn als Denkanstöße und verkannte wohl
auch die gute Absicht der Verfasser, nämlich gerade im Ausland, wo die Begriffe »Deutschland« und »Deutscher« lange einen beschimpfenden Inhalt hatten,
auf den Unterschied zwischen Hitlers Herrschaftssystem und dem »anderen
Deutschland« hinzuweisen. Die Gegner des »20. Juli« konnten und wollten nicht
einsehen, daß das Bild Deutschlands gerade durch die Beschreibung hoch- und
landesverräterischer Umtriebe gebessert werden könnte, als der ihnen der Widerstand erschien. Daß zudem der militärische Widerstand, in dem sich hoch-
konservative wie demokratische Auffassungen vereinigt hatten, sogleich unter-
schiedslos in die Ahnengalerie der jungen Bundesrepublik Deutschland einge-
reiht worden ist – gegen frühzeitige Mahnungen –, mag sogar in Einzelfällen
eine anhaltende Voreingenommenheit mancher Kritiker aus Kreisen ehemaliger
Soldaten gegen das neue Staatswesen bewirkt haben[114].

Nicht wenige Kritiker nach dem Kriege werteten den Widerstand vornehmlich nach seiner Erfolglosigkeit und achteten die moralische Rechtfertigung des
Handelns gegen den Diktator gering[115]. Um die Jahreswende 1949/50 empfahl
etwa der in der Diskussion um einen westdeutschen Verteidigungsbeitrag frühzeitig sehr ambitionierte, im Rückblick auf die jüngste Vergangenheit freilich
hilflos erscheinende General der Panzertruppe a.D. Hasso von Manteuffel,
dessen Ansichten damals ein starkes Echo fanden, »diejenigen unter den ehemaligen Uniformträgern« nicht zu beachten, »die heute behaupten, selbst
Handlanger zum Mord gewesen zu sein dadurch, daß sie Bomben fabriziert und
im Flugzeug verstaut oder im Zeughaus versteckt haben – die dann alle nicht
losgingen!« Dann stellte Manteuffel die demagogische Frage, weshalb Hitler
kein Offizier mit der Pistole in der Hand gegenübergetreten sei, »um mit ihm
Auge in Auge abzurechnen?«, betonte aber andererseits, er achte »Männer und

Frauen, die sich aus Überzeugung heraus geopfert haben wie die Geschwister Scholl, Leuschner, Beck, Moltke und viele andere«. Aber im gleichen Atemzuge: Man könne nicht seine Kameraden »an der kämpfenden Front durch Meuterei hinter der Front verraten«. Unter einer Bedingung könne man »mit allen Mitwissern und Beteiligten in der uns und alle anständigen Deutschen interessierenden Frage« (gemeint sind Erwägungen für einen westdeutschen Verteidigungsbeitrag) zusammenarbeiten, wenn nämlich »ihr Persönlichkeitswert die sichere Gewähr gibt, daß sie mit uns loyal zusammenarbeiten und daß sie ihr einmal gegebenes Wort halten wollen«. Diese nicht besonders durchdachte »Sprachregelung« für den engeren Kreis seiner Anhänger enthält ungefähr alle einfältigen Argumente gegen den Widerstand, die damals umgingen und auch heute gelegentlich noch zu hören sind.

Das Trauma des 20. Juli saß tief. Mit einer gelegentlich ermüdenden Debatte über »Eidbrecher« und »Eidhalter«, häufiger Wiederholung der Ansichten Jodls und Rundstedts, ihrer weiteren Vereinfachung durch Manteuffel, dem schon monotonen Beharren auf dem Prinzip des aus der unmittelbaren eidlichen Bindung herrührenden unbedingten Gehorsams gegenüber dem als allein verantwortlich bezeichneten »Führer« wurde lediglich das immer wieder zum Selbstschutz bemühte Argument vom Befehlsnotstand und der Unrechtmäßigkeit einer Auflehnung gegen Hitler genährt.

Auch war die öffentliche Meinung manchmal rasch bei der Hand, »den Widerstand« gegen diejenigen auszuspielen, die bis zuletzt ihre Pflicht getan hatten[116]. Solche Aufrechnung nach der grobschlächtigen Methode Gut und Böse, Richtig und Falsch war nun gar nicht hilfreich, sondern führte zu einer weiteren Verhärtung der Fronten.

VIII.

Die Positionen im Urteil über den »20. Juli« – von uneingeschränkter Zustimmung über kritische Vorbehalte bis hin zu schroffer Gegnerschaft – veränderten sich in der internen Diskussion im Laufe der Jahre wohl nur zögernd. Nicht nur in der älteren Generation ehemaliger Soldaten dürften länger Kritiker und Gegner vorgeherrscht haben. Es dauerte seine Zeit, bis die Diskussion das Niveau erreichte, das Generalleutnant a.D. Friebe in seinem »Gutachten« für den »Remer-Prozeß« im März 1952 in Braunschweig beschrieb. Friebe schloß sich dabei der Formel an, die der Vorsitzende des »Bundes versorgungsberechtigter Wehrmachtsangehöriger«, später der Vorsitzende des »Verbandes deutscher Soldaten«, Admiral a.D. Hansen, ein Jahr zuvor gefunden hatte: »Der Riß, der durch den 20. Juli in unsere Reihen gebracht ist, muß überbrückt werden. Der eine von uns ist seinem Eid treu geblieben, der andere hat in weitgehender Kenntnis aller Vorgänge die Treue zu seinem Volk über die Eidespflicht gestellt. Keinem ist aus seiner Einstellung ein Vorwurf zu machen, wenn nicht

Eigennutz, sondern ein edles Motiv sein Handeln bestimmt hat. Aus dieser Anerkennung des Motivs folgt, daß man Verständnis für die Handlungsweise des anderen aufbringen muß!« Diese Kompromißformel der Dachorganisation ehemaliger Soldaten galt fortan und stand nur noch einmal zur Debatte, als der Generaladmiral a.D. Hermann Boehm 1953 die Handlungsweise des damaligen Obersten Hans Oster, im Frühjahr 1940, mehrheitlich gebrandmarkt sehen wollte[117].

Welche Beweggründe hatte wohl der schon im September 1932 verabschiedete Admiral Hansen, daß die in erster Linie mit der ungelösten Frage ihrer finanziellen Versorgung nach Artikel 131 des Grundgesetzes beschäftigten ehemaligen Soldaten über den 20. Juli nicht gänzlich uneins wurden? Ein Zeichen, sich in einer das soldatische Selbstverständnis unmittelbar berührenden Frage mit auf den Boden des neuen Staatswesens zu stellen, konnte in der mit vielen politischen Erwägungen befrachteten Versorgungsfrage jedenfalls nicht schädlich sein. Aber darüber hinaus ging es wohl ihm und manchen verständigen älteren Kameraden in seiner Umgebung ehrlich darum, daß die ehemaligen Soldaten den Weg in die demokratischen Zustände fanden, den die Generationen nach dem Ersten Weltkrieg eben nicht gegangen waren. Und er suchte gewiß auch im Hinblick auf einen sich immer deutlicher abzeichnenden westdeutschen Verteidigungsbeitrag für die nächsten Generationen deutscher Soldaten ernsthaft nach einem Ausgleich. Er wußte, wie unmittelbar »der« 20. Juli noch die älteren Jahrgänge berührte und betraf, die dann seit 1955/56 die Streitkräfte aufbauten.

Zu ihnen zählte auch der Oberst a.D. Ernst, jener Kriegsschul- und Jahrgangskamerad Stauffenbergs, dem an der Front am 20. Juli 1944 das Attentat als das größte Verbrechen erschienen war, das ein Deutscher begehen konnte. Wie stand er zur so mißverständlichen und mißverstandenen »Frage 26«, als er sich entschloß, wieder Soldat zu werden? Er hatte sich auch dem Verfahren des Personalgutachterausschusses für die Streitkräfte zu stellen, der in den von ihm erarbeiteten »Richtlinien für die Prüfung der persönlichen Eignung der Soldaten vom Oberstleutnant – einschließlich – abwärts«, die natürlich auch für die Bewerber höherer Dienstgrade galten, die Hansen-Formel zum Prüfstein gemacht hatte[118]. »In langen Nachkriegsjahren« hatte Ernst gelernt, »daß die anerzogenen militär-ethischen Normen falsch sein konnten und daß man dem, der dagegen verstieß, den guten Willen – falls vorhanden – anrechnen mußte, auch wenn dem Verstoß der Erfolg versagt blieb«[119]. Dieser Oberst hatte die wichtige Lektion des 20. Juli gelernt: »Wer nur den Eidbruch gelten läßt, und die verdammt, die ihren Eid gehalten haben, kann keine neuen Streitkräfte aufbauen, die sich doch wieder auf einen Eid stützen müssen«, meinte er: »Wer aber andererseits das Recht zum Widerstand gegen Verbrechen verneint, zeigt, daß er nicht bereit ist, sich an einer über die angebliche Staatsraison hinausgehenden Moral zu orientieren.«

Vom Autor überarbeitete Fassung des Beitrages in der ersten Auflage des Ausstellungs-Kataloges von 1984.

Anmerkungen

1   Zum Ablauf des Tages vgl. Peter Hoffmann, Widerstand - Staatsstreich - Attentat. Der Kampf der Opposition gegen Hitler, 3. Aufl., München 1979, S. 486 – 540. Zu den Todesopfern gehört noch der bald nach dem Anschlag seinen Verletzungen erlegene Stenograph Heinrich Berger.

2   Adolf Heusinger, Befehl im Widerstreit. Schicksalsstunden der deutschen Armee 1923 – 1945, Tübingen, Stuttgart 1950, S. 352 – 364; vgl. Georg Meyer, Vom Kriegsgefangenen zum Generalinspekteur. Adolf Heusinger 1945 – 1961, Potsdam 1997, S. 13 – 21.

3   Hoffmann, Widerstand (wie Anm. 1), S. 511; Mitteilung von Generalmajor a.D. Horst Krüger an den Vf. am 22.5.1979 (Militärgeschichtliches Forschungsamt [MGFA], Befragungsmaterialien Generalmajor a.D. Krüger).

4   Vgl. Hoffmann, Widerstand (wie Anm. 1), S. 511 ff., 592 – 622.

5   Ebd., S. 608 ff., 616 – 622. Auch Hans-Günther Seraphim: Entwurf zu einem Gutachten über 1. Motive der Widerstandskämpfer vom 20. Juli 1944, 2. Ablauf der Ereignisse am 20. Juli 1944 unter besonderer Berücksichtigung der Rolle des damaligen Majors Remer, in: Die im Braunschweiger Remerprozeß erstatteten moraltheologischen und historischen Gutachten nebst Urteil, hrsg. von Herbert Kraus, Hamburg 1953, S. 49 – 61, bes. S. 57.

6   Nach Keesings Archiv der Gegenwart vom 21.7.1944; ebd. mit der bemerkenswerten Ergänzung oder Korrektur, daß »der Versuch der kleinen Verschwörerclique, sich in den Besitz der Machtmittel des Reiches zu setzen, [...] ohne Zusammenziehung von Truppenverbänden mühelos im Keim erstickt werden« konnte, »ohne daß ein Tropfen Blut, bis auf das der Verräter, geflossen ist«.

7   Vgl. »Spiegelbild einer Verschwörung«. Die Opposition gegen Hitler und der Staatsstreich vom 20. Juli 1944 in der SD-Berichterstattung. Geheime Dokumente aus dem ehemaligen Reichssicherheitshauptamt, hrsg. von Hans-Adolf Jacobsen, 2 Bde, Stuttgart 1984, hier Bd 1, S. 9, ähnlich S. 7.

8   Vgl. Hoffmann, Widerstand (wie Anm. 1), S. 512 ff., 521 ff., 525 – 540 (Wehrkreis III); S. 541, 554 – 558 (Kassel, Wehrkreis IX; diese Ereignisse werden von Karl-Dietrich Bracher, Auf dem Weg zum 20. Juli 1944, in: Widerstand und Verweigerung in Deutschland 1933 bis 1945, hrsg. von Richard Löwenthal und Patrik von zur Mühlen, Berlin, Bonn 1982, S. 143 – 172, hier S. 165, herangezogen); S. 568 – 592 (Prag, Wien, Paris); vgl. auch Wilhelm (Ritter) von Schramm, Aufstand der Generale. Der 20. Juli in Paris, München 1964 (= Kindler-Taschenbücher, Nr. 44/45). Die Atmosphäre dieses Tages in Paris beschreibt Ernst Jünger, Strahlungen, Tübingen 1949, S. 539 – 543 (Eintragungen vom 21. bis 31.7.1944).

9   Georg Meyer, Zur Situation der deutschen militärischen Führungsschicht im Vorfeld des westdeutschen Verteidigungsbeitrages 1945 – 1950/51, in: Anfänge westdeutscher Sicherheitspolitik 1945 – 1956, 4 Bde, München, Wien 1982 – 1997, hier Bd 1, S. 577 – 735; bes. S. 588 (die Definition stammt von General der Panzertruppe a.D. Walther Wenck, in einem Gespräch mit dem Vf. am 30.1.1979); ähnlich der ehem. Generalsekretär der Kaiser-Wilhelm-Gesellschaft Friedrich Glum, Zwischen Wissenschaft, Wirtschaft und Politik. Erlebtes und Erdachtes in vier Reichen, Bonn 1964, S. 543 f., man werde es heute,

»wo so viel über den 20. Juli geschrieben worden ist, schwer verstehen, daß diese Angelegenheit so an uns vorbeigerauscht ist trotz der schrecklichen Nachrichten. [...] Niemals hatte ich so das Gefühl, in einen geradezu apokalyptischen Strudel hineingerissen zu sein.« Glum verfügte über eingehende und unfiltrierte Informationsmöglichkeiten.

[10] Meyer, Zur Situation (wie Anm. 9), S. 664.

[11] Entnommen aus: (Gedruckter Briefkopf:); Oberkommando des Heeres, Generalfeldmarschall Keitel. HPA/Ag P2/Chefgr. 1a; Führerhauptquartier, den 10.9.1944, faksimilierte Unterschrift Keitel, Betr.: 20. Juli 1944. Verteiler: Bis zu den Divisionen und gleichgestellten Dienststellen im Feldheer, Ersatzheer und in der Militärverwaltung. Hausverteiler OKH vom 1.2.43 Spalte 4 (a), nachrichtlich: OKM, OKL. Mit Anschreiben HPA, Ag P2/Chefgr. 1c, O.U., den 5. Nov. 1944, gez. Maisel, in: persönl. Nachlaß Feldmarschall Ritter von Leeb, Arbeitsmaterialien des Verfassers; vgl. auch Generalfeldmarschall Keitel. Verbrecher oder Offizier? Erinnerungen, Briefe, Dokumente des Chefs OKW, hrsg. von Werner Görlitz, Göttingen, Berlin, Frankfurt a.M. 1961, S. 333 f. (Niederschrift Keitel vom 9.5.1946: Verfahren gegen die Verräter vom 20. Juli aus der Wehrmacht).

[12] Text nach dem Abdruck in Keesings Archiv der Gegenwart vom 21.7.1944.

[13] Siegfried A. Kaehler, Der 20. Juli im geschichtlichen Rückblick, in: Studien zur deutschen Geschichte des 19. und 20. Jahrhunderts. Aufsätze und Vorträge, hrsg. von Walter Bußmann, Göttingen 1961, S. 353 – 362, hier S. 353.

[14] Studien-Bureau in der Dienststelle Blank, Leiter Joseph Pfister, Projekt 14, Febr. 1955; Interview-Fragen für Offiziere. (MGFA), Befragungsmaterialien Generalleutnant a.D. von Plato; vgl. hierzu Georg Meyer, Zur inneren Entwicklung der Bundeswehr bis 1960/61, in: Anfänge westdeutscher Sicherheitspolitik (wie Anm. 9), Bd 3, S. 1112 – 1117, sowie Tätigkeitsbericht der Annahme-Organisation, bearb. und zus.gest. von Major Kurt Heuser, abgeschlossen am 30.4.1957, Bundesarchiv-Abteilung Militärarchiv (BA-MA), Bw 21/52, bes. S. 36 – 42.

[15] Gerhard Ritter, Carl Goerdeler und die deutsche Widerstandsbewegung, Stuttgart 1954, S. 7 ff.; grundlegend Hartmut Mehringer, Widerstand und Emigration. Das NS-Regime und seine Gegner, München 1997.

[16] Vgl. etwa Ernst Jünger, Jahre der Okkupation, Stuttgart 1958, S. 150 ff., 181 ff.

[17] Vgl. Deutsche Allgemeine Zeitung Berlin, Donnerstag 10.8.1944 (83. Jg., Nr. 219): »Gerichtet. Acht der Verräter des 20. Juli zum Tode verurteilt. Das Urteil durch Erhängen vollstreckt.« Außer auf der Titelseite wurde auf der ganzen S. 2 und auf S. 5 dieser Ausgabe ausführlich berichtet, mit Zitaten aus den Aussagen der Angeklagten. Das ausgeprägte Informationsbedürfnis der »Öffentlichkeit« ist belegt in: »Spiegelbild einer Verschwörung«, Bd 1 (wie Anm. 7), S. 9 und passim. Belege für absichtsvolle Berichterstattung ebd., S. 424 – 429 (Bericht vom 29.9.1944: 1. Die Ansichten der Verschwörerclique zur Entwicklung im Osten [mit Anlagen]); S. 447 – 457 (Bericht vom 16.10.1944: Stellung der Verschwörer zum Nationalsozialismus und zur NSDAP); S. 471 – 474 (Bericht vom 28.10.1944: Stellung der Verschwörer zur Rassenfrage); S. 492 – 495 (Bericht vom 21.11.1944: Zur Außenpolitik der Verschwörer).

[18] Beachtenswerte Hinweise zur Interpretation verschiedenster Quellen aus dieser Zeit bei Margret Boveri, Wir lügen alle. Eine Hauptstadtzeitung unter Hitler, Olten, Freiburg i.Br. 1965, S. 9 – 16.

[19] Ein solches Gespräch, dessen Bedeutung sich ihm ganz erst nach dem 20. Juli erschloß, mit dem Major i.G. Hans-Ulrich von Oertzen (Selbstmord am 21.7., vgl. Hoffmann, Widerstand (wie Anm. 1), S. 629 f.), schildert Ernst Ufer, Männer im Feuerofen. Tageser

lebnisse eines Kriegspfarrers 1939 – 1945 (als Ms. gedr.), Düsseldorf [um 1970], S. 358, 380 f.

[20] Richard Löwenthal, Widerstand im totalen Staat, in: Widerstand und Verweigerung in Deutschland (wie Anm. 8), S. 11 – 24, hier S. 11.

[21] Hans Rothfels, Die deutsche Opposition gegen Hitler. Eine Würdigung, Zürich 1994, (= Manesse Bibliothek der Weltgeschichte), S. 56 f.

[22] Ebd., S. 62 ff., 74 ff., 77 – 81.

[23] Axel Freiherr von dem Bussche, Eid und Schuld, in: Göttinger Universitäts-Zeitung, 2. Jg, Nr. 7, Freitag, 7.3.1947, S. 2, 4; Axel von dem Bussche. Hrsg. von Gevinon von Medem, Mainz 1994, S. 133 – 142; S. 143 – 157; Ernst Jünger, Auf den Marmorklippen, Hamburg 1939/40 (bes. S. 93 ff., Abschnitt 19).

[24] Vgl. Erich Schwinge, Bilanz der Kriegsgeneration. Ein Beitrag zur Geschichte unserer Zeit, 7. Aufl., Marburg 1981, bes. S. 29; Jünger, Strahlungen (wie Anm. 8), S. 429, eine Bemerkung zum geistigen Zustand der Zwanzig- bis Dreißigjährigen. Ähnlich wirklichkeitsnah Otto Wien, Ein Leben und viermal Deutschland. Erinnerungen aus siebzig Lebensjahren 1906 – 1976, Düsseldorf 1978, S. 428.

[25] Schwinge, Bilanz (wie Anm. 24), S. 29.

[26] Vgl. Rothfels, Opposition (wie Anm. 21), S. 143.

[27] Vgl. ebd.

[28] Ernst Jünger, Siebzig verweht II, Stuttgart 1981, S. 125.

[29] Herbert J. Rieckhoff, Trumpf oder Bluff? 12 Jahre deutsche Luftwaffe, Genf 1945, S. 273. Rieckhoff fügt ebd. hinzu, daß die oppositionelle Haltung in der Generalität und im Generalstab der Luftwaffe »nicht derart hervorgekehrt« wurde.

[30] Vgl. Jünger, Strahlungen (wie Anm. 8), S. 292, 281, 318 und passim; S. 304 über Gespräche mit jüngeren Offizieren über die Frage des Eides.

[31] Jünger, Okkupation (wie Anm. 16), S. 98 f.; ders., Strahlungen (wie Anm. 8), S. 536.

[32] Jünger, Okkupation (wie Anm. 16), S. 116.

[33] Vgl. etwa Kunrat Freiherr von Hammerstein, Spähtrupp, Stuttgart 1963, S. 218; Generalleutnant a.D. Eccard Freiherr von Gablenz, Stellungnahme zum 20. Juli 1944, Bad Driburg, 26.1.1965, in: Materialsammlung Generaloberst Heinz Guderian, MGFA, M 10; ebd., »Stellungnahme zum Entwurf ›Gedanken aus Erlaß Bundeswehr und Tradition‹, vermutlich vom damaligen Generalmajor von Plato; MGFA, Befragungsmaterialien General der Panzertruppe a.D. Heinrich Eberbach: Hinweis darauf, daß weder Kluge noch Rommel, auch nicht Manstein, Guderian, »selbst Model« nicht, auch nicht Dietrich und Bittrich »Meldung« gemacht hätten nach Sondierungen, wie sie sich zu einem Staatsstreich stellen würden.

[34] Mitteilung von Generalmajor a.D. Achim Oster am 28./29.10.1976 an den Vf.; seine Darstellung über die die Grenze hochverräterischer Äußerungen überschreitende nächtliche Aussprache bestätigte Oberst a.D. von Bonin (gest. 1980) am 2.2.1977 dem Vf.

[35] Schramm, Aufstand der Generale (wie Anm. 8), S. 85.

[36] »Spiegelbild einer Verschwörung« (wie Anm. 7), Bd 1, S. 96, 298 und 181; vgl. auch S. 296, 312 f.

[37] Hammerstein, Spähtrupp (wie Anm. 33), S. 220 ff., 248 ff.; Belege für weitere Denunziationsfälle: Jünger, Okkupation (wie Anm. 16), S. 79 ff.; ders., Strahlungen (wie Anm. 8), S. 478 f., 480, 482, 503 ff., 524.

[38] Herbert Selle, Unter den Geächteten [unveröffentl. Ms., o.J., um 1980], bes. S. 13 ff., 15 ff., 26 f., 28 ff., 30 ff.; Oberst a.D. Selle ist für die Genehmigung, dieses Ms. für diese Arbeit einsehen zu dürfen, sehr zu danken.

[39] Meyer, Zur Situation (wie Anm. 9), S. 590 f.; vgl. auch Wolfgang Müller, Gegen eine neue Dolchstoßlüge. Ein Erlebnisbericht zum 20. Juli 1944, 2. Aufl., Hannover 1947, S. 107 f. (Fall Momm; vgl. auch Hoffmann, Widerstand [wie Anm. 1], S. 535, 838), S. 109 (die eigene Festnahme aufgrund von Meldungen der Infanterieschule Döberitz, vgl. ebd., S. 42–47).

[40] Vgl. Kunrat Freiherr von Hammerstein, Flucht. Aufzeichnungen nach dem 20. Juli, Olten, Freiburg i.Br. 1966 (= Texte und Dokumente zur Zeitgeschichte).

[41] Nach Keesings Archiv der Gegenwart vom 21. Juli 1944; vgl. im übrigen Michael Salewski, Die deutsche Seekriegsleitung 1935–1945, Bd II: 1942–1945, München 1975, S. 432–448: Der 20. Juli 1944. Marine und Nationalsozialismus; vgl. auch Heinrich Walle, Marineoffiziere im Widerstand gegen Hitler und das NS-Regime, im vorliegenden Band, S. 493–509.

[42] Salewski, Seekriegsleitung, Bd II (wie Anm. 41), S. 438; S. 640–648 (Ausgewählte Dokumente, Ansprache Dönitz vom 24.8.1944).

[43] Vgl. Wolfgang Graf Vitzthum, Berthold Schenk Graf von Stauffenberg, in: Zeugen des Widerstandes, hrsg. von Joachim Mehlhausen, Tübingen 1996, S. 1–41.

[44] Salewski, Seekriegsleitung, Bd II (wie Anm. 41), S. 434; Walter Baum, Marine, Nationalsozialismus und Widerstand. Fritz Hartung zum 80. Geburtstag, in: Vierteljahrshefte für Zeitgeschichte (VfZ), 14 (1963), S. 16–48, deutet auch an, daß Admiral Gladisch im Bilde war, wohl auch Vizeadmiral Weichold.

[45] Salewski, Seekriegsleitung, Bd II (wie Anm. 41), S. 434.

[46] Baum, Marine (wie Anm. 44), S. 38 f.; Dönitz' späteres Bemühen um Verständnis für den 20. Juli bezeugt Salewski, Seekriegsleitung, Bd II (wie Anm. 41), S. 437.

[47] Nach Keesings Archiv der Gegenwart vom 21.7.1944.

[48] Besonders bombastisch fiel dann allerdings Görings Ansprache bei der Trauerfeier für Korten am 31.7. im Tannenberg-Denkmal aus, vgl. Keesings Archiv der Gegenwart vom 31.7.1944. Zu Korten vgl. Rieckhoff, Trumpf oder Bluff (wie Anm. 29), S. 274 ff., und Wien, Leben (wie Anm. 24), S. 429–431.

[49] Vgl. Rieckhoff, Trumpf oder Bluff (wie Anm. 29), S. 277–294, bes. S. 282 ff.; Horst Boog, Die deutsche Luftwaffenführung 1935–1945. Führungsprobleme – Spitzengliederung – Generalstabsausbildung, Stuttgart 1982 (= Beiträge zur Militär- und Kriegsgeschichte, Bd 21), bes. S. 523–538 (Verhältnis Göring – Hitler).

[50] Rieckhoff, Trumpf oder Bluff (wie Anm. 29), S. 227–235, 284 ff.; Otto Peter Schweling, Die deutsche Militärjustiz in der Zeit des Nationalsozialismus (bearb., eingel. und hrsg. von Erich Schwinge), Marburg 1977, S. 79 f.

[51] Etwa Adolf Galland, Die Ersten und die Letzten. Die Jagdflieger im Zweiten Weltkrieg, München 1953, S. 320. Ähnlich nichtssagend Werner Baumbach, Zu spät? Aufstieg und Untergang der deutschen Luftwaffe, 2. Aufl., München 1949, S. 188.

[52] Johannes Steinhoff, In letzter Stunde. Verschwörung der Jagdflieger, Bergisch Gladbach 1977, S. 275; ders., Rückblick auf ein Ritterkreuz, in: Information für die Truppe, 4 (1988), S. 63–72.

[53] Vgl. »Spiegelbild einer Verschwörung«, Bd 1 (wie Anm. 7), S. 135 f.; Schramm, Aufstand der Generale (wie Anm. 8), S. 243 (Wiedergabe des Berichts an Bormann über das Gerichtsverfahren gegen Hofacker), S. 244, 246 f.; Jünger, Strahlungen (wie Anm. 8), S. 495 ff., 508; Friedrich Freiherr Hiller von Gaertringen, Cäsar von Hofacker, in: Zeugen des Widerstandes (wie Anm. 43), S. 65–90.

54 Vgl. Rieckhoff, Trumpf oder Bluff (wie Anm. 29), S. 98; Wien, Leben (wie Anm. 24), S. 435–443; hiernach Meyer, Zur Situation (wie Anm. 9), S. 591, und Boog, Luftwaffenführung (wie Anm. 49), S. 471 f.

55 Vgl. Dietrich Güstrow, Tödlicher Alltag. Strafverteidiger im Dritten Reich, Berlin 1981, S. 225–251 (Abschuß vor dem Feldgericht); zur Denunziationsaffäre, von der der damalige Major i.G. Hauser betroffen war, vgl. Meyer, Zur Situation (wie Anm. 9), S. 591.

56 Vgl. Galland, Die Ersten und die Letzten (wie Anm. 51), S. 274 f., 337 ff.; Steinhoff, In letzter Stunde (wie Anm. 52), S. 161–166, 38–49, 113–119.

57 Nach Schramm, Aufstand der Generale (wie Anm. 8), S. 171 f.

58 Ritter, Goerdeler (wie Anm. 15), S. 356 f.

59 Felix Steiner, Die Armee der Geächteten, Göttingen 1963, S. 183–193; Albert Krebs, Fritz Dietlof Graf von der Schulenburg. Zwischen Staatsräson und Hochverrat, Hamburg 1964 (= Hamburger Beiträge zur Zeitgeschichte, Bd 2), S. 262; die interessante Miszelle von Hedwig Maier, Die SS und der 20. Juli 1944, in: VfZG, 17 (1966), S. 299–316, trägt zwar manche bemerkenswerten Einzelheiten zusammen, differenziert aber innerhalb »der« SS nicht zureichend. Für unser Thema ist lediglich die Einstellung der an der Front befehligenden Führer der Waffen-SS von Belang.

60 MGFA, Befragungsmaterialien General der Panzertruppe a.D. Eberbach; vgl. auch Rudolf-Christoph Freiherr von Gersdorff, Soldat im Untergang, Frankfurt a.M., Berlin, Wien 1977, S. 155 f. und 165, über die Einstellung Haussers, Dietrichs und Bittrichs.

61 Vgl. Steiner, Die Armee der Geächteten (wie Anm. 59), S. 190 f.; General a.D. Graf Kielmansegg bestätigte am 30.5.1983 dem Vf., daß Lombard sich energisch für ihn eingesetzt habe. Zu dessen ungewöhnlicher militärischer Laufbahn vgl. Gustav Lombard, 80 Jahre, in: Der Freiwillige, 21 (April 1975), S. 6–8.

62 Steiner, Die Armee der Geächteten (wie Anm. 59), S. 190; Heinz Höhne, Der Orden unter dem Totenkopf. Die Geschichte der SS, Gütersloh 1967, S. 474–497, fußt im wesentlichen auf Steiner.

63 Manfred Messerschmidt, Kein gültiges Erbe, in: Süddeutsche Zeitung, Nr. 43, vom 21./22.2.1981, S. 9, bezeichnet die Wehrmacht »neben der SS« als »stählernen Garant des Systems«.

64 Vgl. Ansprache Dönitz vom 24.8.1944, in: Salewski, Seekriegsleitung, Bd II (wie Anm. 41), S. 640–648, hier S. 643.

65 Vgl. Heinz Guderian, Erinnerungen eines Soldaten, Heidelberg 1951, S. 307 f., 309 f.; Albert Praun, Soldat in der Telegraphen- und Nachrichtentruppe, Würzburg 1965, S. 218–232.

66 Heusinger, Befehl (wie Anm. 2), S. 367; ebd. auch S. 252, 262; ein frühes Zeugnis für die Verachtung, die Hitler für die Führung des Heeres empfand, ist sein Aufsatz Reichswehr und deutsche Politik, zuerst abgedruckt 1930, in: Nationalsozialistische Monatshefte. Einer der kritiklosesten Bewunderer Hitlers, Generalmajor Scherff, »Der Beauftragte des Führers für die Kriegsgeschichtsschreibung«, trug absichtsvoll Sorge für einen Wiederabdruck in: Militärwissenschaftliche Rundschau, H. 1 (1944), S. 3–8.

67 So zu seinem Luftwaffen-Adjutanten; vgl. Nicolaus von Below, Als Hitlers Adjutant 1937–45, Mainz 1980, S. 389, 393, 398.

68 Ebd., S. 402 f., 411.

69 Jünger, Okkupation (wie Anm. 16), S. 134, 180; vgl. auch: Der Chef der Sicherheitspolizei und des SD. IV-Sonderkommission 20.7. – BE.v.K./Gy., Berlin, 24. Okt. 1944, betr.: 20. Juli 1944 – Der »unpolitische« Offizier und »nur-Soldat«, Bundesarchiv, R 58/1075;

den Hinweis auf dieses Aktenstück verdankt der Vf. Regierungsdirektor Reinhard
Stumpf, BMVg.

70 Vgl. »Spiegelbild einer Verschwörung«, Bd 1 (wie Anm. 7), S. 1 ff., 4, 10; vgl. auch Meldungen aus dem Reich. Die geheimen Lageberichte des Sicherheitsdienstes der SS
1938 – 1945, hrsg. von Heinz Boberach, Bd 17, Herrsching 1984, S. 6684 ff., 6699 ff.

71 Vgl. ebd., S. 6701; im Abdruck von Leys Rede in Keesings Archiv der Gegenwart vom
22. Juli 1944 ist diese sich wie ein Lauffeuer verbreitende Floskel nicht zu finden; Ursachen und Folgen. Vom deutschen Zusammenbruch 1918 und 1945 bis zur staatlichen
Neuordnung Deutschlands in der Gegenwart. Eine Urkunden- und Dokumentensammlung zur Zeitgeschichte, hrsg. und bearb. von Herbert Michaelis und Ernst Schraepler
unter Mitwirkung von Günter Scheel, Bd 21, Berlin 1975, S. 453 f., folgt dem Text der
»Deutschen Allgemeinen Zeitung« vom 23.7.1944 mit dem Hinweis, der genaue Wortlaut
dieser Rede sei nicht veröffentlicht worden, »da Dr. Ley das Offizierskorps mit den un-
flätigsten Schimpfworten belegte«. Vgl. auch Hammerstein, Flucht (wie Anm. 40), S. 48.

72 Vgl. »Spiegelbild einer Verschwörung«, Bd 1 (wie Anm. 7), S. 10; Schramm, Aufstand der
Generale (wie Anm. 8), S. 172; Hans Speidel, Invasion 1944. Ein Beitrag zu Rommels
und des Reiches Schicksal, 2. Aufl., Tübingen, Stuttgart 1952, S. 107.

73 »Spiegelbild einer Verschwörung«, Bd 1 (wie Anm. 7), S. 6 f.; Hammerstein, Flucht (wie
Anm. 40), S. 17 f.

74 Vgl. Richard Ernst, Erinnerungen und Gedanken eines durchschnittlichen Menschen,
Bd 2: Im Kriege [unveröffentl. Ms.], S. 208; Ernst, Kriegsschul- und Hörsaalkamerad
Stauffenbergs, war zum Zeitpunkt des Attentats Oberst und Kommandeur
Geb.Jg.Rgt. 100, eingesetzt im Verband der 5. Geb.Div. in Oberitalien. Oberst a.D. Ernst
ist für die freundliche Genehmigung, dieses Ms. heranziehen und daraus zitieren zu dür-
fen, sehr zu danken.

75 Vgl. Wolfgang Welkerling, Der General, in: Sie gaben ihr Leben. Unbekannte Opfer des
20. Juli 1944. General Fritz Lindemann und seine Fluchthelfer, hrsg. von Bengt von zur
Mühlen unter Mitarbeit von Frank Bauer, Berlin, Kleinmachnow 1995, S. 16 – 49.

76 232. Inf.Div., Stellungnahme Freiherr von Gablenz, in: Material Guderian, MGFA; zur
116. Pz.Div. vgl. Mitteilung eines ehem. Angehörigen dieser Division an Generalmajor a.D. Heinz Guderian, damals Ia dieser Division, dem Vf. freundlicherweise zur Verfügung gestellt; zur 277. Inf.Div. vgl. Praun, Soldat (wie Anm. 65), S. 214; zur
132. Inf.Div. vgl. Hammerstein, Flucht (wie Anm. 40), S. 151 – 154; vgl. aber auch Hammerstein, Spähtrupp (wie Anm. 33), S. 134; Jünger, Okkupation (wie Anm. 16), S. 181
(offene bedauernde Worte aus der Truppe).

77 Vgl. Hammerstein, Spähtrupp (wie Anm. 33), S. 135, 134 – 146; ferner: Bundeswehr.
Schnez. Diese Gerüchte, in: Der Spiegel, Nr. 26 (1967), S. 44 ff.; ebd., Nr. 46 (1967),
S. 30 ff. Schnez, Vorloopig Rapport; ebd., Nr. 47 (1967) und Nr. 48/67, Leserbriefe;
Adelbert Weinstein, Der Verzicht des General Schnez, in: Frankfurter Allg. Zeitung,
Nr. 258, 6.11.1967; ebd., Leserbriefe in den Ausg. vom 20. und 23.7.1968 aufgrund des
Artikels von A[delbert] W[einstein]: Inspektor Moll wird Ende September verabschiedet,
in der Ausg. vom 11.7.1968; vgl. auch [ungez.]: Weißmacher unterwegs. Schröder läßt
Zeugen einschüchtern, die General Schnez belasten, in: Der Stern, Nr. 28 (6.10.1968):
Kreuz mit Schnez. General Höffner schickt Verdienstorden zurück.

78 Helmut Friebe, Gutachten über die Stellung des Offizierkorps zum 20. Juli 1944, in:
Remerprozeß (wie Anm. 5), S. 83 – 103, hier S. 84.

79 Friebe, Gutachten (wie Anm. 78), S. 85.

80 Vgl. den Erlebnisbericht von Peter Sauerbruch im vorliegenden Band, bes. S. 263 – 278, sowie Joachim Neumann, Die 4. Panzer-Division 1943—1945. Bericht und Betrachtung zu den zwei letzten Kriegsjahren im Osten, Selbstverlag des Vf., Bonn 1989, S. 414, ein kritischer Kommentar zum 20. Juli, S. 484, Vermerk zum 8.9.1944 (»Die angekündigte Versetzung des Ia, Oberstleutnant i.G. Sauerbruch, wird überraschend wirksam«, mit der nachträglichen Erläuterung, diese »falsche Eintragung im Kriegstagebuch« sollte darüber hinwegtäuschen, »daß der Ia wegen des Verdachts der Mitwisserschaft an dem Attentat des 20.7.« festgenommen wurde.); S. 505, die Rückkehr Sauerbruchs (Vermerk zum 7.10.1944).

81 Rothfels, Opposition (wie Anm. 21), S. 157.

82 Sebastian Haffner, Anmerkungen zu Hitler, 22. Aufl., München 1978, S. 19 f.

83 Vgl. Ritter, Goerdeler (wie Anm. 15), S. 590 (Denkschrift vom 26. März 1943).

84 Vgl. Bracher, Auf dem Weg (wie Anm. 8), S. 148; vgl. auch »Spiegelbild einer Verschwörung«, Bd 1 (wie Anm. 7), S. 125, 227, auch S. 341 (Ziffer 2, Aussage Ahrenkiel); daß auch die jüngere Offiziergeneration (jünger als Hellmuth Stieff) des Heeres noch so unter dem Eindruck des Schocks von 1918 stand (hauptsächlich als Trauma der Marine angesehen), hat wohl nicht zuletzt seinen Grund darin, daß viele von ihnen an der Kriegsschule Dresden den Unterrichten des damaligen Majors Friedrich Altrichter beiwohnten, Verfasser des Buches Die seelischen Kräfte des Deutschen Heeres im Frieden und im Weltkriege, Berlin 1933, das Ursachen und Anlaß des Zusammenbruches 1918 nach damaligem Forschungs- und Wissenstand einleuchtend schildert.

85 Vgl. Keitel, hrsg. von Görlitz (wie Anm. 11), S. 333.

86 Messerschmidt, Erbe (wie Anm. 63).

87 Vgl. etwa »Spiegelbild einer Verschwörung«, Bd 1 (wie Anm. 7), S. 3 (Reaktionen in der Bevölkerung): »Häufig anzutreffen ist der Wunsch, daß jetzt mit dem inneren Feind ›rücksichtslos aufgeräumt‹« werden sollte; mit der Ernennung Himmlers zum BdE verbinde sich die Hoffnung, nun werde »auch in der Wehrmacht ›Ordnung‹« geschaffen (21.7.); ebd., S. 8 (24.7.): »Die geschlossene Meinung geht dahin, daß jetzt rücksichtslos nicht nur im Offizierkorps, sondern in der gesamten Heimatfront durchgegriffen und alles ausgemerzt wird, was sich einer siegreichen Beendigung des Krieges irgendwie hindernd in den Weg stellt«; auch ebd., S. 7, 9, 193, 275 ff. (und passim).

88 Guderian, Erinnerungen (wie Anm. 65), S. 317; vgl. auch seine Darstellung, ebd. S. 307 – 310; abgewogen über Guderians Entschluß, diese Verwendung überhaupt anzutreten, urteilt Freiherr Leo Geyr von Schweppenburg, Guderian. Bild eines deutschen Soldaten, in: Kampftruppen, Nr. 1 (Febr. 1965), S. 26 – 30, bes. S. 30. Zu seinen Waffenstillstandsbemühungen vgl. Guderian, Erinnerungen (wie Anm. 65), S. 363 f., 367 f., 382 f., 386; Praun, Soldat (wie Anm. 65), S. 242, und Georg Meyer, Generaloberst Guderian. Zur Erinnerung an seinen 100. Geburtstag. Militärgeschichtl. Beiheft zur Europäischen Wehrkunde, hrsg. vom MGFA, Juni 1988, bes. S. 10 ff., 16 f.

89 Vgl. Meyer, Zur Situation (wie Anm. 9), S. 591 f.; Guderian, Erinnerungen (wie Anm. 65), 384 f.; vgl. auch Brief General der Panzertruppe a.D. Heinrich Eberbach an Marion Gräfin Dönhoff vom 26.7.1965, als Kopie in Material Guderian, MGFA.

90 Guderian, Erinnerungen (wie Anm. 65), S. 274 f.; »Spiegelbild einer Verschwörung«, Bd 1 (wie Anm. 7), S. 88.

91 Eine lebhafte Diskussion, die besonders um diese Punkte kreiste, verursachte der Artikel von Marion Gräfin Dönhoff, Der Geist Guderians. Wo die Grenzen der Tradition für die Bundeswehr liegen, in: Die Zeit, 23.4.1965.

92 Vgl. Höhne, Orden (wie Anm. 62), S. 509 – 516.

93 Vgl. Reinhard Stumpf, Die Wehrmacht-Elite. Rang- und Herkunftsstruktur der deutschen Generale und Admirale 1933 – 1945, Boppard 1982 (= Wehrwissenschaftliche Forschungen Abt. Militärgeschichtliche Studien, Bd 29), S. 345 – 348 (bes. Anm. 177, S. 345,
178, S. 347 f.).

94 Hitlers Worte an den Reichskriegsminister von Blomberg, August 1934, zitiert nach
Klaus-Jürgen Müller, Das Heer und Hitler. Armee und nationalsozialistisches Regime
1933 – 1940, Stuttgart 1969 (= Beiträge zur Militär- und Kriegsgeschichte, Bd 10), S. 138.

95 Hitlers Tagesbefehl und Guderians Ansprache nach dem Text in Keesings Archiv der
Gegenwart vom 23.7.1944.

96 Diese Tendenz bestätigen General der Panzertruppe a.D. Walther Wenck und Generaloberst a.D. Hermann Hoth in Leserbriefen in Kampftruppen, Nr. 4 (1965), S. 127.

97 Vgl. Schramm, Aufstand der Generale (wie Anm. 8), S. 169 f., aber recht harmlos im
Vergleich zu: Der Chef des Generalstabes des Heeres gibt bekannt: An alle Generalstabsoffiziere des Heeres! Weitergegeben von Ob.Kdo. 20 (Geb.-Armee) Ia Nr. 1051/44
g. Kdos. vom 25.8.1944, in: KTB Geb.AOK 20.1. – 31.8.1944, BA-MA, 656351/4;
vgl. auch Guderians Weihnachtsgruß »An alle Angehörigen des Generalstabes des Heeres«, in: Meyer, Zur Situation (wie Anm. 9), S. 670, sowie Manfred Messerschmidt, Die
Wehrmacht im NS-Staat. Zeit der Indoktrination, Hamburg 1969 (= Truppe und Verwaltung, Bd 16), S. 432 – 437; hier auf S. 435, der Erlaß Guderians vom 29.7.1944: »Jeder
Generalstabsoffizier muß ein NS-Führungsoffizier sein«, in dem (Ziffer 3) Zeitzlers Forderung aufgegriffen wird, der Generalstabsoffizier und schon der Generalstabsanwärter
müsse »auch bei soldatisch-nüchterner Beurteilung der Lage stets Glauben und Vertrauen
ausstrahlen«; General a.D. Graf Kielmansegg berichtet (Mitteilung an den Vf. vom
30.5.1983), daß er bei einem der häufigen täglichen Gespräche während der Fahrt zur
»Führerlage« zu Guderian sagte, er könne nicht fortwährend auf den Generalstab
schimpfen, dessen Chef er ja jetzt sei. Guderian habe dies offenbar eingesehen. Fortan
seien ihm derartige herabsetzende Äußerungen Guderians wie in den ersten Tagen nach
dem 20. Juli bis zu seiner – Kielmanseggs – Verhaftung Anfang August nicht mehr zu
Ohren gekommen.

98 Vgl. Hansgeorg Model, Der deutsche Generalstabsoffizier. Seine Auswahl und Ausbildung in Reichswehr, Wehrmacht und Bundeswehr, Frankfurt a.M. 1968, S. 127 ff.; Heusinger, Befehl (wie Anm. 2), S. 212.

99 Mitteilung von General a.D. Johann Adolf Graf Kielmansegg an den Vf. am 30.5.1983.

100 Hammerstein, Spähtrupp (wie Anm. 33), S. 133.

101 Vgl. Material Guderian, MGFA: Brief Oberst a.D. Langmann an Brigadegeneral Guderian vom 7.10.1965; ebd. Brief Generalleutnant Bernd Freiherr Freytag von Loringhoven
an dens. vom 27.10.1965 (Fall des Majors i.G. Adrian Graf Pückler); Guderian, Erinnerungen (wie Anm. 65), äußert sich S. 359 f. eingehend zum Fall Bonin, 18./19.1.1945,
und S. 370 f. recht pauschal zu seinen Versuchen, »Unglücklichen« zu helfen. Vgl. auch
Meyer, Zur Situation (wie Anm. 9), S. 593.

102 Keitel, hrsg. von Görlitz (wie Anm. 11), S. 333 f.

103 Vgl. Keesings Archiv der Gegenwart vom 4.8.1944.

104 Vgl. Leserbrief Walther Wenck, in: Die Zeit, 23.7.1965, bestätigt im Gespräch mit dem
Vf. am 30.1.1979.

105 Vgl. Hans Speidel, Aus unserer Zeit. Erinnerungen. Berlin, Frankfurt a.M., Wien 1977,
S. 220.

106 Müller, Dolchstoßlüge (wie Anm. 39), S. 117 f., betont ausdrücklich, seinen »Freispruch
vor dem Ehrenhof« verdanke er »nur dem Generaloberst Guderian. Er hat auch den an-

deren geholfen« (Müller nennt die Namen des Generals Kennes und der Obersten Schwierz, Momm, von Roell und Graf Kielmansegg). Vgl. Guderian, Erinnerungen (wie Anm. 65), S. 312 ff.; Praun, Soldat (wie Anm. 65), S. 221; Messerschmidt, Die Wehrmacht (wie Anm. 97), S. 436 (verständnisvoll).

[107] Vgl. Meyer, Zur Situation (wie Anm. 9), S. 588 f.; ebd., S. 584–599, zum Zustand der Wehrmacht in den letzten Kriegsmonaten.

[108] Vgl. Leo Freiherr Geyr von Schweppenburg, Gebrochenes Schwert, 2. Aufl., Berlin 1952, S. 62.

[109] Die Vermerke vom 22.8. und 4.10.1944 in Tätigkeitsbericht des Chefs des Heerespersonalamtes (HPA) General der Infanterie Rudolf Schmundt, vom 1.10.42–29.10.44, hrsg. von Dermot Bradley und Richard Schulze-Kossens, Osnabrück 1984.

[110] Der Vf. folgt hier seinen Darlegungen in: Zur Situation (wie Anm. 9), S. 657–669.

[111] Meyer, Zur Situation (wie Anm. 9), S. 663 f.

[112] Vgl. hierzu die frühe scharfsinnige Analyse von Rothfels, Opposition (wie Anm. 21), S. 135–177.

[113] Vgl. Meyer, Zur Situation (wie Anm. 9), S. 664–669, 669 f.

[114] Vgl. ebd., S. 665.

[115] Vgl. ebd., S. 666 f.

[116] Diesen Gegensatz auszuräumen gelang dem ersten Bundespräsidenten, Theodor Heuss, in seiner großen Rede zur 10. Wiederkehr des 20. Juli 1944; siehe Theodor Heuss, Dank und Bekenntnis. Gedenkrede zum 20. Juli 1944, Tübingen 1954.

[117] Meyer, Zur Situation (wie Anm. 9), S. 668 f.; Herkunft und Entwicklung der »Hansen-Formel« (die noch im Juni 1957 den Offizieranwärtern an der HOS II zur Orientierung ausgehändigt worden ist; freundliche Mitteilung von Generalmajor Werner Lange am 2.12.1982 an den Vf.) bedarf noch der Erforschung. Zur Problematik der Handlungsweise von Oberst, später Generalmajor Hans Oster vgl. Rothfels, Opposition (wie Anm. 21), S. 172 ff., mit Anm. 87, und S. 381; sowie Romedio Galeazzo Graf Thun-Hohenstein, Der Verschwörer. General Oster und die Militäropposition, München 1984.

[118] Vgl. Tätigkeitsbericht des Personalgutachterausschusses für die Streitkräfte vom 6.12.1957 (Deutscher Bundestag, 3. Wahlperiode, Anlagen-Band 55, Drucksache 109), S. 11 f.; ebd., S. 24, Anlage 3 (Richtlinien); im Abschlußbericht, ebd., S. 12, äußerte der Personalgutachterausschuß allerdings die Befürchtung, daß »in der Praxis des Annahmeverfahrens« wie »im Leben der Truppe« diese Auffassung »nicht genügend zur Geltung« komme.

[119] Ernst, Erinnerungen (wie Anm. 74), S. 83–88. Auf gleichem Niveau liegt eine Meinungsäußerung vom Mai 1951 des Majors i.G. a.D. Otto Anz, verwertet in Friebe, Gutachten (wie Anm. 78), S. 91.

Stefan Geilen

Das Widerstandsbild in der Bundeswehr

1. Einleitung

Die in den letzten Jahren zu verzeichnende umfangreiche, durchweg positive und bisweilen demonstrative Würdigung der Ereignisse des 20. Juli 1944 durch die Bundeswehr läßt manchmal vergessen, daß das Bekenntnis zum Widerstand in den Anfangsjahren der Bundesrepublik und in der Aufstellungsphase der Streitkräfte keineswegs unumstritten war.

Dabei spielte die Berufung auf den militärischen Widerstand eine wichtige Rolle bei der Durchsetzung des Reformkonzeptes der Inneren Führung und ist bis heute zentraler Bestandteil der periodisch aufflackernden Traditionsdiskussion in den Streitkräften geblieben.

Es ist nicht zu übersehen, daß das Widerstandsbild der Streitkräfte in den mittlerweile 45 Jahren ihres Bestehens einigen Wandlungen unterworfen war, die im folgenden, auch vor dem Hintergrund der Aufarbeitung durch die historische Forschung, beleuchtet werden sollen.

Da die Bundeswehr maßgeblich von und mit der Wehrmachtgeneration aufgebaut wurde, erscheint es unumgänglich, die Wirkungsgeschichte des 20. Juli 1944 nicht erst in den Aufbaujahren anzusetzen, sondern bis zu dem Ereignis selbst zurückzugehen.

2. Die unmittelbare Wirkung der Ereignisse des 20. Juli 1944

Die Widerstandsbewegung verfügte weder im Sommer 1944 noch zu einem anderen Zeitpunkt über einen breiten Rückhalt in der Bevölkerung. Zwar war zum Zeitpunkt des Attentates aufgrund der andauernden militärischen Rückschläge die Begeisterung für den Nationalsozialismus gewichen, aber von der Masse der Bevölkerung wurde ausgerechnet der Person Adolf Hitlers noch das größte Vertrauen entgegengebracht[1] und das Attentat daher weithin mit Ablehnung und Unverständnis aufgenommen.

Ähnlich war die Wirkung auf das Offizierkorps der Wehrmacht, auch wenn die Mehrzahl der Verschwörer diesem Personenkreis entstammte. Zwar gab es außer den aktiv Beteiligten einen recht umfangreichen Kreis der Mitwisser und

Sympathisanten[2], insgesamt aber überwog die Zahl der Gehorsamen die der widerstandsbereiten Hitlergegner bei weitem. Viele Soldaten verbanden unabhängig von ihrer politischen Einstellung das Schicksal und den Fortbestand Deutschlands untrennbar mit dem des Nationalsozialismus, insbesondere nach Bekanntwerden der alliierten Forderung nach »unconditional surrender«, und sahen Widerstandshandlungen daher als in jeder Hinsicht unzweckmäßig an[3].

Die auf das Attentat folgenden institutionellen Änderungen des Gefüges der Wehrmacht wie die Einrichtung eines »Ehrenhofes« des Heeres, die unbeschränkte polizeiliche Zugriffsmöglichkeit Himmlers und die Erweiterung des Systems der »Nationalsozialistischen Führungsoffiziere« nahmen dem Militär in den letzten Kriegsmonaten den letzten Rest an Sonderstellung im totalitären Staat. Das Zusammenwirken von verschärfter Zensur und Selbstzensur, verbunden mit den sich überschlagenden Kriegsereignissen, ließ eine auf objektiver Information beruhende Meinungsbildung über das Ereignis kaum mehr zu.

In der unmittelbaren Nachkriegszeit behinderten andere Faktoren eine Annäherung an die Problematik des soldatischen Gehorsams im NS-Staat. Zunächst wirkte die Verleumdungskampagne, die die Propaganda in den letzten Kriegsmonaten gegen die Verschwörer initiiert hatte, noch lange nach, und der Vorwurf der »Feigheit«, des »Verrates« und des »Dilettantismus« blieb bestehen[4]. Daran änderte auch die von den Besatzungsmächten durchgeführte »reeducation« wenig, denn abgesehen davon, daß sie von vielen als die Fortsetzung der alliierten Kriegspropaganda angesehen wurde, klammerte sie den deutschen Widerstand aus. Die Zugehörigkeit zur Militäropposition wurde bei den Nürnberger Prozessen keineswegs als entlastend gewertet[5].

Auch hielt der Mangel an objektiver Information noch lange an. Einer zaghaft einsetzenden literarischen Aufarbeitung[6] standen die negativen Äußerungen der ehemaligen deutschen Generalität gegenüber. Die Aussagen Alfred Jodls und Gerd von Rundstedts im Nürnberger Prozeß und die abwertenden Äußerungen Erich von Mansteins und Heinz Guderians in ihren Memoiren galten vielen Kriegsteilnehmern noch für lange Zeit als Maßstab zur Bewertung des Attentatversuchs[7]. Der Zweck dieser Stellungnahmen, die eigene Verweigerung einer Teilnahme am Widerstand zu rechtfertigen, wurde dabei oft übersehen.

3. Die Kontroverse um die Bewertung des 20. Juli 1944 in der Planungsphase der Bundeswehr

Bereits bei der Himmeroder Tagung im Oktober 1950, die den Beginn der militärischen Planungsarbeit markiert, wurden neben der Behandlung von politischen, strategischen und operativen Fragen auch Vorstellungen über das Verhältnis der künftigen Streitmacht zur politischen Führung und zur Struktur des Inneren Gefüges entwickelt.

Die Tagungsteilnehmer, unter ihnen auch Sympathisanten des Widerstandskreises, kamen überein, daß mit den neuen Streitkräften »etwas grundlegend Neues« ohne Anlehnung an die Wehrmacht geschaffen werden mußte. Der Mißbrauch des soldatischen Gehorsams durch den Nationalsozialismus und die Gewissenskonflikte im Zusammenhang mit dem 20. Juli 1944 klangen in den Überlegungen über die zukünftige Bedeutung des Eides und die Grenzen des Gehorsams an, ohne jedoch ausdrücklich thematisiert zu werden[8].

Insbesondere Wolf Graf von Baudissin, seit Mai 1951 Referent für das »Innere Gefüge« künftiger Streitkräfte in der Dienststelle Blank, entwickelte die Ergebnisse der Himmeroder Tagung weiter und formulierte aus ihnen schließlich das Konzept der Inneren Führung, mit dem die Stellung des Militärs in Staat und Gesellschaft neu geregelt werden sollte. Baudissin betonte die »Nullpunkt«-Situation, die als Chance zu einem militärischen Neuanfang begriffen werden müsse und jede Anknüpfung an Wehrmacht und Reichswehr ausschlösse. Aber auch er wollte schließlich nicht ganz auf eine historische Legitimation seiner Reformvorstellungen verzichten. Er rief zur Wiederentdeckung einer guten, aber verschütteten Traditionslinie auf, die er in den »Frondeuren aus Gewissenszwang« wie dem Prinzen von Homburg, Johann Friedrich Adolf von der Marwitz, den Reformern von 1813 und insbesondere den Verschwörern des 20. Juli 1944 verkörpert sah[9]. Den widerspruchslosen Gehorsam großer Teile der Wehrmachtgeneralität und die Hinnahme verbrecherischer Befehle sah er hingegen als Bruch dieser preußischen Traditionen an, nach denen die Verantwortung vor Gott und dem Gewissen immer höher als die Gehorsamspflicht gestanden habe[10].

Damit wandte sich Baudissin gegen einen Rat von Generalleutnant a.D. Adolf Heusinger, an der Traditionsfrage nicht zu rühren und auf das Wachsen eigener Traditionen zu warten[11]. Aber dieses Feld wollte er offenbar nicht den Befürwortern einer unkritischen Traditionspflege überlassen. Mit der Berufung auf den 20. Juli, so sah es Baudissin, sollte jede unreflektierte Wehrmachtapologetik ausgeschlossen werden.

Die Notwendigkeit eines vollständigen militärischen Neuanfangs und einer damit verbundenen positiven Wertung der Widerstandsbewegung wurde auch von seiten der Regierung und der Mehrheit des Bundestages betont. Darüber hinaus machten viele gesellschaftlichen Gruppen ihre Zustimmung zur Wiederbewaffnung von einer umfassenden Wehrreform als Ausdruck eines deutlichen Bruchs mit der Vergangenheit abhängig. Von zahlreichen ehemaligen Soldaten wurde diese Einstellung jedoch nicht geteilt. General der Panzertruppe a.D. Hasso von Manteuffel, FDP-Politiker und Autor unverlangt eingesandter Denkschriften militärischen Inhalts an die Bundesregierung, äußerte, er sei stolz darauf, nicht zum Kreis des 20. Juli gehört und seinen Eid bis zuletzt gehalten zu haben[12]. General der Infanterie a.D. Günther Blumentritt und Generaloberst a.D. Heinz Guderian forderten gar, für die zukünftigen Streitkräfte nur solche Leute zu berücksichtigen, »die gewillt sind, ihren Fahneneid zu halten«[13].

Anfang der fünfziger Jahre hatte die grobschlächtig geführte Diskussion über die Bewertung des Widerstandes die ehemaligen Offiziere entzweit. Aufgrund des Beharrens der meisten Attentatsgegner auf dem Prinzip der unmittelbaren eidlichen Bindung reduzierte sich die Auseinandersetzung vielfach auf das »Eidhalter-Eidbrecher«-Schema. Attentatsbefürworter, geschweige denn Widerstandskämpfer, fanden kein Forum in den sich zunächst als Versorgungsgemeinschaften konstituierenden Soldatenverbänden. Das änderte sich auch nach 1951 zunächst nicht, als der Vorsitzende des »Verbandes deutscher Soldaten«, Admiral a.D. Gottfried Hansen, um gegenseitiges Verständnis zwischen Eidgetreuen und Attentatsbefürwortern warb, nachdem weniger differenzierte Äußerungen zum selben Thema seinen Vorgänger im Amt diskreditiert hatten[14]. Bei einer Umfrage sprachen sich noch im Juni 1951 59 Prozent der ehemaligen Berufssoldaten gegen die Widerstandskämpfer aus[15].

Die Soldatenverbände versuchten Anfang der fünfziger Jahre, Einfluß auf den Verlauf der Wehrdebatte zu nehmen. Waren die Verbände als solche auch niemals regierungsseitig anerkannte Gesprächs- oder gar Verhandlungspartner, so vertraten sie doch mit den ehemaligen Wehrmachtsoldaten das einzig ernstzunehmende Personalreservoir für eine zukünftige Wiederaufrüstung. Als Vorbedingung eines erneuten militärischen Engagements forderten die Verbände die Wiederherstellung der Ehre des deutschen Soldaten, die Freilassung aller Kriegsgefangenen und eine Generalamnestie für verurteilte Kriegsverbrecher[16]. Der geplanten Wehrreform, insbesondere der in ihr implizierten Distanz zur Wehrmacht, standen die Verbände mit Unverständnis und Ablehnung gegenüber. Vielfach lehnten sie eine Mitwirkung am Aufbau einer Armee, die fest in ein Bündnis integriert werden sollte, sogar kategorisch ab.

Allerdings kam es aus den Reihen ehemaliger Soldaten auch zu erheblich differenzierterer Beschäftigung mit der Vergangenheit und zu zukunftsweisenderen Resultaten. So ergriff General der Panzertruppe a.D. Heinrich Eberbach um 1950 die Initiative zur Durchführung von Soldatentagungen an der evangelischen Akademie Bad Boll, auf denen sich Soldaten aller Generationen um eine neue Standortbestimmung bemühten[17], und ein Kreis von Generalen und Generalstabsoffizieren verfaßte 1951 mit dem Journalisten Adelbert Weinstein das Buch »Armee ohne Pathos«, das eine programmatische Bedeutung für das Reformkonzept der neuen Streitkräfte erhielt.

Die Regierung sah sich nun vor die Aufgabe gestellt, die entgegengesetzten Erwartungen des reformbereiten Teils der militärischen Führungsschicht und der ihn unterstützenden gesellschaftlichen Kräfte in der Bundesrepublik, der mißtrauischen Alliierten sowie der traditionalistischen Soldatenverbände auf einer tragfähigen Grundlage zu vereinigen. Die Ehrenerklärungen gegenüber den deutschen Soldaten, die 1951 zunächst von NATO-Oberbefehlshaber General Dwight D. Eisenhower und anschließend von Bundeskanzler und Oppositionsführer formuliert wurden[18], sollten die ehemaligen Soldaten für die Demokratie gewinnen und eine Ausgrenzung vermeiden. Vielfach wurden sie jedoch wohl auch als Befreiung von der Notwendigkeit einer kritischen Beschäftigung mit der Problematik des soldatischen Gehorsams im Nationalsozialismus angesehen[19].

Mit Johann Adolf Graf von Kielmansegg, Axel Freiherr von dem Bussche und Achim Oster arbeiteten drei aus dem Umkreis der Widerstandsbewegung stammende Personen an entscheidender Stelle an der Vorbereitung des Streitkräfteaufbaus[20]. Diese Personalwahl signalisierte den in- und ausländischen Beobachtern die deutliche Distanzierung von der NS-Vergangenheit und die damit verbundene Reformbereitschaft.

Auch Theodor Blank war ein Befürworter der Reform. Bei der Auseinandersetzung um die Bedeutung des 20. Juli scheute er sich jedoch, klar Position zu beziehen, obwohl andere prominente Mitarbeiter der Dienststelle bereits eindeutige Stellungnahmen für die Widerstandskämpfer abgegeben hatten[21]. Vielmehr äußerte Blank, die Beteiligung oder Nichtbeteiligung am Attentat sei eine Gewissensentscheidung gewesen, die in jedem Falle zu respektieren sei[22]. Diese Zurückhaltung ist mit der Rücksichtnahme gegenüber den Soldatenverbänden wie auch den vielen Mitarbeitern im eigenen Haus zu erklären, die nicht zu einer vorbehaltlosen Anerkennung der Widerständler bereit waren, deren Dienste man aber für den Aufbau der Streitkräfte als unverzichtbar ansah. Zudem trat mit fortschreitender Planungsarbeit immer mehr die Befürchtung in den Vordergrund, daß eine Herausstellung des militärischen Widerstandes die Gehorsamspflicht des Soldaten, auf die sich natürlich auch die neuen Streitkräfte abstützen mußten, beeinträchtigen würde. Dieser persönlichen Zurückhaltung Blanks standen jedoch bald praktische Schritte gegenüber, die eine wesentlich deutlichere Anerkennung des militärischen Widerstandes zur Folge hatten. Entgegen den Forderungen der »Himmeroder« nach einer Selbstreinigung des Offizierkorps setzten Regierung und Parlament einen Personalgutachterausschuß zur Überprüfung der politischen Zuverlässigkeit und persönlichen Eignung der künftigen Offiziere ein. Dieser Ausschuß verlangte als einzig konkrete Frage aus dem Umfeld der Tradition eine Bewertung der Vorgänge des 20. Juli 1944[23], was bei zahlreichen Bewerbern für aufgeregte Diskussionen sorgte, bei einigen wohl auch zur Rücknahme der Bewerbung. Die Bedeutung dieser Frage wurde dadurch verstärkt, daß mit Fabian von Schlabrendorff, Philipp Freiherr von Boeselager und Annedore Leber drei Angehörige des 20.-Juli-Kreises als Prüfer fungierten. Die positive Einstellung zum Widerstand als Auswahlkriterium künftiger militärischer Führer erlangte somit politische Bedeutsamkeit für die neuen Streitkräfte.

In den Reden und Publikationen des nunmehrigen Verteidigungsministeriums wurde der 20. Juli als zentraler Traditionsinhalt reklamiert[24] und jeglicher Diffamierung entgegengetreten. Eine ausdrückliche Zuerkennung der moralischen Höherwertigkeit gegenüber den bis zuletzt Loyalen unterblieb jedoch mit Rücksicht auf die dringend benötigten Veteranen.

Das Bekenntnis zum 20. Juli konnte jedoch nicht darüber hinwegtäuschen, daß die Bundeswehr ihren Dienst ohne eine gültige Richtlinie zur Traditionsfrage aufnahm. Zwar klang die Vergangenheit in den Reformbemühungen ständig an, eine umfassende Aufarbeitung hatte aber bisher weder innerhalb noch außerhalb der Armee stattgefunden.

4. Widerstand und Wehrmachtstradition in der Aufbauphase – Der 20. Juli und der Traditionserlaß von 1965

Begünstigt durch die Situation des militärischen Neuaufbaus unter bereits gefestigten demokratischen Rahmenbedingungen wurde das Reformkonzept bei der Wehrgesetzgebung trotz mancher Widerstände als Ganzes kodifiziert. Lediglich in der Eidfrage konnten sich, nach heftiger Diskussion über den 20. Juli, die konservativen Befürworter unter Hinweis auf den Beamteneid durchsetzen.

Nach Aufstellung der ersten Truppenteile zeigte sich jedoch schnell, daß weder Graf Baudissins Nullpunkt-Theorie, abgeschwächt durch selektive historische Legitimation, noch General Heusingers Hoffnungen auf jeglichen Verzicht eines Rückblicks der Situation gerecht wurden. Die militärischen Erfordernisse der gewaltigen Aufbauleistungen führten zu einer verstärkten und zunehmend wertfreien Betrachtung der militärischen Effizienz der Wehrmacht. Zudem wurde die ideologische Frontstellung im Kalten Krieg von vielen Veteranen als ein Stück geistiger Kontinuität begriffen; im Rußlandfeldzug erworbene »Osterfahrung« wurde vielfach, auch von alliierter Seite, als besonderes Eignungsmerkmal angesehen. Mit dem Bedürfnis nach einer scheinbar aus der politischen Verstrickung gelösten Traditionspflege wuchs die Kritik an der offiziellen

Herausstellung der preußischen Reformer und der Widerstandskämpfer des 20. Juli[25].

Um den Wildwuchs an Traditionen einzudämmen, wie er sich Ende der fünfziger Jahre bereits in eigenmächtigen »Traditionsübernahmen« manifestierte[26], beschloß das Ministerium, die Traditionsfrage durch Erlaß zu regeln. Darin sollte im Sinne des Reformkonzeptes der Widerstand als verpflichtendes Erbe festgeschrieben werden, andererseits aber auch zu einem gewissen Grade die militärischen Leistungen der Wehrmacht mit einbezogen werden.

Adolf Heusinger (1897 bis 1982) als Generalinspekteur der Bundeswehr

Der Beirat Innere Führung wies 1959 in diesem Zusammenhang noch einmal auf die herausragende Bedeutung des 20. Juli hin und warnte davor, daß der Stolz auf militärische Leistungen der Wehrmacht keinesfalls zu »verschwommenen Auslegungen des gesamtkriegerischen Geschehens«[27] führen dürfe. Auf der langjährigen Suche nach einer konsensfähigen Formel entwickelte sich diese eindeutige Empfehlung jedoch mehr und mehr in Richtung einer Gleichwertigkeit von Widerstand und Loyalität. Diese Tendenz klang bereits im Tagesbefehl des Generalinspekteurs zum 20. Juli 1959 an, mit dem das historische Ereignis erstmalig formell innerhalb der Bundeswehr gewürdigt wurde.

In dem Bemühen, einerseits die Bindung an das demokratische Wertesystem mit dem Bekenntnis zum Widerstand gegen den Nationalsozialismus festzuschreiben, andererseits aber gleichberechtigt auch die soldatischen Tugenden herauszustellen und die militärischen Leistungen der Wehrmacht zu würdigen, löste dann der Traditionserlaß von 1965 zwangsläufig Kontroversen aus. Denn sowohl progressive wie traditionalistische Kritiker waren von der Unvereinbarkeit dieser beiden Traditionsstränge überzeugt.

So konstatierte die linke Kritik, daß das Bekenntnis zum 20. Juli in früheren Bundeswehrpublikationen, zum Beispiel in dem durch den Erlaß überholt erklärten Handbuch Innere Führung von 1957, durchaus deutlicher gewesen war. Zudem seien die militärischen Leistungen, die als traditionswürdig angesehen würden, nicht genau genug bestimmt, was der Truppe zu viel Spielraum bei der Auswahl lasse.

Scharfe konservative Kritik erfolgte insbesondere von Publizisten außerhalb der Armee, die aber erheblichen Einfluß auf die innermilitärische Diskussion nehmen konnten. Besonders Hans Georg von Studnitz griff massiv den Traditionsinhalt 20. Juli an. Diese Tat, obwohl historisch gerechtfertigt, sei für eine Traditionsbildung völlig ungeeignet. Vielmehr könnten sich auf den 20. Juli Deserteure, Meuterer und Landesverräter berufen[28]. Damit traf er sehr pointiert

---

TAGESBEFEHL ZUM 20. JULI 1959

von Generalinspekteur Adolf Heusinger

Information für Kommandeure – Nr. 16/59
zum 15. Jahrestag des 20. Juli

Die Tat des 20. Juli 1944 – eine Tat gegen das Unrecht und gegen die Unfreiheit – ist ein Lichtpunkt in der dunkelsten Zeit Deutschlands.

Die tragische Wahrscheinlichkeit des Scheiterns vor Augen entschlossen sich freiheitlich gesinnte Kräfte aus allen Lagern, in vorderster Front Männer aus den Reihen der Soldaten, zum Sturz des Tyrannen. Das christlich-humanistische Verantwortungsbewußtsein, das diesen Entschluß bestimmte, gab ihrem Märtyrertum die Weihe.

Wir Soldaten der Bundeswehr stehen in Ehrfurcht vor dem Opfer dieser Männer, deren Gewissen durch ihr Wissen aufgerufen war. Sie sind die vornehmsten Zeugen gegen die Kollektivschuld des deutschen Volkes. Ihr Geist und ihre Haltung sind uns Vorbild.

gez. Heusinger
(Generalinspekteur der Bundeswehr)

die Befürchtungen nicht nur der Attentatsgegner. Auch diejenigen, die den Widerstand zwar anerkannten, aber gleichzeitig eine negative Wirkung auf das Gehorsamsprinzip in der Bundeswehr ausschließen wollten und mußten und sich zudem gesellschaftlichen Kräften gegenübersahen, die den Widerstand in der innenpolitischen Auseinandersetzung gegen die staatlichen Institutionen funktionalisierten, fühlten sich bestätigt.

Der versöhnliche Grundgedanke des Traditionskompromisses, die Würdigung der Widerstandskämpfer nie mit einer Kritik an den Eidgetreuen zu verbinden, um diese zumindest nachträglich zu einer Anerkennung des Widerstandes zu veranlassen, zeigte nicht bei allen ehemaligen Kriegsteilnehmern Wirkung. Offizielle Verlautbarungen wurden bisweilen durch gehässige Bemerkungen aus der Truppe kommentiert oder ihre Bekanntgabe sabotiert[29]. Bis in die siebziger Jahre war daher die Notwendigkeit einer offensiven Vermittlung dieses Traditionsinhaltes gegeben, wobei das Widerstandsbild auf die Akzeptanz dieser kritischen Personengruppe ausgerichtet werden mußte.

5. Der Inhalt des Bekenntnisses zum 20. Juli im Konzept der politischen Bildung

In den Bundeswehr-eigenen Publikationen wurde das Thema Widerstand bis 1965 eher spärlich, danach allerdings recht häufig behandelt[30]. Das Bekenntnis der Bundeswehr[31] galt keineswegs der ganzen Bandbreite des Widerstandes, sondern wurde von dessen Zielrichtung abhängig gemacht. Man unterschied einen positiven Widerstand gegen das Regime von einem abzulehnenden Widerstand gegen Staat und Vaterland. Zudem mußte das Kriterium der hinreichenden Erfolgsaussicht erfüllt sein. Damit blieb als legitim und anerkennenswert in erster Linie der organisierte Widerstand aus der Amtsträgerposition heraus übrig, wie er für die Staatsstreichplanungen der erweiterten Beck-Goerdeler-Stauffenberg-Gruppe charakteristisch war, die denn auch den thematischen Schwerpunkt der Betrachtung bildete. Gleichermaßen positiv wurde lediglich der studentische Widerstandskreis der »Weißen Rose« beschrieben.

In diesen Gruppen sahen die Darstellungen nahezu jede Schicht des Volkes durch einzelne Exponenten vertreten, die an verantwortlicher Stelle Einblick in den verbrecherischen Charakter des Regimes hatten, der der Mehrzahl verborgen bleiben mußte. Die Widerstandskämpfer, in Wirklichkeit eine verfolgte Minderheit, erschienen so als Stellvertreter ihrer gesamten Berufsgruppe, wie beispielsweise Ludwig Beck für die Generalität, Karl Sack für die Richterschaft, Julius Leber und Wilhelm Leuschner für die Arbeitervertreter und Karl Huber für die Hochschullehrer. Für diejenigen Amtsträger, insbesondere die Generalität, die sich trotz mancher Sympathien weit überwiegend nicht für den Widerstand entschieden hatte, wurde die Eidfrage als nahezu unüberwindliches Hindernis geschildert.

Der Widerstand der »Roten Kapelle« oder die Tätigkeit des Nationalkomitees »Freies Deutschland« (NKFD) bzw. Bundes Deutscher Offiziere (BDO) erfuhren als Parteinahme für die totalitäre Gegenseite eindeutige Ablehnung. Eine eher vorsichtige Behandlung ohne eindeutige Bewertung erfolgte bezüglich der landesverräterischen Aktionen des Oster-Kreises. Dadurch wurde der verbreiteten Auffassung Rechnung getragen, daß Landesverrat, insbesondere von Soldaten, eine andere Qualität zugemessen werden müsse als Hochverrat[32]. Eine eindeutige Ablehnung Osters unterblieb zwar, andererseits wurde jedoch stets verdeutlicht, daß die Beck-Stauffenberg-Gruppe keinesfalls Landesverrat oder Verrat an der Fronttruppe begangen habe. Damit sollte zumindest dieser Personenkreis gegen die diesbezüglichen Angriffe von Attentatsgegnern verteidigt werden: Eigentlich habe es keinen Gegensatz zwischen den militärischen Widerstandskämpfern und den loyalen Frontsoldaten gegeben; auch Henning von Tresckow habe beispielsweise bis zuletzt an der Front seine soldatische Pflicht erfüllt.

Auf der Suche nach Persönlichkeiten, die sowohl als Widerstandskämpfer als auch als soldatische Vorbilder in idealer Weise beide Traditionsstränge der Bundeswehr verkörperten, ging man auch den umgekehrten Weg, indem die tatsächliche oder vermeintliche Nähe von Frontkämpferidolen wie Erwin Rommel und Werner Mölders zur Widerstandsbewegung besonders herausgestellt wurde[33].

Die Zusammensetzung der 20.-Juli-Gruppe aus militärischen, bürgerlichen, sozialistischen und kirchlichen Kreisen wurde als Verkörperung des Nachkriegsideals einer Sozialordnung ohne Klassenkämpfe gewertet, die Programmatik ohne Rücksicht auf die tatsächliche Uneinheitlichkeit und die deutlichen macht- und ständestaatlichen Elemente pauschal als demokratisch und modern beschrieben.

Die Dominanz militärischer und konservativer Elemente gerade im Umfeld der 20.-Juli-Gruppe ließ die Armee und die tragenden gesellschaftlichen Schichten des Kaiserreiches geradezu als Hort des Widerstandes erscheinen. Die Frage nach einer Mitverantwortung dieser Kreise am Aufkommen des Nationalsozialismus wurde daher zunächst kaum gestellt. Aber auch die Geschichtswissenschaft neigte in den fünfziger und frühen sechziger Jahren noch überwiegend dazu, den Nationalsozialismus als Betriebsunfall einzuordnen und nicht als Folge in der deutschen Geschichte angelegter Kontinuitäten. Im Kontext dieser »phänomenologisch-dämonistischen« Geschichtsbetrachtung war es nur folgerichtig, in Staat, Gesellschaft und Militär an Traditionen aus früheren Epochen anzuknüpfen und auf Eliten zurückzugreifen, die nach offizieller Lesart bis auf vereinzelte Ausnahmen am nationalsozialistischen Unrecht keine Verantwortung trugen.

Mit Hilfe der Eingrenzung des traditionswürdigen Widerstandes wurde nicht nur dessen innermilitärische Akzeptanz ermöglicht, sondern gleichzeitig auch der Kreis des durch den 20. Juli repräsentierten Widerstandes auf die der Wiederbewaffnung positiv gegenüberstehenden Gruppen der Nachkriegsgesellschaft eingeengt. Dadurch konnte Bundeswehrgegnern, die sich ebenfalls auf den 20. Juli beriefen, argumentativ begegnet werden.

Das Widerstandsbild der Bundeswehr stellte keine militärische Eigenschöpfung dar, sondern fand seine Entsprechung darin, wie in den fünfziger und beginnenden sechziger Jahren auch Staat, Justiz und Gesellschaft den Widerstand gegen den Nationalsozialismus einordneten. Auch hier war die Perzeption des Widerstandes maßgeblich durch den antitotalitären Konsens der Nachkriegsgesellschaft geprägt.

Bei der Deutung des Widerstandes durch die Bundeswehr stand neben der Rücksichtnahme auf die ehemaligen Soldaten stets auch die Sorge im Hintergrund, durch die Hervorhebung des Widerstandes das Prinzip des soldatischen Gehorsams, das ja auch für die Bundeswehr gelten mußte, abzuschwächen. Daher wurde immer die geschichtliche Ausnahmesituation des 20. Juli 1944 betont: Aufgrund der Rechtsstaatlichkeit der Bundesrepublik (von der die Bundeswehrpublikationen ein idealisiertes Bild entwarfen) könne die Tat für die Bundeswehrsoldaten keinen Normcharakter tragen. Vielmehr wurde der Bundesrepublik und der militärischen Führung gegenüber uneingeschränktes Vertrauen bzw. Gehorsam ohne jeden Zweifel eingefordert[34].

Im Zusammenhang mit dem Gedenken an den 20. Juli erfolgte häufig der Hinweis auf den 17. Juni 1953 und den dadurch symbolisierten Widerstand gegen den Kommunismus im anderen Teil Deutschlands. Diese Verbindung entsprach dem vorherrschenden Antitotalitarismus der westlichen Nachkriegsgesellschaft, der sich aufgrund der aktuellen ideologischen Konfrontation vornehmlich als Antikommunismus äußerte. Dieser diente so als weiterer integrativer Faktor zwischen den beiden Traditionslinien der Bundeswehr. Schließlich hatten ja auch die militärischen Widerstandskämpfer gemeinsam mit den Eidloyalen im Kampf gegen den Kommunismus gestanden.

Der Vorbildcharakter der Widerstandskämpfer selbst beschränkte sich daher weniger auf ihre Tat selbst als vielmehr auf ihre Persönlichkeiten. Die beinahe verklärende Idealisierung, die pathetische Herausstellung ihrer ethisch-moralischen Beweggründe und die Beschreibung ihrer gesellschaftlichen Funktion als herausragende Elite konnten allerdings für Normalbürger mit und ohne Uniform nicht als Ansporn wirken, es ihnen in irgendeiner Weise nachzutun. Lediglich einige abstrahierte Persönlichkeitswerte blieben als unmittelbar nachahmenswert übrig. Neben ihrer antitotalitären Haltung, die für die Bundeswehrsoldaten umgesetzt nur die Forderung nach einer antikommunistischen Einstellung nach sich ziehen konnte, wurde insbesondere die Bereitschaft der Männer des 20. Juli gewürdigt, aufgrund ihrer ethischen Ideale ihr Leben hinzugeben. Dieses Postulat ließ sich zudem gut in den Zusammenhang des soldatischen Gehorsams einfügen[35].

6. Die Neubewertung des 20. Juli

Die unter dem Eindruck des Kollektivschuldvorwurfs vorherrschende Sichtweise des Nationalsozialismus als einer dämonischen Macht, die quasi aus sich heraus entstand und der schließlich Staat und Gesellschaft zum Opfer fielen, wurde im Verlauf der sechziger Jahre zunehmend unglaubwürdiger. Insbesondere die Kontroverse um die Arbeiten des Historikers Fritz Fischer[36] ebnete den Weg für die historische Forschung, die Ursachen der Katastrophe im geschichtlichen und gesellschaftlichen Kontext zu suchen und die Frage der Mitverantwortung zu stellen. In diesem Licht erschienen die bis dahin häufig naiv-idealisierend dargestellte Widerstandtätigkeit der gesellschaftlichen Eliten vielfach lediglich als systemimmanent. Eine differenziertere Betrachtung der 20.-Juli-Gruppe brachte zudem auch die Mitverschwörer zur Sprache, die selbst tief in die nationalsozialistische Verbrechenspolitik verstrickt waren, wie der Einsatzgruppenleiter Arthur Nebe und der Berliner Polizeipräsident Wolf Heinrich Graf von Helldorf.

Auch über die Rolle der Wehrmacht im »Dritten Reich« und im Zweiten Weltkrieg kam die neuere Forschung zu Ergebnissen, die mit dem bis dahin immer noch geläufigen Bild einer reinen Opferrolle nicht mehr zu vereinbaren waren[37]. Statt dessen wurde das Verhältnis von Wehrmacht und Nationalsozialismus nun unter den Aspekten der gemeinsamen Ziele, der ideologischen Übereinstimmung und der Mittäterschaft gesehen. Auch habe sich militärische Opposition nur in wenigen Einzelfällen zum grundsätzlichen Widerstand entwickelt.

Dem bisher im Vordergrund stehenden militärischen und konservativen Widerstand wurde daher zunächst der Widerstand der Arbeiterklasse gegenübergestellt, der in Form von zahlreichen illegalen sozialistischen und kommunistischen Organisationen nachgewiesen wurde. Darüber hinaus wurden nun auch der Widerstand und die Verweigerung einzelner gewürdigt. Voraussetzung dafür war ein erweiterter Widerstandsbegriff. Widerspruch und individuelle Verweigerung dem totalitären Machtanspruch des Regimes gegenüber wurden jetzt dem Widerstand zugeordnet, auch wenn diese Handlungen nicht notwendigerweise gleich mit hinreichender Erfolgsaussicht auf den Umsturz zielten[38].

Allerdings erschienen diese Formen des Widerstandes um einiges bedeutungsloser als der militärisch-konservative Widerstand. Selbst das bemerkenswerte Bombenattentat auf Hitler durch den schwäbischen Schreiner Georg Elser stand völlig im Schatten eines so symbolträchtigen Ereignisses, wie es Attentat und Umsturzversuch vom 20. Juli 1944 darstellten. Durch diese Einsicht und die Entmythisierung der Verschwörer des 20. Juli verlor der Widerstand allmählich an identitätsstiftender Bedeutung für die Bundesrepublik jenseits aller Gedenkreden.

Die Aussagen des Traditionserlasses von 1965 über Widerstand und Wehrmacht waren durch die Forschungsergebnisse in Frage gestellt. Die verstärkte Nennung der Wehrmacht im Kontext der nationalsozialistischen Verbrechen hatte insbesondere die positive Würdigung der Sekundärtugenden im Erlaß für viele fragwürdig werden lassen. Obwohl gerade auch Wissenschaftler des Militärgeschichtlichen Forschungsamtes entscheidende Beiträge zu einer Revision des Wehrmachtbildes geleistet hatten, änderte sich die Darstellung in den offiziellen Verlautbarungen der Bundeswehrführung und den Publikationen zur Politischen Bildung bis tief in die siebziger Jahre hinein aber nicht[39].

Die neuen Vorschriften zur Inneren Führung, die das nunmehr sozialdemokratisch geführte Verteidigungsministerium 1972 und 1973 herausgab[40], ergänzten und korrigierten zwar den Traditionserlaß, indem sie dem sui-generis-Postulat der konservativen Kritik der sechziger Jahre eine klare Absage erteilten und rückwärtsgewandtem Traditionssuchen den Vorrang von Grundgesetz, Soldatengesetz und Auftrag der Bundeswehr entgegenstellten. Auch hatten die Gegner der Reform Mitte der siebziger Jahre ihren Einfluß auf die Diskussion längst eingebüßt[41]. Doch ungeachtet dieser Entwicklung und scheinbar losgelöst von der zügigen Reformpolitik Anfang der siebziger Jahre wurde in der politischen Bildung noch über Jahre ein geschichtswissenschaftlich überholtes Widerstandsbild vermittelt[42].

Als das Aufklärungsgeschwader 51 »Immelmann« im Jahre 1975 den letzten Kommodore des gleichnamigen Geschwaders im Zweiten Weltkrieg, Hans Ulrich Rudel, der sich nach dem Krieg als rechtsradikaler Agitator betätigte, zu einem Traditionstreffen einlud und damit eine öffentliche Kontroverse auslöste, wurde die Diskussion über die Traditionsinhalte der Bundeswehr erneut in die breite Öffentlichkeit getragen. Gleichzeitig machte dieses Ereignis die Widersprüchlichkeit des Traditionserlasses eindrucksvoll deutlich, weil sich sowohl die Gegner als auch die Befürworter der Einladung Rudels auf die Erlaßlage beriefen. Kritiker, insbesondere vom linken Flügel der SPD[43], forderten nun, alle traditionellen Anknüpfungen an die Wehrmacht und ihre Vorläufer, die der Traditionserlaß noch ermöglichte, aufzugeben und sich auf bundeswehreigene Traditionen zu beschränken. In diesem Zusammenhang erhoben sich von dieser Seite auch Zweifel an der Traditionswürdigkeit der Männer des 20. Juli 1944 – nur wenige Jahre, nachdem die konservative Kritik am Bekenntnis der Bundeswehr zum Widerstand endgültig verstummt war. Sogar Graf Baudissin, der seinerzeit maßgebliche Anstöße für diesen Traditionsinhalt gegeben hatte, rückte 1978 von den Verschwörern (und auch allen anderen Traditionsinhalten aus der Zeit vor 1945) ab, weil er ihre politischen und gesellschaftlichen Vorstellungen allzu sehr »dem wilhelminischen Deutschland verhaftet«[44] sah. Einen Anlauf zu einer alternativen historischen Legitimierung machte 1980 der SPD-Abgeordnete Karl-Heinz Hansen, indem er zur Anknüpfung an revolutionäre

Wehrmodelle wie Bauernkriege, Soldatenräte und proletarische Volkswehren aufforderte[45]. Dieses Traditionskonzept hätte dem der Nationalen Volksarmee der DDR entsprochen[46]. Als Antwort auf diese Kritik am 20. Juli und die Empfehlung revolutionärer Traditionen begannen nun konservative Kräfte, allen voran Baudissins alter Widersacher Heinz Karst, zur Rettung des 20. Juli als Traditionsinhalt der Bundeswehr aufzurufen[47]. Die Opfer, die die Wehrmacht im militärischen Widerstand brachte, wurden dabei als Beleg dafür bewertet, daß die gesamte Institution nicht pauschal als traditionsunwürdig bezeichnet werden dürfe[48].

Nach intensiven Diskussionen und zahlreichen Expertenanhörungen entschloß sich Verteidigungsminister Hans Apel, den Erlaß zu kassieren und durch neugefaßte »Richtlinien zum Traditionsverständnis und zur Traditionspflege in der Bundeswehr« zu ersetzen, die im Herbst 1982 vorlagen. Die deutliche Distanzierung dieser Richtlinien von der Wehrmacht als eines Instrumentes des »Dritten Reiches«, das als solches keine Tradition begründen kann, war zwar nicht mit einer Adaptierung von Hansens Traditionsempfehlungen verbunden, aber auch nicht mit einem erneuten ausdrücklichen Bezug zum Widerstand, der in diesem Dokument keine Erwähnung mehr fand[49]. Auch der Bezug auf die preußischen Reformen, üblicherweise immer in einem Atemzug mit dem 20. Juli genannt, fehlte.

Damit hatte die Berufung auf den 20. Juli eine bemerkenswerte Wandlung erfahren. War sie in der Aufstellungsphase noch von wenigen Reformern und progressiven gesellschaftlichen Gruppen gegen die Widerstände einer nicht reformbereiten Mehrheit ehemaliger Soldaten durchgesetzt worden, um die Bundeswehr als »Gegenentwurf« zu ihren Vorgängerarmeen historisch zu legitimieren, so hatte sie sich jetzt weitgehend vom Reformkonzept gelöst. Statt dessen war der 20. Juli nun zu einem bedrohten Traditionsinhalt geworden, der von konservativer Seite gegen die aus ihrer Sicht drohende verordnete Geschichtslosigkeit durch eine Einengung der Tradition auf die Zeit nach 1945 verteidigt wurde.

7. Die Weiterentwicklung des Widerstandsbildes in den achtziger Jahren

Der neue Verteidigungsminister Manfred Wörner hatte als verteidigungspolitischer Sprecher der CDU in den letzten Jahren der sozialliberalen Koalition stets diejenigen Gruppen unterstützt, die eine pauschale Verurteilung der Wehrmacht ablehnten. So trat er im Herbst 1982 mit dem Vorsatz an, die neuen Traditionsrichtlinien sogleich zugunsten des alten Traditionskompromisses wieder aufzuheben. Dieses Vorhaben mußte er jedoch aufgrund anderer Schwierigkeiten, in die er mit seiner Amtsführung geriet, bald wieder aufgeben, so daß die Richtlinien formal in Kraft blieben. Allerdings wurden sie bald durch Verlautbarungen, in denen wieder stärker Bezug auf Traditionelles genommen wurde, korrigiert[50]. So wurden im Weißbuch 1985 die Traditionsbezüge zu den preußischen Reformern und dem 20. Juli erneuert und auch vorsichtige Wiederannäherungen an die Soldaten der Wehrmacht durch Wiederaufwertung der Sekundärtugenden vorgenommen[51].

Im Jubiläumsjahr 1984 betonte die Bundeswehr ihre Anknüpfung an den 20. Juli mit einer großangelegten Wanderausstellung zum militärischen Widerstand. Hierbei zeigte sich deutlich, daß das offizielle Widerstandsbild der Bundeswehr inzwischen sehr viel differenzierter war als noch zehn Jahre vorher. Im Begleitbuch zur Ausstellung fand sich unter anderem eine Beleuchtung der Beziehung der nationalkonservativen Widerstandskreise zum Nationalsozialismus, eine kritische Analyse der bisherigen Perzeption des Widerstandes in der Bundeswehr und ein Artikel über das Nationalkomitee »Freies Deutschland« und den Bund Deutscher Offiziere, der sich mit einer ausgewogenen Bewertung deutlich von den früher üblichen Verurteilungen abhob[52].

Bei einer regen Diskussion in den Truppenzeitschriften über die Darstellung des Widerstandes fiel auf, daß die konservativen Kritiker, die im Sinne des Widerstandsbildes des Traditionserlasses von 1965 argumentierten, mehr und mehr auf die Leserbriefseiten ausweichen mußten[53]. Auch in diesem Zusammenhang wurde so deutlich, daß das endgültige Ausscheiden der kriegsgedienten Jahrgänge aus der Bundeswehr zur einer Versachlichung der Diskussion innerhalb des Traditionskomplexes geführt hat. Selbstrechtfertigung und versuchte Ehrenrettung waren nicht länger bestimmend für das Widerstandsbild. Wichtiger erschien es nun, Anschluß an den historischen Forschungsstand zu gewinnen und darüber hinaus argumentativ der Friedensbewegung entgegenzutreten, die sich selbst und ihre vielfältigen Aktionen gegen staatliche Politik und Institutionen in die Tradition des antifaschistischen Widerstandes stellte.

Ab der Mitte der achtziger Jahre kam es auf einer anderen innermilitärischen Ebene wieder zu einer verstärkten Beschäftigung mit der Wehrmacht. Als Folge geänderter sicherheitspolitischer Rahmenbedingungen und als Reaktion auf neue amerikanische Überlegungen wurde die Neubelebung der operativen Führung propagiert[54]. In diesem Zusammenhang kam es zu einer verstärkten Beschäftigung mit den deutschen operativ-taktischen Führungsleistungen im Zweiten Weltkrieg, die bei den amerikanischen Streitkräften schon länger in hohem Ansehen standen[55]. Zwar hatte diese Neuorientierung keine unmittelbare Wirkung auf den Traditionskomplex, aber Kritiker befürchteten eine Wiederanknüpfung an die deutsche Tradition der fatalen Überschätzung der operativen Aspekte des Krieges zuungunsten aller anderen[56] und wiesen auf die Gefahr einer auf Operationsgeschichte verkürzten Darstellung des Zweiten Weltkrieges hin[57].

8. Das Widerstandsbild der Bundeswehr in den neunziger Jahren

Zu Beginn der neunziger Jahre führten die Arbeiten an einem geplanten neuen Traditionserlaß zu einer behutsamen Neuformulierung des Traditionskompromisses. In ersten Entwürfen wurde die Wehrmacht insgesamt als traditionsunwürdig erachtet, andererseits aber denjenigen Soldaten und Truppenteilen, die ehrenhaft gehandelt und tapfer gekämpft hätten, »Achtung und Respekt«[58] entgegengebracht. Da jedoch letztendlich über die genaue Formulierung aufgrund konservativer Vorbehalte keine Einigkeit erzielt werden konnte, erschien 1993 die neue ZDv 12/1 ohne das Traditionskapitel, und die Richtlinien von 1982 blieben weiter in Kraft[59]. Die Generalinspekteurbriefe der folgenden Jahre verzichteten auf eine Verurteilung der Wehrmacht wie auf eine eindeutige negative Aussage zur Traditionswürdigkeit, rückten aber andererseits von jenen ab, die das NS-System getragen, gestärkt oder Verbrechen begangen hatten.

Der 50. Jahrestag des 20. Juli war in der Bundesrepublik geprägt durch eine heftige Auseinandersetzung darüber, wer vom rechten und linken Rand des Widerstandes politisch korrekt vom offiziellen Gedenken ausgeschlossen werden müsse. Während von linker Seite inzwischen die Aktion des 20. Juli als systemimmanenter Widerstand intelligenterer Faschisten gedeutet wurde, wollten die Nachfahren Stauffenbergs durch ihre Anwesenheit nicht diejenigen mitehren, die später das Unrechtsregime der DDR repräsentiert hatten. Von diesen Querelen relativ unbehelligt präsentierte die Bundeswehr in einer überarbeiteten Fassung der Ausstellung von 1984 und einer ganzen Anzahl von Artikeln in den Truppenzeitschriften ihr aktuelles Bild vom Widerstand. In weiterer Ausdifferenzierung früherer Darstellungen wurde dabei ein Widerstandsspektrum aufgezeigt, daß von der individuellen Verweigerung Einzelner bis zum organisierten Staatsstreich reichte[60]. Dieser Darstellung lag ein weiter gefaßter Widerstandsbegriff zugrunde, der sich nicht mehr auf die ultima ratio im Widerstand gegen ein Unrechtsregime beschränkte, sondern bereits Widerspruchsverhalten und Nichtanpassung gegenüber Unrecht an sich miteinbezog[61].

Damit waren auch die Voraussetzungen geschaffen, aus denen sich Forderungen an den Soldaten im Alltag ableiten ließen. So wurde unter Berufung auf ein Zitat von Freya Gräfin von Moltke dazu aufgefordert, den Widerstand nicht erst in der Diktatur zu üben, sondern bereits in der Demokratie[62].

Eine andere, von der Traditionsdiskussion losgelöste Bedeutung kam dem Widerstandsbild der Bundeswehr im Hinblick auf die weltpolitischen Veränderungen seit 1989 zu. Die Eingliederung von Soldaten der Nationalen Volksarmee in die Bundeswehr und die Kooperation mit zahlreichen osteuropäischen Armeen stellten das Konzept der Inneren Führung unerwartet vor neue Herausforderungen. Das führte zu einer Rückbesinnung auf die demokratiebezogenen Funktionen, die in der Anfangszeit aus den Erfahrungen mit dem National-sozialismus und unter der kommunistischen Bedrohung den eigentlichen Kern des Konzeptes ausgemacht hatten. Sie waren in der Zwischenzeit durch eine Reduktion auf innermilitärische Aspekte wie Integration in die militärische Umwelt und moderne Menschenführung in den Hintergrund geraten[63].

Bei ehemaligen Angehörigen der Nationalen Volksarmee stieß man damit allerdings auf ein Widerstandsbild, das durch den verordneten Antifaschismus der DDR in ideologisch einseitiger Art und Weise vorgeprägt worden war.

9. Das Widerstandsbild der Bundeswehr in der aktuellen Diskussion

Der Regierungswechsel von 1998 hat zunächst nicht zu wesentlichen Änderungen im offiziellen Widerstandsbild der Bundeswehr geführt. Äußerungen des sozialdemokratischen Verteidigungsministers Rudolf Scharping entsprechen den Richtlinien von 1982 und ihren späteren Ergänzungen. Als Traditionsinhalte der Bundeswehr sind demnach ausdrücklich wieder die preußischen Reformer und die Widerstandskämpfer des 20. Juli genannt. Wehrmachtsoldaten, die »bona fide ehrenhaft gehandelt und gekämpft« haben, verdienten zwar Re-

Der Bendlerblock in Berlin, Zweiter Dienstsitz des Bundesministers der Verteidigung

Feierliches Gelöbnis der Bundeswehr am 20. Juli 1999 im Berliner Bendlerblock, in Anwesenheit u.a. von Bundeskanzler Schröder, Verteidigungsminister Scharping, Regierendem Bürgermeister Diepgen und Generalinspekteur Kirchbach

spekt, als Institution sei die Wehrmacht aber nicht traditionswürdig[64]. Mit der Umbenennung einer Rendsburger Kaserne in »Feldwebel-Schmid-Kaserne« setzte Scharping jüngst allerdings einen neuen Akzent bei der Würdigung des Widerstandes. Feldwebel Anton Schmid hatte 1941/42 in Wilna 150 bis 300 Juden vor der Vernichtung gerettet und war dafür hingerichtet worden. Er war kein Mitglied einer Widerstandsgruppe gewesen, sondern hatte als Einzelner aus Menschlichkeit gehandelt[65].

Durch das Gelöbnis am 20. Juli 1999 im Bendlerblock wurde das Bekenntnis zum militärischen Widerstand auch nach außen demonstrativ unterstrichen. Es entzündete sich an diesem Ereignis aber auch heftige Kritik linker gesellschaftlicher Gruppen an diesem Traditionsbezug von Armee und Staat. Die zunehmend öffentlich geführten zeitgeschichtlichen Kontroversen der letzten Jahre, etwa um die Ausstellung »Verbrechen der Wehrmacht«, die neuen Kollektivschuldthesen Daniel J. Goldhagens oder die Walser-Bubis-Debatte über die richtige Form öffentlicher Vergangenheitsbewältigung, haben auch die Würdigung des nationalkonservativen und militärischen Widerstandes weiterhin in Frage gestellt[66]. So wird im Begleitband zur vielbeachteten Ausstellung »Verbrechen der Wehrmacht« in einem Aufsatz darauf hingewiesen, daß wichtige Akteure des militärischen Widerstandes als aktive Mittäter an Kriegsverbrechen angesehen werden müßten und daher alles andere als traditionswürdig seien. Dies gelte insbesondere für die Offiziere um Tresckow bei der Heeresgruppe Mitte, die für die Organisation des Partisanenkampfes im rückwärtigen Heeresgruppengebiet verantwortlich waren, der weniger militärische Notwendigkeit als vielmehr Teil des planmäßigen Völkermordes gewesen sei[67].

Diese zeitgeschichtlichen Kontroversen finden naturgemäß ihren Niederschlag auch in Publikationen der Bundeswehr. Dabei wird der Diskreditierung der Männer des 20. Juli entgegengetreten: Gerade moralische Motive aus der Kenntnis der NS-Verbrechen heraus hätten vielen Verschwörern den Weg in die Opposition gewiesen, während andererseits der Verbleib in Amtsträgerpositionen Voraussetzung für eine erfolgversprechende Widerstandstätigkeit gewesen sei[68].

Darüber hinaus sind jedoch analog zur öffentlichen Diskussion auch innerhalb der Bundeswehr und ihrer Publikationen nach wie vor zwei deutlich voneinander unterscheidbare historische Einordnungen der Wehrmacht festzustellen[69].

Für die erste Gruppe stehen die Übereinstimmungen zwischen politischer und militärischer Führung im Vordergrund. Sie verweist darauf, daß militärische Kreise bereits an Entstehung und Machtübernahme des Nationalsozialismus beteiligt waren, später seine Aufrüstungs- und Kriegspolitik unterstützten, schließlich militärisch die nationalsozialistische Verbrechenspolitik überhaupt erst ermöglichten und auch noch unübersehbar aktiv daran mitwirkten.

Die andere Gruppe ist zwar ebenfalls meist weit davon entfernt, die Forschungsergebnisse über die Verstrickungen in die Verbrechen generell zu leugnen oder die Wehrmacht pauschal als traditionswürdig zu empfehlen. Sie thematisiert aber in erster Linie die Gegensätze zwischen Militär und Nationalsozialismus. So habe sich insbesondere das Heer noch lange und relativ erfolgreich dem totalitären Zugriff entzogen und den Krieg weitgehend gemäß ihren altpreußischen, christlich geprägten Traditionen geführt. Dabei habe sich das Heer im nationalsozialistischen Sinne als so unzuverlässig erwiesen, daß mit der Waffen-SS eine starke Parallelarmee und mit den Einsatzgruppen der Sicherheitspolizei und des SD eine eigene Truppe für die Durchführung der verbrecherischen Besatzungspolitik geschaffen wurde, mit der das Heer nur ausnahmsweise in Berührung gekommen sei.

Beide Gruppen kommen dabei zu einer unterschiedlichen Bewertung des Partisanenkrieges, der Militärgerichtsbarkeit, der Deserteure und eben auch des militärischen Widerstandes. Während die erste Gruppe den militärischen Widerstand eher als positive, aber untypische Randerscheinung bewertet, wird ihm von der zweiten Gruppe ein repräsentativer Charakter zugeschrieben und dient als Beleg, daß die Wehrmacht die einzige nicht vollständig korrumpierte staatliche Institution des »Dritten Reiches« gewesen sei. Eine solche Sichtweise erleichtert den Rückgriff auf ältere Traditionsbestände, die »durch die Wehrmacht hindurch« bis tief in das 19. Jahrhundert hineinreichen[70] und sich eben nicht nur in dem strapazierten Begriffspaar »preußische Reformer und Widerstand« erschöpfen. Unterstützt durch den Zeitgeist konnte die erste Gruppe gerade in den letzten Jahren auch in Truppenzeitschriften der Bundeswehr ein Forum finden[71], während die zweite Gruppe sich mehr und mehr in Leserbriefspalten und externen Publikationen zur Verteidigung einrichten mußte[72].

Die gegenwärtige Diskussion verdeutlicht aber auch, daß die Auseinandersetzung um die Traditionsfrage und das Widerstandsbild eher das Anliegen der Professoren und Pensionäre und weniger das der Panzergrenadiere und Pioniere ist, an deren Adresse die Belehrungen gerichtet sind, die regelmäßig aus der Debatte erwachsen. Im Gegensatz zur Kriegs- und Nachkriegsgeneration fühlen sich die Enkel und Urenkel der Wehrmachtsoldaten von diesen Fragen nicht mehr persönlich betroffen. Außerdem leidet das Geschichtsbewußtsein an Defiziten in historischer Bildung. Die Folge ist Verunsicherung, wenn es infolge tatsächlicher und vermeintlicher rechtsradikaler Umtriebe in der Truppe wie in den Jahren 1997/98 zu aufgeregten Reaktionen kommt. Eher kontraproduktiv führt dies vielfach zu der Überzeugung, daß eine offene Beschäftigung mit Traditionsfragen möglichst zu vermeiden ist.

Andererseits sind die Zeiten, in denen für die Bundeswehr der Friede der Ernstfall war, vorbei. Durch die jüngsten Auslandseinsätze scheint inzwischen das einzutreten, was jahrzehntelang gerade von denen gefordert wurde, die für eine deutliche Abgrenzung zur Wehrmacht eintraten, nämlich das Wachsen bundeswehreigener Traditionen. Die Traditionen allerdings, die jetzt entstehen, gründen sich auf die Bewährung im bewaffneten Einsatz. Bei der gleichzeitig zu beobachtenden Entwicklung hin zur Freiwilligenarmee bleibt abzuwarten, ob dieser Zuwachs an militärischen Erfahrungen tatsächlich zu weiterer »Abnabelung« von den historischen Vorläufer-Armeen führt oder ob – im Gegenteil – nicht gerade wieder eine verstärkte Hinwendung unter eher professionellen Gesichtspunkten erfolgen wird.

Über die generelle historische Einordnung des Nationalsozialismus kann es trotz anhaltender heftiger Kontroversen über Einzelaspekte auch in Zukunft keinen Zweifel geben, und die Bundeswehr tut gut daran, sich auch weiterhin zu den Soldaten im Widerstand zu bekennen. Mit der in letzter Zeit vorherrschenden nüchtern-differenzierenden Betrachtungsweise, ohne Glorifizierung, aber auch ohne die weit verbreitete Überheblichkeit des Betrachters aus heutiger Distanz, hat sie die zeitgemäße Form gefunden, diesen Traditionsbezug zu pflegen.

Vom Autor überarbeitete und erweiterte Fassung der Erstveröffentlichung in der Zeitschrift »Militärgeschichte«, 6 (1996), S. 55-63.

Anmerkungen

[1] Heinz Boberach, Chancen eines Umsturzes im Spiegel der Berichte des Sicherheitsdienstes, in: Der Widerstand gegen den Nationalsozialismus. Die deutsche Gesellschaft und der Widerstand gegen Hitler, hrsg. von Jürgen Schmädeke und Peter Steinbach in Zusammenarbeit mit der Gedenkstätte Stauffenbergstraße im Auftrag der Historischen Kommission zu Berlin, München 1985 (= Publikationen der Historischen Kommission zu Berlin), S. 819 f.

[2] Hans Mommsen, Außenseiter, die Zeichen setzten. Der Widerstand gegen Hitler und die deutsche Gesellschaft, in: Süddeutsche Zeitung, 14./15. Juli 1984, S. I; Georg Meyer, Zur Situation der deutschen militärischen Führungsschicht im Vorfeld des westdeutschen Verteidigungsbeitrages 1945 – 1950/51, in: Anfänge westdeutscher Sicherheitspolitik, hrsg. vom Militärgeschichtlichen Forschungsamt, Bd 1: Von der Kapitulation bis zum Pleven-Plan, München 1982, S. 666.

[3] Ebd., S. 669.

[4] Norbert Wiggershaus, Zur Debatte um die Tradition künftiger Streitkräfte 1950 – 1955/56, in: Tradition und Reform in den Aufbaujahren der Bundeswehr, hrsg. von Hans-Joachim Harder und Norbert Wiggershaus, Herford 1985 (= Entwicklung deutscher militärischer Tradition, Bd 2), S. 73 f.

[5] Meyer, Zur Situation (wie Anm. 2), S. 668.

[6] Die Erlebnisberichte der Mitverschwörer Hans Bernd Gisevius (Bis zum bitteren Ende, 2 Bde, Zürich 1946) und Fabian von Schlabrendorff (Offiziere gegen Hitler, Zürich 1946) konnten wegen der alliierten Zensur zunächst nur in der Schweiz veröffentlicht werden. Die erste großangelegte wissenschaftliche Gesamtdarstellung erschien 1949 in Deutschland (Hans Rothfels, Die deutsche Opposition gegen Hitler. Eine Würdigung. Mit einer Einführung von Friedrich Freiherr Hiller von Gaertringen, Zürich 1994).

[7] Georg Meyer, Auswirkungen des 20. Juli 1944 auf das innere Gefüge der Wehrmacht und auf das soldatische Selbstverständnis im Vorfeld des westdeutschen Verteidigungsbeitrages bis 1950/51, im vorliegenden Band, S. 297 – 329.

[8] Hans-Jürgen Rautenberg und Norbert Wiggershaus, Die »Himmeroder Denkschrift« vom Oktober 1950. Politische und militärische Überlegungen für einen Beitrag der Bundesrepublik Deutschland zur westeuropäischen Verteidigung, in: Militärgeschichtliche Mitteilungen, 21 (1977), S. 186.

[9] Donald Abenheim, Bundeswehr und Tradition. Die Suche nach dem gültigen Erbe des deutschen Soldaten, München 1989 (= Beiträge zur Militärgeschichte, Bd 27), S. 72, 98 f., 103. Baudissins persönliche Einstellung zum 20. Juli geht aus seinen Aufzeichnungen aus seiner Kriegsgefangenschaft hervor. Am 17.3.1946 schrieb er: »Habe mit aller Klarheit gesehen, welch zwingende Notwendigkeit es sein mußte, die diesen letzten Schritt tun hieß, – der trotz konträren äußeren Eindrucks im bewußten Opfer von allem, wahrscheinlich die letzte wirklich preußische Tat.«, zitiert nach: Claus Freiherr von Rosen, Geistige Grundlagen in Werk und Wirken von Wolf Graf von Baudissin, in: Jahresschrift der Führungsakademie der Bundeswehr 1994/95. Durch seine langjährige Zugehörigkeit zum Infanterie-Regiment 9 war Baudissin zudem mit vielen Verschwörern persönlich bekannt, mit Axel Freiherr von dem Bussche, der ihn auch zur Teilnahme am Treffen in Himmerod überredete, sogar befreundet (persönliche Mitteilungen Baudissins an den Verfasser, 1985).

[10] Wiggershaus, Zur Debatte (wie Anm. 4), S. 64; Claus Freiherr von Rosen, Tradition als Last, in: Tradition als Last? Legitimationsprobleme der Bundeswehr, hrsg. von Klaus M. Kodalle, Köln 1981, S. 169 – 171.

11 Abenheim, Bundeswehr und Tradition (wie Anm. 9), S. 91.

12 Erich Mende, Die neue Freiheit. 1945 – 1961, München 1984, S. 320.

13 Zitiert nach: Manfred Messerschmidt, Die Wehrmacht im NS-Staat. Zeit der Indoktrination, Hamburg 1969 (= Truppe und Verwaltung, Bd 16), S. 323.

14 Norbert Wiggershaus, Zur Bedeutung und Nachwirkung des militärischen Widerstandes in der Bundesrepublik Deutschland und in der Bundeswehr, in: Aufstand des Gewissens. Der militärische Widerstand gegen Hitler und das NS-Regime 1933 – 45, hrsg. vom Militärgeschichtlichen Forschungsamt, Herford, Bonn 1984, S. 505.

15 Krafft Freiherr Schenck zu Schweinsberg, Die Soldatenverbände in der Bundesrepublik, in: Studien zur politischen und gesellschaftlichen Situation der Bundeswehr. Erste Folge, hrsg. von Georg Picht, Witten 1965, S. 144.

16 Hans Herzfeld, Die Bundeswehr und das Problem der Tradition, in: ebd., S. 54.

17 Meyer, Zur Situation (wie Anm. 2), S. 663.

18 Ulrich Brochhagen, Nach Nürnberg. Vergangenheitsbewältigung und Westintegration in der Ära Adenauer, Hamburg 1994, S. 196 ff.

19 Bei einer Umfrage im August 1953 waren 55 Prozent der Befragten der Ansicht, man könne den deutschen Soldaten wegen ihres Verhaltens in den besetzten Gebieten keinen Vorwurf machen. Brochhagen, Nach Nürnberg (wie Anm. 18), S. 198.

20 Legt man einen strengen Maßstab an, kann man lediglich Axel von dem Bussche als Mitverschwörer bezeichnen. Achim Oster bemühte sich als Sohn des ermordeten Generalmajors Hans Oster sehr um das Andenken der Widerstandskämpfer. Graf Kielmansegg hatte Verbindungen zu Widerstandskreisen gehabt und war 1944 verhaftet worden (vgl. Claus Donate, Deutscher Widerstand gegen den Nationalsozialismus aus der Sicht der Bundeswehr. Ein Beitrag zum Problem der »Vergangenheitsbewältigung«, phil. Diss., Freiburg i.Br. 1976, S. 388 f.).

21 Hans Speidel, Invasion 1944. Von Rommels und des Reiches Schicksal, Stuttgart 1950, sowie Adolf Heusinger, Befehl im Widerstreit. Schicksalsstunden der deutschen Armee 1923 – 1945, Tübingen 1950.

22 Wiggershaus, Zur Debatte (wie Anm. 4), S. 74.

23 Hans-Joachim Harder, Traditionspflege in der Bundeswehr 1956 – 1972, in: Tradition (wie Anm. 4), S. 110.

24 Besondere Bedeutung erlangte dabei die Rede von Major Dr. Trentzsch zum Thema »Der Soldat und der 20. Juli« auf dem 1. Lehrgang für höhere Offiziere in Sonthofen 1956.

25 Abenheim, Bundeswehr und Tradition (wie Anm. 9), S. 128, 132.

26 Anschauliche Beispiele bei Harder, Traditionspflege (wie Anm. 23), S. 117 f.

27 Abenheim, Bundeswehr und Tradition (wie Anm. 9), S. 134.

28 Hans-Georg von Studnitz, Rettet die Bundeswehr!, Stuttgart 1967, S. 54 – 61.

29 Die Quellenlage, die auf diese Diskrepanz zwischen den offiziellen Äußerungen der militärischen Führung und der meist mündlich geäußerten Ablehnung durch Teile des Offizierkorps hinweist, ist naturgemäß dürftig. Nicht durch »oral history« gewonnene Hinweise bei: Winfried Vogel, Persönliche Reflektionen, in: EKD-Offizierbrief, 26 (1994), S. 28 f. sowie Donate, Deutscher Widerstand (wie Anm. 20), S. 427. Zur Sabotierung der Verlesung von Tagesbefehlen vgl. Wiggershaus, Zur Bedeutung (wie Anm. 14), S. 517.

30 Paul Klein, Der Widerstand gegen Hitler in der »Information für die Truppe«, in: EKD-Offizierbrief, 26 (1994), S. 30; Heinz Schumann, Der deutsche Widerstand gegen die NS-Diktatur. Seine Darstellung in den Informationsschriften der Bundeswehr zur politischen

Bildung. Manuskript einer Jahresarbeit an der Führungsakademie der Bundeswehr, Hamburg 1978, S. 8 f.

[31] Die inhaltliche Beschreibung des Widerstandsbildes der Bundeswehr in den sechziger und siebziger Jahren folgt im wesentlichen der Darstellung von Donate, Deutscher Widerstand (wie Anm. 20).

[32] Eine Zusammenstellung von Beispielen der Bewertung von Osters Verrat der deutschen Westoffensive 1939/40 findet sich bei Schumann, Der deutsche Widerstand (wie Anm. 30), S. 24.

[33] Donate, Deutscher Widerstand (wie Anm. 20), S. 309 f., 312; Rommels Nähe zum Widerstand ist besonders von seinem ehemaligen Chef des Stabes, Hans Speidel, betont worden (siehe ders., Invasion 1944 [wie Anm. 21]). Eine eindeutige Gegenposition vertritt David Irving, Rommel. Eine Biographie, Hamburg 1978, S. 534 – 592. Eine kritische Abwägung beider Auffassungen und einen Hinweis auf die spezifische Rolle Rommels gibt Reinhard Stumpf, Erwin Rommel und der Widerstand, im vorliegenden Band, S. 433 – 446.

[34] Donate, Deutscher Widerstand (wie Anm. 20), S. 379.

[35] Ebd., S. 409 f.

[36] Ausgelöst durch das Erscheinen seines Werkes: Griff nach der Weltmacht. Die Kriegszielpolitik des kaiserlichen Deutschland 1914/1918, Düsseldorf 1961.

[37] Messerschmidt, Die Wehrmacht im NS-Staat (wie Anm. 13); und Klaus-Jürgen Müller, Das Heer und Hitler. Armee und nationalsozialistisches Regime 1933 – 1940, Stuttgart 1969 (= Beiträge zur Militär- und Kriegsgeschichte, hrsg. vom Militärgeschichtlichen Forschungsamt, Bd 10).

[38] Zu den Phasen der Historiographie des Widerstandes in der Bundesrepublik vgl. Ian Kershaw, »Widerstand ohne Volk?« Dissens und Widerstand im Dritten Reich, in: Der Widerstand gegen den Nationalsozialismus (wie Anm. 1), S. 779 – 785.

[39] Das ist die Grundaussage der 1975 geschriebenen Dissertation von Donate, Deutscher Widerstand (wie Anm. 20).

[40] ZDv 10/1 (Hilfen für die Innere Führung) vom August 1972 und ZDv 12/1 (Politische Bildung in der Bundeswehr) vom Januar 1973.

[41] Abenheim, Bundeswehr und Tradition (wie Anm. 9), S. 185 f., führt als Gründe dafür insbesondere die demographische Entwicklung, Verbesserungen im Dienstbetrieb sowie gesamtgesellschaftliche Veränderungen an.

[42] Donate, Deutscher Widerstand (wie Anm. 20), S. 7.

[43] Besonders der SPD-Bezirk Mittelrhein spielte in diesem Zusammenhang mit seinen »10 Thesen zur Traditionspflege« von 1977 eine Vorreiterrolle. Siehe dazu Abenheim, Bundeswehr und Tradition (wie Anm. 9), S. 194 ff.

[44] Wolf Graf von Baudissin, Gedanken zur Tradition, in: Tradition als Last? Legitimationsprobleme der Bundeswehr, hrsg. von Klaus M. Kodalle, Köln 1981; vgl. Martin Esser, Das Traditionsverständnis des Offizierkorps, Heidelberg 1982, S. 11.

[45] Abenheim, Bundeswehr und Tradition (wie Anm. 9), S. 201.

[46] Zum Traditionskonzept der NVA siehe Harder, Traditionspflege (wie Anm. 23), S. 144 – 147, sowie das Wörterbuch zur deutschen Militärgeschichte, hrsg. vom Militärgeschichtlichen Institut der DDR, Berlin 1985, insbes. S. 569 – 575.

[47] Heinz Karst, Traditionswandel in der Bundeswehr?, in: Alte Kameraden, 2 (1981), S. 3 – 6. Karst gilt als Wortführer der »Traditionalisten«; im Gegensatz zu vielen, die sich auf ihn beriefen, hat er persönlich allerdings weder die Notwendigkeit einer tiefgreifen-

den Reform als Vorbedingung der Wiederbewaffnung noch die Traditionswürdigkeit des Widerstandes in Frage gestellt.

48 Heinz Karst, Kampagne gegen die Wehrmacht. Eine zweite Welle der »Entmilitarisierung«, in: Criticon, Januar/Februar (1985).

49 Apel hat allerdings später die Absicht bestritten, mit den »Richtlinien« den Widerstand aus der Tradition auszuklammern (Wiggershaus, Zur Bedeutung [wie Anm. 14], S. 519 f.).

50 Siehe dazu Martin Kutz, Bundeswehr und Gesellschaft. Eine Problemskizze. Beiträge zu Lehre und Forschung, hrsg. durch den Fachbereich SOW der Führungsakademie der Bundeswehr, Nr. 2 (1995), S. 31.

51 Bundesministerium der Verteidigung, Weißbuch 1985, S. 313 ff.; vgl. Abenheim, Bundeswehr und Tradition (wie Anm. 9), S. 210 f.

52 Es handelt sich dabei um die Aufsätze von Klaus-Jürgen Müller, Struktur und Entwicklung der nationalkonservativen Opposition, im vorliegenden Band, S. 89--133; Wiggershaus, Zur Bedeutung (wie Anm. 14); und Alexander Fischer, Die Bewegung »Freies Deutschland« in der Sowjetunion. Widerstand hinter Stacheldraht? in: Aufstand des Gewissens. Der militärische Widerstand gegen Hitler und das NS-Regime 1933‒1945, hrsg. vom Militärgeschichtlichen Forschungsamt, Herford 1984, S. 439‒463.

53 Insbesondere Fischers Forderung nach Anerkennung des NKFD/BDO führte zu heftigen Reaktionen. Siehe dazu beispielhaft den Leserbrief von Fritz Milenz in Europäische Wehrkunde, 9 (1984), S. 494.

54 Denkschriften zur operativen Führung, hrsg. vom Inspekteur des Heeres, Bonn 1987.

55 Siehe etwa Trevor Nevitt Dupuy, A Genius for War. The German Army and General Staff 1807‒1945, Fairfax (Va.) 1984; Martin van Creveld, Kampfkraft. Militärische Organisation und militärische Leistung 1939‒1945, Freiburg i.Br. 1989 (= Einzelschriften zur Militärgeschichte, Bd 31); sowie die zahlreichen Übersetzungen der Memoirenliteratur der Wehrmachtsgeneralität.

56 Martin Kutz, Operative Führung als Denkfigur und Handlungskonzept der Heeresführung der Bundeswehr. Implikationen und Gefahren einer Wiederbelebung Schlieffenscher Denkmuster, in: Realitätsflucht und Aggression im deutschen Militär, Baden-Baden 1990, S. 49 ff.

57 In diesem Zusammenhang etwa: Andreas Broicher, Wie alles gekommen ist. Gedanken zur Bildung militärischer Führer auf dem Gebiet der Militärgeschichte, in: Truppenpraxis/Wehrausbildung, 2 (1995), S. 129‒133; und die Entgegnung darauf durch Gerhard P. Groß, Gerhard von Scharnhorst, oder historische Bildung tut not, in: ebd., 3 (1995), S. 207‒213.

58 ZDv 12/1 Innere Führung, 1. Erlaßentwurf. Kapitel 4 Innere Führung und Tradition, Nr. 409‒413, zitiert nach Werner Lange, Das schwierige Erbe – Der Streit um die Traditionswürdigkeit der Wehrmacht, in: Mars. Jahrbuch für Wehrpolitik und Militärwesen, 1 (1995), S. 293.

59 ZDv 12/1 Innere Führung, Vorbemerkung 3.

60 So beispielsweise durch Peter Steinbach, Zwischen Mitmachen und Widerstehen. Widerstand gegen den Nationalsozialismus 1933‒1945, in: Information für die Truppe, 7 (1995), S. 6‒19.

61 Heinrich Walle, Nein zu Unrecht. Abgrenzungen des Begriffs »Widerstand«, in: Information für die Truppe, 7 (1995), S. 34 f.

62 Friedrich Freiherr von Senden und Hubertus Mack, In der Pflicht. Militärischer Widerstand und Lehren für die Innere Führung, in: Information für die Truppe, 7 (1995), S. 66 f.; im gleichen Sinne auf gesamtgesellschaftliche Verhältnisse bezogen: Rüdiger von

Voss, Der Verantwortung verpflichtet. Widerstand und die Bestimmung des geistigen Standortes, in: ebd., S. 74 – 79.

[63] Kutz, Bundeswehr und Gesellschaft (wie Anm. 50), S. 35 f.

[64] Rudolf Scharping, Rede vor der Führungsakademie der Bundeswehr Hamburg vom 17.2.1999, zitiert nach Donald Abenheim, Das Bild der Wehrmacht in der Gesellschaft und in der Tradition der Bundeswehr, in: Information für die Truppe, 5 (1999), S. 151.

[65] Zum Fall des Feldwebels Anton Schmid siehe im vorliegenden Band den Beitrag von Fritz Stern, S. 511 – 516.

[66] In diesem Zusammenhang ist auch der Widerstand gegen die Errichtung eines Denkmals für Carl Friedrich Goerdeler 1999 in Leipzig zu sehen, das unmittelbar nach der Einweihung Ziel eines Anschlages wurde.

[67] Christian Gerlach, Die Männer des 20. Juli und der Krieg gegen die Sowjetunion, in: Vernichtungskrieg. Verbrechen der Wehrmacht 1941 – 1944, hrsg. von Hannes Heer und Klaus Naumann, Hamburg 1995.

[68] Winfried Heinemann, Der Widerstand gegen das NS-Regime und der Krieg an der Ostfront, im vorliegenden Band, S. 393 – 409; vgl. auch Günther Gillessen, Verdunkelnde Aufklärung. Wie Wissenschaftler den Widerstand gegen Hitler herabsetzen, in: Frankfurter Allgemeine Zeitung vom 11.3.1998, S. 43.

[69] Vgl. auch Abenheim, Bild der Wehrmacht (wie Anm. 64), S. 154; die Gruppe der unkritischen NS- bzw. Wehrmachtapologeten spielt in der Diskussion keine nennenswerte Rolle mehr und wird daher nicht betrachtet.

[70] Ulrich de Maizière, Die Bundeswehr – Neuschöpfung oder Fortsetzung früherer deutscher Armeen?, in: Sicherung des Friedens. Überparteilicher Arbeitskreis von Christen zur Förderung von Frieden in Freiheit. Briefdienst, II (1998), S. 6.

[71] Beispielsweise ganz im Geiste der Aussagen der Ausstellung »Verbrechen der Wehrmacht«: Dirk Sommer, Die Wehrmacht und der Holocaust, in: Truppenpraxis/Wehrausbildung, 6 (1995), S. 423 – 430; oder, deutlich ausgewogener, Hans-Erich Volkmann, Zur Verantwortlichkeit der Wehrmacht, in: Militärgeschichte, 2 (1999), S. 24 – 36.

[72] Armee im Kreuzfeuer, hrsg. von Joachim F. Weber, München 1997. Dieser Sammelband mit Aufsätzen zahlreicher ehemaliger Bundeswehroffiziere und Historiker richtet sich ausdrücklich gegen die Aussagen der »Wehrmachtsausstellung« und plädiert für eine historische Einordnung der Wehrmacht etwa im Sinne der Ehrenerklärungen Adenauers und Eisenhowers und des Traditionserlasses von 1965. Mit ähnlicher Grundaussage, jedoch umfangreicher, neueste Forschungsergebnisse berücksichtigend und den militärischen Widerstand differenzierend betrachtend: Soldaten der Wehrmacht, hrsg. von Hans Poeppel, 3. Aufl., München 1999.

Ines Reich

Erinnern und verweigern.
Der 20. Juli 1944 in der öffentlichen und wissenschaftlichen Wahrnehmung der sowjetischen Besatzungszone und der DDR

Der Umsturzversuch vom 20. Juli 1944 war in der öffentlichen und wissenschaftlichen Wahrnehmung in der sowjetischen Besatzungszone (SBZ) und der DDR umstritten[1]. Das Ereignis, seine Akteure und ihre Handlungsmotivationen gehören zu jenen historischen Phänomenen, die erst spät vorbehaltlos in das Geschichtsbild der DDR integriert wurden. Diese Problematik spiegelt sich beispielhaft – sowohl in ihrer inhaltlichen wie zeitlichen Dimension – in der Geschichte zweier Leipziger Straßen wider, die den Namen des ehemaligen Oberbürgermeisters der Stadt und Widerstandskämpfers Carl Friedrich Goerdelers trugen, dem wohl prominentesten Verschwörer, mit dem die DDR die größten Schwierigkeiten hatte.

Im Jahre 1945 gab es zwei Goerdeler-Straßen, die aber bald aus dem Stadtbild verschwanden. Danach erhielt 1947 ein Teil einer großen Ausfahrtstraße aus der Stadt den Namen Goerdeler-Straße. Sie wurde im Jahre 1953 in Philipp-Müller-Straße[2] umbenannt. Erst Mitte der 80er Jahre setzten dann Bemühungen ein, wieder eine Straße nach Goerdeler zu benennen, die im November 1991 realisiert werden konnten. Seitdem heißt ein Teil des historischen Ringes mitten im Zentrum Leipzigs Goerdelerring[3].

Auch wenn Straßenumbenennungen als politisch sensible Vorgänge gelten können, dokumentieren sie in groben Zügen doch ein Rezeptionsverhalten, das sich im einzelnen viel komplizierter und vielschichtiger darstellte.

Erinnern und würdigen

In der SBZ stand die Beschäftigung mit dem Widerstand unter dem Einfluß der politischen Haupttendenzen der Zeit: Machtpolitik der Alliierten in Ost und West, Kalter Krieg, sich restaurierender und mit USA-Starthilfe prosperierender Kapitalismus in den Westzonen/BRD und fortschreitende Durchsetzung des Stalinismus in der SBZ/DDR.

In dieser politischen Ausgangssituation war ein generelles Bekenntnis zum gesamten deutschen Widerstand vorhanden, wobei es nicht nur um den Nachweis der bloßen Existenz eines anderen, antifaschistischen Deutschlands ging, sondern auch die Breite und Vielfalt des Widerstandes dokumentiert werden sollten[4]. Das Anknüpfen an den Antifaschismus versuchte eine Art »Kontinuität des politischen Anstandes über die Epochenschwelle des Jahres 1945 zu begründen«[5]. Die zahlreichen Feierlichkeiten, die in Erinnerung an die deutschen Widerstandskämpfer in den Jahren 1945 und 1946 in Berlin durchgeführt wurden, können dafür ebenso als Beleg gelten wie beispielsweise Straßenumbenennungen in den unmittelbaren Nachkriegsjahren. Diese Entwicklungen vollzogen sich auf der Grundlage eines breiten antifaschistisch-demokratischen Konsenses, der schon bald einem unaufhaltsamen Erosionsprozeß unterlag. Die publizistische und historische Darstellung des 20. Juli war zunächst durch ein ambivalentes Interpretationsmuster geprägt, das gleichermaßen Erinnerung und Ehrung, alternative Bewertungen sowie Kritik und Verurteilung einschloß. Sie ging mit der Legitimation eines politischen Neubeginns eine enge Verbindung ein. Alles bewegte sich auf einer noch sehr schmalen Quellenbasis, und die Diskussionen fanden vorrangig in der Presse und Publizistik statt. Die Ursachen dafür lagen im Charakter der Presse als operativem Medium, aber auch in der alliierten Medienpolitik, die das Erscheinen von Quellenpublikationen aus dem Widerstand und Darstellungen über den Widerstand nur im Ausland – vorrangig in der Schweiz – möglich machte. Hinzu kam, daß es eine historische Widerstandsforschung im eigentlichen Sinne an den Universitäten der SBZ nicht gab. Nur die Forschungsstelle der Vereinigung der Verfolgten des Naziregimes (VVN) widmete sich in diesen Jahren der Sicherung und Sammlung von Dokumenten und Materialien sowie der Erforschung des gesamten deutschen Widerstandes und seiner Popularisierung, wobei der Kreis des 20. Juli ein gleichberechtigter Forschungsschwerpunkt[6] neben anderen war. In diesem Zusammenhang entstanden kurze Lebensbilder über die Beteiligten am Umsturzversuch, die Tiefenschärfe in den getroffenen Einschätzungen aufweisen und die Widerstandtätigkeit dieses Personenkreises vorbehaltlos würdigen.

In dem Bemühen, den 20. Juli und seine Akteure in die legitimierende und stabilisierende historische Traditionslinie des sowjetisch besetzten Nachkriegsdeutschlands zu integrieren, sind würdigende Äußerungen von Anton Ackermann[7], Jakob Kaiser[8], Gustav Dahrendorf[9] und Otto Grotewohl[10] überliefert. Die Presse[11], insbesondere die nichtsozialistische Parteipresse[12], thematisierte den Attentatsversuch und ehrte die Teilnehmer. Dabei spielte entweder eine Rolle, daß sich die entsprechende Partei dem einzelnen Widerstandskämpfer personell oder im Sinne einer programmatischen Traditionslinie verbunden fühlte, oder daß eine gewisse Gruppenidentität als Widerstandskämpfer zugrunde lag. Autoren wie Kaiser beispielsweise, ein Mann der christlichen Gewerkschaften und Mitbegründer der CDU in Berlin, besaß Verbindung zu Personen aus dem Kreis des 20. Juli und hatte gemeinsam mit diesen im Widerstand gestanden. Darüber hinaus trug ein Teil der Printmedien dazu bei, Dokumente des Widerstandes in Deutschland überhaupt bekannt zu machen.

Diese Formen der Würdigung und historischen Erinnerung zeugten von demokratischen Ansätzen, die es im Geschichtsbild und Traditionsverständnis in der SBZ gegeben hatte und die kritische, alternative Bewertungen zuließen. Von der Sowjetischen Militäradministration (SMAD) und der Sozialistischen Einheitspartei Deutschlands (SED) wurde das bis zu einem gewissen Grade toleriert, was aber keineswegs darüber hinwegtäuschen soll, daß der bürgerlich-aristokratische Widerstand nur bedingt in dem von der Besatzungsmacht bereits 1945 deutlich abgesteckten Geschichtsbild lag, das von der SBZ/DDR übernommen wurde. Die Sowjetunion, die im Gegensatz zu den anderen Alliierten bereits 1945 den 20. Juli 1944 thematisierte – Verlautbarungen über einen eigenständigen deutschen Widerstandskampf gegen das NS-Regime lagen zunächst nicht im Interesse der vier Besatzungsmächte –, verurteilte das Ereignis entgegen der überlieferten unmittelbar positiven Reaktion vom Sommer 1944 sofort als imperialistisch-restaurative Verschwörung ohne Verbindung zu den Volksmassen[13].

Die alliierte Haltung nach 1945 zum Kreis des 20. Juli blieb nicht unwidersprochen. Wilhelm Meißner setzte im »Neuen Deutschland« im Januar 1947 in einem Artikel grundsätzlich dagegen: »Jene Generale, die mit den zum 20. Juli 1944 führenden Vorgängen in Verbindung gebracht werden, dem Kreis der antifaschistischen Widerstandsbewegung zuzuzählen, ist weder Torheit noch ein politisches Manöver[14].«

Die abwertende Auffassung von sowjetischer Seite über den 20. Juli setzte sich – trotz der Bemühungen, zu positiven Deutungen zu gelangen – bereits nach einem Jahr in der SBZ durch, weil Politiker der SED und SED-nahe Historiker sie sich fast ausnahmslos zu eigen machten oder sie ihnen aufgezwungen wurde. Zwischen den beiden Formen der Meinungsänderung kann schwerlich differenziert werden, da aufgrund der Quellenlage diese Vorgänge nur an der Oberfläche sichtbar werden, wie zum Beispiel in der Zurechtweisung positiver Stimmen anläßlich des 20. Juli 1945 durch die »Tägliche Rundschau«[15], dem Organ der SMAD, an dem aber auch deutsche Autoren mitarbeiteten, oder anhand von Dokumentenvergleichen. Als bekanntestes Beispiel für einen solchen Positionsumschwung gilt wohl Anton Ackermann, der im Dezember 1947 die von ihm noch 1944/45 beschworene Gemeinsamkeit aller Widerstandskämpfer aufkündigte und statt dessen die Doktrin propagierte, derzufolge es sich bei den bürgerlich-konservativen Aktivitäten – mit geringen Ausnahmen – nicht um wirklichen Widerstand, sondern nur um andere Methoden – Ausschaltung Hitlers, Beseitigung terroristischer Überspitzungen – zur Erhaltung der imperialistischen Klassenherrschaft gehandelt habe[16]. Auch Meißner veränderte seine Auffassungen in einem Gedenkartikel zum 20. Juli 1947[17].

Die negative Bewertung und Kritik, die den bürgerlich-aristokratischen Widerstand traf, wurde weiter ausgeprägt. Sie erwuchs größtenteils aus politisch determinierten Maßstäben. Die Bestrebungen der Beteiligten des 20. Juli wurden vor allem mit dem Argument diskreditiert, daß sie lediglich verschiedene Fraktionen innerhalb der deutschen Herrschaftsträger verkörperten, die nur andere Methoden zur Erhaltung ihrer Herrschaft angesichts der Kriegsniederlage anwenden wollten[18] und deshalb nicht in der Lage gewesen seien, eine echte Opposition zu bilden[19]. Im Zusammenhang damit erfuhr der deutsche Widerstand eine Differenzierung zwischen der »echten« antifaschistischen Volksbewegung, die getragen worden sei von marxistischen, bewußten Antifaschisten, und der bürgerlichen Widerstandsbewegung, repräsentiert vom »antihitlerischen«[20] Kreis des 20. Juli. Diese dichotomische Sichtweise, die bereits 1946 nachzuweisen ist[21], wurde seit 1947 allgemein vertreten[22]. Darin kam ein Widerstandsverständnis zum Ausdruck, das Widerstand vornehmlich als Klassenkampf definierte. Das durchaus vorhandene Kooperationsverhalten späterer Hitlergegner nach 1933 wurde einseitig hervorgehoben und die politischen Motive auf die bloße Beseitigung Hitlers reduziert[23]. Besonders extreme Angriffe sprachen den Männern des 20. Juli sogar die Absicht ab, den Krieg beenden zu wollen und unterstellten ihnen eine »antinationale Politik«[24].

Diese Interpretation hatte ihre theoretische Wurzel in der Faschismus-Definition der Kommunistischen Internationale von 1933, die zwar auf die ökonomischen Grundlagen des Faschismus verwies, aber ungenügend die soziologische und ideologisch-psychologische Komponente des Phänomens sowie die Differenzierungen und Verschiebungen innerhalb der Eliten berücksichtigte. Damit konnte der Widerstand von Herrschaftsträgern nicht erklärt werden. Außerdem führten der »Methodenunterschied« und das eng fixierte »Kooperationsverhalten« dazu, daß die Entstehung von oppositionellem Verhalten zu spät angesetzt wurde. Deshalb blendete die Widerstandsforschung der DDR die militärische Opposition von 1938/39 lange Zeit aus. Erst Ende der 70er und Anfang der 80er Jahre beschäftigten sich erste Aufsätze mit diesem Thema[25].

Die Arbeiten über den Attentatsversuch Claus Schenk Graf von Stauffenbergs konzentrierten sich inhaltlich vor allem auf die Rekonstruktion der konkreten Geschehensabläufe sowie auf die Analyse der Ursachen für das Scheitern des Umsturzversuchs. Die Hauptursache für das Scheitern der Aktion wurde bis in die 80er Jahre hinein in der fehlenden Verwurzelung der Verschwörung im Volk gesehen. Dem liegt ein Denkansatz zugrunde, der von einer überdimensionalen Bedeutung der Rolle der Volksmassen in der Geschichte ausging. Es gab sogar Auffassungen, die aufgrund der fehlenden Massenbasis und des ausgeprägten Kooperationsverhaltens der Mitglieder der Bewegung des 20. Juli die »Volksfeindlichkeit«[26] des Staatsstreichs ableiteten. Die Angemessenheit des Interpretationsansatzes: Haltung zu den Volksmassen bzw. zur Entfaltung einer revolutionären Volksbewegung blieb damals nicht unangezweifelt[27].

Bereits in den ersten Nachkriegsjahren deutete sich die Tendenz an, bestimmte Personen und Personengruppen aus dem Kreis des 20. Juli positiv herauszuheben wie Stauffenberg, Friedrich Olbricht und Wilhelm Leuschner, andere hingegen wie Goerdeler und Ludwig Beck zu verurteilen und ihnen ihre Widerstandsleistung abzuerkennen[28]. Dazu wurden selbst zugestandene Differenzierungen[29] innerhalb der Teilnehmer und »Kreise« genutzt. »Es wäre ein Fehler«, so Ackermann 1947, »die Opfer des 20. Juli aus den Reihen der Gewerkschafter und Sozialdemokraten mit der Militärgruppe oder mit Popitz und Goerdeler auf eine Stufe zu stellen. Vor allen Dingen muß über Genossen wie Leuschner festgestellt werden, daß sie zum bewußten und unversöhnlichen antifaschistischen Lager gehörten und sich im Unterschied zu vielen anderen ehemaligen sozialdemokratischen und Gewerkschaftsführern nicht auf eine Abwartehaltung beschränkten, sondern jahrelang eine geschickte aktive illegale Arbeit leisteten[30].«

Seit 1947 gerieten auch die Sozialdemokraten innerhalb der Bewegung des 20. Juli 1944 zunehmend ins Zentrum der Kritik. Ihnen wurden »antikommunistische und antisowjetische Überlegungen«[31] unterstellt, was durch eine generelle Abwertung des sozialdemokratischen und gleichzeitige Aufwertung des kommunistischen Widerstandes motiviert war[32]. Die antisozialdemokratische Argumentation eskalierte, als Albert Norden, Mitglied des ZK der KPD und des Parteivorstandes der SED, 1949 seine Entrüstung darüber äußerte, daß sich die Sozialdemokraten an der Erarbeitung einer »profaschistisch-imperialistischen Konzeption« beteiligt hätten[33] und Otto Winzer sogar Julius Leber, der im Juni 1944 in Berlin mit Vertretern der illegalen KPD verhandelt hatte, als einen Agenten des USA-Imperialismus disqualifizierte[34]. Politischer Hintergrund dieses Vorgehens gegen die Sozialdemokratie war der seit Ende der 40er Jahre durch die SED-Führung forcierte Kampf gegen den sogenannten »Sozialdemokratismus«. Er zielte im wesentlichen auf die Liquidierung der sozialdemokratischen Komponente und Tradition in der SED ab, erhielt aber auch immer wieder neue Nahrung und Pseudo-Legitimität durch Aufdeckung von konspirativen Aktivitäten des Ostbüros der SPD innerhalb der SBZ/DDR.

Die SED vertrat den Anspruch, als Partei der einheitlichen Arbeiterklasse die führende gesellschaftliche Kraft zu sein. Der Widerstandsgeschichtsschreibung fiel damit die Aufgabe zu, dies historisch zu legitimieren und der KPD eine Art Monopolstellung zuzuweisen. Das hatte eine unwissenschaftliche Hypertrophierung der Rolle der KPD und des kommunistischen Widerstandes sowie die Marginalisierung der anderen Parteien und Widerstandsgruppen zur Folge.

Im Zusammenhang mit dieser einseitigen Ausrichtung wurde der 20. Juli 1944 nunmehr hauptsächlich aus der Perspektive des kommunistischen Widerstandes betrachtet. Die Beteiligten am Umsturzversuch und an der Staatsstreichplanung wurden an ihrer Einstellung zur KPD, zur Sowjetunion und zum Nationalkomitee »Freies Deutschland« (NKFD) und an ihrer Bereitschaft gemessen, mit diesen Kräften zusammenzuarbeiten. Danach erfolgte ihre Einschätzung als »fortschrittlich« bzw. »progressiv« oder »reaktionär«. Dagegen

wehrten sich u.a. Kaiser[35] und Meißner[36]. Aber das antonymische Begriffspaar
wurde bis in die 80er Jahre ein Grundschema für die Beurteilung historischer
Prozesse und Persönlichkeiten.

Aus der zweifellos vorhandenen politischen Orientierung führender Kräfte
des bürgerlich-konservativen Widerstandes auf England und die USA und ihrem Bestreben, einen Einmarsch der Roten Armee nach Deutschland durch
rechtzeitige Kriegsbeendigung zu vermeiden, wurde verallgemeinernd die
Schlußfolgerung gezogen, daß der 20. Juli eine vorherrschend antisowjetische
Stoßrichtung besessen habe. Dieses Kriterium galt für manche Autoren noch
bis Ende der 80er Jahre[37], obwohl bereits in den ersten Nachkriegsjahren für
eine differenzierte Einschätzung der außenpolitischen Ausrichtung der Bewegung des 20. Juli plädiert[38] und 1984 festgestellt wurde, daß das Grundmotiv der
Handelnden, den Krieg zu beenden, das Entscheidende in der Bewertung sein
sollte[39].

Daß die Haltung zur UdSSR ein Bewertungskriterium für den Widerstand
wurde, war sowohl Ausdruck des Bekenntnisses zum »Sozialismus« stalinisti-
scher Prägung als auch dafür, daß der Rückgriff auf bestimmte historische Traditionen das Staatsbewußtsein und die außenpolitische Orientierung der DDR
stützen sollten. Außerdem zeigt sich darin auch die starke Einflußkraft der Besatzungsmacht auf die Ausformung des Rezeptionsverhaltens der DDR. Hermann Weber schreibt im Zusammenhang mit der Beantwortung der Frage nach
einer demokratischen Vorgeschichte der DDR, daß sich »die ›antifaschistisch-
demokratische Umwälzung‹ der Jahre 1945 und 1946 – von der SMAD gestattet
und sogar gefördert – lediglich im Rahmen der sowjetischen Strategie vollziehen«[40] konnte. Das sowjetische Interesse in bezug auf den Umgang mit dem
nationalkonservativen Widerstand wurde von verschiedenen Momenten bestimmt. Einmal ging es bei der Abqualifizierung des deutschen Widerstandes
darum, die Befreierrolle der Sowjetunion, ihre Position als »Sieger der Geschichte«, nicht anzutasten oder zu schmälern. Außerdem lag im Kalkül, daß
Personen und Programme, die von einem starken Antikommunismus und Anti-
sowjetismus gekennzeichnet waren, nicht als Erbe begriffen werden konnten.

Die vernichtende und teilweise sachlich falsche, direkte oder implizite Kritik
am 20. Juli wurde bis Ende der 40er Jahre durch positive Deutungen relativiert
und abgeschwächt. Diese wurden von Personen vertreten, die oft aus dem persönlichen Umfeld der Akteure kamen, sie von der gemeinsamen politischen
Arbeit, beruflichen Tätigkeit oder aus der Zeit des Widerstandes her kannten.
Daher kann das Bild vom bürgerlich-aristokratischen Widerstand in der Gesellschaft der SBZ trotz der klaren Favorisierung der marxistisch-leninistischen
Negativzeichnung als noch nicht starr und festgefügt gelten.

Außerdem fiel das politische und moralische Verdikt darüber im Gegensatz
zu den nachfolgenden Jahrzehnten insgesamt gesehen »gemäßigter« aus, weil
dafür im wesentlichen aufgrund der noch großen Kenntnisdefizite die Substanz
fehlte.

Diese kurz skizzierten Bewertungsmaßstäbe und Urteile über den 20. Juli bildeten die Ausgangsbasis für die Beschäftigung mit dem bürgerlich-aristokratischen Widerstand. Sie behinderten die wissenschaftliche Erkenntnis noch, als schon neue Forschungsergebnisse vorlagen, und förderten so die Stagnation der Widerstandsgeschichtsschreibung der DDR auf diesem Untersuchungsgebiet sowie ihre internationale Isolierung. Nur zur sowjetischen Geschichtswissenschaft gab es aufgrund der ähnlich ausgerichteten Ideologisierung des Gegenstandes bis 1984 eine nahezu völlige Übereinstimmung in den Wertungen. Dann divergierten allerdings zeitweise die Wissenschaftsauffassungen.

Verweigern und ausgrenzen

Von Anfang der 50er Jahre, der hohen Zeit des Stalinismus in der DDR, bis Anfang der 60er Jahre wurde die historische und publizistische Wahrnehmung des 20. Juli verstärkt durch die zunehmende Ost-West-Konfrontation beeinflußt. Die Wissenschaft und Publizistik dieser Jahre lebte im Prinzip von der »Auseinandersetzung« mit dem »Gegner«. Dabei wurde die politische Zielrichtung verfolgt, in der Systemauseinandersetzung die DDR und ihre »führende Partei« zu legitimieren und die Integration der Bundesrepublik in das westliche Bündnissystem als eine Fortsetzung der »reaktionären«, »antisowjetischen« Goerdeler-Beck-Politik zu verurteilen. Voraussetzung und Folge der polemischen Ausrichtung war, daß sich die Geschichtswissenschaft der DDR in einem viel stärkeren Maße mit dem Bild des 20. Juli in der Bundesrepublik beschäftigte[41], als das umgekehrt der Fall war. Dabei gab es später durchaus ernsthafte Untersuchungen zum bundesdeutschen Rezeptionsverhalten[42].

Als Aufhänger für die antibundesdeutsche Polemik dienten die Politik der Regierung Konrad Adenauer und Karrieren wie die von Adolf Heusinger in der Bundeswehr[43]. Gefördert wurde diese Art der »Aktualisierung« historischer Vorgänge, die lange Zeit die DDR-Geschichtsschreibung bestimmen sollten, durch den Stalinismus einerseits und die lange vorherrschende einseitige Hervorhebung der Bewegung des 20. Juli in der Bundesrepublik und die Tabuisierung des kommunistischen Widerstandes in der westdeutschen Historiographie andererseits. Die Richtlinie für den ostdeutschen Umgang mit Widerstandsgeschichte gab der Beschluß des ZK der SED über »Die wichtigsten ideologischen Aufgaben der Partei« vom Oktober 1951, in dem die Historiker wegen unzureichender ideologischer Militanz kritisiert und die »wissenschaftliche Ausarbeitung der deutschen Geschichte vom Standpunkt des Marxismus-Leninismus«[44] gefordert wurde. Diese wissenschaftspolitische Vorgabe wurde im Juli 1955 mit dem Politbürobeschluß zur »Verbesserung der Forschung und Lehre in der Geschichtswissenschaft der DDR« bekräftigt, der sich an der »Erforschung und Darstellung der revolutionären Traditionen der deutschen Ar-

beiterbewegung, besonders der Partei der deutschen Arbeiterklasse«[45] orientierte.

Im Zuge des konzeptionellen Nachdenkens einer sich konstituierenden
marxistischen Geschichtswissenschaft wurde eine selektive Geschichtsforschung präzise vorgegeben[46]. Der 20. Juli fand dabei wie beispielsweise auch der
christliche, jüdische und sozialdemokratische Widerstand nur an der Peripherie
Beachtung. Vor diesem wissenschaftlichen wie politischen Hintergrund kam die
Beschäftigung mit dem 20. Juli 1944 nur langsam voran. Zunehmend widmeten
sich Historiker und nicht wie bisher vorwiegend Funktionäre und Politiker der
DDR dem Umsturzversuch. Sie waren an der Akademie für Staats- und
Rechtswissenschaften »Walter Ulbricht« in Potsdam-Babelsberg, am Institut für
Marxismus-Leninismus beim ZK der SED in Berlin oder am Institut für Deut-
sche Militärgeschichte der Nationalen Volksarmee in Potsdam angesiedelt. Uni-
versitäre Forschung gab es kaum.

Die Aufmerksamkeit der Autoren hatte sich allmählich von der konkreten
Aktion des Hitler-Attentats auf die politische, ökonomische und soziale Programmatik des nationalkonservativen Widerstandes verlagert[47], seine richtungs-
politischen Unterschiede und ideengeschichtlichen Hintergründe blieben dabei
aber weitgehend verborgen. In der Tendenz brachten in diesem Zusammenhang entstandene Aufsätze keine neuen Forschungsergebnisse, weil sie, von
zwei Ausnahmen abgesehen[48], nicht auf neu erschlossenem Quellenmaterial aus
Archiven der DDR basierten, sondern, wie ein Blick in den Anmerkungsapparat
zeigt, auf Publikationen und Quellenveröffentlichungen der Bundesrepublik
zurückgriffen. So wurde bereits bekanntes Material vom marxistisch-leninistischen Standpunkt referiert. Bemerkenswert ist, daß die Forschung trotz politischer Vorgaben und ideologischer Dogmen interessante und auch in der Bundesrepublik forschungsmäßig unterbelichtete Problemkreise wie z.B. den Bereich der Kommunalpolitik Goerdelers aufgriff[49]. Doch diese Studien gelangten
durch die vorherrschenden Interpretationsschematismen nicht zur vollen Aus-
gestaltung bzw. wurden nicht weiter verfolgt, weil sie hauptsächlich als Beleg für
ohnehin getroffene abwertende Einschätzungen dienten.

Insgesamt konsolidierte sich das negative Bild von der Bewegung des
20. Juli. Der Umsturzversuch erschien immer eindeutiger als »antisowjetisch«,
»imperialistisch«, und »antinational«[50], bis man zum Schluß kam, daß jede nähere Untersuchung zeige, »daß im Zusammenhang mit den Ereignissen vom
20. Juli 1944 von antifaschistischem Kampf nicht die Rede sein kann«[51].

Dennoch erfuhren paradoxerweise einzelne Personen oder Gruppierungen
der Bewegung des 20. Juli eine positive Bewertung. Damit wurde die dichotomische Sicht partiell aufgehoben, indem die Trennungslinie nicht mehr zwischen den Kommunisten auf der einen Seite und den bürgerlich-aristokratischen und sozialdemokratischen Hitlergegnern auf der anderen Seite verlief,
sondern letztere teilweise unter Zuerkennung der Bezeichnung »Antifaschisten«
in das Geschichtsbild der DDR hineingeholt wurden. Das betraf neben

Leuschner, Olbricht teilweise den Kreisauer Kreis, aber vor allem Stauffenberg, der zum bewußt positiv gestalteten Pendant Goerdelers gemacht wurde. Goerdeler hingegen verkörperte die Inkarnation der »reaktionären Spitzen der Verschwörung«[52], der »Volksfeindlichkeit«[53], des »Antibolschewismus« und der anfänglichen »profaschistischen Einstellung«[54].

Im Rahmen dieser teilweisen Integration von einigen Exponenten aus dem Kreis des 20. Juli in das Geschichtsbild der DDR kam es zum Ende der 50er Jahre zu einem bis in die 80er Jahre hinein einmaligen Akt öffentlicher Würdigung. In Halberstadt, dem Geburts- bzw. Wohnort von Johannes Georg und Bernhard Klamroth, wurde eine Gedenktafel für diese beiden Mitglieder der Bewegung des 20. Juli errichtet[55]. Diese seltene Form des Gedenkens und Erinnerns gründete sich auf das Engagement der Angehörigen, war aber auch aufgrund günstiger lokaler politischer Gegebenheiten möglich.

Die ansatzweise positive Beachtung des Kreisauer Kreises[56] drückte sich darin aus, daß im Jahre 1959 die These vertreten wurde, daß die Ansatzpunkte des innen- und außenpolitischen Programms des Kreisauer Kreises für die deutsche Nachkriegsentwicklung die Schlußfolgerung gestatte, »daß die Kreisauer Reformpläne selbst unter Berücksichtigung all ihrer Schwächen und Mängel im

Heinrich Scheel am Rednerpult während der Veranstaltung des Nationalrates in Berlin (Ost) am 20. Juli 1964

Vergleich zu den reaktionären Plänen Goerdelers und seiner Anhänger positiver einzuschätzen sind«[57]. Das muß merkwürdigerweise trotz ähnlich lautender Befunde einer sowjetischen Historikerin aus dem Jahre 1957[58] und der obligatorischen Ausgrenzung Goerdelers offensichtlich auf starke Kritik gestoßen sein und eine Disziplinierung des Verfassers nach sich gezogen haben, denn ihm wurde ein Co-Autor zur Seite gestellt, der bereits seine Konformität gezeigt hatte. Gemeinsam schrieben sie dann, zurückgefallen in das frühere Verdikt, einen korrigierenden Aufsatz, in dem auch dem Kreisauer Kreis der Charakter einer Widerstandsgruppe abgesprochen und er als »volksfeindlich« verteufelt wurde[59]. Die Auffassungen über den Kreisauer Kreis wurden seit Mitte der 60er Jahre langsam revidiert – bis dann Ende der 70er Jahre die erste Monographie zu diesem Thema in der DDR erscheinen konnte[60].

Der VI. Parteitag der SED im Januar 1963 proklamierte den »umfassenden Aufbau des Sozialismus«, was auch beinhaltete, »die sozialistische Revolution auf dem Gebiet von Ideologie und Kultur weiterzuführen«[61]. Für die Widerstandsgeschichtsschreibung bedeutete das einerseits eine noch stärkere Hervorhebung des kommunistischen Widerstandes. Andererseits brachte dies auch eine stärkere Beachtung des nichtkommunistischen Widerstandes – vorausgesetzt, daß die »führende Rolle der Partei« gewährleistet war; nahm die »sozialistische Revolution« doch für sich in Anspruch, Erbe alles Fortschrittlichen und Humanistischen zu sein. Mit dem relativen Ende des Kalten Krieges wurde die Polemik, die vor allem gegen die Bundesrepublik geführt worden war, quantitativ abgeschwächt.

In diesem Kontext begann sich seit Anfang der 60er Jahre eine eigenständige, wenigstens partiell auf Primärquellen fußende Forschung zum 20. Juli zu entwickeln, deren Träger überwiegend eine nachgerückte, jüngere Historikergeneration an den Hochschulen und Forschungseinrichtungen der DDR war[62]. Obwohl diese Studien hinter der Folie des in den 40er und 50er Jahren politisch-ideologisch ausgebildeten Wertungsparadigma ansetzten, gewann das nun gezeichnete Bild vom bürgerlich-aristokratischen Widerstand an Tiefenschärfe und Sachlichkeit, ohne daß schon alle schematischen Betrachtungsweisen und kurzschlüssigen Aktualisierungen verschwunden waren[63]. Auch wurden zunehmend neue Quellen aus Archiven der DDR oder durch Zeitzeugenbefragungen erschlossen und teilweise publiziert[64]. Im Zusammenhang mit der seit 1958 einsetzenden Thematisierung und Würdigung des NKFD und des Bundes Deutscher Offiziere (BDO) wurden die alten Wertungskriterien modifiziert, weil sie die Haltung, Motivation und Entscheidung von Teilen der deutschen Generalität zum Widerstand gegen das NS-Regime nicht erklären konnten. Dies strahlte auch auf die Ehrung und Betrachtung der Männer des 20. Juli aus[65].

Während der sowjetische Einfluß in der zweiten Hälfte der 40er Jahre hinsichtlich der Ausgrenzung des bürgerlichen Widerstandes normierend wirkte, gab er jetzt mit dem Buch »20. Juli 1944. Legende und Wirklichkeit« von Danyel Melnikow, das 1962 in russischer und 1964 erstmalig in deutscher Sprache erschien, den Auftakt für die Tilgung von Fehlurteilen und Voreingenommenheit der Geschichtsforschung der DDR. Der 20. Jahrestag des Attentats im Jahre 1964 brachte dann einen gewissen Durchbruch in dieser eingeschlagenen Richtung. Sichtbar wurde das am Referat von Heinrich Scheel auf der Festveranstaltung des Nationalrates der Nationalen Front und der Arbeitsgemeinschaft ehemaliger Offiziere zum 20. Jahrestag des 20. Juli[66], an einer am Zentralinstitut für Geschichte erarbeiteten Konzeption zur Darstellung der Verschwörung[67] und an dem im Rahmen der »Geschichte der deutschen Arbeiterbewegung«[68] gegebenen ersten Gesamtüberblick über den deutschen Widerstandskampf.

1967 erschien dann die erste Stauffenberg-Biographie in der DDR[69]. Damit wurde im Prinzip wissenschaftlich eingelöst, was seit Jahren politisch eingefordert worden war und u.a. in Artikelüberschriften wie »Oberst Graf von Stauffenberg gehört uns«[70] zum Ausdruck kam. Das Buch würdigte ungeachtet der »weltanschaulichen Pflichtübungen«[71] mit großer Sachlichkeit das Handeln und die Persönlichkeiten Stauffenbergs, Moltkes und ihrer Gefährten. Die offizielle Aufnahme der Monographie rief auch Probleme hervor, so daß keine Neuauflage vorgesehen wurde. Die Kritik von Historikern des Instituts für Marxismus-Leninismus beim ZK der SED und des Zentralinstituts für Geschichte in Berlin (Ost) bemängelte vor allem, daß der Klassenkampfcharakter des Widerstandes und die führende Rolle der KPD ungenügend herausgearbeitet seien, daß die Stauffenberg-Gruppe zu sehr in die Nähe der Arbeiterbewegung gerückt worden sei[72]. Erst 1971 konnte das Buch zum zweiten Mal aufgelegt werden. Dazu mußte aber ein längeres Schlußkapitel zur »Aktualisierung« des Themas geschrieben werden, um die Druckgenehmigung des Ministeriums für Kultur zu erhalten.

Insgesamt erfuhren die Auffassungen über den 20. Juli in den 60er Jahren in mehreren Punkten eine Korrektur. Erstens wurde die Aktion in ihrer Gesamtheit positiv als »antinazistische Tat, die objektiv auf die Beseitigung der barbarischen Herrschaftsform des deutschen Imperialismus gerichtet war«, bewertet. Zweitens verwies man stärker auf die Heterogenität der Bewegung, grenzte die »reaktionären« von den »fortschrittlichen« oder »progressiven« Gruppierungen deutlicher ab und nuancierte innerhalb dieser beiden Gruppierungen die Personen und Konzepte weiter aus[73]. Die herausgearbeiteten Unterschiede zwischen den »Kreisen« trugen aber nicht zum Abbau, sondern zur weiteren Ausprägung der dichotomischen Sichtweise bei, weil sie einmal Substanz für die politische und historische Verurteilung der »Reaktionäre« boten und zum anderen die Aufwertung der Gruppen »mit überwiegend fortschrittlicher Tendenz«, insbesondere der Stauffenberg-Gruppe und des Kreisauer Kreises förderte. Drittens wurde über die möglichen Ergebnisse eines geglückten Attentats reflektiert.

Das öffentliche Interesse an der Bewegung des 20. Juli war sehr groß, wie das Fernseh-Dokumentarfilmprojekt von Karl Gass über den Umsturzversuch unter dem Titel »Revolution am Telefon« zeigt. Dafür sprechen auch die für westdeutsche Verhältnisse vergleichsweise hohen Auflagenhöhen, die die Stauf-

fenberg-Biographie mit sieben Auflagen mit insgesamt über 60 000 Exemplaren
bis 1989 erreichte, und die das Kreisau-Buch mit zwei Auflagen 1978 und 1980
mit über 15 000 Exemplaren erlebte. Diese Publikationen waren immer innerhalb weniger Wochen vergriffen. Außerdem wurde Anfang der 70er Jahre in
politischen Kreisen der Christlich Demokratischen Union (CDU) Pläne venti-
liert, ein Stauffenberg-Denkmal in der DDR zu errichten[74]. Das ist insofern
bemerkenswert, weil Stauffenberg oder ein anderer Repräsentant des bürgerlich-
aristokratischen Widerstands bisher nicht zum politischen Symbol im öffentlichen Leben der DDR geworden war und das offensichtlich auch nie zur Disposition gestanden hat. Stauffenbergs Name erschien auf keinem Straßenschild in
der DDR mit Ausnahme Leipzigs, wo bereits in den 40er Jahren eine Straße
nach ihm benannt worden war[75].

Obwohl seit Anfang der 60er Jahre Fortschritte in der Würdigung und Darstellung des 20. Juli bei gleichzeitig wachsendem öffentlichen Interesse gemacht
wurden, blieb er nach wie vor ein Randgebiet in der Geschichtsforschung der
DDR. Das fand auch seinen Niederschlag in den Geschichtslehrbüchern der
DDR. Schließlich beschäftigten sich in den 70er Jahren nur zwei größere Arbeiten direkt mit der Problematik[76]. Sie waren das Resultat der Bemühungen
einzelner Historiker. Darüber hinaus thematisierte teilweise die regionalgeschichtliche Forschung Teilnehmer des bürgerlichen Widerstandes[77]. Die Ursachen für diesen geringen Befund lagen darin, daß der nationalkonservative Widerstand nie eine Position im Zentralen Forschungsplan der Gesellschaftswis-
senschaften hatte, der seit den 70er Jahren existierte. Das bedeutete, daß dieses
Forschungsfeld keine staatliche Förderung genoß, hatte aber auch den Vorteil,
daß es weniger ideologische »Gängelei« gab und die Autoren sich etwas mehr
geistigen Freiraum schaffen konnten.

Die 70er Jahre brachten eine gewisse Entkrampfung und größere Vielfalt in
der Forschung, in deren Folge sich Arbeitsfelder und Methodendiskussionen
ausweiteten. In der Widerstandsforschung zeigte sich, daß allmählich die durch
politische Gegebenheiten bestimmte Definition des Widerstandes mit den Ergebnissen der Forschung divergierte. Es wurde immer deutlicher, daß die unterschiedlichen Widerstandsformen sowie die soziale und politische Heterogenität
des deutschen Widerstandes sich nicht mit der vereinfachten These: »Der antifaschistische Widerstandskampf war seinem Wesen nach Klassenkampf zwischen der Arbeiterklasse sowie anderen Werktätigen und dem Monopolkapi-
tal«[78] vereinbaren ließ. So begannen neue Überlegungen zur Widerstandsbe-
stimmung, in deren Ergebnis die starre Definition langsam überwunden wurde
und sich ein eher dynamischer Widerstandsbegriff herausbildete[79]. Diese Entwicklung wurde durch die Arbeit an dem Werk »Deutschland im zweiten Weltkrieg«[80] gefördert. Einer angemessenen Wertung und Würdigung des 20. Juli
stand aber, worauf Olaf Groehler zu Recht hinweist[81], die mangelnde Kritikfä-
higkeit und Scheu der Geschichtswissenschaft der DDR entgegen, Fehler und
Irrtümer sowie Wandlungen und Modifikationen offen zu benennen. So wurde

vielen bürgerlich-aristokratischen Widerstandskämpfern Erinnerung und Würdigung verweigert.

Vom Verweigern zum Wiedererinnern

In den 80er Jahren wurde die historische wie publizistische Wahrnehmung des 20. Juli von folgenden innen- und wissenschaftspolitischen Entwicklungen geprägt. Die Ende der 70er Jahre entfaltete Diskussion um Erbe und Tradition förderte ebenso wie die These von der Herausbildung einer sozialistischen deutschen Nation in der DDR, so absurd sie war, objektiv die Geschichtswissenschaft, indem die Historiker aufgefordert wurden, die deutsche Geschichte in ihrer Gesamtheit, nicht nur begrenzt auf revolutionäre und proletarische Bewegungen, zu erforschen und darzustellen. Außenpolitisch beeinflußten das Geschichtsbild und die Geschichtsschreibung der DDR die im Zusammenhang mit dem KSZE-Prozeß und den Bemühungen um Entspannung und Abrüstung in Europa entstandene Forderung nach der »Koalition der Vernunft«. Historische Vorformen einer solchen Koalition der Vernunft wurden nun – nicht unumstritten[82] – in der Bewegung des 20. Juli und im Kreisauer Kreis gesehen, ihre Erforschung und Popularisierung seit 1983 gefördert.

Vor diesem politischen Hintergrund veränderte sich das Bild des 20. Juli in der Wissenschaft und Öffentlichkeit. In der Zeitschrift »Militärgeschichte« erschien im März 1984 ein Artikel zum 40. Jahrestag des Attentats unter dem bis dahin ungewöhnlichen Titel »Politischer Realismus und militärisches Verantwortungsbewußtsein. Einige geschichtliche Erfahrungen aus dem 20. Juli 1944«, in dem mit Bezug auf die Beteiligten am Attentat auf Hitler erstmalig für die DDR festgestellt wurde: »Für diese Tat gebührt ihnen Hochachtung und ein ehrenvoller Platz in der Geschichte des antifaschistischen deutschen Widerstandskampfes[83].«

Um die gleiche Zeit, vom 28. Februar bis 1. März 1984, fand in Sellin auf der Insel Rügen ein internationales Kolloquium zum Thema »Der Kampf gegen den Faschismus. Aspekte – Probleme – Lehren«[84] statt, an dem Historiker beider deutscher Staaten teilnahmen. Die Bedeutung dieser Konferenz lag darin, daß damit ein erster zaghafter Durchbruch in der Aufgabe der dogmatischen Verklammerung von Antifaschismus und Antiimperialismus in der DDR erreicht wurde[85]. Er ermöglichte es, die Bewegung des 20. Juli in der Folgezeit insgesamt und vorbehaltlos in die deutsche Widerstandsgeschichte zu integrieren. In diese Situation des Aufbruchs und der Veränderung fiel im Sommer 1984 der 40. Jahrestag des Umsturzversuchs. Aus diesem Anlaß bereiteten die Historikergesellschaft der DDR und das Zentralinstitut für Geschichte der Akademie der Wissenschaften ein Kolloquium vor – es sollte das erste dieser Art in der DDR werden –, auf dem die Stellung des 20. Juli in der Geschichte des deutschen Widerstandskampfes unter grundlegenden theoretischen und methodischen Aspekten neu erörtert werden sollte. Um den Bewegungsrahmen der Neubewertung von vornherein abzustecken und somit »Ausuferungen« auszuschließen, wurde ein Grundsatzartikel in der »Einheit« und im »Neuen Deutschland« vorausgeschickt[86]. Außerdem wurde den Historikern der DDR aus »politischen Gründen« die Teilnahme an der im Juli des Jahres stattfindenden internationalen wissenschaftlichen Konferenz zum Thema »Der Widerstand gegen den Nationalsozialismus. Die deutsche Gesellschaft und der Widerstand gegen Hitler« verwehrt.

Für die Geschichtswissenschaft der DDR blieb seit 1984 die Stellung der nationalkonservativen Widerstandskämpfer zur Sowjetunion, zur KPD und zur Bewegung »Freies Deutschland« nach wie vor Maßstab für die historische Bewertung des 20. Juli[87]. Auch hatte die westdeutsche Kritik, daß der 20. Juli für die SED bleibe, was er schon immer war, »polemische Waffe und Vorwand für Agitation«[88], nicht ganz unrecht, wenn die politischen Bezüge in einigen Aufsätzen und Vorträgen herangezogen wurden[89].

Dennoch wurden wesentliche Akzente neu gesetzt und dogmatische Einengungen überwunden. Erstens erschien der Umsturzversuch eindeutig als antifaschistische Aktion[90]. »Wir würdigen nicht nur den persönlichen Einsatz der Kämpfer des 20. Juli, wir würdigen auch ihren Einsatz für die Interessen des Volkes«[91], hieß es im Hauptreferat. Zweitens verlor die These vom »volksfeindlichen« Charakter der Verschwörung ihre Wirksamkeit. Drittens rückte die Stellung, die die Bewegung des 20. Juli zu den Grundfragen der Zeit einnahm, vor allem zur Beendigung des Krieges, in den Mittelpunkt der Bewertung. Viertens erkannte man allen Teilnehmern der Verschwörung zu, daß sie Hitlergegner waren und ihr Leben eingesetzt hatten. Deshalb wurden die Fragen der Kooperation und des Methodenunterschieds gründlicher untersucht und differenzierter beurteilt[92]. Fünftens gewann die Auffassung von der Entwicklung zum Widerstand als widerspruchsvoller, prozeßhafter Vorgang spürbar an Bedeutung. Sechstens wurde vermieden, »die einzelnen Teilnehmer der Verschwörung miteinander zu vergleichen, sie hinsichtlich ihrer politischen Ziele zu werten« und dem einen mehr fortschrittliche Züge zu bescheinigen als dem anderen«[93]. Damit kehrte die DDR-Geschichtswissenschaft im Prinzip zu jenen Positionen zurück, wie sie bereits 1944/45 bis 1949 bestanden hatten, wenn auch nicht als »mainstream« der Wahrnehmung.

Die Umbewertung des 20. Juli in der DDR ging nicht mit ähnlichen Prozessen in der Sowjetunion konform. Dort wurden im Gegenteil noch die alten Thesen publiziert[94], so daß die Veränderungen in der DDR zwangsläufig auf Kritik stießen[95]. Auch in diesem Punkt deuten sich Gemeinsamkeiten zur unmittelbaren Nachkriegszeit an. Neue Aspekte in der Rezeption des 20. Juli in der sowjetischen Widerstandsgeschichtsschreibung wurden erst 1987 präsentiert, 1990 schlugen sie dann voll durch[96].

Von der »neuen« Sicht der DDR auf den Umsturzversuch zeugen nicht zuletzt auch eine Reihe von Gedenkveranstaltungen im Sommer 1984. Waren

Gedenkfeiern anläßlich des 20. Juli 1944 seit 1945 in der SBZ/DDR ausschließlich zu allen »runden« Jahrestagen des Ereignisses veranstaltet worden, so fanden sie seit 1984 an manchen Orten der DDR – wie in der Bornstedter Kirche in Potsdam – nun regelmäßig statt und nahmen so einen festen Platz im gesellschaftlichen Leben der DDR ein. In diesem Rahmen wurden dann Gedenktafeln oder -steine gestiftet, beispielsweise 1988 in Neustrelitz für Hans-Jürgen Graf von Blumenthal[97], in Göhren für Ulrich Wilhelm Graf Schwerin von Schwanenfeld[98], in Potsdam für Henning und Erika von Tresckow[99] sowie 1989 in Lübbenau für Wilhelm Graf zu Lynar[100], in Leising für Friedrich Olbricht[101] und in Potsdam für Freiherr Kurt von Plettenberg[102]. Die Initiatoren dieser Traditionspflege waren in der Regel die Blockparteien, die NDPD, LDPD und die CDU, die sich dem 20. Juli und seinen Akteuren seit dem Bestehen ihrer Organisationen in besonderer Weise verpflichtet fühlten. Sie hatten deshalb versucht, sich dabei eine gewisse Autonomie zu erhalten. So wurden Publikationen wie zum Beispiel die beiden Widerstands-Monographien von Kurt Finker im »Union-Verlag«, dem Parteiverlag der CDU, andere aber auch im Buchverlag »Der Morgen«[103], dem Parteiverlag der LDPD, herausgegeben. Die NDPD veranstaltete anläßlich des 45. Jahrestages des 20. Juli in ihrer Zentralen Parteischule in Waldsieversdorf im Juli 1989 ein wissenschaftliches Kolloquium, das in der historischen Betrachtung des Ereignisses aber systemkonform blieb[104].

Die veränderte wissenschaftliche Wahrnehmung des nationalkonservativen Widerstandes in der DDR seit Anfang 1984 brachte fruchtbare Impulse für dessen weitere Erforschung und Popularisierung. In der Folgezeit entstanden neue wissenschaftliche Arbeiten und auch Fernseh-Dokumentarfilme[105], die für die öffentliche Ausstrahlung und Aufnahme eines veränderten Geschichtsbildes wichtig waren. Bereits ein Jahr später manifestierten sich die neu gewonnenen Resultate im »Wörterbuch zur deutschen Militärgeschichte«[106] und 1989 fanden sie dann auch endlich Eingang in die Geschichtslehrbücher[107].

Die unrevidiert gebliebenen Bewertungsmaßstäbe erschwerten aber den wissenschaftlichen Zugang zu den »reaktionären« Repräsentanten des 20. Juli wie Goerdeler, Ulrich von Hassell und Johannes Popitz und ihre Integration in das Geschichtsbild der DDR. In bezug auf die Einschätzung Goerdelers[108] hatte sich bereits 1984 eine veränderte Sicht angebahnt[109], die 1989 deutlicher wurde[110]. Finker fragte in einem Diskussionsbeitrag auf der wissenschaftlichen Konferenz »Phänomen der Weltkriege im zwanzigsten Jahrhundert« vom 31. August bis 3. September 1989 in Berlin – die Reform- und Friedensfähigkeit bürgerlicher Persönlichkeiten in den Blick nehmend –, ob das Programm Carl Goerdelers eine bürgerliche Alternative zum Krieg sei. Dabei verwies er erstmalig für die DDR-Geschichtswissenschaft auf drei methodische Ausgangspositionen, von denen sich generell eine Beschäftigung mit Goerdeler leiten lassen sollte. Erstens sollte deutlicher innerhalb der herrschenden Klasse differenziert werden, um zu einem realen Bild zu gelangen, denn Goerdeler »war nicht schlechthin ein Vertreter der deutschen Großbourgeoisie insgesamt, sondern er war ein politischer Vertreter bestimmter Kreise der Großbourgeoisie, wobei hier in erster Linie der Name Robert Bosch zu nennen wäre«[111].

Zweitens wurde der bisher in der DDR üblichen Betonung der expansionistischen Ziele Goerdelers entgegengesetzt, daß es in dieser Zeit in Deutschland kaum einen bürgerlichen Politiker gegeben hätte, der diese nicht gehabt habe. Deshalb forderte der Referent: »Wir müssen, um ihm [Goerdeler] gerecht zu werden, ihn in das gesetzmäßige Bezugssystem stellen; wir können ihn nicht messen am Programm der KPD oder der SPD, wir müssen ihn messen an den Politikern seiner Klasse – und da ergeben sich gegenüber den aggressiven reaktionären Kräften erhebliche Unterschiede, ja sogar in der Frage des Krieges und des Friedens prinzipielle Gegensätze. Es genügt m.E. nicht, in den außenpolitischen Vorstellungen Goerdelers nur eine leisere Variante imperialistischer deutscher Macht- und Expansionspolitik zu sehen, wie wir es in früheren Darstellungen vorwiegend getan haben.«

Drittens wurde festgestellt, daß »auch Goerdeler mit seinen Erkenntnissen und Schlußfolgerungen einem Wandlungsprozeß, einem Lernprozeß, unterlag, der vor allem natürlich durch die Entwicklung der militärischen und politischen Ereignisse befördert wurde«.

Damit wurden genuine Bewertungskriterien für den bürgerlich-aristokratischen Widerstand in der DDR aufgegeben und der Weg freigelegt für eine vorbehaltlose Beschäftigung mit Repräsentanten des Widerstandes.

Im Verlauf des Jahres 1990 traten in der öffentlichen Wahrnehmung des 20. Juli wieder primär politische Aspekte in den Vordergrund. Die Nationale Volksarmee (NVA) nahm eine neue Traditionsbestimmung hinsichtlich des Umsturzversuchs vom 20. Juli vor[112]. Als Vorboten dafür können zwei Artikel in der »Volksarmee«[113] gelten. Am 20. Juli 1990 wurde dann in fast allen Kasernen des 46. Jahrestages des gescheiterten Bombenattentats Stauffenbergs gedacht und zugleich über 50 000 Soldaten neu vereidigt. Der DDR-Minister für Abrüstung und Verteidigung, Rainer Eppelmann, hob in seinem Tagesbefehl hervor: »Bewußt aus persönlicher Überzeugung geht der Armeeangehörige die Verpflichtung ein, Befehl und Gehorsam in Übereinstimmung mit Recht und Gewissen zu bringen. Damit stehen die Angehörigen der NVA auch in der Tradition der Männer des militärischen Widerstandes gegen die nationalsozialistische Diktatur[114].« Dieser Wandel im Traditionsverständnis der NVA blieb in der Öffentlichkeit nicht ohne Widerspruch[115]. Bedenklich war in diesem Zusammenhang die völlig unreflektierte Vereinnahmung des Ereignisses und seiner Akteure sowie der unkritische Blick auf dessen publizistische und historische Wahrnehmung in der DDR, in Sonderheit in der Armee[116]. Dabei wurde vernachlässigt, daß die Anerkennung und Würdigung des 20. Juli nicht primär das Resultat des gesellschaftlichen Umbruchs seit dem Herbst 1989 waren, sondern in der politischen und wissenschaftlichen Entwicklung der DDR seit Mitte der 80er Jahre wurzelten.

Zusammenfassend kann festgestellt werden, daß die Geschichtsschreibung und Publizistik über den 20. Juli 1944 und seine öffentliche Würdigung in der SBZ und späteren DDR mehrere Entwicklungsphasen durchlaufen hat. Sie wurden von der politischen und historischen Wahrnehmung dieses Phänomens durch die sowjetische Besatzungsmacht und die sowjetische Geschichtswissenschaft sowie durch die westlichen Besatzungsmächte und die bundesdeutsche Forschung ebenso beeinflußt, wie sie von den vorherrschenden politisch-kulturellen Tendenzen der jeweiligen Zeit und bestimmten Ansätzen und Fragestellungen der DDR-Wissenschaft geprägt wurden. Dabei differierten Intensität, Umfang und Zweckgerichtetheit der Wahrnehmung sowie die Urteile über dieses Ereignis. Die Entwicklung und der Wandel in der Rezeption können nicht, wie sich gezeigt hat, mit dem bisherigen vereinfachten Schema vom »Erinnern und Verweigern« beschrieben werden. Sie waren wesentlich vielschichtiger. In den ersten Nachkriegsjahren konkurrierten beide, das positive wie negative Interpretationsmuster, miteinander. Bald setzte sich aber die Verurteilung des Umsturzversuchs durch, die in den 50er Jahren in eigenartiger Weise aufbrach. Die Tat Stauffenbergs und einiger Beteiligten erfuhr eine positive Bewertung und wurde in das Geschichtsbild der DDR integriert. Bemühungen, weitere Teilnehmer in diesem Sinne einzuschätzen, wurden »korrigierend« unterbunden. Das nunmehr eklektische Bild vom 20. Juli gestaltete sich seit den

Ehrenwache der NVA vor dem am 20. Juli 1990 nach Henning von Tresckow benannten Kasernengebäude in Strausberg

60er Jahren zunehmend positiver und der Kreis der »progressiven« Hitlergegner wuchs schrittweise an, bis dann Mitte der 80er Jahre die vorbehaltlose und uneingeschränkte Integration des Ereignisses und seiner Teilnehmer in das Geschichtsbild erfolgte.

Damit schloß sich in der Bewertung ein Kreis, dessen Ursprünge in der unmittelbaren Reaktion im Sommer 1944 und in den ersten Nachkriegsjahren lagen.

Inhaltlich unveränderte Wiedergabe des Beitrages in der vierten Auflage des Ausstellungs-Kataloges von 1994.

Anmerkungen

1   Zum Thema vgl. auch Ines Reich und Kurt Finker, Reaktionäre oder Patrioten? – Zur Historiographie und Widerstandsforschung in der DDR bis 1990, in: Der 20. Juli 1944. Bewertung und Rezeption des deutschen Widerstandes gegen das NS-Regime, hrsg. von Gerd R. Ueberschär, Köln 1994, S. 126 – 142; dies., Der 20. Juli 1944 in der Geschichtswissenschaft der SBZ/DDR seit 1945, in: Zeitschrift für Geschichtswissenschaft, 39 (1991), H. 6, S. 533 – 553; Werner Bramke, Widerstandsforschung in der Regionalgeschichtsschreibung der DDR. Eine kritische Bilanz, in: Sozialismus und Kommunismus im Wandel. Hermann Weber zum 65. Geburtstag, hrsg. von Klaus Schönhoven und Dieter Staritz, Köln 1993, S. 451 – 466; Olaf Groehler, Zur Geschichte des deutschen Widerstandes. Leistungen und Defizite, in: Krise-Umbruch-Neubeginn. Eine kritische und selbstkritische Dokumentation der DDR-Geschichtswissenschaft 1989/90, hrsg. von Rainer Eckert, Wolfgang Küttler und Gustav Seeber, Stuttgart 1992, S. 408 – 418.

2   Philipp Müller, 21 Jahre alt aus München-Neuaubing stammend, wurde bei einem Jugendtreffen am 11.5.1952 gegen Remilitarisierung und Eingliederung der Bundesrepublik in das westliche Bündnissystem in Essen von der Polizei erschossen. Er war Mitglied der KPD und FDJ.

3   Leipziger Volkszeitung vom 21.11.1991.

4   Vgl. u.a. Alexander Abusch, Irrweg einer Nation, Berlin 1947.

5   Peter Steinbach, Widerstandsforschung im politischen Spannungsfeld, in: Aus Politik und Zeitgeschichte, Wochenbeilage zur Wochenzeitschrift Das Parlament, B 28/88, S. 4.

6   Stiftung Archiv der Parteien und Massenorganisationen der DDR im Bundesarchiv, ZPA I 2/3/149.

7   Anton Ackermann, Der 20. Juli 1944 und seine Lehren. Die Hintergründe großer und zugleich tragischer Ereignisse, in: Deutsche Volkszeitung vom 20.7.1945.

8   Jakob Kaiser, Die Arbeiterschaft und der 20. Juli 1944. Mutige Männer!, in: Das Volk, 20.7.1945.

9   Gustav Dahrendorf, Die Lehren des 20. Juli 1944. Neue Tatsachen, in: Das Volk, 20.7.1945.

10   Otto Grotewohl, Wo stehen, wohin gehen wir? Weg und Ziele der deutschen Sozialdemokratie, Berlin 1945, S. 25.

11   Vgl. u.a. Neues Deutschland, 19.7.1946 und 15.1.1947; sowie Leipziger Volkszeitung, 20.7.1946 und 20.7.1949.

[12] Vgl. u.a. Neue Zeit, 22.7., 29.8. und 18.11.1945, 19. und 20.7.1946, 20.7.1947; Der Morgen, 20.7.1946, 20.7. und 6.9.1949; Das Volk, 20.7.1945 und Die Union, 27.7.1946.

[13] Vgl. die beiden Artikel Der 20. Juli 1944 und Die Wahrheit über den 20. Juli 1944, in: Tägliche Rundschau, 20.7.1945. Zum 20. Juli 1944 in sowjetischer Sicht vgl. Kurt Finker, Die Stellung der Sowjetunion und der sowjetischen Geschichtsschreibung zum 20. Juli 1944 in Deutschland, in: Der 20. Juli 1944 (wie Anm. 1), S. 38 – 54.

[14] Wilhelm Meißner, Der 20. Juli 1944: Der Anteil der Generale, in: Neues Deutschland, 11.1.1947.

[15] Vgl. Zur Frage des 20. Juli, in: Tägliche Rundschau, 21.7.1945.

[16] Vgl. Anton Ackermann, Legende und Wahrheit über den 20. Juli 1944, in: Einheit, 2 (1947), H. 12, S. 1172 – 1182.

[17] Vgl. Neues Deutschland, 20.7.1947.

[18] Vgl. Tägliche Rundschau, 20.7.1945.

[19] Vgl. Märkische Volksstimme, 20.7.1948.

[20] Vgl. Ackermann, Legende (wie Anm. 16).

[21] Vgl. Tägliche Rundschau, 20.7.1946.

[22] Vgl. u.a. Ackermann, Legende (wie Anm. 16).

[23] Vgl. Tägliche Rundschau, 20.7.1946.

[24] Ebd.

[25] Vgl. u.a. Kurt Finker, Probleme des militärischen Widerstandes und des Umsturzversuches vom 20. Juli 1944 in Deutschland, in: Gegner des Nationalsozialismus. Wissenschaftler und Widerstandskämpfer auf der Suche nach historischer Wirklichkeit, hrsg. von Christoph Kleßmann und Falk Pingel, Frankfurt a.M., New York 1980, S. 153 – 186.

[26] Vgl. u.a. Tägliche Rundschau, 20.7.1945.

[27] Vgl. Neues Deutschland, 20.7.1947.

[28] Vgl. Zur Frage des 20. Juli (wie Anm. 15).

[29] Vgl. Gegen die Legende vom 20. Juli 1944, in: Märkische Volksstimme, 20.7.1948.

[30] Ackermann, Legende (wie Anm. 16), S. 1178.

[31] Vgl. Märkische Volksstimme, 20.7.1948.

[32] Vgl. Neues Deutschland, 19.7.1947.

[33] Albert Norden, Die Bedeutung des 20. Juli, in: Weltbühne, 2 (1947), Nr. 13, S. 553 – 560.

[34] Vgl. Otto Winzer, Der Friedenskampf der Kommunisten in Deutschland und die Verschwörung vom 20. Juli 1944, in: Einheit, 9 (1954), H. 7, S. 684.

[35] Vgl. Kaiser, Arbeiterschaft (wie Anm. 8).

[36] Vgl. Wilhelm Meißner, Der 20. Juli 1944: Der Anteil der Politiker, in: Neues Deutschland, 15.1.1947.

[37] Vgl. Kurt Gossweiler, Der 20. Juli und die Faschismustheorie, in: Demokratie, Antifaschismus und Sozialismus in der deutschen Geschichte, hrsg. von Helmut Bleiber und Walther Schmidt, Berlin 1988, S. 296 – 311.

[38] Vgl. Neue Zeit, 20.7.1947.

[39] Vgl. Olaf Groehler und Klaus Drobisch, Der 20. Juli 1944, in: Einheit, 40 (1984), H. 7, S. 636.

[40] Hermann Weber, Gab es eine demokratische Vorgeschichte der DDR?, in: Gewerkschaftliche Monatshefte, 43 (1992), H. 4/5, S. 273.

[41] Vgl. u.a. Wilhelm Ersil, Die Wahrheit über den 20. Juli 1944 und die Lügen der Bonner Militaristen, in: Einheit, 15 (1960), H. 7, S. 1085 – 1097; Hans Dress, Die Verfassungspläne Goerdelers in der Darstellung der westdeutschen Geschichtsschreibung, in: Probleme

der Geschichte des zweiten Weltkrieges. Protokoll der wissenschaftlichen Tagung in Leipzig vom 25. bis 30. November 1957, Bd 2, Berlin 1958, S. 403 – 409.

[42] Vgl. Hans Dress, Neue Tendenzen bei der Darstellung des 20. Juli 1944 in der westdeutschen Geschichtsliteratur, in: 1917 – 1945. Neue Probleme der Geschichte der deutschen Arbeiterbewegung in Forschung und Lehre, Protokoll der konstituierenden Tagung der Fachgruppe »Geschichte der neuesten Zeit 1917 – 1945« am 31.10. und 1.11.1964 in Brandenburg (Havel), Berlin 1965, S. 183 – 192.

[43] Vgl. Joachim Hellwig und Hans Oley, Der 20. Juli 1944 und der Fall Heusinger, Berlin 1959.

[44] Dokumente der SED, Bd III, Berlin 1952, S. 581.

[45] Dokumente der SED, Bd V, Berlin 1956, S. 348.

[46] Vgl. u.a. Leo Stern, Gegenwartsaufgaben der deutschen Geschichtsforschung, Berlin 1952.

[47] Vgl. u.a. Hans Dress, Der antidemokratische und reaktionäre Charakter der Verfassungspläne Goerdelers, in: Zeitschrift für Geschichtswissenschaft, 5 (1957), H. 6, S. 1134 – 1159; Wilhelm Ersil, Die Drahtzieher der volksfeindlichen Verschwörung vom 20. Juli 1944 und ihre »Europa«-Pläne, in: Wissenschaftliche Zeitschrift der Deutschen Akademie für Staats- und Rechtswissenschaften »Walter Ulbricht«, 4 (1954/55), H. 5, S. 238 – 253; und ders., Das außenpolitische Programm der militärischen Verschwörung vom 20. Juli 1944, in: Deutsche Außenpolitik, 4 (1959), H. 7, S. 743 – 758.

[48] Vgl. Axel Laise, Das Wirken Carl Goerdelers in den Jahren 1930 – 1936, Staatsexamensarbeit, Universität Leipzig 1962; Manfred Unger, Die »Endlösung« in Leipzig. Dokumente zur Geschichte der Judenverfolgung 1933 – 1945, in: Zeitschrift für Geschichtswissenschaft, 11 (1963), H. 5, S. 941 – 951.

[49] Vgl. Hans Dress, Die Stellung der Gemeinden und Kreise im Rahmen der Verfassungspläne Goerdelers, in: Der Deutsche Imperialismus und der zweite Weltkrieg, Bd IV, Berlin 1961, S. 607 – 619; Laise, Wirken Carl Goerdelers (wie Anm. 48) und Unger, »Endlösung« (wie Anm. 48).

[50] Vgl. u.a. Otto Winzer, Zwölf Jahre Kampf gegen Faschismus und Krieg. Ein Beitrag zur Geschichte der Kommunistischen Partei Deutschlands, Berlin 1955.

[51] Zum Charakter der Verschwörung vom 20. Juli 1944, in: Militärwesen, 3 (1959), H. 6, S. 833.

[52] Winzer, Friedenskampf (wie Anm. 34), S. 679.

[53] Dress, Verfassungspläne (wie Anm. 41), S. 1138.

[54] Dress, Gemeinden (wie Anm. 49), S. 608 und 612.

[55] Vgl. Zwischen Harz und Bruch. Heimatzeitschrift des Kreises Halberstadt, 6 (1961), H. 9, S. 300 – 301; Norbert Madloch, Der 20. Juli 1944 und Halberstadt, ebd., H. 4 (1959) 7, S. 217 – 222.

[56] Zur Rezeptionsgeschichte des Kreisauer Kreises in der DDR-Geschichtswissenschaft vgl. Kurt Finker, Der Kreisauer Kreis aus der Sicht der bisherigen DDR-Forschung, in: Deutscher Widerstand – Demokratie heute: Kirche, Kreisauer Kreis, Ethik, Militär und Gewerkschaften, hrsg. von Huberta Engel, Bonn, Berlin 1992, S. 179 – 202.

[57] Hans Dress, Fortschrittliche und reaktionäre Tendenzen in den Reformplänen des Kreisauer Kreises, in: Der deutsche Imperialismus und der zweite Weltkrieg (wie Anm. 49), S. 606.

[58] G.N. Goroskova, Die außenpolitischen Pläne der Verschwörer des 20. Juli 1944 im Lichte der westdeutschen Geschichtsschreibung, in: Protokoll der wissenschaftlichen Tagung der Kommission der Historiker der DDR und der UdSSR zum Thema »Die wich-

tigsten Richtungen der reaktionären Geschichtsschreibung über den zweiten Weltkrieg« in Leipzig vom 25. bis zum 30. November 1957 in zwei Bänden, Bd II, Berlin 1958, S. 389 f.

59 Hans Dress und Wilhelm Ersil, Die volksfeindliche Konzeption des Kreisauer Kreises und das nationale Rettungsprogramm der KPD, in: Staat und Recht, 9 (1960), H. 7, S. 1105 – 1134.

60 Kurt Finker, Graf Moltke und der Kreisauer Kreis, Berlin 1978.

61 Geschichte der Sozialistischen Einheitspartei Deutschlands. Abriß, Berlin 1978, S. 441 f.

62 Vgl. u.a. Laise, Wirken Carl Goerdelers (wie Anm. 48) und Unger, »Endlösung« (wie Anm. 48).

63 Vgl. u.a. Johannes Glasneck, Carl Goerdeler – Apologet der faschistischen Nah-Ost Expansion und Vorläufer des Bonner Neokolonialismus, in: Zeitschrift für Geschichtswissenschaft, 11 (1963), H. 8, S. 1490 – 1504.

64 Carl Goerdeler, Schlußbetrachtungen über die Reise Nordafrika, Vorderasien. Reisebericht vom 6. August 1939, eingeleitet von Johannes Glasneck, in: Bulletin des Arbeitskreises »Zweiter Weltkrieg«, (1965), Nr. 4, S. 19 – 27.

65 Vgl. Stephan Wolf, Zum 14. Jahrestag des 20. Juli 1944, in: Mitteilungsblatt der Arbeitsgemeinschaft ehemaliger Offiziere, 1 (1958), Nr. 3, S. 6 – 11.

66 Vgl. Heinrich Scheel, Festansprache anläßlich des 20. Jahrestages des 20. Juli 1944 in Berlin, in: Mitteilungsblatt der Arbeitsgemeinschaft ehemaliger Offiziere, 7 (1964), Nr. 8, S. 3 – 6.

67 Konzeption zur Darstellung der Verschwörung vom 20. Juli 1944, in: Bulletin des Arbeitskreises »Zweiter Weltkrieg«, (1965), Nr. 1, S. 35 – 46.

68 Vgl. Geschichte der deutschen Arbeiterbewegung, Bd 5, Berlin 1966.

69 Kurt Finker, Stauffenberg und der 20. Juli 1944, Berlin 1967.

70 Martin Lattmann, Oberst Graf von Stauffenberg gehört uns, in: Mitteilungsblatt der Arbeitsgemeinschaft ehemaliger Offiziere, 7 (1964), Nr. 8, S. 12.

71 Bodo Scheurig, Objektiv über Stauffenberg, in: Frankfurter Allgemeine Zeitung, 5.9.1968.

72 Vgl. Wolfgang Schumann, Gutachten für die 2. Aufl. des Buches von Kurt Finker »Stauffenberg und der 20. Juli 1944«, Union-Verlag, vom 23.2.1969, Privatbesitz Finker, (Kopie im Besitz d. Verf.).

73 Konzeption zur Darstellung der Verschwörung vom 20. Juli 1944 (wie Anm. 67), S. 36, für das folgende S. 40.

74 Vgl. Brief von Kurt Finker an Werner Wünschmann, Sekretär des CDU-Hauptvorstandes, vom 2.2.1971, Privatbesitz Finker (Kopie im Besitz d. Verf.).

75 Vgl. Maoz Azaryahu, Vom Wilhelmplatz zum Thälmannplatz. Politische Symbole im öffentlichen Leben der DDR, Gerlingen 1991 (= Schriftenreihe des Instituts für Deutsche Geschichte, Universität Tel-Aviv, Bd 13), S. 197.

76 Vgl. Finker, Stauffenberg (wie Anm. 69) und Sigrid Wegner-Korfes, Der 20. Juli und das Nationalkomitee »Freies Deutschland«. Aus persönlichen Unterlagen der Familie von Oberst Ritter Mertz von Quirnheim, in: Zeitschrift für Geschichtswissenschaft, 27 (1979), H. 6, S. 535 – 544.

77 Vgl. Helmut Arndt und Detlef Ziegs, Zur revolutionären Kommunalpolitik der KPD in den Jahren 1929/33 im Leipziger Stadtparlament, in: Jahrbuch zur Geschichte der Stadt Leipzig 1979, S. 33 – 55.

⁷⁸ Klaus Mammach, Die deutsche antifaschistische Widerstandsbewegung 1933–1939. Geschichte der deutschen antifaschistischen Widerstandsbewegung im Inland und in der Emigration, Berlin 1974, S. 255.

⁷⁹ Vgl. Werner Bramke, Der unbekannte Widerstand in Westsachsen. Zum Problem des Widerstandsbegriffs, in: Jahrbuch für Regionalgeschichte, 13 (1986), S. 220–253.

⁸⁰ Vgl. Autorenkollektiv (Ltg. Wolfgang Schumann), Deutschland im zweiten Weltkrieg, Bd 1, Berlin 1974, S. 303; Bd 2, Berlin 1975, S. 578–580; Bd 3, Berlin 1979, S. 297–301; Bd 4, Berlin 1981, S. 569–571; Bd 5, Berlin 1984, S. 318–323 und Bd 6, Berlin 1984, S. 283–297.

⁸¹ Vgl. Groehler, Widerstand (wie Anm. 1), S. 416.

⁸² Es gab in diesem Zusammenhang auch kritische Bemerkungen, vgl. dazu Gossweiler, 20. Juli (wie Anm. 37), S. 308 ff.

⁸³ Kurt Finker, Politischer Realismus und militärisches Verantwortungsbewußtsein. Einige geschichtliche Erfahrungen aus dem 20. Juli 1944, in: Militärgeschichte, 23 (1984), H. 3, S. 195.

⁸⁴ Vgl. Bericht über das Kolloquium von Kurt Pätzold und Wolfgang Meinicke, in: Zeitschrift für Geschichtswissenschaft, 32 (1984), H. 8, S. 718–722.

⁸⁵ Vgl. Groehler, Widerstand (wie Anm. 1), S. 416.

⁸⁶ Vgl. Olaf Groehler und Klaus Drobisch, Der 20. Juli 1944, in: Einheit, 40 (1984), H. 7, S. 632–639, ebenso in: Neues Deutschland, 7. und 8.7.1984.

⁸⁷ Vgl. u.a. Kurt Finker, Der Platz des 20. Juli 1944 in der Geschichte des deutschen antifaschistischen Widerstandskampfes, in: Wissenschaftliche Mitteilungen der Historiker-Gesellschaft der DDR, 1985, Nr. I–II, S. 19.

⁸⁸ Vgl. Rhein-Neckar-Zeitung, 19.7.1984.

⁸⁹ Vgl. u.a. Finker, Realismus (wie Anm. 83), S. 195.

⁹⁰ Vgl. Groehler, Drobisch, 20. Juli (wie Anm. 86), S. 636 und Finker, Realismus (wie Anm. 83), S. 200.

⁹¹ Der Platz des 20. Juli 1944 in der Geschichte des antifaschistischen Widerstandskampfes. Materialien des Kolloquiums vom 18. Juli 1984, veranstaltet von der Historiker-Gesellschaft der DDR und dem Zentralinstitut für Geschichte der Akademie der Wissenschaften der DDR anläßlich des 40. Jahrestages des 20. Juli 1944, in: Wissenschaftliche Mitteilungen der Historiker-Gesellschaft der DDR, 1985, Nr. I–II, S. 24.

⁹² Vgl. Kurt Finker, Widerstand und Geschichte des Widerstandes in der Forschung der DDR, in: Widerstand. Ein Problem zwischen Theorie und Geschichte, hrsg. von Peter Steinbach, Köln 1987, S. 104.

⁹³ Brief von Bernhard Grabowski, Chefredakteur der Zeitung »Neues Deutschland«, an Kurt Finker vom 13.3.1984, Privatbesitz Finker (Kopie im Besitz d. Verf.).

⁹⁴ Vgl. L. Bezymenskij, Anläßlich eines Jahrestages, in: Neue Zeit (Moskau, deutsche Ausgabe), Juli 1984, Nr. 30, S. 11.

⁹⁵ Vgl. Tageszeitung, 20.7.1984.

⁹⁶ Vgl. Finker, Stellung (wie Anm. 13).

⁹⁷ Vgl. Neues Deutschland, 21.7.1988.

⁹⁸ Vgl. Berliner Zeitung am Abend, 20.7.1988.

⁹⁹ Vgl. Neues Deutschland, 21.7.1988.

¹⁰⁰ Vgl. Lausitzer Rundschau, 21.7.1989.

¹⁰¹ Vgl. Nationalzeitung, 21.7.1989 und Neues Deutschland, 21.7.1989.

¹⁰² Vgl. Brandenburgische Neueste Nachrichten, 27.11.1989.

103 Vgl. u.a. Carlheinz von Brück, Bürger gegen Hitler. Demokraten im antifaschistischen Widerstand, Berlin 1986.

104 Vgl. Nationalzeitung, 20.7.1989.

105 Vgl. u.a.: Kurt Finker, An der Seite Stauffenbergs. Zum 100. Geburtstag von Friedrich Olbricht, in: Militärgeschichte, 27 (1988), H. 5, S. 461 – 463; Wolfgang Welkerling, Ein Wehrmachtsgeneral auf dem Weg zum Antifaschisten. Zur Biographie des Generals der Artillerie Fritz Lindemann, in: Zeitschrift für Geschichtswissenschaft, 37 (1989), H. 9, S. 796 – 811. Zu den Dokumentarfilmarbeiten vgl. u.a. Hans Bentzien, Wir haben nichts zu bereuen (1984); Rolf Schnabel, Das Attentat auf Hitler (1984); Günter Marquardt und Ulrich Teschner, Henning von Tresckow – Chef des Generalstabes oder Tod auf dem Schafott (1986); Günter Marquardt und Jürgen Eike, General Friedrich Olbricht – ein Mann des 20. Juli 1944 (1987); Hans Bentzien und Erich Thiede, 13 Bilder über Stauffenberg (1989) und Kurt Seehafer und Jürgen Eike, Auch er wollte Hitler stürzen. Carl-Hans Graf von Hardenberg und der 20. Juli 1944 (1990).

106 Vgl. Wörterbuch zur deutschen Militärgeschichte, Berlin 1985, S. 1023 – 1024.

107 Vgl. Geschichte. Lehrbuch für Klasse 9, Berlin 1989, S. 188 – 190.

108 Zur Goerdeler-Rezeption in der DDR vgl. Ines Reich, »Lange Zeit haben wir über Goerdeler mehr geschimpft als über Goebbels.« Das Bild von Carl Friedrich Goerdeler in der Wissenschaft und Öffentlichkeit der sowjetischen Besatzungszone und der DDR, in: Raum voll Leipzig, Leipzig 1994 (Arbeitsberichte des Stadtarchivs Leipzig, Neue Reihe, 1994, H. 1), S. 111.

109 Vgl. Werner Bramke, Das Vermächtnis des 20. Juli 1944, in: Leipziger Volkszeitung, 20.7.1984.

110 Vgl. Wolfgang Ebert, ... eine große vaterländische Tat, in: Volksarmee, (1989), Nr. 29; Werner Fahlenkamp, Deutsche in Entscheidungssituationen, in: Der Morgen, 20.7.1989; Kurt Finker, Das Programm Carl Goerdelers – eine bürgerliche Alternative zum Krieg? (unveröffentlichter Diskussionsbeitrag auf der wissenschaftlichen Konferenz »Phänomen der Weltkriege im zwanzigsten Jahrhundert« vom 31.8. bis 3.9.1989 in Berlin (Kopie im Besitz d. Verf.).

111 Finker, Programm (wie Anm. 110), auch für das folgende.

112 Vgl. Der Tagesspiegel, 19.7.1990 und Frankfurter Allgemeine Zeitung, 20.7.1990.

113 Vgl. Ruth Krauz, »Er war fast täglich bei Stauffenberg ...«, und Wolfgang Ebert, ... eine große vaterländische Tat, beide in: Volksarmee, (1980), Nr. 29.

114 Vgl. Brandenburgische Neueste Nachrichten, 21./22.7.1990.

115 Vgl. Neues Deutschland, 20. und 21./22.7.1990.

116 Vgl. Der 20. Juli 1944, bearb. von Kornelia Lobmeier und Volker Brunne, Berlin (Ost) 1990 (= Material zur Unterstützung der staatsbürgerlichen Bildung), S. 4.

Klaus von Dohnanyi

Rede zur Eröffnung der Ausstellung »Aufstand des Gewissens. Militärischer Widerstand gegen Hitler und das NS-Regime 1933 bis 1945« in der Paulskirche zu Frankfurt am Main, 25. Januar 1998

Deutschlands Denken und seine Debatten werden ein halbes Jahrhundert nach dem Tod Adolf Hitlers noch immer von den deutschen Verbrechen und Verheerungen der Jahre zwischen 1933 und 1945 entscheidend bestimmt. Nichts können wir politisch unbefangen betrachten; alles wird immer *auch* aus der Sicht der Nazijahre beleuchtet. Die Größe der Untaten, die Einmaligkeit der verbrecherischen Methoden und die tiefe Verstrickung vieler »ganz normaler« Männer und Frauen bedeuten einen so tiefen Einschnitt in die Geschichte unseres Volkes, daß deutsche Geschichte, Nazijahre und Gegenwart immer wieder verknüpft werden. Fast wie bei einem Vorbestraften werden alle heutigen Vorgänge in Deutschland von der übrigen Welt aus dieser Perspektive betrachtet.

Die grelle Wirklichkeit der Nazijahre hat uns gezwungen, den historischen Tatsachen ins Auge zu sehen. Weil diese Tatsachen so schrecklich sind wie sie eben waren, wollten viele Deutsche nach 1945 zunächst die Augen lieber verschließen; also den einfacheren Weg der Verdrängung gehen. Die Schrecklichkeit war aber letzten Endes auch der Grund dafür, daß kein Volk in der Welt sich so intensiv und – wie die Goldhagen-Debatte in Deutschland gezeigt hat – auch so bereitwillig mit den dunklen Schatten seiner Geschichte auseinandergesetzt hat wie wir Deutsche. Wir mußten uns im Spiegel der Weltgeschichte sehen. Und auch wenn wir immer wieder versucht haben, die Augen erschrocken zu schließen: Wir haben schließlich den Blick ausgehalten und uns nicht abgewendet.

Ich habe vor einem Jahr anläßlich der Gedenkstunde zur Befreiung von Auschwitz am 27. Januar 1945 im Deutschen Bundestag zu dieser Frage ausführlicher gesprochen und will deswegen heute nur wiederholen: Wir Deutsche danken den Historikern in aller Welt, die uns geholfen haben, einen möglichst scharfen Blick auf uns selbst zu richten. Dieser Dank muß auch solchen Historikern gelten, deren Urteil Einzelne von uns nicht teilen. Wie zum Beispiel Daniel J. Goldhagen, dessen These eines besonderen, auf Vernichtung ausgerichteten Antisemitismus der Deutschen, von den meisten jüdischen und nichtjüdischen Wissenschaftlern bestritten wird; der Dank gilt auch denjenigen, die eine, wenn auch zum Teil sicher einseitige, aber eben doch notwendige Darstellung der Rolle der Deutschen Wehrmacht während des Vernichtungskrieges in Mittel- und Osteuropa ermöglicht haben. Wir müssen und wollen gerade auch diese Stimmen hören, allerdings nicht ohne die vorgebrachten Thesen auch zu prüfen: Denn was wir suchen, ist die Wahrheit, und nicht die Bestätigung schneller Urteile in der einen oder in der anderen Richtung.

Wie schwer es sein kann, dieser Wahrheit nachzuspüren, das haben wir alle erfahren. Gerade wir, die Älteren und Zeitgenossen der Nazijahre. Denn wenn wir ehrlich sind, dann sehen wir in der Fratze der Diktatur ja unausweichlich auch immer entstellte Züge unseres eigenen Gesichts.

Wir Deutsche haben also heute das Bild unserer Opfer, ihrer Schrecken, Qualen und Leiden unauslöschlich vor Augen; wir haben die Verbrechen der Nazizeit als historische Wahrheit akzeptiert. Vielleicht im engeren Sinne dieses Wortes sogar allzu sehr, indem wir nur die historischen Fakten erinnern, ohne der Menschen als leidende Individuen wirklich noch zu gedenken. Hier – im menschlichen Gedenken, im Begreifen einzelner Opferschicksale – liegen vor Schulen und Kommunen noch immer unerfüllte pädagogische Aufgaben.

Wir Deutsche haben erkannt und anerkannt, daß die Reihen der Täter nicht auf einige wenige Nazigrößen beschränkt waren; sie lassen sich tief in alle Schichten des Volkes verfolgen. Es war nicht erst Goldhagen, der 1996 dies belegte, sondern Christopher Browning, der schon 1992 unter dem Titel »Ordinary men: reserve police Battalion 101 and the final solution in Poland« beschrieb, wie »ganz normale Männer« des Hamburger Polizeibataillons 101 (so der Titel der deutschen Übersetzung) sich den Vernichtungsverbrechen oft willig und meist gedankenlos als Werkzeuge zur Verfügung stellten; Widerstand gab es nur in Ausnahmefällen.

Raul Hilberg hatte im selben Jahr 1992 unter dem Titel »Perpetrators, victims, bystanders« (in der deutschen Ausgabe »Täter, Opfer, Zuschauer«) über die Vernichtung der Juden in Europa 1933 bis 1945 geschrieben. Beide, Browning und Hilberg verstiegen sich allerdings im Ergebnis nicht zu Goldhagens These, der deutsche Antisemitismus sei in besonderer Weise »eliminationist«, das heißt eliminatorisch, also auf Vernichtung der Juden ausgerichtet gewesen. Goldhagens These wird, ich sagte es schon, von den meisten Wissenschaftlern als unfundiert verworfen; ich weiß nicht, ob Goldhagen selbst einmal öffentlich dazu Stellung genommen hat, daß und warum sein Manuskript von der Harvard University Press nicht zum Druck angenommen wurde. Und dennoch wiederhole ich: Auch dieses Buch, die bestätigende ebenso wie die zurückweisende Debatte über seine Thesen, haben unseren Blick für die tiefe Verstrickung der Deutschen in die Naziverbrechen erneut geschärft. Und das war notwendig.

In diesem Zusammenhang sehe ich auch das Projekt des Hamburger Instituts für Sozialforschung »Vernichtungskrieg. Verbrechen der Wehrmacht 1941 bis 1944«. Es ist über diese Ausstellung und das sie begleitende wissenschaftliche Werk der Hamburger Edition viel gestritten worden. Die Ausstellung war

1997 hier in diesen besonderen Räumen der Frankfurter Paulskirche zu sehen. Und ich möchte nachdrücklich unterstreichen, daß ich dies gut und richtig finde. Auch wenn ich meine, daß die Ausstellung die Akzente gelegentlich einseitig setzt. Aber das war ja gerade das Anliegen der Autoren angesichts des bis dahin ja auch einseitigen Bildes über die Wehrmacht im Osten von 1941 bis 1944. Die Ausstellung nahm außerdem nur wirksamer auf, was die Wissenschaft schon lange zuvor erarbeitet hatte.

So haben wir in Deutschland ein immer nachdrücklicheres Bild der Zahlen und des Leides der Opfer deutscher Verbrechen gewonnen und zugleich das Profil der Täter vom Gesicht weniger Nazigrößen zum »ganz gewöhnlichen« deutschen Mitbürger korrigiert. Wollen wir aber ein wirklich vollständiges Bild von dieser Zeit gewinnen, dann gehört ein dritter Blickwinkel notwendig dazu: nämlich der auf die Deutschen, die damals widerstanden haben.

Damit soll der Blick nicht von den Opfern und den Tätern abgelenkt werden: das »andere« Deutschland war eben nur das *andere*, und gewiß nicht das ganze, wirkliche Deutschland der Nazijahre. Der Blick auf die widerstehenden Deutschen ergänzt aber das Bild der Nazijahre notwendig und an entscheidender Stelle. Gerade deswegen bedaure ich es ausdrücklich, daß im öffentlichen Bewußtsein diesen widerstehenden Deutschen der damaligen Jahre so wenig Aufmerksamkeit verblieben ist. Es gab eben nicht nur Opfer und Täter: Es gab *auch* Widerstand. Ihn darzustellen und zu erinnern ist von gleichrangiger Bedeutung.

Ich sprach bewußt von den »widerstehenden« Deutschen, weil es so verschiedenartige, so verschieden denkende und so verschieden lebende Menschen waren, die dem Naziterror auf jeweils eigene Weise zu widerstehen versucht haben. Es gab nicht den »einen« Widerstand.

Wir eröffnen hier heute eine Ausstellung nur über den militärischen Widerstand und sein näheres Umfeld: Wo aber ist die große Ausstellung über den deutschen Widerstand im allgemeinen, die neben die Ausstellung über die Opfer, zum Beispiel im Holocaust-Museum, oder neben die Ausstellung über die Täter, wie sie die Ausstellung »Vernichtungskrieg« so nachdrücklich zeigte, gestellt werden könnte? Ich meine den vielfältigen Mut des deutschen Widerstandes: Von Nachbarn und Freunden, die offen zu ihren jüdischen Bekannten standen; von den Eheleuten, die zu ihren jüdischen Partnern hielten; von den vielen, die Juden, Zwangsarbeiter und politisch Verfolgte versteckten oder im Versteck unterstützen; von den Fahnenflüchtigen, die am Vernichtungskrieg nicht teilhaben wollten; bis schließlich zu denjenigen, die versuchten, einen organisierten Widerstand gegen die Nazis zu ermöglichen und die dabei auch den Hoch- und Landesverrat bis in den eigenen Tod nicht scheuten: Wo ist diese umfassende Darstellung des deutschen Widerstandes?

Victor Klemperer schreibt 1946 im Vorwort zu seinem bedeutenden Essay über die Sprache des Dritten Reiches, Lingua Tertii Imperii, oder LTI, wie der Titel lautet, »Den Hitlerjahren hat es wahrhaftig nicht an Heldentum gefehlt«.

Die Deutschen hätten »den reinsten Heroismus gezeigt, aber auf der Gegenseite sozusagen«. Er widmet das Buch seiner – ich hasse diesen Ausdruck – »arischen« Frau mit den Worten »ein Blinder muß es mit dem Stock fühlen, an wen ich denke, wenn ich vor meinen Hörern über Heroismus spreche.« Allerdings: In den gedruckten Tagebüchern findet man sein Bild, doch man sucht vergeblich nach dem Bild dieser Frau.

Von diesen vielfältigen, meist stillen, nur selten – wie zum Beispiel von den Frauen jüdischer Männer in Berlin vor einem Gestapo-Gebäude – laut und sichtbar gemachten Widerstand, diesem »reinsten Heroismus«, gibt es keine Bilder. Hat man bei diesen Erschießungen im Feld auch fotografiert? Kennt man die Namen der Degradierten und der in die Minenfelder gejagten Männer nicht? Wo sind die Aufnahmen der abgeführten Pfarrer; der Ärzte, die Behinderte nicht ausliefern; der Menschen, die Verfolgte versteckten? Wo? Wenn es um die Rettung von Juden geht, finden wir einiges, sehr unvollständig, im Holocaust-Museum in Washington oder auch in Yad Vashem. Aber wo erinnern wir an all die anderen?

Unsere Geschichte in diesem Jahrhundert verbietet uns gewiß, selbstgerecht zu sein – aber wo wir ehrlich die Wahrheit suchen, haben wir doch auch allen Grund, uns selbst gegenüber gerecht zu bleiben.

Es ist deswegen bedauerlich, daß die Arbeit der Historiker und Dokumentaristen diesen vielfältigen Erscheinungsformen und Wurzeln dieses Widerstandes so relativ wenig Aufmerksamkeit gewidmet hat. Ist es denn wissenschaftlich so viel ertragreicher, sich dem Bösen und seinen Opfern zuzuwenden als denen, die sich dem Bösen entgegenstellten? Hängt es damit zusammen, daß der Widerstand am Ende doch vom Verbrechen überwältigt wurde und die Sieger über das Nazireich den Besiegten im Widerstand niemals als gleichberechtigte Brüder und Schwestern die Hand reichten? Thomas Keneally schreibt im Prolog zu »Schindlers Liste«: »Tödliche menschliche Bosheit bildet den Gegensatz vieler Berichte, dem Historiker ist die Erbsünde wie Muttermilch. Von Tugenden zu schreiben ist da schon viel riskanter« (Omnibus 1996, S. 12). Wie recht er hat!

Frankreich lebte – und lebt noch heute, wenn auch mit mehr Zweifeln – moralisch von der Résistance; Italien von seiner Resistenzia nach 1943. Aber beide waren zugleich auch Wendungen gegen den äußeren, den deutschen Feind. Es war weit ungefährlicher, z.B. in Frankreich dem maquis anzugehören, als im Kriege in Deutschland einer Anti-Hitlerkonspiration: Denn wo man mit vielen gleichgesinnten Landsleuten rechnen konnte, dort war es leichter unterzutauchen. Widerstand im Krieg in Deutschland war letztlich auch eine Parteinahme für den militärischen Gegner. Mit wieviel Schutz in der Nachbarschaft konnte man da im Ernstfall rechnen? Das Gebet für die militärische Niederlage des eigenen Landes ist wohl das bitterste Gebet, das man einem Patrioten abverlangen kann – und doch war die Niederlage der Nazis letztlich des deutschen Widerstandes größte Hoffnung! Das macht den Widerstand in Deutschland so einzigartig, macht ihn zum »reinsten Heroismus«, wie Victor Klemperer 1946 schrieb.

Die heutige Ausstellung engt den deutschen Widerstand auf den militärischen Widerstand ein. Das kann man tun, es ist allerdings kein Ersatz für die große Ausstellung, die ich mir wünsche, gerade nach »Schindlers Liste«, Goldhagens »Hitlers willige Vollstrecker« und Jan Philipp Reemtsmas (bzw. Hannes Heers) Ausstellung über den »Vernichtungskrieg. Verbrechen der Wehrmacht 1941 bis 1944«.

Denn der Ausstellung, die wir eröffnen, fehlt es an einer publizistischen Dramaturgie, wie sie in den genannten Darstellungen den Opfern und den Tätern zuteil geworden ist.

Gewiß, der Widerstand fand im geheimen statt. Es gibt kaum Bilder von Menschen, die trotz Verbotes Lebensmittel an Zwangsarbeiter gaben; die Juden versteckten oder in ihren Gemeinden mutige Hirtenbriefe verlasen. Es kann kein Bild geben von der Szene, in der Oberst Oster, ein konservativer deutscher Offizier, seine holländischen Gewährsleute im Frühjahr 1940 vom Zeitpunkt des bevorstehenden deutschen Angriffs Mitteilung machte; es gibt hier nur ein Paßbild von Hans Oster. Es gibt auch keine Fotos von den konspirativen Treffen mit Generaloberst Ludwig Beck 1938, zur Vorbereitung eines Putsches; oder von den Kontakten in Schweden und am Vatikan mit der britischen Regierung, in denen im Auftrag der Abwehrzentrale unter Admiral Wilhelm Canaris versucht wurde, hinter dem Rücken der Reichsregierung Friedensmöglichkeiten zu erkunden. Es gibt kein Foto von Anproben, bei denen Axel Freiherr von dem Bussche-Streithorst überprüfte, wie für eine Vorstellung neuer Uniformen bei Adolf Hitler der Sprengstoff an seinem eigenen Leib so verborgen angebracht werden könnte, daß mit dem Attentäter auch der Diktator in die Luft gesprengt wird. Und es gibt kein Foto von meinem Vater im Flugzeug nach Smolensk 1943, als er buchstäblich auf dem Sprengstoff im Gepäck saß für das dann fehlgeschlagene Attentat auf Adolf Hitler.

Es gibt Filme von der Demütigung der Männer des 20. Juli im Prozeß vor Freislers Volksgerichtshof, und über diese wird wohl Karl Otmar Freiherr von Aretin hier im Begleitprogramm berichten. Aber wir zeigen nicht die Filme von der Erhängung der Verurteilten an den Fleischerhaken in Plötzensee; und kein Foto kann mit dem Bild des vor seiner Erhängung in Flossenbürg nackt in seiner Zelle betenden Dietrich Bonhoeffer erschüttern.

Der Widerstand mußte getarnt bleiben, und zwar auf allen Ebenen. Und so erscheint er, zum Beispiel, dort, wo eine mutige Bürgersfrau ostentativ weiterhin bei ihrem jüdischen Kaufmann einkauft, dem heutigen Betrachter als eine harmlose Selbstverständlichkeit: Klemperer aber nennt das »reinen Heroismus«. Wir sollten, ja wir müssen die Darstellung des Widerstandes anschaulicher machen, wenn wir zum Verständnis der Nazijahre, und für eine gerechte Darstellung Deutschlands in diesen Jahren, neben den Opfern und Tätern auch die

Hitler mutig widerstehenden Deutschen als dritten Blickwinkel hinzufügen wollen.

Nun gibt es insbesondere zu dem Widerstand, der sich um den militärischen Kern scharte, auch kritische Einschränkungen. Auch hier sage ich: Auf der Suche nach Wahrheit sind uns alle derartigen Forschungsarbeiten willkommen. Wir müssen dabei allerdings zunächst auch erinnern, daß andere politische Großorganisationen wie Gewerkschaften und Parteien sich auch nicht standfest erwiesen hatten. Im Militär und um dieses Militär herum formierte sich aber dann schon nach wenigen Jahren mindestens eine kleine Gruppe aktiver Nazi-Gegner.

Und bevor wir die Einzelheiten der kritischen Überlegungen zu diesen Widerstandsgruppen bedenken, müssen wir uns ebenfalls fragen: Warum ehren wir denn die Toten des Widerstand? Wir ehren den Widerstand, weil diese Menschen mutig und mit dem Opfer ihres Lebens versucht haben, Unrecht und Verbrechen Einhalt zu gebieten. Welche Rolle kann nun dabei die Frage spielen, ob Mitglieder des Widerstandes zunächst auch selbst der Versuchung des Nationalsozialismus erlegen waren?

Wissenschaftlich ist dies natürlich ein wichtiges Thema insofern, als uns die geistige Herkunft und die Motive dieser Menschen interessieren. Auch wenn man die Frage beantworten will, ob manche Frauen und Männer des militärischen Widerstandes nicht sogar selber die Ursachen des ganzen Unglücks mit gesetzt hatten, indem sie zunächst Hitler geduldet, begrüßt oder sogar unterstützt hatten, ist die Forschung über die Herkunft dieser Männer und Frauen wichtig. Eine solche Forschung behandelt dann nämlich auch die Frage, warum es überhaupt zu dem Zusammenbruch der Demokratie in Deutschland kommen konnte und welche Rolle Mitglieder des späteren Widerstands auch in diesem Zusammenhang spielten.

Hier gibt es inzwischen viele wichtige Erkenntnisse. Nicht alle sind aus heutiger Sicht positiv. Doch auch diese Fragen muß man offen beantworten. So ist es kein Geheimnis, daß zum Beispiel auch Claus Schenk Graf von Stauffenberg in den ersten Jahren des Nationalsozialismus Verständnis für Hitlers Politik zeigte; daß mancher zu Beginn schwankte.

Und doch nimmt diese Feststellung den Toten nichts von ihrer Größe.

Engen wir nicht die wissenschaftliche Forschung über den Widerstand unwissenschaftlich ein, wenn wir uns vorwiegend mit dem politischen Vorleben der Widerständler befassen und sehr viel weniger mit ihren Motiven für die Entscheidung zum Widerstand? Es ist zwar interessant zu wissen, daß der Heilige Franziskus zuvor ein wohlhabender Lebemann und Krieger war – aber was sagt das über seinen Weg als Schützer der Armen aus? Deutet seine Herkunft und sein Vorleben nicht eher auf die größere Kraft, die für den weiten Sprung in die Armut notwendig war? Es wäre im deutschen Widerstand kaum eine Besonderheit gewesen, wenn ein im Generalstab getarnter Kommunist den Niederländern die Angriffsabsichten der deutschen Wehrmacht signalisierte –

aber was gehöre dazu, dies als christlicher und konservativer deutscher Offizier im Kriege zu tun? Widerstandsforschung muß mehr sein als die relativ konventionelle Beschreibung politischer Denkmuster von Widerstandsbeteiligten: Im Zentrum sollte die Befassung mit der Frage stehen, was diese Frauen und Männer im Angesicht tödlicher Gefahr auf den Weg in den Widerstand führte.

Was, zum Beispiel, machte zwei noch 1932 scheinbar gleichgesinnte Leute nach 1933 zu erbitterten politischen Gegnern? Wir stoßen hier auch auf die sozialpsychologische Frage nach der Bedeutung, die eine am Vorbild orientierte Erziehung zu menschlichem Anstand, zu Ritterlichkeit und Respekt vor dem Menschen hat. Ist es denn wirklich ein Zufall oder sagt es mehr, daß die gesamte Gewerkschaftsbewegung nach ihrem zögernden Kotau vor Hitler am 1. Mai 1933 fast wortlos zerschlagen werden konnte und daß dann prominenter gewerkschaftlicher Widerstand (Julius Leber, Wilhelm Leuschner, aber auch Carlo Mierendorff) faktisch nur noch unter den Fittichen preußisch-schlesischer Aristokratie; ausgerechnet mit dem Namen Moltke stattfinden konnte? Ändert das nicht vielleicht auch unser Bild von den sogenannten »Junkern«?

Widerstandsforschung ist Forschung über das Verhalten *in* der Tyrannei, also *nach* dem zivilisatorischen Bruch. Hier muß die Frage nach der ethischen Substanz eine entscheidende Rolle spielen, nach ihrer Herkunft und Quelle. Was unterschied zum Beispiel Henning von Tresckow und Klaus von Bismarck, der eine seit Mitte der 30er Jahre eindeutig ein Mann des Widerstandes, der andere, ihm nah und vertraut, bis zum Schluß ein Mann der Wehrmacht und der Verteidigung des Reiches? War es »nur« die unterschiedliche Einschätzung der vaterländischen Pflichten – oder hatte der eine vielleicht größere Empfindsamkeit für eine persönliche Verantwortung über die Grenzen der nationalen Tradition hinaus, für Menschenrecht und Humanität? Und wenn dies so war: warum? Kurz vor seinem gewaltsamen Tod sagte mein Vater zu meiner Mutter über sein Handeln und das seines Schwagers Dietrich Bonhoeffer: »Dietrich und ich haben die Sache ja nicht als Politiker gemacht. Es war einfach der zwangsläufige Gang eines anständigen Menschen.« Ich meine, dies – nicht eine Dokumentensammlung über geplante Verfassungsstrukturen – legt den Kern der Widerstandsproblematik offen.

Wo kam denn dieser Stachel des »Anstands«, den andere damals so nicht in sich fühlten, und wo kam der Mut zum Handeln her? Ich selber glaube, es gibt eben in manchen Menschen eine innere Stimme, die es ihnen schwerer macht, Unrecht gefahrlos zu ertragen als in den Gefahren des Widerstandes gegen das Unrecht zu kämpfen. Kann man diese Haltung prägen? Kann man sie erziehen?

In diesem Feld liegt wohl auch die Erklärung für die widerspruchsvolle Figur des ursprünglichen Nazis Schindler. Woher kam plötzlich seine Menschlichkeit?

Ich meine, dies sind entscheidende Themata der Widerstandsforschung. Denn diese Frage stellte sich in der Sowjetunion nicht anders als im Hitlerreich, in der Apartheid Südafrikas nicht anders als beim Kampf gegen den weißen

Rassismus in den Südstaaten der USA. Um eine Antwort zu finden, müßten die Historiker hier allerdings die engen Fachgrenzen ihrer Zukunft überspringen und beginnen, der Frage nach der »zivilen Substanz« in unserer Gesellschaft auch historisch nachzugehen. Eva Fogelman, Psychotherapeutin und Sozialpsychologin, hat mit ihrem Buch »Gewissen und Mut – Die Retter von Juden während des Holocaust« hierzu bereits einen Beitrag geleistet. Die Frage muß aufgenommen, die historische Wissenschaft von dieser Sicht befruchtet werden.

Ich will dennoch hier auch auf einige kritische Analysen der politischen Herkunft und der politischen Gedankenwelt der Frauen und Männer des militärischen Widerstands eingehen.

Dem militärischen Kern und seinem Umfeld im Widerstand wird eine »autoritäre Grundhaltung« und eine »antiliberale Gesinnung« zugeschrieben; das Gesellschaftsbild auch des zivilen Umfeldes sei oft »national-konservativ« gewesen und man habe deswegen für die Zeit nach Hitler eher eine autoritäre Verfassungsstruktur im Auge gehabt. Heute schließen manche Historiker daraus, daß der Geist des Widerstandes kaum als Bezugspunkt für eine demokratische Bundesrepublik Deutschland geeignet gewesen wäre.

Ich will hier ausdrücklich feststellen, daß mit diesen, wohl 1965 zunächst von Ralf Dahrendorf in »Gesellschaft und Demokratie in Deutschland« vorgebrachten Thesen, auf die sich auch Hans Mommsen in seinen Arbeiten bezogen hat, keine moralische Abwertung des Widerstandes beabsichtigt war und ist. Die ehrenhafte Einschätzung der moralischen Tat wird trotz dieser kritischen Bewertung einzelner politischer Überzeugungen und Ziele der Widerstandskämpfer nicht bezweifelt.

Wiederum sei sogleich klar gesagt: Es gibt manchen Anhaltspunkt für diese politische Einschätzung des militärischen Kerns des 20. Juli. Und gerade Hans Mommsen, dem ich hier gern zugehört hätte, hat große Verdienste um die Aufarbeitung und Begründung dieser Thesen. Dennoch halte ich sie für wissenschaftlich problematisch.

Dahrendorf ging 1965 von einer tradierten Abneigung der Deutschen gegen soziale und politische Konflikte aus. Er definierte also – methodologisch gesprochen mit einer petitio prinzipii – Liberalität als das liberalistische Konfliktmodell angelsächsischer Prägung. Das mag man tun, aber es gibt eben auch andere Konzepte von Liberalität, die im Rahmen des Rechtsstaates, der Toleranz und der demokratischen Grundfreiheiten und Grundrechte doch zugleich auf eine Minimierung sozialer Konflikte und auf eine Maximierung des politischen Konsenses abzielen. Diesem »Deutschen« Modell schreibt Dahrendorf, wie andere Sozialwissenschaftler auch, zwar einen wesentlichen Teil der Schuld am Scheitern der Demokratie in Deutschland zu. Mir schien diese Schlußfolgerung aber schon immer wenig überzeugend: Denn warum ist das angelsächsische »Konflikt«-Modell, und zwar nicht erst nach 1918, dann faktisch überall in den großen Nationen auf dem Kontinent gescheitert? Welche Rolle spielte darüber hinaus das weit weniger »demokratische« Mehrheitswahlrecht Großbritanniens und der USA bei der Niederhaltung autoritärer Parteien in den kritischen 30er Jahren? Und ist es nicht richtig, daß sich gerade heute, angesichts wachsenden sozialen Konfliktstoffes, demokratische Regierungen aller Nationen bemühen, die politische Entscheidungsfähigkeit ihrer Gesellschaften durch Konsens zu stärken, zum Beispiel in dauerhaften großen Koalitionen wie in den Niederlanden und in der Schweiz? Ist etwa der aufkommende Kommunarismus in den USA auch »antiliberal«? Was würde Professor Etzioni zu diesem Vorwurf wohl sagen?

Demokratie, also, ist nicht nur »Westminster«. Es kommt hinzu, daß man die Gedankenwelt des Widerstandes nur aus der konkreten Erfahrung seiner Mitglieder verstehen kann. Wenn Dahrendorf 1965 – wohl auch mit Blick auf die damals restaurativen Tendenzen der alten Bundesrepublik – meinte, »im Hinblick auf die Struktur der Gesellschaft war die Periode der Weimarer Republik eine Zeit schwer erträglicher Stagnation«, so hält dies heutigen Erkenntnissen wirklich nicht mehr stand; das Gegenteil könnte eher richtig sein. Denn kaum jemals zuvor in der deutschen Geschichte – wohl nicht einmal nach 1945 – war der Wandel der Gesellschaft so extrem wie nach 1918; Revolution und Aufstand der Spartakisten; die Zerstörung von Hof und Monarchie; die Abwertung des Militärs; die politische Demokratisierung; die Vernichtung des bürgerlichen Mittelstandes durch die Inflation; der weiter beschleunigte Wandel zur Industriegesellschaft – das alles mußte die Gesellschaft der Weimarer Republik in kaum fünf Jahren verkraften. Nicht Hitler war der große »Modernisierer«, wie Dahrendorf meinte, sondern die Revolution zur Republik 1918 – wenn auch viele Folgen erst schrittweise sichtbar wurden. Hitler war die Schockreaktion der Deutschen auf die Tiefe dieser Veränderungen.

Hinzu kam damals die schmerzhafte Niederlage und der verletzte Stolz, als der Versailler Vertrag die Kriegsschuld Deutschland einseitig zuschob; und dies mit kaum tragbaren Reparationsauflagen verband. Es ist für mich deswegen eher ein Wunder, wie geduldig große Teile der Gesellschaft der Weimarer Republik diese Veränderungen und Belastungen trugen und ertrugen – und dennoch mehrheitlich demokratisch wählten, bis die Wirtschaftskrise das schmale Fundament zerstörte. Wir können ja heute Vergleiche ziehen, zum Beispiel mit Rußland. Die heutige psychologische Situation Rußlands entspricht in vieler Beziehung der Lage Deutschlands zu Beginn der 20er Jahre – aber *ohne* den Druck einer militärischen Niederlage; *ohne* die Auflagen eines Versailler Vertrages; und *ohne* gewaltsamen Verlust von Land usw. Und doch: wie schwer trägt Rußland an der veränderten Lage!

Das deutsche Militär der 20er und 30er Jahre, auch die Männer des späteren Widerstands, lebten mit diesen Erfahrungen. Das Jahr 1918 lag Mitte der 30er Jahre ja kaum so weit zurück wie heute das Ende der Regierung Schmidt. Die Offiziere erinnerten an die Stimmung von 1919, die es ja nicht nur bei ihnen gab. Man kann das zum Beispiel aus einer Bemerkung lesen, die Theodor Wolff am 3. Juni 1919 aus einem Gespräch mit Friedrich Ebert in seinem Tagebuch

(Seite 376) notierte. Ebert: »Man kann die Sache hin- und herdrehen, man kann stundenlang darüber reden und sie läßt sich gewiß verschieden betrachten – es gibt das Für und Wider. Aber ich bleibe dabei: Als anständige Menschen können wir einen solchen Frieden einfach nicht unterschreiben.«

Und doch wurde unterschrieben, weil unterschrieben werden mußte. Mit allen vorhersehbaren Konsequenzen nationalistischer Exzesse von links und von rechts. Wenn man die Haltung der Offiziere dann kaum 15 Jahre nach diesem Ereignis beurteilen will, so muß man diese Erinnerung in Rechnung stellen, ebenso natürlich wie die Erfahrungen, daß die großen demokratischen Parteien der Weimarer Republik sich als unfähig erwiesen hatten, die Fragen der Zeit offen anzusprechen und sich ihnen zu stellen. Ein Menetekel übrigens auch für unsere Tage und für die Tage, die da kommen werden.

»Was wäre«, so fragt Professor William Brustein in seinem aufregenden, 1996 von der Yale University Press veröffentlichten Buch »The Logic of Evil – Über die sozialen Wurzeln der Nazipartei 1925 bis 1933«, »was wäre, wenn wir die entscheidenden Gründe für den Aufstieg der Nazis verfehlt hätten? Wären wir in der Lage, einen neuen Hitler, eine neue Nazipartei auszumachen?« Und er fährt zur Erläuterung der dramatischen Schlußfolgerungen seiner Studie fort: »wenn die wirtschaftlichen Bedingungen, das Wahl- und Parteiensystem und die politischen Alternativen Deutschlands unter den Weimarer Bedingungen so in den USA, in Frankreich, Schweden oder Großbritannien bestanden hätten, dann hätten Millionen von Menschen in diesen Ländern möglicherweise genau das getan, was Millionen Deutsche taten – die NSDAP zu wählen und ihr beizutreten.«

Die Offiziere des Widerstandes und ein Teil ihres zivilen Umkreises sahen Anfang der 30er Jahre die Ursachen des Zusammenbruchs der Weimarer Republik wohl ähnlich wie Brustein sie in seiner Studie 60 Jahre später analysierte: Als ein Versagen des Systems dieser Republik gegenüber der so viel mächtigeren wirtschaftlichen und politischen Wirklichkeit. Kann man es diesen Männern dann verdenken, wenn sie nach anderen humanistischen Lösungen Ausschau hielten als nach solchen Modellen, die ihnen doch gerade Hitlers Diktatur hinterlassen hatten? Was hat dieses Nachdenken dann aber mit »antiliberal« zu tun?

Ich lese auch Vorwürfe wie: die Männer des 20. Juli seien vielfach Monarchisten gewesen, oder seien an »anderen reaktionären Modellen orientiert« gewesen (Gerlach, S. 427). Nun habe ich in meinem Leben eine ganze Reihe »monarchistischer« Freunde gehabt: zum Beispiel Olof Palme, Felipe Gonzáles oder Wim Kok; jetzt fügt sich auch Tony Blair in diesen Zusammenhang. Ich kannte aber auch unversöhnliche Antimonarchisten, wie Walter Ulbricht oder Erich Honecker. Mir fällt es also schwer, mit diesem Maßstab ein Urteil über die liberale oder demokratische Substanz einer politischen Haltung zu fällen.

Ebenso kann ich mich nicht dem Urteil anschließen, Ludwig Erhards Bemühungen um ein deutsches »Gemeinschaftswerk«, also seine Überlegungen zur »formierten Gesellschaft« 1965 seien eine Art Fortsetzung deutscher vordemokratischer Denkweisen. Da lohnt es doch, die Quellen zu studieren: Sie verraten gerade hier bei Erhard eine höchst moderne und liberale Denkweise. Denn der Versuch, nicht alles vom Konsum-Kapitalismus auflösen zu lassen, ist nicht reaktionär, sondern zukunftsweisend.

Was ich mit all dem sagen will, ist dies: Zur *ganzen* »Wahrheit« über die Jahre 1933 bis 1945 gehört eben auch die *ganze* Vorgeschichte, die zur Diktatur führte. Wer wirklich verstehen will, was und warum etwas geschah, der muß als Historiker bereit sein, die Ereignisse, denen er sich nähern will, nicht nur *in* ihrer Zeit, sondern auch aus den *Wurzeln* ihrer Zeit zu verstehen. Wer zum Beispiel heute das Verhalten des Staates Israel kritisiert, der kann sich dem Verstehen *nur* über die Geschichte des Holocaust nähern; *ohne* diese Erfahrung gibt es kein Verstehen israelischer Politik.

Jacob Burckhardt notierte nach den von Peter Ganz herausgegebenen Handschriften zum Text der »Weltgeschichtlichen Betrachtungen« (Seite 110, Ziffer 30/35):

> »Die beiden Pole Erkenntnis – Absichten. Unser Verlangen nach Erkenntnis begegnet (also) schon in der geschichtlichen Aufzeichnung einer dichten Hecke von Absichten, welche im Gewand von Überlieferungen sich zu geben suchen.
>
> Außerdem können wir uns von den Absichten unserer eigenen Zeit und Persönlichkeit nie ganz losmachen, und dies ist vielleicht der schlimmere Feind der Erkenntnis.«

Die *Absicht*, den Widerstand am *heutigen Konzept* des Liberalismus zu messen, steht der *Erkenntnis* über das *wirkliche Denken* des Widerstandes im Wege. In diesem Sinne, so scheint mir, bedürfen die Thesen Mommsens oder auch Dahrendorfs einer präziseren wissenschaftlichen Durchdringung. Das bestreitet nichts von ihren wichtigen und tiefgehenden Aufarbeitungen bedeutsamer Fakten; ich setze nur ein Fragezeichen hinter die schlichte Einordnung dieser Forschungsergebnisse in das heutige politische Spektrum.

Dasselbe gilt für die gewagten Prognosen, was für ein Deutschland der Widerstand, wäre er erfolgreich gewesen, wohl aufgebaut hätte. Wenn aus Überlegungen in der Widerstandssituation der 30er und 40er Jahre heute abgeleitet wird, die Männer des 20. Juli und ihr Umfeld hätten für die Zeit nach einem gelungenen Aufstand »ausdrücklich eine autoritäre Regierung vorgesehen« (so z.B. bei Dahrendorf), so sollte man doch auch hier versuchen, sich zunächst immer wieder in die damalige Lage zu versetzen: Das Versagen der Weimarer Konstruktion hatte schließlich einen plebiszitär akklamierten Diktator hervorgebracht; und nach 1939 war die Nation im Krieg. Für den Aufstand des Gewissens mußten aber gerade Soldaten gewonnen werden; usw.

Wie entscheidend eine bestimmte Anfangssituation für politische Überlegungen sein kann und wie wenig diese oft erlauben, Schlüsse auf zukünftiges Verhalten zu ziehen, will ich an folgendem Beispiel erläutern:

Kurt Schumacher nannte 1949 Adenauer den »Bundeskanzler der Alliierten« und er nötigte 1950 die SPD, gegen eine Mitgliedschaft im Europarat zu stimmen. Ist es erlaubt, daraus zu schließen, er und die SPD seien damals nationalistische Antieuropäer gewesen und sie hätten deswegen *auch als Regierung* die alte Bundesrepublik auf nationalistischen Kurs gedrängt? Oder stand Schumacher nicht viel mehr als Führer der Opposition unter dem Weimarer Eindruck, nie wieder dürfe man in der Opposition das nationale Terrain allein den nationalistischen Rechtsparteien überlassen? Auch für Schumacher lag 1950 die Weimarer Erfahrung kaum 20 Jahre zurück, ein Zeitraum kürzer als von unseren Tagen zum Ende der Regierung Brandt.

Oder ein zweites Beispiel: War die CDU, als sie in ihrem Ahlener Programm 1947 unter anderem die Vergesellschaftung der Eisenschaffenden Industrie und des Bergbaus beschloß, wirklich eine Partei der Verstaatlichung? Oder waren es nicht die Erfahrungen von Weimar und des in Weimar übermächtigen Einflusses der Großindustrie und ihres Kapitals auf die politische Entwicklung, die 1947 diesen Schritt nahe legten? Warum sollen solche Irrtümer *nach* 1945 verzeihlicher sein als entsprechende Fehleinschätzungen während der Diktatur?

Anfang der 80er Jahre habe ich gegen den Widerstand der CDU in der Hamburger Bürgerschaft eine Gedenkstätte für Ernst Thälmann in unserer Stadt durchgesetzt – nicht etwa, weil ich seine Rolle in den 20 Jahren nicht kannte, sondern weil ich diese Rolle nicht als abschließendes Urteil über diesen Mann verstehen wollte. Hätte er, in einer freien Gesellschaft, sich nicht vielleicht wie Herbert Wehner entwickelt? Wie würden wir denn heute zum Beispiel Andrei Sacharows politischen Weg beurteilen, kennten wir lediglich seine Schriften vor dem 40. Lebensjahr? Viele der aktiven deutschen Widerständler waren aber in den 30er Jahren noch weit jünger.

Ein letztes: Die Wissenschaft sollte doch auch einmal den politischen Weg der wenigen Überlebenden aus dem Kreise des 20. Juli in den Jahren nach 1945 nachgehen; vielleicht auch dem ihrer Söhne und Töchter. Finden sich dort, z.B. bei Josef Müller, bei Jakob Kaiser oder bei Manfred Rommel, etwa anti-liberale Spuren?

Ich wiederhole: Die politischen Kritiker des militärischen Widerstands, von denen ich bisher gesprochen habe, sind mit uns einig in der hohen moralischen Einschätzung auch des Kerns des militärischen Widerstands. Sie weisen – und dies zum Teil mit Recht – auf die frühen Verstrickungen einiger dieser Männer in den Nationalsozialismus und auch auf mangelnde Sensibilität in der Judenfrage hin. Sie nehmen auch mit Recht neue Informationen über die Gleichzeitigkeit von Widerstand und der Beteiligung am Ostkrieg auf. Überall sollten wir hinhören.

Aber aus meiner Sicht berechtigt das nicht, den Fähigkeiten und Absichten dieser Männer zu mißtrauen, nach einem gelungenen Putsch eine wirkliche demokratische Gesellschaft aufzubauen. Meine persönliche Einschätzung ist vielmehr diese: Man versteht diese Menschen zu wenig aus ihrer Zeit. Ich glaube deswegen, hier gibt es noch viel Raum für eine tiefere, den damaligen Umständen gerecht werdende wissenschaftliche Arbeit, bei der man über die bisherige, weitgehend nur content-analytische Durchsicht damaliger Aussagen methodologisch hinausgehen müßte.

Es gibt jedoch auch eine andere Art Kritik. Ich nenne als Beispiel Christian Gerlachs Artikel »Männer des 20. Juli und der Krieg gegen die Sowjetunion«, der in dem Begleitbuch zur Ausstellung über die Verbrechen der Wehrmacht erschienen ist. Ein in Ton und Gemeinheit vergleichbarer Artikel erschien zum 20. Juli 1997 in der Süddeutschen Zeitung von einem gewissen David Morley. In beiden Fällen handelt es sich schlicht um perfide Diffamierungen. Wenn Gerlach zum Beispiel behauptet, Tresckow habe sich seit 1933 nicht »geläutert«, so sagt er die Unwahrheit: Einen Mann, der nachweislich (siehe z.B. Harold C. Deutsch, Verschwörung gegen den Krieg. Der Widerstand in den Jahren 1939 bis 1940) schon vor dem Krieg und wegen der drohenden Kriegsgefahr gegen Hitler konspirierte und der unter Lebensgefahr viele, wenn auch fehlgeschlagene Versuche unternahm, Hitler zu beseitigen, den darf man nicht einfach als »Kollegen« des Kommandostabes Reichsführer SS bezeichnen, und dann die Zusammenfassung einer Besprechung durch ein SS-Mitglied als Beweis für Tresckows Einstellung heranziehen. Es ist sicher wichtig zu wissen, daß sich auch Signaturen von Tresckow auf verbrecherischen Befehlen finden; es wäre aber dann auch wichtig, darauf hinzuweisen, daß ein erfolgreicher Putsch nur *aus* dem aktiven Militär und nicht aus der Emigration möglich war. Und, daß ein so im Widerstand aktiver Stabsoffizier Kenntnis von Verbrechen haben mußte, die unmittelbar hinter der Front geschahen; es ist auch richtig, daß jeder Offizier – auch ein Mann im Widerstand – im Krieg Schutzmaßnahmen gegen Partisanen ergreifen mußte und daß diese überall von großer Härte waren. Eine wissenschaftliche Auseinandersetzung mit solchen Fakten muß also die ganze Lage und eben auch die besondere Lage eines Widerstandskämpfers in diesem System berücksichtigen. Mit der Art seiner Darstellung und den ehrabschneidenden Schlußfolgerungen aber – ich füge ausdrücklich hinzu: nicht mit der wissenschaftlichen Aufarbeitung der Fakten im Bereich der Heeresgruppe Mitte und der Verwicklungen von Männern des 20. Juli – verletzt Gerlach einen der Grundsätze christlich-abendländischen Konsenses. Denn es heißt: »So wird auch Freude im Himmel sein über einen Sünder der umkehrt mehr als über 99 Gerechte, die die Umkehr nicht nötig haben« (Lukas 15/7). Allerdings: die Zöllner, Pharisäer und Schriftgelehrten murrten auch damals.

Über Morleys zynische Bemerkung von den »Möchtegern-Attentätern« weitere Worte zu verlieren, würde ich hier als Selbstbesudelung empfinden.

Vergessen wir nie: Sie alle, die damals in Deutschland blieben (oder wie Dietrich Bonhoeffer 1939 in Solidarität mit ihrer Heimat sogar aus den USA zurückkehrten), mußten als Beteiligte am Widerstand *auch* mit dem System leben. Für Bonhoeffer selbst führte dies in seiner Schrift »Nach Zehn Jahren«, die er für Hans Oster und meinen Vater zu Weihnachten 1942 schrieb, unter anderem zu der Frage »Sind wir noch brauchbar?« Denn sie alle, auch Tresckow und Yorck von Wartenburg, die Gerlach beide so böswillig diffamiert, wußten das;

und sie litten darunter. Es ist aus meiner Sicht unverzeihlich, wenn ein sogenannter Historiker diesen immanenten Konflikt heute übergeht und zum Beispiel Yorcks letzte Worte »Mein Tod [...] wird hoffentlich angenommen [...] als
Sühneopfer für das, was wir alle gemeinschaftlich tragen« nicht verstehen kann
oder will. Gerlachs schnodderige und zynische Antwort auf die Ehrungen für
Tresckow und Yorck zum 50. Jahrestag des 20. Juli 1994 mit den Worten »Jeder
sollte wissen können, wen man ehrt« zeigen mir, daß er von dem, was den Kern
des Widerstandes ausmachte, nämlich von der Bereitschaft, das eigene Leben
zur Beendigung des Schreckens in Europa einzusetzen, nichts, aber auch gar
nichts begriffen hat. In der Tat, Thomas Keneally hätte hier recht zu warnen:
Dem Historiker ist die Erbsünde wie Muttermilch! Aus Gerlach spricht nicht
der Wunsch nach historischer Wahrheitssuche – sein Ton verrät Haß, und
wahrscheinlich auch sehr viel Neid. Ich sage deswegen ungeschminkt: An der
Seite solcher Mentalitäten hätte ich mich damals nicht sicher gefühlt.

   Denn die verläßlichste Quelle, auch der Solidarität des Widerstandes, war
niemals irgendein theoretisches Gebäude, sondern immer menschlicher Anstand. Wenn es sein mußte, bis in den Tod. Diese Eigenschaft des menschlichen Anstandes, diesen »reinen Heroismus« ehren wir durch die Ausstellung,
die wir heute eröffnen. Und wir ehren mit dieser Ausstellung auch unser Vaterland. Denn wenn wir aufrichtig gegenüber unserer *ganzen* Geschichte sind, dann
dürfen wir als Deutsche unser Vaterland auch aufrecht ehren.

Winfried Heinemann

Der Widerstand gegen das NS-Regime und der Krieg an der Ostfront

1. Quellenlage und Methode

Verschiedenste Gruppen und Einzelpersonen haben aus unterschiedlichen Motiven und in vielfältiger Weise Widerstand gegen das Unrechtsregime des »Dritten Reiches« geleistet. Die Natur der totalitären Diktatur brachte es aber mit sich, daß – zumal unter den Bedingungen des totalen Krieges – nur der militärische Widerstand zu einer existentiellen Gefahr für das nationalsozialistische System werden konnte.

Der Arbeiterwiderstand sowohl sozialdemokratischer wie kommunistischer Prägung wurde von der Gestapo früh unterwandert und im Keim erstickt. Auch kirchliche Kreise waren vielfach der Bespitzelung ausgesetzt, die später zu Verhaftungen und Hinrichtungen führte. Zudem war der christliche Widerstand zumeist apolitisch und nicht auf konkrete Veränderungen des NS-Regimes angelegt. Die Predigten des Bischofs von Münster 1941 trugen zwar dazu bei, die Euthanasiemaßnahmen zu bremsen, hatten aber einen Umsturz des Führerstaats weder zum Ziel noch zur Folge.

Der Widerstand einzelner hätte zu spektakulären Einzelfolgen führen mögen, doch die Bombe Georg Elsers hätte zwar Hitler töten, aber nicht zwingend das nationalsozialistische Herrschaftssystem beseitigen können.

Spätestens mit Beginn des Krieges gegen die Sowjetunion war der Zeitpunkt gekommen, wo allein das Offizierskorps des Heeres jenen geschützten Raum bot, in dem eine Verschwörung gegen Hitler gedeihen konnte, ohne vorzeitig verraten zu werden. Zugleich standen allein dem Heer die Machtmittel zur Verfügung, die notwendig waren, wenn das hochgerüstete und mit Terror und Tod nicht nur drohende NS-System beseitigt werden sollte. Damit war die paradoxe Situation gegeben, daß systembedrohender Widerstand nur aus jener Organisation kommen konnte, die in den Jahren 1933 bis 1939 zu einem der tragenden Machtfaktoren des Systems geworden war.

Die Beteiligung der Wehrmacht an den Unrechtshandlungen des Regimes ist – obwohl seit langem Objekt seriöser wissenschaftlicher Forschung[1] – heute mehr als zuvor Gegenstand öffentlicher Diskussion[2].

Dabei sind auch jene Offiziere in das Blickfeld gerückt, die sich am militärischen Widerstand gegen Hitler beteiligt haben. Eine angemessene, methodisch vertretbare Darstellung dieses diffizilen Komplexes kann sich dabei jedoch nicht darin erschöpfen, aus den Akten einzelne Stücke herauszusuchen, die für sich genommen eine Kenntnis von oder Beteiligung an Unrechtstaten zu belegen scheinen[3].

Eine Beschränkung auf die Akten als einzig zulässige Quellen ist a priori nicht angemessen[4]. Sie verkennt, daß im totalen Überwachungsstaat eine effiziente Opposition konspirativ vorgehen mußte, wollte sie nicht zum schnellen Scheitern verurteilt sein. Verschwörer legen keine Akten an, und wo solche Listen und Verzeichnisse dennoch entstanden, da waren sie naturgemäß eher kurz und kryptisch. Das gilt insbesondere für die »Militäropposition«, wenn man mit diesem Begriff jenen Verschwörerkreis innerhalb des nationalkonservativen Widerstands bezeichnen will, der sich ab 1943 um Tresckow und Stauffenberg formierte und sich überwiegend, wenn auch nicht ausschließlich, aus Soldaten zusammensetzte. Die Angehörigen dieser Militäropposition waren der Doppelbelastung des täglichen Dienstbetriebs im Kriege und der Planung des Staatsstreichs ausgesetzt. Anders als etwa der eher locker strukturierte Kreis um Carl Friedrich Goerdeler und Ulrich von Hassell, der zudem vielfach aus Personen bestand, die aus dem aktiven Berufsleben hatten ausscheiden müssen, hatten die im aktiven Dienst stehenden Militärs weder Neigung noch Zeit, umfangreiche Studien zu erstellen. In den überlieferten amtlichen Quellen finden daher nur die »offiziellen« Tätigkeiten dieser Verschwörer ihren Niederschlag, nicht jedoch ihre Umsturzpläne. Wollte man sich allein auf diese Akten stützen, würde man sich durch diese Methodenwahl von vornherein auf die Seite des Akten produzierenden Systems schlagen.

Es ist daher notwendig, neben den dienstlichen Akten die Aussagen der Überlebenden, insbesondere ihre frühen Vernehmungsprotokolle in Gestapohaft und Kriegsgefangenschaft, hinzuzuziehen. Sie sind historische Quellen und bedürfen – wie jede andere Quelle – der Quellenkritik; in Ermangelung von Akten über Denken und Handeln der Verschwörer kann man solche Materialien jedoch nicht außer Betracht lassen.

Diese Arbeit zieht das bisher bekannte erhaltene Aktenmaterial in seinen wesentlichen Teilen ebenso heran wie die frühe Überlieferung der Überlebenden. Auf dieser Basis will sie den Versuch machen, Motivation und Werthorizont der Verschwörung darzustellen. Sie wird dabei nach Wissen um, Verstrickung in und Beteiligung an Unrechtshandlungen fragen, die dabei gefundenen Antworten aber auch einordnen in Handlungsspielräume und -alternativen in konkreten Verwendungen im Krieg an der Ostfront.

2. Henning von Tresckow

Die folgende Darstellung wird sich dabei konzentrieren auf die Person und die Rolle des unumstrittenen Kopfes der Verschwörung im Osten, Generalmajor Henning von Tresckow. Tresckow war 1901 geboren; er stammte aus einem preußisch geprägten Elternhaus und war in seinem Denken zeitlebens durch diese Herkunft und eine streng protestantische Pflichtauffassung geprägt[5]. Tresckow hatte als junger Leutnant im 1. Garde-Regiment zu Fuß an der Westfront gekämpft, verband also in seiner Person die Tradition eines der vornehmsten preußischen Regimenter und die Kriegserfahrung des jungen Frontoffiziers. Obwohl es ihm gelang, in das 100 000-Mann-Heer und dabei in den Nachfolgeverband seines Regiments, das Infanterie-Regiment 9 in Potsdam, übernommen zu werden, verließ Tresckow zunächst die Armee und machte sich selbständig. Erst nachdem er durch ein kleines Vermögen auch wirtschaftlich unabhängig geworden war, trat er 1926 wieder in die Reichswehr ein. 1936 schloß Tresckow als Lehrgangsbester den Generalstabslehrgang an der Kriegsakademie ab.

Eine glänzende Karriere zeichnete sich ab. Bei Kriegsausbruch 1939 war Tresckow noch Ia – also Erster Generalstabsoffizier – einer Infanterie-Division, aber schon wenige Wochen später wechselte er als Operationsoffizier in den Stab der Heeresgruppe A (Ia op). Im Dezember 1940 übernahm er als Ia die Führungsabteilung der Heeresgruppe B, die mit Beginn des Krieges gegen die Sowjetunion in »Heeresgruppe Mitte« umbenannt wurde. Der vierzigjährige Oberstleutnant i.G. war damit – unter dem Chef des Generalstabes, Generalmajor Hans von Greiffenberg – zuständig für die Vorbereitung und Durchführung aller für die Operationsführung wichtigen Entscheidungen seines Oberbefehlshabers, des Generalfeldmarschalls Fedor von Bock, seines Onkels. Der Oberbefehlshaber aber entschied letztlich alle wesentlichen Fragen selbst und trug »für seinen Befehlsbereich allein die Verantwortung«[6].

Tresckow hatte anfänglich den nationalen Forderungen Hitlers durchaus aufgeschlossen gegenübergestanden, wenn er auch – wie viele Konservative – die pöbelhaften Gewaltmethoden der neuen Machthaber verabscheute. Spätestens seit dem »Röhm-Putsch« 1934, der ja auch zur Ermordung zweier Generale geführt hatte, war Tresckow innerlich auf Distanz zum Nationalsozialismus

Henning von Tresckow (1901 bis 1944)

gegangen, der ihm zunehmend als Gegenentwurf zu seinem an Recht, Gesetz und Anstand orientierten Staatsbild erschien. Schon früh hatte Tresckow Kenntnis von den Widerstandsaktivitäten innerhalb der Wehrmacht, die sich mit Namen wie Ludwig Beck, Hans Oster und, in Grenzen, Franz Halder verbanden.

3. Unternehmen Barbarossa (1941 und 1942)

Schon vor dem deutschen Angriff hatte Hitler der Generalität angekündigt, er werde den Krieg zur Gewinnung von Lebensraum und zur Ausrottung der sowjetischen Intelligenz benutzen[7]. In die Richtung des rasseideologischen Vernichtungskrieges ging auch der »Gerichtsbarkeitserlaß«, der unter anderem den Verfolgungszwang für Straftaten aufhob, die von Deutschen an den Bewohnern der besetzten Gebiete begangen wurden. Der »Gerichtsbarkeitserlaß« war angesichts deutlicher Proteste, nicht zuletzt auf Betreiben Tresckows aus dem Generalstab der Heeresgruppe Mitte, vom Oberbefehlshaber des Heeres, Generalfeldmarschall Walther von Brauchitsch, mit einschränkenden Erläuterungen versehen, letztlich aber doch weitergegeben worden[8]. Auch Hitlers Anweisung, gefangengenommene politische Kommissare der Sowjetarmee ohne weiteres zu erschießen, war von der Heeresgruppe Mitte weitergeleitet worden[9].

Daß SS und SD hinter der Front Mordaktionen großen Stils planten, hatte sich im Stab der Heeresgruppe bald herumgesprochen. Der Heeresführung in Berlin galt es bereits als Erfolg, daß das Heer nicht selbst mit diesen »Maßnahmen« betraut worden war[10], sie akzeptierte aber die Tätigkeit der SS-Formationen im Operationsgebiet. Die Sicherung des rückwärtigen Heeresgebiets im Bereich der Mitte war Aufgabe des Befehlshabers rückwärtiges Heeresgebiet Mitte, Generalleutnant Max von Schenkendorff. Ihm waren auch Verbände des Reichsführers-SS unterstellt, darunter die SS-Brigade 1, die zunächst genauso eingesetzt wurde wie Verbände des Heeres, bis Himmler sie dem Heer wieder entzog, weil er die Brigade »für andere Aufgaben« benötigte – wogegen Tresckow vehement protestierte[11]. Die Einsatzgruppe B unter dem Reichskriminaldirektor Arthur Nebe sollte ebenfalls in diesem Raum »operieren«, war Schenckendorff jedoch nur »hinsichtlich Marsch, Versorgung und Unterbringung« unterstellt[12]. Am 19. Juni, drei Tage vor Beginn des Angriffs, besprach der Chef des Stabes Kommandostab Reichsführer-SS, SS-Brigadeführer Kurt Knoblauch, in Posen beim Stab der Heeresgruppe Einzelheiten der Zusammenarbeit[13]. Zuständig bei der Heeresgruppe war zunächst der Ic, der Major i.G. Rudolf-Christoph Freiherr von Gersdorff, einer von Tresckows engsten Mitverschworenen.

Am 22. Juni 1941 überschritten die Verbände der Heeresgruppe Mitte die sowjetische Grenze. In schnellen Vorstößen gewann sie die Tiefe des russischen Raumes; bald war ganz Weißrußland besetzt. Die schnellen Vorstöße aber hatten auch zur Folge, daß viele versprengte Angehörige der Sowjetarmee hinter den deutschen Linien zurückgeblieben waren, und schon bald entwickelte sich in dem besetzten Gebiet eine rege Partisanentätigkeit.

Der schiere Umfang der Partisanenbewegung, aber auch ihre ständig verbesserte Ausbildung, Bewaffnung und Organisation kamen für die Heeresgruppe Mitte überraschend und zwangen zum Handeln[14]. Der Befehlshaber rückwärtiges Heeresgebiet Mitte führte daher vom 24. bis 26. September 1941 einen »Erfahrungsaustausch für den Kampf gegen Partisanen [...] als Lehrgang« durch[15]. Deutlich wurde bei der Anlage des Lehrgangs, daß sich die eingeladenen Heeresoffiziere auf Themen wie »Das Btl. ist in einem bisher unbefriedeten größeren Raum unterzubringen« beschränkten, während SS-Gruppenführer Erich von dem Bach-Zelewski zum Thema »Erfassen von Kommissaren und Partisanen bei Durchkämmungs-Aktionen« und der Beauftragte des Chefs der Sicherheitspolizei und des SD, General Nebe, über »Die Judenfrage mit besonderer Berücksichtigung der Partisanenbewegung« sprachen. Nebe, später als Angehöriger der Verschwörung hingerichtet, hatte guten Kontakt zu Tresckow, was manchen erstaunte, der »wußte, was das für ein Verbrecher war«[16]. Wenn auch weder Tresckow noch Gersdorff an dem Lehrgang teilnahmen, so war die Heeresgruppe doch durch zwei Majore aus der Führungsabteilung vertreten; die Ergebnisse des Lehrgangs können Tresckow auch deshalb nicht verborgen geblieben sein[17].

Der Partisanenkrieg war eine militärische Notwendigkeit; es gehörte zur Pflicht der Befehlshaber, die Truppe und ihre Ausrüstung zu schützen sowie Partisanen zu bekämpfen. Zugleich diente die Art, wie der »Bandenkampf« durchgeführt wurde, als Vorwand der nationalsozialistischen Ausrottungspolitik, eine doppelte Funktion, die immer deutlicher zu Tage trat[18].

Immer mehr wurde allen selbständig Denkenden im Stab der Heeresgruppe bewußt, daß die wahllosen Mordaktionen letztlich auch den deutschen Interessen zuwiderliefen. Der weitverbreitete Antibolschewismus implizierte vielfach auch die Absicht, die Völker der eroberten Gebiete vom Kommunismus zu »befreien«; Tresckow und später Stauffenberg setzten auf ein weitgehendes Engagement der deutschfreundlichen, antikommunistischen Kreise in diesen Gebieten für die Zwecke der deutschen Kriegführung. Daß die Mordaktionen diesem Ziel diametral zuwiderliefen, machte die Heeresgruppe Mitte wiederholt aktenkundig: »Eine wirkungsvolle Propaganda [...] mit dem Zweck, den russischen Menschen zur positiven Mitarbeit im deutschen Interesse heranzuziehen, kann nur bei einer Umstellung der augenblicklichen Grundsätze erfolgen[19].« Noch schärfer geißelte Gersdorff nach einer Frontreise Anfang Dezember 1941 die Verbrechen: »Ich habe den Eindruck gewonnen, daß die Erschießung der Juden, der Gefangenen und auch der Kommissare fast allgemein im Offizierskorps abgelehnt werden. [...] Die Erschießungen werden als eine Verletzung der Ehre der Deutschen Armee, in Sonderheit des Deutschen Offizierkorps betrachtet[20].«

Gleichwohl dauerte es bis zum August 1942, ehe Schenckendorff für seinen Bereich eine Reduzierung der Gewaltmaßnahmen befahl und »die Erschießung von Frauen und Kindern, Flintenweiber ausgenommen« mit der Begründung verbot, solche Maßnahmen verfehlten das Ziel, die »Bevölkerung für uns zu gewinnen und mit ihr zusammen Ruhe und Ordnung sicherzustellen«[21]. Aber selbst diesen Befehl mußte Schenckendorff nur wenige Tage später relativieren: »Hierdurch wird die [...] Verfügung, wonach die Einsatzgruppen bzw. -kommandos des S.D. berechtigt sind, im Rahmen ihres Auftrages in eigener Verantwortung Exekutivmaßnahmen gegenüber der Zivilbevölkerung zu treffen, nicht berührt[22].«

Daß das deutsche Vorgehen in Weißrußland letztlich nicht von der Heeresgruppe Mitte zu bestimmen war, wurde besonders deutlich an den Vorgängen, die auf die Zerstörung eines Bahnhofs durch eine 350 Mann starke Partisanengruppe am 28. August 1942 folgten. Hitler selbst verlangte noch am selben Tag ein »sofortiges Vergeltungsunternehmen wegen des Überfalls auf Bhf. Slawnoje unter Anwendung schärfster Terrormaßnahmen. Die beabsichtigen Maßnahmen [waren] zu melden«[23]. Tresckow, in dessen Zuständigkeit als Chef der Führungsabteilung die Partisanenbekämpfung nur kurz zuvor übergegangen war[24], reichte einen Vorschlag des Befehlshabers rückwärtiges Heeresgebiet Mitte weiter, wonach zur Vergeltung 100 »Bandenanhänger und Familienangehörige von Bandenmitgliedern« erschossen werden sollten. Hitler stimmte um-

Erschießung von Zivilpersonen in der Sowjetunion

gehend zu[25]. Angesichts dieses unmittelbaren Eingreifens des »Führers« half es wenig, daß die Heeresgruppe anderen Orts gelegentlich Befehlsentwürfe über die Erschießung von »Bandenangehörigen« (der neutralere Ausdruck »Partisanen« war 1942 verboten worden[26]) in einigen Formulierungen entschärfte[27]. Allen Protesten der Heeresgruppe zum Trotz wurden auch immer mehr »Judenzüge« vor allem nach Smolensk geleitet; jeder Hinweis, der knappe Transportraum werde viel dringender für Nachschubzwecke benötigt, verhallte ungehört[28]. Der rasseideologische Vernichtungsaspekt rangierte bei diesem Krieg eindeutig vor militärischen Erwägungen.

Die Grenzen des geltenden Kriegsvölkerrechts waren damals auch nach internationalem Verständnis noch recht weit gefaßt, deckten unter bestimmten Voraussetzungen auch Erschießungen von Partisanen oder sogar von Geiseln[29]. Hier aber waren sie seit langem eindeutig überschritten. Wie sehr Tresckow und Gersdorff die Einbeziehung der Wehrmacht in die Verbrechen widerstrebte, wird aus Bemerkungen deutlich, mit denen sie im September 1942 einen »Bericht des Panzer-AOK 3 über geistige Betreuung und weltanschauliche Führung« weiterleiteten: Sie sahen das Ziel solcher Betreuung vor allem darin, daß »ein entscheidender Punkt die Erziehung zum geraden und anständigen Soldaten sein muß. Der Ostfeldzug, der durch die Härte des Kampfes und die besonderen Verhältnisse hinsichtlich Land und Leute die Grundanschauungen des deutschen Soldaten gefährden kann, verlangt mehr als jeder andere Feldzug klare Einstellung und Betonung dieser Auffassung. Es ist Aufgabe der Führer aller Grade, trotz aller Erbitterung im Kampf und aller Schwierigkeiten in der Lebensführung den Ehrenschild des deutschen Soldaten rein zu erhalten[30].« Das war eine klare Distanzierung von der nationalsozialistischen Haßerziehung.

Tresckows Bemühen um eine Änderung der Verhältnisse hatte zunächst darin bestanden, seinen Oberbefehlshaber, Generalfeldmarschall Hans Günther von Kluge (der Bock im Dezember 1941 nachgefolgt war), von den Morden in seinem Kommandobereich in Kenntnis zu setzen in der festen Annahme, dieser werde dagegen einschreiten oder zumindest bei Hitler auf Änderung drängen. Letztlich aber war Kluge ebensowenig zu solchen oder gar drastischeren Schritten bereit wie sein Vorgänger oder einer der anderen Feldmarschälle[31].

4. Widerstand 1943

Die Sicherung der rückwärtigen Verbindungen band immer stärkere Kräfte; Ende 1942 mußten im Bereich der Heeresgruppe acht Heeresdivisionen, dazu Truppenteile der SS, allein für den Streckenschutz an den Eisenbahnen eingesetzt werden[32], während bei der Heeresgruppe Don der Entsatz der in Stalingrad eingekesselten 6. Armee an Kräftemangel scheiterte. Hitlerbefehle wie die am Heiligen Abend 1942 bei der Heeresgruppe Mitte eingehende Weisung, »ohne Einschränkung auch gegen Frauen und Kinder jedes Mittel anzuwen-

den«, verbunden mit einem Verfolgungsverbot für im Zusammenhang mit der
»Bandenbekämpfung« begangenen Straftaten[33], machten die zunehmende Brutalisierung überdeutlich.

In der Sicht vieler, besonders der Verschwörer, war diese Entwicklung in
zweierlei Hinsicht bedenklich. Zum einen mußte sie bei den Soldaten das Gefühl für Sitte und Anstand, für die »Majestät des Rechts«, wie der zivile Kopf
der Verschwörung, Carl Friedrich Goerdeler, es später einmal formulieren sollte, weiter aushöhlen. Zum anderen entfremdete sie die weißrussische und russische Bevölkerung noch weiter den deutschen Soldaten; letztlich trieb sie den
Partisanen Rekruten zu. Sie war ebenso militärisch kontraproduktiv wie aus
moralischer Sicht verbrecherisch.

Die Operationen im Hinterland trafen zunehmend weniger die eigentlichen
Partisanen, die wendig genug waren, sich den schwerfälligen und nur unzureichend ausgestatteten Sicherungsdivisionen zu entziehen. So richtete sich die
Kampfführung von Heer und SS verstärkt gegen die Zivilbevölkerung, vor
allem dort, wo diese die Partisanen zu unterstützen schien. Zugleich dienten
umfangreiche Deportationen nicht nur dazu, partisanengefährdete Gebiete zu
entvölkern, sondern auch zur Beschaffung von Zwangsarbeitern für das durch
den Krieg zunehmend unter Arbeitskräftemangel leidende Reichsgebiet. Das
»Unternehmen ›Franz‹« des Höheren SS- und Polizeiführers Mitte beispielsweise
endete Mitte Januar 1943 mit 1143 Feindtoten, 882 erschossenen Bandenver-
dächtigen sowie 1000 »zur Arbeitsleistung erfaßt[en]« Einwohnern – wie der
Kommandierende General der Sicherungstruppen und Befehlshaber im Heeresgebiet Mitte der Heeresgruppe meldete, wobei die eigenen Verluste offenbar
so wenig ins Gewicht fielen, daß sie in der Meldung nicht erwähnt wurden[34].
Dazu kamen noch diejenigen, die aufgrund der Werbung des »Generalbevollmächtigten für den Arbeitseinsatz« mehr oder weniger freiwillig ins Reichsgebiet
gegangen waren[35]. Auch daß die gezielte Tötung von Juden regelmäßig Teil
solcher Operationen war, war im Stab der Heeresgruppe bekannt: »Bisheriges
Gesamtergebnis des Grossunternehmens von Polizei mit Wehrmachtunterstüt-
zung im Raum südl. Sluzk: 2074 Banditen, 7344 Banditenhelfer und 3300 Juden
erschossen«, meldete der Wehrmachtbefehlshaber Ostland dem Wehrmachtführungsstab. Unter »Banditenhelfern« waren dabei solche Personen verstanden,
die allenfalls im Verdacht standen, die Partisanen unterstützt zu haben, und
deren Tötung eindeutig verbrecherisch war. Zwei dicke Striche am Rand und
ein übergroßes Fragezeichen dazu auf dem der Heeresgruppe Mitte zugegange-
nen Exemplar belegen, daß das grobe Mißverhältnis deren Stab aufgefallen
war[36].

Nur wenige in der Heeresgruppe Mitte hatten, wie Tresckow und seine Mitverschwörer, erkannt, daß der Vernichtungscharakter des Partisanenkrieges
keine unvermeidliche und ungewollte Begleiterscheinung war, sondern daß
diese großflächigen Mordaktionen dem eigentlichen ideologischen Ziel des
Krieges entsprachen. Dennoch blieb es Tresckows dienstliche Aufgabe, in

Kenntnis der in seinem Bereich begangenen Verbrechen die Partisanenbekämpfung weiterhin zu organisieren. Die Zielsetzung des Widerstands und der in der Heeresgruppe Mitte im Frühjahr 1943 geplanten Attentate bestand ja darin, die nahende Katastrophe von Deutschland abzuwenden, insbesondere zu einer Einigung mit den westlichen Kriegsgegnern zu kommen. Dazu aber mußte ein offensichtlicher Zusammenbruch der deutschen militärischen Anstrengungen im Osten vermieden werden[37].

Im Frühjahr 1943 scheiterten mehrere kurz aufeinander folgende Attentatsversuche der Verschwörer aus dem Stab der Heeresgruppe Mitte, vor allem das Einschmuggeln einer Bombe in Hitlers Flugzeug bei seinem Rückflug vom Hauptquartier der Heeresgruppe Mitte nach Rastenburg[38]. Sollten die Attentate des Frühjahrs 1943 einen Sinn haben, mußten sie über den Tod Hitlers hinaus zu einem Sturz des Systems führen. Die Ermordung Hitlers, auch innerhalb der Verschwörung lange umstritten, fand ja ihre moralische Rechtfertigung darin, den Auftakt für den Staatsstreich zu bilden. Zu einem solchen Staatsstreich brauchten die Verschwörer zuverlässige Truppen. Der Kampf gegen die Partisanen bot hier zugleich auch den Vorwand zur Aufstellung eines solchen Truppenteils, des »Kavallerie-Regiments Mitte« unter Oberstleutnant Georg Freiherr von Boeselager. Auch hier zeigt sich die charakteristische Zweischneidigkeit einer solchen Aufstellung: Das Regiment sollte der Staatsstreichplanung dienen; der vorgeschobene Grund der Partisanenbekämpfung war aber letztlich sein Haupttätigkeitsfeld. Boeselagers Verband wurde ab Frühsommer 1943 zu diesem Zweck eingesetzt und gewann dort wertvolle Erfahrungen, die in einen umfangreichen Erfahrungsbericht mündeten. Darin regte Boeselager an, das rückwärtige Heeresgebiet einzuteilen in »a) befriedetes Gebiet, b) bandengefährdetes Gebiet, c) bandenverseuchtes Gebiet«. Besonders drastisch sei in den als »bandenverseucht« eingestuften Räumen zu verfahren: »werden die Männer bis 50 Jahre von der Truppe aufgegriffen und der Wirtschaftsinspektion als Arbeitskräfte zugeführt. [Danach] werden die Männer in diesem Gebiet erschossen.« Zugleich aber stellte Boeselager klar, daß militärische Maßnahmen allein eine dauerhafte Lösung nicht schaffen würden: »Auch wenn die oben angeführten Vorschläge durchgeführt werden, so ist ein Gelände nur dann auf die Dauer zu befrieden, wenn den Russen ein politisches Ziel gegeben wird[39].« Tresckow leitete diese Vorschläge, die ja auch eine Ablehnung der bisher praktizierten willkürlichen Erschießungen implizierten, weiter und machte sie sich voll zu eigen[40].

Der Zusammenbruch der Verschwörung im Amt Ausland/Abwehr des OKW im Frühsommer 1943 beraubte die Verschwörer ihrer Organisationsbasis. Attentate auf Hitler an der Ostfront wären damit sinnlos geworden. Insofern traf es sich für die Verschwörer gut, daß Tresckow Ende Juli 1943 von der Heeresgruppe Mitte versetzt wurde und sich bis zum Oktober in Berlin aufhielt. Dort erneuerte er eine frühere Bekanntschaft mit dem Oberstleutnant i.G.

Claus Schenk Graf von Stauffenberg, der nach einer schweren Verwundung als Chef des Stabes im Allgemeinen Heeresamt Dienst tat.

Stauffenberg war in dieser Verwendung mit der Planung für den Personal- und Materialersatz des Heeres betraut. Wie Tresckow hatte er schon früh eine menschenwürdige Behandlung der Bevölkerung in den besetzten Gebieten gefordert, vor allem mit dem Ziel, mit russischen Freiwilligenverbänden den zunehmenden Personalmangel des Ostheeres zu überbrücken. Wie Tresckow hatte Stauffenberg erkennen müssen, daß Hitlers rasseideologische Verblen- dung jedes militärische Sachargument vom Tisch fegte[41]. Tresckow und Stauf- fenberg waren sich einig in der Überzeugung, daß die Massenmorde an der sowjetischen Bevölkerung, besonders an den Juden, mit ihrem Verständnis preußisch-deutschen Soldatentums unvereinbar waren[42].

Stauffenberg war aber auch befaßt mit der Planung von Ersatzeinheiten un- ter dem Decknamen »Walküre«, deren Aufstellung 1941 begonnen hatte und die damals überstürzt an die Ostfront geschickt worden waren[43]. Später waren die Planungen zu Aufstellungen der 1. Welle des Ersatzheeres erweitert worden für den Fall innerer Unruhen im Reichsgebiet (»Walküre III und IV«)[44].

In hektischer Arbeit gingen die beiden Generalstabsoffiziere daran, in zwei Monaten diese Planung so umzustellen, daß sie nach gelungenem Attentat die organisatorische Basis für einen Staatsstreich abgeben konnte[45]. Als Tresckow im Oktober 1943 ein kurzes Frontkommando als Regimentskommandeur an- trat, erneut an der Ostfront, konnte er in dem Bewußtsein aus Berlin weggehen, endlich die organisatorischen Voraussetzungen für einen erfolgreichen Umsturz geschaffen zu haben. Vor allem hatte er in Stauffenberg einen vorwärtstreiben- den, fähigen und zu allem entschlossenen Verbündeten gefunden, der überdies an einer Schaltstelle der Macht saß, von der aus der Staatsstreich generalstabs- mäßig vorbereitet werden konnte[46].

5. Das Ende 1944

Ob eine erneute Verwendung als Generalstabsoffizier an der Ostfront in Tres- ckows Sinn war, oder ob er versucht hat, an die Westfront zu kommen, wo die Verschwörer ja ein schnelles Kriegsende herbeiführen wollten, läßt sich nicht mehr feststellen. Seine freundschaftlichen Beziehungen zum Chef des Heeres- personalamtes, Generalmajor Rudolf Schmundt, hatten sich bereits merklich abgekühlt; seine Abneigung gegen das NS-Regime war dem engen Vertrauten Hitlers nicht verborgen geblieben. So ist auch nicht zu klären, ob Tresckow versucht hat, erneut in Kluges Stab versetzt zu werden, als dieser Anfang Juli 1944 Oberbefehlshaber West wurde[47]. In dem Kreis um Stauffenberg und Tres- ckow war man sich sehr wohl bewußt, daß spätestens seit dem Gelingen der Invasion in Nordfrankreich die bedingungslose Kapitulation und die Besetzung Deutschlands unausweichlich geworden waren. Es konnte am Ende nur noch darauf ankommen, dafür zu sorgen, daß die Amerikaner und Briten eher in Berlin waren als die Russen[48]. Dazu war es nötig, die Front im Osten so lange wie möglich zu stabilisieren. Wenn Tresckow, seit Anfang November 1943 Chef des Generalstabs der 2. Armee, das Seine dazu tat, einen Zusammenbruch der Ostfront zu verhindern, lag dies auch im Sinne der Verschwörung.

Andererseits bedeutete sein Weggang an die Ostfront aber auch, daß er für die konkrete Planung und Durchführung des Staatsstreichs ausfiel. Eine Verwendung in der Operationsabteilung des Generalstabes des Heeres, wie er sie in einem Brief an Generalleutnant Adolf Heusinger erbeten hatte, wäre da hilfreicher gewesen[49]. Dennoch blieb Stauffenberg – trotz der damit verbundenen Risiken – in engem Kontakt mit Tresckow, und Tresckow nutzte seine wenigen Besuche in Berlin zu intensiven Gesprächen über die Attentats- und Staatsstreichplanung[50].

Tresckows Versetzung an die Ostfront brachte ihn aber auch erneut mit den Methoden der deutschen Besatzungspolitik in Kontakt. Inzwischen hatte die massenhafte Verschleppung von Arbeitskräften ins Reichsgebiet weitgehend die Mordaktionen abgelöst, so daß sich Tresckow unter anderem mit der Behandlung der verbliebenen Kinder befassen mußte[51]. Befehlszusätze wie die Forderung, »unnötige Härten zu vermeiden«[52], konnten das Unrecht nach Kräften mindern suchen, aber an der Erkenntnis, daß nur die radikale Abkehr vom NS-Regime grundlegende Abhilfen schaffen konnte, änderte sich nichts mehr.

Zeitweise scheint erwogen worden zu sein, Tresckow am Tage des Staatsstreichs nach Berlin zu beordern[53], wo er als »Chef der Deutschen Polizei« für die innere Absicherung des Umsturzes Verantwortung tragen sollte[54]. Die Übertragung dieser Aufgabe an einen Soldaten hätte zugleich eine klare Distanzierung vom bisherigen System bedeutet, in dem Himmler die Führung der Polizei und der SS in seiner Person vereinigt hatte[55]. Schließlich aber erfuhr auch Tresckow erst am Nachmittag des 20. Juli von dem Attentat; Stauffenberg hatte es vorgezogen, den Kreis der Mitwisser so eng wie nur eben nötig zu halten – und da Tresckow am Tage X keine konkreten Aufgaben hatte, blieb er im dunkeln. Dieses umsichtige Vorgehen hat vermutlich vielen Angehörigen der Verschwörergruppe in der Heeresgruppe Mitte das Leben gerettet; Namen wie Bussche oder Gersdorff tauchten in den Ermittlungsakten gar nicht auf, andere nur recht spät. Georg von Boeselager fiel Ende August 1944 in Polen. Er wurde noch posthum zum Oberst befördert und mit den Schwertern zum Eichenlaub des Ritterkreuzes ausgezeichnet[56]. Am 15. August 1944 berichtete die Gestapo erstmals an Hitler über die Existenz einer Verschwörung im Stab der Heeresgruppe Mitte[57]. Insgesamt ist der wahre Umfang dieser Gruppe der Gestapo weitgehend verborgen geblieben.

Tresckow selbst, dessen Beteiligung sicher aufgedeckt worden wäre, fuhr am Morgen nach dem gescheiterten Staatsstreich an die Front zur 28. Jäger-Division, deren Ia, Major i.G. Joachim Kuhn, in die Verschwörung eingeweiht war. Kuhn war Pionier und hatte die Attentatsvorbereitungen durch die Be-

schaffung von Sprengstoff unterstützt[58]. Mit ihm fuhr Tresckow an die Front,
verließ ihn dann aber und beging Selbstmord. Kuhn stellte den Vorgang zunächst so dar, als sei Tresckow gefallen, eine Version, die auch noch einige Tage
hielt, bevor der wahre Sachverhalt durchdrang. (Kuhn selbst entzog sich der
Verfolgung, indem er in sowjetische Kriegsgefangenschaft ging, aus der er erst
im Januar 1956 heimkehrte[59].) So wurde Tresckow zunächst auf dem Gut seiner
Familie in Wartenberg beigesetzt, wobei allerdings militärische Ehren schon
verboten worden waren. Erst später wurde er exhumiert; seine Leiche wurde
wie die seiner Mitverschworenen verbrannt.

6. Handlungsspielräume und Schuld

Tresckow war Generalstabsoffizier, »Führergehilfe« in der Sprache der Wehrmacht, nicht »Führer«. Als Ia unterstand ihm die gesamte Führungsabteilung,
und das hieß vor allem der Feindlageoffizier (Ic), der unter anderem Fragen der
Sicherheit im rückwärtigen Heeresgebiet bearbeitete. Zwar war die Heeresgruppe anfänglich keine logistische Führungsebene; Versorgungsfragen regelten die
Armeen unmittelbar mit dem Oberkommando des Heeres, so daß die Heeresgruppe keine eigene Oberquartiermeisterabteilung besaß. Das änderte aber
nichts an ihrer Zuständigkeit für die militärische Sicherung des rückwärtigen
Heeresgebiets, jenes Raumes also, der zwischen der rückwärtigen Grenze der
Armeegebiete und dem der zivilen Verwaltung unterstellten Reichskommissa-
riate lag. Gerade in diesem Bereich, in dem unter der Heeresgruppe der Befehlshaber rückwärtiges Heeresgebiet Mitte führte, geschah ein großer Teil der
Mordaktionen. Es mag auf den ersten Blick scheinen, als ob Tresckow als Ia
einer Heeresgruppe, später als Chef des Generalstabs einer Armee, ein Mann
mit großen Kompetenzen gewesen wäre. Aber erst 1944 wurde er zum Generalmajor, dem niedrigsten Generalsdienstgrad, befördert und so einer von weit
über 3000 Generalen der Wehrmacht. Aus Sicht des Regimes war Tresckow ein
Rädchen im Getriebe. Seine Handlungspielräume angesichts der Verbrechen
des NS-Regimes waren entsprechend begrenzt. Das entbindet nicht von der
Frage, wie er diesen Spielraum konkret genutzt hat.
    Tresckow und Gersdorff lasen Befehle und Berichte aller Art, zeichneten sie
ab und gaben sie weiter. Im Rahmen der Operationsplanung des Oberbefehlshabers entwarfen sie auch Befehle zu militärischen Aktionen gegen Partisanen.
Sie wußten um das von deutschen Soldaten begangene Unrecht ebenso wie von
den Mordtaten der SS und der Mitverantwortung der Wehrmacht dafür[60]. Tresckow zog daraus aber nicht eine in erster Linie individualistisch-moralische
Konsequenz, etwa in der Form, daß er versucht hätte, eine Verwendung zu
finden, wo er sich die Finger nicht schmutzig machte. Seine Konsequenz war
vielmehr eine politisch-verantwortungsethische: Wichtiger, als selbst schuldfrei
zu bleiben, war es, das verbrecherische System zu stürzen. Sollte dem sinnlosen

Opfern deutscher Soldaten ebenso ein Ende gemacht werden wie den Verbrechen an Russen und Juden, dann mußten Hitler getötet und das NS-Regime als ganzes beseitigt werden.

Tresckow war ein ausgesprochen vorsichtiger Verschwörer. Selbst enge Vertraute weihte er nur so weit ein, wie es unumgänglich war[61]. Wir wissen daher letztlich wenig darüber, wie er die von Deutschen in Rußland begangenen Greuel im einzelnen bewertet hat und ob er sich ein Stück weit selbst schuldig gefühlt hat. Gestützt auf eine Aussage Axel von dem Bussches schreibt Peter Hoffmann generalisierend, »daß sich auch die Attentäter selbst, und ganz abgesehen von ihren Anschlägen und Umsturzplänen, nicht für ›unschuldig‹ hielten. Kaum jemand, der von den Verbrechen wußte und dazu schwieg, konnte ›Unschuld‹ für sich in Anspruch nehmen; wer z.B. den Kommissarbefehl kannte und dazu schwieg, war im moralischen Sinne schon mitschuldig, und wer erfolglos protestierte und sich dann unschuldig fühlte, war auch schuldig. Es gab kein Weiß und Schwarz, sondern eigentlich nur Grau, wozu auch die Verschwörer sich selbst rechneten«[62]. Oberst Stieff hatte in seinen Briefen an seine Frau schon 1941 und 1942 geschrieben: »Wir alle haben so viel Schuld auf uns geladen – denn wir sind ja mitverantwortlich, daß ich in diesem angehenden Strafgericht nur eine gerechte Sühne für alle die Schandtaten sehe, die wir Deutschen in den letzten Jahren begangen bzw. geduldet haben[63].«

Auch bei Tresckow war es wohl neben einer politischen Einsicht dieses Wissens um die eigene Schuld, das ihn zum Handeln drängte. Diese zutiefst moralische Dimension war es, die kurz vor dem Ende zu dem berühmten Satz führte, das Attentat müsse jenseits des konkreten politischen Erfolges gewagt werden, koste es, was es wolle[64]. »Der deutsche Widerstand kämpfte für die Würde und christliche Bestimmung des Menschen, für Gerechtigkeit und Anstand, für die Freiheit der Person vor politischer Gewalt und sozialem Zwang[65].«

Inhaltlich unveränderte Wiedergabe des Beitrages in der Zeitschrift »Militärgeschichte«, 8 (1998), S. 49–55.

Anmerkungen

1 Beispielhaft seien nur genannt Das Deutsche Reich und der Zweite Weltkrieg, hrsg. vom Militärgeschichtlichen Forschungsamt, Bd 4: Der Angriff auf die Sowjetunion, Stuttgart 1983; Christian Streit, Keine Kameraden. Die Wehrmacht und die sowjetischen Kriegsgefangenen 1941–1945, Stuttgart 1978 (= Studien zur Zeitgeschichte, 13).

2 Vor allem ausgelöst durch die Ausstellung »Vernichtungskrieg«. Siehe Vernichtungskrieg. Verbrechen der Wehrmacht 1941 bis 1944. Ausstellungskatalog, hrsg. vom Hamburger Institut für Sozialforschung, Hamburg 1996, sowie den gleichnamigen Begleitband Vernichtungskrieg. Verbrechen der Wehrmacht 1941–1944, hrsg. von Hannes Heer und Klaus Naumann, Hamburg 1995.

³ Vgl. Christian Gerlach, Männer des 20. Juli und der Krieg gegen die Sowjetunion, in: Vernichtungskrieg (wie Anm. 2), S. 427–446.

⁴ Ebd., S. 427.

⁵ Die einzige umfassende Biographie von Bodo Scheurig, Henning von Tresckow. Eine Biographie, Oldenburg 1973, ist in ihren Aussagen leider häufig unkritisch. Siehe auch den Aufsatz von Karl Otmar Freiherr von Aretin, Henning von Tresckow. Patriot im Opfergang, in:»Für Deutschland«. Die Männer des 20. Juli, hrsg. von Klemens von Klemperer, Enrico Syring und Rainer Zitelmann, Frankfurt 1993, S. 287–310.

⁶ Heeres-Druckvorschrift geheim (H.Dv.g.) 92: Handbuch für den Generalstabsdienst im Kriege vom 1. August 1939, Ziffern 1, 11 f.

⁷ Hierzu und im folgenden Hans Umbreit, Das unbewältigte Problem. Der Partisanenkrieg im Rücken der Ostfront, in: Stalingrad. Ereignis – Wirkung – Symbol, hrsg. von Jürgen Förster, München 1992, S. 131 f.; Hermann Graml, Die Wehrmacht im Dritten Reich, in: Vierteljahrshefte für Zeitgeschichte 45 (1997), S. 381 f.

⁸ Bundes-Militärarchiv (BA-MA), RH 22/155, fol. 302 f. ObdH. Gen zbV b ObdH (Gr. RWes) Nr. 80/41 g.Kdos. Chefs. Behandlung feindlicher Zivilpersonen [...] vom 24.5.1941; ebd., fol. 304–306. Erlaß über die Ausübung der Kriegsgerichtsbarkeit und über besondere Maßnahmen der Truppe vom 13.5.1941; Ernst Klink, Die militärische Konzeption des Krieges gegen die Sowjetunion. Die Landkriegführung, in: Das Deutsche Reich und der Zweite Weltkrieg, S. 256 f.

⁹ BA-MA, RH 2/2082, fol. 42. ObdH. Gen zbV b ObdH (Gr. RWes) Nr. 91/41 g.Kdos. Chefs. Behandlung politischer Kommissare vom 8.6.1941; ebd., fol. 43–47. OKW WFSt/Abt. L (IV/Qu) Nr. 44822/41 g.K.Chefs. Richtlinien für die Behandlung politischer Kommissare vom 6.6.1941; Scheurig, Tresckow (wie Anm. 5), S. 100–104.

¹⁰ Jürgen Förster, Das Unternehmen »Barbarossa« als Eroberungs- und Vernichtungskrieg, in: Das Deutsche Reich und der Zweite Weltkrieg (wie Anm. 1), S. 416.

¹¹ BA-MA, RH 19 II/122, fol. 900. KTB Nr. 1 der H.Gr. Mitte 1.12.–31.12.1941 vom 5.12.1941; Günther Gillessen, Niemand muß an diesen Männern zweifeln. Zur Widerstands-Ausstellung, in: Frankfurter Allgemeine Sonntagszeitung, 25. Januar 1998, S. 3.

¹² BA-MA, RH 19 II/116, fol. 149. H.Gr. B Ia Nr. T 491/41 g.Kdos. Tagesmeldungen vom 20.6.1941; Förster, Unternehmen »Barbarossa« (wie Anm. 10), S. 426; Helmut Krausnick und Hans-Heinrich Wilhelm, Die Truppe des Weltanschauungskrieges. Die Einsatzgruppen der Sicherheitspolizei und des SD 1938–1942, 2 Teile, Stuttgart 1981 (= Quellen und Darstellungen zur Zeitgeschichte, 22), S. 131 f.

¹³ Bundesarchiv (BA), NS 33/43, fol. 11. KTB KdoStab RF-SS Nr. 1 vom 19.6.1941.

¹⁴ BA-MA, RH 22/225, fol. 48. Befh. rückw. H.Geb. Mitte. Ia. Korpsbefehl Nr. 52 vom 14.9.1941.

¹⁵ BA-MA, RH 22/225, fol. 63 f. Befh. rückw. H.Geb. Mitte. Ia. Korpsbefehl Nr. 53 vom 16.9.1941.

¹⁶ Gespräch Philipp Freiherr von Boeselager mit dem Verfasser, Kreuzberg/Ahr, 21.7.1997.

¹⁷ BA-MA, RH 22/225, fol. 70–77. Befh. rückw. H.Geb. Mitte. Ia. Tagesordnung für den Kursus »Bekämpfung von Partisanen« und Teilnehmerverzeichnis vom 23.9.1941.

¹⁸ Bernd Wegner, Der Krieg gegen die Sowjetunion 1942/43, in: Das Deutsche Reich und der Zweite Weltkrieg, hrsg. vom Militärgeschichtlichen Forschungsamt, Bd 6: Der globale Krieg. Die Ausweitung zum Weltkrieg und der Verlust der Initiative, Stuttgart 1990, S. 911–918.

[19] BA-MA, RH 19 II/127, fol. 139 – 140. H.Gr. Mitte Ib Nr. 2562/41 geh. an OKH/GenStdH/Gen.Qu: Kriegsgefangenenlage vom 7.12.1941.

[20] Ebd., fol. 171 – 173. Bericht Major i.G. Freiherr von Gersdorff vom 9.12.1941.

[21] BA-MA, RH 22/233, fol. 66 – 67. Komm.Gen. Sich.tr. u. Befh. H.Geb. Mitte, Ia vom 3.8.1942.

[22] Ebd., fol. 113. Komm.Gen. Sich.tr. u. Befh. H.Geb. Mitte, Ia vom 14.8.1942.

[23] BA-MA, RH 19 II/153, fol. 15. Fernschreiben OKH/GenStdH/Op.Abt. I Nr. 11 027/42 g.Kdos. an H.Gr. Mitte vom 28.8.1942.

[24] Ebd., fol. 6. Obkdo H.Gr. Mitte Ia Nr. 6241/42 g.Kdos. vom 10.8.1942.

[25] Ebd., fol. 17 f. Fernschreiben Obkdo. H.Gr. Mitte an OKH/GenStdH/Op.Abt. vom 30.8.1942; ebd., fol. 20 – 21. Fernschreiben Obkdo H.Gr. Mitte an Befh. H.Geb. Mitte Ia Nr. 6819/42 g.Kdos. vom 1.9.1942.

[26] Umbreit, Das unbewältigte Problem (wie Anm. 7), S. 134.

[27] BA-MA, RH 19 II/153, fol. 41 – 42. Komm.Gen. Sich.tr. u. Befh. H.Geb. Mitte. Notiz für Ia H.Gr. Mitte vom 31.10.1942. Hs. Änderungen im Stab der H.Gr.

[28] BA-MA, RH 19 II/387, fol. 63 f., 71. KTB Nr. 1 der H.Gr. Mitte, Bd 5, 31.10. – 30.11.1941 vom 14. und 15.11.1942.

[29] Geisel- und Partisanentötungen im Zweiten Weltkrieg. Hinweise zur rechtlichen Beurteilung, Unveröff. Ms. der Zentralen Stelle der Landesjustizverwaltungen in Ludwigsburg 1968, vor allem Abschnitt II.

[30] BA-MA, RH 19 III/489, fol. 72 – 82. Obkdo H.Gr. Mitte Abt. Ic/A.O. Nr. 1036/42 geh. mit Anlage vom 8.9.1942.

[31] Peter Hoffmann, Widerstand–Staatsstreich–Attentat. Der Kampf der Opposition gegen Hitler, München 1969, Kapitel IX, und die dort zitierten Quellen; Romedio Galeazzo Graf von Thun-Hohenstein, Generalfeldmarschall Kluge, in: Militärgeschichte 4 (1994), S. 39 – 51; zur Haltung des Generalfeldmarschalls von Manstein zur Verschwörung siehe Alexander Stahlberg, Die verdammte Pflicht. Erinnerungen 1932 bis 1945, Frankfurt a.M. 1987 und Hans Breithaupt, Zwischen Front und Widerstand. Ein Beitrag zur Diskussion um den Feldmarschall v. Manstein, Bonn 1994.

[32] BA-MA, RH 19 II/153, fol. 47 – 50. Obkdo H.Gr. Mitte Ia Nr. 10412/42 g.Kdos. an OKH GenStdH/Op.Abt. vom 16.12.1942.

[33] Ebd., fol. 51 – 53. OKH GenStdH Op.Abt. (I) Nr. 1615/42 g.Kdos. an Heeresgruppen vom 24.12.1942 mit Abschrift des Befehls Chef OKW Nr. 004870/42 g.Kdos. WFSt/Op(H) vom 16.12.1942.

[34] Ebd., fol. 54. Komm.Gen. Sich.tr. u. Befh. H.Geb. Mitte Ia Br.B. Nr. 189/42 geh. vom 16.1.1943.

[35] Ebd., fol. 78 – 79. Fernschreiben Okdo H.Gr. Mitte Ia Nr. 2747/43 geh. an unterstellte Armeen vom 21.3.1943; ebd., fol. 80. Fernschreiben OKH/GenStdH/Op.Abt. (I) Nr. 3041/43 an H.Gr. Mitte vom 21.3.1943.

[36] Ebd., fol. 70 – 73. Wehrm.Befh. Ostland Abt. Ia Nr. 500/43 geh. an Stellv. Chef WFSt: Meldewesen über Banditenlage vom 1.3.1943 (Abschrift).

[37] Winfried Heinemann, Außenpolitische Illusionen des nationalkonservativen Widerstands in den Monaten vor dem Attentat, in: Der Widerstand gegen den Nationalsozialismus. Die deutsche Gesellschaft und der Widerstand gegen Hitler, hrsg. von Jürgen Schmädeke und Peter Steinbach, München 1985, S. 1061 – 1070.

[38] Fabian von Schlabrendorff, Offiziere gegen Hitler. Nach einem Erlebnisbericht, bearb. und hrsg. von Gero von Schulze-Gaevernitz, Frankfurt a.M. 1959, S. 119 – 121. Trotz der gelegentlichen Zweifel an der Richtigkeit von Schlabrendorffs Angaben (siehe etwa

Schreiben Berndt von Kleist an Hesse vom 27. April 1965, Institut für Zeitgeschichte, München (IfZ), ZS/A 31, Bd 2. Kleist) wird hier davon ausgegangen, daß dieses Attentat stattgefunden hat; Hoffmann, Widerstand (wie Anm. 31), S. 334, Anm. 92. Siehe auch IfZ, ED 100 (Bestand Irving), Gersdorff. Vernehmung Gersdorff bei Military Service Intelligence Center, HQ U.S. Forces European Theater OI-IIR/34 vom 18.2.1946.

39   BA-MA, RH 19 II/172, fol. 41‒46. Kavallerie-Regiment Mitte: Erfahrungsbericht über die Kampftaktik der Partisanen [...] vom 23.6.1943.

40   BA-MA, RH 19 II/172, fol. 40. Obkdo H.Gr. Mitte. Ia Nr. 6810/43 an OKH GenStdH/Op.Abt. u.a. vom 27.6.1943.

41   Peter Hoffmann, Claus Schenk Graf von Stauffenberg und seine Brüder. Das Geheime Deutschland, Stuttgart 1992, S. 241‒268; Graml, Die Wehrmacht (wie Anm. 7), S. 381.

42   Peter Hoffmann, Tresckow und Stauffenberg. Ein Zeugnis aus dem Archiv des russischen Geheimdienstes, in: Frankfurter Allgemeine Zeitung Nr. 165 vom 20. Juli 1998, S. 8 f.

43   Gunther Rathke, »Walküre«-Divisionen 1941/42. Letzte Aushilfe in der Winterkrise, in: Militärgeschichte 6 (1996), S. 55‒62.

44   Georg Tessin, Verbände und Truppen der deutschen Wehrmacht und Waffen-SS im Zweiten Weltkrieg 1939‒1945, Bd 1: Waffengattungen, Gesamtübersicht, Heeresgruppen, Osnabrück 1977, S. 59, 75, 84.

45   Hoffmann, Stauffenberg (wie Anm. 41), S. 328‒332.

46   Hierzu vor allem Hoffmann, Widerstand (wie Anm. 31), S. 367‒370.

47   Thun-Hohenstein, Kluge (wie Anm. 31); schriftliche Mitteilung Graf Thun an den Autor vom 29.11.1997.

48   Heinemann, Außenpolitische Illusionen (wie Anm. 37), S. 1069.

49   Schlabrendorff, Offiziere gegen Hitler (wie Anm. 38), S. 123 f.

50   Hoffmann, Stauffenberg (wie Anm. 41), S. 379.

51   BA-MA, RH 20‒2/1570. Armee-Oberkommando 2, O.Qu./AWi Fü/VII/Qu. 2 Nr. 4758/44 geheim: Erfassung von 10 bis 13jährigen [...] vom 28.6.1944.

52   BA-MA, RH 20‒2/1569. Armee-Oberkommando 2, O.Qu./Ic/IVa/IVb/AWi Fü/VII/Qu. 2 Nr. 3874/44 geheim: Durchführungsbestimmungen vom 27.5.1944.

53   Spiegelbild einer Verschwörung. Die Opposition gegen Hitler und der Staatsstreich vom 20. Juli 1944. Geheime Dokumente aus dem ehemaligen Reichssicherheitshauptamt, hrsg. von Hans-Adolf Jacobsen, 2 Bde, Stuttgart 1984, S. 395.

54   Ebd., S. 61.

55   Die hämische Formulierung dieses Sachverhalts (»Übrigens...«) bei Gerlach, Männer des 20. Juli (wie Anm. 3), S. 446, Anm. 60, wonach Tresckow »Nachfolger« Himmlers werden sollte, illustriert eine besonders »schnodderige und zynische« Denkweise. Siehe Klaus von Dohnanyi, Rede zur Eröffnung der Ausstellung »Aufstand des Gewissens. Militärischer Widerstand gegen Hitler und das NS-Regime 1933‒1945« in der Paulskirche zu Frankfurt a.M., 25. Januar 1998 (im vorliegenden Bd abgedr. auf S. 379‒392).

56   Hoffmann, Widerstand (wie Anm. 31), S. 330.

57   Spiegelbild (wie Anm. 53), S. 87 ff.

58   Hoffmann, Stauffenberg (wie Anm. 41), S. 297; ders., Widerstand (wie Anm. 31), S. 383 ff.

59   Schreiben Deutsche Dienststelle (WASt) an den Verfasser vom 3. Februar 1998.

60   So auch Peter Steinbach, Hans Günther von Kluge. Ein Zauderer im Zwielicht, in: Die Militärelite des Dritten Reiches. 27 biographische Skizzen, hrsg. von Ronald Smelser und Enrico Syring, Berlin 1995, S. 295 f.

[61] Gespräch Philipp Freiherr von Boeselager mit dem Verfasser, Kreuzberg/Ahr, 21.7.1997; Schreiben Hauptmann a.D. Gerhard Böhmert, Essen, an den Autor vom 31.3.1998. Böhmert war vom November 1942 bis Oktober 1943 in Tresckows Vorzimmer eingesetzt.

[62] Hoffmann, Widerstand (wie Anm. 31), S. 340.

[63] Brief an seine Frau vom 10.1.1942, abgedruckt in: Hellmuth Stieff. Ausgewählte Briefe, hrsg. von Hans Rothfels, in: Vierteljahrshefte für Zeitgeschichte 2 (1954), S. 291 – 305.

[64] Schlabrendorff, Offiziere gegen Hitler (wie Anm. 38), S. 138 f.; Hoffmann, Widerstand (wie Anm. 31), S. 444.

[65] Hans Mommsen, Gesellschaftsbild und Verfassungspläne des deutschen Widerstandes, in: Der deutsche Widerstand gegen Hitler. Vier historisch-kritische Studien, hrsg. von Walter Schmitthenner und Hans Buchheim, Köln 1966 (= Information, 17), S. 166.

»Ich kannte früh des Jammers ganze Bahn –
ich hab gewarnt – nicht hart genug und klar!
Und heute weiß ich, was ich schuldig war ...«
Albrecht Haushofer   *Moabit 1944/45*

Bernhard R. Kroener

Generaloberst Fritz Fromm und der deutsche Widerstand. Annäherung an eine umstrittene Persönlichkeit

Wenige Tage nach der gespenstisch verlaufenen letzten Geburtstagsfeier Hitlers und unmittelbar vor der Einschließung Berlins durch die Rote Armee versuchten Justizbeamte das noch vorhandene Aktenmaterial ihres Ministeriums zu vernichten. Insassen des Zuchthauses Brandenburg, die meisten von ihnen Opfer der politischen Justiz des Nationalsozialismus, hatten den Scheiterhaufen zu errichten, auf dem das in Rauch aufging, in dessen Namen sie jahrelange Haft hatten erdulden müssen.

Aber nicht nur Aktenmaterial wurde verbrannt. Unter dem Zuruf: »Immer raus mit dem Dreck« warfen offenbar angetrunkene Beamte zwei zur Arbeit eingeteilten Gefangenen eine verschlossene Pappschachtel zu, die den lakonischen Vermerk »Generaloberst Fromm« trug. Offenbar in der Hoffnung, etwas Verwertbares zu finden, öffneten diese das Behältnis und erblickten die verbrannten Überreste eines menschlichen Körpers.

Mit einer für apokalyptische Zeiten erstaunlichen Pietät überantworteten die beiden aus dem kommunistischen Widerstand stammenden Gefangenen die Aschenreste von Fritz Fromm nicht erneut den Flammen, sondern setzten sie mit einigen begleitenden Worten am Fuße einer großen Blutbuche im Parkgelände des Ministeriums in einer rasch ausgescharrten Mulde bei. Nach dem Kriege wuchsen an dieser Stelle Tabakpflanzen zur Selbstversorgung der Berliner, bevor in den siebziger Jahren das gesamte Gelände großflächig überbaut wurde[1].

Stoff für ein klassisches Drama. Wer war dieser hochrangige Offizier, an den die Erinnerung offenbar ebenso flüchtig geworden zu sein scheint, wie dies das Regime mit seiner sterblichen Hülle beabsichtigte? Welcher Vorwurf wog so schwer, daß man ihn noch über den Tod hinaus mit derartiger Verachtung strafte? Ein Blick in die historische Forschung und die Publizistik der Bundesrepublik läßt erkennen, daß selbst die öffentliche Meinung vom Lebensschicksal dieses Mannes nur am Rande Notiz genommen hat[2].

Die Repräsentanten des »Dritten Reiches«, die sich dem Widerstand erkennbar widersetzt hatten, vor allem, wenn sie das Kriegsende nicht erlebt oder im Rahmen der alliierten Nachkriegsprozesse zum Tode verurteilt und hingerichtet worden waren, stellten den gleichmäßig düsteren Hintergrund dar, vor dem sich der Neubeginn umso heller entfalten konnte. In dieser Situation erschien es wenig opportun, die vielfältigen Schattierungen dieses systemkonformen Hintergrundes genauer auszuleuchten. Zu leicht wäre nur weniges weiß und schwarz, vieles aber als unterschiedlichste Grautönung erkennbar geworden.

So verwundert es nicht, daß auch Fromm eigentlich nur unter dem Aspekt seines Verhaltens am Tage des Attentats auf Hitler 1944 wahrgenommen und interpretiert wurde. Auf Anordnung von Generaloberst Fritz Fromm, Chef der Heeresrüstung und Befehlshaber des Ersatzheeres (Ch HRüst u. BdE), waren die führenden Vertreter des militärischen Widerstandes in der Nacht vom 20. auf den 21. Juli 1944 im Hof des Bendlerblockes erschossen worden[3].

Die Repräsentanten eines »anderen Deutschland« hatten im Angesicht des Zusammenbruchs vor aller Welt deutlich gemacht, daß ein Tyrannenmord und ein gewaltsamer Umsturz der politischen Verhältnisse als letzte Konsequenz auch dann moralisch geboten ist, wenn der Ausgang zweifelhaft erscheint. Sie sind damit zu Ikonen einer demokratisch gewendeten bundesdeutschen Identität geworden, in deren Schatten sich aber auch jene wiederfanden, denen das Schicksal nach eigenem Empfinden eine derartige Chance versagt hatte[4].

Wie bei allen Ereignissen und Personen im Umfeld einer Verschwörung erweist sich auch im Falle Fromm das Quellenmaterial als eher dürftig. Dennoch erstaunt es, daß sich selbst die wissenschaftliche Literatur in ihrer Beurteilung der Handlungsweise Fromms nur graduell vom Urteilsspruch des »Volksgerichtshofes« unterscheidet, der ihn wegen Feigheit zum Tode verurteilt hatte[5]. Die verbreitetste Lesart ist die, Fromm habe aus opportunistischen Erwägungen die Verschwörer töten lassen, um sich lästiger Mitwisser zu entledigen, habe auf beiden Schultern getragen, um in jedem Falle auf der Siegerseite zu stehen[6]. Erstaunlich ist die methodische Unbekümmertheit, mit der noch heute so weitgehende Schlüsse ohne eine genaue Kenntnis der Persönlichkeit und Lebensleistung des Betroffenen gezogen werden. Während die Führungselite der Wehrmacht wie auch die herausragenden Vertreter des deutschen Widerstandes ihre Biographen gefunden

Fritz (Friedrich) Fromm (1888 bis 1945)

haben, ist es wenig verständlich, daß Fromm, einer der Hauptakteure des 20. Juli 1944, ausgespart worden ist und in der Literatur eher konturenlos bleibt[7]. Fast hat es den Anschein, als entzöge er sich einer leichthändigen Kategorisierung in Opfer oder Täter. Von daher erscheint es nicht nur wissenschaftlich redlich, sondern auch historisch reizvoll, den Lebensweg von Fritz Fromm nachzuzeichnen, um damit auch sein Handeln im Kräftefeld des deutschen Widerstandes umfassender und vielleicht auch zutreffender deuten zu können.

I.

Als Sohn eines märkischen Pfarrers hatte der Großvater Fromms, Anfang des 19. Jahrhunderts, als königlich preußischer Steuer-Inspektor den Fuß auf eine soziale Karriereleiter gesetzt, die es ihm ermöglichte, seinen Sohn in die bürgerliche Artilleriewaffe aufnehmen zu lassen, wo dieser bis zum Generalleutnant aufstieg. Eine bürgerliche Lebensleistung im Schatten der Monarchie, eine Erfahrung, die sich auch dem 1888 geborenen Friedrich, genannt Fritz, mitteilte.

Geprägt durch ein nationalkonservatives Elternhaus und aufgewachsen im wilhelminischen Reich wurden für ihn die außenpolitischen Erfolge, der technische Fortschritt und die im Gegensatz dazu gleichsam zurückgebliebenen spätfeudalen sozialen Strukturen, die gerade für die bürgerlichen Angehörigen des Offizierskorps besonders schmerzhaft spürbar waren, zu den prägenden Koordinaten seiner Sozialisation[8]. Vom Vater für die Artillerielaufbahn vorgesehen, entwickelte der hünenhafte, von Natur aus empfindsame und eher etwas linkische junge Mann fast zwangsläufig eine innere Distanz zu seiner Umgebung, eine Verschlossenheit, die ihn sein ganzes Leben begleiten sollte[9]. Bei dieser Disposition wurden die Offizierexistenz und ihr geschlossener Wertekanon für ihn zu einem Sicherheit verleihenden sozialen Regelwerk. Kein Kämpfer, entwickelte der hochbegabte Artillerist auffallende organisatorische Fähigkeiten, die ihn während des Ersten Weltkrieges in Adjutanten-, später in Generalstabsstellungen bringen sollten. Das Kriegserleben, das er zunächst in Frankreich, seit Anfang 1915 an der russischen und schließlich an der rumänischen Front kennenlernte, wurde für Fromm in mehrfacher Hinsicht prägend. Der industrialisierte Massenkrieg ließ ihn rasch die von Jahr zu Jahr größer werdende Kluft zwischen einer adeligen Elite von Berufsmilitärs, die das Offiziersein primär als geburtsständische Qualität und nicht als erlernbare Tätigkeit ansahen, und der Masse bürgerlicher Reserveoffiziere und Soldaten erkennen[10]. Der Zusammenbruch erschien dem jungen Hauptmann daher primär als Zusammenbruch einer Monarchie, die die materiellen und seelischen Ressourcen des Reiches nicht hatte mobilisieren können.

Der Erfahrungshorizont von Fritz Fromm unterschied sich nur unwesentlich von dem seiner Kameraden, die, wie er, das Glück hatten, in die Reichswehr übernommen zu werden. Im Unterschied zu den meisten von ihnen, konnte der Organisationsfachmann Fromm sein Talent vom ersten Tage an unter Beweis stellen. Er sah seine Aufgabe in erster Linie darin, der Reichswehr, als Garant eines in Zukunft wiederzuerlangenden Großmachtstatus, auch unter extrem ungünstigen Voraussetzungen jede nur mögliche Handhabe zu verschaffen. Dieser Zielsetzung, die nichts anderes als die gewaltsame Revision der Ergebnisse von Versailles bedeutete, widmete er sich in wechselnden Funktionen, die ihn vom »Grenzschutz Ost« in Frankfurt/Oder über das Wehrkreiskommando III (Berlin)[11] in geheimer Mission in die Sowjetunion führten, ebenso wie als Haushaltsreferent des Reichskriegsministeriums im Reichstag sowie als Mitglied der deutschen Delegation bei den Genfer Abrüstungsverhandlungen[12]. Wie sehr seine politisch-militärischen Vorstellungen die communis opinio der Reichswehrführung widerspiegelten, beweist Fromms spannungslose Zusammenarbeit mit so unterschiedlichen Charakteren wie Fritsch, Hammerstein-Equord, Schleicher, Blomberg und Brauchitsch.

Die Machtübernahme des Nationalsozialismus erschien ihm zunächst als Ausdruck einer nationalen Revolution, die geeignet war, die bisherigen parlamentarischen Beschränkungen der Aufrüstung aufzuheben und einen technologischen Modernisierungsschub herbeizuführen[13]. Indem Hitler eine als »Wiederwehrhaftmachung« apostrophierte gesellschaftliche Militarisierung propagierte, versprach er die materielle und ideologische Voraussetzung der als unvermeidlich angesehenen Auseinandersetzung mit den Siegermächten von Versailles herzustellen. Wie die Masse der Reichswehroffiziere blieb auch Fromm zunächst in der Vorstellung befangen, im Kräfteparallelogramm des neuen Reiches sei die Armee der stärkere Partner[14]. Eine Annahme, die durch die Entmachtung der SA, des gefährlichsten Konkurrenten, an der Fromm durch logistische Unterstützung mitgewirkt hatte, noch bestätigt zu werden schien[15].

Mit der Ermordung Kurt von Schleichers, dessen Volksheervorstellungen er eher geteilt hatte als die Führerheerkonzeption Seecktscher Prägung, begann seine Begeisterung für die nationale Revolution, wohl früher als bei anderen führenden Vertretern der Wehrmacht, zu schwinden[16]. Seine wachsenden Zweifel am nationalsozialistischen Regime und dessen menschenverachtende Politik ordnete er jedoch bis zu einem gewissen Grade seiner grundsätzlichen programmatischen Zielsetzung, der Aufrüstung des Heeres, die in den folgenden Jahren von ihm maßgeblich bestimmt wurde, unter. In einer umfangreichen Denkschrift legte Fromm, in seiner Eigenschaft als Chef des Allgemeinen Heeresamtes (AHA), bereits im August 1936 dem Oberbefehlshaber des Heeres die Frage vor, ob bei der politischen Führung des Reiches die feste Absicht bestehe, »die Wehrmacht zu einem bestimmten schon festgelegten Zeitpunkt einzusetzen oder nicht«. Die rasante, primär an politischen und militärisch-strategischen Prämissen orientierte Aufrüstung lief zunehmend Gefahr, die bestehende Friedenswirtschaft und damit die ökonomische Leistungsfähigkeit des Reiches insgesamt zu überfordern. Als erster Spitzenmilitär hatte er erkannt, daß am Ende der Aufrüstungsphase die Wehrwirtschaft in eine Kriegswirtschaft überführt werden mußte. Anderenfalls riskierte die Führung des Reiches den Kollaps der durch die unmittelbaren Rüstungsaufträge ausgelasteten Volkswirtschaft. Die dem Prozeß einer forcierten Aufrüstung innewohnende Dynamik mußte zwangsläufig in einen militärischen Konflikt einmünden, auf den das Heer weder hinsichtlich der inneren Kohärenz der Verbände noch hinsichtlich seiner Ausbildung und kriegsmäßigen Bevorratung eingestellt war[17]. Fromm war sich dieses Dilemmas früher als Beck bewußt geworden[18]. Im Unterschied zu jenem sah er aber in den folgenden Jahren keine Möglichkeit, seinen Rücktritt zu provozieren, zumal der Oberbefehlshaber des Heeres, Generaloberst Werner Freiherr von Fritsch, die Ansichten Becks unterstützte. Als Ventil erschienen ihm seine zunehmend pessimisticheren Lagebeurteilungen, mit denen er nicht hinter dem Berg hielt. Daß sie den Angehörigen des diplomatischen Korps in Berlin bekannt wurden, hat er zweifellos billigend in Kauf genommen, ob er sie aus politischen Erwägungen bewußt ausgestreut hat, läßt sich nur vermuten[19].

Die »Wiederwehrhaftmachung« des Reiches als Voraussetzung der dem Reich naturgemäß zukommenden Weltmachtrolle, als Fundament seiner innenpolitischen Schlüsselrolle im autoritären Führerstaat, war für Fromm wie für die gesamte militärische Elite des »Dritten Reiches« eine selbstverständliche Position. Auch eine gewaltsame Auseinandersetzung um die im Westen und Osten verlorenen Territorien und eine ferne Abrechnung mit dem als Drahtzieher der Novemberrevolution empfundenen marxistischen System in Moskau ordnete sich in den politischen Horizont der militärischen Führung ein[20]. Die Geschwindigkeit, mit der sich dieser Konflikt am außenpolitischen Horizont abzuzeichnen begann, versetzte die Generalität allerdings zunehmend in die Rolle des Zauberlehrlings, dem der Besen des politisch-ideologischen Hausputzes aus der vermeintlichen Kontrolle geriet. Eine militärische Niederlage, das war ihnen allen bewußt, bedeutete neben allen anderen Folgen auch ihre endgültige innenpolitische Entmachtung. Letztlich vermochte die Heeresführung nach der Fritschkrise und angesichts einer bewußt herbeigeführten Kriegsgefahr nur mehr defensiv zu reagieren[21].

Fromm, wie viele andere Militärs, sah sich in einem Dilemma gefangen, das ihn auch in den folgenden Jahren nicht mehr loslassen sollte. Hatte man sich nach dem Ersten Weltkrieg bis zum Ende der dreißiger Jahre der Wiedergewinnung der politisch-militärischen Handlungsfreiheit der Vorkriegszeit verschrieben gehabt, sah man sich nun als Steigbügelhalter eines Regimes, das leichtherzig den Weg in eine kriegerische Auseinandersetzung provozierte, die man generell zwar einkalkuliert, in der Größenordnung eines europäischen Konfliktes zu diesem Zeitpunkt aber für existentiell bedrohlich ansah. Das bedeutete für die Führungselite der Wehrmacht, soweit sie über die Tugend einer klaren Lagebeurteilung verfügte, daß man, vor dem Hintergrund eines deutlichen Verlu-

stes von politischen Einwirkungsmöglichkeiten, nur mehr fachlich und im
Rahmen der jeweiligen Kompetenzen agieren konnte. Andererseits widersprach
es dem beruflichen Selbstverständnis der überwiegenden Mehrzahl der militärischen Führer, nachdem man den Weg soweit mitgegangen war und seinen Verlauf zum Teil auch aktiv mitbestimmt hatte, einen Rücktritt zu erzwingen. Die
zahlreichen, interessanterweise zumeist aus den Zirkeln der Organisationsfach-
leute stammenden Denkschriften, die im Spätsommer 1939 vor den Risiken
eines europäischen Konfliktes warnten, sprechen in dieser Richtung eine deutliche Sprache[22].

Nach Abschluß des Polenfeldzuges und im Angesicht der Auseinandersetzung mit Frankreich, dem Angstgegner der Reichswehr, erschienen Fromm
Staatsstreichüberlegungen, wie realistisch sie auch immer betrieben werden
mochten, als innen- wie außenpolitischer Selbstmord[23]. In seinem eigenen Befehlsbereich hatte er im Herbst 1939 erfahren können, wie rasch das Regime
Positionen zu besetzen in der Lage war, die das Militär aus Unfähigkeit oder
durch die Ungunst der Verhältnisse hatte räumen müssen. Im Februar 1940
offiziell zum Chef der Heeresrüstung und Befehlshaber des Ersatzheeres ernannt, mußte er bereits im März die Munitionsfertigung, einen zentralen Bereich der Heeresrüstung, an einen Vertrauten aus Hitlers unmittelbarem Umfeld
abtreten. Auf dem Munitionssektor hatte sich das bewahrheitet, was Fromm
und Georg Thomas, der Chef des Wehrwirtschafts- und Rüstungsamtes, gerade
hinsichtlich der militärischen Verantwortung für eine umfassende Vorbereitung
der Gesellschaft für den industrialisierten Krieg immer wieder befürchtet hatten: die Zurückdrängung der militärischen Macht aus politischen Entschei-
dungsbereichen und ihre Reduzierung auf die eng begrenzte unmittelbare Führung des Waffenkrieges[24].

Der unerwartet rasche Sieg über Frankreich hatte für die gesamte militärische Führung, aber nicht nur für sie, geradezu katastrophale Folgen. Hitler, der
militärische Dilettant, hatte ihre Befürchtungen und pessimistischen Lagebeurteilungen – wie es schien – gründlich diskreditiert. Wollten die Militärs das innenpolitische Gewicht siegreicher Waffen nicht unnötig aufs Spiel setzen,
mußten sie, unter Hintansetzung aller möglichen fachlichen Bedenken, eine
durch nichts zu erschütternde Siegeszuversicht an den Tag legen. Diese Haltung
fiel um so leichter, als das Bewußtsein, daß es an den Grenzen des Reiches
keinen ernstzunehmenden militärischen Gegner mehr gebe, der allgemeinen
Überzeugung der Wehrmachtführung entsprach. Auch der Chef der Heeresrüstung machte in dieser Hinsicht keine Ausnahme[25]. Der Eindruck, den Ulrich
von Hassell bereits im Frühjahr 1940 gewann, daß auch Fromm, dem man bisher ein gewisses Augenmaß für die Realitäten des Krieges nachgesagt hatte,
ebenfalls »vom wilden Kriegsknecht gebissen« sei, dürfte durchaus zutreffend
gewesen sein[26]. Im Juli 1940 nahm der Chef der Heeresrüstung in Anwesenheit
des Gauleiters von Berlin, Joseph Goebbels, am Brandenburger Tor den Vor-
beimarsch der aus Frankreich zurückkehrenden Truppen ab. Im Bewußtsein des

militärischen Sieges drängte Fromm den Vertreter des Regimes öffentlich in eine untergeordnete Position, die durch die physische Ungleichheit der beiden Männer gleichsam publikumswirksam unterstrichen wurde[27]. Goebbels hat diesen Affront nie vergessen. Aber noch einen weiteren unversöhnlichen Gegner schuf sich Fromm im Sommer 1940. Hitler, in der Erkenntnis, daß der geplante Krieg gegen die Sowjetunion in erster Linie eine Frage militärischer Organisation sein werde, informierte Ende Juli 1940 zunächst den Chef der Heeresrüstung von seinen Angriffsabsichten[28]. Dieser Vertrauensbeweis dem »starken Mann im Heimatkriegsgebiet« gegenüber, der gleichzeitig auch der Verantwortliche für das gesamte personelle Ersatzgeschäft der Wehrmacht war, ließ den Chef des Oberkommandos der Wehrmacht (OKW), Generalfeldmarschall Wilhelm Keitel, seine ungefestigte Position als militärischer »Sekretär« des Führers und Obersten Befehlshabers besonders deutlich bewußt werden. Keitel hat dann auch in den folgenden Monaten keine Gelegenheit ausgelassen, Fromms Zusicherung Hitler gegenüber, er könne die Aufrüstung des Heeres für den Ostkrieg bis zum Sommer 1941 sicherstellen, vorausgesetzt das OKW weise ihm die erforderlichen materiellen und personellen Ressourcen termingerecht zu, zu torpedieren[29]. Im Sommer 1940 stand Fromms Stern im Zenit.

Ein Jahr später erkannte er, früher als die anderen militärischen Führer, daß nach dem Scheitern des Vabanquespiels im Osten der Krieg nicht mehr zu gewinnen war. In einem mutigen Schritt, der den späteren Vorwurf des Opportunismus zumindest fragwürdig erscheinen läßt, trug er Ende Oktober 1941, also noch vor Beginn der russischen Gegenoffensive, dem Oberbefehlshaber des Heeres seine Bedenken vor und forderte diesen auf, Hitler zu einer politischen Beendigung des Krieges aus der augenblicklichen Position militärischer Stärke heraus zu veranlassen[30]. Walther von Brauchitsch, der zu diesem Zeitpunkt Fromms pessimistische Lagebeurteilung keineswegs teilte, der sich zudem seiner zunehmend schwächer werdenden Position durchaus bewußt war, hat diese Demarche offensichtlich nicht weiter verfolgt. Wenige Wochen später wandte sich Hitler mit der Aufforderung an Fromm, der unter dem Druck der Roten Armee weichenden Ostfront den dringend benötigten Ersatzbedarf zuzuführen[31]. Der Befehlshaber des Ersatzheeres befand sich damit in einer kritischen Position. Einerseits verstärkten sich seine Bedenken hinsichtlich des weiteren Verlaufs des Krieges, anderseits vermochte er sich nicht aus der Verantwortung zu lösen, alles zur Unterstützung der Ostfront in die Wege zu leiten. Seine Unentbehrlichkeit als militärischer Organisationsfachmann bewahrten ihm, zumindest bis zum Spätsommer 1942, seinen Einfluß bei Hitler. Gegen alle Voraussagen schien die begrenzte deutsche Offensive im Süden der Ostfront noch einmal Raum zu gewinnen, schien es zu gelingen, die sowjetischen Erdölgebiete im Kaukasus zu besetzen. Doch bereits im August 1942 ließ eine wachsende materielle und personelle Auszehrung des Ostheeres keinen Zweifel daran, daß selbst bei Erreichen der gesteckten Operationsziele die Kraft zu einem vollständigen Niederringen des sowjetischen Gegners fehlen würde.

Ende November 1942, ein Jahr nach seinem Vortrag bei Brauchitsch, versuchte Fromm mit einer erneuten Denkschrift an den Oberbefehlshaber des Heeres, jetzt war es Hitler selbst, eine deutsche Friedensinitiative herbeizuführen[32]. Mit diesem Schritt hatte sich der Chef der Heeresrüstung in den Augen des Regimes als unzuverlässig diskreditiert. Selbst Speer, der Fromm als einen der wenigen Militärs schätzen gelernt hatte, der über den engen Rahmen seines Fachgebietes hinaus gesamtpolitische und wirtschaftliche Zusammenhänge in militärische Lagebeurteilungen einzubringen vermochte, gelang es nicht mehr, Fromm zu einem Vortrag mitzunehmen[33]. Der Verlust des unmittelbaren Zuganges zu Hitler markiert augenfällig den massiven Einflußverlust, den der Chef der Heeresrüstung und Befehlshaber des Ersatzheeres hatte hinnehmen müssen. Während Goebbels im Winter 1942/43 Hitler erneut für sein Konzept eines totalen Krieges zu begeistern suchte, gewann der Chef OKW mit seinem Eintritt ins Dreimännergremium neben Lammers und Bormann eine Schlüsselstellung im Verteilungskampf der personellen Ressourcen in der zweiten Kriegshälfte[34].

Für Fromm verband sich das offensichtliche Scheitern seines Lebenswerkes mit einer persönlichen Katastrophe. Im November 1942 fiel sein einziger Sohn an der Ostfront[35]. Seit Anfang 1943 scheint er resigniert zu haben, häuften sich die beruflichen Mißerfolge, verstärkte sich auch seine Entmachtung[36]. Bereits 1942 hatte er in einer auch von ihm als fair empfundenen Absprache Speer weite Bereiche der Heeresrüstung unterstellt[37]. Im Januar 1943 erfuhr er mit der Ernennung Heinz Guderians zum Inspekteur der Panzertruppen einen entscheidenden Einbruch in den Bereich des Ersatzheeres[38]. Wenig später erfolgte mit der Errichtung des Wehrersatzamtes unter der Leitung von General Friedrich Olbricht eine erneute Schmälerung seines Einflusses[39]. Gleichzeitig wuchsen Fromms Rivalitäten mit den verschiedenen Ämtern des OKW, die seine Schwächung zur Arrondierung ihrer Befehlsbereiche zu nutzen verstanden. So suchte der Chef des Heeresstabes im OKW, General Walter Buhle, im Ausbildungssektor des Heeres Fuß zu fassen, während der Chef des Allgemeinen Wehrmachtamtes, General Herrmann Reinecke, dem zunehmend als politisch unzuverlässig eingestuften Fromm die Aufsicht über die wehrgeistige Rüstung im Ersatzheer zu entwinden suchte[40].

Goebbels, aber auch Bormann und schließlich Himmler suchten 1943 verstärkt nach Möglichkeiten, Fromm zu ersetzen, scheiterten aber an der Unmöglichkeit, eine personelle Alternative zu der in fast zwanzig Jahren erworbenen Fachkompetenz Fromms vorzuführen. In Aussicht genommene Kandidaten, die die Gewähr ideologischer Festigkeit und persönlicher Härte boten, wie etwa Generalfeldmarschall Walter Model, scheiterten letztlich an dieser Hürde[41].

Im Laufe des Jahres 1943 dürfte Fromm den Versuch unternommen haben, den Dienst zu quittieren, wie wohl auch seine Kontakte zum Widerstand in dieser Zeit deutlichere Konturen erfahren haben.

Seine intensiven Verbindungen zu Großindustriellen der Rüstungsbranche, seine für einen Berufsmilitär erstaunlichen wirtschafts- und finanzpolitischen

Kenntnisse, sein Interesse an technischen Neuerungen und vor allem seine enge Verbindung zum Heereswaffenamt machten ihn als Lobbyisten für die Industrie interessant. Außer zu Krupp-Direktor Paul Müller bestanden enge Kontakte zum Berliner Industriellenmilieu, und hier vor allem zu Geheimrat Oskar Wessig, Generaldirektor der Rheinmetall-Borsig-Werke, und Hermann Bücher von der AEG. Während Wessig Fromm eine leitende Tätigkeit bei Rheinmetall in Aussicht stellte, brachte Bücher ihn mit den Industriellen zusammen, die bereits erste Überlegungen für die wirtschaftliche Zukunft des Reiches nach Hitler anstellten. Warum die Verhandlungen mit Rheinmetall-Borsig, nachdem sie offensichtlich weit gediehen waren, scheiterten, läßt sich mit letzter Sicherheit nicht mehr rekonstruieren[42]. Ein Bündel unterschiedlich zu gewichtender Motive dürfte Fromm schließlich bewogen haben, doch nicht aus dem Amt zu scheiden. Eine tragende Grundströmung stellte dabei zweifellos seine spezifische Auffassung vom Beruf des Offiziers dar. Im Angesicht einer sich immer aussichtsloser gestaltenden Kriegslage schien es ihm mit seinem Berufsethos unvereinbar, seinen Platz zu räumen. Der Schöpfer der personellen und materiellen Ersatzgestellung des Heeres wollte nicht durch einen Amtsverzicht das Scheitern seines Lebenswerkes eingestehen. Die persönlichen Motive bilden aber nur eine Seite seiner Entscheidung. Der Kampf der Partei gegen den als unzuverlässig eingeschätzten Befehlshaber des Ersatzheeres nahm im Angesicht der sich verschärfenden Kriegslage deutlichere Züge an.

Die Ausschaltung der traditionellen Elemente der öffentlichen Verwaltung und die Überlagerung ihrer Kompetenzen durch die NSDAP trat Ende 1943 in eine neue Phase. Himmler, Reichsführer SS und Chef der deutschen Polizei, hatte im Sommer 1943 den Reichsinnenminister Wilhelm Frick ersetzt[43]. Anfang 1944 wurde deutlich, daß Himmler eine Gelegenheit suchte, das Gewaltmonopol der Partei durch die Kontrolle auch über das 1,2 Millionen Mann starke Ersatzheer zu vervollständigen. Nachdem er schon vor dem 20. Juli den Oberbefehl über die Volksgrenadier-Divisionen übertragen erhalten hatte, lieferte das Attentat auf Hitler den Gegnern Fromms in Partei und OKW die willkommene Gelegenheit, die bewaffneten Kräfte im Heimatkriegsgebiet, die das Regime in Erinnerung an die Ereignisse vom November 1918 als eine mögliche Keimzelle revolutionärer Bestrebungen ansah, ihm den militärischen Oberbefehl zu entziehen und ihn der Kontrolle der Partei zu unterstellen[44].

II.

Dieser intensive Blick auf die Lebensgeschichte Fromms läßt den Betrachter die von der Widerstandsforschung vorgebrachte Interpretation seines Verhaltens als unbefriedigend empfinden. Welche Rolle aber hat Fromm im Kreise der militärischen Angehörigen des Widerstandes gespielt und welche Ereignisse haben ihn zu dem barbarischen Strafgericht in der Nacht zum 21. Juli 1944 bewogen?

Der Krieg als gewaltsame Revision der durch den Versailler Vertrag geschaffenen Verhältnisse war von Fromm als historische Notwendigkeit, wenngleich zu einem späteren Zeitpunkt als 1939, akzeptiert worden. Daß das Regime aber nicht bereit war, ihn zu beenden, als die Chancen eines militärischen Sieges in weite Ferne gerückt waren und damit der Bestand des Reiches existentiell gefährdet war, zerstörte dessen Legitimität. Hier liegt der Ansatzpunkt seiner Verbindung zum Widerstand. Er blieb aber vergleichsweise schwach ausgeprägt, da Fromm die moralische Dimension eines gewaltsamen Aufbegehrens der Notwendigkeit des Erfolges unterordnete. In einem Gespräch mit Hermann Bücher legte er 1943 mit analytischer Klarheit die entscheidenden Mängel eines Putschversuches offen[45]. Ausschlaggebend war für ihn, daß es mit an Sicherheit grenzender Wahrscheinlichkeit nicht gelingen würde, die zur Zernierung und Aushebung des Führerhauptquartiers und anderer zentraler Einrichtungen des NS-Regimes notwendigen Divisionen des Heimatheeres auf die Seite der Verschwörer zu bringen. Das Wissen um die inzwischen erreichte Durchdringung des Offizierskorps mit nationalsozialistischem Gedankengut, also die Treuebeziehung, die die Truppe Hitler gegenüber entwickelt hatte, ließ ihn an der Vorstellung zweifeln, daß allein auf dem Befehlsweg der Umsturz bewerkstelligt werden könne. Eine Neuauflage der Dolchstoßlegende schien ihm unvermeidlich.

Unter dem Eindruck zunehmender Pressionen der Partei auf die Führung des Ersatzheeres und seiner eigenen schwachen Stellung glaubte er auch im Interesse seines Amtes kein unzumutbares Risiko eingehen zu dürfen. Zweifellos stimmte er seit 1943 mit den Zielen der Verschwörer überein, ihr Vorgehen wollte er aber nicht gutheißen[46]. Insofern war es nicht blanker Opportunismus, wenn er, sollte der Aufstand wider Erwarten glücken, seine loyale Mitarbeit in Aussicht stellte. In diesem Kontext fügt sich auch ein, daß er die Verschwörer in seiner Umgebung agieren ließ[47]. Den Angehörigen der zentralen Organisationsbereiche des Heeres, denen, stärker als den Soldaten der Fronttruppe, die personelle und materielle Auszehrung der Wehrmacht Tag für Tag deutlicher vor Augen stand, bedurften nach seiner Vorstellung mehr als alle anderen des Ventils einer grundsätzlichen Kritik an den Verhältnissen. Weitgehend isoliert von den Vorgängen in einzelnen Ämtern seines Befehlsbereiches glaubte Fromm bis zum Juli 1944 wohl nicht, daß ein Putsch realisiert werden könnte. Insofern hat ihn der »Walküre«-Aufruf Olbrichts just an dem Tag, an dem Fromm im Führerhauptquartier mitgeteilt wurde, daß Himmler mit dem Oberbefehl über die Aufstellung der Volksgrenadier-Divisionen bereits mehr als einen Fuß im Ersatzheer hatte, in höchstem Maße alarmiert. Von innen wie von außen begann ihm die Entwicklung immer rascher zu entgleiten. Damit ist die Ausgangslage skizziert, in der sich Fromm am Nachmittag des 20. Juli 1944 befand.

III.

Olbrichts Meldung vom Gelingen des Attentates hat Fromm nach den Ereignissen der vorangegangenen Tage offenbar nicht mehr überrascht[48]. Es entsprach zweifellos seiner kritischen Grundhaltung gegenüber dieser Form eines Staatsstreiches, daß er sich zunächst beim Chef OKW unmittelbar informierte, ob die zentrale Voraussetzung des Umsturzes, Hitlers Tod, zutreffe. Der innere Zwiespalt, in dem sich der Befehlshaber des Ersatzheeres befand, daß er zwar den Tod Hitlers als conditio sine qua non politischer Veränderungen ansah, aber eine Tötung des Obersten Befehlshabers durch Angehörige der Wehrmacht als verhängnisvoll einschätzte, wird in der geradezu abstrusen Ansicht deutlich, die er dem Stadtkommandanten von Berlin, Generalleutnant Paul von Hase, wenige Tage vor dem Attentat gegenüber geäußert hatte. Er hoffe, Hitler werde sich angesichts der sich täglich verschlechternden militärischen Lage das Leben nehmen[49]. In dieser Aussage verbindet sich die Ansicht, daß ein Offizier durch seinen Freitod die Konsequenzen für unverantwortliches Handeln auf sich zu nehmen habe, mit der Vorstellung, daß im Falle eines Anschlages auf Hitler eine Neuauflage der Dolchstoßlegende zu erwarten sei, die bei der noch bestehenden Führergläubigkeit in Bevölkerung und Truppe bürgerkriegsähnliche Zustände entstehen lassen könnte. Erst wenn der Gegner die Reichsgrenzen überschreite, sei mit einem Umschwung in den Köpfen zu rechnen. Vielleicht hatte Fromm tatsächlich, wie er im Januar 1944 seiner Tochter gegenüber erklärt hatte, für diesen Augenblick seine Vorkehrungen getroffen[50]. Sicher scheint zu sein, daß er Ende 1943 über Mitarbeiter Pläne ausarbeiten ließ, angeblich zur Koordination unmittelbarer Hilfeleistung nach verheerenden Bombenangriffen in der Reichshauptstadt, die vollziehende Gewalt zu übernehmen. Die Absicht kam dem Gauleiter von Berlin, Goebbels, zu Ohren, der keine Zeit verlor, Fromm mitzuteilen, daß man nicht mehr in Kaisers Zeiten lebe, womit er zweifellos die damalige Kompetenz der Militärbefehlshaber im Heimatkriegsgebiet meinte[51]. Da Goebbels auch Himmler über die Pläne des BdE informiert hatte, brachte eine Auslösung der mit seiner Unterschrift versehenen »Walküre«-Befehle Fromm in allergrößte Schwierigkeiten. Kein Wunder, daß er absolut sichergehen mußte, daß Hitler tot war. Da »Walküre« nur durch Hitler selbst oder in seinem Auftrag durch den Chef OKW befohlen werden konnte, mußte Fromm zunächst Keitel bewegen, die entsprechenden Befehle freizugeben.

Man kann sich Fromms Entsetzen unschwer vorstellen, als ihm Olbricht mitteilte, was er veranlaßt hatte. Er war aber auch zutiefst erbittert über die Art und Weise, mit der ihn seine Untergebenen, mit denen er zum Teil seit Jahren eng zusammengearbeitet hatte, in dieser auch für ihn persönlich bedrohlichen Situation überspielt hatten. Er war betroffen, daß seine Position als Befehlshaber und die mit seinem Amt verbundene Befehlsbefugnisse zu einem Unternehmen mißbraucht worden waren, von dessen Durchführung er abgeraten hatte. Die Verhaftung von Mertz von Quirnheim war insofern aus seiner Sicht folgerichtig[52].

Keitels Versicherung, daß Hitler lebe, hatte für Fromm, zumal sie zuvor von dessen Adjutanten bestätigt worden war, so überzeugend geklungen, daß er Stauffenberg auf sein Eingeständnis hin, die Bombe gezündet zu haben, aufforderte, sich selbst zu töten[53]. An dieser Stelle wird bei Fromm erneut ein in dieser Situation anachronistisch wirkender militärischer Ehrenstandpunkt und eine entsprechende Verhaltensmaxime erkennbar. Während er seinen Untergebenen Mertz für dessen Insubordination festnehmen lassen wollte, verlangte er von Stauffenberg, dessen Haltung er innerlich billigte, den Freitod. Als Olbricht bekannte, ebenfalls den Staatsstreich vorbereitet zu haben, ordnete er auch dessen Festnahme an. Es war dann Olbricht, der Fromm darauf hinwies, daß er sich über die wahren Machtverhältnisse täusche und ihn seinerseits festnahm. Es ist auffallend, daß bis zu diesem Zeitpunkt von Standgericht und Erschießen noch keine Rede war.

Offensichtlich trat danach ein Ereignis ein, daß Fromms spätere Entscheidung begründete. Als Olbricht Fromm für verhaftet erklärte, muß es zu einem Handgemenge zwischen den beiden langjährigen Weggefährten gekommen sein, in das auch Mertz und Stauffenberg eingriffen[54]. Erst durch das Dazwischentreten der Oberleutnante Ewald Heinrich von Kleist und Werner von Haeften, die, aus dem Vorzimmer kommend, die Waffe auf Fromm richteten, wurde der Generaloberst überwältigt[55]. In einem seiner Briefe aus der Haft schrieb Fromm an seine Frau, daß er ihr einen Siegelring schicke, »der am 20.7. einen Sprung bekommen hat«[56]. Es muß offenbar mehr vorgefallen sein, als nur eine Rangelei oder gar eine widerstandslose Festnahme. Möglicherweise ist die Mitteilung der langjährigen Hausgehilfin der Familie Fromm zutreffend, die berichtet hatte, der Generaloberst sei bei Betreten seiner Wohnung im Bendlerblock »blutig und außer sich« gewesen[57]. Es kann nicht ausgeschlossen werden, daß Fromm während des Handgemenges so gewaltsam zugesetzt wurde, daß sein Siegelring zerbrach. Fest steht, daß die Ereignisse ihn in höchste Erregung versetzt haben. So beobachtete sein persönlicher Adjutant nach der gemeinsamen Verhaftung: »Fromm lief aufs höchste erregt und hochrot, wie ich ihn noch nie gesehen hatte, im Zimmer auf und ab und sagte immer wieder: So etwas ist ja noch nicht dagewesen, ein Offizier legt Hand an seinen obersten Befehlshaber, die deutsche Uniform ist für immer besudelt, nie wieder kann man diesen Rock in Ehren tragen, meine Offiziere Hochverräter u.s.w. Er konnte sich gar nicht beruhigen[58].« Hier liegt ganz offensichtlich der Schlüssel für den sonst völlig unverständlichen Satz, mit dem Fromm nach seiner Befreiung den Verschwörern entgegentrat: »So, meine Herren, jetzt mache ich es mit Ihnen so, wie Sie es heute mittag mit mir gemacht haben[59].« In diesem Sinne sind auch die nachfolgenden »standrechtlichen« Erschießungen zu verstehen. Zunächst ist festzuhalten, daß es im formalen Sinne kein Standgericht gegeben hat, da wichtige, zwingend vorgeschriebene prozessuale Elemente dieses Verfahrens nicht beachtet worden waren. Es erscheint unverständlich, daß Fromm, der in seiner Eigenschaft als Befehlshaber des Ersatzheeres auch viele Jahre Gerichtsherr der Wehrmachtkommandantur Berlin und Vorgesetzter der Heeresrechtsabteilung war, die einschlägigen Vorschriften nicht gekannt hat[60]. Der überragende Intellekt und die politische Klugheit, die ihm auch von seinen Gegnern zu keinem Zeitpunkt abgesprochen wurde, scheint ihn in diesem Augenblick völlig verlassen zu haben. Die von der Forschung hierzu angebotenen Interpretationen wirken stark konstruiert und wenig realistisch. Für blanken Opportunismus war es in diesem Augenblick ebenso zu spät wie für eine rasche Erledigung möglicher Mitwisser der eigenen Verstrickung. Daß Fromm von Umsturzplänen wußte – wie ernst er sie auch immer genommen haben mag –, war im Allgemeinen Heeresamt einer ganzen Anzahl weiterer Offiziere bekannt[61].

Bisher scheint man sich auch noch nicht die Frage gestellt zu haben, warum die anwesenden Verschwörer eine so unterschiedliche Behandlung erfahren haben. Hoepner wurde ins Wehrmachtgefängnis abgeführt. Im Falle von Generaloberst Beck begegnen wir zum zweiten Mal an diesem Tag dem militärischen Freitod als der ehrenhaften Form, Konsequenzen in einer als aussichtslos erkannten Lage zu ziehen[62]. Vielleicht sollte der Tod durch Erschießen nur die treffen, die unmittelbar Hand an ihren Befehlshaber gelegt hatten. Offenbar empfand Fromm seine Offiziersehre durch die Vorgänge in einer Weise verletzt, die nur in dieser Form angemessene Genugtuung erfahren konnte. Hinzu kommt, und dieses Gefühl spricht auch aus seinen Briefen, die er aus der Haft an seine Frau richtete, daß er sich von seinen engsten Mitarbeitern schmählichst hintergangen fühlte.

So schrieb er etwa unmittelbar nach dem 20. Juli aus der Ehrenhaft an seine Frau. »Ich habe immer nur zwei Dinge gekannt: Meine Arbeit und Dich. Das war mein Inhalt. Nun bin ich so leer, so nutzlos. [...] Was ich erlebte, im Ganzen und persönlich ist so furchtbar, wie man nicht beschreiben kann. Ich werde es nie verwinden. So betrogen und mißbraucht[63].«

Ohne Fromm Gelegenheit gegeben zu haben, sich zu rechtfertigen, hatte Hitler bereits am Nachmittag des 20. Juli Himmler zum Befehlshaber des Ersatzheeres ernannt, der damit in seinem Bestreben, alle staatlichen Gewaltmittel im Heimatkriegsgebiet in seiner Hand zu vereinen, endlich Erfolg hatte[64]. Für Bormann wie auch für Goebbels stand nach den Erfahrungen, die sie seit 1942 mit Fromm hatten sammeln können, fest, daß, wie Goebbels in seinem Tagebuch niederlegte:»Generaloberst Fromm nicht nur mit von der Partie gewesen, sondern das eigentliche Haupt der ganzen Verschwörung ist[65].« Insofern war die Verhaftung des Befehlshabers des Ersatzheeres, seine Entlassung aus der Wehrmacht und, im März 1945, sein Prozeß vor dem »Volksgerichtshof« im Sinne des Regimes folgerichtig[66]. Wieder war es Goebbels, der am 5. März 1945 in einem Vortrag bei Hitler Fromms Tod forderte. Zwei Tage später erfolgte nach erneuter Intervention von Goebbels, mit Unterstützung Himmlers und Kaltenbrunners, das gewünschte Urteil, das am 12. März 1945 auf dem Schieß-

stand des Zuchthauses Brandenburg vollstreckt wurde[67]. Die Perfidie seiner
Häscher verfolgte den ehemaligen Generaloberst noch über das Grab hinaus.
Da ihm eine unmittelbare Mitwirkung am Umsturzversuch nicht nachgewiesen
werden konnte, verlegte man sich auf den Vorwurf der Feigheit, der selbst den
Prozeßbeobachtern der Parteikanzlei juristisch zweifelhaft erschien. Unter den
mehr als zweitausend Todeskandidaten des Zuchthauses Brandenburg trug nur
noch ein weiterer Delinquent dieses für einen Soldaten unerträgliche Kains-
mal[68].

Fromms Haltung, die so widersprüchlich erschien, veranlaßte nach dem
Krieg immer wieder Autoren zu dem Versuch, ihn durch die Zuordnung an-
geblicher Aussagen für die eine oder andere Seite zu reklamieren. In diesen
Zusammenhang gehört auch die kolportierte Version, Fromms letzte Worte vor
seiner Hinrichtung seien: »Es lebe der Führer« gewesen[69]. Auch hier stimmen
die einzelnen Bruchstücke der Überlieferung nicht zusammen. Nach Verlesung
des Urteils bat der ehemalige Chef der Heeresrüstung und Befehlshaber des
Ersatzheeres den zuständigen Vollstreckungsbeamten um das Recht, wenige
Worte sprechen zu dürfen. Wie in einem Brennglas lassen sie am Ende einer
fast vierzigjährigen militärischen Karriere noch einmal die Fixpunkte seines
Handelns deutlich werden: »Ich sterbe, weil es befohlen wurde. Ich habe immer
nur das Beste für Deutschland gewollt.« Und zu dem Erschießungspeloton aus
Justizbeamten gewandt: »Machen Sie sich keine Vorwürfe; Sie tun hier nur Ihre
Pflicht. Ich stehe fest, Kameraden, schießt gut, ich danke es Euch.« Seine letzten Gedanken galten seiner Frau und seinen Angehörigen. Zu einem Hoch auf
den Führer bestand für ihn keine Veranlassung[70]. Sein Leichnam wurde einge-
äschert und dem Reichsjustizministerium überstellt. Der Kreis schließt sich.
Obwohl die wissenschaftliche Literatur zum deutschen Widerstand inzwischen
Bibliotheken füllt, blieben Persönlichkeit und Schicksal Fromms bis heute weitgehend ausgeblendet.

Er war der typische Vertreter einer Gruppe älterer Offiziere, deren prägende
Lebensphase durch die militärgestützte wilhelminische Weltmachtpolitik, das
Fronterleben des Ersten Weltkrieges, das Trauma von 1918 sowie die politisch-
sozialen Folgewirkungen des Versailler Friedensschlusses gekennzeichnet war.
Während sie nach dem Sturz der Monarchie eine entpersonalisierte Treuebeziehung entwickelten, deren Objekt das Reich und die Wiedererlangung seiner
internationalen Machtstellung war, führte das Erlebnis des Weltkrieges gerade
die Kriegstechniker unter ihnen zu dem Bekenntnis, daß nur eine umfassende
Mobilisierung der Gesamtgesellschaft und ihrer Ressourcen den als unabding-
bar erkannten Waffengang der Zukunft würden ermöglichen können. Gleichzeitig wurden Befehl und Gehorsam als Garanten der militärischen Hierarchie
und ihrer Leistungsfähigkeit nie kritisch in Frage gestellt. Fromm hat seine zweifellos mutige Kritik stets nur im Rahmen seines Dienstweges vorgetragen, dabei
bewußt seine Entmachtung in Kauf genommen. Für ihn wie für viele Offiziere
seiner Generation bildete der Kanon militärischer Pflichten, Befehlsstränge und

Hierarchien ein Korsett, das ihnen Halt in einer Welt versprach, deren Werte ihnen zunehmend fremder wurden. Den Zusammenbruch vor Augen, hat Fromm, ähnlich wie manche der mit ihm befreundeten Industriellen, sein Augenmerk in erster Linie darauf gerichtet, im Schutze des militärischen Apparates gesamtgesellschaftliche Strukturen über die als unausweichlich angesehene Katastrophe hinüberzuretten. Als militärischer Technokrat hat er die Chancen eines gewaltsamen Umsturzes im Innern gering veranschlagt, als Offizier wog für ihn die moralisch begründete Notwendigkeit eines offenen, vielleicht zum Scheitern verurteilten militärischen Widerstandes leichter als das Odium, im Augenblick größter Bedrohung des Reiches von außen den Bürgerkrieg im Innern ausgelöst zu haben.

Weniger Mitläufer als viele andere, denen das Schicksal eine öffentliche Bewährungsprobe ersparte, hinsichtlich der Pflicht zu Widerspruch mutiger als manch anderer, blieb Fromm in seiner Haltung zum Widerstand, ähnlich wie Feldmarschall von Kluge, gefangen in dem Verhaltenskanon einer preußisch-deutschen Offizierexistenz des ausgehenden 19. Jahrhunderts.

Seine Haltung am Abend des 20. Juli 1944 hat jedoch keinen politisch-ideologischen Hintergrund. Sie ist weder auf opportunistisches Kalkül noch auf Angst vor entdeckter Mitwisserschaft oder gar Feigheit zurückzuführen, sondern basiert auf einer als unerträglich empfundenen Demütigung, die ihm durch die gewaltsame Amtsenthebung durch seine engsten Mitarbeiter zugefügt worden war. Kein anderer hochrangiger Wehrmachtoffizier hat während des Krieges eine derartige Behandlung von Untergebenen erfahren müssen. Nach jahrelanger kameradschaftlicher Zusammenarbeit erfolgte die Aufkündigung des Vertrauensverhältnisses in einer derartig gewaltsamen Form, daß es nicht nur die Vorstellungskraft Fromms, sondern wohl auch das menschlich erträgliche Maß überstieg. Der offensichtliche Zusammenbruch seines Lebenswerkes, seine auf Betreiben des Regimes erfolgte Entmachtung und schließlich eine aus mancherlei Ursachen gespeiste physische und psychische Erschöpfung haben eine Reaktion provoziert, vor deren Hintergrund die persönliche Integrität und die unbestreitbare Lebensleistung des Chefs der Heeresrüstung und Befehlshaber des Ersatzheeres für die Nachlebenden nicht mehr sichtbar werden konnten. Diese Tragik im Leben, Handeln und Sterben des Generalobersten Fritz Fromm deutlich zu machen, war Anliegen dieses Beitrages.

Inhaltlich unveränderte Wiedergabe des Beitrages in der vierten Auflage des Ausstellungs-Kataloges von 1994.

Anmerkungen

[1] Walter Hammer, Bericht über Generaloberst Friedrich Fromm, 9.9.1951, Bundesarchiv-Militärarchiv, Freiburg (BA-MA), 1/2938; Schreiben von Frau Hildegard Fromm vom 6.10.1951, Familienarchiv Fromm Zernien (AFr).

[2] Einen Überblick über die Forschung und Literatur zum deutschen Widerstand bietet der von Klaus-Jürgen Müller herausgegebene Band: Der deutsche Widerstand 1933 – 1945, 2. Aufl., Paderborn, München, Wien, Zürich 1990, S. 214 f.

[3] Peter Hoffmann, Widerstand-Staatsstreich-Attentat. Der Kampf der Opposition gegen Hitler, 4. Aufl., München, Zürich 1985, S. 624.

[4] Theodor Heuss, Bekenntnis und Dank, in: Gedanken zum 20. Juli, hrsg. von der Forschungsgemeinschaft 20. Juli e.V., 2. Aufl., Mainz 1984, S. 36.

[5] Oberkommando des Heeres, Heerespersonalamt, Nr. 12264/44 g Ag P 2/Chefgr. Ia, 23. März 1945, Mitteilung über Verurteilung und Hinrichtung von Fromm, BA-MA, Pers 6/26.

[6] So noch in der jüngst erschienenen, in ihrem Urteil ansonsten ausgewogenen Biographie zu General Friedrich Olbricht: Helena H. Page, General Friedrich Olbricht. Ein Mann des 20. Juli, 2. Aufl., Bonn 1994, S. 248 f.

[7] Generalfeldmarschall Keitel. Verbrecher oder Offizier? Erinnerungen, Briefe, Dokumente des Chefs OKW, hrsg. von Walter Görlitz, Göttingen 1961; Stefan Martens, Hermann Göring »Erster Paladin des Führers« und »Zweiter Mann im Reich«, Paderborn 1985; Bodo Scheurig, Alfred Jodl. Gehorsam und Verhängnis. Biographie, Berlin, Frankfurt 1977; Christian Hartmann, Halder. Generalstabschef Hitlers 1938 – 1942, Paderborn 1991; Gerd R. Ueberschär, Generaloberst Franz Halder. Generalstabschef, Gegner und Gefangener Hitlers, Göttingen, Zürich 1991; Bodo Scheurig, Henning von Tresckow, 2. Aufl., Berlin 1980; Peter Hoffmann, Claus Schenk Graf von Stauffenberg und seine Brüder, Stuttgart 1992.

[8] AFr, Familienchronik Fromm (1985) (wie Anm. 1), S. 3 f.

[9] Tagebuch Richard Fromm, Januar 1901, BA-MA, MSg 1/1045; Aufnahmegesuch an Kaiser Wilhelm II. für Fritz Fromm, Berlin, 13.7.1906, AFr (wie Anm. 1).

[10] Tagebuch von Hermann Kaiser aus dem Ersten Weltkrieg. Kaiser war als junger Reserveoffizier Ordonnanzoffizier beim Artilleriekommandeur der 76. Reserve-Division. In diesem Stabe war Fromm bis 1916 Abteilungsadjutant. Im Tagebuch finden sich zahlreiche Hinweise auf kontroverse Diskussionen über die Rolle der Offizierkorps im Kriege.

[11] Vorträge Fromms vor Offizieren des Wehrkreiskommandos III über Fragen von Organisation, Rüstung und Mobilmachung im Zukunftskrieg (1925), in: BA-MA, RH 53 – 3/26.

[12] Unter anderem finden sich Unterlagen zu Fromms Tätigkeit als Haushaltsreferent (1930 – 1931) in: BA-MA, RH 1/v. 9.

[13] Akten der Reichskanzlei der NSDAP. Regierung Hitler 1933 – 1938, T. I, Bd 1, hrsg. von Konrad Repgen und Hans Booms, bearb. von Karl-Heinz Minuth, Boppard 1983, S. 336 ff.

[14] Erinnerungen Generaloberst Wilhelm Adam, Bd III, (1933), S. 170, maschinenschriftlich, BA-MA, N 738/3; Berndt-Jürgen Wendt, Großdeutschland. Außenpolitik und Kriegsvorbereitung des Hitler-Regimes, München 1987, S. 72.

[15] Heinz Höhne, Der Orden unter dem Totenkopf. Die Geschichte der SS, Frankfurt 1969, S. 107.

[16] Herrmann Woothke, Aufgabe, Opfer und Lohn des öffentlichen Dienstes, in: Die Höhere Schule (1959), H. 8, S. 153 – 155.

17 Wilhelm Deist, Die Aufrüstung der Wehrmacht, in: Das Deutsche Reich und der Zweite Weltkrieg, Bd 1: Ursachen und Voraussetzungen der deutschen Kriegspolitik, 2. Aufl., Stuttgart 1991, von Wilhelm Deist u.a., S. 434 f., Ausarbeitung über den Aufbau des Friedens- und Kriegsheeres vom 1. August 1936, AHA, Nr. 1790/36 gKdos. AHA Ia, BA-MA, RH 15/70.

18 Klaus-Jürgen Müller, General Ludwig Beck. Studien und Dokumente zur politisch-militärischen Vorstellungswelt und Tätigkeit des Generalstabschefs des deutschen Heeres 1933 – 1938, Boppard 1980 (= Schriften des Bundesarchivs, Bd 30), S. 223.

19 Vgl. hierzu die Bemerkungen Brünings in: Heinrich Brüning, Briefe und Gespräche 1934 – 1945, Stuttgart 1974, S. 344; ähnlich auch der Schweizer Gesandte in Berlin: Hans Frölicher, Meine Aufgabe in Berlin. Privatdruck, Bern 1962, S. 69 f.

20 Klaus-Jürgen Müller, Das Heer und Hitler. Armee und nationalsozialistisches Regime 1933 – 1940, 2. Aufl., Stuttgart 1988, Dok. 23; Jürgen Förster, Vom Führerheer der Republik zur nationalsozialistischen Volksarmee zum Strukturwandel der Wehrmacht 1935 – 1945, in: Deutschland in Europa. Kontinuität und Bruch, Gedenkschrift für Andreas Hillgruber, hrsg. von Jost Dülffer, Bernd Martin und Günter Wollstein, Berlin 1990, S. 311 – 330.

21 Bernhard R. Kroener, Strukturelle Veränderungen in der militärischen Gesellschaft des Dritten Reiches, in: Nationalsozialismus und Modernisierung, hrsg. von Michael Prinz und Rainer Zitelmann, Darmstadt 1991, S. 267 – 296; Klaus-Jürgen Müller, Deutsche Militär-Elite in der Vorgeschichte des Zweiten Weltkrieges, in: Die deutschen Eliten und der Weg in den Zweiten Weltkrieg, hrsg. von Martin Broszat und Klaus Schwabe, München 1989, S. 226 – 290.

22 Georg Thomas, Geschichte der deutschen Wehr- und Rüstungswirtschaft (1918 – 1943/45), hrsg. von Wolfgang Birkenfeld, Boppard 1966 (= Schriften des Bundesarchivs, Bd 14), S. 10, 148, 508; Schreiben Generalmajor Carl-Erik Koehler, ehem. Chef des Stabes (ChdS) beim Ch HRüst u. BdE an Generalmajor a.D. Kennes, ehem. Grpltr. Rü beim Stab Ch HRüst u. BdE vom 27.1.1948.

23 Harold C. Deutsch, Verschwörung gegen den Krieg. Der Widerstand in den Jahren 1939 – 1940, 2. Aufl., München, Frankfurt a.M., Wien, Zürich 1969, S. 227 – 228; Kurt Sendtner, Die deutsche Militäropposition im ersten Kriegsjahr, in: Vollmacht des Gewissens, Bd I, Berlin 1960, S. 385 – 532, 419 f.; Hartmann, Halder (wie Anm. 7), S. 168; Ueberschär, Franz Halder (wie Anm. 7), S. 41. Die Stellungnahme Fromms seinem ChdS Oberst Kurt Haseloff gegenüber, die dieser auf Anweisung Fromms in sein Diensttagebuch aufnehmen sollte, ist inzwischen im Original aufgetaucht. Tagebuchnotizen des ChdS beim Ch HRüst u. BdE 1938 – 1944, eine kritische Edition wird zur Zeit vom Verfasser vorbereitet.

24 Rolf-Dieter Müller, Die Mobilisierung der deutschen Wirtschaft für Hitlers Kriegführung, in: Das Deutsche Reich und der Zweite Weltkrieg, Bd 5/1: Organisation und Mobilisierung des deutschen Machtbereichs, Teilband 1: Kriegsverwaltung, Wirtschaft und personelle Ressourcen 1939 – 1941, hrsg. von Bernhard R. Kroener u.a., 2. Aufl., Stuttgart 1992, S. 406 ff.; Bernhard R. Kroener, Die personellen Ressourcen des Dritten Reiches im Spannungsfeld zwischen Wehrmacht, Bürokratie und Kriegswirtschaft 1939 – 1942, ebd., S. 819 ff.

25 Bernhard R. Kroener, Der Kampf um den »Sparstoff Mensch«. Forschungskontroversen über die Mobilisierung der deutschen Kriegswirtschaft 1939 – 1942, in: Der Zweite Weltkrieg. Analysen, Grundzüge, Forschungsbilanz, hrsg. von Wolfgang Michalka, München, Zürich 1989, S. 402 – 417, 411.

26 Ulrich von Hassell, Tagebucheintrag vom 23.4.1940, in: Die Hassell-Tagebücher 1938–1944. Aufzeichnungen vom anderen Deutschland, hrsg. von Friedrich Freiherr Hiller von Gaertringen, Berlin 1988, S. 193.

27 Pressemeldungen, wie etwa im Völkischen Beobachter, Berliner Ausgabe vom 17.7.1940, S. 3; vom 20.7.1940, S. 1 (Photo); Frankfurter Zeitung vom 20.7.1940, S. 1; Deutsche Allgemeine Zeitung vom 20.7.1940 (Photo) lassen diese Situation auch im Bild recht deutlich erkennen; Die Tagebücher von Joseph Goebbels. Sämtliche Fragmente, hrsg. von Elke Fröhlich, Teil I, Aufzeichnungen 1924–1941, Bd 4 (1.1.1940–8.7.1941), München 1987, S. 244 f. (19.7.1940).

28 Jürgen Förster, Hitlers Wendung nach Osten. Die deutsche Kriegspolitik 1940–1941, in: Zwei Wege nach Moskau. Vom Hitler-Stalin-Pakt bis zum ›Unternehmen Barbarossa‹. Im Auftrag des Militärgeschichtlichen Forschungsamtes hrsg. von Bernd Wegner, München, Zürich 1991 (= Serie Piper, Bd 1346), S. 113–132, 120.

29 Noch Anfang 1944 ließ Fromm durch Mitarbeiter seines Stabes eine Geheimsachenakte zusammenstellen, verfilmen und bei mehreren stellvertretenden Generalkommandos unter Verschluß nehmen, in der die zentralen Dokumente zur Aufrüstung gegen die Sowjetunion zwischen dem 24.6.1940 und dem 29.12.1941 gesammelt waren, mit denen die destruktive Politik des OKW eindeutig belegt werden konnte. Offenbar befürchtete Fromm in der letzten Phase des Krieges ein entsprechendes Verfahren. In diesem Sinne erhielt die Akte den Decknamen »Kriegsgericht«. Dank der Umsicht einiger Angehöriger des Stabes BdE ist sie erhalten geblieben und befindet sich heute im BA-MA, RH 14/14.

30 Tagebucheintrag General a.D. Heinz Gyldenfeldt, vom 26.10.1941, ebenso Tagebuchnotizen des ChdS beim Ch HRüst u. BdE (Carl-Erik Koehler) vom 26.10.1941 (vgl. Anm. 23); Privattagebuch des KTB-Führers beim Ch HRüst u. BdE, Hauptmann d.R. Hermann Kaiser vom 29.7.1943, BA-MA, MSg 1/1454.

31 Kroener, Ressourcen (wie Anm. 24), S. 1000.

32 Tagebuchnotizen des ChdS beim Ch HRüst u. BdE, 20./21./22.11.1942, Darstellung bei Hellmuth Reinhardt, Der Chef der Heeresrüstung und Befehlshaber des Ersatzheeres, US-Army, Historical Division, Study P-041dd, S. 168 ff.

33 Albert Speer, Erinnerungen, Berlin 1969, S. 249.

34 Bernhard R. Kroener, »Nun Volk, steh auf ...!« Stalingrad und der »totale Krieg« 1942–1943, in: Stalingrad. Ereignis, Wirkung, Symbol, hrsg. von Jürgen Förster, München 1992, S. 161 f.

35 Harald Fromm, geb. 1917, gefallen am 29.11.1942 bei Bjeloi in der Nähe von Wjasma, Hauptmann in einem Artillerieregiment, Kondolenzschreiben Lammers an Fromm, vom 11.12.1942, BA-Potsdam, 07.01.4055.

36 Speer, Erinnerungen (wie Anm. 33), S. 388 für 1944; Privattagebuch H. Kaiser (wie Anm. 30), S. 181. (18.3.1943); S. 236 (29.7.1943).

37 Adelbert Reif, Albert Speer. Kontroversen um ein deutsches Phänomen, München 1978, S. 61, der hier die Befragung Speers vor dem Nürnberger Gerichtshof wiedergibt.

38 Karl J. Walde, Guderian, Berlin 1976, S. 180 ff.

39 Page, Friedrich Olbricht (wie Anm. 6), S. 182.

40 Reinhardt, Chef der Heeresrüstung (wie Anm. 32), S. 120 f.

41 Walter Görlitz, Model. Strategie der Defensive, Wiesbaden 1975, S. 159.

42 Da die Kontakte zwangsläufig vertraulich behandelt wurden, fließen die Quellen hierzu nur spärlich. Hinweise in Interview mit Frau Alix von Winterfeld, Vorzimmerdame von Fromm, vom Dezember 1990; verschlüsselter Hinweis in Privattagebuch Hermann Kaiser, unter dem Datum 26.5.1943, der aber diesen Hinweis auf die Nachkriegszeit bezieht,

Militärgeschichtliches Forschungsamt, US-Study 285; Schreiben Otto Lummitzsch an Generalmajor a.D. Kennes 11.6.1952, Kopie in AFr. Erinnerungen von Frau Helga Heinke, geb. Fromm, über entsprechende Äußerungen und Vorbereitungen ihres Vaters vom 2.3.1991.

43 Dieter Rebentisch, Führerstaat und Verwaltung im Zweiten Weltkrieg. Verfassungsentwicklung und Verwaltungspolitik 1939 – 1945, Stuttgart 1989, S. 499 ff.

44 Bereits am 13.7.1944 hatte Hitler auf dem Berghof vor den Kommandeuren und weiteren Offizieren der neuaufzustellenden Volksgrenadier-Divisionen mitgeteilt, daß der Reichsführer SS die Betreuung der Verbände übernehmen werde. Tätigkeitsbericht des Chefs des Heerespersonalamts, General der Infanterie Rudolf Schmundt, fortgeführt von General der Infanterie Wilhelm Burgdorf, 1.10.1942 – 29.10.1944, hrsg. von Dermot Bradley und Richard Schulze-Kossens, Osnabrück 1984, S. 160; Adj. RF, Tgb.Nr. 11/1063/44 gKdos. vom 15.7.1944 (gez. Adolf Hitler), BA, NS 19/3910; Gerhard Rempel, Gottlob Berger and the Waffen-SS Recruitment: 1939 – 1945, in: MGM, 27 (1980), S. 107 – 122.

45 Schreiben Otto Lummitzsch an Generalmajor Kennes (wie Anm. 42), AFr.

46 Fabian von Schlabrendorff, Offiziere gegen Hitler. Nach einem Erlebnisbericht bearb. und hrsg. von Gero von Schulze-Gaevernitz, Frankfurt 1959, S. 144 – 145.

47 Hoffmann, Widerstand (wie Anm. 3), S. 463, 796.

48 Hansjoachim W. Koch, Volksgerichtshof. Politische Justiz im Dritten Reich, München 1988, S. 401. Koch gibt hier die Wortprotokolle der Vernehmung Hoepners vor dem »Volksgerichtshof« (VGH) wieder, aus denen eindeutig hervorgeht, daß Fromm spätestens seit dem 15. Juli über die Absichten Olbrichts – in welcher Form auch immer –, an einem Staatsstreich mitzuwirken, informiert war.

49 Mitteilung des Prozeßbeobachters der Parteikanzlei Hopf beim Prozeß gegen Generaloberst Fromm am 7.3.1945, S. 2, BA, NS 6/22.

50 Mitteilung von Frau Helga Heinke an den Verfasser 2.3.1991.

51 Peter Padfield, Himmler Reichsführer SS, London 1990, S. 492.

52 Page, Friedrich Olbricht (wie Anm. 6), S. 284.

53 Hoffmann, Widerstand (wie Anm. 3), S. 520; Schreiben Ernst John von Freyend an Generalmajor a.D. Kennes vom 12.1.1953, BA-MA, MSg 1/2938.

54 Prozeßbericht für Parteikanzlei (wie Anm. 49), S. 2.

55 Hoffmann, Widerstand (wie Anm. 3), S. 520; in welchen Formen sich die Auseinandersetzung abgespielt haben dürfte, wird aus einer Stellungnahme erkennbar, die Ewald Heinrich von Kleist bald nach Kriegsende (14.2.1946) abgegeben hat. »Fromm der mit den Fäusten auf CL (Stauffenberg) losging und tat als ob er nie von etwas gewußt hätte beruhigte sich erst, dann allerdings sehr schnell, als Haeften und ich ihm die Pistole auf seinen dicken Bauch setzten.« Schlabrendorff, dessen Kenntnisse des Ablaufs von Fromm selber stammen, der sie ihm in der Haft mitgeteilt hatte, schreibt: »Daraufhin kam es zu einem Handgemenge zwischen Fromm und Olbricht, in das Mertz und Stauffenberg eingriffen. Fromm wurde überwältigt. Ein Offizier mit Pistole betrat das Zimmer.« Schlabrendorff, Offiziere (wie Anm. 46), S. 150. Kleist hat also offensichtlich nur einen Teil der Auseinandersetzung mit eigenen Augen gesehen. Hoffmann, der sich nur auf Kleists Aussage von 1946 stützt, irrt hier offensichtlich. Vgl. Page, Friedrich Olbricht (wie Anm. 6), S. 284.

56 Brief Fromms an seine Frau aus der Haft, 13.9.1944, AFr. Der Siegelring, der sich noch in Familienbesitz befindet, ist an der dem Stein gegenüberliegenden Seite gebrochen. Da es sich um ein Erbstück handelt, ist der Goldreif an dieser Stelle bereits sehr dünn. Of-

fenbar ist Fromm bei dem Handgemenge mit der Hand an eine harte Kante des Schreibtisches oder des in der Mitte seines Arbeitszimmers stehenden runden Konferenztisch aufgeschlagen. Otto Lummitzsch berichtete nach dem Kriege, Fromms ehemaliger Adjutant, wahrscheinlich Bartram oder Major d.R. Petersen, habe ihm mitgeteilt:»Da sich Fromm weigerte, wollten die Herren ihn verhaften und haben sich in schwerster Weise tätlich an ihm vergriffen. Mir wurde erzählt, daß sie sich zu einem Knäuel geballt auf dem Teppich in Fromms Zimmer herumgewälzt haben, bevor es gelang mit Hilfe einiger anderer hinzueilender Verschwörer Fromm zu überwältigen.« Brief Otto Lummitzsch an Generalmajor a.D. Kennes, 11.6.1952, AFr.

57 Aufzeichnungen von Frau Helga Heinke vom Sommer 1963 über ihre Erinnerungen an die Tage um den 20.7.1944, AFr.

58 Bericht Major a.D. Heinz-Ludwig Bartram, letzter Adjutant Fromms über die Ereignisse am 20.7.1944 (Niederschrift von 1954), S. 2, BA-MA, MSg 2/214.

59 Hoffmann, Widerstand (wie Anm. 3), S. 622.

60 Nach dem Krieg haben Oberst a.D. Herbert Fliessbach und Rittmeister a.D. Heinz Ludwig Bartram an Eides statt erklärt,»daß am 20. Juli 1944 im Oberkommando des Heeres, Berlin Bendlerstr. 12–14 unter dem Vorsitz des Generalobersten Fromm ein Standgericht stattgefunden hat.« Sie fügten hinzu:»Wir erklären dieses, da wir an diesem Tage in der Bendlerstr. persönlich anwesend waren.« BA-MA, MSg 1/2938, Depositum Generalmajor a.D. Kennes. Bartram hatte seine Erklärung am 21.8.1952 an den mit der Wahrnehmung der Interessen der Witwe Fromms beim Entschädigungsamt Berlin betrauten RA Josef Sprotte geschickt. Kennes hatte offenbar diese Erklärung angeregt und ihren knappen Text damit begründet:»um nicht noch Weiterungen aufkommen zu lassen, wenn noch andere Namen genannt werden oder noch weitere Einzelheiten, die zu weiteren Debatten führen könnten.« Kennes an RA Sprotte, 16.8.1952. Beide Schreiben im AFr. So wissen wir heute nicht, ob Fromm, wie Hoffmann behauptet (Hoffmann, Widerstand [wie Anm. 3], S. 623), alle, die im Raum mit den verhafteten Verschwörern anwesend waren, zu denen auch Fliessbach und Bartram gehört haben dürften, pauschal zu einem Standgericht erklärt hat. Aber selbst dann fehlen die bei einer zu verhängenden Todesstrafe vorgeschriebenen Verteidiger für die Angeklagten (gem. 49, 51, KStVO). Rudolf Absolon, Das Wehrmachtstrafrecht im Zweiten Weltkrieg. Sammlung der grundlegenden Gesetze, Verordnungen und Erlasse, Kornelimünster 1958, S. 218.

61 Hierzu neben den grundlegenden Arbeiten von Hoffmann, Widerstand (wie Anm. 3); Eberhard Zeller, Geist der Freiheit. Der Zwanzigste Juli, 4. Aufl., München 1963; Opposition gegen Hitler und der Staatsstreich vom 20. Juli 1944 in der SD-Berichterstattung, hrsg. von Hans-Adolf Jacobsen, 2 Bde, Stuttgart 1989, und 20. Juli - Portraits des Widerstands, hrsg. von Rudolf Lill und Heinrich Oberreuter, Düsseldorf 1984.

62 Hoffmann, Widerstand (wie Anm. 3), S. 623 ff.

63 Schreiben vom 22.7.1944, AFr.

64 Fernschreiben vom Chef OKW, 20.7., 20.20 Uhr eingegangen beim Chef der Seekriegsleitung am 20.7., 23.41 Uhr:»Der Führer hat mit sofortiger Wirkung den Reichsführer SS Himmler zum Befehlshaber des Ersatzheeres ernannt und ihm alle entsprechenden Vollmachten gegenüber den Angehörigen des Ersatzheeres übertragen. – Es sind Befehle nur vom Reichsführer SS und von mir entgegenzunehmen. – Etwaige Befehle von Fromm, von Witzleben oder Hoepner (sic!) sind ungültig. Der Chef OKW Keitel Generalfeldmarschall.« BA-MA, RM 7/101.

65 »Angst vor einer Katastrophe« Tagebuchschreiber Goebbels (II): Das mißlungene Attentat auf Hitler vom 20. Juli 1944, in: Der Spiegel, 30 (1992), S. 103; Jochen von Lang,

Der Sekretär. Martin Bormann: Der Mann, der Hitler beherrschte, Herrsching 1990, S. 171 ff.

66 Bericht Generalmajor a.D. Kennes über seine Vernehmungen beim Prozeß gegen Fromm vor dem Volksgerichtshof am 7.3.1944, AFr.

67 Joseph Goebbels, Tagebücher 1945. Die letzten Aufzeichnungen. Einführung von Rolf Hochhuth, Hamburg 1977, S. 114 ff. (5.3.1945), 152 ff. (8.3.1945); der Bericht von Hopf für Bormann trägt den Hinweis »Dem Führer vorgelegt am 10.III.« und am Ende Ort und Uhrzeit der Hinrichtung: »Brandenburg 12.12.h«, BA, NS 6/22. Auf einem Schreiben des Reichsjustizministers Thierack an den Reichsfinanzminister Graf Schwerin von Krosigk, der sich, wie auch Speer, für Fromm verwandt hatte, heißt es in einem handschriftlichen Vermerk aus dem Ministerbüro: »Die Hauptverhandlung Fromm soll, wie ich gehört habe, in dieser Woche, eine Anklage nicht wegen Verrats sondern wegen Feigheit« stattfinden (im Original von Minister Schwerin Krosigk unterstrichen); BA, R 2/24 263.

68 Die Liste der im Zuchthaus Brandenburg-Göhrden vollstreckten Todesurteile nennt für den Montag, den 12.3.1945 vier Vollstreckungen, darunter: »Fromm, Friedrich, — ev. ehem. Generaloberst, verh. geb. 8.10.1988 [richtig: 1888] in Berlin« und den handschriftlichen Zusatz: »Feigheit«, BA-Potsdam, Dr. Br. Rep. 29, Luftgau Brandenburg Gen. 101, Bl. 226 u. 226/20; Walter Hammer an Eugen Gerstenmaier, 28.7.1959, Institut für Zeitgeschichte, München (IfZ), ED 106/46.

69 So unter anderem Schlabrendorff (wie Anm. 46), S. 153.

70 Bericht Walter Hammer: Über Generaloberst Fromm vom 9. September 1951, BA-MA, MSg 1/2938. Schwäbische Zeitung vom 13.8.1949 (von Helmut Dahms, der Augenzeuge war und das »Führerhoch« kategorisch verneint und diese Aussage später eidesstattlich bekräftigt hat. BA-MA, MSg 1/2938. Der im Zuchthauskrankenhaus tätige Dr. med. Mellin erklärte in einem Schreiben vom 22.6.1954 gegenüber Walter Hammer, daß ihm hinsichtlich einer anderen Hinrichtung von den Justizbeamten berichtet worden sei, der Verurteilte sei mit zum Hitlergruß erhobenen Rechten und dem Ausruf »Heil mein Führer« dem Erschießungskommando gegenübergetreten. Von Fromm sei das nicht berichtet worden. Es wäre von den Beteiligten zweifellos erwähnt worden, wenn Fromm sich ähnlich verhalten hätte, IfZ, ED 106/45 (Dräger).

Reinhard Stumpf

Erwin Rommel und der Widerstand

I. Tod eines Feldmarschalls

Am 14. Oktober 1944, fast drei Monate nach dem Attentat vom 20. Juli, erschienen im Haus des Generalfeldmarschalls Erwin Rommel in Herrlingen bei Ulm zwei Generale, um mit ihm – so war es angekündigt worden – über seine weitere militärische Verwendung zu sprechen. Rommel, der am 17. Juli an der Invasionsfront in Frankreich durch Tiefflieger schwer verwundet worden war und sich auf dem Weg der Besserung befand, ahnte nichts Gutes: Die Lage im Westen hatte sich katastrophal entwickelt – die alliierten Truppen waren aus ihrem Brückenkopf in den Landungsräumen ausgebrochen, am 25. August war Paris gefallen – und das Attentat des Grafen Stauffenberg, dem in Paris eine gegen die SS gerichtete Verhaftungsaktion gefolgt war, hatte blutige Verfolgungsmaßnahmen nach sich gezogen. Rommel war Oberbefehlshaber der von der Invasion direkt betroffenen Heeresgruppe B gewesen; militärische Vorwürfe Hitlers waren denkbar. Sein Vorgesetzter, der Oberbefehlshaber West, Feldmarschall Hans Günther von Kluge, hatte sich wegen Mitwisserschaft an der Verschwörung Mitte August das Leben genommen, der Militärbefehlshaber Frankreich, General der Infanterie Carl-Heinrich von Stülpnagel, war am 30. August zum Tode verurteilt und hingerichtet worden. Seit Anfang September befand sich auch Rommels Chef des Generalstabes und Vertrauter, Generalleutnant Hans Speidel, in Gestapohaft. Schließlich war Rommel selbst am 7. Oktober zu einer »wichtigen Besprechung« ins Führerhauptquartier befohlen worden; er hatte aber, den Rat seiner Ärzte vorschützend, abgesagt.

Erwin Rommel (1891 bis 1944), links, und Carl-Heinrich von Stülpnagel (1886 bis 1944)

So kamen am 14. Oktober Hitlers militärischer Chefadjutant, der zugleich Chef des Heerespersonalamtes war, Generalleutnant Wilhelm Burgdorf, und sein Stellvertreter – für politische und Ehrenangelegenheiten zuständig –, Generalleutnant Ernst Maisel, mit dem Auto nach Herrlingen. Sie zogen sich mit dem Feldmarschall für etwa eine Dreiviertelstunde zu einem Gespräch unter sechs Augen zurück. Danach verabschiedete sich Rommel von seiner Frau und seinem damals fünfzehnjährigen Sohn Manfred und sagte ihnen, Hitler habe ihn vor die Wahl gestellt, Selbstmord zu begehen – dann werde für seine Familie gesorgt – oder als Verräter vor den »Volksgerichtshof« gestellt zu werden. Er habe sich für die erste Lösung entschieden. Sodann stieg er zu den beiden Generalen in den Wagen, an dessen Steuer ein SS-Mann saß; das Haus war inzwischen weiträumig umstellt worden.

Eine Viertelstunde später erhielt die Familie einen Anruf aus dem Ulmer Reservelazarett, daß der Feldmarschall anscheinend an einem Hirnschlag plötzlich verstorben sei[1]. Burgdorf verbot dem Chefarzt eine Autopsie – aus gutem Grund: Denn Rommel hatte noch im Auto, in der Nähe von Herrlingen, mit einer Giftkapsel, die Burgdorf auf Befehl Hitlers mitgebracht hatte, Selbstmord begangen. Der wahre Sachverhalt wurde durch strikte Geheimhaltung verborgen gehalten; sogar in Burgdorfs Diensttagebuch wird behauptet, Rommel sei »plötzlich aus den Folgen seines schweren Autounfalls an einem Herzschlag« gestorben[2]. Jedoch war schon am Morgen vor Rommels Tod ein großer Kranz des Führers am Ulmer Bahnhof eingetroffen, den ein Arbeitsstab des Heerespersonalamtes zur Vorbereitung des Staatsbegräbnisses abgesandt hatte[3]. Diese offizielle Trauerfeier fand vier Tage später im Ulmer Rathaus statt. Feldmarschall Gerd von Rundstedt, als Vorgänger Kluges Rommels ehemaliger Vorgesetzter, hielt die Trauerrede; die Leiche Rommels wurde verbrannt. Adolf Hitler hatte sich seines bekanntesten Heerführers entledigt, des legendären Helden von Afrika, Trägers des Ordens »Pour le mérite« und des Ritterkreuzes des Eisernen Kreuzes mit Eichenlaub, Schwertern und Brillanten, des heute noch, 47 Jahre nach seinem erzwungenen Tod, im In- und Ausland berühmtesten deutschen Generals.

II. Gründe für Rommels Tod

Was waren die Gründe für diese schäbige Inszenierung eines Mordes mit Staatsbegräbnis? Rommel waren, wie er seinem Sohn nach dessen Zeugnis beim Abschied sagte, von den beiden Generalen Auszüge aus Vernehmungsprotokollen der Sonderkommission 20. Juli der Gestapo gezeigt worden, in denen er der Beteiligung an der Verschwörung, die zum 20. Juli führte, beschuldigt wurde. »Ich werde die Konsequenzen ziehen. Ich habe mich vergessen«, soll Rommel nach dem Bericht Maisels erwidert haben[4]. In den Ehrbegriffen des Offizierkorps erzogen, aus Fürsorge für seine Familie, wohl auch aus dem Gedanken heraus, daß er Berlin doch nicht lebend erreichen würde, ging Rommel auf Burgdorfs Vorschlag mit der Giftkapsel ein.

Er war also, soviel wird man mit aller Vorsicht sagen können, nach Lage der Dinge mit dem angebotenen Verfahren einverstanden; er hätte sicher nicht zugestimmt, wenn die Beschuldigungen völlig haltlos gewesen wären. Die Art, wie man Rommel zu Tode brachte, war allerdings damals trotz der vielen Todesurteile gegen hohe Offiziere sehr ungewöhnlich. Hitler mußte also besondere Gründe für eine schnelle Beseitigung des Feldmarschalls haben. Fürchtete er den heftigen Eindruck, den es auf das Volk machen mußte, wenn der von Hitler in Afrika so rasch Beförderte und so hoch Ausgezeichnete sich nun *auch* als sein Gegner erwies, der mit der Verschwörung in Verbindung stand? Bei anderen, ebenfalls nicht unbekannten hohen Generalen trug Hitler keine Bedenken, sie vor Roland Freisler erscheinen und dann erhängen zu lassen; erinnert sei an den Feldmarschall Erwin von Witzleben und den Generalobersten Erich Hoepner.

Bei ihnen allerdings handelte es sich um »normale« Fälle von Hochverrat; beide Generale befanden sich de facto im Ruhestand und hatten die Popularität Rommels nie erreicht. Dagegen war Rommel der einzige aktive Heerführer, der mit dem »Widerstand« positive Berührung gehabt zu haben schien, sieht man von Kluges wiederholtem Kontakt mit Angehörigen der Widerstandsgruppe Tresckow bei der Heeresgruppe Mitte ab. Da sich Rommel mit dem Plan getragen hatte, in Verhandlungen von Heerführer zu Heerführer die Westfront zu öffnen, um die Ostfront halten zu können, kam auch die außenpolitische Komponente, die Frage des Landesverrats, ins Spiel und die für das Regime erschütternde Erkenntnis, daß sich im Westheer, insbesondere in den Stäben in Brüssel, Paris und La Roche-Guyon, eine ganze Reihe von höheren und hohen Offizieren und Militärbeamten befunden hatte, die ähnlich dachten und mehr oder weniger mit den Berliner Widerstandskreisen in Verbindung standen. Daran, daß im Ernstfall Generale und Truppen Rommel gefolgt wären, konnte in Anbetracht seines Ansehens bei den Soldaten auch für Hitler kein Zweifel bestehen.

III. Der Widerstand in der Forschung

In der Forschung und in der Publizistik hat das Thema »Rommel und der Widerstand« seit einiger Zeit neues Interesse gewonnen. Die deutsche Geschichtswissenschaft der ersten Nachkriegszeit hatte sich zunächst darum bemüht, die – im öffentlichen Bewußtsein noch durchaus umstrittene – Widerstandsbewegung als positives Gegenbild zur nationalsozialistischen Diktatur in den Rahmen der deutschen Geschichte einzuordnen, und sie als Beleg für die Fortexistenz eines »anderen Deutschland« gewertet. Die grundlegenden Werke von Hans Rothfels, Eberhard Zeller und Gerhard Ritter[5] sind die wichtigsten Zeugnisse für diese Auffassung des Widerstandes als »Aufstand des Gewissens«,

seine Deutung als moralische und sittliche Tat inmitten von Unrecht, Mord und
Krieg. Durch Quellenveröffentlichungen, Erinnerungs- und populäre biographische Literatur ist dieses Widerstandsbild bis in die sechziger Jahre hinein gepflegt und im Schulunterricht verbreitet worden. Man nahm dabei in Kauf,
förderte es zum Teil auch bewußt, daß der Eindruck entstand, die junge Bundesrepublik stehe in einer Kontinuität mit diesem »anderen Deutschland«. Der
Eindruck wurde dadurch verstärkt, daß einzelne Überlebende des militärischen und »bürgerlichen« Widerstandes in hohe öffentliche Positionen auf-
stiegen. Der Vorwurf ließ nicht lange auf sich warten, daß es sich um einen
Mißbrauch des Widerstandes im Sinne einer Staatsideologie des »CDU-
Staates« handele.

Mitte der sechziger Jahre regte sich, und bekanntlich nicht nur hier, Widerspruch gegen etablierte Meinungen. In der wissenschaftlichen Beurteilung des
Widerstandes ist vor allem der Aufsatz von Hans Mommsen über »Gesell-
schafts- und Verfassungspläne des deutschen Widerstandes« wichtig geworden[6],
der überzeugend nachwies, daß führende Vertreter des Widerstandes noch stark
im politischen Denken des Kaiserreiches verwurzelt waren und daß viele von
ihnen eher einer autoritären als einer parlamentarischen Regierungsform zu-
neigten. Für eine stark gegenwartsbezogene Betrachtung ergab sich die – für
den Historiker eigentlich nicht zulässige – Frage, ob man sie als Demokraten im
Sinne des Grundgesetzes von 1949 bezeichnen könne. In dem Maße, wie die
Universität und die Wissenschaft in der zweiten Hälfte der sechziger Jahre politisiert wurden, politisierte man nun auch die Interpretation und schließlich sogar
den Begriff des Widerstandes – bis hin zur Inflation des Widerstandsbegriffs in
der Tagespolitik der letzten Jahre. In der Forschung wurde das moralische
durch ein politisches Widerstandsbild abgelöst. Manche Gegensätze innerhalb
des Widerstandes wie der zwischen den »Alten« und den »Jungen«, zwischen
Goerdeler und Stauffenberg, zwischen den Militärs und den Kreisauern, die
man vorher im Interesse einer einheitlichen Schau eher gering bewertet hatte,
gerieten nun, und das ist ein Verdienst des neuen Ansatzes, schärfer in den
Blick und wurden politisch-historisch interpretiert.

Es fehlte freilich auch Polemik nicht, die nun zur neuen wissenschaftlichen
Tugend wurde. Man kritisierte, daß die meist konservativen Historiker den
bürgerlich-konservativen Widerstand absolut gesetzt, den Arbeiterwiderstand
dagegen beiseite gelassen hätten. Der Begriff »Widerstand« wurde – auch unter
dem Einfluß der DDR-Forschung und des »Resistance«-Begriffs – z.T. neu
definiert und auf Handlungen aller Art ausgedehnt, die sich überall in Europa
gegen den Nationalsozialismus (den man lieber »Faschismus« nannte) und die
Deutschen gerichtet hatten. Der »linke« Widerstand wurde ins Licht gerückt,
der »rechte«, bürgerliche mit scharfer Kritik bedacht. Hatte Gerhard Ritter den
kommunistischen Widerstand aus dem Widerstandsbegriff ausgeschlossen, weil
er das Ziel gehabt habe, ein totalitäres Regime durch ein anderes zu ersetzen, so

wertete man nun den bürgerlich-konservativen Widerstand als »nationalkonser-vativ« ab (und tut das noch heute) und unterstellte vielen seiner Vertreter, und meist den prominentesten, unechte Motive wie z.B. persönliche Enttäuschung unter dem Nationalsozialismus, den sie anfangs begrüßt hatten, oder militäri-schen Opportunismus, indem sie mitmachten, so lange Hitler siegte, und putschten, als er verlor.

IV. Die Bücher von Speidel und Irving

Vor diesem Hintergrund kehren wir zum »Fall Rommel« zurück. General Spei-del schilderte 1949 in seinem Erinnerungsbuch »Invasion 1944«, das den cha-rakteristischen Untertitel trägt: »Ein Beitrag zu Rommels und des Reiches Schicksal«, sehr eindrucksvoll, wie Rommel für die Gedanken des Widerstandes gewonnen worden sein soll. Carl-Friedrich Goerdeler, das Haupt des zivilen Widerstandes, habe über den Stuttgarter Oberbürgermeister Karl Strölin Kon-takt zu ihm gesucht, Generaloberst a.D. Ludwig Beck, der ehemalige Chef des Generalstabes des Heeres und neben Stauffenberg Haupt des militärischen Widerstandes in Berlin, und der Generalquartiermeister des Heeres, General der Artillerie Eduard Wagner, hätten ihn über die militärische Gesamtlage unter-richtet. Gespräche mit den – dem Widerstand angehörenden – Militärbefehls-habern in Belgien und in Nordfrankreich, General der Infanterie z.V. Alexander Freiherr von Falkenhausen, und in Frankreich, General von Stülpnagel, hätten Rommels Haltung gefestigt, und seine, Speidels, ständige Einwirkung habe ein übriges getan. Die Friedensdenkschrift Ernst Jüngers von 1941/42 habe er mit großem Interesse gelesen[7].

Eine besondere Rolle in Speidels Bericht spielen zwei Unterredungen, die Speidel im Auftrag Rommels mit Strölin und dem früheren Reichsaußenmini-ster Konstantin Freiherr von Neurath seit Mitte April 1944 führte. In diesen Gesprächen sei zuerst die militärische und außenpolitische Lage behandelt wor-den; Strölin habe auf »das zentrale Problem der Person Adolf Hitlers« hingewie-sen, mit dem das Ausland nicht mehr verhandeln würde. Hitler müsse daher ausgeschaltet werden – Strölin habe die Berliner Ansicht vom Attentat vertreten –, Rommel aber müsse sein großes internationales Ansehen in die Waagschale werfen: Er sei eine »verhandlungsfähige Persönlichkeit«[8]. Ob Strölins und Neu-raths »Appell«, Rommel solle nach dem Putsch (statt Beck) als Oberbefehlsha-ber der Wehrmacht oder interimistisches Staatsoberhaupt zur Verfügung ste-hen, von Berlin mitgetragen wurde, ist zweifelhaft[9]. Speidel will Rommel über den Inhalt dieser beiden Gespräche unterrichtet haben; Rommel habe sie gebil-ligt und den beiden Gesprächspartnern mitteilen lassen, er stehe »ohne jeden persönlichen Anspruch zu jedem Einsatz bereit«[10]. Speidel weist allerdings auf einen Dissens über die Art, wie man mit Hitler verfahren wolle, hin: Rommel sei – wie auch andere Angehörige des Widerstandes – Gegner eines Attentats

gewesen, weil er eine neue Dolchstoßlegende fürchtete. Man solle Hitler verhaften und vor Gericht stellen, um ihn in der Öffentlichkeit zu entlarven; dies
sei der bessere Weg[11].

Speidels Buch, an dem Ernst Jünger mitgewirkt hatte und das nicht ohne
Pathos war, hat das Rommelbild lange bestimmt. Seine Sicht fand auch Eingang
in die zeitgeschichtliche Forschung, wie eine Miszelle Helmut Krausnicks in den
»Vierteljahrsheften für Zeitgeschichte« 1953 belegt[12]. 1977 erschien dann, von
einem großen Presseecho begleitet, die umfangreiche Rommel-Biographie des
britischen Journalisten und Schriftstellers David Irving, die schon ein Jahr später, angekündigt von einer aufsehenerregenden »Spiegel«-Serie, auch auf
Deutsch herauskam[13]. Das flott geschriebene Buch, das sofort auch von einer
Reihe von Historikern, die an einer Revision des Widerstandsbegriffs interessiert waren, behandelt wurde, als handele es sich um eine tiefgründige wissenschaftliche Arbeit, hatte sich vorgenommen − so steht es in der Einleitung −
den »Rommel-Mythos« endlich auf die Wirklichkeit zurückzuführen.

Die Wirklichkeit eines abgeschlossenen Menschenlebens wird jedoch sofort
auf eine einzige Frage eingegrenzt: »War er (Rommel) ein überzeugter Nationalsozialist, den man verachten muß, oder ein Held des Widerstandes gegen Hitler?«[14] − den man verehren muß, so wird man ergänzen dürfen. Eine abgewoge-
ne Darstellung der Problematik, die die Beteiligung eines aktiven Oberbefehlshabers im Kriege an Bestrebungen, das eigene Staatsoberhaupt zu töten und die
Front einseitig zu öffnen, aufwirft, unter Berücksichtigung historischer, militärischer, politischer und nicht zuletzt moralischer Fragen, war von Irving kaum zu
erwarten. Im Fazit seines Buches verneint Irving die zweite Alternative und
bestätigt damit − mehr als es bisher in der Literatur der Fall war − die erste. Es
kann kein Zweifel bestehen, daß Irvings Alternative, angewandt auf Rommel,
falsch ist: Erst seit etwa 1938 machte Hitler größeren Eindruck auf ihn; mit der
Partei kooperierte er, stand ihr aber nicht nahe; ein politischer Kopf war er
nicht. Auch wenn man zum Ergebnis kommen sollte, daß Rommel nur in die
Nähe des Widerstandes gelangte: Schon diese Nähe war ein Bekenntnis und die
Folge seiner erstaunlichen inneren Abwendung von Hitler seit El Alamein.

In den militärischen Teilen seines Buches bemüht sich Irving durchaus,
Rommels Leistungen gerecht zu werden. Indem er aber die vielen abschätzigen
Meinungen seiner Vorgesetzten und mancher Untergebener, die sich von ihm
schlecht behandelt fühlten, ausgiebig zitiert, bleibt, unterstützt von dem etwas
schnoddrigen Erzählton, ein Eindruck von Rommel zurück, der damals und
heute gängige Vorurteile unterstützt: Rommel, der naive Troupier mit eher
mittelmäßiger Begabung, habe seinen militärischen Weg überwiegend mit Hilfe
von Tapferkeit, Mut, Durchsetzungskraft, Kriegslist, aber auch Rücksichtslosig-
keit, Ehrgeiz und Eitelkeit gemacht; einen strategischen Sinn habe er nicht gehabt, auch kein Verhältnis zu außenpolitischen Dingen. Kurzsichtig habe er nur
seinen Auftrag gesehen − z.B. sich in Italienisch-Nordafrika zu behaupten − und
übergeordnete Zusammenhänge − daß die Behauptung Nordafrikas nötig war,

um Mussolini, Hitlers wichtigsten Verbündeten, an der Macht zu halten – nicht erkannt. An manchen dieser Argumente ist viel Wahres, aber jedes von ihnen hätte eine gründliche Erörterung verdient. Bis zum Ende seines Lebens, so Irving weiter, sei Rommel ein Anhänger Hitlers gewesen; daher habe ihm bei aller Einzelkritik nichts ferner gelegen, als sich gegen den »Führer« zu erheben. Der Rommel-Mythos sei vor allem das Werk der nationalsozialistischen Propaganda und, nach dem Kriege, der Speidelschen Stilisierung. Speidel habe, um seinen Kopf zu retten, bei seinen Vernehmungen durch die Gestapo alles auf Rommel geschoben, und dadurch habe er überlebt, während Rommel sterben mußte. Um das Gefühl der Schuld von seiner Seele zu wälzen und um am Rommel-Mythos teilzunehmen – in seiner Bundeswehrkarriere habe es sich dann ausgezahlt – habe Speidel das Bild von Rommel als dem wahren Widerstandskämpfer, als dem tragisch verhinderten Retter des Reiches, selbst geschaffen.

Von einem großen Teil der Presse ist dieses Rommel- und Speidel-Bild begeistert aufgegriffen worden. Die Wehrmachtgeneralität und ihre Kontinuität zur Bundeswehr, der Widerstand und sein vermeintlich einseitiges Fortwirken in der Bundesrepublik, Flecken auf dem Bild angesehener Männer – das waren Reizthemen mit politischer Relevanz, denen Irving neues Material geliefert zu haben schien. Für unseren Zusammenhang sind Irvings – gründlich recherchierte – Thesen wichtig, die sich mit Rommels Verhältnis zum Widerstand befassen. Alle Kontaktversuche von seiten des Widerstandes seien, was an sich kein Wunder wäre, sehr vorsichtig erfolgt; auch habe Rommel sie kaum als solche erkennen können, da sie sich eher im Unverbindlichen bewegten. Auch Rommels eigene Vorstellung, sich – mit Billigung Hitlers! – mit seinem alten afrikanischen Gegner Montgomery zu verständigen, sei konturlos geblieben. Rommel habe keinerlei Anstalten gemacht – im Gegensatz zu Kluge –, seine Absicht in die Wirklichkeit umzusetzen. Die »Eigenschaft, von der er besonders durchdrungen« gewesen sei und die »den Kern von Erwin Rommels Wesen enthüllt«, sei seine »absolute Treue« gewesen[15]. Irving illustriert diese Behauptung, die für sein Gesamtbild Rommels entscheidend ist, seltsamerweise mit einem gelegentlichen Ausspruch über hübsche Krankenschwestern; er meint aber Rommels Verhältnis zu Hitler. Rommel, so suggeriert er anhand dieses schlechten Beispiels[16], war nur nach außen hin der große Star; in Wirklichkeit war er ein typischer Spießer, der sich noch nicht einmal an junge Mädchen herantraute: Denn wer hätte einem Feldmarschall etwas verwehren sollen? Ein solcher Mann hätte sich gegen seinen »Führer« erheben sollen?

V. Rommels Kontakte mit dem Widerstand

Wie stellt sich nun Rommels Haltung gegenüber Hitler und seine Verbindung mit dem Widerstand aus der Sicht des Fachhistorikers dar? Rommel war nach allen Zeugnissen, die wir besitzen, ein für seine Generation – 1891 geboren, Frontsoldat des Ersten Weltkrieges, in der kleinen Reichswehr 14 Jahre Hauptmann – typischer unpolitischer Soldat, ein leidenschaftlicher Truppenoffizier ohne Generalstabsausbildung, der Praxis zugewandt, von Haus aus Infanterist, im Ersten Weltkrieg Gebirgsjäger, im Zweiten Weltkrieg Panzerführer. Ein Höhepunkt in Rommels Nachkriegslaufbahn war seine Tätigkeit als Taktiklehrer an der Dresdener Infanterieschule gewesen (1929/33). 1937/38 hatte er erstmals eine Stelle inne, in der er mit dem nationalsozialistischen Regime in dienstlichen Kontakt geriet: Als Verbindungsoffizier der Wehrmacht zum Reichsjugendführer überwachte er die vormilitärische Ausbildung der Hitlerjugend, zerstritt sich jedoch bald mit Baldur von Schirach. Etwa ab 1938 ist Rommel »der Faszination Hitlers erlegen«, wie Manfred Rommel 1978 schrieb[17]. Nun kam er mit Hitler als Führer von dessen Begleitkommando bei den Einmärschen in das Sudetenland (1938), nach Böhmen und Mähren und in das Memelgebiet (1939) in nähere Berührung. Nach einer kurzen Zeit als Kommandeur der Kriegsschule Wiener Neustadt (1938/39) war Rommel dann nach Kriegsbeginn als junger Generalmajor Kommandant des Führerhauptquartiers (eines Eisenbahnzuges) in Polen. Schließlich erbat und erhielt er von Hitler das Kommando über die 7. Panzerdivision, die er im Frankreichfeldzug eigenwillig, aber bravourös führte[18], und als die Italiener in Nordafrika einen gewaltigen Rückschlag erlitten hatten und Hitler um Hilfe baten, schickte ihn dieser als Befehlshaber der deutschen Truppen nach Libyen. Hier wuchs Rommels Ruhm ins ungemessene. Als Kommandierender General des Deutschen Afrikakorps und dann als Oberbefehlshaber der deutsch-italienischen »Panzerarmee Afrika« eroberte er 1941 und 1942 zweimal die Cyrenaika und drang bis nach Ägypten vor. Unter schwierigsten Umständen operierend und mit einem Minimum an Nachschub gelang es ihm, Nordafrika zwei Jahre lang der Achse Deutschland-Italien zu erhalten; dem englischen Ansturm bei El Alamein Ende Oktober 1942 konnte er allerdings nicht mehr widerstehen.

Hier erlebte Rommel, der in Afrika bisher immer von Hitler gestützt worden war (wenn er auch nie genügend Truppen erhielt), zum ersten Mal die Härte und den unbeirrbaren Starrsinn, den seine Kameraden vor Moskau bereits ein Jahr zuvor erlebt hatten: Hitler erließ am 3. November einen rigorosen Haltebefehl, der die Truppe »zum Siege oder zum Tode« aufforderte. Rommel empfand diesen ersten direkten Eingriff Hitlers in die Operationsführung in Afrika als Schock, wie er in seinen Memoiren schildert, und sein Schrecken über Hitlers »Führungskunst«, die ihm erst jetzt richtig zum Bewußtsein kam, verstärkte sich immer mehr, als Hitler seine wiederholten Vorschläge, Afrika angesichts der katastrophalen Unterlegenheit der Achsentruppen zu räumen, immer schroffer ablehnte. Hier, während seines Rückzuges von Alamein nach Tripolitanien, begann sich Rommel nach dem Urteil aller damaligen Beobachter von Hitler innerlich zu lösen; sinnlos Soldaten zu opfern, hatte Rommel stets widerstrebt[19]. Seine Ablösung als Oberbefehlshaber der Heeresgruppe Afrika, die nun schon in Tunesien stand, im März 1943 empfand er als Kaltstellung, und auch sein längerer Aufenthalt im Führerhauptquartier (Mai–Juli 1943) scheint sein Verhältnis zu Hitler nicht mehr entscheidend verbessert zu haben.

Als Inspekteur des Atlantikwalls und Oberbefehlshaber der Heeresgruppe B in Frankreich erhielt Rommel dann im November 1943 eine neue interessante Aufgabe, der er sich mit großer Energie widmete. Und hier näherten sich ihm dann seit dem Frühjahr 1944 Abgesandte des Berliner Widerstandes, Becks, Goerdelers, aber auch Stauffenbergs: Strölin, Neurath, Wagner, Haushofer; Stülpnagel und Speidel, mit denen er dienstlich zu tun hatte, waren – mit Abstufungen – selbst Eingeweihte.

Was Rommel mit diesen Gesprächspartnern jeweils beredet hat, wissen wir nicht genau. Verständlicherweise wurde nichts schriftlich niedergelegt, Rommel und Speidel waren in dieser Hinsicht sehr diszipliniert. Die Gespräche sind am ausführlichsten durch Speidel überliefert; wenn man ihm nicht glaubt, wie es Irving tut, entsteht ein Vakuum, das mit Spekulationen gefüllt wird. Daß Speidel durch seinen inoffiziellen Informationsweg Rommel über die erschreckende militärische Gesamtlage auf dem laufenden gehalten, daß er ihm auch seine negativen Erfahrungen mit Hitlers Führung im Osten nicht verschwiegen hat, darf man vermuten. Daß er ihm vom Bestehen einer Opposition berichtete, wie er selbst schildert, ergibt sich daraus, daß wir wissen – und niemand bestreitet dies –, daß Rommel ein Attentat ablehnte und Hitler lieber verhaftet sehen wollte, ein Verfahren, das auch im Zentrum des Widerstandes diskutiert wurde. Außer Zweifel steht auch, daß Rommel, nachdem die Invasion in der Normandie am 6. Juni 1944 gelungen war, keinen anderen Ausweg aus dem Krieg mehr sah als Verhandlungen mit dem Westen. Er versprach sich einiges von einem Kontakt mit seinem alten Gegner Montgomery, und auch im Kreis um Stauffenberg wurde ähnliches erwogen. Als Hitler am 17. Juni 1944 nach Frankreich kam, sprach ihn Rommel während eines Bombenalarms darauf an, daß jetzt »Politik [...] notwendig« werde, um die Lage im Westen zu retten. Hitler wies diese Ermahnung frostig zurück. Bei einer Befehlshaberkonferenz auf dem Berghof bei Berchtesgaden am 29. Juni ergriff Rommel nochmals die Gelegenheit, vor Hitler über die politische Lage zu sprechen. Hitler reagierte unbeherrscht, und als Rommel kurz darauf schließlich nochmals um ein Vieraugengespräch über die Lage

Cäsar von Hofacker (1896 bis 1944)

Deutschlands bat, wies Hitler den Feldmarschall wie einen kleinen Jungen aus dem Raum[20].

Aus dem unveröffentlichten Tagebuch des Vizeadmirals Friedrich Ruge, damals in Rommels Stab, wissen wir, daß Rommel am 11. Juni zu Ruge, dem er vertraute, davon sprach, daß Hitler durch »Abschlachtungen große Schuld« auf sich geladen habe[21]. Rommel hat also von den Verbrechen des Regimes gewußt, und es waren nicht militärische Gründe allein, die ihn an ein Handeln ohne oder gegen Hitler denken ließen. Bekanntlich ist das Wissen um die Morde an den Juden ein wesentliches Antriebsmotiv für viele Angehörige des Widerstandes gewesen.

Eine entscheidende Bedeutung bei der Beurteilung von Rommels Verhältnis zum Widerstand kommt dem Gespräch des Oberstleutnants d.R. der Luftwaffe Cäsar von Hofacker mit Rommel vom 9. Juli 1944 zu. Wie Rommel, Stauffenberg, Speidel, Strölin und Neurath war auch Hofacker Württemberger. Er war ein Vetter Stauffenbergs und diente als dynamischer Verbindungsmann zu Stülpnagel in Paris, in dessen Stab er tätig war. Sein Vater war 1917/18 Rommels Divisionskommandeur gewesen – dies alles mag das Gespräch erleichtert haben, das am 9. Juli, knapp zwei Wochen vor Stauffenbergs Attentat in der »Wolfschanze«, in La Roche-Guyon unter vier Augen stattfand und etwa eine halbe Stunde dauerte. Am Tag zuvor hatten sich Stülpnagel und Speidel angesichts der Lage an der Front – bei Caen war die Schlacht um den Ausbruch der alliierten Invasionskräfte aus ihrem Landungsraum auf der Halbinsel Cotentin im Gange, und der Ausgang war absehbar – entschlossen, nunmehr Rommel ins Vertrauen zu ziehen und für ein rasches Handeln zu gewinnen. Deshalb arrangierten sie das Treffen mit Hofacker, über das leider keinerlei direkte Quellen vorliegen. Aus indirekten Quellen aber kann man schließen, daß Hofacker zu raschem Handeln aufgefordert hat. Wenn Hitler nicht wolle, müsse man ihn zwingen – eine Ansicht, die Rommel anschließend Speidel gegenüber als abwegig bezeichnet hat: Vielmehr wolle er selbst zu Hitler gehen und ihn von einem Waffenstillstand im Westen überzeugen. So illusionär dies aus heutiger Sicht auch scheinen mag: Rommel vertraute trotz aller Enttäuschungen, die er seit dem dramatischen Haltebefehl von El Alamein im November 1942 mit ihm erlebt hatte, noch immer auf die Wirkung seiner Persönlichkeit auf Hitler. Dafür, daß Hofacker mit Rommel über das bevorstehende Attentat gesprochen hat, gibt es keine Belege. Gleichwohl nahm Hofacker den Eindruck mit, er habe den Feldmarschall für seine Sache gewonnen, und er gab diesen Eindruck noch am selben Tag an Stülpnagel und Falkenhausen, am 11. Juli in Berlin an Stauffenberg und Goerdeler weiter[22].

Hofacker berichtete von seinem Gespräch mit Rommel auch den versammelten Verschwörern am 16. Juli in der Wohnung der Brüder Stauffenberg in Berlin-Wannsee. Er berief sich – »zu Unrecht«, wie es im Bericht des Reichssicherheitshauptamtes heißt – auf Kluge und Rommel und gab ein düsteres Bild von der Lage an der Invasionsfront. Sie sei »bestenfalls noch 6 Wochen« zu halten. Stauffenberg war gleicher Ansicht, und im Folgenden diskutierte man die Möglichkeit von »Verhandlungen von Militär zu Militär«[23], wobei man die Westalliierten im Auge hatte und vielleicht in dieser speziellen Hinsicht an Rommel dachte. Die »Wannsee-Besprechung« gehört bereits in die unmittelbare Vorgeschichte des 20. Juli. Der Attentatstermin stand unter dem Zeitdruck der militärischen Lageentwicklung im Westen und im Osten: Man wollte zuschlagen, bevor die Fronten brachen und nichts mehr zu retten war.

Am 15. Juli 1944 unternahm Rommel einen letzten Versuch, Hitler zu einer politischen Lösung zu bewegen. Kluge hatte ihn bei seinem Besuch am 12. Juli um eine schriftliche Lagebeurteilung gebeten, die als Beilage zu Kluges eigener Lagebetrachtung für Hitler dienen sollte. So entstand eine dreiseitige, von Speidel formulierte Denkschrift, in der es hieß, daß sich die Lage in der Normandie nunmehr »einer schweren Krise« nähere. Es müsse damit gerechnet werden, daß die eigene Front in zwei bis drei Wochen durchbrochen werde. »Die Truppe kämpft allerorts heldenmütig, jedoch der ungleiche Kampf neigt sich dem Ende entgegen.« Eigenhändig fügte Rommel, an Hitler gewandt, hinzu: »Ich muß Sie bitten, die (politischen) Folgerungen aus dieser Lage unverzüglich zu ziehen.« Auf Betreiben seines Stabes strich er dann das Wort »politisch«, um Hitler nicht noch mehr zu provozieren[24].

Kluge hat Rommels Denkschrift nicht an Hitler weitergeleitet. Wie brisant das Wort »politisch« aus dem Mund eines Soldaten für Hitler klang, hat dieser selbst bezeugt: In einer Lagebesprechung vom 31. August 1944 – am Tag zuvor war Stülpnagel gehenkt worden – sagte Hitler, Rommel habe bei seinen Äußerungen im Juni »das Schlimmste getan, was es in einem solchen Falle überhaupt für einen Soldaten geben kann: nach anderen Auswegen gesucht als nach militärischen«[25]. Hitler war der wahre Militarist: Der Soldat hatte sich auf seinen militärischen Bereich zu beschränken, er hatte zu gehorchen und zu schweigen.

VI. Die Nähe zum Widerstand und der Sieg der SS

Am 17. Juli 1944, also zwei Tage später, wurde Rommel durch einen Tieffliegerangriff schwer verwundet. Wie er am 20. Juli gehandelt hätte, kann niemand sagen. Daß er, wie sein Vorgesetzter und Nachfolger im Oberbefehl der Heeresgruppe B, Feldmarschall von Kluge, dann, als es akut wurde, alle Absprachen mit den Verschworenen geleugnet hätte, mag man sich nicht vorstellen. Ob er bei weiterem Zögern Hitlers Montgomery wirklich selbständig Verhandlungen angeboten hätte, wenn er nicht verwundet worden wäre, ist schwer abzuschätzen. Es ist nicht Aufgabe des Historikers, über das, was niemand wissen kann, zu spekulieren.

Ob man das, was Rommel dachte und tat, als »Widerstand« bezeichnen kann oder nicht, ist meines Erachtens keine wesentliche Frage. Zum Kern einer Widerstandsbewegung, die die Ausschaltung Hitlers und den Sturz des Regimes plante, hat Rommel nicht gehört. Von den Planungen für das Attentat, das schließlich am 20. Juli stattfand, hat Rommel, im Unterschied zu Stülpnagel, nichts gewußt. In die staatspolitischen Erwägungen des Widerstandskreises um Beck und Goerdeler war er nicht eingeschaltet. Immer wieder und auch noch nach seiner Verwundung vom Lazarett und von Herrlingen aus wollte er auf Hitler einwirken und an seine Einsicht appellieren.

Gerhard Ritter hat schon 1954 betont, daß es sich bei Rommel um eine »Opposition [...] grundsätzlich [...] anderer Art als die Goerdelers und seiner Gesinnungsgenossen« gehandelt habe[26]. Dennoch war diese Art von Opposition in den Augen Hitlers ebenso todeswürdig wie die andere. Rommel hatte von hochverräterischen Umtrieben gewußt und sie nicht gemeldet; er hatte sich mit landesverräterischen Absichten getragen. Aussagen Hofackers, wahrscheinlich auch Stülpnagels und Speidels vor der Gestapo – wer will über sie richten? – haben Rommel zumindest im Sinne der Mitwisserschaft schwer belastet, und so mußte er sterben.

Rommels Tod und die Art, wie er erzwungen wurde, war schrecklich und ungewöhnlich in jenen Tagen; aber er war kein Einzelfall. Hunderte von Offizieren und Zivilisten wurden als Beteiligte des 20. Juli oder als Mitwisser der Verschwörung angeklagt und hingerichtet, viele begingen Selbstmord wie der Feldmarschall von Kluge, den sein Schwanken nicht hatte retten können. Am 20. Juli hatte Hitler seinem Reichsführer-SS Heinrich Himmler nicht nur das Ersatzheer und das Heerespersonalamt unterstellt; er hatte ihm auch polizeiliche Vollmacht über das gesamte Heer erteilt, soweit Hochverrat im Spiel war. Damit hatte die SS die letzte Bastion erstürmt, die sich ihr noch entzogen hatte.

Die Folgen waren dementsprechend; nun starben auch deutsche Generale auf ganz neuartige Weise: Viele wurden gehenkt, an ihrer Spitze der Feldmarschall von Witzleben. Am 21. Juli wurde Stülpnagel nach Berlin befohlen; auf dem Wege dorthin versuchte er sich bei Verdun, wo er im Ersten Weltkrieg gekämpft hatte, zu erschießen. Dies mißlang, er hatte sich nur blind geschossen, und die Gestapo pflegte ihn »gesund« für seinen Prozeß, der zum Galgen führte. Am 23. Juli ließ Himmler den ehemaligen Kommandierenden General des XXXXII. Armeekorps, Generalleutnant Hans Graf von Sponeck, der nach einem Todesurteil zu sechs Jahren Festungshaft begnadigt worden war, ohne jedes weitere Urteil und als »Exempel« für das Heer erschießen[27].

Am 14. Oktober schließlich zwang man Rommel zum »Freitod«; General Maisel, einer der beiden Generale, die das Gift brachten, war der Verbindungsoffizier des Personalamtes zu Himmler. Das Regime zeigte nun, als es den dritten und mit Abstand prominentesten Feldmarschall tötete, dem Heer sein wahres Gesicht. »Es ist sehr dunkel um uns geworden«, steht am Ende von Rommels Memoiren[28].

Vom Autor durchgesehener Beitrag, erstmals veröffentlicht in der Zeitschrift »Militärgeschichte«, 1 (1991), S. 45 – 50.

Anmerkungen

1   Eidesstattliche Erklärung Manfred Rommels vom 24.5.1945, Faksimile des Abdrucks im Mitteilungsblatt der Militärregierung für den Kreis Biberach in: Kurt Wendt, Finale der Invasion. Warum?, 2. Teil. Zweiter Bildband der 116. Panzer-Division, vormals 16. Panz.-Gren.-Division, 16. Inf.-Div. (mot.), Hamburg 1985, S. 174 f. Vgl. die Darstellungen bei David Irving, Rommel. Eine Biographie, Hamburg 1978, S. 585 ff.; Hans Speidel, Invasion 1944. Ein Beitrag zu Rommels und des Reiches Schicksal, 3. Aufl., Tübingen, Stuttgart 1950, S. 177 ff.; Young Desmond, Rommel, Wiesbaden 1950, S. 275 ff.

2   Auch auf dem Totenschein ist von einem Herzschlag die Rede:»Herzschlag, als Folge eines im Westen erlittenen Dienstunfalls«; Faksimile bei Wendt, Finale (wie Anm. 1), S. 170; vgl. Tätigkeitsbericht des Chefs des Heerespersonalamtes General der Infanterie Rudolf Schmundt, fortgeführt von General der Infanterie Wilhelm Burgdorf, 1.10.1942 – 29.10.1944. Faksimile-Ausgabe, hrsg. von Dermot Bradley und Richard Schulze-Kossens, Osnabrück 1984, S. 284 (14.10.1944).

3   Irving, Rommel (wie Anm. 1), S. 588 f.; Georg Meyer, Auswirkungen des 20. Juli 1944 auf das innere Gefüge der Wehrmacht bis Kriegsende und auf das soldatische Selbstverständnis im Vorfeld des westdeutschen Verteidigungsbeitrages bis 1950/51, im vorliegenden Band, S. 297 – 329.

4   Ebd., S. 590.

5   Hans Rothfels, Die deutsche Opposition gegen Hitler. Eine Würdigung. Neue, erw. Aufl., Frankfurt, Hamburg 1969; Eberhard Zeller, Geist der Freiheit. Der zwanzigste Juli, 5. Aufl., München 1965; Gerhard Ritter, Carl Goerdeler und die deutsche Widerstandsbewegung, Stuttgart 1956.

6   Hans Mommsen, Gesellschaftsbild und Verfassungspläne des deutschen Widerstandes, in: Der Deutsche Widerstand gegen Hitler. Vier historisch-kritische Studien, hrsg. von Walter Schmitthenner und Hans Buchheim, Köln, Berlin 1966, S. 73 – 167.

7   Speidel, Invasion (wie Anm. 1), S. 81 ff.; nach Ernst Jünger, Siebzig verweht II, Stuttgart 1981, S. 469, las Rommel die Friedensschrift »als einer der Ersten« und reagierte durchaus politisch zustimmend.

8   Ebd., S. 86.

9   Gerhard Ritter, Carl Goerdeler und die deutsche Widerstandsbewegung, Stuttgart 1956, S. 551 f., Anm. 108.

10   Speidel, Invasion (wie Anm. 1), S. 87; Hassell urteilte übrigens am 12. Juli 1944 über Speidel, mit dem er sich »eingehend« unterhalten hatte, er sei ein »ausgezeichneter, klarsehender Chef des Stabes«; Ulrich von Hassell, Die Hassell-Tagebücher 1938 – 1944. Aufzeichnungen vom Andern Deutschland. Nach der Handschrift rev. und erw. Ausg., unter Mitarbeit von Klaus Peter Reiß hrsg. von Friedrich Freiherr Hiller von Gaertringen, Berlin 1988, S. 438.

11   Ebd., S. 84, 87.

12   Helmut Krausnick, Erwin Rommel und der deutsche Widerstand gegen Hitler, in: Vierteljahrshefte für Zeitgeschichte 1 (1953), S. 65 – 70.

13   Irving, Rommel (wie Anm. 1); englischer Originaltitel: »The Trail of the Fox«.

14   Irving, Rommel (wie Anm. 1), S. 17.

15   Ebd., S. 595.

16   Beim Besuch eines Soldatenheims vor der Invasion soll Rommel zu seinem Pionierführer gesagt haben:»Bei der Liebenswürdigkeit der hübschen Schwestern könnte man fast ein Lump werden.« Hieraus Schlüsse zu ziehen, ist grotesk.

[17]   Manfred Rommel,»Mein Vater wollte Schluß machen«, in: Der Spiegel, Nr. 35/1978,
       S. 128.
[18]   Karl-Heinz Frieser, Rommels Durchbruch bei Dinant. Der Maas-Übergang der
       7. Panzerdivision vom 12. bis 14. Mai 1940, in: Militärgeschichtliches Beiheft zur Euro-
       päischen Wehrkunde, 1 (1987), S. 1 – 16.
[19]   Reinhard Stumpf, Der Krieg im Mittelmeerraum 1942/43. Die Operationen in Nordafri-
       ka und im mittleren Mittelmeer, in: Das Deutsche Reich und der Zweite Weltkrieg, hrsg.
       vom Militärgeschichtlichen Forschungsamt, Bd 6, Stuttgart 1990, S. 709, 730 f.
[20]   Speidel, Invasion (wie Anm. 1), S. 113 ff.; Irving, Rommel (wie Anm. 1), S. 522 ff. (Zitat,
       S. 523), 534 ff.
[21]   Zitat aus den Irving-Papieren bei Winfried Heinemann, Der deutsche Widerstand und
       das Problem der Kriegsbeendigung im Westen, unveröff. Ms. (1983), S. 71; vgl. Irving,
       Rommel (wie Anm. 1), S. 516.
[22]   Speidel, Invasion (wie Anm. 1), S. 133 ff.; Irving, Rommel (wie Anm. 1), S. 547 ff.
[23]   »Spiegelbild einer Verschwörung.« Die Opposition gegen Hitler und der Staatsstreich
       vom 20. Juli 1944 in der SD-Berichterstattung. Geheime Dokumente aus dem ehemali-
       gen Reichssicherheitshauptamt, hrsg. von Hans-Adolf Jacobsen, 2 Bde, Stuttgart 1984,
       Bd 1, S. 101 f.; bes. S. 101; vgl. ebd., S. 56 f., 91 ff., 97, 135 f., 169, 174, 360, 409.
[24]   Speidel, Invasion (wie Anm. 1), S. 137 ff.; Irving, Rommel (wie Anm. 1), S. 553 ff.
[25]   Hitlers Lagebesprechungen. Die Protokollfragmente seiner militärischen Konferenzen
       1942 bis 1945, hrsg. von Helmut Heiber, Stuttgart 1962, S. 614.
[26]   Ritter, Goerdeler (wie Anm. 9), S. 399; Gesamturteil über Rommels Beteiligung, ebd.,
       S. 397 ff.
[27]   Eberhard Einbeck, Das Exempel Graf Sponeck, Berlin 1970; Reinhard Stumpf, Die
       Wehrmacht-Elite. Rang- und Herkunftsstruktur der deutschen Generale und Admirale
       1933 – 1945, Boppard 1982, S. 310, Anm. 30.
[28]   Erwin Rommel. Krieg ohne Haß, hrsg. von Lucie-Maria Rommel und Fritz Bayerlein,
       3. Aufl., Heidenheim, Brenz 1956, S. 401. Ob dieses Hölderlinzitat (Hyperion 2,1) von
       Rommel selbst ans Ende des Buches gesetzt wurde, ist zweifelhaft.

Das Vergangene ist nie tot;
es ist nichteinmal vergangen.
William Faulkner
Nach einem Zeitungsbericht

Horst Mühleisen

Im Bauche des Leviathan. Ernst Jünger, Paris und der militärische Widerstand

Vorbemerkung. Ernst Jünger, Leutnant und Kompanieführer im Ersten Welt-krieg, Ritter des Ordens Pour le Mérite, erhielt am 27. August 1939, wenige Tage vor Kriegsausbruch, den Charakter als Hauptmann z.V. Jahre danach sagte er: »Hauptmann, das war der Rang, der zu mir paßte, er bildete eine gleichbleibende Grenze[1].« Nach einem Lehrgang übernahm er am 3. November desselben Jahres die 2. Kompanie des Infanterie-Regiments 287, deren Chef er bis 21. Juni 1941 war[2].

Mit dieser Einheit bezog er einen Abschnitt des Westwalls bei Greffern, später bei Iffezheim am Oberrhein. Nun begann der »drôle de guerre«, jener merkwürdige Zustand, der sich aus dem Bewußtsein zusammensetzte, daß Krieg war, den man aber in dieser Landschaft, Nordbaden, kaum wahrnahm, denn es herrschte eine fast friedensmäßige Stimmung. Nur gelegentliche Feuer-stöße aus Maschinengewehren auf beiden Seiten erinnerten daran, daß Krieg war.

Ernst Jünger aber hatte sich gewandelt; er war nicht mehr der kühne Stoß-truppführer des Weltkrieges, der Autor von »In Stahlgewittern«, »Der Kampf als inneres Erlebnis«, »Feuer und Blut« und »Das Wäldchen 125«, jener Bücher, aus unmittelbarem Erleben geschrieben, die ihn bekannt gemacht hatten; er war nicht mehr der Nationalist und publizistische Revolutionär, der die Weimarer Republik bekämpft hatte. Er hatte »Das Abenteuerliche Herz« veröffentlicht, 1929. Diese »Aufzeichnungen bei Tag und Nacht«, wie der Untertitel lautet, enthalten Naturbetrachtungen, Stadtszenen in surrealistischer Manier.

Im Herbst 1932 war der große Essay »Der Arbeiter. Herrschaft und Ge-stalt«, eine theoretische Schrift, erschienen, die heftige Kontroversen hervorrief. Und im September 1939 hatte er »Auf den Marmorklippen« veröffentlicht, jene Erzählung, in der er sich in Bildern und Parabeln mit der Diktatur auseinander-setzt und die Frage stellt, wie der Einzelne sich in einem Regime verhalten solle, eine literarische Abrechnung mit dem Nationalsozialismus, die für den Autor dennoch kein »Widerstand« war. Begeistert wie 1914 war Ernst Jünger nicht in den zweiten Krieg gezogen, nicht mehr »in einer trunkenen Stimmung von Rosen und Blut«, wie er zu Anfang von »In Stahlgewittern« schreibt; im Gegenteil: Die Eintragungen in seinem Tagebuch aus den Jahren 1939 und 1940 berichten oft von der hoffnungslosen und niedergedrückten Stimmung eines Melancholikers, für den die täglichen Aufzeichnungen das einzig wahrhafte Gespräch und Halt waren.

Am 10. Mai 1940 begann der Feldzug gegen Frankreich. Jünger sah Landschaften wieder, die ihm seit Dezember 1914 bekannt waren; er sah sie nun mit anderen Augen als damals.

Nachdem der Waffenstillstand abgeschlossen war, trat Ernst Jünger mit seiner Kompanie die Heimreise an. Das Gefühl, als Sieger heimzukehren, kannte er nicht. Vielmehr bemächtigte ihn eine tiefe Traurigkeit. Seine Aufzeichnungen hatte er wohl verwahrt und darin das Regime kritisiert, als er am 29. März 1940, seinem Geburtstag, die morgendliche Lektüre des 73. Psalms, in dem die Gottlosigkeit angeprangert wird, erwähnte.

In Kirchhorst bei Hannover, wo Jünger mit seiner Familie lebte, begann er seine Eintragungen auszuarbeiten. Zwei Jahre später erschienen sie unter dem Titel »Gärten und Straßen. Aus den Tagebüchern von 1939 und 1940«. Diese Zeit der Erholung und der Arbeit durchbrachen nur gelegentliche Abkommandierungen.

Paris. Im Februar 1941 erhielt Jüngers Regiment den Befehl, nach Frankreich zu verlegen, um nach Zwischenaufenthalten in einigen Städten als Wachttruppe in die Hauptstadt kommandiert zu werden. Ernst Jünger indessen war mit seiner Verwendung als Kompaniechef nicht mehr zufrieden. Anfang April schreibt er an Carl Schmitt, den Staats- und Völkerrechtler: »In diesem Kriege ist es der Dämon der Langeweile, der mich heimsucht, wie im vorigen der des Feuers. Vielleicht sehe ich mich doch in Berlin nach einer passenderen Beschäftigung um[3].«

Am 24. April 1941 betrat Ernst Jünger die Stadt, die er, der Flaneur, genau erkundete und in der er bis August 1944 bleiben sollte. Er kam nicht zum ersten Mal nach Paris. Bereits 1927 und 1937 hatte er die Weltstadt besucht, französische Schriftstellerkollegen getroffen und Freundschaften geschlossen mit Joseph Breitbach und André Gide, Annette Kolb und Jean Schlumberger[4]. Die Stadt, in die Jünger eintauchte, stand unter deutscher Besatzung, doch erkannte man diesen Zustand nur an den Uniformen deutscher Soldaten und an den weißen Schildern, die auf wichtige Einrichtungen wie Stäbe und Kommandanturen hinwiesen. Es herrschte eine trügerische Ruhe, ein schöner Schein, den die Attentate der Résistance zerstörten.

War sich Jünger bewußt, daß er auf einer Insel inmitten des Schreckens lebte? Wohl nur zaghaft gelangte er zu dieser Einsicht. Seit Sommer 1941 wußte er es, als er an Schmitt schreibt: »In Paris lebt doch noch etwas von unzerstörbarer Substanz, manches an Menschen und Dingen tritt doch gerade in diesen Wochen und Monaten in noch bedeutender Schönheit, fast schmerzhaft, hervor. Es ist die einzige Stadt, zu der ich ein Verhältnis besitze wie zu einer Frau. Sie erhielt sich auch auf weibliche Art, indem sie keinen Widerstand leistete[5].« Und an Hans Speidel, seinen ehemaligen Vorgesetzten und Freund, nun mit einem Kommando an der russischen Front betraut, wird er im Oktober 1942 berichten: »Diese Stadt ist wie ein Altwasser inmitten der Wirbel der Zeit, und ich verdanke ihr nicht nur eine ungemeine Ausbeute an Einsichten, sondern auch einen für den musischen Menschen unschätzbaren Gewinn an Heiterkeit. Ich will damit nicht sagen, daß man hier fern von der Geschichte lebt; im Gegenteil halte ich den Ausspruch Rivarols, daß in Paris das Schicksal stärker wirkt als anderswo, auch heute noch für zutreffend. Ich merke das an mir selbst und meinen Begegnungen. Daher nehme ich die Zeit auch wahr, um festzuhalten, was mir aufgefallen ist[6].«

Die Versetzung in den Kommandostab des Militärbefehlshabers in Frankreich. Ernst Jünger hatte über den »Dämon der Langeweile« geklagt. Nun kam ihm der Zufall zu Hilfe. Unter den Freunden, die er in Paris traf, befand sich auch Leutnant d.R. Clemens Graf von Podewils-Juncker, Kriegsberichterstatter in der Propaganda-Abteilung im Kommandostab. Podewils hatte bereits vor dem Kriege mit Jünger Briefe gewechselt, sie waren sich aber persönlich noch nicht begegnet. Von Jüngers Anwesenheit als Kompaniechef der Wachttruppe erfuhr Podewils Mitte Mai 1941 und unterrichtete Speidel, den Chef des Generalstabes des Militärbefehlshabers, wobei er hinzufügte, Jüngers Truppenteil solle nach Erfüllung der Aufgabe an die sowjetische Grenze verlegt werden.

Eine Begegnung fand am 24. Mai im Hotel »Ritz« statt, bei der auch Oberleutnant Horst Grüninger, Speidels Ordonnanzoffizier, anwesend war. Zu später Stunde kam Speidel selbst. Es mag sein, daß bei dieser Zusammenkunft Podewils Jünger vorschlug, er solle sich in den Kommandostab versetzen lassen.

Eine weitere Zusammenkunft fand sechs Tage später statt. Speidel berichtet: »Am 30. Mai, einem jener überwältigenden Frühlingstage, wie sie diese Weltstadt im Schoße der leuchtenden Ile de France kennt, kommt Clemens Podewils mit Ernst Jünger zum Frühstück auf mein stilles Zimmer im Hotel Ritz, das den Blick auf die verwunschenen Gärten voll erster blühender Rosen freigibt. Verhalten, dienstlich tritt er ein. Ein eigenes Fluidum spannt sich: es ist nicht der für alte Soldaten verständliche Nimbus des Pour le mérite-Ritters, der ihn umgibt, sondern seine geistige, Achtung gebietende, elastische Erscheinung, sein Blick, in dem stählerne Härte und männliche Anmut sich merkwürdig zu verschwistern scheinen. [...] Rasch stellt sich die ›ambiance‹ des guten Gesprächs ein. Ernst Jünger erzählt Traumbilder und Eindrücke des frühen Sommers 1940, die uns inzwischen aus den ›Gärten und Straßen‹ vertraut sind. Bei der Buntheit des Erfassens, der Klarheit der Beobachtung fehlt nur für eines das Organ: für die Musik. Wir besprechen seine Versetzung in den Kommandostab des Militärbefehlshabers in Frankreich zu meiner besonderen Verwendung. Das Arbeitsgebiet soll historiographische Aufgaben umfassen, aber auch Zeit und Möglichkeit zu eigener Arbeit lassen. Das Heerespersonalamt sieht Schwierigkeiten; das OKW [Oberkommando der Wehrmacht] bedeutet, ›Ernst Jünger ist ein gefährlicher Mann. Sie werden sich mit einer Versetzung Jüngers in Ihren Stab nur schaden.‹ Als die Vorhaltungen nicht fruchten, wird dem Verlangen stattgegeben. Ernst Jünger bleibt über drei Jahre in Paris. Nach Antritt seiner Tätigkeit meldet sich ein Vertreter des Propagandaministeriums und ersucht um eine Weisung an Ernst Jünger, aus den ›Gärten und Straßen‹ einige Stellen, vor allem die Zitierung des 73. Psalmes, zu streichen. Ich lehne dieses Ansuchen mit dem Hinweis ab, ›ich befehle nicht dem Geist meiner Offiziere‹. Neue Einwirkungsversuche bleiben aus[7].«

Speidels Bericht ist der Darstellung vorausgeeilt. Am Mittag des 30. Mai trafen sich der Chef des Generalstabes, Graf Podewils und Jünger im Hotel »Ritz«; auch Grüninger stieß dazu. Jünger notiert: »Es ist eine Idee von Grüninger, der seit langem zu meinen begabten Lesern und wohl auch Schülern zählt, daß ich hier in Paris besser als bei dem, was ich sonst noch treibe, aufgehoben sei. Und in der Tat ist es wohl möglich, daß diese Stadt nicht nur besondere Gaben, sondern auch Quellen der Arbeit und der Wirkung für mich birgt. In einem fast wichtigeren Sinne als früher ist sie noch immer Kapitale, Sinnbild und Festung altererbter Lebenshöhe und auch verbindender Ideen, an denen es den Nationen jetzt besonders fehlt. Vielleicht tue ich gut, wenn ich die Möglichkeit, hier Fuß zu fassen, wahrnehme. Sie trat ohne mein Zutun an mich heran[8].«

Mitte Juni 1941 eröffnete Generalleutnant Wolf Schede, Kommandeur der 209. Infanterie-Division, Jünger, daß er »für den Stab des Oberbefehlshabers [richtig: Militärbefehlshabers] angefordert worden sei. Ich sah, daß Speidel an

mich gedacht hatte[9].« Zuvor war Generaloberst Franz Halder, Chef des Generalstabes des Heeres, die beabsichtigte Versetzung vorgetragen worden, und er hatte keinen Einwand erhoben[10].

Hans Speidel. Seit 1. August 1940 war Oberst i.G. Speidel Chef des Kommandostabes des Militärbefehlshabers in Frankreich. Er war hochgebildet, hatte 1925 sein Studium der Volkswirtschaft und Geschichte mit der Promotion abgeschlossen und sah sich als Schüler Ludwig Becks an, des Chefs des Truppenamtes,

Ernst Jünger in seinem Arbeitszimmer im Pariser Hotel »Majestic«, 1942

dann des Generalstabes, der Speidels Förderer gewesen war. Speidel sprach fließend Französisch, war 1933/35 Gehilfe des Militärattachés in Paris gewesen und galt als ein vorzüglicher Kenner der Geschichte und Literatur Frankreichs. Er war sehr qualifiziert, zeigte in seiner Verwendung diplomatisches Geschick.

Speidel war es auch, der Jünger in die »Georgsrunde«, einen elitären und exklusiven Kreis von Intellektuellen einführte, benannt nach dem Salon im Hotel »George V.«. Ende 1941 notierte Jünger: »Unter seiner [Speidels] Ägide bildeten wir hier im Innern der Militärmaschine eine Art von Farbzelle, von geistiger Ritterschaft, die im Bauche des Leviathan tagt und noch den Blick, das Herz zu wahren sucht für die Schwachen und Schutzlosen[11].« Ernst Jünger war Speidel, »der mir Chef, Vorbild und Freund in Krieg und Frieden war«[12], und zu den Wenigen gehörte, mit denen er sich duzte, zeit seines Lebens dankbar, »einer von denen, die mich herausholten: Er in Paris, kurz bevor wir nach Rußland kommandiert wurden. [...] Ohne ihn würden meine Knochen vielleicht in Stalingrad modern[13].«

Die Aufgabe. Hauptmann z.V. Jünger trat am 22. Juni 1941 seinen Dienst im Kommandostab an[14] und wurde der Abteilung Ic – Feindaufklärung und Abwehr sowie geistige Betreuung – zugewiesen. Der Kommandostab war mit dem Verwaltungsstab und weiteren Einrichtungen im Hotel »Majestic« in der Avenue Kléber unweit des Bois de Boulogne untergebracht. General der Infanterie Otto von Stülpnagel war seit Oktober 1940 Militärbefehlshaber, dessen Posten Ernst Jünger rückblickend mit dem »eines Prokonsuls im besetzten Frankreich« vergleicht: »Es war ein Verwaltungsposten, der viel Ärger und wenig Ruhm einbrachte. Die eigentliche Militärmacht lag beim Oberbefehlshaber West, der damals Rundstedt und später Kluge war [...]«[15]. Anfangs wohnte Jünger in der Nähe des Place de l'Etoile, im Hotel »Lapérouse«. Später zog er in das Hotel »Raphael« um, das neben dem »Majestic« lag.

Jener 22. Juni war nicht nur ein wichtiges Datum in Ernst Jüngers Leben; es war auch ein einschneidendes Datum dieses Krieges. An diesem Tage griff die Wehrmacht die Sowjetunion an, das Unternehmen »Barbarossa« begann. An Carl Schmitt schreibt Jünger am gleichen Tage: »Heute meldete mir meine Ordonnanz [Rehm] zum Frühstück den Beginn des Krieges mit Rußland; ich nahm das auf ›als wenn man sein Butterbrot ißt‹, wie mein Großvater, der Knabenlehrer, zu sagen pflegte. Es scheint mir überhaupt, als ob ich rapide aus dem Historischen heraustrete[16].«

Leiter der Abteilung Ic war seit Anfang Oktober 1940 Major i.G. Johannes (Hans) Crome, sehr großzügig, vorbildlich als Offizier wie als Mensch, der im Mai 1923 in das Infanterie-Regiment 16 des Reichsheeres eingetreten war, in jenes Regiment, dem auch der Leutnant Jünger bis August desselben Jahres angehört hatte. Die gemeinsame Zugehörigkeit, auch wenn sie kurz war, und die Erinnerungen daran erleichterten vieles. Der Kreis, in dem man sich bewegte, war einheitlich. Oberstleutnant i.G. Crome schied im Juni 1942 aus, um

Chef des Generalstabes eines Armeekorps zu werden. Sein Nachfolger wurde Major d.R. Hans Leo, ein angesehener Rechtsanwalt und Notar aus Leipzig[17]. Nach dessen Ausscheiden leitete Major d.R. Humm die Abteilung Ic bis zur Auflösung des Kommandostabes im August 1944.

Welche Aufgaben übertrug Speidel Jünger? Er bearbeitete die Akten des Unternehmens »Seelöwe«, jene beabsichtigte Invasion der Wehrmacht gegen England, die Hitler aber im selben Jahr, 1940, aufgab und schrieb zwei Ausarbeitungen. Die erste war überschrieben: »Der Kampf um die Vorherrschaft in Frankreich zwischen Partei und Wehrmacht«. Jünger »schilderte die Reihenfolge der Schachzüge, durch die der Militärbefehlshaber entmachtet oder in die zweite Rolle gedrängt worden war«. Die zweite lautete: »Zur Geiselfrage. Schilderung der Fälle und ihrer Auswirkung«. Ihr Gegenstand war die Auseinandersetzung Otto von Stülpnagels mit dem OKW und der politischen Führung[18]. Zu Jüngers Aufgaben gehörte ferner die Briefzensur.

Speidel überliefert, daß diese Aufzeichnungen nicht erhalten geblieben sind; im Herbst 1944 wurden sie in Potsdam vernichtet, um sie vor dem möglichen Zugriff der Geheimen Staatspolizei zu bewahren[19]. ·

Jünger, der berechtigt war, Zivil zu tragen[20], ergriff auch selbst Initiativen, um daran mitzuwirken, »daß einige der Internierungslager aufgelöst wurden«[21]. Für Werner Fulds Behauptung, durch Ernst Jüngers Vermittlung sei bewirkt worden, Walter Benjamin aus dem französischen Internierungslager im Jahre 1940 freizulassen[22], fehlt hingegen jeder Beleg.

In Speidels Kommandostab war Ernst Jünger vorzüglich eingebunden; er führte ein privilegiertes Dasein, hatte Zeit und Muße für eigene Arbeiten. Gottfried Benns Wort: »Die Armee ist die aristokratische Form der Emigration«[23], galt für ihn besonders. Sein Pour le Mérite, der blaugoldene Stern Friedrichs des Großen, stellte »ihn freilich außerhalb der militärischen Hierarchie«[24], wie Walter Bargatzky, Kriegsverwaltungsrat im Verwaltungsstab des Militärbefehlshabers, bekundet.

Im Winter 1941/42 waren die Anschläge der Résistance und die vom OKW befohlenen Vergeltungsmaßnahmen, die Erschießungen von Geiseln, weiter eskaliert. Otto von Stülpnagel »wurde darüber fast geisteskrank«[25], wie Jünger mehr als vierzig Jahre danach schrieb. Der Militärbefehlshaber versuchte, sich den Befehlen zu widersetzen oder diese zu unterlaufen; es gelang nicht. Hitler und das OKW rügten ihn wegen zu großer Nachsicht und forderten, fünfzig bis hundert Geiseln nach jedem Attentat hinzurichten. Stülpnagel ersuchte nun um seine Abberufung, die im Februar 1942 erfolgte. Sein Nachfolger wurde General der Infanterie Carl-Heinrich von Stülpnagel, sein Vetter, ein entschiedener Gegner des Regimes und 1944 Kopf der Militäropposition im Westen. Aber nun fielen die Vergeltungsmaßnahmen in den Bereich des Höheren SS- und Polizeiführers Frankreich, SS-Gruppenführer Carl-Albrecht Oberg, so daß Stülpnagel (Carl-Heinrich) nichts bewirken konnte.

Im Frühjahr 1942 erhielt Speidel eine neue Verwendung. Er wurde Chef des Generalstabes des V. Armeekorps an der russischen Front und sah erst nach zwei Jahren Frankreich wieder.

Sein Nachfolger wurde Oberstleutnant i.G. Karl-Richard Kossmann. Auch er war, wie Crome, ein Regimentskamerad Jüngers, nicht nur aus dem Reichsheer, im Infanterie-Regiment 16[26], sondern auch aus dem Ersten Weltkrieg, im Füsilier-Regiment Nr. 73. Die Bekanntschaft bestand seit 1917. Auch Kossmann hielt, wie Speidel, seine schützende Hand über Jünger.

Die Deportationen der französischen Juden. Am 27. März 1942 ging der erste Transport mit französischen Juden von Compiègne nach Auschwitz. Von den über 1100 Männern überlebten nur zweiundzwanzig. Die systematische Vernichtung begann, der gelbe Stern wurde eingeführt, dieses unauslöschliche Siegel. Ernst Jünger schreibt am 7. Juni in Paris: »In der Rue Royale begegnete ich zum ersten Mal in meinem Leben dem gelben Stern, getragen von drei jungen Mädchen, die Arm in Arm vorbeikamen. Diese Abzeichen wurden gestern ausgegeben; übrigens mußten die Empfänger einen Punkt von ihrer Kleiderkarte dafür abliefern. Nachmittags sah ich den Stern dann häufiger. Ich halte derartiges, auch innerhalb der persönlichen Geschichte, für ein Datum, das einschneidet. Ein solcher Anblick bleibt nicht ohne Rückwirkung – so genierte es mich sogleich, daß ich in Uniform war[27].«

Ernst Jünger, getragen von humaner Gesinnung und Mitleid, schaute nicht weg. Er wußte vieles; im Kommandostab des Militärbefehlshabers hatte er von den Ermordungen der Juden im Osten aus verläßlichen Quellen gehört und Einzelheiten notiert über die »Schinderhütten« und die »Lemuren«, Begriffe, die er während seines Kommandos in den Kaukasus noch oft schreiben sollte. Dann fand am 16./17. Juli 1942 die »große Razzia«, »la grande rafle«, statt. 4500 französische Polizeibeamte waren im Einsatz – Kriminalbeamte in Zivil, Polizisten in Uniform –, um Tausende von Juden, Männer, Frauen, Kinder und Kleinkinder, festzunehmen. Am 18. Juli trägt er in sein Tagebuch ein: »Gestern wurden hier Juden verhaftet, um deportiert zu werden – man trennte die Eltern zunächst von ihren Kindern, so daß das Jammern in den Straßen zu hören war. Ich darf in keinem Augenblick vergessen, daß ich von Unglücklichen, von bis in das Tiefste Leidenden umgeben bin. Was wäre ich sonst auch für ein Mensch, was für ein Offizier. Die Uniform verpflichtet, Schutz zu gewähren, wo es irgend geht. Freilich hat man den Eindruck, daß man dazu, wie Don Quijote, mit Millionen anbinden muß[28].«

Ernst Jünger empfand persönliche Schuld und handelte. Er, der »im Bauche des Leviathan«, in der Zentrale, arbeitete, ließ der Résistance über einen Mittelsmann rechtzeitig die Daten der nächsten Transporte mitteilen und rettete vielen französischen Juden das Leben, so auch Joseph Breitbach, seinem Freund[29].

Jünger aber hat diese Rettungstat nie erwähnt. »Dafür war er zu stolz«[30], wie Liselotte Jünger anmerkt.

Die Abkommandierung in den Kaukasus. Die Anregung, Ernst Jünger für einige Monate in den Osten zu schicken, ging von ihm selbst aus. Mitte August 1942 war Jünger Gast bei Carl-Heinrich von Stülpnagel in Vaux-les-Cernay bei Rambouillet. Der Militärbefehlshaber benutzte diese alte Zisterzienser-Abtei als Sommerresidenz. Nach Rückkehr notierte Jünger: »Der General kam auf die russischen Städte zu sprechen und meinte, daß ihre Kenntnis wichtig für mich wäre, vor allem für gewisse Korrekturen an der ›Gestalt des Arbeiters‹. Ich erwiderte, daß ich mir zur Pönitenz seit langem einen Besuch New Yorks verschrieben hätte, doch auch mit einem Kommando zur Ostfront einverstanden sei[31].«

Stülpnagel griff Jüngers Anregung sofort auf und gab Befehl, dessen Abkommandierung zu veranlassen. Anfang Oktober schrieb Jünger, reflektierend über sein mögliches Kommando, an Speidel: »Nicht so sehr Neigung als Gewissenhaftigkeit erweckte in mir den Wunsch, mich auch einmal im Osten umzusehen. Ich glaube doch, daß das, um ein vollständiges Urteil über den Krieg und auch die zweite Hälfte des 20. Jahrhunderts zu gewinnen, wichtig ist. Auch der Oberbefehlshaber [richtig: Militärbefehlshaber] bestärkte mich darin, und wenn man in Berlin zustimmt, werde ich ein Kommando von drei Monaten Dauer in den Osten antreten, dessen Eindrücke ich dann hier in Paris in Ruhe auszuwerten gedenke[32].«

Kaum hatte Jünger diesen Brief geschrieben, erfuhr er Näheres: »Wie Oberst Koßmann mir sagte, scheint es mit meinem Kommando nach Rußland in diesen Tagen ernst zu werden; die vorbereitenden Befehle trafen ·ein. Nachdem mein Leben hier eine neue Form gewann, ist dieser Einschnitt vielleicht begrüßenswert[33].«

War dies, so muß gefragt werden, der wirkliche Grund, sich »auch einmal im Osten umzusehen«? Das Tagebuch gibt keine eindeutige Auskunft; Jünger schweigt. Indes: Stülpnagel erteilte ihm nach dem Gespräch den Auftrag, eine genaue Beurteilung der strategischen Lage einzuholen und die Stimmung im Offizierkorps zu erkunden[34].

Wie war es dazu gekommen? Ein knapper Rückblick ist notwendig, um Jüngers Kommando in den historischen Zusammenhang einzuordnen.

Nachdem der deutsche Angriff auf Moskau im Dezember 1941 gescheitert war, überraschte Hitler das Oberkommando des Heeres (OKH) am 5. April 1942 mit der selbstverfaßten »Weisung Nr. 41«, die eine neue große Offensive verlangte. Als »allgemeine Absicht« galt, »zunächst alle greifbaren Kräfte zu der Hauptoperation im Süd-Abschnitt zu vereinigen mit dem Ziel, den Feind vorwärts des Don zu vernichten, um sodann die Ölgebiete im kaukasischen Raum und den Übergang über den Kaukasus selbst zu gewinnen«. Damit war zum Hauptziel des Jahres 1942 der Kaukasus bestimmt. Die operative Zielsetzung hatte die Aufgabe, »die russischen Kräfte, die sich im Raum von Woronesch nach Süden, westlich bzw. nördlich des Don befinden, entscheidend zu schlagen, Stalingrad selbst zu erreichen oder es zumindest so unter die Wirkung unserer schweren Waffen zu bringen, daß es als weiteres Rüstungs- und Verkehrszentrum ausfällt«[35]. Dies bedeutete: Das Heer hatte den Auftrag erhalten, die Operationen in Richtung Stalingrad zu führen, um mit ihnen einen Stoß über den Don nach Süden zu ermöglichen.

Der Entwurf dieser Offensive wies hingegen, wie bei der Planung zum Unternehmen »Barbarossa«, einen schwerwiegenden Fehler auf: Die militärischen Kräfte reichten nicht aus, diese Operation durchzuführen.

Die deutsche Sommeroffensive begann am 28. Juni 1942. Nach ihrem Beginn zeigte sich, daß keine ihrer Phasen erfolgreich war, obwohl allen Armeen der befohlene Angriff gelang; indes die Zeichen des Sieges – neue Massen von Gefangenen – blieben aus. Die Rote Armee entwich in die Tiefe des Raumes und zog die deutschen Verbände nach. Hinzu kamen schwerwiegende Nachschubprobleme. Hitler befahl am 23. Juli, den Gegner zu verfolgen. Das OKH gab die konzentrische Zangenbewegung auf Stalingrad auf und setzte die Hälfte der Truppen in Richtung Kaukasus an. Die Kräfte aber waren zu schwach, um auch nur eines von beiden Zielen – Stalingrad *und* Kaukasus – zu erreichen. Auch diese Offensive war gescheitert und die militärische Vernichtung des Gegners nirgends gelungen, obgleich der Raum zunächst bezwungen worden war.

Dies war die Lage, als sich Jünger am 23. Oktober 1942 bei Kossmann, dem Chef des Kommandostabes, und bei Stülpnagel, dem Militärbefehlshaber, abmeldete und nach Kirchhorst fuhr, um bei seiner Familie noch einige Urlaubstage zu verbringen.

Über Berlin und Lötzen in Ostpreußen kam Jünger am 23. November in Rostow an, notierte erste Eindrücke, ehe er sich nach Woroschilowsk begab, wo er am 25. November Generaloberst Ewald von Kleist, den Oberbefehlshaber der Heeresgruppe A, bereits sprechen konnte. Dieser Großverband war völlig zersplittert und hatte weder Tiflis noch Baku erobern können. Die Kaukasus-Front begann einzustürzen. Kleist und Jünger kannten sich aus ihren in Hannover verbrachten Dienstjahren nach 1920. Dies verband, so daß Vertrauen sofort vorhanden war.

Ob sie über die Einschließung der 6. Armee bei Stalingrad, die sich am 22. November, nachdem die beiden sowjetischen Keile bei Kalatsch aufeinandergestoßen waren, vollzogen hatte, sprachen, geht aus der Eintragung nicht hervor. Am folgenden Tage erläuterte ein Stabsoffizier Jünger an der Übersichtskarte die Lage. Die 6. Armee war eingekesselt und von ihren rückwärtigen Verbindungen abgeschnitten. Sie befand sich in höchster Gefahr.

Begegnungen mit Mannschaften, Unteroffizieren und Offizieren, Besuche von Museen, Besichtigungen von Einheiten: Sie erlaubten Ernst Jünger, Stülpnagels Auftrag nachzugehen und zu erfüllen. Er wandelte in einer archaischen

Landschaft. Dann aber holte ihn die brutale Wirklichkeit ein, als er erfuhr, daß der Sicherheitsdienst achthundert Geisteskranke umgebracht hatte; Jünger verspürte den »Hauch der Schinderhütte«; er sollte ihn noch oft verspüren.

Ernst Jüngers Schilderungen der russischen Landschaft und ihrer Menschen sind ebenso eindringlich wie einfühlsam, so, als ob er die Seele dieses Volkes suchte und sich ihrer bemächtigte. Er beschreibt den Mikrokosmos und den Makrokosmos dieses Landes, knüpft ethnologische, historische und mythologische Betrachtungen an und gedachte, zusammen mit seinen Kameraden, bei der Weihnachtsfeier am 24. Dezember der Soldaten in Stalingrad, wissend, daß sie verloren waren. Am letzten Tage des Jahres 1942 hörte er »von den ungeheuerlichen Schandtaten des Sicherheitsdienstes nach der Eroberung von Kiew«, um fortzufahren: »Auch wurden wieder die Giftgastunnels erwähnt, in die mit Juden besetzte Züge einfahren. Das sind Gerüchte, und ich notiere sie als solche; doch sicher finden Ausmordungen im größten Umfang statt. [...] Wenn man in solche Einzelschicksale hineingeblickt hat und dann die Ziffern ahnt, in denen die Meintat in den Schinderhütten sich vollzieht, eröffnet sich die Aussicht auf eine Potenzierung des Leidens, vor der man die Arme sinken läßt.« Dann folgt ein Satz, der Ernst Jüngers Wandlung belegt: »Ein Ekel ergreift mich dann vor den Uniformen, den Schulterstücken, den Orden, den Waffen, deren Glanz ich so geliebt habe. Das alte Rittertum ist tot, die Kriege werden von Technikern geführt[36].«

Im Januar 1943 stand das Ende der 6. Armee im Kessel von Stalingrad bevor, die sich auch auf die Front des Hochkaukasus auswirkte. General der Gebirgstruppe Rudolf Konrad, Kommandierender General des XXXIX. Gebirgskorps, erläuterte Jünger die Lage und sagte, der Rückzug werde vorbereitet. Seine Beurteilung sollte sich als zutreffend erweisen.

Ernst Jüngers Aufenthalt im Kaukasus ging am 8. Januar 1943 zu Ende. Ein Telegramm rief ihn nach Leisnig in Sachsen zurück, wo seine Eltern lebten. Der Vater war schwer erkrankt; am folgenden Tag starb er, und Jünger nahm von seinem Vater Abschied; ein Urlaub in Kirchhorst schloß sich an, bevor er am 18. Februar nach Paris zurückfuhr. Zehn Tage später hielt er Vortrag über sein Kommando. Namen nennt Jünger nicht; gewiß waren es Stülpnagel und Kossmann, denen er Bericht erstattete.

Der militärische Widerstand und »Der Friede«. Bereits vor dem Zweiten Weltkrieg hatte Ernst Jünger Verbindungen zu Persönlichkeiten, die der Fronde angehörten: Friedrich Wilhelm Heinz, ehemaliger Freikorpssoldat und SA-Führer, Kommandeur eines Regiments der Division »Brandenburg«, die Admiral Wilhelm Canaris, Chef des Amtes Ausland/Abwehr im OKW, unterstand, und Jens Peter Jessen, Professor für Staatswissenschaften, Ewald von Kleist-Schmenzin, Gutsbesitzer, und Julius Leber, sozialdemokratischer Politiker, Johannes Popitz, ehemaliger preußischer Finanzminister, und Fritz-Dietlof Graf von der Schulenburg aus dem Hause Tressow. Jünger war ihnen während seiner in Berlin verbrachten Jahre begegnet[37]. Heinz und Schulenburg kannte er gut.

In Paris lernte Jünger Oberstleutnant d.R. Cäsar von Hofacker kennen, Leiter des Referates »Eisen und Stahl« im Stabe des Militärbefehlshabers, 1944 Adjutant zur persönlichen Verfügung im Kommandostab, »geheim als Mittler zwischen Stülpnagel und Stauffenberg«[38] tätig. 1918 hatte er eine türkische Jagdstaffel geführt. Das Personal im Speisesaal des Hotels »Raphael« nannte ihn »l'aviateur«. Er war auch Oberst Gustav von Oppen, Jüngers ehemaligem Regimentskommandeur, in der Türkei begegnet. Auch diese Erinnerung an diesen Offizier verband.

Mitte Oktober 1943 erfuhr Jünger durch Friedrich Hielscher (»Bogo«), einen Bekannten aus den zwanziger Jahren, von der militärischen Opposition gegen Hitler und das Regime. Hielscher teilte Jünger auch schauerliche Einzelheiten über die Ermordung der Juden im Osten mit. Es gibt indessen keinen Hinweis, daß die Fronde Jünger aufforderte, sich zur Verfügung zu stellen. Aktive Opposition lehnte Ernst Jünger seit seiner Nationalistenzeit ab. Er war immer nur Beobachter, Zeuge und Chronist der Ereignisse. Jünger war, wie Bargatzky, einer der Verschwörer, bekundet, »eine unserer geistigen Stützen«[39]. Diese Äußerung bezog sich auf Jüngers Schrift »Der Friede. Ein Wort an die Jugend Europas. Ein Wort an die Jugend der Welt«, die er im Winter 1941/42 entworfen, dann vernichtet, im Juli 1943 neu begonnen und im Oktober desselben Jahres beendet hatte, ein Traktat, das ein Programm, ein Bekenntnis, ein Gesprächsbeginn für diejenigen war, die sich angesprochen fühlten.

Anfang Oktober 1943, wenige Wochen, bevor Jünger diese Schrift abschloß, sprach er mit Graf von der Schulenburg über die Lage und den »Friedensaufruf, dessen Schema ich ihm entwickelte. Vielleicht wird es nun Zeit zur Übersiedlung nach Berlin. Freilich erwähnte ich, daß Keitel [Generalfeldmarschall und Chef des OKW] bereits meinen Aufenthalt hier mit Mißtrauen beobachtet [...]«[40]. Es war Schulenburg, der im Frühjahr 1944 dieses Traktat dem engsten Kreis der Verschwörer überbrachte. Es fehlen aber Belege, wie die konservative Opposition diesen Aufruf bewertete.

Mit Schulenburg und Hofacker traf sich Jünger oft, und sie tauschten ihre Gedanken aus. Nicht jede Begegnung notierte

Ernst Jünger und Oberst d.R. Hermann-Eberhard Wildermuth auf dem Dach des Hotels »Raphael« in Paris, 1943 oder 1944

Jünger in seinen Aufzeichnungen und nicht immer gelang es, vertrauliche Gespräche abzuschirmen. Manche kritische Bemerkung wurde weitergegeben. Ernst Jünger hat berichtet, ein im Hotel »Raphael«, wo die Offiziere aßen, beschäftigter Kellner, Auguste, sei ein eifriger Denunziant gewesen, wie er nach dem Kriege erfahren habe.

Hofacker suchte Jünger am 27. März 1944 auf und bat ihn, ihn auf die Avenue Kléber zu begleiten, um sich mit ihm auszusprechen. Jünger berichtet: »Indem wir zwischen dem Trocadéro und dem Etoile hin und her pendelten, teilte er mir Einzelheiten aus Berichten von Vertrauensleuten mit, die für die Generalität in der höheren SS-Führung arbeiten. Dort wird der Kreis um Stülpnagel mit größtem Mißtrauen beobachtet. Vor allem als undurchsichtig und verdächtig gelten, wie Hofacker sagte, der Pfarrer Damrath und ich[41].« Der Oberstleutnant gab Jünger den Rat, für einige Zeit die Stadt zu verlassen, um nach Südfrankreich zu gehen; er wollte dem Militärbefehlshaber dies vortragen.

Jünger und Hofacker besprachen die Lage, die sie beide übereinstimmend beurteilten. Hofacker führte aus, »das Vaterland sei jetzt in äußerster Gefahr. Die Katastrophe sei nicht mehr abzuwenden, wohl aber zu mildern und zu modifizieren, da der Zusammenbruch im Osten fürchterlicher als im Westen drohe und sicher mit Ausmordungen größten Stils verbunden sei. Infolgedessen müsse im Westen verhandelt werden, und zwar *vor* einer Landung; man stehe bereits in Fühlung mit Lissabon. Voraussetzung sei das Verschwinden Kniébolos [Hitlers], der in die Luft zu sprengen sei. Dazu sei während der Lagebesprechung im Hauptquartier die beste Gelegenheit. Er nannte dabei Namen aus seinem engsten Kreis.«

Jünger aber lehnte ein Attentat entschieden ab. Ein Disput entstand. Jünger erwiderte: »Ich halte es für möglich, eine Lage zu schaffen, in der er einfach verhaftet werden kann. Wenn Stülpnagel will, woran kein Zweifel besteht, muß Rundstedt mitziehen.«

Ernst Jünger war seit 1942 gefährdet[42]. Im Frühjahr 1944 waren Jünger, Major d.R. Erich Weniger, Stülpnagels Ordonnanzoffizier und Regimentskamerad Jüngers aus dem Ersten Weltkrieg, und Oberpfarrer Damrath von der Garnisonskirche in Potsdam bei der Geheimen Staatspolizei wegen wehrkraftzersetzender Äußerungen angezeigt worden[43]. War Auguste der Denunziant?

Die Begegnung und die Aussprache mit Hofacker hatte Jünger beeindruckt, so daß er einen Monat danach notiert: »Wenn man Stülpnagel, Popitz und Jessen kennt, dazu Schulenburg und Hofacker, dann hat man ein Bild der Fronde im totalen Staat. Man sieht dann auch, daß die moralische Substanz zum Zuge drängt, nicht die politische. Sie ist in der Aktion die schwächere, und daher könnte die Lage sich nur zum Guten wenden, wenn ein Sulla in Erscheinung träte, ja selbst ein simpler Volksgeneral[44].«

Wer aber sollte dieser General sein? Jünger dachte wohl an Generalfeldmarschall Erwin Rommel, Oberbefehlshaber der Heeresgruppe B. Das Schloß La Roche-Guyon im Seinetal war sein Hauptquartier, und Speidel war seit April

1944 Chef des Generalstabes dieser Heeresgruppe. Er hatte inzwischen Verbindung zum militärischen Widerstand gefunden, immer lose, gehörte nie dem inneren Kreis der Verschwörung an[45]. Nicht sein Einfluß war ausschlaggebend, daß Rommel sich militärisch, aber nicht politisch von Hitler abwandte, sondern der Feldmarschall selbst[46].

Im Mai gab Speidel Rommel die überarbeitete Fassung von Jüngers Schrift »Der Friede«. Der Feldmarschall las den Aufruf. Seine Äußerungen über dieses Traktat sind quellenmäßig nicht belegt, so daß sie unberücksichtigt bleiben können[47].

Am 6. Juni begann die Invasion; die zweite Front, die Hitler stets leugnete, aber doch gefürchtet hatte, war eröffnet. Das Ende des Krieges stand bevor.

Am 20. Juli fand das Attentat statt, das scheiterte, auch der Staatsstreich in Berlin. Die Ereignisse in Paris sind zu bekannt, um sie nochmals zu erwähnen. Generalfeldmarschall Hans Günther von Kluge, der neue Oberbefehlshaber West *und* der Heeresgruppe B, versagte sich, eine selbständige Aktion zu unternehmen; immer wieder hatte er bei der Besprechung am späten Abend des 20. Juli mit Stülpnagel und Hofacker eingewendet, die Voraussetzung seines früheren Versprechens, Hitlers Tod, sei entfallen: »Ja, wenn das Schwein tot wäre[48].« Er befahl Stülpnagel, die am Nachmittag festgesetzte SS und den Sicherheitsdienst unverzüglich freizulassen, was geschah.

Dies war die gleiche Haltung, die Kluge am 28. Juli nochmals zeigen sollte. An jenem Tage war Oberst i.G. Rudolf-Christoph Freiherr von Gersdorff, Chef des Generalstabes eines Armeekorps, in La Roche-Guyon und bat eindringlich den Feldmarschall, seinen ehemaligen Oberbefehlshaber in Rußland, er müßte »umgehend Verhandlungen mit den westlichen Alliierten aufnehmen«[49]. Gersdorff führte weiter aus: »Hierzu müßten zuverlässige Kampfverbände schnell aus der Front herausgelöst werden, um mit ihnen eine Machtübernahme in Deutschland herbeizuführen. Mit der Masse aller freiwerdenden Kräfte muß die Verteidigung der deutschen Ostgrenze erreicht werden, mit dem Ziel, auch dort zu einem Waffenstillstand zu gelangen.« Kluge: »Gersdorff, wenn das schiefgeht, dann ist der Feldmarschall v. Kluge das größte Schwein der Weltgeschichte.« Der Oberst warf schließlich ein: »Herr Feldmarschall, vor der Entscheidung, entweder von der Geschichte verurteilt zu werden oder als Retter in höchster Not in sie einzugehen, haben alle großen Männer der Weltgeschichte gestanden.« Kluge aber lehnte ab: »Gersdorff, der Feldmarschall von Kluge ist kein großer Mann.«

Und Jünger? Er, der Beobachter, der die Ereignisse gleichsam wie von einer höheren Warte aus wahrnahm, der Chronist, der sie aufzeichnete und kommentierte, befand sich am 20. Juli außerhalb von Paris, in Saint-Cloud, und kehrte am Abend zurück. Max Hattingen, Kriegsoberverwaltungsrat, berichtete ihm Einzelheiten. Dieser sagte, auf die Festsetzung der SS und des Sicherheitsdienstes anspielend: »Die Riesenschlange im Sack gehabt und wieder herausgelassen[50].« Jünger schreibt: »Der Attentäter soll ein Graf Stauffenberg sein. Ich hörte den Namen bereits von Hofacker. Dies würde meine Meinung bestätigen, daß an solchen Wenden die älteste Aristokratie ins Treffen tritt. Aller Voraussicht nach wird diese Tat furchtbare Gemetzel einleiten. Auch wird es immer schwieriger, die Maske zu bewahren [...]. Dabei bin ich seit langem der Überzeugung, daß durch Attentate wenig geändert und vor allem nichts besser wird[51].«

Jüngers Voraussage über das »furchtbare Gemetzel« war zutreffend. Nun setzten die Verhaftungen ein; die Verschwörer, die Freunde und Gefährten langer Jahre, wurden hingerichtet oder schieden aus dem Leben: Rommel und Stülpnagel, Hofacker und Schulenburg, Popitz und Jessen und viele mehr.

Nach dem Kriege schreibt Jünger: »Doch es gibt Lagen, in denen man auf den Erfolg nicht achten darf; man steht dann freilich außerhalb der Politik. Das gilt auch für diese Männer, und daher gewannen sie moralisch, wo sie historisch scheiterten. Ihr Opfer zählt zu jenen, die nicht der Sieg, wohl aber die Dichtung krönt[52].«

Am frühen Nachmittag des 21. Juli traf Bargatzky Jünger vor dem Eingang des Hotel »Majestic«. Er berichtete ihm von den nächtlichen Geschehnissen bei Kluge. Schweigend hörte Ernst Jünger zu, um knapp zu sagen: »Da muß man doch einfach schießen[53].« Dies war die klare Beurteilung der Lage, nicht die eines Beobachters, sondern eines Mannes der Tat.

Mitte August 1944 löste sich der Stab des Militärbefehlshabers Frankreich auf. Jünger entkam den Fängen der Geheimen Staatspolizei und kehrte nach Kirchhorst zu seiner Familie zurück. Am 27. Oktober wurde er ordnungsgemäß aus der Wehrmacht entlassen[54] – auf Grund von »Krankheit«[55], aber nicht wegen »Wehrunwürdigkeit«[56]. Immer noch war Krieg, aber für Ernst Jünger gehörten die Jahre in Paris bereits der Geschichte an, deren Chronist er war.

Anmerkungen

[1]   Ben Witter, Spaziergänge mit Prominenten, Zürich 1969, S. 81 – 87: Mit Ernst Jünger im
      Schloßpark. »Mein Gegner ist die Sprache.«, dort S. 82.
[2]   Deutsches Literaturarchiv (DLA) Marbach, Nachlaß Ernst Jünger, Wehrpaß, ausgestellt
      vom Wehrbezirkskommando Konstanz am 6.3.1939.
[3]   Ernst Jünger – Carl Schmitt, Briefe 1930 – 1983, hrsg., kommentiert und mit einem
      Nachwort von Helmuth Kiesel, Stuttgart 1999, S. 118 (Brief vom 2.4.1941).
[4]   Horst Mühleisen, Bibliographie der Werke Ernst Jüngers, Stuttgart 1996 (= Veröffentli-
      chungen der Deutschen Schillergesellschaft, Bd 47), S. 335, 337 (Zeittafel).
[5]   Ernst Jünger – Carl Schmitt, Briefe (wie Anm. 3), S. 126 f. (Brief vom 28.8.1941).
[6]   Ernst Jünger an Hans Speidel, in: Ernst Jünger. Leben und Werk in Bildern und Texten,
      hrsg. von Heimo Schwilk, Stuttgart 1988, S. 168 f. (Brief vom 9.10.1942).
[7]   Hans Speidel, Briefe aus Paris und aus dem Kaukasus, in: Freundschaftliche Begegnun-
      gen. Festschrift für Ernst Jünger zum 60. Geburtstag, hrsg. von Armin Mohler, Frank-
      furt a.M. 1955, S. 181 f.; vgl. ders., Aus unserer Zeit. Erinnerungen, Berlin, Frank-
      furt a.M., Wien 1977, S. 109 – 111. Vgl. auch Ernst Jünger an seinen Bruder Friedrich

Georg: »Wie ich Dir wohl schon schrieb, begegnete ich in Paris dem Grafen Podewils. Ich fand ihn sehr angenehm, und wir unterhielten uns gut. Ich traf ihn inmitten eines Kreises von intelligenten Offizieren an, deren Mittelpunkt der Oberst Speidel, Chef des Stabes beim Oberbefehlshaber von [richtig: Militärbefehlshaber in] Frankreich ist. Der Eindruck, den ich dort erhielt, bestätigte mir meine Theorie von der Bildung sehr kleiner geistiger Eliten in unserer Zeit.«, in: Ernst Jünger. Leben (wie Anm. 6), S. 169 (Brief vom 12.6.1941).

8   Ernst Jünger, Sämtliche Werke, Bd 2: Erste Abteilung. Tagebücher. Tagebücher II. Strahlungen I, Stuttgart 1979, S. 247.

9   Ebd., S. 252 (Eintragung vom 14.6.1941).

10 Schriftliche Mitteilung Halders vom 4.4.1964 an den Verfasser.

11 Jünger, Bd 2: Strahlungen I (wie Anm. 8), S. 272. (Eintragung vom 13.11.1941).

12 Ernst Jünger, Siebzig verweht III, Stuttgart 1993, S. 471 (Eintragung vom 22.12.1984 anläßlich Speidels Tod).

13 Ebd., S. 193 (Eintragung vom 28.10.1982).

14 Siehe Wehrpaß (wie Anm. 2), S. 13. Danach gehörte Hauptmann z.V. Jünger bis zum 16.9.1944 dem Kommandostab des Militärbefehlshabers in Frankreich an.

15 Ernst Jünger, Sämtliche Werke, Bd 3: Erste Abteilung. Tagebücher III. Strahlungen II, Stuttgart 1979, S. 551 f. (Eintragung vom 24.9.1945). Vgl. die grundlegende Arbeit von Hans Umbreit, Der Militärbefehlshaber in Frankreich 1940–1944, Boppard 1968 (= Militärgeschichtliche Studien, Bd 7).

16 Ernst Jünger – Carl Schmitt, Briefe (wie Anm. 3), S. 120 (Brief vom 22.6.1941). Vgl. Jünger an Schmitt, Brief vom 28.8.1941: »Auch rief der russische Feldzug zunächst eine gewisse Starre der Betrachtung in mir hervor. Es sind dies Dinge, die ich seit vielen Jahren vorausgesehen habe; in der Realität wirken sie fast zufälliger, aber auch nackter als in den Traumbildern.«, in: ebd., S. 126.

17 Schriftliche Mitteilung des Brigadegenerals a.D. Hans Crome vom 26.11.1984 an den Verfasser.

18 Jünger, Bd 3: Strahlungen II (wie Anm. 15), S. 552 (Eintragung vom 24.9.1945); vgl. Speidel, Aus unserer Zeit (wie Anm. 7), S. 110.

19 Vgl. Speidel, Aus unserer Zeit (wie Anm. 7), S. 110 f. Der Entwurf der Ausarbeitung über die Geiselfrage mit den Randnoten Otto von Stülpnagels blieb erhalten. Vgl. Jünger, Bd 3: Strahlungen II (wie Anm. 15), S. 554 (Eintragung vom 24.9.1945).

20 Faksimile des Berechtigungsausweises vom 18.2.1942, unterschrieben von Speidel, in: Ernst Jünger in Selbstzeugnissen und Bilddokumenten. Dargestellt von Karl O. Paetel, Reinbek 1962, S. 96. Vgl. Das 20. Jahrhundert. Von Nietzsche bis zur Gruppe 47. Ständige Ausstellung des Schiller-Nationalmuseums und des Deutschen Literaturarchivs Marbach, München 1980, S. 227 [Nr.] 367 (Druck).

21 Schriftliche Mitteilung von Heinz Saueressig vom 28.7.1981 an den Verfasser (»Bei meiner letzten Begegnung in Saulgau habe ich den Autor hierauf angesprochen, und er meinte, daß er mit Sicherheit nicht eine auf Walter Benjamin bezogene persönliche Initiative ergriffen hat, daß er wohl aber daran mitgewirkt habe, daß einige der Internierungslager aufgelöst wurden.«).

22 Vgl. Werner Fuld, Walter Benjamins Beziehung zu Ludwig Klages, in: Akzente. Zeitschrift für Literatur, 28. Jg. (1981) Heft 3, S. 274–287; dort S. 283–287: »Nachbemerkung, Ernst Jüngers Beziehung zu Benjamin betreffend«.

23 Gottfried Benn, Doppelleben, in: ders., Sämtliche Werke, Bd V, Prosa 3, Stuttgart 1991, S. 106.

[24] Walter Bargatzky, Hotel Majestic. Ein Deutscher im besetzten Frankreich, Freiburg i.Br. 1987, S. 80.

[25] Ebd., S. 82 (Brief vom 2.9.1983 an Bargatzky). Vgl. Jünger, Bd 3: Strahlungen II (wie Anm. 15), S. 549 – 554 (Eintragung vom 24.9.1945) mit wichtigen Mitteilungen über Otto von Stülpnagel und die Geiselfrage; vgl. weiter den aufschlußreichen Brief Ernst Jüngers an Joseph Breitbach vom 17.11.1952, in: DLA Marbach, Nachlaß Ernst Jünger, Konvolut Joseph Breitbach.

[26] Vgl. François Lagarde, Photo Album Ernst Jünger, Montpellier 1983, S. 49: Mittagstisch im Jahre 1919 in der Apotheke zu Eitorf/Sieg. Von rechts: Leutnant Karl-Richard Kossmann, Hauptmann Wilhelm Trauthig (1886 – 1979), der Kompaniechef, und Leutnant Ernst Jünger. (Die Aufnahme ist indessen seitenverkehrt veröffentlicht.).

[27] Jünger, Bd 2: Strahlungen I (wie Anm. 8), S. 336.

[28] Ebd., S. 347.

[29] Vgl. Alfred Andersch, Achtzig und Jünger, in: Das Alfred Andersch Lesebuch, hrsg. von Gerd Haffmans, Zürich 1985, S. 163. Joseph Breitbach berichtete 1974 über dieses mutige Handeln von Ernst Jünger.

[30] Artikel »Das abenteuerliche Herz hält Titanenwelten auf Distanz. Thomas Kielinger und Herbert Kremp zu Besuch bei dem 90jährigen Ernst Jünger«, in: Die Welt, Nr. 70 vom 23.3.1985, S. 17.

[31] Jünger, Bd 2: Strahlungen I (wie Anm. 8), S. 366 (Eintragung vom 16.8.1942).

[32] Ernst Jünger an Hans Speidel, in: Ernst Jünger. Leben (wie Anm. 6), S. 190 (Brief vom 9.10.1942).

[33] Jünger, Bd 2: Strahlungen I (wie Anm. 8), S. 397 (Eintragung vom 9.10.1942).

[34] Vgl. Gerhard Loose, Zur Entstehungsgeschichte von Ernst Jüngers Schrift *Der Friede*, in: Modern Language Notes, Vol. LXXIV, I, 1959, S. 56, Anm. 10, auf Grund eines Gesprächs, das Loose mit Jünger im März 1958 führte. Vgl. Jünger, Siebzig verweht III (wie Anm. 12), S. 566 (Eintragung vom 12.11.1985/Brief an Banine).

[35] Hitlers Weisungen für die Kriegführung 1939 – 1945. Dokumente des Oberkommandos der Wehrmacht, hrsg. von Walther Hubatsch, Frankfurt a.M. 1963, S. 183 – 188.

[36] Jünger, Bd 2: Strahlungen I (wie Anm. 8), S. 470 (Eintragung vom 31.12.1942).

[37] Vgl. Horst Mühleisen, Ernst Jünger in Berlin 1927 – 1933, Frankfurt (Oder) 1998.

[38] Ernst Jünger, Sämtliche Werke, Bd 14: Zweite Abteilung. Essays VIII. Ad hoc, Ausgehend vom Brümmerhof, Stuttgart 1978, S. 126.

[39] Bargatzky, Hotel Majestic (wie Anm. 24), S. 143.

[40] Jünger, Bd 3: Strahlungen II (wie Anm. 15), S. 167 (Eintragung vom 4.10.1943).

[41] Ebd., S. 241 f. (auch für das folgende).

[42] Vgl. Gretha von Jeinsen [d.i. Gretha Jünger], Die Palette. Tagebuchblätter und Briefe, Hamburg 1949, S. 54 (Eintragung vom 7.3.1942); vgl. auch Bargatzky, Hotel Majestic (wie Anm. 24), S. 143.

[43] Vgl. Ernst Jünger, Der Friede. Ein Wort an die Jugend Europas. Ein Wort an die Jugend der Welt, Zürich 1949, S. 85 (Nachwort, zusammengestellt von Karl F. Baedeker und bearbeitet von Manfred Michler). Nicht zutreffend ist Ernst Jüngers Bekundung, daß »der Personalchef der SS in Frankreich, ein gewisser Glatzel in Generalsrang, alle gegen ihn begonnenen Untersuchungen niederschlug«; vgl. hierzu Armin Mohler, Ravensburger Tagebuch. Meine Zeit bei Ernst Jünger 1949/50. Mit einem Nachtrag *In Wilflingen 1950 – 1953* von Edith Mohler, Wien, Leipzig 1999, S. 87 (Notiz vom 9.7.1959). – Seit Mitte Oktober 1943 war SS-Brigadeführer Alfons Glatzel, vorher Präsident des Gauarbeitsamtes Magdeburg-Anhalt, der Beauftragte des Generalbevollmächtigten für den Ar-

beitseinsatz in Frankreich, und war auf Grund dieser Dienststellung nicht zuständig, gegen Jünger eingeleitete Untersuchungen niederzuschlagen. – Zu Glatzel vgl. Umbreit, Militärbefehlshaber (wie Anm. 15), S. 328.

44 Jünger, Bd 3: Strahlungen II (wie Anm. 15), S. 255 (Eintragung vom 29.4.1944).

45 Vgl. Hans Speidel, Invasion 1944. Ein Beitrag zu Rommels und des Reiches Schicksal, Tübingen, Stuttgart 1949, S. 81 f., 85 – 88; vgl. auch ders., Aus unserer Zeit (wie Anm. 7), S. 164, 169 f.

46 Vgl. die kritische biographische Skizze: Elmar Krautkrämer, Generalleutnant Dr. phil. Hans Speidel, in: Hitlers militärische Elite, hrsg. von Gerd R. Ueberschär, Bd 2: Vom Kriegsbeginn bis zum Weltkriegsende, Darmstadt 1998, S. 245 – 255, hier 250.

47 Vgl. Jünger, Bd 14: Essays VIII (wie Anm. 38), S. 129, dort Rommel zu Speidel nach Lektüre des Aufrufs: »Damit kann ich arbeiten.« Vgl. auch ders., Siebzig verweht V, Stuttgart 1997, S. 143, dort Rommel zu Speidel: »Damit läßt sich arbeiten« (Eintragung vom 1.6.1994). Diese angebliche Äußerung Rommels findet sich in Speidels Briefen an Jünger nicht. DLA Marbach, Nachlaß Ernst Jünger, Konvolut Hans Speidel, S 83/I: 27.12.1941 – 19.6.1953. Speidel berichtet auch nichts in: ders., Invasion 1944 (wie Anm. 45), S. 85; ders., Briefe aus Paris und aus dem Kaukasus (wie Anm. 7), S. 192; und ders., Aus unserer Zeit (wie Anm. 7), S. 171. Speidel an Jünger, Brief vom 29.7.1946: »Ich überarbeite z.Zt. mein Rommel-Manuskript, in das ich auch Ihren Besuch [Mai 1944] und den tiefen Eindruck Ihrer Friedensschrift auf Rommel eingefügt habe.« Am 14.12.1946 erhielt Speidel das Typoskript der »Strahlungen« und bestätigte am nächsten Tage den Empfang. Am 15.1.1947 äußerte sich Speidel ausführlich über das Tagebuch. Vgl. ders., Aus unserer Zeit (wie Anm. 7), S. 247.

48 Bargatzky, Hotel Majestic (wie Anm. 24), S. 135. Über die Ereignisse in Paris unterrichtet umfassend: Der 20. Juli 1944 in Paris. Verlauf – Hauptbeteiligte – Augenzeugen, hrsg. von Bengt von zur Mühlen und Frank Bauer, Berlin-Kleinmachnow 1995.

49 Rudolf-Christoph Freiherr von Gersdorff, Soldat im Untergang, Frankfurt a.M., Berlin, Wien 1977, S. 151 f. (auch für das folgende).

50 Jünger, Bd 3: Strahlungen II (wie Anm. 15), S. 288 (Eintragung vom 21.7.1944). Gretha Jünger verbrannte in der Nacht vom 20./21.7.1944 Papiere ihres Mannes in Kirchhorst, ebd., S. 554 (Eintragung vom 24.9.1945). Vgl. auch Jeinsen, Die Palette (wie Anm. 42), S. 98: »In der Nacht zum 21. Juli doch noch vieles vernichtet, darunter Briefe Romains [d.i. Ernst Jünger] und mancherlei Aufzeichnunen von mir.«

51 Ebd., S. 288 (Eintragung vom 21.7.1944).

52 Jünger, Bd 2: Strahlungen I (wie Anm. 8), S. 18; vgl. auch ders., Bd 3: Strahlungen II (wie Anm. 15), S. 581 (Eintragung vom 13.11.1945).

53 Bargatzky, Hotel Majestic (wie Anm. 24), S. 143.

54 Vgl. Wehrpaß (wie Anm. 2), S. 48. Der Text des Stempels lautet: »Am 27.10.44 gesund u. entl.fähig auf Grund A.Z. [Allgemeinem Zirkular] v. 19.10.44 als Hptm z.V. mit dem Tauglichkeitsgrad bed[ingt] K[riegs]v[erwendungsfähig] 2 lt. [laut] Tr[uppen] Arzt G.E.k. [Generalkomando] AO 588 nach Hannover/Kirchhorst entlassen.« Vgl. auch Jünger, Bd 3: Strahlungen II (wie Anm. 15), S. 313 (Eintragung vom 27.10.1944) und S. 312: »Beim Generalkommando erfuhr ich, daß meine Entlassung verfügt worden ist. Man scheint in Berlin sogar Eile gehabt zu haben, sich meiner auf diese Weise zu entledigen.« (Eintragung vom 20.10.1944).

55 Vgl. Ernst Jüngers Antwort an die Deutsche Soldaten-Zeitung, 10. Jg., 1960, Nr. 9, Folge 1 (Mai), S. 8: »Ich wurde im Herbst 1944 wegen Krankheit aus dem Heer verabschiedet und sogleich mit der Führung einer Volkssturmeinheit beauftragt.« Diese Dar-

stellung wird bestätigt durch Armin Mohler, Ravensburger Tagebuch (wie Anm. 43),
S. 48 (Notiz vom 15.11.1949). Danach sei Jünger »zum Personalchef der Division in
Hannover« [richtig: Stellvertretendes Generalkommando des XI. Armeekorps] gegangen
und habe diesen gebeten, ihn »wegen Magengeschichten« zu entlassen.

56   Nur eine der zahlreichen Belegstellen mit dieser Begründung sei genannt: »[...] bis er –
kurz nach dem Attentat vom 20. Juli 1944 – wegen ›Wehrunwürdigkeit‹ entlassen wurde«,
in: Das 20. Jahrhundert. Von Nietzsche bis zur Gruppe 47 (wie Anm. 20), S. 276.

Jürgen Danyel

»Ein Endsieg des nationalsozialistischen Deutschland ist nicht mehr möglich«. Die Widerstandsgruppe um Arvid Harnack und Harro Schulze-Boysen im Kontext der Geschichte des militärischen Widerstandes gegen das NS-Regime

In bisherigen Untersuchungen zur militärischen Opposition gegen den Nationalsozialismus wurde die Widerstandsgruppe um den Nationalökonomen und Beamten des Reichswirtschaftsministeriums, Arvid Harnack, und den Oberleutnant der Luftwaffe und Mitarbeiter des Reichsluftfahrtministeriums, Harro Schulze-Boysen, bestenfalls als ein »Grenzbereich des militärischen Widerstandes«[1] betrachtet. Charakteristisch für diese Deutung war, daß die Widerstandsaktivitäten der Gruppe in der Regel auf die Weitergabe militärischer Informationen an die sowjetische Seite reduziert wurden. Das Thema »Rote Kapelle« wurde somit unter die Geschichte der Geheimdienste während des Zweiten Weltkrieges reduziert.

Die Zweifel an der Zugehörigkeit der Frauen und Männer um Harnack und Schulze-Boysen zum deutschen Widerstand stützten sich dabei auf die Annahme, daß die Gruppe im Unterschied etwa zum Kreisauer Kreis und dem militärischen Widerstand mit ihrer Verbindungsaufnahme zu einer feindlichen ausländischen Macht die nationalstaatliche Souveränität Deutschlands als Wert und Bezugspunkt von Widerstandshandlungen preisgegeben habe[2]. Neuere Darstellungen, die die Entstehung und Entwicklung der Widerstandsgruppe sowie deren ordnungspolitische Vorstellungen für ein Deutschland nach Hitler auf der Grundlage bislang unbekannter Quellen unter-

Harro Schulze-Boysen (1909 bis 1942) und seine Ehefrau Libertas, geb. Haas-Heye (1913 bis 1942)

sucht haben, gelangen zu einem wesentlich differenzierteren Urteil. Darüber hinaus haben Untersuchungen zur Rezeption des deutschen Widerstandes nach 1945 zahlreiche Belege dafür geliefert, daß das Bild der NS-Verfolgungsinstanzen über die »Rote Kapelle« in den Auseinandersetzungen des Kalten Krieges weiterwirkte und auch das Urteil der Widerstandshistoriographie beeinflußt hat[3]. Die Frage, ob und wie sich Widerstandshandlungen und die Loyalität gegenüber der eigenen Nation vereinbaren lassen bzw. wo die Grenzen für solche Bindungen angesichts der Politik eines diktatorischen Regimes liegen, wird inzwischen differenzierter beantwortet. Neuere Forschungen zu den außenpolitischen Fühlungnahmen der Gruppen im Umfeld des 20. Juli 1944 oder die Anerkennung der Desertion als einer legitimen Form des Widerstandes haben das Problembewußtsein für diese Fragen gestärkt[4].

Schreibt man auf dem Hintergrund der Tatsache, daß sich die Widerstandshistoriographie inzwischen der gesamten Breite der Opposition gegen Hitler angenommen hat, die Geschichte der Gruppe um Harnack und Schulze-Boysen jenseits der Legenden und Zerrbilder der politischen Eiszeit »von ihren Anfängen her«[5], so erschließt sich ein weites Feld für die Untersuchung von Gemeinsamkeiten und Unterschieden zu anderen Bereichen des deutschen Widerstandes.

Mit Blick auf die Geschichte der militärischen Opposition sprechen vor allem drei Gründe für eine eingehendere Beschäftigung mit der Widerstandsgruppe:

Zum einen gehörten der Gruppe zum Zeitpunkt ihrer Verhaftung im Herbst 1942 zahlreiche Wehrmachtsangehörige darunter ranghohe Offiziere an[6]. Harro Schulze-Boysen war seit 1934 im Reichsluftfahrtministerium als Pressereferent in der Abteilung »Fremde Luftmächte« und im Rahmen einer Kommandierung in der Attachégruppe des Luftwaffenführungsstabes in Potsdam-Wildpark tätig. Zum Zeitpunkt seiner Verhaftung hatte er den militärischen Rang eines Oberleutnants der Luftwaffe inne[7]. Zum Kreis um Schulze-Boysen gehörte ab 1941 Erwin Gehrts, der seit 1935 in verschiedenen Stellungen, zuletzt als Oberst der Luftwaffe und Leiter der Vorschriften- und Lehrmittelabteilung in Görings Ministerium tätig war[3]. In der Dechiffrierabteilung des OKH arbeitete ab März 1942 Horst Heilmann, der seit seiner Studienzeit an der Auslandswissenschaftlichen Fakultät der Berliner Universität über enge Kontakte zu Harro Schulze-Boysen und zu Albrecht Haushofer verfügte[9]. Zum Widerstandskreis um Arvid Harnack gehörte der Oberleutnant der Luftwaffe Herbert Gollnow, der durch Vermittlung Schulze-Boysens ab Oktober 1941 im OKW Amt Ausland Abwehr II mit Sabotageunternehmungen an der Ostfront zu tun hatte. Darüber hinaus leisteten 1941/42 zahlreiche Mitglieder der Widerstandsgruppe ihren Wehrdienst ab und waren in dieser Zeit in Widerstandshandlungen involviert. Zu ihnen gehörten u.a. Kurt Schumacher, der von Juni 1941 bis Juli 1942 beim Landesschützen-Bataillon 662 in Posen stationiert war, Karl Behrens, der am 16. September 1942 während des Einsatzes an der Ostfront bei Leningrad verhaftet wurde, Heinrich Scheel, der als Wetterdienstinspektor bei der Luftwaffe diente, oder etwa Wolfgang Havemann, André Richter und andere mehr.

Die Tatsache, daß die NS-Führung bei der Aufdeckung der Gruppe in breiterem Maße mit dem Widerstand von Wehrmachtoffizieren aus dem Bereich der Luftwaffe konfrontiert war, führte dazu, daß die Prozesse gegen die Mitglieder der Widerstandsgruppe bis auf eine Ausnahme vor dem Reichskriegsgericht durchgeführt wurden[10]. Damit waren die Zivilpersonen, die die Mehrheit in der Gruppe bildeten, u.a. auch die Frauen der Wehrmachtsgerichtsbarkeit unterworfen.

Zum zweiten ist die Berliner »Rote Kapelle« für den Bereich des militärischen Widerstands von Interesse, insofern die Vorbereitung und Durchführung der militärischen Expansion des nationalsozialistischen Deutschland gegen die Sowjetunion zu einem wichtigen Auslöser für die Widerstandshandlungen der Gruppe wurde. Früher und schärfer als der militärische Widerstand des 20. Juli 1944 und der Kreisauer Kreis erkannte die Widerstandsgruppe, daß Hitler mit dem Rußlandfeldzug die Souveränität Deutschlands aufs Spiel gesetzt hatte. Insofern stellte für die beteiligten jede Form des Widerstands gegen diese Entwicklung ein Gebot der Verantwortung für den Fortbestand des deutschen Nationalstaats dar. Die erhalten gebliebenen widerstandsgeschichtlichen Zeugnisse liefern aufschlußreiche Belege für diese realistische Sicht, so etwa wenn die im Kreis um Schulze-Boysen 1942 entstandene Flugschrift »Die Sorge um Deutschlands Zukunft geht durch das Volk« noch vor der Schlacht von Stalingrad auf die Konsequenzen von Hitlers Krieg im Osten verweist: »Dann wird der Zusammenbruch ein Ausmaß annehmen, im Vergleich zu dem der November 1918 eine Lächerlichkeit war. Deutschland würde in den Offensiven des Sommers 1942 seine letzten Reserven opfern. Millionen Menschen würden dann noch durch Bomben und Granaten fallen oder an Hungerkrankheiten und Seuchen zugrunde gehen. Am Ende aber würden die Panik und der Reichszerfall stehen[11].« In eine ähnliche Richtung weist die durch Egmont Zechlin überlieferte Position Arvid Harnacks vom Winter 1941/42, wonach sich angesichts der Tatsache, daß Deutschland den Krieg gegen die Sowjetunion notwendig verlieren würde, jeder entscheiden müsse, »ob er östlich oder westlich der Elbe leben wolle«[12].

Drittens verdienen die ordnungspolitischen Vorstellungen der Widerstandsgruppe mit ihrer Option für einen nationalstaatlichen Wiederaufstieg Deutschlands nach Versailles besondere Aufmerksamkeit. Sie waren mit einer außenpolitischen Ostorientierung im Sinne der Verständigung mit der sowjetischen Großmacht gekoppelt. Mit dieser Position, die neben den kommunistischen Einflüssen an Traditionen der Bismarckschen Außenpolitik anknüpfte und sich zudem aus der Affinität der führenden Köpfe der Gruppe zu nationalrevolutionären und nationalbolschewistischen Positionen speiste[13], stellte die Widerstandsgruppe eine deutliche Alternative zum dominant westorientierten Widerstand im Umfeld des 20. Juli 1944 dar. Letzter betrachtete die »östliche Flügel-

macht, die Sowjetunion [...] aufgrund ihrer weltanschaulichen und innenpolitischen Verfaßtheit [...] durchgehend mit Mißtrauen und Ablehnung«[14]. Die Versuche von Harnack und Schulze-Boysen mit ihren Kontakten zur sowjetischen
Seite eine Verhandlungsoption für die Beendigung des Krieges offenzuhalten,
stützten sich auf die Annahme, daß die Sowjetunion mit ihren gewaltigen Ressourcen letztlich Hitlers Wehrmacht überlegen sein werde und dies nicht ohne
Konsequenzen für die Eigenstaatlichkeit eines militärisch besiegten Deutschlands bleiben werde. Diese Ansicht wurde durch die nachfolgende historische
Entwicklung bestätigt.

In der Widerstandsgruppe um Arvid Harnack und Harro Schulze-Boysen
fanden sich verschiedene Freundeskreise und Gruppen zusammen, deren Anfänge bereits in der Zeit vor 1933 lagen. In den gesellschaftspolitischen Auseinandersetzungen der Endphase der Weimarer Republik kamen in diesen Ge-
meinschaften Menschen mit sehr unterschiedlichen Traditionen, weltanschaulichen und politischen Bindungen zusammen. Allen gemeinsam war die Suche
nach Alternativen zur Agonie der Weimarer Demokratie und zum heraufkom-
menden Nationalsozialismus. In politischen und akademischen Diskussionszir-
keln, wie der von Friedrich Lenz und Arvid Harnack initiierten »Arbeitsgemeinschaft zum Studium der sowjetrussischen Planwirtschaft«[15], in Zeitschriftenre-
daktionen, wie dem von Harro Schulze-Boysen herausgegebenen »Gegner« und
seinem Kreis[16] oder der von Adam Kuckhoff zeitweilig geleiteten »Tat«[17], in
Schriftsteller- und Künstlermilieus bildeten sich Gemeinsamkeiten in den politischen Ansichten, Freundschaften, Gesprächskontakte und damit ein Reservoir
von Bindungen und Beziehungen heraus, von dem aus sich unter den Bedingungen nationalsozialistischer Herrschaft Widerstandszusammenhänge formierten. Von ihrer Genese her handelte es sich bei der Widerstandsgruppierung
um Harnack und Schulze-Boysen um ein von der Fähigkeit zum politischen
Konsens geprägtes Geflecht von menschlichen Beziehungen, das zunächst seine
politische und kulturelle Identität gegenüber dem Konformitätsdruck der nationalsozialistischen Diktatur zu behaupten suchte. Auf dem Hintergrund der
nationalsozialistischen Politik mündete diese Selbstbehauptung in eine aktive
und vielgestaltige Gegnerschaft zu einem als verbrecherisch erkannten System.

Beginnend mit dem Jahr 1932 sammelte sich um Arvid Harnack und seine
Frau Mildred ein Kreis von Schülern des Berliner Städtischen Abendgymnasi-
ums für Erwachsene, an dem Mildred Harnack englische Sprache und Litera-
turgeschichte unterrichtete. Dort gewann sie das Vertrauen einer ganzen Reihe
von politisch aufgeschlossenen und gegenüber dem Nationalsozialismus kritisch
eingestellten Schülern[18]. Der Kreis, zu dem der Schlosser Karl Behrens, der
Schneider und literarisch ambitionierte Bodo Schlösinger, der arbeitslose Ange-
stellte Wilhelm Utech u.a. gehörten, traf sich unter der Anleitung Harnacks zu
Schulungs- und Diskussionsabenden und wurde zu einer wichtigen Keimzelle
der späteren Widerstandsarbeit[19]. Aus der Wiederbegegnung Harnacks mit
seiner Studienkollegin an der Universität von Wisconsin in Madison (USA), der

Soziologin Greta Kuckhoff, in Berlin im Jahr 1933 erwuchs eine bis 1942 anhaltende Bindung zwischen den Harnacks und dem Ehepaar Kuckhoff, die auf verwandten wissenschaftlichen und kulturellen Interessen und einer frühen Gegnerschaft zum Nationalsozialismus basierte[20]. Gemeinsam wurden Versuche zur Gewinnung weiterer Nazigegner unternommen, so bemühten sich Harnack und Kuckhoff den Studienfreund Adam Kuckhoffs und späteren sozialdemokratischen Kultusminister im Kabinett Braun-Severing, Adolf Grimme, für den Widerstand zu gewinnen[21]. Zu einem wichtigen Forum der kritischen Diskussion der Lage im nationalsozialistischen Deutschland wurden die engen Beziehungen von Arvid und Mildred Harnack zur amerikanischen Botschaft in Berlin. In der Amtszeit des Botschafters William E. Dodd von 1933–1938, dessen Tochter Martha und Mildred Harnack eine enge Freundschaft verband, war die amerikanische Vertretung ein Anlaufpunkt für Regimegegner und Hilfesuchende[22].

Das von Harnack in seinem Gesprächs- und Diskussionskreis mit großer methodischer Strenge praktizierte Verständnis von effektiver Widerstands- und Aufklärungsarbeit war in erster Linie auf die analytische Befähigung der Beteiligten zur Durchdringung der wirtschaftlichen und politischen Zusammenhänge des Nationalsozialismus und die Suche nach möglichen Auswegen gerichtet. Sowohl das ausgiebig betriebene und von Harnack mit großem didaktischen Anspruch begleitete Studium klassischer Wirtschaftstheorien, als auch die Beschaffung und Aufbereitung von Informationen zur Situation in verschiedenen Bereichen der deutschen Gesellschaft ordneten sich in dieses Grundanliegen ein. Es sollten Leitbilder für eine künftige Neuordnung Deutschlands im Gefolge des Sturzes der nationalsozialistischen Diktatur entwickelt werden, als auch ein intellektuelles Potential entstehen, das gestaltend in diesen Prozeß eingreifen sollte.

Harnacks Gesellschaftsbild war dabei entgegen zählebiger Legenden keine einfache Projektion sowjetischer Verhältnisse auf Deutschland. Vielmehr knüpfte seine Idee einer auf sozialen Ausgleich gerichteten, planwirtschaftlich organisierten Gesellschaft an Vorstellungen der deutschen Staatstheorie, Konzepte einer Gemeinwirtschaft in der Tradition von Friedrich List und an das Gedankengut eines ethisch fundierten Sozialismus an[23]. Dieses ordnungspolitische Modell sah im amerikanischen New Deal und in der sowjetischen Planwirtschaft eine Herausforderung und Alternative zur Agonie des Kapitalismus westlich-liberaler Prägung in den dreißiger Jahren. Eine soziale und politische Wiedergeburt Deutschlands war für Harnack nur auf dem Hintergrund einer Verbesserung der Beziehungen mit dem großen östlichen Nachbarn in der Balance zum bisherigen dominant westlichen Einfluß denkbar[24]. Diese Sicht hat die Neuordnungs- und Zukunftspläne der Widerstandsgruppe um Harnack und Schulze-Boysen nachhaltig beeinflußt und war eines der Hauptmotive für den entschiedenen Widerstand gegen die nationalsozialistische Expansionspolitik.

Wie auch bei der Gruppe um die Harnacks und Kuckhoffs, liegen die Wur-
zeln des weitgefächerten Widerstandskreises um Harro Schulze-Boysen in der
Zeit der frühen dreißiger Jahre. Der zunächst mit den politischen Zielen des
Jungdeutschen Ordens sympathisierende und dann stärker an den nationalrevolutionären Positionen Otto Strassers und Hans Zehrers orientierte Jura-
Student der Berliner Universität übernahm im März 1932 die Schriftleitung des
»Gegner« in der Nachfolge von Franz Jung[25]. Die Zeitschrift und der sich um
sie gruppierende Kreis von Autoren und Sympathisanten entwickelte sich zu
einem Forum, in dem Schulze-Boysen seine Vorstellung einer »neuen Einheit«,
die traditionelle Frontstellungen zwischen »rechts« und »links« und damit das
Parteiengezänk der Weimarer Demokratie überwinden, propagieren und verwirklichen konnte[26]. Auf den Diskussionsabenden des »Gegner«-Kreises und
über die ständige Präsenz in der politisch-literarischen Szene Berlins baute Harro Schulze-Boysen eine Vielzahl von politischen Kontakten auf, die von der
KPD über die bündische Jugend und nationalbolschewistische Gruppen bis
hinein in den sogenannten »linken« Flügel der nationalsozialistischen Bewegung
reichten[27].

Eine Reihe dieser Verbindungen und die daraus entstehenden politischen
Freundschaften überdauerten den Umbruch von 1933 und wurden zu Quellbe-
zirken des späteren Widerstandskreises um Schulze-Boysen. So datierte etwa die
Bekanntschaft mit dem Schriftsteller Günther Weisenborn aus dieser mit hitzi-
gen Diskussionen angefüllten Zeit, als Harro Schulze-Boysen als Redner bei
einer Debatte um dessen Studentenroman »Barbaren« in der Hochschule für
Politik Eindruck machte[28]. Nach einem erneuten Zusammentreffen 1937 wurde
Weisenborn in den sich formierenden Widerstandskreis einbezogen[29]. Ähnlich
nahm die Freundschaft zu dem Bildhauer Kurt Schumacher und dem linken
Journalisten Walter Küchenmeister ihren Ausgangspunkt in der gemeinsamen
Arbeit am »Gegner« bzw. im Jahre 1935 an der Zeitschrift »Wille zum Reich«[30].
Ab Mitte der dreißiger Jahre entstand aus diesen vielfältigen persönlichen Be-
ziehungen ein relativ stabiler Kreis, dem neben Harro und Libertas Schulze-
Boysen, Kurt Schumacher und seine als Gebrauchsgrafikerin tätige Frau Elisa-
beth, die Schauspielerin Marta Husemann und deren bis 1933 als Redakteur
verschiedener kommunistischer Tageszeitungen tätige Mann Walter, Günther
Weisenborn, Walter Küchenmeister und dessen Lebensgefährtin, die Ärztin
Elfriede Paul, Gisela von Pöllnitz sowie die Tänzerin Oda Schottmüller angehören[31].

Die Biographien der um die Integrationsfiguren Arvid Harnack und Harro
Schulze-Boysen vereinten Frauen und Männer verweisen auf jeweils ganz unterschiedliche lebensgeschichtliche Zugänge zum Widerstand. In ihnen wird die
enorme politische und weltanschauliche Pluralität dieser Widerstandsgruppierung deutlich. Den Widerstandshandlungen der Gruppe lag ein breites Spektrum von Motiven zugrunde. Die sozialen Milieus, Traditionen und Werte, aus
denen heraus sich die jeweilige Oppositionshaltung zum Nationalsozialismus

formierte, spiegeln querschnittartig die damalige deutsche Gesellschaft[32]. Entsprechend vielgestaltig waren die Vorstellungen von dem, was auf dem Hintergrund der Politik der nationalsozialistischen Führung die Prioritäten des oppositionellen Handelns innerhalb der Gruppen ausmachen sollten.

Neben der Schulung und Diskussion dominierten in der Zeit bis 1939 vor allem Versuche, gezielt bestimmte Kreise der deutschen Bevölkerung anzusprechen und aufklärerisch im Sinne der Demaskierung nationalsozialistischer Propaganda und Politik zu wirken.

Greta Kuckhoff etwa beteiligte sich im Rahmen von Auftragsarbeiten für das Rassenpolitische Amt der NSDAP an der Übersetzung von Parteitagsreden und Adolf Hitlers »Mein Kampf« ins Englische[33], in der Hoffnung, daß sich das NS-Regime im Ausland über diese originären Zeugnisse seiner Ziele selbst entlarven würde. Adam Kuckhoff, Mildred Harnack und andere versuchten Gesprächszusammenhänge in Künstlerkreisen zu initiieren, um Eindrücke über kulturpolitische Entwicklungen und die Stimmung der davon betroffenen Künstler zu erhalten[34]. Überhaupt dienten die verschiedenen Versuche, authentische Informationen aus verschiedenen gesellschaftlichen Bereichen zu erhalten, zunächst allein dem Ziel, Klarheit über Strukturen, Ziele und Legitimationsmuster nationalsozialistischer Politik zu gewinnen. Diese gesellschaftsanalytische Dimension der frühen Widerstands- und Aufklärungsarbeit im jeweiligen sozialen und beruflichen Umfeld zielte auf eine stark rationale Begründung von oppositioneller Haltung und längerfristige Handlungsstrategien im Gegensatz zu spontanen Widerstandsformen[35].

Dieser insbesondere von Harnacks Wirklichkeitsverständnis geprägte Ansatz geriet dabei immer wieder in Reibung zu dem Bedürfnis vieler Beteiligter, unmittelbar auf konkrete Maßnahmen der nationalsozialistischen Führung zu reagieren. Die systematische Diskriminierung und Verfolgung der jüdischen Bürger und schließlich der Pogrom des 9. November 1938 bildeten einen dieser Bezugspunkte der Diskussion über die Vereinbarkeit von spontaner Aktion, in diesem Falle der Hilfe für Freunde und Betroffene, und konspirativen Rücksichten[36].

Zu einem ähnlichen initiatorischem Moment für Widerstandshandlungen wurde für den Kreis um Harro Schulze-Boysen der Bürgerkrieg in Spanien und die Unterstützung der Truppen Francos durch Hitler. Während der Olympischen Spiele im Sommer 1936 übergab Libertas Schulze-Boysen einem englischen Freund die Namen in Spanien gefallener deutscher Flieger mit der Bitte, sie in der britischen Presse zu veröffentlichen[37]. In seiner Dienststelle im Reichsluftfahrtministerium erhielt Schulze-Boysen Kenntnis von der deutschen Militärhilfe für Franco darunter von geplanten Sabotageunternehmungen der deutschen Abwehr in Barcelona. Gisela von Pöllnitz steckte daraufhin einen Brief mit einer entsprechenden Warnung in den Briefkasten der sowjetischen Botschaft in Berlin. Ihre Verhaftung durch die Gestapo blieb zunächst ohne ernste Folgen für die Gruppe[38]. Auch in den Erinnerungen Elfriede Pauls ist

diese Auseinandersetzung mit den Ereignissen in Spanien und die damit verbundene Gemeinschaftserfahrung im Freundeskreis um Schulze-Boysen überliefert: »Wir kamen meist nach vorheriger Verabredung, kurz nach neunzehn
Uhr zusammen, saßen bei einer Tasse Tee, manchmal aßen wir gemeinsam
Abendbrot. Jedem Fremden vermittelte unsere Runde den Eindruck zwangloser
Geselligkeit. Der eine kam auch mal später, ein anderer ging früher. Bis spät in
die Nacht wurde ohnehin nur beraten, wenn eine besondere Frage zu Ende
diskutiert werden mußte oder eine spezielle Aktion vorzubereiten war. Zu den
Beratungen, Aussprachen gehörten auch Lesungen. Zum Beispiel die des Manuskripts ›Die Moorsoldaten‹ von Wolfgang Langhoff, der inzwischen als emigrierter Schauspieler in der Schweiz lebte. Oder das Entwerfen von Flugblättern
und Rundbriefen[39].«

In Verbindung mit einem Kuraufenthalt von Walter Küchenmeister in der
Schweiz im Frühjahr 1939 unternahm die Gruppe einen Versuch zur Kontakt-
aufnahme mit dem politischen Exil. Über Wolfgang Langhoff entstand eine
Verbindung zur Abschnittsleitung Süd der KPD, die jedoch nur für kurze Zeit
Bestand hatte[40].

Bezeichnend für die verschiedenen Gruppen und Kreise um Harnack und
Schulze-Boysen war eine enorme Fähigkeit der Beteiligten zum politischen
Konsens. Gruppenbildungen im Widerstand, die ein solch breites Spektrum
von Motivationen, weltanschaulichen Positionen und Zugängen zum Widerstand über einen relativ langen Zeitraum zu integrieren vermochten, bildeten in
der Geschichte des deutschen Widerstands gegen den Nationalsozialismus eher
die Ausnahme. Die Gruppe trug insofern typische Züge einer Sammlungsbewe-
gung jenseits fest fixierter Organisationsstrukturen und funktionaler Hierarchien
sowie politisch-hegemonialer Absichten. Dies unterschied sie etwa von den
immer wieder auflodernden sektiererischen Tendenzen im kommunistischen
Widerstand. Diese konnten auch durch den Diskussionsprozeß um die Volks-
frontstrategie im kommunistischen Exil und Widerstand ab 1935 nicht wirklich
überwunden werden und blieben trotz mancher gegenläufiger Tendenzen prägend für die politische Mentalität des kommunistischen Untergrunds[41]. Eher
assoziiert der Charakter der Gruppe, wie auch ihr ordnungspolitischer Diskurs,
eine Verwandtschaft zu den Öffnungsbestrebungen und der geistigen Atmosphäre des »Kreisauer Kreises«.

Diese komplexe und offene Beziehungsgeschichte wurde sowohl in der
Überlieferung der NS-Verfolgungsinstanzen und deren Variation in der frühen
Widerstandspublizistik und -historiographie nach 1945, als auch in der Deutung
der auf den kommunistischen Widerstand fixierten DDR-Widerstandsfor-
schung fehlinterpretiert. Bei unterschiedlicher Gesamtwertung unterstellten
beide Deutungen den inneren Gruppenbeziehungen die Zweckrationalität einer
arbeitsteiligen konspirativen Organisationsstruktur. Diese aus jeweils spezifischen Legitimationsinteressen resultierende Legende von der Berliner »Roten
Kapelle« als einer homogenen, zentral geleiteten konspirativen Organisation ist

auf der Grundlage des erreichten Quellen- und Forschungsstandes nicht mehr aufrechtzuhalten.

Eine der Ursachen für diese belastbare Konsensfähigkeit in den Gruppen um Harnack und Schulze-Boysen bestand sicherlich in der Ähnlichkeit der politischen Sozialisation vieler Gruppenmitglieder, die eine politische Prägung beinhaltete, die das Denken über von Ideologien und Parteiungen gezogene Grenzen hinaus einschloß. In den Biographien der führenden Köpfe der Gruppe, etwa in der politischen Unrast Harro Schulze-Boysens und in seinen fortgesetzten Versuchen, die Grenzen traditioneller politischer Frontstellungen zu transzendieren[42], ist dieser Zug evident. Ähnlich markante Beispiele biographischer »Hakenschläge« liefern die politische Odyssee von Karl Behrens von der SA über die »Schwarze Front« und den Widerstandskreis um Ernst Niekisch hin zu marxistischen Ideen[43] oder Walter Küchenmeisters »unorthodoxer« Versuch, die politische Ökonomie von Marx mit der philosophische Weltsicht Schopenhauers und Nietzsches in Beziehung zu setzen[44]. Beatrix Herlemann hat zurecht darauf verwiesen, daß diese Affinität für politische Grenzüberschreitungen auch und gerade für die KPD-Mitglieder in der Widerstandsgruppe zutraf: »Und betrachtet man [...] die der KPD in langjähriger Mitgliedschaft, geistiger Verbundenheit oder auch nur in Sympathie Anhängenden, so findet man hier doch verschiedene recht untypische, nicht gerade der Parteilinie treu ergebene Vertreter. Walter Küchenmeister, 1926 aus der KPD ausgeschlossen, der Typus des geradezu bildungsversessenen Arbeiters, der sich über eine Tätigkeit als Parteijournalist hinaus ausführlich in kunst- und kulturhistorische Arbeiten vertieft, Aufsätze zu Themen wie etwa »Die Verweltlichung der Madonnen« verfaßt, der in der Grabrede für Wilhelm Schumacher, den Vater seines Bildhauerfreundes Kurt, dessen Verdienste als Gewerkschafter rühmt, die er sich bestimmt nicht in der Roten Gewerkschaftsorganisation (RGO) erworben hatte. Jener Wilhelm Schumacher war ein engagierter sozialdemokratischer Funktionär, der 1919 zur KPD übergetreten und 1924 bereits wieder ausgeschlossen war. Oder Philipp Schaeffer, promovierter Philologe, seit 1928 KP-Mitglied, ein kritischer Kopf, der sich laut Wolfgang Abendroth bei den internen Häftlingsdiskussionen im Zuchthaus Luckau über die Moskauer Prozesse nicht gerade überzeugt gezeigt hatte von der parteiamtlichen Version dieser Vorgänge, der auch keine Berührungsängste gegenüber unorthodoxen Querdenkern wie etwa dem Nationalbolschewisten Ernst Niekisch hatte[45].«

Auch die nach 1939 Jahre erfolgende beträchtliche Ausweitung der Gruppen und die Einbeziehung neuer Kreise stand in der Kontinuität zu dieser offenen Beziehungskultur. Eine Abendgesellschaft im Hause des Produktionsleiters der Filmgesellschaft »Tobis«, Herbert Engelsing führte im Sommer das Ehepaar Kuckhoff mit Harro und Libertas Schulze-Boysen zusammen[46]. In der Folgezeit kam es zu regelmäßigen Beziehungen zwischen den beiden Widerstandskreisen und damit auch zu einer engeren Zusammenarbeit zwischen Harnack und Schulze-Boysen, die sich erstmalig bereits um 1935 begegnet waren[47].

Mit dieser Zusammenführung der Gruppen um Harnack und Schulze-Boysen und deren Erweiterung durch den Kreis von Jungkommunisten um Hans Coppi[48], die Gruppe um den Psychoanalytiker John Rittmeister oder den Freundeskreis um den Schauspieler Wilhelm Schürmann-Hoerster[49] verstärkte sich die innere Differenzierung und erweiterte sich das Spektrum der Außenbeziehungen der Gruppe beträchtlich. Die einzelnen Freundeskreise und Zirkel agierten dabei oft unabhängig voneinander bzw. kamen erst bei konkreten Aktionen oder über einzelne Personen in Berührung miteinander.

Während des Krieges stieß darüber hinaus eine neue Generation zum Widerstand, deren entscheidende Sozialisationserfahrungen in der NS-Zeit lagen und deren Option für den Widerstand sich nicht mehr direkt aus den politischen Auseinandersetzungen der Weimarer Zeit oder der Tradition politischer Parteien und Verbände speiste. Die Jüngeren wie Hannelore und Fritz Thiel, Otto Gollnow, Liane Berkowitz, Friedrich Rehmer, Heinz Strelow, Eva-Maria Buch, Cato Bontjes van Beek und André Richter repräsentieren einen lebensgeschichtlichen Zugang zum Widerstand, der durch die Kriegsrealität und damit verbundene Desillusionierungen, durch eine Sensibilität für wahrgenommenes Unrecht und die Spontaneität des Aufbegehrens geprägt war[50]. Hinsichtlich der Motive für oppositionelles Handeln finden sich hier viele Parallelen zur »Weißen Rose« in München und zu anderen Bereichen des Jugendwiderstands.

Nach 1939 intensivierten sich auch die Kontakte der Widerstandsgruppe mit dem kommunistischen Widerstand. Nach ihrer Haftentlassung aus dem Zuchthaus Luckau kamen mit dem Journalisten und Parteitheoretiker Wilhelm Guddorf und dem Sinologen Philipp Schaeffer zwei ehemalige KPD-Aktivisten in Berührung mit der Widerstandsgruppe. Mit deren Kontakten zum Untergrund wurden die bereits durch John Sieg initiierten Außenbeziehungen zu illegalen kommunistischen Kreisen weiter ausgebaut. Über Sieg, den die gemeinsame journalistische Arbeit in der »Tat« mit Adam Kuckhoff verband, liefen insbesondere die Verbindungen zu illegalen KPD-Kreisen in Berlin-Neukölln, wo er gemeinsam mit Herbert Grasse und Otto Grabowski die hektographierte Zeitschrift »Die innere Front« herausgab[51].

Der kommunistische Widerstand war nach den Verhaftungswellen der Gestapo inzwischen weitestgehend individualisiert und verfügte kaum noch über eine organisatorische Basis. Hinsichtlich seines politischen Profils operierte er »nicht nur unabhängig von der KPD-Führung in Moskau«, sondern entwikkelte auch »andere politische Vorstellungen als die Emigrations-KPD«[52]. Im Kontrast zu den Vorstellungen und Direktiven der Moskauer Parteizentrale ging es für die Kommunisten im Innern des Landes oft um das pure Überleben.

Ungeachtet der Tatsache, daß sich die organisatorische Praxis der illegalen KPD angesichts der Verhaftungserfolge der Gestapo als unrealistisch und verfehlt erwiesen hatte, unternahm insbesondere Wilhelm Guddorf erneut den Versuch zum Wiederaufbau zentralisierter Leitungsstrukturen und stellte zu diesem Zweck Gesprächskontakte zum Hamburger Widerstand um Bernhard Bästlein, Robert

Abshagen und Franz Jacob her[53]. Die somit entstandene Verzahnung der Berliner »Roten Kapelle« mit dem Hamburger Widerstand erwies sich widerstandsgeschichtlich als kaum effektiv. Sie hatte vielmehr die verheerende Konsequenz, daß im Zuge der Aufdeckung der Widerstandsgruppe Schulze-Boysen/Harnack auch der Hamburger Widerstand noch 1942 durch die Gestapo aufgerollt wurde[54].

Nach einer Phase innerer Verständigung im Umfeld des deutsch-sowjetischen Nichtangriffsvertrages, der insbesondere im linken Spektrum des Widerstandes zu beträchtlichen Irritationen geführt hatte[55], war die Zeit von 1940 bis 1942 durch eine deutliche Intensivierung des Widerstandes in der Gruppe um Harnack und Schulze-Boysen gekennzeichnet. Die Kriegserfahrung und die Kenntnisnahme der militärischen Vorbereitungen für den Überfall auf die UdSSR wirkten hier als eine Art Katalysator. Die in dieser Zeit entstandenen analytischen Materialien, Flugblätter und illegalen Schriften thematisierten in verschiedenen Variationen den für Deutschland verhängnisvollen Charakter der Kriegsoption Hitlers.

Eine in jeweils eigenständigen Bearbeitungen von Arvid Harnack und Wilhelm Guddorf überlieferte Schrift über das »nationalsozialistische Stadium des Monopolkapitalismus«[56], verwies auf die Zusammenhänge zwischen Wirtschaftsstrukturen und militärischer Expansion unter den Bedingungen des Nationalsozialismus und diente vor allem der Selbstverständigung innerhalb der Gruppe. Andere 1941/42 entstandenen Flugblätter und Aufklärungsschriften, wie die von Günther Weisenborn verbürgte »Napoleon«-Flugschrift[57], enthielten differenzierte, auf bestimmte Bevölkerungsgruppen zielende Argumentationsmuster oder richteten sich, wie ein der »Inneren Front« beigelegter, in französischer Sprache abgefaßter Aufruf, an die nach Deutschland zwangsrekrutierten ausländischen Arbeitskräfte[58].

Eine im Kreis um Schulze-Boysen initiierte Zettelklebeaktion wandte sich mit der Frage »Krieg, Hunger, Lüge, Gestapo – wie lange noch?« gegen die nationalsozialistische Propagandaausstellung »Das Sowjetparadies« im Berliner Lustgarten, die begleitend zum Rußlandfeldzug einmal mehr antisowjetische Vorurteile bei der deutschen Bevölkerung schüren sollte[59]. An dieser nicht unumstrittenen Aktion in verschiedenen Stadtteilen Berlins nahmen unter anderem Liane Berkowitz, Hans und Hilde Coppi, Ursula Götze, John Graudenz, Werner Krauss, Fritz Rehmer, Harro Schulze-Boysen, Fritz Thiel und Marie Terwiel teil.

Libertas Schulze-Boysen begann unter dem Eindruck von Gesprächen mit Heimaturlaubern von der Ostfront im Rahmen ihrer Tätigkeit bei der Deutschen Kulturfilmzentrale mit der Dokumentation von Gewaltverbrechen unter der Zivilbevölkerung in den besetzten sowjetischen Gebieten[60]. Teile des Materials fanden Eingang in eine von John Sieg und Adam Kuckhoff verfaßte Schrift »Offene Briefe an die Ostfront, 8. Folge. An einen Polizeihauptmann«, die angesichts der Verbrechen an der Ostfront an das Gewissen der dort operierenden Einsatzkräfte apellierte. Wie auch die anderen Flugschriften der Gruppe, verzichtet sie auf bloße Agitation, sondern spricht gezielt bestimmte Gruppen unter Adaption von deren Sprachgestus und Erfahrungswelt an:

Die Sorge um Deutschlands Zukunft geht durch das Volk!

Vergeblich müht sich Minister Goebbels, uns immer neuen Sand in die
Augen zu streuen. Die Tatsachen sprechen eine harte, warnende Sprache.
Niemand kann mehr leugnen, daß sich unsere Lage von Monat zu Monat
verschlechtert.Niemand kann noch länger die Augen verschließen vor der
Ungeheuerlichkeit des Geschehens, vor der uns alle bedrohenden Katastrophe
der nationalsozialistischen Politik.
Die großen militärischen Erfolge der ersten Kriegsjahre haben kein
entscheidendes Ergebnis gezeitigt. Die meisten deutschen Armeen befinden
sich zur Zeit im Rückzug. Allen Fälschungen des OKW zum Trotz steigt die
Zahl der Kriegsopfer in die Millionen. In fast jedem deutschen Haus her
herscht Trauer. Die Werktätigen sind immer ärgerer Antreiberei und Über-
anstrengung ausgesetzt. Die letzten Reserven werden aus dem Volkskörper
herausgepreßt. Es gibt kaum noch etwas zu kaufen. Das Geld verliert
seinen Wert. Immer neue Hunderttausende schluckt die Armee. Industrie und
Landwirtschaft leiden empfindlich unter dem Mangel an Arbeitskräften.
Zehntausende von Betrieben brechen unter der Last der Kriegsverhältniße
zusammen. Früchte jahrzehntelangen Fleißes gehen verloren. Die Frauen
trauern den entschwundenen Familien-und Liebesglück nach. Der häusliche
Frieden ist zerrißen. Die Tage vergehen freudlos,ohne daß den Menschen
eine Hoffnung winkt. Zeit und Nervenkraft gehen verloren mit der immer
knapperen Rationen, die die Regierung dem Volk noch zugesteht. Die
Allgemeinheit leidet zudem unter den Unverschämtheiten und Schikanen der
Behörden und Parteistellen. Die staatliche Bürokratie in ihrer infamen
Dummheit ist kaum noch instande, die ihr zufallenden Aufgaben zu lösen.
Die Korruption in der Verwaltung,im Wirtschaftsleben, in der Wehrmacht,
vor allem aber innerhalb der Gliederungen der Partei hat ein ekelhaftes
Ausmaß erreicht. Während der Arbeitnehmer gezwungen wird,zu immer schlech-
teren Bedingungen seine Arbeitskraft zu verkaufen und oft fernab von den
Seinen ein graues Dasein als Arbeitssklave zu führen, gibt es immer noch
genug Bonzen und Kriegsgewinnler die ihre Aufgabe darin sehen,die Massen
mit den staatlich vorgeschriebenen Lügen zu füttern. Damit auch nur keiner
in Versuchung kommt,selbständig nachzudenken,wird auch noch die Freizeit
der Werktätigen dem braunen Zwang unterworfen. Eine volksentfremdete
Schicht von albernen,aber schädlichen Schwindlern und Angebern spielt heut
die erste Rolle im Leben des Volkes. In schwerster Notzeit der Nation kom=
men diese Leute recht gut auf ihre Kosten. Das Gewissen aller wahren Patrioten aber bäumt sich auf gegen die ganze derzeitige Form deutscher Macht-
ausübung in Europa. Alle,die sich den Sinn für echte Werte bewahrten,schau
schaudernd,wie der deutsche Name im Zeichen des Hakenkreuzes immer mehr
in Verruf gerät. In allen Ländern werden heute täglich Hunderte,oft tausen
de von Menschen standrechtlich und willkürlich erschossen oder gehenkt,
Menschen,denen man nichts anderes vorzuwerfen hat,als daß sie ihrem Lande
die Treue halten,wie das ehedem in Deutschland Männer wie Hofer, Schill

und Palm auch taten. Im Namen des Reiches werden heute die scheusslichsten Quä-
lereien und Grausamkeiten an Zivilpersonen und Gefangenen begangen. Noch
nie in der Geschichte ist ein Mann so gehasst worden wie Adolf Hitler.Der
Hass der gequälten Menschheit belastet das ganze deutsche Volk!

Sind wir schwach und kleinmütig,machen wir uns zu Unrecht Sorgen,lassen
wir die Führung charakterlos im Stich?
Es ist ganz natürlich,daß man sich Gedanken macht. Die Millionen,die im
Augenblick der Machtergreifung durch die NSDAP in der Opposition standen
und denen seitdem mit den Mitteln des Terrors der Mund verschlossen wurde,
sie haben nichts abgestrichen von dem tiefwurzelnden Verdacht,daß hinter
allen völkischen Phrasen der Wille zum imperialistischen Krieg,zu einen
neuen Weltkrieg im Interesse einer Clique stünde,die sich die Ausplünde=
rung anderer Völker zur bequemen Richtschnur ihres Handelns machte.

Flugblatt der »Roten Kapelle« vom Winter 1941/42 (Auszug)

»Sie gehörten doch wirklich nicht zu jenen brutal-robusten Polizeibütteln, denen, ohne alle Überlegung und Menschlichkeit, die Fragen von Politik und Moral sich primitiv auflösen in Gepolter und Prügel. Sie haben immer die widerwärtigen Kreaturen verachtet und gehaßt, die ihre Gemeinheiten mit grinsender Charakterlosigkeit und Zynismus begleiten. Würde ich Ihnen sonst schreiben, wenn ich nicht annähme, daß Sie die Fähigkeit und den Mut nicht verloren haben, dem Zwang des Gewissens zu folgen, wo es in Konflikt gerät mit einer so offensichtlich bestialischen ›Pflicht‹, wie es der befohlene Meuchelmord an der Sowjetbevölkerung ist?!⁶¹«

Im Februar 1942 geriet diese Aufklärungsarbeit der Gruppe erstmalig in die Optik der Gestapo. Beginnend mit dem 15. Februar 1942 gingen bei der Abteilung IV des Reichssicherheitshauptamtes (RSHA) aus verschiedenen Polizeirevieren Berlins Telegramme über eine auf dem Postweg verbreitete »Hetzschrift« mit dem Titel »Die Sorge um Deutschlands Zukunft geht durch das Volk« ein⁶². Als Empfänger der im Kreis um Schulze-Boysen entworfenen Schrift weist das Meldeverzeichnis der Gestapo »Vertreter der Presse, des Katholizismus und der Intelligenz« aus⁶³. Am 20. Mai 1942 erhielt das Referat IV A 1d des RSHA eine Meldung der Stapoleitstelle Berlin über 260 erfaßte Exemplare der Schrift⁶⁴. Der Brief eines SS-Oberführers machte die zuständigen Gestapo-Stellen darauf aufmerksam, daß die »vornehmlich an die bürgerlichen Intellektuellen« gerichtete und »sehr geschickt« abgefaßte Schrift an sämtliche in Berlin zugelassenen Auslandsjournalisten und Beamte des Reichspropagandaministeriums verschickt worden sei⁶⁵. Die Ermittlungen der Gestapo mußten im Verlauf des März 1942 als »aussichtslos« eingestellt werden⁶⁶.

Die erhalten gebliebene Schrift ist eine der wenigen Zeugnisse, die in authentischer Form das Selbstverständnis der Widerstandsgruppe und deren Vorstellungen einer politischen Neuordnung Deutschlands vermitteln: »Sobald sich das deutsche Volk [nach dem Sturz Hitlers] eine neue Regierung gegeben hat, muß es sich nach neuen Freunden und Bundesgenossen in der Welt umsehen. Diese finden sich nicht unter denjenigen, die ein Interesse an der Wiederherstellung des europäischen Zustandes von 1918 bis 1939 und an einer mehr oder weniger offenen Demütigung des deutschen Volkes haben – also nicht unter den reaktionären Kreisen in Europa. Die Politik gewisser deutscher Feudaler, Diplomaten und Bankiers usw., welche davon träumen, nach einem Staatsstreich dem Lande durch die blutige Verfolgung aller bisher an der Macht Beteiligten eine neue politische Grundlage zu geben und alsdann ein restauriertes Deutschland auf Kosten Rußlands mit den ›Plutokraten‹ zu versöhnen, hat keinen Boden unter den Füßen und bringt nicht den Frieden. Mit Haß, Demagogie und rückschrittlicher Gesinnung wird keine Zukunft gezimmert. Freunde unseres Volkes finden sich vielmehr unter den fortschrittlichen Kräften Europas und in der UdSSR. Die Zusammenarbeit mit diesen Kräften muß die kommende deutsche Regierung suchen. Diese Kräfte muß sie unterstützen, und sie tut dies am besten durch Übergabe der Macht in den besetzten Gebieten an freie und unabhängige Regierungen, durch sofortige Räumung der besetzten

Gebiete der Sowjetunion, durch Aufkündigung des Bündnisses mit Italien und Wiedererneuerung des Freundschaftspaktes und Handelsabkommens mit der UdSSR. Auf dieser Basis wäre ein Friede möglich, bei dem die Unversehrtheit des deutschen Reiches in den Grenzen vom Frühjahr 1939 gewahrt bleiben könnte. Das deutsche Volk muß verlangen, daß es in umfassenden Handelsverträgen und Abkommen an den Gütern der Erde beteiligt wird. An jeder Abrüstung wird es in gleichem Maße teilzunehmen bereit sein wie alle anderen. Noch hätte, nach Überwindung der nationalsozialistischen Krankheit, das deutsche Volk hinreichend eigene Kräfte und genug Freunde in der Welt, um seinen ehrlichen Willen zu wirklicher Neuordnung und zu dauerhafter Sicherung des Friedens auch gegen den Widerstand feindlicher Mächte durchzusetzen[67].«

In der Abkehr Hitlers von der Verständigungspolitik mit der Sowjetunion und der Vorbereitung und Durchführung des Rußlandfeldzuges lag das wesentliche initiatorische Moment für Harnack, Schulze-Boysen und den sogenannten »inneren Kreis« der Widerstandsgruppe für die im Frühjahr 1941 beginnende Übermittlung militärischer Nachrichten an die sowjetische Seite. Diese Kontakte gehören wohl zu den am meisten umstrittenen Kapiteln der Geschichte des deutschen Widerstandes und wurden in Verbindung mit dem Verdikt der Spionage immer wieder bei der Ausgrenzung der Gruppe aus der deutschen Opposition gegen Hitler geltend gemacht. Dabei sind die Vorgänge im Umfeld des deutschen Überfalls auf die Sowjetunion durch eine Vielzahl von Legenden zugeschüttet, die nach der schrittweisen Öffnung russischer Archive und Quellenfunden in den USA als Phantasien des Kalten Krieges gelten müssen[68].

Betrachtet man diesen Schritt zur Kooperation mit den Sowjets im Kontext der gesamten Breite der Widerstandsaktivitäten der Gruppe und somit nicht in der alleinigen Fixierung auf den nachrichtendienstlichen Hintergrund, in den sich Teile der Gruppe damit begaben, so erschließen sich interessante Zusammenhänge. In der Rekonstruktion der verschiedenen Phasen des Widerstands der Gruppe wird deutlich, daß er in seinen Anfängen noch sehr stark durch die Erwartung eines Massenwiderstandes der deutschen Bevölkerung gegen das NS-Regime geprägt war. Die Orientierung nach außen ist insofern auch ein Reflex darauf, daß ein solches Aufbegehren ausblieb und die Mehrheit der Deutschen Hitler weiterhin folgte oder dessen Politik passiv duldete. Ähnlich wird die verstärkte Hinwendung der Gruppe zu anderen Widerstandsformen in der Zeit vom Herbst 1941 bis zur Verhaftung 1942 erst auf dem Hintergrund der geringen Resonanz der sowjetischen Seite auf die Warnungen aus Berlin und der an mangelnder Professionalität der Beteiligten gescheiterten Versuche zum Aufbau einer Nachrichtenverbindung verständlich.

Die im September 1940 beginnenden Kontakte zwischen Arvid Harnack und dem als Sekretär in der sowjetischen Botschaft tätigen NKWD-Mitarbeiter Alexander M. Korotkow (»Alexander Erdberg«) sind nicht ohne ihre Vorgeschichte in der Zeit um 1930/31 zu verstehen. Im Kontext der Bemühungen der von Friedrich Lenz und Harnack initiierten »ARPLAN« (Arbeitsgemeinschaft zum Studium der sowjetrussischen Planwirtschaft) zu einer Verbesserung der handelspolitischen Beziehungen zwischen Deutschland und der Sowjetunion kam es zu einer Zusammenarbeit mit dem leitenden Mitarbeiter der sowjetischen Handelsvertretung in Berlin, Sergej A. Bessonow[69]. Zur gleichen Zeit fanden in der Berliner sowjetischen Botschaft regelmäßige Gespräche mit dem Sekretär der Vertretung Alexander W. Hirschfeld über den Stand der deutsch-sowjetischen Beziehungen statt, an denen sich neben Lenz und Harnack auch die Osteuropa-Experten Otto Hoetzsch und Klaus Mehnert sowie der Herausgeber des »Widerstand« Ernst Niekisch beteiligten[70]. Eines der Ergebnisse dieser Zusammenarbeit war die Studienreise einer Delegation der »ARPLAN« vom 20. August bis 12. September 1932 nach Moskau, Leningrad, Odessa, Kiew und in die Dnjepr-Region[71]. Diese Verständigungspolitik mit der sowjetischen Seite entsprach der Grundüberzeugung Harnacks, daß die Anlehnung an den Osten »zwangsläufig weltanschaulich, wirtschaftlich und sozial geboten« sei und die »Mittlerrolle Deutschlands zwischen Ost und West, zwischen Versailles und Moskau« eine Auseinandersetzung »mit der im Bolschewismus erneuerten Großmacht des Ostens« verlange[72].

Nach der Versetzung Hirschfelds und der Rückbeorderung Bessonows 1938 in die Sowjetunion, wo er verhaftet und im Bucharin-Prozeß wegen trotzkistischer Aktivitäten zu einer hohen Zuchthausstrafe verurteilt wurde, erfolgten diese Kontakte eher sporadisch und schliefen von 1938 bis 1940 völlig ein[73].

Im Oktober 1940 erhielt »Erdberg« von Harnack die Information, »daß Deutschland Anfang nächsten Jahres einen Krieg gegen die Sowjetunion beginnen wird«, dessen Ziel »in der Abspaltung eines Teils des europäischen Territoriums der UdSSR, von Leningrad bis zum Schwarzen Meer« bestünde[74]. Anfang März 1941 informiert Harnack die sowjetische Botschaft über laufende Operationen der deutschen Luftwaffe zur Durchführung von Luftbildaufnahmen des sowjetischen Territoriums, eine Nachricht die er von Schulze-Boysen erhalten hatte[75].

Die inzwischen anhand russischer Archivquellen dokumentierbaren Inhalte der Gespräche mit »Erdberg« zeigen, daß Harnack immer wieder auf Indizien aus verschiedenen wirtschaftlichen und militärischen Bereichen für die laufenden Planungen des Rußlandfeldzuges hinwies und dies zusätzlich mit Eindrücken aus Gesprächen mit Funktionsträgern des NS-Staatsapparates und des Militärs zu stützen versuchte[76]. Nach einer ersten, von Harnack vermittelten Zusammenkunft zwischen »Erdberg« und Schulze-Boysen Ende März 1941 wurde dieser zunehmend in die Kontakte einbezogen. Mit dem Hinweis auf die Pläne der deutschen Luftwaffe zur Bombardierung wichtiger sowjetischer Städte und strategisch bedeutsamer Wirtschafts- und Militärobjekte versuchte auch er, die sowjetische Seite von der Ernsthaftigkeit der deutschen Angriffsvorbereitungen zu überzeugen[77].

In der Moskauer Zentrale des NKGB, die die genannten Informationen aus Berlin übermittelt erhielt, wurden auf der Grundlage dieser und einer ganzen

Reihe gleichlautender Informationen aus diplomatischen und nachrichtendienstlichen Quellen in der ganzen Welt entsprechende Mitteilungen an die
sowjetische Führung, das ZK der KPdSU und den Rat der Volkskommissare
erarbeitet[78]. Stalin, Berija und ihre engste Umgebung ignorierten diese bis in die
letzten Stunden vor dem Überfall eingehenden Warnungen im Glauben an die
Vertragstreue Hitlers. Sowjetische Diplomaten und Militärs, wie der Botschafter
der UdSSR in Berlin, Dekanossow, und dessen Militärattaché Tupikow, die die
Einschätzungen verschiedener Widerstandskreise und die Erkenntnisse der
Nachrichtendienste nicht als bloße »Provokation« einstuften, unterlagen Maßre-
gelungen oder wurden Opfer des Repressionsapparates[79].

Auf eine beträchtliche Unsicherheit der sowjetischen Seite über ihre Berliner
Gesprächspartner und deren Warnungen deutet auch eine von dem Leiter der
ersten Hauptverwaltung [dem Auslandsnachrichtendienst] des NKGB Pawel
Fitin, am 12. März 1941 veranlaßte persönliche Anfrage an Georgi Dimitroff,
den Leiter des Exekutivkomitees der Kommunistischen Internationale, in der er
um Informationen über Harnack, Schulze-Boysen, Kuckhoff aber auch Personen wie Ernst Jünger, Julius Leber, Georg Lukács oder Karl August Wittvogel
bittet[80].

Die Klärung der Frage, wie die entstandene Verbindung im Kriegsfall aufrechterhalten werden könnte, bedurfte des wiederholten Drängens insbesondere
von Schulze-Boysen gegenüber »Erdberg«. Die sowjetische Seite hatte für einen
solchen Fall keinerlei Vorkehrungen getroffen. Mit der letztlich doch noch
unmittelbar vor der Schließung der sowjetischen Botschaft und der Abschie-
bung ihrer Mitarbeiter beschafften Nachrichtentechnik (der Gruppe wurden
zwei Funkgeräte, Funkschlüssel und Geld übergeben) unternahm ein kleiner
Kreis von Eingeweihten innerhalb der Widerstandsgruppe in der Folgezeit den
Versuch, eine Verbindung nach Moskau herzustellen. Dieser scheiterte letzlich
an der fehlenden technischen Befähigung der Beteiligten und ging nicht über
die Sendung eines Probefunkspruchs mit dem Inhalt: »Tausend Grüße allen
Freunden!«[81] hinaus. Die in vielen Darstellungen zum Thema »Rote Kapelle«
anzutreffenden Schilderungen eines intensiven Sendebetriebes aus Berlin nach
Moskau sind quellenmäßig nicht zu belegen und gehören in das Reich der Legenden über die Widerstandsgruppe[82].

Über eine Verbindung nach Moskau erhofften sich Harnack und Schulze-
Boysen Handlungsspielräume und Einflußmöglichkeiten auf die politische Verfassung eines Deutschland nach dem Sturz Hitlers. Sie gingen dabei von der
realistischen Annahme aus, daß eine Neuordnung Deutschlands nach der militärischen Niederschlagung des Nationalsozialismus nicht ohne den beträchtlichen Einfluß der sowjetischen Großmacht erfolgen würde. Eine schnellstmögli-
che Beendigung des Krieges im Osten und ein substantielles Verständigungsan-
gebot der Opposition innerhalb der Eliten des NS-Staates gegenüber den Sowjets wurden als einziger Weg für die Aufrechterhaltung der politischen Souveränität Deutschlands angesehen. Stalin würde unter diesen Bedingungen »kei-

neswegs auf eine Sowjetisierung Deutschlands drängen, sondern wäre zufrieden, wenn ein nichtfaschistisches, nichtimperialistisches System in Deutschland bestehe, von dem keine aggressiven Tendenzen zu erwarten wären«[83].

In diesem Sinne erfolgte auch die Fühlungnahme mit den Widerstandskreisen im Bereich des Militärs, des Auswärtigen Amtes und im Umfeld des Kreisauer Kreises, über deren Existenz und Ziele man weitestgehend informiert war. Neben den verwandtschaftlichen Kontakten Harnacks zu den Brüdern Bonhoeffer und Ernst von Harnack[84], die eher nach den Verhaftungen 1942 widerstandsgeschichtlich relevant wurden, sind für die Jahre davor zahlreiche Gesprächskontakte von Harnack und Schulze-Boysen zu Adam von Trott zu Solz, Albrecht Haushofer, Arnold von Borsig, Horst von Einsiedel, Carl Dietrich von Trotha und Fritz-Dietlof Graf von der Schulenburg belegbar, die sich insbesondere über die Auslandswissenschaftliche Fakultät und das Reichswirtschaftsministerium ergaben[85].

Ähnlich wie bei den außenpolitischen Sondierungen von Adam von Trott zu Solz, Helmuth James Graf von Moltke, Carl Friedrich Goerdeler, Dietrich Bonhoeffer u.a. bei den Briten und Amerikanern, ging es Harnack und Schulze-Boysen letztlich um die Schaffung günstiger äußerer Rahmenbedingungen für einen durch die Opposition beabsichtigten innenpolitischen Wandel in Verbindung mit der Beendigung des Krieges. Wie zahlreiche Untersuchungen zu den außenpolitischen Aktivitäten des militärischen Widerstands und der Kreisauer inzwischen gezeigt haben, begaben sich auch dessen Emissäre bei ihren Gesprächen in Großbritannien und den USA in einen nachrichtendienstlichen Kontext[86].

Auf das Ausbleiben von Nachrichten aus Berlin reagierte der Auslandsnachrichtendienst des Volkskommissariats für Innere Angelegenheiten der UdSSR (NKWD) mit einem Hilfeersuchen an den militärischen Nachrichtendienst der UdSSR (GRU), der mit den Stützpunkten Leopold Treppers in Paris und Brüssel über eine funktionierende Organisation verfügte und mit der Resistánce kooperierte. Trepper erhielt aus Moskau die Weisung, einen seiner Mitarbeiter nach Berlin zu entsenden, um Kontakt zu Schulze-Boysen und Harnack aufzunehmen und die Gründe für das Ausbleiben der Nachrichtenverbindung herauszufinden. Am 26. August 1941 bekam der für diese Aufgabe ausgewählte Anatoli Gurewitsch (»Kent«, »Vincente Sierra«) über Funk den Auftrag, das Ehepaar Kuckhoff sowie Libertas Schulze-Boysen unter den im Funkspruch angegebenen Adressen und Telefonnummern anzulaufen[87]. Während des Besuchs von Gurewitsch in Berlin kam es zu einem mehrstündigen Gespräch mit Schulze-Boysen. Die dabei übermittelten Informationen u.a. zur Situation der deutschen Treibstoffvorräte, zur deutschen Flugzeugproduktion, zu den Möglichkeiten chemischer Kriegsführung, zu Erfolgen der deutschen Abwehr und zur Stimmung innerhalb der Kommandostellen der Wehrmacht wurden nach Gurewitschs Rückkehr nach Brüssel von dem Funker Johannes Wenzel nach Moskau übermittelt[88]. Die Verbindung der Berliner Widerstandsgruppe um

Harnack und Schulze-Boysen zum sowjetischen militärischen Nachrichtendienst in Westeuropa reduziert sich somit auf die genannte einmalige Begegnung.
    Für die Verfolgungsgeschichte der Widerstandsgruppe und deren spätere
Deutung sollte sich diese Berührung mit der Organisation Treppers als um so
folgenreicher erweisen. Während die Gruppe über einen Zeitraum von fast
neun Jahren unentdeckt blieb, geriet sie nunmehr über die Überwachungs- und
Fahndungstätigkeit des OKW-Amtes Ausland/Abwehr und der Geheimen
Staatspolizei gegen eben diese Stützpunkte der GRU in das Blickfeld der NS-
Verfolgungsinstanzen.
    Ende Juni 1941 wurden von einer Funküberwachungsstelle der Wehrmacht
die ersten Funksprüche aus Brüssel aufgefangen. In der Folgezeit unternahmen
ein Kommando der Abwehrstelle Belgien und die mit dieser Außenstelle des
Amtes Ausland/Abwehr des OKW kooperierenden Polizeifunktrupps umfangreiche Anstrengungen zur Überwachung und Lokalisierung der ausgemachten
Funkstellen. Im Verlauf der Ermittlungen wurden Beamte des SD und ein Sonderkommando des Reichssicherheitshauptamtes eingeschaltet. Ein von der
Abwehrstelle Belgien im März 1943 für die Abwehrabteilung des OKW erstell-
ter Abschlußbericht belegt diese 1941/42 einsetzende Fixierung auf die Stützpunkte der GRU: »Die rein militärisch abwehrmäßigen Erfolge Mitte Dezember
1941 ließen von vornherein erkennen, daß man zum ersten Male sich mit dem
russischen ND in den Westgebieten zu befassen hatte. Die Einstellung der beim
ersten Zugriff (12., 13. Dezember 1941) festgenommenen Personen war im
Vergleich mit anderen ausländischen Agenten eine so grundverschiedene, daß
alle bisherigen Erfahrungen in den Westgebieten sich nicht ausnutzen ließen.
Man mußte sehr bald zu der Erkenntnis kommen, daß der russische ND ge-
schulte Kräfte eingesetzt hatte und sich weiter rekrutierte aus politisch geschul-
ten kommunistischen mindestens aber linksradikalen Kreisen[89].« In den Kreisen
der Funküberwachung und der Abwehr entstand auch die später von der
Gestapo übernommene und auf die Berliner Widerstandsgruppe ausgedehnte
Bezeichnung »Rote Kapelle«. Sie spielte auf das »Konzert« der von Moskau
dirigierten Funkstellen im besetzten Westeuropa an.
    Im Zuge der Aufrollung der Gruppen Treppers ergaben sich erste Hinweise
auf den Berliner Widerstandskreis, die durch die Dechiffrierung des genannten
Funkspruchs aus Moskau im Sommer 1942 erhärtet wurden. Diese Tatsache
erwies sich als ausschlaggebend für die Optik der Sonderkommission der
Gestapo im Fall »Rote Kapelle«. Sowohl die Männer und Frauen um Harnack
und Schulze-Boysen als auch der Fall des Legationsrates im Auswärtigen Amt,
Rudolf Scheliha, wurden von Anfang an unter die in Belgien und Frankreich
aufgedeckten Organisationsstrukturen der sowjetischen Militäraufklärung sub-
sumiert, gewissermaßen als deren deutscher Ableger[90]. Deutlich wird dies bereits in der Zuordnung des Falles in den Tätigkeitsbereich des für Sabotageakte,

Fallschirm- und Funkagenten sowie Fälschungssachen zuständigen Referats innerhalb des RSHA-Amtes IV für Gegnerbekämpfung.

Die Annahme von der Außensteuerung der Gruppe bestätigte scheinbar auch die gängigen Lageeinschätzungen des RSHA, wie ein Bericht des Chefs der Sicherheitspolizei und des SD vom 10. Juni 1941 »über die gegen Deutschland und den Nationalsozialismus gerichtete Zersetzungsarbeit der UdSSR« belegt: »Die Hoffnung, Sowjetrußland würde sich nach Abschluß dieses Paktes [gemeint ist der deutsch-sowjetische Nichtangriffsvertrag vom August 1939] entsprechend der Vertragsabmachungen loyal verhalten und die Wühlarbeit gegen das Reich einstellen, war trügerisch. Im Gegenteil: Kommunistische Zersetzung, Sabotage- und Terrorversuche und äußerste Forcierung des militärischen, wirtschaftlichen und politischen Nachrichtendienstes waren die unverrückbaren – jedoch erkannten – Ziele der sowjetrussischen Machthaber[91].«

Am 31. August 1942 wurde als erster Harro Schulze-Boysen an seinem Arbeitsplatz im Reichsluftfahrtministerium verhaftet[92]. Eine Woche später am 7. September 1942 wurden Arvid und Mildred Harnack von Gestapo-Beamten an ihrem Urlaubsort in Preil an der Kuhrischen Nehrung abgeholt und in die Prinz-Albrecht-Str. 8 gebracht[93]. Libertas Schulze-Boysen geriet am 8. April 1942 im D-Zug von Berlin nach Traben-Trarbach/Mosel in die Hände der Gestapo. Am 12. September 1942 wurde Adam Kuckhoff in Prag während der Arbeit in den dortigen Barrandov-Studios und seine Frau Greta in der Berliner Wohnung der Kuckhoffs festgenommen[94]. In den folgenden Wochen verhaftete die Gestapo weit über hundert Personen. Das Ausmaß der aufgedeckten Widerstandsgruppierung um Harnack und Schulze-Boysen veranlaßte die NS-Führung, die ermittelnde Sonderkommission der Gestapo erheblich personell aufzustocken und eine absolute Geheimhaltung über die Vorgänge zu verfügen[95]. Die Brisanz des Falles für die nationalsozialistische Führung ergab sich nicht zuletzt daraus, daß sie hier erstmalig in größerem Umfang mit der Opposition von Funktionsträgern des NS-Staates und des Militärs konfrontiert war. Zudem verwiesen die Verhafteten bei den Verhören auf Motive und Traditionsbestände für ihr Handeln, die nicht ohne weiteres unter die gängigen Feindbilder der NS-Ideologie subsumierbar waren. Unter dem Erfolgsdruck der NS-Führung reduzierte dann auch die Gestapo die in der Gruppe vorhandene Breite an weltanschaulichen und politischen Motiven sowie die komplexe Beziehungsgeschichte der einzelnen Freundeskreise und Zirkel auf den Nenner des bezahlten Landesverrats[96].

In der nach Abschluß der Ermittlungen beginnenden Prozeßserie vor dem Reichskriegsgericht fungierte der von Göring eingesetzte Oberstkriegsgerichtsrat der Luftwaffe Manfred Roeder als Chefankläger: »Die Anklagevertretung in den Prozessen vor dem Reichskriegsgericht wahrte gegenüber den Argumentationsmustern der untersuchenden Gestapo ausgesprochene Kontinuität. Gegen alle Beteiligten der Widerstandsorganisation, auch jene, die keinerlei Kenntnis von der Nachrichtenübermittlung an sowjetische Stellen hatten, verhängten die

Militärjuristen am Reichskriegsgericht Verdikte, ›Spione‹ und ›Verräter‹ zu sein. Das Verfahren, für dessen Erledigung die NS-Führung eine schnelle und exemplarische Bestrafung vor Ende 1942 verlangte, war neben großen Prozessen gegen die niederländische, die französische, die norwegische oder polnische Widerstandsbewegung in den Jahren 1942 bis 1944 wohl das umfangreichste. Das Verfahren wurde entsprechend seiner Zuständigkeiten vom RKG [Reichskriegsgericht] durchgeführt, zumal Hitler als Oberster Gerichtsherr obendrein die Verhandlung vor dem RKG angeordnet hatte[97].« Unter der Federführung Roeders wurden mehr als fünfzig der beteiligten Männer und Frauen zum Tode und zahlreiche weitere Gruppenmitglieder zu hohen Zuchthausstrafen verurteilt. Mit den noch im Dezember 1942 beginnenden Hinrichtungen in Berlin-Plötzensee wurde einer der größten deutschen Widerstandsgruppen in Deutschland ein gewaltsames Ende bereitet.

Vom Autor überarbeitete Fassung des Beitrages in der vierten Auflage des Ausstellungs-Katalogs von 1994.

Anmerkungen

[1]   Aufstand des Gewissens. Militärischer Widerstand gegen Hitler und das NS-Regime 1933–1945, hrsg. vom Militärgeschichtlichen Forschungsamt, 3., durchgesehene Auflage, Herford, Bonn 1987, S. 126 f.; Peter Hoffmann etwa spricht in seiner Untersuchung zur Opposition gegen Hitler von der »im wesentlichen kommunistisch orientierten Roten Kapelle, welche unter der Führung des im Luftfahrtministerium tätigen Oberleutnants Harro Schulze-Boysen und des Oberregierungsrats im Reichswirtschaftsministerium Dr. Arvid Harnack als Kriegsorganisation des sowjetischen Nachrichtendienstes aufgebaut war« (Peter Hoffmann, Widerstand-Staatsstreich-Attentat. Der Kampf der Opposition gegen Hitler, 4. Auflage, München, Zürich 1985, S. 52).

[2]   Zu den Ursprüngen dieser Deutung siehe u.a. Fabian von Schlabrendorff, Offiziere gegen Hitler, Zürich 1951, S. 106 f.; Gerhard A. Ritter, Carl Goerdeler und die deutsche Widerstandsbewegung, Stuttgart 1956, S. 106 f.; Manfred Roeder, Die Rote Kapelle. Europäische Spionage, Hamburg 1952.

[3]   Zur Rezeptionsgeschichte der »Roten Kapelle« siehe Hans Coppi, Der Mythos Rote Kapelle, in: Dieser Tod paßt zu mir. Harro Schulze-Boysen – Grenzgänger im Widerstand. Briefe 1915 bis 1942, hrsg. von Hans Coppi und Geertje Andresen, Berlin 1999, S. 20; Jürgen Danyel, Die Rote Kapelle innerhalb der deutschen Widerstandsbewegung, in: Die Rote Kapelle im Widerstand gegen den Nationalsozialismus, hrsg. von Hans Coppi, Jürgen Danyel und Johannes Tuchel, Berlin 1994, S. 12–38; Peter Steinbach, Die Rote Kapelle – 50 Jahre danach, in: Zeitschrift für Geschichtswissenschaft (ZfG), 41 (1993), S. 771–780; Hans Coppi und Jüren Danyel, Abschied von Feindbildern. Zum Umgang mit der Geschichte der Roten Kapelle, in: Eva-Maria Buch und die »Rote Kapelle«. Erinnerungen an den Widerstand gegen den Nationalsozialismus, hrsg. von Kurt Schilde, Berlin 1992, S. 55–84.

4   Siehe dazu u.a. Henry O. Malone, Between England and Germany. Adam von Trott's Contacts with the British, in: Germans Against Nazism. Nonconformity, Opposition and Resistance in the Third Reich, hrsg. von F.R. Nicosia und L.D. Stokes, New York, Oxford 1990, S. 253–278; Rainer A. Blasius, Waiting for Action. The Debate on the ›Other Germany‹ in Great Britain and the Reactions of the Foreign Office to German ›Peacefeelers‹ 1942, in: ebd., S. 279–304; Klemens von Klemperer, Nationale oder internationale Außenpolitik des Widerstandes, in: Der Widerstand gegen den Nationalsozialismus. Die deutsche Gesellschaft und der Widerstand gegen Hitler, hrsg. von Jürgen Schmädeke und Peter Steinbach, München, Zürich 1986; Michael Balfour, Withstanding Hitler in Germany 1933–45, London, New York 1988; Klaus-Jürgen Müller, Der deutsche Widerstand und das Ausland, Berlin 1986 (= Beiträge zum Widerstand 1933–1945, hrsg. von der Gedenkstätte Deutscher Widerstand, H. 29); Peter Hoffmann, Ludwig Beck. Loyalty and Resistance, in: Central European History, 14 (1981), S. 332–350; Klemens von Klemperer, Adam von Trott zu Solz and Resistance Foreign Policy, in: ebd., S. 351–361; Günther Schulz, Geheimdienste und Widerstandsbewegungen im Zweiten Weltkrieg, Göttingen 1982; Hedva Ben-Israel, British Reactions to the German Anti-Nazi Opposition, in: Journal of Contemporary History, 20 (1985), S. 423–438; ferner die Dokumentation in Peter Hoffmann, The History of the German Resistance 1933–1945, London 1977, S. 742 ff.; zur Debatte um Deserteure siehe Norbert Haase, Deutsche Deserteure, Berlin 1987; Hans Frese, Bremsklötze am Siegeswagen der Nation, Bremen 1989 (= DIZ-Schriften, Bd 1); Fietje Ausländer, Verräter oder Vorbilder? Deserteure und ungehorsame Soldaten im Nationalsozialismus, Bremen 1992; Motive und Formen der Desertion – Gehören Deserteure zum Widerstand? hrsg. von der Evangelischen Akademie Berlin [West], Berlin 1990 (= Dokumentation 78/91).

5   Vgl. dazu Peter Steinbach, Widerstandsorganisation Harnack/Schulze-Boysen. Die »Rote Kapelle« – ein Vergleichsfall für die Widerstandsgeschichte, in: Geschichte in Wissenschaft und Unterricht (GWU), 42 (1991), S. 133–152.

6   Ein soziologisches Porträt der Widerstandsgruppe hat Jan Foitzik vorgelegt (Gruppenbildung im Widerstand, in: Coppi/Danyel/Tuchel, Rote Kapelle [wie Anm. 3], S. 68–78). Ein vom Dezember 1942 überlieferter Untersuchungsbericht der Gestapo benennt den Anteil von Berufssoldaten in der Widerstandsgruppe mit 20 Prozent.

7   Hans Coppi, Harro Schulze-Boysen – Wege in den Widerstand. Eine biographische Studie, Koblenz 1993, S. 142 ff.; zu den Biographien und Verhaftungsdaten der im folgenden genannten Personen siehe Regina Griebel, Marlies Coburger und Heinrich Scheel, Erfasst? Das Gestapo-Album zur Roten Kapelle. Eine Fotodokumentation, Halle 1992.

8   Siehe dazu Hans Coppi, Erwin Gehrts, in: Coppi/Danyel/Tuchel, Rote Kapelle (wie Anm. 3), S. 226–234.

9   Siehe Rainer Hildebrand, Wir sind die Letzten. Aus dem Leben des Widerstandskämpfers Albrecht Haushofer und seiner Freunde, Berlin 1947.

10 Vgl. dazu Norbert Haase, Das Reichskriegsgericht und der Widerstand gegen die nationalsozialistische Herrschaft, hrsg. von der Gedenkstätte Deutscher Widerstand, Berlin 1993, S. 100 ff.; ders., Der Fall »Rote Kapelle« vor dem Reichskriegsgericht, in: Coppi/Danyel/Tuchel, Rote Kapelle (wie Anm. 3), S. 160–179.

11 Heinrich Scheel, Rote Kapelle und 20. Juli 1944, in: ZfG, 33 (1985), S. 335.

12 Egmont Zechlin, Erinnerung an Arvid und Mildred Harnack, in: GWU, 33 (1982), S. 401.

13   Vgl. dazu Der »Gegner«-Kreis im Jahre 1932/33 – ein Kapitel aus der Vorgeschichte des
     Widerstandes, hrsg. von der Evangelischen Akademie Berlin (West), red. von Hans Cop-
     pi und Jürgen Danyel, Berlin 1990 (= Dokumentation 79/91 der Tagung des Evangeli-
     schen Bildungswerkes Berlin, 4. bis 6. Mai 1990).
14   Klaus Hildebrand, Die ostpolitischen Vorstellungen im deutschen Widerstand, in: GWU,
     27 (1978), S. 217.
15   Siehe dazu Friedrich Lenz, Wirtschaftsplanung und Planwirtschaft, Berlin 1948.
16   Coppi, Schulze-Boysen (wie Anm. 7), S. 60 ff.; Der »Gegner«-Kreis (wie Anm. 13).
17   Adam Kuckhoff hatte von April 1928 bis 1929 die Schriftleitung der »Tat« inne und holte
     neue Autoren wie Alfons Paquet, Armin T. Wegner, John Sieg und Erich Müller-Kamp
     in die Zeitschrift. Siehe dazu Adam Kuckhoff. Eine Auswahl von Erzählungen, Gedich-
     ten, Briefen, Glossen und Aufsätzen, hrsg. von Gerald Wiemers, Berlin 1970.
18   Eberhard Brüning, Mildred Harnack-Fish als Literaturwissenschaftlerin, in: Mildred
     Harnack-Fish. Variationen über das Thema Amerika. Studien zur Literatur der USA,
     Berlin, Weimar 1988, S. 166 f.; Sophie Ennenbach, Wer war Rose Schlösinger? Erinne-
     rungsbericht, Gedenkstätte Deutscher Widerstand Berlin (GDW), Sammlung Rote Ka-
     pelle, RKA 154; Sophie Ennenbach, Rote Kapelle. Erinnerungsbericht, ebd., RKA 153;
     vgl. dazu auch die im Privatbesitz von Jane Donner-Sweeney (Baltimore/USA) befindli-
     chen Briefe Mildred Harnacks an ihre Familie (Kopien in GDW, Sammlung Rote Kapel-
     le).
19   Heinrich Scheel, Ein Schulungsmaterial aus dem illegalen antifaschistischen Widerstand
     der Roten Kapelle, in: ZfG, 32 (1984), S. 36 – 46; Brief von Ludwig Emanuel Reindl an
     Ricarda Huch vom 30. März 1946 (Kopie im Besitz des Verfassers).
20   Greta Kuckhoff, Vom Rosenkranz zur Roten Kapelle. Ein Lebensbericht, Berlin 1978;
     dies., Arvid Harnack, in: Weltbühne, XXIV. Jg. (1969), H. 44, S. 1411 ff.
21   Greta Kuckhoff, Interview mit Lew Besymenski, maschinenschriftl. Protokoll der Ton-
     bandaufzeichnung von 1968, GDW, Sammlung Rote Kapelle (wie Anm. 18), S. 8 f.
22   Siehe dazu William E. Dodd, Diplomat auf heißem Boden. Tagebuch des USA Bot-
     schafters W.E.Dodd in Berlin 1933 – 1938, hrsg. von William E. Dodd jr. und Martha
     Dodd, Berlin 1964. Wichtige Aufschlüsse über diese Zeit liefern auch die literarisch ver-
     arbeiteten Erinnerungen Martha Dodds, die 1939 in den USA unter dem Titel »Through
     Embassy Eyes« und in deutscher Übersetzung 1946 mit dem Titel »Aus den Fenstern der
     Botschaft« erschienen. Vgl. auch Shareen Brysac, Arvid und Mildred Harnack. The Ame-
     rican Connection, in: Coppi/Danyel/Tuchel, Rote Kapelle (wie Anm. 3), S. 180 – 191.
23   Friedrich Lenz, In memoriam Arvid Harnack, in: Lenz, Wirtschaftsplanung (wie
     Anm. 15), S. 93 f.; Zechlin, Erinnerung (wie Anm. 12), S. 400.
24   Bereits in seiner Jenaer Doktorarbeit von 1924 beschäftigte sich Harnack mit den plan-
     wirtschaftlichen Versuchen des sozialdemokratischen Wirtschaftsministers Rudolf Wissel
     und des Unterstaatssekretärs im Reichswirtschaftsamt, Wichard von Moellendorf, in der
     Zeit von 1919 – 1923. Ihre weitere Ausprägung erhalten diese Vorstellungen Harnacks
     während eines Studienaufenthaltes in den USA an der Universität von Wisconsin in Ma-
     dison, wo er der Arbeitsgruppe um John R. Commons, einem der geistigen Väter des
     New Deal, angehörte.
25   Franz Jung, Mein Weg nach unten, Berlin 1967; Coppi, Harro Schulze-Boysen (wie
     Anm. 7), S. 68 f.
26   Harro Schulze-Boysen, Gegner von heute Kampfgenossen von morgen, Berlin 1932
     (Nachdruck Koblenz 1987).

27 Alexander Bahar, Sozialrevolutionärer Nationalismus zwischen Konservativer Revolution und Sozialismus. Harro Schulze-Boysen und der Gegner-Kreis, Koblenz 1992; Louis Dupeux, Nationalbolschewismus in Deutschland 1919 – 1933. Kommunistische Strategien und konservative Dynamik, München 1985 (siehe hier besonders Kapitel XIX: Harro Schulze-Boysens »Gegner«, Januar 1932 – April 1933); Karl O. Paetel, Versuchung oder Chance, Zur Geschichte des deutschen Nationalbolschewismus, Göttingen 1965 (besonders: Der Gegnerkreis, S. 189 ff.; Otto-Ernst Schüddekopf, Nationalbolschewismus in Deutschland 1918 – 1933, Frankfurt a.M. 1972 (besonders S. 362 – 365); Tilman Schulz, Gegner. Nationalismus, Nationalbolschewismus und Massenpsychologie, phil. Diss., Frankfurt a.M. 1980.

28 Niedersächsisches Hauptstaatsarchiv Hannover, NdS 721 Lüneburg, Acc. 69/76, Bd VII, Blatt 63.

29 Günther Weisenborn, Memorial, Berlin 1987, S.15 f.; Coppi, Harro Schulze-Boysen (wie Anm. 7), S. 186 f.; Manfred Hahn, Ein Linker im Widerstand. Günther Weisenborn:»Die Furie«, in: Erfahrung Nazideutschland. Romane in Deutschland 1933 – 1945, hrsg. von Sigrid Bock und Manfred Hahn, Berlin, Weimar 1987, S. 231 – 297.

30 Die Zeitschrift »Wille zum Reich« erschien ab März 1934 als Nachfolgerin der überbündischen Zeitschrift»Die Kommenden« im Erich-Röth-Verlag Eisenach. Harro Schulze-Boysen und Walter Küchenmeister arbeiteten von Frühjahr 1935 bis zum März 1936 an der Zeitschrift mit und publizierten dort unter Pseudonym. Vgl. auch Coppi, Harro Schulze-Boysen (wie Anm. 7), S. 161 ff.

31 Elfriede Paul, Ein Sprechzimmer der Roten Kapelle, Berlin 1981, S. 87 ff.; Klaus Hörhold und Norbert Molkenbuhr, Oda Schottmüller. Tänzerin, Bildhauerin, Antifaschistin. Eine Dokumentation, Berlin 1983; siehe ferner die biographischen Darstellungen in Coppi/Danyel/Tuchel, Rote Kapelle (wie Anm. 3).

32 Foitzik, Gruppenbildung (wie Anm. 6).

33 Kuckhoff, Rosenkranz (wie Anm. 20), S. 182; dies., Interview (wie Anm. 21), S. 6 f.; ferner BA, Nachlaß Greta Kuckhoff, W-Ku 4, Bl. 126 f.

34 Kuckhoff, Interview (wie Anm. 21), S. 7; Wolfgang Brekle, Schriftsteller im antifaschistischen Widerstand 1933 – 1945 in Deutschland, Berlin, Weimar 1985, S. 81 f.; Adam Kuckhoff, Eine Auswahl (wie Anm. 17), S. 5 f.; Sigrid Bock, Kämpfer vor dem Sieg. Adam Kuckhoff:»Der Deutsche von Bayencourt«, in: Erfahrung Nazideutschland. Romane in Deutschland 1933 – 1945. Analysen, hrsg. von Sigrid Bock und Manfred Hahn, Berlin, Weimar 1987, S. 133 – 188.

35 Falk Harnack, Vom anderen Deutschland. Teilbericht über die Harnack-Schulze-Boysen-Widerstandsorganisation, Berlin 1947, Bundesarchiv, Stiftung Archiv der Parteien und Massenorganisationen der DDR, ZPA, V 241/3/10; Jürgen Danyel, Profile und Organisationsformen wissenschaftlicher Arbeit in der Widerstandsgruppe um Arvid Harnack, in: Rostocker Wissenschaftshistorische Manuskripte, 17 (1989), S. 29 – 34.

36 Kuckhoff, Rosenkranz (wie Anm. 20), S. 240; so halfen etwa Arvid und Mildred Harnack dem ehemaligen literarischen Leiter des Bruno Cassierer Verlages, Max Tau, bei seiner Flucht nach Norwegen im Jahre 1938 (vgl. Max Tau, Ein Flüchtling findet sein Land, Hamburg 1964, S. 175; ders., Auf dem Weg zur Versöhnung, Hamburg 1968, S. 84 f.). Zu den Reaktionen auf den Pogrom siehe ferner Weisenborn, Memorial (wie Anm. 29), S. 223; Ingeborg Malek-Kohler, Im Windschatten des Dritten Reiches. Begegnungen mit Filmkünstlern und Widerstandskämpfern, Freiburg i.Br. 1986, S. 170; Brief von Libertas Schulze-Boysen an ihren Mann vom 21.11.1938 (Kopie in GDW, Sammlung Rote Kapelle).

[37] Hinweis von Hans Coppi an den Verf. auf der Grundlage eines Schreibens von Johannes Haas-Heye an Hans Coppi vom 4.1.1989.

[38] Weisenborn, Memorial (wie Anm. 29), S. 17; bei dem Ehepaar Schulze-Boysen fand daraufhin eine Hausdurchsuchung statt, die jedoch keine Konsequenzen nach sich zog.

[39] Paul, Sprechzimmer (wie Anm. 31), S. 97.

[40] Ebd., S. 112 f.; Hans Teubner, Exilland Schweiz. Dokumentarischer Bericht über den Kampf emigrierter deutscher Kommunisten 1933 – 1945, Berlin 1975, S. 61 f.

[41] Siehe dazu Hermann Weber, Die KPD in der Illegalität, in: Kommunistische Bewegung und realsozialistischer Staat. Beiträge zum deutschen und internationalen Kommunismus von Hermann Weber, hrsg. von Werner Müller, Köln 1988, S. 183 – 201; Richard Löwenthal, Konflikte Bündnisse und Resultate der deutschen politischen Emigration, in: Vierteljahrshefte für Zeitgeschichte (VfZ), 39 (1991), S. 626 – 636; Detlev Peukert, Zur Rolle des Arbeiterwiderstandes im Dritten Reich, in: Gegner des Nationalsozialismus. Wissenschaftler und Widerstandskämpfer auf der Suche nach historischer Wirklichkeit, hrsg. von Christoph Kleßmann und Falk Pingel, Frankfurt a.M. 1980, S. 73 – 89; F.I. Firsow und K.K. Schirinja, Komintern. Zeit der Prüfungen, Interview, in: Beiträge zur Geschichte der Arbeiterbewegung, 1 (1990); Einige Fragen der Geschichte der Komintern, Rundtischgespräch, in: Novaja i novejschaja istorija, 2 (1989), S. 75 – 106; F.I. Firsow, Stalin und die Probleme der Politik der Einheitsfront, in: Stranizi istorii KPSS, hrsg. von W.I. Kupzow, Moskau 1989, S. 323 – 339.

[42] Vgl. Coppi, Harro Schulze-Boysen (wie Anm. 7). Ein genaueres Bild über die Persönlichkeit und die politische Entwicklung Schulze-Boysens liefern die zahlreichen erhalten gebliebenen Briefe (siehe Coppi/Andresen, Dieser Tod paßt zu mir [wie Anm. 3]).

[43] Vgl. Bundesarchiv, Zwischenarchiv Dahlwitz-Hoppegarten (BA, ZA D-H), Befragung Wilhelm Utech vom Dezember 1968, vorl. Signatur AST/RK 43/109, S. 3 f.

[44] Siehe die nachgelassenen Manuskripte von Walter Küchenmeister im Nachlaß von Elfriede Paul (Privatbesitz von Claus und Wera Küchenmeister, Jütchendorf).

[45] Beatrix Herlemann, Die Rote Kapelle und der kommunistische Widerstand, in: Coppi/Danyel/Tuchel, Rote Kapelle (wie Anm. 3).

[46] Kuckhoff, Rosenkranz (wie Anm. 20), S. 226 ff.; dies., Interview (wie Anm. 21), S. 19 f.

[47] Institut für Zeitgeschichte München (IfZ), ED 106, Bd 98, Brief von Rudolf Heberle an Ricarda Huch vom 12.10.1946.

[48] Heinrich Scheel, Vor den Schranken des Reichskriegsgerichts, Berlin 1993; ders., Rote Kapelle – Widerstand, Verfolgung, Haft, in: Coppi/Danyel/Tuchel, Rote Kapelle (wie Anm. 3), S. 39 – 53; ders., Schulfarm Insel Scharfenberg, Berlin 1990.

[49] Siehe dazu John Rittmeister, »Hier brennt doch die Welt«. Aufzeichnungen aus dem Gefängnis 1942 – 1943 und andere Schriften, hrsg. von Christine Teller, Gütersloh 1992; zu dem sich ab 1938 um Schürmann-Horster formierenden Kreis gehörten u.a. der Bildhauer Cay von Brockdorff und seine Frau Erika, die Bildhauerin Ruthild Hahne, Jutta und Viktor Dubinsky, die Tänzerin Hanna Berger, der Architekt Friedrich Schauer, der Konstrukteur Karl Böhme, Wolfgang Thiess, Herbert Grasse und Eugen Neutert.

[50] Siehe dazu u.a. Mietje van Beek, Erinnerungen an Cato Bontjes van Beek, in: Leben im Faschismus. Terror und Hoffnung in Deutschland 1933 – 1945, hrsg. von Johannes Beck, Heiner Boehnke u.a., Hamburg 1980, S. 97; dies., Momentaufnahmen aus einem Tagebuch, unveröffentlichtes Typoskript (Kopie in GDW, Sammlung Rote Kapelle); Regina Griebel, Die weibliche Seite des Widerstands. Cato Bontjes van Beek, in: Schilde, Eva-Maria Buch (wie Anm. 3), S. 128 – 134; Johannes Tuchel, Motive und Grundüberzeugungen des Widerstandes der Harnack/Schulze-Boysen-Organisation. Zum Denken und

Handeln von Liane Berkovitz, in: ebd., S. 85 – 127; Marlies Coburger und Kurt Schilde, Eva-Maria Buch. Ihre Lebensgeschichte, in: ebd., S. 14 – 28; Johannes Tuchel, Weltanschauliche Motivationen in der Harnack/Schulze-Boysen-Organisation, in: Kirchliche Zeitgeschichte, 1 (1988), S. 268 – 293.

51 Vgl. dazu John Sieg, Einer von Millionen spricht. Skizzen, Erzählungen, Reportagen, Flugschriften, hrsg. von Helmut Schmidt, Berlin 1989, S. 9 f.; Luise Kraushaar, Berliner Kommunisten im Kampf gegen den Faschismus, Berlin 1981; ein erhalten gebliebenes Exemplar der »Inneren Front« Nr. 15 vom August 1942, befindet sich in BA, ZA D-H, NJ 2, Bd 4.

52 Vgl. Weber, KPD (wie Anm. 41), S. 199.

53 Siehe dazu die Protokolle der Vernehmungen von Guddorf, Bästlein, und Abshagen, BA, ZA D-H, ZC II 21, Bd 1.

54 Wilhelm Guddorf wurde am 10.10.1942 in Berlin verhaftet. Am 15.10.1942 begannen die Verhaftungen in Hamburg, nachdem die Gestapo im Zusammenhang mit der Aufdeckung der Widerstandsgruppe um Harnack und Schulze-Boysen bereits das Umfeld Guddorfs in den Blick genommen hatte und durch die Überwachung der Fallschirmspringer Wilhelm Fellendorf und Erna Eifler auf die Hamburger Widerstandskreise gestoßen war. Zur Aufdeckung der Hamburger Gruppe siehe Klaus Bästlein, »Hitlers Niederlage ist nicht unsere Niederlage, sondern unser Sieg!«. Die Bästlein-Organisation. Zum Widerstand aus der Arbeiterbewegung in Hamburg und Nordwestdeutschland während des Krieges (1939 – 1945), in: Vom Zweifel und Weitermachen. Fragmente der Hamburger KPD-Geschichte. Für Helmut Warnke zum 80. Geburtstag, Hamburg 1988, Info Nr. 13 des Arbeitskreises zur Erforschung des Nationalsozialismus in Schleswig-Holstein, Kiel 1988, S. 44 – 89.

55 Brief von Heinrich Scheel an Ricarda Huch vom 29.6.1946 (Kopie in GDW, Sammlung Rote Kapelle); zu den Auswirkungen des Paktes auf den kommunistischen Widerstand siehe u.a. Jan Foitzik, Die Kommunistische Partei Deutschlands und der Hitler-Stalin-Pakt, in: VfZ, 37 (1989), S. 499 – 514.

56 Scheel, Schulungsmaterial (wie Anm. 19), S. 38 f.; die von Wilhelm Guddorf bearbeitete Variante befindet sich im BA, ZA D-H, NJ 1579/13.

57 Vgl. Günther Weisenborn, Der lautlose Aufstand. Bericht über die Widerstandsbewegung des deutschen Volkes 1933 – 1945, Hamburg 1954, S. 305 – 313.

58 Siehe Anm. 51; das Flugblatt wurde von Eva-Maria Buch ins Französische übersetzt.

59 Vgl. dazu die Meldung wichtiger staatspolitischer Ereignisse Nr. 9 vom 20.5.1942, in: Gestapo-Berichte über den antifaschistischen Widerstandskampf der KPD, 1933 – 1945, ausgew., eingel. und bearb. von Margot Pikarski und Elke Warning, Bd 2, September 1939 bis August 1942, Berlin 1989, S. 227.

60 Alexander Spoerl, Libertas Schulze-Boysen. Erinnerungsbericht (Kopie in GDW, Sammlung Rote Kapelle); Kuckhoff, Rosenkranz (wie Anm. 20), S. 307.

61 Vgl. Sieg, Einer von Millionen (wie Anm. 51), S. 131; Wortlaut der Schrift auch in Kuckhoff. Eine Auswahl (wie Anm. 17), S. 376 – 385.

62 Vgl. Bundesarchiv, Abteilung Potsdam (BA-P), St. 3/1104, Bl. 1 f.; siehe auch die entsprechende Tagesmeldung in Gestapo-Berichte (wie Anm. 59), S. 180 ff.

63 Ebd., Bl. 26.

64 Ebd., Bl. 110.

65 Ebd., Bl. 41.

66 Ebd., Bl. 100.

67 Zitiert nach Scheel, Rote Kapelle und 20. Juli 1944 (wie Anm. 11), S. 335.

[68] Eine erste Dokumentation der Quellen zur Roten Kapelle in den inzwischen schrittweise zugänglichen russischen Archiven und eine Auswertung neuerer russischer Publikationen liefern Boris Chawkin, Hans Coppi und Juri Zorja, Russische Quellen zur Roten Kapelle, in: Coppi/Danyel/Tuchel, Rote Kapelle (wie Anm. 3). Diese Dokumente erlauben eine differenziertere Bewertung der Kontakte der Widerstandsgruppe jenseits der durch die Ost-West-Konfrontation bedingten Feindbilder. Bereits im Februar 1989 wurden die bislang gesperrten umfangreichen Aktenbestände des amerikanischen Geheimdienstes CIC zum Komplex »Rote Kapelle« auf der Grundlage der »Freedom of Information Policy« zur Einsicht freigegeben. Sie werden in den National Archives in Washington D.C. (NA Washington, OSS Archives, RG 319, ZA 020253, Box 59 und 60) aufbewahrt. Das geheimdienstliche Material (weit über 1000 Blatt) belegt das ausgeprägte Interesse der westlichen Nachrichtendienste an der »Rote Kapelle«, von der sie sich Aufschlüsse über die Vorgehensweise sowjetischer Spionage erhofften. Zu den entscheidenden Informanten des CIC gehörten dabei der ehemalige Chefankläger in den Prozessen gegen die Widerstandsgruppe vor dem Reichskriegsgericht, Manfred Roeder, und Walter Huppenkothen, die unter den Decknamen »Othello« und »Fidelio« ihr im NS-Verfolgungsapparat erlangtes Herrschaftswissen zur Verfügung stellten und behaupteten, daß die überlebenden Mitglieder der Berliner Widerstandsgruppe weiterhin als sowjetische Agenten tätig seien. Auf dieser Grundlage wurden durch den Geheimdienst seit etwa 1947 mit einem beachtlichen technischen und organisatorischen Aufwand seinerzeit beteiligte Personen aufgespürt, überlebende Gruppenmitglieder und deren Brief- und Telefonverkehr überwacht, Personendossiers und Berichte angefertigt.

[69] Zur Tätigkeit Bessonows in Berlin siehe Lew Besymenski, Geheimmission in Stalins Auftrag? David Kandelaki und die sowjetisch-deutschen Beziehungen Mitte der dreißiger Jahre, in: VfZ, 40 (1992), S. 339 – 357.

[70] Vgl. Mitteilung des Ministeriums für Auswärtige Angelegenheiten der UdSSR an Hans Coppi jr. vom 8.8.1988; für die Information danke ich Hans Coppi jr.

[71] Vgl. dazu ARPLAN. Bericht über die Studienreise nach der Sowjetunion; zwei erhalten gebliebene Originalexemplare des Reiseberichts befinden sich in der Universitätsbibliothek der Humboldt-Universität zu Berlin und in der Deutschen Bücherei in Leipzig. Siehe ferner Ernst Niekisch, Erinnerungen eines deutschen Revolutionärs, Bd 1. Gewagtes Leben 1889 – 1945, Köln 1974, S. 216 ff.; ders., Betrachtungen zu einer Rußlandreise, in: Widerstand, 10 (1932), S. 289 – 298; Otto Hoetzsch, Eindrücke und Probleme von einer abermaligen Rußlandreise (August 1932), in: Osteuropa, 7 (1932), H. 10, S. 1 – 10.

[72] Zechlin, Erinnerung (wie Anm. 12), S. 400.

[73] Hirschfeld wurde im September 1935 nach Königsberg versetzt. Zur Verurteilung Bessonows siehe A.J. Wyschinski, Gerichtsreden, Berlin 1951, S. 718. Zu den Kontakten und ihrer zeitweiligen Unterbrechung siehe Oleg Zarew und John Costello, Der Superagent. Der Mann der Stalin erpresste, Wien 1993, S. 116 ff.; Oleg Zarew, Sprosi sebja v etot tschas rokowoj. Plany germanskowo rejcha byli iswestny v Kremle sadolgo do napadenii na SSSR, in: Trud vom 26.4.1991. In beiden Publikationen wird Bezug auf die im Archiv des KGB (jetzt Archiv des Auslandsnachrichtendienstes der Russischen Föderation und Archiv des Ministeriums für Sicherheit der Russischen Föderation) vorhandenen Unterlagen zur Schulze-Boysen/Harnack-Gruppe genommen bzw. finden sich erstmals genaue Quellenverweise auf die Akten, die nach wie vor für ausländische Forscher nicht zugänglich sind. Bei dem russischen Autor handelt es sich um einen ehemaligen Mitarbeiter des KGB, der 1990 Zugang zu den Originalakten erhielt. In den genannten Darstellungen wird unter Hinweis auf diese Akten eine Kontinuität der geheimdienstlichen Arbeit Har-

nacks seit 1935 postuliert, die bereits die Gespräche mit Bessonow und Hirschfeld (die laut Zarew keine NKWD-Mitarbeiter waren) einschließt. Darüber hinaus enthält die Darstellung Zarews eine Reihe von Widersprüchen und sachlichen Fehlern, die sich aus der unkritischen Übernahme der NKWD-Quellen ergeben. Auch in der neueren Darstellung der Geschichte des Auslandsnachrichtendienstes des KGB von Christopher Andrew und Wassili Mitrochin nimmt die Darstellung der Roten Kapelle breiten Raum ein. Die Stilisierung Harnacks zum »wichtigsten Agenten des NKWD" stützt sich ausschließlich auf die genannte Publikation von Zarew und Costello. Vgl. Christopher Andrew und Wassili Mitrochin, Das Schwarzbuch des KGB. Moskaus Kampf gegen den Westen, Berlin 1999, S. 136 ff.

[74] Vgl. Chawkin/Coppi/Zorja, Russische Quellen (wie Anm. 68).

[75] Ebd.

[76] Ebd.

[77] Ebd.

[78] Siehe dazu u.a. W.A. Nowobranez, Nakanune wojny, in: Znamja, 6 (1990), S. 167 – 192; N.I. Schljaga, Schiwaja byla bol, in: Voprosi istorii KPSS, 6 (1991), S. 3 – 16; O.F. Suwenirow, Represii v partorganisazii RKKA v 1937 – 1938 gg., in: ebd., S. 18 – 31; T.B. Toman, Partija v perwyje mesjazy wojny: 22 ijunja – nojabr 1941 g., in: ebd., 7 (1991), S. 37 – 49; J.J. Kirschin, N.M. Ramanitschew, Nakanune 22 ijunja 1941, in: Nowaja i nowejschaja istorija, 3 (1991), S. 3 – 19; A.S. Jakuschewski, Faktor wnesapnosti v napadenii germanii na SSSR, in: Istoria SSSR, 3 (1991), S. 3 – 28; A raswedka doloschila, in: Sowjetskaja Rossija vom 30.5.1991; M. Milsteijn, Po dannym raswedki, in: Nowoje wremja, 1990, Nr. 26 vom 22.1.1990, S. 31 – 33; V. Tschernjawski, Macht und Ohnmacht der sowjetischen Aufklärung, in: Neue Zeit, 31 (1991), S. 14 – 17.

[79] Vgl. dazu O. Gortschakow, Tragedija Kassandry, in: Gorizont, 6 und 7 (1988).

[80] Zentrum für die Aufbewahrung und Nutzung von Dokumenten der neuesten Geschichte der Russischen Föderation, Dimitroff-Fonds, 495 – 74141, Bl. 36 – 38; für die Information danke ich Hans Coppi jr., der den Bestand 1993 in Moskau ausgewertet hat.

[81] Vgl. Zarew, Sprosi sebja (wie Anm. 73).

[82] Siehe dazu Chawkin/Coppi/Zorja, Russische Quellen (wie Anm. 68).

[83] Zechlin, Erinnerung (wie Anm. 12), S. 400.

[84] Falk Harnack, Vom anderen Deutschland (wie Anm. 35), S. 13 ff.; ders., Bericht von 1983, in: Johannes Tuchel und Reinhold Schattenfroh, Zentrale des Terrors. Prinz-Albrecht-Strasse 8. Das Hauptquartier der Gestapo, Berlin 1987, S. 238 ff.; Axel von Harnack, Arvid und Mildred Harnack. Erinnerungen an ihren Prozeß 1942/43, in: Die Gegenwart, 2 (1947), S. 15 – 18; Ernst von Harnack. Jahre des Widerstands 1932 – 1945, hrsg. von Gustav-Adolf von Harnack, Pfullingen 1989.

[85] Siehe dazu die Angaben von Friedrich Lenz, Humboldt Universität zu Berlin, Archiv, UK-Personalakte F. Lenz, Bd 166/3; ferner H. Hassmann, »Wo aber Gefahr ist wächst das Rettende auch«. Persönliche Erinnerungen an Fritz-Dietlof Graf von der Schulenburg und Arvid Harnack, unveröffentlichtes Manuskript von 1946/47, IfZ, München, Bibliothek; Ger van Roon, Neuordnung im Widerstand. Der Kreisauer Kreis innerhalb der deutschen Widerstandsbewegung, München 1967, S. 97; Brief von Egmont Zechlin an Falk Harnack vom 31.5.1946 (Kopie im Besitz des Verf.); ferner Hildebrand, Wir sind die Letzten (wie Anm. 9).

[86] Siehe Anm. 4.

[87] Vgl. dazu Tschelowek kotorogo zwali Kent, in: Nedelja, 40 – 42 (1991); Anatoli Gurewitsch lebt heute in St. Petersburg. Siehe dazu auch Leopold Trepper, Die Wahr-

heit. Autobiographie, München 1975; Gilles Perrault, Auf den Spuren der Roten Kapelle, Wien, Frankfurt a.M. 1990; im Zusammenhang mit dem Verfahren zur Rehabilitierung von Gurewitsch sind auch die Verhörprotokolle der Gestapo mit Gurewitsch, Trepper u.a. von 1942/43 bei der russischen Militärstaatsanwaltschaft aufgetaucht. Zum Wortlaut des Funkspruchs vgl. Chawkin/Coppi/Zorja, Russische Quellen (wie Anm. 68).

[88] Vgl. Chawkin/Coppi/Zorja, Russische Quellen (wie Anm. 68).

[89] Bundesarchiv, Abteilung Militärarchiv, Bestand RW 5/ v. 606, Bl. 1.

[90] Vgl. dazu den neunzigseitigen Untersuchungsbericht der Gestapo mit dem Aktentitel »Bolschewistische Hoch- und Landesverratsorganisation im Reich und in Westeuropa (›Rote Kapelle‹)« vom Dezember 1942, NA Washington, OSS Archives, RG 319, ZA 020253, Box 59 und 60 (Kopie in GDW, Sammlung Rote Kapelle).

[91] Bundesarchiv, R 58/ 569, Bl. 3.

[92] Eine Chronik der Verhaftungen liefern Griebel/Coburger/Scheel, Das Gestapo-Album (wie Anm. 7), S. 335 – 339.

[93] Siehe dazu Zechlin, Erinnerung (wie Anm. 12).

[94] Vgl. BA-P, Nachlaß G. Kuckhoff, W-Ku 4, Bl. 133 ff.

[95] Siehe dazu Johannes Tuchel, Die Gestapo-Sonderkommission »Rote Kapelle«, in: Coppi/Danyel/Tuchel, Rote Kapelle (wie Anm. 3), S. 145 – 159.

[96] Kuckhoff, Interview (wie Anm. 21), S. 78 f.; vgl. auch Untersuchungsbericht (wie Anm. 90).

[97] Haase, Fall »Rote Kapelle« (wie Anm. 10); siehe auch ders., Aus der Praxis des Reichskriegsgerichts. Neue Dokumente zur Militärgerichtsbarkeit im Zweiten Weltkrieg, in: VfZ, 39 (1991) S. 379 – 411; ders., Reichskriegsgericht und Widerstand (wie Anm. 10), S. 100 ff.

Heinrich Walle

Marineoffiziere im Widerstand gegen Hitler und das NS-Regime

Wer denkt schon beim Einlaufen in den »Kranzfelder-Hafen« bei Eckernförde an Korvettenkapitän Alfred Kranzfelder, nach dem dieser Marinehafen benannt ist? Auch das Lexikon der deutschen Marinegeschichte von Witthöft erwähnt ihn nicht. Alfred Kranzfelder war neben Admiral Wilhelm Canaris der einzige aktive Marineoffizier, der wegen seiner Teilnahme am Staatsstreichversuch vom 20. Juli 1944 hingerichtet wurde.

Durch die Benennung von Kasernen und Einrichtungen der Bundeswehr nach Männern des Widerstandes, wie Ludwig Beck, Erwin von Witzleben, Claus Schenk Graf von Stauffenberg, pflegt die Bundeswehr das Andenken von Soldaten, welche sich nicht zum willenlosen Werkzeug eines verbrecherischen Diktators machen ließen.

Die Ereignisse des 20. Juli 1944 waren der tragische Höhepunkt des militärischen Widerstandes gegen Hitler. Die Wurzeln dieses »Aufstandes des Gewissens« reichen bis in die ersten Jahre nach der Machtergreifung am 30. Januar 1933 zurück. Hatten nahezu alle Männer des militärischen Widerstandes in Hitler und seiner Bewegung die Möglichkeit einer Rückgewinnung der durch den Ersten Weltkrieg verlorengegangenen Großmachtstellung Deutschlands zu sehen geglaubt, so mußten sie bald erkennen, daß die Aufrüstungspolitik Hitlers durch ihre Maßlosigkeit zu einem neuen Weltkrieg führen mußte.

Der Versuch, Deutschland vor einem Vernichtungskrieg zu bewahren, brachte Militärs und Zivilpersonen zu einem gemeinsamen Vorgehen gegen Hitler zusammen. Was zunächst nur ein militärfachlicher Konflikt zu sein schien, zwang mit zunehmender Konsequenz zur Gewissensentscheidung. Hier sind vor allem die Denkschriften des Chefs des Generalstabes des Heeres, General der Artillerie Ludwig Beck, zu nennen. Aber auch in den Denkschriften von Vizeadmiral Günter Guse, Chef des Stabes der Seekriegsleitung, und KzS Helmut Heyes werden der Sache nach ähnliche Warnungen ausgesprochen[1]. In den Beckschen Denkschriften wird jedoch eindeutig die Schwelle zum aktiven Widerstand überschritten.

Dies geschah in der Marineführung in keiner Weise. So ist es in der Kriegsmarine nicht zu der Form des militärischen Widerstandes gekommen, die Peter Hoffmann in seinem Beitrag als »Widerstand einer Organisation [...] gegen

Gleichschaltung und Wegnahme der eigenständigen Verantwortung« oder auch als »Widerstand einer Institution wie des Generalstabes des Heeres gegen eine Politik, die den wohlverstandenen Aufgaben der Institution widersprach und Nation und Staat mit Existenzvernichtung bedrohte«, gekennzeichnet hat (S. 397).

Die für die Führung der Kriegsmarine verantwortlichen Offiziere, voran der Oberbefehlshaber der Marine, Großadmiral Erich Raeder, folgten, wenngleich mit einer Art von Resignation, dem Diktator sehenden Auges in einen Krieg, für den die Marine in keiner Weise gerüstet war. Eher sollte die Marine in Schönheit sterben, als noch einmal das Odium eines zweiten November 1918 auf sich zu nehmen, als mit den Meutereien auf der Hochseeflotte das Ende des Kaiserreiches eingeleitet wurde. Artikulationen gegen Hitler und das NS-Regime erfolgten dann von Marineoffizieren stets aus persönlicher Betroffenheit und nicht aus einem spezifisch berufsbezogenen Konflikt.

In die Zeitspanne kurz vor Kriegsausbruch fallen die Aktivitäten von Admiral Canaris, seit 1938 Chef des Amtes Ausland/Abwehr im OKW. Admiral Canaris wurde am 23. Juli 1944 verhaftet und am 9. April 1945 im KZ Flossenbürg ermordet. Hier sei auch an Canaris' Mitarbeiter Fregattenkapitän (FK) Franz Maria Liedig erinnert, der ebenfalls wegen seiner aktiven Beteiligung am Widerstand verhaftet wurde und 1945 im KZ Dachau von den Amerikanern befreit wurde.

Alfred Kranzfelder und die Teilnahme von Marineoffizieren an der Verschwörung gegen Hitler

Korvettenkapitän Alfred Kranzfelder war nach dem Urteil von Admiral Gerhard Wagner »ein hochbegabter und besonders fähiger Offizier, [...] ein sympathischer und ansprechender Untergebener, der auch offen und furchtlos für seine Meinung eintrat«[2].

Kranzfelder wurde am 10. Februar 1908 in Kempten im Allgäu als Sohn eines bayerischen Juristen geboren. Nach der Reifeprüfung an der dortigen Jesuitenschule trat er am 5. April 1927 als Offizieranwärter in die Reichsmarine ein. Er wurde am 11. Oktober 1927 zum Seekadetten und am 1. April 1929 zum Fähnrich zur See befördert. Bei der Ausbildung an der Marineschule Mürwik qualifizierte er sich als Lehrgangsbester seines Jahrgangs und wurde Crew-Ältester.

Am 1. Oktober 1931 wurde er Leutnant zur See, am 1. Juli 1933 Oberleutnant zur See, am 1. Oktober 1936 folgte die Beförderung zum Kapitänleutnant und am 1. September 1941 erreichte er seinen letzten Dienstgrad Korvettenkapitän. Kranzfelder war Artillerist und als Lehrer an der Schiffsartillerieschule in Kiel tätig. Als Kapitänleutnant nahm er auf dem Panzerkreuzer »Admiral

Scheer« an den Einsätzen dieses Schiffes während des spanischen Bürgerkrieges von 1936 bis 1938 teil[3].

Seit dem 29. Februar 1940 war er als Ic in der Operationsabteilung der Seekriegsleitung tätig[4]. Die Referate Ic und Ii der Seekriegsleitung (Skl) bearbeiteten Fragen des Völkerrechtes und der Politik. Die Mehrzahl der Mitarbeiter waren Juristen und Völkerrechtler. Hinzu kam, daß man hier von der Propaganda ungefilterte Nachrichten über die politisch-militärische Lage des Seekrieges erhielt. So vollzogen eine Reihe von Angehörigen dieser beiden Referate einen Bruch mit dem NS-Regime und stellten sich einer konspirativen Tätigkeit zur Verfügung: Kapitän zur See Max Kupfer, Fregattenkapitän z.V. Sydney Jessen, Fregattenkapitän Arnold Mardersteig, der Chef des deutschen Nachrichtenbüros (DNB) und KTB-Offizier der Operationsabteilung, Korvettenkapitän d.R. Otto Mejer, der Korvettenkapitän d.R. Kurt Bauch, im Zivilberuf Professor für Kunstgeschichte, Admiralrichter Eckhardt und Marineoberstabsrichter Berthold Schenk Graf von Stauffenberg, der Bruder des Attentäters[5].

Im Herbst 1943 fanden sich Berthold Graf von Stauffenberg, Korvettenkapitän (KK) Kranzfelder und KK d.R. Jessen zur gemeinsamen Teilnahme am Umsturz zusammen. Sie traten auch an Kapitän zur See (KzS) Kupfer, damals Chef der Abteilung Nachrichtenübermittlungsdienst in der Skl, heran, der ihnen für den Zeitpunkt des Umsturzes die ungehinderte Durchgabe von Fernschreiben der Verschwörung zusagte. Nach der Dezentralisation der Skl im November 1943 mußte KzS Kupfer aus technischen Gründen seine Zusage zurücknehmen[6]. Beim Staatsstreichversuch am 20. Juli 1944 sollte Kranzfelder als Beobachter im Lager »Koralle«, dem Sitz der Skl in Bernau bei Berlin, feststellen, wie Großadmiral Karl Dönitz und Admiral Wilhelm Meisel auf die Befehle der Verschwörer in der Bendlerstraße reagierten. Über verabredete Stichwörter sollte er Rückmeldung erstatten[7].

In seinem Band »Geist der Freiheit« zeichnete Eberhard Zeller ein Charakterbild dieses Seeoffiziers:

»In das Oberkommando der Marine reichte Stauffenberg durch einen tatbereiten Verbündeten, den Freund seines Bruders, Korvettenkapitän Alfred Kranzfelder, der als Verbindungsoffizier der Seekriegsleitung zum Auswärtigen Amt in Berlin Dienst tat. Er war – gleichaltrig mit Claus Stauffenberg – 1907 aus einer bayerischen Juristenfamilie geboren. Erst ganz ein Kind seiner Berge und Wälder, das

Alfred Kranzfeder (1908 bis 1944)

früh schon die Sterne kannte und gern ihren Bahnen nachsann, wählte er den Beruf
des Seeoffiziers, um sich etwas von der Weite der Welt zu erobern, und sah auf großer Fahrt besonders beeindruckt die östliche Welt: des Brahmanen ›große Ruhe in
sich selbst‹, die Kraft, von innen her das Leben zu bändigen und sich über Glück
und Unglück zu erheben, schwebte dem feinnervig Veranlagten und später durch
den Kampf mit der Krankheit Gestählten immer wieder vor als etwas, das es zu erringen lohne. Auf der Kriegsschule war er 1927 Jahrgangsbester gewesen. Als einen
›denkenden durchgebildeten Offizier, der noch weiter als sein Metier reichte, innerlich sicher und unabhängig‹, so schildert ihn ein Mitoffizier, ›voll klarer kühner Absichten und Pläne, mit natürlichem Sinn für das Politische‹. Ein anderer der Mitoffi-
ziere, der von Berthold Stauffenberg und Kranzfelder ins Vertrauen gezogen wurde
und später unerkannt blieb, meint von ihnen, daß sie ›zu den sehr wenigen Mitgliedern des OKM gehörten, die in dem Teufelssabbat ihre Seele und ihre menschliche
Würde behalten hätten‹. Sobald Claus Stauffenberg in Berlin erschien, gehörte
Kranzfelder ihm und seinen Dingen. Wie er sich täglich gefährdet wissen mußte,
sagt die Schilderung des gleichen Offiziers. Er erzählt von einem langen nächtlichen
Weg zu dreien, den sie im November 1943 durch die Forste von Eberswalde machten: Kranzfelder hört dauernd Schritte und glaubt, daß sie begleitet und belauscht
würden, bis man feststellt, daß es das Klappern seines eigenen ledernen Mantels ist,
das ihn beunruhigt. In der gleichen Zeit findet man ihn während eines schweren
Bombenangriffs im Keller bei einer befreundeten Familie in Berlin, wie er den Versammelten, aus dem Augenblick entrückend, von einem Orgelkonzert Bachscher
und Mozartscher Musik erzählt, dem er vor ein paar Tagen in einem kleinen Kreis
von Menschen in Paris beigewohnt hat. Kranzfelder hat mit einer verzehrenden
Heftigkeit des Denkens und Fühlens nur dem einen gelebt: wie die erhoffte Erhebung gelingen könnte. Er hat sich auch durch ein Verlöbnis, dem bald die Heirat
folgen sollte, vom gefährlichen Weg nicht abbringen lassen. Als seine künftige Frau
die Absicht äußerte, bei einem Nichtgelingen des Attentats und den dann unabseh-
baren Folgen selbst Hand an sich zu legen, um mit den Geopferten zu sterben, wies
er sie zurück: auch wenn er sterbe, müsse sie leben, sich einen andern wählen und
Kinder haben, damit sie ihnen die guten Eigenschaften unseres Volkes in die Seele
legen könne[8].«

Nachdem der Staatsstreichversuch in den Abendstunden des 20. Juli 1944 zu-
sammenzubrechen begann, erteilte Großadmiral Dönitz um 21.40 Uhr den
Befehl zur Verhaftung von Marineoberstabsrichter Berthold Graf von Stauffenberg, als er den Namen des Attentäters erfahren hatte. Von Berthold Graf
von Stauffenberg führte die Spur zu Kranzfelder, der am 24. Juli 1944 verhaftet
wurde[9].

Anscheinend wurde Kranzfelders Mitwisserschaft durch ein belangloses
Telefonat verraten, das vom »Forschungsamt« Görings mitgeschrieben und in
seinem wahren Zusammenhang erst nach den Ereignissen vom 20. Juli 1944
erkannt worden ist[10].

In seiner Vernehmung durch die Gestapo erklärte Kranzfelder, warum er die
hochverräterischen Umtriebe nicht gemeldet habe: »Er habe sich nicht entschließen können, die beiden Stauffenbergs zur Anzeige zu bringen, da er sie als

Menschen und Kameraden geschätzt habe und im Verlauf der Kriegsentwicklung selbst in eine so deprimierende Stimmung geraten sei, daß er innerlich schwankend den Stauffenbergschen Anschauungen von der Gesamtkriegslage und seinen Plänen beigepflichtet habe[11].«

Auch FK z.V. Jessen verhaftete man. Stauffenberg und Kranzfelder wurden am 10. August 1944 vom »Volksgerichtshof« zum Tode verurteilt und am gleichen Tage hingerichtet.

»Als man im Oberkommando der Marine nur noch von den Schuften redete, die sich gegen den ›Führer‹ vergangen hätten, wagte einer der Kameraden zu einem jungen Admiral das Wort, vielleicht werde er es noch begrüßen, wenn sein Sohn einmal auf dem Schulschiff ›Alfred Kranzfelder‹ Dienst tun könne[12].«

Jessen wurde nach langer qualvoller Haft am 25. April 1945 von den Russen befreit und war damit nur knapp dem Tode entgangen[13]. KK Mejer, der Beziehungen zum Goerdeler-Kreis hatte, wurde durch mutigen Einsatz seines Vorgesetzten KzS Werner Pfeiffer, Ib der Skl, aus der Haft befreit[14].

Zur Ehrung des Andenkens an Korvettenkapitän Alfred Kranzfelder hatte der Inspekteur der Marine, Vizeadmiral Karl-Adolf Zenker, am 30. Juni 1964 vorgeschlagen, den neuen am Nordufer der Eckernförder Bucht entstandenen Marinehafen »Kranzfelder-Hafen« zu benennen. Am 18. März 1980 ließ der damalige Kommandeur der Marinewaffenschule Eckernförde, Kapitän zur See Fritz Sievert, für Alfred Kranzfelder einen Gedenkstein errichten[15], der deutlich macht, daß es sich hier nicht um einen überkommenen Flurnamen, sondern um die Ehrung eines Mannes handelt, der sein Leben im Widerstand gegen Hitler und das NS-Regime opfern mußte. Kapitän Sievert hatte auch erstmalig eine Dokumentation über Alfred Kranzfelder erarbeiten lassen, die der damalige Korvettenkapitän Kurt Wachsmuth 1980 zusammengestellt hatte.

Wehrkraftzersetzung als Tatbestand von Widerstandshandlungen

Mit dem Paragraph 5 der Kriegssonderstrafrechtsverordnung (KSSVO) vom 17. August 1938 hatten die nationalsozialistischen Machthaber eine gesetzliche Regelung geschaffen, mit der jegliche Abweichung von der durch die Propaganda vorgeschriebenen Denkweise mit schwersten Sanktionen belegt werden sollte.

»§ 5 (1) Wegen Zersetzung der Wehrkraft wird mit dem Tode bestraft:
1. Wer öffentlich dazu auffordert oder anreizt, die Erfüllung der Dienstpflicht in der deutschen oder einer verbündeten Wehrmacht, oder sonst öffentlich den Willen des deutschen oder verbündeten Volkes zur wehrhaften Selbstbehauptung zu lähmen oder zu zersetzen sucht;

2. wer es unternimmt, einen Soldaten oder Wehrpflichtigen des Beurlaubten-
   standes zum Ungehorsam, zur Widersetzung oder zur Tätlichkeit gegen einen Vorgesetzten oder zur Fahnenflucht oder unerlaubten Entfernung zu
   verleiten oder sonst die Manneszucht in der deutschen oder einer verbündeten Wehrmacht zu untergraben[16].«

Zwar sollten mit der KSSVO Straftaten geahndet werden, die auch nach recht-
staatlichen Grundsätzen strafwürdig waren. Dennoch war der § 5 KSSVO in
seiner Stoßrichtung eindeutig als Instrument auf die Vernichtung nicht nur des
politischen Gegners, sondern bereits schon des politisch Andersdenkenden
gerichtet. Sein Unrechtscharakter manifestierte sich bereits darin, daß hier
grundlegende Menschenrechte, wie Gewissensfreiheit oder das Recht der freien
Meinungsäußerung nicht einer kriegsbedingten Notlage entsprechend eingeschränkt, sondern total negiert wurden.

Dazu war der Inhalt dieses Paragraphen so schwammig formuliert, daß einer
willkürlichen Auslegung Tür und Tor geöffnet war. Hinzu kam, daß man in der
damaligen Rechtsprechung niemals danach fragte, ob sich die Äußerungen oder
Handlungen eines Beschuldigten tatsächlich als Zersetzungshandlungen ausgewirkt hatten. Der Begriff »Öffentlichkeit« wurde in einer Weise ausgelegt, daß
selbst Äußerungen im privaten Familienkreis als »öffentlich« geahndet wurden.

Wie aus vielen Gerichtsakten von Männern und Frauen, die während der
NS-Zeit aufgrund ihrer gegen den Nationalsozialismus gerichteten Aktivitäten
zum Tode verurteilt worden waren, deutlich wird, beruhten die Todesurteile
häufig auf § 5 KSSVO, wenn es darum ging, Taten abzuurteilen, die weder
Landes- noch Hochverrat waren oder sonstwie auf einen Sturz des Regimes
abzielten. Am Beispiel des 1943 vom »Volksgerichtshof« zum Tode verurteilten
Kapitäns zur See a.D. Günther Paschen und des 1944 erschossenen Oberleutnants zur See Oskar Kusch sollen hier zwei Fälle skizziert werden, in denen
Marineoffiziere ausschließlich aufgrund ihrer gegen das NS-Regime gemachten
Äußerungen unter dem Vorwand, die Wehrkraft zersetzt zu haben, umgebracht
wurden.

Günther Paschen

Mit der Schlagzeile: »Von seinen Kameraden verlassen. Kapitän zur See starb
unter dem Beil des Henkers. [...] Paschen, eine Person, die eine Ehrung verdient
hätte«[17], erinnert die Flensburger Heimatzeitung am 20. Februar 1958 an den
wegen Zersetzung der Wehrkraft nach § 5 KSSVO am 18. Oktober 1943 vom
»Volksgerichtshof« zum Tode verurteilten Kapitän zur See a.D. Günther Paschen[18]. Das Todesurteil wurde in der vom Reichsminister der Justiz herausgegebenen »Führerinformation 1943, Nr. 172«, am 26. November 1943 bekanntgegeben[19] und vermutlich am *8. November* 1943 in Berlin-Plötzensee durch das
Fallbeil vollstreckt[20]. Der Artikel in der Flensburger Heimatzeitung, einem Or-

gan der dänischen Minderheit, erinnerte damit an einen Gegner des NS-Regimes unter den Offizieren der Marine, dessen Andenken innerhalb der Marine bis heute so gut wie nicht gepflegt worden ist. »Zu der Zeit als die Flensburger Marinekameradschaft den Großadmiral a.D. Raeder zu ihrem Ehrenmitglied machte, starb in Flensburg eine Frau Paschen. Sie war Witwe des Kapitäns zur See Günther Paschen. Er war am 18. November 1943 in Brandenburg an der Havel durch das Beil hingerichtet worden. Wegen defaitistischer Äußerungen. Er starb von allen Kameraden verlassen. Großadmiral Raeder, ein Schulfreund Paschens, mit ihm durch lange Jahre verbunden, weigerte sich, etwas für seinen Freund und Kameraden zu unternehmen[21].« Der kurze Artikel berichtete dann noch, daß der 1880 in Berlin geborene Günther Paschen keinen Hehl daraus gemacht habe, daß ihm der 1939 von Hitler entfachte Krieg nicht behagt habe. Paschen habe aus den Erfahrungen des Ersten Weltkrieges gelernt. So sei er in einem gespannten Verhältnis zu Dönitz gestanden, dessen Vorstellungen über die Möglichkeiten des U-Boot-Krieges er für unrealistisch gehalten habe. Das Blatt zitierte Paschens Tochter: »Mein Vater sah viel, wußte viel. Aber er trug sein Herz auf der Zunge.« Er habe nicht gelernt zu katzbuckeln und zu schweigen, wenn etwas geschah, was gegen seine Überzeugung verstieß[22].

Wer war Günther Paschen? Flottillenadmiral Walter Flachsenberg, der 1928 als Seeoffizieranwärter in die Reichsmarine eingetreten war, hat ihn 1930 während seiner Ausbildungszeit als Fähnrich zur See an der Marineschule Mürwik als Lehrer für Artillerie und Englisch erlebt. Admiral Flachsenberg hatte 1983 ein Lebensbild dieses Seeoffiziers verfaßt, das im Folgenden wiedergegeben wird:
»Als Fähnriche betrachteten wir das halb militärische, halb zivile Lehrerkollegium der Marineschule Mürwik mit den kritischen Augen älterer Schüler. Ihr Erscheinungsbild, ihre Lehrweise, ihre ausgeprägten Eigenarten waren nahezu täglich Anlaß zu karikierender Imitation oder witziger Persiflage.
Der bemerkenswerteste unter den Lehrern war Korvettenkapitän a.D. Günther Paschen, der Englisch und Artilleriekunde unterrichtete, obwohl dieses Fach an die zuständige Waffenschule gehörte, zumal die physikalischen und chemischen Grundlagen durch die naturwissenschaftlichen Dozenten gelehrt wurden. Aber irgendwie hatte Kapitän Paschen die Geschützmechanik –, ›Der Werdegang eines Geschützrohres‹ – und die angewandte Ballistik zu seiner Domäne gemacht.
Von seinem militärischen Werdegang her war er dazu wohl berechtigt und prädestiniert. Er galt als ausgezeichneter Artillerist, beherrschte sein Handwerk theoretisch und praktisch und besaß den Instinkt eines Jägers. Zur Tragik seiner Laufbahn wurde ein falsches Kommando in der Stunde der Bewährung, in der Skagerrakschlacht. Als Erster Artillerieoffizier des Schlachtkreuzers ›Lützow‹ – so wurde die Fama von Crew zu Crew weitergetragen – erzielte er sehr bald Treffer über Treffer im gegnerischen Schiff, aber keine erkennbare Wirkung im Ziel. Als Munitionsart hatte er ›Sprenggranaten‹ statt ›Panzersprenggranaten‹ befohlen.
Seine kritiklose Anglophilie wurde bei ihm teilweise zur Manie. Er war mit einer Engländerin verheiratet, sprach ein gepflegtes Oxford-Englisch, trug ausschließlich

englische Stoffe im Londoner Modestil und glich in seinem ganzen Wesen dem Gentleman-Ideal, verkörpert durch den soignierten Offizier im Ruhestand. Mit Vorliebe las er den PUNCH und im Englisch-Unterricht seinen Fähnrichen daraus vor. Abgesehen davon, daß seine Schüler kein Gespür für diese Art englischen Humors besaßen, falls sie den Witz überhaupt verstanden, sie quittierten, wie verabredet, seine Lektüre mit unbeweglich ernsten Gesichtern, während ihr Lehrer jeden, aber auch jeden Witz mit herzhaft lautem Lachen bedachte. Jäh bemerkte er das fehlende Echo seiner Hörer und faltete gekränkt sein Lieblingsblatt mit der bissigen Bemerkung zusammen: ›Wenn Sie über meine – er sagte: meine – Witze nicht lachen, brauche ich sie Ihnen nicht vorzulesen‹ Sprach's und kratzte beleidigt seinen fast kahlen Schädel.

In seiner Artillerie experimentierte er gern und viel, um die Theorie durch die Praxis zu beweisen. So hatte er in seinem Labor eine Modellkanone herstellen lassen, um die Wirkung des Dralls, der Geschoßform und -gewichtung oder unterschiedlicher Treibladungen zu demonstrieren. Am ›Tag der Artillerie‹ führte er auf freier Wildbahn – auf der Rasenfläche vor der Marineschule – seine Experimente mit entsprechenden Erklärungen einem andächtig lauschenden und erwartungsvoll blickenden Publikum, an der Spitze der Kommandeur mit seinem ganzen Gefolge, vor. Nur verhielt das Geschoß nicht so, wie er kund getan hatte, weil ›böse Fähnriche‹ die Granatspitze heimlich abgeschraubt und das Innere mit Kreide gefüllt hatten. Erbost rief er nach seinem Adlatus Bunge, um dem rätselhaften ballistischen Fehlverhalten auf die Spur zu kommen. Bunge, ein früherer Oberdeckoffizier und Feuerwerker, der auch während des Unterrichts nach energischer Aufforderung hinter einem Verschlag auftauchte, klein, dick, behäbig und immer schmuddelig, wurde der mangelnden Sorgfalt bezichtigt, bis die Ursache geklärt werden konnte. Dabei präsentierte sich zur stillen Erheiterung der Zuschauer das ungleiche Paar in seiner ganzen Gegensätzlichkeit: Kapitän Paschen groß, hager und schlaksig, in seiner Mimik und Gestik ein moderner Don Quichote, den der phlegmatische, bauernschlaue Bunge wie des Cervantes' Vorbild Sancho Pansa haargenau ergänzte.

Eine Erscheinung wie Kapitän Paschen gehörte – das spürten wir instinktiv – zu den Außenseitern im Lehrerkollegium, wohl auch in der Crew. Ein ausgeprägter Individualist und betonter Einzelgänger, verdeckte sein extravagantes Äußere eine noble Gesinnung. Empfindsam, leicht verletzbar und schnell beleidigt, war er im Grunde wohlwollend und gutmütig. Aufrichtig bis zur Selbstverleugnung, trug er das Herz auf der Zunge und vertrat seine Überzeugung mit dem ganzen mutigen Starrsinn seines Naturells. Ein ›Ritter ohne Furcht und Tadel‹ im bürgerlichen Gewande des 20. Jahrhunderts.

Mit dem Aufbau der Kriegsmarine wurde er in seiner Dienststellung als Fregattenkapitän (E) reaktiviert, aber noch vor dem Kriege als charakterisierter Kapitän zur See aus mir nicht bekannten Gründen in den Ruhestand versetzt. Aus seiner Ablehnung des Nationalsozialismus machte er keinen Hehl; den Krieg gegen England hielt er für ein nationales Unglück.

Im Sommer 1943 äußerte er sich zwei Dänen gegenüber in seiner bekannt freimütigen Weise Zweifel über die ›angeblichen Wunderwaffen des Führers‹, die er als Bluff bezeichnete, wurde durch eine mit diesen Dänen befreundete Marinehelferin denunziert und verhaftet.

›Im Namen des deutschen Volkes‹ verurteilte ihn der Volksgerichtshof unter dem Vorsitz seines Präsidenten Dr. Freisler am 18. Oktober 1943 zum Tode. Die Urteilsbegründung war ebenso erschütternd wie armselig, die Wortwahl so primitiv wie verlogen. Günter Paschen hat im vierten Kriegsjahr in Flensburg zwei Dänen gesagt, er glaube nicht an den deutschen Sieg (er hatte nur berechtigte Zweifel geäußert), das Reden von neuen Waffen des Führers halte er für Propagandabluff, Schleswig sollte Dänemark ›zurückgegeben‹ werden. (Diese Äußerung hat P. vor dem VGH bestritten). Damit hat er – ein hoher früherer deutscher Seeoffizier – den Willen des dänischen Volkes zur Loyalität angenagt und mittelbar auch unseren Willen zur mannhaften Wehr (!) angegriffen. Als Zersetzungspropagandist unserer Kriegsfeinde ist er für alle Zeit ehrlos. Er wird mit dem Tode bestraft[23]. Die beiden Schlußsätze der Urteilsbegründung lauten: ›Wir alle, und vor allem auch unsere Marine, vom jüngsten Rekruten bis zum höchsten Admiral, wollen mit Recht mit einem solchen ehrlosen Verräter nichts mehr zu tun haben‹[24] und: ›Weil Paschen verurteilt ist, muß er auch die Kosten tragen‹[25].

KzS a.D. Günther Paschen wurde am 8. November 1943 in Brandenburg durch das Beil hingerichtet. Ein Widerstandskämpfer sui generis, eine eigenwüchsige Persönlichkeit, ein unzeitgemäßer Gentleman, ein später Don Quichote, aber von tieferer Tragik als sein literarisches Vorbild, ein Mann, dem niemand in der Marine seinen Respekt verweigern wird[26].«

Der Fall des Oberleutnants zur See Oskar Kusch[27]

In einer dunklen Gefängniszelle sitzen zwei Schachspieler an einem Tisch. Das Kerzenlicht läßt die hageren Züge des einen Spielers in bedrohlicher Weise hervortreten, der offensichtlich seinen Gegner, der dem Betrachter den Rücken zuwendet, matt gesetzt hat. Der Verlierer dieser Partie kauert, seinen Kopf auf den rechten Arm abstützend, in sich zusammengesunken vor dem Tisch.

Dieses düstere Bild ist eine Kohlezeichnung, die der Oberleutnant zur See Oskar Heinz Kusch vor seiner Erschießung am 12. Mai 1944 in einer Zelle des Marine-Untersuchungsgefängnisses in Kiel-Wik angefertigt hatte. Es drückt in erschütternder Weise die ganze Verzweiflung und Hoffnungslosigkeit des 26jährigen Offiziers aus, der sich in der Figur des Verlierers selbst dargestellt hat und mit dieser Zeichnung zum Ausdruck bringen wollte, daß er einer diabolischen Macht, verkörpert in der Gestalt des todähnlichen Gegenspielers, unerbittlich ausgeliefert war.

Oskar Heinz Kusch wurde am 6. April 1918 als Sohn des Versicherungsdirektors Heinz Kusch und seiner Ehefrau Erna, geb. Kohls in Berlin geboren. Als Zehnjähriger kam er 1928 zur Bündischen Jugend und gehörte dort der Freischar und später dem deutschen Pfadfinderbund an. 1933 wurde sein Bund in das Jungvolk der Hitlerjugend (HJ) überführt. 1935 als die von Kusch geführte Spielschar mit der HJ endgültig gleichgeschaltet wurde, schied er aus der HJ aus. Wie aus den Akten der Geheimen Staatspolizei hervorgeht, gehörte er noch bis 1937 dieser illegal weiterbestehenden Gruppierung der Bündischen Jugend an. Kusch mußte erleben, wie sein Jugendführer, der Arzt Rudi Pallas wegen illegaler Betätigung in der Jugendbewegung in ein Konzentrationslager eingewiesen wurde. Er selbst vermochte sich einer drohenden Verhaftung durch seine freiwillige Meldung als Offizieranwärter zur Kriegsmarine zu entziehen.

Nach dem 1936 abgelegten Abitur leistete er zunächst seine Dienstpflicht im Reichsarbeitsdienst (RAD) ab, wo er aber auch von der Gestapo überwacht wurde und auffiel, weil er sich in »krasser Form« über die Zustände im RAD in Briefen an seine Freunde geäußert hatte.

Am 3. April 1937 trat er als Seeoffizieranwärter in die Kriegsmarine ein. Sein Entschluß, den Beruf des Marineoffiziers zu ergreifen, beruhte durchaus auf patriotischen Motiven, auch war er von der Faszination der Seefahrt ergriffen. Er wollte auch den Nachstellungen von Funktionären der NSDAP entgehen, da die Soldaten der Wehrmacht keine Mitglieder der NSDAP sein durften und vor allem die Marineführung jeden Einfluß von Parteifunktionären auf den Dienstbetrieb festzuhalten bestrebt war.

Nach erfolgreicher Absolvierung der Seeoffizierausbildung wurde er im August 1939 zum Leutnant zur See befördert. Wie viele seiner Offizierkameraden hatte sich auch Oskar Kusch freiwillig zur neu entstandenen U-Bootwaffe gemeldet und erhielt im Juni 1941 nach Beendigung seiner U-Bootausbildung sein erstes Einsatzkommando als Wachoffizier auf »U 103«. Das Boot operierte im

Nord-, Mittel- und Südatlantik und war unter seinem Kommandanten Werner Winter sehr erfolgreich. Kusch wurde am 1. September 1941 zum Oberleutnant zur See befördert und erhielt für seine herausragenden Leistungen 1941 das Eiserne Kreuz II. Klasse und 1942 das Eiserne Kreuz I. Klasse. Vom Juli 1942 bis Februar 1943 fuhr Kusch auf »U 103« unter dem Kommando von Gustav Adolf Janssen.

Beide Kommandanten schätzten den jungen Offizier als besonders tüchtigen Soldaten und Vorgesetzten, der seine Untergebenen mit Herz und Schwung, aber doch mit fester Hand zu führen imstande war. Sie teilten auch seine antinationalsozialistische Einstellung, aus der er in zahlreichen Gesprächen mit seinen

Oskar Kusch (1918 bis 1944)

Offizierkameraden keinen Hehl machte, wie sich einer der überlebenden Offiziere dieses Bootes später erinnerte.

Am 8. Februar 1943 übernahm Oberleutnant zur See Kusch »U 154« als Kommandant. Der Beginn von Kuschs Kommandantentätigkeit erfolgte zu einem Zeitpunkt, als die deutschen U-Boote aufgrund ihrer technischen Unterlegenheit und der enorm gestiegenen gegnerischen Abwehr nicht mehr in der Lage waren, große Erfolge zu erreichen und es für einen U-Boot-Kommandanten schon ein Erfolg war, sein Boot von einer Feindfahrt überhaupt wieder in den Heimathafen zurückbringen zu können. Kusch absolvierte als Kommandant von »U 154« vom März bis Dezember 1943 zwei lange Fernunternehmungen, die in ein Operationsgebiet südlich des Äquators vor der brasilianischen Küste führten. Auf seiner ersten Feindfahrt kam das Boot bei Cap Roque an einen Geleitzug heran und erreichte einige Erfolge. Auf der zweiten Unternehmung in das gleiche Seegebiet entging »U 154« bei einem vergeblichen Angriffsversuch nur durch das geschickte Verhalten des Kommandanten und der Besatzung mit knapper Not der Versenkung. Diese Unternehmungen in tropischen Gewässern unter fortwährender Bedrohung durch die feindliche Abwehr, vor allem aus der Luft, müssen die physischen und seelischen Kräfte der Besatzung bis zur Grenze der Belastbarkeit strapaziert haben. Dennoch verstand es der junge Kommandant, seine Männer zu motivieren und ihnen das Gefühl zu geben, daß er ihr Leben nicht leichtsinnig aufs Spiel setzte.

»U 154« war nach 80 Tagen Feindfahrt am 20. Dezember 1943 wieder nach Lorient zurückgekehrt. Offiziere und Besatzung waren in Urlaub geschickt worden, um sich von den Strapazen der letzten Unternehmung zu erholen. Am 16. Januar 1944 wurde Kusch unerwartet telefonisch aus dem Urlaub nach Lorient zurückbeordert und bei seiner Ankunft auf dem Bahnhof verhaftet. 24 Tage nach dem Einlaufen, als alle Unterlagen der letzten Feindfahrt überprüft worden waren und das Verhalten des Kommandanten für einwandfrei erklärt worden war, hatte der Erste Wachoffizier von »U 154«, Oberleutnant zur See d.R. Ulrich Abel, eine Meldung abgegeben, worin er zum Ausdruck brachte, daß er auf den 189 Tagen Feindfahrt im *vergangenen* Jahr *bei Kusch fortdauernd untrügliche Beweise einer stark gegen die deutsche politische und militärische Führung eingestellte Gesinnung erlebt habe*: »Ich halte ihn deshalb für unfähig, U-Bootkommandant zu sein[28].« Auf drei Schreibmaschinenseiten erhob Abel eine Reihe von Schuldvorwürfen, die z.T. auf Ereignissen der ersten Feindfahrt Kuschs beruhten und korrekterweise im Juli 1943 hätten zur Meldung gebracht werden müssen. Abel stellte u.a. fest, *daß Kusch im März 1943 angeordnet habe, das Führerbild zu entfernen mit der Bemerkung* »hier wird kein Götzendienst betrieben«. *Er habe erklärt, nur der Sturz Hitlers und seiner Partei könne dem deutschen Volk den Frieden bringen. Gegenüber den zur Ausbildung eingeschifften Fähnrichen habe er geäußert, über das augenblickliche Regime müßten sie als gebildete Menschen und angehende Offiziere erhaben sein; der Führer leide oft an Anfällen und sei ein wahnsinniger Utopist und größenwahnsinnig. An der bevorstehenden Niederlage des Reiches habe er keine Zweifel mehr und der Begriff des Weltjudentums sei eine Propagandalüge.* Ferner berichtete Abel, daß Kusch seine politischen Informationen durch verbotenerweise abgehörte Feindsender bezogen habe. Zuletzt bezichtigte er Kusch eines Mangels an Angriffsgeist in drei Fällen, worüber er in einer weiteren Meldung Stellung nehmen werde.

Aufgrund dieser Meldung wurde ein Haftbefehl erlassen und Oskar Kusch am 26. Januar 1944 in Kiel vor ein Kriegsgericht gestellt. Kuschs Wahlverteidiger hatte nur am Vorabend der Verhandlung kurz Gelegenheit zur Einsichtnahme in die Akten und war damit in seiner Verteidigung nachhaltig beeinträchtigt. Abel hatte als Zeugen die Offiziere von »U 154« und die beiden Fähnriche angegeben, die damit gezwungen waren, Kuschs gegen das NS-Regime gerichteten Äußerungen zu bestätigen, wollten sie nicht selbst als Mitwisser zur Verantwortung gezogen werden. Von der Besatzung wurde keiner vernommen, im Gegenteil, den Männern von »U 154« wurde vorgetäuscht, ihr Kommandant sei krankheitshalber abgelöst worden. Diese Täuschung wurde aber vom Bordfunker erkannt und die Besatzung war tief empört, wie man ihrem Kommandanten, dem sie voll vertraute, mitspielte. Der Vorwurf der Feigheit vor dem Feinde wurde durch einen als Gutachter bestellten älteren U-Boot-Kommandanten als nicht nachweisbar vom Kriegsgericht fallengelassen.

Nach einer nur wenige Stunden dauernden Verhandlung wurde Oskar Kusch zum Tode verurteilt, obwohl der Vertreter der Anklage eine Zuchthausstrafe beantragt hatte. Die Aussagen von Kuschs früheren Kommandanten Winter und Janssen, die sich als Leumundszeugen nachhaltig für ihn eingesetzt hatten, wurden nicht berücksichtigt.

Das Todesurteil beruhte in der Hauptsache auf § 5 der Kriegssonderstrafrechtsverordnung, nämlich Wehrkraftzersetzung. Wie die Urteilbegründung deutlich werden ließ, waren die eigentlichen Gründe für das Todesurteil, daß Oskar Kusch »den Glauben an den Endsieg verloren« hatte, außerdem »seine liberalen Tendenzen, die ihn 1935 aus der HJ herausführten« und die ihn zu einer »Ablehnung des Nationalsozialismus« bewegten, ferner »die Häufung der von dem Angeklagten gebrauchten zersetzenden Äußerungen, die selbst vor der Person des Führers nicht haltmachten und zum Teil hochverräterischen Charakter trugen«[29]. Keiner von Kuschs Vorgesetzten hielt eine Begnadigung oder eine Umwandlung der Todesstrafe in eine Freiheitsstrafe für angebracht, auch nicht der Oberbefehlshaber der Marine, Großadmiral Dönitz, den Janssen noch zu einer Begnadigung umzustimmen versucht hatte. Am 12. Mai 1944 wurde Oskar Kusch in Kiel erschossen.

1946 brachte Kuschs Vater den Marinerichter und die beiden militärischen Beisitzer, den Vertreter der Anklage und alle Zeugen, die vor dem Kriegsgericht seinen Sohn belastet hatten, wegen Mordes zur Anzeige. Nach langem Hin und Her wurde dann im Frühjahr 1949 auf Anweisung des schleswig-holsteinischen Justizministers Rudolf Katz, der als engagierter Sozialdemokrat und Jude Deutschland 1933 verlassen mußte, gegen Kuschs Richter, den ehemaligen

Marineoberstabsrichter Karl-Heinrich Hagemann Anklage wegen Verbrechens gegen die Menschlichkeit erhoben. Das Kieler Landgericht sprach ihn in zwei Verfahren in seinen Urteilen vom 23. Mai 1949 und schließlich am 25. September 1950 aus Mangel an Beweisen frei.

Die Kieler Richter, die alle ehemalige Mitglieder der NSDAP gewesen waren, folgten der damaligen Auffassung deutscher Gerichte, daß die berüchtigte KSSVO mit ihrem § 5, Wehrkraftzersetzung, kein angesprochenes Unrechtsgesetz der nationalsozialistischen Machthaber gewesen sei, dessen einziger Zweck darin bestand, eine Handhabe zur Vernichtung politisch Andersdenkender oder Gegner des NS-Regimes zu sein. Die Kieler Richter ließen sich auch durch zahlreiche Zeugen aus den Kreisen früherer hochrangiger Marinerichter hinters Licht führen, die behaupteten, daß die Marinejustiz während des Zweiten Weltkrieges unabhängig und nicht von den Machthabern des NS-Regimes gelenkt worden sei. Nach den Erkenntnissen der Forschung war die Wehrmachtjustiz – und das gilt auch für die Rechtspflege der Kriegsmarine – alles andere als unabhängig. Damit entfiel der Vorwurf der Anklage, Hagemann habe vorsätzlich und bewußt mit Hilfe eines Unrechtsgesetzes einen politischen Gegner des NS-Regimes töten wollen. Nach der damaligen Rechtsauffassung deutscher Gerichte der frühen Nachkriegszeit war mit dem Fortfall der Rechtsbeugung auch eine Anschuldigung wegen Mordes nicht mehr möglich. Das Kieler Landgericht stellte zwar fest, daß das Todesurteil ungewöhnlich hart und auch juristisch unzureichend begründet war, jedoch im Ermessensspielraum eines »unabhängigen« Richters lag, der ja nach gültigem Gesetz geurteilt habe.

Dem Einwand, daß das Todesurteil vom 26. Januar 1944 nur auf politische Argumente abgestützt war, begegnete das Gericht, indem es den Aussagen der als Zeugen vernommenen militärischen Beisitzer, den Einlassungen des Angeklagten und vor allem Zeugenaussagen des auf der zweiten Unternehmung von Kusch auf »U 154« eingeschifften Bordarztes, einem Sanitätsoffizier des Heeres, Glauben schenkte. Dieser Sanitätsoffizier des Heeres hatte sich sogar über das Verhalten seines Kommandanten in Gefechtssituationen geäußert. Nach diesen Aussagen wären die politischen Gründe für das Todesurteil lediglich zeitbedingte Ausdrücke für tatsächlich stattgefundenes schwerstes militärisches Fehlverhalten gewesen. Oskar Kusch hätte durch seine antinationalsozialistischen Aussagen den Kampfgeist seiner Besatzung auf den Nullpunkt gebracht und das Leben seiner Besatzung aufs Spiel gesetzt. Aussagen von Unteroffizieren der Besatzung, die ein völlig anderes, und wie aus allen Akten nachweisbar, ein in jeder Hinsicht zutreffendes Bild von Kuschs einwandfreiem militärischen Verhalten ergaben, hat das Gericht nicht berücksichtigt. Oskar Kusch wurde damit posthum inkriminiert und als Verbrecher hingestellt; man kann durchaus sagen, er wurde zum zweiten Male zum Tode verurteilt.

Sein Richter und die beiden militärischen Beisitzer hatten sogar die Kühnheit, nachhaltig zu behaupten, auch heute noch würden sie zu ihrem Todesspruch stehen. Mit dem rechtskräftig gewordenen Urteil des Kieler Landgerichtes vom 25. September 1950 wurde erstmalig ein Wehrmachtrichter, der ein Todesurteil nach § 5, KSSVO, gefällt und damit einen Soldaten ursächlich wegen seiner Äußerungen gegen das NS-Regime zum Tode verurteilt hatte, freigesprochen. Der Fall Hagemann war damit zum Präzedenzfall für ähnlich gelagerte Verfahren der 50er Jahre geworden.

Eine Auswertung von Kuschs militärischen Beurteilungen, dem Kriegstagebuch von »U 154« und den Äußerungen von überlebenden Besatzungsmitgliedern sowie der früheren Kommandanten zeigt, daß er ein tüchtiger Soldat, ein umsichtiger U-Boot-Kommandant und seinen Männern ein vorbildlicher Vorgesetzter gewesen ist. Einzig allein der frühere Schiffsarzt hat ihn in seinen Aussagen nach dem Kriege negativ gesehen. Wie aus den Akten hervorgeht, wollte sich der 1946 von Kuschs Vater wegen seiner vor dem Kriegsgericht erzwungenen Zeugenaussagen wegen Mordes angezeigte Sanitätsoffizier offenkundig vom Vorwurf der Denunziation eines Regimegegners freimachen, indem er auf das angebliche militärische Fehlverhalten Kuschs hinwies.

Kusch gehörte zu den vielen Soldaten der Wehrmacht, die einen deutlichen Unterschied zwischen dem Vaterland und dem NS-Regime machten und damit mit dem Propagandaklischee, das Deutschland mit dem Nationalsozialismus gleichzusetzen versuchte, brach.

Selbst das Kriegsgericht kam nicht umhin, aktenkundig festzustellen, daß dieser Regimegegner aus einem »gewissen Pflichtgefühl« seinen Dienst versah. Wie Tausende andere Soldaten auch sah er keinen Ausweg aus der tragischen Verstrickung, mit der Verteidigung des Vaterlandes auch das NS-System zu schützen. Dem Vater gegenüber hat er kurz vor der letzten Feindfahrt geäußert, daß eine Desertion für ihn nicht in Frage komme, da er dies vor seiner Besatzung und dem Vaterlande nicht verantworten konnte. So waren für ihn auch Sabotageakte als U-Boot-Kommandant ausgeschlossen, da er damit nur das Leben seiner Männer gefährdet hätte. Die einzige Möglichkeit, sich gegen das Unrecht des NS-Regimes zur Wehr zu setzen, sah er darin, seiner Umgebung die Verlogenheit und das Unrecht des Nationalsozialismus deutlich zu machen. Das hat Oskar Kusch, wie aus den Aussagen der überlebenden Unteroffiziere und der beiden Fähnriche deutlich wurde, immer wieder getan. Darauf beruhte auch das Vertrauen seiner Besatzung, die treu zu ihm gehalten und ihn nicht gemeldet hatte. Am deutlichsten hatte er sich an Bord gegenüber seinen Offizieren gegen das NS-Regime geäußert, von denen er aufgrund der ausgeprägten Kameradschaft gerade unter den U-Boot-Fahrern nie geglaubt hatte, verraten zu werden, obwohl ihn seine Freunde mehrfach gewarnt hatten. Ein nationalsozialistischer Fanatiker, der noch vor Oskar Kuschs Erschießung mit einem U-Boot untergegangen ist, hat aus persönlicher Gehässigkeit dieses Vertrauen mißbraucht.

Oskar Kuschs historische Bedeutung liegt vor allem darin, daß er kein isolierter Einzelfall war. Wie schon seine Jahrgangskameraden bezeugten und wie aus zahlreichen Schilderungen von Wehrmachtsoldaten deutlich wird, haben nicht wenige im Kameradenkreis ihre Ablehnung des Nationalsozialismus mehr oder weniger deutlich zum Ausdruck gebracht. Einige mußten dafür ihr Leben lassen, viele hatten das Glück, von Kameraden, auch solchen, die damals noch an den Nationalsozialismus glaubten, nicht verraten worden zu sein. Von Männern, die persönliche Kameradschaft und damit Menschlichkeit höher eingeschätzt haben als fanatische Loyalität zu einer totalitären Ideologie.

Wie zahllose andere Wehrmachtsoldaten hat auch er zwischen einer militärischen Pflicht für das Vaterland und dem Mißbrauch durch ein verbrecherisches Regime unterschieden. Von diesen Männern wurde Deutschland nicht mit dem Nationalsozialismus gleichgesetzt, wenngleich sie die von der NS-Propaganda betriebene Verquickung von Vaterland und Nationalsozialismus als tragischen Konflikt empfanden, aus dem sie keinen Ausweg sahen.

Inhaltlich unveränderte Wiedergabe des Beitrages in der vierten Auflage des Ausstellungs-Kataloges von 1994.

Anmerkungen

1   Helmut Krausnick, Zum militärischen Widerstand gegen Hitler 1933 – 1938. Möglichkeiten, Ansätze, Grenzen und Kontroversen, in: Vorträge zur Militärgeschichte, Bd 5: Der militärische Widerstand gegen Hitler und das NS-Regime 1933 – 1945, hrsg. vom Militärgeschichtlichen Forschungsamt, Herford, Bonn 1984, S. 76, Anm. 128.

2   Michael Salewski, Die deutsche Seekriegsleitung 1935 – 1945, Bd II: 1942 – 1945, München 1975, S. 434 f.

3   Korvettenkapitän Alfred Kranzfelder. Ein Marineoffizier im Kampf gegen die nationalsozialistische Diktatur, zusammengestellt von Korvettenkapitän Kurt Wachsmuth, Presseoffizier der Marinewaffenschule Eckernförde, Maschinenschriftliches Manuskript vom 18.3.1980. Der Verfasser dankt an dieser Stelle Herrn Kapitän zur See a.D. Fritz Sievert für die freundliche Überlassung dieser Ausarbeitung. Vgl. auch: Heinrich Walle, Aufstand des Gewissens. Militärischer Widerstand gegen Hitler und das NS-Regime – Wanderausstellung des Militärgeschichtlichen Forschungsamtes, in: Marineforum, 7/8 (1984), S. 233 – 235. Dort wurde ebenfalls an Alfred Kranzfelder erinnert. Der vorliegende Beitrag orientiert sich an diesem Aufsatz.

4   Salewski, Seekriegsleitung (wie Anm. 2), S. 434.

5   Ebd.

6   Peter Hoffmann, Widerstand–Staatsstreich–Attentat, 3. Aufl., München 1979, S. 425.

7   Bundesarchiv Koblenz (BA), NS 6/6, »Kaltenbrunnerberichte«, Bericht vom 1.8.1944.

8   Eberhard Zeller, Geist der Freiheit, München 1965, S. 289 ff.

9   Salewski, Seekriegsleitung (wie Anm. 2), S. 435.

10 Wachsmuth, Alfred Kranzfelder (wie Anm. 3).

11 BA, NS 6/6, »Kaltenbrunnerberichte«, Bericht vom 1.8.1944 (wie Anm. 7), S. 3.

12 Wachsmuth, Alfred Kranzfelder (wie Anm. 3).

13 Hoffmann, Widerstand (wie Anm. 6), S. 657.

[14] Salewski, Seekriegsleitung (wie Anm. 2), S. 436.

[15] Ebd.

[16] Zit. nach: Manfred Messerschmidt und Fritz Wüllner, Die Wehrmachtjustiz im Dienste des Nationalsozialismus. Zerstörung einer Legende, Baden-Baden 1987, S. 133.

[17] Flensburger Heimatzeitung vom 20.2.1958.

[18] BA, R 60 I: Volksgerichtshof/305: 2 J 557/43/1 L 132/43, Urteil in der Strafsache gegen den Kapitän zur See a.D. Günther Paschen aus Flensburg vom 18.10.1943.

[19] BA, R 22, Reichsjustizministerium/4089.

[20] Walter Wagner, Der Volksgerichtshof im nationalsozialistischen Staat, Stuttgart 1974, S. 317.

[21] Flensburger Heimatzeitung vom 20.2.1958. Nach Walter Wagner (wie Anm. 20) starb er am 8.11.1943 in Plötzensee.

[22] Flensburger Heimatzeitung vom 20.2.1958.

[23] BA, R 60 I (wie Anm. 18), Blatt 1.

[24] Ebd.

[25] Ebd.

[26] Walter Flachsenberg, In Memoriam Kapitän zur See a.D. Günther Paschen. Maschinenschriftliches Manuskript im Besitz d. Verf. Der Verfasser dankt an dieser Stelle Herrn Flottillenadmiral a.D. Walter Flachsenberg für die freundliche Überlassung seines Manuskriptes, das hier bewußt als eigener Beitrag eines Zeitzeugen eingefügt wurde.

[27] Über Oskar Kusch ist eine umfassende Biographie und Dokumentation des Verfassers erschienen: Die Tragödie des Oberleutnants zur See Oskar Kusch, hrsg. im Auftrag der Ranke-Gesellschaft, Vereinigung für Geschichte im öffentlichen Leben e.V. und dem Deutschen Marine Institut von Michael Salewski und Christian Giermann, Stuttgart 1995. Der Fall »Kusch« ist quellenmäßig sehr gut belegbar. Vgl. hierzu auch: Heinrich Walle, Der Fall Kusch. Eine bleibende Mahnung an die Offiziere der Marine, in: Marineforum, 7/8 (1992), S. 234–238. Wenn nicht besonders nachgewiesen, beruht die folgende Darstellung auf den angegebenen Quellen- und Literaturhinweisen: Bundesarchiv-Zentrale Nachweisstelle (ZNS), Aachen/Kornelimünster, Archiv Nr.: K 31 40: Oskar Kusch, geb. am 6.4.1918; 1. Untersuchungsakte des Gerichts des Führers der U-Boote West – St.L.J. I 9/44 – (75 Blatt) Ersatzakte (30 Blatt); 2. Handakte (46 und 12 Blatt); Bundesarchiv-Militärarchiv, Freiburg: Archiv Nr.: RM 98/358: Kriegstagebuch U 154 vom 2. August 1941 bis 28. April 1944; Archiv Nr.: N 623/v. 6, 8, 9 und 11: Schriftlicher Nachlaß des Marineoberstabsrichters a.D. Karl Helmut Sieber: 1. Prozeß gegen Generaloberst Stumpf, General August Schmidt, Marineoberstabsrichter Lüder und Hagemann; darin: Berichte aus den Kieler Nachrichten und der Schleswig-Holsteinischen Volkszeitung vom Mai 1949; 2. Briefwechsel mit ehemaligen Marinerichtern 1945–1957, Bd I; 3. Briefwechsel mit ehemaligen Marinerichtern 1947–1958; Bd II; 4. Briefwechsel mit Marinerichtern 1949, 1950, 1951, Bd IV; Deutsche Dienststelle für die Benachrichtigung der nächsten Angehörigen der ehemaligen Wehrmacht, Berlin: Marinepersonalakte des ehemaligen Oberleutnants zur See Oskar Kusch, 33 Blatt; Landesarchiv Schleswig-Holstein, Signatur Abs. 352, Kiel: 2 Ks 9/49 (I 42/49): Schwurgericht beim Landgericht Kiel: Strafsache gegen den früheren Marineoberkriegsgerichtsrat Karl Heinrich Hagemann ... wegen Verbrechens nach Art II, Ziff. 10, 3, 5 des Kontrollgesetzes Nr. 10 pp. Urteilsbegr. vom 27.6.49; St S 309/49: Urteil des Strafsenates des Obersten Gerichtshofes für die Britische Besatzungszone, Köln, über die Revision der Staatsanwaltschaft gegen das Urteil des Schwurgerichts Kiel vom 23.5.1949, vom 18.10.1949; 2 KS 9/49

(I 174/49): Schwurgericht beim Landgericht Kiel: Strafsache gegen den früheren Marine-oberkriegsgerichtsrat Karl Heinrich Hagemann wegen Verbrechen gegen die Menschlichkeit, Urteilsbegründung vom 2. November 1950; Privatbesitz Horst Freiherr von Luttitz: Nachlaß des Versicherungsdirektors Heinz-Oskar Kusch; Arno Klönne, Gegen den Strom. Ein Bericht über Jugendopposition im Dritten Reich, hrsg. vom Hessischen Jugendring in Verbindung mit der Hessischen Landeszentrale für Heimatdienst, Hannover, Frankfurt 1958, S. 142; Jörg Friedrich, Freispruch für die Nazi-Justiz. Die Urteile gegen NS-Richter seit 1948. Eine Dokumentation, Reinbek 1983, S. 173 – 182; Gerd Nehls, Erinnerung an Oskar-Heinz Kusch, in: Crewbrief der Crew 17 A, II/83, S. 5 – 12; Karl H. Peter, Der Fall des Oberleutnants zur See Kusch: »Wider besseres Wissen zum Tode verurteilt«. Stimmt das?, Masch. Manuskript 1986; Walter Klenck (d.i. Horst Freiherr von Luttitz): Wer das Schwert nimmt ... Erlebnisse im Luft- und Seekrieg 1940 – 1945. Bericht und Mahnung, München 1987 (Roman mit literarisch begründeten Äußerungen der Fakten. Die Figur des Oskar Burk hat jedoch erkennbar die Identität Kuschs, dessen Charakter überzeugend nachgezeichnet ist).

28 BA, ZNS, RM 87-G-K 3140: Ersatzakte, Bl. 1 und 2: Abschrift der Meldung des Olt.z.S. Ulrich Abel an die 3. Unterseebootslehrdivision vom 12.1.1944, S. 1 – 3.

29 BA, ZNS, RM 87-G-K 3140: Untersuchungsakten: Öffentliche Sitzung des Kriegsgerichtes des F.d.U.-West, St.L.J. I. 9/44 vom 26.1.1944: Bl. 40 – 49, S. 1 – 9.

Fritz Stern

Am Grab des unbekannten Retters.
Festvortrag zur Umbenennung der Generaloberst-Rüdel-Kaserne in Rendsburg nach Feldwebel Anton Schmid am 8. Mai 2000

Die Vergangenheit ist unser gemeinsames Erbe, umstritten, bedrückend und auch bereichernd. Ein Erbe liegt auch in Namen und Bezeichnungen, und jegliche Um- und Neubenennung hat symbolische Bedeutung. Dieser Kaserne wird ein Name verliehen, dessen Ehrung dem Geist einer neuen demokratischen Gesellschaft entspricht, der Name eines Feldwebels: Anton Schmid. Die Wahl des Tages vertieft den Sinn der Handlung. Der 8. Mai 1945 markierte das Ende eines Staates, der Unmenschlichkeit entfesselte. Ein Neuanfang erforderte die Auseinandersetzung mit dem politischen Erbe, dieser Neuanfang, dieses langsam errungene Bekenntnis zur Neugestaltung der Gesellschaft wird heute bestätigt. Die Umbenennung der Kaserne birgt eine dreifache Botschaft: Absage an jegliche Anpassung an das Böse, wie auch immer verklärt, Anerkennung von Mut zum Widerstand, Hoffnung auf die Verteidigung und Verbesserung der Neugestaltung.

Vierzig Jahre nach der Niederlage, in einer der großen Reden in der Geschichte der Bundesrepublik, erläuterte Bundespräsident Richard von Weizsäcker die Vieldeutigkeit jenes Tages sowohl für die Menschen von damals wie für ihre Erben. In seinem Plädoyer für die Wahrheit erinnerte er daran, daß das deutsche Unrechtsregime seine einzigartige Niederlage selbst verschuldet hat: »Wir dürfen den 8. Mai 1945 nicht vom 30. Januar 1933 trennen.« Im historischen Rückblick und bei der heutigen Gelegenheit darf man hinzufügen, daß die bedingungslose Kapitulation von 1945 nicht zu trennen ist

Anton Schmid (1900 bis 1942)

von einer früheren bedingungslosen, wenn auch damals kaum wahrgenommenen Kapitulation, nämlich dem Eid, den die Heeresleitung der Reichswehr am 2. August 1934 auf Adolf Hitler schwor, noch keine fünf Wochen nachdem Hitler und die SS zwei deutsche Generäle ermordet hatten, Kurt von Schleicher mit seiner Frau und Ferdinand von Bredow. Dieser fatale Eid auf einen erprobten, wenn auch verkannten Mörder war der Anfang einer moralisch-politischen Kapitulation, die nach unsäglichen Verbrechen und Opfern das eigene Volk zur absoluten Niederlage führen sollte.

Das Grundgesetz der Bundesrepublik, am 8. Mai 1949 verabschiedet, verband alte Traditionen mit neuen Strukturen und Prinzipien, geprägt von den Erfahrungen des Unrechts. Als der Druck des Kalten Krieges und der Wille Adenauers zur Wiedererlangung nationaler Unabhängigkeit innerhalb des atlantischen Bündnis zur Gründung der Bundeswehr führten, wurde eine ähnliche Ordnung von Tradition und Neubesinnung ins Auge gefaßt. Für die geistigen Väter der Bundeswehr, für Graf von Baudissin und General de Maizière zum Beispiel, war die Frage nach Verbindung von Tradition und neuem Geist grundlegend. Man konnte sich auf die Hoffnungen der preußischen Reformära berufen, auf Scharnhorst und Gneisenau; man mußte mit der politischen Einstellung der späteren preußisch-deutschen Armee brechen, die sich als Staat im Staat empfand. Bei allem Bekenntnis zu militärisch-menschlichen Tugenden mußte die neue Armee in einer neuen Demokratie und in einem sich entwickelnden Europa eine neue Stellung einnehmen, und für diese Erneuerung wurden leitende Prinzipien wie »innere Führung« und »Bürger in Uniform« eingeführt. Bei allen Kämpfen um die Neugestaltung waren sich die meisten politischen Kräfte bewußt, daß Traditionspflege und Verwerfung der nationalsozialistischen Vergangenheit untrennbar waren.

Die Umbenennung dieser Kaserne, bestimmt auf den 8. Mai, ist ein historisch-symbolträchtiges Ereignis. Wir erinnern uns heute sowohl an die Opfer der deutschen Diktatur, die in aller Grausamkeit in den Tod getrieben wurden, als auch an den Einzelnen, der seiner eigenen Stimme, seiner eigenen Menschlichkeit gehorchend, einer kleinen Gruppe Juden Hilfe und Rettung geboten hat und für seinen Mut und Anstand sein Leben opfern mußte. Feldwebel Schmid, den wir heute ehren, war ein einfacher Soldat, und die Erinnerung an ihn bekräftigt unsere demokratische Gesinnung.

»Die Richtlinien zum Traditionsverständnis der Bundeswehr« aus dem Jahre 1982 erklärten: »In den Nationalsozialismus waren Streitkräfte teils schuldhaft verstrickt, teils wurden sie schuldlos mißbraucht. Ein Unrechtsregime wie das Dritte Reich kann Tradition nicht begründen.« Seit diesem Erlaß des Bundesministers für Verteidigung hat uns die Forschung gelehrt, daß die Verstrickung sehr viel tiefer ging, als man früher annahm und glauben wollte; die heutige Neubenennung der Kaserne beweist, daß für eine neue Generation die Trennung von Wehrmacht und Bundeswehr selbstverständlich geworden ist.

Ohne die notwendigen Unterlagen darf ich mir keine Beurteilung der Wehrmachtserfahrung von Generaloberst Rüdel erlauben; bis zu seiner selbst gesuchten Entlassung aus dem aktiven Wehrdienst im November 1942 war er die führende Figur in Sachen Flakartillerie, das heißt der Flugabwehr. Zur Verstrickung in den Unrechtsstaat kam es im August 1944 mit seiner Einwilligung in die Ernennung zum ehrenamtlichen Richter am »Volksgerichtshof«, jener Instanz, die man als Inbegriff der absoluten Pervertierung von Recht und Anstand bezeichnen muß; in seiner ganzen Brutalität war Roland Freisler der perfekte Vollstrecker nationalsozialistischen Unrechts. Es gab keine »ehrenvolle« Verbindung mit dem Henkertum, das war Verstrickung in abstoßender Art. Mit welcher Leichtigkeit das Wort Ehre damals besudelt wurde.

Am Anfang des Nationalsozialismus stand der Kampf gegen die sogenannten inneren Feinde, die 1933 zu Tausenden in Konzentrationslager verschleppt wurden. Man wollte sie damals nicht wahrnehmen, und sie sind noch jetzt ungenügend gewürdigt. Heute sind wir uns der späteren Grausamkeiten bewußt, sie waren in einem gewissen Sinne folgerichtig: Wir wissen um den entfesselten Sadismus gegenüber Millionen Juden, gegenüber polnischen Zivilisten und sowjetischen Gefangenen – Taten, in die Teile der Wehrmacht verstrickt waren. Aber wir sind uns auch bewußt, daß es einen deutschen Widerstand gab, einen Aufstand des Gewissens, der diese Greuel als Schande empfand. Es gab sehr verschiedene Kreise des Widerstands, sie alle hatten eines gemeinsam: eine humane Vaterlandsliebe, die ihnen die Kraft gab, den Versuch der Befreiung zu unternehmen.

Nach 1945 war der Widerstand bei vielen Deutschen verpönt, gerade auch ehemalige Wehrmachtsoffiziere standen ihm fremd oder feindlich gegenüber. Es war nicht leicht, die Anerkennung des moralischen Heroismus des Widerstands mit der Notwendigkeit einer neuen Armee zu verbinden. Es gelang, es wurde langsam zur Selbstverständlichkeit, und im Jahre 1994 brachte Klaus Naumann, Generalinspekteur der Bundeswehr, eine Ausstellung über den Widerstand, die in der Bendlerstraße aufgebaut worden war, in die Vereinigten Staaten. Ich hatte die Freude, ihm dabei behilflich sein zu können.

Für mich hat die Erinnerung an den 20. Juli eine sehr persönliche Bedeutung. Am 20. Juli 1954 konnte ich an den Gedenkfeiern in Berlin teilnehmen, und die Worte von Theodor Heuss wie auch die Gesichter von Witwen und Kindern im engen Hof des Bendlerblocks machten einen unmittelbaren, unvergeßlichen Eindruck auf mich. Später habe ich Überlebende wie Axel von dem Bussche kennengelernt; die Erinnerung an den Widerstand – trotz all seiner Widersprüche – hat mein Verhältnis Deutschland gegenüber entscheidend mitbestimmt. Ich bedaure die Tatsache, daß man mit dem Vermächtnis des Widerstands in der frühen Nachkriegszeit so uneinig, manchmal so schäbig umging.

Wir gedenken der Millionen Menschen, die ermordet wurden oder in Gefangenschaft und Zwangsarbeit einem langsamen Sterben überlassen wurden. Wir gedenken der Menschen, die dem Widerstand angehörten. Aber was wir heute erleben, ist Pflege eines vernachlässigten Erbes: Wir erinnern uns an Menschen, die nicht an Widerstand dachten, die nicht zu den Eliten gehörten, die sich nicht mit Gedanken eines staatsbefreienden Aufstands befassen konnten; an Männer und Frauen, die aus reiner Menschlichkeit den in den Tod gejagten Menschen in Europa aktiven Anstand bewiesen haben, die den Verfolgten eine Geste der Menschlichkeit zukommen lassen wollten, ein Stück Brot, einen Schluck Wasser, ein Zeichen der Verbundenheit. Und es gab einige, die sich trotz großer persönlicher Gefahr einsetzten, um die Bedrängten zu retten. So ein Mann war Feldwebel Anton Schmid.

Wir wissen wenig über ihn. Geboren in Wien im Jahr 1900, befand er sich seit 1939 in der deutschen Wehrmacht, erst im besetzten Polen, dann, nach dem Angriff auf Rußland, im litauischen Wilna. In der Stadt gab es eine große jüdische Gemeinde, berühmt als Zentrum jüdischer Lehre und kulturellen Schaffens. Bereits am 24. Juni 1941 erreichten deutsche Truppen Wilna. Innerhalb von Tagen ordnete die Militärverwaltung Maßnahmen gegen Juden an, in den ersten Wochen wurden Tausende Juden in Gruben in Ponary in der Nähe Wilnas von litauischen Hilfstruppen und deutschen Einsatztruppen ermordet. Später wurden zwei Gettos errichtet, aus denen Juden in berüchtigten Aktionen zur Ermordung verschleppt wurden oder in denen sie vorübergehend als Arbeiter für die Wehrmacht geschunden wurden.

In diesem Sommer befand sich Anton Schmid als Leiter der Versprengtensammelstelle der Wehrmacht in Wilna. In dieser Position kam er mit Juden in Kontakt, die ihm oder benachbarten Kommandos unterstellt waren. Nach Zeugnissen einiger Überlebender hat Schmid Juden falsche Papiere verschafft und ihnen den Transport in andere Städte ermöglicht, Städte, wo die Hoffnung auf Leben noch bestand, wo das Morden noch nicht begonnen hatte. So hat er 250 bis 300 Juden zumindest auf Zeit gerettet. Daß er es getan hat, ist bezeugt; wie er es getan hat, ist unklar und wird unterschiedlich berichtet. Wir wissen weiterhin, daß der österreichische Feldwebel Schmid im Januar 1942 verhaftet, vom Militärgericht zum Tode verurteilt und im April 1942 hingerichtet wurde.

Die wichtigsten Fakten über sein Leben verdanken wir der israelischen Gedenkstätte Yad Vashem, von der Knesset 1953 gegründet, die Anton Schmid 1967 als einen der Gerechten unter den Völkern ausgezeichnet hat. Wir wissen, daß die Kriterien für eine solche Ehrung ungemein streng sind, daß exakte Prüfung Vorbedingung ist.

Geschildert wird Feldwebel Schmid als ein einfacher Mann ohne besondere Bildung oder Bindung im politischen oder religiösen Bereich. Tage vor seiner Hinrichtung schrieb er an seine Frau: »[...] hier waren sehr viele Juden, die vom litauischen Militär zusammengetrieben und auf einer Wiese außerhalb der Stadt erschossen wurden – immer so 2-3000 Menschen. Die Kinder haben sie auf dem Weg gleich an die Bäume angeschlagen.« Juden, die bei ihm arbeiteten, baten ihn um Hilfe: »Da ließ ich mich überreden [...] ich konnte nicht denken und half ihnen – was schlecht war von Gerichts wegen. [...] Ich habe nur als Mensch gehandelt und wollte ja niemandem weh tun. [...] Ich habe ja nur Menschen, obwohl Juden, gerettet [...]«. Aus spontaner, schlichter Menschlichkeit hat er gehandelt – und das wurde ihm mit dem Tod vergolten. Sein Andenken wird heute dieser Kaserne anvertraut; wir dürfen dankbar sein, daß Anton Schmids Enkelin sich unter uns befindet.

Gerade auch unser begrenztes Wissen um Anton Schmid ist beispielhaft; es gab viele Menschen, die in ihrem kleinen Bereich Hilfeleistungen vollbracht haben – spontan, weil sie nicht anders konnten. Von einigen, wie zum Beispiel Berthold Beitz, wissen wir um ihren Einsatz; viele Menschen sind verschwunden, ihre Taten vergessen, meist mußten sie ja auch heimlich ausgeführt werden. Die meisten dieser Menschen ahnten, in welche Gefahr sie sich begaben: Die Wehrmacht hatte drakonische Strafen angedroht, viel schärfere als das frühere deutsche Heer oder als die Armeen anderer Länder der Zeit; die Militärjustiz vollstreckte etwa 15 000 Todesurteile während des Krieges.

Anton Schmids Grab in Wilna ist verschollen. Diese Kaserne ist jetzt und für immer der ehrenvolle Ort des Gedenkens und der Erinnerung. In einem weiteren Sinne kommt es mir aber auch vor, als stünden wir vor dem Grab des unbekannten Retters: Denn an Feldwebel Schmid soll auch stellvertretend für andere Menschen erinnert werden, die in der langen Nacht der befohlenen Grausamkeit ihre Menschlichkeit bewiesen; es soll an Soldaten und Zivilisten erinnert werden, die wie er einer ungerechten Kriegsmaschine einige Opfer entrissen – und ihren Einsatz mit dem eigenen Leben gebüßt haben.

In den schon erwähnten Traditionsrichtlinien heißt es: »Menschlichkeit hat nach unserem Grundgesetz einen hohen Rang [...] Es gibt auch in der Vergangenheit viele Beispiele menschlich vorbildlichen Verhaltens, die unseren Respekt verdienen.« An Anton Schmids »vorbildlichem Verhalten« besteht kein Zweifel, und die Umbenennung dieser Kaserne ehrt sein Andenken und bestätigt den sittlichen Anspruch der Bundeswehr.

In unserer Zeit gedenken wir der Opfer des Nationalsozialismus und sind stets von neuem erschüttert, wenn neue Forschung uns mehr Kenntnis von den Tätern übermittelt. Aber es ist auch Aufgabe der Forschung, sich mit dem Leben und Schicksal der Gerechten zu befassen; Erinnerung an sie ist zukunftsträchtig. Es gab derer nur wenige, es gab sicher auch Millionen in Europa, die sich nicht getraut haben, ihren Anstand in die Tat umzusetzen, und es gab die Mehrheit, die sich in Gleichgültigkeit vom Los der Opfer abwandte.

Die Menschen, die die Schreckenszeit überlebt haben, wie Primo Levi, legten in der Gewißheit Zeugnis ab, daß das, was einmal geschehen ist, auch wieder geschehen könnte, daß es menschliche Pflicht ist, das neue Übel zu verhindern oder zu bekämpfen. Der neue Name dieser Kaserne fordert Verantwortung für uns alle. Er ist Beweis demokratischer Gesinnung: Vorbildliche Menschlichkeit hat nichts mit Rang oder Klasse zu tun. Ich bin Bundesminister Scharping dankbar, daß ich an diesem historischen Akt teilnehmen darf.

Die wenigen, die gerettet wurden, verdanken ihr Leben Menschen wie Anton Schmid; die Millionen, die umgebracht wurden, hätten sich einen solchen Mann gewünscht. Wir Nachkömmlinge sind dankbar, daß wir unseren Kindern die Botschaft von gewagter Menschlichkeit in Zeiten der Unmenschlichkeit überliefern können.

Wir wissen aber auch, daß Erinnerung verblassen, daß Reformbereitschaft in Routine erstarren kann. Die Maxime vom »Bürger in Uniform« muß verpflichtend bleiben.

Im letzten Jahrzehnt sind die Streitkräfte der alliierten Demokratien mit neuen Aufgaben konfrontiert worden. Die Debatte um zukünftige Gestaltung des Militärs beschäftigt uns alle. Aber man darf nie vergessen, daß in der Geschichte Deutschlands die Bundeswehr einzigartig ist: Sie ist heute bestimmt, sich für Frieden und Menschenrechte einzusetzen. Sie ist weiterhin berufen, die deutsche Demokratie vor möglichen Feinden von außen zu schützen, aber der »Bürger in Uniform« sollte auch die Pflicht erkennen, die Demokratie im Innern zu verteidigen und sie durch bürgerlichen Einsatz im täglichen Umgang zu verwirklichen. Der Name Anton Schmid soll Mahnung und Ansporn sein, ein Maßstab menschlichen Verhaltens.

Feldwebel Anton Schmid – eine Kurzbiographie

Anton Schmid wurde am 9. Januar 1900 in Wien als Sohn eines Postbeamten geboren. In seiner Heimatstadt absolvierte er eine Lehre als Elektrotechniker, bevor er in der Endphase des Ersten Weltkrieges Soldat in der österreichischen Armee wurde. Mit seiner Frau eröffnete er dann 1928 in Wien ein Radiogeschäft. Einigen Berichten zufolge verhalf er bereits 1938 jüdischen Bekannten zur Flucht ins Ausland.

Zu Beginn des Zweiten Weltkrieges wurde er zur Wehrmacht eingezogen. Als älterer Jahrgang diente der organisatorisch begabte Unteroffizier in rückwärtigen Einheiten des Heeres, zunächst in Polen und dann in den eroberten Gebieten der Sowjetunion.

Seit Sommer 1941 war er Leiter der Versprengtensammelstelle am Bahnhof in Wilna, von wo er versprengte Soldaten zurück zu ihren Einheiten schickte. In dieser Funktion unterstanden ihm auch jüdische Zwangsarbeiter aus dem Wilnaer Ghetto.

Die Konfrontation mit den Verbrechen an den litauischen Juden und die persönlichen Bekanntschaften mit Juden aus dem Ghetto veranlaßten ihn, Hilfeleistungen und Rettungsaktionen für die jüdische Bevölkerung zu organisieren. Er erstellte gefälschte Papiere, transportierte bedrohte Personen aus dem Ghetto in sicherere Gebiete und unterstützte die Kommunikation der Ghettos untereinander. Auf diese Weise rettete er 250 bis 300 Menschen das Leben.

Als die Gestapo Anfang 1942 in Lida einige der aus Wilna herausgebrachten Juden aufgriff, flog Feldwebel Schmids Rettungstätigkeit auf. Er wurde verhaftet und am 25. Februar 1942 vor ein Kriegsgericht gestellt. Er bekannte sich ausdrücklich dazu, die Juden transportiert zu haben, um sie vor der Ermordung durch die Nationalsozialisten zu retten. Das Gericht sprach daraufhin ein Todesurteil aus, das am 13. April 1942 durch Erschießen vollstreckt wurde. Die Briefe, die er aus seiner Haft an seine Frau schrieb, lassen eine tiefe religiöse Motivation für sein Handeln erkennen. Als die Umstände seines Todes in Wien bekannt wurden, hatten seine Frau und seine Tochter unter Anfeindungen zu leiden.

Nach dem Krieg wahrten die geretteten Juden sein Andenken und machten es in verschiedenen Quellen publik. Auch Simon Wiesenthal griff den Fall in seinen Büchern auf. Im Jahr 1967 erfolgte posthum die Auszeichnung Schmids als »Gerechter der Völker« durch die israelische Gedenk- und Forschungsstätte Yad Vashem.

Daraufhin erfolgten Ehrungen auch in der Bundesrepublik Deutschland (ZDF-Dokumentarspiel, 1968) und Österreich (Benennung einer Wohnanlage in Wien, 1990). T.V.

Norbert Haase

Desertion und Kriegsdienstverweigerung als Formen des Widerstandes gegen das NS-Regime

Selten ist in der deutschen Öffentlichkeit in den vergangenen Jahrzehnten ein Thema so umstritten gewesen wie die Geschichte jener Deutschen, die während des Zweiten Weltkrieges als Wehrpflichtige oder Soldaten den Kriegsdienst verweigerten oder sich in vielfältiger Form ihren militärischen Dienstpflichten und dem Prinzip von Befehl und Gehorsam widersetzten. Wissenschaftliche Begriffsbildungen und Abstraktionen wurden dabei sehr stark durch die politische Diskussion seit Ende der siebziger Jahre geprägt. Im Zuge der westdeutschen Friedensbewegung wurde vor allem auf lokaler Ebene eine Debatte über die Stellung derjenigen Soldaten in der deutschen Erinnerungskultur angestoßen, die sich in einer Form passiven Widerstandes dem Kriegseinsatz entzogen hatten. Widerständiges Verhalten von Wehrmachtsoldaten, bis dahin durch die Geschichtswissenschaft weitgehend vernachlässigt, wurde so zum Gegenstand der Widerstandsforschung[1].

Die Geschichte der »ungehorsamen« und widerständigen Soldaten des Zweiten Weltkrieges wurde in zahlreichen deutschen Städten von Initiativen zu ihrer öffentlichen Ehrung und zur Durchsetzung von Denkmalen und Gedenktafeln für Deserteure aufgegriffen, die – stets von kontroversen öffentlichen Debatten begleitet – ihrerseits lokal- und regionalgeschichtliche Forschungen nach sich zogen[2]. Die erweiterte Perspektive wissenschaftlicher Forschung auf Dissens, Verweigerung und Widerstand in der Wehrmacht und die Befassung mit Militärjustiz und Wehrmacht als Teil des NS-Unrechtsstaates hat einen nachhaltigen Meinungswandel verursacht. Ihm verdanken die überlebenden Opfer der NS-Militärjustiz, die sich seit Mitte der 80er Jahre verstärkt öffentlich zu Wort meldeten, ihre Rehabilitierung durch den Deutschen Bundestag in den Jahren 1997 und 1998 und einen Wandel der deutschen Rechtsprechung in den neunziger Jahren. Zugleich wurde die Wahrnehmung in der Öffentlichkeit – entsprechend der Frontstellungen zwischen nationalkonservativen Politikern und Soldatenverbänden sowie pazifistischen bzw. antimilitaristischen Bürgerinitiativen – zwischen »Vaterlandsverrätern oder Widerständlern«[3], »Feiglingen« und »Hoffnungsträgern«[4] polarisiert.

Der Versuch, vor diesem rezeptionsgeschichtlichen Hintergrund die Geschichte von Desertion und Kriegsdienstverweigerung als Formen des Wider-

standes gegen den Nationalsozialismus darzustellen, sieht sich mit dem Problem
konfrontiert, daß trotz zahlreicher Einzelstudien bis heute keine umfassende
Darstellung dieses Problems für die NS-Zeit vorliegt. Noch ist wenig bekannt
über die jeweilige militärische Gesamtsituation und die Truppenteile, in denen
Verweigerung und Widerstand sich ereigneten. Hinzu kommt, daß eine uner-
schöpfliche Vielgestaltigkeit von Ausgangslagen, Motivationen und Verlaufsformen eine Typologie der Desertion wie des widerständigen Verhaltens von
Soldaten schlechthin erschwert; daß jüngste militärhistorische Untersuchungen
das Thema in seiner Komplexität strukturgeschichtlich zu erfassen und sich von
einer normativ verengten widerstandsgeschichtlichen Fokussierung zu verabschieden suchen[5]. Die zumeist außeruniversitäre historische Forschung hat erst
in den vergangenen fünfzehn Jahren damit begonnen, dieses Themenfeld zu
bearbeiten[6].

Wegen des inkohärenten Bildes sollen nachfolgend anhand exemplarischer
Biographien Handlungskontexte sichtbar gemacht werden, in die der einzelne
als Soldat oder Wehrpflichtiger unter den Bedingungen einer totalitären Diktatur im Krieg geraten konnte. Diese Überlegungen beruhen auf der Grundan-
nahme, daß ein Soldat unter dem Zwang illegitimer Gewaltausübung durch das
diktatorische System, in dessen Dienst er gestellt wurde, das Recht beanspruchen durfte, sich diesem Zwang zu entziehen.

Während die Kriegsdienstverweigerung vorbehaltlos in einen widerstandsgeschichtlichen Kontext gestellt werden kann, da ihr doch in aller Regel eine gegen den umfassenden Herrschaftsanspruch des Regimes gerichteter demonstra-
tiver Akt der Regimegegnerschaft innewohnte, ist das Spektrum von Ausgangslagen, Motiven und Verlaufsformen der Desertion derart beschaffen, daß sich
diese Verhaltensweisen nicht pauschal dem Widerstand zuordnen lassen. Es ist
ja keinesfalls ein Spezifikum der Streitkräfte einer Diktatur, daß der einzelne in
die Situation geraten kann, sich dem kollektiven Zwang von Gewaltanwendung
zu entziehen. Das Problem der bis in die jüngste Gegenwart emotional geführten Debatte ist, daß nationalkonservative Apologeten der Wehrmachtjustiz in
Fahnenflüchtigen pauschal »Verräter« und »Drückeberger« sehen wollten, während die Initiativen zur Ehrung dieser Opfergruppe Gefahr liefen, »den Deserteur« idealtypisch pauschal zu idealisieren, ging es mit der öffentlichen Thematisierung doch auch um einen Gegentopos zur traditionellen Militärkultur. Eine
nüchterne Befassung mit dem Thema in historischer Sicht kann nur zu dem
Ergebnis führen, daß man jeglichen Verdikts gegen die Deserteure der Wehrmacht entsagt und zugleich den durch die wissenschaftliche Forschung freige-
legten Blick auf ein äußerst differenziertes Erscheinungsbild soldatischer Verweigerung nicht trüben läßt.

Hinzu kommt, daß wegen einer Konzentration der einschlägigen Forschung
auf bruchstückhaft überlieferte Aktenbestände der Kriegsgerichte in der bisherigen Forschung vorwiegend diejenigen Deserteure in den Blickwinkel gerieten,
derer die Verfolgungsbehörden habhaft wurden. Auch bei der Simulation von

Krankheiten und der Selbstverstümmelung, d.h. der Zufügung von Selbstverlet-
zungen mit dem Ziel, sich für den Militärdienst dienstuntauglich zu machen,
handelte es sich um Formen der Verweigerung, die in den folgenden Überlegungen indes ebensowenig eine Berücksichtigung erfahren wie die Befehls- und
Gehorsamsverweigerung[7].

In den Handlungskontexten derjenigen Soldaten bzw. Wehrpflichtigen, die
aus politischer Gegnerschaft gegen das NS-Regime den Kriegsdienst verweigerten oder sich ihm dauerhaft entzogen, treten insbesondere die politisch-
moralischen Gesichtspunkte in den Vordergrund, vor denen der einzelne in der
Armee eines Unrechtsregimes, in einem völkerrechtswidrigen Krieg zumal,
steht. Eine rein intentionale Perspektive auf den Widerstand allein kann indes
die Wirkungsgeschichte soldatischen Ungehorsams nicht erfassen. An dieser
Stelle sei deshalb darauf verwiesen, daß das Problem der »Fahnenflucht« über
einen weiter reichenden militärgeschichtlichen Kontext verfügt, als er durch die
Befassung mit Widerstandsbiographien in engerem Sinne deutlich wird.

I. Rezeptionsgeschichte vor 1989

Die deutsche Nachkriegsgesellschaft hat sich mit der Anerkennung der Legitimität von Desertion und Kriegsdienstverweigerung im »Dritten Reich« sehr
schwer getan[8]. Zwar gab es vereinzelte Stimmen, die eine solche Handlung
anerkannt wissen wollten[9], doch galt die militärgerichtliche Verfolgung in der
Bundesrepublik jahrzehntelang als rechtens. Demgegenüber war die Rezeption
in der DDR dadurch geprägt, daß die Opfer der Wehrmachtjustiz durch das
Raster des »Antifaschismus«-Konzepts fielen, sofern sie sich nicht ideologisch
auf die Seite des Kommunismus gestellt hatten.

Die buchstäblich »unbewältigte Vergangenheit« hinterließ Spuren im Rechtssystem der Bundesrepublik. Die Mehrheitsgesellschaft der Gehorsamen wollte
nach 1945 an die historisch-politischen Umstände des Zweiten Weltkrieges
nicht erinnert werden, kultivierte die Legende von der »sauberen Wehrmacht«
und der »Rechtmäßigkeit der Wehrmachtjustiz«. Manche der Auffassungen, die
handlungsleitend für die Verfolgung der »Fahnenflüchtigen« in der NS-Zeit
gewesen waren, wirkten bis weit in die Nachkriegszeit nach.

Geprägt durch die Apologetik führender ehemaliger Militärrichter im
Rechtssystem der ersten drei Jahrzehnte der Bundesrepublik standen die Deserteure im Abseits. Der Unrechtscharakter ihrer Verfolgung mußte erst wissenschaftlich nachgewiesen werden, die »Zerstörung einer Legende« vollzog sich
erst in den achtziger Jahren.

Um die Auffassung der Nachkriegszeit zu vermitteln, sei hier beispielhaft
auf die Spruchpraxis des Bundesgerichtshofes (BGH) in Wiedergutmachungs-
angelegenheiten Ende der fünfziger, Anfang der sechziger Jahre hingewiesen,
welcher die Auffassung vertrat, daß die Verurteilung, hier: von Kriegsdienst-

verweigerern durch das Reichskriegsgericht, rechtens gewesen sei und in ihrer
Verweigerung keine Widerstandshaltung erkennbar sei, da sie keinen ernsthaften sinnvollen Versuch darstellten, den bestehenden Unrechtszustand zu beseitigen und in bezug auf dessen Übel eine allgemeine Wende zum Besseren herbeizuführen[10]. 1964 kam der BGH dann in einem ähnlich gelagerten Verfahren,
in dem er auch die Kriegssonderstrafrechtsverordnung (KSSVO) explizit nicht
als »Ausfluß einer rechtsstaatswidrigen Ordnung« definierte, zu folgendem
Schluß: »Es gibt sicherlich keinen Staat, der jedem Bürger das Recht zuspricht,
zu entscheiden, ob der Krieg ein gerechter oder ein ungerechter ist und demgemäß seiner staatsbürgerlichen Pflicht, Wehrdienst zu leisten, zu genügen oder
ihre Erfüllung zu verweigern. Würde der Staat jedem Bürger dieses Recht zubil-
ligen, so würde er sich selbst damit aufgeben. Denn die Frage, ob der Krieg ein
gerechter oder ein ungerechter ist, kann dem einzelnen Bürger nicht zur Entscheidung überlassen werden. Sie kann vielleicht nicht einmal von der zeitgenössischen historischen Wissenschaft immer mit Sicherheit beantwortet werden. Das Urteil wird sehr oft erst von der Geschichte gesprochen, und es ist
keineswegs davon abhängig, ob der Krieg Erfolg gehabt hat oder nicht. Diese
Erwägungen zeigen, daß eine Kriegsdienstverweigerung nicht durch ein allen
Staaten gegenüber geltendes Widerstandsrecht gedeckt sein kann. Denn dieses
Recht kann nicht soweit gehen, Handlungen zu rechtfertigen, die eine ernste
Gefahr für jeden Staat bedeuten[11].«

Der Widerstandsbegriff beschränkte sich nach diesen Auffassungen auf die
militärischen Eliten und delegitimierte Widerstandshandlungen des einfachen
Soldaten. Die NS-Richter wurden umfassend exkulpiert, selbst die Unrechts-
normen nachträglich durch die Justiz als rechtsstaatlich definiert. Bis in die
frühen neunziger Jahre wirkte diese Perspektive bis hinein in die Politik der
Bundesregierung fort[12].

II. Kriegsdienstverweigerung

Anders als in der gegenwärtigen Situation in der Bundesrepublik mit dem verfassungsrechtlich verbrieften Recht, den Dienst an der Waffe zu verweigern,
wovon Jahr für Jahr Zehntausende Wehrpflichtige Gebrauch machen, stellte die
Verweigerung des Kriegsdienstes im »Dritten Reich« eine absolute Ausnah-
meerscheinung dar. Die Verweigerung des Wehrdienstes hatte es auch in den
Streitkräften der westlichen Demokratien gegeben, ohne daß gegen die Verweigerer Todesurteile verhängt worden wären. Wer während des Zweiten Weltkrieges in Deutschland offen den Waffendienst verweigerte, befand sich in einer
einsamen Entscheidungssituation, rechtlos gegenüber staatlichen Verfolgungsinstanzen, ohne Sympathien in der Bevölkerung, und er war einer ständigen
Todesdrohung ausgesetzt[13]. Die durch ihren Bekenntnischarakter geprägte

Handlung war demzufolge auch mit der Bereitschaft verbunden, in letzter Konsequenz für die eigene Glaubenshaltung ein Martyrium zu erleiden[14].

Mit Erlaß des Wehrgesetzes vom 21. Mai 1935 wurde im Deutschen Reich die »Wehrpflicht« für Männer zwischen dem vollendeten 18. und dem 45. Lebensjahr wieder eingeführt. Der Wehrdienst galt im »Dritten Reich« als »Ehrendienst am deutschen Volke«; für Sonderregelungen zugunsten von Verweigerern aus Gewissensgründen war im nationalsozialistischen Denken kein Platz. Der pseudoreligiös überhöhte Fahneneid schuf für religiös motivierte Verweigerer eine zusätzliche Nötigung, indem er die Eidesleistung auf den »Führer« mit der Anrufung Gottes und der bedingungslosen Hingabe zur Erfüllung der militärischen Dienstpflichten verband[15].

Hatte die Ablehnung der Wehrdienstleistung in den 30er Jahren im Vergleich zur Kriegszeit noch gelinde Strafbestimmungen und geringere Strafmaße zur Folge gehabt, änderte sich mit Inkrafttreten der »Kriegssonderstrafrechtsverordnung« (KSSVO) zu Beginn des Zweiten Weltkrieges die Situation fundamental. Nach § 5 Abs. 1 Ziff. 3 KSSVO war wegen »Zersetzung der Wehrkraft« mit dem Tode zu bestrafen, »wer es unternimmt, sich oder einen anderen durch Selbstverstümmelung, durch ein auf Täuschung berechnetes Mittel oder auf andere Weise der Erfüllung des Wehrdienstes ganz, teilweise oder zeitweise zu entziehen[16].« Diese Strafnorm war nach damaligem Verständnis anwendbar auf jede »Dienstverweigerung aus religiösen oder Gewissensgründen«[17], galt doch die KSSVO schlechthin als »militärische Mobilmachungsmaßnahme auf dem Gebiet der Kriegsstrafrechtspflege«[18]. Das für die überwiegende Zeit des Kriegsverlaufs bei Kriegsdienstverweigerung allein zuständige Reichskriegsgericht (RKG) als oberster Wehrmachtgerichtshof mit Sitz in Berlin (ab August 1943 in Torgau) machte in seiner Spruchpraxis – sofern nicht ein Widerruf der Verweigerung zu einem milderen Urteil führen konnte – rigoros von diesem Strafinstrument gegen Kriegsdienstverweigerer Gebrauch[19]. Besonders waren davon die Angehörigen der 1935 von den Nationalsozialisten verbotenen »Internationalen Bibelforscher-Vereinigung« betroffen, die sich lange vor dem Krieg der Mitgliedschaft in jeglichen Zwangskörperschaften des NS-Staates, aber auch seiner Gruß- und Eidesrituale verweigert hatten und deshalb tausendfach von Sondergerichten zu langen Haftstrafen verurteilt oder in Konzentrationslager eingewiesen worden waren[20].

Der Präsident des Reichskriegsgerichts, Admiral Max Bastian, berichtete im Mai 1940 dem Oberkommando der Wehrmacht (OKW) über die »Zeugen Jehovas«: »Die zu Kriegsbeginn aufgetretene Massendienstverweigerung der Bibelforscher ist abgeklungen. Es waren meist ältere Leute. Der Jugend liegt diese Bewegung ferner. [...] Wiederholt ist die Frage nach einer Veröffentlichung der Todesurteile über Bibelforscher aufgeworfen worden. Ich vertrete nach wie vor den ablehnenden Standpunkt, da eine solche Veröffentlichung vom feindlichen Ausland nur zu einer gegen Deutschland gerichteten Propaganda ausgenutzt würde, die Bibelforscher aber durch diese Veröffentlichung nicht abgeschreckt, sondern in ihrem Fanatismus als Märtyrer gestärkt würden[21].« Die hohe Zahl von 63 Todesurteilen gegen diese Gruppe in den ersten neun Monaten des Krieges wurde, im Einklang mit der Auffassung Hitlers[22], mit Verweis auf die »Kriegsnotwendigkeiten« gerechtfertigt. RKG-Präsident Bastian setzte auch späterhin auf militärische Zwecklogik, da er nach Möglichkeiten suchte, »der Wehrmacht in ernstester Kriegszeit noch einen *brauchbaren* Kämpfer zuzuführen bzw. zu erhalten[23].«

Die Militärjustiz fürchtete, geradezu panisch vor einem neuen »November 1918«, trotz der relativ geringen Zahl der Männer, die dem Einberufungsbefehl von vornherein demonstrativ nicht Folge leisteten, daß von ihnen eine »Werbekraft« für andere ausgehen könne. Kriegsdienstverweigerer wurden aus ideologischen Gründen unerbittlich verfolgt.

Die Richter des RKG schickten die Bibelforscher und andere Kriegsdienstverweigerer unter Berufung auf »höhere Staatsnotwendigkeit« und das in der KSSVO kodifizierte »Recht« – wenngleich offenbar manchen Militärjuristen diese drakonische Entscheidungspraxis zu weit ging – regelmäßig mittels gerichtlicher Verfahren in den Tod. Nach den im Militärarchiv in Prag überlieferten Aktenverzeichnissen und Urteilsabschriften sind mindestens 196 Todesurteile des RKG gegen Kriegsdienstverweigerer ergangen. Angesichts der lückenhaften Quellenlage ist von mehr als 250 Hingerichteten – in der überwiegenden Mehrzahl Zeugen Jehovas – auszugehen.

So wurden im Verlauf des Krieges mehrere Väter und Söhne im »wehrfähigen« Alter aus Zeugen-Jehovas-Familien Opfer der Spruchtätigkeit des RKG. Die knapp gefaßten Urteile der Militärjustiz, selten einmal persönliche Zeugnisse, lassen regelmäßig eine starke Motivation aus dem christlichen Glauben, zugleich aber auch eine hermetische Bindung an die quasi totalitären Gehorsamsforderungen ihrer religiösen Weltanschauung erkennen. Für die »Zeugen«, deren Anhänger aus dem ländlichen proletarischen Milieu und dem Kleinbürgertum kamen, war jede Teilnahme am Militärdienst ausgeschlossen, da es ihre Treue zu dem einen Herrn, dem allein Christen zu dienen hätten, und die Pflicht, sich weltlichen Dingen gegenüber neutral zu verhalten, verbot. Ihre Glaubensüberzeugung leitete sich aus dem Gebot der Gewaltlosigkeit und dem Gebot nicht zu töten ab; mit einem weltlich orientierten Pazifismus hatte sie indes nichts zu tun[24].

Gewiß war die individuelle Kriegsdienstverweigerung kein Ausdruck organisierten Gegenhandelns, das einer gegen den Nationalsozialismus gerichteten politischen Strategie entsprang, mit der man auch andere von der Notwendigkeit dieser Handlungsweise zu überzeugen trachtete. Gleichwohl war diese bewußte und radikale Handlungsweise ein Akt individueller Selbstbehauptung gegen die Verfügungsgewalt und den Herrschaftsanspruch des totalen Staates.

Daß diese beinahe aussichtslose Tat nicht ausschließlich durch schlichte Gedankenkonstrukte einer prinzipientreuen Frömmigkeit, sondern auch durch ethisch und politisch begründete Gewissensentscheidungen geprägt sein konnte, belegen die Biographien der vereinzelten Kriegsdienstverweigerer protestantischen und katholischen Bekenntnisses.

Kriegsdienstverweigerer aus evangelischem Glauben gab es nur in sehr geringer Zahl. Um so beeindruckender sind die überlieferten politisch-moralischen und gleichsam theologisch fundierten Beweggründe des Staatswissenschaftlers und Pazifisten Hermann Stöhr (1898–1940) sowie des Kirchenjuristen Martin Gauger (1905–1941), die offenlegen, wie diese Zeitgenossen Hitlers Kriegspolitik kritisch reflektierten und sich auf ihre Weise dem Regime entschieden verweigerten. Selbst RKG-Präsident Bastian hatte Stöhr, der bereits 1934 durch die Forderung, Verfolgte in die Fürbitten seiner Kirche mit einzubeziehen, den Ruf eines Sonderlings auf sich gezogen hatte, in seinem Bericht an das OKW besonders hervorgehoben. Stöhr war in den zwanziger Jahren durch Friedrich Sigmund-Schultze in die »Soziale Arbeitsgemeinschaft Berlin-Ost« eingeführt worden und bereits hier für ökumenische und pazifistische Ideale eingetreten. Ein Brief an das Wehrbezirkskommando Stettin vom 2. März 1939 überliefert sein kompromißloses Bekenntnis zur Kriegsgegnerschaft: »Den Dienst mit der Waffe muß ich aus Gewissensgründen ablehnen. Mir wie meinem Volke sagt Christus: ›Wer das Schwert nimmt, soll durchs Schwert umkommen.‹ (Matth. 26,52) So halte ich die Waffenrüstungen meines Volkes nicht für einen Schutz, sondern für eine Gefahr. [...] Positives Christentum weist m.W. den Völkern höhere Ziele, als sich in Kriegsrüstungen gegenseitig zu übertreffen und einen immer größeren Prozentsatz der nationalen Energien hierfür einzusetzen. Das KdF-Schiff ›Wilhelm Gustloff‹ rettet auf seiner Probefahrt schiffbrüchige Engländer. Deutsche Flugzeuge bringen Februar 1939 dem Erdbebengebiet in Chile Hilfe. Zu derartigen Taten nationaler Hilfsbereitschaft hat Gott unser hochbegabtes Volk berufen. Sie sollten nicht nur gelegentlich erfolgen und in Fällen ganz krasser Not, sondern unserem nationalen Wollen sein Hauptgepräge geben – bis hin zur praktischen Betätigung von Feindesliebe. Angesichts solcher Gottesgebote zu helfen und zu dienen erscheint mir der Dienst mit der Waffe überflüssig und schädlich[25].« Hermann Stöhr wurde am 16. März 1940 wegen »Zersetzung der Wehrkraft« vom RKG zum Tode und zum Verlust der bürgerlichen Ehrenrechte verurteilt und am 21. Juni 1940 in Berlin-Plötzensee ermordet. Seit 1998 – nach der Aufhebung des Todesurteils durch das Landgericht Berlin im Dezember 1997 – trägt ein zentraler Platz in Berlins Mitte seinen Namen.

Sein Zeugnis blieb nicht ohne Einfluß auf den mit ihm befreundeten Wuppertaler Kirchenjuristen Martin Gauger, der bereits 1934 aus Gewissensgründen den Beamteneid auf Hitler verweigert hatte und nach seinem zwangsweisen Ausscheiden aus dem Staatsdienst seit 1935 als Justitiar der Bekennenden Kirche in Berlin wirkte. Der Einberufung zur Wehrmacht entzog sich Gauger im April 1940 durch die dramatische Flucht in die benachbarten Niederlande. Nach deren Besetzung durch die deutsche Wehrmacht versuchte er in die Schweiz zu entkommen, wurde aber von deutschen Soldaten angeschossen. Er wurde in das Konzentrationslager Buchenwald verschleppt, von wo aus man ihn im Rahmen der »Sonderaktion 14 f 13« am 13. Juni 1941 mit einem Invalidentransport in die »Euthanasie«-Tötungsanstalt Pirna-Sonnenstein verbrachte und in einer Gaskammer ermordete.

In einem am 19. Mai 1940 im Lazarett Bedburg-Hau (Rheinland) handschriftlich niedergelegten Lebenslauf hinterließ Gauger so etwas wie ein politisches Testament: »Nach meiner Meinung kann ein Krieg nur als Verteidigungskrieg gerechtfertigt werden, also in echter Notwehr. Notwehr ist diejenige Verteidigung, die erforderlich ist, um einen gegenwärtigen rechtswidrigen Angriff von sich oder einem anderen abzuwenden. Soweit ich nach den mir zugänglichen Erkenntnisquellen, die ich eifrigst auszuschöpfen trachtete, die Vorgeschichte dieses Krieges beurteilen zu können meinte, schien es sich mir nicht um Notwehr in dem genannten Sinne zu handeln; [...].

Da ich somit den Krieg nicht als Verteidigungskrieg ansah, so machte mir eine Teilnahme daran Bedenken, denn insoweit ist m.E. von jedem, der ein klares und durch Tatsachen gestütztes Urteil über diese wichtigen Fragen zu haben meint und zu bekommen wünscht, eine eigene Entscheidung gefordert. Diese Entscheidung konnte mir also niemand abnehmen [...][26].«

Nicht in der kollektiven Verantwortung einer Glaubensgemeinschaft aufgehoben zu sein wie es bei den Zeugen Jehovas oder auch bei den Siebenten-Tages-Adventisten der Fall war, sondern vielmehr gegen den entschiedenen Willen der Kirchenleitungen, ohne jeglichen Beistand auf sich allein gestellt zu sein – dieses Schicksal teilten die vereinzelten Katholiken unter den Verweigerern mit ihren protestantischen Schicksalsgenossen.

Eine in der internationalen Rezeption einzigartige Wahrnehmung hat wohl das Martyrium des einfachen österreichischen Bauern Franz Jägerstätter erfahren, über dessen Schicksal zahlreiche Veröffentlichungen und Filmbeiträge vorliegen[27]. Jägerstätter, der vielfach als das bekannteste österreichische Opfer des Nationalsozialismus gilt, stand dessen Herrschaft nach dem »Anschluß« Österreichs von Anbeginn ablehnend gegenüber. Seine Gegnerschaft verstärkte sich vor allem wegen der Kirchenpolitik und der Krankenmorde im »Dritten Reich«. Aus seiner persönlichen Glaubensüberzeugung und von einer schlichten Volksfrömmigkeit geprägt, hielt er, auch gegen den Rat seiner kirchlichen Oberen, an seinem Entschluß fest, da der Nationalsozialismus für ihn des Teufels war und er den Krieg für ungerecht hielt: »Zu was hat denn Gott alle Menschen mit einem Verstande und freien Willen ausgestattet, wenn es uns, wie so manche sagen, gar nicht einmal zusteht, zu entscheiden, ob dieser Krieg, den Deutschland führt, gerecht oder ungerecht ist? Zu was braucht man dann noch eine Erkenntnis zwischen dem, was Gut oder Böse ist[28]?« Der Vater dreier Kinder wurde am 14. Juli 1943 in Berlin vom RKG wegen »Zersetzung der Wehrkraft« zum Tode verurteilt und am 9. August 1943 im Zuchthaus Brandenburg-Görden enthauptet. Dieses Urteil erfuhr im Mai 1997 auf Antrag der Familie eine förmliche Aufhebung durch das Landgericht Berlin. Amerikanische

Bischöfe haben beim Vatikan ein Seligsprechungsverfahren für Franz Jägerstätter eingeleitet.

Von der Amtskirche und der Öffentlichkeit dagegen weitgehend unbeachtet und über Jahrzehnte in seiner oberpfälzer Heimat eher geschmäht blieb das Zeugnis des katholischen Kriegsdienstverweigerers Alfred Andreas Heiß (1904–1940). Der Bauernsohn mit kaufmännischer Ausbildung ging 1930 arbeitslos nach Berlin. Als vormaliges Mitglied der Zentrumspartei knüpfte er nach 1933 enge Beziehungen zur katholischen Opposition. Wegen seiner politischen und religiösen Haltung wurde er 1935 mehrere Wochen lang im Berliner KZ Columbia-Haus gefangen gehalten. Heiß, der nach seiner Freilassung beim Bischöflichen Ordinariat in Berlin arbeitete, setzte sich vehement für die religiöse Selbstbehauptung der Katholiken gegenüber dem NS-Regime ein und war für die Durchsetzung eigener Überzeugungen auch zu persönlichen Opfern bereit. Für ihn war der christliche Glaube die Basis der Völkerversöhnung und wirtschaftlichen Besserung. Sein Credo: »Gesinnungstreue heißt auch Opfer bringen.« Daran hielt er sich auch, als er am 14. Juni 1940 zur Wehrmacht einberufen wurde. In der späteren Anklageverfügung des RKG vom 3. August 1940 spiegelt sich seine Glaubenshaltung: »Am 17.6.1940 wurde der Deutsche Gruß geübt. Der Beschuldigte meldete seinem Exerzier-Gefreiten, daß er den Deutschen Gruß nicht leisten könne, da dies seiner Weltanschauung zuwiderlaufe. Am nächsten Tag weigerte der Beschuldigte sich, das mit dem Hoheitszeichen versehene Sporthemd anzuziehen. Am 19.6.1940 endlich meldete der Beschuldigte seinem Kompanieführer, daß er die mit dem Hakenkreuz versehene Uniform nicht mehr tragen könne.

Bei seiner richterlichen Vernehmung am 27.7.1940 hat der Beschuldigte erklärt, daß er auch jetzt nicht in der Lage sei, den Deutschen Gruß zu erweisen und Uniformstücke anzulegen, die mit dem Hoheitszeichen versehen sind. Da der Nationalsozialismus antichristlich eingestellt sei, müsse er es ablehnen, für den nationalsozialistischen Staat Dienst als Soldat zu tun. Bei dieser Weigerung ist er trotz Hinweises auf die vom Gesetz angedrohte Strafe geblieben[29].«

Am 20. August 1940 verurteilt das RKG in Berlin Heiß wegen »Zersetzung der Wehrkraft« zum Tode. Alfred Andreas Heiß stirbt am 24. September 1940 im Zuchthaus Brandenburg-Görden unter dem Fallbeil.

Es kann kaum verwundern, daß es nur in seltenen Einzelfällen zu offenen Kriegsdienstverweigerungen kam, bedenkt man die Konsequenzen, die sich für den Einzelnen daraus ergaben. Die Befassung mit unterschiedlichen Biographien zeigt indes, das es neben einer streng religiösen, kompromißlosen Glaubenshaltung auch relative Kriegsdienstverweigerungen gab, die sich – auf der Grundlage einer christlichen Ethik – bewußt gegen das bestehende politische System und seine Kriegspolitik richteten. Pazifistisches und antimilitaristisches Gedankengut und derlei Traditionen kamen darin jedoch kaum zum Ausdruck. Für eine Eindämmung derartiger Haltungen hatten die Nationalsozialisten durch die systematische Verfolgung politischer Gegner mit der Folge des vielfa-

chen Exils von Pazifisten und durch die Filtrierung solcher Männer in »Sonder-
abteilungen« der Wehrmacht frühzeitig gesorgt[30].

III. Desertion als Form des Widerstandes

Betrachtet man die Ausgangslagen, Motivationen und Anlässe, die Soldaten
dazu bewogen, sich dauerhaft dem Dienst in der Wehrmacht zu entziehen, so
ergibt sich ein außerordentlich inkohärentes Bild, das von der Forschung, vorwiegend wegen der schwierigen Quellenlage, bislang weder qualitativ noch
quantitativ durchdrungen wurde[31]. Dabei wird auch deutlich, daß sich widerständiges Verhalten von Soldaten nicht allein auf »Fahnenflucht«-Delikte reduzieren läßt, daß zugleich nicht jede »unerlaubte Entfernung« von der Truppe
einen Widerstandszusammenhang aufweist. Zwar läßt sich gewiß sagen, daß
hinsichtlich der Strafandrohung und -zumessung der Deserteur zu den Feinden
des NS-Staates schlechthin gehörte, wegen der massenhaften Erscheinungen
von Verweigerung und Disziplinlosigkeit im Zuge der zusammenbrechenden
Fronten das System objektiv auch geschwächt wurde, doch ergibt sich nach
dem heutigen Wissen über Motivationen – über die Gräben der ideologischen
Auseinandersetzung hinweg – das Bild, daß die bewußte humanistisch-ethisch
motivierte »Fahnenflucht« in der Vielzahl der Wehrddienstentzugsdelikte eher
die Ausnahme darstellte.

Die Kriegsgerichte der Wehrmachtjustiz verhängten wegen »Fahnenflucht«
– nach § 69 Militärstrafgesetzbuch das eigenmächtige Verlassen der Truppe mit
der Absicht einer dauernden Entziehung – mindestens 35 000 Urteile. Davon
waren etwa 65 Prozent, also 22 750 Todesurteile. Mindestens 15 000 Wehrmachtsoldaten wurden als Deserteure hingerichtet[32]. Tatsächlich ist in der deutschen Militär- und Justizgeschichte die Bilanz der Todesurteile allein Indiz genug für die Beispiellosigkeit der Spruchpraxis der Kriegsgerichte. Ein Vergleich
zu den etwa 150 Todesurteilen im Ersten Weltkrieg oder auch zur Praxis der
Westalliierten[33] belegt den Dimensionssprung, der wohl wesentlich mit den
ideologischen und politischen Rahmenbedingungen des NS-Staates im Krieg
zusammenhängt. In welchem Maße die von Omer Bartov konstatierte »mörde-
rische Disziplin«[34] auf die Brutalisierung der Soldaten im Osten eingewirkt hat,
ist heute ebenso offensichtlich wie die an dieser Repressionspraxis ablesbare
»fortschreitende Durchdringung der Wehrmacht mit totalitärem nationalsozialistischen Geist«[35]. Das Recht wurde während des Zweiten Weltkrieges von den
nationalsozialistischen Machthabern systematisch zur Durchsetzung politischer
Machtinteressen, d.h. auch zur Erzeugung eines militärischen Einordnungs-
drucks und der Formierung einer »völkischen Wehrgemeinschaft« mißbraucht.

Die extensive Strafzumessungspraxis galt nach dem Selbstverständnis der
Kriegsrichter als »Reinigungsarbeit« an den als »Psychopathen«, »Asozialen« und
»Wehrmachtschädlingen« qualifizierten Deserteuren. Durch eine exzessive An-

wendung der Todesstrafe sollten diese beseitigt werden. Was Erschießungspelotons der Truppe oder die Richtstätten der Reichsjustizverwaltung nicht erledigten, blieb dem Strafsystem aus Bewährungseinheiten und Straflagern mit vielfach menschenunwürdigen, geradezu mörderischen Vollzugsformen vorbehalten. Jegliche Abweichungen von der Norm einer kampfbereiten, formierten »Wehrgemeinschaft« wurden hart sanktioniert. Die nationalsozialistische Führung erblickte in Wehrdienstentziehungsdelikten elementare Verstöße gegen die »Treuepflicht« gegenüber dem »Führer«, Vergehen gegen die Gehorsamspflicht, die sich aus dem Fahneneid herleitete. Insofern war »Fahnenflucht« ein zutiefst politisches Delikt. Doch längst nicht alle Deserteure wurden auch gefaßt und verurteilt. Und aus den Akten der Verfolgungsbehörden lassen sich nur selten ihre tatsächlichen Beweggründe ermitteln.

Ob Soldaten an der Front desertierten, zu gegnerischen Truppen oder Partisanen in den besetzten Gebieten überliefen und sich an deren Kampf beteiligten, ob sie versuchten, ins neutrale Ausland zu entkommen oder sich daheim in der Illegalität zu verbergen, ob zwischen der Entscheidung zur Flucht und der Verfolgung Jahre der Illegalität oder nur eine kurzfristige eigenmächtige Abwesenheit von der Truppe lagen – allen Fällen war die Strafandrohung der Kriegsgerichte und deren extensive Strafzumessung gemein.

Eine kategoriale Ausdifferenzierung der Motivationen belegt die Bandbreite menschlichen Handelns, für die Bewertung des Grundproblems in widerstandshistorischer Sicht ist sie wenig relevant. Denn es ist evident, daß Desertion ein Problem militärischer Disziplin ist, demzufolge Anlässe auch in kriminellem Kontext, etwa der Angst vor Strafe wegen anderer Straftaten, zu suchen sein können. Sehr stark waren die als »Asoziale« und »Psychopathen« abgestempelten Fahnenflüchtigen Opfer einer sozialrassistischen Diffamierung und Ausgrenzung durch die Militärjustiz des NS-Regimes. Ob die Zwangsrekrutierten aus den besetzten Gebieten oder Soldaten aus jugendlicher Unerfahrenheit – ein vielfältiges Spektrum an Ausgangslagen ließ aus Soldaten Deserteure werden[36]. In der Endphase des Krieges befanden sich unter den Deserteuren immer jüngere durch die Durchhaltepropaganda des NS-Regimes beeinflußte Soldaten. Konfrontiert mit der Realität der zusammenbrechenden Fronten wuchsen in ihnen Angst und Verzweiflung ebenso wie die Erkenntnis der Sinnlosigkeit des Krieges. Ihre Fahnenflucht war meist Ausdruck der Sorge um Angehörige, Auflehnung gegen die Zerstörung der Heimat und eine Kriegsverlängerung um jeden Preis. Unbestritten wird zum Kriegsende 1945 die Desertion zum Massenphänomen. Der prozessuale Charakter der Wege in den Widerstand, im Sinne eines Lernprozesses mit dem Entschluß zu handeln, ist an anderer Stelle betont worden[37]. So zwang die Zeugenschaft an Kriegsverbrechen einzelne Soldaten in die »Fahnenflucht«. Während manche Soldaten erst durch die Konfrontation mit dem Unrechtsregime zum Widerstand fanden, stand für diejenigen mit einer politischen Grundüberzeugung gegen das Regime – man

denke allen voran an die politischen Häftlinge der »Bewährungseinheiten 999« –
ihre Gegnerschaft zum Nationalsozialismus von vornherein fest.

Es sind wie im Falle der Kriegsdienstverweigerung die biographisch skizzierten Einzelfälle, die es ermöglichen, Entscheidungssituationen anhand unterschiedlicher Quellen zu rekonstruieren und nachvollziehbar zu machen, die aus
Wehrmachtsoldaten Deserteure werden ließen. Dabei wird deutlich, daß sich
der Akt der Desertion keinesfalls aus dem Gesamtzusammenhang einer widerständigen Biographie herauslösen läßt.

Der in Wilna gebürtige Stefan Hampel (1918–1999) studierte 1938 kurze
Zeit an der Hochschule für Politik in Berlin. In den Semesterferien 1939 wurde
er in Ostpreußen infolge kritischer Äußerungen zum deutschen Überfall auf
Polen verhaftet und für fast ein Jahr bis zu seiner Einberufung zur Wehrmacht
im Herbst 1940 in Untersuchungshaft festgehalten. Im Mai 1942 wollte Hampel
seine Mutter in Grodno besuchen und stellte fest, daß sie mit ihren Verwandten
auf Befehl der sowjetischen Verwaltung verschleppt und ihr Besitz verstaatlicht
worden war. Wenig später wurde er Augenzeuge von Massenerschießungen von
Juden durch eine Einsatzgruppe. Hampel desertierte daraufhin. In einem der
Wehrmachtjustiz vorgelegten Lebenslauf berichtete er im Mai 1943 über seine
Motive zur Desertion:

»[...] Voriges Jahr im Mai wurde in Weißrußland eine Aktion durchgeführt, wobei
durch ein Mordkommando (wie sich die Angehörigen dieses Kommandos selbst benannten) bestehend aus Polizei und SS, alle dort lebenden Juden abgemordet wurden. Um den ungeheuren seelischen Eindruck, den dieses Erlebnis bei mir hinterließ
verständlich zu machen, möchte ich hier kurz schildern, wie diese Aktion vor sich
ging. Am Vormittag traf das Kommando auf Lastwagen und Kraftädern in Wassiliski ein, bereits von einer anderen Stadt kommend, wo sie am frühen Morgen alle
dort lebenden Juden abgeschossen hatten. In Wassiliski wurde das Ghetto bereits
seit einigen Tagen hermetisch gesperrt und auf einem freien Platz ein Riesengrab ge-
schaufelt. Im Ghetto wurden nun alle Juden auf der Hauptstraße zusammengetrieben, wo sie sich in Kolonnen familienweise niederknien mußten. Dann wurden sie
durch einen dichten Kordon Polizisten bis kurz vor das Massengrab gejagt. Wer
nicht schnell genug wollte, besonders alte Frauen und Kinder, wurde bereits auf diesem Wege abgeschossen. Die Straße war nachher übersät mit diesen Leichen. Vor
dem Massengrab angekommen, mußten sich die 2000 Juden dann auf den Bauch legen, familienweise mußten sie dann aufstehen und passierten dann eine Kommission, bestehend aus Herren der Zivilverwaltung, welche ihnen Geld, Schmuckstücke
usw. abnahmen und sie dann mit der Lederpeitsche weiterjagten. Dann mußten sie
sich bis auf das Hemd entkleiden und in das Grab hineinsteigen. Besonders entsetz-
lich wirkte es auf mich, weil das alles schweigend vor sich ging. Die Juden waren so
benommen, daß sie schweigend, sich fest umschlungen haltend ins Grab stiegen,
manche Kinder lachend wie im Spiel, sie begriffen nicht, worum es ging, bis sie auch
mit einem Fußtritt hinabbefördert wurden. Viele Mütter mit ihren Säuglingen an der
Brust. Ein Polizist des Mordkommandos erlitt, obwohl er doch solche Bilder schon
gewöhnt sein mußte, einen Nervenzusammenbruch und wurde schreiend fortge-
schafft. Dieses Erlebnis machte auf mich einen besonders tiefen Eindruck, weil ich

immer daran denken mußte, was die Russen mit den Angehörigen deutscher Soldaten machen werden, wenn sie erfahren, was wir mit ihren Staatsangehörigen gemacht haben[38].«

Stefan Hampel verbrannte »unter dem Zwang seiner eigenen sittlichen Auffassung«[39] in Grodno seine Uniform und fand Anschluß an eine polnische Widerstandsgruppe in Litauen. Als einziger Deutscher und einziger Deserteur beteiligte er sich hier an Hilfeleistungen für Verfolgte. Mehreren Bewohnern jüdischer Ghettos und entwichenen sowjetischen Kriegsgefangenen konnte diese
Organisation das Leben retten. Nach einem fast einjährigen Leben im Untergrund verließ Hampel Litauen, um im Auftrag der Widerstandsgruppe das Internationale Komitee vom Roten Kreuz in der Schweiz über die Verbrechen an
der jüdischen Bevölkerung im Osten zu informieren. Hampel wurde jedoch in
Freiburg festgenommen und am 11. August 1943 wegen Fahnenflucht vom
Gericht der Wehrmachtkommandantur Berlin zum Tode verurteilt. Ende August 1943 wurde einem Gnadengesuch wider Erwarten stattgegeben. Nur durch
Zufall konnte Stefan Hampel nach Monaten in den emsländischen Moorlagern
und in der »Bewährungstruppe 500« das Kriegsende überleben. Für die deutsche Nachkriegsgesellschaft der DDR und der Bundesrepublik blieb er ein
Verfemter. Durch seine Erfahrungen nachhaltig traumatisiert, lebte er zurückgezogen bis zu seinem Tod 1999 in einer westdeutschen Stadt.

Was Hampel verwehrt blieb, sich in das unbesetzte Ausland abzusetzen, gelang dem jungen Soldaten Peter Schilling mit seiner Flucht in die Schweiz[40].
1923 in Lage (Lippe) geboren und in einer evangelischen Pfarrersfamilie aufgewachsen, meldete sich Schilling im April 1942 freiwillig zur Wehrmacht. In den
Monaten seines Kriegseinsatzes am Südabschnitt der Ostfront wurde er Augenzeuge deutscher Kriegsverbrechen, als Angehörige seiner Einheit in Atschikulak
(Dagestan) sowjetische Gefangene erschossen. Bei Stalino (Donezk) erlebte er
die Deportation jüdischer Einwohner. Während eines Lazarettaufenthalts in
Berlin im Januar 1943 nahm er über ausländische Zwangsarbeiter Kontakt zu
Widerstandskreisen auf. Da er in das Visier der Verfolgungsbehörden geriet,
desertierte Peter Schilling im August 1943. Es gelang ihm, in die Schweiz zu
fliehen, wo er wie alle deutschen Deserteure in einem Lager interniert wurde.
Der Heerespolizei der Schweizerischen Armee gegenüber gab er am 31. August
1943 als Grund der Flucht an: »Ich hatte in Berlin Beziehungen mit einer dort
arbeitenden Französin aus der Gegend von Bordeaux. Eines Tages wurde ich
jedoch von einem Zivilisten auf eine drohende Art Beschimpft und durch ihn
meinem Bat. Kommandeur angezeigt. Die Französin machte über mich unwah-
re Aussagen die ihr sehr wahrscheinlich durch die Gestapo erpreßt wurden. Ich
wurde alsdann der Spionage verdächtigt obschon ich niemals Spionage betrieben habe. Da ich in Berlin mit Ausländern Beziehungen hatte war dies für mich
sehr belastend. Aus diesem Grunde war ich natürlich gezwungen Deutschland
zu verlassen [sic!][41].«

Mit anderen deutschen Flüchtlingen im Schweizer Militärinterniertenlager Stalden plante Schilling, die deutsche Exklave Büsingen bei Schaffhausen einzunehmen, um dort eine »Freie Deutsche Republik Büsingen« auszurufen. Als Mitglieder der Gruppe verhaftet wurden, mußte der Plan aufgegeben werden. Am 1. Juni 1944 setzte sich Schilling aus dem Interniertenlager ab, um nach Frankreich zu flüchten und sich dort der Résistance anzuschließen. Er wurde aber nach wenigen Tagen verhaftet und durch den Sicherheitsdienst (SD) verhört und mißhandelt. Es gelang ihm im September 1944 in Deutschland, das Kriegsgericht davon zu überzeugen, daß er die Schweiz in der Absicht verlassen hätte, um zur Wehrmacht zurückzukehren. So wurde er vom Gericht der Panzertruppe III lediglich zu einer Gefängnisstrafe von drei Jahren verurteilt. Das Urteil wurde jedoch aufgehoben und Schilling in einem zweiten Verfahren wegen »Fahnenflucht« zu einer hohen Zuchthausstrafe verurteilt. Im Herbst 1944 kam er über das Wehrmachtgefängnis Torgau-Fort Zinna in eine Feldstrafgefangenenabteilung, die im Oberelsaß hinter der Front zu Schanzarbeiten eingesetzt wurde. Hier gelang es ihm im November 1944 erneut zu fliehen und unter falschem Namen unterzutauchen. Auf dem Gebiet des damaligen »Protektorats Böhmen und Mähren« lief er zu tschechischen Partisanen über, mit denen er das Kriegsende erlebte.

Während die beiden dargestellten Fallgeschichten von jüngeren Mannschaftssoldaten handeln, die durch eine gewisse Vorprägung aus dem Elternhaus und die schockierende Erfahrung im Krieg gegen die Sowjetunion zu Gegnern des NS-Regimes wurden und nach ihrer Desertion aktiven Widerstand zu leisten versuchten, steht die nachfolgende, vergleichsweise gut dokumentierte Geschichte eines Frontoffiziers und Bataillonskommandeurs in einem komplizierteren Zusammenhang.

In einer Reihe von durch die Rote Armee herausgegebenen Flugblättern fand im Juli 1943 die Desertion des Oberleutnants Hans Frankenfeld eine ausgiebige Würdigung[42]. Der Frontoffizier legte darin seine realistische Einschätzung der strategischen Gesamtlage dar und verzichtete nicht auf ein Bekenntnis eigener schuldhafter Verstrickung. Es hieß: »Folgt dem Beispiel Eures Offiziers, Obltn. Hans Frankenfeld. Geht zur Roten Armee über! Dadurch bringt ihr das Kriegsende näher und verhindert weitere sinnlose Opfer!« In einer Erklärung Frankenfelds war zu lesen, die Erfahrungen an der Ostfront hätten in ihm einen Prozeß des Nachdenkens ausgelöst. Die »ruhmseligen und großsüchtigen Reden« Hitlers hätten sein Vertrauen in »den Führer« erschüttert; im Angesicht der Fronterfahrungen seit dem Sommer 1942 hätte sich eine »richtige Vorstellung« von der für Deutschland katastrophalen Kriegslage gebildet. Die Folgen der am 5. Juli 1943 begonnenen Kursk-Offensive, bei der es für die Deutschen zu ungeheuren Menschen- und Materialverlusten gekommen war, schilderte er in den düstersten Farben. Ein Scheitern des Angriffsplans, eine deutsche Niederlage innerhalb von zwei bis sechs Monaten, sei für ihn absolut gewiß gewesen.

»Was blieb mir zu tun übrig? In den nächsten Tagen oder Monaten den Tod finden, ohne etwas am Schicksal des deutschen Volkes zu bessern. Weiterer Kampf würde die Verbitterung und den Haß der beiden Völker noch vergrößern, vielleicht unter sinnlosem Einsatz von Gas zu furchtbaren Opfern führen. Das Schicksal des deutschen Volkes liegt allein in der Hand der Sieger.

Es gab noch eines: selbst mit beizutragen zum schnellsten Zusammenbruch, zur Aufgabe des Widerstandes, und damit mitzuhelfen an der Verhütung unsinniger weiterer Opfer. Diesen Weg möchte ich gehen. Dabei bin ich in Sorge um das Schicksal meiner Frau und Geschwister in Deutschland, doch auch für sie habe ich es ja getan.«

Hans Frankenfeld, 1909 in Kohlow bei Frankfurt/Oder als Sohn eines Gutsverwalters geboren, war seit 1932 Mitglied der SA und der NSDAP. Der Ingenieur trat 1935 in die Wehrmacht ein, nahm an den Feldzügen gegen Holland, Frankreich, und auf dem Balkan teil und war von Anfang an am Überfall auf die Sowjetunion beteiligt. Für die Sowjetunion hatte Frankenfelds Desertion offensichtlich einen besonders hohen Stellenwert, da seiner Abkehr vom Nationalsozialismus große öffentliche Aufmerksamkeit zuteil wurde: in der »Prawda«, der »Krasnaja Swesda« sowie in der Zeitung des NKFD, »Freies Deutschland«. Zudem war er geradewegs von der Front kommend als Gastredner bei der Gründungsversammlung des Nationalkomitees »Freies Deutschland« am 13. Juli 1943 in Krasnogorsk aufgetreten und hatte unter den dortigen Teilnehmern durch seine schonungslose Offenheit in der Darstellung der desolaten militärischen Lage einen nachhaltigen Eindruck hinterlassen. Gefolgt von starkem Beifall zog Frankenfeld hier seine Konsequenz: »Es gibt für mich nur eines: Schluß und selber dazu beitragen, daß der weitere Schluß kurz ist.«

Der Wehrmacht und den zuständigen Dienststellen in der Heimat waren seine Desertion und die propagandistischen Aktivitäten in sowjetischer Kriegsgefangenschaft Anlaß genug, Verfolgungsmaßnahmen einzuleiten. Im Dezember 1943 verurteilte ihn ein Wiener Kriegsgericht wegen »Fahnenflucht«, »Zersetzung der Wehrkraft« und »Kriegsverrat« »in Abwesenheit« zum Tode. In der Urteilsbegründung ist zu erfahren, »der Krieg mit Rußland sei ein großer Fehler gewesen, er habe eingesehen, daß er nicht siegreich zu beenden wäre und er sei nicht willens, sein Bataillon ins Verderben zu führen. Er wolle obgleich sein Schicksal ungewiß, zu den Russen überlaufen und morgen früh von dort aus durch den Rundfunk das ganze Bataillon zum Übertritt auffordern.«

Die Desertion und anschließende Propagandatätigkeit dieses Offiziers stellen ein bemerkenswertes Zeugnis für das Verantwortungsbewußtsein eines Frontoffiziers gegenüber seiner Truppe dar. Unter dem Eindruck einer drohenden militärischen Niederlage mit entsetzlichen Menschenverlusten wandelte sich Frankenfeld vom überzeugten Nationalsozialisten zum Regimegegner und Kritiker seiner militärischen Befehlshaber. Sein eigenes und das Überleben seiner Soldaten stellte er über den militärischen Gehorsam.

Die hier beispielhaft herausgestellten Einzelfälle von Soldaten unterschiedlicher sozialer Herkunft, militärischen Ranges und politischer Weltanschauung machen deutlich, wie vielgestaltig das Bild war. Ausschlaggebend und den drei Personen gemein ist die ethisch begründete Entscheidungssituation, die als mögliche Option die »Fahnenflucht« nach sich zog. Daß diese Soldaten aus dieser Erfahrung heraus in ihrer Gegnerschaft nicht stehen blieben, erscheint hier signifikant. Eingedenk der Tatsache, daß der einzelne Soldat kaum jemals eine Option besaß, Gegengewalt gegen das Unrechtsregime zu organisieren, so war er – wie die hier vorliegenden Fallstudien zeigen – in Extremsituationen kraft seiner sittlichen Überzeugungen durchaus nicht handlungsunfähig.

IV. Meinungswandel in der deutschen Öffentlichkeit nach 1990

Die historische Bewertung der Wehrmachtjustiz war bis in die jüngste Vergangenheit umstritten. Seit den 80er Jahren hat sich in bezug auf ihre öffentliche Beurteilung sowie die von Deserteuren und Kriegsdienstverweigerern in Deutschland ein Meinungswandel vollzogen, der durch verschiedene Zeitumstände begünstigt wurde[43]. Die deutsche Wiedervereinigung wirkte sich dabei vorteilhaft auf eine veränderte Rezeption aus, da im Zuge der justitiellen Aufarbeitung der SED-Diktatur die Justiz selbst eine kritische Bilanz der westdeutschen Nachkriegsjustiz zog. Höchstrichterliche Entscheidungen untermauerten den Paradigmenwechsel, den die historische Forschung bereits vollzogen hatte. Hatten noch bis Ende der siebziger Jahre in der Bundesrepublik ehemalige deutsche Kriegsrichter selbst maßgeblich das öffentliche Geschichtsbild ihres eigenen Wirkens vor 1945 zu ihren Gunsten geprägt, gelang es kritischen Militärhistorikern, nicht zuletzt aufgrund der Zugänglichkeit bis dahin verschlossener Quellenbestände nach 1989, die Rolle der Kriegsgerichte und des militärischen Strafvollzugssystems im Kontext des Unrechtsstaates zu erhellen. Nicht zuletzt die Gründung einer Bundesvereinigung Opfer der NS-Militärjustiz 1990 und das jahrelange Bemühen ihres ersten Vorsitzenden Ludwig Baumann um eine Rehabilitierung auf parlamentarischer Ebene im Deutschen Bundestag erbrachte eine öffentliche Würdigung der lange geschmähten Opfergruppe der nationalsozialistischen Gewaltherrschaft.

Die höchstrichterliche Rechtsprechung des Bundessozialgerichts (BSG) 1991 sowie des Bundesgerichtshofes 1995[44] haben es an Klarheit in der Bewertung der Kriegsgerichte des NS-Staates nicht fehlen lassen und die Versäumnisse der Nachkriegsjustiz im Umgang mit der Hinterlassenschaft der Wehrmachtjustiz hervorgehoben. Nur ein beschränkter Teil der damaligen Strafpraxis sei rechtsstaatlich vertretbar gewesen, so das BSG, während die Todesurteilspraxis auf allgemeine Abschreckung zielte, um von allen Soldaten um jeden Preis gegenüber sinnlosen Befehlen unbedingten Gehorsam zu erzwingen. Die Wehrmacht und ihre Gerichte sollten dazu beitragen, den völkerrechtswidrigen

Krieg zu führen. Die Wehrmachtjustiz ist in dieser Sicht Teil des nationalsozialistischen Unrechtsstaates. Eine Reihe von Aufhebungsentscheidungen etwa des Berliner Landgerichts bezüglich nationalsozialistischer Unrechtsurteile des Reichskriegsgerichts in den neunziger Jahren runden das Bild ab.

Der Deutsche Bundestag hat den Opfern 1997 mit der Feststellung, der Zweite Weltkrieg sei ein verbrecherischer Angriffs- und Vernichtungskrieg des nationalsozialistischen Deutschland, die Todesurteile unter Anlegung rechtsstaatlicher Maßstäbe Unrecht gewesen, Achtung und Mitgefühl bezeugt. Er hat im Mai 1998 durch Gesetz eine Aufhebung der NS-Unrechtsurteile vorgenommen, die auch »Fahnenflucht«, »Wehrkraftzersetzung« und Kriegsdienstverweigerung umfaßt[45]. Langsam erlangen auch im öffentlichen Gedächtnis die Biographien von Deserteuren und Kriegsdienstverweigerern des Zweiten Weltkrieges ihren Platz.

Anmerkungen

[1]   Spuren einer widerstandshistorischen Deutung lassen sich bis in die 50er Jahre zurückverfolgen, da Günther Weisenborn im militärischen Widerstand eine »untere Linie« von einer »oberen Linie« unterschied: Günther Weisenborn, Der lautlose Aufstand. Bericht über die Widerstandsbewegung des deutschen Volkes 1933 – 1945, Hamburg 1962, S. 103 – 113. Die Initialzündung der jüngeren Rezeption ging von einer seit Ende der 70er Jahre in Kassel geführten Diskussion aus, die 1985 eine erste regionalgeschichtliche Bestandsaufnahme nach sich zog: Jörg Kammler, Ich habe die Metzelei satt und laufe über ... Kasseler Soldaten zwischen Verweigerung und Widerstand (1939 – 1945). Eine Dokumentation, 3. Aufl., Fuldabrück 1997.

[2]   Auf die Bedeutung des regionalgeschichtlichen Forschungsansatzes hat Gerhard Paul hingewiesen: ders., Ungehorsame Soldaten. Dissens, Verweigerung und Widerstand deutscher Soldaten (1939 – 1945), St. Ingbert 1994, S. 8.

[3]   Deserteure im Zweiten Weltkrieg. Vaterlandsverräter oder Widerständler?, hrsg. von Elisabeth Abendroth, Oberursel 1989; Verräter oder Vorbilder? Deserteure und ungehorsame Soldaten im Nationalsozialismus, hrsg. von Fietje Ausländer, Bremen 1990 (= DIZ-Schriften, Bd 2).

[4]   Deserteure der Wehrmacht. Feiglinge – Opfer – Hoffnungsträger? Dokumentation eines Meinungswandels, hrsg. von Wolfram Wette, Essen 1995.

[5]   Vgl. Dieter Knippschild, Deserteure im Zweiten Weltkrieg. Der Stand der Debatte, in: Armeen und ihre Deserteure: vernachlässigte Kapitel einer Militärgeschichte der Neuzeit, hrsg. von Ulrich Bröckling und Michael Sikora, Göttingen 1998, S. 222 – 251; Benjamin Ziemann, Fluchten aus dem Konsens zum Durchhalten. Ergebnisse, Probleme und Perspektiven der Erforschung soldatischer Verweigerungsformen in der Wehrmacht 1939 – 1945, in: Die Wehrmacht. Mythos und Realität. Im Auftrag des Militärgeschichtlichen Forschungsamtes hrsg. von Rolf-Dieter Müller und Hans-Erich Volkmann, München 1999, S. 589 – 613.

[6]   Vgl. Ziemann, Fluchten (wie Anm. 5), S. 590 ff.; einen Überblick über die Ergebnisse der Forschung bietet: Die anderen Soldaten. Wehrkraftzersetzung, Gehorsamsverweigerung und Fahnenflucht im Zweiten Weltkrieg, hrsg. von Norbert Haase und Gerhard Paul, 2. Aufl., Frankfurt a.M. 1997.

7   Ebd., S. 604 ff.
8   Zur Rezeptionsgeschichte vgl. Manfred Messerschmidt, Deserteure, Zersetzer und Ver-
    weigerer. Zur neueren Diskussion um Opposition und Verweigerung von Soldaten, in:
    ders., Was damals Recht war ... NS-Militär- und Strafjustiz im Vernichtungskrieg, hrsg.
    von Wolfram Wette, Essen 1996, S. 97 – 138.
9   Dies zeigt die Veröffentlichung des literarischen Berichts: Alfred Andersch, Die Kirschen
    der Freiheit, Frankfurt a.M. 1952. Diese existenzialistische Freiheitsmeditation, die die
    »Fahnenflucht« in die Nähe des Widerstandes gegen den Nationalsozialismus rückte,
    fand trotz der haßerfüllten Resonanz in der deutschen Presse Anerkennung und Respekt
    in der literarischen Öffentlichkeit um die »Gruppe 47«.
10 Urteil des BGH vom 14.7.1961 (Az: IV ZR 71/61), in: Rechtsprechung zum Wiedergut-
    machungsrecht, Neue Juristische Wochenschrift 1962, S. 68.
11 Urteil des BGH vom 24.6.1964 (Az: IV ZR 236/63, Hamburg), in: Rechtsprechung 1964
    (wie Anm. 10), S. 502.
12 Vgl. Detlef Garbe, Im Namen des Volkes?! Die rechtlichen Grundlagen der Militärjustiz
    im NS-Staat und ihre »Bewältigung« nach 1945, in: Verräter oder Vorbilder? (wie
    Anm. 3), S. 90 – 129.
13 Vgl. die konzise Überblicksdarstellung mit weiterführenden Hinweisen von Detlef Gar-
    be, Radikale Verweigerung aus Prinzipientreue und Gewissensgehorsam. Kriegsdienst-
    verweigerung im »Dritten Reich«, in: Gewalt im Krieg. Ausübung, Erfahrung und Ver-
    weigerung von Gewalt in Kriegen des 20. Jahrhunderts, hrsg. von Andreas Gestrich,
    Münster 1995 (= Jahrbuch für historische Friedensforschung 4, 1995), S. 132 – 158; vgl.
    auch Albrecht und Heidi Hartmann, Kriegsdienstverweigerung im Dritten Reich, Frank-
    furt a.M. 1986.
14 Eine theologische Studie beschreibt die Entscheidung der Verweigerer als »selbstverant-
    wortliche Verwirklichung des christlichen Glaubens durch bestes Wissen und Gewissen
    in allen Lebensbereichen als alltägliche sittliche Aufgabe«; zit. nach: Karsten Bredemeier,
    Kriegsdienstverweigerung im Dritten Reich, Baden-Baden 1991, S. 33.
15 Wörtlich hieß es in der Eidesformel: »Ich schwöre bei Gott diesen heiligen Eid, daß ich
    dem Führer des Deutschen Reiches und Volkes Adolf Hitler, dem Obersten Befehlsha-
    ber der Wehrmacht, unbedingten Gehorsam und als tapferer Soldat bereit sein will, je-
    derzeit für diesen Eid mein Leben einzusetzen.« (Reichsgesetzblatt [RGBl] 1935 I,
    S. 1035)
16 Verordnung über das Sonderstrafrecht im Kriege und bei besonderem Einsatz (Kriegs-
    sonderstrafrechtsverordnung) vom 17.8.1938, RGBl 1939 I, S. 1455.
17 Erich Schwinge, Militärstrafgesetzbuch nebst Kriegssonderstrafrechtsverordnung,
    5. Aufl., Berlin 1943, S. 499.
18 Erläuterungen zur Verordnung über das Sonderstrafrecht im Kriege und bei besonderem
    Einsatz vom 17.8.1938, zit. nach: Rudolf Absolon, Das Wehrmachtstrafrecht im
    2. Weltkrieg. Sammlung der grundlegenden Gesetze, Verordnungen und Erlasse, Korne-
    limünster 1958, S. 51 ff.
19 Zur Spruchpraxis der Reichskriegsgerichts vgl. Norbert Haase, Das Reichskriegsgericht
    und der Widerstand gegen die nationalsozialistische Herrschaft. Katalog zur Sonderaus-
    stellung der Gedenkstätte Deutscher Widerstand in Zusammenarbeit mit der Neuen
    Richtervereinigung, hrsg. von der Gedenkstätte Deutscher Widerstand mit Unterstützung
    der Senatsverwaltung für Justiz, Berlin 1993.
20 Vgl. Detlef Garbe, Zwischen Widerstand und Martyrium. Die Glaubensgemeinschaft
    Jehovas Zeugen im »Dritten Reich«, München 1993, S. 344 ff.

21 Tätigkeitsbericht des Präsidenten des Reichskriegsgerichts, Berlin, 30.5.1940, abgedruckt in: Haase, Reichskriegsgericht (wie Anm. 19), S. 47 ff.

22 In einer Mitteilung Keitels an den Chef der Heeresrüstung und Befehlshaber des Ersatzheeres vom 1.12.1939 hieß es: »Der Führer hat entschieden: Allein in Polen seien mehr als zehntausend anständige Soldaten gefallen, viele tausend Soldaten seien schwer verwundet worden. Wenn er von jedem deutschen Mann, der wehrfähig ist, dieses Opfer fordern müsse, sehe er sich nicht in der Lage, bei ernsthafter Wehrdienstverweigerung Gnade walten zu lassen. Dabei könne kein Unterschied danach gemacht werden, aus welchen Beweggründen der einzelne den Wehrdienst verweigere. Auch Umstände, die sonst strafmildernd in Betracht gezogen würden oder die bei einer Gnadenentscheidung eine Rolle spielten, könnten hier keine Berücksichtigung finden. Wenn also der Wille des Mannes, der den Wehrdienst verweigere, nicht gebrochen werden könne, müsse das Urteil vollstreckt werden.«, zit. nach: Der Chef des Oberkommandos der Wehrmacht, Schreiben vom 1.12.1939, BA-MA, RH 53 – 6/76, Bl. 168.

23 Der Präsident des Reichskriegsgerichts an die Senatspräsidenten, Schreiben vom 7.8.1942, zit. nach: Norbert Haase, Aus der Praxis des Reichskriegsgerichts. Neue Dokumente zur Militärgerichtsbarkeit im Zweiten Weltkrieg, in: Vierteljahrshefte für Zeitgeschichte (VfZ), 39 (1991), S. 393 (Hervorhebung im Original).

24 In jüngerer Zeit sind erste biographische Darstellungen zu den Zeugen Jehovas in der NS-Zeit erschienen: Detlef Garbe und Bruno Knöller, Die Bibel, das Gewissen und der Widerstand. Die Familie Knöller im »Dritten Reich«, in: Widerstand als Bekenntnis. Die Zeugen Jehovas und das NS-Regime in Baden und Württemberg, hrsg. von Hubert Roser, Konstanz 1999, S. 221 – 272; Hans Werner Kusserow, Der Lila Winkel. Die Familie Kusserow. Zeugen Jehovas unter der Nazidiktatur, Bonn 1998; Vinzenz Jobst, Anton Uran. Verfolgt – Vergessen – Hingerichtet, Klagenfurt 1997; Bernhard Rammerstorfer, Nein, statt Ja und Amen. Leopold Engleitner. Er ging einen anderen Weg, Linz 1999.

25 Eberhard Röhm, Sterben für den Frieden. Spurensicherung: Hermann Stöhr (1898 – 1940) und die ökumenische Friedensbewegung, Stuttgart 1985, S. 167.

26 »Die Entscheidung konnte mir niemand abnehmen ...« Dokumente zu Widerstand und Verfolgung des evangelischen Kirchenjuristen Martin Gauger (1905 – 1941), bearb. und eingel. von Boris Böhm, Dresden 1997 (= Lebenszeugnisse – Leidenswege 5), S. 72 ff.

27 Gordon C. Zahn, Er folgte seinem Gewissen. Das einsame Zeugnis des Franz Jägerstätter, Graz, Wien, Köln 1967; Erna Putz, Franz Jägerstätter. »... besser die Hände als der Wille gefesselt ...«, Linz 1985.

28 Brief Franz Jägerstätters, Berlin, im Juli/August 1943, zit. nach: Erna Putz, Gefängnisbriefe und Aufzeichnungen, Linz, Passau 1987, S. 75.

29 Vgl. Haase, Reichskriegsgericht (wie Anm. 19), S. 80 f.

30 Eine absolute Ausnahme stellt der Fall des vor 1933 der Deutschen Friedensgesellschaft angehörenden Kriegsdienstverweigerers und Deserteurs Richard Felix Kaszemeik dar, der am 27.11.1944 aufgrund eines Kriegsgerichtsurteils in Kurland erschossen wurde. Vgl. Haase, Reichskriegsgericht (wie Anm. 19), S. 88 f.

31 Vgl. Franz W. Seidler, Fahnenflucht. Der Soldat zwischen Eid und Gewissen, München, Berlin 1993. Keine Studie hat das Problem »Fahnenflucht« bislang in so umfassender Weise wie das Buch Seidlers behandelt; die verschiedentlich unzureichende Quellenkritik und die Parteinahme für die Apologetik der ehemaligen Kriegsrichter schränken seinen wissenschaftlichen Wert indes erheblich ein. Vgl. dazu Ziemann, Fluchten (wie Anm. 5), S. 593.

32   Manfred Messerschmidt und Fritz Wüllner, Die Wehrmachtjustiz im Dienste des Natio-
     nalsozialismus. Zerstörung einer Legende, Baden-Baden 1991, S. 476.

33   Steven R. Welch, ›Harsh but Just‹? German Military Justice in the Second World War: A
     Comparative Study of the Court-Martialing of German and US-Deserters, in: German
     History, 17 (1999), S. 369 – 399.

34   Omer Bartov, Hitlers Wehrmacht. Soldaten, Fanatismus und die Brutalisierung des
     Krieges, Reinbek 1995.

35   Hermann Graml, Die Wehrmacht im Dritten Reich, in: VfZ, 45 (1997), S. 365 – 384
     (S. 383).

36   Knippschild, Deserteure im Zweiten Weltkrieg (wie Anm. 5), S. 229 ff.; vgl. auch Nor-
     bert Haase, Desertation – Kriegsdienstverweigerung – Widerstand, in: Widerstand gegen
     den Nationalsozialismus, hrsg. von Peter Steinbach und Johannes Tuchel, Bonn 1994
     (= Schriftenreihe der Bundeszentrale für politische Bildung, Bd 323), S. 526 – 536; vgl.
     auch Seidler, Fahnenflucht (wie Anm. 31), S. 311 ff.

37   Norbert Haase, »Gefahr für die Manneszucht«. Verweigerung und Widerstand im Spiegel
     der Spruchtätigkeit von Marinegerichten in Wilhelmshaven (1939 – 1945), Hannover
     1996, S. 120 ff.

38   Norbert Haase, Deutsche Deserteure, 2. Aufl., Berlin 1987, S. 114 f.; siehe auch Michael
     Eberlein, Norbert Haase und Wolfgang Oleschinski, Torgau im Hinterland des Zweiten
     Weltkrieges. Militärjustiz, Wehrmachtgefängnisse, Reichskriegsgericht, Leipzig 1999
     (= Schriftenreihe der Stiftung Sächsische Gedenkstätten zur Erinnerung an die Opfer
     politischer Gewaltherrschaft, Bd 6), S. 113 ff.

39   Zit. nach einem persönlichen Brief Stefan Hampels an den Verfasser vom 15.2.1987,
     abgedruckt in: Verräter oder Vorbilder (wie Anm. 3), S. 192 – 196; das vollständige Zitat
     (S. 193) lautet: »Aber der nicht-gruppengebundene Verfolgte, der allein, unter dem
     Zwang seiner eigenen sittlichen Auffassung handelte, blieb, bis auf ein paar Vorzeigewi-
     derständler verschiedener Interessengruppen, ein Außenseiter, wenn nicht gar Verfemter
     unserer Gesellschaft.«

40   Zur Biographie Peter Schillings vgl. die verstreuten Hinweise in: ebd., S. 155 f.; Günter
     Saathoff, Michael Eberlein, Roland Müller, Dem Tode entronnen. Zeitzeugeninterviews
     mit Überlebenden der NS-Militärjustiz. Das Schicksal der Kriegsdienstverweigerer und
     Deserteure unter dem Nationalsozialismus und ihre unwürdige Behandlung im Nach-
     kriegsdeutschland, hrsg. von der Heinrich-Böll-Stiftung, Köln 1993, S. 33 ff.; »Ich habe
     die Metzelei satt ...« Deserteure – Verfolgte der Militärstrafjustiz und der Militärpsychia-
     trie im Zweiten Weltkrieg. Dokumentation der Beiträge zum Symposium in Marburg,
     25. – 26.10.1991, hrsg. von der Geschichtswerkstatt Marburg e.V., Marburg 1992,
     S. 132 – 146; vgl. jetzt auch seinen Lebensbericht: Peter Schilling, »Aus anderem Holz ge-
     schnitzt«, Hamburg 2000.

41   Abhörungsprotokoll der Heerespolizei der Schweizerischen Armee vom 31.8.1943, zit.
     nach: Eberlein u.a., Torgau im Hinterland (wie Anm. 38), S. 156; zur Desertion in die
     Schweiz vgl. Seidler, Fahnenflucht (wie Anm. 31), S. 206 ff.

42   Vgl. Norbert Haase, »Es gibt für mich nur eines: Schluß und selber dazu beitragen, daß
     der weitere Schluß kurz ist.« Die Desertion des Oberleutnant Hans Frankenfeld im Juli
     1943 in der Sowjetunion, in: Zeitgeschichte 17 (1990), S. 364 – 385, mit sämtlichen quel-
     lenmäßigen Belegen.

43   Deserteure der Wehrmacht. Feiglinge – Opfer – Hoffnungsträger? Dokumentation eines
     Meinungswandels, hrsg. von Wolfram Wette, Essen 1995.

44 Bundessozialgericht, 11.9.1991, NJW 1992, S. 934; Bundesgerichtshof, 16.11.1995, Az: 5 StR 747/94.
45 Vgl. Bundestags-Drucksachen 13/7669 sowie 13/10848; das Gesetz zur Aufhebung nationalsozialistischer Unrechtsurteile in der Strafrechtspflege (NS-AufhG) ist abgedruckt in: Bundesgesetzblatt I 1998, S. 2501.

Jörg Morré

Das Nationalkomitee »Freies Deutschland« – Widerstand aus sowjetischer Kriegsgefangenschaft?

Das Nationalkomitee »Freies Deutschland« (NKFD) ist umstritten. In der DDR wurde es als beispielhafter Versuch antifaschistischen Widerstandes unter Führung der KPD gefeiert[1], in der BRD dagegen wurde es eher als ein gelungener Schachzug sowjetischer Propaganda gewertet[2]. Einige Autoren sprachen sogar von Verrat, den sich die Mitglieder des Nationalkomitees an ihren Kameraden in sowjetischer Kriegsgefangenschaft haben zuschulden kommen lassen[3]. Nüchternere Darstellungen wie der Bericht des ehemaligen Präsidenten des NKFD, Erich Weinert[4], wurden lange Zeit nicht wahrgenommen. Ebenso war die Monographie Bodo Scheurigs bis Anfang der neunziger Jahre die einzige Arbeit, die die Arbeit des Nationalkomitees zu würdigen versuchte[5]. Erst nach Überwindung der deutschen Teilung entspannte sich die Diskussion[6]. Doch es bleiben Fragen, wie der Streit um die Erwähnung des NKFD in der Ausstellung der Gedenkstätte Deutscher Widerstand in Berlin gezeigt hat[7].

Die Diskussion um den militärischen Widerstand hat sich schon lange davon gelöst, nur das Attentat vom 20. Juli 1944 gelten zu lassen. So faßt die Ausstellung »Aufstand des Gewissens« den Rahmen bewußt sehr weit. Widerstand wird als individuell verschiedenes Handeln zu ganz unterschiedlichen Zeitpunkten betrachtet[8]. Peter Steinbach hat zudem zu recht darauf verwiesen, daß militärischer Widerstand – wie auch der nationalkonservativer Zivilisten – stärker durch Funktionskonflikte als durch das Empören über das nationalsozialistische Unrechtsregime als solches hervorgerufen wurde[9]. Dennoch bleiben einige, für den militärischen Widerstand charakteristische Merkmale. Die Auflehnung berührte immer den militärischen Eid, der gebrochen werden mußte, um sich gegen als verbrecherisch empfundene Befehle bzw. die daraus resultierende Politik stellen zu können. Gekoppelt an dieses auf die Person bezogene Treueverhältnis kann dann auch nach dem persönlichen Einsatz gefragt werden: Inwiefern wurde die Gefährdung der eigenen Person in Kauf genommen bzw. bestand die Bereitschaft, die Konsequenzen – den Fall des Scheiterns vor Augen – zu tragen? Und als weiterer Aspekt widerständigen Verhaltens kann die Frage nach den Erfolgsaussichten hinzugenommen werden. Das ist auf keinen Fall absolut zu setzen. Aber gerade im Hinblick auf das Nationalkomitee bleibt doch zu prüfen, ob eine Auflehnung aus der Kriegsgefangenschaft heraus, d.h.

in Abhängigkeit des Kriegsgegners bzw. unter dessen Schutz, überhaupt die Möglichkeit eröffnete, dem nationalsozialistischen Regime in irgendeiner Form Widerstand entgegensetzen zu können. Im folgenden wird diesen Fragen nachgegangen. Dabei wird die Ausgangssituation der Akteure sowie deren Handlungsspielräume zu betrachten sein. Es wird nach den Aktivitäten gefragt, die das NKFD zur Entfaltung des Widerstandes gegen Hitler initiierte. Und es werden die Wirkungen aufgezeigt, die es damit erzielte.

Das Nationalkomitee »Freies Deutschland« (NKFD) wurde am 12./13. Juli 1943 von kriegsgefangenen Wehrmachtsoldaten und Mitgliedern der Exil-KPD in Krasnogorsk, einem Städtchen im Moskauer Umland, gegründet. In seinem Gründungsmanifest rief das Komitee zum Sturz Hitlers, der Einstellung der Kampfhandlung und der Aufnahme deutsch-sowjetischer Friedensverhandlungen auf. Hitler wurde als Verbrecher bezeichnet, dessen Kriegführung Deutschland in den Untergang treibe[10]. Die Gründung des Komitees vollzog sich in zwei Schritten. Zuerst entstand das Nationalkomitee »Freies Deutschland«, zwei Monate später, am 11./12. September, der Bund Deutscher Offiziere (BDO), der sich – unter Beibehaltung einer gewissen eigenständigen Organisation – noch auf seiner konstituierenden Sitzung dem NKFD anschloß[11]. Präsident des Komitees wurde der kommunistische Schriftsteller Erich Weinert, dem man die fünf Vizepräsidenten General der Artillerie Walther von Seydlitz-

Walther von Seydlitz (1888 bis 1976) bei einer Rundfunkansprache als Präsident des BDO, Februar 1944

Kurzbach, Generalleutnant Alexander Edler von Daniels, Major Karl Hetz, Leutnant Heinrich Graf von Einsiedel und Soldat Max Emendörfer zur Seite stellte. Alle Mitglieder trafen sich regelmäßig zu sogenannten Vollsitzungen, auf denen sie über die Belange des Nationalkomitees entschieden[12].

Das Gründungsmanifest des Nationalkomitees unterzeichneten 13 kommunistische Emigranten und 25 kriegsgefangene Wehrmachtsoldaten. Im zivilen Teil des NKFD waren die Exilleitung der KPD (Wilhelm Pieck, Wilhelm Florin, Walter Ulbricht, Anton Ackermann), kommunistische Schriftsteller wie Johannes R. Becher, Willi Bredel, Erich Weinert und Friedrich Wolf sowie weitere Parteifunktionäre vertreten[13]. Die Kriegsgefangenen waren in der Mehrzahl Aktivisten der sogenannten Antifa (antifaschistische Bewegung), die in den sowjetischen Kriegsgefangenenlagern seit dem Herbst 1941 aktiv war. Sie waren zum Teil bewußt auf die Seite der Roten Armee übergelaufen oder hatten eine politische Schulung auf einer sogenannten Antifa-Schule absolviert. Von den 13 Mannschafts- und Unteroffiziersdienstgraden fühlten sich die meisten als Kommunisten[14]. Von den 12 Offizieren war die Hälfte in der »antifaschistischen Offiziersgruppe« organisiert, die sich bereits im Mai 1942 konstituiert hatte[15]. Die übrigen Offiziere, die ranghöchsten waren Major, waren erst wenige Monate zuvor im Kessel von Stalingrad in sowjetische Kriegsgefangenschaft gegangen[16]. Mit dieser Zusammensetzung konnte das Nationalkomitee nicht den Anspruch erfüllen, alle Dienstgrade der deutschen Kriegsgefangenen in der Sowjetunion zu vertreten. Deswegen war es so wichtig, daß zwei Monate später 95 Offiziere, darunter die vier Generale Edler von Daniels, Otto Korfes, Martin Lattmann und Walther von Seydlitz, den Gründungsaufruf des BDO unterschrieben. Die meisten von ihnen waren Stalingrad-Gefangene, die in ihrer Enttäuschung über Hitlers Kriegführung und dem Schock der Niederlage von Stalingrad mit dem Nationalkomitee sympathisierten, den Entschluß zur Mitarbeit aber erst im Offiziersbund wagten. Scheurig brachte das auf die Formel: »Nur Stalingrad kann den Abfall vieler Feldgrauer von Hitler erklären«[17].

Der sowjetische Sieg bei Stalingrad war sicherlich einer der Gründe, warum es im Sommer 1943 zur Gründung von NKFD und BDO kommen konnte. Die Idee eines derartigen Komitees jedoch war älter. Bereits im Frühjahr 1942 war im ZK der KPdSU über ein »Anti-Hitler-Komitee« diskutiert worden, aber erst nach Auflösung der Kommunistischen Internationale (Komintern) im Mai 1943 entwickelte dieser Vorschlag seine Wirkung[18]. Außenpolitische Aspekte kamen hinzu. Seit nunmehr zwei Jahren hatte die Sowjetunion die alleinige Last des Krieges zu tragen. Zwar unterstützen die westlichen Alliierten die Rote Armee mit Material, aber das von sowjetischer Seite geforderte militärische Eingreifen durch die Eröffnung einer zweiten Front in Westeuropa sollte auch im Sommer 1943 nicht erfolgen. Auf sich allein gestellt, war die sowjetische Führung bereit, alle Möglichkeiten deutsch-sowjetischer Verständigung in Erwägung zu ziehen[19].

Geistiger Vater des Nationalkomitees war der sowjetische ZK-Sekretär Dmitrij Manuil'skij. Zusammen mit dem ehemaligen Generalsekretär der kurz zuvor aufgelösten Komintern, Georgi Dimitrov, war er im Sommer 1943 der Organisator hinter den Kulissen. Die Exil-KPD folgte ihren Anweisungen. Ende Mai 1943 erläuterte Dimitrov den deutschen Kommunisten das sowjetische Konzept: »Zusammenschluß aller Hitlergegner zur kämpfenden Einheit für die Rettung des deutschen Volkes aus der Katastrophe«. In der Diktion Wilhelm Piecks, der sich von diesem Gespräch bei Dimitrov Notizen anfertigte, heißt es zu den Aufgaben des Komitees: »Kampf für die Vernichtung der Hitlertyrannei, die Zerschlagung des Hitler-Gewaltapparates, für Bestrafung aller Verantwortlichen für die verübten Verbrechen, Ausrottung jeglichen imperialistischen Räubertums«[20]. Da sich die sowjetischen Funktionäre im klaren darüber waren, daß eine derartige Wortwahl bei den Kriegsgefangenen kaum auf Zustimmung stoßen würde, wurde der Entwurf für das Gründungsmanifest des Nationalkomitees unter der Regie von Manuil'skij geschrieben. Deutlich wurden die nationalen Interessen Deutschlands in den Mittelpunkt der Argumentation gestellt. Zu dem von Rudolf Herrnstadt vorgelegten Konzept soll Manuil'skij gesagt haben: »Das ist der Ton um den es geht! [...] Es spricht die kommende Regierung. [...] Was rede ich [...]. Ob aus dem Nationalkomitee jemals eine Regierung wird, darüber werden die Deutschen selbst entscheiden. Durch das was sie tun nämlich«[21].

Die sowjetischen Erwartungen an das Nationalkomitee waren hoch gesteckt. Aber das Mißtrauen bei den umworbenen Generalen und Offizieren in den Kriegsgefangenenlagern saß tief. Sie sahen keine Veranlassung, sich in irgendeiner Weise mit den Vorschlägen der sowjetischen Gewahrsamsmacht auseinanderzusetzen. Die Werbedelegationen sowjetischer Offiziere und deutscher Politemigranten konnten daran nichts ändern. Pieck berichtete an Manuil'skij: »Natürlich war sowohl bei den Gesprächen wie bei der Versammlung immer die zur Entscheidung stehende Frage der Gewinnung der Leute für die Bildung eines Nationalkomitees die Hauptsache und der Nachweis, daß dieses Komitee dem deutschen Volk helfen soll, dem Krieg ein Ende zu machen und die Folgen der weiteren Fortsetzung des Krieges zu verhindern. Aber dieser Gedanke ist bisher noch wenig in ihre Köpfe eingegangen. Die Frist, das den Leuten auseinanderzusetzen und eine wirkliche innere Umstellung bei ihnen hervorzurufen, war zu kurz«[22]. Und ein sowjetischer Bericht über das Verhalten von Friedrich Paulus, auf dessen Mitarbeit die sowjetischen Funktionäre anfangs gehofft hatten, faßte zusammen: »Generalfeldmarschall Paulus vertritt profaschistische politische Ansichten. Er rechnet nach wie vor damit, daß er gegen einen gefangenen General ausgetauscht wird und nach Deutschland zurückkehrt«[23]. Paulus gab ein Jahr später seine ablehnende Haltung auf, indem er nach langem Zögern dem Nationalkomitee beitrat. Im Sommer 1943 jedoch war nicht mit seiner Unterstützung zu rechnen. Damit das Nationalkomitee überhaupt gegründet werden konnte, stützen sich die Organisatoren auf die

Aktivisten aus der »Antifa«. Aber im Grunde war der erste Versuch zur Schaffung des NKFD gescheitert, denn die Generale und höheren Offiziere verweigerten ihre Mitarbeit.

Die Werbungen für das Nationalkomitee hatten, auch wenn die meisten Offiziere der Gründungsfeier fernblieben, zumindest zur Folge, daß nun eine gewisse Bereitschaft bestand, sich mit dessen Zielen auseinanderzusetzen. Wenige Tage nach Schaffung des NKFD konstituierte sich eine Initiativgruppe zur Gründung eines Offiziersbundes: »Wir unterzeichneten Offiziere des Lagers 27 schlagen daher vor, zur Unterstützung und Organisierung des Kampfes für den Frieden, die Unabhängigkeit und die innere Freiheit unseres Vaterlandes einen Bund deutscher kriegsgefangener Offiziere in der UdSSR ›Freie Deutsche Nation‹ ins Leben zu rufen mit folgender Zielsetzung: 1) gegen die Hitler-Regierung und für die Schaffung einer Volksregierung, die bereit und in der Lage ist, einen sofortigen Friedensschluß herbeizuführen, 2) Wiederherstellung der freundschaftlichen und engen wirtschaftlichen Beziehungen zwischen Deutschland und der UdSSR und den mit ihr verbündeten Staaten bei gegenseitiger Achtung der Staatsformen«[24]. Auf dieser Grundlage wurde die Werbung der Offiziere fortgesetzt. Doch die nicht gänzlich ablehnenden Generale Korfes, Lattmann und Seydlitz zögerten immer noch. Als Gründe führte Seydlitz an, daß sie keine Möglichkeit sahen, auf die Wehrmacht einwirken zu können, weil der Offiziersbund aus der sowjetischen Gefangenschaft heraus agieren würde. Hinzu kam das Fehlen jeglicher Information über die militärische und politische Lage sowie der Widerwille, mit den im NKFD ebenfalls organisierten Deserteuren zusammenarbeiten zu müssen. Gegen eine Kooperation mit kommunistischen Emigranten dagegen sträubten sich die Generale offenbar nicht. Aber sie forderten Garantien[25].

Die Bedenken der Generale, zu denen als vierter General von Daniels hinzu kam, wurden zerstreut. Der sowjetische General Mel'nikov gab die Zusicherung: »Gelänge es dem BDO, die Wehrmachtsführung zu einer Aktion gegen Hitler zu bewegen, die den Krieg beende, noch bevor er auf deutschem Boden durchgefochten würde, so wolle sich die Sowjetunion für ein ›Reich in den Grenzen von 1937‹ einsetzen. [...] Selbstverständlich werde die Sowjetunion dabei auch für das Bestehenbleiben einer deutschen Wehrmacht eintreten. Bedingung sei lediglich eine bürgerlich-demokratische Regierung, die durch Freundschaftsverträge mit dem Osten verbunden sein sollte«[26]. So wie Seydlitz, sahen auch Korfes und Daniels darin eine Garantie der sowjetischen Regierung[27]. Aber Mel'nikovs Versprechen war nicht das, wofür die deutschen Generale es hielten. Über das mit den Deutschen ausgehandelte Papier gab es auf höchster sowjetischer Ebene Proteste, die zu einer Modifizierung der anfangs gemachten Zusicherungen führten[28]. Entscheidend blieb aber, daß für Seydlitz die Zusage Mel'nikovs trotz aller sich später ändernder Rahmenbedingungen, die zudem nie schriftlich fixiert wurden, die Legitimation seiner Bereitschaft zur Mitarbeit blieb[29]. Gemeinsam mit der Initiativgruppe formulierten die gewonnenen Generale Aufgaben und Zielsetzung des zu gründenden Offiziersbundes. In der Präambel sprachen sie von »tiefem Pflichtbewußtsein und Verantwortungsgefühl unserem Volk gegenüber«, das sie dazu bewege, sich für den Anschluß an das NKFD und seine Forderungen auszusprechen. In einem gleichzeitig verabschiedeten Appell an den Reichskanzler, das deutsche Volk und die Wehrmacht forderten sie die Reichsregierung zum Rücktritt auf[30]. In dem öffentlichen Appell des BDO anläßlich seiner Gründung hieß es dann: »Das nationalsozialistische Regime wird niemals bereit sein, den Weg, der allein zum Frieden führen kann, freizugeben. Diese Erkenntnis gebietet Ihnen, dem verderblichen Regime den Kampf anzusagen und für die Schaffung einer vom Vertrauen des Volkes getragenen Regierung einzutreten. Nur eine solche Regierung kann die Bedingungen für einen ehrenvollen Ausweg unseres Vaterlandes aus dem Kriege herbeiführen und einen Frieden sichern, der nicht das Elend Deutschlands und den Keim neuer Kriege in sich trägt. Verweigern Sie sich nicht Ihrer geschichtlichen Berufung. Nehmen Sie die Initiative in Ihre Hand, und Wehrmacht und Volk werden Sie unterstützen«[31].

Der anfangs getrennte Weg von kommunistisch dominiertem Nationalkomitee und einem formal eigenständigen Offiziersbund führte zum Erfolg. Allerdings ließ der sofortige Beitritt des BDO zum Nationalkomitee die Unterschiede im Denken der Offiziere im Vergleich zu den kommunistischen Emigranten oder antifaschistisch eingestellten Kriegsgefangenen verschwimmen. Vor allem für die Offiziere bestand ein ethisches Problem darin, daß sie sich gegen ihren Oberbefehlshaber Hitler auflehnten und damit den militärischen Eid verletzen mußten. Um die aus diesem Gewissenskonflikt resultierenden Hemmungen zu nehmen, war bereits im Manifest des NKFD an das historische Vorbild des Generals von Yorck erinnert worden, der in der Konvention von Tauroggen 1812 den Eid auf seinen König zugunsten einer übergeordneten Staatsräson gebrochen hatte[32]. Seydlitz griff das in seiner Antrittsrede als Präsident des BDO auf. Auch wenn er relativierte, daß sich Geschichte nicht wiederhole, so betonte er mit Blick auf Yorck und den Freiherrn vom Stein: »Es ist der Mut, für das deutsche Volk in seiner höchsten Not selbständig und ohne Befehl mit ihrem ganzen Sein einzutreten, die Klarheit ihres Blickes für die Lage, die Überzeugung ihrer Verantwortlichkeit für das deutsche Schicksal und die Begeisterung, mit der sie zur Tat schritten«[33]. Geschichtliche Vorbilder hatten in der Propaganda des NKFD einen festen Platz, und es kann angenommen werden, daß die Akteure darin nicht nur leere Phrasen sahen[34]. Das gleiche galt für die Wahl der Farben schwarz-weiß-rot, den Farben des deutschen Kaiserreiches, mit denen das Nationalkomitee auftrat. Diese vor allem die Kommunisten im Nationalkomitee verwirrende Entscheidung ging auf Manuil'skij zurück, der damit aber die national-konservative Stimmungslage genau traf[35]. Die später dem NKFD beigetretenen Offiziere haben die Farben bis zur Auflösung des Nationalkomitees ohne erkennbare Proteste weiterverwendet.

Das Nationalkomitee entfaltete eine umfangreiche Propaganda. Von Juli 1943 bis November 1945 erschien wöchentlich die Zeitung »Freies Deutschland«, in der die Kriegsereignisse kommentiert sowie alle Appelle des National-komitees und Verlautbarungen der Alliierten veröffentlicht wurden. Die Auf-machung glich der einer politischen Tageszeitung und hatte nichts mit dem zuweilen plumpen agitatorischen Stil gemein, der in den von der Roten Armee herausgegebenen Frontzeitungen verwendet wurde. Allerdings konnte das »Freie Deutschland« überwiegend nur von den Aktivisten und Mitgliedern des Nationalkomitees in den Kriegsgefangenenlagern gelesen werden. Für eine massenhafte Verbreitung war seine Herstellung zu teuer. An der Front gab das Nationalkomitee Flugblätter heraus, deren Texte zum Teil zentral, häufig aber vor Ort von den sogenannten Frontbevollmächtigten des NKFD aufgesetzt wurden. Alle Flugblätter, wie auch die Zeitung »Freies Deutschland«, mußten die Zensur der Roten Armee passieren. Zweites Standbein der Frontpropaganda waren Lautsprechersendungen, mit denen im unmittelbaren Frontbereich auf die Wehrmachtsoldaten eingewirkt wurde. Und schließlich betrieb das NKFD von Moskau aus den Radiosender »Freies Deutschland«, der vor allem in Deutschland gehört werden konnte[36]. Die Propaganda des NKFD fand inso-fern Beachtung, als die Wehrmacht, obwohl sie anfangs die Existenz des Natio-nalkomitees totschweigen wollte, zu Gegenreaktionen provoziert wurde[37].

Die Propaganda im Namen des Nationalkomitees »Freies Deutschland« konnte nicht von den Kriegsgefangenen von Lunevo, dem Lager des NKFD, aus gesteuert werden. Es war der zivile Teil des Komitees, der in Moskau als »Stadtkomitee« die redaktionelle Arbeit leitete. Das Stadtkomitee war Bestand-teil des »wissenschaftlichen Instituts Nr. 99«, das zusammen mit zwei weiteren »Instituten« nach Auflösung der Komintern entstanden war, um deren Apparat im verborgenen weiterarbeiten lassen zu können. Über das »Institut 99« waren NKFD und BDO in die sowjetische Propaganda an der Front und in den Kriegsgefangenenlagern sowie im weiteren Sinne in die sowjetische Deutsch-landplanung eingebunden. Den kriegsgefangenen Mitgliedern erschloß sich vermutlich nicht, daß ihr gesamtes Tun auf diese Weise in die institutionellen Strukturen des ZK der KPdSU eingebunden war[38]. Vor allem die Frontpropa-ganda blieb immer in der alleinigen Verfügungsgewalt der Roten Armee, deren Politische Hauptverwaltung argwöhnisch über ihr Informationsmonopol wachte. Nominell entschied das Nationalkomitee über die Entsendung seiner Frontbevollmächtigten, aber Auswahl, Anleitung und Einsatzgebiet wurden – teilweise unter Mitwirkung des »Instituts 99« – an der Front von der Roten Armee entschieden[39].

Im September 1943 verabschiedeten NKFD und BDO gemeinsam die so-genannte 1. taktische Hauptlosung »Zurückführung der Armee gegen den Be-fehl Hitlers unter verantwortungsbewußter Führung an die Reichsgrenze«. Noch vor dieser Entscheidung hatte Manuil'skij gegen den Widerstand der Kommunisten im Nationalkomitee darauf hingearbeitet, daß das Nationalkomitee nicht zum Überlaufen auffordern würde[40]. Aber im Januar 1944 wurde die 2. taktische Hauptlosung »Einstellung des Kampfes, Übergang auf die Seite des Nationalkomitees« beschlossen, womit das NKFD dann doch zum Überlaufen aufrief. Im Sommer 1944 wurde diese Losung sogar noch durch den Zusatz »Alle Waffen gegen Hitler«[41] ergänzt. Spätestens ab Januar 1944 waren die Losungen des NKFD nicht mehr von denen der Roten Armee zu unterscheiden[42]. Zudem änderte sich die Qualität der Aktivitäten im Namen des Nationalkomitees an der Front. Die Stärke seiner Frontorganisation soll – nach etwas überhöhten Schätzungen – von anfangs ca. 150 auf 1000 Mann im Sommer 1944, im Herbst auf 1500 und bis Kriegsende auf 1800–2000 Mann angewachsen sein[43]. Zunehmend wurden Aktionen durchgeführt, bei denen Kriegsgefangene in deutschen Uniformen und mit gefälschten Papieren im Rücken der Wehrmacht Flugblätter des NKFD verteilten, aber ebenso bewaffnete Späh- und Sabotageaufträge ausführten[44]. Derartige Unternehmen waren nicht in Einklang zu bringen mit dem Anliegen des BDO, eine »Zersetzungspropaganda« zu vermeiden[45]. Sie förderten statt dessen die Angst vor der »Seydlitz-Armee«, die heimtückisch in den Rücken der kämpfenden Truppe falle. Die Frontpropaganda des NKFD scheiterte, weil die Methoden und Organisationsformen immer die der Roten Armee blieben, die, egal mit welchen Mitteln, ausschließlich auf eine Schwächung der Kampfkraft der Wehrmacht setzte[46].

Man kann das Nationalkomitee nicht freisprechen von dem Vorwurf, die Wehrmacht durch Überläuferpropaganda und Partisanenaktionen (»Zersetzungspropaganda«) geschwächt zu haben. In gewisser Weise trifft das auch auf die Anschuldigungen zu, in den Kriegsgefangenenlagern sei durch die erbitterten Auseinandersetzungen um das Nationalkomitee der Zusammenhalt der deutschen Gefangenen untereinander zerstört worden. Jedoch ist es übertrieben, daraus einen physischen Existenzkampf abzuleiten, der durch die materielle Belohnung des Bekenntnisses zum NKFD einerseits und den Entzug von Vergünstigungen wegen oppositionellen Verhaltens andererseits angefacht worden sei[47]. Im Lagerleben hinterließ das Nationalkomitee kaum Spuren. Zwar galt seine Propaganda für die Jahre 1943 bis 1945 als verbindliche Leitlinie für die gesamte politische Erziehung der Kriegsgefangenen, die Formen politischer Beeinflussung aber, die zuvor unter der Bezeichnung »Antifa« eingeführt worden waren, wurden durch die Gründung des Nationalkomitees nicht geändert. In den sogenannten Lageraktivs organisierten sich vornehmlich kommunistisch eingestellte Kriegsgefangene, Absolventen der Antifa-Schule und – das blieb nicht aus – Opportunisten, die sich dadurch berechtigte Hoffnungen auf eine Verbesserung ihrer Lagerbedingungen machten[48]. Aber man kann dem Nationalkomitee nicht den Vorwurf machen, die Auseinandersetzungen in den Lagern forciert zu haben. Im Denken der führenden Köpfe des kriegsgefangenen Teils des Nationalkomitees spielte die Beeinflussung des Lagerlebens keine Rolle. Sie nahmen es nicht wahr, daß die Verwaltung der Kriegsgefangenenlager die Propaganda des NKFD ebenso instrumentalisierte, wie es die Rote Armee an der Front tat. So ist der Kommentar Jesco von Puttkamers durchaus zutreffend: »Außer dem Lager 97 [dem Offizierslager Elabuga] mögen es noch 4 oder 5 andere gewesen sein, in die Delegationen entsandt wurden. So konnte in Wirklichkeit von einer Führung durch den Lunower ›Wasserkopf‹ keine Rede sein«[49].

Die Tätigkeit des Nationalkomitees entfaltete sich auf mehreren Ebenen. Das galt insbesondere für das sehr unterschiedliche Vorgehen von Offiziersbund und kommunistischem Teil des Nationalkomitees. Einsiedels Kritik, durch die Fusion mit dem NKFD habe der Offiziersbund schon bei seiner Gründung jeglichen Einfluß verloren, ist nicht zuzustimmen[50]. Bis zum März 1944 entwickelte der BDO eine sehr eigenständige Politik, die vor allem die Generale Seydlitz, Korfes und Lattmann durch die Zusage Mel'nikovs und ihr persönlich integeres Auftreten legitimiert sahen. Gleich nachdem er seine Mitarbeit erklärt hatte, wandte sich Seydlitz in persönlichen Briefen an die Kommandierenden der Wehrmacht an der Ostfront. Er appellierte an ihr Verantwortungsbewußtsein, das eine Fortsetzung des aussichtslosen Kampfes nicht zulassen könne. Stalingrad habe ein trauriges Beispiel dafür gegeben, wohin blinder Gehorsam führe. Und da die militärischen Führer nicht vor Hitler, sondern vor dem deutschen Volk die Verantwortung trügen, forderte Seydlitz zu dem eigenständigen Entschluß auf, die Kampfhandlungen entgegen des Befehls

Flugblatt des Nationalkomitees »Freies Deutschland« vom 20.9.1944

Hitlers einzustellen[51]. Zweimal fuhr Seydlitz an die Front (Oktober 1943 und Februar 1944), um dort – vergebens – zu Gesprächen bereit zu stehen[52]. Dieser persönliche Einsatz zeitigte ebensolche Konsequenzen. Bereits im Vorfeld der Gründung des BDO waren Seydlitz, wie auch Korfes und Lattmann, von den übrigen kriegsgefangenen Generalen, an ihrer Spitze Generalfeldmarschall Paulus, wegen ihrer Zusammenarbeit mit der Sowjetunion geächtet worden: »Was die im ›Bund‹ vereinigten Offiziere und Generale treiben ist also Landesverrat. Wir bedauern schmerzlich, daß sie sich dazu hergegeben haben. Wir betrachten sie nicht mehr als unsere Kameraden und sagen uns mit aller Bestimmtheit von ihnen los«[53]. Und es war nur dem großen Einsatz sowjetischer Politoffiziere zu verdanken, daß diese Erklärung kurz darauf zurückgenommen wurde, so daß die Gründung des BDO zumindest nicht im offenen Affront der opponierenden Generale erfolgen mußte. Im März 1944 wiederholte sich für Seydlitz diese persönliche Kränkung, als die Generalfeldmarschälle des Heeres Hitler eine Treuebekundung gaben, in der sie erklärten: »Seine Person ist für alle Zeiten mit Schmach und Schande bedeckt«[54]. Kurz darauf wurde Seydlitz vom Reichskriegsgericht in absentia wegen Kriegsverrats zum Tode verurteilt. Dieses Urteil wurde erst im Februar 1956 aufgehoben[55]. Ächtung, gerichtliche Verfolgung sowie Gefährdung der in Deutschland befindlichen Familienangehörigen durch Sippenhaft betraf auch andere Mitglieder des Nationalkomitees[56].

Vor dem Hintergrund des aus Sicht der Akteure hohen persönlichen Einsatzes geriet der totale propagandistische Mißerfolg des Nationalkomitees für Seydlitz wie auch für den BDO insgesamt zur Katastrophe. Im Februar 1944 war Seydlitz zum zweiten Mal an die Front gefahren, um am Kessel von Korsun' die dort eingeschlossenen Wehrmachtverbände zur Kapitulation zu bewegen. Doch alles Bemühen konnte den aussichtslosen Durchbruchversuch der Wehrmacht, der eine große Zahl Opfer forderte, nicht aufhalten. Vollkommen enttäuscht kehrte Seydlitz nach Lunevo zurück und verfaßte ein Memorandum[57]. Es war nicht das erste Mal, daß sich der BDO in dieser Art äußerte. Seit seiner Gründung im September 1943 hatte er wiederholt Pläne vorgelegt, in denen die Aufstellung einer deutschen Befreiungsarmee aus kriegsgefangenen Wehrmachtsoldaten vorgeschlagen wurde[58]. Diese waren jedoch von der sowjetischen Führung, sofern sie ihr überhaupt zur Kenntnis gelangten, nie beantwortet worden. Die von Seydlitz im Februar 1944 verfaßte Denkschrift aber sorgte für viel Aufregung, denn Seydlitz forderte darin unter Berufung auf die seinerzeit von Mel'nikov gegebene Zusicherung von der sowjetischen Führung die Anerkennung des Nationalkomitees als deutsche Exilregierung[59]. Diesen Schritt wollte die sowjetische Regierung nicht machen. Stalin, dem darüber berichtet wurde, wurden die vermeintlich Verantwortlichen genannt, die daraufhin verhaftet wurden. Die ganze Auseinandersetzung um das Seydlitz-Memorandum endete in der »Affäre Rodenburg und Huber«[60]. Da sich zudem das alliierte Verhältnis seit der Jahreswende 1943/44 erheblich gebessert hatte, durfte über derartige Überlegungen des Nationalkomitees nichts nach draußen dringen. Das Seydlitz-Memorandum wurde von der sowjetischen Führung beschlagnahmt und seine Vorschläge soweit wie möglich entkräftet[61].

Ab dem Frühjahr 1944 ging die Entwicklung im Nationalkomitee in eine andere Richtung. Auf der Konferenz von Teheran hatten sich alle drei Kriegsverbündeten auf das allgemeine Ziel der bedingungslosen Kapitulation Deutschlands geeinigt, und ab Januar 1944 berieten sie in einem gemeinsamen Gremium (European Advisory Commission) über die Bedingungen eines Friedensvertrages mit dem besiegten Deutschland. Gleichzeitig nahm die Exil-KPD ihre Deutschlandplanung auf[62]. An ihr waren dieselben Emigranten beteiligt, die sich auch im Nationalkomitee engagierten. Nun machten sich die von Anfang an vollkommen getrennt gehaltenen Kommunikationskreisläufe im Nationalkomitee bemerkbar. Nach dem Scheitern des Seydlitz-Memorandums dominierten die Emigranten im Nationalkomitee. Ihr Konzept einer kommunistisch geführten Volksfront, die aus der Bewegung »Freies Deutschland« hervorgehen sollte, rückte stärker in den Mittelpunkt[63].

Am Jahresende 1944 – die Exil-KPD hatte unterdessen ihr deutschlandpolitisches Programm des »Blockes der kämpferischen Demokratie« vorgelegt – kam es zu der letzten, für die Geschicke des Nationalkomitees relevanten Aussprache zwischen den Generalen des Offiziersbundes, den Kommunisten im Nationalkomitee und Vertretern der Politischen Hauptverwaltung der Roten Armee. Die Aussprache drehte sich – den Notizen Piecks zufolge – abermals um die bereits im Frühjahr von den Generalen angesprochene Frage der »Rolle des Nationalkomitees, Perspektive ob Regierung«. Hinzu kamen Nachfragen zu der zukünftigen Deutschlandpolitik (»Grenzfrage, Entwaffnung«, »Frage der Demokratie, wieviel Parteien«), dem Programm der KPD (»Block der kämpferischen Demokratie«) und der Zukunft der Wehrmacht (»Befreiungsarmee/Schutztruppe«, »Frage der Zukunft der Berufsoffiziere«)[64]. Seydlitz verlangte Auskunft über die sowjetischen Absichten in Deutschland, wurde aber von dem Vertreter der Politischen Hauptverwaltung mit allgemeinen Ausführungen hingehalten: »Das Besatzungsregime der Sowjetunion ist im Wesen der Sowjetunion selbst zu suchen. Die zeitweiligen Maßnahmen können schwer sein, aber doch sind sie ausgerichtet auf die Freundschaft der Völker. Die beste Deklaration besteht im Vertrauen auf die Worte und die Bücher Stalins, wofür bereits über 25 Jahre Sowjetentwicklung vorliegen«[65]. Von sowjetischer Seite wurde klargestellt, daß der weitere Weg in der Deutschlandpolitik in enger Zusammenarbeit mit der KPD erfolgen werde. Seydlitz berichtet, daß sich die sowjetischen Vertreter seit Dezember 1944 in offener Form von ihm zurückzogen und der BDO vom Kriegsende schließlich nur noch aus der Zeitung erfahren habe[66]. Nominell existierte das Komitee bis zu seiner Selbstauflösung am 2. November 1945, hatte aber überhaupt keine Bedeutung mehr.

Mit dem Kriegsende kehrte der zivile Teil des Nationalkomitees größtenteils in der »Gruppe Ulbricht« nach Deutschland in die sowjetisch besetzte Zone zurück. Bis zum Jahresende 1945 folgten ihnen diejenigen kriegsgefangenen

NKFD-Mitglieder, die entweder eine entsprechende Parteischulung absolviert hatten oder als unbedingt loyal gegenüber der Sowjetunion galten[67]. Die persönliche Konsequenz für sie bestand darin, daß sie ihre Familien in die sowjetisch besetzte Zone holen oder den Kontakt abbrechen mußten[68]. Generale des Nationalkomitees wurden erst im Frühsommer 1948 repatriiert. Ihre Rückkehr stand bereits im engen Zusammenhang mit dem Aufbau der Kasernierten Volkspolizei als Vorstufe zur Wiederaufrüstung in der sowjetischen Besatzungszone. Abermals konnten nur diejenigen fahren, die zuvor politisch geschult worden waren, und die ihre Loyalität zu dem werdenden ostdeutschen Staat versicherten[69]. 1950 schließlich wurden alle übrigen Mitglieder des Nationalkomitees aus der sowjetischen Kriegsgefangenschaft entlassen, die man nicht zuvor aus politischen Gründen als Kriegsverbrecher verurteilt hatte. Dieses Schicksal traf General von Seydlitz, der erst 1955 als Spätheimkehrer in die Bundesrepublik entlassen wurde[70].

Mit ihrem Versuch, die Kommandierenden der Wehrmacht zum Umdenken zu bewegen, scheiterten die Offiziere im Nationalkomitee. Ein gewisser propagandistischer Erfolg war ihnen dann doch noch vergönnt, als im Juli 1944 16 Generale der zusammengebrochenen Heeresgruppe Mitte einen Appell des NKFD unterzeichneten[71]. Am 20. Juli folgte der Attentatsversuch auf Hitler, der im Zusammenhang mit dem militärischen Kollaps an der Ostfront und der Eröffnung der zweiten Front im Westen zum »Motor der Generalspropaganda« werden konnte[72]. Nun lenkte auch Generalfeldmarschall Paulus ein. Geködert mit einer führenden Rolle im Nationalkomitee und nach dem Krieg in Deutschland forderte er in einer öffentlichen Erklärung am 8. August 1944 den Sturz Hitlers[73]. Durch Paulus' Beitritt erfuhr die Propaganda des NKFD einen immensen Aufschwung, der im Dezember 1944 in dem Aufruf der 50 Generale gipfelte. Immerhin waren das mindestens zwei Drittel aller in sowjetischer Gefangenschaft befindlichen Wehrmachtgenerale[74]. Im Gegensatz zu Seydlitz aber, der bereits im Sommer 1943 die Initiative ergriffen hatte, konnte Paulus keine Rolle mehr im Nationalkomitee spielen, weil seine Entscheidung zu spät und zu halbherzig fiel.

Die Möglichkeiten, aus der sowjetischen Kriegsgefangenschaft heraus Widerstand gegen den Nationalsozialismus leisten zu können, waren gering. Es blieb nur der Weg, den der BDO bis zum Frühjahr 1944 beschritt, nämlich sich mit dem Gewicht persönlicher Integrität für die Befehlsverweigerung gegen Hitler einzusetzen. So gesehen war das Nationalkomitee keine Widerstandsbewegung hinter Stacheldraht, sondern es entfaltete seine Wirkung aufgrund von Aktionen Einzelner, die ihr Tun durchaus als Widerstand begriffen[75]. Insbesondere Seydlitz hat sich durch seine frühzeitige und entschlossene Haltung Anerkennung für sein widerständiges Verhalten gegen den Nationalsozialismus verdient[76]. Allerdings war die Abkehr von Hitler offenbar nur vor dem Hintergrund des Stalingraderlebnisses nachzuvollziehen, und selbst diejenigen, die Stalingrad überlebten, zogen nicht alle dieselben Konsequenzen. Das zeigen die

Auseinandersetzungen der kriegsgefangenen Offiziere untereinander. Für die Kommandierenden der Wehrmacht an der Ostfront war die Befehlsverweigerung gegenüber Hitler überhaupt nicht nachvollziehbar, zumal die Aufforderung dazu über die Front aus sowjetische Gefangenschaft heraus erfolgte. Seydlitz' Einsatz scheiterte.

Das Nationalkomitee »Freies Deutschland« ist vor allem wegen seiner Frontpropaganda in Verruf geraten. Seydlitz mag sich persönlich an die von ihm aufgestellte Maxime, einer »Zersetzungspropaganda« nicht das Wort reden zu wollen, gehalten haben. Er konnte es jedoch nicht verhindern, daß andere es im Namen des NKFD taten. Hierbei war es für die kommunistischen Emigranten, in Maßen auch für die kommunistisch eingestellten Kriegsgefangenen, leichter, sich über die ethischen Hemmungen der Offiziere hinwegzusetzen. Schließlich kämpften Kommunisten gegen ein Regime, vor dem sie ins Exil fliehen mußten, um ihr Leben zu retten. Mit dieser Problematik hat sich der BDO nicht auseinandergesetzt. Ebensowenig fand eine kritische Auseinandersetzung mit der nationalsozialistischen Vernichtungspolitik und deren tatkräftige Unterstützung durch die Wehrmacht statt[77]. Die Offiziere opponierten gegen die, wie sie es nannten, »verbrecherische Kriegführung« und meinten damit die erfolglose Kriegspolitik Hitlers.

Anmerkungen

1   Bruno Löwel, Die Gründung des NKFD im Lichte der Entwicklung der Strategie und Taktik der KPD, in: Beiträge zur Geschichte der Arbeiterbewegung (BzG), 5 (1963), S. 613 ff.; Heinz Kühnrich, Die KPD und die Bewegung »Freies Deutschland«, in: BzG, 30 (1988), S. 435 ff.

2   Karl-Heinz Frieser, Krieg hinter Stacheldraht. Die deutschen Kriegsgefangenen in der Sowjetunion und das Nationalkomitee »Freies Deutschland«, Mainz 1981.

3   Überzogen etwa: Peter Strassner, Das Nationalkomitee »Freies Deutschland« – Keimzelle der sogenannten DDR, München 1960.

4   Erich Weinert, Das Nationalkomitee »Freies Deutschland«, Berlin 1957.

5   Bodo Scheurig, Verräter oder Patrioten. Das Nationalkomitee »Freies Deutschland« und der Bund Deutscher Offiziere in der Sowjetunion 1943 – 1945, 3. überarb. und erg. Neuausgabe, Berlin, Frankfurt a.M. 1993 (1. Auflage München 1960).

6   Überblick über den Forschungsstand in: Das Nationalkomitee »Freies Deutschland« und der Bund Deutscher Offiziere, hrsg. von Gerd R. Ueberschär, Frankfurt a.M. 1995.

7   Peter Steinbach, Zwischen Verrat und Widerstand. Der Streit um das NKFD und den BDO bei der Präsentation in der Ausstellung der Gedenkstätte Deutscher Widerstand als geschichtliches Symptom, in: ebd., S. 15 ff.

8   Siehe die Einführung von Günter Roth, in: Aufstand des Gewissens. Militärischer Widerstand gegen Hitler und das NS-Regime 1933 – 1945. Katalog zur Wanderausstellung, im Auftrag des Militärgeschichtlichen Forschungsamtes hrsg. von Heinrich Walle, 4. durchges. und wesentl. erw. Aufl., Berlin, Bonn, Herford 1994, S. 11 (im vorliegenden Band, S. 9), sowie Heinrich Walle, Rundgang durch die Ausstellung, in: ebd., S. 17.

[9] Peter Steinbach, Der militärische Widerstand und seine Beziehungen zu den zivilen Gruppierungen des Widerstandes, in vorliegendem Band, S. 49 – 87.

[10] Manifest des Nationalkomitees »Freies Deutschland«, in: Das Nationalkomitee (wie Anm. 6), S. 265 ff.

[11] Vgl. Freies Deutschland, Organ des Nationalkomitees »Freies Deutschland«, Nr. 8/9 vom 15.9.1943, insbes. S. 3.

[12] Weinert, Nationalkomitee (wie Anm. 4), S. 26 f. und 36.

[13] Außer den oben genannten waren das: Martha Arendsee, Edwin Hoernle, Hans Mahle, Gustav Sobottka, Gustav von Wangenheim.

[14] Herbert Stresow, Matthäus Klein, Fritz Luddeneit, Jakob Eschborn, Leonhard Helmschrott, Hans Zippel, Otto Sinz, Max Emendörfer, Reinhold Fleschhut, Heinz Keßler, Erich Kühn, Günter Kertzscher, Emil Krummel.

[15] Ernst Hadermann, Eberhard Charisius, Friedrich Reyher, Fritz Rücker, Ernst Kehler, Gerhard Krausnick; siehe auch Willy Wolff, Die erste Konferenz antifaschistischer deutscher Offiziere in der Sowjetunion. Zur Vorgeschichte des Nationalkomitees »Freies Deutschland«, in: Zeitschrift für Geschichtswissenschaft (ZfG), 13 (1965), S. 277 ff.

[16] Karl Hetz, Heinrich Homann, Herbert Stößlein, Carl Fleischer, Heinrich Graf von Einsiedel, Ernst von Kügelgen; zu den Unterzeichnern des Manifestes insgesamt siehe Weinert, Nationalkomitee (wie Anm. 4), S. 22 f.

[17] Scheurig, Verräter oder Patrioten (wie Anm. 5), S. 11.

[18] Jörg Morré, Das Institut 99 in Moskau 1943 – 1946. Nationalkomitee »Freies Deutschland« und Antifa-Schulung als Bestandteil sowjetischer Deutschlandplanung, phil. Diss. Bochum 1999, S. 38 ff. (erscheint 2001 in der Schriftenreihe der Vierteljahrshefte für Zeitgeschichte).

[19] Alexander Fischer, Sowjetische Deutschlandpolitik im Zweiten Weltkrieg 1941 – 1945, Stuttgart 1975 (= Studien zur Zeitgeschichte), S. 33 ff.; siehe auch Ingeborg Fleischhauer, Die Chance des Sonderfriedens. Deutsch-sowjetische Geheimgespräche 1941 – 1945, Berlin 1986.

[20] Notizen Wilhelm Piecks vom 27.5.1943, Stiftung Archiv der Parteien und Massenorganisationen der DDR im Bundesarchiv (SAPMO-BArch), NY 4036/575, Bl. 7.

[21] Zitiert nach Helmut Müller-Enbergs, Der Fall Rudolf Herrnstadt. Tauwetterpolitik vor dem 17. Juni, Berlin 1991, S. 40; siehe auch ders., Das Manifest des NKFD vom 13. Juli 1943. Initiative, Autoren und Intentionen, in: Das Nationalkomitee (wie Anm. 6), S. 93 ff.

[22] Pieck an Manuil'skij am 21.6.1943, SAPMO-BArch, NY 4036/571, Bl. 110+RS.

[23] Zitiert nach Leonid Reschin, Feldmarschall im Kreuzverhör. Friedrich Paulus in sowjetischer Gefangenschaft 1943 – 1953, Berlin 1996, S. 54.

[24] »An die deutschen Offizierslager in der UdSSR« vom 24.7.1943, Russisches Zentrum für die Aufbewahrung und Erforschung der Dokumente der neuesten Geschichte (RCChIDNI) 495/77/22, Bl. 112 RS; vgl. Leonid Reschin, General zwischen den Fronten, Berlin 1995, S. 17.

[25] Vgl. Walther von Seydlitz, Stalingrad. Konflikt und Konsequenz. Erinnerungen, Oldenburg 1977, S. 275 ff.

[26] Ebd., S. 286; vgl. Bericht Mel'nikovs an Berija vom 23.8.1943, in: Reschin, General (wie Anm. 23), S. 28 f.

[27] Bundesarchiv, Abteilung Reich 90 KO 10/183, Bl. 22 – 23; die »Daniels-Niederschrift über die Ausführungen des Generals Melnikow in der Nacht vom 2. zum 3.10.43 zwischen 1 und 2 Uhr« ist abgedruckt in: Verrat hinter Stacheldraht? Das Nationalkomitee

»Freies Deutschland« und der Bund Deutscher Offiziere in der Sowjetunion 1943 – 1945, hrsg. von Bodo Scheurig, München 1965, S. 97 f. Die Datierung auf den Oktober 1943 kann nicht stimmen, die Besprechung muß in der Nacht vom 22. auf den 23.8.1943 stattgefunden haben (siehe auch das Dokument »Heinrich Gerlach. Die Werbung der Generale«, ebd., S. 94 ff.).

28 Reschin, General (wie Anm. 23), S. 32 f.; vgl. Scheurig, Verräter oder Patrioten (wie Anm. 5), S. 62 f.

29 Vgl. Seydlitz, Stalingrad (wie Anm. 25), S. 329 f.

30 Reschin, General (wie Anm. 23), S. 34 ff.

31 »Aufruf an die deutschen Generale und Offiziere! An Volk und Wehrmacht!«, in: Freies Deutschland (wie Anm. 11), S. 1, ediert in: Scheurig, Verräter oder Patrioten (wie Anm. 5), S. 189 ff.

32 »Wir haben in unserer Geschichte ein großes Vorbild. Vor hundertdreißig Jahren wandten sich, als noch deutsche Truppen als Feinde auf russischem Boden standen, die besten Deutschen, vom Stein, Arndt, Clausewitz, Yorck und andere, von Rußland aus über die Köpfe verräterischer Machthaber hinweg an das Gewissen des deutschen Volkes und riefen es auf zum Freiheitskampf. Gleich ihnen werden wir alle unsere Kraft und auch unser Leben einsetzen, alles zu unternehmen, was den Freiheitskampf unseres Volkes entfaltet und den Sturz Hitlers beschleunigt.«, Manifest des NKFD, in: Das Nationalkomitee (wie Anm. 6), S. 268.

33 Walther von Seydlitz, Rücktritt Hitler – das Gebot der Stunde, in: Freies Deutschland (wie Anm. 11), S. 1 und 3.

34 Gerald Diesener, Historisches in der Zeitung »Freies Deutschland« (1943 – 1945), in: BzG, 29 (1987), S. 772 ff.; ders., Militärpolitische Propaganda in der Zeitung »Freies Deutschland«, in: Zeitschrift für Militärgeschichte, 3 (1983), S. 333 ff.; siehe auch Jörg Morré, Das Nationalkomitee Freies Deutschland und der Mythos von Tauroggen, unveröffentlichte Examensarbeit, Hamburg 1991.

35 Vgl. Wolfgang Leonhard, Die Revolution entläßt ihre Kinder, Köln, Berlin 1955, S. 280; Ruth von Mayenburg, Blaues Blut und rote Fahnen. Ein Leben unter vielen Namen, Wien, München, Zürich 1969, S. 305 f.

36 Zur Propaganda siehe: Birgit Petrick, »Freies Deutschland« – die Zeitung des Nationalkomitees »Freies Deutschland« (1943 – 1945). Eine kommunikationswissenschaftliche Untersuchung (Kommunikation und Politik, 12), München, New York, London, Paris 1979; Gerald Diesener, Die Propagandaarbeit der Bewegung »Freies Deutschland« in der Sowjetunion 1943 – 1945, phil. Diss. (B), Leipzig 1987; Flugblätter des Nationalkomitees Freies Deutschland. Ausstellung 29. September – 2. November 1989, hrsg. von Eva Bliembach, Wiesbaden 1989 (Staatsbibliothek Preußischer Kulturbesitz, Ausstellungskataloge, 36).

37 Paul Heider, Reaktionen in der Wehrmacht auf Gründung und Tätigkeit des Nationalkomitees »Freies Deutschland« und des Bundes Deutscher Offiziere, in: Die Wehrmacht. Mythos und Realität, im Auftrag des Militärgeschichtlichen Forschungsamtes hrsg. von Rolf-Dieter Müller und Erich Volkmann, München 1999, S. 614 – 634; Dokumente in: Das Nationalkomitee (wie Anm. 6), S. 269 ff.

38 Generell dazu siehe Morré, Das Institut 99 (wie Anm. 18); ders., Zur Einbindung des NKFD in die administrativen Strukturen der UdSSR, in: Das Nationalkomitee (wie Anm. 6), S. 133 – 137.

39 Vgl. Vladimir Vsevolodov, Die propagandistische Tätigkeit des NKFD und des BDO
    sowie deren Zusammenarbeit mit den Politorganen der Roten Armee, in: Das National-
    komitee (wie Anm. 6), S. 112 ff.

40 Notizen Piecks vom 9.8.1943, SAPMO-BArch, NY 4036/498, Bl. 87: »Daß Hitler weg
    muß = einig, aber wie, anderer Führer – Wehrmacht erhalten und geschlossen in die
    Heimat zurück, Kampfausschüsse = nicht einverstanden – Kampfgruppe Ausweg –
    betr[ogene (?)] Demokratie«. Manuil'skijs Anteil an der Formulierung der ersten Propa-
    gandalosung ist größer, als bisher angenommen. Scheurig (Verräter oder Patrioten [wie
    Anm. 4], S. 69) führt die Formulierung der Losung allein auf den Einfluß des BDO zu-
    rück. Diesener (Propagandaarbeit der Bewegung »Freies Deutschland« [wie Anm. 35],
    S. 34) versucht, den Einfluß der KPD auf die Formulierung herzuleiten und spricht von
    einem Kompromiß zwischen KPD und BDO.

41 Weinert, Nationalkomitee (wie Anm. 4), S. 88, 90 und 95.

42 Vgl. Diesener, Propagandaarbeit (wie Anm. 36), S. 34, der unter Hinweis auf die sowjeti-
    sche Frontpropaganda vom »Kompromißcharakter« der ersten NKFD-Losung spricht.

43 Willy Wolff, An der Seite der Roten Armee. Zum Wirken des Nationalkomitees »Freies
    Deutschland« an der sowjetisch-deutschen Front 1943 bis 1945, Berlin (Ost) 1973, S. 94,
    150 und 213 f.; vgl. Morré, Das Institut 99 (wie Anm. 18), S. 141.

44 Wolff, An der Seite (wie Anm. 43); ders., Bewaffnete Gruppen der Bewegung »Freies
    Deutschland«, in: Die Front war überall. Erlebnisse und Berichte vom Kampf des Natio-
    nalkomitees »Freies Deutschland«, hrsg. von Bernt und Else von Kügelgen, 2. Aufl., Ber-
    lin (Ost) 1978, S. 309 ff.

45 Seydlitz, Stalingrad (wie Anm. 25), S. 329.

46 Vgl. Heinz Starkulla jr., Verderber Hitler – preisgegebenes Deutschland. Die »Bilder im
    Kopf« des Nationalkomitees Freies Deutschland als Stereotype in seinen Flugblättern, in:
    Flugblätter des Nationalkomitees (wie Anm. 36), S. 69: »Die Ziele des NKFD, soweit sie
    sich aus seinen ›Bildern im Kopf‹ beurteilen lassen, scheinen rein, manche Mittel seiner
    Propaganda dagegen weniger: die euphemistisch gezeichneten Feinde [die Sowjetunion],
    der irreale Schatten einer übergehenden Wehrmacht, das Märchen von der starken Frei-
    heitsbewegung NKFD. Und wenn es richtig ist, daß man Menschen nicht nur nach ihren
    Zielen beurteilen darf, sondern auch nach den Mitteln, die sie zur Erreichung ihrer Ziele
    einsetzen, dann bleiben zumindest Fragezeichen.«

47 Frieser, Krieg hinter Stacheldraht (wie Anm. 2), insbes. S. 144 ff.

48 Allgemein dazu siehe Gert Robel, Die deutschen Kriegsgefangenen in der Sowjetunion.
    Antifa, München 1974 (Zur Geschichte der deutschen Kriegsgefangenen des Zweiten
    Weltkrieges, Bd 8); Morré, Das Institut 99 (wie Anm. 18), S. 123 ff.

49 Jesco von Puttkamer, Irrtum und Schuld. Geschichte des Nationalkomitees »Freies
    Deutschland«, Neuwied, Berlin 1948, S. 77.

50 Heinrich Graf von Einsiedel, Tagebuch der Versuchung, Frankfurt a.M., Berlin, Wien
    1985 (TB-Ausgabe), S. 100.

51 Vgl. die Briefe an die Kommandierenden der Wehrmacht, in: Seydlitz, Stalingrad (wie
    Anm. 25), S. 337 ff.

52 Ebd., S. 310 f. und S. 335 ff.; Reschin, General (wie Anm. 23), S. 79 ff. und S. 154.

53 Erklärung vom 1.9.1943, Zentrum für die Aufbewahrung historisch-dokumentarischer
    Sammlungen (CChIDK) 451p/2/7, Bl. 1 RS; Reschin, General (wie Anm. 23), S. 46 ff.

54 Zitiert nach Seydlitz, Stalingrad (wie Anm. 25), S. 341; siehe auch Gerd R. Ueberschär,
    Ausgewählte Dokumente zum NKFD und BDO, in: Das Nationalkomitee (wie Anm. 6),
    S. 280 f.

55 Seydlitz, Stalingrad (wie Anm. 25), S. 385 f.

56 Gerd R. Ueberschär, Das NKFD und der BDO im Kampf gegen Hitler 1943 – 1945, in: Das Nationalkomitee (wie Anm. 6), S. 38 f.; Heider, Reaktionen in der Wehrmacht (wie Anm. 26), S. 631; Sigrid Wegner-Korfes, Weimar-Stalingrad-Berlin. Das Leben des deutschen Generals Otto Korfes, Berlin 1994, S. 182 ff.

57 Vgl. Seydlitz, Stalingrad (wie Anm. 25), S. 344 ff.; Seydlitz bekennt sich in seinen Memoiren nicht zu der Denkschrift, sondern schreibt sie Generalleutnant Carl Rodenburg zu.

58 Leonid Reschin, General von Seydlitz, der BDO und die Frage einer deutschen Befreiungsarmee unter Stalin, in: Das Nationalkomitee (wie Anm. 6), S. 225 – 238.

59 »Wie könnte und sollte die Arbeit des Nationalkomitees ›Freies Deutschland‹ und des Bundes Deutscher Offiziere verbessert und verstärkt werden, um den Sturz des Hitlerregimes herbeizuführen und ein baldiges Kriegsende zu erzwingen?«, in: Ueberschär, Ausgewählte Dokumente (wie Anm. 54), S. 287 ff.

60 Berija an Stalin am 11.3.1944, GARF 9401/2/64, Bl. 377 – 378; Scheurig, Verräter oder Patrioten (wie Anm. 5), S. 133 ff.

61 Manuil'skij an den Chef der Politischen Hauptverwaltung, Alexander S. Schtscherbakov, am 11.3.1944, RCChIDNI 17/128/40, Bl. 45.

62 Fischer, Sowjetische Deutschlandpolitk (wie Anm. 19), S. 75 ff.; siehe auch Hans-Günter Kowalski, Die »European Advisory Commission« als Instrument alliierter Deutschlandplanung 1943 – 1945, in: Vierteljahrshefte für Zeitgeschichte, 19 (1971), S. 261 ff.; zu den Planungen der KPD siehe »Nach Hitler kommen wir«. Dokumente zur Programmatik der Moskauer KPD-Führung 1944/45 für Nachkriegsdeutschland, hrsg. von Peter Erler, Horst Laude und Manfred Wilke, Berlin 1994; Jörg Morré, Kommunistische Emigranten und die sowjetische Besatzungspolitik in Deutschland, in: Exil und Neuordnung, hrsg. von Martin Schumacher, Bonn 2000, S. 279 ff.

63 Dazu siehe Arnold Sywottek, Deutsche Volksdemokratie. Studien zur politischen Konzeption der KPD 1935 – 1946, Düsseldorf 1971 (= Studien zur modernen Geschichte 1), S. 123 ff.

64 Ebd., S. 310.

65 »Auszüge aus dem Schlußwort des Genossen Braginski (5.12.1944)«, SAPMO-BArch, NY 4036/575, Bl. 225 – 226; vgl. Notizen Piecks über die »Zusammenkunft am 5.12.1944«, ebd., Bl. 218 – 223.

66 Seydlitz, Stalingrad (wie Anm. 25), S. 355; vgl. Seydlitz' Aussagen während einer Befragung durch das Militärgeschichtliche Forschungsamt am 13.3.1969: »(...) also Ende 44, Anfang 45. Da hörte eigentlich die ganze Tätigkeit des BDO fast restlos auf. Da haben wir eigentlich nichts mehr gemacht. Der BDO blieb noch bestehen bis zum Hubertus [3. November] 45, aber ohne irgendeine Tätigkeit.«, Bundesarchiv-Abteilung Militärarchiv, N 55/22, Bl. 31.

67 »Gruppe Ulbricht« in Berlin April bis Juni 1945. Von den Vorbereitungen im Sommer 1944 bis zur Wiedergründung der KPD im Juni 1945. Eine Dokumentation, hrsg. von Gerhard Keiderling, Berlin 1993, S. 441 f., 475 f. und 506 f.

68 Luitpold Steidle, Entscheidung an der Wolga, Berlin (Ost) 1969, S. 400; Bernt von Kügelgen, Die Nacht der Entscheidung. Autobiographie, Berlin (Ost) 1983, S. 485; demgegenüber Ernst Kehler, Einblicke und Einsichten. Erinnerungen, Berlin (Ost) 1989, S. 306; zum Schicksal der Eheleute Bechler siehe Margret Bechler, Warten auf Antwort. Ein deutsches Schicksal, 18. Aufl., Frankfurt a.M., Berlin 1993; Rosemarie Papadopoulos-Killius, »Es gibt zwei Deutschlands ...«. Im Gespräch mit Zeugen und Zeitgenossen des NKFD, in: Das Nationalkomitee (wie Anm. 6), S. 216 f.

69 Jörg Morré, Kader für Deutschland? Die Bemühungen der SED um die Repatriierung antifaschistischer Kriegsgefangener, in: Heimkehr 1948, hrsg. von Annette Kaminsky, München 1998, S. 230.

70 Seydlitz, Stalingrad (wie Anm. 25), S. 362 ff.; Reschin, General (wie Anm. 23), S. 248 ff. und 266 ff.

71 Freies Deutschland Nr. 31 vom 30.7.1944, S. 3; als 17. General schloß sich Hoffmeister dem Aufruf an; siehe auch Gerald Diesener, Der Beitritt kriegsgefangener Generale zur Bewegung »Freies Deutschland« 1944, in: Militärgeschichte, 27 (1988), S. 455 ff.

72 Flugblätter des Nationalkomitees (wie Anm. 36), S. 327.

73 Reschin, Feldmarschall im Kreuzverhör (wie Anm. 23), S. 107 ff.; ders.: Die Bemühungen um den Eintritt von Generalfeldmarschall Paulus in das NKFD und den BDO im Spiegel Moskauer Akten, in: Das Nationalkomitee (wie Anm. 6), S. 239 ff.

74 Ein Bericht der Verwaltung der Kriegsgefangenenlager vom 5.12.1944 meldete 74 kriegsgefangene Generale (nicht nur deutsche), CChIDK 1p/9a/8, Bl. 148.

75 Vgl. Alexander Fischer, Die Bewegung »Freies Deutschland« in der Sowjetunion. Widerstand hinter Stacheldraht?, in: Der Widerstand gegen den Nationalsozialismus. Die deutsche Gesellschaft und der Widerstand gegen Hitler, hrsg. von Jürgen Schmädecke und Peter Steinbach, 2. Aufl., München 1986, S. 963 f.: »Nach meiner Überzeugung kann kein Zweifel daran bestehen, daß sich viele militärische Mitglieder der Bewegung ›Freies Deutschland‹ als Widerständler gegen Hitler und sein ›Drittes Reich‹ verstanden haben.«; siehe auch denselben Beitrag in: Aufstand des Gewissens (wie Anm. 8), S. 449.

76 Vgl. Bodo Scheurig, Walther von Seydlitz-Kurzbach – General im Schatten Stalingrads (Beiträge zum Widerstand 23, hrsg. von der Gedenkstätte Deutscher Widerstand), 2. Aufl. Berlin 1986, insbes. S. 27; Hans Martens, General von Seydlitz 1942–1945. Analyse eines Konflikts, Berlin 1971, S. 71 ff.

77 Bereits Helmut Krausnick (Hitlers Einsatzgruppen. Die Truppe des Weltanschauungskrieges 1938–1942, Frankfurt 1985 [TB-Ausgabe], S. 27 ff.) hat hinsichtlich der Haltung der Wehrmacht zum Genozid in den besetzten Ostgebieten auf die beispielgebende Wirkung der Befehlsgebung des Oberbefehlshaber der 6. Armee von Reichenau (»Reichenau-Befehl«) hingewiesen; siehe auch Bernd Boll und Hans Safian, Auf dem Weg nach Stalingrad, in: Vernichtungskrieg. Verbrechen der Wehrmacht 1941 bis 1944, hrsg. von Hannes Heer und Klaus Naumann, Hamburg 1995, S. 260 ff.; Die Wehrmacht. Mythos und Realität, hrsg. von Rolf-Dieter Müller und Hans-Erich Volkmann, München 1999, Abschnitt VI: »Die Wehrmacht als Teil des NS-Unrechtsstaates«, S. 739 ff.

Johannes Tuchel

Zur Geschichte und Aufgabe der Gedenkstätte Deutscher Widerstand

1. Der Bendlerblock

Die Gedenkstätte Deutscher Widerstand hat ihren Sitz im Bendlerblock im Berliner Bezirk Tiergarten. Zwischen 1911 und 1914 war hier ein geräumiger Komplex für das Reichsmarineamt entstanden. Das Hauptgebäude lag am Landwehrkanal in der Königin-Augusta-Straße 38–42 (ab 1933 Tirpitzufer), der Ostflügel in der Bendlerstraße 14 (heute Stauffenbergstraße). Im Hauptgebäude bewohnte der Staatssekretär des Reichsmarineamtes – bis 1916 Großadmiral

Grundsteinlegung für ein Ehrenmal im Innenhof des Bendlerblocks durch Eva Olbricht im Beisein von Ernst Reuter am 20. Juli 1952

Alfred von Tirpitz – eine Dienstwohnung mit 24 Zimmern. In der Bendlerstraße arbeitete das Marinekabinett. Nach 1918 fand im Bendlerblock neben der
geschrumpften Marineführung auch die neugeschaffene Reichswehrführung
ihren Platz. Der Sozialdemokrat Gustav Noske als Reichswehrminister zog in
die frühere Wohnung von Tirpitz, ebenso sein Nachfolger Otto Geßler von
1920 bis 1928. Von 1920 bis 1926 wohnte Hans von Seeckt als Chef der Heeresleitung in der Bendlerstraße 14, im Anschluß daran General Kurt Freiherr
von Hammerstein-Equord.

1934 verschanzte sich während der Mordaktion des 30. Juni General Werner
Freiherr von Fritsch, Hammersteins Nachfolger seit Ende 1933, in seiner
Dienstwohnung hinter schwerbewaffneten Posten. Anfang 1938 zog der letzte
Oberbefehlshaber des Heeres, General Walther von Brauchitsch, in die Bendlerstraße 14. Im Hauptgebäude am Landwehrkanal residierten nach 1939 Teile
der Seekriegsleitung sowie des Amtes Ausland/Abwehr im Oberkommando der
Wehrmacht und Admiral Wilhelm Canaris. Den Hauptteil des Ostflügels nutzte
das Allgemeine Heeresamt des Oberkommandos des Heeres unter General
Friedrich Fromm, ab 1940 unter General Friedrich Olbricht. Am 2. Mai 1945
besetzten sowjetische Truppen den Bendlerblock, der bis zuletzt als Befehlsstand des letzten Kampfkommandanten von Berlin, General Wilhelm Weidling,
gedient hatte. Nach 1945 nutzten eine Vielzahl von Dienststellen und Bundes-
behörden den Bendlerblock.

Am 20. Juli 1952 legte nach einer Anregung von Angehörigen der Wider-
standskämpfer des 20. Juli 1944 Eva Olbricht, die Witwe des Generals Friedrich
Olbricht, den Grundstein für ein Ehrenmal im Innenhof des Bendlerblocks.
Am 20. Juli 1953 enthüllte Ernst Reuter, der Regierende Bürgermeister von
Berlin, das von dem Bildhauer Richard Scheibe geschaffene Ehrenmal, die
Bronzefigur eines jungen Mannes mit gebundenen Händen. Vor dem Ehrenmal
befindet sich ein Text von Edwin Redslob: »Ihr trugt die Schande nicht – Ihr
wehrtet Euch – Ihr gabt das große ewig wache Zeichen der Umkehr – Opfernd
Euer heißes Leben – Für Freiheit, Recht und Ehre«.

Am 20. Juli 1955 wurde die damalige Bendlerstraße in »Stauffenbergstraße«
umbenannt. Am 20. Juli 1962 enthüllte der Berliner Bürgermeister Franz Am-
rehn im Ehrenhof eine Tafel mit den Namen der am 20. Juli 1944 hier erschossenen Offiziere. Noch einige Jahre dauerte es, bis der Senat von Berlin auf Anregung ehemaliger Widerstandskämpfer des 20. Juli 1944 die Errichtung einer
Gedenk- und Bildungsstätte beschloß, die über den Widerstand gegen den Nationalsozialismus informieren sollte. Die von dem Historiker Friedrich Zipfel
verantwortete ständige Ausstellung wurde daraufhin am 20. Juli 1968 eröffnet.
1979 verständigten sich die Parteien im Abgeordnetenhaus von Berlin über die
Absicht, die Gedenk- und Bildungsstätte zur erweitern. 1980 erfolgte die Umgestaltung des Ehrenhofes nach einem Entwurf von Erich Reusch. Die Wand des
Zugangs zum Ehrenhof erhielt die Inschrift »Hier im ehemaligen Oberkommando des Heeres organisierten Deutsche den Versuch, am 20. Juli 1944 die

nationalsozialistische Unrechtsherrschaft zu stürzen. Dafür opferten sie ihr Leben.«

1983 beauftragte der damalige Regierende Bürgermeister Richard von Weizsäcker den Historiker Peter Steinbach und den Stuttgarter Gestalter Hans Peter Hoch mit der umfassenden Dokumentation und Darstellung der ganzen Breite und Vielfalt des deutschen Widerstandes gegen den Nationalsozialismus in einer ständigen Ausstellung. Diese Ausstellung wurde am 20. Juli 1989 in den historischen Räumen des Staatsstreichversuches vom 20. Juli 1944 in der zweiten Etage des Bendlerblocks im Gebäudeteil an der Stauffenbergstraße eröffnet. Über 5000 Bilder und Dokumente informieren seitdem exemplarisch über die Motive, Handlungen und Ziele von einzelnen, Kreisen, Gruppen und Organisationen im Widerstand gegen den Nationalsozialismus. Der Gebäudeteil am Landwehrkanal ist seit 1993 Berliner Dienstsitz des Bundesministeriums der Verteidigung, während zur Gedenkstätte Deutscher Widerstand neben dem Ehrenhof und der ständigen Ausstellung seit 1992 noch eine weitere Fläche für Wechsel- und Sonderausstellungen in der ersten Etage an der Stauffenbergstraße zur Verfügung steht. Organisatorisch ist zudem die Gedenkstätte Plötzensee am Hüttigpfad in Berlin-Charlottenburg, Ort von über 2900 Hinrichtungen in der Zeit des Nationalsozialismus, Teil der Gedenkstätte Deutscher Widerstand. 1994 wurde als institutioneller Träger für beide Gedenkstätten die unselbständige Stiftung Gedenkstätte Deutscher Widerstand im Geschäftsbereich der Senatsverwaltung für Wissenschaft, Forschung und Kultur gegründet, die seither finanziell hälftig vom Land Berlin und der Bundesrepublik gefördert wird.

2. Der historische Ort

Die Räume, in denen sich heute die ständige Ausstellung »Widerstand gegen den Nationalsozialismus« befinden, waren nicht nur die Stätte des Umsturzversuches vom 20. Juli 1944, sondern auch der Ort der Rede Adolf Hitlers vom 3. Februar 1933. Wenige Tage nach der nationalsozialistischen Machtübernahme versuchte er, in den Räumen des Chefs der Heeresleitung, mit einer Ansprache die Reichswehrführung für sich zu gewinnen. Ein von Generalleutnant Curt Liebmann gefertigtes handschriftliches Stichwortprotokoll zeigt die ganze Gewalttätigkeit der nationalsozialistischen Herrschaft: »Völlige Umkehrung der gegenwärtigen innenpolitischen Zustände in Deutschland. Keine Duldung der Betätigung irgendeiner Gesinnung, die dem Ziel entgegensteht (Pazifismus!). Wer sich nicht bekehren läßt, muß gebeugt werden. Ausrottung des Marxismus mit Stumpf und Stiel. [...] Wie soll politische Macht, wenn sie gewonnen ist, gebraucht werden? Jetzt noch nicht zu sagen. Vielleicht Erkämpfung neuer Exportmöglichkeiten, vielleicht – und wohl besser – Eroberung neuen Lebensraums im Osten und dessen rücksichtslose Germanisierung.«

In den Räumen der Ausstellung, die auch die Arbeitszimmer von Claus
Schenk Graf von Stauffenberg, Friedrich Olbricht und Albrecht Ritter Mertz
von Quirnheim umfaßt und diese entsprechend kennzeichnet, wurden die Pläne
für die Operation »Walküre« erarbeitet. Nachdem die Verschwörer um Claus
Schenk Graf von Stauffenberg Ende 1943 erkannt hatten, daß die militärische
Führung nicht zum gemeinsamen Handeln veranlaßt werden konnte, richteten
sich ihre Bemühungen auf drei Ziele: die Ausschaltung Hitlers, die Erlangung
der militärischen Befehlsgewalt und die Übernahme der Regierungsverantwortung in Deutschland. Sie stützten sich dabei auf Pläne, die unter der Bezeichnung Operation »Walküre« zur Niederschlagung von inneren Unruhen und
Aufständen von Zwangsarbeitern entwickelt worden waren. Dabei sollten die
vollziehende Gewalt und die militärische Führung auf den Befehlshaber des
Ersatzheeres übergehen. Die Operation »Walküre« wurde hier im Allgemeinen
Heeresamt von Friedrich Olbricht zusammen mit Albrecht Ritter Mertz von
Quirnheim und Stauffenberg erarbeitet. Margarete von Oven, die bereits 1933
als Sekretärin für General Kurt von Hammerstein-Equord und später auch für
Generaloberst Werner Freiherr von Fritsch im Bendlerblock gearbeitet hatte,
schrieb gemeinsam mit Erika von Tresckow und Ehrengard Gräfin von der
Schulenburg die Entwürfe nieder und fertigte die Reinschriften an. Die Opera-
tion »Walküre« bot den Verschwörern eine fast perfekte Tarnung.

Den in Marsch zu setzenden Einheiten sollte der Eindruck vermittelt wer-
den, nach Hitlers Tod hätten sich hohe Nationalsozialisten staatsstreichartig des
Staates bemächtigen wollen. Deshalb müßten wichtige Schaltstellen der Macht,
vor allem in der Reichshauptstadt Berlin, von Wehrmachtverbänden abgesperrt
und notfalls auch gegen SS-Einheiten verteidigt werden. In den einzelnen
Wehrkreisen sollten Truppenverbände des Ersatzheeres ebenfalls wichtige
Verwaltungs- und Parteistellen besetzen. General Friedrich Olbricht löste die
Operation »Walküre« bereits am 15. Juli 1944 in der Erwartung eines Anschla-
ges auf Hitler aus und setzte Truppen aus nahegelegenen Garnisonen nach
Berlin in Marsch. Als der Anschlag ausblieb, gelang es ihm, diese Operation
nach wenigen Stunden zu stoppen und als Übungsalarm darzustellen.

Nach dem Attentat im Führerhauptquartier »Wolfschanze« gelang es am
20. Juli 1944 Claus Schenk Graf von Stauffenberg, das Führerhauptquartier zu
verlassen und nach Berlin-Rangsdorf zu fliegen. In Berlin konnte Stauffenberg
der Nachricht vom Überleben Hitlers zunächst keinen Glauben schenken und
versuchte, gemeinsam mit seinem Freund Albrecht Ritter Mertz von Quirnheim
und General Friedrich Olbricht die Operation »Walküre« überall im Reich anlaufen zu lassen und hohe Offiziere für den Umsturz zu gewinnen. Ihre Bemühungen scheiterten ebenso wie die von Generaloberst Ludwig Beck und Generalfeldmarschall Erwin von Witzleben, die vom Bendlerblock aus ihre ehemaligen Kameraden überzeugen und gewinnen wollten. In den späten Abendstunden war das Scheitern des Anschlags erkennbar. Der Bendlerblock, die Berliner
Zentrale der Verschwörer, wurde von regimetreuen Truppen besetzt. Noch in

derselben Nacht wurden Stauffenberg, dessen Adjutant Werner von Haeften, Mertz von Quirnheim und Friedrich Olbricht als die Hauptverantwortlichen des Umsturzversuches im Innenhof auf Befehl von Generaloberst Fromm erschossen. Ludwig Beck wurde zum Selbstmord gezwungen; Henning von Tresckow nahm sich wenig später an der Ostfront das Leben.

Diese Ereignisse standen im Mittelpunkt der kleinen Ausstellung in den ehemaligen Räumen des Allgemeinen Heeresamtes, in denen sich der Staatsstreichversuch abgespielt hatte. Nachdem in den siebziger Jahren erkennbar wurde, daß diese Ausstellung einem erweiterten Widerstandsbegriff nicht mehr entsprechen konnte, wurde nach der Neugestaltung des Ehrenhofes auch eine grundlegende Neubearbeitung der ständigen Ausstellung begonnen.

3. Zur Ausstellung »Widerstand gegen den Nationalsozialismus«

Die Ausstellung richtet sich an unterschiedlichste Besucher/innen. Vor dem Hintergrund der Tatsache, daß heute allgemeinhistorische Grundkenntnisse sowie Kenntnisse über die Breite und Vielfalt der Widerstandsformen und Entwicklungen von Widerstandshaltungen, von Widerstandsmanifestationen und den Zielen des Widerstandes nicht mehr vorausgesetzt werden können,

Der Innenhof des Bendlerblocks, 1980

müssen die ersten Ziele der Ausstellung die Hinführung und die Dokumentation von Zielen, Motiven und Handlungen der Widerstandskämpfer und Widerstandskämpferinnen sein.

Das Konzept kann jedoch nicht vorrangig durch das Ziel bestimmt sein, schulverwendungsfähiges Erstwissen zu erschließen, denn das Verständnis für die Lebenslagen in einem totalen Staat stellt sich bei Jugendlichen heute ebenso wenig selbstverständlich ein wie das Gespür für das existentielle Anliegen und die Bedrohung von Regimegegnern und Widerstandskämpfern im Nationalsozialismus. Deshalb geht die Ausstellung von der Annahme aus, daß sich Besucher/innen und insbesondere Besucher/innen/gruppen auf die Thematik bereits vor der Besichtigung der Ausstellung eingelassen haben und erste Kenntnisse mitbringen. Der Vorbereitung auf die Ausstellung dient eine Vielzahl von Materialien, die die Gedenkstätte Deutscher Widerstand zur Verfügung stellt.

Die thematische Konzeption orientiert sich zum einen an differenzierter Verwendung des Widerstandsbegriffs und will dabei zugleich die zeitliche Entwicklung, die graduelle Steigerung, schließlich die Zuspitzung zur aktiven Konspiration anschaulich machen. Dies läßt sich nur ermöglichen, wenn möglichst vielfältige und thematisch sowie historisch breite Dimensionen des Widerstandes im Spiegel von Lebensschicksalen, Aktionen der Widerstandsgruppen und Verfolgungsmaßnahmen des nationalsozialistischen Staates sichtbar, anschaulich, aber auch inhaltlich verständlich gemacht werden. Hieraus erklärt sich die thematische und zeitliche Differenzierung des Gesamtkomplexes »Widerstand« in 26 Raum- und Themeneinheiten wie Widerstand aus der Arbeiterbewegung, Widerstehen aus dem christlichen Glauben, Widerstehen in Kunst und Wissenschaft, Widerstand und Exil, Der Kreisauer Kreis, Die »Weiße Rose«, Die »Rote Kapelle«, aber auch die Darstellung des bürgerlichen, des »nationalkonservativen« und des militärischen Widerstandes in seiner Entfaltung bis hin zur Steigerung in den Anschlag und den Umsturzversuch des Sommers 1944.

Wichtig ist, daß die einzelnen Abschnitte immer wieder Bezug nehmen auf die politischen Entwicklungen und die Verbrechen des NS-Regimes. Dies ist besonders im dritten Teil der Ausstellung, der sich mit Hilfen für Verfolgte, Widerstand von Juden, Widerstand von Sinti und Roma, Widerstand von Häftlingen, Widerstand aus der Arbeiterschaft und Widerstand aus den Kirchen nach 1939 befaßt, von besonderer Bedeutung. Hier wird auch auf den Widerstand im Kriegsalltag, auf den Widerstand von Jugendlichen und auf den Kampf aus der Kriegsgefangenschaft (Nationalkomitee "Freies Deutschland") besonders eingegangen.

Die Gestaltungskonzeption zielt darauf, jeden thematisch spezifizierten Widerstandsbereich durch eine zurückhaltende, aber dennoch identifizierbare Visualisierung der Einzelräume auch emotional spürbar werden zu lassen. Dies geschieht durch die Entwicklung von spezifischen Objektträgern, aber auch durch eine Staffelung der Präsentationsebenen: Leitbilder auf der Ebene unmittelbarer Anschaulichkeit, Vertiefungselemente mit Hilfe von Objektträgern wie Tischen, Pulten und Wänden und nicht zuletzt in der dritten Ebene mit Vertiefungsmappen, die eine gründliche Auseinandersetzung mit Spezialthemen gestatten. Die Leitbilder ermöglichen dem eiligen und deshalb an oberflächlichen Eindrücken interessierten Besucher den ersten Zugang, prägen zugleich aber auch in einer unverwechselbaren Form den Gesamtraum und stellen die Verbindung zwischen Raumthema und den Intensivierungsbereichen her. Die Vertiefungsmappen können bis zu 50 Bilder und Dokumente aufnehmen und bieten in ihrer kommentierten Präsentation, die eine Interpretation der Objekte in widerstandshistorischer Perspektive enthält, sowohl die Erfüllung kognitiver Bedürfnisse als auch unterschiedlichste Formen des Gedenkens und Erinnerns.

Die Konzeption der Ausstellung zeichnet sich also nicht allein durch die Zielvorstellung aus, möglichst breit den Widerstand in seinen politischen, konfessionellen, kulturellen und weltanschaulichen Bezügen anschaulich zu machen und dabei an das Schicksal der Regimegegner zu erinnern, sondern will zugleich in Gestalt einer Beschreibung von verschiedenen Dimensionen und Möglichkeiten das Gespür für die Vielfältigkeit aktiver Gegnerschaft zum Nationalsozialismus wecken. Der Zuschauer kann sich auf Lebensgeschichten einlassen, er kann die Auswirkungen nationalsozialistischer Unterdrückung und Verfolgung in persönlichen Konsequenzen einschätzen und auf diese Weise auch seine »soziale Phantasie« schulen. Die Resonanz der über 750 000 Besucher/innen in den zehn Jahren seit der Eröffnung der Ausstellung hat bestätigt, daß dieses Konzept angenommen wird.

Während der Aufbauphase der Ausstellung, die von einem wissenschaftlichen Beirat begleitet wurde, gab es intensive Diskussionen über eine weitergehende Durchinszenierung der Ausstellung. Bewußt haben sich die Ausstellungsmacher aber gegen den Nachbau von Kellern, Zellen und Geräten auf der einen, gegen die Präsentation von nicht zweifelsfrei authentischen Objekten auf der anderen Seite entschieden. Zum einen kann von dem Ausstellungsort selbst eine tiefe Wirkung ausgehen, denn in diesen Räumen sprach Hitler, arbeitete Stauffenberg und wurde Ludwig Beck zum Selbstmord gezwungen. Damit wird das große Spannungsverhältnis nationalsozialistischer Herrschaft sichtbar.

Zum anderen war der Widerstand sehr aspekt- und facettenreich: Die Vielfalt der Ziele und Motivationen, der Anstöße und Hoffnungen, die Steigerung der Verfolgung bis hin zu Terror und Vernichtung, die Wandelbarkeit der aus dem Gegensatz zum Regime folgenden Gefahr lassen sich deshalb nicht in einem einzigen dreidimensionalen Objekt oder einem einzigen Dokument sichtbar machen. Die unterschiedlichen Formen des Widerstandes, die Darstellung einer kollektiven Haltung, der einsame Entschluß zum Sich-Widersetzen — hinter all diesem verbergen sich eigenständige Qualitäten des Widerstandes, die die Einschränkung dieses Begriffes auf die politische Konspiration heute nicht mehr möglich machen.

Die Ausstellung hat diese Schwierigkeiten, die einer griffigen Festlegung des Widerstandsbegriffes entgegenstehen, zu spiegeln. Sie hat aber auch dem Besu-

cher ein Angebot zur Lösung dieser Probleme zu unterbreiten: durch Trennung
der Bereiche, durch Parallelisierungen, durch Beziehungen und Entwicklungen.
So kann in Ansätzen eine Ausstellungserzählung entstehen, die zugleich über
weltanschauliche Motivationen und über die Persönlichkeit der Handelnden
informiert und eine persönliche Annäherung möglich macht.

Peter Steinbach, der wissenschaftliche Leiter der Ausstellung, hat dies einmal
zusammengefaßt: »Die Auseinandersetzung mit einem integralen Widerstandsverständnis verspricht zugleich große Relevanz für eine politische Bildung, die
sich an Wertvorstellungen der Toleranz, des Pluralismus, der Menschenwürde,
des bewußten Respekts vor dem Andersdenkenden orientiert und im Kompromiß politischer Vorstellungen ein positives Ziel erblickt. Im Widerstand gegen
den Nationalsozialismus werden nicht nur diese allgemeinen Kernbereiche der
rechtsstaatlich, parlamentarisch und pluralistisch geprägten freiheitlichen Verfassungsordnung plausibel, sondern läßt sich auf das Gespür für die Bedeutung
fundamentaler Kompromisse auf der Grundlage des gegenseitigen Respekts vor
dem Andersdenkenden entwickeln – abgesehen davon, daß Widerstand nur

*Der Innenhof des Bendlerblocks mit Ehrenmal und Gedenkstätte Deutscher Widerstand in
seiner aktuellen Gestaltung*

anschaulich begründet werden kann vor dem Hintergrund des nationalsozialistischen, d.h. politisch-verbrecherischen Gegenbildes. Insofern erschließt sich
auch die emotionale Dimension des Gegenstandes durch gleichzeitige Verge-
genwärtigung von nationalsozialistischer Geschichte und Widerstand gegen die
Politik des Dritten Reiches, gegen Verbrechen und Krieg. Auf dieser Grundlage
kann Widerstand als Gegensatz und Produkt seiner Zeit verdeutlicht und das
Gespür für seine Grenzen und Leistungen geweckt werden.«

4. Zur Bildungsarbeit

Die Gedenkstätte Deutscher Widerstand ist ein Ort der Erinnerung, der politischen Bildungsarbeit und des aktiven Lernens. Sie will zeigen, wie sich einzelne
und Gruppen in den Jahren 1933 bis 1945 gegen die nationalsozialistische Diktatur gewehrt und wie sie ihre Handlungsspielräume genutzt haben.

Die Auseinandersetzung mit dem Widerstand gegen den Nationalsozialismus besitzt aber nicht nur eine historische Dimension. An diesem Beispiel
können Reaktionsmöglichkeiten auf die Verletzung von demokratischen Rechten und Menschenrechten zu jeder Zeit und an jedem Ort geschärft werden.
Diesen Zielen fühlt sich die gesamte politische Bildungsarbeit der Gedenkstätte
Deutscher Widerstand verpflichtet. Sie bietet eine große Auswahl von Möglichkeiten: Da die Ausstellung in ihren 26 Bereichen mittlerweile mehr als 5000
Fotos und Dokumente über die gesamte Breite und Vielfalt des Kampfes gegen
den Nationalsozialismus präsentiert, ist die Auseinandersetzung mit dem Thema
»Widerstand« durchaus exemplarisch möglich.

Führungen durch vorher ausgewählte Bereiche der Ausstellung mit Infor-
mationsgesprächen über beispielhafte Widerstandsaktivitäten einzelner oder
von Gruppen sowie über deren Motive und Ziele stellen einen wichtigen
Schwerpunkt der Arbeit der Gedenkstätte dar. Die Themen können bei der
Anmeldung oder vor der Veranstaltung direkt abgesprochen werden. In der
Regel werden möglichst kleine Gruppen (etwa 10 bis 15 Besucher/innen) gebildet und einem Referenten oder einer Referentin zugeordnet, die den Besuchern
die Ausstellung nicht im Stile einer »Kastellan-Führung« erschließen, sondern
als Gesprächspartner und Vermittler des historischen Geschehens zur Verfügung stehen. Durch die Vielzahl an Materialien ist die Autonomie des Besu-
chers/der Besucherin oder der Gruppe bei der Themenauswahl sehr groß.

Diese Führung mit Informationsgespräch ist ein, wenn auch variables und
jeweils an die Gruppe angepaßtes, Standardprogramm. Fragen und Diskussion
sind erwünscht. Die Gedenkstätte versteht sich nicht als ein Museum, sondern
als ein Ort des aktiven Lernens und der politischen Bildung. Anschließend an
die Führung ist nach Absprache eine Filmvorführung möglich, für die in der
Gedenkstätte eine große Anzahl von Dokumentar- und Spielfilmen zur Verfügung steht.

Durch die sorgfältige Absprache von Einzelthemen bei der Anmeldung der
jeweiligen Jugendlichen oder Erwachsenengruppe ist es möglich, ein Höchst-
maß an Identifikations- und Verstehensmöglichkeiten für die jeweilige Ziel-
gruppe zu gewährleisten. Für den Einzelbesucher selbst stehen in der Ausstellung Raumbeschreibungen, faksimilierte Dokumente, Zeitübersichten und
Hintergrundmaterialien zur Verfügung, die ebenso wie ein Kurzführer vertiefende Informationen enthalten. Diese Materialien wenden sich vor allem an die
nicht mehr schulspezifisch eingeschränkte Öffentlichkeit und tragen insbesondere den Anforderungen Rechnung, die an eine ständige historische Ausstellung
gestellt werden müssen. Die Arbeit an diesen Materialien ist nicht abgeschlossen; Ergänzungen der Ausstellung und der Begleitmaterialien – die für eine
historische Ausstellung auf heutigem Stand unverzichtbar sind – finden regelmäßig statt.

Das zweite, vertiefende Angebot neben der Führung ist das Seminar. Seminare können als halb-, ganz- oder mehrtägige Veranstaltungen durchgeführt
werden. Dazu empfiehlt sich eine rechtzeitige Anmeldung und Absprache über
Themen und inhaltliche Einzelheiten sowie über den organisatorischen und
zeitlichen Ablauf der Veranstaltung. Die Seminarform leitet über zu einer dritten Möglichkeit, den Fort- und Weiterbildungsveranstaltungen besonders für
Lehrer der Fächer, Geschichte, politische Bildung und Sozialkunde, aber auch
für andere Multiplikatoren/innen etwa in der Bildungs- und Ausbildungsarbeit
bei Gewerkschaften, Bundeswehr, Polizei und Verwaltung.

Versuche mit selbständigen Schüler/innen- oder Studierenden-Projektgrup-
pen, die mit Unterstützung der Gedenkstätte eigene Ausstellungen oder Doku-
mentationen erarbeitet haben, waren erfolgreich und sollen fortgesetzt werden.

Hinzu kommen regelmäßige öffentliche Film- und Vortragsveranstaltungen,
die unterschiedliche Dimensionen des Widerstandes ansprechen, aber auch
versuchen, neue biographische Arbeiten einem breiteren Kreis bekannt zu machen.

5. Sonderausstellungen

Seit 1992 stehen der Gedenkstätte Deutscher Widerstand in neuen Räumen
Möglichkeiten für vielbeachtete Wechsel- und Sonderausstellungen zur Verfügung. Besondere Aufmerksamkeit erregte 1992 die Ausstellung »Die Rote Kapelle – Ein Portrait der Widerstandsgruppe um Arvid Harnack und Harro
Schulze-Boysen in Fotografien und Selbstzeugnissen«. Diese Ausstellung, in
Kooperation von Wissenschaftlern aus den beiden ehemaligen Teilen Berlins
erstellt und damit in einer Zeit des Übergangs ein gemeinsamer Versuch der
Integration, stellte die »Rote Kapelle« als integralen Bestandteil des Widerstandes gegen den Nationalsozialismus dar und ermöglichte eine breite Diskussion

über neue Materialien zur Geschichte dieser Gruppe. Diese Ausstellung ist danach u.a. in Frankfurt am Main, Karlsruhe und Köln gezeigt worden.

Auch die Ausstellung »Das Reichkriegsgericht und der Widerstand gegen die nationalsozialistische Herrschaft«, die seit 1992 als Wanderausstellung bei der Gedenkstätte Deutscher Widerstand ausgeliehen werden kann, widmete sich einem bisher unbeachteten Einzelaspekt der nationalsozialistischen Verfolgung. Die von dem Historiker Norbert Haase erarbeitete Ausstellung zeigt, welche Bedeutung das Reichskriegsgericht als Verfolgungsinstrument gegenüber dem deutschen und dem europäischen Widerstand besessen hat.

Im Mittelpunkt des Jahres 1994 stand eine Sonderausstellung über »Terror und Verfolgung nach dem 20. Juli 1944«. Hier wurden nicht nur die Prozesse vor dem »Volksgerichtshof« und das Schicksal der Widerstandskämpfer nach dem 20. Juli 1944 gezeigt, sondern auch die Auswirkungen, die der nationalsozialistische Terror gegenüber den Familien in »Sippenhaft« und Kinderverschleppung äußerte. Der Haß des nationalsozialistischen Systems gegenüber jeglicher Form der Neubildung von Widerstand und Opposition stand im Vordergrund dieser Ausstellung, die 1995 auf Grund der großen Resonanz in die Dauerausstellung der Gedenkstätte integriert wurde.

Zugleich wurde 1994 gemeinsam mit dem Militärgeschichtlichen Forschungsamt und dem Presse- und Informationsamt der Bundesregierung eine englischsprachige Wanderausstellung über den Widerstand gegen den Nationalsozialismus erarbeitet, die in verschiedenen Städten der Vereinigten Staaten gezeigt wurde. Die gleichen Kooperationspartner erarbeiteten gemeinsam mit dem Pariser Mémorial du Maréchal Leclerc de Hautecloque et de la Liberation de Paris/Musée Jean Moulin die Wanderausstellung »Des allemands contre le Nazisme 1933–1945«, die bisher in mehr als 15 französischen Städten gezeigt wurde.

In Zusammenarbeit mit dem Bundesverwaltungsgericht und dem Bundesministerium der Justiz wurde 1996 eine Ausstellungsdokumentation zu »Friedrich Weißler und die Denkschrift der evangelischen Kirche vom Herbst 1936« erarbeitet und zuerst im Bundesverwaltungsgericht, später in der Gedenkstätte Deutscher Widerstand, aber auch in anderen Wirkungsstätten Weißlers gezeigt wurde.

Die Gedenkstätte Deutscher Widerstand, der Georg-Elser-Arbeitskreis aus Heidenheim und die Gemeinde Königsbronn konzipierten und realisierten gemeinsam die Dokumentation »Ich habe den Krieg verhindern wollen«. Georg Elser und das Attentat vom 9. November 1939.« Diese Dokumentation wurde zum Grundstock der im Februar 1998 eröffneten Georg-Elser-Gedenkstätte in Königsbronn, die mit maßgeblicher finanzieller Unterstützung der Kultur-Stiftung der Deutschen Bank und des Landes Baden-Württemberg gestaltet wurde. Seit 1998 wandert zudem die Ausstellung über Georg Elser durch bisher mehr als 20 deutsche Städte. Am Beispiel des Hitler-Attentäters von 1939 haben sich Handlungsspielräume und Grenzen des einzelnen Widerstandskämpfers unter den Rahmenbedingungen des NS-Staates besonders gut darstellen lassen. Um dies an einem weiteren Beispiel herauszuarbeiten, wurden von April bis Juli 2000 die gemeinsam mit dem Landeskirchlichen Archiv Bielefeld der Evangelischen Kirche von Westfalen und dem Förderkreis Kurt Gerstein konzipierte Wanderausstellung »Kurt Gerstein – Widerstand in SS-Uniform« gezeigt und auch hierzu ein wissenschaftlicher Workshop veranstaltet. Im Juli 2000 wurde die Ausstellung »Die Zeit des Schweigens ist vorbei – Der Umgang mit dem Widerstand gegen den Nationalsozialismus in Ost und West zwischen 1945 und 1955« eröffnet.

Die Sonder- und Wechselausstellungen geben so der Gedenkstätte Deutscher Widerstand immer wieder die Möglichkeit, neue Themen aufzugreifen, diese der wissenschaftlichen und publizistischen Diskussion vorzustellen und so die Erinnerung an den Widerstand gegen den Nationalsozialismus in unterschiedlichsten Formen wachzuhalten.

6. Veröffentlichungen

Die Gedenkstätte Deutscher Widerstand veröffentlicht eine Vielzahl von Materialien. Dazu gehören neben den Begleitmaterialien zur Ausstellung »Widerstand gegen den Nationalsozialismus«, die vor allem Raumblätter und Faksimiles zu Einzelthemen enthalten, die »Beiträge zum Widerstand 1933–1945«, in denen wissenschaftliche oder autobiografische Vorträge oder Aufsätze zu verschiedenen Aspekten des Widerstandes erscheinen.

Die Reihe »Widerstand in Berlin 1933–1945«, herausgegeben von Hans-Rainer Sandvoß, präsentiert die Ergebnisse eines langfristigen Forschungsprojektes über den Widerstand gegen den Nationalsozialismus in den einzelnen Bezirken Berlins. Bisher liegen elf Publikationen vor, die auf sehr positive Resonanz stoßen und vor allem in der politischen Bildungsarbeit eingesetzt werden.

Die »Schriften der Gedenkstätte Deutscher Widerstand«, herausgegeben von Peter Steinbach und Johannes Tuchel, präsentieren seit 1993 neue Forschungsergebnisse und Quelleneditionen. Die ersten Bände beschäftigen sich mit der »Roten Kapelle« im Widerstand gegen den Nationalsozialismus, dem Widerstand und der Verfolgung von Frauen im Nationalsozialismus, den Aufzeichnungen Kurt Loewenheims über die Gruppe Neu Beginnen sowie mit einer zeitgenössischen Darstellung des Wirkens von Adam von Trott zu Solz. Weitere Bände richteten sich auf »Anpassung, Verweigerung und Widerstand. Soziale Milieus, Politische Kultur und der Widerstand gegen den Nationalsozialismus in Deutschland im regionalen Vergleich« sowie auf die »Illegale KPD und Bewegung ›Freies Deutschland‹ in Berlin und Brandenburg 1942–1945. Biographien und Zeugnisse aus der Widerstandsorganisation um Saefkow, Jacob und Bästlein«.

Sämtliche Reihen werden fortgesetzt. Auf Wunsch schickt die Gedenkstätte Deutscher Widerstand ein ausführliches Publikationsverzeichnis zu.

7. Forschungsstelle Widerstandsgeschichte

Zum 1. Januar 1993 errichteten die Freie Universität Berlin, Fachbereich Politische Wissenschaft (heute: Fachbereich Politik- und Sozialwissenschaften, Otto-Suhr-Institut für Politikwissenschaft) und die Gedenkstätte Deutscher Widerstand mit der finanziellen Unterstützung der Volkswagen-Stiftung die Forschungsstelle Widerstandsgeschichte. Ziel der Forschungsstelle ist es, bisher unbekannte Felder des Widerstandes zu untersuchen, neuen Fragestellungen nachzugehen und bisher nicht erschlossene Quellenbestände zu verarbeiten.

Erste Ergebnisse der Forschungsstelle zur Widerstandsgeschichte wurden 1994 mit dem – jetzt in zweiter Auflage vorliegenden – »Lexikon zum Widerstand 1933–1945«, dem von der Bundeszentrale für politische Bildung herausgegebenen Sammelband »Widerstand gegen den Nationalsozialismus« sowie dem – jetzt in dritter Auflage sowie in japanischer Übersetzung vorliegenden Lesebuch »Widerstand in Deutschland 1933–1945« veröffentlicht; eine Vielzahl anderer Publikationen folgte. Der Beirat der Forschungsstelle, dem Vertreter aus Wissenschaft und Politik angehören und der von Klaus-Jürgen Müller, Universität Hamburg, geleitet wird, evaluierte die Forschungsstelle 1996 positiv und empfahl im Frühjahr 2000 die Fortsetzung der Arbeiten. Zu den neueren Publikationen gehört auch der gemeinsam mit dem Hannah-Arendt-Institut an der TU Dresden erarbeitete Sammelband »Widerstand und Opposition in der DDR«, der 1999 erschien. Weitere Arbeiten zu Widerstand und Opposition in der DDR, vor allem aber deren Vergleich zu Formen und Inhalten des Widerstandes gegen den Nationalsozialismus, sind in Vorbereitung.

8. Ausblick

Die Gedenkstätte Deutscher Widerstand hat es in den vergangenen Jahren verstanden, durch ihr Konzept der Verknüpfung von politischer Bildungsarbeit, Ausstellungen und Publikationen jährlich ungefähr 70 000 Besucher anzusprechen. Vor dem Hintergrund eines verstärkten Rechtsextremismus hat diese Arbeit an zusätzlicher Bedeutung gewonnen. Auch wenn – wie die Leiterin der KZ-Gedenkstätte Dachau, Barbara Distel, Anfang 1994 betonte – »Gedenkstättenbesuche kein Allheilmittel« gegenüber dem Rechtsextremismus sind, so kann die Gedenkstätte Deutscher Widerstand im einzelnen Besucher doch ein Gespür für die Möglichkeiten und die Grenzen widerständigen Handelns gegenüber einem Unrechtssystem vermitteln.

Zentrum der Arbeit der Gedenkstätte Deutscher Widerstand ist und bleibt die Dauerausstellung »Widerstand gegen den Nationalsozialismus«, in die immer wieder neue Forschungsergebnisse – etwa 1998 zu Sinti und Roma oder 1999 zu Georg Elser – integriert werden können. Die Informationsgespräche und Seminare, die in der Dauerausstellung ihren Ausgangspunkt haben, stellen die wichtigste und intensivste Information über den Widerstand gegen den Nationalsozialismus dar. Dies haben auch mehrere Studien zur politischen Bildungsarbeit in der Gedenkstätte Deutscher Widerstand bestätigt.

Die Förderung durch die Bundesregierung ermöglichte seit 1994 jedoch eine Ausweitung der Aktivitäten über den Berliner Raum hinaus. Dies galt etwa für die englisch- und französischsprachigen, im Ausland gezeigten Ausstellungen über den deutschen Widerstand, die auch oft von wissenschaftlichen Begleitveranstaltungen umrahmt werden. Dies zeigt sich aber auch in einer Vielzahl von Kontakten zu in- und ausländischen Institutionen, die Interesse am Widerstand gegen den Nationalsozialismus haben, und führte etwa zu einer umfangreichen Unterstützung für die Dauerausstellung im wiederaufgebauten Schloß Kreisau, zur Ausstellung über die »Kinder von Lidice« oder zur Errichtung der Georg-Elser-Gedenkstätte in Königsbronn.

Wichtig sind aber für die Ausweitung der politischen Bildungsarbeit auch die neuen Medien. Seit 1997 verfügt die Gedenkstätte Deutscher Widerstand über eine Internet-Präsentation (http://www.gdw-berlin.de), die mittlerweile über 800 Seiten umfaßt, ständig ausgebaut wird und in einem Vergleich historischer Internet-Angebote als »sehr gut« evaluiert wurde. Interessant ist die Verteilung der Zugriffe auf die Internet-Seiten: Rund 50 Prozent kommen aus dem deutschsprachigen Raum, knapp 40 Prozent aus den USA, die restlichen Zugriffe aus dem übrigen Ausland. Auch dies macht das große – und keineswegs nur museale – Interesse am Widerstand gegen den Nationalsozialismus deutlich.

Die großen Erfolge mit der Internet-Präsentation haben die Gedenkstätte dazu veranlaßt, im Zuge der Überarbeitung der Dauerausstellung auch die Einbeziehung eines »Informationssystems Widerstand« zu konzipieren. Hier sollen sich Besucher/innen sowohl die biographische und die Realgeschichte des Widerstandes über die bisherigen Materialien hinaus multimedial erschließen als auch neue Zugänge zur Rezeptionsgeschichte erhalten. Dieses Projekt wird sich – ebenso wie die jetzt konzipierte digitale fremdsprachige Führung durch die Ausstellung – über mehrere Jahre erstrecken.

Die zentrale und nationale Bedeutung der Gedenkstätte Deutscher Widerstand hat auch die zweite Enquete-Kommission des Deutschen Bundestages »Aufarbeitung von Geschichte und Folgen der SED-Diktatur in Deutschland« hervorgehoben; die Bundesregierung hat 1998 die Gedenkstätte Deutscher Widerstand noch einmal ausdrücklich in ihr Gedenkstätten-Konzept einbezogen. Dies wird die Arbeit der Gedenkstätte Deutscher Widerstand für die Zukunft konsolidieren und es ihr ermöglichen, ihrem Auftrag nachzukommen. Denn immer noch gilt das, was Bundespräsident Theodor Heuss 1954 über die

Männer und Frauen im Widerstand gegen die NS-Diktatur gesagt hat: »Die Scham, in die Hitler uns Deutsche gezwungen hatte, wurde durch ihr Blut vom besudelten deutschen Namen wieder weggewischt. Das Vermächtnis ist noch in Wirksamkeit, die Verpflichtung noch nicht eingelöst.«

Anforderungen von Informationsmaterial
und Publikationslisten,
Anmeldung von Besuchergruppen:
Gedenkstätte Deutscher Widerstand
Stauffenbergstraße 13 – 14
10785 Berlin
Telefon 030 / 26 99 50 00
Telefax 030 / 26 99 50 10
E-mail: Info@gdw-berlin.de
Internet: http://www.gdw-berlin.de

Vom Autor überarbeitete Fassung des Beitrages in der vierten Auflage des Ausstellungs-Kataloges von 1994.

Heinrich Walle

Der 20. Juli 1944.
Eine Chronik der Ereignisse von Attentat und
Umsturzversuch

Attentat und Umsturzversuch vom 20. Juli 1944 waren trotz des Umstandes, daß die entscheidenden Maßnahmen der Verschwörer von Soldaten durchgeführt worden sind, kein Militärputsch. Die Soldaten unter den Verschwörern handelten dort, wo ihre zivilen Mitverschwörer ihrer Stellung und Funktion nach keine Gelegenheit hatten. In der Regierung Beck-Goerdeler sollten Soldaten nur die Aufgaben übernehmen, die ihnen aus fachlichen Gründen zustanden. Der Attentäter, Claus Schenk Graf von Stauffenberg war lediglich als Staatssekretär im Kriegsministerium vorgesehen.

General der Infanterie Friedrich Olbricht, ab 1938 im Widerstand gegen Hitler und das NS-Regime aktiv, hatte in seiner Funktion als Chef des Allgemeinen Heeresamtes Pläne zur Niederschlagung von inneren Unruhen und Aufständen von Zwangsarbeitern 1943/44 ausarbeiten lassen. Diese unter dem Stichwort »Walküre« auszulösenden Alarmmaßnahmen hatte er als Tarnung von Aktionen vorgesehen, mit denen die Verschwörer die vollziehende Gewalt im Deutschen Reich an sich bringen wollten, um die nationalsozialistischen Machthaber zu entmachten und einen Umsturz im Reich und an der Front durchzuführen. Eine zivile Gegenregierung mit Generaloberst z.V. Ludwig Beck als Reichspräsident und Carl Friedrich Goerdeler als Reichskanzler sollte »die Majestät des Rechtes« wiederherstellen. Damit haben sich die Soldaten unter den Verschwörern eindeutig zu dem von Carl von Clausewitz geforderten »Primat der Politik« bekannt, aber auch neue Wege des soldatischen Selbstverständnisses beschritten, wie sie zwölf Jahre später in der Bundeswehr unter dem Leitwort »Staatsbürger in Uniform«, d.h. der Integration der Streitkräfte in die Gesellschaft, verwirklicht werden sollten.

Wichtigste Ursache für das Scheitern des Umsturzversuches dürfte die Tatsache gewesen sein, daß Adolf Hitler das Attentat nur leichtverletzt überlebte. Damit fühlten sich viele Soldaten, die unter Umständen bereit gewesen wären, sich dem Umsturz anzuschließen, immer noch durch ihren Eid auf Hitler gebunden, zum anderen entfiel damit auch die Grundlage für die Auslösung von »Walküre«.

Ein weiterer, nicht weniger bedeutsamer Grund muß in der Tatsache gesehen werden, daß es den Verschwörern nicht gelungen war, die Nachrichtenverbindungen zum Führerhauptquartier »Wolfschanze« zu unterbrechen. So konnten einmal Meldungen vom Überleben Hitlers an die verschiedenen Dienststellen und die Öffentlichkeit durchgegeben werden, zum anderen wurden vom Oberkommando der Wehrmacht, dessen Spitze sich im Führerhauptquartier »Wolf-

Der Bendlerblock, Eingang Bendlerstraße (heute Stauffenbergstraße), mit den Diensträumen des OKH, 1942

schanze« befand, oft bereits die Gegenbefehle an die jeweiligen militärischen Einheiten früher abgegeben als die von den Verschwörern ausgelösten Alarmbefehle.

Der Umstand, daß es den Verschwörern nicht gelungen war, sich die Verfügungsgewalt über die Medien zu sichern, muß ebenfalls als wichtige Ursache für das Scheitern angesehen werden. Mit unglaublichem demagogischen Geschick verstand es der Reichspropagandaminister Joseph Goebbels, vor allem durch wiederholt noch am 20. Juli 1944 ausgestrahlte Rundfunkmeldungen und dann durch die Zeitungen ab dem 21. Juli 1944, Attentat und Umsturzversuch propagandistisch als verbrecherische Handlung einiger weniger darzustellen. Die damals von der nationalsozialistischen Propaganda verbreiteten Klischees der Diffamierung des Widerstandes gegen das NS-Regime sollten noch jahrzehntelang virulent bleiben.

Im folgenden werden die zahlreichen in Ostpreußen, in Berlin, Paris, Wien und Prag ablaufenden Einzelaktionen von Attentat und Umsturzversuch als chronologische Fakten eines komplexen Geschehens auf der Zeitachse vom 20. Juli 1944, 6.00 Uhr, bis zum 21. Juli 1944, 3.00 Uhr. wiedergegeben.

Donnerstag, 20. Juli 1944

6.00 Uhr, Berlin: Kurz nach 6.00 Uhr fährt Oberst i.G. Claus Schenk Graf von Stauffenberg, Chef des Stabes beim Befehlshaber des Ersatzheeres, von seiner Wohnung in der Tristanstraße 8 in Berlin Nikolassee zum Flugplatz Rangsdorf.

7.00 Uhr, Berlin: Gegen 7.00 Uhr trifft er sich dort mit seinem Adjutanten, Oberleutnant Werner von Haeften, und fliegt mit ihm zusammen nach Rastenburg in Ostpreußen.

Früher Vormittag, Paris: Oberst i.G. Eberhard Finckh, der Stellvertreter des Chefs des Stabes beim Oberbefehlshaber (OB) West, Generalfeldmarschall Hans Günther von Kluge, erhält vom Generalquartiermeisteramt des Oberkommandos des Heeres in Zossen das Stichwort »Übung« übermittelt, womit die Durchführung des Attentates gegen Hitler für den 20. Juli 1944 angekündigt wird. Ebenfalls wird Oberstleutnant Cäsar von Hofacker aus dem Stab des Militärbefehlshabers von Frankreich unterrichtet.

9.00 Uhr, Frankreich: Der OB West, Kluge, befindet sich seit 9.00 Uhr im Wald östlich von St. Pierre-Dives auf einer bis zum Nachmittag dauernden Befehlshaberbesprechung.

10.00 Uhr, Führerhauptquartier »Wolfschanze« bei Rastenburg: Gegen 10.15 Uhr treffen Stauffenberg und Haeften auf dem Flugplatz des Führerhauptquartiers beim Gut Wilhelmsdorf mit dem Flugzeug aus Berlin ein. Sie fahren mit einem Pkw über die Landstraße zum Füherhauptquartier und passieren die westliche Wache.

Gegen 10.30 Uhr frühstücken Stauffenberg und Haeften vor dem Kasino im Sperrkreis II mit Rittmeister Leonhard von Möllendorff, dem Adjutanten des Kommandanten des Führerhauptquartiers, sowie anderen Offizieren. Es ist ein heißer Sommertag.

11.00 Uhr, Führerhauptquartier »Wolfschanze«: Gegen 11.00 Uhr findet in der Baracke des Chefs des Wehrmachtführungsstabes im Oberkommando der Wehrmacht im Sperrkreis I eine Dienstbesprechung statt. Teilnehmer sind außer Stauffenberg und seinem Adjutanten General der Infanterie Walther Buhle, Chef des Heeresstabes beim OKW, und Generalleutnant Henning von Thadden, Befehlshaber im Wehrkreis I (Königsberg).

Gegen 11.00 Uhr, Berlin: Wolf Heinrich Graf von Helldorf, Polizeipräsident von Berlin, führt mit Regierungsrat Hans Bernd Gisevius im Polizeipräsidium ein Gespräch.

Gegen 11.30 Uhr, Führerhauptquartier »Wolfschanze«: Stauffenberg meldet sich beim Chef des OKW, Generalfeldmarschall Wilhelm Keitel. Zwischen 11.30 Uhr und 12.00 Uhr findet in den einzelnen Sperrkreisen die Wachablösung statt.

12.00 Uhr, Berlin: Kurz nach 12.00 Uhr wird der Stadtkommandant von Berlin, Generalleutnant Paul von Hase, von Major i.G. Egbert Hayessen über das beabsichtigte Attentat informiert.

Gegen 12.30 Uhr fordert Hase auf Befehl des Chefs des Stabes beim Allgemeinen Heeresamt, Oberst i.G. Albrecht Ritter Mertz von Quirnheim, beim Berliner Polizeipräsidenten acht bis zehn Kriminalbeamte an, die über die Lage in den verschiedenen Ministerien informiert sind.

In der Bendlerstraße finden sich von den Verschwörern u.a. ein: Hauptmann Ulrich Wilhelm Graf Schwerin von Schwanenfeld, Generaloberst Erich Hoepner sowie etwas später Polizeivizepräsident Fritz-Dietlof Graf von der Schulenburg, Oberregierungsrat Peter Graf Yorck von Wartenburg, Eugen Gerstenmaier und Marineoberstabsrichter Berthold Schenk Graf von Stauffenberg.

Führungshauptquartier »Wolfschanze«: Kurz vor 12.30 Uhr begeben sich Stauffenberg und Haeften unter dem Vorwand, sich für die Lagebesprechung bei Hitler frischmachen zu wollen und das Hemd zu wechseln, in das Schlafzimmer von Keitels Adjutanten, Major Ernst John von Freyend.

Hier aktiviert Stauffenberg, dem infolge einer Kriegsverletzung ein Auge, die rechte Hand und an der linken Hand zwei Finger fehlen, mit einer kleinen Spezialzange den Zeitzünder für die Sprengladung. Es ist sein dritter Attentatsversuch (der erste war am 11., der zweite am 15. Juli). Es gelingt Stauffenberg und seinem Adjutanten, der ihm beim Wechseln des Hemdes half, nur bei einer der beiden vorgesehenen Ein-Kilo-Sprengladungen die die Zündung auslösende Säurekapsel zu zerdrücken. Nach dem Scharfmachen der ersten Ladung und deren Verstauen in Stauffenbergs Aktentasche werden sie von Oberfeldwebel Werner Vogel gestört, der sie zur Lagebesprechung ruft. Die zweite Sprengladung verbleibt in Haeftens Aktentasche.

Stauffenberg geht jetzt zu Fuß zu der 400 Meter von dem Gebäude des Chefs des OKW gelegenen Lagebaracke. Die Führerlagebesprechung hat soeben begonnen. Generalleutnant Adolf Heusinger hält Vortrag über die Lage an der Ostfront.

12.37 Uhr, Führerhauptquartier »Wolfschanze«: Keitel stellt Stauffenberg Hitler vor und meldet, daß dieser über den Einsatz von Sperrdivisionen berichten werde. Stauffenberg stellt die Tasche mit dem Sprengstoff in die Nähe Hitlers rechts neben den rechten Tischsockel und verläßt dann unter dem Vorwand telefonieren zu müssen den Raum. Die Tasche unmittelbar neben Hitler links vom rechten Tischsockel abzustellen war ihm wegen des Gedränges in dem kleinen Besprechungsraum, wo sich außer ihm noch 24 Personen befanden, unmöglich.

Gegen 12.40 Uhr, Führerhauptquartier »Wolfschanze«: Stauffenberg verläßt den Führersperrkreis und eilt zum Zimmer des Wehrmachtnachrichtenoffiziers in der Adjutantur der Wehrmacht beim Führer, Oberstleutnant Ludolf Gerhard Sander. Dort wartet Haeften auf ihn und hier trifft er auch auf den General der Nachrichtentruppe Erich Fellgiebel. Sander bestellt für Stauffenberg und Haeften einen Wagen. Ein Achtzylinder »Horch« mit Leutnant Erich Kretz als Fahrer steht schon bereit.

12.42 Uhr, Führerhauptquartier »Wolfschanze«: Detonation der von Stauffenberg deponierten Sprengladung. Von den 24 Personen in der Lagebaracke erleiden vier tödliche Verletzungen; fast alle anderen werden mehr oder weniger schwer verletzt. Hitler überlebt das Attentat mit leichten Verletzungen. Aus 200 Meter Entfernung beobachtet Stauffenberg die Explosion. Unter dem Vorwand, nicht mehr an der Lagebesprechung teilnehmen, sondern sofort zum Mittagessen mit dem Kommandanten des Führerhauptquartiers, Oberstleutnant Gustav Streve, zu müssen, schicken sich Stauffenberg und Haeften an, mit dem von Leutnant Kretz gesteuerten Pkw Marke »Horch« den Sperrkreis I zu verlassen.

12.43 Uhr, Führerhauptquartier »Wolfschanze«: Der wachhabende Leutnant der Wache 1 ordnet Sperre an. Sperrkreis I wird geschlossen.

12.44 Uhr, Führerhauptquartier »Wolfschanze«: Stauffenberg und Haeften passieren die Wache des Sperrkreises I. Stauffenbergs Ausweis wird von dem wachhabenden Leutnant anerkannt; außerdem war er diesem von Angesicht bekannt, so daß der Wachhabende keinen Verdacht schöpfte.

12.45 Uhr, Führerhauptquartier »Wolfschanze«: Auslösung des Alarms für beide Sperrkreise. Stauffenberg wird an der »Außenwache Süd« durch den Wachhabenden, Oberfeldwebel Kolbe, aufgehalten, erhält aber von Rittmeister von Möllendorff nach telefonischer Rücksprache die Erlaubnis zu passieren. Kurz vor 13.00 Uhr verlassen beide Offiziere »Wolfschanze« und fahren an Gut Queden vorbei in Richtung Gut Wilhelmsdorf zum Flugplatz. Unterwegs wirft Haeften die zweite, nicht gezündete Sprengladung, die in Packpapier eingewikkelt ist, aus dem Wagen. Sie wird später von der Gestapo gefunden.

Gegen 13.00 Uhr, Führerhauptquartier »Wolfschanze«: General Fellgiebel verhängt eine Nachrichtensperre über das Führerhauptquartier. Über die Leitungen der SS besitzt er jedoch keine Verfügungsgewalt, so daß die Sperre unvollkom-

Hitler mit seinem Staatsgast Mussolini in der zerstörten Lagebaracke der „Wolfschanze" am Nachmittag des 20. Juli 1944

men bleibt. Daher erfährt Reichspropagandaminister Goebbels kurz nach 13.00 Uhr in Berlin von dem Attentat, erhält aber keine näheren Angaben.

13.15 Uhr, Führerhauptquartier »Wolfschanze«: Stauffenberg und Haeften starten zum Rückflug nach Berlin mit einem Flugzeug vom Typ »He 111«, das auf Befehl des Generalquartiermeisters, General der Artillerie Eduard Wagner, bereitgestellt worden ist. General Fellgiebel und Oberst i.G. Kurt Hahn, Chef des Stabes beim Chef Heeresnachrichtenwesen, rufen Generalleutnant Fritz Thiele, Chef Wehrmachtnachrichtenverbindungen, in Berlin an, melden das Mißlingen des Attentats und teilen mit, daß Hitler nur leicht verletzt worden ist. Thiele und der von ihm informierte General Friedrich Olbricht wollen daraufhin erst die weitere Entwicklung abwarten, um Gewißheit zu erhalten. Einen erneuten Fehlalarm wie jenen vom 15. Juli will man nicht mehr riskieren.

13.45 Uhr, Führerhauptquartier »Wolfschanze«: Reichsführer SS Heinrich Himmler trifft am Tatort ein. Der Verdacht richtet sich zunächst gegen die im Führerhauptquartier beschäftigten Arbeiter der Organisation Todt.
    Kurz vor 14.00 Uhr trifft Generalleutnant Wilhelm Burgdorf im Führerhauptquartier ein, um die Geschäfte des beim Attentat tödlich verletzten Chefs des Heerespersonalamtes, Generalleutnant Rudolf Schmundt, zu übernehmen. Himmler fordert vom Reichskriminalamt in Berlin Fachleute zur Aufklärung des Attentats an (SS-Obergruppenführer Heinrich Müller, auch als »Gestapo-Müller« bekannt). Der Verdacht richtet sich jetzt gegen Stauffenberg. Himmler gibt Weisung, ihn bei der Landung in Rangsdorf festnehmen zu lassen.

13.55 Uhr, Berlin: Gisevius ruft im Reichskriminalamt den Reichskriminaldirektor, SS-Gruppenführer Arthur Nebe, an, um sie über die Situation im Führerhauptquartier näher zu informieren. Dort besitzt man jedoch noch keine detaillierten Berichte.

Gegen 14.00 Uhr, Berlin: Oberst Mertz von Quirnheim beginnt auf eigene Initiative mit der Alarmierung der »Walküre«-Truppen in Krampnitz (Panzertruppenschule) und Döberitz (Infanterieschule).

Gegen 14.30 Uhr, Paris: Oberst i.G. Finckh erhält aus Berlin das Stichwort »abgelaufen« (Attentat vollzogen). Er fährt daraufhin nach St. Germain zu Generalleutnant Günther Blumentritt, dem Chef des Generalstabes des OB West.

Gegen 15.00 Uhr, Führerhauptquartier »Wolfschanze«: Oberst i.G. Hahn warnt Oberstleutnant i.G. Johann Adolf Graf von Kielmansegg in der Operationsabteilung des OKW, daß alle Leitungen von der SS überwacht werden.

Zwischen 14.45 Uhr und 15.15 Uhr, Berlin: Stauffenberg und Haeften landen in Rangsdorf. Haeften gibt telefonisch die Nachricht vom Tode Hitlers an die Verschwörer in der Bendlerstraße durch, die daraufhin aktiver werden.

15.00 Uhr bis 16.00 Uhr, Berlin: Leutnant Hans W. Hagen, Referent im Propagandaministerium, hält vor den Unteroffizieren des Wachbataillons »Großdeutschland« einen Vortrag über NS-Führungsfragen und berichtet über die Lage.

Gegen 15.30 Uhr, Paris: Oberst Finckh meldet Generalleutnant Blumentritt den Tod Hitlers und die Bildung einer neuen Regierung Beck-Goerdeler.

15.50 Uhr bis 16.00 Uhr, Berlin: Nun endlich löst General Olbricht die Alarmmaßnahmen nach dem Plan »Walküre« mit dem Stichwort »Deutschland« aus. Olbricht meldet dem Befehlshaber des Ersatzheeres, Generaloberst Friedrich Fromm, der Führer sei tot; er müsse »Walküre« auslösen. Kurz vor 16.00 Uhr ruft Fromm im Führerhauptquartier an und erhält bei seiner Rückfrage bei Keitel eine Bestätigung des Attentats, erfährt aber auch die Tatsache, daß Hitler nur leicht verletzt sei.

Gegen 16.00 Uhr, Führerhauptquartier »Wolfschanze«: Die von Fellgiebel verhängte Nachrichtensperre wird aufgehoben.
    Der »Duce«, Benito Mussolini, trifft mit einem Sonderzug auf dem Bahnhof des Führerhauptquartiers ein und besucht Hitler.

Ab 16.00 Uhr werden vom Führerhauptquartier alle Wehrkreiskommandos telefonisch oder über Funk vom Scheitern des Attentats benachrichtigt; es werden Gegenbefehle ausgegeben.

16.10 Uhr, Führerhauptquartier »Wolfschanze«: Keitel meldet, daß Fromm sich telefonisch nach dem Attentat erkundigt habe.
    Kurz nach 16.10 Uhr, Berlin: Das Wachbataillon »Großdeutschland« erhält das Alarmstichwort für »Walküre«. Der Bataillonskommandeur, Major Otto Ernst Remer, fährt zur Einweisung zum Stadtkommandanten Generalleutnant von Hase. Bis 17.30 Uhr werden alarmiert: Heeresfeuerwerkerschule, Heereswaffenmeisterschule sowie die Landesschützenbataillone 311 und 320.

16.20 Uhr, Berlin: Nach seiner Informierung durch Keitel befiehlt Fromm, »Walküre« nicht einzuleiten. Polizeipräsident Graf von Helldorf wird in die Bendlerstraße befohlen. Generaloberst z.V. Beck in Zivil und Gisevius treffen in der Bendlerstraße ein.

16.30 Uhr, Berlin: Hauptmann Friedrich Karl Klausing vom Allgemeinen Heeresamt überbringt dem Leiter des Nachrichtendienstes des OKW, Leutnant Georg Röhrig, ein Fernschreiben, dessen erste Zeile lautete: »Der Führer Adolf Hitler ist tot.« Nach Abänderung der ersten Zeile in »Innere Unruhen« durch Klausing wird dieses Fernschreiben zwischen 17.35 Uhr und 21.03 Uhr mit höchster Dringlichkeitsstufe von Wachtmeister Tegeder und vier Fernschreiberinnen an 20 Adressen gesandt.

Zwischen 16.30 Uhr und 17.00 Uhr, Berlin: Jetzt treffen Stauffenberg und Haeften in der Bendlerstraße ein. Stauffenberg macht Fromm Meldung, bekennt sich dabei zum Attentat und berichtet vom Tod Hitlers. Olbricht meldet Fromm, daß er bereits »Walküre« ausgelöst hat. Als Fromm sich weigert, die Verschwörer zu unterstützen, nehmen ihn die Verschwörer fest. Beck fordert die Verschwörer auf, so zu handeln, als ob Hitler tot sei.

16.30 Uhr, Berlin: Der Panzergrenadier-Ersatzbrigade in Cottbus wird »Walküre« befohlen.

16.30 Uhr bis 17.00 Uhr, Paris: Stauffenberg telefoniert mit seinem Vetter Cäsar von Hofacker in Paris und berichtet ihm über das Attentat. Die Aktion in Paris läuft an: Der höhere Nachrichtenführer, Generalleutnant Eugen Oberhäußer, erhält den Auftrag, den gesamten ihm unterstellten Funk- und Fernsprechverkehr zwischen Frankreich und Deutschland bis auf die Linie Berlin zu sperren und die Sender in Paris zu besetzen. Der Stadtkommandant von Groß-Paris, Generalleutnant Hans Freiherr von Boineburg-Lengsfeld und der Chef des Stabes, Oberst Friedrich von Unger, werden zum Militärbefehlshaber in Frankreich, General der Infanterie Carl-Heinrich von Stülpnagel, befohlen. Stülpnagel nimmt die Dinge energisch in die Hand.

Gegen 16.45 Uhr, Berlin: Major Remer kehrt zu seinem Bataillon zurück mit dem Auftrag, das Regierungsviertel abzuriegeln.

Gegen 17.00 Uhr, Führerhauptquartier »Wolfschanze«: Himmler ruft das Reichssicherheitshauptamt in der Prinz-Albrecht-Straße in Berlin an und befiehlt, Stauffenberg in der Bendlerstraße unauffällig festnehmen zu lassen. Im Führerhauptquartier gehen laufend Anrufe der Befehlshaber ein mit der Frage, ob Hitler wirklich tot sei.

Keitel versucht vergeblich, mit Fromm oder Olbricht in Berlin in Verbindung zu treten.

Ab 17.00 Uhr werden durch das Führerhauptquartier Meldungen im Rundfunk veranlaßt, die vom Attentat berichten und darauf hinweisen, daß Hitler lebe und nur leicht verletzt sei. Diese Meldungen ergehen um 17.42 Uhr, 18.28 Uhr, 18.38 Uhr, 18.42 Uhr, 19.01 Uhr, 19.15 Uhr, 20.00 Uhr und 22.00 Uhr.

17.00 Uhr, Berlin: General der Infanterie Joachim von Kortzfleisch, Kommandierender General im Wehrkreis III, Berlin, erscheint in der Bendlerstraße. Als er sich weigert, den neuen Befehlen Folge zu leisten, läßt Beck ihn festnehmen. Generalleutnant Karl Freiherr von Thüngen übernimmt den Befehl über das Generalkommando.

Nach 17.00 Uhr, Berlin: Beck bestimmt Hoepner zum Befehlshaber des Ersatzheeres. SS-Oberführer Humbert Achamer-Pifrader, der den Auftrag hat Stauffenberg zu verhaften, wird von den Verschwörern festgenommen.

17.00 Uhr bis 17.30 Uhr, Berlin: Remer weist die Offiziere seines Bataillons in die befohlenen Aufträge ein. Leutnant Hagen, der durch die Mitteilung Remers über den Grund für die befohlenen Alarmmaßnahmen Verdacht geschöpft hat, bittet um die Erlaubnis, sich bei Goebbels orientieren zu dürfen. Er berichtet Goebbels über das Anlaufen von »Walküre«. Beide vereinbaren, Major Remer kommen zu lassen, um ihn über die wahre Lage aufzuklären. Ein Ausbildungsverband der »SS-Leibstandarte Adolf Hitler« wird durch Goebbels alarmiert, aber in »Sitzbereitschaft« in der Unterkunft in der ehemaligen Kadettenanstalt in Berlin Lichterfelde belassen.
Major Remer fährt erneut zum Stadtkommandant von Berlin. Er wird danach von Hagen über dessen Unterredung mit Goebbels unterrichtet.

17.00 Uhr bis 18.00 Uhr, Paris: Der OB West, Generalfeldmarschall von Kluge kehrt zu seinem Gefechtsstand nach La Roche-Guyon zurück. Der Chef des Generalstabes der Heeresgruppe B, Generalleutnant Hans Speidel unterrichtet ihn über die Vorgänge in Berlin, weist jedoch auf Unklarheiten und die sich widersprechenden Nachrichten hin. Der Chef der Luftflotte 3, Generalfeldmarschall Hugo Sperrle, und der Militärbefehlshaber Frankreich, von Stülpnagel, werden zur Besprechung nach La Roche-Guyon befohlen.

Gegen 17.20 Uhr, Führerhauptquartier »Wolfschanze«: Blitzgespräch Hitler – Goebbels. Goebbels soll eine Rundfunkmeldung verbreiten lassen, daß ein Attentat verübt worden sei, Hitler aber lebe.

Bis 17.30 Uhr, Berlin: Die Alarmierung der außerhalb Berlins liegenden Truppen, in erster Linie der Infanterieschule Döberitz, der Panzertruppenschule Krampnitz und der Panzergrenadier-Ersatzbrigade »Großdeutschland« in Cottbus ist durchgeführt.

Eine Einheit aus Döberitz unter Führung von Major Friedrich Jacob besetzt bereits das Funkhaus in der Masurenallee, kann aber den regimetreuen Sendebetrieb nicht unterbrechen.

17.50 Uhr, Berlin: Hauptmann Klausing überbringt der Nachrichtenzentrale das Fernschreiben: »Die vollziehende Kraft wird in den Wehrkreisen den stellvertretenden Kommandierenden Generalen und den Wehrkreisbefehlshabern übertragen.« Dieses Fernschreiben wird von 18.30 Uhr bis 21.22 Uhr an die entsprechenden Adressaten abgesetzt. Die Wehrkreise VII (München) und XX (Danzig) erhalten es nicht. Leutnant Röhrig kommen erste Bedenken.

Gegen 18.00 Uhr, Führerhauptquartier »Wolfschanze«: Mussolini beendet seinen Besuch und verläßt »Wolfschanze«.
Hitler läßt im Auswärtigen Amt anrufen, jedoch ohne Ergebnis. Er spricht mit Goebbels und fragt nach der Rundfunkmeldung.

18.00 Uhr, Berlin: Leutnant von Haeften übergibt Leutnant Röhrig das Fernschreiben, das die zweite Stufe des »Walküre«-Planes auslösen soll. Es wird zwischen 20.45 Uhr und 23.00 Uhr abgesetzt.

Gegen 18.00 Uhr, Paris: Das Sicherungs-Regiment 1, das in der Ecole Militaire am Eiffelturm liegt, wird alarmiert.
Die Verhaftung der SS- und SD-Führung soll um 23.00 Uhr erfolgen, um kein Aufsehen bei den Franzosen zu erregen.

Gegen 18.00 Uhr, Wien: Das erste Fernschreiben aus Berlin trifft ein. Der Befehlshaber im Wehrkreis XVII, Wien, General der Panzertruppe Hans-Karl Freiherr von Esebeck, bittet Gauleiter von Wien, Baldur von Schirach, den Reichsstatthalter des Gaus Niederdonau, SS-Obergruppenführer Hugo Jury, den Gaupropagandaleiter, Eduard Frauenfeld, den Höheren SS- und Polizeiführer, SS-Obergruppenführer Wuermer, den Inspekteur der Sicherheitspolizei und des Sicherheitsdienstes, SS-Brigadeführer Karl Scharitzer, zu einer Besprechung. Schirach und Jury befinden sich allerdings außerhalb Wiens. Die übrigen werden von Offizieren des Generalkommandos festgenommen.
Es ergeht die Aufforderung, die Konzentrationslager im Inspektionsbereich bekanntzugeben. Generalleutnant Adolf Sinzinger erhält die Weisung, Festnahme und Sicherungsmaßnahmen entsprechend den Befehlen der Verschwörer aus der Bendlerstraße durchzuführen und jeden Widerstand mit Waffengewalt zu brechen.
Der Chef des Generalstabes beim Wehrkreiskommando, Oberst i.G. Heinrich Kodré, bzw. General von Esebeck telefonieren mit Berlin.
Stauffenberg besteht auf Durchführung der gegebenen Befehle.

Nach 18.00 Uhr, Führerhauptquartier »Wolfschanze«: Hitler unterschreibt den von Himmler ausgearbeiteten Befehlsentwurf, wodurch Himmler zum Befehlshaber des Ersatzheeres mit allen Vollmachten ernannt wird.

Generaloberst Heinz Guderian wird mit der Wahrnehmung der Geschäfte des Chefs des Generalstabes des Heeres beauftragt.

Nach 18.00 Uhr (18.45 Uhr?), Berlin: Die zur Besprechung bei Fromm eintreffenden Amtsgruppenchefs, Generalleutnant Karl-Wilhelm Specht, General der Pioniere Walter Kuntze und Generalmajor Wilhelm Strecker, werden vorübergehend festgenommen. Gegen 20.30 Uhr können sie entkommen.

18.30 Uhr, Berlin: Das Wachbataillon »Großdeutschland« hat befehlsgemäß das Regierungsviertel abgeriegelt.

18.30 Uhr, Prag: Eingang des ersten Fernschreibens aus Berlin von 16.45 Uhr.

Gegen 18.45 Uhr, Berlin: Leutnant Röhrig erhält das Fernschreiben mit der Ernennung von Generaloberst Hoepner zum Befehlshaber des Ersatzheeres und Oberbefehlshaber des Heimatkampfgebietes. Dieses Fernschreiben wird erst zwischen 20.20 Uhr und 21.15 Uhr an einen Teil der Adressaten abgesetzt.

Oberst Fritz Jäger meldet sich bei Generalleutnant von Hase mit dem Auftrag, Goebbels festzunehmen.
Oberst Wolfgang Glaesemer, Kommandeur der Panzertruppenschule in Krampnitz, wird von den Verschwörern in der Bendlerstraße festgesetzt; er kann gegen 22.00 Uhr fliehen.

Bis 19.00 Uhr, Berlin: Teile der Feuerwerkerschule beziehen im Zeughaus und Teile der Waffenmeisterschule im Berliner Schloß Alarmstellungen.

Gegen 19.00 Uhr, Berlin: Major Remer meldet sich bei Goebbels und wird von diesem telefonisch mit Hitler verbunden. Hitler befiehlt Remer, den Militärputsch sofort niederzuwerfen. Remer ist Hitler persönlich unterstellt. Er verlegt seinen Befehlsstand in das Vorzimmer von Goebbels. Remer telefoniert mit Major Ernst Otto Wackernagel in Cottbus. Dieser meldet ihm, daß die Masse der Panzergrenadier-Ersatzbrigade »Großdeutschland« auf Königs Wusterhausen marschiere, um den Deutschlandsender zu besetzen.

Gegen 19.00 Uhr, Paris: Zwischen Generaloberst z.V. Beck in der Bendlerstraße und General der Infanterie von Stülpnagel findet ein Telefongespräch statt, in dem sich Stülpnagel rückhaltlos zu Beck bekennt und verspricht, den gesamten Sicherheitsdienst und die SS mit ihren Führern in Frankreich festzusetzen.

Vielfach abgesetztes Fernschreiben der Verschwörer im Bendlerblock vom 20.7.1944, gegen 20.00 Uhr

TII

OKW78853

Geheim

F K R / R

K R - Fernschreiben   20.7.44

An

     W.K.   XX, XXI, W.K.Böhmen und Mähren, Gen.Gouvernema
         Wehrm.Befh.Dänemark

     Das durch Rundfunk bekanntgegebene Comuniqué
     trifft nicht zu. Der Führer ist tot. Die angeordneter
     Maßnahmen sind mit höchster Beschleunigung durchzu-
     führen.

         Der Befehlshaber des Ersatzheeres
                 und
         Oberbefehlshaber im Heimatkriegs-
                 gebiet.

         Stab/ Nr.5000/44 geh.

zurück an Stab/Ch N Rüst u BdE

In einem Telefonat Becks mit Kluge fordert letzterer, zuerst Gewißheit über den Tod Hitlers zu erhalten, bevor er zum Handeln bereit sei. Auf Becks Frage, ob er auf jeden Fall handeln werde, weicht Kluge aus und erklärt, er müsse sich erst ein Bild von den Vorgängen verschaffen, bevor er derartig schwerwiegende Schritte unternehme.

Wenig später meldet sich General der Infanterie Alexander von Falkenhausen, der kurz zuvor dienstenthobene, ehemalige Militärbefehlshaber von Belgien und Nordfrankreich, telefonisch bei Kluge, um sich über die Lage zu informieren. Kluge empfiehlt, zunächst eine Klärung der Lage abzuwarten.

19.00 Uhr, Prag: General der Panzertruppe Ferdinand Schaal findet den Befehl von Generalfeldmarschall Erwin von Witzleben vor.

Kurz nach 19.00 Uhr, Berlin: Es gelingt Verschwörern, eine Verbindung zur Heeresgruppe Nord im Baltikum herzustellen. Beck befiehlt ihrem Stabschef, alle Vorbereitungen zu treffen, um die Heeresgruppe auf die Düna und bis Ostpreußen zurückzunehmen.

Die Organisationsabteilung des Oberkommandos des Heeres ruft aus Rastenburg an und teilt mit, daß das Attentat mißglückt sei. Pausenlos gehen Anrufe von den Stellvertretenden Kommandierenden Generalen aus dem Reichsgebiet ein. Stauffenberg erklärt immer wieder, daß Hitler tot sei und das Heer die vollziehende Gewalt übernommen habe.

19.15 Uhr, Prag: General Schaal telefoniert mit Stauffenberg in Berlin, der ihm die Richtigkeit der Befehle bestätigt. »Es komme darauf an, nun mit allen Mitteln die vollziehende Gewalt in die Hand zu nehmen und Ruhe und Ordnung zu gewährleisten. Die befohlenen Maßnahmen gegen den SD seien beschleunigt durchzuführen.« Schaal befiehlt die Auslösung der Stichworte »Odin« und »Johannes«.

19.15 Uhr, Berlin: Leutnant Röhrig erhält das Fernschreiben: »Rundfunkcommuniqué trifft nicht zu. Führer ist tot.« Es wird ab 19.45 Uhr mehrmals abgesetzt.

19.30 Uhr, Berlin: Generalfeldmarschall von Witzleben, der von den Verschwörern zum neuen Oberbefehlshaber der Wehrmacht vorgesehen ist, trifft in Uniform in der Bendlerstraße ein. Es erfolgt eine Aussprache mit Beck unter vier Augen.

Gegen 19.30 Uhr, Prag: General Schaal bittet den deutschen Staatsminister für Böhmen und Mähren, SS-Obergruppenführer Karl-Hermann Frank, dringend zu sich.

19.45 Uhr, Berlin: Der Leiter des Nachrichtendienstes, Leutnant Röhrig, meldet seinem Abteilungschef, Oberst Otto Köllner, die bei ihm aufgekommenen Bedenken und die von ihm bereits durchgeführten Verzögerungsmaßnahmen.

Kurz vor 20.00 Uhr, Prag: SS-Standartenführer, Ministerialrat Robert Gies, der Vertreter Franks, tritt bei General Schaal ein und wird festgehalten.

Gegen 20.00 Uhr, Wien: Die zu verhaftenden Parteifunktionäre und SS-Führer treffen ahnungslos im Wehrkreiskommando ein und werden dort festgenommen.

20.00 Uhr, Führerhauptquartier »Wolfschanze«: Der Oberbefehlshaber der Kriegsmarine, Großadmiral Karl Dönitz, gibt einen Aufruf an die Kriegsmarine über den »heimtückischen Mordanschlag auf den Führer« heraus.

Gegen 20.00 Uhr, Paris: Der erste grundlegende Befehl mit der Unterschrift des neuen Oberbefehlshabers der Wehrmacht, Generalfeldmarschall von Witzleben, trifft in La Roche-Guyon ein und macht auf von Kluge großen Eindruck, so daß dieser mit seinem Chef des Generalstabes, Blumentritt, beriet, einen Waffenstillstand im Westen einzuleiten und zunächst den V-Waffen-Beschuß gegen England einzustellen.
Einem Fernschreiben von Generalfeldmarschall Keitel, in dem die Ungültigkeit aller Befehle von Generalfeldmarschall von Witzleben und Generaloberst Hoepner erklärt wird, folgt ein Fernschreiben aus dem Bendlerblock, das behauptet: »Der Führer ist tot.« Blumentritt spricht mit dem Führerhauptquartier und mit SS-Gruppenführer Carl-Albrecht Oberg, dem Höheren SS- und Polizeiführer in Frankreich; beide Gespräche bringen jedoch keine Klarheit.
Erst ein Telefonat mit Generalmajor Hellmuth Stieff im Oberkommando des Heeres im Lager »Mauerwald« in Ostpreußen brachte Gewißheit darüber, daß Hitler das Attentat überlebt hatte. Daraufhin entschließt Generalfeldmarschall von Kluge, sich nicht der Verschwörung anzuschließen.

Gegen 20.00 Uhr, Berlin: Die auf dem Fehrbelliner Platz in Berlin eingetroffenen Teile der Panzertruppenschule Krampnitz erhalten aus dem Stab des Generalinspekteurs der Panzertruppe den Befehl, den Putsch niederzuschlagen. Im Reichspropagandaministerium trifft SS-Obergruppenführer Ernst Kaltenbrunner, der Chef des Reichssicherheitshauptamtes ein, um sich ein Bild von der Lage in Berlin zu machen.

Nach 20.00 Uhr, Paris: Das Sicherungs-Regiment 1 wird durch den General beim Stadtkommandanten von Paris, Generalmajor Walther Brehmer, beauftragt, die SS- und SD-Unterkünfte zu besetzen. Die auf 22.30 Uhr festgelegten Verhaftungen sollen nicht »im Namen des Führers« erfolgen.

Geheime Kommandosache

Marinenachrichtendienst

MBBS

0468

Eingegangen	Weiter an	Tag	Uhrzeit	durch
20/7 44 2005				
von 13.7 durch 40				
Verzögerungsvermerk				

Chefsache!
Nur durch Offizier!

Fernschreiben von + FRR MBBZ 02084 20/7 1928=

O AUE=

FRR-CHEF D ST D SKL=

GKDOS 1) DER FUEHRER ADOLF HITLER

IST TOT.-

EINE GEWISSENLOSE CLIQUE FRONTFREMDER

PARTEIFUEHRER HAT ES UNTER AUSNUTZUNG

DIESER LAGE VERSUCHT, DER SCHWERRINGENDEN

FRONT IN DEN RUECKEN ZU FALLEN UND DIE

MACHT ZU EIGENUETZIGEN ZWECKEN AN SICH

ZU REISZEN.-

2) IN DIESER STUNDE HOECHSTER GEFAHR HAT

DIE REICHSREGIERUNG ZUR AUFRECHTERHALTUNG

VON RECHT UND ORDNUNG DEN MILITAERISCHEN

AUSNAHMEZUSTAND VERHAENGT UND MIR ZUGLEICH

MIT DEM OBERBEFEHL UEBER DIE WEHRMACHT

DIE VOLLZIEHENDE GEWALT UEBERTRAGEN.-

3) HIERZU BEFEHLE ICH:

EINS) ICH UEBERTRAGE DIE VOLLZIEHENDE

GEWALT - MIT DEM RECHT DER DELEGATION

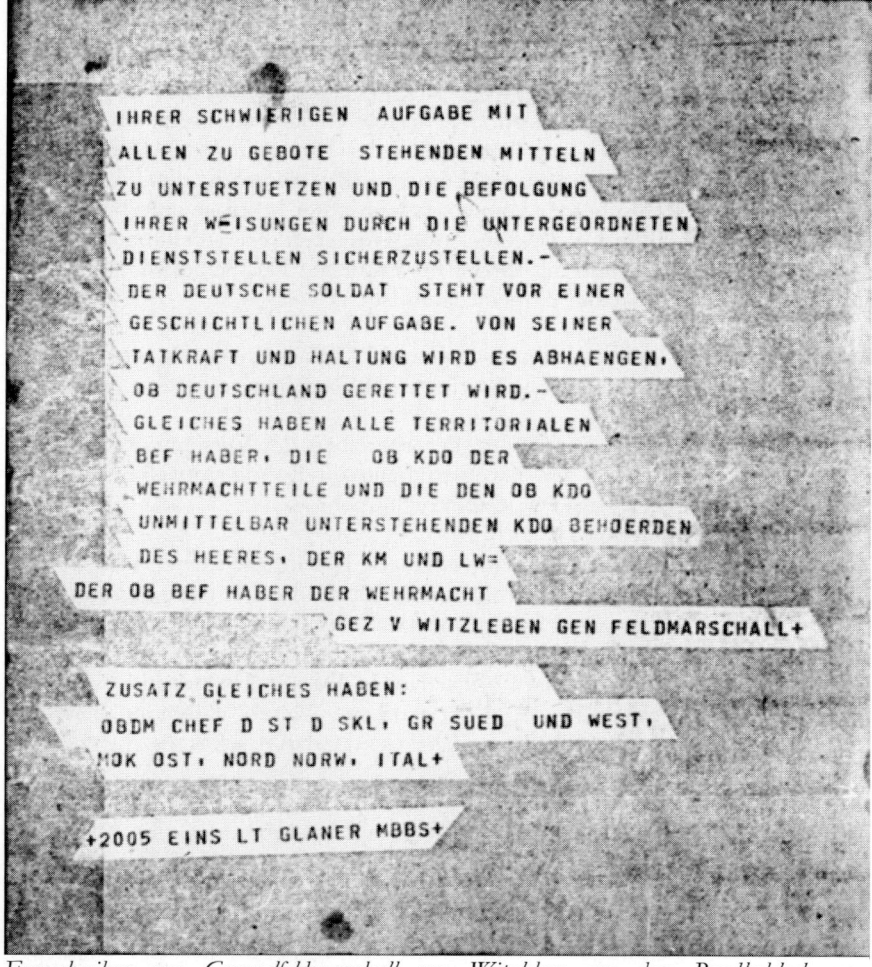

```
IHRER SCHWIERIGEN  AUFGABE MIT
ALLEN ZU GEBOTE  STEHENDEN MITTELN
ZU UNTERSTUETZEN UND DIE BEFOLGUNG
IHRER WEISUNGEN DURCH DIE UNTERGEORDNETEN
DIENSTSTELLEN SICHERZUSTELLEN.-
DER DEUTSCHE SOLDAT  STEHT VOR EINER
GESCHICHTLICHEN AUFGABE. VON SEINER
TATKRAFT UND HALTUNG WIRD ES ABHAENGEN,
OB DEUTSCHLAND GERETTET WIRD.-
GLEICHES HABEN ALLE TERRITORIALEN
BEF HABER, DIE   OB KDO DER
WEHRMACHTTEILE UND DIE DEN OB KDO
UNMITTELBAR UNTERSTEHENDEN KDO BEHOERDEN
DES HEERES, DER KM UND LW=
DER OB BEF HABER DER WEHRMACHT
                GEZ V WITZLEBEN GEN FELDMARSCHALL+

ZUSATZ GLEICHES HABEN:
OBDM CHEF D ST D SKL, GR SUED  UND WEST,
MOK OST, NORD NORW, ITAL+


+2005 EINS LT GLANER MBBS+
```

Fernschreiben von Generalfeldmarschall von Witzleben aus dem Bendlerblock vom 20.7.1944, 19.28 Uhr (erste und letzte Seite)

Beim OB West in La Roche-Guyon trifft Generalfeldmarschall Sperrle gemeinsam mit Oberstleutnant von Hofacker ein. Hofacker schildert den Beginn der Erhebung. Kluge weist auf das Fernschreiben Keitels hin, daß das Attentat mißglückt sei. Es sei »unverantwortlich«, jetzt einzugreifen. Ein Gespräch mit Oberst Mertz von Quirnheim in der Bendlerstraße wird gestört. Kluge läßt die Verbindung nicht wieder herstellen.

General von Stülpnagel trifft in La Roche-Guyon ein und bekennt, daß er alle Alarmmaßnahmen in Paris habe anlaufen lassen. General Blumentritt ruft im Auftrage Kluges in Paris an, doch gibt der Chef des Stabes beim Militärbefehlshaber, Oberst i.G. Hans-Ottfried von Linstow, zu verstehen, daß die Maßnahmen nicht mehr aufzuhalten seien. Stülpnagel versucht nun vergeblich, Kluge zum Handeln mitzureißen, mit dem Ziel einer Einstellung des Kampfes im Westen und einer Verbindungsaufnahme mit den Alliierten. Hofacker unterstützt Stülpnagel. Kluge betont immer wieder, daß er bereit gewesen wäre mitzumachen, »wenn Hitler tot« gewesen wäre. Hofacker: »Herr Feldmarschall, Sie stehen mit Ihrem Wort und mit Ihrer Ehre im Feuer. Das Schicksal von Millionen Deutschen, die Ehre der Armee liegt in Ihrer Hand.«

20.15 Uhr, Berlin: Generalfeldmarschall von Witzleben verläßt die Bendlerstraße; er hält den Umsturzversuch offenbar für gescheitert.

20.20 Uhr bis 21.02 Uhr, Berlin: Die Fernschreiben der Verschwörer über die Standrechtverordnungen 1 bis 5 werden Leutnant Röhrig von einer Vorzimmerdame ausgehändigt. Er setzt sie aber nicht mehr ab.

20.20 Uhr, Führerhauptquartier »Wolfschanze«: Ein Fernschreiben Keitels geht an alle Wehrkreisbefehlshaber. Darin wird befohlen, daß nur noch den Befehlen des neuen Befehlshabers des Ersatzheeres Himmler Folge zu leisten ist.

20.30 Uhr, Führerhauptquartier »Wolfschanze«: Der Stellvertretende Chef des Wehrmachtführungsstabes, General der Artillerie Walter Warlimont, berichtet im Casino Offizieren des OKW über das Attentat, das er selbst als Augenzeuge überlebt hatte.

20.30 Uhr, Berlin: Es gelingt den Verschwörern, Verbindung mit Wien und Stettin herzustellen, wo man allerdings bereits die Gegenbefehle erhalten hat.

20.35 Uhr, Berlin: Die Nachrichtenzentrale in der Bendlerstraße nimmt das Fernschreiben Keitels auf, in dem mitgeteilt wird, daß Himmler zum Befehlshaber des Ersatzheeres ernannt worden ist. General Olbricht untersagt die Weitergabe.

Zwischen 20.30 Uhr und 21.00 Uhr, Berlin: Reichspropagandaminister Goebbels spricht vor dem in der Hermann-Göring-Straße (heute: Ebert-Straße) zusammengezogenen Wachbataillon »Großdeutschland«.

Zwischen 20.30 Uhr und 22.00 Uhr, Wien: General von Esebeck ruft nach dem Eintreffen der Gegenbefehle aus dem Führerhauptquartier und aus Berlin in der

Bendlerstraße an, um die Widersprüche zu klären. Er spricht mit Generaloberst Hoepner.

Gegen 20.45 Uhr, Prag: In einem Telefonat mit Generaloberst Hoepner bittet General Schaal darum, mit SS-Obergruppenführer Frank eine Art »Ehrenabkommen« schließen zu können, um der Lage gegenüber den Tschechen gewachsen zu bleiben. Hoepner stimmt einer den örtlichen Verhältnissen angepaßten Regelung zu.

20.50 Uhr, Führerhauptquartier »Wolfschanze«: Großadmiral Dönitz erteilt eine fernmündliche Weisung an die Seekriegsleitung über das Verhalten der Marine gegenüber den Putschisten.

21.00 Uhr, Paris: Oberst i.G. von Linstow telefoniert mit Stülpnagel in La Roche-Guyon. Er erfährt, daß der OB West noch unentschlossen ist.

Gegen 21.00 Uhr, Berlin: Der Bendlerblock wird von Teilen des Wachbataillons besetzt.

Zwischen 21.00 Uhr und 22.00 Uhr, Führerhauptquartier »Wolfschanze«: Generalmajor Otto Herfurth, Chef des Stabes des Stellvertretenden Kommandierenden Generals des III. Armeekorps, meldet telefonisch aus Berlin einen Militärputsch. Er habe jedoch die Zügel fest in der Hand.

Gegen 21.15 Uhr, Berlin: Hitler befiehlt über Goebbels dem Chef des Allgemeinen Wehrmachtamtes, General der Infanterie Hermann Reinecke, die Führung der Truppen des Stadtkommandanten und des Wachbataillons zu übernehmen und gegen die Bendlerstraße vorzugehen. Reinecke orientiert entsprechend von Hase. Es erfolgt eine Rundfunkdurchsage: Hitler werde bald zum deutschen Volk sprechen.

21.25 Uhr bis 22.01 Uhr, Berlin: Das Fernschreiben Keitels von 20.35 Uhr wird vom Leiter der Nachrichtenzentrale in der Bendlerstraße durch Funk an 20 Anschriften weitergeleitet. Die bis dahin abgesetzten Fernschreiben werden jetzt gesperrt und für ungültig erklärt.

Gegen 21.30 Uhr, Paris: Aufgrund einer Rückfrage aus Paris erklären die Verschwörer in der Bendlerstraße die Meldungen des Deutschlandsenders für nichtig.

Nach 21.30 Uhr, Berlin: Generalleutnant von Hase begibt sich auf Befehl von General Reinecke zu Goebbels in dessen Dienstwohnung, wo er zunächst festgehalten, am folgenden Morgen dann verhaftet wird.

21.35 Uhr, Paris: Admiral Theodor Krancke, Oberbefehlshaber des Marine-gruppenkommandos West, dem mehr als 5000 Mann unterstehen, wird durch einen Tagesbefehl von Dönitz zu »heiligem Zorn gegen unsere verbrecherischen Feinde und ihre Mietlinge« aufgerufen.

21.40 Uhr, Führerhauptquartier »Wolfschanze«: Großadmiral Dönitz erteilt den Befehl zur Verhaftung des Marineoberstabsrichters Berthold Schenk Graf von Stauffenberg, dem Bruder des Attentäters.

21.45 Uhr, Prag: General Schaal ruft erneut in Berlin an und spricht mit Generaloberst Hoepner. Dieser schildert ihm die Lage, worauf Schaal SS-Standartenführer Gies freiläßt.

Gegen 22.00 Uhr, Berlin: Oberst Wolfgang Müller von der Infanterieschule, deren Hauptkräfte seit 18.00 Uhr marschbereit in Döberitz verharren, meldet sich im Bendlerblock. In Abwesenheit des Schulkommandeurs will er Schultruppen zur Unterstützung der Verschwörer in Berlin einsetzen und bittet um entsprechende Vollmacht. Um 23.00 Uhr kehrt er damit nach Döberitz zurück, wo er jedoch keine Gefolgschaft mehr findet.

Nach 22.00 Uhr, Wien: Nach Rücksprache mit Generalleutnant Wilhelm Burgdorf und Generalfeldmarschall Keitel im Führerhauptquartier wird der Alarm als Putschversuch erkannt und die angelaufenen Maßnahmen gestoppt.

Nach 22.00 Uhr, Paris: Oberst i.G. von Linstow erfährt von Stauffenberg, daß in Berlin alles verloren sei.

Nach 22.30 Uhr, Paris: Der Sturm auf die SS- und SD-Unterkünfte durch das Sicherungs-Regiment 1 unter Führung von Generalmajor Brehmer beginnt. SS-Gruppenführer Oberg wird verhaftet.

22.30 Uhr, Berlin: Nachdem die Truppen des Wachbataillons aus der Bendlerstraße abgezogen sind, befiehlt General Olbricht Offizieren des Hauses, dessen Schutz zu übernehmen, sechs Generalstabsoffiziere werden als Wachhabende für die sechs Ausgänge eingeteilt.

Nach 22.30 Uhr, Berlin: Unter Führung der Oberstleutnante i.G. Karl Pridun, Bolko von der Heyde und Franz Herber sammelt sich eine Gruppe von Offizieren, die in die Verschwörung nicht eingeweiht waren, in der Bendlerstraße zur Klärung der Lage und zum »bewaffneten Gegenstoß« gegen die Verschwörer. Dieser beginnt unter der Parole: »Für oder gegen den Führer.«

22.50 Uhr, Berlin: Der »bewaffnete Gegenstoß« im Bendlerblock endet mit der Befreiung Generaloberst Fromms. Dieser läßt die Verschwörer verhaften und verkündet ein »standgerichtliches Urteil« wegen Hoch- und Landesverrat über Olbricht, von Stauffenberg, Mertz von Quirnheim und von Haeften.

22.40 Uhr, Prag: General Schaal trifft in der Dienststelle des Befehlshabers der Waffen-SS ein. Auf Forderung von SS-Obergruppenführer Frank ordnet er die sofortige Zurücknahme aller Alarmbefehle an.

22.40 Uhr, Wien: Die angelaufenen Maßnahmen werden gestoppt. Die Alarme laufen aus. Am 21. Juli 1944 um 05.00 Uhr ist die normale Lage in Wien wiederhergestellt.

Gegen 23.00 Uhr, Paris: Die entwaffneten SS- und Polizeiverbände werden ohne Widerstand in die Pariser Gefängnisse, u.a. in Fresnes, eingeliefert. Es befinden sich 1200 Mann im Gewahrsam des Heeres.
   Feldmarschall von Kluge versagt sich endgültig der Verschwörung und enthebt General von Stülpnagel seines Postens, gibt ihm aber Gelegenheit zur Flucht.

Gegen 23.15 Uhr, Berlin: Die Kampfgruppe des Oberleutnants Rudolf Schlee, d.h. die 4. Kompanie des Wachbataillons »Großdeutschland«, besetzt den Bendlerblock.

23.40 Uhr, Führerhauptquartier »Wolfschanze«: Es liegen Meldungen vor, daß in den Wehrkreisen II (Stettin), III (Berlin), VI (Münster) und X (Hamburg) »alles in Ordnung« sei.

Zwischen 23.15 Uhr und 23.45 Uhr, Berlin: Generaloberst z.V. Beck erhält Gelegenheit zur Selbsttötung und wird nach Mißlingen von einem Feldwebel »erlöst«.

Gegen 24.00 Uhr, Führerhauptquartier »Wolfschanze«: General Fellgiebel und Generalmajor Hellmuth Stieff werden als erste Mitverschwörer im Feldhauptquartier verhaftet.

Freitag, 21. Juli 1944:

Nach 00.00 Uhr, Führerhauptquartier »Wolfschanze«: Himmler berichtet über die Revolte in Berlin.

Fernschreibvermittlung: _____

Fernschreibstelle: _____

Fernschreiben / ....Telegramm

Dringlichkeitsvermerke: - FRR -

1) [handwritten] ...
2) [handwritten] ...
3) [handwritten] ...
4) Heeresgruppe Mitte

PUTSCHVERSUCH VON UNVERANTWORTLICHEN GENERALEN BLUTIG
NIEDERGESCHLAGEN. SAEMTLICHE ANFUEHRER ERSCHOSSEN.-
BEFEHLE DES GEN. FELDMARSCHALL V. WITZLEBEN, GENOBST.
HOEPNER, GENERAL BECK UND GENERAL OLBRICHT SIND NICHT ZU
BEFOLGEN.-
ICH HABE DIE BEFEHLSGEWALT WIEDER UEBERNOMMEN, NACHDEM ICH
VORUEBERGEHEND DURCH WAFFENGEWALT FESTGENOMMEN WAR.=
                    GEZ. F R O M M. GENERALOBERST+

- + 0100 HOKW 451 937 SCHUERINGS HDVJ +++
++ 0115 EIN FRR HOKW 451937 MICHEL HDVG +

Fernschreiben von Generaloberst Fromm aus dem Bendlerblock vom 21.7.1944, 00.21 Uhr

Nach 00.00 Uhr, Paris: General von Stülpnagel kehrt nach Paris ins Hotel Rafael zurück, Generalleutnant von Boineburg-Lengsfeld und Oberst i.G. von Linstow berichten ihm über das Geschehen in Paris.

00.10 Uhr bis 00.21 Uhr, Berlin: Generaloberst Fromm sendet ein Fernschreiben an alle höheren Truppen- und Wehrkreiskommandos mit dem Inhalt: »Putschversuch blutig niedergeschlagen«.

00.15 Uhr bis 00.30 Uhr, Berlin: Im Hof des Bendlerblocks werden General der Infanterie Friedrich Olbricht, Oberleutnant Werner von Haeften, Oberst i.G. Albrecht Ritter Mertz von Quirnheim und Oberst i.G. Claus Schenk Graf von Stauffenberg durch ein Sonderkommando von zehn Unteroffizieren unter der Führung von Leutnant Werner Schady exekutiert. Stauffenberg stirbt mit dem Ruf: »Es lebe das heilige Deutschland!«

Kurz vor 01.00 Uhr, Berlin: Im Rundfunk sprechen Hitler, Göring und Dönitz.

Gegen 01.00 Uhr, Paris: Unter dem Eindruck verschiedener Nachrichten entschließt sich Oberstleutnant von Kraewel, Kommandeur des Sicherungs-Regiments 1, die Gefängnisse zu öffnen, Generalleutnant von Boineburg-Lengsfeld begibt sich zu den festgenommenen SS-Führern ins Hotel Continen-

Der Innenhof des Bendlerblocks während der Besetzung durch die SS am Morgen des 21. Juli 1944

tal und bittet SS-Gruppenführer Oberg, ihn ins Hotel Rafael zu begleiten. Dort »entschuldigt« sich General von Stülpnagel damit, er sei einem »Mißverständnis« zum Opfer gefallen. Unter dem Hinweis auf die zahlreichen Fernschreiben kann er seine Rolle glaubhaft spielen.

Gegen 02.00 Uhr, Paris: Es kommt zu einer Einigung zwischen beiden Gruppen, das Ganze der Öffentlichkeit als »Übung« bekanntzugeben.

03.00 Uhr, Paris: Alle SS- und SD-Unterkünfte sind vom Heer geräumt. General von Stülpnagel wird nach Berlin zur Berichterstattung befohlen.

Vom Herausgeber überarbeitete Fassung des Beitrages in der vierten Auflage des Ausstellungs-Kataloges von 1994.

Literaturhinweise

Kurt Finker und Annerose Busse, Stauffenberg und der 20. Juli 1944, Berlin (Ost) 1984

Peter Hoffmann, Die Sicherheit des Diktators. Hitlers Leibwachen, Schutzmaßnahmen, Residenzen, Hauptquartiere, München, Zürich 1975

Ders., Widerstand-Staatsstreit-Attentat. Der Kampf der Opposition gegen Hitler, 4., neu bearb. und erg. Aufl., München, Zürich 1985

Ders., Claus Schenk Graf von Stauffenberg und seine Brüder, 2. Aufl., Stuttgart 1992

Joachim Kramarz, Claus Graf Stauffenberg. 15. November 1907 bis 20. Juli 1944. Das Leben eines Offiziers, Frankfurt a.M. 1965

Kriegstagebuch des Oberkommandos der Wehrmacht (Wehrmachtsführungsstab) 1940 – 1945. Geführt von Helmuth Greiner und Percy Ernst Schramm. Im Auftrag des Arbeitskreises für Wehrforschung hrsg. von Percy Ernst Schramm. Bd 1 – 4 [nebst Nachtr.] 1.2., Frankfurt a.M. 1961 – 1979

Christian Müller, Oberst i.G. Stauffenberg. Eine Biographie, Düsseldorf 1971 (= Bonner Schriften zur Politik und Zeitgeschichte, 3)

Klaus-Jürgen Müller, General Ludwig Beck. Studien und Dokumente zur politisch-militärischen Vorstellungswelt und Tätigkeit des Generalstabschefs des deutschen Heeres 1933 – 1938, Boppard 1980 (= Schriften des Bundesarchivs, 30)

Gerhard Ritter, Carl Goerdeler und die deutsche Widerstandsbewegung, 4. Aufl., Stuttgart 1984

Bodo Scheurig, Claus Graf Schenk von Stauffenberg, Berlin 1964 (= Köpfe des XX. Jahrhunderts, Bd 33)

Ders., Henning von Tresckow. Eine Biographie, 2., durchges. Aufl., Oldenburg, Hamburg 1973

»Spiegelbild einer Verschwörung«. Die Opposition gegen Hitler und der Staatsstreich vom 20. Juli 1944 in der SD-Berichterstattung. Geheime Dokumente aus dem ehemaligen Reichssicherheitshauptamt, hrsg. von Hans-Adolf Jacobsen, 2 Bde, Stuttgart 1984

Eberhard Zeller, Geist der Freiheit. Der 20. Juli, 4., neu bearb. Aufl., München 1963

20. Juli 1944. Hrsg. von der Bundeszentrale für Heimatdienst, bearb. von Hans Royce und Erich Zimmermann, Bonn 1964

20. Juli. Portraits des Widerstands, hrsg. von Rudolf Lill und Heinrich Oberreuter, Düsseldorf, Wien 1984

Die Autoren

Dr. med. Uta Freifrau von Aretin, geb. von Tresckow (* 1931), München

Dr. phil. Jürgen Danyel (* 1959), Wissenschaftlicher Mitarbeiter am Zentrum für Zeithistorische Forschung, Potsdam

Dr. iur. Klaus von Dohnanyi (* 1928), Hamburg

Dipl.-Kfm. Stefan Geilen (* 1962), Oberstleutnant i.G., Berlin

Dr. phil. Norbert Haase (* 1960), Leiter der Stiftung Sächsische Gedenkstätten, Dresden

Dr. phil. Winfried Heinemann (* 1956), Oberstleutnant, Bonn

Prof. Dr. phil. Peter Hoffmann (* 1930), William Kingsford Professor of History an der McGill-University, Montreal/Kanada

Johann Adolf Graf von Kielmansegg (* 1906), General a.D., Bad Krozingen

Prof. Dr. phil. Helmut Krausnick (1905 bis 1990)

Dr. phil. Georg Meyer (* 1937), Wissenschaftlicher Direktor am Militärgeschichtlichen Forschungsamt, Arbeitsgruppe Freiburg i.Br.

Prof. em. Dr. phil. Hans Mommsen (* 1930), Feldafing

Dr. phil. Jörg Morré (* 1964), Wissenschaftlicher Mitarbeiter an der Gedenkstätte Bautzen

Dr. phil. Horst Mühleisen (* 1943), Archivar und wissenschaftlicher Mitarbeiter an der Universität Trier

Prof. em. Dr. phil. Klaus-Jürgen Müller (* 1930), Hamburg

Dr. phil. Ines Reich (* 1966), Wissenschaftliche Mitarbeiterin an der Gedenkstätte Oranienburg-Sachsenhausen

Peter Sauerbruch (* 1913), Oberstleutnant i.G. a.D., Kreuth

Berthold Schenk Graf von Stauffenberg (* 1934), Generalmajor a.D., Oppenweiler

Prof. Dr. phil. Peter Steinbach (* 1948), Professor für Historische Grundlagen der Politik am Fachbereich für Politik- und Sozialwissenschaften der Freien Universität Berlin und wissenschaftl. Leiter der Gedenkstätte Deutscher Widerstand, Berlin

Prof. em. Fritz Stern Ph.D. (* 1926), New York/USA

Dr. phil. Reinhard Stumpf (* 1942), Regierungsdirektor im Bundesministerium der Verteidigung, Bonn

Dr. phil. Johannes Tuchel (* 1957), Leiter der Gedenkstätte Deutscher Widerstand, Berlin

Dr. phil. Thomas Vogel (* 1959), Major, Historiker-Stabsoffizier am Militärgeschichtlichen Forschungsamt, Potsdam

Dr. phil. Heinrich Walle (* 1941), Fregattenkapitän a.D., Bonn

Bildnachweis

Institutionen

Bundesarchiv, Koblenz   93, 141, 151, 168, 188, 195, 225, 238, 242, 398, 412,
   580, 590, 591, 597
Bundesministerium der Verteidigung, Bildstelle, Bonn   347
Deutsches Literaturarchiv, Marbach   450, 457
Dokumentationsarchiv des Österreichischen Widerstandes, Wien   511
Gedenkstätte Deutscher Widerstand, Berlin   100, 208, 289, 292, 433, 441, 465,
   476, 495, 559, 563, 566, 576
Landesbildstelle Berlin   157, 346
Militärgeschichtliches Forschungsamt, Potsdam   105, 115, 337, 363, 542, 549,
   587, 596

Private Leihgeber

Ablaß, Werner E.   371
Aretin, Uta Freifrau von   280, 283, 395
Boeselager, Philipp Freiherr von   231
Guntrum-Heusinger, Ada   191, 336
Luttitz, Horst Freiherr von   502

Personenregister